Karl von den Steinen

Unter den Naturvölkern Zentral-Brasiliens
Reiseschilderung und Ergebnisse der Zweiten Schingú-Expedition 1887-1888

von den Steinen, Karl: Unter den Naturvölkern Zentral-Brasiliens. Reiseschilderung und Ergebnisse der Zweiten Schingú-Expedition 1887-1888
Hamburg, SEVERUS Verlag 2013
Nachdruck der Originalausgabe von 1894

ISBN: 978-3-86347-428-7
Druck: SEVERUS Verlag, Hamburg, 2013

Der SEVERUS Verlag ist ein Imprint der Diplomica Verlag GmbH.

Bibliografische Information der Deutschen Nationalbibliothek:
Die Deutsche Nationalbibliothek verzeichnet diese Publikation in der Deutschen Nationalbibliografie; detaillierte bibliografische Daten sind im Internet über http://dnb.d-nb.de abrufbar.

© **SEVERUS Verlag**
http://www.severus-verlag.de, Hamburg 2013
Printed in Germany
Alle Rechte vorbehalten.

Der SEVERUS Verlag übernimmt keine juristische Verantwortung oder irgendeine Haftung für evtl. fehlerhafte Angaben und deren Folgen.

seVerus

v. d. Steinen. Zentral-Brasilien.

BORORO-HÄUPTLING

Unter den

Naturvölkern Zentral-Brasiliens.

Reiseschilderung und Ergebnisse

der

Zweiten Schingú-Expedition
1887—1888

von

Karl von den Steinen
Prof. Dr.

Mit

30 Tafeln (1 Heliogravüre, 11 Lichtdruckbilder, 5 Autotypien und 7 lithogr. Tafeln), sowie 160 Text-Abbildungen nach den PHOTOGRAPHIEN der Expedition, nach den Originalaufnahmen von WILHELM VON DEN STEINEN und nach Zeichnungen von JOHANNES GEHRTS nebst einer Karte von Prof. Dr. PETER VOGEL.

Unter den

Naturvölkern Zentral-Brasiliens.

VORWORT.

áma! — du!
úra! — ich!

So lautet die einfache Formel, mit der man sich am Kulisehu einander vorstellt, und gern würde ich dem freundlichen Leser Weiteres ersparen, wenn ich ihn nicht auch bitten müsste, meine »jüngeren Brüder«, die Gefährten der Reise, zu begrüssen, und doch auch sonst noch Einiges auf dem Herzen hätte.

Für »jüngeren Bruder« und »Vetter« haben die Indianer ein und dasselbe Wort; so trifft ihre Bezeichnung wirklich im vollen Sinn zu auf unsern Spezialartisten Wilhelm von den Steinen aus Düsseldorf, da er zwar nach unsern Begriffen mein Vetter ist, aber gemeinhin für meinen jüngeren Bruder gehalten wird. Er war schon 1884 mit mir den Schingú hinabgerudert.

Der Zweite, Dr. Paul Ehrenreich aus Berlin, war ebenfalls kein Neuling in Brasilien, er hatte schon in Espíritu Santo die genauere Bekanntschaft der Botokuden gemacht, er hat nach Abschluss unseres gemeinsamen Unternehmens noch den Araguay und den Purus befahren und dürfte deshalb heute mehr als irgend ein anderer deutscher Reisender vom Innern des gewaltigen Reiches gesehen haben. Ihm sind die Photographien und die Körpermessungen zu verdanken.

Die Wegaufnahme und astronomischen Bestimmungen waren nebst geologischen Untersuchungen von Professor Dr. Peter Vogel aus München übernommen. Wir beide hatten 1882—83 auf der Deutschen Polarexpedition nach Südgeorgien, deren stellvertretender Leiter er war, während eines Jahres die enge Schlafkoje in Freud' und Leid geteilt, ihn zog es 1887 wieder mächtig hinaus, und so war er bereit, das Werk des Dr. Otto Clauss, unseres antarktischen Kollegen und des Geographen der ersten Schingú-Expedition, in neues Gebiet hinein fortzuführen.

Professor Vogel veröffentlicht seine Ergebnisse gleichzeitig mit dem Erscheinen dieses Buches in dem Organ der Gesellschaft für Erdkunde zu Berlin, die sich um unsere Reise das Verdienst erworben hat, ihn aus den Mitteln der Karl Ritter-Stiftung zu unterstützen. Dem Präsidenten, Herrn Geheimrat Freiherrn von Richthofen, sage ich für die gütige Erlaubnis, dass die von Herrn Dr. Richard Kiepert's bewährter Hand gezeichnete und redigierte Karte meinen Schilderungen beigegeben werde, verbindlichen Dank. Ich selbst habe durch die Humboldt-Stiftung der Königlich Preussischen Akademie der Wissenschaften zu Berlin eine wesentliche Förderung erfahren und bitte das Kuratorium, auch an dieser Stelle meinen ergebensten Dank entgegenzunehmen.

Im Verlauf der Reise haben wir von Brasiliern wie von Landsleuten in Brasilien und den La Platastaaten, sowohl von einfachen Privaten als von Personen in hohen Aemtern, zahlreiche Beweise der Gastfreundschaft empfangen, die uns auf's Tiefste verpflichtet haben. Wenn wir uns bei den Söhnen des Landes in gewissem Grade dadurch erkenntlich zeigen können, dass wir das Innere einer wenig erforschten Provinz aufschliessen helfen, bleiben wir unsern Landsleuten gegenüber in voller Schuld; wollte ich nur die Orte nennen, in denen sie wohnen, müsste ich mit Ausschluss unserer Indianerpfade die ganze Route rekapitulieren. So rufe ich Allen, zu denen diese Zeilen den Weg finden, ob sie im Handel einführen und ausführen oder in politischer Stellung anführen, ob sie der Küste fern als wackere Kolonisten hausen, die herzlichsten Grüsse zu und wünsche ihrer Arbeit den Schutz des Friedens und geordneter Zustände.

Sechs Mal schon hat der Mais geblüht, seit wir das Quellgebiet des Schingú verlassen haben — »zwei zwei zwei« *aháge aháge aháge* rechnet der Bakaïrí und findet kein Wort in seiner Sprache, um eine grössere Zahl auszudrücken. Die Berichterstattung hat sich länger verzögert als mir lieb war; hauptsächlich bin ich durch sprachliche Vorarbeiten (»Die Bakaïrí-Sprache«, K. F. Köhler, Leipzig 1892) aufgehalten worden, doch habe ich dabei auch Vielerlei gelernt und eine breitere und festere Grundlage gewonnen als mit dem in linguistischer und ethnographischer Hinsicht erheblich geringeren Material der ersten Expedition. Die Liebe zu dem Gegenstand ist mit der längeren Beschäftigung nur gewachsen, denn in gleichem Mass verstärkte sich notwendig die Erkenntnis der von unserem hochverehrten Altmeister Adolf Bastian mit flammender Begeisterung gepredigten Wahrheit, dass der Untergang der geringgeschätzten Naturvölker den Verlust unersetzlicher Urkunden für die Geschichte des menschlichen Geistes bedeutet. An Beweisen fehlt es nicht in den folgenden Blättern. Und wie Jeder, der von einer Ueberzeugung tief durchdrungen ist, sich auch getrieben fühlt, für sie Propaganda zu machen, so möchte auch ich mich nicht gern nur an den engen Kreis der Fachleute wenden und habe mir die Freude gegönnt, gemeinverständlich zu schreiben. Dankbar muss ich hier den Mut und das Entgegenkommen der Verlagshandlung anerkennen, die meinen Wunsch, den Preis so niedrig zu bestimmen als irgend möglich, erfüllt und doch an der Ausstattung nicht gespart hat.

Möge dem Leser der grosse zeitliche Abstand nicht fühlbarer werden als er es mir ist, wenn ich mich in jene Tage zurückversetze. Es lässt sich nicht leugnen, mein Zeitsinn funktioniert ein wenig mangelhaft; ich wünschte nur, der Grund läge darin, dass es mir wirklich gelungen wäre, mich in die Seele unserer Naturvölker, dieser Kinder des Augenblicks, hineinzudenken — was zu versuchen meine eigentliche Aufgabe war.

Neubabelsberg,
    Karaibenhof, Oktober 1893.

Inhalts-Verzeichnis.

Seite

I. Kapitel. Reise nach Cuyabá und Aufbruch der Expedition.
Rio de Janeiro. »Cholera im Matogrosso.« Bei D. Pedro II. Nach Sta. Catharina. Sambakís. Deutsche Kolonien. Nach Buenos Aires. Museum in La Plata. Nach Cuyabá. Veränderungen seit 1884. Der gute und der böse Hauptmann. Martyrios-Expeditionen. Die neuen Reisegefährten. Ausrüstung. Abmarsch . . . 1—15

II. Kapitel. Von Cuyabá zum Independencia-Lager I.
Plan und Itinerar. Andere Routen als 1884. Kurze Chronik. Hochebene und Sertão. Die »Serras« ein Terrassenland; seine Physiognomie und topographische Anordnung. Campos. Ansiedler. Lebensbedingungen und Kulturstufe. Ein flüchtiges Liebespaar. Zahme Bakaïrí. Die von Rio Novo auf Reisen. Dorf am Paranatinga. Besuch und Gegenbesuch der wilden Bakaïrí 1886. Kunde von den Bakaïrí am Kulisehu . . . . 16—25

III. Kapitel. Von Cuyabá zum Independencia-Lager II.
Marsch. Unser Zug. Aeussere Erscheinung von Herren und Kameraden. Maultiertreiber- und Holzhackerkursus. Zunehmender Stumpfsinn. Die Sonne als Zeitmesser. Freuden des Marsches. Früchte des Sertão. Nachtlager und Küche. Ankunft. Ungeziefer. »Nationalkoch« und Jagdgerichte. Perrot's Geburtstagfeier. Nachtstimmung. Gewohnheitstraum des Fliegens. Aufbruch am Morgen. Rondonstrasse und letzter Teil des Weges. Sertãopost. Im Kulisehu-Gebiet. Independencia. Schlachtplan . . . . 26—45

IV. Kapitel. Erste Begegnung mit den Indianern.
Rindenkanus. Indianerspuren. Meine Fahrt mit Antonio und Carlos. Tierleben. Träumerei vor dem Abendessen. Einmündung des Ponekuru. Katarakte. Die Anzeichen der Besiedelung mehren sich. Der Häuptling Tumayaua. Nach dem ersten Bakaïrídorf. Ankunft des »Karaiben« . . . . 46—54

V. Kapitel. Bakaïrí-Idylle.
I. Auskunft über Kulisehu und Kuluëne. Antonio und Carlos zurück. Ein Weltteil, in dem nicht gelacht wird. Dorfanlage. Vorstellung der Personen. Mein Flötenhaus. In Paleko's Haus. Bewirtung. Bohnenkochen und Tanzlieder. Aeussere Erscheinung der Indianer. Nacktheit und Schamgefühl. Essen und Schamgefühl. Tabakkollegium. Pantomime: Flussfahrt, Tagereisen, Stämme, Steinbeilarbeit. Vorführung von »Mäh« und »Wauwau«. Tabakpflanzen. Fischfang in der Lagune. Kanubau. 55—74

II. Psychologische Notizen über das Verhalten dem Neuen gegenüber. Grenzen des Verständnisses. Studien mit dem Dujourhabenden. Schwierigkeiten der Verständigung und der sprachlichen Aufnahme: Substantiva, Verba, übergeordnete Begriffe . . . . 75—81

VI. Kapitel.
I. Gemeinsamer Aufbruch und Besuch der drei Bakaïrídörfer. Independencia während mein r Abwesenheit. Vorbereitungen zur Abreise. Nach dem ersten Bakaïrídorf. Photographieren. Puppe überreicht. Nach dem zweiten Bakaïrídorf. Flussfahrt. Gastfreundschaft. Vermummung zum Holen der Speisen. Nachttanz. Fries im Häuptlingshaus. Nach dem dritten Bakaïrídorf. Begrüssungsreden. Sammlung. Der erste Nahuquá. Körpermessung und Perlen . . . . 82—94

Seite

II. Zu den Nahuquá. Verkehr von Bakaïrí und Nahuquá. Ueberraschte im Hafen. Merkwürdiger Empfang. Dorf ausgeräumt. Ein Yaurikumá. Ueber Nacht. Mehinakú im Dorf. Tänze. Traurige Aussichten für Professor Bastian. Ich voraus zu den Mehinakú. Besserung der Verhältnisse. Botschaft über die Schlacht zwischen den Suyá und den Trumaí . . . .   94—101

III. Zu den Mehinakú. Allein voraus. Ankunft und Empfang. Festhütte. Gestörte Eintracht und Versöhnung. Wohlhabenheit. Fliegende Ameisen. Ethnographische Sammlung . . . .   102—107

IV. Zu den Auetö́. Fahrt. Empfang im Hafen und im Dorf. Wurfbretter. Masken. Künstlerhütte. Verkehrszentrum. Die Waurá. Ringkampf . . . .   107—111

V. Zu den Yaulapiti. Die Arauití im Auetödorf. Fahrt durch Kanäle und über die Uyá-Lagune. Ein armes Dorf. Der Zauberer Moritona. Empfang des blinden Häuptlings. Zurück zu den Auetö und wieder zu den Yaulapiti. Zweites Yaulapitidorf . . . .   111—115

VI. Zu den Kamayurá. Empfang. Freude über unsere Sprachverwandtschaft. Nachrichten von den Arumá. Gemütlicher Aufenthalt. Kamayurá und Trumaí 1884 zusammen. Einladung nach Cuyabá. Diebereien . . . .   115—120

VII. Trumaí-Lager und Auetö-Hafen. Vogel's Plan, Schingú-Koblenz zu besuchen. Ueber die Yaulapiti zurück. Zusammentreffen mit den Trumaí. Studien mit Hindernissen. Arsenikdiebstahl. Die zerstörten Trumaídörfer. Zum Auetöhafen. Namenstausch. Kanus erworben. Diebstähle. Yanumakapü-Nahuquá. Abschied . . . .   120—127

VIII. Rückkehr nach Independencia. Vogel's Fahrt nach Schingú-Koblenz. Ab vom Auetöhafen. Besuche der Dörfer. Begleitung durch die Indianer. Rheinischer Karneval am Kulisehu. Abschiedszene in Maigéri. Die Bergfahrt: Rudern, Beschwerden, Fieber. Independencia: Ruhetag, Feierlicher Abschied von den Bakaïrí . . . .   127—137

VII. Kapitel. Independencia—Cuyabá.
Route. Transport und Beschwerden in der Regenzeit. Perrot und Januario verirrt. Hunger. Ankunft am Paranatinga und in der Fazenda S. Manoel mit Hindernissen. Weihnachten im Sertão. Ankunft in Cuyabá . . . .   138—152

VIII. Kapitel.
I. Geographie und Klassifikation der Stämme des Schingú-Quellgebiets . . . .   153—159

II. Anthropologisches . . . .   159—172

IX. Kapitel.
I. Die Tracht: Haar und Haut. Vorbemerkung über Kleidung und Schmuck. Das Haar. Haupthaar, Körperhaar, Wimpern. Die Haut. Durchbohrung. Umschnürung. Ketten. Anstreichen und Bemalen. Ritznarben. Tätowierung   173—190

II. Sexualia. Die Vorrichtungen bei Männern und Frauen sind keine Hüllen. Schutz der Schleimhaut und sein Nutzen bei eintretender Geschlechtsreife. Ursprung aber bei den Frauen als Verband und Pelotte, bei den Männern als gymnastische Behandlung der Phimose . . . .   190—199

III. Jägertum, Feldbau und »Steinzeit«-Kultur. Bevölkerungszahl. Lage der Dörfer. Vereinigung von uraltem Feldbau und Weltanschauung des Jägertums. Jagd und Fischfang müssen den metalllosen Stämmen, für die der Ausdruck »Steinzeit« unzutreffend ist, die wichtigsten Werkzeuge liefern. Steinbeilmonopol, Zähne, Knochen, Muscheln, Federn, Aufzählung der Nutzpflanzen und Verteilung nach Stämmen. Keine Bananen. Pflanzennamen als Zeugen für stetige Entwickelung. Fehlen berauschender Mehlgetränke beweist, dass Einfachheit nicht gleich Degeneration. Vereinigung von Jagd und Feldbau ermöglicht durch Arbeitsteilung der Geschlechter. Indianerinnen schaffen den Feldbau; sie erfinden die Töpfe zum Ersatz der Kürbisse, die Männer braten, die Frauen kochen. Durch fremde Frauen Kultur des Feldbaues, der Töpfe, der Mehlbereitung verbreitet und nach Kriegen erhalten, namentlich durch Nu-Aruakfrauen . . . .   200—219

IV. Das Feuer und die Entdeckung des Holzfeuerzeuges. Einleitung. Kampbrände und Verhalten der Tierwelt. Uralte Jagd. Die »Queimada« eine Kulturstätte. Die Schauer des primitiven Menschen. Der Mythus von der Belehrung durch den Sturmwind. Feuererzeugung und Arbeitsmethoden. Verfahren am Schingú. Ursprung des Holzreibens. Stadium der Unterhaltung des Feuers und Zundertechnik. Praehistorische Vagabunden und Prometheus. Bestätigung durch den Versuch . . . . 219—228

V. Waffen, Geräte, Industrie. Bogen und Pfeile. Wurfbrett. Keule. Kanu. Fischereigerät. Flechten und Textilarbeiten. Buriti- und Baumwollhängematten. Kürbisgefässe. Töpferei . . . . 228—242

X. Kapitel.

I. Das Zeichnen. Ursprung aus der zeichnenden Geberde. Beschreibendes Zeichnen älter als künstlerisches. Sandzeichnungen. Bleistiftzeichnungen. Erklärung der Tafeln. Profilstellung. Proportionen. Fingerzahl. Rindenzeichnungen . . . . 243—258

II. Zeichenornamente. Ornamentaler Fries der Bakaïrí. Mereschu und Uluri. Die Auetö-Ornamente. Folgerungen. Verwendung der Ornamente. Kalabassen, Beijúwender, Spinnwirtel. Bemalung der Töpfe . . . . 258—277

III. Plastische Darstellung und Keramik. Einleitung. Kettenfigürchen. Strohfiguren. Lehmpuppen. Wachsfiguren. Holzfiguren (Tanz-Vögel und -Fische, Mandioka-Grabhölzer, Beijúwender, Kämme, Schemel). Töpfe. 277—292

IV. Verhältnis des Tiermotivs zur Technik . . . . 293—294

XI. Kapitel. Maskenornamentik und Tanzschmuck.

Vorbemerkung 295

I. Masken. Tanzen und Singen. »Idole?« Gelage und Einladungen. Teilnahme der Frauen. Arten der Vermummung. Bakaïrí-Tänze (Makanári) und -Masken. Nahuquá (Fischnetz-Tanz). Mehinakú (Kaiman-Tanz). Auetö (Koahálu-, Yakufkatá-Tanz). Kamayurá (Húvát-Tanz). Trumaí . . . . . . 296—319

II. Gemeinsamer Ursprung der Masken und des Mereschu-Musters. Die Auetö als Erfinder der Gewebmaske und des Mereschu-Ornaments . . . . 319—324

III. Sonstiger Festapparat. Kamayurá-Tänze. Tanz-Keulen. Schmuckwirtel etc. Musikinstrumente. Schwirrhölzer. Federschmuck. Diademe. Spiele der Jugend . . . . 324—329

XII. Kapitel.

I. Recht und Sitte. Eigentum. Verwandtschaft. Ehe. Moral. Tauschverkehr. Namen. Geburt. Couvade und deren Erklärung. Begräbnis . . 330—339

II. Zauberei und Medizinmänner. Hexerei in verschiedenen Stadien und auf verschiedenen Kulturstufen. Traumerlebnisse. Pars pro toto. Gute und böse Medizinmänner. Ihre Methoden. Sterben in der Narkose. Der Medizinmann im Himmel. Tabak. Wetterbeschwörung . . . . 339—347

XIII. Kapitel. Wissenschaft und Sage der Bakaïrí.

I. Die Grundanschauung. Der Mensch muss nicht sterben. Wissen von der Fortdauer nach dem Tode. Naturerklärung durch Geschichten. Tiere = Personen. Tiere liefern wirklich die Kultur, daher gleiche Erklärung auf unbekannte Herkunft übertragen. Entstehung der erklärenden Geschichte. Gestirne, die ältesten Dinge und Tiere. Bedeutung der Milchstrasse. Verwandlung. Männer aus Pfeilen, Frauen aus Maisstampfern. Keri und Kame und die Ahnensage. Die Namen Keri und Kame. Die Zwillinge und ihre Mutter sind keine tiefsinnigen Personifikationen . . . . 348—372

II. Die Texte. Die Eltern von Keri und Kame. Entstehung und Tod der Mutter. Letzterer gerächt. Sonne, Schlaf und Burití-Hängematte. Himmel und Erde vertauscht. Feuer. Flüsse. Zum Salto des Paranatinga. Haus, Fischfang, Festtänze, Stämme. Abschied von Keri und Kame. Tabak und Baumwolle. Mandioka; Rehgeweih. Der hässliche Strauss. Keri und der Kampfuchs auf der Jagd. Der Jaguar und der Ameisenbär . . . . 372—386

XIV. Kapitel. Zur Frage über die Urheimat der Karaiben.

I. Geschichtliches von den Bakaïrí . . . . 387—395

II. Verschiebung der Karaiben nach Norden . . . . 395—404

XV. Kapitel.

I. Die Zählkunst der Bakaïrí und der Ursprung der 2. Die Zahlwörter der übrigen Stämme. — Namen der Finger. Hersagen der Zahlwörter mit Fingergeberden. Zählen von Gegenständen über 6; idem unter 6. Die rechte Hand tastet. Fälle des praktischen Gebrauchs und Fehlen gesetzmässiger Zahlen. Fingergeberde nicht mimisch, sondern rechnend. Rätsel der »2«. »5« = »Hand« kein Vorbild, sondern eine (späte) Erfahrungsgrenze. Entstehung der »2« durch Zerlegung eines Ganzen in seine Hälften. Die Dinge liefern die Erfahrungsgrenze der »2«-Geberde. Abhängigkeit vom Tastsinn. Bestätigung durch die Etymologie . . . . 405—418

II. Farbenwörter. Vorhandene Farbstoffe. Uebereinstimmend die Zahl der Farbenwörter. Sonderbare Angaben durch Etymologie verständlich. Farbe älter als Bedürfnis nach Farbenwörtern. Verwendung bei Tier- und Pflanzennamen. Grün niemals = blauschwarz . . . . 418—423

XVI. Kapitel. Die Paressí.

Zur Geschichte der Paressí und ihnen verwandter Stämme. Unser Besuch. Sprache. Anthropologisches. Zur Ethnographie (Tracht, ethnographische Ausbeute, berauschende Getränke, Tanzfeste). Lebensgang. Beerdigung. Medizinmänner. Die Seele des Träumenden und des Toten. Firmament. Ahnensage. Schöpfung. Ursprung der Kulturgewächse. Abstammung der Bakaïrí. Das Leben im Himmel. Fluss- und Waldgeister. Heimat der Paressí . . . . 424—440

XVII. Kapitel. Zu den Bororó.

I Geschichtliches. Gründung der Kolonien. Bororó da Campanha und do Cabaçal. »Coroados« = Bororó. Verwirrung in der Literatur. Der kleine Sebastian. Martius. Beendigung der Fehde und Katechese. Raubwirtschaft in den Kolonien . . . . 441—448

II. Bilder aus der Katechese. Nach dem S. Lourenço. (Erste Bekanntschaft mit Täuflingen in Cuyabá. Reise.) Die Bewohner (Clemente) und die Anlage der Kolonie. Europäische Kleidung. Feldbau. Unsere Eindrücke. Streit und Weiberringkampf (Maria). Fleischverteilung. Nächtliches Klagegeheul. Vespergebet. Skandal mit Arateba. Charfreitag. Totenklage. Halleluja-Sonnabend (Judas). Kayapó. Drohende Auflösung der Kolonie. Schule. Die feindlichen Brüder. Disziplin. Duarte's Ankunft. »Voluntarios da patria«. Frühstück und Serenade . . . . 448—467

III. Beobachtungen. Anthropologisches. Tracht (Haar. Sexualia. Künstliche Verletzungen. Bemalung. Schmuck). Die Aróe. Jagd und Feldbau. Waffen. Arbeiten im Männerhaus und Technik. Nahrung; »Einsegnung« durch die Baris. Tanz und Spiel. Musikinstrumente; Schwirrhölzer. Zeichenkunst. Recht und Heirat (Sitten der Familie und des Männerhauses). Geburt; Namen. Totenfeier. Seele und Fortdauer nach dem Tode. Himmlische Flöhe; Meteorbeschwörung . 468—518

XVIII. Kapitel.

Nach Cuyabá und heimwärts . . . . 519—521

Anhang.

I. Wörterverzeichnisse der 1. Nahuquá, 2. Yanumakapü-Nahuquá, 3. Mehinakú, 4. Kustenaú, 5. Waurá, 6. Yaulapiti, 7. Auetö, 8. Kamayurá, 9. Trumaí, 10. Paressí, 11. Bororó . . . . 523—547

II. Die matogrossenser Stämme nach cuyabaner Akten . . . . 548—552

III. Volksglaube in Cuyabá . . . . 553—562

Verzeichnis der Text-Abbildungen.

Abbildung		Seite
1.	Briefkasten im Sertão	42
2.	»Eva«, Tumayaua's Tochter	58
3.	Vogelkäfig	88
4.	Nahuquá	95
4.*	Mehinakúfrau	102
5.	Auetö-Häuptling Auayato	108
6.	Geflechtmaske, Wurfhölzer und Wurfpfeile der Auetö	109
7.	Kamayurá-Lagune	117
8.	Indianer als Europäer maskiert	131
9.	Unser Fremdenhaus in der Independencia	136
10.	Auetö	164
11.	Bakaïrí-Mädchen	175
12.	Holzmaske der Bakaïrí mit Ohr- und Nasenfedern	180
13.	Nasenschmuckstein der Bakaïrífrauen	181
14.	Kamayurá mit Muschelkette	183
15.	Wundkratzer	188
16.	Kamayuráfrau mit Ritznarben	189
17.	Penisstulp der Bororó	192
18.	Uluri	194
19.	Hockende Bakaïrí	197
20.	Steinbeil	203
21.	Quirlbohrer	204
22.	Feuerauge-Piranya	205
23.	Hundsfisch	206
24.	Piranya	206
25.	Vorderklauen des Riesengürteltiers	206
26.	Kapivara-Zähne	206
27.	Messermuschel und Hobelmuschel	207
28.	Wurfbrett und Spitzen von Wurfpfeilen	232
29.	Bakaïrí-Ruder	234
30.	Bratständer (Trempe)	236
31.	Tragkorb	237
32.	Feuerfächer	238
33.	Bleistiftzeichnung von Flüssen	247
34.	Matrincham-Sandzeichnung	248
35.	Rochen- und Pakú-Sandzeichnung	248
36.	Sandzeichnung der Mehinakú	248
37.	Rindenfigur der Bakaïrí	256
38.	Rindenfiguren der Nahuquá	256

— XIII —

Abbildung		Seite
39.	Pfostenzeichnungen der Auetö	257
40.	Flöte der Mehinakú mit zwei Affen	257
41.	Tokandira-Ameise	257
42.	Mereschu	260
43.	Mereschu-Muster mit Bleistift gezeichnet	261
44.	Holzmaske mit Mereschu-Muster	262
45.	Holzmaske der Auetö	263
46.	Tuchmaske der Auetö	263
47.	Spinnwirtel der Mehinakú	263
48.	Rückenhölzer der Bakaïrí mit den Mustern: Mereschu, Uluri, Fledermaus und Schlange	265
49.	Rückenholz mit Heuschrecke	266
50.	Rückenholz mit Vögeln	266
51.	Ruder der Bakaïrí	269
52.	Trinkkürbis (Bakaïrí) mit Mereschu- und Fledermausmuster	271
53.	Federkürbis (Bakaïrí) mit Mereschumuster	271
54.	Beijúwender a. der Kamayurá, b. der Yaulapiti	272
55.	Spinnwirtel mit Mereschumuster (Mehinakú)	272
56.	Spinnwirtel der Kamayurá mit Mereschu- und Ulurimuster	273
57.	Spinnwirtel mit Mereschu- und Ulurimuster	273
58.	Schmuckwirtel der Auetö mit Mereschumuster	273
59.	Spinnwirtel der Kamayurá mit Mereschumuster	274
60.	Schmuckwirtel der Auetö mit Wirtelmotiven	274
61.	Schmuckwirtel der Kamayurá	275
62.	Geschnitzter Holzwirtel der Auetö	276
63.	Vogelfigur aus Muschelschale	278
64.	Kettenfigürchen	279
65.	Kröte. Nahuquá	280
66.	Reh. Nahuquá	280
67.	Frauen- und Männerfigur. Bororó	280
68.	Aufforderung zum Tanz. Bakaïrí	281
69.	Maisfigur: Harpya destructor. Bakaïrí	281
70.	Lehmpuppe. Bakaïrí	282
71.	Thonpuppe. Auetö	282
72.	Wachsfigur: Nabelschwein. Mehinakú	283
73.	Wachsfigur: Karijo-Taube. Mehinakú	283
74.	Holzfiguren: Falk und Massarico	284
75.	Holzfisch der Batovy-Bakaïrí	284
76.	Mandiokagraber als Rückenholz	284
77.	Grabwespen-Motiv der Mandiokahölzer. Mehinakú	285
78.	Beijúwender und Mandiokaholz. Mehinakú	285
79.	Kamm. Auetö	286
80.	Kamm mit Jaguaren. Mehinakú	286
81.	Schemel	286
82.	Tujujú-Schemel. Kamayurá	287
83.	Nimmersatt-Schemel. Mehinakú	287
84.	Doppelgeier-Schemel. Trumaí	288
85.	Affen-Schemel. Nahuquá	288
86.	Jaguar-Schemel. Mehinakú	288
87.	Eidechsen-Topf	291
88.	Reh-Topf	291
89.	Suyá-Kröten-Topf	292
90.	Imeo-Tänzer. Bakaïrí	299
91.	Wels-Maske. Bakaïrí	301
92.	Makanári der Bakaïrí	302

Abbildung	Seite
93. Netzgeflecht-Maske mit Piava-Fisch. Bakaïrí	303
94. Papadüri-Taube. Bakaïrí	304
95. Alapübe-Vogel. Bakaïrí	304
96. Waldhahn. Bakaïrí	304
97. Tüwetüwe-Vogel. Bakaïrí	304
98. Kualóhe-Tänzer mit Tüwetüwe-Maske. Bakaïrí	306
99. Nahuquá-Maske	307
100. Guikurú-Maske	307
101. Mehinakú-Maske mit rot bemaltem Grund	308
102. Mehinakú-Maske mit Zinnenband	308
103. Grosse Mehinakú-Maske	309
104. Kaiman-Masken. Mehinakú	310
105. Kaiman-Maske. Mehinakú	310
106. Kaiman-Masken. Mehinakú	311
107. Koahálu-Masken. Auetó	311
108. Koahálu-Maske. Auetó	312
109. Koahálu-Maske. Holzplatte. Auetó	312
110. Yakuſkatú-Holzmasken der Auetó	314
111. Yakuſkatú-Masken mit Flügelzeichnungen. Auetó	315
112. Gewebmaske der Kamayurá	316
113. Hüvát-Maske. Kamayurá	316
114. Hüvát-Maske. Kamayurá	316
115. Holzmaske mit Fischbildern. Kamayurá	317
116. Trumaí-Maske, schwarzrot	318
117. Trumaí-Maske mit Mereschumuster	318
118. Trumaí-Masken, schwarzweissrot	319
119. Tanzkeule. Kamayurá	324
120. Hundsfisch-Tanzstab. Kamayurá	325
121. Schwirrholz. Mehinakú	327
122. Schwirrhölzer (Fischform). Nahuquá	327
123. Ohrfedern. Kamayurá	328
124. Daihasó. Paressí	431
125. Paressí-Mädchen	432
126. Bororó-Mädchen	452
127. Bororófrau	455
128. Bororó-Jungen	462
129. Mutter und Tochter. Bororó	473
130. Lippenkette. Bororó	475
131. Lippenbohrer. Bororó	475
132. Kratzknochen. Bororó	475
133. Paríko-Federdiadem. Bororó	478
134. Arara-Ohrfeder. Bororó	479
135. Brustschmuck aus Gürteltierklauen. Bororó	479
136. Kopfschmuck aus Jaguarkrallen. Bororó	480
137. Bogen und Pfeile. Bororó	484
138. Schiessender Bororó	485
139. Kapivara-Meissel. Bororó	487
140. Hobelmuschel. Bororó	487
141. Bororófrau mit Brustschnüren und Armbändern	488
142. Wassertopf und Topfschale. Bororó	490
143. Maisball und Federpeitsche. Bororó	496
144. Totenflöte. Bororó	496
145. Schwirrhölzer. Bororó	498

Verzeichnis der Tafeln.

No.		Seite
1.	Bororó-Häuptling	Titelbild
2.	Die Herren	16
3.	Die Kameraden	32
4.	Tumayaua-Bucht	48
5.	Bakaïrí-Frauen	64
6.	Bakaïrí (Luchu und Tumayaua)	72
7.	Fischnetztanz der Nahuquá	96
8.	Demonstration einer Vogelpfeife bei den Mehinakú	104
9.	Kamayurá-Frauen	112
10.	Transport eines Rindenkanus durch die Auetó	120
11.	Kulisehu-Reise	128
12.	Independencia-Küchenplatz	136
13.	Bakaïrí »Itzig«	160
14.	Mehinakú	176
15.	Kochtöpfe und Auetógrab	240
16.	Originalzeichnungen vom Kulisehu I	248
17.	Originalzeichnungen vom Kulisehu II	248
18.	Originalzeichnungen der Bororó I	248
19.	Originalzeichnungen der Bororó II	248
20.	Bakaïrí-Ornamente I	256
21.	Bakaïrí-Ornamente II	256
22.	Auetó-Ornamente	264
23.	Keramische Motive I	288
24.	Keramische Motive II	288
25.	Vor dem Männerhaus der Bororó	448
26.	Bororó	464
27.	Bororó mit Federn bekleht	472
28.	Schiessender Bororó	480
29.	Bororó-Totenfeier	504
30.	Meteor-Beschwörung bei den Bororó	512

I. KAPITEL.

Reise nach Cuyabá und Aufbruch der Expedition.

Rio de Janeiro. »Cholera im Matogrosso«. Bei D. Pedro II. Nach St. Catharina. Sambakís. Deutsche Kolonieen. Nach Buenos Aires. Museum in La Plata. Nach Cuyabá. Veränderungen seit 1884. Der gute und der böse Hauptmann. Martyrios-Expeditionen. Die neuen Reisegefährten. Ausrüstung. Abmarsch.

Rio de Janeiro war noch viel schöner als vor drei Jahren. Als wir damals Abschied nehmen mussten, waren wir vom Fieber erschöpft und abgespannt an Geist und Körper; in unserm Zustand reizbarer Schwäche schwelgten wir zwar mit vielleicht gesteigerter Erregung in dem traumhaft schimmernden Bilde der »vielbesungenen Inselbucht«, aber der Rest von Energie, den wir noch besassen, setzte sich doch in das ungeduldige Verlangen um, dem verderblichen Zauberkreis der Tropenglut so rasch wie möglich zu entrinnen. Jetzt kehrten wir zurück, neugestärkt in der heimatlichen Erde, eine wieder normale Milz und einen guten Vorrat von Arsenikpillen mitbringend, vor Allem aber geschwellt von froher Unternehmungslust. Entzückt genossen wir das wundervolle Schauspiel der Einfahrt und grüssten auch ihren gewaltigen Wächter, den steil aus der Meerflut aufragenden Granitturm des Zuckerhuts, mit herzlicher Vertraulichkeit, als ob er die ganze Zeit hindurch nur auf uns gewartet hätte.

Schon war ein minder unzugänglicher Freund dienstfertig zur Stelle und hiess uns noch an Bord willkommen, Herr Weber, unser stets getreuer Berater. Er entführte mich in seine gastliche Lagunen-Wohnung draussen vor dem botanischen Garten am Fuss des Corcovado, des grotesken, selbst die jähen Abstürze empor von ewigem Waldgrün umhüllten Bergkolosses. Nebenan in dem reizendsten Junggesellenheim, das die Erde zwischen den Wendekreisen kennt, nahmen die Nachbarn meinen Vetter Wilhelm auf und liessen ihm ein urkräftiges Tahahá! Tahahá! entgegenschallen, das noch unvergessene Empfangsgebrüll unserer Suyá-Indianer von 1884. Vogel und Ehrenreich richteten sich in einem Pensionat an der Praia de Botafogo häuslich

Schlechte Nachrichten waren uns vor atogrosso, dem zukünftigen Schauplatz unserer Thaten, herrschte die Cholera. Die Dampferverbindung mit der fernen Binnenprovinz — über Buenos Aires den La Plata-

Paraguay aufwärts, nach der Hauptstadt Cuyabá — war abgebrochen. Noch am Tage unserer Ankunft, den 26. Februar 1887, suchten wir, um Zuverlässiges über unsere Aussichten zu erfahren, den Chef des Telegraphenwesens, Herrn Baron de Capanema auf, der als Milchbruder und Freund Dom Pedros grossen Einfluss besass. Er empfahl uns, möglichst bald eine Audienz bei Sr. Majestät zu erbitten, damit uns von Seiten der Behörden die Wege geebnet seien, und war auch so liebenswürdig, uns sofort durch eine Depesche anzumelden. Der Kaiser war zum Staatsrat in Rio anwesend, fuhr aber den nächsten Morgen in die Sommerresidenz Petropolis und bestellte uns dorthin. Wir durchkreuzten also schon am folgenden Tage wieder die herrliche Bai nach dem am Nordufer gelegenen Mauá, wo der Zug der Gebirgsbahn die Dampferreisenden aufnimmt.

Unserm Boot nicht weit voraus fuhr die kaiserliche Yacht. Ein lieber Freund begleitete uns, Herr Haupt, Senhor Octavio genannt, der in Petropolis wohnte und sich zur Erfüllung seiner Berufspflichten täglich nach der Stadt begab; er steht unter denen, die uns durch kleine und grosse Dienstleistungen nur die Annehmlichkeiten unseres Aufenthaltes empfinden liessen, in erster Reihe und ist unserm Unternehmen von unendlichem Nutzen gewesen.

Auf der Landungsbrücke wartete der Zug. Dort stand auch der Kaiser mit dem Marquez de Paranagua, dem Vorsitzenden der geographischen Gesellschaft, und winkte uns heran, als wir vorbeischreiten wollten. Er befahl uns auf 12 Uhr in den Palast. Pünktlich traten wir an und pünktlich erschien der beste aller Brasilier. Mit freundlichen Worten dankte er mir für die Widmung des Buches über die erste Schingú-Expedition, erkundigte sich in seiner lebhaft eindringenden Art nach den neuen Plänen und entliess uns mit guten Wünschen, deren Verwirklichung zu unterstützen die Behörden angewiesen werden sollten.

Von dem Kaiser gingen wir zum Ackerbauminister Prado. Mit ihm, einem Paulisten, wurde eingehend die Möglichkeit erörtert, durch die Provinz São Paulo über Land nach dem Matogrosso zu gehen. Allein von dem an und für sich verlockenden Plan mussten wir wegen unserer zahlreichen Kisten und Kasten, deren Transport äusserst schwierig und kostspielig gewesen wäre, ohne Weiteres Abstand nehmen. Bei Prado trafen wir auch zum ersten Male mit dem soeben zum Senator des Kaiserreichs erwählten Herrn d'Escragnolle Taunay, dem glänzendsten Schriftsteller und Redner des Instituto Historico zusammen, der von jenem Tage an unser Unternehmen gefördert hat, so oft wir mit einer Bitte zu ihm kamen. Endlich machten wir pflichtschuldigst dem deutschen Gesandten, Herrn Grafen Dönhoff, unsere Aufwartung; wir fanden seine Wohnung nicht ohne längeres Umherirren, da wir nach dem »ministro allemão« gefragt hatten und irrtümlicher Weise nicht zu dem Diener des Staates, sondern zu dem Geistlichen, dem Diener des Herrn, gewiesen wurden.

Am nächsten Morgen waren wir wieder in Rio; die Hoffnung nach Cuyabá zu kommen, mussten wir vorläufig aufgeben. Es war eine traurige Geschichte. Anfang März mit dem fahrplanmässigen Dampfer abreisend, wären wir im April in Cuyabá gewesen, hätten um Mitte Mai aufbrechen und die ganze Trockenzeit, die dort von Mai bis September gerechnet wird, und die sich allein zum Reisen mit einer Tropa eignet, voll verwerten können. Zwar gab es in Rio im Museo Nacional und in der Bibliotheca Nacional die Hülle und Fülle für uns zu thun, und leicht hätten wir ein paar Monate mit grossem Nutzen verbleiben können. Allein wir waren ungeduldig, und die schönen Indianersachen, die wir in den Glasschränken sahen, oder von denen wir in den alten Büchern lasen, trieben uns hinaus, statt uns zu halten. Wir beschlossen nach der Provinz St. Catharina zu gehen, dort unseren Dampfer, der in der Hauptstadt Desterro anlaufen würde, abzuwarten und mittlerweile Sambakís zu studieren sowie die deutschen Kolonien aufzusuchen.

Die Untersuchung der Sambakís, der den europäischen Kjökkenmöddingern entsprechenden Muschelhaufen indianischer Vorzeit, war ein altes Lieblingsthema der Anthropologischen Gesellschaft in Berlin; so konnte uns nichts näher liegen als eine Exkursion zu jenen primitiven Kulturstätten, die gute Ausbeute an Steingeräten und Skeletteilen versprachen.

Am 8. Februar hatte ich noch die Ehre, in einer Sitzung der geographischen Gesellschaft unseren Expeditionsplan zu entwickeln, und am 10. Februar dampften wir ab gen Desterro. Fast $2^{1}/_{2}$ Monat haben wir dort gewartet. Hätten wir von Anfang an mit einem so langen Aufenthalt rechnen dürfen, was hätten wir nicht alles unternehmen können!

Wenige Tagereisen von den Kolonien sind in den sogenannten »Bugres«, die, wenn sie auch den Gës-Stämmen gehören, leider mit Unrecht als »Botokuden« bezeichnet zu werden pflegen, noch ansehnliche Reste der indianischen Bevölkerung vorhanden. Sie bedürfen dringend der Untersuchung. Alljährlich fällt eine Anzahl dieser armen Teufel den Büchsen vorgeschobener Kolonistenposten, besonders der Italiener, zum Opfer. Im Regierungsgebäude von Desterro traf ich mit einem biedern Alten von der »Serra« zusammen, der dort, wie ich selbst, irgend ein Anliegen hatte, und benutzte die Gelegenheit, mich zu erkundigen, ob er mir vielleicht Indianer-Schädel verschaffen könne. Der gute Greis, der mich für einen höheren Beamten zu halten schien, sah mich zu meinem Befremden misstrauisch an und erwiederte nach einigem Zögern: »Die Schädel könnte ich Ihnen schon besorgen. Aber ich muss dann erst mit meinen Nachbarn sprechen, ob sie dabei sind.« Das liess tief blicken.

In zwei Monaten wäre es uns vielleicht geglückt, in freundlichere und nützlichere Beziehungen zu den Bugres zu treten. Aber wie die Sache lag, mussten wir ängstlich Sorge tragen, uns nur für kurze Strecken von der Telegraphenlinie zu entfernen; unter solchen Umständen kam nur Flickwerk zu Stande.

Den März widmeten wir ausschliesslich den Sambakís; wir haben im Ganzen ihrer 14 untersucht und am genauesten diejenigen in der Umgebung von Laguna, einem kleinen Hafen südwestlich von Desterro, kennen gelernt. Ehrenreich allein besuchte die Sambakís in S. Francisco.

Da aber der vorliegende Bericht auf die Schilderung unserer Schingú-Ergebnisse abzielt, möchte ich dem freundlichen Leser nicht dieselbe Verzögerung zumuten, die wir von den Sambakís erfahren haben.*) Ich müsste ihn sonst auch bitten, uns in die deutschen Kolonien zu begleiten, über die sich die Reisegefährten in verschiedenen Richtungen während des April und der ersten Hälfte des Mai zerstreuten. Unser vortrefflicher Freund Ernesto Vahl in Desterro stattete uns mit wertvollen Empfehlungen aus und unterstützte eifrig unsere Propaganda zu Gunsten des Berliner Museums für Völkerkunde. In seiner Gesellschaft durchritten Ehrenreich und ich ein paar ebenso fröhliche wie lehrreiche Tage die Kreuz und Quer das liebliche Revier von Blumenau; der »Immigrant« veröffentlichte einen Aufruf von mir, wir organisirten Sammelstellen und ritten von Gehöft zu Gehöft, wo immer wir einen Landsmann im Verdacht hatten, dass er auf alten Steinbeilklingen seine Messer schleife oder mit einer der prächtigen Steinkeulen, die häufig beim Ausroden der Pflanzungen gefunden werden, pietätlos Kaffeebohnen stampfe. Und Abends buk Mutter Lungershausen Kartoffelpuffer aus Mandiokamehl, tranken wir »Nationalbier« und fühlten uns inmitten aller der treuherzigen, ehrenfesten Gesichter so zu Hause, dass wir den Gedanken, im Kaiserreich Brasilien zu sein, kaum fassen konnten. Dort weilte aber auch eine Zierde der deutschen**) Wissenschaft, der »naturalista« Dr. Fritz Müller, dessen Wert nur von seiner Anspruchslosigkeit und Bescheidenheit übertroffen wird; die Spaziergänge im »Urwald« von Blumenau, auf denen uns der verehrungswürdige, jugendlich lebhafte Greis an seinem innigen Verkehr mit der Natur teilnehmen liess, sind eine meiner edelsten Reiseerinnerungen.

Vogel und mein Vetter durchstreiften fünf Wochen meist zu Fuss die südlicher gelegenen Kolonien, deutsche wie italienische. Sie besuchten die etwas zweifelhaften Kohlenminen am Fuss der „Serra", erkletterten das Hochplateau mit seinem Araukarienwald, wo sie bei einer Temperatur, deren sie sich im Land des südlichen Kreuzes nicht versehen hätten, von vier Grad Kälte im Freien kampiren mussten, und stiegen wieder in das Tiefland hinab. Sie fuhren mit der Bahn nach Laguna und entschieden sich, an der Küste entlang nach Porto Alegre zu reiten. Sie waren jedoch noch nicht drei Tage unterwegs, als sie am 16. Mai in der Kolonie Ararangua zu ihrem Schmerz mein nichtsdestoweniger freudiges Telegramm erhielten, dass der langersehnte Dampfer endlich in Sicht sei.

Am 24. Mai waren wir wieder alle in Desterro vereinigt und Pfingstmontag den 29., nachdem wir gerade noch Zeit gefunden hatten, unsere Sambakí-Sammlung zu ordnen und nach Berlin zu entsenden, sagten wir der malerischen Bucht von

---

*) Eine vorläufige Mittheilung über unsere Arbeiten enthält ein Reisebrief an Herrn Geh. Rath Virchow in den Verhandlungen der Berliner Anthropologischen Gesellschaft. Vergl. Sitzung vom 16. Juli 1887.

**) Ich würde sagen der „brasilischen" Wissenschaft, wenn die neue Regierung seines Adoptivvaterlandes, dem er seit 1852 angehört, nicht mittlerweile auf seine Dienste verzichtet und ihn des keineswegs überreichlich besoldeten Amtes als „naturalista viajante" des Museums in Rio enthoben hätte.

St. Catharina Lebewohl. Die „Rio Grande", ein gutes Vorzeichen, stand unter dem Kommando desselben Kapitäns, der uns 1884 nach Cuyabá gebracht hatte.

Den 31. Mai verbrachten wir in der Hafenstadt Rio Grande, fuhren den folgenden Tag mit einem Abstecher nach Pelotas und kamen am 4. Juni in Montevideo an. Mein Vetter und ich stiegen sofort auf einen argentinischen Dampfer, den mit raffinirtem Luxus ausgestatteten »Eolo« um, begierig so manches herzliche Wiedersehen, das unserer in Buenos Aires wartete, zu beschleunigen; bald folgten auch Ehrenreich und Vogel.

Fast zwei Wochen hatten wir in der Hauptstadt von Argentinien zu verweilen; erst dann kam der eigentliche Matogrosso-Dampfer. Wir benutzten den Aufenthalt, um einige Indianerstudien zu machen. In dem 11. Bataillon der Linieninfanterie wurden zwei Matako und ein Toba linguistisch und anthropologisch aufgenommen sowie photographirt. Einer ganz ausserordentlichen Liebenswürdigkeit hatten wir uns des deutschen Gesandten, des Freiherrn von Rotenhan, zu erfreuen, dessen Empfehlung wir auch die Erlaubniss verdankten, die Soldaten zu untersuchen.

Unter seiner Führung lernten wir die merkwürdige, durch Zauberschlag aus der Erde gestampfte Stadt La Plata kennen, das heisst eine »Stadt«, wo das Bürgertum noch so gut wie fehlte, planmässig verteilt aber die grossartigsten Paläste und Regierungsgebäude bereits fertig in der Pampa standen. Leider liess die Ornamentik die fabrikmässige Herstellung nirgends verkennen. Köstlich erschien uns Spöttern die Kathedrale, die aus Backstein gebaut zu schwindelnder Höhe emporsteigen soll: ein ungeheures Areal, mit den Ziegeluntersätzen der Pfeiler bestellt, und inmitten ein einsamer Arbeiter, der Kalk anrührte, während aus der Ferne ein Zweiter sinnend zuschaute. Wir wanderten staunend von Strasse zu Strasse oder richtiger von Gebäude zu Gebäude, verschafften uns einen flüchtigen Eindruck von den grossartigen Hafenanlagen, auf deren Ausführung die Zukunft der Stadt beruht, und gelangten durch einen überall durchscheinenden, mit entsetzlicher Regelmässigkeit gepflanzten, aber wegen der silbrig schimmernden Blätter dennoch hübschen Eucalyptuswald — vor unserm geistigen Auge dämmerte trotz der exotischen Bäume etwas wie die Landschaft von Teltow und Lichterfelde auf — zu dem neuen Provinzialmuseum. Freskogemälde in frischen glänzenden Farben schmückten die Vestibülrotunde: der Amerikaner der Vorzeit in Gesellschaft fossiler Geschöpfe, moderne Pampasindianer, Eingeborene nach dem ersten Segelschiff ausschauend, das den Fluss heraufkam, andere Feuer durch Reibung entzündend, und Cordilleren-Landschaften. Die schönen Säle enthielten bereits eine Fülle von Schätzen: ausser einer modern naturhistorischen eine reiche paläontologische Sammlung von niedern Tieren und in besonderm Glanz zahlreiche Exemplare von Dinosaurium, Megatherium, Glyptodon, Toxodon, Macrauchenia und wie die Arten der tertiären patagonischen Säugetiere oder der Uebergangsfauna nach dem Quartär hinüber alle heissen mögen, — eine imposante Sammlung von Schädeln und Skeletten der ältesten menschlichen Einwohner bis zu den Patagoniern, die der Direktor Francisco P. Moreno für die letzten vorgeschichtlichen

Einwanderer hält, und zu den modernen Pampasindianern hinunter, eine ethnologische Sammlung mit massenhaftem prähistorischem Material, mit den einfachen Steingeräten des Feuerlandes bis zu den herrlichen Vasen der Peruaner und der Calchaquí. Um dieses Institutes willen allein dürfen wir dem seltsamen Experiment der Stadtgründung vollen Erfolg wünschen.

Unfreundlicher sprach sich Professor Burmeister in Buenos Aires aus, dessen herzerquickende Grobheit freilich nicht geringeren Ruf genoss als seine Gelehrsamkeit. Zu unserer Freude lasen wir im Diario, dass »el sabio Murmeister«, wie der Druckfehlerteufel wollte, von seiner Reise in die Provinz Misiones gerade zurückgekehrt sei, und beeilten uns, ihn vor der Abreise noch zu begrüssen. Wir trafen den alten Herrn in vortrefflicher Stimmung und wurden mit orangerotem Muskateller aus Valencia bewirtet, der mit der kräftigen Herbheit seines Wesens seltsam kontrastirte. Man hatte sein Museum nach La Plata übersiedeln wollen und den Werth auf 20,000 Nacionales veranschlagt. Er erklärte aber, dass es nicht angehe, kostbare Exemplare wie sein prächtiges Megatherium dem Transport auszusetzen und sie in dem neuen Gebäude verderben zu lassen; so kaufte schliesslich die Bundesregierung das Museum der Provinz Buenos Aires für 25,000 Nacionales ab, und es konnte an seinem Ort verbleiben. Leider hatte es nur dunkle alte Räume und war gefüllt wie ein Stapelraum, doch hoffte Burmeister, dass ihm im Laufe der Zeit das Universitätsgebäude zur Verfügung gestellt werde. La Plata war in seinen Augen reiner Schwindel; er spottete über die Bilder, wo ein Indianer an einem Glyptodonknochen kaue — »so erzählt man mir, denn ich bin natürlich nie dagewesen und werde nie hingehen;« er habe trotz Ameghino nicht den geringsten Beweis für das Dasein des Menschen in dieser Epoche entdecken können — ein Urteil, das er später nicht mehr aufrecht gehalten haben soll. Als ich zum Abschied wünschte, dass wir ihn in voller Gesundheit wiederfänden, erwiderte er mit seinem grimmigen Humor: »ich habe die Ueberzeugung erlangt, dass ich, wenn auch nicht geistig, so doch wenigstens körperlich unsterblich bin.« Es ist ihm leider nicht mehr lange vergönnt gewesen, sich dieser Ueberzeugung zu freuen.

Am 17. Juni wurde es endlich Ernst; der brasilische Dampfer, die »Rio Parana«, erschien und mit den bei niederem Wasserstand ortsüblichen Umständlichkeiten — von der Landungsbrücke in einen Karren, von dem Karren in ein Boot — gelangten wir an Bord.

Unter den Reisegefährten fanden wir einen alten Cuyabaner Freund, den Postdirektor Senhor André Vergilio d'Albuquerque. Derselbe erzählte uns, dass man mit der Cholera ziemlich gnädig davongekommen sei. In Corumbá seien allerdings über 100, in Cuyabá nur wenige Personen gestorben. Viele hätten sich auf's Land geflüchtet. Er selbst hatte Sonderbares erlebt. Nach Aufhebung des Dampferverkehrs hatte er die Post auf dem alten Wege der Tropas nach Rio befördern wollen; als er jedoch nach langem Ritt in der ersten Bahnstation S. Paulos erschien, hiess es, er habe die Quarantaine durchbrochen: obwohl Cuyabá bei seiner Abreise noch seuchenfrei gewesen war und er inzwischen eine Strecke von 2300 Kilometern zu Pferde zurückgelegt hatte, wurde er verhaftet und zur Desinfektion, die in dem kleinen Nest mit allen Schikanen auszuführen unmöglich war, auf einer zweitägigen Reise mit Bahn und Dampfer und ohne Isolirung von den übrigen Passagieren nach Ilha Grande, der Qurantaine-Insel von Rio de Janeiro, gebracht, um dort, ich weiss nicht wie viele Tage, ausgelüftet zu werden.

Am 20. Juni Abends erreichten wir Santa Helena, die Fabrik des Kemmerichschen Fleischextraktes. Sie gehört dem Haus Tornquist in Buenos Aires, dessen Associé Herr Lynen sich das höchst dankenswerte Verdienst um unsere Reise erworben hatte, ihr eine Sendung von Fleischextrakt, Bouillonextrakt und Pepton zu stiften, und auch, wie wir bald erfuhren, so liebenswürdig gewesen war, uns hier anzumelden. Denn zu unserer Ueberraschung erklang aus einem Nachen, der in der Dunkelheit heranglitt, plötzlich die Frage herauf, ob die deutsche Expedition an Bord sei, und trat auch gleich darauf Herr Dr. Kemmerich in Person auf Deck mit einem Blumenstrauss und einer neuen inhaltsschweren Kiste ausgerüstet. Erfreulicher Weise musste der Dampfer Kohlen aufnehmen und blieb bis Mitternacht. Nur zu bereitwillig ergriffen wir die Gelegenheit, das Klaviergeklimper, Kartenspiel und die schrecklichen deklamatorischen Vorträge des Kajütensalons mit einer behaglichen Familienstube zu vertauschen und folgten der Einladung des Gastfreundes. Zur grösseren Feierlichkeit hatte der Mayordomo auf den am Ufer aufgetürmten Knochenhügeln der Schlachtopfer zwei mächtige Pechfeuer angezündet, so dass die Fabrik in romantischer Beleuchtung prangte. Damals »nur« 200 Ochsen täglich mussten hier ihr Leben lassen, doch war die Anstalt in gutem Aufschwung begriffen und sollte bald zu grösseren Verhältnissen erweitert werden. Herr Kemmerich hatte ein neues Präparat ersonnen, ein gelbliches, unter hydraulischem Druck hergestelltes Fleischmehl, in dem so viel Nährstoffe — feingepulvertes Bratenfleisch, Speisefett, Peptone, Extrakt — vereinigt waren, dass 100 gr dem Nährwerte von 500 gr frischen Fleisches entsprechen, und dass ein Mann ausschliesslich von dem Inhalt einer etwa spannenlangen zilindrischen Blechbüchse 3—4 Tage leben könne; er bat uns, dieses leicht transportable Gemenge von Kraft und Stoff auf der Reise in Form von Suppe zu versuchen. Wie ich schon hier anführen darf, sind uns die »Fleischpatronen« von solchem Nutzen gewesen, dass wir die Stunde segnen dürfen, wo wir sie erhielten.

In Corrientes mussten wir von unserm schönen, elektrisch beleuchteten Dampfer Abschied nehmen und auf den bescheideneren und kleineren »Rapido« übersiedeln. Dennoch war der Tausch ein guter, denn bei dem »Rio Parana« drohte das Auffahren auf den Sand chronisch zu werden.

Den 28. Juni Asuncion, den 29. Juni weiter. Wir überstürzten uns niemals. Am 30. Juni stoppten wir eine gute Weile, um für einen Ochsen, den wir mit uns führten, Gras zu schneiden. Bequemer wäre es noch gewesen, ihn sich am Lande satt fressen zu lassen.

Paraguay verlassend kamen wir nun endlich wieder nach Brasilien. In Corumbá trafen wir den 4. Juli in der Morgenfrühe ein und hatten den »Rapido« nunmehr abermals mit einer noch kleineren Ausgabe, dem »Rio Verde«, zu vertauschen, der am 5. Juli Morgens abfuhr. Am 11. Juli 3 p. m. kam das ersehnte Cuyabá in Sicht. Ein Vierteljahr später, als wir gerechnet hatten. Vor Freude, dass wir nun glücklich so weit waren, fuhren wir in diesem Augenblick noch einmal und zum letzten Mal mit Vehemenz auf den Sand. So setzten wir im Boot einen Kilometer oberhalb des Hafens an's Ufer und pilgerten zu Fuss nach dem Städtchen. Dort hatte man auch schon die Geduld verloren; Freunde kamen uns entgegengeritten, begrüssten uns mit Lachen und Händeschütteln und geleiteten uns zu einer gastlichen Wohnung, die uns beherbergen musste, bis wir am andern Tag — ein Gasthof, der doch nichts getaugt haben würde, war glücklicher Weise noch nicht vorhanden — ein leerstehendes Haus in der Rua Nova gemietet hatten.

Cuyabá. Es erregte ein allgemeines Schütteln des Kopfes, als wir erklärten, dass wir spätestens in drei Wochen auf dem Marsche sein müssten. In der That ist es nicht so leicht, in kürzester Frist die nötigen Maultiere zu erhalten, ohne dass man auf das schmählichste betrogen wird, und die nötigen mit dem Leben in der Wildnis vertrauten Begleiter, die sogenannten »Camaradas«, sagen wir Kameraden, zu finden, ohne dass man Gefahr läuft, eine Anzahl unbrauchbarer Menschen zu mieten, die später das Wohl und den Erfolg der Expedition in Frage stellen. Wir waren im Grunde selbst erstaunt, dass es uns gelang, die Vorbereitungen in siebzehn Tagen zu erledigen.

Der Umstand, dass wir im Jahre 1884 den ganzen Kursus schon einmal durchgekostet hatten, kam uns in einem Sinne natürlich sehr zu Statten: wir kannten die Sprache und hatten viele persönliche Beziehungen. Auf der andern Seite aber war damit auch ein schwerer Nachteil verbunden, dessen Gewicht uns erst allmählich klar wurde. Bekanntlich sind — oder waren? ich rede natürlich von den vergangenen Tagen des Kaisertums — fast alle Brasilier der besseren Klassen praktische Politiker, sie wollen von Staatsämtern leben und müssen, da die vorhandenen Stellen für alle Anwärter nicht ausreichen, sich in die beiden grossen Lager spalten derer, die im Besitz sind, und derer, die etwas haben wollen. Die eine Partei triumphirt, die andere windet sich in oppositionellem Grimme, die eine nennt sich, Niemand weiss warum, konservativ, die andere liberal. 1884 waren wir auf das Gastfreundlichste und Liebenswürdigste von der guten Gesellschaft aufgenommen worden, und da sie in jener Zeit der herrschenden Richtung gemäss konservativ war, während man auf die Liberalen geringschätzig herabblickte, galten auch wir für konservativ. Da aber 1887 die Liberalen an der Reihe waren, und jetzt ihrerseits die Mitglieder der konservativen Partei schlecht behandeln durften, so mussten auch wir schlecht behandelt werden. Mit grosser Reserve kamen uns die Liberalen entgegen, um sich auf keinen Fall etwas zu vergeben.

Ein ganz besonders drastisches Beispiel dieser Verhältnisse trat in einer Angelegenheit zu Tage, die auf das Innigste mit unserer ersten Expedition verknüpft war. Unserer militärischen Eskorte waren zwei Hauptleute beigegeben gewesen, Herr Tupy und Herr Castro. Der Erstere war als der Aeltere der Kommandant, er hatte aber an der Expedition leider nur das persönliche Interesse gefunden, die ihm vom Präsidenten zur Verfügung gestellten Gelder für seine Spielschulden zu verwenden, anstatt den Proviant und den Sold der Soldaten zu bezahlen. Unterwegs entdeckten wir, dass die Lebensmittel nur bis zum Paranatinga reichten, und da auch eine Anzahl Soldaten ganz unbrauchbar war, mussten wir Herrn Tupy mit einem Teil der Leute zurücksenden, wenn wir nicht das übliche Schicksal der von Cuyabá ausgehenden Expeditionen teilen und unverrichteter Sache heimkehren wollten. So baten wir Herrn Castro das Kommando zu übernehmen, setzten die notwendige Scheidung in einer dramatisch bewegten Lagerscene energisch durch und vollendeten dann unsere Reise programmgemäss mit glücklichem Erfolg.

Herr Tupy schlug nach seiner Rückkunft in Cuyabá einen fürchterlichen Lärm, erklärte uns in den Zeitungen für Schwindler, die sich für Mitglieder der »illustrissima sociedade de geographia de Berlim« ausgäben, in Wirklichkeit aber die Martyrios, die sagenhaften Goldminen der Provinz, auskundschaften und ausbeuten wollten, und klagte seinen Gefährten Castro des Vergehens der Insubordination unter erschwerenden Umständen an.

Während der ganzen Zeit unserer Abwesenheit in Deutschland hat sich die lustige Geschichte fortgesponnen. Im Anfang war sie für Castro, der es seinerseits an kräftigen Erwiderungen nicht fehlen liess, nicht ungünstig verlaufen, nahm jedoch bei dem Sturz der konservativen Partei eine ernsthafte Wendung, als Herr Tupy plötzlich einen Gesinnungswechsel verspürte und sich zu den Ueberzeugungen der neuen Partei bekannte. Castro wurde vor ein Kriegsgericht gestellt; die von Tupy beigebrachten Zeugen erklärten eidlich, dass jener mit uns gemeinschaftliche Sache gemacht habe, um den kommandierenden Offizier aus dem Wege zu räumen. Ueber mich selbst erfuhr ich aus den Akten, dass ich mit den Revolver in der Hand Herrn Tupy's Leben bedroht habe. Der Spruch des Kriegsgerichts lautete gegen Castro. Wir fanden ihn in Haft, doch war insofern noch nicht alle Hoffnung verloren, als gerade mit dem Dampfer, mit dem wir gekommen waren, die Prozessakten zur letzten Entscheidung an den obersten Militair-Gerichtshof in Rio befördert werden sollten. Noch in der Nacht unserer Ankunft setzte ich mich hin und schrieb eine kurze klare Auseinandersetzung des wahren Sachverhalts, die mein Vetter Wilhelm und ich als eine Erklärung an Eidesstatt unterzeichneten. Wir schickten dieselbe an die Deutsche Gesandtschaft in Rio mit der Bitte, sie dem Supremo Tribunal zu übermitteln. Ich füge schon hier an, dass wir nach der Rückkehr von der zweiten Expedition noch in Cuyabá von Herrn Grafen Dönhoff die Nachricht erhielten, Castro sei einstimmig freigesprochen worden, und dass er später, nachdem ich in Rio persönlichen Bericht erstattet, verdientermassen auch dekorirt wurde.

Während der konservative Castro im Arrest sass, hatte man den liberalen Herrn Tupy auf eine ehrenvolle Expedition zur Untersuchung des Rio das Mortes ausgeschickt, doch haben ihn die Indianer nicht freundlich behandelt, sie überfielen seine kleine Truppe und brachten ihm mit einem Keulenschlag eine schwere Schädelwunde bei. Er kehrte aber lebendig und mit ein paar abgeschnittenen Indianerohren (»Affenohren« behaupteten die Widersacher) nach der Hauptstadt zurück, genas, wurde nach Rio Grande do Sul versetzt, womit er einen guten Tausch machte, und dort bald zum Major befördert. Als er von Cuyabá abfuhr, verteilte man unter die Passagiere des Dampfers ein Flugblatt »An das Heer und die Flotte«, das weit und breit versandt, und in dem Jedermann vor dem »infamen, ekelhaften Kapitän Antonio Tupy Ferreira Caldas« gewarnt wurde. Seine Stirn sei von Gott doppelt gezeichnet, einmal mit dem angeborenen Kainsmal, dann mit der Schädeldepression, die nicht von der Keule der Indianer, sondern von dem Comblain-Büchsenkolben eines seiner Soldaten herrühre. Er sei »Verschleuderer der öffentlichen Gelder, Zwischenträger, Intrigant, Spieler von Beruf, Verleumder, Speichellecker, Lüderjahn, Spitzbube, Schwindler, Verräter, Ueberläufer, einem Reptil oder widerlichem Wurm ähnlich, kurz eine Eiterbeule in menschlicher Gestalt und mit allen Lastern behaftet, die man im Universum nur kenne und ausübe«. In diesem Ton hatte man hüben und drüben die ganze Fehde geführt, es waren, wie ich zu meinem Erstaunen erfuhr und nachträglich sah, Zeitungsartikel erschienen, unterzeichnet „Dr. Carlos" oder auch mit meinem vollen Namen, in denen ich dem Kapitän Tupy eine Blütenlese portugiesischer Schimpfwörter an den Kopf warf, wie ich selbst sie in meinen Sprachkenntnissen nicht hätte vermuten dürfen; mein gelindestes Prädikat war das der Giftschlange »jararaca« gewesen, Cophias atrox. Unter solchen Umständen lässt sich begreifen, dass die uns bei unserem neuen Erscheinen in Cuyabá entgegengebrachten Gefühle etwas gemischter Art waren.

Es war von Seiten Tupys ein sehr geschickter Zug und eine sehr richtige Spekulation auf die Ideen der Bevölkerung gewesen, dass er uns beschuldigt hatte, goldsuchende Abenteurer zu sein. Noch heute wird es wenige Menschen im Matogrosso geben, die da glauben, dass wir von Deutschland die weite Reise und von Cuyabá aus die beschwerliche Expedition unternommen hätten zu dem ungeheuerlichen Zweck, die armseligen Indianer kennen zu lernen; wir waren Ingenieure und suchten die Martyrios, das Eldorado der Provinz, dessen Namen jedes matogrossenser Herz höher schlagen lässt, das aufzusuchen jeder Bürger gern grosse Opfer bringen würde.

Zu meiner Ueberraschung erfuhren wir, dass 1884 eine Handvoll Leute den Spuren der Expedition viele Tagereisen gefolgt waren; sie hatten wie wir über den Paranatinga gesetzt und waren von dort bis an den Batovy vorgedrungen, wo sie an unserem Einschiffungsplatz Kehrt machen mussten.

Nicht genug damit, wurde im Jahre 1886 planmässig unter der Führung des José da Silva Rondon eine Expedition in das Batovy-Gebiet unternommen.

34 Leute mit 40 Reit- oder Lasttieren und 3 Ochsen zogen am 1. Juli aus. Es befanden sich in der Gesellschaft sehr wohlhabende Bürger der Stadt, die einen ansehnlichen Beitrag zahlten und sich um der glänzenden Aussicht willen vielen ungewohnten Strapazen bereitwillig unterzogen. Man schlug den nächsten Weg zum Paranatinga über die Chapada ein. Der Ausgangspunkt der Reise in's Unbekannte war die Fazenda S. Manoel im Quellgebiet des Paranatinga, die am 16. Juni erreicht wurde. Man bewegte sich in nordöstlicher Richtung, überschritt eine Menge von Bächen und durchwühlte eine Menge Sand und Kieselgeröll nach dem gleissenden Golde. Um Mitte Juli befand man sich zwischen den Quellbächen des Batovy und gelangte zu dem Einschiffungsplatz unserer ersten Expedition. Zuletzt aber war eine grosse Verwirrung eingerissen, man hatte ernstlich mit dem Proviantmangel zu kämpfen, die Tiere waren in schlechtem Zustande, der eine Herr wollte hierhin, der andere dorthin, und alle vereinigten sich schliesslich, zu Muttern und den Fleischtöpfen Cuyabá's zurück zu kehren.

Da traf 1887 die alarmierende Nachricht ein: schon wieder kommen der Dr. Carlos und seine Gefährten, um eine Expedition an den Schingú zu machen. Das konnte nicht mit rechten Dingen zugehen, die Deutschen hätten also trotzdem und alledem die Martyrios gefunden. Wahrscheinlich lagen die Goldminen ein paar Tagereisen flussabwärts, und man war 1886 zu früh umgekehrt. Wieder stellte sich Rondon an die Spitze einer Expedition, die er diesmal grösstenteils aus eigenen Mitteln bestritt, und setzte sich in Bewegung, während wir noch fern von Cuyabá waren, so dass er sich den Vorsprung vor uns sicherte. Sein Unternehmen hat auch in das unsere eingegriffen, wie wir später sehen werden.

Nach unseren Erfahrungen mit dem Hauptmann Tupy hegten wir den dringenden Wunsch, ohne militärische Unterstützung auszukommen. Es war jedoch bei der knapp bemessenen Zeit vollständig unmöglich, den Bedarf an zuverlässigen Kameraden zu decken. Das brauchbare Material dieser Leute sitzt natürlich draussen auf den oft weit entfernten Pflanzungen und Gehöften; in der Stadt fehlt es nicht an arbeitslosen Individuen jeder Farbenstufe, es ist aber nur ein Zufall, wenn man unter ihnen tüchtige Personen antrifft, die mit dem Buschmesser, der Büchse und den Packtieren hinlänglich Bescheid wissen.

So sahen wir ein, dass wir der Notlage ein kleines Zugeständnis zu machen hatten. Wir konnten dies auch mit gutem Vertrauen thun, wenn es uns gelang, einen wackeren Landsmann in brasilischen Diensten, der seinerseits mit Freuden bereit war, mitzugehen, den Leutnant des 8. Bataillons, Herrn Luiz Perrot zum Begleiter zu erhalten. Perrot, einer französischen Emigrantenfamilie entstammend und in der Nähe von Frankfurt am Main zu Hause, war im Alter von 20 Jahren nach Südamerika verschlagen, hatte den Paraguay-Krieg mitgemacht und sass seither in dem verlorenen Weltwinkel Cuyabá. Ich stellte bei dem Präsidenten der Provinz, einem Vize-Präsidenten in jenen Tagen, den Antrag, dass er uns Perrot nebst vier Leuten und den für diese notwendigen Tieren zur Verfügung stelle. Mein Gesuch wurde anstandslos genehmigt.

Von den Kameraden, die sich uns anboten, fanden nur zwei Gnade vor unsern Augen, Kolonisten-Söhne aus Rio Grande do Sul, Namens Pedro und Carlos Dhein. Wir haben diese Wahl nicht zu bereuen gehabt. Es waren ein paar prächtige, stramme Burschen, unverdrossen bei der schwersten Arbeit und auch zu feinerer nicht ungeschickt. Besonders der Jüngere, Carlos, war auf seine Art ein Genie, der alles konnte, was er anfasste. Die beiden Brüder hatten ein paar Jahre in Diensten des amerikanischen Naturforschers und Sammlers Herbert Smith gestanden, für ihn gejagt und die Ausbeute regelrecht präpariert. Nach seiner Abreise hatten sie zu ihrer Verzweiflung erst Ziegel, dann Brod backen müssen; mit Begeisterung traten sie nun in eine Stelle, die ihren Talenten und Neigungen wieder zusagte. Sie führten uns auch 4 Hunde zu, »Jagdhunde«: den altersschwachen »Diamante«, der ein sehr brüchiger und ungeschliffener Edelstein war, von seinen Herren aber wegen der einstigen Tugenden noch wie ein Kleinod wertgehalten wurde, und die drei flinken und frechen »Feroz«, Wilder, »Legitimo«, Echter, »Certeza«, Sicherheit.

Wir rechneten ferner mit Bestimmtheit darauf, die Begleitung des besten Mannes unserer ersten Expedition zu gewinnen, des Bakaïrí-Indianers Antonio, der in seinem Dorfe am Paranatinga, dem vorgeschobensten Posten des bekannten Gebietes, wohnte, und den wir dort aufzusuchen gedachten.

Eine unerwartete Unterstützung meldete sich in Gestalt des alten guten Januario. Er hatte uns 1884 als Kommandant der uns damals von der Regierung überlassenen Reittiere bis zum Einschiffungsplatz begleitet und seine Schutzbefohlenen nach Cuyabá zurückgeführt. In der Zwischenzeit hatte der tapfere Sergeant nach 35 jährigen Diensten seinen Abschied als Leutnant erhalten und sehnte sich, gegenüber Cuyabá in einem kleinen Häuschen wohnend, nach neuen Thaten. Wir kauften ihm ein gutes Reittier, unterstützten ihn für seine Ausrüstung und hiessen sein Mitgehen um so mehr willkommen, als wir in dem Bestreben, einen guten Arriero zu finden, sehr unglücklich waren. Es ist dies der Führer der Lasttiere, von dessen Tüchtigkeit das Wohl und Wehe einer Tropa abhängt; er beaufsichtigt das Packen der Tiere, hält die Sattel in Stand, sorgt für die gute Ordnung auf dem Marsche, sieht sich nach den guten Bachübergängen um, entscheidet bei alle den tausend kleinen Schwierigkeiten unterwegs mit seinem Feldherrnblick und bestimmt Zeit und Ort des Lagers. Der einzige Arriero, der sich uns anbot, und den wir nur zwei Tage behielten, war ein so klappriges altes Gestell, das zwar noch reiten, aber schon längst nicht mehr gehen konnte, dass wir ihn sicherlich auf halbem Wege hätten begraben müssen. Zu unserer Beruhigung ist er auch schon vor unserer Rückkehr und wenigstens ohne unser Verschulden gestorben.

So waren wir ausser dem später hinzutretenden Antonio 12 Personen: wir vier, Perrot, Januario, Carlos und Peter, sowie die vier von Perrot ausgesuchten Soldaten. Sie waren sämtlich Unteroffiziere und hiessen João Pedro, Columna, Raymundo und Satyro.

Auf dem ersten Lagerplatz, noch in dichtester Nähe von Cuyabá, schloss sich uns endlich der kleine Mulatte Manoel an. Er wollte uns durchaus begleiten, obgleich seine Ausrüstung nur in der Hose und dem zerrissenen Hemd bestand, die er anhatte; mochte er Einiges dazu bekommen und in aller Heiligen Namen als Küchenjunge mitlaufen.

Ein langes Kapitel war die Lasttierfrage gewesen. Die Maultiere kosteten im Durchschnitt 150 Milreis, damals etwa 300 Mark. Wir verzichteten auf Reittiere und gingen zu Fuss, gebrauchten aber dennoch 12 Lasttiere. Perrot ritt sein Pferd und stellte für sich und seine Soldaten 4 Maultiere. Ausserdem half er mit einem alten Gaul dem Bedürfnis nach einer Madrinha aus, wie das den übrigen Tieren vorausschreitende Leittier genannt wird. Dazu kam endlich das für Januario gekaufte vortreffliche Reitmaultier, so dass die ganze Tropa aus 19 Tieren bestand. Jedes Lasttier trägt zwei »Bruacas,« grosse Ledersäcke, die aus Ochsenhaut so ausgeschnitten und zusammengenäht werden, dass oben ein Deckel übergreift. Mit ein paar ledernen Henkeln werden sie an den »Cangalhas« aufgehängt: so heissen die Tragsättel, die aus einem hölzernen Gestell bestehen und zum Schutz gegen den Druck mit grasgefütterten Kissen unterpolstert sind.

Unser Plan war, die Tiere bis zum Einschiffungsplatz mit uns zu führen, und dort unter Aufsicht zurückzulassen, während wir die Flussreise machten und die Indianer besuchten. Nach glücklicher Rückkehr zum Hafen fiel dann den Tieren die Hauptaufgabe zu, unsere Sammlungen nach Cuyabá zu bringen. Damit für diese Raum bleibe, mussten wir uns in der Belastung der Tiere nach Möglichkeit beschränken. Das Rechenexempel gestaltete sich nur insofern nicht ungünstig, als wir ja sicher sein konnten, dass von jenem Zeitpunkte ab aller von Lebensmitteln beanspruchte Platz zur freien Verfügung stand; nur wenige Büchsen mit Suppentafeln und »Kemmerich« mochten bis dahin gerettet werden können. Mandiokamehl hofften wir von den Indianern zu erhalten; im Übrigen mussten wir von Jagd und Fischfang leben. Denn hätten wir für eine Reihe von 5 oder 6 Monaten ausreichenden Proviant mitnehmen wollen, so hätten wir eine Truppe organisieren müssen von einem weit unsere Mittel übersteigenden Umfang, und diese Möglichkeit selbst vorausgesetzt, hätten wir für die grössere Zahl von Tieren auch wieder einer grösseren Zahl von Leuten bedurft, der Gang des Marsches wäre in weglosem Terrain doppelt und dreifach erschwert und in dem Fall, dass die Expedition wie so viele andere im Matogrosso scheiterte, das Unglück unverhältnismässig gesteigert worden.

Perrot transportierte den Proviant für sich und seine vier Unteroffiziere auf den der Regierung gehörigen Maultieren, den »Reunas«. Er führte ausserdem 3 Zelte mit, ein grosses für sich und zwei kleine für je 2 Mann.

Von unsern 24 Bruacas war die Hälfte für die Lebensmittel bestimmt; im Ueberfluss nahmen wir nur das unentbehrliche Salz mit, das für mehr als ein halbes Jahr ausgereicht hätte, 3 Sack = 150 Liter. Die übrigen Hauptartikel waren: 1. die ausgezeichneten braunen Bohnen, 2. Farinha, die Mandiokagrütze,

3. Carne secca, gesalzenes und an der Luft getrocknetes Fleisch, 4. Speck, 5. Reis, 6. Rapadura d. i. ungereinigter Zucker in Gestalt und Grösse unserer Ziegelsteine, 7. Gemüsetafeln (Mélange, Kerbel, Sellerie) von A. Guhl in Hamburg, kondensirte Suppen (Erbsen, Bohnen, Graupen) von R. Scheller in Hildburghausen, und Kemmerich'sche Präparate (Fleischmehl, Fleischextrakt, Bouillonextrakt, Pepton und etliche Dosen Zunge). Es ist vielleicht nicht uninteressant, die Einzelheiten der übrigen Ausrüstung aufzuzählen. Da wären zu nennen:

Gewürze: Pfeffer oder »Pimenta«, die frischen Früchte in dünnem Essig aufbewahrt, Senfpulver und ein paar Flaschen Worcestershiresauce. Getränke: Paraguaythee, etwas chinesischer Thee und Kaffee; eine Liebesgabe von Eckauer Doppelkümmel, und einheimischer Branntwein, »Cachaça« und »Caninha«. Ferner Becher, Teller, Gabeln, Löffel, Kochtöpfe, Theekessel und Beobachtungslaternen. Beile, Pickäxte, Schippen, ein Brecheisen, die beiden letzteren Werkzeuge unentbehrlich bei schweren Bachübergängen. Geschmiedeter Feuerstahl, schwedische Streichhölzer, Brennöl, Spiritus, Pulver, Schrot, Zündhütchen, Seife, einige Pack Papier, Handwerkszeug, Angeln und Angelschnüre, deren Qualität von grosser Wichtigkeit ist, von W. Stork in München. Für die Tiere eine Madrinhaschelle, Striegel, Stricke, Hufeisen, Nägel, Opodeldoc, Tartaro.

Als sogenannte »Dobres« d. h. den Tieren oberhalb der Bruacas aufgeladene Packstücke gingen: Ochsenhäute, deren man immer zu wenig mitnimmt, unsere beiden wasserdichten Zelte von Franz Clouth in Nippes bei Köln, die sich sehr bewährt haben, unsere Nachtsäcke mit Hängematte, Moskiteiro, Ponchos, Decke (vorzüglich sind die grossen Jäger-Decken) und einem Stück Gummituch, das zu den wichtigsten Artikeln gehört. Dobres waren auch der Tabak, eine 50 m lange Rolle schwarzen »Cuyabano's«, der an Wichtigkeit den Lebensmitteln gleichsteht, und Mais als Wegzehrung während einer Reihe von Tagen für die Maultiere. Endlich Tauschwaaren, die wir aus Deutschland mitgebracht und dank dem Entgegenkommen der brasilischen Behörden zollfrei eingeführt hatten: eine schwere Ladung von Solinger Eisenwaaren von F. A. Wolff in Graefrath, hauptsächlich Messern, Beilen, einigen Scheeren, Kuhketten zur Ausschmückung der Häuptlinge, 75 kg Perlen von Greiner & Co. in Bischofsgrün - Bayern, schliesslich Hemden, Taschentücher, Spiegel, Mundharmonikas, Flöten und dergleichen Ueberraschungen mehr. Für unsere Kameraden hatten wir mitgebracht: Hosen, Hemden, Waldmesser, einfache Vorderlader und Revolver.

Der Monatssold der Kameraden beträgt durchschnittlich 30 Milreis (etwa 60 Mark). Erheblich teurer sind gute Arrieros.

Unsere fachliche Ausrüstung nahm auch einigen Raum in Anspruch. Behufs astronomischer und geodätischer Messungen standen zur Verfügung: ein Prismenkreis von Pistor & Martins auf 20" ablesbar, ein Quecksilberhorizont mit Marienglasdach von C. Bamberg, ein kleines Universalinstrument von Pistor & Martins, auf 30" ablesbar, die uns die Direktion der Seewarte in Hamburg freundlichst leihweise überlassen hatte, ein kleiner Reisetheodolit mit Stativ von Casella auf 1' ablesbar,

3 kompensirte Ankeruhren. Zu erdmagnetischen Messungen: ein Deviationsmagnetometer von C. Bamberg (Seewarte), zwei Magnete mit Schwingungskasten von einem Lamontschen Reisetheodoliten. Zur Terrainaufnahme und zu Höhenbestimmungen: ein Siedepunktapparat von Fuess, ein Naudetsches Aneroid von Feiglstock in Etui zum Umhängen, ein Aneroid nach Goldschmidt von Hottinger, zwei Taschenaneroide von Campbell, eine Schmalkalderbussole mit Kreis von 7 cm Durchmesser, ein »Skizzenbrett« nach Naumann von G. Heide, mehrere Taschenkompasse, zwei Schrittzähler. Ein Registriraneroid von Richard Frères blieb zum Zweck korrespondirender Aufzeichnungen in Cuyabá zurück und wurde von Herrn André Vergilio d'Albuquerque bedient. Zu meteorologischen Beobachtungen: ein Maximal- und ein Minimalthermometer von Fuess, ein Schleuderapparat nach Rung mit 3 Thermometern (Seewarte), ein kleines Taschenhygrometer, ein Pinselthermometer für Wassertemperaturen. Ausserdem noch Schleuderthermometer und Extremthermometer. Ferner eine reichhaltige und wohlüberlegte photographische Ausrüstung mit Steinheil'schem Apparat, das Virchow'sche anthropologische Instrumentarium, Chemikalien, etliche Spiritusgläser für kleine zoologische Ausbeute, Zeichen- und Malutensilien, vorgedruckte anthropologische Tabellen und sprachliche Verzeichnisse. Das geringste Gewicht brachten die wenigen und dünnen Bücher »Reiselektüre«, deren Jeder eines oder anderes mitführte; Friederike Kempner, die unentbehrlichste Trösterin auf prosaischem Marsch in fernen Landen, sagt es ja selbst: »Das Gute ist so federleicht«.

Die letzten Tage waren natürlich eitel Packerei und Plackerei. Am Nachmittag des 28. Juli zogen wir aus und schlugen eine halbe Stunde vor der Stadt das Nachtlager auf. Am ersten Tag kommt es nur darauf an, aus der Stadt heraus zu gelangen, und auch an den nächstfolgenden Tagen werden, wenn man nicht über eine Tropa miteinander gewöhnter Tiere verfügt, nur geringe Marschleistungen zu Stande gebracht. Da heisst es mehr denn je »Paciencia« und wieder »Paciencia, Senhor!«

II. KAPITEL.

Von Cuyabá zum Independencia-Lager. I.

Plan und Itinerar. Andere Routen als 1884. Kurze Chronik. Hochebene und Sertão. Die »Serras« ein Terrassenland; seine Physiognomie und topographische Anordnung. Campos. Ansiedler. Lebensbedingungen und Kulturstufe. Ein flüchtiges Liebespaar. Zahme Bakaïrí. Die von Rio Novo auf Reisen. Dorf am Paranatinga. Besuch und Gegenbesuch der »wilden« Bakaïrí 1886. Kunde von den Bakaïrí am Kulisehu!

Plan und Itinerar. In geringer Entfernung östlich und nordöstlich von Cuyabá erhebt sich mit steilem Anstieg die Hochebene, auf der sowohl die Zuflüsse vom Paraguay als die des Amazonas entspringen. Niveaudifferenzen von so kleinem Betrag, dass man mit dem Augenmass die Wasserscheide nicht erkennt, geben für zwei benachbarte Quellbäche den Ausschlag, ob ihr Reiseziel das Delta am Aequator oder die Mündung des Silberstromes unter 35^0 s. Br. sein wird. Wir hatten uns aus dem südlichen Stromsystem in das nördliche zu begeben und den Uebergang von dem einen zum andern im Norden oder Nordosten auf der Wasserscheide zwischen dem zum Bereich des Paraguay gehörigen Rio Cuyabá und seinem »Contravertenten«, dem zum Amazonas strebenden Tapajoz aufzusuchen, um uns dann in östlicher Richtung nach den Quellflüssen des Schingú zu wenden.

Ungefähr in der Mitte des Weges lag der Paranatinga, der durch zahlreiche Quellbäche gespeiste und rasch anschwellende Nebenfluss des Tapajoz, dessen Quellgebiet dem des Schingú benachbart ist, und von dem man lange Zeit geglaubt hat, dass er selbst der westlichste Arm des Schingú sei.

So zerfiel unser Marsch in zwei Abschnitte: I. von Cuyabá bis zum Paranatinga durch, wenn auch spärlich genug, doch immerhin besiedeltes Gebiet und II. von Paranatinga auf weglosem Terrain zu dem Quellfluss des Schingú, den wir hinabfahren wollten.

I. Von Cuyabá zum Paranatinga waren wir 1884 in weitem Bogen erst auf dem linken, später auf dem rechten Ufer des Rio Cuyabá marschirt; wir hatten diesen Umweg unseren Ochsen zuliebe eingeschlagen, die wir damals als Lasttiere verwendeten, und die hier den bequemsten Aufstieg auf die Hochebene fanden. Mit den Maultieren konnten wir direkter auf unser Ziel losgehen und waren dabei

DIE HERREN

JANUARIO Dr. PEDRO Dr. CARLOS PERROT ANTONIO
Dr. GUILHERME Dr. PAULO

in der Lage, Hinweg und Rückweg der Expedition zur wertvollen Erweiterung der geographischen Aufnahme auf zweierlei Weise zu gestalten: auf dem Hinweg erreichten wir den Paranatinga (ebenso wie 1884, wenn auch auf anderer Route) bei dem Dorf der »zahmen« Bakaïrí und die letzte brasilische Ansiedelung vorher war dieses Mal die Fazenda Cuyabasinho; die Bakaïrí unterstützten uns wieder beim Uebergang über den ansehnlichen Fluss, und unser braver Antonio, der Spezialsachverständige für den Bau von Rindenkanus, gesellte sich zu der Truppe, — auf dem Rückweg überschritten wir den Paranatinga weiter oberhalb und fanden den Anschluss an die Zivilisation bei der Fazenda S. Manoel, von wo aus über Ponte alta der geradeste Weg nach Cuyabá führte.

II. Für die Strecke vom Paranatinga zum Quellgebiet des Schingú kam das Folgende in Betracht. 1884 hatten wir nach dem Uebergang über den Paranatinga eine Anzahl von Bächen und Flüsschen, die nach Norden zogen, gekreuzt, ohne entscheiden zu können, ob sie dem Paranatinga-Tapajoz oder dem Schingú angehörten und uns dann auf dem ersten westlichen Quellfluss, den wir mit grösserer Wahrscheinlichkeit als einen Quellfluss des Schingú ansprechen durften, dem Rio Batovy oder Tamitotoala der Eingeborenen eingeschifft. Er mündete schliesslich auch in einen Hauptarm des Schingú, den Ronuro, ja der Ronuro kam aus südwestlicher Richtung herbeigeflossen, sodass wir uns nun bewusst wurden, in den zwischen Paranatinga und Batovy überschrittenen Bächen und Flüsschen bereits Vasallen des Schingú passiert zu haben. Mit dem Ronuro vereinigte sich ganz kurz unterhalb der Batovymündung ein anderer von Ost bis Südost kommender mächtiger Quellfluss, von dem wir damals mit Unrecht glaubten, es sei der »Kulisehu« der Eingeborenen, während es in Wirklichkeit der uns nicht genannte Kuluëne mitsamt dem früher aufgenommenen kleineren Kulisehu war; Ronuro mit dem Batovy und dem falschen »Kulisehu« bildeten zusammen — in »Schingú-Koblenz« (Confluentia), pflegten wir zu sagen — den eigentlichen Schingú, den wir 1884 bis zur Mündung hinabfuhren.

An diesem »Kulisehu«, welchen Namen ich vorläufig beibehalten muss, sollten viele Indianerstämme wohnen, ihn suchten wir 1887. Wir mussten also den westlicher gelegenen Batovy überschreiten und nur bedacht sein, uns dabei so weit als möglich oberhalb unseres alten Einschiffungsplatzes zu halten, damit wir höchstens unbedeutende Quellbäche zu durchkreuzen hätten.

Wir gelangten vom Bakaïrídorf am Paranatinga nach dem Ursprung des Batovy, indem wir auf der ersten Hälfte der Strecke den Spuren von 1884 folgten und auf der zweiten, statt nördlich abzuschwenken, östliche Richtung beibehielten; wir blieben, soviel es anging, nahe der Wasserscheide, traten alsdann in das Quellgebiet des Kulisehu — und dieser Fluss war in der That der wirkliche Kulisehu — ein und wandten uns nach einer Weile gen Norden, bis wir am 6. September einen Arm erreichten, der die Einschiffung erlaubte. Wir nannten den Lagerplatz nach dem am folgenden Tage, den 7. September, in Brasilien gefeierten Fest der Unabhängigkeitserklärung den »Pouso da Independencia«, oder kurzweg »Independencia«.

Somit kann ich die Umrisse unserer Landreise für den Hinweg unter Zufügung der wichtigsten Daten in den Hauptzügen folgendermassen angeben: 28. Juli 1887 Abmarsch von Cuyabá — über einige linke Nebenflüsse des Rio Cuyabá und zwar am 2. August über den Coxipó assú (den »grossen« Coxipó), vom 4. bis 7. Aug. über den Rio Manso — 9. Aug. zum Rio Marzagão und 10. Aug. Anstieg auf die »Serra« — 12. Aug. Fazenda Cuyabasinho im Quellgebiet des Cuyabá — über die Wasserscheide zum Paranatinga und Aufenthalt vom 16. bis 19. Aug. an seinem linken Ufer im Bakaïrídorf — 20. Aug. rechtes Ufer des Paranatinga — über die Quellbäche des Ronuro nach dem Quellgebiet des Batovy: 25. Aug. Westarm, 26. Aug. Mittelarm des Batovy — 27. Aug. über den Ostarm des Batovy und über die Wasserscheide zum ersten kleinen Kulisehu-Quellbach — endlich am 6. September nach vieler Mühsal macht die erschöpfte Truppe Halt in dem Independencia-Lager.

Da ich mich des geographischen Berichtes enthalten will, brauche ich dem freundlichen Leser auch nicht zuzumuten, bei jedem »Descanso« oder »Pouso«, wie wir uns nach unsern brasilischen Gefährten den Ort der Mittagpause und des Nachtlagers zu nennen gewöhnt hatten, Halt zu machen und jeden kleinen Fortschritt an der Hand von Tagebuch und Karte zu verfolgen. Ich beschränke mich auf eine allgemeine Skizze des Terrains und ein paar Augenblicksbilder aus unserm Leben auf dem Marsche.

Hochebene und Sertão. Die Reliefformen unseres Gebiets sind in ihren Grundzügen leicht zu verstehen. Ein gewaltiges Sandsteinplateau, das horizontal geschichteten Urschiefern aufruht, ist den vereinigten mechanischen und chemischen Angriffen von Wasser und Wind ausgesetzt gewesen und hat um so grössere Veränderungen erfahren müssen, als die Gegensätze von Regenzeit und Trockenzeit und die Temperaturdifferenzen von Tag und Nacht sehr scharf ausgesprochen sind. Ueber die Oberfläche weit zerstreut liegen die harten Knollen der »Canga«, die Schlacken des ausgewaschenen und verwitterten eisenschüssigen Sandsteins; in den tieferen Einschnitten tritt der Schiefer zu Tage, und zuweilen wandert man, während der Weg sonst mit gelbrötlichem Sand bedeckt zu sein pflegt, auf grauem hartem wie zementirtem Boden. Aus dem alten Plateaumassiv ist ein Terrassenland geworden mit teilweise sanft geböschten, teilweise steilen Stufen. Als Zeugen für die ursprüngliche Mächtigkeit erheben sich auf seiner breiten Fläche hier und da mit steilen Hängen isolirte Tafelberge oder richtiger, da sie nur eine durchschnittliche Höhe von etwa 80 m haben, Tafelhügel, die »morros« der Brasilier.

Ungemein jäh fällt das Plateau an seinem Westrand im Nordosten von der Hauptstadt zu der 600 bis 700 m tiefer gelegenen Thalsohle des Rio Cuyabá hinab; Cuyabá liegt nach Vogels Bestimmung (Fussboden der Kathedrale) 219 m über dem Meeresspiegel, St. Anna de Chapada 855 m, die höchste Stelle unserer Route auf dem Plateau in der Nähe von Lagoa Comprida hatte 939 m. Der Bewohner der Niederung, dem der Terrassenrand wie ein Gebirgszug erscheint, spricht von einer »Serra« de São Jeronymo oder auch mehr nördlich von einer »Serra« Azul, obgleich er oben angelangt sich nicht auf einem Gipfel, sondern in einer weiten Ebene findet. Doch haben eine Anzahl kleinerer, von der Hauptmasse getrennter Plateaus der Erosion noch widerstanden und erheben sich nun als Ausläufer der Hochebene selbstständig vorgelagert. Unser Marsch führte zu unserer Ueberraschung mitten durch sie hindurch, wo wir nach der Aufnahme von Clauss im Jahre 1884 schon oben über die Hochebene hätten ziehen sollen: er hatte damals diese Ausläufer aus der Ferne eingepeilt und nicht wissen können, dass sie nicht den Rand der Hauptterrasse, sondern nur vorgeschobene Posten darstellen.

Mit ihren grotesken Formen geben sie der Landschaft einen hochromantischen Character. So hatten wir dem ersten von ihnen gegenüber den Eindruck, als ob wir ein 300 m hohes Kastell mit kolossaler Front vor uns sähen; rote Sandsteinzinnen krönten prachtvoll die senkrechte Burgwand. Wir erblickten plumpe Kyklopenbauten an der Seite unserer sandigen Strasse oder auf grünen Bergkegel einen halbzerfallenen Turm mit Schiessscharten und Fensterluken und Mauerresten ringsum oder auf einsamer Höhe ein Staatsgefängnis, das sich, als wir näher kamen, in einen gewaltigen Sarkophag, der auf einer stumpfen Pyramide stand, zu verwandeln schien: wir mussten uns sagen, diese wundersamen Felsen, deren stimmungsvoller Reiz in der Verklärung der untergehenden Sonne oder im Zauberglanz des Mondscheins nicht wenig gesteigert wurde, würden von Teufelssagen und anderm Folklore wimmeln, wenn sie im alten Europa ständen.

Um so prosaischer und eintöniger ist die Hochebene. Durch die Erosion des Wassers erhält sie ein flaches Relief: seichte beckenartige Vertiefungen werden durch flache Hügelrücken, die Chapadões, geschieden. Die Karawane bemüht sich solange als möglich, oben auf dem trockenen und triften Chapadão zu bleiben und lässt es sich dem stetigen bequemen Vorwärtsrücken zuliebe selbst gefallen, wenn sie für eine Weile aus der Richtung kommt: denn eine »Cabeceira,« ein Quellbach, bedeutet immer Aufenthalt und kleine oder grosse Schwierigkeiten. Auf dem Chapadão ist die Vegetation nichts weniger als elegant und üppig: krumme und verkrüppelte Bäumchen mit zerrissener Borkenrinde, zum Teil mit kronleuchterartigen Ästen, deren Enden lederne Blätter aufsitzen — schmalgefiederte Palmen, verhältnismässig selten und von unansehnlichem Wuchs — raschelndes Gebüsch und dürre starre Grashalme — eine Pflanzenwelt, die mit ihrem ganzen Habitus beweisen zu wollen scheint, mit wie wenig Wasser sich wirtschaften lässt, und die in der Trockenzeit mit dem blinkenden Thau allein auszukommen hat. Alle Niederschläge vereinigen sich in den tiefern Einschnitten der Hänge, wo sich sofort ein dichteres und kraftvolleres Buschwerk den Bachufern entlang entwickelt, oder bilden in der Thalmulde jene eigenartige und liebliche Cabeceira, die sich dem Wanderer als das reizvollste Landschaftsbildchen des Matogrosso einprägt. Halbverschmachtet in dem dürren Busch und auf dem sandigen Boden tritt man plötzlich auf einen saftigen frischen, vielleicht ein wenig sumpfigen Wiesengrund hinaus, an dessen Ende in der Mittellinie der junge Bach entspringt, wo ihn das Auge aber vergeblich sucht. Denn thalabwärts schleichend verschwindet er sofort inmitten einer Doppelgallerie prächtiger, schlank emporragender Fächerpalmen und hochstämmiger Laubbäume; und dieser an vollen Wipfeln und Kronen reiche Wald geht nicht etwa beiderseits mit Sträuchern oder Gestrüpp in den niedrigen Busch über, sondern zieht als freistehende dunkle Mauer in die Ferne, noch eine gute Strecke von dem feuchtschimmernden breiten Streifen der grünen Grasflur eingefasst.

Der Topograph darf sich nicht beklagen, dass er schwere Arbeit habe; steigt er auf einen der Tafelberge oder bewegt er sich auf hohem Chapadão, so erblickt er nirgendwo wie bei uns die in der Sonne schimmernden Silberbänder der Wasserarme, allein für ihn bedeuten Bach oder Fluss alle die schmalen, auf hellem Grund scharf abgesetzten Waldlinien, die aus engen Querthälern der Hügelrücken seitlich hervortreten und in gewundenem Lauf den rasch anschwellenden und dem ferneren Horizont zustrebenden Hauptzug im tiefen, breiten Thalgrund suchen.

Hier oben auf der Hochebene befinden wir uns in der echten Natur der »Campos«, und alle Eigentümlichkeiten dieser Kampwildnis — die in beliebigen Uebergängen von dem schwer durchdringlichen, mit stachligen Hecken und dornigem Gestrüpp erfüllten Buschdickicht, dem »Campo cerrado«, bis zu der nur von schmucken Wäldchen (Capões) oder kleinen Palmenständen (Buritisaes) unterbrochenen Grassteppe erscheint — alle Eigentümlichkeiten ihrer wechselnden Bodengestaltung und Bewässerung, ihrer Pflanzen- und Tierwelt, ihrer Lebensbedingungen für den Menschen fasst der Brasilier in dem einen Wort »Sertão« zusammen. Der Sertão »bruto«, der rohe wilde Sertão, ist der, in dem es keine Menschenwohnung oder Weg und Steg überhaupt mehr giebt, wie wir ihn jenseits des Paranatinga in seinem vollen Glanze kennen lernten, aber auch der Sertão, der einige Leguas im Nordosten von Cuyabá beginnt, ist nur eine gewaltige Einöde mit wenigen kleinen, um Tagereisen voneinander entfernten Ansiedelungen.

Man kann ohne grosse Uebertreibung sagen, dass der Sertão bereits hinter den Thoren der Hauptstadt einsetzt, denn kein Feldbau, keine Dörfer, keine Bauernhöfe, nur die sandigen, mit Kieselbrocken bestreuten Wege durch das niedrige Gebüsch verraten die Kultur. Im Anfang zieht man noch auf breiter Strasse, die nicht gerade mit Fahrdamm, Wegweisern und Meilensteinen ausgestattet, aber für die Tiere gut gangbar ist. Sie liegt nur völlig vernachlässigt; jedes Hindernis, eine tiefe Karrenspur oder ein in der Regenzeit ausgespültes Loch oder ein seitlich herabgestürzter Baum wird umgangen, umritten oder umfahren. Bald aber verengert sich der weniger und weniger betretene Weg und jenseit des Rio Manso wird er für lange Strecken zum schmalen Pfad, den Maultier- oder Rinderfährten nicht immer deutlich bezeichnen.

Ansiedler. Bei der ansässigen Bevölkerung, den »moradores« unseres Gebiets, wollen wir einen Augenblick verweilen, ehe wir von aller Zivilisation — es ist nicht gerade viel, was sie selbst davon haben — bis zum letzten Teil der Rückreise Abschied nehmen müssen.

Erst am 7. Reisetage, dem 3. August, trafen wir ein Gehöft in Pontinha, am 4. August kamen wir nach der kleinen Ansiedelung von Tacoarasinha am Rio Manso und am 12. und 13. August im Quellgebiet des Cuyabá nach dem Sitio des Boaventura, sieben elenden Hütten, und nahebei den beiden Fazenden von Cuyabasinho und Cuyabá, die im Besitz derselben Familie sind. Mehr als durch lange Beschreibung werden die Verhältnisse durch die einfache Thatsache beleuchtet, dass alle jene Niederlassungen mit Ausnahme der des Boaventura erst seit kürzester Zeit an ihrem heutigen Orte stehen: der Eigentümer von Pontinha war von dem Rio Marzagão, den wir am 9. August passierten, herübergezogen, weil die zahlreichen blutsaugenden Fledermäuse dort die Viehzucht unmöglich machten — die Leute von Tacoarasinha hatten kurz vorher noch weiter oberhalb am Rio Manso einen Ort Bananal bewohnt — die Fazendeiros von Cuyabásinho und Cuyabá hatten wir selbst 1884 schon an anderer Stelle besucht und zwar näher am Paranatinga in der Fazenda Corrego Fundo (vergl. »Durch Centralbrasilien« p. 116), die teils des Wechselfiebers, der »Sezão«, teils eines Brandes wegen aufgegeben worden war und nun nur noch auf unserer somit bereits veralteten Karte existiert; der Grund, den man in der Stadt am häufigsten vorauszusetzen geneigt ist, dass Überfälle von Indianern den Fazendeiro zum Wegziehen genötigt hätten, trifft heute nur in den seltensten Fällen zu. So darf es nicht Wunder nehmen, dass wir auch einige »Tapeiras« oder verlassene Gehöfte antrafen, wo wir in dem alten »Laranjal« erquickende Apfelsinen pflückten oder an den Pfefferbüschen unsere Gewürzflaschen füllten. So hat es auch nur der Sitio des Boaventura bereits zu einem kleinen in tiefer Einsamkeit gelegenen Kirchhof gebracht: auf einem Haufen rostbrauner Cangaschlacken erhebt sich ein Holzkreuz, ohne Inschrift natürlich, und ringsum liegen zwölf steinbedeckte Gräber, deren Inhaber, wie während des Lebens, in der Hängematte schlafen.

»Arme Leut«, diese portugiesisch sprechenden Moradores von vorwiegend indianischer, stark mit Negerblut versetzter Rasse. Im Vergleich zu ihnen waren die Bewohner der kleinen, sicherlich nicht sehr blühenden Ortschaften am Cuyabá, Guia und Rosario, die wir 1884 besucht hatten, wohlhabende Städter. Nur am Cuyabasinho schien wenigstens ein grösserer Viehstand vorhanden zu sein; die Rinder leben in völliger Freiheit und werden gelegentlich gezählt und gezeichnet, doch macht sich in der ganzen Provinz der verhängnisvolle Uebelstand geltend, dass die auf den weiten Strecken unentbehrlichen Pferde schnell an einer mit

Lähmung der hintern Extremitäten beginnenden »Hüftenseuche«, peste-cadeira, zu Grunde gehen, und die Zucht vorläufig unmöglich erscheint. Angegeben wurde mir auf der Fazenda — ich glaube nicht recht an diese Zahlen — ein Viehstand von 5—6000 Rindern und 60 Pferden; Maultierzucht wurde versuchsweise begonnen. Die Schweine wurden nicht gemästet, da man allen Mais verkaufte.

Wie gross der Landbesitz ist, weiss der Fazendeiro selbst nicht; niemals haben hier regelrechte Vermessungen stattgefunden. Niemand prüft auch die Ansprüche. Der Herr des fürstlichen Grundbesitzes wohnt mit seiner Familie in einem strohgedeckten, aus lehmbeworfenem Fachwerk erbauten Hause ohne Keller und Obergeschoss, in dem es ein paar Tische, Stühle oder Bänke und rohgezimmerte Truhen, aber keine Kommoden, Schränke, Betten, Oefen giebt: Alles schläft nach des Landes Brauch in Hängematten, und man kocht auf einem Backofen in einer vom Hause getrennten Küche oder Kochhütte. Das Verhältnis zum Fremden hält die Mitte zwischen Gastlichkeit und Gastwirtschaft oder Geschäft: man nimmt für die Unterkunft im Haus oder Hof kein Geld, spendiert Kaffee, ein Schnäpschen, Milch, wenn es deren giebt, und verkauft Farinha, Reis, Bohnen, Mandioka, Mais, Dörrfleisch, Hühner. Wie allenthalben im spanischen oder portugiesischen Amerika wird der Eintretende zu dem Mahl eingeladen, das gerade eingenommen wird. Allein der ärmere Cuyabaner, erzählte man mir, ass deshalb gern aus der Schublade statt von der Platte des Tisches: ertönte das Händeklatschen vor der Thüre, das einen Besuch anzeigte, so verschwanden gleichzeitig mit seinem freundlichen »Herein« die Teller im Innern des Tisches. Unleugbar praktisch.

Mit der Cachaça, dem Branntwein, hatten wir es in Cuyabasinho schlecht getroffen: drei Tage vorher war aller Vorrath an einem Fest zu Ehren des heiligen Antonio ausgetrunken worden. Vorsorglich werden stets die Frauen auf der Fazenda dem Fremden ferngehalten, wenn sie nicht schon mehr oder minder Grossmütter sind, und in diesem Misstrauen, wie in der grossen Jägergeschicklichkeit und in der Freude an allen Abenteuern mit dem Getier des Waldes, dem sie mit ihren ausgehungerten halbwilden Hunden zu Leibe rücken, meint man die indianische Abstammung der Moradores noch durchbrechen zu sehen.

Geradezu armselig waren die Hütten von Tacoarasinha, deren Bewohner von den Schingú-Indianern in Hinsicht auf behagliche tüchtige Einrichtung und fleissige Lebensfürsorge unendlich viel zu lernen hätten. Diese kleineren Moradores, fern von allem Verkehr und ohne jede Erziehung aufgewachsen, auf den engsten geistigen Horizont beschränkt, sind durch und durch »gente atrasada«, zurückgebliebene Leute; sie leben bedürfnislos, mit ein paar Pakú-Fischen zufrieden, von der Hand in den Mund, und ihre guten Anlagen verkümmern im Nichtgebrauch. Es gab in dem elenden Nest am Rio Manso kein Pulver und Schrot, keinen Kaffee, keine Rapadura. Von uns wollten sie Mais und Farinha kaufen! Sie hatten nur zwei Kanus und waren doch bei ihrer Trägheit in erster Linie auf den Fischfang angewiesen.

Zum Fluss hinunter war am Morgen und Abend ein fortwährendes Kommen und Gehen. Die Frauen holten Wasser, erschienen aber stets zu mehreren oder in Begleitung eines Mannes. Natürlich wurden wir, da wir Bücher bei uns hatten, Notizen machten und mit wunderbaren Instrumenten hantirten, von der schlecht ernährten, kränklichen Gesellschaft fleissig um unsern ärztlichen Rath gefragt. »Ich bitte«, lautete dann die Ansprache, »um die grosse Freundlickeit, mir den Puls zu fühlen«, oder »sind Sie der Herr, der den Puls fühlt?« Gern suchten wir aus unserer Apotheke ein Trostmittelchen hervor und erhoben Ehrenreich, der von uns das ernsteste Gesicht hatte, ein für alle Mal auf den Posten des »Herrn, der den Puls fühlt«.

Von dem Neuen, was sie bei uns sahen, erregten ausser einem überall bewunderten dreiläufigen Gewehr am meisten ihr Erstaunen die aus Kautschuk und Gummi verfertigten Sachen, da sie gelegentlich ausziehen, um die »Seringa«, den Saft der Siphonia, zumal im Distrikt des Rio Beijaflor, zu sammeln. Es war die reine Zauberei, als wir mit zwei aufgeblasenen Gummikissen ein schwer lahmendes Maultier, das in einem vorspringenden Ast gerannt war und nicht zu schwimmen vermochte, hinter dem Kanu über den Rio Manso bugsirten. Ein Kamm und gar eine Tabakspfeife aus Kautschuck! »Was gibt es nicht alles in dieser Gotteswelt, ihr Leute — neste mundo de Christo, oh, djente, djente!« Die Frauen, die wir im Sitio des Boaventura sprachen, waren Zeit ihres Lebens noch nicht einmal in Rosario oder bei der heiligen Senhora von Guia gewesen. Alles wird aber besser werden, »wenn erst die — Eisenbahn kommt«.

Hier möchte ich auch einer kleinen romantischen Episode gedenken, in der wir unbewusst als Schützer treuer Liebe wirkten. Am 17. Tage sahen wir, in aller Morgenfrühe aufbrechend, vor uns ein seltsames Paar wandern, das wir bald einholten. Es war ein Neger, zerlumpt, hässlich schielend, aber gutmütig ausschauend, und eine Negerin, jung, hübsch, jedenfalls viel zu hübsch für ihren Begleiter, er auf dem Rücken, sie auf ihrem schwarzen Tituskopf ein grosses weisses Bündel tragend. Beide gingen barfuss und zwar sie in einem rosafarbenen Kattunkleid mit himmelblauen Volants, er das Buschmesser, sie eine ungeschlachte Pistole in der Hand. Woher? »Von Cuyabá.« Wohin? »Zu den Bakaïrí am Paranatinga.« Er war Fuhrknecht in der Stadt gewesen und sie, die er heiraten wollte, Sklavin; ihr Herr hatte seinen Konsens verweigert, und der Preis, sie loszukaufen, war unerschwinglich gewesen. Der gute Bischof, den sie um Beistand anflehte, riet ihnen — er heisst Carlos Luiz d'Amour — das Weite zu suchen, bis er die Angelegenheit in Ordnung gebracht habe. Ob auch er oder ein anderer milder Genius den Gedanken eingegeben hat, ich weiss es nicht — sie liessen sich auf ihrer Flucht durch unsern Zug Ziel und Weg weisen, pilgerten, ohne dass wir eine Ahnung davon hatten, dicht hinter uns her, schliefen in der Nähe unserer Lagerplätze und fanden dort nach unserm Abmarsch, wenn wir Jagdglück gehabt hatten, auch noch einen Rest Wildpret zum Morgenimbiss. Einer der Fazendeiros, hatte sie vergeblich verfolgt. Jetzt erst im Quellgebiet des Cuyabá fühlten sie sich in Sicherheit; die wenigen Tagemärsche, die noch zu den Bakaïrí fehlten, war die junge Frau ausser Stande, zurückzulegen, aber sie fanden Unterkunft und Arbeit bei der letzten Ansiedelung. Wenn ihnen dort im Mai des folgenden Jahres ein pünktlicher Storch, Ciconia Maguary, das erste Pickaninny gebracht hat, konnte er auch der Mutter die Freudenbotschaft melden, dass die Sklaverei abgeschafft sei, und ihr die Stunde der Freiheit geschlagen habe.

Zahme Bakaïrí. Dem äussern und innern Leben der brasilischen Ansiedler durchaus ähnlich verfliesst den in ihrer Nähe wohnenden Bakaïrí das Dasein. Sie sind alle getauft — warum, wissen sie selber nicht, es sei denn, um einen schönen portugiesischen Vornamen, dessen Aussprache ihnen oft schwere Mühe macht, zu bekommen — und Einige von ihnen radebrechen auch ein wenig das gebildete Idiom Brasiliens.

Das schon zum Arinosgebiet gehörige Dorf am Rio Novo zu besuchen, wo wir sie 1884 zuerst kennen lernten (vergl. »Durch Zentralbrasilien« p. 102 ff.), ging leider nicht an; um so mehr war ich am 11. August überrascht und erfreut, als wir vor dem Uebergang des Cuyabá, den wir trotz seiner 70 bis 80 m Breite durchschreiten konnten, ganz unversehens einem kleinen Zug von etwa neun Indianern begegneten, guten alten Bekannten, die ihrerseits nicht wenig erstaunt waren, in ihrer Sprache angerufen zu werden. Sie hatten ihr Dorf vor 2 Tagen verlassen und brachten Kautschuk nach Cuyabá; sie reisten langsam, von Lastochsen begleitet, und schossen sich mit Pfeil und Bogen unterwegs ihre Fische. 22 Arroben Kautschuk führten sie, ein achtbares Quantum mit einem Wert, die Arrobe zu 33 Milreis, von 726 Milreis oder damals über 1400 Mark. So wenigstens rechnete Perrot. Wissen möchte ich aber, wie der Handelsmann in Cuyabá gerechnet, und für welchen Gegenwert von Tauschartikeln er ihnen den Kautschuk abgenommen hat. Wäre noch der Häuptling Reginaldo dabei gewesen, der bis 20 zählen konnte.

Die Bakaïrí des Paranatinga trafen wir schon auf der ehemaligen Fazenda von Corrego Fundo, die nun zu einem »Retiro«, einer kleinen Station für die Viehwirtschaft, herabgesunken war; sie hatten sich dort für einige Tage verdingt und gingen am folgenden Tage insgesamt mit uns zu ihrem Dorf am Flusse. Antonio war glücklich, Wilhelm und mich wieder zu sehen und sofort zum Mitgehen bereit, ohne auch nur ein Wort über die Bedingungen oder über die Einzelheiten unseres Planes zu verlieren. Im Dorf war es wieder urgemütlich: viele Hühner mit ihren Küken, einige unglaubliche Hunde und dicke Schweine liefen umher, für zwei mittlerweile zusammengestürzte Häuser hatte man zwei neue — eins davon ein kleiner Fremdenstall — gebaut, Bananen und Mandioka waren reichlich vorhanden und nicht minder der delikate Matrincham-Fisch. Der war jetzt gerade auf seiner nächtlichen Massenwanderung flussaufwärts begriffen und er, dem zu Ehren das schönste Tanzfest mit dem lustigsten Mummenschanz gefeiert wird, gilt dem seinen Paranatinga liebenden Bakaïrí als das beste Wertstück der Heimat; »Matrincham!«, sagte der Häuptling Felipe lakonisch, als ich ihn fragte, ob er nicht besser sein Dorf mehr cuyabáwärts verlege.

Einer sehr späten Nachwelt werden diese Heimstätten nicht erhalten werden, wenn sich nicht vieles ändert, und Felipe, der sich selbst nur Pelipe aussprechen kann, war einsichtig genug, den Verfall zu bemerken. Seit 1884 waren Mehrere zu den Fazendeiros verzogen, darunter auch zwei Brasilier, die sich damals in der Gemeinde eingenistet hatten, den alten Miguel hatten meine Chininpulver nicht am Leben erhalten, Kinder waren nicht geboren, der hundertjährige Caetano schwatzte zwar noch so vergnüglichen Unsinn zusammen, dass kein Ende abzusehen war, allein Nachwuchs konnte seine junge Luisa von ihm nicht erwarten, und die Statistik verdarb entschieden der Gebrauch, dass den Alten die Jungen, den Jungen die Alten vermählt wurden, sowie die Anschauung, dass Angriffe auf das keimende Leben nicht als Verbrechen gelten.

Das Dorf vor dem Untergang zu retten, giebt es nur ein Mittel, das zugleich einen Erfolg von weit grösserer Tragweite einbringen könnte, und auf dieses Mittel ist keineswegs die brasilische Regierung, sondern in seiner Besorgnis der dumme Felipe verfallen. Es besteht einfach darin, dass man sich womöglich mit den von uns 1884 aufgefundenen Bakaïrí des Batovy in dauernden Verkehr setze und einen Teil von ihnen nach dem Paranatinga ziehe. Felipe erzählte, was von hohem Interesse ist, dass er mit Antonio und einem Andern sich 1886 aufgemacht habe, die Stammesgenossen an dem Zufluss des Schingú zu besuchen. Ich komme auf die näheren, auch ethnologisch wichtigen Umstände später in der Geschichte der Westbakaïrí zurück und bemerke hier nur, dass es den Dreien gelang, einige Bakaïrí des ersten Batovydorfes zu einem umgehenden Gegenbesuch am Paranatinga zu veranlassen; sie wurden mitgenommen, sahen die Wunder der europäischen Kultur und kehrten beschenkt mit Allem, was die armen Teufel schenken konnten, an den Batovy zurück, einen späteren Besuch in grösserer Zahl in Aussicht stellend.

Für unsere Expedition hatte der merkwürdige Zwischenfall eine grosse Bedeutung. Felipe und Antonio hatten von ihren Verwandten erfahren, dass es auch im Osten des Batovy-Tamitotoala an dem Kulisehu noch mehrere Bakaïrídörfer gebe. Mein Herz hüpfte voller Freude bei dieser Nachricht. Denn wenn wir erstens den Kulisehu finden und zweitens dort mit Bakaïrí zusammentreffen würden, hatten wir gewonnenes Spiel. Ihrer Hülfe waren wir sicher und von ihnen erhielten wir auch genaue Auskunft über die anderen Stämme des Flusses. Und so ist es denn auch gekommen.

III. KAPITEL.

Von Cuyabá zum Independencia-Lager. II.

Marsch. Unser Zug. Aeussere Erscheinung von Herren und Kameraden. Maultiertreiber- und Holzhackerkursus. Zunehmender Stumpfsinn. Die Sonne als Zeitmesser. Freuden des Marsches. Früchte des Sertão. Nachtlager und Küche. Ankunft. Ungeziefer. »Nationalkoch« und Jagdgerichte. Perrot's Geburtstagsfeier. Nachtstimmung. Gewohnheitstraum des Fliegens. Aufbruch am Morgen. Rondonstrasse und letzter Teil des Weges. Sertãopost. Im Kulischu-Gebiet. Independencia. Schlachtplan.

Marsch. Die Leistungen unserer Karawane waren sehr verschieden, aber durchschnittlich galt ein Marsch von sechs Stunden als das normale Mass. In der ersten Zeit wurde es gewöhnlich, keine besonderen Hindernisse vorausgesetzt, $8^1/_2$ Uhr, bis der Aufbruch erfolgte; später gelang es um 7 Uhr fortzukommen. Am Mittag wurde häufig eine kleine Ruhepause eingeschoben, wozu irgend ein schwieriger Bachübergang den willkommenen Anlass bot.

Unser Zug sah wohl gerade nicht elegant aus, er hatte aber etwas Flottes und Originelles an sich. Perrot zu Pferde ritt im bedächtigen Schritt dem alten Schimmel mit langem Schweif und langer Mähne, der Madrinha, voraus, die nichts als am Hals ihre Glocke trug; nebenher schritt barfuss der Küchenjunge Manoel, stolz das Gewehr eines der Herren auf der Schulter, und in der Hand oder am Gewehr oder auf dem Kopf den grossen blau emaillirten Kessel. Es folgten oder folgten häufig auch nicht die sechzehn Maultiere, eins hinter dem andern, und wir und die Leute dazwischen verteilt, zumeist ein Jeder für sich allein vorwärts strebend; über die hochaufgestapelte Last der Tiere, einem Kutschendach ähnlich, war eine steife Ochsenhaut gespannt, auf der die alles zusammenschnürende »Sobrecarga«, ein breiter Lederriemen, nur schlechten Halt fand. Ueberall und nirgends endlich die Hunde; den Vieren hatte sich als Fünfter ein kleiner weiblicher Spitz auf einer verlassenen Ansiedelung »Fazendinha«, nach der er selbst den Namen Fazendinha empfing, anschliessen dürfen. Unermüdlich flog der alte Renommist Januario auf seiner muntern Mula die Reihe entlang und sprach lobend oder tadelnd mit den Maultieren, blieb auch ab und zu ein Stück zurück und fröhnte seiner Leidenschaft, den Kamp anzuzünden, weniger um des nächtlich schönen Flammenschauspiels willen als zu dem praktischen Zweck, dass der Rückweg — »man konnte ja nicht wissen« — durch den schwarzen Streifen weithin sichtbar bleibe und in dem frisch ersprossenen Gras auch zartes Futter liefere. »Die Wolkensäule wich nimmer von dem Volk des Tages, noch die Feuersäule des Nachts.«

Höchst anständig präsentirten sich in ihrer Erscheinung die beiden Reiter: Perrot in buntfarbigem Leinenhemd und weissleinenen Beinkleidern, vom Hut bis zu den Kavalleriestiefeln adrett und nett und militärisch, und Januario mit seinem feierlichen schwarzbraunen verrunzelten Gesicht über dem weissen Stehkragen, nur Leutnant a. D., aber den Sattel funkelnagelneu, das Gewehr in neuem Futteral, den Revolver in einer neuen mit Jaguarfell überzogenen Tasche, ein blitzblankes Trinkhorn umgehangen, und ohne Sorgen für die Zukunft, da er sich täglich mehr von seinen Gläubigern entfernte, deren zwei noch auf dem ersten Lagerplatz erschienen waren und mit enttäuschten Mienen wieder hatten abziehen müssen. Auf seinen Schuhen sassen mit einem merkwürdigen, tief eingeschnittenen Fransenkranz lose Stiefelschäfte als Futterale für die Unterschenkel auf: er hatte sie kunstgerecht von einem Paar alter Stiefel abgeschnitten, die ihm 1884 Dr. Clauss verehrt hatte!

Doch zierte auch Wilhelm und mich noch dasselbe Paar Hosen von englischem Leder nach Art der italienischen Orgeldreher, das die erste Expedition mitgemacht hatte. Es hatte dem Vogels für die neue Reise zum Vorbild gedient; für Jäger'sche Wollene schwärmte Ehrenreich. Wir alle Vier trugen Jägerhemden und sind mit ihnen zumal in der schwülen Regenzeit, weil sie den Schweiss sofort aufsaugten uud rasch trockneten, sehr zufrieden gewesen. Unsere breitrandigen Strohhüte waren in dem Gefängnis von Cuyabá gearbeitet worden, billig, doch anscheinend für kleinere Köpfe. Das Schuhwerk war verschieden: Ehrenreich und ich gingen in Bergschuhen und, wo der Sand sich häufte, wanderte ich barfuss; Wilhelm liebte Pantoffeln, Vogel die leinenen Baskenschuhe, die man am La Plata kauft. Eine Zeit lang benutzte ich auch, ohne mich recht daran gewöhnen zu können, »Alprecatas« (in gutem oder »Alpacatas«, »Precatas« im matogrossenser Portugiesisch), Ledersandalen, die mir aus frischer Tapirhaut geschnitten worden waren. Diese Sandalen, den Indianern unbekannt, sind von den Negern eingeführt worden; so befinden sich im Berliner Museum für Völkerkunde in der Kameruner Sammlung des Leutnant Morgen zwei Paar genau derselben Art, wie die Kameraden und ich sie gebrauchten. Die Sohle muss so geschnitten werden, dass man mit den Haaren gegen den Strich geht; eine Riemenschlinge beginnt zwischen erster und zweiter Zehe, läuft horizontal um die Ferse und wird vor dieser beiderseits mit einer Schlaufe nach unten festgehalten.

Die Kameraden trugen auf dem Rücken einen steifen selbstgenähten Ledersack, den Surrão; nur Antonio schleppte seine Habseligkeiten in einem schweren weissen Leinensack, und schien sich auch, wenn er ein Wild verfolgte, dadurch kaum behindert zu fühlen. Die Militärs unter ihnen, Perrots vier Unteroffiziere, trugen von ihrer Uniform nur selten den blauen Rock mit rotem Stehkragen und drei Messingknöpfen am Aermel; er stand auch wirklich, obwohl er nicht die erste Garnitur war, zu den bald abgerissenen Zivilhosen, zu dem alten Filzdeckel auf dem Kopf und den blossen Füssen in einem gewissen Widerspruch. Gewöhnlich gingen sie in Drillichjacken, die rot eingefasste Achselklappen hatten. Am Hut steckte eine Nähnadel, eine Zigarette oder dergleichen; den des schwarzbraunen Columna schmückte ein rosa Seidenband. Carlos und Peter erfreuten sich eines sehr festen Anzugs (d. h. Hemd und Hose) aus Segelleinen, der wie die Stiefelschäfte Januario's einen historischen Wert besass: er war aus dem Zelt ihres früheren Herrn, des Naturforschers Herbert Smith geschnitten.

Der Flinte konnte der Eine oder Andere wohl entraten; ich habe die meine Peter überlassen, mich mit dem Revolver begnügt und auf der ganzen Reise keinen Büchsenschuss abgegeben. Unser Aller unentbehrlichstes Stück war das Facão, das grosse Buschmesser; das von uns mitgenommene Solinger Fabrikat hat den Anforderungen, die daran gestellt werden mussten, die freilich sonst auch nur an ein Beil gestellt zu werden pflegen, nicht ganz entsprochen und stand dem amerikanischen, in Cuyabá käuflichen entschieden nach.

Die Meisten von uns führten in der kleinen Umhängetasche, der »Patrona«, neben einiger Munition und einem Stück Tabak das Feuerzeug des brasilischen Waldläufers bei sich, das man in den Sammlungen gelegentlich als indianisches Objekt bezeichnet findet: einen Stahl von Bügelform und in der oft mit eingeritzten Mustern hübsch verzierten Spitze eines Ochsenhorns den Feuerstein und die »Isca«, entweder Baumwolle, die von den schwarzen Kernen befreit und am Feuer ein wenig gedörrt wurde, oder, als sie ausging, schwammiges Bastgewebe von der Uakumá-Palme. Eine Holzscheibe verschliesst das Hörnchen und kann an einem in der Mitte befestigten Stückchen Riemen herausgezogen werden. Fehlte einmal Stahl oder Stein, brachte man den Zunder leicht mit einem Brennglas oder dem Objektiv des Feldstechers zum Glimmen; an Sonne fehlte es nicht. Endlich hing uns am Gürtel der »Caneco«, ein gewöhnlicher Blechbecher mit Henkel, oder eine Kürbisschale von der Crescentia Cuyeté, die innen geschwärzte, zum Essen wie zum Trinken dienende »Kuye«.

Vogel machte seine Wegaufnahme, mit dem Kompass peilend, die Uhr befragend, notirend, zuweilen einen Stein zerklopfend oder an langem Faden das Schleuderthermometer schwingend. Ehrenreich wanderte beschaulich und die umgebende Natur studierend fürbass; Wilhelm und ich waren auf dem ersten Teil des Marsches als Maultiertreiber und auf dem zweiten als Holzhacker mit wütendem Eifer thätig.

Was unsern Treiberkursus anlangt, so schienen die Maultiere im Anfang vom Teufel besessen. Daher das ewige »oh diavo«-Fluchen oder etwa ein zorniges »oh burro safado para comer milho« der Kameraden: »oh du verfluchter Esel, der nichts kann als Mais fressen« und mehr dergleichen kräftiger Zuspruch. Die beliebig in Cuyabá und Umgegend zusammengekauften Tiere bildeten noch eine regellose Horde selbstherrlicher Individuen, und die bessern Gemüter unter ihnen wurden durch ein paar ehrgeizige Racker, die durchaus den andern vorauskommen wollten, demoralisirt: sie liefen im dichtern Kamp mit ihren Lasten gegen die Bäume an, dass die dürren Aeste krachten und die Gepäckstücke herabkollerten, und schlugen sich dann munter seitwärts in die Büsche; die Leute mussten ihre Ledersäcke abwerfen, um die Flüchtlinge zurückzuholen, die überall verstreuten Sachen und Riemen zu sammeln und alles wieder aufzuladen, wozu aber jedesmal mindestens zwei Personen nötig waren, da die beiden schweren Bruacas rechts und links a tempo eingehängt wurden. Noch heute gedenke ich mit einem Gefühl der Unlust eines Tages, wo die Verwirrung sehr gross war und ich mich allein übrig sah, um sechs Maultiere eine endlos lange halbe Stunde durch den wüsten struppigen Busch vor mir her zu treiben. Im besseren Terrain verursachte wiederum ihr Gelüste, frisches Gras zu fressen oder an den Blättern der Akurí-Palmen zu rupfen, steten Aufenthalt. Allmählich indessen lernten die Esel, wie sie durchweg genannt wurden, bessere Ordnung halten und in der weglosen Wildnis jenseit des Paranatinga hatten wir eine zwar mehr und mehr abmagernde und mit Druckwunden behaftete, aber doch wohldisziplinierte Tropa.

Hier bildeten Antonio, Wilhelm und ich die Avantgarde. Wir brachen eine halbe Stunde früher auf, suchten oder machten vielmehr den Weg, indem wir das Gestrüpp wegsäbelten und unausgesetzt alle drei markirten, d. h. rechts und links mit unsern Buschmessern Zweige kappten oder von dem Stamm ein Stück Rinde wegschlugen, sodass der nachfolgende Zug stetig vorwärts rücken und die Wegrichtung an den zersplitterten Aesten und an den weissen oder roten Schälwunden der Bäume erkennen konnte. Waren wir an ein unüberwindliches Hindernis geraten, und hatten wir deshalb ein Stück zurückzugehen und einen neuen Weg zu suchen, so wurde der unbrauchbar gewordene durch auffällig quergelegtes Strauchwerk versperrt, und der neue durch mächtige Schälstreifen geradezu reklamenhaft den Blicken empfohlen. Nicht immer wurden unsere Zeichen richtig gefunden oder die gute Madrinha hatte unbeachtet die Sperrung überschritten; dann räsonnirte die ganze Gesellschaft über unser schlechtes Markiren und wir drei Holzknechte waren nachher sehr betrübt, weil wir im Schweiss unseres Angesichts das Beste gethan zu haben meinten. Uns zum Lobe muss ich erwähnen, dass wir jenseit des Paranatinga unsere alten Marken von 1884 noch wiederfinden und ausgiebig benutzen, ja mehrfach noch deutlich die verschiedenen »Handschriften« unterscheiden konnten.

Zuweilen hatten es wohl beide Teile an Aufmerksamkeit fehlen lassen. Zumal im guten Terrain. Denn es ist ja kaum zu glauben, in welchem Masse die gleichmässig Dahinmarschierenden von stillem Stumpfsinn erfasst werden können. Die ganze Natur schläft in Hitze und Dürre. Der viele Staub, den man schlucken muss, trocknet Lippe und Zunge aus, die Schnurrbarthaare sind durch zähen Teig verklebt und die Zähne haben einen Ueberzug davon, dass man wie auf Gummipastillen kaut, der Gaumen verschmachtet. Man duselt und die Andern duseln auch und die Tiere duseln; das fluchende »anda, diavo« wird seltener und schwächer oder man hört es nicht mehr, man stiert in die sonnendurchglühte Landschaft und sieht sie nicht mehr. Man spricht leise vor sich hin und rafft sich vielleicht noch einmal auf, den trockenen Mund weiter zu öffnen und dem Nächsten wehmütig zuzurufen: »wenn Sie jetzt in Berlin wären, etc.?« und lächelt schmerzlich über die matte Antwort, aus der etwas wie »Spatenbräu« oder »eine Weisse« hervorklingt. Doch an solchem Traumbild trinkt und schluckt man und an dem Staubteig kaut man und verdrossen stapft man weiter, tiefinnerlich, aber ohne sich zur Abwehr aufzuschwingen, einen der Hunde verwünschend, der ebenso verdrossen hinterher wandert und uns bei jedem zweiten Schritt auf die Fersen tritt; man torkelt über den Weg oder die Graskuppen, die Koordinationsstörungen nehmen im Gehen oder Denken mehr und mehr zu, schliesslich schläft man, die Andern schlafen, die Tiere schlafen wie die Natur ringsum schläft, nur dass sie unbeweglich daliegt und wir mechanisch weiter rücken.

Gäbe es noch etwas Lebendiges! Doch man wundert sich schon über einen einsamen Schmetterling. Das Tierleben beschränkte sich auf die Cabeceiras und die kleinen Capão-Wäldchen; dort erhob sich stets wütendes Gebell, wenn die Hunde eindrangen und diesen oder jenen die heisse Tageszeit verschlafenden Vierfüssler aufstörten. Aber die Hochebene war tot. Selbst nach Sonnenaufgang nichts von Vogelgezwitscher, sondern die Ruhe eines Kirchhofes oder so etwas wie eine Landschaft auf dem Monde. Gegen Mittag erbarmungslose Glutund Bruthitze, die grauschwarzen Bäumchen im Campo cerrado, reine Gerippe, warfen nur dünne Schattenmaschen: zeigte sich in der Ferne einmal ein wirklicher Baum, so liefen die Hunde, was ein merkwürdiges Zeugnis für ihr Schlussvermögen abgiebt, ob er nun am Wege oder seitab stand, gerade auf ihn zu und pflanzten sich in seinem Schatten, die Zunge heraushängend und keuchend, auf, bis der Zug vorbeikam. Auf dem hohen Chapadão hörte zeitweilig aller Baumwuchs auf, den Boden deckten scharfes Massega-Gras oder die schauderhaften Pinselquasten des Bocksbarts, barba de bode, von denen der Fuss immer abgleitet, oder Cangaschlacken, die ihn immer hemmen. Dankbar begrüsste man es wie eine Erlösung, wenn wenigstens einmal ein flüchtiger Wolkenschatten gespendet wurde.

Das Tagesgestirn gewöhnten wir uns bald wie die brasilischen Waldläufer nicht nur als Kompass, sondern auch als Zeitmesser zu verwerten. Ich brachte es dahin, die Zeit nach dem Sonnenstand bis auf eine Viertelstunde richtig zu schätzen. Perrot behauptete, dass die Leute den Stand der Sonne oder eines Sternes, z. B. der Venus nach Braças (à 2,2 m) bestimmten, etwa: »Die Venus geht morgen um 4 Uhr auf, treffen wir uns bei 3 Braças«. Dem aufgehenden Mond wurde ein Durchmesser von ungefähr 1 m, dem Mond im Zenith von $1/2$ m zugeschrieben. Ich lernte auch bald, wenn ich nur wusste, wieviel Uhr es ungefähr war, über die Himmelsrichtung unseres Weges im Klaren zu bleiben, ohne besonders zur Sonne aufzuschauen: der Schatten des Vordermannes, der eines Grashalms oder

der eigne Schatten that völlig denselben Dienst wie die Sonne selbst. Man kommt aber zu einer noch höheren Stufe, es gelingt leicht, eine konstante Himmelsrichtung während des Marsches einzuhalten, auch ohne dass man sich die bestimmte Frage nach der Zeit vorlegt, indem man nur vom ersten Augenblick an die Schattenlinien beobachtet und dann im Stillen an ihrer fortwährenden, vom Gang der Sonne abhängigen Verschiebung — anfangs bewusst, bei grösserer Uebung unbewusst — weiterrechnet: will man z. B. östliche Richtung innehalten, so geht man bei Sonnenaufgang der Sonne entgegen und sorgt dafür, dass sich der links entstehende Winkel von Wegrichtung und Schattenlinie allmählig in dem Grade vergrössert, als sich die Sonne nach Norden bewegt. Diesem Winkel zwischen Aufgang und Mittag, zwischen Mittag und Untergang das für den grob praktischen Zweck ausreichende Mass zu geben, macht bei stetigem Marsch selbst einem Kulturmenschen, der sich ohne seine Instrumente sehr ungeschickt anstellt, keine grossen Schwierigkeiten und weckt in ihm wenigstens die Ahnung eines Verständnisses dafür, wie der von Jugend auf die Natur mit offenen Augen beobachtende Eingeborene die Uebung soweit gesteigert hat, dass wir ihm einen besonderen »Instinkt« zuschreiben möchten.

Ein solcher »Instinkt«, der auf sehr sicherm Wissen beruht, bildet sich auch für die topographische Kenntnis des Terrains heraus: unsere beiden Autoritäten Vogel, der nie im Sertão gewesen war, und Antonio, dem Geologie und Mathematik in gleicher Weise fremd geblieben waren, hatten über den Verlauf der Chapadões und der Cabeceiras, von dem unsere Marschrichtung abhängen musste, zuweilen recht verschiedene Ansichten und es kam dazu, dass sie eine Zeit lang einander unfreundlich und damit auch falsch beurteilten.

Vielleicht habe ich, der Beschwerden des Weges, des Durstes, der Monotonie des Landschaftsbildes gedenkend, eine ungünstigere Meinung von dem Sertão der Trockenzeit erweckt als billig ist. So darf ich nicht unterlassen auch einige Lichtpunkte zu zeigen. Da ist nun vor allem hervorzuheben, dass die kühlen Nächte und der Schlaf im Freien ungemein erfrischten, und dass man sich an jedem jungen Morgen wieder im Vollbesitz der leiblichen und geistigen Elastizität befand; da ist nicht zu vergessen, dass man auch auf angestrengtem Marsch nicht schwitzte, weil die trockene Luft den Schweiss schon im Entstehen aufsog, und dass die Tage, an denen man mehrere Stunden hintereinander gar kein Wasser oder auf dem Grund eines hohen verstaubten Bambusdickichts nur eine salzig-bittere Lache fand, zu den Ausnahmen gehörten. Wie köstlich waren auch — wenigstens so lange die Lasttiere noch nicht angelangt waren und die schwierige Passage noch keine Sorge machte — die etwa 10 Schritt breiten, tief eingeschnittenen, von überhängendem Gezweig beschatteten Bachbetten, wo man unter der grünen Wölbung auf einer rötlichen Sandsteinfliese an dem kristallklaren Wässerchen sass, mit vollem Becher schöpfte, das Pfeifchen genoss und mit dem nackten Fuss plätschernd die hurtigen, in ihren gestreiften Schwimmanzügen allerliebst aussehenden Lambaré-Fischchen aufscheuchte oder einen der handgrossen azurblauen, in den Sonnenlichtern metallisch aufschimmernden Neoptolemos-Falter bei seinem Flug von Staude zu Staude beobachtete. Und so bescheiden die niedrigen Guariroba-Palmen mit ihren gewöhnlichen Blättern waren, so elegant erschienen dem Auge schon aus weiter Ferne die mit mächtiger Fächerkrone aufragenden Burití's, die nicht nur wegen ihrer Schönheit, sondern namentlich auch deshalb willkommen waren, weil sich bei ihrem Standort immer Wasser befindet.

Gern würde ich auch den tropischen Früchten, die man in unserer Einöde billiger Weise im Ueberfluss antreffen sollte, ein Loblied singen, um das Konto der Annehmlichkeiten zu vermehren, aber es ist merkwürdig, man mag kommen, wann man will, es ist stets zu spät oder zu früh für die Gaben Pomonas. Schon fast zu zählen waren die Früchte der Uakumá-Palmen, Cocos campestris, die uns zu Teil wurden, und deren gelboranges Fleisch einen klebrigen aprikosensüssen Saft besass; gewöhnlich hatte sie schon vor vollendeter Reife der Tapir gefressen. Nur sehr selten konnten wir uns an ein paar Mangaven, Hancornia speciosa, erquicken, und am allerseltensten war uns das Beste, die äusserlich apfelähnliche, »grossartig« schmeckende Frucht von Solanum lycocarpum, Fruta de lobo oder Wolfsfrucht des Sertanejo's beschieden, deren quellender Süssigkeit durch die schwarzen Kerne ein wenig zarte Bitterkeit beigemischt wurde. Dabei schritt in unserer Marschordnung der »indian file« Einer hinter dem Andern, und war die blosse Gelegenheit schon selten, so war noch viel seltener der Vordermann, der sie nicht für sich selbst voll ausnutzte. Ich, der ich doch meist an zweiter Stelle ging, glaubte schon recht zu kurz zu kommen, und bildete mir von dem sonst so löblichen Antonio vor mir das Urteil, dass er Alles von reifen saftigen Früchten bemerke und Alles schleunigst in Selbstsucht geniesse; er kam, sah und saugte.

Nun, und wenn sich während des Marsches die Summe der Lust und die der Unlust etwa die Wage hielten, so überwog auf dem »Pouso« jedenfalls das Vergnügen trotz der gelegentlichen Misère eines schlechten Platzes oder des Ungeziefers oder der vermissten Maultiere.

Nachtlager und Küche. Auf Wasser, Weide und »Hängemattenbäume« kam es an, wenn wir Quartier machten. Zum idealen Pouso gehörte ein klarer Bach mit bequemem Zutritt für Tiere und Menschen, der auch an tieferen Stellen zwischen reinlichen Sandsteinplatten ein erfrischendes Bad gewährte, gehörte ferner junges saftiges Gras in einer vom krüppeligen Kampwald umschlossenen Thalmulde, sodass die Esel nicht verlockt wurden, in die Ferne zu schweifen, gehörte endlich ein Ufer, gut ventiliert, ohne fliegendes und kriechendes Ungeziefer und frei von Untergestrüpp mit schlanken Bäumen in einem Abstand von 7 bis 9 Schritt. Der absolut schlechte Pouso war in dürrer Grassteppe ein Stück Morast mit zwei oder drei dicht beieinander stehenden Burítípalmen, mit einer schwülen Pfütze und darüber summendem Moskitoschwarm; so schlimm aber kam es wenigstens auf dem Heimweg nur ganz ausnahmsweise.

DIE KAMERADEN

MANOEL CARLOS PETER JOÃO PEDRO RAYMUNDO
         COLUMNA   SATYRO

Die Bruacas und Gepäckstücke, die Holzsättel und das Riemenzeug wurden in guter Ordnung nebeneinander gestapelt, die Eselrücken sorgfältig auf Schwellungen und Druckwunden untersucht und behandelt, und vergnügt entfernte sich die vierbeinige Gesellschaft. Sie hatte volle Freiheit; nur in den ersten Tagen wurden den gefürchtetsten Ausreissern, was aber selten bis zum nächsten Morgen vorhielt, die Vorderfüsse zusammengeschnallt, sodass sie nur mit känguruhartigen, schwerfälligen Bewegungen vorwärts hopsen konnten. Wahrhaft erbitterten uns ein paar von einem Herrn Elpidio gekaufte und deshalb kurzweg »die Elpidios« benannte Esel, die noch vom zweiten Lagerplatz recta via nach Cuyabá zurückgelaufen waren und fortan, in treuer Freundschaft vereint, jede Gelegenheit benutzten durchzubrennen.

Manoel hatte rasch seinen Platz für die Küche gefunden, Holz gesammelt, blasend und mit dem Hut fächelnd ein helles Feuer entzündet, rechts und links einen gegabelten Ast eingerammt und über eine Querstange den Bohnenkessel gehängt. Wir waren währenddess beflissen, die Bäume für die Hängematten auszuwählen und bemächtigten uns des Sackes, der den Bedarf für die Nacht enthielt; der Sack selbst, der Ledergürtel und was man sonst bei Seite legen wollte, wurde sorgsam an einem Ast frei aufgehangen, damit Termiten und Ameisen nicht gar zu leichtes Spiel hatten. Dann aber ging es schleunigst zu der Bruake, in der sich die Farinha befand, und in dem Becher oder besser in der mehr fassenden Kürbisschale wurde aus der Mehlgrütze, einigen möglichst dicken Schnitzeln Rapadura, so lange es von diesen Ziegelsteinkaramellen noch gab, und einem Schuss Bachwasser eine »Jakuba« angerührt: das war stets ein schwelgerischer Augenblick, der auf allen Gesichtern frohe Laune hervorzauberte. Wasser von 21° galt als kühler Trank; fast eiskalt erschien uns das während der Nacht kalt gestellte am Morgen — falls es die Hunde nicht ausgetrunken hatten.

Mochte selbst ein Bienchen in unsern Nektar fallen. Eines! Aber freilich wenn sie uns umschwirrten, als ob wir blühende Obstbäume wären, wurden wir traurig. Auf einigen Lagerplätzen, besonders auf dem »Bienenpouso« am 10. August waren die kleinen, dicken fliegenähnlichen Borstentiere eine wirkliche Plage. Wie lebendig gewordene Ordenssterne krochen sie über die Brust und bedeckten die Kleidung zu hunderten, begierig, jeden Flecken und jede Spur von Schweiss mit dem ganzen Fleiss, wegen dessen sie oft gelobt werden, zu bewirtschaften. Sie stachen ja nicht, aber sie suchten, sobald man stehen blieb oder sich setzte, in Nase, Auge und Ohr hineinzugelangen, verbreiteten sich auf allen Wegen vordringend über die Haut und krabbelten und kitzelten und zerquatschten ekelhaft, wenn man sie unzart anfasste.

Bienen hasste man, während man die Moskitos fürchtete. Von diesen schlimmeren Quälgeistern hatten wir während der Trockenzeit nicht viel zu leiden und auch später ohne Vergleich weniger als 1884 an den Katarakten des mittleren Schingú. Der Moskiteiro, der, durch einige dünne Gerten aufgespannt erhalten, unsere Hängematte als luftiges Gazezelt umgab, bot sichern Schutz; die

Ruhe schmeckte doppelt süss im Genuss der stillen Schadenfreude, wenn draussen in unheimlicher Nähe mit unzufriedenem Diminuendo und drohendem Crescendo die feine Musik ertönte. So schrieb, zeichnete, rechnete, faulenzte man unter seinem Moskiteiro. Die nächtlichen Beobachtungen wurden zuweilen unangenehm beeinträchtigt; da tanzten denn Vogel und mein ihm assistierender Vetter vor dem dreibeinigen Theodolithen einen Tanz der Verzweiflung auf und nieder, während sie durch das Fernrohr schauten und die Ziffern niederschrieben. Respekt auch vor der niederträchtigsten kleinsten Art, dem »mosquito pólvora«. Sie ist winzig, fast unsichtbar und dringt unbehindert durch die Gazemaschen des Moskiteiros, ihr Stich — ich weiss nicht, ob mehr ätzend oder juckend — verwirrt die Sinne, in Schweiss gebadet wirft man sich umher und wütend reibt man erst und kratzt dann, trotz des Bewusstseins, für ein paar Sekunden der Erleichterung eine wochenlang schwärende Haut einzutauschen.

Schmerzhaft, und zwar so, dass auch ein Phlegmatiker mit einem Schrei in die Höhe springt, ist der Stich der Mutuka-Bremse. Aber auch sie kommt eigentlich erst für die Rückreise in Betracht. In hohem Grade lästig waren die kleinen Fliegen, die unsere Leute »Lambe-olhos«, Augenlecker, nannten; nur gehörten sie, wie die von den Blättern herabgeschüttelten Carapatos: Zecken, die sich in die Haut einbohren und Blut saugend zu Knötchen anschwellen, und die am Abend verschwindenden Borrachudos: Stechfliegen, deren Stich kleine schwarze Pünktchen von Blutgerinnsel in der Haut zurücklässt, eher zu den Plagen des Marsches als zu denen des Lagers. Die Lambe-olhos — wahrscheinlich beachtete man die Tierchen nur bei dieser Richtung ihres Angriffs — schienen es ganz allein auf die Augen, und, was ich ihnen sehr übel nahm, ganz besonders auf meine Augen abgesehen zu haben, und endlich, was am schlimmsten war, sie schienen den Raum unter dem Oberlid zu bevorzugen, sodass man schleunigst mit verkniffenem Gesicht den lieben Nächsten zu Hülfe rief und bei dem schwierigen Fall gewöhnlich von einer Hand in die andere wandern musste.

Der unliebsame Besuch der Kupims, Termiten, und der wahren Herren des Urwalds, der Ameisen, galt weniger uns als unserm Nachtsack und den Ledersachen. Glücklicher Weise wurden die Gäste meist noch rechtzeitig am Abend bemerkt, da man durch den Schaden und die lästige Arbeit des Auspackens, Schüttelns, Sengens und Reinigens bald so klug geworden war, vor dem Schlafengehen noch einmal nachzusehen. Zumal der Ruf »Carregadores« veranlasste immer einen kleinen Alarm: wer sie auf seinem Platz entdeckte, flüchtete sich mit seiner gesamten Habe, und Alles sprang besorgt aus den Hängematten, um die Gepäckstücke zu untersuchen. Diese nächtlich arbeitenden »Lastträger«-Ameisen oder Schlepperameisen, eine Atta-Art, die auf ihrem Zuge relativ ungeheure Lasten wegschleppen, haben Augen von fast Erbsengrösse und machen mit ihren starken Zangen scharfe halbmondförmige Einschnitte in Tuch und Leinen; ihre Wohnstätte umfasst ein grosses Terrain, und die zahllosen Gänge sollen bis 3 m tief in die Erde reichen. Mehr interessant als gefährlich, da sie Niemanden von uns etwas zu Leide gethan hat, war die gigantische braune Tokandyra-Ameise, Cryptocerus atratus, die zum Glück kein Herdentier ist, und deren Zwicken dem Skorpionstich ähnelt; die Termiten sollen mit ihr in wütender Fehde liegen. Ich könnte noch mancherlei anderes Ungeziefer nennen, was uns an diesem oder jenem Abend zu Leibe rückte, aber ich bin mir bewusst, durch solch lange Aufzählung, in der man aus Freude an der Erinnerung ohnehin schon bei jedem einzelnen gern übertreibt, ein falsches Gesamtbild im Geiste des Lesers zu erzeugen. Man könnte zu der Vorstellung kommen, die Hängematte im Sertão sei ein schlechterer Aufenthalt gewesen als ein Bett in einer Kavalleriekaserne oder im gefüllten Zwischendeck oder in manch einem verehrungswürdigen altstrassburger Hause.

Wenden wir uns wieder zu dem appetitlicheren Teil des Pouso. Manoels helle Stimme, die sich während der Zubereitung des Mahles in improvisirten Gesängen (»oh ihr Bohnen, wann werdet ihr gar sein?«): lauter, aber melodieen- und gedankenarmer Zwiesprach mit dem Feuer, dem Kochkessel oder seinem Inhalt ergangen hatte, rief den Herrentisch zusammen, uns vier, Perrot, Januario und auch Antonio. Die Leute, die andern Sieben, lagerten und kochten in den beiden stets getrennten Gruppen der vier Soldaten und drei Kameraden.

Pünktlich, sehr pünktlich war ein Jeder zur Stelle, bewaffnet mit Messer und Gabel, ergriff einen der Zinnteller, die später durch indianische Kürbisschalen ersetzt wurden, und Alles lagerte sich in malerischen Posituren — nur Vogel hockte dazwischen auf seinem Observations-Klappstühlchen — um die gelbe oder schwarzweisse Ochsenhaut, auf der der dampfende Kessel, ein Teller mit Farinha und die Pfefferflasche standen oder, wenn die Haut sehr bucklig war, auch plötzlich umfielen. Nach dem Essen gab es den nicht genug zu schätzenden Mate, den Paraguaythee, gelegentlich auch Kaffee.

Unsere etwas einförmige Speisekarte wurde durch Jagd und an den Flusspassagen durch Fischfang angenehm belebt. Es wird ja mit sehr wenigen Ausnahmen Alles gegessen, was geschossen wird, und es wird ausser Aasvögeln und kleinen Vögeln Alles geschossen, was Wirbeltier heisst. Ich habe in Rio de Janeiro ein lehrreiches Büchlein, den »Cozinheiro Nacional«, Nationalkoch, gefunden, das auf jeder Seite beweist, wie mannigfaltig und gesund die zoologische Küche Brasiliens ist und uns hier als kompetenter Führer dienen mag. Für den Tapir 16 Rezepte, für Jaguar, Ameisenbär, Galictis, ein marderartiges Tier, 3 Rezepte, für den Affen 7 Rezepte: »man nimmt einen Affen, schneidet den Kopf ab« und richtet ihn zu 1) am Spiess gespickt, 2) im Ofen gebraten, 3) gedünstet mit Gurken, 4) gestovt mit indischen Feigen, 5) gekocht mit Kürbis, 6) gekocht mit Bananen, 7) gebraten mit Salat von süssen Kartoffeln; es werden natürlich empfohlen Reh (26 Rezepte) und Wildschwein, dann Fischotter und besonders die Nagetiere Coelogenis paca (12 Rezepte), einem Spanferkel ähnlich, Cavia aperea, das kleine Haustierchen der Peruaner, »excellente«, und das Kapivara, Hydrochoerus capybara, das sehr schmackhaft und äusserst gesund ist für skrophulöse, syphilitische, rheumatische und tuberkulöse Personen, aber leider schlecht riechenden und schmeckenden Arzneien nachgesetzt wird wegen seiner mühsamen Zubereitung: 24 Stunden in Gewürze, 24 Stunden in fliessendes Wasser gelegt, 6 Stunden angesetzt mit Branntwein, Nelken, Petersilie, Zwiebel, Ingwer, Majoran, Salz, Pfeffer, am Spiess gebraten und, wenn fertig, serviert. Ferner sind die Beutelratte Gamba und der Rüsselbär oder das Koatí, Nasua socialis, »ausgezeichnet und sehr gesucht«. Von drei Arten Tatús, Gürteltieren, werden zwei Arten nicht gelobt, das Tatú canastra, Dasypus Gigas, wegen seines zähen Fleisches, und das »Tatú cavador dos cemeterios«, das »Grabgürteltier der Kirchhöfe«, wegen seines üblen Geruches. Die Eidechse liefert ein Fricassé, dem des Huhnes zum Verwechseln ähnlich. Die Hühnervögel des Waldes, Jakú (Penelope) und Mutung (Crax), sowie die grossen und kleinen Papageienvögel sind in Ragouts vortrefflich; vor dem Anú (Crotophaga) dagegen, der nur Zecken fresse und stark rieche, wird gewarnt, obgleich er nach allgemeinem Glauben Asthma, veraltete Lues und Warzen heile. Ganz delikat ist das Fleisch der Schlangen, und wer es gegessen hat, zieht es jedem andern vor. Vor Allem ist es ausserordentlich wirksam bei Herzkrankheiten, veralteter Lues, und ein unfehlbares Mittel im ersten Stadium der Elephantiasis. Der Kopf wird abgeschnitten und die Haut abgezogen. Das Fleisch der lebendige Jungen zur Welt bringenden Schlangen verdient vor dem der eierlegenden den Vorzug, und unter jenen liefert das schmackhafteste und heilkräftigste die Klapperschlange.

In diesen Angaben des »Nationalkochs« sind thatsächliche Erfahrungen und die leicht verständlichen Gedankengänge des Volksglaubens wundersam vermischt. Den grösseren Teil der aufgeführten Gerichte, wenn man von der langen Reihe einzelner Rezepte absieht, haben wir redlich durchgekostet, doch sind die wenigen Schlangen, denen wir begegnet sind, leider niemals in den Kochkessel gewandert.

Für das Affenfleisch haben wir uns nicht recht begeistern können, obwohl der »Nationalkoch« für ein brasilisches Festdiner, »lautar brasileiro« vorschreibt: »man setze je einen Macaco an die vier Ecken der Tafel«. Unser Wildpret war eine Cebusart, ein graugelblicher und bräunlicher Geselle mit schwarzem Hinterhaupt und behaartem Wickelschwanz. In Brehms Tierleben (I 49, 1890) wird »die so häufig hervorgehobene Aehnlichkeit eines zubereiteten Affen mit einem Kinde« mit den Worten zurückgewiesen: »Dieser verbrauchte und gänzlich unpassende Vergleich sollte endlich aus Reisebeschreibungen verschwinden, denn ungefähr mit dem nämlichen Rechte könnte ein gebratener Hase kinderähnlich genannt werden; die Menschenähnlichkeit des Affen liegt in seinen Bewegungen, nicht in seiner Körperform.« Warum so schroff? Wie ein Mensch aussieht, wissen wir Alle, und wir Alle sind thatsächlich an ein Menschlein erinnert worden. Gern gestehe ich zu, dass wir, gewohnt, den Affen als unsere eigene Karikatur zu betrachten, eine solche Aehnlichkeit zu finden vielleicht erwarten und sie deshalb zu überschätzen geneigt sind. Im Uebrigen bedaure ich, dass ich keine Photographie von einem Affen vorweisen kann, der am Spiess steckt: aufrecht, die Arme mit den fünffingrigen Händen schlaff herabhängend, den schwarz verkohlten und versengten Kopf zur Seite geneigt und das Gesicht (»mit der dämlichen Schnute«, erklärte Einer auf nicht-portugiesisch) in schmerzlichem, meinetwegen auch dämlichem Mienenspiel erstarrt — ich glaube, man würde mehr doch als durch einen Hasen an eine hässliche Miniatur-Menschengestalt erinnert werden. Wirkungsvoller freilich ist der Eindruck, wenn der umhergereichte »Spiessgesell« mit Kopf und Armen schlenkert und so auch einige der von Brehm geforderten Bewegungen wenigstens passiv zum Besten giebt. Die Indianer brachten den Affen mit Haut und Haar auf das Feuer, und auch hier habe ich den Vergleich vermerkt »wie eine schauderhafte Kindermumie«. Das Fleisch fanden wir zäh, doch saftig, den Geschmack nach verschwalktem, schlecht bereitetem Rindfleisch; es empfahl sich, den Affen angebraten während der Nacht stehen zu lassen und am nächsten Morgen zu kochen.

Unser Urteil über den Tapir lautete: er verdient gegessen zu werden, er bedarf einer pfeffrigen Brühe und ist nicht zart. Als bestes Stück gilt der Rüssel. Vortrefflich ist, wie wohl bei allen grossen Landsäugetieren, die frisch gebratene Leber, die schnell und gut am Spiess herzurichten Vogels Spezialität war. Des Wildschweins Geschmack ist sehr verschieden von dem des unsern, es ist auch weisslich wie Kalbfleisch. Auf unserm berüchtigten »Bienenpouso« brach eine Herde von etwa 60 Stück dicht an dem Lagerplatz vorbei; der tollen Jagd, die sich im Augenblick unter grosser Verwirrung und fürchterlichem Hundegeheul entwickelte, fielen vier Eber und eine Sau zum Opfer. Es wurde ein mächtiger horizontaler, $^1/_2$ m über dem Boden stehender Holzrost, das von den Indianern übernommene »Moquem«, errichtet, auf dem die grossen Stücke geröstet wurden (»moqueados«), während das Filet am Spiess gebraten und Leber, Herz, Nieren mit Speck gekocht wurden.

Reh und Hirsch, »veado« und »cervo«, schmecken anders als bei uns. Zuweilen war die Hirschkeule ganz vorzüglich, im Aussehen einem kleinen Kalbsbraten gleichend, von Geschmack aber feiner und zarter. Wir hatten es mit den beiden Arten des Pampashirsches (Cervus campestris) und des Kamprehs (Cervus simplicicornis) zu thun. Ihr Wildpret war uns stets sehr willkommen, ausgenommen das des mehr oder minder erwachsenen Hirsches. Der Geschmack und Geruch seines Fleisches hat viel von Knoblauch an sich und ist leider sehr nachhaltig; der Braten blieb uns bis zur Rückreise, wo wir in der Not auch einen alten stinkenden Bock recht hochzuschätzen lernten, ein Ding des Abscheus. Selbst das Fell behält die »Catinga«, wie in Brasilien allgemein mit dem Tupíwort die Ausdünstung der Neger, Füchse, Böcke u. s. w. genannt wird. Die Rehe jenseit des Paranatinga waren noch frei von Menschenfurcht; 30 Schritt voraus blieben sie stehen und betrachteten uns neugierig, ein angeschossenes Tier machte sich auf den Trab, hielt aber auf 40 Schritt wieder ruhig an und leckte sich das Blut ab.

Jaguarfleisch, das uns 1884 wie fettes Schweinefleisch vortrefflich mundete, haben wir 1887 nicht genossen. Den Ameisenbär verachteten wir ob seines widerlichen Fettes; junge Tiere sollen nicht so übel sein. Gebratener Rüsselbär hat einen angenehmen Wildgeschmack.

Vögel kamen nur selten zum Schuss, hier und da eine der Rebhuhnarten oder eine Taube oder ein Papagei. Sie ziehen die Flusswaldung vor.

Schildkröten waren ziemlich selten, doch natürlich stets willkommen, besonders stärkere weibliche Exemplare, die runde Eier bis fast zur Grösse mittelgrosser Apfelsinen beherbergten. Am Rio Manso assen wir auch in den Schuppen gerösteten Alligatorschwanz; das fischweisse, in dicken Längsbündeln geordnete Fleisch war etwas zäh, aber wohl geniessbar und wurde von den Einen als fisch-, von den Andern als krebsartig betrachtet und der Abwechslung halber unserer Carne secca vorgezogen. Leguane gab es erst später auf der Flussfahrt. Von Fischen habe ich des Dourado, Pakú, Jahú, der Piranha, der Piraputanga zu gedenken, von denen die ersteren während der Ruhetage am Rio Manso zum Teil geschossen wurden; den Matrinchams des Paranatinga habe ich die verdiente ehrenvolle Erwähnung schon früher angedeihen lassen. In den kleineren Gewässern der Hochebene war wenig Gelegenheit zum Fischen geboten; die fingerlangen Lambarés wurden mit etwas Farinhakleister von den Leuten gelegentlich mehr zum Vergnügen geangelt. Und die wenigen Fische bissen auch nicht einmal an; der Grund dafür, den einer unserer Mulatten entdeckte, wäre eines Irishman würdig gewesen: »weil sie die Angel nicht kennen«.

Eine grössere Anzahl von Menschen rein auf die Jagd angewiesen, würde im Sertão schweren Entbehrungen ausgesetzt sein, selbst wenn sie sich an einem günstigen Platz festsetzte. Gleichzeitig aber in regelmässigem Marsch vorrücken ist unmöglich. Das Land ist trotz der gegenteiligen Behauptungen der Matogrossenser als verhältnismässig jagdarm zu bezeichnen, doch mögen sich ein paar Leute mit guten Hunden und einigem Salzvorrat, sofern sie nicht an eine strikte Route und an eine bestimmte Zeit gebunden sind, recht wohl durchschlagen können.

Von vegetabilischen Nahrungsmitteln wird ausser dem bereits besprochenen Früchten nur Palmkohl von der Guariroba — chininbitter — und Akurí geboten. »Palmwein« haben wir nur einmal getrunken; wir fällten eine Buriti, die in der Höhe — 17 m der Stamm, 2 m (Stiel 0,35 m + Fächer 1,65 m) das Blatt — 19 m mass und einen Umfang von 1,2 m hatte, und schlugen mehrere Tröge in den stahlhart klingenden Stamm, wobei zwei Beilgriffe zerbrachen. Aus den graurötlichen Gefässbündeln floss, in den oberen Trögen nur sehr spärlich, ein sanftes Zuckerwasser, das allmählich einen Geschmack von Kokosmilch annahm und ausgetrunken wurde, ehe Gährung eintrat.

So glaube ich, den hervorragendsten Genüssen, die das Lagerleben bot, gerecht geworden zu sein. Als gewissenhafter Chronist erwähne ich auch Perrot's Geburtstagsfeier am 14. August: wir vier brachten ihm schon vor Tagesanbruch einen solennen Fackelzug mit obligater Musik dar, das heisst ein Jeder, der noch herrschenden Nachtzeit angemessen gekleidet, trug eine brennende Kerze, ich blies auf meinem Signalhörnchen, Vogel und Ehrenreich pfiffen auf einem Jagdflötchen,

Wilhelm auf den Fingern, die Hunde stimmten gellend ein, ich besang den Jubilar in einigen schon durch den Reim Brasilien: Familien gebotenen Versen, und zu alledem gab es noch einen Schnaps, der den alten Januario zu einem lauten, der Himmel weiss, wo aufgeschnappten »hip, hip, hurrah« begeisterte. Das Geburtstagskind wurde auch mit einem Packetchen Zigaretten und einem Stück amerikanischen Tabaks beschenkt und durfte in einer Tasse Kaffee einen noch aufgesparten Rest Zucker trinken.

Ja, es war ein schönes und lustiges Dasein in unsern billigen Nachtquartieren. Wenn das Essen abgetragen war, Jeder sein Besteck im Bach gespült, Manoel die Teller gewaschen hatte — der Schlingel gebrauchte für die Reinigung seines Kochgeschirrs Seife wie wir bei dem rapiden Verbrauch dieses Artikels eines Tages feststellten, ja er hatte die gerupften und ausgenommenen Vögel aussen und innen mit Seife gewaschen — wenn die Nacht sich tiefer und tiefer über unser in der Einsamkeit verlorenes Lagerbildchen senkte, dann schaukelten wir uns urbehaglich in unsern Hängematten und allerlei Wechselrede flog herüber und hinüber. Jagdabenteuer — besonders schön war es, wie Perrot von einem über den Fluss überhängenden Baum herabfiel und sich auf einen Alligator setzte — und das Tierleben kamen in erster Reihe: als von allgemeinerem Interesse möge die bestimmte Behauptung erwähnt sein, dass sich Jaguar und Puma häufig kreuzen; auch zwischen der eingewanderten Ratte und Cavia Aperea sollen Kreuzungen vorkommen. Perrot's Schilderungen ferner von den Schrecken des Paraguaykrieges, von den Mordthaten des Tyrannen Lopez, den sein an den Rand der Vernichtung getriebenes Volk noch heute als Heros verehrt und an dessen Tod es nicht glauben will, Indianergeschichten, unsere Zukunftspläne, der Verlauf der Flüsse und Chapadões, la société de Cuyabá, Reiseerlebnisse und natürlich die Heimat — alles das waren unerschöpliche Themata, und ging einmal der Plauderstoff aus, so brauchte man nur Ehrenreich's wohlassortirten Anekdotenkasten anzutippen und es quoll hervor ohn' Ende wie aus dem Hut eines Taschenspielers: Wippchen, Geheimrats-Jette, der urkomische Bendix, die Goldene 110 — wehe wenn sie losgelassen, da gab es kein Einhalten.

Längst waren wir verstummt, dann war seitab, wo die Leute um das Feuer sassen und die Bohnen zum Frühstück kochten, die Unterhaltung noch im vollen Gange. Laut klang die Stimme eines Haupterzählers herüber, prächtig nachahmend, alle Affekte durchlaufend und, wenn die Pointe kam, mit Triumph in die höchste Fistel überspringend; kräftig setzte der Beifall der Andern ein, man hörte sie lachen und ausspucken: »o que ladrão, oh, was für ein Spitzbube!« »Nur die Neger und die Deutschen können lachen«, behauptete Ehrenreich.

Allmählich wird es still. Im Walde flötet mit vollen, klaren und ganz menschenähnlichen Tönen der Johó, Crypturus noctivagus; er setzt die ganze Nacht nicht aus, und, wenn er Abends beginnt, hat sein immer gleichmässiger Ruf die unfehlbare Wirkung, dass Jedermann ihn nachpfeift. Kein Lüftchen regt sich, doch knattert es in den Fächern der Buritípalmen wie leiser Regen, maschinenmässig schwirrt das ununterbrochene Zirpen der Zikaden, zuweilen mischt sich das ferne Geklingel der Madrinha hinein.

Finster ist es nur im Gebüsch und unter den Bäumen, wo als formlos undeutliche Masse der Wall der Gepäckstücke und Sättel liegt; das Feuer ist bis auf einen glimmenden Holzkloben erloschen. Durch die schwarzen Aeste über unserer Hängematte blickt der funkelnde Sternenhimmel, wie körperliche Schattenarme recken sie sich in die Luft, und unter ihnen weg schweift das Auge über die dunkle Hochebene, auf der fernhin die roten Glutlinien des fortschreitenden Grasbrandes leuchten; zuweilen flackert es empor in wabernder Lohe, kriecht über einen Hügel und dehnt sich wieder lang zu einer dünnen Schlange aus, deutlich erkennt man Hochöfen, Bahnhöfe, verfolgt die Signallaternen der Schienenwege und bemerkt gar hier und da festlich illuminierte Gartenlokale. O Traum des Matogrosso, wann wirst du die Wirklichkeit gewinnen, die länger anhält als ein nächtliches Phantasma? Der Dr. Carlos, hofften die Cuyabaner, werde den Schingú entlang das beste Terrain für die Eisenbahn nach Pará finden. Er fand mehr, er hat in mancher Nacht die Bahn schon fertig und im schönsten Betrieb den Sertão durchziehen sehen, aber er ist zum Unglück, wenn er so weit war, immer rasch eingeschlafen.

Und dann in seinem wirklichen Traum, löste er mit sicherer Eleganz ein Problem, das viel wichtiger ist als die Eisenbahn im Matogrosso. Er flog. Er flog mehrere Stockwerke die Treppe hinunter, ohne den Boden zu berühren und lenkte scharf um die Ecken, ohne anzustossen, er flog draussen zu den Dächern empor und über sie hinweg, ja er war sich dabei immer auf das Bestimmteste bewusst, nicht etwa zu träumen, und liess sich einmal sogar von dem Direktor Renz engagiren, um die neue herrliche Kunst im Zirkus zu zeigen, wo sie freilich im entscheidenden Augenblick versagte, und die Menschenmenge den armen Erfinder mit brausendem Gelächter verhöhnte. Der Traum des Fliegens war für mich in der Hängematte geradezu ein Gewohnheitstraum und immer mit der lebendigsten Ueberzeugung des Wachseins verknüpft. Ich gebrauchte selten etwas, was als Kopfkissen hätte gelten können, ein Tuch, eine Mütze oder dergleichen, denn dieses Ersatzstück verlor sich doch von seinem Platz. So war der Hals und der Ansatz des Kopfes im Nacken nicht unterstützt, die durch das Körpergewicht straff angezogene Hängematte ging frei weggespannt über diese Stelle, und oben oder zur Seite lag der Kopf schwer auf, gleichsam wie ein besonderer Körper für sich. Wahrscheinlich ist in dieser unbequemen Lage die Erklärung enthalten.

Ich hatte einen leisen Schlaf und stand als guter Hausvater auch zuerst auf, um Manoel zu wecken, dass er den Mate aufsetze. Schlaftrunken blies der Junge die Asche an und hatte bald sein kochendes Wasser. Dann erschallte mein Trompetchen in gellenden Tönen und Fazendinha, der Spitz, sang zur Begleitung sein Morgenlied. Die geübtesten Fährtensucher brachen auf, die Maultiere zu holen, wir banden die Hängematten los, packten die Decken ein, wuschen uns im Bach mit Seife und, um zu sparen, auch mit Sand, vielleicht kostbarem goldführendem Sand, assen marschbereit unsere Bohnen und warteten mit immer neuer Spannung auf den ersten Laut der Klingel der Madrinha. Der gute Schimmel erschien, hinter ihm kamen die Esel geschritten — denn die schönen Tage waren längst vorbei, als Januario mit dem Maissack raschelnd sein lockendes »jo jo jo« ertönen liess und sie in Aufregung heraneilten und mit dem Vorderfuss ungeduldig aufstampften — eifrig zählten wir der Reihe entlang und dankten unserm Schicksal, wenn keins der teuern Häupter fehlte und sich nicht einmal die beiden Elpidios »versteckt« hatten. Gewöhnlich kamen sie in kleinen Abtheilungen und nicht selten hatten sich einige erst eine Stunde weit oder mehr vom Lager entfernt gefunden, wohin man ihre Spuren verfolgen musste. Die Tiere wurden jedes an eine Stange oder ein Bäumchen gebunden, und die Avantgarde setzte sich in Bewegung.

Rondonstrasse und letzter Teil des Weges. Es war am 25. August, als wir die beiden Quellflüsse des Ronuro, den Bugio und den Jatobá möglichst nahe ihrem Ursprung passiert hatten, und weiter östlich ziehend eine frische Queimada bemerkten. Sie konnte nur von der Goldsucher-Expedition des Cuyabaners Rondon herrühren; bald kreuzten wir in der That auch seinen nach Norden gerichteten Weg, einen schmalen, aber von den Eseln festgetretenen Graspfad. Rondon war also in das Gebiet des Jatobá und damit des Ronuro vorgedrungen; dort hoffte er das Eldorado der Martyrios zu finden. Da er, wie wir wussten, über die Fazenda S. Manoel gezogen war, denselben Weg, den wir auf der Heimreise von hier aus einschlagen wollten, so war es für uns von grossem Interesse, darüber Näheres zu erfahren. Er konnte uns vielleicht beraten, ob sein Weg auch in der Regenzeit, in der wir zurückkehrten, überall gangbar und der Rio S. Manoel dann für unsere Truppe passierbar sein werde, wie weit es ferner von hier noch bis zur Fazenda und wie jenseits derselben der Anstieg auf die »Serra« beschaffen sei.

Die Rondonstrasse kreuzte sich mit unserm Wege rechtwinklig bei einem freistehenden, verhältnismässig hohen Baum; er sollte die Sertãopost vermitteln. Ich schrieb Abends auf dem Pouso am Westarm des Batovy meinen Brief, in dem wir den Kollegen begrüssten und unsere Fragen formulierten, und legte ihn nebst einem Bogen Papier und einem Bleistift in eine wasserdichte Blechbüchse. Perrot und Januario ritten am nächsten Morgen zurück, nagelten die mit Lederriemen umschlossene Büchse an und befestigten kreuzweise darüber zwei Bambusstöcke mit flatternden Fähnchen. Das Terrain ringsum war bereits Queimada, sodass man von einem Feuer nichts zu befürchten brauchte; der Baum wurde noch gründlich markiert und aussen auf dem Briefkasten stand mit Tusche geschrieben die Adresse: »Ill.mo Sr. Rondon.«

Obgleich wir möglichst nach Süden gehalten hatten, fanden wir den Westarm des Batovy doch bereits stärker als uns lieb war; er floss ausserdem zwischen steilen Uferhängen, die abgestochen und mit einem Geländer flankiert werden mussten. Das Quellbecken des Batovy zeigte sich weiter südwärts vorgeschoben, als unsere Karte von 1884 auf Grund von Peilungen angab. Wir machten, nachdem wir einen kleinen Mittelarm ohne Mühe passiert hatten, eine Rekognoszirung nach Süden und fanden eine von breiten Waldstreifen reich durchsetzte Landschaft: der Wald des Batovy schien unmittelbar in den des Paranatinga oder, mussten wir uns fragen, östlich auch schon des Kulisehu überzugehen; eine Wasserscheide war nicht zu erkennen. Im Batovybecken entdeckten wir auch deutliche Indianerspuren, wahrscheinlich von umherstreifenden Kayapó herrührend, von Menschenhand geknickte Zweige und ein bei Seite geworfenes Stück Buritístab. Und, was uns nicht minder interessierte, ziemlich

Abb. 1. Briefkasten im Sertão.

frische Fährten von Ochsen und ein Lager, das von 5—6 Tieren benutzt zu sein schien. Das waren Ochsen, die uns selbst gehörten, die wir selbst bezahlt hatten: 1884 bei der Einschiffung hatten wir sie laufen lassen, da sie zum Schlachten wegen ihres heruntergekommenen Zustandes und ihrer Wunden nicht taugten. Jetzt waren sie, wie die breit ausgetretenen Spuren bewiesen, rund und fett geworden. Aber es gelang nicht, sie aufzutreiben, und nur ein Tapir fiel uns zur Beute.

Nachdem wir am 27. August das letzte Quellflüsschen des Batovy überschritten, einen äusserst mühseligen Anstieg auf den Ostchapadão ausgeführt, auf seiner Höhe eine lange, 10 m breite, 3—4 m tiefe Erdspalte, deren Wände aus grauschwarzem, trocknem Morast bestanden und in die der Wald hinabgestürzt war, durch scharfes dürres Massegagras auf Tapirpfaden wandernd umgangen und einen unangenehmen Chapadão mit einem Niederstieg voller Cangablöcke gekreuzt hatten, machten wir an einem sumpfigen Bächlein einen Ruhetag, nicht denkend, dass wir bereits Kulisehuwasser tranken. Die Maultiere waren von den Strapazen schon recht mitgenommen, während die Hunde sich gerade hier, in den besten Jagdgründen, am wohlsten fühlten und gelegentlich mit Tapirfleisch derart vollpfropften, dass sie sich kaum mehr bewegen konnten, auch selbst zu jagen viel zu faul wurden.

Wir wünschten auf der Wasserscheide zwischen Batovy und seinen östlichen Nachbarn nach Norden zu rücken, allein wir gerieten in ein schreckliches Hügelgewirr mit tiefen Abstürzen, mussten jeden Fortschritt in nördlicher Richtung mit einem Umweg nach Osten erkaufen und hatten Tag für Tag mit den schwierigsten Passagen zu kämpfen: die kleinen Bäche höher oben waren tief eingeschnitten und hatten senkrechte Ufer, die grösseren weiter unten verbreiterten sich rasch zu Flüsschen von mehr als 30 m Breite, deren Gewässer träge zwischen Sandsteinblöcken dahinfloss und von hohem Wald oder starrendem Bambusdickicht mit sumpfigem Grund eingeschlossen war. Das Land zwischen den Quellarmen war fast ausnahmslos klassischer Campo cerrado, wo Antonio, Wilhelm und ich schwere Arbeit hatten. Wie ein gehetztes Wild hatte Antonio bachaufwärts, bachabwärts zu rennen, um nach einem erträglichen Uebergang zu fahnden. Aber die Esel stürzten dennoch oft einer hinter dem andern.

Kräftig sahen wir den Hauptfluss unseres Thals sich entwickeln, immer breiter und voller schwoll sein Waldstreifen an, aber war es der Kulisehu? 30—36 m Breite war doch sehr wenig. Wir rechneten bestimmt darauf, dass bald von Osten her ein stärkerer Arm hinzukomme, doch hofften wir vergebens. Antonio freilich hatte die feste Ueberzeugung, wir müssten schon am richtigen Kulisehu sein, wo weiter abwärts die Bakaïrí wohnten; er hatte von den Bakaïrí des Batovy erfahren, dass die Kulisehu-Bakaïrí den Fluss hoch bis zu einem grossem Katarakt hinaufgingen, um dort zu fischen, und dass die Batovy-Bakaïrí drei Tage gebrauchten, wenn sie ihre Stammesgenossen am Kulisehu über Land besuchten. Im nahen Bereich von Indianern schienen wir schon jetzt zu sein. Am 2. September bemerkten wir Abends einen Schein im Osten, der jedoch vielleicht vom aufgehenden Mond herrührte, am 4. September konnten wir ihn mit Sicherheit als Feuerschein ansprechen, und am 5. September brachte uns der Wind am Tage Rauch und Asche aus SSO.

Mit deutlichen Anzeichen rückte die Regenzeit heran. Die Luft war dunstig, die Hitze unausstehlich, die Sonne ging löschpapierfarben auf und ging rosa am trüben Himmel wie eine Polarsonne unter; in der Nacht vom 1. auf den 2. September hatten wir den ersten Regenalarm, aber es blieb bei dem Schrecken; nur im Osten ging ein Gewitter nieder. Doch am 2. September regnete es auch wirklich ein wenig; wir schlugen zum ersten Mal, freilich mehr zum Vergnügen als weil es notwendig gewesen wäre, die Zelte auf. Die Vorräte verringerten sich bedenklich: wir hatten noch zwei Alqueires (à 50 Ltr) Bohnen und die letzten zwei Alqueires Farinha — sie allein giebt Kraft, während Bohnen und Fleisch nur den Magen beschweren, meinten unsere brasilischen Soldaten — waren bereits angebrochen, der Speck war aufgezehrt, nicht ohne nächtliche Beihilfe unserer Jagdhunde.

Am 6. September Cerrado, Cerrado! Die Avantgarde säbelte wie besessen, um der Truppe einen Weg zu öffnen. Es war Pikade schlagen und nicht mehr markieren. Gegen 11 Uhr kamen wir endlich einmal an eine hochgelegene Lichtung und gewannen einen Ausblick nach Norden. Diavo, Cerrado, so weit das Auge reichte, Cerrado für Leguas hinaus! Wir sahen einander an und verstanden uns ohne Worte: rechts schwenkt marsch zum Fluss hinab und weiter vorwärts auf dem Flusse selbst! In einer halben Stunde erreichten wir das Ufer und sahen, dass wir eine vortreffliche Ecke gefunden hatten: ein frischer 8 m breiter Bach floss hier ein, schlankstämmige Bäumchen für die Hängematten waren hinreichend vorhanden, und ein breites Stück Grasland schob sich waldfrei bis an diesen Lagerplatz vor. Die arme Truppe, sie erschien erst um 4 Uhr Nachmittags: acht Esel hatten sich seitwärts in die Büsche geschlagen; einer war nach langem Suchen an einem Bach liegend gefunden worden, einer steckte noch im Walde und sie selbst, die fromme unbepackte Madrinha hatte dem Zuge entschlossen den Rücken gewandt und das Weite gesucht.

»Viva a independencia!« riefen unsere Brasilier am Tage ihres Festes, den 7. September, und Independencia wurde der Name unseres Standquartiers: 13^0 $34',3$ südl. Breite, 51^0 $58',5$ westl. Länge von Greenwich. Es wurde beschlossen, dass Antonio ein Rindenkanu mache, wovon wir uns freilich jetzt am Ende der Trockenzeit, da die Rinde des Jatobá-Baumes dann spröde ist und zerspringt, nicht gerade das Beste versprechen durften, und dass ich mit ihm und Carlos mich einschiffe, um zu sehen, ob wir zu Indianern und, wenn das Glück uns hold war, zu Bakaïrí-Indianern gelangen würden. Günstigen Falls, rechneten wir, in etwa drei Tagen; Vogel schätzte die Höhe der Independencia, die 148 m über Cuyabá, 367 m über dem Meeresspiegel betrug, auf ungefähr 50 m über der Kulisehumündung, es standen jedenfalls noch starke Stromschnellen oder Wasserfälle in Aussicht. Mittlerweile sollten die andern Herren rekognoszieren, ob nicht auch flussabwärts ein günstiger Lagerplatz zu finden sei, damit wir die Maultierstation womöglich weiter vorschieben könnten. Erst im Fall eines Misserfolgs unserer Kanufahrt kamen die Indianer, die wir nach dem Feuer im Osten vermuteten und die sicher keine Bakaïrí waren, in Betracht. Unser Fluss war noch bedenklich schmal. Von rechts her musste jedenfalls ein stärkerer Arm hinzutreten, da die Einmündung unseres Kulisehu von 1884 in »Schingú-Koblenz« einem stattlichen Strom entsprach; gehörten die Indianer der östlichen Queimada zu seinem Gebiet, so durften wir hoffen, von den Bakaïrí am besten bei ihnen eingeführt zu werden.

Was endlich den Unterhalt der hier oder ein Stück flussabwärts zurückbleibenden Tiere und Leute anging, so musste für jene eine frische Queimada angelegt werden, und war diesen guter Fischfang und gute Jagd im Flusswald gewiss. Schon die ersten Versuche lieferten prächtige Trahirafische (Erythrinus) einen Mutum cavallo (Crax) und eine Jakutinga (Penelope) in die Küche; an Schweinen und Nagetieren konnte es nicht fehlen. Eine grosse Sukurí-Schlange (Boa Scytale) wurde nicht nur nicht gegessen, sondern sogar als Fischköder verworfen. Auch nur von rein theoretischem Interesse war der Fund eines Riesengürteltiers (Dasypus Gigas), das durch einen Schuss in den hintern Teil des Rückenpanzers getödtet wurde und penetrant nach zoologischem Garten roch. Ein träges Geschöpf, sehr muskulös, zumal an den zum Graben gebrauchten und mit mächtigen Krallen versehenen Vorderbeinen. Es ist bereits sehr selten und gehört schon halb der Vorzeit an. Ungefähr so, wie die Indianer der »Steinzeit«, die wir suchten.

IV. KAPITEL.

Erste Begegnung mit den Indianern.

Rindenkanus, Indianerspuren. Meine Fahrt mit Antonio und Carlos. Tierleben. Träumerei vor dem Abendessen. Einmündung des Ponekuru. Katarakte. Die Anzeichen der Besiedelung mehren sich. Der Häuptling Tumayaua. Nach dem ersten Bakaïrídorf. Ankunft des »Karaiben«.

Nach mehrfach vergeblichem Anklopfen fand Antonio eine Jatobá (Hymenaea sp.) mit brauchbarer Rinde. Es wird ein Stangengerüst um den Baum errichtet, ein langer rechteckiger Streifen Rinde mit Axthieben abgelöst und, vorsichtig heruntergenommen, auf niedrige Stützen gestellt; dann wird die Rinde durch Hitze, indem man ein Feuer unterhalb anzündet und auch oben Reiser anbrennt, geschmeidig gemacht, und die Ränder der Längsseiten werden emporgebogen. Vorne bildet man eine Spitze, hinten wird die Rinde nach innen vorgedrückt, sodass eine leicht eingebuchtete Querwand mit scharfwinkligen Kanten entsteht, an denen sich die Rinde mit Vorliebe bald spaltet. Das Kanu sollte an einem Tage fertig gestellt und den nächsten Morgen zum Wasser gebracht werden.

Antonio kam merkwürdig vergnügt von seiner Arbeit heim. Ich glaubte, weil das Kanu gut geraten sei, unterhielt mich mit ihm darüber eine Weile und meinte, noch einmal zu unsern Plänen übergehend: »Also Du fürchtest nicht, dass der Fluss ohne Anwohner sei?« »Nein«, erwiderte er abweisend, »ich habe ja schon einen Rancho gefunden.« »Warum sagst Du das denn nicht?« »Ich wollte es ja noch sagen.« Beim Suchen nach Ruderholz hatte er eine zusammengefallene palmstrohgedeckte Jagdhütte entdeckt; ihre Pfosten zeigten die stumpfen Hiebmarken des Steinbeils. Daneben lagen angebrannte Holzkloben noch in der radienförmigen Anordnung des indianischen Lagerfeuers; benachbarte Jatobás hatte man mit Steinäxten auf ihre Brauchbarkeit untersucht, ein noch erkennbarer Weg durchs Gebüsch führte zu einem »Hafen« am Flusse. Antonio glaubte, es sei wohl ein Jahr her, dass die Besucher sich hier aufgehalten hätten.

Donnerstag, den 8. September 10$^{1}/_{2}$ Uhr Morgens stiessen wir ab. Carlos sass vorn, Antonio hinten, ich in der Mitte. Ein Zelt, das wir gern mitgenommen hätten, musste wegen seines Gewichts zurückbleiben und mit einem leichteren

Ochsenfell vertauscht werden. Das Kanu war in der Eile doch herzlich schlecht geraten und Flickwerk schon von Anbeginn. Grade unter mir durchsetzte den Boden des schmalen Stücks Rinde, das ein Fahrzeug darstellen wollte, ein $^2/_3$ m langer wachsverklebter Riss; an den Seiten rannen unter den dort aufgepappten Lehmklumpen leise und unaufhörlich quellende Wässerchen hervor, die den Fuss umspülten.

Aber was lag daran? Ich war glücklich. Wir hatten bestimmte Aussicht, Indianer zu treffen; wir zweifelten in unserm Herzen kaum, dass es Bakaïrí sein würden. Mochte aber kommen was da wollte, wir drei konnten uns aufeinander verlassen. Carlos sang mit seiner harten Stimme sorglos die brasilischen Gassenhauer in den Wald hinein; Antonio schwieg, aber wenn ich mich umschaute, sah ich sein ehrliches Gesicht strahlen von guter Laune und Unternehmungslust.

Das Wasser war still und fast tot. Wir passierten einige kleine Schnellen und Sandbänke, an denen ausgestiegen werden musste, und wo ich auf's Neue zu lernen hatte, mit nackten Füssen über Kiesel und Geröll zu gehen. Langwierige Hindernisse bildeten die mächtigen Baumgerippe, die seitlich im Flusse lagen oder ihn auch überbrückten und durchsetzten; mit tiefgeduckten Köpfen krochen wir seufzend unter den Stämmen durch oder säbelten die sperrenden Aeste nieder. Dickicht am Lande, Dickicht im Wasser. Aber wir waren nun einmal in der Höhe der Trockenzeit; 5—8 m erhob sich die steile Uferwand, die während der Regenperiode nicht sichtbar ist, frei über dem Wasserspiegel, durchzogen von den horizontalen Linien früherer Pegelstände. So kamen wir auch an vielem jetzt blossliegendem Sandstrand, der meist sanft geböscht und mit zahlreichen Tierspuren bedeckt war, vorüber.

Das muntere Vogelleben am Fluss fiel uns nach der langen Wanderung durch die tote Einöde des verkrüppelten Buschwaldes doppelt auf und that uns nach der Entbehrung doppelt wohl. Man muss die Vögel auf der Stromfahrt einteilen in solche, die man sieht, und solche, die man nur hört. Eine ganze Reihe von befiederten Bewohnern des Waldes sind uns sehr vertraut geworden, die wir doch unterwegs nicht ein einziges Mal erblickt haben; wir kannten ihren Ruf, wir ahmten ihn nach, wir liessen uns von unsern Begleitern erzählen, zu welcher Art sie gehörten, wir lasen über sie in den Büchern nach, aber wir würden in einem Museum an diesen Freunden vorübergehen, ohne sie zu erkennen. Carlos, der in seiner früheren Stellung zahllose Vögel des Matogrosso gejagt und abgebalgt hatte, war leider weit sachverständiger als ich; er teilte seinerseits die Vögel in solche ein, die Herbert Smith »hatte« und solche, die er »nicht hatte«. Zu der letzten Kategorie gehörten die Schwalben, dieselben, denen wir 1884 auf dem Batovy begegnet waren. Wir sahen oder hörten sonst von Vögeln schon an diesem ersten Tage Tauben, Kolibris, kleine Schwärme Periquitos, Araras, Eisvögel, den gelben Bemtevi (Saurophagus sulphuratus), den neugierigen kopfnickenden Strandläufer Massarico (Calidris arenaria), den Biguá (Carbo brasilianus) und Sperberarten, Taucher der Luft neben dem des Wassers, endlich die Penolopiden Arakuan und Jakutinga, die von uns mit besonderem Interesse verfolgten wohlschmeckenden Hühnervögel. Von Fischen bemerkten wir Matrincham, Bagre, den Wels oder Pintado und Agulha, den Nadelfisch, der in Gestalt des Restes einer Otternmahlzeit gefunden wurde. Ausserordentlich zahlreich waren gelbe Schmetterlinge am Sandstrand, die Smith »zu Tausenden hatte«, ferner Bienen und Grillen. Zuweilen plumpste ein Sinimbú, der Leguan, von einem Ast in das Wasser hinunter. Auf dem Sande liefen die Spuren von Schildkröten, Schweinen und Tapiren. Die Kaimans, »Jakaré« der Brasilier, schienen sehr selten zu sein, wir sahen jedoch eine kleine Art, und in der Nacht wurde Antonio — so erklärte er am nächsten Morgen — als er wegen der Moskitos die Hängematte verlassen habe, von einem neugierigen Vertreter dieser Sippe unfreundlich angefletscht.

Wir nannten deshalb unsern Lagerplatz, den wir kurz nach 4 Uhr bezogen hatten, den Pouso do Jakaré. Antonio nahm sich des unglücklichen Kanus an; er schob es auf ein niederes Gerüst von Gabelstützen, zündete ein Reisigfeuer darunter an und richtete das Vorderteil nach Möglichkeit empor; den Riss verstopfte er mit Lumpen und verschmierte ihn mit Bienenwachs. Brüllaffen gaben uns ein Abendkonzert und thaten so fürchterlich, als ob wir das Gruseln lernen sollten.

Gern standen wir den nächsten Morgen frühzeitig auf; wir fluchten über die Moskitos und fuhren um $6^1/_2$ Uhr in den zarten Dampfnebel hinaus, der über dem Wasser wallte. Die Vögel zwitscherten und lärmten, ein Kaitetú-Schwein durchschwamm in der Ferne den Fluss. Wir ruderten möglichst geräuschlos zwischen den mit Kampvegetation bestandenen Ufern hin: viel hohes Laubgebüsch und Bambusdickicht, aus dem der Baum der roten Ameisen, die Imbauva, emporragte. Ein fetter Mutum cavallo mit schwarzem, grünblau schimmernden Gefieder und siegellackrotem Kamm wurde glücklich erbeutet und sofort gerupft; Antonio sammelte die Schwungfedern und Schwanzfedern, die gespalten und in spiraliger Drehung dem Ende des Pfeilschaftes aufgesetzt werden, sorgsam für seine Genossen am Paranatinga, um ihnen etwas von der Reise mitzubringen. Ein Stückchen des Fleisches diente zum Köder, als wir eine Schnelle mit blossliegenden Blöcken passierten und die Matrinchams aufstörten, die dort zwischen den Steinen angeblich schliefen. Die Beiden warfen ihre Angeln aus und liessen sie bei jedem Wurf ein paar Mal verlockend aufschlagen; es wurde auch geschnappt, aber leider nicht angebissen. Sie schossen auf ein paar spielende Ariranhas, grosse Fischottern, die wie Robben auftauchen, fauchen, blitzschnell verschwinden und plötzlich irgendwo weit flussabwärts wieder erscheinen.

Kurz nach Mittag bemerkte Antonio am rechten Ufer abgerissene Zweige; wir stiegen aus und sahen bei näherer Untersuchung, dass man ein erlegtes Jagdtier, ein Kapivara wahrscheinlich, auf eine Streu von Zweigen und Blättern gelegt hatte, um das Fleisch beim Ausweiden vor dem Sande zu schützen. Es fand sich weder Hütte noch Feuerstelle; die Beute war also von diesem Ort nach dem

TUMAYAUA-BUCHT

v. d. Steinen, Zentral-Brasilien.

Lagerplatz oder gar nach dem Dorfe gebracht worden. Die Narben des Strauchwerks sollten aber einen Monat alt sein. Wir machten hier unsere Mittagspause, brieten den Mutung nebst dem von dem Otter apportierten Fisch, würzten das Frühstück mit hoffnungsvollen Konjekturen und stiessen, nachdem ich Carlos zum Nachtisch noch die Freude gegönnt hatte, mir einen dicken Sandfloh auszuschälen, in froher Stimmung ab. Borrachudos, die kleinen Stechfliegen, begleiteten uns in einer dichten Wolke; wegen des infernalischen Juckens musste ich die nackten Füsse mit einem Taschentuch umwickeln. Es war schwül und regnerisch. Bald brach auch ein heftiges Gewitter los und nötigte uns, an steilem, schlüpfrigem Uferhang, wo einige Steinhaufen vorgelagert waren, für eine gute Stunde Schutz zu suchen. Dann aber wurde es mild und sonnig, und unsere Wollenwäsche war rasch getrocknet. Schön oder gesellschaftsmässig war sie ja nicht, meine Jäger'sche Bekleidung, doch fand ich sie leicht und praktisch, und die Indianer hatten kein Recht mich zu tadeln, wenn ich nur in Hemd und Unterhose reiste.

Die Nähe der »Compadres« oder Gevattern wurde immer augenfälliger. Denn als wir um 5 Uhr nach einem Lagerplatz Umschau hielten, kamen wir — gerade zur rechten Stunde — an eine Bachmündung, die am linken Flussufer lag, zu unserer Freude klares, kühles Wasser führte und eine zwar kunstlose, aber von Menschenhand herrührende Versperrung durch Astwerk zeigte: eine »Chiqueira«. So nennen die Brasilier eine der einfachsten und von der Natur selbst in häufigen zufälligen Vorkommnissen vorgebildeten Fischfallen an der Mündung eines Baches oder dem Ausfluss eines Lagunenarmes; die Fische treten bei hohem Wasserstand ungehindert ein und können bei niederem nicht mehr zurück. Wir kletterten die steile Böschung hinauf und fanden oben einen ausgezeichneten Platz für das Nachtquartier, frei von Untergestrüpp und mit mittelstarken Bäumen in gehörigem Abstand. Nur jammerten unsere Leute, als sie das Kanu in den Chiqueirabach hinaufgeschoben hatten, dass sie in dem Uferlehm »frieiras« bekommen hätten, schmerzhafte Anschwellungen, wie sie entständen, wenn man in Kapivaralosung, Maultierjauche und dergleichen schöne Sachen trete. Sie trampelten ein Weilchen vor Schmerz mit den Füssen und rieben sie mit Salz ein.

Es war ein herrlicher Abend. Möge mir der Leser verzeihen, wenn ich ihn trotz seines rein subjektiven Inhalts noch einmal heraufbeschwöre. In der Hängematte sitzend, gönnte ich mir zum ersten Mal seit Cuyabá den Luxus, bei einem Kerzenstumpf zu schreiben; in dem dichteren Walde nebenan musizierten die Grillen, unten murmelte das Bächlein, und, höherer Aufmerksamkeit wert, brodelten über dem Feuer dort im Kessel widerspenstig — Landgraf Ludwig, werde hart, werde hart! — die braunen Bohnen.

Es dauerte nicht lange, so lag das Tagebuch verloren in einem Winkel der Hängematte. Ich lachte selbst ein wenig darüber, aber ich betrachtete mein Ereignis, den Kerzenstumpf, mit wahrer Zärtlichkeit und schaukelte mich, in die Flammen starrend, behaglich rauchend und den Körper wie die Seele in sanften

Schwingungen wiegend. Gedanken hatte ich eigentlich nicht und das that wohl. Auch Sehnsucht hatte ich nicht nach den Genüssen, die uns daheim unentbehrlich scheinen. In meinem Pfeifchen und in meiner Kerze erschöpfte sich alles Bedürfnis nach Glück. Im Augenblick galt mir um Vieles mehr als ein Seidel »Echtes« oder eine Flasche Rauenthaler die Kürbisschale frischen Bachwassers, die Carlos mir an die Hängematte reichte; kaltherzig gedachte ich jener Dinge wie einer blassen Vergangenheit. Ich sagte mir, dass es die Stunde sei, wo man sich daheim zu Konzert, Theater, Gesellschaft begiebt. Und unversehens wusste ich mich selbst inmitten des Berliner Strassengetriebes, ich trat vor eine Litfasssäule, las die bunten Anschläge von oben nach unten und ging lesend rund herum, aber mein Puls blieb ruhig, und es regte sich kein Zucken der Begehrlichkeit. Stillvergnügt bemerkte ich nur, dass ich kein Geld bei mir hatte, und dass meine Toilette für die Linden polizeiwidrig war; mit der Empfindung harmlosen Spottes schaute ich auf die Zeitungsverkäufer, die rollenden Wagen, die erleuchteten Läden, die treibende Menschenmenge, gern kehrte ich zurück an meinen dunklen Urwaldfluss.

Aber sind denn auch sie so leicht zu entbehren, fragte ich mich in meinem träumerischen Dusel, sie, die unsere ganze Empfindungswelt beherrschen und beseelen? Eines wenigstens war gewiss: würde das Wunder geschehen sein, was nicht geschah, und hätten mich aus dem Gezweig urplötzlich ein paar der blühendsten Lippen verführerisch angelächelt — ich würde geraucht und freundlich um die Erlaubnis gebeten haben, weiter zu rauchen. Das Beste, folgerte ich, scheint es demnach zu sein, wenn wir mit der Erinnerung an feinere Genüsse ein stilles Glück in den allereinfachsten finden können; der Philosoph von Wiedensahl hat wieder einmal Recht: »Zufriedenheit ist das Vergnügen an Dingen, welche wir nicht kriegen«.

Und dennoch, nur und allein um der braunen Bohnen oder der Wildnis und Stromschnellen willen würde ich Berlin nicht mit dem Schingú vertauscht haben; ohne einen höheren Zweck, eine Hoffnung also, die in ernsten Kulturbegriffen wurzelt, würde auch die echteste Natur sehr bald wohl unausstehlich werden. Drollig genug, dass Unsereins von Deutschland herüberkommt und hier vielleicht sein kostbares Leben aufs Spiel setzt — um die Heimat der Karaiben zu suchen! »Was ist ihm Hekuba?« Was ist mir Cuyabá und Karáiba?

Doch es giebt Probleme so verzwickt und unergründlich, dass man sie mit hungrigem Magen nicht zu lösen vermag, und es war gut, dass Carlos vom Feuer her endlich seinen Triumphruf »Pronto« erschallen liess. Die Bohnen standen angerichtet auf dem Boden, das Farinhasäckchen lag daneben, von dem eingerammten Holzspiess winkte wohlwollend noch ein Rest Mutung — mochten die Grillen im Walde weiter zirpen.

Um $6^{1}/_{2}$ Uhr (10. September 1887) fuhren wir ab, begierig der Dinge, die nach den Vorzeichen des gestrigen Tages heute kommen würden. Nach 20 Minuten mündete auf der rechten Seite ein Fluss in den unsern ein, ebenso stiller

Flut wie er und nur ein wenig schmaler. Er wurde uns später als Ponekuru bezeichnet. Die vorwiegende Richtung der vereinigten Gewässer war N bis NO, dieselbe, die auch unsere frühere Fahrt trotz der zahlreichen Windungen einzuhalten bestrebt gewesen. Unsere ganze Aufmerksamkeit aber hielt schon eine Weile vor dem Erscheinen des Zuflusses ein uns von 1884 her nur zu wohlbekanntes, mehr und mehr anschwellendes Brausen gefesselt: wir näherten uns einer grossen »Cachoeira«. Wir passierten etliche Steininseln, die aus Sandsteinblöcken bestanden und mit niederm Gebüsch und dünnen Sträuchern bewachsen waren, das Tosen und Rauschen nahm mächtig zu und plötzlich blickten wir hinab auf das verbreiterte, mit gewaltigen Steinlagern gefüllte Strombett, in dem der Schwall der Wassermassen über eine weite Strecke schäumend und strudelnd thalwärts stürzte. Unser späterer Salto Taunay.

Wir hatten eine Stunde Aufenthalt. Das Kanu wurde die Stufen hinabgeschoben, das Gepäck den Uferrand entlang auf den Schultern getragen. Ich hätte mich selbst sehen mögen: Strohhut mit Ararafedern, Hemd, Unterhose, Ledergürtel, Umhängetasche, grauleinene Baskenschuhe, über dem linken Arm das gefaltene Ochsenfell und in der rechten Hand unsere vier Zinnteller, deren oberster mit einem Rest gekochter Bohnen gefüllt war; dabei eifrig Umschau haltend und nach Verdächtigem ausspähend. An einer Cachoeira, wie dieser, giebt es reichliche Gelegenheit für Fischfang; und richtig, wir fanden deutliche Fussspuren und auf den Steinen halbverbrannte Palmfackeln, deren graue, feine Asche noch erhalten war. Das Alter der Schutzhütte in dem Independencia-Lager hatten wir auf ein Jahr geschätzt, das Alter der abgerissenen Zweige an dem Ort, wo das Kapivara zerteilt worden war, auf einen Monat, und mehr als eine Woche konnte es kaum her sein, dass diese Fackeln gebrannt hatten; die Sache wurde jetzt also sengerich und brenzelig in des Wortes verwegenster Bedeutung.

Die schöne Cachoeira hatte im Gegensatz zu den ärmlicheren Katarakten des Batovy in gleicher geographischer Breite bereits durchaus den grossartigeren Charakter der echten Schingúkatarakte, auch war das Wasser unterhalb, wo der Fluss wieder ruhig und klar dahinströmte, prächtig dunkel und flaschengrün. Doch schon nach einer Viertelstunde kam eine neue, ansehnliche Cachoeira, niedriger als die erste, wo ich wieder auszusteigen und über Land zu pilgern hatte. Auch hier wurde Fischfang getrieben. Wir zählten jenseit der Cachoeira 13 sogenannte »Currals«, Ringe von Steinblöcken an seichteren Stellen des Flussbettes; durch eine Lücke in dem Ring können die Fische eintreten, die von den Indianern alsdann zusammengetrieben und geschossen werden. Nicht wenig überrascht war ich, als Antonio weiter abwärts im ruhigen Wasser plötzlich erklärte, dass hier gestern oder vorgestern ein Kanu gewesen sei; ich bemerkte nur eine Menge weisser Bläschen dem Ufer zu. Der Schaum des Ruderschlages erhält sich auf stiller Flut in einer Strasse; durch keinen Wellenschlag zertrümmert, bleiben die Luftblasen auf dem Wasser stehen und werden vom Winde allmählich an's Ufer getrieben.

Wir ruderten zwei Stunden kräftig vorwärts, sprachen nur wenig und mit leiser Stimme und fuhren vorsichtig auslugend hart am inneren Rande in jede neue Windung ein. Aber alle Anzeichen hatten aufgehört. Beiderseits lag hoher schweigender Wald, der Fluss schimmerte im Sonnenschein, nichts Lebendiges regte sich im weiten Umkreis, und hier oder da nur gaukelte ein gelber Schmetterling vorüber. Kurz vor Mittag öffnete sich das Strombett zu einer ziemlich weiten Bucht; es war nicht recht zu erkennen, ob es sich um eine Lagune oder um eine Inselbildung handelte und der Fluss sich in zwei Arten teile; wir legten an, und ich schickte die Beiden aus, das Stück Wald, das uns von der Lagune trennte, zu durchqueren und jenseits den Lauf des Wassers zu prüfen.

Wartend sass ich am Strande; schon kam Carlos zurück, als ich einen Büchsenschuss flussabwärts plötzlich ein Kanu bemerke. Ein einzelner nackter Indianer steht darin und strebt eilfertig dem Ufer zu; dort lenkt er das Fahrzeug hinter ein abgestürztes Baumgeripp und duckt sich in seinem Schutze vorsichtig nieder. »Bakaïrí, Bakaïrí« schrie ich aus Leibeskräften, »kúra Bakaïrí, áma Bakaïrí, úra Bakaïrí«, wir sind Bakaïrí, du bist ein Bakaïrí, ich bin ein Bakaïrí, die Bakaïrí sind gut — kurz schreie, was mir der Geist von Reminiscenzen aus den Begrüssungsformeln gerade jenes Stammes eingiebt, in freudigster Erregung. Und siehe da: »Bakaïrí, Bakaïrí, Bakaïrí« klingt es zurück. Andere Worte kommen hinzu, die ich leider nicht verstehe, aber die hoch emporgeschraubte Stimme trägt einen unglückselig ängstlichen und misstrauischen Ausdruck, und die Arme fuchteln hinter dem Baumgeripp in der Luft herum, als ob der Mensch dort tanze wie ein Kannibale in der Schaubude. »Bakaïrí . . . .« beginne ich wieder, da kommt glücklicher Weise Antonio mit mächtigen Sätzen herbeigesprungen, und halb ausser Atem vor Aufregung schreit er nun seinerseits den Fluss hinunter eine lange Erklärung, die ich wiederum nicht verstehe, die aber bei dem verschanzten Helden ein dankbares Jubelgeheul entfesselt und die Situation wie mit einem Zauberschlag klärt.

Das Kanu schoss aus dem Versteck hervor und eilte geradenwegs, ein schönes, langes, trockenes Rindenkanu, an unser trauriges, krummes, wachsverklebtes, lehmbeschmiertes, von schmutzigem Wasser durchspültes Fahrzeug heran, — wahrlich, ich meinte, wir wären es, die hier in den Kreis einer höheren Kultur träten; wenn der edle Schiffer auch nur mit einer Gürtelschnur bekleidet war und nichts mit sich führte, als die sauber gearbeiteten, federverzierten Pfeile und den Bogen, die neben einer mit Honig gefüllten Kürbisschale auf dem Boden des Kanus lagen, so stach doch dieses auf uns zu gleitende Gesamtbild in seiner Nettigkeit und Reinlichkeit auf das Vorteilhafteste ab von uns abgerissenen Kulturträgern neben dem nassfaulen Stück Rinde, das unser Boot hiess. Nun, der Ankömmling zeigte mit seinem Gesichtsausdruck deutlich, dass er seinerseits doch uns bewundere.

Er benahm sich auch gar nicht als der schweigsame düstere Indianer, dessen Seele, wie ich auf Grund unserer Schulweisheit hätte verlangen dürfen, die eintönige niederdrückende Umgebung des tropischen Waldes wiederspiegelte, sondern lachte und schwatzte mit seinem Stammesgenossen Antonio, als ob er in einem glücklichen Lande der gemässigten Zone aufgewachsen wäre. In wenigen Minuten waren wir gute Freunde, er sagte uns sogar, was er freilich nach des Landes Brauch ohne schamhaftes Zaudern und Zögern nicht zu Stande brachte, auf mein Drängen seinen Namen; er hiess Tumayaua und war der Häuptling eines wenige Stunden entfernten Dorfes der Bakaïrí.

Also wirklich der Bakaïrí! Die Hoffnung der vergangenen Wochen war in Erfüllung gegangen, wir traten in unser Forschungsgebiet bei einem uns wohlbekannten gutartigen Völkchen ein, und unser Debut war gesichert. Tumayaua, erfuhr ich jetzt durch Antonio, war nicht wenig verdutzt gewesen über meinen Zuruf; dass er ein Bakaïrí sei, dass wir aber keine Bakaïrí seien, hatte er geantwortet. Zuvorkommend bot uns der Gute sein Kanu an, stieg selbst in das unsere und übernahm die Führung. Aber wir plauderten nicht minder eifrig als wir ruderten. Die Bakaïrí des Batovy waren Tumayaua's Verwandte und Freunde. Von dem ersten Dorf, das wir 1884 besucht hatten, gab es wunderbare Neuigkeiten. Der alte Indianer, den wir damals den »Professor« genannt hatten, war mit einigen Andern unterwegs zum Paranatinga! Sie wollten Antonio und seinen Stammesbrüdern einen neuen Besuch abstatten. Pauhaga, der erste Bakaïrí, den wir auf der früheren Reise am Batovy begrüsst hatten, wohnte augenblicklich in Tumayaua's Gemeinde, und ein merkwürdiger Zufall fügte es also, dass wir ihn auch gerade im ersten Dorfe des Kulisehu wiedersehen sollten. Waren wir denn auch wirklich am Kulisehu? Ja, der Fluss hiess Kulisehu, Kuliseü oder Kulihëu, wie denn h und s im Bakaïrí zu wechseln pflegen, und alle die Stämme, die wir suchten, wohnten anscheinend auch an seinen Ufern.

Doch Cachoeiras unterbrachen die Unterhaltung. Um 12 Uhr waren wir abgefahren; nach einer halben Stunde kam eine 60 m lange, niedrige Steincachoeira, durch die wir uns mühsam hindurchwanden, kurz nach 1 Uhr dann No. 4 der heutigen Reihe, wo entladen werden musste, und ein halbes Stündchen Aufenthalt entstand. $^3/_4$ 3 Uhr trafen wir bei der fünften und letzten ein, die sich mit kräftigem Schwall durch die Felsblöcke ergoss. Hier aber streikte der Pilot gegen die Weiterbeförderung unseres in akuter Wassersucht verendenden Kanus. Wir nahmen ihn als Vierten auf und überliessen die Leiche ihrem Schicksal. Tumayaua, dass mussten wir lobend anerkennen, war uns wirklich zur guten Stunde entgegengekommen; dass wir drei mit unserm Gepäck und ohne Kenntnis des Weges durch die letzten Cachoeiras in dem elenden Kanu, das den einzelnen Indianer nicht mehr tragen konnte, bis zum Dorf gekommen wären, ist sehr unwahrscheinlich. Gewiss aber hätten wir heute dieses Ziel nicht mehr erreicht. $3^1/_4$ Uhr legten wir am linken Ufer an; wir waren im »Hafen«.

Wer sich mehr freute, Tumayaua, der eilend vorauslief, um uns anzumelden, und rasch unseren Blicken entschwunden war, oder wir, ist schwer zu sagen. Wir wanderten hintereinander den schmalen Pfad in dem durch Brand gelichteten Terrain, traten nach wenigen Minuten in den Wald, hörten lautes Schreien und

Durcheinanderrufen, und einige hundert Schritte weiter, nachdem wir noch auf einem als Brücke dienenden Baumstamm ein kristallklares Bächlein passiert hatten, kamen wir in Sicht dreier bienenkorbartiger Hütten, die einen freien Platz zwischen sich hatten. Dort erwartete uns, den eifrig gestikulierenden Tumayaua an der Spitze, eine nackte braune Gesellschaft von Männern und in dem Hintertreffen von Weibern und Kindern, alle zu einer engen Gruppe zusammengeschlossen und halb verlegen, halb freudig gestimmt, jedenfalls aber auf's Höchste überrascht. Die Männer traten uns, die rechte Hand emporstreckend, entgegen und sagten »áma« = »du«, »das bist du«, oder »áma kχaráiba« = »du, der Karaibe«.

Nicht sie, sondern wir sind in ihren Augen die »Karaiben«, und ich, der ich bei uns von dem Karaibenstamm der Bakaïrí spreche, hiess dort der »píma kχaráiba«, der Häuptling der Karaiben.

V. KAPITEL.

Bakaïrí-Idylle.

I.

Auskunft über Kulisehu und Kuluëne. Antonio und Carlos zurück. Ein Weltteil, in dem nicht gelacht wird. Dorfanlage. Vorstellung der Personen. Mein Flötenhaus. In Paleko's Haus. Bewirtung. Bohnenkochen und Tanzlieder. Aeussere Erscheinung der Indianer. Nacktheit und Schamgefühl. Essen und Schamgefühl. Tabakkollegium. Pantomime: Flussfahrt, Tagereisen, Stämme, Steinbeilarbeit. Vorführung von »Mäh« und »Wauwau«. Tabakpflanzen, Fischfang in der Lagune. Kanubau.

Schon am ersten Abend erhielt ich eine ziemlich klare Vorstellung von den Anwohnern des Kulisehu, die uns in Aussicht standen. Es gab drei Bakaïrí-dörfer; ihnen sollten folgen ein Dorf der »Nahuquá«, zwei Dörfer der »Minakú«, ein Dorf der »Auití«, ein Dorf der »Yaulapihü« und am »Kuluëne« ein Dorf der »Trumaí«. Zwischen dem Kulisehu und dem Tamitotoala-Batovy sollten noch die »Kamayulá« und die »Waurá« wohnen. Unsicher blieb, was der Flussname »Kuluëne« bedeute, den ich jetzt zum ersten Mal hörte. Erst allmählich lernte ich verstehen, dass es der im Osten gelegene Hauptfluss sei, grösser als der Kulisehu, der in ihn einmünde. Also war der Fluss, den wir 1884 bei Schingú-Koblenz von SO hatten heranziehen sehen, nicht eigentlich der »Kulisehu«, wie wir damals verstanden und bisher geglaubt hatten, sondern der vereinigte Kuluëne-Kulisehu gewesen: der Name »Kuluëne« blieb auch dem Schingú selbst unterhalb der grossen Gabelung, sodass z. B. die Suyá am Kuluëne wohnten. Wollte man nach der Nomenklatur der Eingeborenen verfahren, müsste man an Stelle von »Schingú« den Namen »Kuluëne« gebrauchen und nun sagen, dass der Kuluëne zuerst den Kulisehu und dann bei »Koblenz« den Ronuro mit dem Tamitotoala-Batovy aufnimmt.

Es war ein schwer Stück Arbeit, diese Angaben von den Bakaïrí herauszubekommen; es wurde dabei viel in den Sand gezeichnet, viel Pantomime getrieben und, wenn ein Stück des Weges unklar geblieben war, immer wieder von vorne angefangen. Für's Erste wusste ich genug; die einzelnen Stämme wohnten offenbar nur um wenige, im höchsten Fall drei Tagereisen von einander entfernt. Auch eine böse Nachricht wurde mir zu Teil, und ich gestehe, dass sie mir die bisher so angenehme Erinnerung an die erste Expedition verdarb: als die Trumaí damals bei Koblenz vor uns in heller Flucht davongestürzt waren, und unsere Soldaten sie verfolgt hatten, um einige von ihnen trotz aller Eile mitgenommenen Gegenstände zurückzugewinnen, war bei dem thörichten Schiessen, das sich die Leute erlaubt hatten und das angeblich nur in die Luft gerichtet war, dennoch ein Trumaí, wie ich jetzt erfuhr, getödtet worden. Dort konnten wir also kaum auf herzliches Willkommen rechnen.

Antonio und Carlos schickte ich am nächsten Tage, dem 11. September 1887, mit den Neuigkeiten nach der Independencia zurück. Ich hatte für ein Buschmesser das eine der beiden Kanus, das die Bakaïrí besassen, erworben. Ich selbst wollte zurückbleiben, ein neues Kanu anfertigen lassen und die seltene Gelegenheit, allein unter diesen Naturkindern zu weilen, für meine Studien ausnutzen. In dem flussabwärts liegenden zweiten Bakaïrídorf, hörte ich, seien drei Kanus vorhanden, und könnten wir vielleicht zwei bekommen. Während für die im Standquartier zurückbleibenden ein guter Rancho gebaut würde, sollten deshalb ein oder zwei Herren, die jetzt von Antonio und Carlos geholt wurden, mit mir nach dem zweiten Bakaïrídorf fahren; dort konnten wir uns vervollständigen und alsdann günstigen Falls mit vier Kanus nach der Independencia zurückrudern, um nun endlich die eigentliche Flussfahrt anzutreten. Antonio und Carlos sollten ferner, um Zeit zu sparen, ihr Kanu an der ersten grossen Cachoeira zurücklassen und über Land die Independencia aufsuchen. So wurde das Terrain im Anschluss an die mittlerweile von den Herren in der Independencia gewonnenen Erfahrungen vollständig rekognosziert und die Frage erledigt, ob das Standquartier nicht näher an das erste Bakaïrídorf vorgeschoben werden könne.

Als ich die beiden Wackern zum Hafen gebracht hatte und sie bald in der nächsten Biegung des Flusses verschwunden waren, kehrte ich zu meinen neuen Freunden zurück und fühlte mich in ihrer Mitte bald so wohl, dass ich jene idyllischen Tage unbedenklich den glücklichsten zurechne, die ich erlebt habe. Ich will versuchen, ihnen in einer kleinen Skizze gerecht zu werden; ich erhalte dadurch Gelegenheit, manche kleinen Züge von dem braven Völkchen mitzuteilen, die im rein fachwissenschaftlichen Bericht nicht unterzubringen wären und doch des Wertes schon deshalb nicht entbehren, weil sie uns die Indianer nicht ganz so zeigen, wie wir sie uns vorzustellen gewohnt sind. Nicht Weniges davon verschwand, als später die grössere Gesellschaft kam; die volle Unbefangenheit, mit der man sich mir Einzelnen gegenüber gab, blieb nicht bestehen, und das Verhalten ähnelte mehr dem bekannten Schema, das in den Büchern gezeichnet zu werden pflegt. Und da möchte ich, was meine Bakaïrí angeht, von vornherein Einspruch erheben gegen derartige Anschauungen über ihre Eigenschaften, wie sie ihren typischen Ausdruck in den folgenden Sätzen Oscar Peschels (Abhandlungen zur Erd- und Völkerkunde, Leipzig 1877, Band I, p. 421) finden: »In keinem Weltteil der Erde hat man vor 1492 weniger frohes Lachen gehört als in Amerika. Der sogenannte rote Mann bleibt sich unter allen Himmelsstrichen gleich, er ist überall düster, schweigsam, in sich gekehrt und auf eine gewisse würdevolle Haltung bedacht.«

Für die Bakaïrí treffen diese Prädikate in keiner Weise zu, sie waren heiter, redselig und zutraulich, wie ich sie in ihrem Verkehr untereinander beobachtete, und wie sie sich mir allein gegenüber gaben. Ich werde die Beispiele dafür nicht schuldig bleiben, ich habe in diesem Dorfe fast ebenso viel gelacht und lachen gehört als unter den Kokospalmen von Samoa und Tonga. Es ist richtig, das Temperament ist weniger beweglich und die ganze Lebensauffassung weniger sonnig als bei den Kindern der Südsee, die Mädchen tanzen nicht im Mondschein und die Männer singen nicht auf der Kanufahrt; leichter wird Scheu und Misstrauen geweckt, aber von alledem ist es ein weiter Weg zu der Schwermut und Verschlossenheit, die dem Indianer, als ob es zwischen Berings- und Magalhãesstrasse nur eine einzige Familie gäbe, ebenso wie das schwarze Rosshaar und die mongolischen Augen, dem Anschein nach ein für alle Mal zugesprochen werden sollen.

Das »Dorf« war sehr klein, es bestand aus zwei grossen runden Häusern, in deren jedem mehrere Familien wohnten, und einem kleinen, leeren, etwas baufälligen oblongen Hause, in dem ich meine Residenz aufschlug. Zwischen den Häusern erstreckte sich die »taséra«, ein freier Platz, wo einige Gerüste standen, um das weisse, auf Matten ausgebreitete Mandiokamehl zu trocknen, wo in der Mitte ein langer dünner Sitzbalken lag und nach dem Rande zu etliche Baumwollstauden, Orléanssträucher (Bixa Orellana) und Ricinuspflanzen wuchsen. Ringsum waren zahlreiche Obstbäume angepflanzt, Bakayuvapalmen (Acrocomia), Mangaven (Hancornia speciosa), Fruta de lobo (Solanum lycocarpum), und eine Art Allee von stattlichen Pikí-Bäumen (Caryocar butyrosum). Nach Osten führte ein Weg zum »Hafen« über den nahebei befindlichen Bach hinüber, nach Nordosten ein breiter Pfad durch hohes Sapé-Gras, mit dem die Häuser gedeckt werden, zu der unterhalb gelegenen Stromschnelle, nach Süden ein Pfad zu der Mandioka-Pflanzung, und überall trat hoher Wald dicht an die besiedelte und bepflanzte Lichtung heran.

Die Gemeinde zählte 9 Männer, 7 Frauen, 5 Kinder. Die Namen der Männer waren: Tumayaua, der Häuptling, unser Führer, dem in erster Linie die Sorge um die Pflanzung oblag (Tafel 6), Paleko, sein Vater, ein reizender alter Herr, mit dem ich enge Freundschaft schloss und der an seinem Lebensabend Körbe und Reusen flocht, Alakuai, der pfiffige Zimmermann und Kanubauer, Awia, der Maler, Yapü, der Dicke, Kalawaku, der Bescheidene und die jungen Männer Kulekule, Luchu (Tafel 6) und Pauhaga. Es unter ihnen einigen Tagen noch ein paar Besucher aus dem zweiten Dorf hinzu, kamen nach Einer, dessen Eltern früh gestorben waren, der deshalb — keinen Namen hatte.

Namen der Frauen waren nicht zu erfahren: »pekóto úra« lautete regelmässig die Antwort »ich bin eine Frau«. So musste ich hier meine eigenen Bezeichnungen erfinden; es gab, wie immer, eine Alte, die sehr viel zu sagen hatte, und die mit ihrem dürren runzligen Körper nicht gerade schön war, die »Stammhexe«, Paleko's Gattin (vgl. Tafel 5 links). Ihr Gegenstück war ihre Enkelin »Eva«, Tumayaua's Tochter, Mutter zweier Kinder und die jugendliche Frau des muskulösen, prachtvoll stämmig gebauten Kulekule, der mir, ehe ich seinen Namen wusste, würdig erschien, in diesem kleinen Paradiese »Adam« zu heissen und sich auch einer schön gelbrötlichen Lehmfarbe erfreute. Eva hatte ein fein geschnittenes europäisches Gesicht mit vollen Lippen, leicht errötenden Wangen, die dicht von welligem Haar umrahmt waren, und den schönsten Augen, die ich in Brasilien — und das will nicht wenig bedeuten — gesehen habe, grossen Augen, deren lieb-

Abb. 2. »Eva«, Tumayaua's Tochter.

licher Blick garnichts von Koketterie enthielt, in deren strahlendem Feuer aber doch bei einem vollen, naiv zärtlichen Aufschlag jener Funke schuldloser Lüsternheit aufleuchtete, der einst den ewigen Weltbrand entzündet haben muss; so sah sie bei einem von keiner Einschnürung jemals misshandelten Körper wirklich wie eine junge Mutter Eva aus. Leider schuppte sie sich gar zu oft auf dem Kopfe und wenn dies auch zuweilen aus Verlegenheit geschehen mochte, so hatten doch Läuschen daran ihren sichtbaren Anteil.

Die etwa 12jährige Freundin Eva's, »meine Zukünftige« (Tafel 5 die dritte von rechts), pflegte sie hervorzuholen und zu essen. Dieser gehörte überhaupt alles Gute im Dorfe und viele Perlen, die ich Andern geschenkt hatte, fand ich später an ihrem Hals. Sie war das Töchterlein des verstorbenen Häuptlings und seine

Erbin. Ihr Oheim Tumayaua war nur interimistisches Oberhaupt, er hätte mir, wenn ich dem sehr ernst gemeinten Vorschlag Paleko's gefolgt wäre und seine Nichte geheiratet hätte, die Regierung abtreten müssen. Ich kann mir noch heute nicht verhehlen, dass, um von der ausgezeichneten Partie, mit der keine höheren Ansprüche an Toilettenaufwand als eine Schnur Glasperlen und ein Stück Rindenbast von der Grösse eines kleinen Menschenohres verbunden waren, ganz abzusehen, eine bessere Gelegenheit, die Ethnologie des Kulisehu kennen zu lernen, kaum zu erdenken war. Von den übrigen Frauen bekam ich wenig zu sehen, mit Ausnahme etwa der »Egypterin«, die auch vom zweiten Dorf herüberkam, eine lange habgierige Person mit egyptischem Profil und mandelförmigen Augen (Tafel 5 die zweite von rechts).

Ich hielt mich die beiden ersten Tage bescheidentlich zurück, um die Leutchen nicht zu ängstigen, ich merkte auch, dass einer der Männer fast immer zum Ehrendienst bei mir abkommandirt und so eine Art Dujour eingerichtet war; als ich in der ersten Nacht nach der Verabschiedung noch bei Licht einige Zeit aufbleiben und mein Tagebuch führen wollte, erschien der alte Paleko an der Thüre und bat mich ebenso höflich wie dringend, zu schlafen und die Kerze auszublasen. Meine Diskretion trug gute Früchte, bald holte man mich in die beiden grossen Häuser: in dem einen waren Paleko und die Zukünftige, in dem andern Tumayaua und Tochter die Hauptbewohner. Man nahm mich mit hinaus zum Fischen, zum Stapellauf des neuen Kanus u. dergl., und Alles hätte nicht besser sein können, wenn ich nicht bei der gastfreundlichen, aber für mich durchaus unzulänglichen Bewirtung an chronischem Hunger gelitten hätte. Ich musste mir durch starkes Rauchen zu helfen suchen und leistete darin das Menschenmögliche, während die Indianer sich diesem Genuss fast nur in unserm allabendlichen Tabakkollegium auf dem Platz draussen, den vergnügtesten Stunden des Tages, dann aber auch in corpore und mit grossem Eifer hingaben.

Mein Häuschen hatte zur Zeit der Feste als Tanzhaus gedient, »kχato-éti« oder »Flötenhaus«. Zwei Rohrflöten in einem Futteral aus Burití-Palmstroh an der Wand hängend, waren die einzigen Reste der vergangenen Herrlichkeit. Doch war es für mich besser so; denn die Frauen, die in dieser Ruine frei aus- und eingingen, dürfen das Flötenhaus der Männer niemals betreten. Es war 7 Schritt breit, 9$^1/_2$ lang, die 2$^1/_2$ Schritt auseinander stehenden Hauptpfosten inmitten, die das Dach stützten, waren 4$^1/_2$ m hoch. Oben blieb in dem Strohdach eine 1 m breite und 3$^3/_4$ m lange Luke frei. Ein paar Fischreusen standen in einer Ecke, sonst gab es nichts als die zwei Pfosten, von deren einem ich die Hängematte zur Wand hinübergespannt hatte. Ausser meiner Ehrenwache hatte ich noch die Gesellschaft eines Japú (Cassicus), der mir wie ein grüner tropischer Hans Huckebein vorkam; er durfte nur oben in den Sparren der Rauchluke sitzen und wurde, wenn er plötzlich herunterschoss und wie ein wildes Tier zwischen uns umherjagte, schleunigst wieder auf seinen Beobachtungsposten verscheucht, wo er, den Kopf neugierig geneigt und den Schnabel offen, herabschaute.

Zuweilen kam auch eins der nachts eifrig thätigen Mäuslein spionieren und wurde, wenn es nicht zeitig entwischte, mit einem Kinderpfeil geschossen und den Frauen zum Braten gebracht. Fast ständige Gäste waren grosse schwarz-weiss gestreifte Bienen, die sich ebenso wie ein hier und da durch den Eingang herzuflatternder Schmetterling ruhig greifen und bei Seite setzen liessen. Am heissen Mittag meinte ich öfters inmitten eines von Gesumm und Gebrumm erfüllten Bienenkorbes zu sitzen.

Es war um diese Stunde am dritten Tage, dass ich vor den Bienen und Fliegen in das grosse Haus Paleko's flüchtete und es zum ersten Mal betrat. Dort drinnen war es wundervoll kühl und gemütlich und nichts von lästigem Ungeziefer vorhanden. Nur Ameisen zogen mit Mehlkörnern beladen ihre Strasse zum Mandiokastampfer. Die Männer schaukelten sich, ihre Hauptbeschäftigung daheim, in den Hängematten, und nachdem ich anstandshalber auf dem Ehrenschemel, der die Höhe einer Zigarrenkiste hatte, ein Weilchen sitzen geblieben war, folgte ich bald ihrem Beispiel.

Man meinte sich in einem riesigen Bienenkorb zu befinden, glücklicherweise ohne die Bienen. Der Grundriss war fast kreisförmig mit einem Durchmesser vom 15 m; zwei gewaltige Pfosten, 9 m hoch und $3^1/2$ m von einander abstehend, stützten in der Mitte die mächtige Strohkuppel, deren Gerüst aus horizontalen Bambusringen und über diese senkrecht nach oben zur Luke gebogenen Stangen bestand. Sie war rauchgeschwärzt, wie Theer glänzend. Die Wandung ringsum, über der sie sich erhob, ein festgeschlossener Ring von $1^1/2$ m hohen Pfosten, nur unterbrochen durch zwei für mich viel zu niedrige Thüreingänge, die sich gegenüberlagen. Von der Wand waren nach innen zu, in der Richtung der Radien, die Hängematten gespannt, an besonders starken Pfosten beiderseits befestigt, sodass der Aussenraum in eine Anzahl von freilich offenen Gemächern eingeteilt war. Der grosse Mittelraum um die Hauptpfosten herum und unter der Luke, der frei blieb, war Küche und Stapelplatz für Proviantkörbe, Töpfe, irdene Beijú-Pfannen, Siebe, Matten, Kiepen, Mörser, Stampfer und Kalabassen. An die Hauptpfosten waren Stöcke mit Schlingpflanzen angeflochten, wo wieder Kürbisschalen oder Tabakbündel herabhingen, von einem Querbalken baumelten grosse Vögel mit strohgeflochtenen Beinen und Schwänzen herab, die sehr geheimnisvoll aussahen und nur den Zweck hatten, die Maiskolben, aus denen ihr Inneres und die Flügel zusammengesetzt waren, auf eine das Auge erfreuende Art aufzubewahren. Der Boden war überzogen von einem steinharten Satz des feinen weissen Mandiokamehls, mehlweiss waren die Mörser und Stampfer und rauchgeschwärzt die Töpfe. Ueber den Thüren Körbe mit Kalabassen, Reusen, Fischnetze, in den »Gemächern« an der Wand Bogen, Steinbeile, die buntgefiederten Pfeile aus dem Kuppelstroh hervorstarrend, ein Kram von Körbchen, Trinkschalen und kleinerem Gerät, am Boden weisse Lehmkugeln, Töpfchen, Schemel, Holzstücke, Feuerfächer und die Asche des Feuerchens, das Jeder nachts neben und fast unter seiner Hängematte unterhält, an der Hängematte ein Büschelchen bunter Federn und der Kamm hängend, hier und da eine Pyramide aus Stäben mit dem Bratrost;

auch fand sich ein Paar der Stöcke aufgehängt, mit denen Feuer gerieben wird, und daneben ein Paketchen mit dem Zunderbast angebunden.

In Summa: Familienwohnung in vollem Betrieb, gerade so viel Unordnung als zur Behaglichkeit gehörte, Alles sauber und nett hergerichtet, Alles gehängt, geschachtelt, gestülpt, keine eisernen Nägel und Schrauben, sondern nur Faden und Flechtwerk, Alles Arbeit mit Steinbeil, Tierzahn und Muschel. Totaleindruck: braun die Wand, die Hängematten, die Kalabassen, die Menschen, braun in jeder Abstufung aber harmonisch getönt, ganz Knaus. Hier und da schien die Sonne durch eine Ritze in der Strohkuppel, vor der Thür schnitt die Tageshelle scharf ab und die Gasse zwischen den Thüren lag im Halbschatten; durch die Luke, die ziemlich eng verschlossen war, fielen einige lichte Kringel und Kreise auf den Boden, und in dem emporsteigenden Rauch tanzten matte Sonnenstäubchen.

Die schweigsamen Indianer, Männer und Frauen, schwatzten fortwährend, und lustig heraus klang Eva's liebliches Lachen. Die Frauen waren alle thätig. Eine schrappte eine rötliche Rinde, die gekocht einen heilkräftigen Sud liefert, eine zweite stampfte im Mörser Mandiokagrütze. Ab und zu wurde einem der Männer ein Schluck an die Hängematte gebracht. Ein schönes Bild dort beim loderndem Feuer, das an dem riesigen Topfkessel heraufschlug, die nackte Frau mit langem Haar, sie schöpfte den wie Milch weich wallenden Schaum des Püserego in einem kleinen Topf ab und goss ihn immer wieder mit kräftigem Schwung des Armes zurück. Andere traten hinzu, auch der gehorsamst Unterzeichnete, und kosteten, die Finger abschleckend. Die Zukünftige sah auch sehr niedlich aus, ihr »rabenschwarzes Mongolenhaar« spielte in ein verschossenes Lichtbraun, und sie hockte vor drei unzufrieden krächzenden grünen Periquitchen, die sie aus einem Töpfchen fütterte. Dann kam auch ich an die Reihe, sie legte einen frischgebackenen goldgelben Beijú-Fladen vor mich hin und vergass nicht zu bemerken, dass er ihrer eignen Händchen Werk sei.

Der dicke Yapü war eingeschlummert. Auch mich befiel in der ungewohnten stimmungsvollen Gleichmässigkeit des häuslichen Treibens eine angenehme Müdigkeit; der freundlichen Einladung, ein Mittagsschläfchen zu halten, konnte ich nicht widerstehen, obwohl ich mich in der grössten Hängematte, die da war, wie ein Fisch im Netze krümmte.

Ich hatte fest geschlafen. Das Bild war verändert. Die Frauen sassen draussen auf dem Platz fünf in einer Kette hintereinander eifrig beim Lausen. Wer ein Tierchen fing, legte es auf die Spitze der Zunge und schluckte den Leckerbissen hinunter oder gab es auch der ursprünglichen Besitzerin, die es in der emporgehaltenen Rechten von hintenher empfing. Die Männer beobachteten aufmerksam Schwalben »iri«, Luchu schoss nach ihnen, ohne sie zu treffen; als sich ein paar in der Luft eine Beute abjagten, nahm dies das allgemeine Interesse in Anspruch, und der gute alte Paleko lieferte erklärende Anmerkungen. Ueberall dolce far niente. Nur die Ameisen feierten nicht; grosse Carregadores zogen daher, schwer bepackt mit Halmstückchen und Holzkohlen.

Das Haus Tumayaua's war ein wenig kleiner; hier lugten Eva's Kinder aus den Hängemättchen hervor, sonst war es dasselbe Bild.

Die Wohnungsverhältnisse gefielen mir besser als der zweite Teil der Pension. Mit meiner Verpflegung war es übel bestellt. Fleisch bekam ich während des Aufenthaltes im Dorf überhaupt nicht zu sehen, wenn ich zwei geschossene Mäuse ausnehme. Fisch liess man mir nur so selten und in so kleinen Portionen zukommen, als wenn es eine der kostbarsten Speisen wäre; einmal ein Töpfchen von kleinfingerlangen Geschöpfchen in salzloser Brühe mit einem Maiskolbenstiel als Löffel, zweimal ein knapp handgrosses Stück Fisch gebraten und auf Beijú wie auf einem Tellerchen serviert, einmal ein Stück Zitteraal, fast zu fett, aber gut und mit einer Haut wie Spickaal. Dann durfte ich einmal Beijú in Fischöl tunken, was eine besondere Delikatesse auch für die Bakaïrí nicht gewesen wäre, wenn sie in ihrer Kindheit hätten Leberthran einnehmen müssen. Mehr finde ich in meinem Tagebuch nicht verzeichnet — dagegen teilte die Zukünftige am ersten Tage geröstete Maiskörner mit mir, die sie auf dem Boden hockend im Schooss hielt, brachte mir auch gelegentlich ein paar Mangaven, und Eva bot mir beim Vokabelfragen Ameisen, einen Palmbohrkäfer mit noch einem halben Bein und eine dicke Larve an, was alles »iwakulukulu«, der Superlativ jedweden Guten und Schönen im Bakaïrí, sein sollte. An den Mandioka-Fladen oder Beijús und Getränken liess man es nicht fehlen. Doch hielt der Festtrank Püserego nur für zwei Tage vor; wie Seifenwasser grünlich grau, warm und mit Blasenschaum überzogen, hatte er doch einen angenehm weichlichen, süssen Geschmack. Die Beijús waren in der Qualität je nach Art des Mehls sehr verschieden, sie wurden meist zerbröckelt und mit Wasser angerührt als Getränk genossen.

Dahingegen waren meine Gastfreunde von Herzen bereit, das Wenige, was ich von Bohnen und Salz bei mir hatte, sich schmecken zu lassen und baten darum inständigst. Mit den Bohnen hatte es seine Schwierigkeiten. Paleko und ich kochten sie zusammen, aber beide zum ersten Mal in unserm Leben. Ich machte Feuer an und er holte Scheite herbei, wir setzten einen irdenen Topf mit den Bohnen auf drei Steine und kochten los. Paleko sang dazu, seinen Korb flechtend und mit einem Fuss leise im Takt tretend; ich versuchte die Worte festzuhalten und las sie ihm, nach Kräften auf seine Art singend, vor. Leider verstehe ich den Text nicht und leider noch weniger die Noten, ich kann nur angeben, dass der Rhythmus sehr stark hervorgehoben wurde, und dass man, wenn nur der Alte sang, eine ganze Gesellschaft zu hören meinte, wie sie im Kreise lief und stampfte.

kuyé kuyé kutapayó kuyé — kutapayó hohóhohohú yalíwayáhahú ohohú uhó — ohóhóho huhohohú ohóhóchú.

énu hitenó kuyé — kutápayó yekútapá yekútapá ohó. Dieser Vers enthält etwas von Augen, ein gleicher mit *kámi hitenó* etc. von der Sonne. *)

---

*) *kámé* Sonne Nu-Aruakwort. Das folgende *yawali* ist der Name für das Wurfholz und den Wurfholztanz der Tupístämme des Kulisehu. Die Texte sind wohl nur teilweise Bakaïrí.

yáwali, yáwali i i ü pekóto, yawali ü ü éh hé hé yawalílawí.
yáwali pinakú yawali eh he hé, yawali henemánekabó yawali eh he hé, yawáli he he hé.
yawali nawí ehé, yawali nawí ehé, yawali nawí ehé, yawali nawí ehé-yã.

Wie der *Yawali*-Gesang gab es einen andern mit endloser Wiederholung: *wákutuyéh, wákutuyéh* fünf Mal, *wakú wákutuyéh* etc. in infinitum. Dann wusste Paleko auch ein Lied der Nahuquá, das sich auf das schöne Geschlecht, *táu* Frau, bezog: *yámikú hezé hezémitáu — yámikú erehezé mezé mitáu.*

Trotz der aufmunternden Marschlieder kam in unserm Bohnentopf kein Wallen und Sprudeln zu Stande, nur bescheidene Schaumblasen schwammen oben und nach zwei Stunden waren die sanft erhitzten Hülsenfrüchte noch grün. Erst als meine Zukünftige herzukam und sich der Sache annahm, wurde auch das Tempo der Bohnen lebhafter. Auch sie sang »*kuyáuhu kuyáuhú*« (Diphthong *au*) mit leiser Stimme, ein wenig nach der Melodie: »Wir hatten gebauet ein stattliches Haus«: *kuyáuhu kuyáuhuhú — kirúhayé kirúhayé* (vier mal) — *kuyáuhu kuyáu.* Leise und ziemlich dumpf, langsam feierlich, lange auf dem *au* verweilend.

Das Hauptlied, das wir noch häufig zusammen sangen, war das folgende: *yawí yawí nakú — noví rító hahé — ohó hohú, niké weké niké, niké weké niké, notú aríte nóhuhé, ohóhuhó huhú, niké weké niké, notú aríte óhohu, ohóhuhó etc.*

Dumpf und leise, aber immer schneller mit gestampftem Takt und einer stossweisen Betonung, die zum Fortschreiten mitreisst; das *óhohu* ... wird wiederholt, bis der Athem fast versagt, und man ruht wieder aus auf dem feierlicheren: *nó tú há — notú aríte nóhuhé nuhá hahú — notú aríte nóhuhé nuhá hahú nó tú há, nó tú há — óho hú hu.*

Ein grösserer Gegensatz ist nicht gut denkbar als zwischen einem flotten Studenten-Kneiplied und jenen Gesängen, deren Vortrag kaum ein Singen zu nennen war, sondern nur mit verhaltenen Tönen den Tanzmarsch der Füsse begleiten zu wollen schien. Ich sang natürlich auch, auf die Gefahr hin, den Leutchen von unserer Musik nicht den allgemein gültigen Begriff zu geben, da ich nur »eigene Melodien« zur Verfügung habe. Ich errang einen kleinen Achtungserfolg, doch war man wegen des mit der Tonfülle verbundenen ungewohnten Lärms ein wenig befangen. Naturlaute aber wie »rudirallala« gefielen meinem Freunde Paleko ausnehmend, er war mit Feuereifer bestrebt, sie zu lernen, und krümmte sich vor Lachen, wenn er nicht rasch genug folgen konnte.

Schamgefühl. Ich möchte in diesem erzählenden Teil vermeiden, Kleidung und Schmuck im Einzelnen zu beschreiben und beschränke mich, was die persönliche Erscheinung betrifft, auf die Bemerkung, dass beide Geschlechter unbekleidet gingen, dass die Frauen, wie man auf der Tafel 5 sieht, das »Ulúri«, ein gelbbraunes, dreieckig gefaltetes und an Schnüren befestigtes Stückchen Rindenbast, und um den Hals eine Schnur mit Muschelstückchen, Halmstückchen, Samenkernen, dass die Männer immer eine Hüftschnur mit oder ohne solchen Zierrat und häufig Bast-

oder Baumwollbinden um den Oberarm oder unter einem Knie oder über einem Fussgelenk trugen. Der eine oder andere Jüngling steckte sich auch eine Feder in das durchbohrte Ohrläppchen; aber man muss nicht glauben, dass der Indianer, wie auf den Schildern der Tabakläden, immer in seinem ganzen Festputz erscheint.

Wohl aber möchte ich über den allgemeinen Eindruck, den die »Nacktheit« auf den unbefangenen Besucher machte, an dieser Stelle ein Wörtchen sagen. Diese böse Nacktheit sieht man nach einer Viertelstunde gar nicht mehr, und wenn man sich ihrer dann absichtlich erinnert und sich fragt, ob die nackten Menschen: Vater, Mutter und Kinder, die dort arglos umherstehen oder gehen, wegen ihrer Schamlosigkeit verdammt oder bemitleidet werden sollten, so muss man entweder darüber lachen wie über etwas unsäglich Albernes oder dagegen Einspruch erheben wie gegen etwas Erbärmliches. Vom ästhetischen Standpunkt hat die Hüllenlosigkeit ihr Für und Wider wie alle Wahrheit: Jugend und Kraft sahen in ihren zwanglosen Bewegungen oft entzückend, Greisentum und Krankheit in ihrem Verfall oft schauderhaft aus. Unsere Kleider erschienen den guten Leuten so merkwürdig wie uns ihre Nacktheit. Ich wurde von Männern und Frauen zum Baden begleitet und musste mir gefallen lassen, dass alle meine Zwiebelschalen auf das Genaueste untersucht wurden. Für das peinliche Gefühl, das ich ihrer Neugier gegenüber zu empfinden wohlerzogen genug war, fehlte ihnen jedes Verständnis; sie betrachteten andächtig meine polynesische Tätowirung, zumal einen blauen Kiwi aus Neuseeland, waren aber zu meiner Genugthuung sichtlich enttäuscht darüber, dass sich unter der sorgsamen und seltsamen Verpackung nicht noch grössere Wunder bargen.

Sie selbst trugen ja auch etwas Kleiderähnliches bei Mummenschanz und Tanz, aus Palmstroh geflochtene Anzüge, deren Namen éti = Haus ist, und so erhielt mein Hemd den prunkvollen Namen »Rückenhaus«; ich hatte ein »Kopfhaus« und ein »Beinhaus«. Da die Frauen nicht tanzen und nur die Männer in ihrem Flötenhaus diese Anzüge gebrauchen dürfen, war Eva's Frage wohl nicht so unberechtigt, ob denn »karáiba pekóto«, die Frauen der Karaiben, auch Kleider, »Häuser«, trügen? — Mit welcher Schnelligkeit man sich bis in die Regionen des Unbewussten hinein an die nackte Umgebung gewöhnen kann, geht am besten daraus hervor, dass ich vom 15. auf den 16. September und ebenso in der folgenden Nacht von der deutschen Heimat träumte und dort alle Bekannten ebenso nackt sah wie die Bakaïrí; ich selbst war im Traum erstaunt darüber, aber meine Tischnachbarin bei einem Diner, an dem ich teilnahm, eine hochachtbare Dame, beruhigte mich sofort, indem sie sagte: »jetzt gehen ja Alle so.«

Der Zweck, den wir mit der Kleidung verbinden, blieb ihnen verborgen, daran konnte man nicht zweifeln, wenn man sah, in welch naiver Art sie Teile meines Anzugs, deren sie für eine Weile habhaft wurden, anlegten. Wie sollten sie auch sowohl von den Unbilden unseres Klimas als von dem dritten Kapitel des ersten Buch Mose etwas wissen? Sie spielten mit meinen Kleidungsstücken

BAKAÏRÍ-FRAUEN.

wie eitle Kinder. Luchu war glücklich, wenn ich ihm meinen Poncho lieh, und ging mit ihm und meinem Hut stolz wie der aufgeblasenste Geck auf dem Dorfplatz spazieren.

Bei der ethnographischen Schilderung der Kulisehu-Stämme werde ich auf das Thema Kleidung und Schamgefühl zurückzukommen haben; hier kann ich nur wahrheitsgetreu berichten, dass ich im Verkehr mit den Leuten von unserem Schamgefühl Nichts bemerkt habe, wohl aber von einem anders gearteten, uns durchaus fremden, über das ich sogleich berichten werde.

Beim Vokabelfragen bildeten die Körperteile einen wichtigen und leicht zu behandelnden Stoff. Die Bakaïrí fanden es sehr komisch, dass ich Alles wissen wollte, waren andrerseits aber sehr stolz, dass ihre Sprache so reich war und der Bakaïrí für jeden Teil ein Wort hatte. Sehr vergnügt wurden sie bei meinem Fragen da und liessen es an prompter Auskunft nicht fehlen, wo sie sich nach unsern Begriffen hätten schämen und womöglich lateinisch oder in Ausdrücken der Kindersprache hätten antworten sollen. Rücksichtsvoll — denn ich natürlich schaute in diesem Moment durch meine Kulturbrille und sah, dass sie nackt waren — hatte ich einen Augenblick abgewartet, als die Frauen aus der Hütte herausgegangen waren: ich wurde damit überrascht, dass die fällige Antwort plötzlich draussenher von einer sehr belustigten Mädchenstimme kam. Meine Vorsicht hatte keinen Sinn gehabt. Es war die Vorsicht etwa eines Arabers, der sich geniren würde, in das unverhüllte Antlitz einer Europäerin zu sehen, oder eines Chinesen, der in ängstliche Verlegenheit geriete, wenn ihm der Zufall ihr strumpfloses Füsschen zeigte. Es ist wahr, das bei uns anstössig erscheinende Thema bereitete den Bakaïrí, Männern und Frauen, entschiedenes Vergnügen, und wenn ein pedantischer Grübler, der die Schamhaftigkeit in unserm Sinn um jeden Preis als angeborenes Erbgut der Menschheit gewahrt wissen will, nun gerade aus diesem gesteigerten Mass der Heiterkeit folgern möchte, dass sich das böse Gewissen eines von höherer Sittlichkeit herabgesunkenen Stammes geregt habe, so vermag ich ihm nur zu erwidern, dass ihr lustiges Lachen weder frech war noch den Eindruck machte, als ob es eine innere Verlegenheit bemänteln sollte. Dagegen hatte es unzweifelhaft eine leicht erotische Klangfarbe und ähnelte, so sehr verschieden Anlass und Begleitumstände bei einem echten Naturvolk sein mussten, durchaus dem Gelächter, das bei unseren Spinnstubenscherzen, Pfänderspielen oder andern harmlosen Spässen im Verkehr der beiden Geschlechter ertönt. Ist doch aus dieser selben natürlichen Freude, wie wir später sehen werden, eins der häufigsten Ornamente ihrer Malerei, das auf zahlreichen Gerätschaften als die Urform des Dreiecks dargestellte Uluri der Frauen hervorgegangen.

Die Uluris wünschte ich für die Sammlung in grösserer Zahl verfertigt zu haben. Was grosse Heiterkeit erregte. Eines Nachmittags wurde denn munter geschneidert. Wir sassen hinter Tumayaua's Haus, eine Alte röstete draussen Beijús, das Mehl auf die Schüssel aufschüttend, es glatt streichend und mit Geschicklichkeit den fertigen Fladen auf ein Sieb werfend, die Kinder schleckten Püserego und spielten Fangball mit federverzierten Maisbällen, und vier Frauen und Mädchen drehten die Fäden aus Palmfaser, falteten die »Röckchen« aus braungelbem Blatt und lieferten mir die zierliche Arbeit massenweise in allen Grössen. Das Einzige, was ich zugeben muss, ist das, dass eine Frau sehr verblüfft war und ratlos um sich blickte, als ich ein Uluri verlangte, das sie anhatte. Allein an dieser Verlegenheit hatte ein auf die Entblössung bezogenes Schamgefühl keinen Anteil, sondern was von Schamgefühl vorhanden war, sollte ein physiologisches genannt werden, dessen Existenz ich nicht bestreite. Als ich nun mehrere Frauen gleichzeitig um ihre Uluris bat und durch Verweisen auf die Sammlung jedes Missverständnis ausschloss, wurde mir »anstandslos« und lachend gewillfahrt.

Dagegen beobachtete ich ein deutliches Schamgefühl bei ganz anderem Anlass, und zwar beim — Essen. Ich hatte nur Gelegenheit, es bei den Männern festzustellen, und möchte vermuten, dass es den Frauen erst recht nicht fehlte. Am Abend des 13. September bot mir Tumayaua draussen auf dem Platz, wo wir Männer plaudernd bei dem Mandiokagestell standen, ein Stück Fisch an, das ich hocherfreut sofort verspeisen wollte. Alle senkten die Häupter, blickten mit dem Ausdruck peinlicher Verlegenheit vor sich nieder oder wandten sich ab, und Paleko deutete nach meiner Hütte. Sie schämten sich. Erstaunt und betroffen ging ich in das Flötenhaus, den Fisch zu verzehren. Ich hatte die Mahlzeit noch nicht beendet, als Kulekule eintrat, der über den Gebrauch einer ihm geschenkten Angel näher belehrt werden wollte. Mit einem Gesicht, das deutlich sagte: »ah, Sie sind noch nicht fertig«, setzte er sich nieder auf den Boden, schweigend, abgewandt und mit gesenktem Kopf und wartete. Am nächsten Abend erhielt ich draussen wieder Fisch, doch war es schon dunkel: ich ass, mich bescheidentlich dem finstern Baumgrund zukehrend und schien so keinen Anstoss zu erregen.

Als Paleko mir den Topf mit kleinen Fischen brachte, waren wir beide allein im Flötenhaus; er kehrte mir den Rücken zu und sprach kein Wort während der langen Zeit, dass ich mit den Gräten kämpfte. Ich gab Tumayaua von unserm Bohnengericht; er nahm die Portion und ging bis zu seinem Hause, wo er sich hinsetzte, ass und zwischendurch, aber ohne den Kopf zu wenden, herüberrufend sich auch an unserer Unterhaltung beteiligte. Er hatte sich also mit voller Absicht entfernt. Im Hause assen die Frauen jede für sich in der Nähe der Feuerstelle, sie brachten den Männern das Mahl, und Jeder ass auf seinem Platz. Dabei machte es sich Alakuai z. B. sehr bequem, indem er in der Hängematte liegend zu dem Topf auf dem Boden hinablangte, mit den Fingern hineinfuhr und sie sich schaukelnd abschleckte, aber Keiner behelligte den Andern mit seiner Gesellschaft. Mit dem Beijúessen war man vielleicht etwas liberaler, wenigstens mir gegenüber, doch sah ich die Männer Abends häufig einzeln beiseite gehen, ein Stück zu verzehren. Ehrenreich hat später bei den Karajá am Araguay etwas Aehnliches gefunden. »Die Etikette verlangt, dass Jeder, von dem Andern abgewendet, für sich isst. Wer dagegen verstösst, muss sich den Spott der Uebrigen gefallen lassen.«

Bei den Bakaïrí war diese Etikette nun entschieden strenger, sicher wenigstens im Verhältnis zu dem Gaste, denn der Humor ging ihnen völlig ab meiner Unanständigkeit gegenüber. Ich habe gewiss Vieles gethan, was des Landes nicht der Brauch war, ich habe laut gesungen, Männer und Frauen nach ihrem Namen gefragt, die delikaten Käferlarven zurückgewiesen und dergleichen schwer zu entschuldigende Dinge mehr begangen, allein nie sah ich, dass man sich schämte. Hier aber handelte es sich nun mehr als etwas Unschickliches, ich war unanständig gewesen. Darüber kann gar kein Zweifel sein.

Wenn wir mit Heine zugeben müssen, dass wir alle nackt in unsern Kleidern stecken und unserm Schamgefühl nur eine relative Berechtigung zusprechen dürfen, wird auch der Bakaïrí durch Essen an und für sich, soweit der Einzelne den Vorgang für seine Person erledigt, in edleren Gefühlen nicht verletzt werden können. Unwillkürlich gedenkt man irgend eines Tieres, das seinen Anteil von der Mahlzeit beiseite trägt, doch offenbar aus Furcht, ein anderes möchte ihn wegnehmen. Wohl glaube ich, dass Fisch und Fleisch bei den Bakaïrí, die sich mit einer gewissen Trägheit auf Mandioka und Mais mehr einschränkten als ihnen selbst lieb war, verhältnismässig knapp bemessen waren: ich bin gewiss, wenn ich noch eine Woche länger dort geblieben wäre, hätte ich mich aus freien Stücken mit jedem guten Stück, das ich rechtmässig oder unrechtmässig erwischt hätte, in eine stille Ecke gesetzt, um es vor den Blicken der Andern geschützt zu verzehren. Den hungrigen Blick, fürchte ich, habe ich selbst schon damals nach Andern hinübergeworfen. Aber die Entstehung des beschriebenen Schamgefühls muss in älteren Zeiten wurzeln.

Du lieber Himmel, wie haben wir sogenannten gebildeten Menschen, als Schmalhans auf der Expedition Küchenmeister wurde, ich kann nur sagen, obwohl wir die Gefühle zu meistern wussten, mit Gier und Neid die gegenseitigen Portionen kontrolliert; als der Zuckervorrat, die Rapadura, zusammenschrumpfte, war es nötig gewesen, den Rest persönlich zu verteilen, damit ein Jeder sich auf dem Lagerplatz seinen Erfrischungstrank nach Belieben sparsam oder verschwenderisch herrichten konnte, und als wir später auf der Fazenda S. Manoel nur ein wenig Rapadura vorfanden, die wir in genau gleiche Stücke zerschnitten, erhitzten wir uns in allem Ernst über der Entdeckung, dass die Soldaten, mit denen wir ehrlich geteilt, sich heimlich eine Anzahl der Bonbon-Ziegelsteine vorweg verschafft hatten.

Die Bakaïrí lebten wie eine einzige Familie, sie verteilten untereinander die Beute von Fischfang und Jagd auf die verschiedenen Häuser, in jedem Haus musste auf die verschiedenen Familien wieder verteilt werden. Die Zeit, wo sie gelernt hatten, Mandioka und Mais zu pflanzen, und sich nun einen regelmässigen Vorrat an Lebensmitteln sichern konnten, war eine neue Aera. Bis dahin hatten sie, wie wir auf der Expedition, von der Hand in den Mund gelebt, und da war das Alleinessen um der Ruhe und des Friedens willen vielleicht eine verständige, nützliche Einrichtung gewesen. Jene Einrichtung, von Jugend auf geübt und eine Gewohnheit geworden, die im Blute steckte, wurde auch in die Zeit des sesshaften Lebens hinübergenommen, wo der Feldbau überwog und sie keinen Sinn mehr hatte. Da entwickelte sich das Schamgefühl. Denn man konnte sie als wirklich vernünftig nicht mehr begründen, man prüfte sie auch gar nicht auf ihre Berechtigung durch die Umstände, eine jede alte Gewohnheit ist um ihrer selbst willen da; was man dann »heilig« nennt, weil sie schlechthin eine Sache des Gefühls geworden ist. Man schämt sich, wenn Einer dawider verstösst, und schämt sich um so redlicher, je weniger man sagen könnte, was er eigentlich Schlimmes verbrochen hat. Wer einen andern Entwicklungsgang durchgemacht hat, auf die Sache selbst sieht und nicht auf den falschen, durch Umdeutung gewonnenen Begriff, der an ihrer Stelle steht, fragt erstaunt: »warum schickt es sich nicht, nicht allein zu essen?« »Warum«, fragt der Bakaïrí uns, »schickt es sich nicht, nackt zu sein?« Der Eine müsste wissen, dass man unter seinen Kleidern »nackt« bleibt, der Andere, dass man auch in der grössten Gesellschaft »allein« isst. Ganz gewiss geht unser Schamgefühl im Verkehr der beiden Geschlechter auf eine Zeit zurück, als Jeder noch dafür sorgen musste, dass er seine Frau für sich allein hatte, sie vor den begehrlichen Blicken der Stammesgenossen zu schützen suchte und dazu die, sei es nun aus Freude am Schmuck oder aus Nützlichkeitsgründen hervorgegangene Kleidung benutzte. Da wurde denn die Kleidung selbst heilig. Es ist gewiss eine interessante Parallele, wenn wir uns die nackten Indianer als eine unanständige Gesellschaft denken und uns in die Seele eines Bakaïrí versetzen, der sich vor Scham nicht zu helfen wüsste, wenn er die fürchterlich unanständigen Europäer bei einer Table d'hôte vereinigt sähe. Er würde sich aber rasch daran gewöhnen und sich vielleicht in der nächsten Nacht an den Kulisehu zurückträumen, dort Alt und Jung gemütlich zusammen beim Schmaus eines Tapirbratens finden und erstaunt sich von dem Häuptling belehren lassen: »wir essen jetzt immer miteinander«.

Tabakkollegium. Am natürlichsten gaben sich meine Freunde Abends nach des Tages Last und Mühen, wenn wir Männer auf dem Dorfplatz rauchend zusammensassen. Eine harmlosere Lustigkeit war nicht gut denkbar, obgleich oder weil, wenn man will, Nichts dabei getrunken wurde. Pünktlich wie der erste der Honoratioren mit seiner langen Pfeife am Stammtisch, erschien der steifbeinige alte Paleko, das spindelförmige Tabakbündel, einen Zweig mit Wickelblättern und einen Holzkloben in den Händen und hockte behaglich seufzend auf dem Sitzbalken nieder. Mir that bald der Rücken weh in dieser Sitzlage von einer Handbreit über dem Boden, und ich schleifte meine Ochsenhaut aus der Hütte heran. Ein paar Hölzer wurden radienförmig mit dem glimmenden Kloben zusammengelegt und ein Feuerchen angeblasen. Die Thonpfeife war unbekannt, man rauchte Zigarren oder richtiger Zigaretten, allerdings 25 cm lang. Das Wickelblatt war noch grün und wurde nur einige Augenblicke über dem Feuer gehalten, es verbreitete einen balsamischen Geruch. Die Zigarre ging häufig aus, man hielt sie an die Kohle, um sie wieder anzuzünden. Gelegentlich liess man sich auch Feuer von der Zigarre des Nachbars geben, überreichte ihm dann aber die eigene, die jener in den Mund nahm und anzündete. Der Rauch wurde geschluckt. Auch meinen schweren schwarzen Tabak rauchten sie auf dieselbe Weise und in demselben Format und vertrugen ihn, obwohl der ihrige leicht wie Stroh war, ohne Schwierigkeit.

Aus den Häusern drang kein Laut hervor, das Geflecht an dem Eingang war vorgeschoben. Ob die Frauen nicht wach in der Hängematte lagen? Die beiden Araras, die von den Dachstangen tagsüber zu krächzen pflegten, schliefen auf einer halbverdorrten Palme. Keine Insekten belästigten uns. Zwei, drei Stunden lang sassen wir unter dem sternfunkelnden Himmelsgewölbe, rings von der dunkeln Waldmasse umgeben. Das kleinste Wölkchen, das irgendwo aufstieg, wurde bemerkt und einer Erörterung über Woher und Wohin unterworfen. Sobald ein Tierlaut im Walde hörbar wurde, verstummte Alles einen Augenblick, wartete, ob er sich wiederhole, und man flüsterte sich zu »ein Tapir«, »ein Riesengürteltier« oder dergleichen, während Einer halb mechanisch den Tierruf nachpfiff. Auch an unwillkürlichen Lauten fehlte es nicht. Speichelschlürfen, Aufstossen, Blähungen erfuhren keine Hemmung. Bakaïrí sum, nihil humani a me alienum puto. Aber in dem Augenblick, wenn einer sich gar zu schlecht aufführte, erfolgte sofort als unmittelbare Reflexbewegung aller Kollegen ein kurzes heftiges Ausspucken nach der Seite, ohne dass die Unterhaltung stockte. Im Wiederholungsfall freilich brummte Tumayaua oder Paleko etwas, was zu heissen schien: »Donnerwetter, wir haben doch einen Gast«, und der Uebelthäter verlor sich auf sechs Schritt weg im Schatten. Es war sehr patriarchalisch.

Das für mich wichtigste Thema, die Geographie des Kulisehu, nahmen wir ausführlich durch. Der Fluss wurde in den Sand gezeichnet, die Stämme wurden aufgezählt und mit Maiskörnern bezeichnet. Allmählich lernte ich so das richtige Verhältnis von Kulisehu und Kuluëne verstehen und erfuhr, dass die Hauptmasse der Nahuquástämme, deren jeder mit einem besondern Namen bezeichnet wurde, am Kuluëne sass. Alle Leute waren entweder gut »kúra« oder schlecht »kurápa«. Hauptsächlich richtete sich die Unterscheidung, wie ich zu meinem Erstaunen merkte, nach dem Umfang der Gastfreundschaft, die sie ausübten; »kúra« sein hiess, es beim Empfang an Beijús und Püserego, den Fladen und dem besten Kleistertrank aus Mandioka, nicht fehlen lassen. Es war zum Teil, was die Nahuquá und etwa noch die Mehinakú betraf, nach eigenen Erfahrungen, zum Teil nach Hörensagen dieselbe Information, die bei unsern Herbstreisen als die wichtigste gilt: gute und schlechte Hôtels.

Aber welcher Unterschied zwischen einem gedruckten Baedeker und dieser Gestikulation, dieser Tonmalerei, dieser sich von Etappe zu Etappe mitleidlos weiterschleichenden Aufzählung der Stationen! Von uns bis zum zweiten Bakaïrídorf eine Tagereise, von dem zweiten zum dritten zwei u. s. w. — nein, so raste man nicht weiter in der guten alten Zeit, die ich hier erlebte. Zuerst setzt man sich in das Kanu, »pépi«, und rudert, rudert »pépi, pépi, pépi« — man rudert mit Paddelrudern, links, rechts eintauchend, und man kommt an eine Stromschnelle, bububu . . . Wie hoch sie herabstürzt: die Hand geht mit jedem bu, bu von oben eine Treppenstufe nach abwärts, und wie die Frauen sich fürchten und weinen: »pekóto äh, äh, äh . . . .!« Da muss das pépi — ein kräftiger Fusstritt nach dem Boden hin — durch die Felsen, mit welchem Aechzen, vorgeschoben werden, und die »mayáku«, die Tragkörbe, mühsam — 1, 2, 3 mal an die linke Schulter geklopft — über Land getragen werden. Aber man steigt wieder ein und rudert, pépi, pépi, pépi. Weit, weit — die Stimme schwebt ih ...., so weit ih ...., und der schnauzenförmig zugespitzte Mund, während der Kopf krampfhaft in den Nacken zurückgebogen wird, zeigt, in welcher Himmelsrichtung ih .... Darüber sinkt die Sonne bis: die Hand, soweit sie sich auszustrecken vermag, reicht einen Bogen beschreibend nach Westen hinüber und zielt auf den Punkt am Himmel, wo die Sonne steht, wenn man — lah ...... á — im Hafen eintrifft. Da sind wir bei den: »Bakaïrí, Bakaïrí, Bakaïrí!« »Kúra, kúra!« und hier werden wir gut aufgenommen. Vielleicht hat man auch noch eine Stelle mit gutem Fischfang passiert, wo »Matrinchams« oder »Piranyas« zu schiessen sind: während die Wörter sonst den Ton auf der vorletzten Silbe haben, noróku, póne, wird er jetzt — wie wir »Jahré« sagen — auf die letzte verlegt »norokú«, »poné«, und der Pfeil schnellt, tsök, tsök, vom Bogen.

Hinter dem Nahuquá freilich, wo die Kenntnis der Einzelheiten unbestimmt wird, werden nur die Tagereisen selbst angegeben. Die rechte Hand beschreibt langsam steigend in gleichmässigem Zuge einen Bogen von Osten nach Westen, kommt dort unten an und legt sich plötzlich an die ihr entgegenkommende Wange, verweilt hier, während die Augen müde geschlossen sind, und greift dann nach dem Kleinfinger der linken Hand: einmal geschlafen. Dann wieder dieselbe Figur, doch wird mit dem Kleinfinger noch der Ringfinger ergriffen, und beide werden nach der Seite gezogen: zweimal geschlafen u. s. w. Sei aufmerksam, edler Zuhörer, denn wehe Dir, wenn Du fragst — es kann Dir nicht anders geholfen werden, als indem man wieder von vorn anfängt.

Aber Rache ist süss. Die Reihe kam auch an mich, denn man wollte wissen, wie weit Cuyabá sei, mein Ausgangspunkt. Die Gesichter waren köstlich, wenn ich erst die linke, dann die rechte Hand abfingerte, dann genau nach ihrer Zählweise, die Zehen des linken und die des rechten Fusses abgriff, zwischen je zwei Fingern und je zwei Zehen vorschriftsmässig am Himmel wanderte und schlief, und zum Schluss in meine Haare greifen musste, um sie auseinander ziehend zu bekunden, dass die Zahl der Tage noch nicht reichte und mehr sei als 20! Da murmelten sie denn ihr »kóu, kóu« des Erstaunens oder »óka, óko, he okó« immer ungeduldiger, redeten alle durcheinander und vereinigten sich schliesslich in einem fröhlichen Gelächter baaren Unglaubens.

Einzelne Indianerstämme wurden auch mit lebendiger Pantomime wegen ihrer Absonderlichkeiten verspottet; die Nahuquá waren komisch wegen ihres Bartes, die Suyá oder, wie die Bakaïrí sagten, Schuyá mussten mit ihrer Korkscheibe, die sie in der Unterlippe tragen, herhalten, wobei die Schauspieler ihre Unterlippe stark nach vorn spannten und ein gemachtes Kauderwälsch von schnappenden Tönen hervorstiessen; die Trumaí wurden mit einem grausigen »huhuhuhu« wiedergegeben und in ihrer barbarischen Gewohnheit, dass sie die Kriegsgefangenen mit hinten zusammengebundenen Armen in den Fluss warfen, ein Gegenstand halb des Hohns oder Abscheus, halb der Furcht vor Augen geführt.

Ich darf wohl gleich erwähnen, dass sich die Mimik der Bakaïrí mutatis mutandis mit mehr oder weniger Temperament bei allen Stämmen wiederholte, dass nur die Interjektionen verschieden, die Geberden aber genau dieselben waren. Hier im Tabakkollegium lernte ich denn auch die Steinbeilpantomime zuerst kennen, die wir später, so rührend sie an und für sich war, bis zum Ueberdruss bei jedem Stamm über uns ergehen lassen mussten. Sie schilderte den Gegensatz zwischen dem Steinbeil und dem Eisenbeil, das ihnen von Antonio sofort demonstrirt worden war, und hatte für mein Empfinden, ehe ich durch die Wiederholung abgestumpft wurde, ja im Anfang noch, weil sie sich so unerbittlich wiederholte, etwas ungemein Ergreifendes als eine Art stammelnden Protestes der metallosen Menschheit gegen die zermalmenden Hammerschläge der Kultur, eines Protestes, der so, wie ich ihn hier noch erlebte, tausendfach in allen Erdteilen ungehört verhallt sein muss.

Wie quält sich der Bakaïrí, um einen Baum zu fällen: frühmorgens, wenn die Sonne tschischi aufgeht, — dort im Osten steigt sie — beginnt er die Steinaxt zu schwingen. Und tschischi wandert aufwärts und der Bakaïrí schlägt wacker immerzu, tsök, tsök, tsök. Immer mehr ermüden die Arme — sie werden gerieben und sinken schlaff nieder, es wird ein kleiner matter Luftstoss aus dem Mund geblasen und über das erschöpfte Gesicht gestrichen; weiter schlägt er, aber nicht mehr mit tsök, tsök, sondern einem aus dem Grunde der Brust geholten Aechzen. Die Sonne steht oben im Zenith; der Leib — die flache Hand reibt darüber oder legt sich tief in eine Falte hinein — ist leer; wie hungrig ist der Bakaïrí — das Gesicht wird zu kläglichstem Ausdruck verzogen: endlich, wenn tschischi schon tief unten steht, fällt ein Baum: tokále = 1 zeigt der Kleinfinger. Aber Du, der Karaibe, — plötzlich ist Alles an dem Mimiker Leben und Kraft — der Karaibe nimmt seine Eisenaxt, reisst sie hoch empor, schlägt sie wuchtig nieder, tsök tsök, pum — äh...., da liegt der Baum, ein fester Fusstritt, schon auf dem Boden. Und da und dort und wieder hier, überall sieht man sie fallen. Schlussfolgerung für den Karaiben: gieb uns Deine Eisenäxte.

Keine Thätigkeit eines Werkzeugs aus Metall, Stein, Zahn oder Holz wurde besprochen oder es erschienen auch entsprechend malende Laute. Es ist richtig, dass ein guter Teil auf Rechnung des Verkehrs mit mir, der nur die Anfangsgründe ihrer Sprache kannte, zu setzen war; sie waren sparsamer mit diesen

Lauten und Geberden in ihrer eigenen Unterhaltung, allein sie verfügten doch über die Hülfssprache ausdruckvoller Bewegung in reichem Masse und bedienten sich ihrer im Verkehr mit anderen Stämmen, wie ich später sah, auf genau dieselbe Art und Weise wie mir gegenüber. So macht sich der Nachteil, dass jeder Stamm eine andere Sprache redet, wenig geltend; die Verständigung war selbst mit einem Karaiben, da die Geberden zwar stereotyp sind, aber noch die volle Anschaulichkeit enthalten und noch nicht zu konventionellen Abkürzungen eingeschränkt sind, ohne Schwierigkeit möglich.

Auch für die mir eigentümlichen Interjektionen und Geberden, die ja ebenfalls unwillkürlich einen lebhafteren Ausdruck annahmen als zu Hause, bekundeten sie ein aufmerksames Interesse. Begleitete ich irgend welchen Affekt mit einem ihnen auffälligen Laut, so wurde er nachgeahmt; pfiff ich leise vor mich hin, so konnte ich bald Einen hören, der vergnügt mitpfiff. Allgemeine Anerkennung fand besonders, wenn ich mir laut lachend auf's Bein schlug: sofort klatschten sie sich auf die nackten Schenkel und ein homerisches Gelächter erfüllte den Dorfplatz.

Meine linguistischen Aufzeichnungen vom Tage, die ich herbeiholte, wurden in unserm Tabakkollegium noch einmal durchgenommen und um kleine Beiträge bereichert. Die Sternbilder, Tiernamen, der unerschöpfliche Stoff für die Körperteile und was der Augenblick lieferte, wurde eingetragen, vorgelesen und mit Beifall bestätigt.

Allein auch ich bot mimische Vorstellungen, zu denen mein interessantes Ochsenfell den ersten Anlass gegeben hatte, ich führte ihnen unsere Haustiere vor und erzielte damit bei meinem kleinen, aber dankbaren Publikum einen Erfolg, wie er selbst dem Verfasser des »Tierlebens« und vielbewunderten Vortragskünstler niemals grösser beschieden gewesen sein kann. Vor allem machten sie die Bekanntschaft von Rind, Schaf und Hund, deren Grösse und Kennzeichen ich ihnen nach besten Kräften veranschaulichte, und deren Sprache »itáno« laute Ausbrüche der Heiterkeit und des Jubels hervorrief.

Da erklang es denn »muh«, »mäh», »wauwau« und »miau« in allen Tonarten von mir und von ihnen. Besonders wirkte die Abwechslung zwischen dem merkwürdigen »mäh« der alten Schafe und dem kläglichen »mäh« eines die Mutter suchenden Lämmchens, zwischen dem Gebell der grossen Köter und dem der kleinen Kläffer. Zufällig verfügte ich über eine ziemlich gute Aussprache in diesen itános, sodass die gewiegten Kenner der Tiersprachen an der Echtheit nicht zu zweifeln brauchten. Ich suchte ihnen auch den Charakter der Tiere klar zu machen, indem ich verschiedene Arten wie Katze und Hund zusammen auftreten liess, suchte ihnen zu verdeutlichen, dass z. B. ein Hund dem Menschen gehorcht, und war jetzt in der Lage, sie über den Ursprung meiner Wollbekleidung — mäh — zu unterrichten. Es waren aufmerksame Schüler, die den Lernstoff sehr bald vollständig beherrschten und fleissig übten.

Die denkwürdige Sitzung unsers Tabakkollegiums, in der ich den ersten Vortrag über die europäischen Haustiere gehalten hatte, war spät in die Nacht

LUCHU BAKAÍRÍ TUMAYAUA

hinein ausgedehnt worden, aber ich verabschiedete mich von glücklichen Menschen, auf deren Gesichtern geschrieben stand: das war ein schöner Abend. Luchu bellte mustergültig, er lief in die beiden Häuser, aus denen schon vielfach helles Lachen hörbar geworden war, und fuhr dort mit wildem Wau-wau umher.

Ich lag bereits halb schlafend in der Hängematte und glaubte, die Bürgerschaft ruhe wieder in dem gewohnten Frieden, als mich noch einmal Eva's Stimme von drüben mit einem lauten »mäh« aufschreckte. »Mäh« antwortete ich denn auch zum guten Schluss aus meinem Schafstall, überall kicherte es noch einmal hinter den Strohwänden, und endlich trat dann wirklich Stille ein, bis ich — mäh, mäh schon vor Sonnenaufgang — fluchend emporfuhr.

Ein Tag verlief gleich dem andern. Wie wir in meiner Hütte miteinander arbeiteten, wie die Bakaïrí portugiesisch und ich bakaïrí lernte, will ich im nächsten Kapitel übersichtlich zusammenstellen, während ich noch anfüge, was ich aus unserm gemeinsamen Leben zu berichten habe.

Tumayaua liess mich vor seinem Hause Tabak pflanzen, ein Ansinnen, das mich ein wenig befremdete, bis ich merkte, dass er sich von meiner Beihülfe eine vorzügliche Ernte oder Qualität versprach; so verlangte ich nur, dass er den Anfang mache und zerrieb dann die Kapseln und senkte den Samen in den Boden, als sei ich mein Lebenlang Tabakpflanzer gewesen. Mit Kulekule musste ich zu dem Katarakt unterhalb des Dorfes gehen und ihm beim Angeln helfen; er durfte nicht ahnen, dass ich dieses Gerät seit den Zeiten der Sekunda, wo ich es mit Mühe vor der Polizei rettete, nicht mehr geschwungen hatte.

Einen sehr hübschen Fischereiausflug machten wir an einem Vormittag zu einem Halbdutzend Personen, darunter einigen Frauen, nach dem saímo, einem Teich, der etwa 2$^1/_2$ Kilometer vom Dorf entfernt im Kamp lag. Wir schritten ein Stück Weges durch den Wald, die Frauen Fangkörbe und Reusen tragend, Paleko ein Stück Fischgebiss an einer Schnur um den Hals und ein Steinbeil unter dem Arm, das er am Fluss auf einem Stein noch geschliffen hatte, indem er es mit dem Speichel am Munde selbst anfeuchtete. Komisch war es währenddess gewesen, zu sehen, wie die Zukünftige und ihre Schwester aus dem Kulisehu tranken: den Mund im Wasser, auf die beiden Händchen gestützt, ein Bein in die Höhe, jungen Aeffchen nicht unähnlich. Unterwegs sangen wir mit verhaltenen Tönen gemeinsam unser ohohó ohohú hu, und ich störte die Morgenstille mit einigen lauteren Liedern. Alakuai erlaubte sich, mir meinen Hut abzunehmen, war aber in diesem Schmuck so glücklich, dass ich mein Haupt in aller Heiligen Namen der mitleidlosen Kampsonne aussetzte.

Weithin erstreckte sich bis zum Saum des Uferwaldes eine mit frischem Gras bedeckte Queimada, nur ein einziger Schatten spendender Baum stand an dem Teich. In die Mitte des knietiefen sumpfigen Gewässers wurden drei Reusen gesetzt, die mit ihren Mäulern halb herausragten. Dann gingen mehrere Personen mit den Fangkörben, kútu, die die Form eines oben und unten offenen abgestumpften Kegels hatten und aus dünnen spitzen Stöckchen zusammengesetzt waren, in gebückter Haltung durch den Teich und stachen schnell auf den Grund nieder: die kútu wurden über die Fischchen gestülpt, und diese oben mit der Hand hervorgeholt und in einem Hängekörbchen untergebracht. Als man so eine Weile gearbeitet hatte, ging man von verschiedenen Seiten sich nach der Mitte entgegen, wo die Reusen lagen, und suchte die Fische dort hineinzutreiben. Es war ein lustiger Anblick: die Mädchen äusserst behende, die Männer weniger flink, zumal der dicke Yapü anscheinend keineswegs in seinem Element, viel Lachen und Plantschen, in der Luft einige gaukelnde Libellen und Brummbienen ohne Zahl, am Ufer unter dem Baum eifrig kommentierend der alte Paleko, der sich mit der linken Hand auf einen Stock stützte und unter dem Oberarm derselben Seite das sehr überflüssige Steinbeil angedrückt hielt. Die Fische hiessen poniú oder poriú, der Jejú der Brasilier.

Das von mir bestellte Rindenkanu war schon am 18. September fertig geworden; die Steinaxt hatte langsam, aber sehr sauber gearbeitet. Vier Männer trugen das Fahrzeug zum Fluss; sie hatten sich auf die Schultern aus braunem Bast geflochtene Ringe genau desselben Aussehens aufgesetzt, wie sie unsere Marktweiber auf dem Kopfe tragen.

Ich war nun über eine Woche allein bei den guten Bakaïrí und merkte, dass sie etwas ungeduldig wurden. Sie fragten gar zü oft, wann die »jüngeren Brüder« kämen. Was ich von Kostbarkeiten mit mir geführt hatte, war auch längst in ihrem Besitz, sogar mein améma ikúto (»Figur der Eidechse«), ein Reptil mit gläsernen Schuppen und rubinroten Augen, das sie gierig umworben hatten, gehörte ihnen.

Aber unser gutes Einvernehmen blieb bis zur letzten Stunde dasselbe. Wenn es nach mir gegangen wäre, hätte ich am liebsten die ganze Regenzeit bei ihnen zugebracht, obwohl ich einen säuerlichen Geschmack im Halse, von dem ewigen Mehlessen, nicht mehr los wurde und auch von Verdauungsstörungen geplagt wurde. Meine ersten Eindrücke über den friedfertigen und sympathischen Charakter meiner Gastfreunde brauchten keine Korrektur zu erfahren. Die Alten waren klug und sorglich, die Jungen kräftig und behend, die Frauen fleissig und häuslich, Alle gutwillig, ein wenig eitel und mit Ausnahme einiger von ihren Pflichten in Anspruch genommenen Mütter gleichmässig heiter und gesprächig. Alle waren ehrlich. Nie hat mir Einer etwas genommen, oft hat man mir Verlorenes gebracht, immer wurde, was ich eingetauscht hatte, als mein Eigentum geachtet.

Kurz, Bakaïrí kúra, die Bakaïrí sind gut. Es wäre lächerlich, sie im Rousseau'schen Sinne misszuverstehen, denn von irgend welcher Idealität war auch nicht die Spur zu entdecken; sie waren nichts als das Produkt sehr einfacher und ungestörter Verhältnisse und gewährten dem Besucher, der mit seinen an Bewegung und Kampf gewohnten Augen herantrat, das Bild einer »Idylle«. Man komme vom Giessbach, Strom oder Meer, man wird den Zauber einer stillen Lagune empfinden, das ist Alles.

II.

Psychologische Notizen über das Verhalten der Bakaïrí dem Neuen gegenüber. Grenzen des Verständnisses. Studien mit dem Dujourhabenden. Schwierigkeiten der Verständigung und der sprachlichen Aufnahme: Substantiva, Verba, übergeordnete Begriffe.

Ueber das Interesse, das die Bakaïrí an meinen Kleidern nahmen, habe ich berichtet. Es wandte sich allmählich in besonderm Grade den Taschen zu, und sie wussten bald genau, was in dieser und was in jener steckte.

»Ob ich Hemd und Hose selbst gemacht hätte?« Immer kehrte diese mir ärgerliche Frage wieder. »Ob ich die Hängematte, den Moskiteiro selbst gemacht hätte?« Es berührte sie wunderbar, dass in meinem ganzen Besitzstand nichts zu Tage kam, wo ich die Frage bejaht hätte. Deutlich war zu sehen, dass die Sachen, von deren Ursprung sie sich eine gewisse Vorstellung machen konnten, ihre Aufmerksamkeit auch lebhafter beschäftigten. Das Gewebe der paraguayer Hängematte wurde alle Tage betastet und eifrig beredet.

Alles wollten sie haben. »Ura« »(es ist) mein« lautete die einfache Erklärung. Die Männer bevorzugten für sich selbst das Praktische, für Frauen und Kinder den Schmuck, für sich die Messer, für jene die Perlen. Die Frauen wurden beim Anblick der Perlen geradezu aufgeregt und nur mein Zinnteller wurde mit gleicher Habgier umworben. »Knöpfe« schienen für eine Art Perlen gehalten zu werden. Ich entdeckte bei mehreren Frauen Zierrat, der von unserer ersten Expedition herrührte und von dem Batovy an den Kulisehu gewandert war. Eine Frau trat mir entgegen, die nichts als einen Messingknopf an einer Schnur auf der Brust trug, und auf diesem Knopf stand die 8 des achten Cuyabaner Bataillons, dem unsere Soldaten damals angehört hatten. »Ist es tuchú, Stein?«, fragten diese lebendigen Praehistoriker. Natürlich waren die Perlen ebenso Stein und ihnen wegen ihrer Buntheit lieber als Gold, das sie ganz gleichgültig liess. Ich hatte ihnen einige Stecknadeln gegeben und auch eine Nähnadel gezeigt, die einzige, die ich bei mir hatte: sie brachten mir eine Stecknadel wieder und baten, ihnen ein Loch hineinzumachen, wie es die Nähnadel hatte.

Höchst merkwürdig war die Schnelligkeit, mit der sie die ihnen unbekannten Dinge unter die ihnen bekannten einordneten und auch sofort mit dem ihnen geläufigen Namen unmittelbar und ohne jeden einschränkenden Zusatz belegten. Sie schneiden das Haar mit scharfen Muscheln oder Zähnen des Piranyafisches, und meine Scheere, der Gegenstand rückhaltlosen Entzückens, die das Haar so glatt und gleichmässig abschnitt, hiess einfach »Piranyazahn«. Der Spiegel war »Wasser!« »Zeig' das Wasser«, riefen sie, wenn sie den Spiegel sehen wollten. Und mit ihm machte ich viel weniger Eindruck, als ich erwartet hatte.

Der Kompass hiess »Sonne«, die Uhr »Mond«. Ich hatte ihnen gezeigt, dass die Nadel, wie ich das Gehäuse auch drehte und wendete, immer nach dem höchsten Sonnenstand wies, und die sehr ähnliche Uhr, deren Feder sie für ein Haar erklärten, erschien ihnen als das natürliche Gegenstück noch aus dem besondern Grund, weil sie »nachts nicht schlief«. Sie stellten mehrfach mitten in der Unterhaltung die Forderung, dass ich die Uhr hervorhole und lachten dann sehr befriedigt, wenn sie wirklich wach war und tickte.

Nichts wäre verkehrter als zu glauben, dass dieser aufrichtigen Neugier und Bewunderung nun ein eigentlicher Wissensdrieb oder ein tieferes Bedürfnis des Verstehens zu Grunde gelegen hätte. Ueber die Frage: »hast du das gemacht?« kamen sie nicht hinaus. Nein, ich gab einfach meine Zirkusvorstellung, ich zeigte meine Kunststücke, und man freute sich, dass ich sie in jedem Augenblick in aller Eleganz vorweisen konnte und mich niemals blamierte. Das verblüffendste Beispiel einer oberflächlichen Befriedigung gab später der dicke Yapú, als Vogel ihm seine goldene Uhr zeigte und, um ihn auf das wertvolle Gold recht aufmerksam zu machen, sie zum Kontrast auf die Glasseite herumdrehte. Yapú hatte gerade ein Stück Beijú, Mandiokafladen in der Hand, der nur auf einer Seite gut gebacken zu werden pflegte, und somit eine schön goldgelbe und eine andere grauweissliche Seite hatte: »Beijú«, sagte er gelassen, und schritt weiter. Die Erscheinung war ihm von Beijú her bekannt, und es lohnte wahrlich nicht, sich dabei aufzuhalten.

Auch kann ich hier schon ihrer Ueberraschung gedenken, als einer der Herren, der in der Lage war, ein falsches Gebiss herausnehmen zu können, dieses Kunststück produzierte. Sie staunten, aber lachten auch sehr bald, und einige Tage später, als sie an den gefangenen Piranyafischen die Gebisse, ihre einheimischen »Messer«, auslösten und von einem Kameraden gefragt wurden, warum sie das thäten, antwortete Einer nicht ohne Witz: »damit wir uns auch helfen können, wie der Bruder, wenn wir einmal alt werden«.

Wie wäre es auch möglich gewesen, ihnen irgend einen meiner Apparate oder auch nur ein Messer oder einen Knopf wirklich zu erklären? Wie sollte ich ihnen begreiflich machen, was eine »Maschine« ist? Was sie zu leisten hatten, leisteten sie, sie passten gut auf und es war hübsch, die Lebhaftigkeit und Wichtigthuerei zu beobachten, mit der ein eben gezeigtes Kunststück einem neu Hinzutretenden, einem Ignoranten in ihren Augen, beschrieben wurde. So merkten sie sich ganz genau, dass meine schwedischen Zündhölzer nur auf der Reibfläche in Brand gerieten; mit grossem Eifer wurde ein Ankömmling auf Bakaïrí über »tända endast mot lådans plån« belehrt. Welche Dame bei uns wüsste mehr davon zu sagen? Nicht davon zu reden, dass keine eine Ahnung davon hat, was Feuer ist. Zuerst erschraken sie, dann fanden sie die Sache spannend, dann sehr nett und spasshaft, und endlich zogen sie die Nutzanwendung und baten mich, als ein Feuer angezündet werden sollte, einen dicken Holzkloben mit meinen Schweden in Brand zu setzen. Eine Frau, bei der wohl die ersten Gefühle vorherrschend blieben, nahm eine leere Schachtel und hing sie ihrem Baby um den Hals.

Ihr Bedürfnis, in das Wesen der neuen Dinge einzudringen, erschöpfte sich ausser in der Frage, ob ich sie gemacht habe, in der zweiten nach dem Namen.

»Eséti?« »Eséti?« »Wie heisst das?« rief die ganze Gesellschaft unisono und alle plagten sich redlich, die portugiesischen Wörter nachzusprechen. Der Eine oder Andere flüsterte oft, während die Unterhaltung weiter ging, das Wort noch lange vor sich hin. Zwei Konsonanten hintereinander vermochten sie nicht auszusprechen. Gelang es aber hier und da, ein geeignetes Wort gut wiederzugeben, war die Freude gross, und ich hatte den Eindruck, als ob ihnen nun der Gegenstand selbst auch vertrauter erscheine. Als Name für mein Schreibbuch war »papéra«, von dem portugiesischen papel, Papier, in Aufnahme gebracht worden, und während sie im Anfang das unbegreifliche Ding nicht genug hatten betrachten und betasten können, wussten sie sich nun rasch damit abzufinden: es war eben einfach »papéra«.

Ueberall in der Welt, wo man einer fremden Sprache gegenübertritt, will man recht bald wissen, was »ein hübsches Mädchen« heisst. Ihr »pekóto iwáku« oder das lieblichere »pekóto iwakulukúlu« konnte ich ihnen mit den Worten, die sie gut nachzusprechen im Stande waren, »moça bonita« übersetzen und das wurde nun mit Entzücken geübt. Ich hatte zuerst Eva mein »moça bonita« vorgesagt, sie lachte, errötete und sprach es zierlich und deutlich aus. Sie lachte weiter, stiess ihren Gatten Kulekule in die Rippen — genau so wie eine kräftige Person bei uns thun würde, die sich über einen guten Einfall freut — die beiden tuschelten zusammen, und ich wurde gebeten zu sagen, was nun »ein hübscher Mann« heisse. Als ich Tumayaua's portugiesische Versuche, die in der That, obwohl er Häuptling war, nicht sehr glücklich ausfielen, einmal nachahmte, lachte der ganze Chorus in einer Weise, dass sie vor Lachen nicht mehr reden konnten, sie jodelten förmlich vor Ausgelassenheit.

Das waren die düstern und verschlossenen Indianer. Wurde es ihnen mit dem Geplauder des Guten zu viel, so gähnte Alles aufrichtig und ohne die Hand vor den Mund zu halten. Dass der wohlthuende Reflex auch hier ansteckte, liess sich nicht verkennen. Dann stand Einer nach dem Andern auf, und ich blieb allein mit meinem Dujour.

Die verschiedenen Abkommandirten waren von sehr verschiedener Brauchbarkeit für meine Zwecke. Einige ermüdeten zu rasch, andere waren zu unstät. Der dicke bäurische Yapü z. B. gähnte nach wenigen Minuten und sein Gesicht schien zu sagen: »Herr, Sie fragen zu viel«, und Luchu, der eitle Fant, wollte sich nur amüsieren. Von den Jüngeren nützte mir nur der merkwürdige Kulekule. Dieser war in der That schweigsam und zurückhaltend, aber er kam offenbar gern, lachte still für sich hin, und wenn er dann den Mund zum Reden aufthat, antwortete er besser als die Uebrigen. Er hatte für einen Topf von mir Perlen bekommen, sie aber abliefern müssen; ich schenkte ihm neue und nahm einen andern Topf, den er brachte, nicht an. Darüber war er glücklich, gab mir eine Schale des faden Pogugetränkes und setzte sich, den Kopf zutraulich an meine Schulter gelehnt, zu mir. Mein getreuester Hüter war Paleko; mit seinem langen graumelierten Haar, seinem feinen alten Antlitz hätte er sehr gut emeritierter Gymnasialdirektor sein können. Wie wir denn häufig an europäische Physiognomieen erinnert worden sind, deren Besitzer sich den Vergleich mit einem nackten Indianer vielleicht verbitten würden; Ehrenreich und ich waren uns z. B. in Scherz und Ernst ganz darin einig, ein paar Herren der Berliner Anthropologischen Gesellschaft am Kulisehu wiederzuerkennen: selbstverständlich haben diese Herren nichts von den Indianern, aber diese Indianer hatten etwas von den Herren. Mit Paleko war ich halbe Tage allein. Ab und zu kamen denn Eva oder die Zukünftige oder die Egypterin allein oder zusammen, uns Beiden ein wenig Gesellschaft leistend.

Paleko flocht zierliche Körbchen, besserte Reusen aus, drehte Bindfaden aus Palmfaser und was dergleichen leichte Geduldarbeit mehr war. Er gab mir nicht nur Wörter und Sätze aus seiner Muttersprache, sondern auch eine Liste von Nahuquá-Wörtern, die bezeugte, dass er mit den Nachbarn reichlichen Verkehr unterhalten hatte. Er weniger als die Jugend legte Wert darauf, meine Sprache kennen zu lernen. Lieber hätte ich ihnen deutsche Wörter gesagt statt der portugiesischen, doch hielt ich es für meine Pflicht, die armen Gemüter für die Zukunft nicht zu verwirren. Da meine Kenntnisse des Bakaïrí noch sehr dürftig waren, kam ich nur langsam vorwärts.

Der einfache Verkehr, der sich auf das gewöhnliche Thun und Lassen bezog, hatte keine Schwierigkeiten. Mit 50—80 Wörtern kann man sich bei einiger Uebung in jeder fremden Sprache geläufig unterhalten: dieser, dieses, ja, nein, ist da, ist nicht da, weiss nicht, will, will nicht, wie heisst, was, wo, wann, wieviel, alle, wenig, viel, anderer, sogleich, morgen, ich, du, 1, 2, 3, gut, schlecht, gross, klein, nahe, weit, oben, unten, mit, für, in, nach, lass uns, geben, nehmen, bringen, stellen, gehen, weggehen, kommen, ankommen, bleiben, essen, trinken, schlafen, machen, schneiden, aufhören und die jeweilig wichtigsten Substantiva. Das sonst so nötige »danke« und »bitte« ist dem brasilischen Eingeborenen unbekannt. Mit einem kleinen Teil jener Wörter kann man schon sehr gut zurechtkommen, und es wäre schlimm, wenn es anders wäre. Denn die grundsätzlichen grammatischen Verschiedenheiten etwa zwischen Portugiesisch und einer beliebigen Indianersprache Brasiliens sind so gross, dass kein Kolonist oder Soldat jemals in ihr Wesen einzudringen vermag: schon die Pronominalpräfixe und die Postpositionen bilden ein unüberwindliches Hindernis. Es gelingt leider um ihretwillen in zahlreichen Fällen nicht, den Wortstamm, dessen wir nach unserm Sprachgefühl in erster Linie bedürfen, aus der mit jenen Elementen vollzogenen Verschmelzung abzuscheiden. Der Stamm des Verbums ist ausser der Zusammensetzung mit Pronominalpräfixen in einer Weise mit adverbialen Ausdrücken vereinigt und verarbeitet, um das, was wir Flexionen nennen, zu geben, dass ein armer Teufel von Anfänger in helle Verzweiflung gerät. Da heisst im Bakaïrí „záte" und „kχanadīle" beides »ich nehme mit«, verschiedene Formen für denselben Sinn: wie soll ich ahnen, dass der Verbalstamm „za", der sich nach den phonetischen Gesetzen der Sprache zu „ha" und „a" verändert, in dem „a" von *kχ-an-a-díle* gegeben wird? Da heisst mit dem (schon veränderten) Verbalstamm „*e*" sehen »du siehst« „*méta*" und »du siehst nicht« „*manepüráma*" und ist zu zergliedern:

<table>
<tr><td>m</td><td>-</td><td>e</td><td>-</td><td>ta</td><td>und</td><td>m</td><td>-</td><td>an</td><td>-</td><td>e</td><td>-</td><td>püra</td><td>-</td><td>ama.</td></tr>
<tr><td>du</td><td></td><td>Stamm</td><td></td><td>Flexion</td><td></td><td>du</td><td></td><td>Flexion</td><td></td><td>Stamm</td><td></td><td>nicht</td><td></td><td>du.</td></tr>
</table>

Die einfache Folge ist, dass man alles Mögliche zum Stamm rechnet, was garnicht dazu gehört, und die Form für alle möglichen Gelegenheiten anwendet, bei denen sie weder der Person noch der Zeitfolge oder anderen in ihnen enthaltenen Nuancen nach angebracht sind. Die organische Gliederung der Wörter erstarrt, und der Satz wird ein Mosaik der rohesten Art aus lauter Bruchstücken. Aber für die Verständigung ist dann gesorgt; dem Indianer genügt bei seinem Talent für das Charakteristische das abgehackte Wortstück durchaus an Stelle des ganzen Satzindividuums, und, was schlimmer ist, wenn man Fortschritte in der Sprache machen möchte, freilich auch um so angenehmer ist, wenn man nur den plumpen Inhalt der Mitteilung bedarf, er selbst eignet sich bald die neue Ausdrucksweise an: man unterhält sich geläufig miteinander, indem man statt mit lebendigen Worten wie mit geprägten Münzen Tauschverkehr treibt.

Was mir die Aufnahme nicht wenig erschwerte, war der Umstand, dass die Bakaïrí meinen Frageton nicht verstanden. Sie ahmten ihn nach, statt zu antworten. Die Namen der gegenwärtigen Gegenstände zu erhalten, ging ohne jede Mühe an; sie kamen dem Bedürfnis sogar entgegen, zeigten auf solche, die ich noch nicht gefragt hatte, und sagten die Namen. Sehr ausführlich nahm ich die Körperteile auf, weil sie stets mit den Pronominalpräfixen verbunden sind, der Indianer also nicht etwa sagt: »Zunge«, sondern stets mit dem Zusatz der Person »meine Zunge«, »deine Zunge«, »seine Zunge«, und somit dieser Kategorie des Verzeichnisses auch ein grammatikalischer Wert innewohnt. Es war deshalb wohl darauf zu achten, ob man den Körperteil, dessen Stamm man verlangte, an sich selbst oder an dem Gefragten oder an einem Dritten zeigte, denn die Antwort lautete je nachdem: deine *álu*, meine *ulu*, seine *ílu* oder allgemein *kχulu* unser Aller, die hier sind, Zunge.

Tiernamen aufzunehmen war ein Vergnügen, weil hier die Nachahmung mit Lauten und Geberden am kunstvollsten auftrat. Eine Schlange, ein Alligatorkopf oder dergleichen wurde auch in den Sand gezeichnet. Mir war die Menge der Einzelangaben hinderlich, da ich nicht genug von den Stimmen und dem Benehmen ihrer Tiere wusste; sie boten mir Feinheiten in den Artunterschieden, die ich zu ihrer Verwunderung nicht würdigen konnte, und zuweilen fürchte ich ihnen unbegreifliche Lücken in der gewöhnlichsten Schulbildung verraten zu haben.

Die schwierigste Aufgabe lag bei den Verben, und zwar nicht allein wegen der Kompliziertheit der Formen. Gelang es mir, kurze Sätze aufzuschreiben, in denen etwas über irgend einen grade ablaufenden Vorgang ausgesagt wurde, führte ich auch selbst allerlei Handlungen, wie Essen und Trinken jetzt von diesem, dann von jenem, aus, die ihnen den Inhalt eines Satzes liefern sollten, so waren dabei doch grobe Irrtümer unvermeidlich. Sie sagten leider oft andere Dinge, als sie nach meinen Wünschen sagen sollten, und kritisierten die Handlung, anstatt sie zu benennen. Sie dachten für sich und nicht für mich. Und bei diesen Bemühungen wirkte ihre Bereitwilligkeit, nachzuahmen, in hohem Grade störend. Ich glaubte, nichts sei einfacher als wenigstens diejenigen intransitiven Zeitwörter zu erhalten, die sich durch eindeutige Mimik meinerseits herausfordern liessen, ich brauchte ja nur zu niesen, husten, weinen, gähnen, schnarchen, nur aufzustehen, niederzusitzen, zu fallen u. s. w., um auch sofort mit den zugehörigen Wörtern belohnt zu werden. Aber sie klebten entweder an der Anschauung des Vorgangs selbst, meinten, ich wolle fortgehen, wenn ich aufstand, gähnten rechtschaffen mit, weil sie auch müde waren, oder amüsierten sich königlich über mein sonderbares Gethue und gaben sich daran, unter vielem Lachen ebenfalls zu niesen, zu husten, und zu schnarchen, ohne aber die erlösenden Wörter auszusprechen.

Am besten kam ich vorwärts, wenn ich ihnen das portugiesische Wort gab, und die Formel anwandte: der Karaibe sagt so, wie sagt der Bakaïrí? Hier stiess ich endlich fast immer auf Verständnis und Gegenliebe, denn sie waren versessen darauf, von meiner Sprache zu lernen.

Es betrübte sie sehr, dass sie mich nicht besser verstanden und, Hören und Verstehen verwechselnd, baten sie mich, sie zu kurieren: ich musste Speichel auf meinen Finger nehmen und ihnen damit den Gehöreingang einreiben. Ihre Auffassung des Portugiesischen war sogar mangelhafter als sie selbst ahnten. Sie haben kein f in ihrem Lautschatz und ersetzen es durch p: sagte ich *fogo* (Feuer), *fumo* (Tabak), so sprachen sie *pogo*, *pumo* aus. Aber sie hörten, richtiger apperzipirten das f auch als p, sie waren, soweit ich zu sehen vermochte, fest überzeugt, denselben Laut auszusprechen, den ich ihnen vorsagte. Denn ihr Verhalten war ganz anders, wenn ich ihnen z. B. ein zu langes Wort aufgab, sie plagten sich und verzweifelten daran, aber *fogo, fumo, f*...., je nachdrücklicher und lauter ich es sagte, um so nachdrücklicher und lauter fielen sie auch ein: *pogo, pumo, p*...., mit merklicher Entrüstung über meine Unzufriedenheit.

Ich musste mich begnügen, das Vokabular so viel als möglich zu vervollständigen und die Sätze nach bestem Wissen zu deuten. Zu einem eigentlichen Uebersetzen, das den Feinheiten ihrer Sprache gerecht geworden wäre, kam ich nicht; was ich in dieser Beziehung in meinem Buch »Die Bakaïrí-Sprache« (Leipzig, K. F. Köhler, 1892), bringen konnte, verdanke ich Antonio. Ganz besonders eigentümlich berührte mich ihre Freude über den Reichtum ihres Wörtervorrats. Sie bekundeten ein grosses Vergnügen, für jedes Ding auch ein Wort zu haben, als wenn der Name selbst eine Art Ding und Besitzgegenstand wäre. Dass die Zahl der Begriffe in erster Linie vom Interesse abhängt, lag klar zu Tage. Auf der einen Seite im Vergleich mit unsern Sprachen eine Fülle von Wörtern, wie bei den Tier- oder Verwandtennamen, auf der andern eine zunächst befremdende Armut: *yélo* heisst »Blitz« und »Donner«, *kχópö* Regen,

Gewitter und Wolke. Nun sind ja in ihrem Gebiet fast alle Regen mit Gewittererscheinungen verbunden, und die Wolke am Himmel hat für sie nur das Interesse, dass sie ein heranziehendes Gewitter bedeutet. Dass der Donner, wenn sie die sichtbare und die hörbare Teilerscheinung der elektrischen Entladung in einen Begriff zusammenfassen, in ihrem Wort *yélo* der wesentlichere Teil ist, geht daraus hervor, dass sie *yélo* auch das brummende Schwirrholz nennen; ich, der ich von der Idee des Zauberinstrumentes ausging, nach dem Brauch der Mythologen auf das Unheimliche fahndete und dies zunächst in dem zuckenden Strahl erblickte, übersetzte das Wort anfangs mit »Blitz« anstatt mit »Donner«.

Die eigentliche Armut steckt in dem Mangel an übergeordneten Begriffen wie bei allen Naturvölkern. Sie haben ein Wort für »Vogel«, das wahrscheinlich »geflügelt« bedeutet, aber die Nordkaraiben haben einen andern Stamm *toro-* oder *tono-*, der bei den Bakaïrí noch bestimmte, sehr gewöhnliche Vögel, eine Papageien- und eine Waldhuhnart, bedeutet. Jeder Papagei hat seinen besondern Namen und der allgemeinere Begriff »Papagei« fehlt vollständig, ebenso wie der Begriff »Palme« fehlt. Sie kennen aber die Eigenschaften jeder Papageien- und Palmenart sehr genau und kleben so an diesen zahlreichen Einzelkenntnissen, dass sie sich um die gemeinschaftlichen Merkmale, die ja kein Interesse haben, nicht bekümmern. Man sieht also, ihre Armut ist nur eine Armut an höheren Einheiten, sie ersticken in der Fülle des Stoffes und können ihn nicht ökonomisch bewirtschaften. Sie haben nur erst einen Verkehr mit Scheidemünze, sind aber im Besitz der Stückzahl eher überreich als arm zu nennen. Sie setzen in dem Ausbau ihrer Gedanken die Begriffe wie zu einem endlos langen Wall von gleichartigen Steinen zusammen und haben noch kaum eine Ahnung von architektonischer Gliederung.

Ihre Schwerfälligkeit, Abstraktionen zu bilden, trat am deutlichsten bei den Versuchen hervor, die ich betreffs ihrer Zählkunst anstellte. Hierüber möchte ich aber in einem besondern Kapitel später berichten, damit ich nun endlich den Faden unserer Reisechronik wieder aufnehmen und zur Independencia zu den Gefährten heimfahren kann. Ich bin bei der Schilderung meiner Bakaïrí-Idylle etwas sehr ausführlich gewesen, erspare damit aber auch manche Einzelheiten für die spätere Darstellung, da das Bild bei den übrigen Stämmen, wenn ich es auch nirgendwo mehr so still geniessen konnte, im Wesentlichen dasselbe war.

VI. KAPITEL.

I. Gemeinsamer Aufbruch und Besuch der drei Bakaïrídörfer.

Independencia während meiner Abwesenheit. Vorbereitungen zur Abreise. Nach dem ersten Bakaïrídorf. Photographieren. Puppe überreicht. Nach dem zweiten Bakaïrídorf. Flussfahrt. Gastfreundschaft. Vermummung zum Holen der Speisen. Nachttanz. Fries im Häuptlingshaus. Nach dem dritten Bakaïrídorf. Begrüssungsreden. Sammlung. Der erste Nahuquá. Körpermessung und Perlen.

Am 19. September 1887 kamen Ehrenreich und Vogel an. Wir fuhren gemeinsam zu dem zweiten Dorf der Bakaïrí, wo wir noch ein Kanu erwarben und kehrten zum ersten Dorf zurück. Jene brachen dann am 24. September zur Independencia auf, und ich folgte ihnen am 25., überholte sie noch, da Carlos fieberkrank war, und am 26. waren wir alle wieder in der Independencia vereinigt. Tumayaua und Luchu hatten mich begleitet und konnten jetzt das »Wauwau« am Original studieren. Unsern Besuch der zweiten Bakaïrí möchte ich hier noch nicht schildern, sondern bei dem Bericht über den späteren gemeinsamen anfügen, damit die Kreuz- und Querwege den Ueberblick nicht erschweren.

Ich war also vom 8.—26. September von der Independencia abwesend gewesen. Es lässt sich denken, mit welchem Gefühl der Erlösung Wilhelm und Perrot unsere Kanus begrüssten.

Die Maultiere hatten ihnen und dem alten Januario viele Sorgen gemacht. Tag um Tag fehlte bald dieses, bald jenes. Januario hatte ein Tier einmal von dem zweitnächsten Lagerplatz der Herreise zurückholen müssen und war so immer unterwegs gewesen. Inzwischen war auf der Queimada frisches junges Gras aufgeschossen und damit die Zukunft gesichert. Die Esel waren in gutem Zustande, sie fingen bereits an, fett zu werden, verwilderten schon und kamen täglich zur Tränke an einen Tümpel. Nur »Balisa«, der »Pfahl«, hatte sich ein mit Maden gefülltes Loch auf dem Rücken zugelegt. »Tormenta« war den Qualen des Daseins entrückt worden. Er konnte sich nicht mehr auf den Beinen halten, frass das Gras nicht mehr, das man ihm sorglich vorschnitt, und lag eines Morgens tot auf dem Sandstrand.

Jagd und Fischfang hatten manche Abwechslung geboten. Nur war das Fischen nicht so leicht als man denken sollte. Antonio fing sofort nach der Rückkehr 7 Welse, Pintados, von denen er zu unserm Schmerz ganze 4 an das Paar Tumayaua und Luchu, und nur 3 an unsere grosse Küche ablieferte, allein die Soldaten waren nie so glücklich gewesen. Dagegen war allerlei Geflügel geschossen worden, Jakutingas und Jakús zumeist, vorzügliche Enten, ferner vereinzelte Exemplare von Johó, Mutum cavallo, Taube, Arara und Papagei. Aus der Klasse der Vierfüssler: Affe, Reh, ein Tapir, ein Cervo de campo, der wegen seines Moschusgeruchs verschmäht wurde, und eine Waldkatze. Zweimal hatte man mehrere Schweine erbeutet, die zweite Lieferung aber war unbrauchbar geworden, da die Tiere voller »Würmer« steckten und in den Fluss geworfen werden mussten. Gelegentlich hatte man eine Schildkröte gefunden. »Buscar mel«, Honig suchen, war noch eifriger betrieben worden als die höhere Jagd. Denn stark meldete sich schon der Hunger nach Süssigkeiten. Die verschiedenen Arten des Honigs wurden verschieden gewürdigt. Der Bora-Honig hatte einen süsslich sauren und sehr seifigen Geschmack; trotzdem wusch sich Januario noch das Wachs mit Wasser aus und genoss die Flüssigkeit von der Farbe des englischen Senfs mit Behagen. Allgemeinen Anklang fand der Kupimhonig, der den Paraguaythee versüsste oder mit Mehl angerührt wurde.

Langsam verflossen die Abende. Mit Schrecken ertappten sich Wilhelm und Perrot darauf, dass sie mehr von Cuyabá und der Rückreise plauderten als von der Flussfahrt und ihren Aussichten. Sie spielten verzweifelt Sechsundsechzig und ärgerten sich über die Verhöhnung in dem unermüdlichen Ruf des »João Cortapáo« (Hans, hack Holz, Caprimulgus albicollis), dem der Brasilier auch die Worte unterlegt: »manhã eu vou« = morgen gehe ich. Sie lauschten der sechstönigen Skala des flötenden Urutau, einer Nachtschwalbe (Nyctibius aethereus), und dem weniger wohllautenden Schrei einer Reiherart, des Sokoboi, der an die Stimme des Jaguars erinnern soll. Der Vergleich wurde aber, als sich auch das Geknurr der grossen Katze selbst hören liess, nicht zutreffend gefunden. Zu diesem Klagetönen aus dem Wald drangen aus den Zelten noch die näselnden Gesänge der Soldaten hervor, die sich einen »Côxo« (spr. Koscho), die primitive Violine des Sertanejo, geschnitzt hatten.

Die Frage, ob das Lager näher an das Bakaïrídorf hinabverlegt werden könnte, war endgültig verneint worden. Am 9. September, dem Tage nach meiner Abreise, waren Wilhelm und Perrot zu einer Rekognoszierung aufgebrochen, von der sie am 12. September ohne Ergebnis zurückkehrten. Sie hatten auf der linken Seite des Flusses im Norden und Nordnordosten nur dichten von Schlinggewächs und Dornen erfüllten Chapadão cerrado angetroffen, dann den Fluss gekreuzt und auf der rechten Seite nur einige kleine Strecken gefunden, wo die Tiere zur Not hätten vorrücken können. Sie kamen abgehetzt und müde nach Hause. Feroz, dem besten der fünf Hunde, hätte der Ausflug beinahe das Leben gekostet; man hörte ihn plötzlich laut und klagend heulen, sprang eiligst hinzu und fand ihn von einer über 3 m langen Boa umschlungen, die dem Armen die Kehle schon so zugeschnürt hatte, dass er nicht mehr schreien konnte, und nur nach Empfang von vielen Messerhieben losliess.

Am 14. September kehrten dann Antonio und Carlos mit meiner Botschaft vom 11. September aus dem Bakaïrídorf zurück; sie kamen vom Salto über Land, den letzten Teil der Strecke auf dem rechten Flussufer, und hielten auch ein Hinabrücken der Station für ausgeschlossen. Zu gleichem Ergebnis kamen endlich Ehrenreich und Vogel, die am 15. September die Independencia verliessen und am 17. am Salto eintrafen, wo sie sich einschifften und zwei Leute mit der Meldung zurücksandten. Sie erklärten, dass wochenlange Arbeit nötig sein würde, um durch das Dickicht eine Pikade zu schlagen, dass die kleinen Bäche der Sucuruí und Chiqueira schon jetzt, geschweige in der Regenzeit, mit grösster Schwierigkeit zu passieren wären, weil das sumpfige, dabei dicht verwachsene Terrain lange Knüppeldämme erfordern würde. Erst in der Nähe des Salto hätten die Tiere einen Weideplatz gefunden. Hier war offener Kamp, aber namentlich im Norden von ausgedehnten Morästen mit Buritíständen umgeben, die in der Regenzeit unter Wasser stehen und eine Fieberbrutstätte der schlimmsten Art darstellen würden. Am zweiten und dritten Tage hatten sie bis an den Kulisehu nur Sandboden und keinen einzigen Stein angetroffen.

Wir durften also mit unserer Independencia zufrieden sein. Sie hatte einen angenehmen weiten freien Platz und eine Stufe tiefer, wo der klare Bach in den Fluss einmündete, den kleinen Küchenplatz, den die Tafel 12 darstellt. Dort waren auch mehrere Hängematten aufgeschlagen, während Perrot's Zelt und die Zelte der Soldaten oben neben dem »Neubau« standen. Es wurde nun eifrig gearbeitet, dieses Häuschen unter Dach zu bringen. Mit den Eseln wurden einige Ladungen Buritíblätter geholt; leider importirte man auf diesen auch eine Menge grosser Zecken. Quersparren wurden zu einem Girão, einem Traggerüst, mit Pindahybabast zusammengebunden, und darüber das Dach mit Buritíblättern gedeckt. Die Holzsättel und die Ledersäcke wurden im Hause aufgeschichtet und auf dem Gerüst die ethnologische Sammlung unter Ochsenfellen geborgen. Für Januario blieb ein guter Raum zum Schlafen.

Die Sammlung war ein vielversprechender Anfang. Sie zählte schon an 120 Stück, die katalogisiert und mit Blechnummern versehen wurden. Weniger Mühe nahm die Verteilung der Essvorräte in Anspruch. Ein kleiner Theil wurde für die Rückreise über Land festgelegt. Mit den Kemmerich'schen Fleischpatronen wurden jetzt die ersten Versuche angestellt; es ergab sich, dass sie am besten mit Gemüsetafeln, Mélange d'Equipage, aufgekocht wurden. Tumayaua verpflichtete sich, dafür zu sorgen, dass den Zurückbleibenden vom Dorf aus Mandiokamehl geliefert würde, und Januario erhielt vor seinen Augen einen Sack mit herrlichen Perlen ausgehändigt, als Lockmittel für die Lieferanten.

Tumayaua versprach ferner, uns auf unserer Fahrt zu begleiten. Wir sicherten ihm zwei schöne Beile, mehrere Hemden uud soviel Perlen zu, dass er der reichste

Mann am Kulisehu werden sollte. Er und Luchu fühlten sich, von allen Seiten verhätschelt, über alle Massen wohl in der neuen Umgebung. Wir zeigten ihnen den Lagerplatz in bengalischer Beleuchtung, die sich in der That prächtig ausnahm, obgleich die allabendliche Illumination durch tausende von Glühkäfern, die vor dem finstern Hintergrund der Queimada ihre Fackeltänze aufführten, vielleicht stimmungsvoller war. Tumayaua und Luchu liessen sich auch anstandslos photographieren (Tafel 6). Sie thaten alles was man von ihnen verlangte. Ja, Tumayaua folgte ohne Zaudern der Einladung, sich auf Perrot's Pferd zu setzen. Ich führte das Tier ein Weilchen und liess es dann traben; der edle Häuptling ritt und ritt, denn wie er zurückkommen sollte, war ihm unbekannt. Es steckte doch etwas von einem historischen Moment in dem Anblick: der Südamerikaner der Steinzeit zum ersten Mal auf dem Rücken eines Rosses. Luchu war diesem Ideal noch nicht reif; der junge Mensch liess sich nicht dazu bewegen, dem Beispiel des tapfern und ob des Genusses hocherfreuten Oheims zu folgen. Tumayaua mass auch das Pferd, indem er Hals und Kopf mit seiner Körpergrösse vergleichend betastete: offenbar wollte er im Tabakkollegium eine wissenschaftliche Beschreibung liefern.

Mit Hülfe der Indianer waren noch zwei Kanus gemacht worden, am 29. September wurden die Ruder geschnitzt und am 30. die Kanus zur Probe geladen.

Nach dem ersten Bakaïrídorf (Maigéri).

Am 1. Oktober früh standen wir um vier Uhr auf und um sechs Uhr fuhren wir ab. Wir waren vertheilt auf die fünf Kanus: 1. Antonio, Wilhelm, ich; 2. Ehrenreich, João Pedro; 3. Vogel, Perrot, Columna; 4. Carlos und Peter mit schwerem Gepäck; 5. Tumayaua und Luchu. »Adeus Januario, Raymundo, Satyro, Manoel! Até á volta« bis zur Rückkehr! Sorgt für die Tiere, zankt Euch nicht und bleibt gesund!« »Feliz viagem!« riefen die guten Kerle zurück, an deren Stelle ich wahrlich nicht hätte sein mögen und die nun die Tage zählten, bis unsere Rückkehr ihnen die Freiheit wiedergäbe.

Wir ruderten fleissig, machten eine Mittagspause auf einer steinigen Insel und um $^3/_45$ Uhr war unser Kanu als erstes an der grossen Cachoeira, die wir dem Senator Taunay zu Ehren Salto Taunay getauft haben. Im Strudel nahm ich ein prachtvolles Bad und setzte mich dann auf einen Ausguck; es dämmerte stark und Niemand kam. Um $^3/_47$ Uhr im Vollmondschein erschienen die Andern; sie waren bis 3 Uhr bei der Insel geblieben, schlafend und Mate kochend. Das Fischen wurde durch die allzu helle Nacht erschwert, erst um 11 Uhr brachten die Leute 3 grosse fette Barbados, die auf den Rost wanderten und wohl verdienten, noch zur Geisterstunde in der vom Mond herrlich erleuchteten Scenerie des tosenden Wasserfalls gegessen zu werden.

Am 2. Oktober fuhren wir um $^1/_27$ Uhr ab und erreichten den Bakaïrihafen um $2^1/_4$ Uhr. Dort stand der brave Paleko schon mit einer Schale Mandiokakleister. Wilhelm und ich gingen sofort zum Dorf. Es war sehr unterhaltend zu beobachten, wie eine Empfangszene, da die Kanus in zeitlichen Abständen eintrafen, der andern folgte; neue Gäste, immer wieder neue Aufregung und neues Hervorstürzen aus dem Flötenhaus, wo wir unter Beijús und Kalabassen sassen. Man hatte sich zum Teil festlich mit Farbenmustern geschmückt. Kulekule hatte Gesicht und Oberkörper mit orangeroten Strichen und Tupfen verziert, die Zukünftige hatte rote Schlangenlinien auf den Oberschenkeln, die Egypterin eine rote Stirn und Nase, Tumayaua's kleine Enkel waren schwarz betupft und beklext, ihre Mutter Eva erschien, Haar und Haut weiss bepudert von der Beijúarbeit. Der gemütliche Awiá trug sonderbarer Weise eine Kuchenschaufel, d. h. einen Beijúwender im Haar.

Es war auch Fremdenbesuch aus Dorf II und III vorhanden, wir zählten in Paleko's Haus 18 und in Tumayaua's Haus 13 Hängematten. Ehrenreich photographirte. Jede Aufnahme wurde den Modellen durch einige Perlen vergütet. Sie hatten einige Angst, allein die Perlen siegten über die Furcht vor der Gefahr. Nur unter Schwierigkeiten kam die Frauengruppe Tafel 5 zu Stande. Die Frauen hatten sich aufstellen und zurechtrücken lassen, Ehrenreich war im Begriff, die Platte zu belichten, da entdeckten sie plötzlich ihr Spiegelbild in dem Objektiv und stürzten erstaunt auf den Apparat zu, es genauer zu betrachten. Der Photograph in tausend Nöten! Tumayaua war in den Besitz einer unbrauchbaren Glasplatte gelangt — »páru« Wasser — und richtete sich nach Vogel's Anweisung mit ihr in der Strohkuppel seines Hauses das erste Fenster ein.

An diesem schönen Tage wollte ich meinen Gastfreunden ein Ehrengeschenk stiften. Zwei junge Berliner Damen hatten mir eine hübsche blonde Puppe mitgegeben, die sie mit buntem Kleidchen eigenhändig ausstaffiert hatten und die als beste Nummer unseres Waarenlagers »der Würdigsten« zugedacht war. Ich konnte nicht schwanken, dass sie der Zukünftigen, der Erbtochter des Dorfes und Herrin über alles mir gespendete Mehl, gebühre. Die neugierige Frage, ob auch die Frauen der Karaiben Kleider hätten, sollte nun ihre Erledigung finden. Ich rief die ganze Gesellschaft auf den Platz zusammen und erregte hellen Jubel, als ich das blauäugige rotwangige Porzellanköpfchen vorzeigte, das echte Blondhaar sehen und anfühlen liess und die schönen Kleider des »kχaraíba pekóto« der Reihe nach erklärte. Und das Entzücken steigerte sich noch, da ich nun auf die Zukünftige zuschritt und »áma zóto« »Du besitzest es« sagte. Die kleine Gelbhaut errötete vor Freude und zu meinem Erstaunen ergriff die sonst schweigsame Mutter mit lauter Stimme das Wort und sprach und sprach, Mancherlei betheuernd, was ich nicht verstand, was aber, wenn die Indianer auch kein Wort für »danke« haben, doch eine Dankesrede war. Wem meine Zukünftige von damals inzwischen Herz und Hand und zur Mitgift die kostbare Karaibenfrau bescheert haben mag, ich weiss es nicht — in einer der seltsamen Verschlingungen aber, zu der sich zuweilen die Glieder der Schicksalskette zusammenschliessen, hat es sich gefügt, dass die eine der beiden Berliner Damen mittlerweile die Gattin des Verlegers, die andere die Gattin des Verfassers dieses Buches geworden ist.

Wir blieben bis tief in die Dunkelheit und gingen dann zu unserm Lager am sogenannten zweiten Hafen des Dorfes. Eine lange Stromschnelle liegt zwischen dem obern und dem untern Hafen; die Kanus waren dort noch am Nachmittag hinüberbugsiert worden, damit wir das Hindernis nicht erst am folgenden Morgen zu überwinden hatten.

Nach dem zweiten Bakaïridorf (Iguéti).

Die Reise von dem ersten Dorf nach dem zweiten ist wegen der zahlreichen Stromschnellen sehr beschwerlich. Sie zeichnet sich dadurch aus, dass der Fluss auf lange Strecken hin mit Blöcken durchsetzt ist, zwischen denen er bei dem damaligen Wasserstand nur sehr niedrig war. Wir nannten diese Art »Steincachoeiras«, es sind echte Katarakte, die bei höherm Wasserstand wahrscheinlich leichter passiert werden.

Die ersten Stunden hinter Maigéri floss der Kulisehu in himmlischer Ruhe dahin; das Kanu mit seinen Ruderern spiegelte sich unverzerrt in der flaschengrünen Flut, und eine lange Spur von Schaumblasen bezeichnete die Bahn. Dunkel, aber von dem Sonnenschein gelblich durchleuchtet, setzte sich das Bild der Waldkulisse gegen die schimmernde und flimmernde Oberfläche ab. Der volle Laubschmuck rundete die Baumumrisse, und üppige hellgrüne Bambusmassen füllten alle Lücken aus. Ueberhängendes Gebüsch und niedere Bäume, die tiefgeneigt vom Ufer weggedrückt schienen, spannten Schattendächer aus, in deren Schutz man gern dahinglitt. Nichts ist schöner als das allgemeine Schweigen der Natur, ehe die Cachoeira kommt; man weiss, bald wird das Brausen erst fern und dumpf, dann lauter und lauter ertönen und geniesst die Stille, der, ohne die Aussicht auf den bald nur zu lebhaften Wechsel, unser Geist in schwerer Langeweile erliegen würde. Als wir dieselbe Strecke am 20. September zum ersten Mal fuhren, hatte ich mich an dem Anblick des geschmeidigen Luchu erfreut, der mit Bogen und Pfeil im Kanu aufrecht stehend nach Pakú-Fischen ausspähte. Der Indianer, dem die Angel unbekannt war, gebrauchte doch schon den Köder. Er warf bohnengrosse grellrote Beeren (*iwáulu*) ziemlich weit in den Fluss, spannte schleunigst den Bogen, zielte auf die Beere und entsandte den Pfeil in dem Augenblick, wo der Pakú zuschnappte und die Beere verschwand.

Damals waren wir bequem in einem Tage nach Iguéti gekommen, da wir die Kanus sobald als möglich verliessen und über Land gingen. Dieses Mal konnten wir uns keine Stromschnelle ersparen. Es waren ihrer im Ganzen acht bis zu dem sogenannten Hafen, doch schlugen wir schon hinter der siebenten um $5^1/_2$ Uhr das Lager auf. Bei der vierten hatten wir 40 Minuten gebraucht, um die Kanus durch das ausgedehnte Steingewirr hindurchzuschieben. Das unsere klemmte sich zwischen zwei Felsblöcken fest und füllte sich halb mit Wasser. Es ist ein unangenehmes Gefühl, wenn der elastische Boden des Fahrzeuges sich unter den Füssen biegt wie eine Welle. Um 4 Uhr fanden wir den ganzen

Fluss versperrt und quer durchsetzt durch hohe Stakete und Steine, wo die Bakaïrí den Fischen nach Gutdünken den Weg verlegen und öffnen können. Es war ein sehr merkwürdiger Anblick und, wenn man die Arbeitsmittel und den Kulturfortschritt der Bakaïrí in Rechnung zog, nicht ohne Grossartigkeit. Wir hatten mühsam die Steine am Rand der Stakete aus dem Wege zu räumen, um überhaupt mit unsern schmalen Kanus zu passieren. Dahinter eine Breite von 124 m.

Bei der letzten Stromschnelle erlitt Vogel Schiffbruch. Die Instrumente blieben trocken, aber die Suppentafeln erlitten eine vorzeitige Wässerung. So benutzten wir die Gelegenheit, aus den rettungslos durchweichten Stücken einmal eine verschwenderische Kraftsuppe zu brauen. Wir machten hinter dem Orte des Unfalls Halt, besuchten von hier aus am nächsten Tage, dem 4. Oktober, das Bakaïrídorf und liessen die Kanus währenddess zum Hafen weiterschaffen. Auch auf dieser Strecke fuhr Vogels Kanu auf einen Stein und ging unter. Dabei sank ein uns von Herrn von Danckelman überlassenes Wasser-Thermometer seiner Bestimmung gemäss in die Tiefe, blieb aber auf Nimmerwiedersehen drunten und entzog sich der Ablesung.

Abb. 3. Vogelkäfig.

Das Dorf war in einer halben bis einer ganzen Stunde vom Fluss zu erreichen, je nachdem man später oder früher landete. Es war rings umgeben von gerodetem Land in einer Ausdehnung, die unser höchstes Erstaunen erregte. Auf den drei verschiedenen Wegen, die wir gegangen sind, kamen wir durch lange Strecken, wo der Wald mit dem Steinbeil niedergeschlagen war. Im März und April werden die Bäume gefällt und im September und Oktober das inzwischen getrocknete Holz verbrannt. Wir betrachteten mit Bewunderung eine Anzahl dicker Stämme, deren Querschnitt mit den stumpfen Schlagmarken der Steinbeile bedeckt war und bedauerten keine solche Hiebfläche absägen und mitnehmen zu können. Ich leistete im Stillen Abbitte bei den Indianern, über die ich oft gelacht hatte, wenn sie sich zu Hause in der Hängematte schaukelten, als wenn ihr Leben ein grosser Sonntag wäre.

In Iguéti gab es drei grosse Familienhäuser und ein sehr ansehnliches Flötenhaus, in dem viele Tanzanzüge aus Palmstroh hingen. Auf dem Dorfplatz erhob sich ein Käfig von über Haushöhe, der aus langen, spitzkegelförmig zusammengestellten Stangen bestand; darin sass eine gewaltige Harpya destructor, obwohl das Dorf *igu-eti* = Sperberdorf heisst. Der einstige Wappenvogel war wohl schon lange dahin geschieden. Der schöne Adler wurde nach seiner Lieblingsnahrung *mégo-zóto*, Herr der Affen, genannt. Neben dem Häuptlingshause lag ein grosser Schleifstein für die Steinbeile; er machte mir viel Freude, weil er genau dieselben Rillen zeigte, wie wir sie in den Sambakis von Sta. Catharina beobachtet hatten.

Die Gemeinde zählte einige 40 Personen. Man sprach von drei Häuptlingen, doch kam uns in dieser Eigenschaft nur der gutmütige, sehr breitschultrige und durch watschelnden Gang ausgezeichnete Aramöke entgegen. Er hatte einen pfiffigen Ausdruck und war bei seinem ungeschlachten Körper sehr höflich, da er im Wald vor mir herschreitend liebenswürdiger, als er wahrscheinlich gegen eine Dame gewesen wäre, die Zweige abbrach, die mir hätten in's Gesicht schnellen können. Ein grosses Messer und ein rotes Halstuch machten ihn zum Glücklichsten aller Sterblichen. Er erwies uns grosse Gastfreundschaft. Fortwährend wurden neue goldige Beijús herbeigebracht, eine Reihe von Kalabassen mit Pogu gefüllt, standen immer zur Hand, ein dünner, sehr süsser Püserego wurde im Ueberfluss geboten und für unsere Perlen erhielten wir einen Vorrat an feinem Polvilhomehl auf den Weg.

Die so eifrig backenden Frauen erschienen uns klein und hässlich, aber freudlich. Sie holten Wasser nur in Begleitung von Männern.

Als ich mit Vogel und Ehrenreich am 20. September zum ersten Mal in Iguéti war, erlebten wir eine merkwürdige Scene, die ich hier einschalten möchte. Wir sassen am Abend in dem Flötenhaus, als Einige eintraten, an der Feuerasche niederhockten und ein lautes ih . . . . ausstiessen. Darauf zogen sich ein paar Andere die dort hängenden Strohanzüge an und liefen eine Weile umher wie die brüllenden Löwen. Ich glaubte, es sei eitel Scherz und Zeitvertreib, aber alle blieben durchaus ernst. Nun lief eine der Masken hinaus, während der Chor wieder ih . . . . hi schrie, streckte die Arme aus dem Stroh hervor und raschelte mit dem Behang. Sie verschwand in einem Hause und kam bald wieder hervor mit Beijú und Fisch beladen. Dasselbe wiederholte sich und Luchu machte den Gang als Dritter, mit Getränk zurückkehrend. Immer wurde das Hinausgehen durch das allgemeine ih . . . angekündigt, so dass man in den Häusern vorbereitet war. Da der Strohanzug den ganzen Körper bis auf die Füsse bedeckt, ist die Person, die sich in ihm verbirgt, nicht zu erkennen. Vielleicht ist zwischen diesem Gebrauch, dass man sich sein Gastgeschenk in verhülltem Zustande holt, und der Sitte des Alleinessens, gegen die man nicht verstossen kann, ohne das Schamgefühl der Andern wachzurufen, ein Zusammenhang vorhanden.

Später am Abend begannen drei Männer zu singen, indem sie dicht an den Thüreingang des Flötenhauses herantraten, und zwar so, dass sie uns Uebrigen den Rücken zukehrten: zwei schüttelten die Kürbisrassel, die sich nur im Material von unserem ersten Wiegenspielzeug unterscheidet, und der Dritte stampfte in taktfester Beharrlichkeit mit dem rechten Fuss auf. Die Drei sangen: *ihaí, iháü huχó, ihaí ohuhoχó* . . . . Vielleicht steckt in dem ewigen *huχu, huχo* nichts anders als das Wort für »Fuss«, das, altkaraibisch *pupu*, sich in *χuχu, huχu* lautgesetzlich verändert. Es war ein ernstes, fast traurig klingendes, aber sehr kräftiges »Makanari«, wie die Bakaïrí ihre Festgesänge nennen. Ehrenreich war mit der sich unverändert gleichbleibenden Monotonie des Singens, Rasselns und Stampfens sehr unzufrieden, ich kann für mein Teil aber nur sagen, dass gerade das Einerlei Eindruck auf mich machte und mich auf eine Art berauschte und gefangennahm. Andere stellten sich hinter die Drei, sangen und stampften mit, mehr und mehr schlossen sich an, und endlich liefen die der Thüre nächsten hinaus, einer nach dem andern bückte sich und folgte, der ganze Zug trabte in einer langen Kette hinüber zum Häuptlingshause mit ununterbrochenem *ohúhoχó*, zurück zum Flötenhaus, hin und her über den Platz; wir Gäste verfehlten nicht, auch wenigstens einige Touren des musikalischen Dauerlaufs mitzumachen, die guten Bakaïrí aber rannten, sangen, stampften — die ganze Nacht. Es scheint also eine sehr alte Sitte zu sein, bis an den hellen Morgen zu tanzen. Nur dass die Männer die Arbeit allein besorgten. Es schlief sich vorzüglich dabei ein; wie das bekannte und oft bewährte Mittel zum Einschlafen, dass man sich eine endlose Hammelherde vorstellt, die über einen Zaun setzt, und die einzelnen springenden Tiere zählt, hypnotisirte ihr unentwegtes *ohóhuχó* mit tödlicher Sicherheit.

Bei unserm zweiten Besuch sahen wir Nichts dergleichen.

Eine kleine Schussvorstellung erweckte mehr Furcht als Erstaunen; die Frauen liefen hinter die Häuser; ein langer Jüngling flüchtete sich in die Hängematte und hielt sich die Ohren zu. Nach dem dritten Schuss bat der Häuptling »âle«, »es ist genug«. Hinterher hatten sie wieder Verlangen danach und stellten Aufgaben, hoch in der Luft kreisende Vögel zu treffen, die nur die Cooperschen Jäger hätten erfüllen können. Man muss sich jedenfalls hüten, einen Schuss zu thun, dessen man nicht sicher ist.

Der photographische Apparat wurde dem Häuptlingshause gegenüber aufgestellt; Aramöke folgte der Einladung, steckte den Kopf unter das schwarze Tuch, betrachtete sich das Bild mit lebhaftem Vergnügen und schwatzte eifrig darüber. Die Uebrigen trauten der Sache nicht.

Das Haus Aramöke's, ein prachtvolles Beispiel der primitiven Architektur, war grösser und sorgfältiger gebaut als das Paleko's in Maigéri. Viele Vorratskörbe waren zwischen den Mittelpfosten aufgestapelt und von der Wölbung hingen zahlreiche Maisvögel und Kolben herab. Unser Interesse aber nahm in erster Linie ein Fries von rohen Zeichnungen in Anspruch, der in etwa 2 m Höhe über den Thüren weg ringsum lief in einer Gesamtlänge von etwa 56 m.

Auf schmale Tafeln von geschwärzter Baumrinde waren Tüpfel, Ringe, lineare Muster und dazwischen ein paar Fischzeichnungen mit weissem Lehm aufgetragen. Zu unserm grössten Erstaunen galten auch Dreiecke und Vierecke als Abbildungen konkreter Vorlagen und waren eben noch keine »geometrische Figuren«. Wilhelm zeichnete den ganzen Fries mit peinlicher Gewissenhaftigkeit ab, wie ihn die Tafeln 20 und 21 wiedergeben. Ich werde später die Erfahrungen bei den Bakaïrí mit den bei den übrigen Kulisehu-Stämmen zusammenstellen. Leider war es nicht möglich, die Originale heimzubringen. Der Lehm war so lose aufgetragen, dass er sofort abbröckelte, und so grobkörnig, dass er nicht, wie es bei den Masken gelang, durch Ueberstreichen mit Collodium festgehalten werden konnte.

Gegen Sonnenuntergang gingen wir, von Aramöke, der in seinem roten Halstuch stolzierte, geleitet, nach dem Lager, das nun an dem eigentlichen Hafen aufgeschlagen war, und trafen dort nach dem neuen Schiffbruch grosse »Trockenwäsche«. Auch war Antonios Ruder gebrochen.

Eine Anzahl Indianer standen und sassen auf dem Uferhang herum, als wir am 6. Oktober kurz nach 7 Uhr abfuhren. João Pedro hatte sich noch ein Halbdutzend frischer Beijús bestellt und wurde pünktlich in der Frühe wie vom zivilisierten Bäcker bedient.

Die kräftige Stromschnelle, »kulúri« von den Bakaïrí genannt, die wir bald ohne Fährlichkeiten durchschnitten, war die letzte des Kulisehu: »túχu âle«, die Steine sind »alle«. Der Fluss ähnelte auf dieser Strecke wieder sehr dem Stück hinter der Independencia; viele gestürzte Bäume im Wasser, häufig hochgelegener Sandstrand oder auch steiles Lehmufer, die Strömung etwas beschleunigter. Der kleine Masarico trippelte mit seinen roten Beinchen eilfertig über den Sand uns entgegen, rief »geh weg, komm, komm« und flog eine Strecke voraus, um uns dort wieder zu erwarten. Die Windungen des Flusses waren sehr zahlreich, und die Fahrt wurde sterbenslangweilig. Dabei wurde das Sonnenlicht von dem hellen Sand grell reflektiert und das Wasser blitzte unerträglich. Um $2^3/_4$ Uhr kamen wir an einen rechten Nebenbach von etwa 8 m Breite vorüber, dem Pakuneru. Das ist derselbe Name, den der Paranatinga bei den Bakaïrí führt. An seinen Quellen — weitweg *iχ* .... — sollen die *kayáχo*, die Kayapó, wohnen; Tumayaua erklärte, dass er sie habe schreien hören. Es ist wahrscheinlich, dass von ihnen der Feuerschein herrührte, den wir wiederholt im Osten bemerkt hatten und der auf der Independencia regelmässig am Abend beobachtet worden war. Ein Stündchen später mündete links, etwa 12 m breit, der Kewayeli ein. An beiden Ufern Queimada und Pflanzung.

Tumayaua hatte als Begleiter Pakurali aus dem zweiten Dorf mitgenommen, einen untersetzten vierschrötigen Alten, dem man nicht ansah, dass er für einen grossen Zauberer galt, und der bei uns respektlos der »Droschkenkutscher« hiess. Sie hatten wenig Gepäck bei sich und bargen es leicht in den Mayakus, ihren Tragkiepen. Nicht Baumwollhängematten, sondern Hängematten aus Palmfaser, die leichter sind und rasch trocknen, wenn sie durchnässt werden, hatten sie auf die Reise mitgenommen. Die Beiden kamen rasch vorwärts, obwohl sie an jedem günstigen Ort auf's Fischen bedacht waren. Den grossen Zauberer hatten wir an einer Salmiakflasche riechen lassen, was ihn nicht wenig entsetzt hatte. Er war seither nicht mehr zu verführen, irgend etwas von unsern Dingen zu beriechen. Wenn bei uns Jemand in einer Ecke ruft, dass es dort stinkt, so läuft Alles hin und schnüffelt.

Nach dem dritten Bakaïrídorf (Kuyaqualiéti).

Der Hafen, bei dem wir um $4^3/_4$ Uhr ankamen, lag am Ende einer seitwärts eingeschnittenen Bucht und wäre ohne Führer nicht zu finden gewesen.

Am nächsten Morgen, dem 6. Oktober, brachen wir um 7 Uhr zum Dorfe auf und erreichten es in dreiviertel Stunden auf dem üblichen geschlängelten Waldpfad. Unterwegs sahen wir eine grosse menschliche Gestalt in Baumrinde eingeschnitzt mit drei Fingern an den Händen und strumpfartigen Füssen.

Harpyen-Dorf, „*kuyaquali-éti*", hatte auch nur drei Häuser und ein Flötenhaus, war aber das belebteste der drei Dörfer. Ich zählte 31 Männer und ungefähr ebensoviel Frauen und Kinder. Doch waren die letzeren zum Teil in den Wald gelaufen. Es mochten an 100 Seelen im Dorfe sein. Der Häuptling Porisa war ein kleiner freundlicher Herr; er hatte Nachts Beijú backen lassen. Wir sassen inmitten des grossen Platzes in einer langen Reihe nieder. Jedem wurde eine Trinkschale gebracht, mir wurde die grösste nebst einer Zigarre zu Teil. Die Begrüssungsreden wurden jetzt mit grosser Geläufigkeit ausgetauscht.

áma, du = das bist du. *ehé úra*, ja, ich — gewiss, das bin ich. *bakaïri úra*, ich (bin ein) Bakaïrí. *kχaráiba úra*, ich (bin ein) Karaibe. *bakaïri kχúra*, (die) Bakaïrí (sind) gut. *kχaráiba iwakulukúlu*, (die) Karaiben (sind) sehr gut. *píma áma?* (bist) du (der) Häuptling? *píma úra*, ich (bin der) Häuptling.

Jedem Karaiben hockte ein Bakaïri gegenüber und bewunderte ihn und was er anhatte. Die schwedischen Zündhölzer, Messer, Spiegel, Knöpfe, Perlen, — es war immer derselbe Kursus. Nur fand bei Porisa mein Tagebuch die meiste Anerkennung und waren es nicht die beschriebenen, oder mit Zeichnungen bedeckten, sondern die weissen leeren Blätter, die ihm Ausrufe des Entzückens entlockten. Wir schritten auch paarweise, Arm in Arm, auf dem Platze umher, in verbindlicher Unterhaltung. Ausführlich studierten wir die geographische Verteilung der Kulisehu-Stämme, doch blieben die Wohnorte der Trumaí nach wie vor unklar.

Das Flötenhaus war gross und geräumig, sein Dach zerfallen, viel Stroh lag drinnen auf dem Boden, und hier, wie in den Häusern, vermissten wir die Sauberkeit, die uns in den andern Dörfern so wohlgethan hatte. Vor dem Flötenhaus fand sich, auf Querhölzern aufruhend, ein mächtiger hohler Baumstamm hingestreckt — einen Morcego- (Fledermaus) Baum nannten ihn unsere

Leute — unregelmässig bemalt mit menschlichen Figuren und Fischwirbelsäulen. Man trommelte bei Festen auf diesem Rieseninstrument mit dicken Holzknüppeln, ähnlich den Mandiokastampfern. Drinnen gab es schöne Masken und eine neue Form des Tanzanzuges: zwei gewaltige Krinolinen von 10 m Umfang mit Stroh bedeckt, kleinen Hütten vergleichbar, *koúlu*, die der Tänzer an einem Ring auf der Schulter trug. Bald war ein schwungvoller Tauschhandel überall im Gange. Wir erhielten schönen Federschmuck, Kronen aus Ararafedern, die auf der einen Seite lichtblau, auf der andern gelb sind, zierliche Matten, in denen sie aufbewahrt werden, schwarzgelbe Rohrdiademe, wie deren Luchu auf Tafel 6 eins trägt, andere mit strahlenförmigen Spitzen, grosse Pansflöten, ein mit Zeichnungen verziertes Ruder, Spinnwirtel der einfachsten Art: aus Topfscherben hergestellte Scheiben, und eine Menge merkwürdiger zilinderförmiger Hölzer, die mit Ornamenten bedeckt waren und bei Festen auf dem Rücken getragen wurden. Dann aber kam in dem Gerät dieser dritten Bakaïrí deutlich zum Ausdruck, dass wir uns bei dem den übrigen Kulisehu-Indianern nächst wohnenden Teil des Stammes befanden; es war vielerlei Importwaare vorhanden und wurde hier auch als solche bezeichnet. Die Bakaïrí machen selbst keine Töpfe und haben selbst keinen Ort, an dem sie sich die Steine für die Steinbeile holen könnten, hier aber sagte man uns auch sofort, dass die Töpfe von den Mehinakú und die Steinbeile von den Trumaí stammten. Unter den Töpfen war einer in Schildkrötenform, der ein wahres Meisterwerk der primitiven Plastik darstellte, an dem Kopf, Schwanz und Füsse, sowie die Schildzeichnung auf das Herrlichste ausgeführt waren. Von den Auetö fanden wir eine halbzerbrochene Thonpuppe, von den Mehinakú herrührend auch Knäuel feingesponnener Baumwolle, von den Trumaí und Suyá zierliche Federhauben. Aus unserm eigenen Besitz von 1884 entdeckten wir zwei Eisenmeissel, Teile eines Ladestockes, die auf Steinen zugeschliffen waren.

In höchsteigener Person trafen wir einen Nahuquá; leider war der Mensch sichtlich idiotisch und konnte meinen Zwecken wenig bieten. Es ist seltsam, dass dieses keine vereinzelte Erscheinung ist: die Kustenaú von 1884 hatten einen versimpelten Bakaïrí unter sich, die Yuruna desgleichen einen Arara-Indianer mit ausgesprochenem Schwachsinn, und Aehnliches glaube ich, noch öfter bemerkt zu haben. Werden die Leute dumm in der neuen Umgebung oder überlässt man dem Nachbar nur die dummen Exemplare zur Nutzniessung?

In dem Flötenhause wurden anthropologische Messungen und photographische Aufnahmen gegen Vergütung in Perlen ausgeführt. In diesem Dorf gab es einen ausgesprochen semitischen Typus, von dem Tafel 13 ein klassisches Beispiel darstellt. Die Leute liessen sich Alles gefallen und nannten den Tasterzirkel *núna* »Mond«. Nur Einer war entrüstet, als ich ihm, nachdem ihn Ehrenreich von Kopf bis zu Fuss in allen Richtungen gemessen hatte, die Gebühr von drei schönen, dicken Perlen überreichte. Er wollte so viel Perlen haben, als Messungen an ihm vorgenommen waren, er wiederholte mit lebhaftem Geberdenspiel und anerkennungswertem Gedächtnis die sämtlichen Prozeduren: den Kopf von vorne nach hinten, von Seite zu Seite, die Nase von oben nach unten, den Abstand der Augen, die Länge der Extremitäten und ihrer Teile, die Höhe des Nabels über dem Boden u. s. w. u. s. w., und streckte hinter jeder Pantomime die Hand nach den *katakuá*, den Perlen aus. Es half nichts, dem Manne musste sein Recht werden, nur war ich genötigt, ihn mit kleinen Stickperlen zu entschädigen; denn als ich begann, ihn zu bezahlen, ging er getreulich hinter jedem Perlenpaar wieder die Zahl der Messungen durch, erst jenes, dann den entsprechenden Körperteil berührend, und ruhte nicht, ehe die lange Liste ziemlich genau erledigt war. Wenn sich diese Gelegenheiten häufen, sagte ich mir, und wenn die Bakaïrí viele solche kritischen Naturen hervorbringen, wird ihre Zählkunst reissende Fortschritte machen. Da war es ja an einem Beispiel der Erfahrung mit Händen zu greifen, wie der Handelsverkehr die arithmetischen Anlagen befruchtet und entwickelt!

Die Frauen leisteten einigen Widerstand. Ganz unmöglich war es, auch an ihnen die Aufnahmen im Flötenhaus zu machen. Sie durften es nicht betreten, obwohl das edle Gebäude schon eine halbe Ruine war. So wurden sie auf dem Platz gemessen und photographirt.

Unsere eingetauschten Schätze packten wir sorglich zusammen und baten Porisa, sie uns in seinem Hause bis zur Wiederkehr aufzubewahren. Wir durften unsere Kanus nicht überfrachten und mussten Raum vorsehen für die Sammlung bei den abwärts wohnenden Stämmen. Porisa schob die Bündel vor unsern Augen auf einen hohen Querbalken zwischen den Mittelpfosten und versprach, dass Niemand daran rühren werde.

Um $^1/_2 5$ Uhr zogen wir denn sehr befriedigt wieder zum Hafen. Antonio war mit acht Indianern vor die Bucht hinausgefahren, wo sich der Fischfang besser lohnte und zeigte dort den Gebrauch der Angel. Seine Begleiter konnten mit einer schweren Ladung von Piranyas, einem Bagadú und einem Pintado den Heimweg zum Dorfe antreten. Eins unserer kleinen Kanus tauschten wir gegen ein schöneres, grösseres um.

II. Zu den Nahuquá.

Verkehr von Bakaïrí und Nahuquá. Ueberraschte im Hafen. Merkwürdiger Empfang. Dorf ausgeräumt. Ein Yaurikumá. Ueber Nacht. Mehinakú im Dorf. Tänze. Traurige Aussichten für Professor Bastian. Ich voraus zu den Mehinakú. Besserung der Verhältnisse. Botschaft über die Schlacht zwischen den Suyá und den Trumaí.

Ohne Frage stehen die Nahuquá in vielfältigem Verkehr mit den Bakaïrí. Schon von dem alten Paleko hatte ich eine ganze Reihe Nahuquá-Wörter erfahren und aus ihnen zu meiner grossen Freude sofort ersehen können, dass es sich um einen neuen Karaibenstamm handle. Paleko sagte mir, dass er früher eine zeitlang bei den Nahuquá gelebt habe; auch Tumayaua war bereits bei ihnen gewesen und kannte viele Wörter ihrer Sprache, während alle Bakaïrí von den flussabwärts der Nahuquá wohnenden Mehinakú nicht ein halbes Dutzend Wörter wussten.

Der Nahuquá, der im dritten Dorf der Bakaïrí wohnte, begleitete uns, als wir am 7. Oktober 1887 von dem Hafen der dritten Bakaïrí zu seinen nur eine Tagereise entfernten Stammesgenossen fuhren, stieg spät Nachmittags an einer Stelle, wo ein Pfad herantrat, aus, um uns im Dorfe anzumelden. Auch drei Bakaïrí von Harpyendorf mit Einschluss des Häuptlings Porisa hatten sich uns

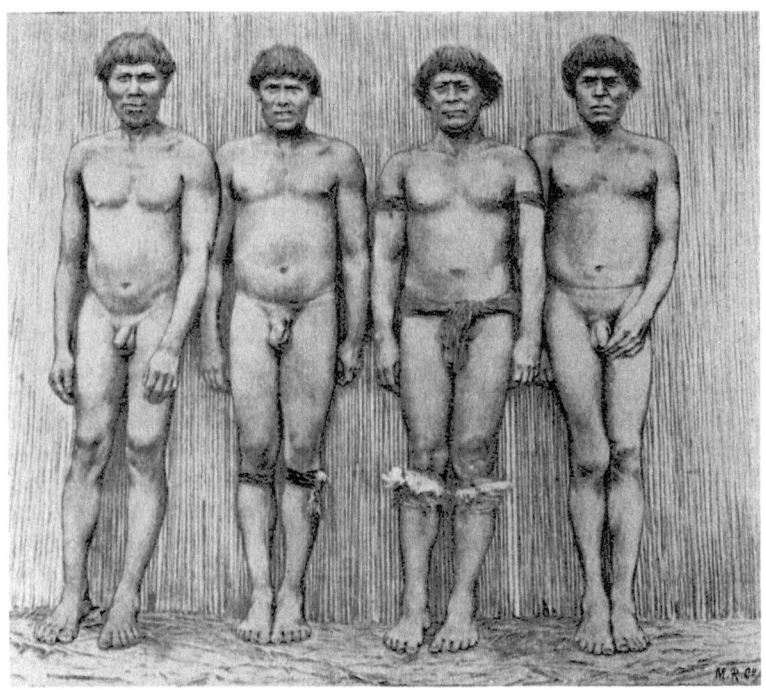

Abb. 4. Nahuquá.

angeschlossen. Wir waren um ½7 Uhr abgefahren und hatten noch eine kleine Stromschnelle von starkem Schwall zu durchsetzen. Sie gehörte mit einigen Fischkurrals noch den Bakaïrí, während ein kleiner, 2 m breiter Bach rechts, den wir gegen 9 Uhr passierten, und der durch einen Fischzaun abgesperrt war, schon Eigentum der Nahuquá war. Um 11 Uhr mündete wieder rechts ein breiter Bach ein, der Hàiri der Bakaïrí oder Ráza der Nahuquá, in deren Gebiet er lag. Viel hoher Sandstrand, 4—5 m über dem Wasserspiegel der Trockenzeit, Weidengebüsch, unzählige dürre und abgestürzte Bäume. Um 1 Uhr machten wir eine

Pause an einem fischreichen Orte; die Piranyas bissen so schnell zu, dass man die Angel nur auszuwerfen brauchte und sie auch schon daran festhingen; ein grosser, 1 m langer Bagadú, den Antonio mit Leguanköder fing, zog den glücklichen Fischer zu unserm Vergnügen bis in die Mitte des Flusses. Mehrere Angeln wurden von den Piranyas abgebissen. Die Indianer lösten nach einiger Untersuchung sorgfältig den Unterkiefer aus, den sie zum Durchschneiden von Fäden und auch zum Haarschneiden verwenden.

Wilhelm und ich, deren Boot wie gewöhnlich mit dem Tumayaua's den anderen voraus war, trafen zuerst am eigentlichen Hafen ein und überraschten dort drei Individuen, die nicht wenig erschreckt schienen. Es war ein hübscher strammer Junge von etwa 18 Jahren, das Urbild der Crevaux'schen Rukuyenn in Guyana, den Tumayaua als *píma iméri*, den Sohn eines Häuptlings, bezeichnete, ein kleiner Knabe und als dritter ein junger Mehinakú.

Durch Tumayaua freundlich getröstet und beruhigt, lachte der kleine Häuptling, zitterte aber am ganzen Leibe. Er hatte ein breites Baumwollbündel um den Leib geschlungen und auch eine Unwickelung über den Waden. Den Hals zierten zwei schöne Muschelketten. Ihre Tragkörbe waren mit Flussmuscheln gefüllt. Bald eilten sie freudig erregt davon. »Kúra karáiba«, der Karaibe ist gut, war ihnen hundertmal gesagt worden — und Tumayaua rief ihnen noch lange nach, sie sollten für reichlich Püserego sorgen. Den andern Morgen brachen wir früh auf; nachdem wir ein Stückchen Campo cerrado passiert hatten, kamen wir in den Wald. Es war grösstenteils Capoeira, junger Buschwald, der in früher bepflanztem Terrain nachwächst. An den Bäumen bemerkten wir eine grosse Zahl von plump eingeschnitzten menschlichen Figuren — mehr als wir irgendwo anders gesehen haben. Dieselben zeichneten sich durch gewaltige eselohrartige, aber schmale Verlängerungen aus, die uns als Ohrfedern gedeutet wurden. Gegen Ende des Weges fanden wir eine schöne Pflanzung von Pikí-Bäumen (Caryocar brasiliensis); sie haben runde Früchte von der Form und dem Umfang recht grosser Aepfel mit grüner Schale, buttergelbem Inhalt und dicken Kernen.

Nach zwei Stunden erreichten wir das Dorf, es lag in Totenstille. Unser Zug betrat den Festplatz. Ein Kranz von zwölf nahe zusammenstehenden Häusern und ein schönes Flötenhaus; lange Sitzbalken lagen zu unsern Füssen. Keine Menschenseele begrüsste uns; nur in den Eingängen der schweigenden Bienenkörbe liessen sich einige dunkele Gestalten unbestimmt unterscheiden. Tumayaua rief, eifrig mit Bogen und Pfeil gestikulierend, in die Lüfte hinaus; unsere lange Reihe harrte stummvergnügt der kommenden Ereignisse, dann fingen auch wir an zu schreien, dass wir gut seien, und plötzlich sahen wir uns von einigen vierzig Männern dicht umringt.

Mit Ausbrüchen der Freude, die einen verzweifelten Anstrich grosser Angst nicht verbergen konnte, liessen sie uns einen neben dem anderen auf den dünnen Sitzbalken niederhocken und schleppten Beijús und mächtige Kürbisschalen die Hülle und Fülle herbei. Die Beijús thürmten sich in erschreckender Höhe auf;

FISCHNETZ-TANZ DER NAHUQUÁ.

in den Kürbisschalen war leider nicht der wohlschmeckende Püserego enthalten, sondern nur der gewöhnliche Pogu-Mandiokakleister. Sie liessen uns einige Pikífrüchte, die im allgemeinen noch nicht reif waren, als Delikatessen probieren; ein kleines Stückchen mit Beijú schmeckte auch gar nicht so übel, doch wurde uns der fettige Geschmack bald zu stark und erregte Widerwillen.

Die Nahuquá waren kräftige, etwas plumpe Gestalten, an denen uns die viereckigen Gesichter besonders auffielen. Viele von ihnen hatten ein Doppelkinn. Bei mehreren bemerkten wir Bemalung auf der Brust mit runden Klexen, Dreiecken und dergl.; einer trug eine Schlangenlinie über den Oberschenkel. Zum Ausdruck der Bewunderung oder gewaltigen Erstaunens drückten sie eine Hand fest vor Mund und Nase und liessen dahinter allerlei Töne, *hö hö hö*, hören, wie wir deren zuweilen beim Kopfschütteln machen. Es wurden uns riesige Zigarren von 40 cm Länge angeboten; anscheinend stand dieses Format im graden Verhältnis zur grossen Angst der Geber.

Nachdem die Empfangsfeierlichkeit beendet war, krochen wir in das Flötenhaus, um unsere Sachen dort niederzulegen. Die Beijúladungen und Getränke schleppte man uns eilfertig nach. In dem Haus der Männer, das sehr geräumig und sehr sorgfältig gebaut war, sah es trostlos leer aus. Ein öder Raum, nur hie und da ein paar Strohreste von Tanzkostümen auf dem Boden. Wir besuchten einzelne Hütten: sie waren ausgeräumt, hie und da hing eine einsame Hängematte, aber die sonst überall vorhandene Menge des Hausrats von Körben, Kalabassen, Töpfen fehlte; es fehlten an den Wänden die Steinbeile, die Bogen, die Pfeile. Besonders schmerzlich aber vermissten wir die Krone der Schöpfung. Nur ein paar alte Weiber von abscheulicher Hässlichkeit — abschreckend mager, die Haut am ganzen Körper verrunzelt, wirres mehlbestreutes Haar, trippelnder Gang mit eingeknickten Beinen — liessen sich erblicken; sie grinsten uns freundlich an und waren gute thätige Geschöpfe, denen wir auch unsere Beijús zu verdanken hatten. Die schönere Jugend war weit in den Wald entflohen.

Ueberall trat uns starkes Misstrauen entgegen; zu jedem Gang schloss sich starke Geleitschaft an, und sie versicherten so leidenschaftlich und häufig ihr „*atötö atötö atötö*", was dem „*kura*" der Bakaïrí entspricht, dass man sich schwer verhehlen konnte, ihre Zunge spreche das Gegenteil aus von dem, was das Herz empfand. Was wir nur von Kleinigkeiten fanden, erhandelten wir und gaben unverhältnismässig grosse Gegengeschenke, um ihre Habgier ein wenig anzuregen. Perrot blies als Medizinmann Mehrere mit Tabakrauch an und rieb sie mit Vaselin ein. Ein Alter schleppte seinen Sohn von einem zum andern und beruhigte sich nicht eher, als bis jeder ihn angepustet hatte.

Wir hielten es für gut, unsere Zahl zu verringern; zuerst kehrten Antonio und Tumayaua, später Perrot und Vogel nach dem Hafen zurück, zumal letzterer dort eine Breitenbestimmung machen wollte. Ehrenreich, mein Vetter und ich blieben mit den Bakaïrí vom dritten Dorfe zurück und wollten unter allen Umständen bei unseren Gastfreunden schlafen, so missfällig dieser Entschluss auch aufgenommen wurde. Durch Boten sollten uns vom Hafen Fische und Lebensmittel regelmässig gebracht werden.

Wir gingen baden, von fünfzehn Mann begleitet. Ein kleines ausgetretenes Bächlein mit schmutzigem Lehmwasser befand sich etwa $^1/_2$ km weit vom Dorf.

In dem Flötenhause suchten wir uns mit Einigen etwas näher anzufreunden. Einer unter ihnen nannte sich einen »Yaurikumá«; er wohnte drei Tagereisen nach Osten am Kuluëne. Von ihm erhielten wir Angaben über die Lage der Trumaí- und Kamayurá-Dörfer, die sich später als ganz richtig erwiesen. Er wusste auch einige Kamayurá-Wörter. Zu unserer Freude bewiesen sie, dass die Kamayurá ein Tupístamm sein mussten. Es machte einen wunderlichen Eindruck auf uns, von ihm, dessen Sprache wir nicht verstanden, aus einer fremden Sprache Wörter zu vernehmen, die uns so wohl vertraut waren, wie tapyra, der Tapir, und yakaré, der in Brasilien allgemein mit diesem Worte bezeichnete Kaiman. Ein Anderer gab uns eine schauspielerische Vorführung der Suyá; mit einem Strohstreifen demonstrierte er die Ohrrollen und Lippenscheiben, was bei den Umsitzenden wie immer allgemeines Entzücken hervorrief. Hier wurde uns auch zum ersten Mal, und zwar in Verbindung mit den Suyá, der uns unbekannte Stammesname »Aratá« genannt. Die Trumaí, die Suyá und die Aratá wurden als »kurápa« = »nicht gut« bezeichnet.

Am Abend wurde die Thür des Flötenhauses wie die der Hütten mit einer Matte verschlossen; schmerzerfüllt ergaben sich die Nahuquá in das Schicksal, uns nicht los zu werden. Auf dem Dorfplatz hielten wir noch ein vergnügtes Tabakkollegium ab und erfreuten und erstaunten die Gesellschaft mit einem kleinen Feuerwerk. Mehr noch wurde von den praktischen Menschen eine brennende Kerze bewundert. Unsere Spiegel wurden gerade wie von den Bakaïrí *paru*, von ihnen *tune*, Wasser, genannt.

In der Nacht brach ein schweres Gewitter los; mitleidig gedachten wir der armen Nahuquáweiber, die draussen im Walde schliefen. Schon um 5 Uhr begann man im Dorfe zu lärmen; kaum hörte man uns ein paar Worte reden, so hatten wir auch schon zahlreichen Besuch im Flötenhause. Nach der schlimmen Nacht trat der Wunsch, dass wir uns entfernen möchten, um so lebhafter hervor. Die anwesenden Bakaïrí des dritten Dorfes redeten uns eindringlich zu, dass wir nun gehen möchten. Wir packten auch die wenigen Kostbarkeiten, die wir erworben hatten, in Tragkörbe, während die Festhütte von neugierigen Zuschauern gedrängt voll war, und die guten Bakaïrí glaubten, wir rüsteten zum Aufbruch. Aber sie irrten sich. Wir baten sie nur, die Sachen, als sie selbst um 10 Uhr das Dorf verliessen, nach dem Hafen mitzunehmen, und blieben.

Bei unserm Spaziergang durch die Hütten trafen wir eine Anzahl kleiner Töpfe an, von denen uns bald gesagt wurde, dass sie von den Nahuquá, bald dass sie von den Mehinakú herrührten. Die alte Töpferin trug auf dem Oberarm drei parallele Linien, die Tätowirung der Mehinakúweiber, sie deutete mit den Händen an, dass sie damit gezeichnet worden sei, als sie noch ganz klein war.

Ausser mehreren Frauen lebten unter den Nahuquá einige Mehinakúmänner, deren einen wir ja schon am Hafen getroffen hatten. Einer hatte sich die Wangen derart bemalt, dass er mit schwarzer Farbe zwei innen mit Tüpfeln ausgefüllte rechte Winkel angebracht hatte. Ich liess mir von ihm etliche Wörter in seiner Sprache nennen und fand, dass sie mit dem von uns 1884 am Batovy aufgezeichneten Kustenáu gleichlautend waren. Da ich von dieser Sprache eine Wörterliste bei mir führte, konnte ich ihm sofort eine Reihe von Dingen nennen, was ihn mit höchstem Staunen erfüllte. Er hielt mir nun eine lange, laute Rede, hoffentlich freundschaftlichen Inhalts, und schien fest davon überzeugt, dass ich jedes Wort verstehe.

Ich wollte den Leuten gern klar machen, dass es mir darauf ankomme, Masken zu erhalten und versprach ihnen grosse Messer zur Belohnung. Offenbar wurden meine Geberden aber so ausgelegt, dass wir einen Tanz bestellten. Die Gesellschaft geriet in grosse Aufregung und führte uns nach einigen Vorbereitungen auf den Platz hinaus, wo wir auf den schrecklichen Sitzbalken niederhocken mussten. Zwei Personen besorgten die Musik. Der eine hockte auf dem Boden und schlug den Takt mit einer langen Kuye, ein anderer stand hinter ihm, ein aus Stroh geflochtenes hübsches Diademband um den Kopf und schwang eine Rassel. Drei Tänzer traten auf, Federdiademe über der Stirn, um die Hüften den lang herabhängenden mehrfach ringsum gewickelten Schurz aus Buritístroh und die Arme mit grünem Laub geschmückt. Sie hatten sich Blätterzweige, die balsamischen Geruch verbreiteten, den Armen entlang angebunden, den Stiel nach oben, und die Hände im grünen Laub versteckt. Sie stellten sich nebeneinander auf und jeder stampfte in gebückter Haltung, die Arme ausstreckend und zusammenschlagend, entfernte sich von seinem Nachbar, drehte sich und kehrte immer stampfend wieder nach der Mitte zurück. Zum Takt der Kuye, der Rassel und des Stampfens brüllten sie mit heller Stimme: »ho ho ho« oder »hu hu hu«. Dann trat noch eine Frau hinzu, eine der hässlichsten Alten und wanderte den dreien gegenüber, die Hände auf die Brust gelegt, mit geknickten Knien taktgemäss vor- und rückwärts.

Eine zweite Tour des Tanzes wurde mit etwas lebhafteren Bewegungen, indem ein Jeder die Zweige rasselnd zusammenschlug, ohne Anwesenheit der Frau ausgeführt und von folgendem Gesang begleitet: »*witenerú wayiwiti; wayiwitinéru witinerúwe; awirinuyána, awirináyána; kanihayúha witinerú*«.

Bald darauf wurde uns noch ein grosser Tanz im Flötenhause vorgeführt. Die beiden Musiker mit Rasseln und Kuye sassen in der Mitte und die anderen, sechzehn Mann stark, bewegten sich in einem Halbkreis ringsum, in dem die eine Hälfte sich immer von der andern entfernte und immer zu ihr zurückkehrte. Sie alle stampften beim Schreiten mit dem rechten Fuss auf und stiessen ein gellend lautes: »ho ho ho« aus, wobei ein Jeder die Rassel, die er in der Hand trug, mit einem heftigen Ruck in der Richtung nach den Musikern vorstiess. So ging das ewig hin und her. Sie trugen elende Strohdiademe, die sie sich in der Eile zusammengestellt hatten, und nur wenige hatten einen hübschen anständigen Federschmuck. Alles, was von Instrumenten und Zierrat bei den Tänzern gebraucht worden war, tauschten wir gegen Messer ein.

Allein unsere Stimmung war recht trüb und verzweifelt. Wie sollten wir eine ethnologische Sammlung heimbringen, wenn die Leute sich vor unserer Ankunft im Walde versteckten! Was würde Professor Bastian in Berlin sagen, wenn wir ihm zur Veranschaulichung der Schingú-Kultur nur so elenden Kram überbringen konnten, wie er in diesem ausgeräumten Flötenhaus oder in diesen verlassenen Hütten noch mühsam aus irgend einem Winkel hervorgesucht werden musste! Die Nahuquá waren erst der zweite Stamm unserer Liste; wenn die übrigen sich ebenso benehmen würden, wie sie, so war es mit den Ergebnissen unserer Expedition traurig bestellt.

Was also thun? Wir durften nicht in zahlreicher Gesellschaft, die Furcht einflösste, bei den Stämmen antreten und mussten um jeden Preis suchen, sie mit unserer Ankunft unvorbereitet zu überraschen. Ich entschied mich deshalb, die Nahuquá heimlich zu verlassen und nicht mit unseren Leuten, sondern mit zwei Bakaïrí in der Frühe des nächsten Morgens allein zu den Mehinakú vorauszufahren. Mein Vetter und Ehrenreich blieben bei den Nahuquá zurück, um ihr Misstrauen möglichst zu verscheuchen und die Untersuchungen zu vervollständigen; die Nachrückenden sollten mir wenigstens zwei Tage Vorsprung lassen. Wenn ich plötzlich als einzelner unter den Mehinakú erschien, so war doch wahrlich nicht anzunehmen, dass sich das ganze Dorf vor mir fürchtete und mit seiner Habe in den Wald flüchtete. So ging ich denn am Nachmittag zum Hafen zurück, während mein Vetter und Ehrenreich blieben.

Bei Ehrenreich meldeten sich in jenen Tagen die ersten Vorboten des Fiebers; sie machten sich um so unangenehmer fühlbar, als die Hitze ungewöhnlich stark war. Wilhelm hat mir über den weiteren Verlauf das Folgende berichtet. Nach meinem Weggehen wurde er auf den Platz hinausgeführt und dort coram publico gründlich darüber ausgeforscht, was aus mir geworden sei. Nach unserer Verabredung erwiderte er mit harmlosen Gesicht, ich habe Hunger gehabt und sei nach dem Hafen, Fische zu essen. Dieses Motiv leuchtete den Indianern ein und befriedigte sie; weniger angenehm war es ihnen, dass nicht auch er und Ehrenreich einen gleichen Hunger verspürten.

Schon um 5 Uhr des nächsten Morgens wurde Wilhelm durch eine lange Rede draussen geweckt, schlief aber wieder ein; um 6 Uhr erschien eine Ladung frischer Beijús. Ehrenreich photographierte, was Anfangs grossen Alarm erregte, aber über Erwarten gut verlief. Die Nahuquá, die sich des Lohnes der Perlen freuten, holten schliesslich selbst sogar Frauen aus dem Wald herbei, damit sie sich den Schmuck verdienten. Ein Alter, der am Stocke ging, überreichte Wilhelm ein Töpfchen bitteren Salzes, dessen Zubereitung wir später bei den Mehinakú kennen lernten. Der alte Herr betrachtete das abscheulich schmeckende Zeug als Delikatesse, denn er verfehlte nicht, mehrmals den Finger hineinzustecken und das Salz behaglich schmatzend abzulecken. Obenauf lagen ein paar Pfefferschötchen, die *homí* genannt wurden.

Unter der Beute heimkehrender Fischer fanden sich zwei kleine Fische Namens *irinko,* piranyaähnlich: es war der Mereschu der Bakaïrí, der in der Ornamentik eine grosse Rolle spielt. Wilhelm zeichnete den Fisch ab und war überrascht zu sehen, welche grosse Anerkennung er für sein Bild bei den Indianern einerntete. Der intelligente Yaurikumá begriff nach längerem Zureden endlich auch unseren Wunsch, Masken zu erhalten, und versprach, dass wir sie bei der Rückkehr finden würden.

Allem Anschein nach nahm das Misstrauen etwas ab, in den Hütten tauchten Gegenstände auf, die vorher verborgen gehalten waren. Es fanden sich zwei grosse Töpfe, wie sie von den Mehinakú gefertigt werden, von mächtigem Umfang mit einer Bemalung von senkrecht aufsteigenden Streifen ringsum und einer aus zwei einander zugewandten Halbkreisen bestehenden Zeichnung aussen auf dem Boden. Ehrenreich nahm im Flötenhaus ohne Schwierigkeiten anthropologische Messungen vor.

Der Morgen des 11. Oktober war ruhiger. Es wurden ein paar Muschelketten gebracht, eine mit einem durchbohrten grossen Stein, für die der Besitzer zuerst durchaus Ehrenreich's grosses Waldmesser haben wollte. Wilhelm traf den Häuptling hinter seiner Hütte mit Maispflanzen beschäftigt; er bohrte mit einem Stäbchen Löcher 2—3 Zoll tief und legte mehrere Körner hinein. Als mein Vetter hinzutrat, bestand der Alte darauf, dass er den Rest pflanze, ein Vorfall analog meinem Erlebnis im ersten Bakaïrí-Dorfe.

Bald darauf entstand plötzlich eine grosse Erregung unter der Gesellschaft. Wilhelm wurde in die Hütte des Häuptlings geführt und fand dort drei neue Ankömmlinge sitzen, die finster vor sich hin starrten, während Alles lärmend durcheinanderschwatzte und einige Weiber heulten. Er konnte aus dem Vorgang nicht klug werden und begriff nur so viel, dass es sich um eine schlimme Botschaft handle, deren Träger die drei rot angestrichenen Fremden waren. Erst in dem Flötenhause wurden ihm mit vielen Pantomimen die Neuigkeiten verständlich gemacht. Die bösen Suyá hatten endlich den Plan, die Trumaí zu überfallen, zu dessen Beihilfe sie uns 1884 zu bereden suchten, mit Glück ausgeführt. *„Suyá Trumaí tok tok"* so wurde mit lebhaftem Geberdenausdruck veranschaulicht, dass die Suyá die Trumaí niedergeschlagen und vergewaltigt hätten. Es schien, dass jene einen Teil der Trumaíkanus mit Haken herangezogen und umgeworfen hatten; Pfeile wurden auf die Schwimmenden geschossen, anderen wurden die Arme auf dem Rücken zusammengebunden.

Die Leute, welche die Nachricht überbracht hatten, waren die den Trumaí zunächst wohnenden Nahuquá, die Guikurú heissen.

Am Vormittag des 11. Oktober kehrten Wilhelm und Ehrenreich, dessen Unwohlsein zunahm, an den Hafen zurück und ruderten am 12. Morgens ab, um mich einzuholen. Zwei der Mehinakú, die unter den Nahuquá wohnten und mein Verschwinden richtig gedeutet hatten, waren mir schon am Tage vorher nachgefahren, kamen aber glücklicherweise einen Tag später an als ich selbst.

III. Zu den Mehinakú.

Allein voraus. Ankunft und Empfang. Festhütte. Gestörte Eintracht und Versöhnung. Wohlhabenheit. Fliegende Ameisen. Ethnographische Sammlung.

Es hatte einige Kraft der Ueberredung gekostet, Tumayaua und seinen Genossen, den »Droschkenkutscher«, der glücklicher Weise, wenn er ihre Sprache auch nicht kannte, schon einmal bei den Mehinakú gewesen war, zur Ausführung meines Planes zu bewegen, doch stärkte sich Einer an dem Beispiel des Andern.

Wir fuhren am 10. Oktober früh ab und erreichten den Hafen der Mehinakú den 12. October um 11 Uhr Vormittags. Wir hatten uns nicht sonderlich beeilt; die beiden ruderten am liebsten nur dann, wenn ich das gute Beispiel gab. Am schrecklichsten war mir, dass sie alle Windungen des Flusses ausfuhren und niemals eine derselben durch Hinüberkreuzen abschnitten. Kein Fisch, kein Vogel, der nicht ihre Aufmerksamkeit beschäftigte. Sie schossen, ohne zu treffen, nach mehreren Hühnervögeln; ein Kapivaraschwein das durch den Fluss schwamm, wurde am Hinterbein verwundet und lief schreiend mit dem Pfeil in den Wald. An einer fischreichen Bucht schliefen wir die Nacht und machten gute Beute. Die Beiden brieten Fische die ganze Nacht hindurch, indem sie das Feuer unter dem hölzernen Rost sorgfältig unterhielten; ihre Hängematte hatten sie so nahe aufgespannt, dass sie bequem herauslangen, die Fische wenden, gelegentlich ein Stück verzehren und von der Wärme des Feuers Nutzen ziehen konnten.

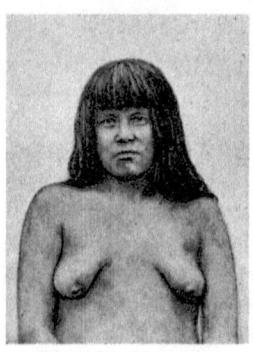

Abb. 4. Mehinakúfrau.

Am zweiten Morgen sagten sie mir, dass das Ufer links den Mehinakú, rechts den Nahuquá gehöre. Der Hafen lag an einem steilen Sandufer, wo ein kleiner Bach einmündete. An den Bäumen waren Rautenmuster eingeritzt. Die Bakaïrí schoben das Kanu hoch in den Bach hinauf und versteckten ihre Ruder und Tragkörbe, in denen noch Fisch- und Beijúreste enthalten waren, sorgfältig im Wald. Tumayaua bereitete ein Gastgeschenk für die Mehinakú vor und hing sich zu diesem Zweck eine rosenkranzähnliche Schnur um, an der Früchte öligen Inhalts aufgereiht waren. Das Oel wurde auf die mit dem medizinischen Wundkratzer der Indianer eingeritzte Haut gerieben.

Wir schritten $2^{1}/_{4}$ Stunde einen langweiligen und bei der dumpfen Hitze nicht unbeschwerlichen Weg durch den Wald. Etwa einen Kilometer vor dem Dorf, wo sich das Gehölz lichtete, war unter einem Baum eine grosse Kreisfigur in den Sand gezogen (vergl. die Abbildung unter »Sandzeichnungen«). An dem der Ortschaft zugewandten Teil des Randes war innen eine schwer zu deutende Figur eingezeichnet. Tumayaua nannte das Ding „utulua" und beschrieb mir, dass man dort mit *kā ä a*...... einen Rundgang mache. In der That waren viele ringsum laufende Fussspuren erhalten.

Schon bevor wir hier ankamen, luden die Bakaïrí, die den grösseren Teil des Weges mir vorausgeschritten waren, stehen bleibend mich höflichst ein, den Vortritt zu nehmen. Sie liessen deutlich merken, dass es ihnen nicht mehr ganz geheuer war. Aber erst dicht vor dem Dorf begegnete uns ein Mehinakú, der schleunigst Kehrt machte, nachdem wir ihm noch eben ein »kúra, kúra!« zugerufen hatten. Gleich darauf betraten wir einen gewaltigen freien Platz, der von 14 Häusern im weiten Kreise umgeben war.

Ein höchst sonderbares Bild! Von allen Seiten stürzte man aus den Häusern hervor, Alt und Jung rannte mit lebhaften Rufen und Geberden umher, teils auf mich zu, teils zurückweichend. Bald wurde ich an den Händen gefasst und so, freundschaftlich festgehalten, durch die bis über hundert Personen angewachsene Schaar nach dem Flötenhaus geleitet, wo ich auf einen schöngeschnitzten Vogelschemel niedersitzen musste. Man betrachtete mich mit dem Ausdruck der scheuen und angstvollen Neugier; die Frauen vielfach geschwärzt und teilweise mit Russ über und über bedeckt, verbargen sich hinter dem Ring der Männer, die bei der leisesten unerwarteten Bewegung meinerseits zurückprallten. Viele Kuyen mit Stärkekleister wurden kredenzt, und ich musste aus jeder trinken. Beijús von vorzüglicher Qualität, weich, mit weisslichem Mehl, wie ein Tuch zusammengeschlagen, erschienen in Massen; auf grünen Blättern wurde auch Salz überreicht.

Ich war froh, als ich endlich in die Festhütte kriechen durfte, deren Eingang hier nicht kniehoch war. Sie war gefüllt mit bunten Holzmasken verschiedener Bemalung, aber gleicher Gestalt; bei einigen war auch das lange Buritígehänge, das vorne wie ein mächtiger Bart herabfällt, rot gefärbt.

Ich eröffnete sofort das Tauschgeschäft und erhielt für Messer und Perlen einige Masken und Töpfchen. Sie wollten absolut Messer und wieder Messer haben, sie zeigten dabei ein recht ungeduldiges Gebahren. »Nur heraus mit Deinen Sachen«, schien ein Jeder zu sagen, »siehst Du denn nicht, dass ich warte?« Das Wesen eines reellen Geschäftes, bei dem, wer etwas nimmt, auch etwas hergiebt, war ihnen entschieden unklar. Tumayaua, der sich in seiner Rolle als Impresario des interessanten Gastes überaus stolz und glücklich fühlte, setzte ihnen in längerer Rede die Elementarbegriffe des europäischen Handelsverkehrs auseinander. Seine Geschicklichkeit, mit nicht viel mehr als drei oder vier Phrasen seiner eigenen Sprache in dem Brustton der Ueberzeugung jene Auseinandersetzung und später eine Erzählung unserer Erlebnisse zum Verständnis seiner Zuhörerschaft zu bringen, war in hohem Masse bemerkenswert.

Später hatte ich eine lange Sitzung draussen unter Beteiligung zahlreicher alter Weiber; wenn der Häuptling ein Karaibenwort von mir hörte, machte er es wie ich, der ich seine Wörter in mein Buch eintrug, und kritzelte eifrig in den Sand.

Die beiden Bakaïrí richteten sich mit mir häuslich in der Festhütte ein. Wir blieben dort unbelästigt zur Nacht, nachdem ich noch einen inspizierenden Gang durch etliche Wohnungen gemacht hatte.

Das Flötenhaus war 13 Schritte breit, 22 Schritte lang und 5 m hoch. Es hatte zwei Thüröffnungen nebeneinander, beide äusserst niedrig und jede vier Schritt lang; draussen lag ein langer Buritístamm. Drei mächtige Pfosten stützten das Dachgebälk; ihnen entlang war ein leiterartiges Gestell horizontal befestigt, an dessen senkrecht stehenden, angebundenen Sprossen zwanzig Masken, einige Strohbehänge und ein 60 cm langes, schwarz und rot bemaltes Schwirrholz von der Form einer Schwertklinge herabhingen.

Auf dem Boden vor dem Mittelpföstchen, das die beiden Thüröffnungen trennte, und ebenso rechts von dem Eingang, befanden sich zwei aus der Erde aufgewölbte Hautreliefs, Leguane darstellend, 1 m lang, 8 cm hoch. Diese zierlichsten aller Mounds waren im allgemeinen sehr gut modelliert, nur der Kopf von ziemlich roher Ausführung. Gegenüber dem Eingang war auf dem Dorfplatz vor kurzem Einer begraben worden; dort lag ein Reisighaufen, in dem es von dicken Käfern und Fliegen wimmelte. Man sah auch in der Erde Oeffnungen von Kanälen, aus denen die Tierchen von ihrem Gastmahl zurückkehrten.

Am nächsten Morgen wurde der Friede leider dadurch gestört, dass man mir, als ich in den Hütten abwesend war, im Flötenhaus meine Gürteltasche entleerte. Ich vermisste, was mir sehr schmerzlich war, den Kompass, ferner eine chirurgische Scheere, ein kleines Jagdhörnchen, eine Schachtel mit Pfefferminzplätzchen und dergleichen mehr. Zugleich war die Gesellschaft so habgierig und bedrängte mich so gewaltsam, dass ich einsah, ich müsse ein Exempel statuieren und dürfe mir den Diebstahl nicht gefallen lassen, wenn ich das in meiner Lage unentbehrliche Ansehen behaupten wolle. Ich beklagte mich also, nannte sie schlecht, »kurápa«, und verlangte meine Sachen zurück. Unter lebhaften Beteuerungen ihrer Unschuld entfernten sie sich; vielleicht sei ein Kamayurá, der eben angekommen wäre, der Thäter.

Zwei Stunden vergingen. Alle fünf oder zehn Minuten kam einer hereingekrochen, wurde aber von mir sofort zur Thüre geleitet und bedeutet, zu suchen; er stellte sich dann draussen hin und hielt in einem Tone, als könne er kaum das Weinen unterdrücken, eine laute Ansprache über den Platz, die von den Hütten aus, am erregtesten von Seiten der Weiber, mit vielem Geschrei beantwortet wurde. Eine Schale Mandioka-Getränk wies ich finster zurück. Ganz allmählich und in langen Zwischenpausen erschienen die fehlenden Gegenstände. Einer brachte die Scheere, ein anderer das Jagdhörnchen und fünf oder sechs ebenfalls in grossen Pausen je ein ·Pfefferminzplätzchen, was ich alles auf den Boden legen liess und nicht eher anzunehmen erklärte, als bis auch nicht ein Stück mehr ausstehe.

Leider erschien das Wichtigste nicht, der Kompass. Nun ging ich gerade hinüber nach der Hütte des dicken alten Häuptlings und klagte dort; er ent-

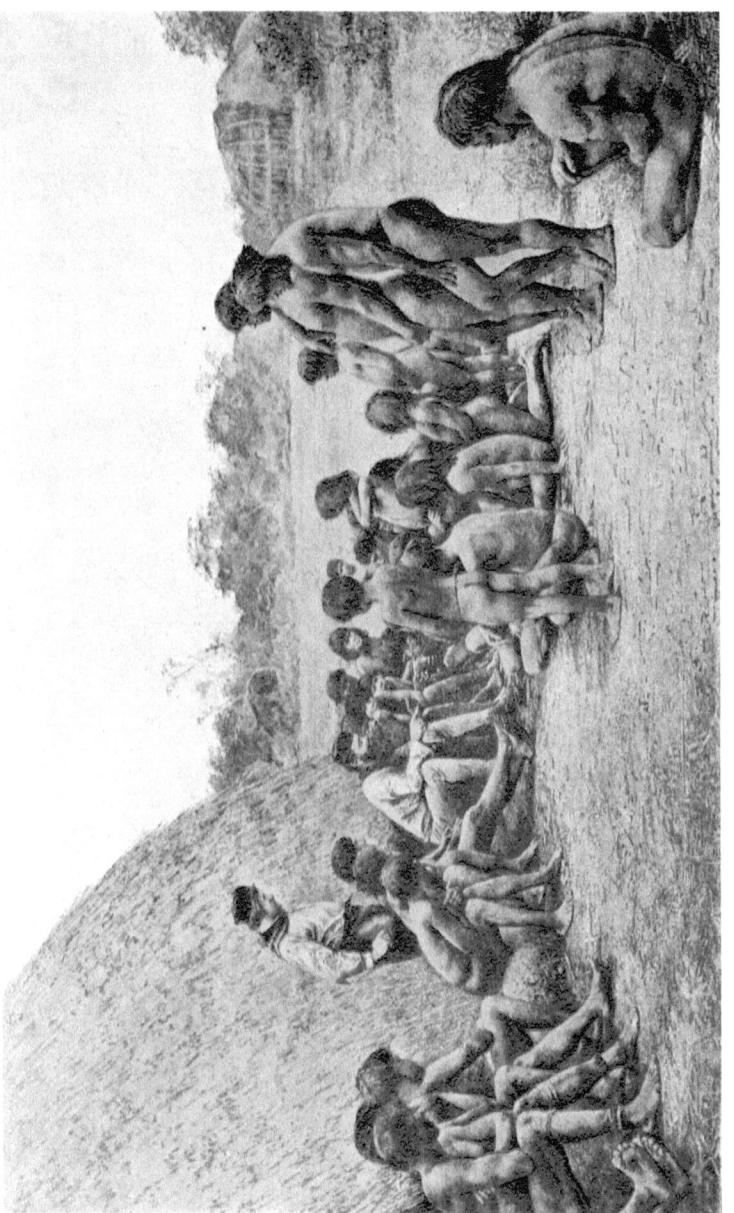

DEMONSTRATION EINER VOGELPFEIFE BEI DEN MEHINAKÚ.

schuldigte sich, dass er abwesend gewesen sei und von dem Geschehenen nichts wisse. Da nahm ich ihn bei der Hand und brachte ihn, während er sehr ungern hinterdrein wackelte, zum Flötenhause. Hier beschrieb ich ihm den Vorgang an Ort und Stelle, drohte: „*mehinakú kúra, karáiba kúra; mehinakú kurápa, karáiba kurápa*" = wenn der Mehinakú gut ist, ist auch der Karaibe gut, wenn der Mehinakú schlecht ist, ist auch der Karaibe schlecht, und feuerte zu seinem Schrecken einen Revolverschuss in den Mittelpfosten. Sofort erhob sich draussen ein lautes Heulen und verwirrtes Durcheinanderrennen. Der Alte verschwand, indem er zitternd versicherte, suchen zu wollen. Tumayaua spähte durch die Gucklöcher im Strohdach und beobachtete mit grossem Genuss die Szenen draussen, lief dann kichernd zum Pfosten und untersuchte den Schusskanal.

Den Rest des Tages hielt man sich von mir fern, nur zwei Kamayurá, Besucher des Dorfes, setzten sich zu mir vor die Festhütte und liessen sich examinieren. Demonstrativ beschenkte ich sie reichlich und erhielt von ihnen auch das Versprechen, dass wir bei ihrem Stamm gut aufgenommen werden würden. Nach ihrer Beschreibung war nicht der Alte, den ich zur Rede gestellt hatte, sondern der zweite Häuptling der Mehinakú, der mir wegen seines unzufriedenen Gesichtes von Anfang an aufgefallen war, in höchsteigener Person der Dieb meiner Sachen.

Am nächsten Morgen brach schon um 4 Uhr ein Heidenlärm los. In der Nacht war es still gewesen, nur ab und zu hörte man draussen husten, ein Beweis, dass die Mehinakú wachsam waren; gegen Morgen hatten wir ein sehr heftiges Gewitter, vor der Thür bildete sich ein Wassertümpel und machte den Eingang fast unpassierbar. Das Gewitter hatte ich herbeigerufen. Draussen wurden viele Reden gehalten. Entweder stand einer allein auf dem Platz und sprach mit lauter Stimme, oder, und das war das Gewöhnliche, die Redner hatten sich vor der Thür ihres Hauses aufgestellt. Mehr und mehr leuchtete mir der Humor der ganzen Geschichte ein. Wie die Helden dort vor der Thüre ihres Hauses standen und feierlich sprachen, war es eine klassische und urepische Situation. Ich liess mich zum Frieden bewegen und nahm zu Aller Freude ein Beijú an, der mir frisch duftend von der Schüssel gebracht wurde und auch vortrefflich schmeckte. So hatte die Episode ihr Ende; dass alles gut ablief, war um so angenehmer, als sich später zu meinem Entsetzen herausstellte, dass grade der Kompass aus dem einfachen Grunde mir nicht gestohlen worden sein konnte, weil ich ihn gar nicht bei mir gehabt hatte. Auf unseren Verkehr hat das Intermezzo aber insofern einen sehr günstigen Einfluss ausgeübt, als die guten Mehinakú von jetzt ab höflicher wurden und mir nicht mehr mit ungeduldigem Drängen zusetzten.

Die Versöhnung war dadurch erleichtert worden, dass einer der bei den Nahuquá getroffenen Mehinakú, der mich nur von der guten Seite kannte, inzwischen angekommen war. Am Nachmittag erschienen auch Wilhelm und Vogel, während Ehrenreich krank im Hafen zurückblieb und das Dorf erst bei der Rückfahrt besuchte. Den Beiden wurde ein kleiner Empfang bereitet, sie mussten sich auf die prachtvollen Tierschemel setzen, die wir bei keinem andern Stamm so schön gearbeitet sahen, und erhielten ihre Willkommbeijús. Die Nachricht von der Schlacht zwischen den Trumaí und Suyá wurde unter eifriger Pantomime besprochen. Es stellte sich heraus, dass es noch zwei andere Mehinakú-Dörfer gäbe, beide eine Tagereise oder weniger entfernt. Das im SW. gelegene schien freilich sehr klein zu sein und wurde sogar als ein einziges Haus beschrieben, das andere im Norden sollte aus fünf Häusern bestehen.

Unser Dorf setzte sich, ausschliesslich des Flötenhauses, aus vierzehn Häusern zusammen; es waren ausserdem zwei Neubauten vorhanden, von denen der eine nahezu fertiggestellt und schon bewohnt war. Das Ganze machte den Eindruck grosser Wohlhabenheit. Jedenfalls, wenn der indianische Massstab angelegt wird, dass der Besitz an Mandioka den eigentlichen Reichtum bedeutet, so waren die Mehinakú der reichste Stamm des Kulisehu. Sie schienen einen sehr geordneten Feldbau zu treiben. Bei ihnen erhielten wir zuerst wieder Bataten. Als wir einige Mangaven mit Perlen bezahlten, wurden uns ganze Körbe herbeigeschleppt, bis wir unseres vorzüglichen Appetits ungeachtet den Spendern ein Halt gebieten mussten. Am Abend des 13. Oktober trug sich das freudige Ereignis zu, dass eine Wolke fliegender Ameisen über dem Dorfe niederfiel. Es wurden Strohfeuer vor den Hütten angezündet und eilfertig sammelte Alt und Jung in Kuyen und Töpfen die fast zollgrossen Tierchen, die sich in dem flackernden Feuer die langen zarten Flügel versengten. Alles jubelte und liess sich die Ameisen mit Beijú und Salzerde schmecken. In mehreren Häusern fanden wir die Leute mit der Zubereitung des Salzes beschäftigt. Sie verbrennen Takoara und Aguapé, die Blattpflanze stiller Gewässer, laugen die Asche aus und erhalten aus dem Filtrat einen salzigen Rückstand. Vielfach wird auch rötliche, wie eine Salzasche aussehende Erde unmittelbar verwendet.

Wir konnten eine hübsche ethnologische Sammlung zusammenstellen. In allen Geräthen bekundete sich derselbe primitive, aber höchst lebendige Kunstsinn, der sich immer Tiergestalten und zwar häufig in recht sinniger Weise zum Vorwurf nahm. Die Weiber der Mehinakú, die mit schön geschnitzten Geräten ihre Kuchen wenden, sind auch diejenigen, die es in der Herstellung künstlerischer Topfformen am weitesten gebracht haben. Von den Masken in dem Flötenhause wurden uns alle, die wir auswählten, ohne Anstand überlassen. Auch mit dem Schwirrholz verband sich kein Begriff, der eine Auslieferung an uns hätte bedenklich erscheinen lassen.

Der Abschied von den Mehinakú am Nachmittag des 14. Oktober war sehr herzlich; sie beschenkten uns noch einmal mit Beijús, Mangaven und Bataten, und vier Männer packten sich die Ladung auf, um sie für uns zum Hafen zu tragen. Unsere Sammlung, die wir nicht zum Besuch der flussabwärts wohnenden Stämme mitschleppen wollten, übergaben wir vertrauensvoll dem alten Herrn, den ich so erschreckt hatte, zur Aufbewahrung. Er war unser wohlgesinnter Freund

feierlichem Schweigen. Neben uns lag durch einen Zaun von niedrigen Pfosten, die man mit Flechtwerk verbunden hatte, im Geviert abgesteckt, eine Grabstätte (vgl. Tafel 15); Einzelne sassen gemütlich auf den Pfosten. Nun trat der Häuptling Auayato aus einer dem Flötenhause gegenüberliegenden Hütte hervor, Pfeil und Bogen in den Händen, den Hals mit einer Kette von Jaguarkrallen und den Kopf mit einem Diadem aus Jaguarfell geschmückt. Ziemlich fern von uns, in der Mitte des Platzes, setzte er sich auf den Boden und hielt mit lauter Stimme eine lange Festrede. Wir antworteten eifrig: *katú*, *kûra* u. s. w., u. s. w. Dann stand er

Abb. 5. Auetó-Häuptling Auayato.

auf, kam herbei, setzte sich dicht vor mich hin und hielt dieselbe Rede noch einmal. Auch wir sagten alles, was uns einfiel; ich überreichte ihm ein schönes Messer, und wir alle waren ein Herz und eine Seele. Sie machten sich nicht wenig über die Mehinakú lustig, deren Weiber davongelaufen seien, und schienen eine besondere Genugthuung darin zu finden, dass ihre Nachbarn ungeschickt gewesen und von mir zurecht gewiesen seien. Auch sie drückten den lebhaften Wunsch aus, Perlen zu bekommen, benahmen sich dabei aber höflich und anständig.

Die Auetó standen noch unter dem tiefen Eindruck des Kampfes zwischen den Suyá und Trumaí. Es wurde uns dies später noch verständlicher, als wir erfuhren, dass die Trumaí bei den Auetö Schutz gesucht hatten. Das Thema wurde am Abend ausgiebig erörtert, nachdem wir unsere Gastfreunde mit einem Sprühfeuerwerk auf dem Dorfplatz unterhalten hatten. Der Häuptling liess sofort eine seiner pathetischen Ansprachen vom Stapel und rief laut, dass die Suyá schlecht seien, dass auch die — uns unbekannten — Aratá schlecht seien, dass die Suyá erst die Manitsauá und dann die Trumaí vergewaltigt, viele Männer getötet und viele Weiber weggeschleppt hätten. Wir sollten uns mit den Trumaí verbinden und die Suyá züchtigen. Und 1884 war uns das umgekehrte Angebot von den Suyá gemacht worden, die damals unsere Freunde waren und gleich uns über die Trumaí zu klagen hatten.

Als wir die Hütten betraten, war eins der ersten Dinge, das uns in die Augen fiel und unser Interesse im höchsten Grade fesselte, das überall vorhandene Wurfholz. Auf der ersten Reise hatten wir ein einziges Exemplar dieser merkwürdigen Waffe von den Suyá bekommen und gehört, dass es den Kamayurá entstamme. Hier keine Hütte, in der die Wurfbretter fehlten.

Offenbar diente die Waffe vorwiegend zum Tanz. Doch wurde uns angegeben, dass die Auetö und Trumaí sie im Kriegsfall gebrauchten. Verwendung für die Jagd scheint ausgeschlossen. Der Häuptling führte uns den Gebrauch des Wurfhölzes mit grotesken Geberden vor, und begleitete seine Mimik mit einem Gesang, auf den ich später noch zurückkommen werde, wenn ich die nähere Beschreibung gebe.

Statt der Holzmasken trafen wir zum ersten Male Masken aus Baumwollgeflecht, die mit Wachs überzogen waren und als Augen Wollpfröpfchen oder Wachsklümpchen und dickere Wachsklümpchen als Nase hatten. Auch den Maskentanz zeigte uns der allzeit gefällige Häuptling, indem er dabei Bogen und Pfeil zur Hand nahm. Das Maskengesicht kam

Abb. 6.
Geflechtmaske, Wurfhölzer und Wurfpfeile der Auetö.

auf den vorderen Teil des Schädels zu liegen; er schaute unter ihm hinaus durch das Buritígeflecht. Der begleitende Gesangtext bezog sich auf die Frauen.

Auch die Auetö zeigten eine lebhafte Neigung zu einer alle Geräte ausschmückenden Bemalung mit Ornamenten. Wir nannten sogar ein Haus, wo sie in diesem Sinne besonders thätig waren, mit allem Recht die Künstlerhütte.

Dort befanden sich an den Wandpfosten mehrfach Tierfiguren eingeschnitzt und schwarz bemalt; an den Querbalken entdeckten wir eine ganze Reihe von geometrischen Figuren. Die Künstler hatten grosse Freude darüber, dass wir uns für ihre Werke interessierten, wurden nicht müde, uns zu jedem Winkel zu führen, wo vielleicht noch eine Zeichnung vorhanden war und bekundeten viele Genugthuung, dass Wilhelm sie in sein Skizzenbuch abkonterfeite.

Im Auetódorf herrschte reger Fremdenverkehr. Wir trafen dort Waurá, Yaulapiti, Kamayurá, Mehinakú, einen Bakaïrí vom vierten Dorf des Batovy und bei unserem späteren Aufenthalt auch noch Vertreter fast aller Hauptstämme. Auch trieben sich dort Trumaí umher, die wir aber nicht zu Gesicht bekamen, da sie sich in Erinnerung an unsere Begegnung von anno 1884 ängstlich vor uns verbargen. Unmittelbar bei dem Auetódorfe beginnt das Netz von Kanälen und Lagunen, das sich bis zu der Vereinigung der Hauptquellflüsse erstreckt und die dort wohnenden Stämme verbindet. Die Auetó haben also ausser dem Flusshafen an dem Kulisehu, wo wir an Land gestiegen waren, beim Dorfe selbst noch einen Hafen, der dem Kanalnetz angehört. So stehen sie auf dem Wasserwege in Verkehr mit den Yaulapiti und den Trumaí. Mit Einschaltung kleiner Landstrecken konnte man auf den Kanälen und Lagunen auch zu den Mehinakú, den Kamayurá und den Waurá gelangen. Vom Auetódorf sind denn auch unsere Exkursionen zu den Yaulapiti und Kamayurá sowie zu den Trumaí gemacht worden. Leider haben wir uns bei der gedrängten Zeit versagen müssen, die am weitesten entfernten Waurá zu besuchen.

Die Waurá müssen in dem Winkel zwischen Batovy und Kulisehu sitzen, aber jenem bedeutend näher. Die Kustenaú hatten uns 1884 ihren Namen eindringlich genannt, doch waren wir uns unklar geblieben, ob er wirklich einen Volksstamm bezeichne, und lernten erst jetzt am Kulisehu, dass einige von uns im untersten Teil des Batovy bemerkte Fischfallen den Waurá gehörten. Bei den Auetó haben wir mehrere Individuen des Stammes gesehen, und sie gemessen, sowie sprachlich aufgenommen; sie sind den Mehinakú und Kustenaú auf das allernächste verwandt. Ein Waurá versprach uns, während wir zu den Kamayurá gingen, Töpfe und Masken zu besorgen, die wir bei der Rückkehr in das Auetódorf vorfinden sollten. Er that uns aber den Schmerz an und blieb aus.

Die drei Waurá im Auetódorf waren schmucke, stramme Burschen; sie führten am zweiten Tage unseres Aufenthalts mit den Auetó eine Art Ringkampf auf, der jedenfalls nicht zu unseren Ehren stattfand, sondern rein zufällig in die Zeit unserer Anwesenheit fiel. Auch ein Yaulapiti beteiligte sich an demselben. Die Kämpfer, immer Mitglieder verschiedener Stämme, traten paarweise vor, den Körper teils mit gelbrotem Urukú, teils mit schwarzer Farbe eingeölt. Sie hockten nieder, griffen eine Handvoll Sand auf, und die Arme herabhängend, bewegten sie sich in tiefer Hockstellung unter grosser Geschwindigkeit mehrmals in engem Kreise umeinander, massen sich mit bitterbösen Blicken und stiessen drohende »húuhá! húuhá!« gegeneinander aus. Dann schnellte der Eine seine rechte Hand gegen die linke des Andern vor, beide sprangen in dieser Haltung immer hockend blitzschnell und erbosten Affen nicht unähnlich auf demselben Fleck unermüdlich herum und suchten sich am Kopf zu ergreifen und herabzuducken. Das ging eine lange Weile hin, ohne dass ein Wort gesprochen wurde. Plötzlich sprangen sie auf und holten scharf zupackend nach ihren Köpfen aus. Es gelang aber Keinem trotz eifrigem Bemühen, den Andern zu treffen und niederzureissen. Zum Schluss wurden sie sehr vergnügt und umfassten sich freundschaftlich die Schultern. Ein eigentliches Ringen kam nicht zu Stande; Hauptsache schien die Gewandtheit zu sein, mit der man es vermied, von dem Gegner plötzlich am Kopf gefasst und niedergerissen zu werden. Das Publikum verhielt sich bis auf einige lachende Kritiker regungslos. Nur weckte es allgemeine Heiterkeit, als Einer, der offenbar als Sieger galt, dem Andern das Bein unter dem Knie emporhob.

V. Zu den Yaulapiti.

Die Arauití im Auetódorf. Fahrt durch Kanäle und über die Uyá-Lagune. Ein armes Dorf. Der Zauberer Moritona. Empfang des blinden Häuptlings. Zurück zu den Auetó und wieder zu den Yaulapiti. Zweites Yaulapitidorf.

Wir trafen einzelne Yaulapiti bei den Mehinakú und Auetŏ. Sie gehören nach Sprachverwandtschaft zu den Nu-Aruak, stellen aber eine von den Mehinakú, Kustenaú und Waurá bereits dialektisch ziemlich stark verschiedene Form dar.

In der Nähe des Auetódorfes, ein paar hundert Schritt entfernt, standen zwei Häuser, wo Auetómänner und Yaulapitifrauen wohnten. Die Familien standen, ich weiss nicht, aus welchen Ursachen, in wenig freundschaftlichem Verhältnis zu dem Auetódorf und rechneten sich entschieden mehr zu den Yaulapiti. Sie führten den besonderen Namen der Arauití; trotzdem dass es sich nur — zu unserer Zeit wenigstens — um zwei Familien handelte, diente die Bezeichnung Arauití schon vollständig als Stammesname. Der Suyáhäuptling, der uns 1884 die Flusskarte des Quellgebiets in den Sand zeichnete, erwähnte die Arauití unmittelbar neben den Auetŏ.

Am 18. Oktober fuhr ich mit Antonio und Tumayaua unter Führung eines Yaulapiti am Nachmittag von dem Auetóhafen ab, um die Yaulapiti aufzunehmen. Der Kanal hatte nicht mehr als 4—5 m Breite; ringsumher umgab uns das Bild der Sumpflandschaft. Zahlreiche Seitenkanäle mündeten ein, besonders als sich unser Arm gelegentlich zu 12 bis 15 m Breite erweiterte. Es war schwer zu begreifen, wie man sich in diesem Gewirr zurechtfinden konnte. Zahlreiche Seitenkanäle erschienen mit Gras gefüllt und von einer schmutzigen Vegetationsdecke überzogen. Soweit das Auge reichte, blickte es in ein Heer von Buritípalmen, von den hochstämmigen, ausgewachsenen, mit schöner Fächerkrone, bis zu den jüngsten herab, die dem überall wachsenden Schilfgras sehr ähnlich sahen. Nach einer Stunde passierten wir einen kleinen elenden Rancho, der zwischen einigen

Baumwurzeln aufsass. Dies war die Zufluchtsstätte der Weiber, wenn sie aus Angst vor dem Besuch der Fremden weglaufen. Hier allerdings hätten wir sie, wenn wir selbst gewollt hätten, niemals finden können. Der Kanal war stellenweise so schmal und so versperrt, dass wir uns nur mühsam hindurchschoben. Auf den Seitenkanälen, bedeutete mich der Yaulapiti, konnte man links zu den Mehinakú und rechts zu den Trumaí gelangen. Es passte schlecht in das Bild der Sumpflandschaft, so angenehm ich den Mangel auch empfand, dass uns gar keine Moskitos und Schnaken belästigten. Unser Führer schaute eifrig nach Fischen aus und suchte sie mit dem Pfeil, der eine lange Knochenspitze trug, aufzuspiessen, wobei er eintauchend häufig die Strahlenbrechung im Wasser mass: er spiesste jedoch nur eine kleine Trahira. Gern stiess er das Kanu mit dem Bogen weiter.

Nach fünfviertel Stunde Fahrt waren wir am Ende des Auetó-Kanals. Dort liessen wir das Kanu liegen und traten auf festes Land. Die Auetó hatten hier eine Pflanzung und bearbeiteten dieselbe offenbar, indem sie tagelang draussen blieben. Wir fanden etwa ein Dutzend Schutzhütten, mehrere Feuerstellen und eine Anzahl grosser und kleiner Töpfe. Wir gingen dann eine Stunde durch offene idyllische Buschgegend auf einem etwas schlangenförmig gewundenen Pfad über Land und erreichten wieder einen sehr schmalen sumpfigen Kanal. Hier mussten wir, im Sumpfe sitzend, längere Zeit warten, während unser Yaulapiti den Kanal ein Stück entlang gegangen war und den lauthallenden Ruf nach einem Kanu ertönen liess. Endlich kam eins herbei, erschien in unserem Kanal und brachte uns nach wenigen Augenblicken in eine schöne Lagune, deren reines Wasser den Augen wohlthat. Das Ufer war ringsum mit Buritípalmen bestanden; wir durchkreuzten den See und erreichten in einer halben Stunde das Yaulapitidorf.

Ein kurzer Weg führte zu den Häusern hinauf; es waren ihrer sechs und mehrere stark verfallen. Kein Flötenhaus war vorhanden, man brachte uns in eine leere Hütte und holte für Antonio und mich je einen Schemel herbei. Ein merkwürdiger Empfang. Nach langer Zeit erst humpelte am Stock der Häuptling herbei und blieb eine Weile, hinter mir rauchend, sitzen. Allmählich kam er aber näher, rückte mir gegenüber und begann die Unterhaltung. Er: ich bin ein Yaulapiti. Ich: ich bin ein Karaibe. Er: ich bin gut, Yaulapiti sind gut. Ich: ich bin gut, die Karaiben sind gut. Er: ich bin ein Yatoma (Zauberarzt). Ich: ich bin ein Yatoma. Dann liess er eine Schale stickig schmeckenden, ungeniessbaren Mandiokagetränkes bringen, erhielt sein Messer und gab mir eine Zigarre.

Es ist erstaunlich, welche Unterschiede es sogar bei diesen Naturvölkern zwischen Arm und Reich giebt. Die Leute haben nichts vor mir geflüchtet, man erkennt sofort, dass sie eben nichts mehr besitzen als das Notdürftigste, dass hier nicht ausgeräumt ist wie bei den Nahuquá, sondern wirklicher Mangel herrscht. Ich kann mich nicht dazu entschliessen, den einzigen vorhandenen Beijú anzunehmen, und gebe gern Perlen, auch ohne dies trostlose Exemplar zu

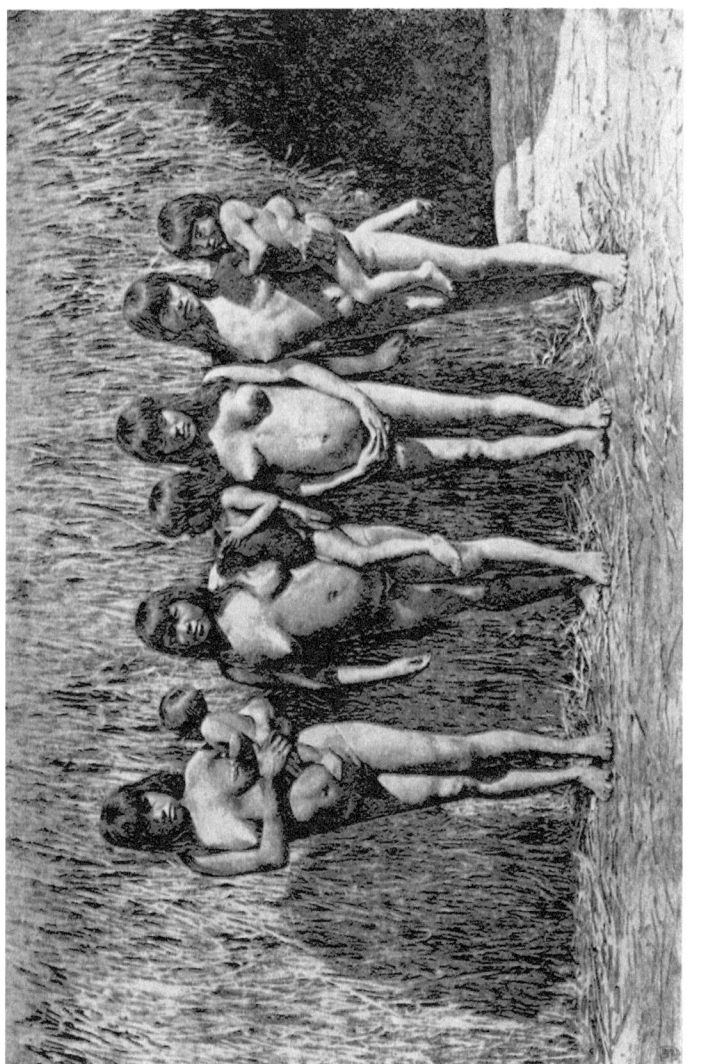
KAMAYURÁ-FRAUEN.

bekommen. Das wenige Mandiokamehl, das ich bemerke, ist durch und durch rot verschimmelt. Sie rösten Bakayuva-Nüsse, und ich entdecke nur einen einzigen abgeknabberten Maiskolben. Auf hölzernen Gestellen werden vor den Hütten Fische gebraten, selbst dies nur kleine elende Tiere: es ist ein unheimlicher Gedanke, dass davon mehrere Personen satt werden sollen.

Später am Abend kam ein Mann, Namens Moritona, der mit seiner kräftigen Stimme und seinem frischen Auftreten wieder etwas Leben in die Gesellschaft brachte; er hatte einen schwarzen Streifen mitten durch das Gesicht gemalt. Mit Stolz nannte er sofort seinen Namen, er sei ein grosser Zauberarzt, „*yatóma Moritona Mehinakú*", erklärte er, „*Moritona Kamayurá, Moritona Auetö̆, Moritona Trumaí*" — bei allen Stämmen war Moritona als Arzt willkommen und, wo Einer krank war, blies er das Leiden weg. Er malte das mit einer Kraft der Ueberzeugung aus, dass man die Krankheiten vor seinem Hauch wie Nebel verschwinden sah. Wir hatten uns eine Tafel Erbsensuppe gekocht: mit dem Rest rieb sich der edle Moritona die Brust ein und fragte mich treuherzig, ob das gut thue. Zu unserem Abendessen hatten uns die Yaulapiti nur Wasser liefern und einen Topf und zwei Kuyen leihen können. Und trotz ihrer Armut lag ihnen viel mehr an Perlen als an Messern.

Am anderen Morgen wurde ich aus der Hütte herausgerufen, es sei wieder ein Häuptling da, den ich begrüssen müsse. Auch hatte die Anzahl der Leute zugenommen. Sie waren, wie ich später erst verstand, aus einem zweiten Yaulapitidorf, von dem ich damals noch nichts wusste, herübergekommen. In die Mitte des Platzes, neben eine umzäunte Grabstätte, hatte man einen Schemel hingestellt. Viel Volks ringsum. Wir warteten. Der mir bekannte Häuptling sass links von mir ein wenig entfernt und rauchte; damit mir die Zeit nicht zu lang wurde, folgte ich seinem Beispiel. Das war offenbar unrichtig, denn die den endlich herankommenden Häuptling führende Frau stiess einen Laut der Unzufriedenheit aus. Der alte Mapukáyaka war blind, die Augen getrübt. Er setzte sich mir gegenüber und die bekannte Unterhaltung nahm ihren Verlauf. Er schilderte die Armut seines Stammes und drückte sich seufzend zur besseren Deutlichkeit die Hand auf den leeren Bauch. Wir hätten den Bakaïrí so viel gegeben — diese Wendung kehrt immer wieder — ich müsste auch ihn beschenken. Gerührt ging ich, ihm einen blanken Löffel holen. Was unter den Umstehenden freudige Anerkennung erweckte. Der alte Häuptling betastete mich und jammerte über seine Blindheit mit solchem Anstand, dass er mir wirklich herzlich leid that. Er rieb seine Hand über meine Hand und darauf über seine Augen; er machte es ebenso mit dem Arm. Er wies auf den Begräbnisort hin, wo sein Sohn oder Enkel liege. Er erzählte, dass die Yaulapiti früher viel stärker gewesen, durch die Manitsauá aber bedrängt worden seien; kurz er hatte nur von dunkeln Seiten des Lebens zu berichten und versetzte mich in eine ganz melancholische Stimmung. Die Manitsauá seien dann ihrerseits wieder von den Suyá bezwungen worden, wie wir denn 1884 bei den Suyá eine Anzahl gefangener Manitsauá angetroffen haben. Zum ersten

Male hörte ich den Ausspruch, dass die Suyá gut seien. Aber auch auf die Trumaí bezogen sich die Klagen des Alten. Sie und die Suyá seien reich, weil sie die Steinbeile hätten.

Die Alten sahen ungesund aus; mehrere Männer und Frauen hatten die Haut zu einer Schuppenkruste verdickt. Kinder waren zahlreich, verhältnismässig mehr als irgendwo sonst, vorhanden. Die Frauen sollen sich Anfangs sehr vor mir gefürchtet haben; jetzt sassen sie gemütlich um mich herum, wie im ersten Bakaírídorf, aber sie beobachteten aufmerksam jede meiner Bewegungen und bei der geringsten, die unerwartet kam, stürzte die eine oder andere bei Seite. Mit einem plötzlichen Aufsprung hätte ich die ganze Gesellschaft in die Flucht treiben können. Man unterhielt sich leise, schien sich aber nach einer Stunde Zusammenseins noch nicht zu langweilen. Von meinen Zaubersachen machte zur Abwechslung hier der Spiegel den grössten Eindruck und rief ein lautes „té he he hé" des Erstaunens hervor. Ein angebranntes Zündhölzchen, das ich wegwarf, verpflanzte Einer zwischen dem Gras in das Erdreich.

Von den armen Menschen konnte ich nicht viel erwerben. Warum sie eigentlich so jämmerlich daran waren, ist mir trotz der Manitsauá nicht verständlich geworden. Ihre Pflanzung war allerdings in diesem Jahre durch Schweine verwüstet worden. Es fanden sich ein paar hübsche Spindelscheiben, Beijúwender, ein wenig Federschmuck und, das einzige Besondere und Beachtenswerte, eine Anzahl Ketten mit durchbohrten Steinen.

Am Morgen des 19. Oktober hatte ich Antonio und Tumayaua nach den Auetö zurückbeordert, um die anderen Gefährten zu holen, während ich die sprachliche Aufnahme der Yaulapiti vollendete. Sie kehrten jedoch am Nachmittag zurück, da sie am Ende des Auetökanals kein Boot gefunden hatten. Das von uns dort zurückgelassene, behaupteten die Yaulapiti, sei von ein paar Trumaí benutzt worden. Dieselben seien bei ihnen im Dorf gewesen, aber aus Furcht vor mir bei meiner Ankunft entflohen. In dieser unangenehmen Situation beschloss ich sofort, damit wir nicht vergebens erwartet und die Gefährten beunruhigt würden, zu den Auetö zurückzukehren. Es war doch zu hoffen, dass ein Kanu der Auetö am nächsten Tage erscheine, und uns aufnehme.

Wir erhielten aber erst um 5 Uhr von den Yaulapiti ein Kanu, das vom Fischfang zurückkehrte. Die Uyá, wie die grosse Lagune genannt wird, war stark bewegt. Es wetterleuchtete ringsum. Der junge Yaulapiti, der uns fuhr, blies, im Kanu stehend, mit einer Ueberzeugung und einem Ernst gegen die heraufziehenden Wolken, dass es eine Lust war, ihm zuzuschauen. Dem strammen Boreas spritzte ein Sprühtrichter aus dem Munde.

Wir landeten aber noch zu rechter Zeit und gingen das letzte Stück des Weges im tiefen Dunkel, während Blitze zuweilen den Pfad erhellten. In den Schutzhütten der Auetö am Ende des Kanals richteten wir uns für die Nacht ein. Von den vorhandenen Töpfen erwies sich bei näherer Untersuchung nur ein grosses Ungetüm zum Kochen brauchbar; ich hatte nichts als zwei Gemüsetafeln bei mir. Das mühsam herbeigeholte Wasser verdampfte, der Topf sprang und uns blieb nur übrig, uns hungrig in die Hängematte zu legen. Der Yaulapiti schlief auf einer der kleinen kreisrunden Matten, die von der Mandioka-Bereitung her dort herumlagen. Fast die ganze Nacht hindurch hatten wir ein starkes Gewitter und wurden trotz der Schutzdächer, die leider sehr baufällig waren, gründlich durchnässt.

Wirklich kam am nächsten Morgen, dem 20. Oktober, ein Auetö, mit dem wir nach dem Dorfe zurückfuhren. Dort vereinigte ich mich mit den Gefährten, und noch an demselben Abend waren wir wieder bei den Yaulapiti zurück. Mein Weggehen von ihnen war also eigentlich höchst überflüssig gewesen, da Antonio und Tumayaua gerade so gut allein am Auetókanal auf ein Boot warten konnten, ohne mich noch hinzuzuholen. Aber die bösen Trumaí trieben sich dort herum und diesen »Wassertieren« (denn das seien sie und keine Menschen, sagte er) ging Antonio um jeden Preis aus dem Wege. Wir trugen kein Begehr, uns lange bei den Yaulapiti aufzuhalten, sondern wollten sofort zu den Kamayurá weiter.

Am 21. Oktober früh machten wir uns auf den Weg. Eine kleine Strecke hinter dem Yaulapitidorf hatten wir uns wieder in einen Kanal einzuschiffen, und dieser führte uns wieder zu einer Lagune, die nördlicher lag als die erste. Wir durchkreuzten sie und nachdem wir am anderen Ufer an ein paar dort im Sumpf liegenden langen Baumstämmen, über die wir mühsam hinüberbalanzieren mussten, gelandet waren, sahen wir uns nach wenigen Schritten in einem zweiten Yaulapitidorf.

Es bestand aus neun Hütten, von denen aber nur vier gute Wohnungen darstellten, während die übrigen fünf baufällige Ranchos waren. Etwa vierzig Personen erwarteten uns, an ihrer Spitze der blinde Häuptling und Freund Moritona, die also beide hier zu Hause waren. Ueberhaupt bemerkte ich eine Anzahl von Leuten, deren Bekanntschaft ich bereits im ersten Dorfe gemacht hatte. Sie waren nach meinem Erscheinen zum Besuch herübergekommen.

Dieses zweite Dorf vermochte in keiner Weise, uns über die Yaulapiti günstigere Vorstellungen zu geben. Auch hier sahen wir nur ein armseliges Fischervölkchen, dem wir einige Geschenke verabreichten und das wir nach Erledigung der üblichen Empfangszene nicht ungern verliessen.

VI. Zu den Kamayurá.

Empfang. Freude über unsere Sprachverwandtschaft. Nachrichten von den Arumá. Gemütlicher Aufenthalt. Kamayurá und Trumaí 1884 zusammen. Einladung nach Cuyabá. Diebereien.

Von dem zweiten Yaulapitidorf den 21. Oktober, kurz nach 9 Uhr Morgens aufbrechend, gelangten wir nach einem Marsch von 3¼ Stunden durch den Wald zu den Kamayurá. Die letzte Strecke war mit prachtvollen Mangavepflanzungen besetzt.

Wir fanden vier Hütten und den ortsüblichen Vogelkäfig, in dem eine gewaltige Harpye gehalten wurde. Man schien uns noch nicht erwartet zu haben; einige Personen redeten uns an und liessen uns auf Schemel niedersitzen, aber erst nach geraumer Weile, nachdem eine grössere Gesellschaft, Männer und Frauen von der Pflanzung heimgekehrt war, spielte sich die eigentliche Empfangsszene ab. Die Reden fielen uns sowohl durch ihre Länge wie durch ihren litaneienhaften Ton auf, sie waren auch von längeren, unerfreulichen Pausen unterbrochen. Schliesslich rückten auch Getränke und Zigarren an, und als wir den Wunsch nach Mangaven aussprachen, wurden sie in grosser Menge herbeigebracht. Diese Früchte hatten hier bei Weitem den grössten Wohlgeschmack.

Die Kamayurá sprachen einen echten Tupídialekt, die von den Jesuiten als Lingoa geral verbreitete Sprache der alten Küstenstämme, die mit dem Guaraní der Paraguayer nahezu identisch ist. Sie hat das Gros aller von den Einheimischen übernommenen Namen geliefert. Als wir nun in der Unterhaltung feststellten, dass wir eine Menge von Namen für Tiere, Pflanzen und Geräte, was gleich für die Beijús und Mangaven (*beijú*, *mangáb*) zutraf, mit dem Kamayurá gemein hatten, war das Entzücken gross.

Ein Flötenhaus gab es in diesem Dorfe nicht. Zum ersten Mal geschah es, dass uns eine bewohnte Hütte, deren eine Hälfte man frei machte, zum Aufenthalt angewiesen wurde. Man war dort beschäftigt, auf einer Beijúschüssel grosse geflügelte Ameisen zu rösten; sie schmeckten knusperig und zart, ähnlich wie gebrannte Mandeln oder Nüsse; ohne zu wissen, was ich verspeiste, würde ich nicht an Insekten gedacht haben, da der Geschmack nichts Widerliches oder Weichliches enthielt.

Einen halben Kilometer westlich befand sich ein zweites Dorf, sieben Häuser und eine angefangene Festhütte. Es lag am nächsten der schönen Lagune der Kamayurá. Von dem Platz aus hatte man einen reizenden Fernblick über üppiges Schilfrohr hinüber auf das von der Sonne beschienene blaue Wasser. Dort begrüsste uns der Häuptling Akautschikí, der an einer Kniegelenkentzündung litt und auf eine Suyákeule gestützt herankam. Es wurden uns zwei Jaguar- und zwei Vogelschemel hingesetzt. Wieder wurde unser Sprachschatz aus der Lingoa geral mit dem der Kamayurá verglichen; unsere Gastfreunde erklärten uns für ihre Brüder und bekräftigten ihre Worte mit der für dieses Verwandschaftsverhältnis am Schingú üblichen Geberde, dass sie sich auf den Nabel deuteten. In den Häusern fanden wir eine Anzahl Tanzmasken sowohl aus Holz wie aus Baumwollgeflecht. Wurfhölzer waren ebenfalls überall vorhanden. Nirgendwo sahen wir so schönen Tanzschmuck, sie hatten prächtige Federdiademe und Federbänder, eine Art Federmantel und mit Fischzähnen verzierte Tanzstäbe.

Als wir den 22. Oktober an dem schönen Sandstrand der Lagune badeten, traf einmal wieder eine böse Nachricht ein, welche die Gesellschaft in Aufregung versetzte: zwei Trumaí seien angekommen und hätten neue Unthaten der Suyá gemeldet. In der Geschichte, die uns zum grössten Teile dunkel blieb, spielte

Abb. 7. Kamayurá-Lagune.

ein Stamm der **Arumá** oder **Yarumá** die Hauptrolle. Die Suyá hatten die Arumá, die landeinwärts von ihnen zu wohnen scheinen, überfallen und jedenfalls mit ihnen gekämpft; sie hatten acht Arumá, die uns an den Fingern vorgerechnet wurden, mit Pfeilen in die Kniee gestossen, sodass sie gebückt gehen mussten — vielleicht eine Methode unserer Freunde mit den Lippenscheiben, die Gefangenen sicher zu transportieren. Nach der Beschreibung der Kamayurá trugen die rätselhaften Arumá Yapúfedern im Ohr, die gewöhnliche Tonsur und eine Bemalung oder Tätowirung des Gesichts derart, dass ein Strich vom Auge zum Munde, und ein anderer vom Munde zum Ohr lief. Quer unter der Nase trugen sie Schmuck von Federn oder Knochen. Am sonderbarsten aber ist es, dass sie einen Ohrschmuck hatten mit „*itapú*" der, wie unser Metall »ting ting« machte! Im Tupí heisst *itapú* Klingen von Stein oder Eisen. Wir erhielten in den Hütten ein Stück einer den Arumá zugeschriebenen Keule, genau den Karajákeulen gleich, die wir 1884 bei den Yuruna erhalten hatten, von schwerem schwarzbraunen Palmholz in Stabform geschnitzt und durch eine hübsche Kanellierung ausgezeichnet, (vergl.: Durch Zentral-Brasilien S. 241 und zweite ethnographische Tafel). Wir entdeckten auch zwei Arumápfeile. Der eine hatte an der Spitze einen Rochenstachel mit abgefeilten Zähnchen, der andere eine lange Holzspitze, die auf einer Seite sägeförmig eingekerbt war.

Eine dritte Häusergruppe bestand aus drei Hütten, einem verfallenen Haus und einem Neubau.

Das Zusammensein mit den Kamayurá war äusserst gemütlich. Unsere glückliche Stimmung wurde durch das ungewöhnlich schöne Bild der Lagunenlandschaft nicht wenig gesteigert. Es war ein Ort, wo wir am liebsten ein paar Monate geblieben wären, und an den ich nur mit Sehnsucht zurückdenken kann. Das Tabakkollegium Abends im Mondschein hatte einen ganz besonders vertraulichen Charakter. Wir sangen den Kamayurá Volks- und Studentenlieder vor und ernteten grossen Beifall. Sie führten uns ihrerseits Tänze auf, wenn auch nicht in vollem Festschmuck, sondern nur zur Erklärung, damit wir erführen, wie's dabei hergeht. Ein grosses mimisches Talent kam bei dem Wurfhölzertanz zum Vorschein: der Krieger wurde verwundet und stürzte tot zusammen genau in der Stellung des sterbenden Aegineten, dem nur der Schild fehlte.

Ausführlich wurde unser Zusammentreffen mit den Trumaí im Jahre 1884 durchgenommen. Es stellte sich heraus, dass die Kamayurá daran Teil genommen hatten und alte Freunde oder Feinde von uns waren. Der Häuptling **Takuni**, der eine Bassstimme besass, schilderte mit ausdrucksvoller Mimik seine damaligen Erlebnisse. Wilhelm ist sogar überzeugt, dass gerade er derjenige ist, der ihm den Hut wegnahm und dessen ungeschickter Griff nach seinem Gewehr den verhängnisvollen, Alle in die Flucht treibenden Schuss auslöste. Die fliehenden Indianer hatten in der Eile Allerlei mitgenommen, ein Boot mit Soldaten fuhr hinterher und auf der anderen Flussseite kam es, da ein Trumaí einen Pfeil entsandte, trotz unserer Gegenbefehle zum Schiessen. Zu unserem Leidwesen ist, obwohl die Soldaten damals versicherten, dass sie nur in die Luft gefeuert hätten, ein Indianer getötet worden, und dies soll nicht ein Trumaí, sondern ein Kamayurá gewesen sein. Takuni erklärte, dass sie bis zu den Nahuquá am Kuluëne geflohen seien; drei Tage hätten sie dann nach Hause gebraucht, wo er krank und totmüde angekommen sei.

Am Abend des 23. Oktober lernten wir noch eine vierte Ansiedelung kennen; wir wurden mit grosser Feierlichkeit aufgefordert, dort einen Besuch zu machen und spazierten von unserem Wohnhaus im Gänsemarsch dorthin. Ein mächtiger Platz war frei gerodet worden. Ein schönes Haus, vielleicht das schönste, das wir am Schingú gesehen haben, hoch und geräumig, war offenbar erst seit kurzem fertig geworden. An diesem Orte wollten die jetzt zerstreut angesiedelten Kamayurá sich zu einem Dorfe vereinigen. Aber — und wieder kam dieses grosse Aber, als wir rauchend zusammensassen — aber mit den Steinbeilen ist die Arbeit so mühsam; vom Morgen bis zum Abend quält man sich, um einen Baum, den der Karaibe mit zwei oder drei Hieben — tok tok — niederschlägt. Ich lud die Kamayurá ein, uns nach Cuyabá zu begleiten. Dort sollten sie Messer und Aexte haben, so viel ihr Herz begehre. Ich beschrieb ihnen Cuyabá, malte ihnen aus, dass dort so viele Häuser ständen als am ganzen Kulisehu und Kuluëne zusammengenommen und versicherte sie der freundlichsten Aufnahme.

Wenig befriedigte zwar die Auskunft über den weiten Weg. Finger und Zehen reichten nicht aus, um zu veranschaulichen, wie viele Male die Sonne den Tageslauf am Himmel beschreiben müsse, bis man zu den Häusern der Karaiben gelange. Dennoch waren Alle von dem Vorschlag begeistert. Takuni schwelgte in der Vorstellung, wie ihn die Frauen bewillkommnen würden bei seiner Heimkehr, wenn er den schwerbepackten Tragkorb niedersetze und seine Schätze hervorhole. Stundenlang wurde das Thema in Wort und Pantomime behandelt; schliesslich überwogen bei Takuni die Zweifel. Seine schauspielerische Leistung gewann einen sentimentalen Charakter: er hat Kinder, die nach ihm weinen, die noch an der Brust liegen, für die er fischen und roden muss.

Nachdem wir uns zum Schlaf in das Haus zurückgezogen hatten, dauerte die unseren Gastfreunden so angenehme Erregung noch lange fort. Wilhelm hatte schon die Augen geschlossen, als es noch an seiner Hängematte zupfte und ein Kamayurá ihn mit leiser Stimme bat, ihm noch einmal den Weg nach Cuyabá vorzurechnen und ihm zu versichern, dass er dort Beile und Perlen erhalten werde. Ueberhaupt fehlte es in der Nacht nicht an komischen Zwischenfällen. Ehrenreich musste die photographischen Platten wechseln und war genötigt, die Leute zu bitten, dass sie die kleinen Feuer, die sie bei den Hängematten bis zum Morgen anzuhalten pflegen, für eine Weile auslöschten. Gutwillig entsprachen sie seinem Wunsche, aber es war ihnen unheimlich zu Mute. Als sie die rote Laterne sahen, fragten sie sogar ängstlich — eine sehr merkwürdige Frage — ob die Suyá kämen.

Auf dem Platz fanden sich eine Anzahl Löcher in dem Boden, die aber nicht wie bei den Auetö ein Grab, sondern die Stelle bezeichneten, wo Mandioka-Wurzeln aufbewahrt wurden. Bei Gelegenheit dieser Auskunft erkundigten wir uns nach der Art und Weise, wie die Toten bestattet werden. Sie verstanden mich sofort, als ich mich selbst wie tot auf den Boden legte, und gaben eine ausführliche mimische Darstellung ihrer Gebräuche.

Sie waren immer bestrebt, uns über ihre Sitten zu belehren, nachdem sie unser Interesse daran wahrgenommen hatten, und auf dem Wege zum Baden machte mich Einer sogar mit dem Maraká-Gesang, dem Begleittext der Tanzrasselmusik, der Manitsauá-Indianer bekannt: *„húmitá ya héuna hm hm"*.

Am letzten Morgen erfuhr unsere Eintracht zum ersten Mal eine kleine Störung. Es fehlte eine noch halb gefüllte Büchse Kemmerich'schen Fleischmehls. Auch schien es, dass aus meiner Tasche einige Küchenmesser entwendet worden waren. Ehrenreich hatte man zwei Schnallen von einem Riemen abgeschnitten. Ich sah mich genötigt, unserem Haus- und Gastwirt den Standpunkt klar zu machen und ihm meine Meinung, dass die Kamayurá nicht mehr so *kúra* und *katú* seien wie zu Anfang, in ernstem Ton auszudrücken. Man brachte uns mit demütiger Geberde Beijús, ich wies sie zurück. Die guten Kerle wurden sehr aufgeregt, schoben die Schuld auf einen Trumaí, der heimlich dagewesen sei, und brachten nach einer Weile wenigstens den verlorenen Kemmerich wieder.

VII. Trumaí-Lager und Auetö-Hafen.

Vogel's Plan, Schingú-Koblenz zu besuchen. Ueber die Yaulapiti zurück. Zusammentreffen mit den Trumaí. Studien mit Hindernissen. Arsenikdiebstahl. Die zerstörten Trumaídörfer. Zum Auetöhafen. Namentausch. Kanus erworben. Diebstähle. Vanumakapü-Nahuquá. Abschied.

Am 22. Oktober unternahm Vogel eine Bootfahrt auf der Kamayurá-Lagune, um zu untersuchen, ob sie mit dem Fluss in Verbindung stehe. Den Indianern wurde als Motiv angegeben, dass er fischen wolle. Nach vierstündiger Abwesenheit kehrte er zurück und hatte sich überzeugt, dass die Lagune nirgendwo in den Fluss übergehe. Es lag ihm sehr viel daran, erstens das Verhältnis von Kuluëne und Kulisehu festzustellen und zweitens an der von uns im Jahre 1884 passierten Vereinigungsstelle des von Westen kommenden Ronuro und des von Südost kommenden Flusses, der uns damals als Kulisehu bezeichnet war, also in Schingú-Koblenz, eine Ortsbestimmung zu machen, um auf diese Weise den genauen Anschluss an die geographische Aufnahme der ersten Expedition zu erreichen. Es war die Stelle, wo die Trumaí erschienen, mit Mühe zur Landung bewogen wurden und in heller Flucht davongeeilt waren.

Dass wir sämmtlich uns an dieser Rekognoszierungstour beteiligten, war nicht wünschenswert, weil es vor Allem darauf ankam, die karg bemessenen Stunden zur Unterhaltung der Indianer zu verwerten, und weil keine grosse Aus-

v. d. Steinen, Zentral-Brasilien.

TRANSPORT EINES RINDENKANUS DURCH DIE AUETÖ.

sicht bestand, bei jenem Abstecher einen neuen Stamm anzutreffen. Zwar wurden wahrscheinlich die Dörfer der Trumaí passiert, doch wussten wir, dass sie nach dem Kampfe mit den Suyá geflohen waren und sich in unserer Nähe umhertrieben, denn vereinzelte Trumaí waren bei den Auetö, den Yaulapiti und den Kamayurá aufgetaucht. Wo der Kern des Stammes stecke, der allen Grund hatte, sich vor einem Zusammentreffen mit uns zu fürchten, war uns unbekannt. Man musste auch die Möglichkeit in Betracht ziehen, dass die wenig vertrauenswürdigen Suyá sich noch irgendwo in der Nähe der Kulisehumündung aufhielten und noch nicht nach Hause zurückgekehrt waren.

Um allen Interessen und zugleich der nötigen Vorsicht zu genügen, wurde beschlossen, dass Vogel nach dem Auetöhafen gehe und sich von dort in zwei Kanus mit Perrot, Antonio, zwei Soldaten und ein paar Indianern nach Koblenz einschiffe, dass wir dagegen die Zeit bis zu seiner Rückkehr mit unseren Untersuchungen ausfüllten. So ging Vogel am 23. Oktober von den Kamayurá weg und machte sich den 25. verabredetermassen vom Auetöhafen zur Kuluënemündung auf.

Wir Anderen verliessen unsere lieben Kamayurá den 25. Oktober früh Morgens. Von Takuni und seinem Gelüst nach der Cuyabáreise hörten wir nichts mehr. Doch wurden wir von einigen Indianern, die unsere Sammlung trugen, den Weg durch die unvergesslichen Mangavenhaine und den Wald bis zum zweiten Yaulapitidorf begleitet. Hier hatten wir wieder die Strecke mit Hindernissen vor uns: über die nördliche Lagune und durch ein Stück Kanal zum ersten Yaulapitidorf — dann neue Einschiffung und Fahrt über die südliche Lagune — hierauf Landweg zum Ende oder, von uns aus gerechnet, zum Anfang des Auetökanals, wo sich die Pflanzungen und Schutzhütten der Auetö befanden — dort endlich wieder Einschiffung und Fahrt nach dem Auetödorf.

Das Unangenehme war, dass für diese drei Fahrten immer nur ein Kanu zur Verfügung stand, und dass es obendrein sehr leicht geschehen konnte, dass dieses Kanu sich gerade unterwegs befand und nicht zur Stelle war, wenn man es gebrauchte.

Von dem zweiten Yaulapitidorf fuhren in dem einen Kanu, das dort lag, zunächst Ehrenreich und ich ab, während Wilhelm und Carlos bei glühender Sonnenhitze über drei Stunden im schattenlosen Sumpf sitzen mussten, bis auch sie abgeholt wurden. Wir beiden gelangten zum ersten Yaulapitidorf und hatten viele Mühe, hier ein Kanu zu erhalten und wegzukommen; die Leute wollten uns durchaus länger bei sich sehen, um mehr Perlen und Messer zu bekommen. Der Häuptling schien aber doch auch einen anderen Grund zu haben, unsere Abreise zu verzögern. Erst als er sah, dass wir darauf bestanden, gab er uns ein Kanu und erzählte nun mit ängstlichem Gesicht, die Trumaí seien bei den Auetö. Er war in grosser Besorgnis, dass wir ihnen Böses anthun wollten. Er drang inständigst in mich, davon abzustehen, und fragte mich beim Abschied noch einmal allen Ernstes mit einer sehr ausdrucksvollen Pantomime, ob ich nicht allen Trumaí den Hals abschneiden werde?

Wir durchkreuzten die Lagune, schickten das Boot zurück und begaben uns auf den Weg zum Auetókanal. Es war ein schöner Nachmittag; der Indianer, der unser Gepäck trug, hatte ein vergnügtes Gemüt und blies trotz seiner Last fröhlich aus einer kleinen Pansflöte. In dieser angenehmen Stimmung störte uns der Renommist Moritona, der grosse Zauberer der Yaulapiti, der mit seinem Tragkorb einsam dahergeschritten kam. Er suchte uns zurückzuhalten und hielt eine lange Rede, deren A und O die Trumaí waren; offenbar befanden sie sich in der Nähe. Auch kamen wir an einer Stelle vorüber, wo man gelagert hatte und eine Anzahl Feuer unterhalten worden waren. Alle Zweifel schwanden am Ende des Weges. Zwei Frauen schritten dort quer über den Pfad, erhoben ein entsetzliches Geschrei und verschwanden blitzschnell im Gebüsch. Vielstimmiges, gellendes Durcheinanderrufen und zwischen den Bäumen plötzlich an allen Ecken aufgeregt hin und wieder rennende Gestalten! Wir waren bei den Trumaí!

Eine unangenehme Situation. Zurückgehen war natürlich ausgeschlossen. Also gerade vorwärts. Niemals habe ich einen unsinnigeren Lärm gehört. Im Hintergrund stürzten Weiber und Kinder mit ohrenzerreissendem Geheul von dannen; die Männer rafften hier und dort ihre Waffen auf und verdichteten sich, die Bogen, Pfeile, Wurfpfeile schwingend, zu einem schreienden, tanzenden, tobenden Knäuel, auf den wir einer hinter dem andern fest zuschritten. Ich fasste einen kleinen Herrn ins Auge, der der Häuptling zu sein schien, trat gerade auf ihn zu, legte die Hand auf seine Schulter und that, was in solchen Fällen immer das beste ist, ich lachte. Auch liess ich es an kräftig ausgesprochenen *„katú katú karáiba, kúra kúra karáiba"* nicht fehlen. Ja, ich richtete verschiedene kurze Sätze an ihn in einer Sprache, die er höchst wahrscheinlich niemals gehört hatte, deren Laute sich aber mir in kritischen Momenten gern auf die Lippen drängen und dann immer siegreich über den Ernst der Lage hinweghelfen, das ist mein liebes Düsseldorfer Platt, verdichtet in einigen karnevalistischen Schlagwörtern, die für jede Situation zutreffen. Sie thaten auch bei den Trumaí ihre Wirkung; der alte kleine Häuptling war zwar zu entsetzt, um auch lachen zu können, aber er grüsste doch so verbindlich wie möglich.

Man schleppte hastig zwei Schemel herbei und riss das Stroh herunter, in das sie verpackt waren; sie hatten Vogelgestalt und der eine, der einen Geier darstellte, war wie ein Doppeladler durch zwei Hälse und Köpfe ausgezeichnet. Wir setzten uns im Waldlager nieder und um uns herum und rings zwischen den Bäumen drängte sich und wogte die in ihrer Angst recht wild ausschauende Gesellschaft. Als ich mit vergnügten Mienen erklärte, dass ich bei ihnen schlafen wolle, regten sich zwanzig Hände auf einmal, das Gestrüpp wegzureissen und Raum zu schaffen — aufmerksamere Bedienung war nicht zu denken. Nach einer halben Stunde meldete erneutes Geheul und Weibergeschrei die Ankunft von Wilhelm und Carlos an, die herbeigeführt wurden und ebenfalls ihrer wohlwollenden Gesinnung mit Worten und Geberden deutlichen Ausdruck gaben.

Es waren meist kleine schmächtige Gestalten mit kleinen Köpfen, zurücktretendem Kinn und hässlichen Gesichtern; unter den alten Weibern gab es wahre Prachtexemplare von Hexenmodellen. Die Frauen trugen teilweise das dreieckige Uluri, teilweise ein uns neues Garderobenstück, eine grauweissliche Bastschlinge, die um die Hüften gezogen war und sich zu einer kleinen Rolle verdickte. Die Sprache erinnerte uns in ihrem Tonfall nicht wenig an die der Suyá, mit der sie den nörgelnden gequetschten Habitus gemein hatte, und liess sich durch den häufigen Auslaut auf *ts* und durch das *f* von allen Kulisehusprachen sofort unterscheiden.

Es war merkwürdig, dass sich die Trumaí derart hatten überraschen lassen. Wahrscheinlich hatten sie sich doch vor den Suyá, die ihre Dörfer geplündert hatten, und vor uns gleichzeitig geflüchtet. Ihre Späher, die sich bei den Auetö́, Yaulapiti und Kamayurá herumtrieben, waren wohl des Glaubens gewesen, dass wir von den Kamayurá aus nicht direkt zu den Auetö́ zurückkehren, sondern nach Schingú - Koblenz gehen würden, um uns mit Perrot und Vogel, deren Fahrt ihnen bereits bekannt war, zu vereinigen und auf dem Fluss nach dem Auetöhafen zu gelangen. Das Lager der Flüchtigen bot einen Anblick der Unordnung und Ueberstürzung. Es waren im Ganzen etwa 50 Personen; zahlreiche Feuerchen brannten bei den braunen Hängematten, Bündel aller Art lagen und hingen an den Bäumen herum; die Schutzhütten der Auetö́-Pflanzung blieben unbenutzt. Die Indianer waren zum Teil über die Kanäle gekommen: eine kleine Flotille von Kanus war in dem sumpfigen Gewässer nahebei aufgefahren, viele darunter in schlechtem Zustand und nur mit Lehmklumpen notdürftig verpappt.

Die Beijús, die gefüllten Kürbisschalen und die Zigarren mussten bei diesem Empfang fehlen. Man brachte kleine Baumwollenknäuel herbei und verlangte Perlen. Leider hatten wir uns bei den Kamayurá so ziemlich ausgegeben und konnten daher nicht Vieles bieten. Dennoch erwarben wir mit den Resten, etlichen Messern und einigen Opfern von unserm persönlichen Besitz eine kleine, nicht unansehnliche Sammlung. Die Leute hatten die für uns wichtigsten Sachen vor den Suyá gerettet und mitgeschleppt. Da fanden sich Federschmuck, Halsketten aus Steinperlen, ein Steinbeil, als Belegstück wertvoll, da die übrigen Kulisehustämme ihre Steinbeile von den Trumaí erhalten, Wurfhölzer, eine Keule, zehn Masken, Tanzkeulen, grosse Flöten und verschiedene Kleinigkeiten. Wir vermissten zu unserm Erstaunen die grossen Pfeile mit langen spitzen Bambusstücken, die die Trumaí 1884 bei sich führten, von denen sie auf der Flucht eine Anzahl verloren und an denen wir bemerkt hatten, dass man sie für die Begegnung mit uns zugeschärft hatte. Sie waren wohl im Kampf mit den Suyá verschossen worden.

Ich nutzte den Abend bei einem Kerzenstumpf schreibend möglichst aus, um ein Vokabular zu erhalten. Ein jüngerer Häuptling zeigte sich sehr anstellig, nur schrie er in seinem Eifer mit seiner starken Stimme, als ob ich stocktaub wäre. Neugierig hockten die Männer in der Nähe, die Hexen waren um die

Feuer geschäftig, die Kinder schrieen *atsiu* nach der Mutter und *papá* nach dem Vater, durch die Zweige ergoss sich ein magisches Mondlicht über die seltsame Lagerszene, und bald umfing der Friede der Nacht Schlummernde und Wachende. Wir durften ruhig schlafen, merkten aber wohl, dass einige Männer am Feuer sitzen blieben.

Am nächsten Morgen, den 26. Oktober, gab es eine grosse Verwirrung. Man hatte mir ein grosses Glas mit Arsenikpillen gestohlen. Gern hätte ich unter den besonderen Umständen zu jedem Diebstahl ein Auge zugedrückt, allein ich konnte diesen Arsenik weder meinerseits vermissen noch die Indianer damit vergiften lassen. Ich musste die Yaulapiti, die uns begleitet hatten, nach den Erfahrungen in ihrem Dorf im Verdacht haben und verlangte von ihnen die Rückgabe. Sie beteuerten natürlich ihre Unschuld, die Trumaí gerieten in grosse Angst, die Weiber, Kinder und ein Teil der Männer schlugen sich in die Büsche und kehrten auch nicht zurück, als wirklich einer der Yaulapiti das Glas mit den Arsenikpillen brachte. Nach seiner unmassgeblichen Ansicht war es mir unterwegs aus der Tasche gefallen. Ein Quantum fehlte augenscheinlich; ich hoffe, dass es auf verschiedene Liebhaber verteilt und von diesen bei den grade unter den Yaulapiti häufigen Hautkrankheiten mit einigem Erfolg genossen worden ist.

Wir mussten, so sehr man uns zum Fortgehen drängte, mindestens die wichtigsten Körpermessungen noch vornehmen und liessen auch nicht locker; sieben Männer wurden in der Eile zwischen dem Packen gemessen, und die einzige photographische Platte, die noch übrig war, wurde zu einer — später leider verunglückten — Gruppenaufnahme verwendet.

Um $^3/_4$10 Uhr fuhren wir in zwei Kanus ab, von vier Trumaí begleitet. Dreimal müsse man schlafen, gaben sie an, ehe man zu ihren Dörfern gelange. Die Mehinakú könne man auch auf den Kanalwegen erreichen und gebrauche zu ihrem zweiten Dorf nur einen Tag. Um 11 Uhr landeten wir in der Nähe des Auetódorfes an einer andern Stelle, als wir abgefahren waren. Im feuchten Laub lagen riesige Regenwürmer in ungeheurer Menge; wo man den Fuss hinsetzte, trat man darauf. Der Pfad führte uns zu den beiden Hütten der Yaulapiti-Auetó-Familien.

Es empfiehlt sich, schon hier anzufügen, was Vogel und Perrot nach ihrer Heimkehr von Schingú-Koblenz über die Trumaídörfer berichteten. Sie hatten keinen Indianer zu Gesicht bekommen, unterhalb der Einmündung des Kulisehu in den Kuluëne aber auf dem 5 m hohen Ufer ein Trumaídorf von 8 und einen Kilometer weiter östlich ein zweites von 5 Häusern, darunter Neubauten gefunden. Die Suyá hatten die Häuser sämtlich niedergebrannt, und was von grossen Töpfen und Gerät zurückgeblieben war, kurz und klein geschlagen. Unmittelbar an die Dörfer schlossen sich Pflanzungen an von auffallend grossem Umfang und sorgfältiger Bearbeitung. Ungefähr zehn frische Gräber wurden bemerkt; der kreisförmigen Angrabung nach zu urteilen waren die Leichen in hockender Stellung beerdigt, sie schienen tief zu liegen, da man sie wenigstens bei einigem oberflächlichen Nachgraben nicht blosslegte. Antonio war sehr erschreckt gewesen, als Perrot zu ihm sagte: »o doutor Carlos precisa d'uma cabeça«. Nur mit Mühe hatte man von Antonio erreicht, dass er die Fahrt mitmache und sich der Möglichkeit aussetzte, den verhassten Trumaí zu begegnen.

Die Tage vom 26. bis 31. Oktober brachten wir im Dorf und zum grösseren Teil im Hafen der Auetö zu. Wir benutzten noch jede Gelegenheit zu messen, zu photographieren und die sprachlichen Aufzeichnungen zu vervollständigen, und hatten dazu Exemplare fast aller Stämme zur Verfügung. Mit den Auetö hatten wir uns recht angefreundet. Ein vergnügter Abend erinnerte mich lebhaft an meine Bakaïrí-Idylle, auch hier wurden die Stimmen der europäischen Haustiere mit grossem Jubel begrüsst, und wiederholte sich die Steinbeilpantomime mit stereotyper Treue. Es war ein besonderer Augenschmaus für sie, wenn wir uns hinstellten und Holz hackten. Mit einem der Auetö machte ich Schmollis nach Landesbrauch, wir vertauschten die Namen. Mayúli hiess mein Spezialfreund, der mir den Antrag machte. Der Häuptling liess mich aufstehen, klopfte mich sechs oder sieben Mal auf den Rücken und sagte dazu ebenso oft im Takt »Mayúli«, blies mich auf die Brust und sagte mir »Mayúli« in jedes Ohr hinein. In gleicher Weise hatte ich mit Mayúli's Person zu verfahren und ihm mein »Karilose« für Carlos einzuprägen. Alle nannten mich nun mit Betonung Mayúli, wobei ich immer an Mai-Juli dachte, und hoben hervor, wie sehr sich die Frauen darüber freuen würden. In der That, sobald ich in eine Hütte kam, riefen die Frauen »Mayúli« zum Willkomm.

Im Hafen sah es traurig aus. Dort hatte Peter mit Tumayaua und dem Droschkenkutscher Wache gehalten. Es war ein jämmerlicher sumpfiger Platz, eng und unfreundlich, der Regen hatte den mit faulem Laub bedeckten Boden erweicht, die Ameisen waren eifrig an der Arbeit gewesen und hatten das Leder und die Säcke zerschnitten, Alles sah schmutzig und hässlich aus. Dazu Schmalhans Küchenmeister. Der arme Peter hatte von Beijú gelebt, die Fische bissen wieder einmal nicht an. Tumayaua schaukelte sich in der Hängematte und war zufrieden, er betrachtete sich stundenlang in einem kleinen runden Spiegel und rupfte sich die Härchen im Gesicht aus. Nachts quälten ihn die Moskitos; ich hörte ihn einmal, da ich selbst nicht schlief, stundenlang klagen und klatschen. Der Droschkenkutscher hatte sich, ehe wir eintrafen, in ein Kanu gesetzt und war zu den Mehinakú gefahren. Nur ein Kanu, ein schlechtes, war bei unserer Ankunft noch verfügbar. Zwei hatten Vogel und Perrot mit sich, eines vierten hatte sich eine Bande Indianer bemächtigt und war damit drei Tage auf den Fischfang gezogen. Sie kehrten zurück, das Boot bis an den Rand gefüllt mit gebackenen Fischen. Man brät bei allen diesen Stämmen die Fische sofort, um das Fleisch zu konserviren.

Gegen ein paar Beile wurden zwei Kanus von den Auetó erworben, die sie durch den Wald herbeibringen sollten. Carlos ging nach dem Dorf, um die besten auszusuchen, und erzählte, es sei ein grossartiges Bild gewesen, als die in den schönen breiten Kuluëne in sieben Stunden, passierten links einen Zufluss, rechts einen Kanal der Mariapé-Nahuquá, fanden auf dem rechten Ufer die Trumaidörfer in dem Seite 124 beschriebenen Zustande und konnten von hier aus in gut vier Stunden — in acht Stunden seit der Kulisehu-Mündung — nach Schingú-Koblenz an die Vereinigungsstelle von Kuluëne und Ronuro kommen, jenen grossen Sandstrand, wo sich 1884 unser Zusammentreffen mit den Trumaí abgespielt hatte.

Die Trumaí waren also damals auf ihrem Kuluëne heruntergekommen, und uns hatte man diesen grossen Fluss, von dem wir nur die Einmündung kannten, als »Kulisehu« bezeichnet. Eine merkwürdige Entwickelung! Wir hatten auf unserer neuen Expedition den »Kulisehu« gesucht und den Kulisehu auch gefunden und befahren, allein gemeint hatten wir den Kuluëne. Schon die Trumaí wohnten unterhalb der Kulisehu-Mündung; am Kuluëne weiter oberhalb sassen die Nahuquá-Stämme, die aber glücklicher Weise auch am Kulisehu in dem von uns besuchten Dorf angesiedelt waren.

Vogel und Perrot hatten schlechtes Wetter. Wegen der Wolkenbedeckung konnte weder an der Kulisehu-Mündung noch in Koblenz die astronomische Breite bestimmt werden. Der Kuluëne hat eine Breite von 241 m unterhalb der Kulisehu-Mündung, etwas oberhalb 289 m. Von Koblenz waren sie den Ronuro hinaufgefahren, hatten nach einer kleinen halben Stunde die Batovymündung passiert — wo wir 1884 am 30. August aus dem unendlich gewundenen Waldflüsschen auftauchten und zum ersten Mal mit einiger Sicherheit uns der Hoffnung freuen durften, wirklich den Schingú gefunden zu haben — und hatten endlich die Fahrt auf dem Ronuro noch zwei Kilometer weiter aufwärts fortgesetzt. Der Ronuro besass eine mittlere Breite von 250 m und eine Tiefe von 3 bis 6 m, der Kuluëne mass oberhalb Koblenz nur 187 m und der Hauptfluss bei unserm Sandstrand 366 m.

Wenn wir nicht den ganzen Erfolg in Frage stellen wollten, war der Gedanke, den Kuluëne noch hinaufzufahren und die übrigen Nahuquádörfer zu besuchen, völlig ausgeschlossen. Die Regenzeit hatte kräftig eingesetzt, die Fahrt flussaufwärts wurde zunehmend schwieriger, der Proviant war erschöpft, vor uns lag die Perspektive eines langen, durch das Anschwellen der Gewässer überaus erschwerten Landmarsches. Die mitgenommenen Lebensmittel waren bis auf Salz, Paraguaythee und etwas Kaffee so gut wie verbraucht. Die Suppentafeln waren verschwunden, von Gemüse gab es noch zwei Büchsen, und der Rest waren ein Fläschchen Kemmerich'scher Bouillon, zwei kleine Büchschen Pepton und drei Flaschen Schnaps. Das Kemmerich'sche Fleischmehl hatte uns allein den Aufenthalt in den Indianerdörfern ermöglicht, die beiden letzten Büchsen waren noch im Auetödorf verkocht worden.

Am 31. Oktober traten wir die Rückfahrt an. Ohne Hülfe der Indianer hätten wir die Sammlung nicht nach der Independencia schaffen können, da unsere Kanus nicht ausreichten. Aber für diese Dienstleistung hatten wir eine Anzahl schöner und nützlicher Tauschwaaren vorsorglich aufgespart. Zuerst

v. d. Steinen, Zentral-Brasilien.

KULISEHU-REISE

begleiteten uns fünf Auetö in mehreren mit unserer Ladung befrachteten Kanus zu den Mehinakú, die Mehinakú halfen weiter zu den Nahuquá, mit den Nahuquá gelangten wir zu den dritten Bakaïrí; Bakaïrí aus allen drei Dörfern beteiligten sich an dem von Dorf zu Dorf gesteigerten Transport und am 13. November fuhren wir, eine kleine Flotte von 13 Kanus mit 14 Bakaïrí, an dem Küchenplatz der Independencia vor.

Kurz will ich skizzieren, was vom zweiten Besuch der Dörfer noch zu berichten ist. Sehr angenehm und lehrreich waren die beiden Mehinakútage. Es musste photographiert und gemessen werden, da Ehrenreich zur Zeit des ersten Besuchs krank gewesen war. Die Frauen zitterten während des Messens am ganzen Körper. Sie hatten auffallend viele Kinder, wir stellten bei einer die unerhörte Zahl von sechs fest, eine andere hatte vier Töchter. Ich werde später noch das Lob dieser Nu-Aruakfrauen, der Erfinderinnen der Töpfe und der besten Pflegerinnen der Mandiokaindustrie, zu singen haben. Ein vortreffliches Bild der Gesellschaft liefert die Tafel 8 »Demonstration einer Vogelpfeife«. Sie lauscht den quellenden Tönen, die der vor mir sitzende Eingeborene dem neusilbernen Ding entlockt. Sehr typisch ist die Geberde des kleinen Mädchens in der Mitte, das sich furchtsam die Ohren zuhält, und die Stellung der beiden aneinander gelehnten Freunde im Vordergrund. Wie ungemein malerisch sind alle diese nackten Gestalten in ihren zwanglosen Bewegungen! Wäre es nicht ein Jammer, wenn sie »Rücken-« und »Beinhäuser« anziehen sollten?

Wilhelm und ich schlossen wieder Freundschaftsbündnisse. »Belemo« tauschte den Namen mit Waikualu, und ich, »Karilose«, mit dem auf der Brust tätowirten Häuptling Mayutó. Wilhelm musste auch, wie ich bei den Bakaïrí, Tabak pflanzen. Mein Bruder Karilose überliess uns gegen ein Beil ein mächtiges Kanu, eine Art Arche Noah, so breit und ungeschlacht, dass der grösste Teil der Sammlung mit Carlos und Peter darin Platz fand.

24 Mann begleiteten uns zum Hafen; 6 trugen das Kanu voraus, die Höhlung dem Boden zugewendet, den Rand auf der Schulter, die durch Strohkränze geschützt war, 2 wanderten mit den Köpfen im Bauch des Fahrzeuges. Ein wahrer Leichenzug hinter dem Sarge, man summte unwillkürlich einen Trauermarsch. Grade vor mir schritt ein klassischer Junge. Die Kiepe reichte ihm von der Schulter bis an die Knie, darunter baumelte noch ein grosser Kürbis, in der linken Hand trug er Pfeil und Bogen, mit der Rechten führte er unermüdlich musizierend sein Pansflötchen zum Munde. 5 Mann, die an unserer Fahrt teilnehmen wollten, führten jeder ein Ruder und ein die Hängematte enthaltendes Netz mit sich, das von der Stirn auf den Rücken herabhing. Immer einer hinter dem andern und mit dem Vorder- oder Hintermann schwatzend. An dem Ruder demonstrierten sie sich, wie gross die Messer wohl sein möchten, mit denen der Karaibe sie belohnen werde. Viele trugen Beijús, *uläpe*, in grüne Blätter eingeschlagen, mehrere während der 2½ Wegstunden eine Kürbisschale mit Pikíbrühe in der Hand. Das Kanu war breiter als der Waldpfad. Von einem starken Gewitter

überrascht, machten wir Halt, brachten die Sammlung und die Apparate unter das Kanu und sahen mit Ueberraschung, dass die Indianer entsetzlich froren und am ganzen Körper zitterten wie zarte Damen nach einem Ball im Schneewetter. Einzelne klapperten mit den Zähnen im schönsten Schüttelfrost. Es goss freilich eimerweise und das Sturzbad, empfindlich kalt, hatte kaum mehr als 15 °. Unsere guten Mehinakú waren unglücklich, dass wir nicht ihrem Beispiel folgten und gegen die himmlischen Schleusen pusteten, sie bauten sich in der Eile, wohl mehr um sich zu beschäftigen, ein Schutzdach und jammerten ohn' Ende „uläpe, uläpe!"

Im Hafen der Mehinakú erwarben wir noch ein Kanu; die Auetö, die uns bis hierher begleitet hatten, waren mittlerweile spurlos verschwunden. Auch Vogels Hirschfänger fehlte.

Das Nahuquádorf stand unter dem Zeichen der Pikíernte. Wie die Kugeln im Arsenal lagen die Pikí in Haufen draussen und drinnen. Gestelle in den Häusern waren zum Trocknen der Kerne aufgestellt, die Weiber beschäftigt, die Früchte zu schälen, zu kochen und die Kerne abzukratzen, Menschen und Geräte buttergelb — *Caryocar butyrosum.* Kein Pogu, sondern Pikíbrühe; die Pikíkerne von mandelartigem Geschmack, eine Latwerge »Pikíkraut« gar nicht übel in bescheidener Dosis. Viele krank in den Hängematten, Magen und Haut verdorben, ein alter Glatzkopf Gesicht und Schädel mit Geschwüren bedeckt. Tumayaua erhielt Pikí zum Abschied auf den Weg. Nur ein Neugeborenes, das uns die Mutter brachte, damit wir es anbliesen, schien noch nichts von Pikí zu wissen.

Im Bakaïrídorf III, das die uns begleitenden Nahuquá übrigens nicht betreten wollten, war die alte Festhütte abgebrannt und man zeigte sich sehr ängstlich gegenüber den früher so bewunderten Streichhölzern. Dafür fanden wir prächtige Vogel- und Fisch-Masken. Von zwei bestellten Kanus war das eine noch nicht fertig und das andere verunglückt.

Bakaïrídorf II war wie ausgestorben. Die Bewohner waren zum Teil, es blieb unklar, weshalb, abwesend, auch hatten wir offenbar das erste Mal fremde Gäste gesehen und mitgerechnet. Doch war Häuptling Aramöke liebenswürdig wie immer und liess uns Beijús vorsetzen, die wir daheim in der feinsten Theegesellschaft hätten anbieten dürfen. Nur mit grosser Mühe fanden wir einige Männer, um einen Teil der Sammlung ein Stück Weges über Land zu schaffen. Immer hiess es, sie müssten bei den Kindern bleiben. Dann lag eine Frau mit Brandwunden am Arm im Häuptlingshause, die auch der Gesellschaft bedurfte. Ein Kollege mit sehr sachverständigem Gesicht sass bei ihr und bekam zuweilen einen therapeutischen Anfall, während dessen er gottserbärmlich ächzend Wolken von Tabaksdampf über die Kranke blies oder auch der Wand zugewandt entsetzlich stöhnte. Der »Droschkenkutscher«, der uns mit Tumayaua bis zu den Auetö begleitet hatte und der ein grosser Zauberarzt war, trennte sich hier von uns. Er musste sich durchaus an der Behandlung beteiligen und war nicht zu bewegen, den Fall dem doch äusserst tüchtig blasenden Kollegen allein zu überlassen. Zum Lohn für dieses zivilisierte Verhalten verschafften wir ihm auch ein zivilisiertes Aeussere, das neben einem grossen Messer das Ziel seines Ehrgeizes gewesen war, in Gestalt eines Hemdes und einer Kopfbekleidung. Wir schmückten ihn mit Tumayaua, der schon längst in schwarzweiss karriertem Hemd und weisser Leinenhose darunter umherspazierte, gleichzeitig feierlich aus und photographierten die Beiden, wie figurae Abbildung 8 zeigen. Wilhelm hatte einige Prämien für die verdienstvollen Reisegenossen aufbewahrt, eine prächtige Düsseldorfer Fastnachtsmütze, von ihm selbst in der Eigenschaft eines Prinzen Karneval auf hohem Triumphwagen getragen, grün, gelb, weiss und rot mit blinkenden Schellen, desgleichen den mit Brillanten besetzten Halsorden Sr. Närrischen Hoheit — diese beiden Stücke wurden Tumayaua zu Teil — und eine echte Karnevalsmütze der noch lustigeren Schwesterstadt am Rhein, die wir dem Kollegen Droschkenkutscher in Ermangelung eines Doktorhutes über die Tonsur stülpten. Tumayaua erhielt ausserdem einen von Wilhelm in Rio de Janeiro gekauften schwarzen Gehrock, Import aus Paris et le dernier mot de la perfection. Die Abbildung giebt uns einen schwachen Begriff davon, wie schauderhaft die zwei vor Stolz aufgeblasenen Narren in den Kleidern erschienen; beide gewiss nicht die schönsten Typen, sahen sie nun aber plötzlich geradezu hässlich krumm und schief aus, und daran war mehr als die Schäbigkeit des Anzugs der Umstand schuld, dass alle Umrisslinien aufgehoben und charakterlos geworden waren. Tumayaua war in Hemd und Hose noch ungeschickt wie am ersten Tage, er zerriss sie im Walde und schonte sie andrerseits wieder in übertriebener Vorsicht, indem er sie bei Gelegenheiten auszog, wo selbst Kinder es nicht nötig haben.

Abb. 8.
Indianer als Europäer maskiert.

Im ersten Bakaïridorf hatte sich die Bevölkerung um eine junge Seele vermehrt. Pauhaga war Vater geworden und hielt mit seiner Frau die Wochenstube ab. Ich werde auf die uns komisch anmutende Szene bei Besprechung der Couvade zurückkommen. Der Mais stand in üppigem Grün, es wurden uns auch vorzügliche, etwas trockene Maisbeijús geboten. Meine Tabakpflanzung auf dem Dorfplatz war mächtig in die Höhe geschossen und durch einen Pallisadenzaun ringsum eingelegt worden.

Aber was erblickten unsere erstaunten Augen hinter Paleko's Haus? Einen Neubau, bereits weit vorgeschritten, seltsamer Art. Oder eigentlich sehr vertrauten Aussehens. Die Bakaïrí hatten unsern Rancho in der Independencia zum Vorbild genommen und statt ihres Bienenkorbes ein Haus mit dreieckigem Giebel und zweiseitigem Dach begonnen. Da haben wir also geglaubt, noch etwas Echtes in einem verlorenen Winkel zu sehen, und schon will es dahinsinken. »Der erste Lichtblick«, sagt Bastian, »wird auch der letzte sein.«

Tumayaua, der zur Indepedencia mitging, veranstaltete gleichwohl den offiziellen Abschied in Maigéri. Er überreichte mir zwei grosse Kürbisschalen. Eine Weile darauf holte er mich herbei, fasste mich stürmisch am Arm, leitete mich von der Hütte, laut ringsum rufend, zum Balken inmitten des Platzes und drückte mich mit einer Art Begeisterung auf den Sitz nieder. Bald hockten dort vier Karaiben in einer Reihe nebeneinander. Dann schleppte er einen der hübsch geflochtenen Proviantkörbe, $^3/_4$ m hoch, herbei und stellte ihn mit fröhlicher Prahlerei als Geschenk vor uns hin. Das Hübscheste aber folgte noch. Eine runde Matte wurde auf den Boden gelegt, der Häuptling rief, und aus den Häusern kamen alle Frauen und Kinder im Laufschritt herbei und warfen einen Beijú klatschend auf die Matte, ein Jedes sofort zurückrennend, um Platz zu machen. Die hurtige Geschäftigkeit, mit der die Beijús herbeiflogen, war reizend. Da lagen einige 16 Stück. „*âle*" hiess es und wir waren entlassen. Wir ergingen uns natürlich in Lobpreisungen über die Gastlichkeit der Bakaïrí und beschlossen im Stillen, uns in der Independencia glänzend zu revanchieren.

Da ein starkes Gewitter losbrach, blieben wir die letzte Nacht im Dorfe. Es regnete draussen in Strömen und Tumayaua beschrieb seine Fahrten. Wir alle sassen noch lange um's Feuer, das die Indianer wild aufflackern liessen, indem sie rücksichtslos das Stroh bündelweise aus der Wand der Festhütte rissen. Des schwarzen Gehrocks hatte sich Luchu als einzigen Kleidungsstückes bemächtigt, ein Anderer hatte sich mit einer Angel das Ohr geschmückt. Meine vergangene Zukünftige — es schmerzt mich dies nicht verschweigen zu dürfen — hatte mich kaum eines Blickes gewürdigt.

Das Lied von der Weibertreue!

Die **Bergfahrt** unterschied sich in manchen Dingen nicht unerheblich von unserer Thalfahrt. Wir hatten zumal des Nachts kräftige Regengüsse und Gewitter. Der Fluss schwoll an, der Sandstrand, die Uferwände verschwanden und auf weite Strecken strömte das Wasser mitten durch den Wald. Einige der kleinen Stromschnellen waren nicht mehr zu sehen, die Cachoeira Taunay rauschte und brodelte unverhältnismässig stärker. Andrerseits fiel der Fluss auch wieder einmal, als wir zu den Bakaïrí kamen; das Wasser war gelb und mit zahlreichen, durch die Flut vom Wasser abgespülten Bäumen eingefasst, von denen viele noch in grüner Jugend prangten.

Während wir auf dieser Strecke sogar weniger Zeit gebrauchten als bei der Thalfahrt, war das Rudern im angeschwollenen Fluss, obwohl wir jetzt gut trainiert waren, für die überdies meist vom Fieber geschwächten Leute sehr anstrengend. Die lange Stange, die auf der Thalfahrt das Vorwärtskommen wesentlich erleichtert hatte, liess sich nicht mehr verwerten. Doch kamen wir in Begleitung der

Indianer schneller vorwärts; diese fuhren zwar alle Windungen aus, arbeiteten aber sehr stetig und drehten sich keine Zigaretten. Ihr gutes Beispiel blieb nicht ohne Wirkung, auch gab die Gesellschaft immer Anregung zu kleinen Scherzen. Unsere Kameraden unterhielten sich natürlich auch untereinander von Kanu zu Kanu nur noch in indianischen Sprachen, was wiederum den Gevattern grosses Vergnügen machte. In meinem Kanu hatte Jeder seine Methode, sich die Anstrengung zu erleichtern. Ich selbst steckte mir ein möglichst fernes Ziel am Ufer, das ich erreichen wollte, ohne mit dem Rudern auszusetzen, und spaltete mein liebes Ich in zwei getrennte Persönlichkeiten, die eine, die sich redlich plagte und nur Pflichten besass, die andere, die streng über Nr. 1 zu Gericht sass. Wenn das Kanu nach der Meinung von Nr. 1 den Zielpunkt passierte, dann hatte Nr. 2 seine Bedenken, ob das Kanu an dieser Stelle nicht gerade einen Winkel mit der Uferlinie mache und in Wirklichkeit noch zurück sei; war dieser Zweifel gründlich beseitigt, so stellte Nr. 2 für eine gut bemessene Zusatzstrecke ein schmeichelhaftes Lob in Aussicht, das des Schweisses wert war. Doch half sich Nr. 1 durch taktmässiges leises Zählen mit allerlei Kniffen; besonders bewährte sich die folgende Art: z. B. 2, 4, 6 und so fort bis 40, dann dasselbe noch einmal, dann erst weiter zählen bis 50, nun auch bis 50 wiederholt und jetzt erst bis 60, etc. Con gracia in infinitum.

Wilhelm pflegte sich entweder die Frage nach allen Richtungen gründlich zu überlegen, was er bei der Ankunft auf der Fazenda S. Manoel und gar in Cuyabá zuerst essen und trinken solle, die verschiedenen Möglichkeiten abwägend, oder er rechnete sich den Zeitunterschied zwischen unserm Aufenthaltsort und dem Düsseldorfer Malkasten aus und wusste dann zu seinem Trost genau, wie es dort in diesem Augenblick aussah, wer in dieser und wer in jener Ecke sass, wer einen Skat drehte, wer Kegel schob oder ob gar Einer mit geübter Künstlerhand auf dem Tisch die Kreidezeichnung der lustigen Sieben entwarf.

Antonio hielt sich als echter Sohn eines Naturvolkes an die Gegenwart und war der Verständigste von uns Dreien. Durch seine Jagdgelüste immer wachgehalten, spähte er mit muntern Sinnen umher, sah Alles, hörte Alles und speicherte die kleinen und kleinsten Vorgänge in seinem zuverlässigen Gedächtnis auf, um mit zahlreichen Lokalzeichen die Fähigkeit zu üben, die von den Kulturmenschen als »Ortsinstinkt« missverstanden wird. Wenn ich es nicht durch häufige Fragen selbst festgestellt hätte, ich würde kaum geglaubt haben, dass irgend Jemand ohne schriftliche Notizen sich nach einmaliger Fahrt auf einem gleichförmigen Fluss eine so sichere Anschauung über die Einzelheiten seines Verlaufs hätte erwerben können. Er kannte jede Windung nicht nur genau wieder, er sagte mir, wenn ich ihn fragte, richtig, dass es noch zwei oder drei Windungen bis zu dem oder jenem Punkte seien. Er hatte die Karte im Kopf oder vielmehr, er hatte zahlreiche und unbedeutend erscheinende Ereignisse in ihrer Reihenfolge behalten. Hier hatte »Doktor Guilherme« damals eine Ente geschossen, dort war ein Kapivara über den Fluss geschwommen, hier hingen Bienennester, dort stand ein hoher Jatobábaum, dessen Rinde ein Kanu geliefert hatte, hier war einer ausgestiegen, dort waren diese oder jene Fische, was Antonio nie vergass, bemerkt oder gefangen worden.

Im Gebiet der Katarakte gingen wir, um die Kanus zu entlasten, mehrere Mal ein paar Kilometer über Land, wo jenseits des Galleriewaldes der von Indianerpfaden durchsetzte Kamp dem Fussgänger wenig Hindernisse bereitete. Die stehende Sonne verbreitete eine arabische Gluthitze. Zuweilen fanden wir einen hübschen Durchblick und sahen in der Ferne die Kanus vorüberfahren.

Nicht nur bemerkten wir jetzt mehr Wasservögel, zum Teil von Jungen begleitet, sondern es fiel uns auch die Zunahme der Insekten auf. Die Käfer wurden jetzt eigentlich erst sichtbar; Schnecken kamen uns merkwürdiger Weise nie zur Beobachtung. Die Stechfliegen waren sehr lästig. Tiefverhasst waren uns die Mutuka-Bremsen auf dem Lagerplatz; es galt, viele abzuschlachten, ehe man sich häuslich einrichtete. Zum Glück war das Moskitonetz eine vorzügliche Falle, sie flogen zwischen die Falten der Gaze und liessen sich dort leicht totquetschen. Ein Skorpion stach mich unterwegs in die Sohle; die Stelle entzündete sich und war mehrere Tage äusserst empfindlich, doch lag die grössere Schuld auf Seiten des behandelnden Arztes. Im Augenblick der Verletzung war nur Karbolsäure zur Hand gewesen, ich wandte sie reichlich an, gebrauchte später noch eine kräftige Dosis Ammoniak und bekam eine saubere und schöne Aetzwunde. Die dem kleinen Unfall assistierenden Genossen empfahlen, auch die innere Behandlung nicht zu vernachlässigen, sie schafften den in unserer Apotheke schon sehr knapp gewordenen Eckauer Doppelkümmel herbei und nahmen auch ihrerseits von dem wohlthuenden Mittel ein, die prophylaktische Wirkung rühmend. Skorpiongift, Ammoniak, Karbolsäure, Alkohol, Theïn, Nikotin, Chinin, Arsenik und Beijú, dessen saure Gährung erzeugendes Mehl für mich das reine Gift geworden war — es war eine hübsche Anhäufung.

Ich gebrauchte jetzt täglich 10 oder 12 Arsenikpillen zu 0,002 g, eine Dosis, die weit hinter den Leistungen der Arsenikesser zurückbleibt, und nahm auch etwas Chinin. Während ich 1884 an schwerer Malaria gelitten hatte, blieb ich jetzt bis auf wenige sehr leichte Anfälle frei, desgleichen der am gewissenhaftesten einnehmende Wilhelm, der bis zu 14 Pillen stieg. Vogel behandelte eine Hautkrankheit, die ihn in hohem Grade belästigte, mit der ihm allein helfenden Fowler'schen Arseniklösung und trank sie aus der hohlen Hand, er hatte kein Fieber. Ehrenreich war von einigen ausgeprägten Anfällen heimgesucht worden, aber auch im Gebrauch der Pillen sehr unpünktlich gewesen. Alle übrigen litten an ziemlich heftigen Anfällen, sogar Antonio blieb nicht verschont, und mehrere von ihnen hatten früher, obwohl Söhne des Matogrosso, mit Malaria noch nie zu thun gehabt. Die brasilischen Soldaten hatten die ganze Scheu der kleinen Kinder vor einer bitteren Arznei; sie waren albern genug wegzulaufen, sobald man ihnen das weisse Pulver vorn auf die Zunge legen wollte. Es war höchste Zeit, dass wir den Fluss verliessen. Soweit das *post hoc, ergo propter hoc* berechtigt ist, gehen meine Erfahrungen dahin, dass Chinin prophylaktisch vor der matogrossenser Malaria nicht schützt, die Anfälle aber abschneidet oder mildert, und dass Arsenik prophylaktisch eine ausgesprochen günstige Wirkung hat. Ich bin Max Buchner*) für seine dringende Empfehlung der Arsenikpillen noch heute sehr dankbar. Das Aussetzen später war nicht mit den geringsten Unannehmlichkeiten verbunden, obwohl ich unvernünftig genug war, plötzlich abzubrechen.

So hatten wir zwar mehr körperliche Beschwerden und weniger leibliche Genüsse als auf der Thalfahrt, doch war dafür die allgemeine Stimmung im Bewusstsein des Erfolgs um so gehobener und fühlte sich Abends, wenigstens wer gesund war, um so wohler und behaglicher hinter dem luftigen Gaze-Vorhang des Moskiteiro, auf dem sich die Schatten zahlreicher Nachtschmetterlinge abzeichneten. Der Unterhaltungsstoff war jetzt weit reichhaltiger und die von Hängematte zu Hängematte fliegenden Gespräche wurden nur zuweilen durch eine kleine Pause unterbrochen, wenn wir aufmerksam nach den Fischern hinhorchten, ob nicht wieder ein Fisch auf den Kopf geschlagen würde.

Independencia. Bei einbrechender Dunkelheit landeten wir am 13. November an dem Bach des Küchenplatzes. Die vier Zurückgebliebenen eilten in ziemlich abgerissenem Zustand herbei, Satyr hatte sich schleunigst in eine Decke gehüllt, und die Freude war gross. In Januario's verkniffenem Gesicht blinkten die Thränen wie Thautropfen in einem schwarzen Stiefmütterchen, er hatte die vorige Nacht geträumt, wir kämen, ave Maria, als Skelette zurück, und da waren wir ja nun auch wirklich. Die Vier hatten sich merkwürdig gut vertragen, nur habe, klagte der Küchenjunge Manoel im Vertrauen, Januario gar zu sehr den Alferes, den Leutnant, gespielt und immer Recht haben wollen. Drei Hütten waren gebaut worden, eine als Küche, in der ein neuer Holzmörser stand, eine für die Soldaten, eine für uns. Es sah ganz gemütlich aus. Der Leutnant hatte einen weiten Pallisadenzaun für die Maultiere angelegt und Mais und Bohnen gepflanzt. Der Hund Legitimo war von einem Koatí, einem Rüsselbär, getödtet worden. Die Esel erschienen rund und vergnügt, dass es eine Lust war. Nur hatten die Bremsen sie so arg geplagt, dass Rauchfeuer innerhalb der Umzäunung hatten unterhalten werden müssen. Die Indianer vom ersten Bakaïrídorf waren 4 bis 5 mal dagewesen und hatten es an Beijús, Mehl und Mais nicht fehlen lassen. Das letzte Mal hatte sich auch eine *pekóto*, eine Bakaïrífrau, hergewagt.

Wir gönnten uns einen Ruhetag. Es gab Erbsensuppe, gedörrtes Schweinefleisch und Einer buk Mandiokakuchen mit Oel, zu dem garantirt echter Waldhonig und Thee gereicht wurden. Das Grossartigste waren aber auf den Mann zwei Zigarren. Wilhelm nahm den zurückgelassenen Proviant auf, der uns für die Heimreise übrig geblieben war: Salz 2 Sack, Paraguaythee ¹/₄ Sack, Suppentafeln 3¹/₂ Dosen, Gemüse 4 Dosen, Kemmerich'sche Fleischmehlpatronen 24 Stück, Bohnen 4 Mahlzeiten. Ehrenreich operierte bei sich und Andern »Berne«-Geschwülste, von Insektenlarven hervorgerufene Beulen; das Tier wird mit Chloro-

---

*) Beilage der Allgemeinen Zeitung, 1885 No. 127.

form oder Sublimat getötet und kann schmerzlos ausgedrückt werden. Perrot sass in Betrachtung seines bunten Halstuches versunken, das erst von einem Nahuquá gestohlen und nur unter dramatischen Auftritten zurückerlangt worden war, und das nun die Blattschneiderameisen in ein Spitzengewebe verwandelt hatten. Vogel schlief in der Hängematte, während Goethe's Gedichte, die er sich zu seiner Erbauung von Wilhelm geliehen hatte, darunter lagen. Ich nähte zerrissene Unterhosen und las dabei in F. A. Lange über analytische und synthetische Urteile.

In den nächsten Tagen musste fest gearbeitet werden. Von der Sammlung war Vielerlei verschimmelt und feucht geworden, die Indianer lieferten noch manche wertvolle Erklärung, es wurde photographiert, entwickelt, gemessen, ge-

Abb. 9. Unser Fremdenhaus in der Independencia.

schrieben, gerechnet, gepackt, mit einem Wort in jeder Richtung gewirtschaftet. Manche der im Kanu leicht mitzunehmenden Ethnologica waren auf Maultieren kaum unterzubringen. Die grössten Bogen hatten fast 2½ m, die Pfeile fast 2 m Länge. Unmöglich konnten die Fangkörbe und Reusen wegen ihres grossen Volums und ihrer Zerbrechlichkeit den Tieren anvertraut werden. So ist denn Ehrenreich den ganzen Heimweg mit einer langen Fischreuse und bin ich ebenso mit zwei nicht schweren, aber wegen ihres grossen Umfangs und ihrer Papierkorbform recht lästigen Fangkörben, deren Spitzen in den Hals stachen, nach Cuyabá gewandert.

Unsere Gastfreunde, die sich in unserer Kochhütte häuslich eingerichtet hatten, wurden des Sehens und Hörens nicht müde. Luchu, der eitle Fant,

INDEPENDENCIA — KÜCHENPLATZ

verübte kleine Diebereien. Sie hatten nun auch das Messen gelernt. Einer holte sich eine Stange und mass ein Maultier aus, indem er sie neben die Ohrspitzen, den Kopf, den Rist, die Kruppe und das Ende des Schwanzes hielt und jedesmal eine Schnur umband; sorgsam brachte er seine Tabelle in Sicherheit. An einem schönen dunkeln Abend wurde das Lager bengalisch beleuchtet. Ein wackerer Apotheker in Desterro hatte uns ausser einer Kollektion Flaschen, die die wohl von einem sinnigen Landsmann vorgeschriebene Bezeichnung »Steinenschnaps« trugen, ein Kistchen Feuerwerk mitgegeben. Prächtig machten sich die bunten Leuchtwolken an den Ecken des Viehzauns.

Nach dem Muster der Szene in Maigéri veranstalteten wir einen solennen Abschied. Es wurde eine Flaggenstange aufgerichtet, darunter ein Lederkoffer gestellt und ihm zu beiden Seiten eine Sitzreihe angebracht, Ponchos davor ausgebreitet. Dann holte Jeder feierlich einen Indianer herbei, ich duckte Tumayaua auf den Koffer nieder und ebenso verfuhren die Andern mit ihrem Ehrengast. Wir verschwanden und kamen mit zahlreichen Geschenken in einer Kette wieder herbeigelaufen, das heisst, Jeder überlieferte nur ein einzelnes Stück und eilte, ein neues zu holen und sich wieder hinten an die Kette anzuschliessen. Taschentücher, Spiegel, Perlen, Messer, kleine und grosse, für die Häuptlinge Hemden und Beile, kurz Alles, was noch vorhanden war. Stets erhielt Tumayaua als braver Schweppermann das Doppelte. Zum Schluss- und Knalleffekt wurde der kleine Spitz Fazendinha an einer Leine auch im Laufschritt herangerissen. Als die Spanier einst nach Amerika kamen, brachten sie Bluthunde mit, wir dagegen verehrten den »Wilden« ein Schosshündchen, denn Tumayaua sollte das niedliche Tier seiner Tochter, meiner Eva aus der Bakaïrí-Idylle, mitbringen. Ein Geschenk freilich so unfruchtbar wie unsere Eisenwaaren.

Am 16. November kamen die Indianer gegen $4^1/_2$ Uhr morgens, nur Tumayaua that seinen Mund auf und sprach „*itahé-ura*" »ich gehe«. Ehe die Sonne aufging, waren sie alle verschwunden.

VII. KAPITEL.

Independencia—Cuyabá.

Route. Transport und Beschwerden in der Regenzeit. Perrot und Januario verirrt. Hunger.
Ankunft am Paranatinga und in der Fazenda S. Manoel mit Hindernissen. Weihnachten im Sertão.
Ankunft in Cuyabá.

Für den Marsch von der Independencia nach Cuyabá bildete wiederum der Paranatinga die Grenzscheide zwischen dem schwierigeren und dem leichteren Teil, und die erste bewohnte Station, die Fazenda S. Manoel, lag an seinem linken Quellfluss S. Manoel. Wir brachen am 19. November von unserm Lager am Kulisehu auf, die Truppe erreichte die Fazenda am 17. Dezember, sie marschierte dort ab am 22. Dezember und traf am 31. Dezember in Cuyabá ein.

Wiederum zogen wir von dem Kulisehugebiet an den Rand des Batovy-Quellbeckens und wählten nur den Uebergang über die Wasserscheide zum Paranatinga auf der »Rondonstrasse« (vgl. S. 41). Wir hofften in dem an der Kreuzungsstelle unserer Pfade errichteten Briefkasten genauere Auskunft über die Beschaffenheit des Weges nach S. Manoel zu erfahren. Denn Rondon würde mit Sicherheit seine Goldsuche nicht bis in die Regenzeit hinein fortgesetzt haben, es sei denn, er hätte das Eldorado der Martyrios gefunden. Von der Fazenda nach Cuyabá gab es keine Sorgen mehr; es war dies sogar die kürzeste Verbindung zwischen dem Paranatinga und dem Hauptstädtchen.

Hatte auf dem Hinweg der schwierigste Abschnitt unseres Unternehmens zwischen dem Batovy und dem Einschiffungsplatz gelegen, so waren von den sechs Wochen des Rückmarsches die vier bis zum Paranatinga die schlimmste Zeit der Expedition überhaupt. Da haben wir wirklich vielerlei kleine Leiden durchmachen müssen, die schlimmer sind als grosse, wie Moskitos und Zecken schlimmer sind als Raubsäugetiere, und wie zahlreiche angeschwollene Bäche für den Reisenden schlimmer sind als das Uebersetzen über einen breiten Fluss. Es hatte uns trotz Januario nichts genutzt, dass die Mondsichel am Vorabend unseres Auszugs fast wagerecht stand; es regnete dennoch.

Die Regenzeit! Bei einer Heimkehr kann man mit ihr fertig werden; ausziehen jedoch, wenn sie bereits begonnen hat, hiesse den Erfolg von vornherein unverantwortlich auf's Spiel setzen. Man darf sich nicht vorstellen, dass wir in einer unausgesetzt giessenden Douche gewandelt seien, aber der Gegensatz zu der fast wolkenlosen Trockenzeit war in der That gewaltig. Sehr heftige Gewitter kamen nieder, viel Landregen und Nebelgeriesel wurde uns zu Teil, und ein sonniger Tag wie der 28. November war eine seltene Ausnahme. Regnete es nicht, so war doch der Himmel düster und grau, sodass uns einige Augenblicke dünnen Sonnenscheins oder Nachts ein sternenklarer Himmel wahrhaft wohlthuend dünkten. Zuweilen war der Regen sehr kalt und wir schüttelten uns wie damals die nackten Mehinakú im Walde. Und ein ander Mal schwitzte man innerhalb des feucht dunstigen Moskiteiro wiederum wie in einer überhitzten Waschküche.

Der Kamp hatte sich verjüngt; weil es im alten Europa schneit, wenn es hier regnet, nennt man auch hier die Zeit, wo doch Tier und Pflanzenwelt zu neuem Leben erwachen und wo die Sonne am höchsten steht, den »Winter«. Der Campo cerrado war in dem frischen Grün kaum wiederzuerkennen; wo das hohe dünne Massegagras niedergebrannt worden war, deckte den Boden junges Gras mit weissbüschligen Halmen. Es nahm die Trittspur kaum auf und die Nachfolgenden bedurften verdoppelter Aufmerksamkeit.

Auch die Bäche waren nicht wiederzuerkennen. Die Ufer hatten durch den höheren Wasserstand ein anderes Aussehen bekommen, es floss manches Gewässerchen munter daher, das früher ausgetrocknet gewesen. Vor unsern Augen schwoll das Wasser an und fiel; wir konnten uns den Uebergang oft günstiger gestalten, wenn wir mehrere Stunden warteten. Eine kurze Strecke schwammen die Maultiere mit Gepäck; wir selbst gewöhnten uns daran, nur die Stiefel anbehaltend, bis an den Hals durch's Wasser zu waten. Mehrere konnten leider nicht schwimmen.

In einige Verlegenheit gerieten wir nach einer ekelhaften Regennacht am 22. November vor einem kleinen tiefen Flüsschen. Wir fällten einen hohen Angikobaum, der auch in guter Richtung stürzte, aber doch nicht bis zum andern Ufer reichte. Dann aber waren wir im Besitz von etwa 25 m verzinnten Eisendrahtes, den uns Herr Weber in Rio de Janeiro als unerlässlich, ich spreche bildlich, auf die Seele gebunden hatte. Bisher war er nicht gebraucht worden, hier that er gute Dienste. Er wurde mit einem Lasso auf das andere Ufer geworfen und nach einigem Herüber- und Hinüberschwimmen gelang die Beförderung vorzüglich. Die Bruaken glitten an einem Haken und durch einen Riemen geleitet; die erste Probe war mit einer Fracht Tapirfleisch nebst Herz und Leber gemacht worden. Schliesslich als die Bündel der Kameraden an die Reihe kamen, riss der Draht.

Für die Nichtschwimmer bedienten wir uns hier auch zum ersten Mal der vortrefflichen in den häutereichen Provinzen Brasiliens üblichen »Pelota«. Eine Ochsenhaut wurde nach Art einer niedrigen quadratförmigen Schachtel umgebogen und in dieser Form durch einen mit Riemen befestigten, aus beliebigen Stangen improvisierten Holzrahmen erhalten. An einer der Seiten hing ein Leitriemen, den ein Schwimmer zwischen die Zähne fasste, während ein zweiter nebenher schwimmend steuerte. Bedeutend rascher herzustellen ist eine Pelota, die uns Antonio kennen lehrte. Er bog einfach ein dünnes Stück biegsamer Schlingpflanze zu einer rundovalen Schlinge — an solchen Rahmen hängen die Fischnetze der Indianer — und befestigte die Ochsenhaut ringsum mit Riemen.

Da gab es natürlich viel zu lachen, erst recht, wenn der in dem aufgespannten Regenschirm sitzende Passagier auch seinerseits zu lächeln bestrebt war. Der ganze Tag ging mit dem Uebersetzen verloren, das Lager wurde auf der einen Seite abgebrochen und auf der andern wieder aufgeschlagen. Nur war hier wenig Raum, da hoher Wald an den Fluss herantrat. Fröhliches Rufen und Schreien erfüllte die Luft. Die Madrinha stand angebunden und klingelte verlockend. Nackte Menschen patschten und padelten nach Art der Hunde im Wasser bei den schwimmenden Maultieren, Carlos Alles mit seinem lustigen »o diavo« übertönend. Nackte Menschen auch, immer bereit wieder in den Fluss zu stürzen, waren oben unter den niedrigen Akurípalmen beschäftigt, die Bruaken, die Säcke oder die ungeschickten langen Pfeilbündel zu schichten und das Sattelzeug aufs Gerüste zu hängen. Daneben lauter Genrebildchen; Einer schlug die Hängematte auf, ein Anderer sass vor Antonio auf einem Fell und liess sich die Haare schneiden, Ehrenreich quälte sich, Columna einen Dorn aus dem Fuss zu ziehen, Perrot daneben schwang eifrig die Salmiakflasche — man hatte die Wunde für einen Schlangenbiss gehalten und Carlos hatte sie ausgesogen. Wieder ein Anderer machte sich am Feuer zu schaffen und kochte oder briet, und hübsch genug sah es aus, wie der bläuliche Küchenrauch vor den Palmen aufstieg. Endlich war der letzte Esel drüben über den Abhang erschienen und herübergebracht; mit ihm kam der Papagei, den ein Soldat vom Kulisehu nach Hause nahm, auf der Hand seines schwimmenden Herrn. Nur Diamante, der schwerfällige alte Köter, hatte noch keine Lust, das Ufer zu verlassen, solange er dort noch einen Rest Fleisch unverschlungen wusste. Denn Braten fehlte am »Rio do Arame«, am Drahtfluss, nicht; es hatte sich endlich einmal ein Tapir schiessen lassen, und zwar endlich einmal einer, der ausnehmend zart war. Fette Stücke hielten den Vergleich mit gutem Roastbeef aus, und die Leber zerschmolz im Munde.

So fehlte es nicht an den Freuden des Daseins. Wir konstatierten, dass wir in jener Zeit einen ganz unglaublichen Fleischhunger hatten; wir assen, wenn es ein oder zwei Tage kein Wildpret gegeben hatte, einen stinkenden Bock, ohne mit der Wimper zu zucken. Freilich konstatierten wir bald nicht minder, dass wir einen unglaublichen Fetthunger hatten; wir wurden ordentlich tiefsinnig, als wir an einem alten Lagerplatz Rondons zwei leere Blechbüchsen fanden, in denen, der schönen Aufschrift nach zu urteilen, einst mehrere Kilo amerikanischen Schmalzes enthalten gewesen waren. Und endlich entwickelte sich ein Hunger nach Süssem, der an das Krankhafte grenzte. In Summa, wir hatten alle Arten von Hunger.

Verdauungsstörungen waren überall vorhanden, abgesehen von den Fieberanfällen. Sie schienen mehr von der Nässe herzurühren. Füsse, Glieder, Kleider, Taschen, Hängematten, Nachtsäcke, Alles war nass, was man anfasste. Man neigte zuweilen zu dem Glauben, dass sich der sumpfige Kamp in eine Lagune und wir selbst uns in Frösche zu verwandeln im Begriff waren. Wir verloren die Lust am Anblick der oft sehr stimmungsvoll wässrigen Landschaft und begrüssten als die einzige richtige Staffage eines Tages einen riesigen Cervo oder Sumpfhirsch, in der Ferne einem gelben Ochsen ähnlich, der langsam und schwerfällig, das Haupt gesenkt und vorgestreckt, ein Bild aus vorsündflutlichen Zeiten, mit stumpfer Neugier bis auf 20 Schritt an uns herankam, aus Antonio's Flinte einen Schrotschuss in die Brust empfing und daraufhin abtrollte, von den wütenden Hunden verfolgt.

Unsere Sachen faulten elendiglich. Die früher nur allzusteifen und buckligen Ochsenhäute, die vor der Nässe schützen sollten, verwandelten sich in schlappe Lappen, sie wurden von spitzen Dingen widerstandslos durchlöchert und rissen bei stärkerer Anspannung in breite Fetzen. Nur zwei Häute noch konnten als Pelota dienen. Die Ledersäcke verfielen demselben Erweichungsprozess; die Holzsättel zerbrachen, wurden notdürftig zusammengeflickt, passten nicht mehr und erzeugten auf den Eselrücken flache Hautwunden, die sich mit eitrigen Krusten bedeckten und trauliche Heimstätten boten für allerlei »bichos damnados«, zu Deutsch »verdammtes Viehzeug«. Was geleimt und geklebt war, was Papier oder Pappdeckel hiess — ave Maria! Die Sammlung, die photographischen Platten, wir zitterten um ihretwillen an jedem Bach, wir stürzten hinter den einzelnen Stücken her wie Mütter, deren Kinder in's Wasser fallen, aber man wusste nicht, hatten sich die Esel niederträchtiger Weise verschworen, gerade mit der kostbarsten Ladung in die nasse Tiefe abzurutschen oder — nur Esel vermögen darüber zu entscheiden — steigerte sich bei ihnen umgekehrt edelmütige Sorge für unser wertvollstes Gepäck zu einer Angst, um Himmelswillen nicht fehlzutreten, die sie mit Blindheit schlug und im kritischen Augenblick der Gegenwart des Geistes beraubte?

Am 28. November setzten wir über den Südostarm des Batovy mit vielem Aufenthalt, am nächsten Morgen passierten die Tiere. Wir beschlossen, den schönen Tag zum Trocknen zu benutzen. Perrot und Januario, die Berittenen, sollten derweil den Briefkasten aufsuchen und uns die Antwort Rondons holen; es wurde angenommen, dass sie in 3 bis 4 Stunden dort sein konnten. Vorsichtiger Weise nahmen sie Decken, Salz und Gewehre mit. Doch kehrten sie weder an diesem Abend noch am nächsten Morgen zurück. Wir waren bei der mondhellen Nacht gänzlich unbesorgt und beschlossen, langsam vorzurücken. Am 1. Dezember waren sie noch immer nicht zurück. Wir zündeten auf einem Hügel Feuer an, das nur eine schwache Rauchsäule entwickelte, schossen verschiedentlich und gingen unsrerseits den Briefkasten aufsuchen. Es zeigte sich, dass er um einen Chapadão weiter war, als wir gerechnet hatten. Antonio habe ich nie mehr bewundert, — ohne Sonne, ohne Hiebmarken schlenderte er auf seinem Schlangenweg dem Orte zu und fand den richtigen Hügelzug, auf dem nach einigem Suchen auch der richtige Baum entdeckt wurde. Die beiden Fähnchen waren noch vorhanden. Von Perrot's und Januario's Besuch keine Spur. Die Antwort Rondon's, mit Bleistift am 4. September 1887 geschrieben, lag in der Büchse. Sie sprach sich dahin aus, dass der Weg auch in der Regenzeit passierbar sein werde und Alles nur von dem Wasserstand des Paranatinga abhänge. Die Entfernung nach der Fazenda S. Manoel wurde auf 16 Leguas (99 km) geschätzt. Der Weg von S. Manoel nach Ponte alta sei fest, ohne Hindernis in den Serras und 25 Leguas (144,5 km) lang.

»Ich bin«, lautete das sehr liebenswürdig gehaltene Schreiben des José da Silva Rondon weiter, »bei der Untersuchung der Flüsse, die ich antraf, nicht so glücklich gewesen, als Ew. Hochwohlgeboren mir gewünscht haben. Ich stiess mit Indianern »de má conducta«, von schlechter Aufführung, zusammen, verlor in dem Kampf einen Gefährten, der fiel, und zwei, die versprengt wurden; zwei andere erhielten leichte Pfeilwunden.«

Das waren nun auch Schingú-Indianer, aber die uns unbekannten der Ronuro-Quellflüsse gewesen. Halt, da standen auf der vierten Seite des Briefbogens noch ein paar Zeilen in anderer Handschrift und anderer Orthographie. »Am 12. September bin ich hier am Schingú vorbeigekommen. Francisco Chivier da Silva Velho.« Der Name war uns nicht fremd; es war der des weithin bekannten Sertanejo Chico Velho, des Führers von Rondon, offenbar des einen der zwei Versprengten. Acht Tage nach Rondon und allein! Das liess tief blicken.

Betreffs der Leguas der berittenen Sertanejos waren wir etwas misstrauisch geworden; jedenfalls konnten Perrot und Januario, die immer geglaubt hatten, dass die Fazenda leicht in zwei Tagen zu erreichen sei, schweren Täuschungen zum Opfer fallen, wenn sie durch irgend einen Umstand veranlasst worden waren, vorauszureiten. Ihr Schicksal trat jetzt in den Vordergrund aller Ueberlegung. Dass sie sich verirrt hatten, konnten wir nicht begreifen, weil der erfahrene Januario den Weg dreimal gemacht hatte, sie auch irgendwo auf unsern alten Weg oder auf die Rondonstrasse stossen mussten und eine Aussicht auf den Batovyberg überall zu gewinnen war. Wir thaten bis zum Mittag des 3. Dezember Alles, was in unsern Kräften stand, durchkreuzten das ganze Terrain in allen Richtungen mit Patrouillen, durften aber nicht vergessen, dass die Beiden beritten waren und wir nicht, dass auch für uns viel auf dem Spiele stand, und dass jene vielleicht in Sicherheit waren.

Wir wanderten nun auf der Rondonstrasse in das Paranatingagebiet. Der Pfad war meist leicht erkennbar, oft mit grosser Geschicklichkeit um die Hügel geführt und mit wuchtigen Hieben markiert. Chico Velho's Hand schrieb sicherer auf Baumrinde als auf Papier. Wir fanden auch Brücken, doch waren sie nur zum kleineren Teile noch brauchbar.

Am 4. Dezember entdeckte Antonio endlich Spuren eines Pferdes und eines Maultieres, am 5. Dezember trafen wir gar ein niedriges Schutzdach aus Palmblättern, wo die Beiden geschlafen hatten, mit einer Feuerstelle und dabei einen Rest Rehkeule von stärkstem Hautgoût. Antonio ass noch davon und spaltete die Knochen, um sich das Mark hervorzuholen. Die Hufspuren blieben sichtbar bis zum 6. Dezember, wo wir einen sehr hoch angeschwollenen Quellbach und jenseit desselben den eine breite Strecke unter Wasser gesetzten Wald zu passieren hatten; hier schienen die Reiter zu einer anderen Stelle abgeschwenkt zu sein.

Mit unserm Proviant waren wir zu Ende. Am 7. Dezember hatten wir noch 7 Tafeln Erbsensuppe und 7 Kemmerich'sche Patronen. Allein die Leute verachteten mehr und mehr unsere Suppen. Sie kümmerten sich nicht um die physiologische Berechnung des Nährwertes, und es ist richtig, selbst bei uns, die wir bei noch gutem Allgemeinzustand gern eine Weile theoretisch satt wurden, blieb jetzt ein Gefühl von Vereinsamung und Leere im Magen zurück, das der Volksmund Hunger nennt. Das letzte Mandiokamehl von den Indianern war am 4. Dezember in Gestalt eines vorzüglichen »Eiermingau« verzehrt worden, eine Schlussapotheose mit 8 dunkellila gefärbten, wie Billardkugeln spiegelnden Eiern, die uns ein braves Rebhuhn auf den Weg gelegt hatte. Zwei Rehe tauchten vor unserm freudigen Augen auf, da rannte der Hund Certeza ihnen eifrig entgegen und vertrieb sie mit der ganzen seines Namens würdigen Sicherheit. Es schadete nicht viel, dass Manoel unterwegs mehrere Teller und sämtliche Gabeln und Löffel verlor. Von den Leuten war täglich der Eine oder Andere für eine Stunde verschwunden, nicht immer dann, wenn er leicht zu entbehren war, und der Grund war stets derselbe: Honig suchen. Zeitweise wurden sie recht kleinmüthig, doch vergab man ihnen Alles, wenn z. B. der Mulatte Satyr eine gebratene Wurzel aus der Asche aufnahm und laut auf Deutsch ausrief: »Essen fertik. Sähr gut«.

Die vegetabilische Kost, die die Umgebung bot, war recht dürftig, aber sie füllte wenigstens: Palmkohl von der Guariroba, chininbitter, und die Wurzel der »Mandioca de campo«, Kampmandioka, yamsähnlich, holzig, nach Antonio auch von den Bakaïrí unterwegs gegessen.

Glücklicher Weise hatten wir Tabak im Ueberfluss, den knurrenden Magen zu besänftigen. Wir rauchten und tauschten in der Hängematte liegend die Ansichten über eines Jeden Lieblingsspeisen aus. Da fielen Worte wie Clever Spekulatius, Tutti Frutti, Schinkenbrod, Pumpernickel mit Schlagsahne, Saucischen, junge Hasen mit Rahm, Schmorbraten, und es war ein Hochgefühl, wenn dem Andern der Mund noch mehr wässerte als Einem selber. Durch ganz besondere Urteile zeichnete sich Ehrenreich aus, der ein seltsames Gedächtnis für seine kulinarischen Erlebnisse auf Reisen besass und Lob und Tadel schroff über die Welt verteilte. Die besten Teltower Rübchen ass man nach der Erfahrung dieses Berliners in Viktoria in der brasilischen Küstenprovinz Espiritu Santo, das Beste wurde geliefert von Spiegeleiern am Bahnhof in Rom, von Baumkuchen am Bahnhof in

Kottbus, von Hammelrücken in Tondern, von Fruchteis oder von Kalbsherz in München, von Weisswein im Kasino zu Trier; es gab das schlechteste Brod in der Schweiz, die schlechtesten Würste in Brasilien, die schlechtesten Makkaroni in Neapel, das schlechteste Essen überhaupt in Heidelberg, das schlechteste Bier in Oberammergau. Wie gut wäre uns auch das Schlechteste erschienen!

Am 8. Dezember konnten wir zum ersten Mal eine ordentliche Queimada anlegen als Wahrzeichen für die Verschollenen. Wir rechneten leidenschaftlich die Entfernungen aus und sahen, dass Rondons Angabe zu klein ausfiel. Wir passierten zahlreiche tief eingeschnittene Bäche, viele sumpfige Strecken (Atoleiros), fanden uns wieder mitten im dichten, mit Gestrüpp gefüllten Kamp, stiegen von Chapadão zu Chapadão und immer noch erschien keine Aussicht auf den Paranatinga. Erst am 9. Dezember nach steilem Aufstieg erblickten wir den breiten Waldstreifen, den wir ersehnten. Wir schlugen einen langen Weg Pikade und standen plötzlich vor dem gelben, hochangeschwollenen und reissend dahinströmenden Fluss, der an dieser Stelle etwa 80 m breit war.

Von hier bis zur Fazenda sollte es noch »5 Leguas« sein. An ein Uebersetzen der Truppe ohne Kanu war nicht zu denken. Antonio musste eins machen. Lebensmittel waren nicht mehr vorhanden. So entschied ich mich, mit Peter sofort zur Fazenda aufzubrechen. Unsere Hängematten und Kleider wurden in einer Pelota auf das linke Ufer geschafft, wir selbst gingen ein gut Stück flussaufwärts und schwammen hinüber oder wurden vielmehr durch die Strömung fortgerissen. Um $1^{1}/_{2}$ Uhr schlugen wir uns drüben in die Büsche und kamen bald an das linke Ufer des S. Manoel, eines breiten, aber stillen Flusses, den wir wieder durchschwammen. Die Fazenda lag noch weit oberhalb. Das Verhältnis war so, dass der Fluss auf dem Wege von ihr zum Paranatinga einen grossen Bogen machte und links einmündete, wenige Kilometer oberhalb unseres rechts gelegenen Lagers. Wir schritten wieder auf wirklichen, von Fährten bedeckten Wegen; die erste Spur, die uns die sichere Nähe von Menschen verriet, rührte von Ochsen und Eseln her. Nach 6 Uhr, als die Sonne zur Rüste sank, erschallte wütendes Hundegebell, und wir standen noch nicht vor der Fazenda, aber vor einem Retiro, einer Viehstation derselben, der sogenannten »Fazenda Pacheco« älteren Datums.

»Como passou?« »wie geht es Ihnen?« begrüsste mich mit biederm Handschlag ein kropfbehafteter Mulatte, der Vaqueiro Feliciano, der draussen in einem Topf — uns hüpfte das Herz vor Freude — prasselnde Bohnen kochte. Bald erschien auch der Capataz Francisco de Veado, ein alter wetterfester Jägersmann, kerzengrade und stolz, als trüge er immer einen Degen an der Seite. Sie hielten uns für Leute von Rondon.

Eine Umzäunung für das Vieh, schlammiger ausgetretener Lehmboden, ein kleines Wohnhaus, 3 Schritte breit, $5^{1}/_{2}$ Schritte lang. »Ihr Haus, Ew. Hochwohlgeboren.« Nach meinem Aussehen konnte ich eigentlich nur auf »Ew. Wohlgeboren« Anspruch machen. Drinnen: die Wände senkrechte Stiele mit dünnen

Bambusquerhölzern, der Eingang bei offener Thüre unten durch ein paar Querstangen gegen hereinlaufende Tiere gesichert; im Palmstrohdach oben arbeitete ein Bienenschwarm. Eine weisse Hängematte, das Bett ein Gestell mit einem Ochsenfell belegt und einem Sack als Kopfkissen, auf Gestellen darüber kleine Säcke mit Bohnen, Reis, Farinha, Salz; unten an der Wand Bruaken, ein Holzsattel, ein paar alte Kisten, auf denen Kürbisschalen, Holzlöffel und vier kleine eiserne Kochtöpfe standen, über der Thüre ein Reitsattel mit Riemenzeug, daneben ein Strohhut mit einer von der Kinnschnur lang herabhängenden bunten Troddel, ein dünner Vorderlader, eine klobige Pistole, an einigen Stangen Leinenzeug, Kleider, Decken, Lassos, auf dem Boden eine Feuerstelle und ein Haufen Asche, Sandalen, eine grosse Wasserkalabasse, mit einer Kürbisschale zugedeckt; in einer Ecke, an drei Stricken befestigt, ein aus Aststücken zusammengesetztes dreieckiges Hängebrett mit kaltem Rehbraten und einem Stück Ameisenbärfleisch belastet. Kein Kaffee, kein Paraguaythee. Eine leere Flasche. Das war wohl ziemlich genau das sichtbare Inventar.

Die Beiden erschöpften sich in Liebenswürdigkeiten, gaben uns Speck, Farinha, Rapadura — Alles einfach, aber für uns grossartig. Auch unterliessen wir nicht die landesüblichen Förmlichkeiten, dankten verbindlich nach jedem Gericht und baten bei jeder Einzelheit um besondere Erlaubnis, so um einzutreten, niederzusitzen, Wasser zu nehmen, die Hängematte aufzuhängen u. s. w.

Beim Morgengrauen des 10. Dezember gingen wir fort. Wir hatten noch ein Nebenflüsschen des S. Manoel, den Pakú, der uns aber nur bis an die Hüften reichte, und ein paar kleinere Bäche zu durchschreiten. Ich musste in jenen Tagen oft der Hydrographen gedenken, die so zierlich und sauber ihre blauen Aederchen auf Papier zeichnen.

Um 10 Uhr betraten wir eine kleine Ansiedelung von Arbeitern und sahen dann unsere berühmte Fazenda S. Manoel gegenüberliegen auf hohem Ufer, in üppiger Tropenlandschaft ein Bild, das mich lebhaft an Java erinnerte. Lehmhütten aus Fachwerk mit Palmstroh gedeckt, ein grosser Viehhof. Ein Rindenkanu brachte uns hinüber.

Man sass beim Frühstück. Am liebsten hätte ich einen der Kameraden beiseite geschoben und mich an seine Stelle gesetzt. Nun, José Confucio — mit schwarzem Vollbart, das dicke Haar bis fast auf die Brauen reichend, barfuss in sauberem Leinenanzug aus Hemd und Hose — empfing uns mit herzlicher Gastfreundschaft. Es war urgemütlich. In der einfachen Stube hing als Schmuck ein Jaguarfell, das am Tage vorher abgezogen war, aufgespannt an der Wand; der Raum war wieder mit Bruaken und allerlei Vorräten gefüllt, und auf dem gestampften Boden lag Stroh von Zuckerrohr umher, eine säugende Hündin war in der einen Ecke gebettet und aus den andern ertönte überallher ein unermüdliches Kükengepiepe. Bei Tische bedienten uns die Negerin Antoninha und eine alte Bekannte aus dem Paranatingadorf der Bakaïrí, die Indianerin Justiniana.

Da lagen sogar Zeitungen! Nicht gerade das Morgenblatt von Sonnabend, dem 10. Dezember, mit Sonntagsbeilage, sondern ungefähr einen Monat älter, aber für mich hinreichend aktuellen Inhalts. Ich erfuhr, dass der »Rio Apa«, der für uns eigentlich bestimmte Postdampfer, im Juli mit Mann und Maus untergegangen war. — Confucio hatte einen Bruder in Cuyabá, der Kosciusko hiess und »ein französischer Philosoph« war. Seine zwei Schwestern Namens Brasilina und Polycarpina wohnten auf der Fazenda. Von unsern Freunden, den benachbarten Fazendeiros am oberen Cuyabá, wollte er nichts wissen. Das Land gehöre gar nicht der Donna Matilda und ihren Verwandten, sie seien nur überall umhergezogen und erhöben nun Ansprüche auf das ganze linke Ufer des Paranatinga. Auch auf Rondon war er schlecht zu sprechen. Er habe seine Leute Hunger leiden lassen und mitgeführte Ochsen verkauft, statt ihnen das Fleisch zu geben. Das Zusammentreffen mit den Indianern hatte sich, wie zu erwarten war, so abgespielt, dass die Brasilier sofort, als jene mit dem gewohnten Empfangsgebrüll erschienen, Feuer gaben. Es war Rondons Vorhut gewesen, der Kapitän Francelino aus Rosario mit 6 Leuten, die diese alte und immer wieder neue Thorheit begingen. Dabei zitterte Francelino infolge Neuralgie die Hand, er kam mit dem Laden nicht zu Stande und brach unter einem Pfeilschuss zusammen. Rondon, der die Schüsse hörte, entfloh entsetzt, »aborrecido«. Er beeilte sich so, dass ein armer Teufel von Kamerad, der hinkte, zurückgeblieben und wahrscheinlich im Sertão umgekommen sei. Und mir lag derweil wie Alpdrücken die Frage auf der Seele: was ist aus Januario und Perrot geworden?

Zweierlei war für uns das Notwendigste: Lebensmittel und da unsere Esel samt ihren Sätteln in dem denkbar schauderhaftesten Zustande waren, ein Arriero für die Tiere. Ich mietete einen Mann Namens Gomez und liess ein Oechslein mit Maisfarinha, Reis, Bohnen und Speck beladen. Farinha von Mandioka war nicht vorhanden, auch von Reis gab es nur wenig; Dörrfleisch, wegen des Regens knapp geworden, erhielt ich nur 4 kg, und Rapadura, die nicht im Hause gemacht, sondern von der Serra geholt sei, nur 6 Stück. Schnaps bekam ich mit Ach und Weh 2 Flaschen, er war in der vorigen Woche bei einer »Promessa« ausgetrunken worden. Ein Maultier war abhanden gekommen, man hatte eine »Promessa« gemacht, ein Gelöbnis an den heiligen Antonio, dass er es wiederschaffe, und die Dankfeier mit Gebet (reza), Schnapstrinken und Pururútanzen begangen.

Nun, die beiden Unglücksmenschen, Perrot und Januario, die uns beinahe den Streich gespielt hätten, die ganze Expedition zu verderben, sie sassen wieder im alten Zelt. Columna, der einem Santo eine Kerze gelobt hatte, wenn sie wiederkehrten, war erhört worden; (bezahlen muss freilich der, für den das Versprechen geleistet worden ist). Den 10. Dezember, den Tag nach meinem Weggehen, waren sie Nachmittags angeritten gekommen, triefend, abgerissen, zerschunden, mager, hohläugig — Jammergestalten, und doch von Freude erfüllt. Sie waren nicht ertrunken, nicht vom Blitz erschlagen oder sonst auf eine interessante Art verunglückt, sie hatten sich wirklich nur gründlich verirrt und zwar schon von Anfang an, sie waren zwölf Tage die Kreuz und Quer umhergezogen, sie hatten die drei letzten Tage nichts mehr gegessen und waren noch im Besitz von zwei kostbaren Zündhölzern. Januario's alter Kopf hatte den erlittenen Unbilden nicht mehr Stand halten können; er delirierte mit Verfolgungsideen. Eine Pilokarpininjektion, mit der ich ihm am 25. November, als er mit einer schweren Erkältung niederlag und jammerte, dass er durch Nichts in der Welt in Schweiss zu bringen sei, in kürzester Frist zu einem fürchterlichen Schwitzen verholfen, und mit der ich ihn auch prachtvoll kuriert hatte, diese Injektion hatte ich nur gemacht, um ihn »zu erstechen«. Perrot liess sein Gewehr putzen, um ihn »zu erschiessen«, mit Kaffee gedachte man, ihn »zu vergiften«. Er erklärte, hier am Paranatinga bleiben, sich einen Rancho bauen und eine Pflanzung anlegen zu wollen. Er begrüsste mich mit mürrischem Gesicht und trübem Blick, war sehr reizbar und anspruchsvoll, litt an Kopfschmerz und wurde auch in den nächsten Wochen, obwohl er sich entschieden besserte, nie mehr wieder ganz das vergnügte alte Haus, das uns alle mit seinem freiwilligen und unfreiwilligen Humor so häufig heiter gestimmt hatte.

Perrot war über das Benehmen Januario's verzweifelt gewesen, er hatte allein die Tiere besorgen, Holz schlagen und Feuer machen müssen, und fortwährender Zank gesellte sich zu der Verwirrung, den elenden Nächten, den Regengüssen, dem Hunger. Den Paranatingazufluss, der den Wald unter Wasser gesetzt hatte und bei dem wir ihre Spur verloren, hatten sie für den Batovy gehalten! Sie waren nach Osten geritten. Sie kehrten zurück und setzten mit einem kleinen Floss aus Buritístielen ihr Gepäck und ihre Gewehre über. Ihr unangenehmstes Abenteuer war, während sie unter dem niedrigen Schutzdach schliefen, der nächtliche Besuch eines Jaguars gewesen. Sie fuhren erschreckt empor, als die Katze in die Feuerasche patschte und hielten sie für einen Tapir. Januario versetzte ihr mit dem Messer einen Stoss in die Rippen, Perrot gelang es seines Gewehrs habhaft zu werden und einen Schuss abzugeben, worauf sich der Ruhestörer verzogen und, wie Blutspuren am nächsten Morgen zeigten, zum Wald gewandt hatte. Perrot hatte im Ganzen acht Patronen mit sich, von denen er sieben verschoss. Die letzte behielt er aus Furcht vor einem ähnlichen Fall im Gewehr, obwol sie Rehe in aller Nähe passierten und die folgenden drei Tage ohne Nahrung blieben.

Im Lager stürzte sich Alles über die Maisfarinha und die Rapadura, die zusammen wie Zwieback mit Zucker schmeckten, nur hatte man sichtlich eine grössere Auflage von den aus Zucker gegossenen Ziegelsteinen erwartet als Confucio hergeben wollte. Es musste die genaueste Verteilung vorgenommen werden; argwöhnisch, $^1/_{10}$ im Scherz und $^9/_{10}$ im Ernst, verglich man in seiner Gier nach dem Süssen die wirklich kleinen Portionen. Das Dörrfleisch war trockene Haut. Und im Lager selbst hatte es zuletzt Ueberfluss gegeben; nachdem man den ersten Tag noch von Guariroba gelebt und nicht ein kleines Fischlein der Einladung anzubeissen gefolgt war, hatte man einen mächtigen auf einen halben Zentner Gewicht geschätzten Jahú gefangen. Das hatte die Stimmung gehoben und wahrscheinlich auch den Puls. Wilhelm hat in seinem Tagebuch die auffallend niedrigen Pulszahlen verzeichnet, die man am 10. Dezember zufällig beobachtet hatte, Vogel 44, Wilhelm und Perrot 56, Ehrenreich 60, Januario aber 76.

Am 13. Dezember mussten wir unthätig liegen, da der Paranatinga bei andauerndem Regen 1 m hoch gestiegen war. Am 14. begann das Uebersetzen mit den Holzsätteln, die Gomez drüben, soweit möglich, unter Ausrufen sachverständigen Entsetzens zusammenflickte. Am 15. lächelte uns die Sonne, und am 16. schlachteten und assen wir auf dem Retiro einen einjährigen Ochsen, einen mamote (Säugling); der würdige Gastfreund Veado kommandierte die gelehrten Herren in einer Weise zum Lassieren (wobei ich mir den kleinen Finger fast ausrenkte), zum Herbeiholen grüner Zweige, zum Abhäuten und Zerlegen, dass man sah, er war von dem unvernünftigen »Ew. Hochwohlgeboren« der ersten Begrüssung zurückgekommen.

Der Pakúfluss machte es ziemlich gnädig, die Bruaken wurden hinübergetragen und gaben den Leuten ein angenehmes Gegengewicht gegen die Strömung, während die nur mit der emporgehaltenen Kleidung belasteten, am schief eingestemmten Wanderstab daherschreitenden Doktores sich kaum getrauten, die schlanke Stütze von dem beweglichen Geröllgrund zu lüften und einen Schritt weiter zu verpflanzen.

Zu Vogel's Geburtstag am 17. Dezember zogen wir denn endlich allesamt in das Eldorado der Fazenda ein. Es entwickelte sich bald eine fieberhafte Geschäftigkeit. Antonio schleppte Holz herbei und briet Mandioka in der Asche; wir hatten ein Stämmchen mit fast meterlangen Wurzeln erhalten. Perrot und Vogel veranstalteten ein Wettkochen, jener »Kartoffelpuffer« aus Mandioka d. h. nicht aus der giftigen, sondern aus der gutartigen »Aypim«-Wurzel, sagen wir Mandiokapuffer, dieser einen Schmarrn in Aussicht stellend. Manoel zerrieb die Manihot utilissima, Januario schlug Eier auf, Wilhelm schnitt Speckwürfel, Vogel rührte die Eier mit Maismehl an und Perrot bearbeitete in einer riesigen Kürbisschale seine Konkurrenzmischung, Ehrenreich holte Kaffee bei Donna Brasilina. Die Puffer siegten glänzend über den Schmarrn. Gaben doch zwei anwesende Rheinländer das Gutachten ab, dass diese Mandiokapuffer die heimischen Reibkuchen überträfen. Dem Wettkochen folgte ein Wett-, nennen wir es dem Leser zuliebe ein Wett-essen. Aber die Kehrseite der Medaille, die dem glücklichen Tage folgende tiefunglückliche Nacht! Vergeblich hatte Ehrenreich gewarnt mit seinem früher so oft unangebracht zitierten Lieblingsspruch, Jesus Sirach 37, Vers 32—34: »Ueberfülle Dich nicht mit allerley niedlicher Speise, und friss nicht zu gierig. Denn viel Fressen macht krank, und ein unsättiger Frass kriegt das Grimmen. Viele haben sich zu Tode gefressen; wer aber mässig isset, der lebt desto länger.«

Am 18. und 19. Dezember schien die Sonne, Alles trocknete, die Bruaken derartig, dass sie nicht ausgepackt werden konnten, weil es unmöglich gewesen wäre, sie in der verschrumpelten Form wieder hineinzupacken. In der Nacht hatten wir viele Mühe, die Sachen vor den Besuchern zu schützen, die wir auch immer an der Pfostenwand unseres Schlafschuppens unheimlich rumoren hörten: die sogenannten »Haustiere« waren hier noch sehr unzivilisiert, die Kühe schleckten die Bruaken und Häute ab, so hoch sie aufgehängt waren, die Hunde wühlten an unserer Feuerstelle und schmatzten unausstehlich stundenlang, die Schweine frassen Alles, was nicht Holz oder Metall war, mit Vorliebe alte Tücher, und rückten denen, die ihre Indigestion hinaustrieb, in unverantwortlichster Weise schnobernd und schlingend zu Leibe. Frühzeitiges Aufstehen war Einigen von uns im Sertão schwerer gefallen als hier in der Fazenda. Hinter dem Zaun, den wir Gäste dann bald in grösserer Anzahl aufmerksam umstanden, wurden die Kühe gemolken, und eine Schale warmer Milch, mit Rapadura und Maisfarinha verrührt, däuchte uns der Gipfel irdischen Glücks.

Am 22. Dezember waren wir wieder in Bewegung. Bauchgrimmen und Verdauungsstörungen verschwanden allmählich; unser Magen vertrug die hartnäckigen Angriffe, die wir auf seine Wandungen richteten, nur im Gehen. Die Lagerplätze für die Nacht waren nun gegeben, eine grosse Annehmlichkeit und ein grosser Vorteil, da die Entfernungen ziemlich gross waren. Wir zogen über die Wasserscheide in das Gebiet des Rio Cuyabá. Ziemlich steile Hügel mit quarzigem Geröll; seit S. Manoel fand sich auch wieder Schiefer, fast vertikal gerichtet.

Am 23. Dezember ein wundervoller Morgen; an dem Bach, wo wir uns wuschen, spielte die Sonne durch das Gezweig; erfrischende Schattenkühle unter den Bäumen, draussen stechende Hitze. Alles grün im Gegensatz zur Trockenzeit. Im Wanderschritt die Hügel hinauf und wieder hinunter. Weite Graseinöde. In den Einsenkungen krauses niedriges Walddickicht. Auch am nächsten Tage Sonnenschein. Wir schritten am Terrassenrand über die Zinnen der roten Forts, die wir auf dem Hinwege von unten bewundert hatten. Rechts in der Tiefe waldgefüllte Schluchten zwischen den napfkuchenähnlichen Bergwänden der Plateaustufen. Heiss, trocken, kein Lüftchen, sandig, ab und zu ein Wolkenschatten oder ein Raubvogel; sonst hier oben nur die tote Ebene.

An einer sumpfigen Lagune, deren schlechtes, warmes Wasser nach der einen Seite zum Rio dos Mortes, also dem Araguaygebiet, nach der andern zum Rio Manso, dem Nebenfluss des Cuyabá, hätte fliessen können, wenn es nämlich nicht wie eine grosse Pfütze stillgelegen hätte, feierten wir Weihnachten.

In Cuyabá beschenkt man sich nicht so allgemein wie in Deutschland am Weihnachtstage. Doch schicken die jungen Mädchen jungen Männern eine Platte Süssigkeiten, Doces, und erwarten ein Kleid oder dgl. als Gegengabe — wenn sie nicht auf mehr spekulieren, meinte Perrot. Wir wollten unsern Christbaum haben und mussten uns, da es unter den krummen, krüppligen Erzeugnissen des Sertão nichts einer Fichte Aehnliches gab, einen machen. Wir setzten Holzstäbchen als Zweige in einen kleinen graden Stamm und umwanden sie mit Unkraut, das den Eindruck der Fichtennadeln sehr gut wiedergab. Dann suchten wir mit einiger Mühe bunten Schmuck im Kamp; es fanden sich Pikí-Aepfelchen, einige orangerote Blumen und Bergkristalle; die Spitze, einer Paepalanthusstaude entnommen, bildete eine Krone, starrend von Kugeln, die am Ende langer Stachelspitzen sassen. Mit den Kerzen brauchten wir jetzt nicht mehr zu sparen. Nach Eintritt der Dunkelheit stellten wir das Kunstwerk in Perrot's Zelt, zündeten die Lichter an und gaben nach riograndenser Art einige Schüsse ab.

Das strahlende Bäumchen in der Zeltecke machte sich ganz allerliebst. Weniger glänzend sah es mit den Geschenken aus. Doch hatten wir zweierlei für diesen Abend im tiefsten Grund der Blechkästen durch alle Unbilden der Reise hindurchgerettete Herrlichkeiten zu bescheeren. Herr Ernesto Vahl in Desterro hatte uns ein Packet bulgarischen Zigarrettentabaks mit dem ausdrücklichen Zusatz »Weihnachten« mitgegeben, und Vogel hatte mit gleicher Bestimmung in seinem heimatlichen Nest Uehlfeld in Franken beim Abschied eine Schachtel »extrafeiner, runder Lebkuchen« von dem Zuckerbäcker »Wilhelm Büttner am Markt« erhalten, sich selbst freilich nicht die Seelenstärke zugetraut, bis zum 24. Dezember zu warten, sondern schon in Cuyabá die Verantwortung mir übertragen. Heil den edelmütigen Spendern! Ich glaube nicht, dass sie selbst an diesem Abend wertvollere Geschenke erhalten haben. Als brave Philister tranken wir köstlichen Mokka und sangen, obwol nur Wilhelm singen konnte, zum Kaffee redlich die »Wacht am Rhein« und das in der Fremde doppelt voll ertönende »Deutschland, Deutschland über Alles«. Und der Expeditionsdichter klagte wehmütig:

> Kein Tannenbaum mit goldnen Nüssen,
> Kein frischer Schnee, kein Festgeläut —
> In Sonnenglut und Regengüssen
> Begehen wir die Weihnachtsfreud.
> Ein Teller Spekulaz, Makronen,
> Ein Marzipanherz — eitler Traum!
> Das Christkind hängt nur braune Bohnen
> Und Speck an unsern Lichterbaum.

Ein Weihnachten hatte ich in Japan, eins in Mexiko verbracht, eins im antarktischen Südgeorgien, und dieses an der von quakenden Fröschen erfüllten Lagoa Comprida, der langen Lagune, war nun das dritte auf südamerikanischem Festland.

Am 25. Dezember überstieg die Eintönigkeit der Landschaft das Mass alles Erlaubten. Während der 35 Kilometer unseres Marsches zählte ich die lebenden Wesen, die ich bemerken konnte: 1 Raubvogel, 1 kleinen Kampvogel, eine raschelnde Eidechse, 3 Bienen. Zahlreiche rote Kegel von Termitenbauten, wie groteske Grabhügel. Ein Holzkreuz mit drei aufgemalten Kreuzen; hier musste Einer vor Langeweile gestorben sein. 25 Kilometer der Strecke ohne Wasser; am Lagerplatz war der Trank gut und kühl für unsere Ansprüche, 24, 6°.

Am 27. Dezember erreichten wir die Fazenda von Ponte alta, ein grosses Haus mit einem Mühlrad und Maisstampfer in einer schönen Thalschlucht. Dort wohnte der Begleiter Rondons, Chico Velho, der eine der beiden Versprengten. Er hatte 21 Tage für den einsamen Heimweg gebraucht. Wir lernten einen alten Graukopf kennen, der die Bakaïrí des Paranatinga im Jahre 1835 oder 36 besucht hatte. Seine Schilderung entsprach noch in Allem unsern Erfahrungen vom Schingú, nur dass die Indianer damals schon die brasilischen Nutzpflanzen und Haustiere besassen. Zur Feier von Ehrenreich's Geburtstag wurde ein grosser Grog gebraut und Carlos brachte einen gereimten portugiesischen Trinkspruch aus, der begann, »viva a rosa«, es lebe die Rose, aber schliesslich mit einem kühnen Sprung auf den Doutor Paulo übersetzte. Die Maultiere erhielten nun zum ersten Mal Mais und konnten vor Aufregung fast nicht fressen; was uns die Fazenda S. Manoel war, war ihnen die von Ponte alta.

Wir kamen jetzt auf die von Cuyabá nach Goyaz führende Strasse und merkten bald lebhafteren Verkehr. Trafen wir doch ein halbes Dutzend Berittener, die nach der Kirche von Chapada zur Wahl zogen. Unter ihnen war ein prächtiger alter Neger-Gentleman mit kleinem Kopf und weissem Gebiss (»Garderobenhalter« nach Ehrenreich), mit gelbem Strohhut, gelber Nankingjacke, weisser Weste, weissen Hosen, Stulpstiefeln und blinkender Sporenkette; unser seltsamer Aufzug, besonders die starrenden Pfeilbündel und die Reusen auf dem Rücken von Ehrenreich und mir machten ihm einen Heidenspass, und als er schon weit voraus war, hörten wir noch das laute zwanglose Niggerlachen.

Am 29. Dezember begann der Abstieg von der Chapada. Das Wahrzeichen der Cuyabá-Ebene, der blaue Bergkegel S. Antonio erscheint. Wald, breiter, mit Sandsteinblöcken überstreuter Weg, Steinwände wie alte Burgmauern, ein verwahrloster Schlosspark riesigen Massstabs. Allmählich geht es mühsamer und steiler bergab. Quarzgeröll und Schiefer, glühender Sonnenbrand, durch den Reflex gesteigert. Schwer zu begreifen, wie hier Karren verkehren. Lager am Corrego Formoso, am »schönen Bach«, in Gewitter und Regen. Am 30. Dezember passieren wir mehrere Ansiedlungen; ein altes Weib fragt angelegentlich, ob wir viel Gold gefunden hätten. Wir übernachten bei einer kleinen Fazenda, deren Besitzer sich zur Stadtverordneten-Wahl nach Cuyabá begeben hat. Am nächsten Morgen ist Allen schon um 4 Uhr früh der Schlaf verflogen. Man hört nur noch »cidade, cidade«, denn Cuyabá ist die Stadt natürlich. In einer Stunde am Coxipó, der 5 Kilometer unterhalb der Hauptstadt in den Cuyabá mündet. Er wird an einer Furt durchschritten. Es ist das Flüsschen, wo 1719 das erste Gold gefunden und die erste Niederlassung der Paulisten gegründet wurde.

Perrot, schon wieder ganz von dem Dämon der bürgerlichen Wohlanständigkeit erfasst, schämt sich leider seines zerlumpten Aussehens und ist vorausgeritten, um möglichst ungesehen seine Wohnung zu erreichen. Wir aber schämen uns gar nicht. Wir schmücken unsere Hutdeckel mit grünem Laub, binden den braven Maultieren grüne Zweige auf den Halsrücken, und geniessen in vollen Zügen den Anblick des plötzlich erscheinenden freundlichen Städtchens mit den merkwürdig vielen Häusern und Ziegeldächern, mit der »Kathedrale« des Senhor Bom Jesus und den Kirchlein des Senhor dos Passos, der Nossa Senhora de Rosario, der Nossa Senhora do Bom Despacho und auf dem höchsten Hügel der Bôa-Morte. Wir treffen es nicht etwa so, dass kein Festtag wäre. Gewehre und Revolver knattern, Raketen zischen in der hellen Himmelsluft empor und verflüchtigen sich mit losen weissen Wölkchen: die Wahlschlacht ist entschieden. Haben die Konservativen diesesmal oder die Liberalen den Sieg davon getragen? Still verblüfft starrt die Bevölkerung unserm seltsamen Zuge nach. Ihr konntet die Auetö und Kamayurá und Nahuquá kein grösseres Interesse einflössen als uns die Farbe ihrer Deputierten.

Auf dem freien Platz vor der Kathedrale machten wir Halt; hier war die Post und dort lagen unsere Briefe. Aber da waren auch ein paar Freunde, die uns stürmisch umarmten, Allen voraus der Chef des Postwesens, unser lieber André Vergilio de Albuquerque. Wir befragten ihn, ob das Haus in der Rua Nova noch unbewohnt und zu mieten sei. Und alle Achtung, da trat uns echt brasilische Noblesse wieder einmal in einer Aufwallung entgegen, die den gar zu gern Phrasen witternden Nordländer beschämen muss. »Dieser Herr«, sagte Senhor André Vergilio, »wünscht ihre Bekanntschaft zu machen, Doutor Carlos«. Er stellte mich einem noch jungen Manne vor, der freundlich und leicht verlegen dreinschaute, dem Commendador Manoel Nunes Ribeiro. »Dieser Herr«, fuhr Vergilio fort, »würde sich glücklich schätzen, wenn Sie mit Ihren Freunden sein leerstehendes Haus in der Hauptstrasse, eins der schönsten in dieser Stadt, beziehen und darin solange verweilen wollten, als es Ihnen möglich ist«. Und dann begeisterte sich der gute Vergilio zusehends, sprach von unsern unsterblichen Verdiensten um die Provinz Matogrosso, der Commendador verbeugte sich fleissig und lächelte verbindlich, und wir sahen doch abgerissener und wilder aus als eine von Gendarmen zusammengetriebene Bande Vagabunden. Wir nahmen das gastliche Anerbieten mit herzlichem Dank an und fanden ein geräumiges Haus mit prächtigem weitem Garten, mit einer Halle, in der wir unsere Sammlung auf das Bequemste auspacken, trocknen und reinigen, mit einer »Sala«, in der wir sie übersichtlich aufstellen, mit je einem grossen Zimmer für Jeden von uns, in dem wir uns nun auch selbst wieder ein wenig sammeln konnten.

VIII. KAPITEL.

I. Geographie und Klassifikation der Stämme des Schingú-Quellgebiets.

Der alte, von seinen Genossen durch einen äusserst bescheidenen Lippenpflock unterschiedene Häuptling der Suyá hatte uns 1884 die lange Liste der Stämme aufgezählt, die am obern Schingú sesshaft sind, und die Quellflüsse, an deren Ufer sie wohnen, mit dem Finger in den Sand gezeichnet. Vgl. »Durch Centralbrasilien«, S. 214. Seine 13 Stammesnamen haben uns verlockt, die zweite Reise zu unternehmen. Im Grossen und Ganzen, muss man sagen, haben sich die Angaben unseres Gewährsmannes bestätigt. Seine Flussverästelung kann allerdings den kartographischen Ansprüchen unserer karaibischen Genauigkeit nicht genügen, allein auch da ist er mehr im Rechte gewesen, als wir zu erkennen vermochten, indem wir den Kulisehu mit dem Kuluëne verwechselten. Nur ist die astronomische Lage der Ortschaften unter einander völlig verzerrt ausgefallen, da der Suyá für die grosse Reihe den einen Quellarm entlang auch einen sehr grossen Strich nötig hatte und ihn munter in's endlos Südliche hinausführte.

Die Anwohner des Ronuro kennen wir nicht; Vogel hat den Auetóhäuptling, der die Einmündung bei Schingú-Koblenz mit ihm befuhr, so verstanden, dass es dort Kabischí und Kayapó gebe. Die Kabischí, von denen man etwas weiss, wohnen im Quellgebiet des Tapajoz als ein Teil der zahmen Paressí-Indianer; es wäre im höchsten Grade interessant und wichtig, wenn die Paressí ebenso wie die Bakaïrí in eine »zahme« und eine »wilde« Gruppe zerfielen, da gerade an diesem einst volkreichen und hochentwickelten Nu-Aruak-Stamm die rohe Zivilisierung Unersetzliches vernichtet hat. Die weitverbreiteten Kayapó würden am Ronuro durchaus nicht befremden, da sie am Paranatinga häufig erschienen und von den Brasiliern hier nur mit den Coroados-Bororó verwechselt worden sind.

An dem Nebenfluss des Ronuro, dem Batovy-Tamitotoala,*) auf dem wir 1884 hinabfuhren, liegen vier Dörfer der Bakaïrí. Sein Unterlauf und das rechts anstossende Gebiet gehört den Kustenaú und den Waurá.

---

*) Früher falsch Tamitatoala geschrieben. *tamitóto* Falk, Eule = sie töteten *(schóle)* einen Falken, wie die Bakaïrí mir selbst angaben.

Es folgt nach Osten der Kulisehu. An seinem linken Ufer haben wir die drei Dörfer der Bakaïrí, Maigéri oder »Tapir starb«, Iguéti oder Sperberdorf, Kuyaqualiéti oder Harpyendorf. Dann kommt am rechten Ufer das Dorf der Nahuquá. Wieder links liegt abseits und nicht von uns besucht ein viertes Dorf der Bakaïrí. Weiter flussabwärts sitzen am linken Ufer die Mehinakú in den beiden Dörfern, die die Bakaïrí als Paischuéti (Hundsfischdorf) und Kalúti bezeichneten. Es scheint jedoch, dass es drei Dörfer giebt; die Paischuéti-Mehinakú sprachen noch ausser von den Yutapühü — das wäre »Kaluti« —, deren Hafen wir am 15. Oktober passierten, von den Atapilú, indem sie uns gleichzeitig vor den Ualapihü, Ulavapitü d. i. unsern Yaulapiti warnten. Von dem Mehinakúgebiet ab beginnen zahlreiche Kanäle, die mit einigen Lagunen das Gebiet zwischen den Unterläufen des Kulisehu und Batovy durchsetzen. Das Dorf der Auetö kann als eine Art Zentralpunkt für den Kanalverkehr gelten *). An zwei Lagunen finden wir in zwei Dörfern die Yaulapiti, an einer dritten Lagune die Kamayurá, die vier dicht bei einander liegende Ortschaften hatten und im Begriff waren, sie zu einer einzigen zu vereinigen. Eine Mischung von Yaulapiti und Auetö sind die Arauití (vgl. S. 111).

Der Kulisehu mündet in den Kuluëne; wenige Stunden Ruderns führten zu den an seinem rechten Ufer nicht weit oberhalb Schingú-Koblenz in zwei Dörfern angesiedelten Trumaí. Von den Suyá vertrieben, beabsichtigte dieser Stamm, sich in der Nähe der Auetö ein neues Heim zu gründen. Oberhalb am Kuluëne und auch an kleinen Zuflüssen zwischen ihm und dem Kulisehu sitzen die Nahuquá in einer Reihe von Ortschaften, die besondere Namen haben. Wir lernten einzelne Individuen kennen von den Guapirí, Yanumakapü, Guikurú und Yaurikumá; die Yanumakapü, die Enomakabihü der Bakaïrí, wohnen nicht am Hauptfluss, und von den Guapirí wurde seitens der Bakaïrí besonders hervorgehoben, dass man sie über Land zwischen Kulisehu und Kuluëne finde. Im ersten Bakaïrídorf zählte mir Paleko die Nahuquá-Ortschaften des Kuluëne auf und gab die Himmelsrichtung an, in der sie von Maigéri aus zu suchen wären; es sind, im Oberlauf beginnend: 1. Anuakúru oder Anahukú SO, 2. Aluíti oder Kanaluíti O, 3. Yamurikumá oder Yaurikumá O bis OSO, 4. Apalaquíri ONO, 5. Guikurú ONO, 6. Mariapé NO. Hinter ihnen kamen die Trumaí. So hätten wir mit den Guapirí, den Yanumakapü und den Nahuquá des Kulisehu 9 Nahuquádörfer.

Um das Bild abzurunden, erwähne ich noch die Suyá, die an dem Hauptstrom drei kleine Tagereisen unterhalb Schingú-Koblenz wohnen, von denen wir auf der zweiten Expedition nichts sahen, aber böse Geschichten hörten, und die Manitsauá, die an einem weiter abwärts einmündenden linken Nebenfluss sitzen und den Kamayurá und Yaulapiti gut bekannt sind. Wir trafen 1884 eine An-

---

*) Es ist wirklich merkwürdig, dass ihr Name diesen Sinn zu enthalten scheint. Sie werden von ihren Nachbarn »Auití« genannt; nun heisst im Guaraní die unerweichte adjektivische Form *apité* »was im Zentrum, in der Mitte ist«.

zahl Manitsauá in Gefangenschaft der Suyá. Erst 1887 hörten wir von den Yarumá oder Arumá, die sehr bald nach den Trumai den unangenehmen Besuch der Suyá empfangen haben sollten, und von denen uns die Kamayurá die merkwürdige Mitteilung machten, dass sie einen metallisch klingenden Ohrschmuck trügen (vgl. S. 118). Es ist wahrscheinlich, dass wir in ihnen Munduruku, den berühmten Kriegerstamm des Tapajoz erblicken müssen, dessen Spuren wir am Schingú längst vermisst haben. Die Paressí nannten die Munduruku Sarumá, was lautlich dasselbe ist wie Yarumá. Ein Stück den Yarumá zugeschriebener Keule von karajáähnlicher Arbeit kann den in der Uebereinstimmung der Namen liegenden Beweis nicht entkräften. Eine uns noch dunklere Existenz führen die Aratá; die Nahuquá erklärten, dass sie nichts taugten, und der Suyágeograph hatte sie ihnen zu Nachbarn gegeben. Ein Karajástamm?

Endlich habe ich noch, wiederum im obersten Quellgebiet, der Kayapó zu gedenken; sie sollen zwischen Kulisehu und Kuluëne oberhalb der Nahuquá an den Quellen des Pakuneru leben, des kleinen Kulisehu-Nebenflusses, dessen Namen mit dem Bakaïrí-Namen des Paranatinga identisch ist. Schon der Suyágeograph hatte als äusserste Bewohner die »Kayuquará« angegeben und ich hatte damals, wie es jetzt scheint, mit Recht vermutet, dass darunter Kayaχó-Kayapó zu verstehen seien.

Die lange Reihe der Namen sieht schlimmer aus als sie in Wirklichkeit ist. Jedes Dorf hat seinen Namen, und der Fremde, der ihn hört, kann zunächst nicht beurteilen, ob er dort einen neuen oder einen bekannten Stamm zu erwarten hat. Das einfachste Beispiel sind die Nahuquá. »Nahuquá« heissen für den Indianer nur die Bewohner des Kulisehudorfes; die Yaurikumá, Guikurú etc. nennen sich selbst nicht Nahuquá, und es ist nur der Zufall, der uns zuerst bei den »Nahuquá« einkehren liess, dass ich nun diesen Namen als den Stammesnamen vorführe. Geringe dialektische Verschiedenheiten mögen vorhanden sein, doch habe ich von den Yanumakapü ein Verzeichnis der wichtigsten Wörter aufnehmen und mich auch für die Yaurikumá und Guikurú überzeugen können, dass ihre Sprache mit dem »Nahuquá« durchaus übereinstimmt. Die Bakaïrí sind von einem strengeren Nationalitätsgefühl beseelt, denn sie nennen sich Bakaïrí, ob sie nun im Quellgebiet des Arinos, des Paranatinga, des Batovy oder des Kulisehu wohnen. Die Bakaïrí des Kulisehu müssten sich nach Analogie der Nahuquá mit ihren Dorfnamen Maigéri, Iguéti und Kuyaqualiéti nennen.

Es wäre ein Segen für die Ethnographie gewesen, wenn sich alle Stämme dieses schöne Beispiel der Bakaïrí zum Vorbild genommen hätten. Wir sehen hier an mehreren Beispielen deutlich, wie sich eine Familiengemeinschaft oder, wenn man will, ein Stamm räumlich verteilt, wie jede Sondergemeinschaft geneigt ist, auf den alten Zusammenhang zu verzichten und diesen deshalb unrettbar verlieren, ein neuer »Stamm« werden muss, wenn die Verschiebung andauert und anstatt mit den blutverwandten Nachbarn mit solchen anderer Abstammung engere Beziehungen unterhalten werden. Es bleibt uns unter diesen Umständen gar nichts anderes übrig als zunächst die sprachlichen Verwandtschaften festzustellen. Man braucht sie mit Blutverwandtschaften nicht zu verwechseln. Allein unter den kleinen einfachen Verhältnissen, um die es sich hier handelt, decken sich Sprachverwandtschaft und Blutverwandtschaft weit mehr als bei höher zivilisierten Völkern, die eine durch die Schrift zu festem Gepräge ausgestaltete Sprache besitzen. Wenn in eine dieser Familiengemeinschaften ein paar fremde Individuen eintreten, so werden sie, das ist ohne Weiteres zuzugeben, eine Kreuzung veranlassen, die durch das Studium der Sprache nicht verraten wird. Aber Vermischungen in grösserem Umfang verändern auch die Sprache gewaltig. Die fremden Frauen, die Mütter werden, üben einen Einfluss auf die Sprache der Kinder aus, der z. B. in dem Inselkaraibischen handgreiflich hervortritt. Die Kinder der Karaibenmänner und Aruakfrauen sprachen keineswegs karaibisch, wie die jungen Mulatten in Brasilien portugiesisch sprechen, sondern redeten eine neue Sprache, die wichtige grammatikalische Elemente und lautliche Besonderheiten von den Müttern aufgenommen hatte. Das ist auch wenig wunderbar, denn die Kulturunterschiede zwischen den beiden Stämmen waren nicht wesentlich, die Zahl der fremden Frauen war gross und diese brachten alle lokale Tradition, da die erobernden Männer von aussen kamen, mit in die Ehe. Die Kinder waren genötigt, sich sowohl für den Sprachstoff nach Vater- und Mutterseite hin auszugleichen, als auch zwischen den von hier und dort gebotenen Präfixen oder Suffixen, die für die Veränderung der Wortwurzeln durch den Einfluss auf den Stammanlaut oder den Stammauslaut von entscheidender Bedeutung sind, eine Auswahl zu treffen, und erfuhren die noch durch keine Schulmeisterkultur gezähmte, sondern in freiem Leben thätige Wechselwirkung der bisher bei den zwei elterlichen Stämmen geltenden Lautgesetze. Bei diesen Naturvölkern wird im Groben das Mass der sprachlichen Differenzierung auch das Mass der anthropologischen Differenzierung sein.

Wenn wir uns nach den Sprachverwandtschaften der Kulisehu-»Stämme« umsehen und dadurch eine Reduktion der Liste gewinnen wollten, so müssen wir einen Augenblick bei den im übrigen Brasilien vorkommenden linguistischen Gruppen verweilen.

Es giebt noch zahlreiche einzelne Stämme, die, sei es, dass ihre Sprachverwandten nicht mehr leben, sei es, dass wir sie nicht kennen, isolierte Sprachen reden. Hierher haben wir vorläufig, um sie gleich aus dem Wege zu räumen, die Trumaí zu rechnen. Es ist mir nicht gelungen, sie irgendwo in der Nähe oder in der Ferne unterzubringen. Sie haben eine Menge Kulturwörter von ihren Nachbarn, den Kamayurá und Auetö entlehnt, aber der Kern und das Wesen des Idioms ist eigenartig und andern Ursprungs, wie auch der leibliche Typus von allen Kulisehu-Stämmen abweicht.

Von den Kordilleren bis zum Atlantischen Ozean, vom La Plata bis zu den Antillen sind vier grosse Sprachfamilien verbreitet: Tapuya, Tupí, Karaiben und Nu-Aruak.

Die Tapuya sind die ostbrasilischen Aboriginer, die Waldbewohner des Küstengebietes und die Bewohner des Innern bis zu einer westlichen Grenze, als die für den Hauptstock der Schingú gelten kann. Sie zerfallen in zwei Abteilungen, eine westliche, die Gës nach Martius, und eine östliche, zu denen die primitiven Waldstämme des Ostens und die Botokuden gehören. Die westlichsten Vorposten der Gës sind die Kayapó und Suyá. Mit letzteren haben wir uns bei dem Bericht über die zweite Expedition nicht weiter aufzuhalten, nur muss jetzt die interessante Thatsache nachgetragen werden, dass die Suyá früher noch viel weiter westlich gewohnt haben. Sie waren im Westen des Paranatinga an seinem linken Nebenfluss, dem Rio Verde, in der Nachbarschaft der Kayabí und Bakaïrí ansässig und wurden vor nicht langer Zeit von hier zum Schingú, man darf wohl sagen, zurück vertrieben. Die ganze Masse der Gës sitzt seit undenklichen Zeiten östlich des Schingú, und die nächsten Verwandten der Suyá, die Apinagës, wohnen in dem Winkel, wo Araguay und Tokantins zusammenfliessen.

Die Tupí sind über ungeheure Strecken zersplittert. Ihre Nordgrenze liegt im Grossen und Ganzen an den nördlichen Nebenflüssen des Amazonas; sie hielten die Küste von der Mündung des Amazonas bis zu der des La Plata besetzt; die Guaraní von Paraguay reden nur einen Dialekt des Tupí. Wir begegnen den Tupí an dem Oberlauf des Schingú, des Tapajoz, des Madeira, ja des Maranhão. Ihre Sprache wurde von den Jesuiten zu der Verkehrssprache, der »Lingoa geral« erhoben. Zum grossen Nutzen für die Praxis, zum Unglück für die Sprachenkunde. Das Interesse für das Tupí hat die Wissenschaft in Brasilien alle andern Sprachen höchst stiefmütterlich behandeln lassen, zahllose Bände aus alter und neuer Zeit sind ihm gewidmet, von keinem der Tapuyastämme, weder von den Botokuden noch einem Gës-Stamm, deren linguistische Erforschung wegen der niederen Kulturstufe zu den wichtigsten der Erde gehören würde, und die in Wirklichkeit den Kern der ostbrasilischen Urbevölkerung gebildet haben, giebt es mehr als dürftige Vokabularien. Sub spezie des Tupí sieht der brasilische Gelehrte ungefähr Alles, was über die Eingeborenen gedacht wird. Er ist glücklich, die Tupí in nächste Verwandtschaft mit den Ariern zu setzen und leitet von dem Tupí die übrigen Sprachen seines Vaterlandes ab; diese Eingeborenen sind aber wirklich so weit verbreitet, dass es recht überflüssig ist, sie jetzt auch noch dort unterzubringen, wo sie selbst noch nie hingekommen sind. Am Kulisehu gehören zu ihnen die Auetö und die Kamayurá, letztere in grösserer Uebereinstimmung mit der Lingoa geral.

Die Karaiben sind im Norden des Amazonenstromes seit den Zeiten der Entdecker bekannt. Am Kulisehu waren wir die Karaiben; und so sind wohl auch ursprünglich die ersten Karaiben die ersten Fremden gewesen, die, wie in zahlreichen andern Fällen geschehen und wie wirklich bei dem Empfangslärm in einer unbekannten Sprache oft schwer zu vermeiden ist, den Stammesnamen unrichtig auffassten und das auf sie selbst bezügliche Wort dazu machten. Der Name wird natürlich von den Tupímanen aus dem weder auf den Kleinen Antillen noch an der Nordküste des Kontinents gesprochenen Tupí abgeleitet. Die Bakaïrí nannten uns „*Karáiba*" mit deutlicher Betonung des „*a*"; das Wort lässt sich aus ihrer Sprache erklären als »nicht wie wir«, während der Gegensatz »wie wir« *Karále* heisst. Doch wollen wir die recht unsichere Etymologie beiseite lassen, es kann uns genügen, dass das Wort ein in unserm Sinn karaibisches ist, von den Tupí des Kulisehu in der schon verkürzten Form „*karaí*" — nicht in der Form „*karyb*" der Lingoa geral! — übernommen wurde und nach Allem für uns »Karaibe« und nicht, wie man sich jetzt vielfach zu schreiben gewöhnt hat, »Karibe« lauten muss. Karaiben sind am obern Schingú die Bakaïrí und die Nahuquá. Ihre Sprache ist grundverschieden von dem Tupí und die Lieblingshypothese mehrerer ausgezeichneten Forscher, dass die Tupí und die Karaiben Verwandte seien, ist durch die beiden Schingúexpeditionen endgültig beseitigt worden; die Wurzelwörter der beiden Sprachen zeigen keine Uebereinstimmung.

Die Nu-Aruak zerfallen in die Unterabteilungen der Nu-Stämme und der Aruak. »Nu-« bedeutet das Leitfossil dieser Stämme, das für die meisten von ihnen höchst charakteristische Pronominalpräfix der ersten Person, dem wir von Bolivien und vom Matogrosso bis zu den Kleinen Antillen begegnen. Die Nu-Aruak sehen wir in den Guyanas in inniger Berührung mit den Karaiben; auf den Kleinen Antillen, wo die Aruak von den Karaiben überfallen und vergewaltigt worden waren, wäre ohne die Vernichtung bringende Ankunft der Europäer aller Wahrscheinlichkeit nach eine wirkliche Verschmelzung zu Stande gekommen: der Pater Raymond Breton hat uns 1665 ein Wörterbuch der Inselkaraiben überliefert, dessen indianisch-französischer Teil, leider nur dieser, durch das Verdienst von Julius Platzmann in einer Facsimile-Ausgabe allgemein zugänglich geworden ist (Leipzig 1892), und hat sich redlich bemüht, die Wörter der karaibischen Männer und die der aruakischen Weiber, wo sie verschieden lauteten, auseinander zu halten, durch seine Zusammenstellung aber bewiesen, dass durchaus nicht mehr, wie bereits oben erwähnt, zwei Sprachen selbstständig nebeneinander gesprochen wurden, sondern dass die karaibischen Männer den Stoff und Bau ihrer alten »Muttersprache« ganz gewaltig durch die neue »Sprache ihrer Mütter« hatten verändern lassen.

An dem weit entfernten Kulisehu haben wir das genaue Spiegelbild der Verhältnisse in den Guyanas angetroffen. Die Mehinakú, Kustenaú, Waurá und Yaulapiti sind Nu-Aruak; ihr Einfluss machte sich bei den Nahuquá, die mehrere Mehinakú-Weiber aufgenommen hatten, in Sprache und Kulturschatz deutlich geltend.

Die Stämme des Schingú-Quellgebiets sind also nach der linguistischen Untersuchung folgendermassen zu klassifizieren (die Zahl der Ortschaften in Klammern):

    Karaiben: Bakaïrí (8), Nahuquá (9);
    Nu-Aruak: Mehinakú (3), Waurá (1), Kustenaú (1) Yaulapiti (2);
    Tupí: Kamayurá (4), Auetö (1);
    Isolirt: Trumaí (2).

Wie die Nahuquá neun verschiedene »Stämme«, die nur neun verschiedenen selbständigen Ortschaften entsprechen, in sich begreifen, so könnten wir die Mehinakú, Waurá und Kustenaú ebenfalls unter einem Stamm zusammenlassen. Diese drei Stämme sprechen genau dasselbe Idiom. Sie bilden auch, wie wir sehen werden, eine ethnologische Einheit, und mögen, damit wir den nun einmal berechtigten Stammesnamen, wie bei den Nahuquá thatsächlich geschehen ist, keine Gewalt anthun, wo wir eines zusammenfassenden Ausdrucks bedürfen, nach dem wichtigsten ethnologischen Merkmal als die Töpferstämme bezeichnet werden. Neben ihnen stehen die Yaulapiti als ein sprachlich nahverwandter, aber doch schon deutlich im Dialekt unterschiedener und andere Einflüsse verratender Nu-Aruakstamm.

So hat sich das Rechenexempel dahin vereinfacht, dass wir Karaiben vor uns haben in den Bakaïrí und den Nahuquá, Nu-Aruak in den Töpferstämmen und den Yaulapiti, Tupí in den Auetö und den Kamayurá, und als einen Rest, der nicht aufgeht, die Trumaí übrig behalten.

II. Anthropologisches.

Die körperliche Erscheinung der Kulisehu-Indianer festzuhalten, soweit es bei der kurzen Bekanntschaft mit den einzelnen Stämmen anging, sind eine Reihe von Messungen angestellt worden, die nicht sehr zahlreich ausgefallen sind, sich auch weder gleichmässig auf die verschiedenen Stämme noch auf die beiden Geschlechter verteilen, immerhin aber ein interessantes Material darbieten. Etwaige Fehlerquellen seitens des Beobachters würden als konstant angesetzt werden dürfen, da die Messungen sämtlich von Ehrenreich ausgeführt worden sind. Dieser hat auch eine weit grössere Anzahl von Photographien aufgenommen als hier wiedergegeben werden konnte; sie sind aber zum Teil sehr fleckig geworden und nur schwierig zu reproduzieren.*) Er gedenkt das bildliche Material noch zu verwerten und den gesammelten Stoff der Messungen in seinen Einzelheiten und nach seinem Vergleichswert für die übrigen südamerikanischen Indianer zu behandeln; ich beschränke mich hier auf einige Vorarbeiten und gebe von den hauptsächlichsten Messungen wenigstens die reduzierten Masse nach Maximum, Minimum und arithmetischem Mittel wieder, um nur in den groben Umrissen die Proportionen des indianischen Körpers zu zeichnen.

Zu den Messungen diente das Virchow'sche Instrumentarium: Messstange mit zusammenlegbarem Fussbrett, Tasterzirkel und Stangenzirkel, sowie Stahl-

---

*) Wie sich im Einzelnen aus dem Illustrationsverzeichnis ergiebt, sind hier nach Photographien reproduziert: beide Geschlechter von Bakaïrí, Mehinakú und Kamayurá, sowie ausschliesslich Männer von Nahuquá und Auetö, während Yaulapiti und Trumaí überhaupt fehlen.

bandmass. Die Masse wurden in ein gedrucktes Virchow'sches Schema (vgl. Zeitschrift für Ethnologie XVII p. 100) eingetragen. Gemessen wurden: Bakaïrí Männer 10, Frauen 6; Nahuquá Männer 15, Frauen 12; Mehinakú Männer 6, Frauen 5; Kustenaú Frauen 1; Waurá Männer 1, Frauen 1; Auetö Männer 14, Frauen 2; Kamayurá Männer 14, Frauen 4; Trumaí Männer 8; im Ganzen 68 Männer und 31 Frauen. Ich werde die Stämme stets so anordnen, dass die arithmetischen Mittel der Männerzahlen von oben nach unten zunehmen.

Körperhöhe.

	Männer	Max.	Min.	Mitt.	Frauen	Max.	Min.	Mitt.
Trumaí	8	163,0	155,0	159,1	—	—	—	—
Auetö	14	171,6	155,5	159,9	16	156,5	139,5	148,0
Kustenaú	—	—	—	—	1	—	—	150,0
Bakaïrí	10	166,3	154,5	160,8	6	161,2	140,5	151,6
Nahuquá	14	166,7	155,5	162,3	12	161,0	145,0	152,2
Mehinakú	6	168,2	159,0	164,1	5	153,7	145,3	151,4
Kamayurá	14	172,0	159,0	164,1	4	155,7	152,0	153,8
Waurá	1	—	—	165,7	1	—	—	147,5

Das arithmetische Mittel aus den Körperhöhen aller dieser 67 Männer ohne Rücksicht auf den Stamm beträgt 161,9.

Ohne Zweifel ist die Zahl aber zu niedrig. Schliessen wir alle jüngeren Individuen aus bis aufwärts zu dem geschätzten Alter von 25 Jahren und nehmen auch den zu »50« Jahren geschätzten Nahuquá, dem das Minimum von 155,5 angehört, sowie den »60« jährigen Kamayurá mit dem Minimum von 159,0 Körperhöhe aus, so erhalten wir die folgende Verschiebung der Stämme und Veränderung der Zahlen. Die Maxima bleiben ungestört.

	Männer	Min.	Mitt.		
Trumaí	4	155,0	155,8	gegen	159,1
Bakaïrí	5	154,5	160,5	„	160,8
Auetö	9	155,5	160,7	„	159,9
Nahuquá	11	158,2	163,7	„	162,3
Kamayurá	6	159,7	165,5	„	164,1
Mehinakú	4	163,2	166,0	„	164,1

Das arithmetische Mittel dieser 39 Männer, die nach der Schätzung dem Alter von 30—50 Jahren angehören würden, beträgt 162,6. Wir sehen, dass nunmehr die Trumaí und die Bakaïrí ein niedriges Mittel, die übrigen aber ein höheres erhalten haben, und zwar ist der Unterschied am erheblichsten bei den Mehinakú.

Wenn man mit Topinard 165 cm als die Durchschnittsgrösse des Erwachsenen ansetzt, so bleiben die Kulisehu-Indianer im Mittel unter Durchschnittsgrösse: Unterdurchschnittswuchs für alle Ausnahmen der Trumaí, die bereits die Grenze von 160 cm zum kleinen Wuchs überschreiten. Die Zahlen stehen im Einklang mit denen, die Topinard in seiner Tabelle für die Araukaner und Botokuden mit 162, für die Peruaner mit 160 angiebt. Der grösste Mann am Kulisehu war ein Kamayurá mit 172,0, der kleinste der Bakaïrí mit jüdischem Gesichtstypus (Tafel 13) mit 154,5. Für die Bakaïrí habe ich 1884 etwas höhere

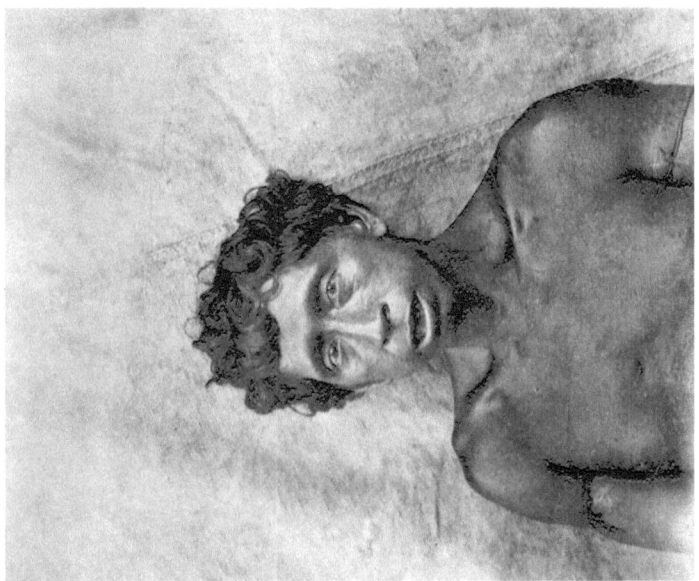
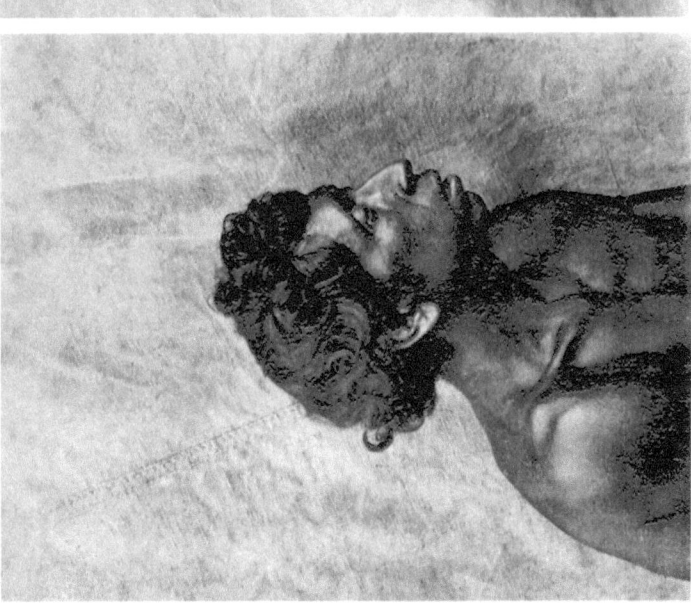

BAKAÏRÍ »ITZIG«

Zahlen erhalten; am Batovy betrug das Mittel von 7 Messungen 163,6; am Rio Novo und Paranatinga von 14 das Mittel 164,1. Sie möchte ich deshalb wie in der ersten Tabelle den Auetö in der Statur vorangehen lassen.

Die Frauen waren von ausgesprochen kleinem Wuchs. Das Maximum 161,2 gehörte der langen Bakaïrí, die in der Frauengruppe (Tafel 5) erscheint, der »Egypterin« des ersten Dorfes, das Minimum 139,5 der einen der beiden nur gemessenen Auetöfrauen, während die andere 156,5 mass, aber durch kleine Finger und Zehen besonders auffiel.

Das arithmetische Mittel der 31 gemessenen Frauen ohne Rücksicht auf das Alter beträgt 151,7.

Es geht nicht gut an, auch bei den Frauen alle Individuen bis ausschliesslich der zu 25 Jahren auszuschalten, denn es bliebe alsdann wenigstens von den Bakaïrí nur die lange Egypterin übrig, die ausserdem mit »25—30« Jahren meines Erachtens zu alt geschätzt ist. Lassen wir aber alle Frauen bis einschliesslich die von 20 Jahren beiseite und ebenso eine »60« jährige Mehinakú von 151,0, so erhalten wir:

	Frauen	Min.	Mitt.		
Waurá	1	—	147,5	gegen	147,5
Auetö	2	139,5	148,0	"	148,0
Kustenau	1	—	150,0	"	150,0
Mehinakú	3	145,3	150,8	"	151,4
Nahuquá	10	145,0	152,0	"	152,2
Bakaïrí	3	145,5	153,9	"	151,6
Kamayurá	2	154,3	155,0	"	153,8

Das arithmetische Mittel dieser 22 Frauen beträgt 152,1; doch ist das Mittel der Mehinakú und Nahuquá nach Ausschaltung der jüngeren Frauen niedriger geworden. Die durchschnittliche Differenz zwischen den beiden Geschlechtern wäre 10,5 cm oder die Frauen waren durchschnittlich um 6,5 % kleiner als die Männer.

Die kräftigst gebauten Indianer fanden sich unter den Mehinakú, vgl. Tafel 14, sehr stämmigen Burschen, und den Nahuquá, vgl. das Bild auf Seite 94. Die auffallendste Erscheinung an ihrem Körperbau ist der breite und tiefe Brustkasten und die gewaltige Schulterbreite der Männer. Die Beckenbreite erscheint geringer als die Thoraxbreite. Aeltere Männer und die Kinder zeichneten sich häufig durch ein Bäuchlein aus. Die Frauen hatten wenig breite Hüften, die Waden waren schwach und die Füsse etwas einwärts gesetzt, wie wenn sie immer auf schmalem Pfade gingen, sodass der Gang besonders der mit einer Last dahertrippelnden Frau keineswegs schön war. Wir haben eigentlich nur eine Indianerin gesehen, deren Figur auch nach unsern Begriffen graziös und ebenmässig war, es ist das schlanke Bakaïrímädchen in der Mitte der Gruppe auf Tafel 5, dem die Photographie allerdings nicht gerecht wird.

Klafterweite. Körperhöhe = 100.

Die Schwankungen sind im Einzelnen bei jedem Stamm gross, bewegen sich aber zwischen ähnlichen Grenzen, sodass der Unterschied in den arithmetischen

Mitteln der Serien zurücktritt. Dass die Klafterweite geringer war als die Körperhöhe, fand sich je einmal bei den Auetö (— 0,5), den Kamayurá (— 1,3) und den Trumaí (— 3,8).

	Männer	Max.	Min.	Mitt.	Frauen	Max.	Min.	Mitt.
Trumaí	7	106,2	97,5	102,7	—	—	—	—
Nahuquá	14	105,7	100,2	103,5	12	108,8	100,3	103,8
Kamayurá	14	107,6	99,2	104,5	4	103,6	102,1	103,5
Bakaïrí	10	108,2	102,1	104,9	6	105,8	101,8	103,3
Kustenaú	—	—	—	—	1	—	—	105,0
Mehinakú	6	107,3	100,5	105,0	5	108,7	102,5	105,5
Auetö	14	108,4	99,7	105,2	2	106,0	101,8	103,9
Waurá	1	—	—	108,3	1	—	—	106,6

Die Nahuquá, Kamayurá, Bakaïrí, Mehinakú, Auetö erscheinen hier in gleicher Reihenfolge wie bei dem Mass des Brustumfangs.

Schulterbreite. A. Körperhöhe = 100.

	Männer	Max.	Min.	Mitt.	Frauen	Max.	Min.	Mitt.
Nahuquá	5	25,0	22,4	24,1	1	—	—	22,4
Kamayurá	4	24,9	23,6	24,4	2	22,7	21,5	22,1
Waurá	1	—	—	24,4	1	—	—	23,8
Auetö	4	25,7	23,6	24,5	2	23,7	23,0	23,4
Bakaïrí	10	26,2	23,9	24,7	5	24,1	23,4	23,7
Trumaí	1	—	—	24,9	—	—	—	—
Mehinakú	6	26,8	24,6	25,2	—	—	—	—

B. Absolut.

	Männer	Max.	Min.	Mitt.	Frauen	Max.	Min.	Mitt.
Auetö	4	40,0	38,0	39,0	2	36,0	33,0	34,5
Nahuquá	5	41,0	36,5	39,2	1	—	—	33,0
Waurá	1	—	—	39,5	1	—	—	35,0
Bakaïrí	10	42,0	38,0	39,7	5	39,0	33,0	35,0
Trumaí	1	—	—	40,0	—	—	—	—
Kamayurá	4	41,5	39,0	40,1	2	34,5	33,5	34,0
Mehinakú	6	44,5	39,5	41,4	—	—	—	—

Brustumfang. A. Körperhöhe = 100.

	Männer	Max.	Min.	Mitt.	Frauen	Max.	Min.	Mitt.
Nahuquá	14	57,6	50,8	55,1	12	59,1	48,3	53,2
Kamayurá	4	59,0	53,0	55,9	2	56,6	50,3	53,5
Bakaïrí	10	58,8	54,4	56,5	6	59,1	50,0	54,0
Trumaí	1	—	—	56,6	—	—	—	—
Kustenaú	—	—	—	—	1	—	—	54,7
Mehinakú	6	60,3	56,4	57,9	5	59,6	50,7	55,5
Auetö	14	60,6	55,8	58,2	2	56,3	55,6	56,0

Diese Zahlen sind sehr hoch. Nach Topinard haben die Schotten 56,7, nordamerikanische Indianer 55,5, die Deutschen 53,8. Die ausserordentlich starke Entwicklung des Brustkastens und der Schulterbreite ist auch das Moment, das bei dem Anblick unserer Indianer sich als auffallendstes vordrängt. Man betrachte den Mehinakú links auf Tafel 14. Selbst die Nahuquá, die in den

Messungen am schlechtesten wegkommen, zeichnen sich durch einen kräftigen Thorax aus, vergl. das Bild S. 95. Die Auetö mit ihrem niedrigen Wuchs haben den verhältnismässig grössten Brustumfang.

Bei der Wichtigkeit dieses Masses gebe ich die Umfänge auch

B. Absolut.

	Männer	Max.	Min.	Mitt.	Frauen	Max.	Min.	Mitt.
Nahuquá	14	96,0	83,5	89,5	12	89,5	70,0	80,0
Bakaïrí	10	94,9	84,0	90,9	6	86,0	75,5	81,7
Trumaí	1			91,0				
Kustenaú					1			82,0
Kamayurá	4	97,5	87,5	91,9	2	86,0	78,3	82,6
Auetö	14	99,0	87,0	93,1	2	87,0	78,5	82,7
Waurá	1			94,0	1			79,0
Mehinakú	6	101,5	91,5	95,1	5	90,0	78,0	84,0

Kopfhöhe. Körperhöhe 100.

	Männer	Max.	Min.	Mitt.	Frauen	Max.	Min.	Mitt.
Kamayurá	4	15,6	12,4	13,8	2	14,2	13,7	14,0
Mehinakú	6	15,7	12,7	13,9				
Nahuquá	4	15,8	12,7	13,9	1			14,5
Bakaïrí	10	15,3	13,1	14,2	6	14,4	13,0	13,6
Waurá	1			14,3	1			12,6
Auetö	4	14,8	14,1	14,3	2	15,8	13,1	14,5
Trumaí	1			14,5				

Das Mass schwankt also zwischen $1/7$ und $1/8$ der Gesamthöhe. Bei den Männern finden sich verhältnismässig niedrigere Köpfe als bei den Frauen. Das Maximum 15,8 % gehört einer Auetö-Frau, das Minimum 12,4 % einem Kamayurá an.

Kopfumfang. Körperhöhe = 100.

	Männer	Max.	Min.	Mitt.	Frauen	Max.	Min.	Mitt.
Trumaí	1			32,4				
Kamayurá	4	33,9	33,5	33,7	2	34,9	34,0	34,5
Bakaïrí	10	35,3	32,5	33,7	6	38,3	33,7	35,5
Mehinakú	6	34,9	32,8	33,8				
Nahuquá	5	34,9	32,8	34,0	1			35,4
Waurá	1			34,3	1			32,2
Auetö	4	35,4	33,8	34,5	2	36,1	34,2	35,2

Das Maximum der Gesamtheit betrifft eine Bakaïrí-Frau, die besonders klein war und nur 140,5 cm Körperhöhe hatte. Die Waurá-Frau mit 32,2 war 147,5 cm gross. Ihr folgt im Mindestmass schon der Trumaí-Mann mit Körperhöhe 160,7 und Kopfumfang 52,0, sodass die schon beim blossen Anblick auffällige Thatsache, wie klein die Köpfe der Trumaí verhältnismässig waren, durch die Zahl 32,4 deutlich zum Ausdruck gelangt. Die Auetö dagegen, auch durch ihre kleine Statur ausgezeichnet, hatten wenigstens umfangreiche Köpfe, wie sie einen umfangreichen Brustkasten hatten.

Längenbreiten-Index des Kopfes.

	Männer	Max.	Min.	Mitt.	Frauen	Max.	Min.	Mitt.
Waurá	1	—	—	77,4	1	—	—	84,9
Mehinakú	6	79,2	75,2	77,7	5	80,2	74,8	77,5
Kustenaú	—	—	—	—	1	—	—	78,5
Kamayurá	14	81,6	75,6	78,8	4	81,7	74,4	77,9
Bakaïrí	10	82,6	73,8	78,9	6	84,3	77,9	80,1
Auetö́	14	83,2	73,0	79,4	2	80,3	77,5	78,9
Nahuquá	15	84,8	75,4	80,5	12	84,1	72,7	80,8
Trumaí	8	83,8	78,6	81,1	—	—	—	—

Meine Messungen der Bakaïrí von 1884 weichen von diesen der Kulisehu-Bakaïrí nicht unerheblich ab.

Abb. 10. Auetö́.

		Max.	Min.	Mitt.
6 Männer am Batovy		78,8	72,5	75,9
4 » » Paranatinga		80,4	75,1	77,3
6 » » Rio Novo		83,2	78,7	79,9

Wir sehen, dass die Verschiedenheiten der Mittel zwischen den einzelnen Stämmen sowohl als auch zwischen den Individuen desselben Stammes gross sind, dass es sich im allgemeinen um mesokephale Schädel handelt, und dass am entschiedensten die Trumaí die Grenze zur Brachykephalie überschreiten. Ordnet man die Frauen der Stämme die Serien darbieten, nach den Mitteln, so ist die Reihenfolge dieselbe wie bei den Männern: Mehinakú, Kamayurá, Bakaïrí, Auetö́, Nahuquá. Nur bei den Bakaïrí ist der Index der Frauen gleichmässig für Maximum, Minimum und Mittel höher als der Männer.

Verhältnis von Kopflänge zur Ohrhöhe. Grösste Länge des Kopfes = 100.

	Männer	Max.	Min.	Mitt.	Frauen	Max.	Min.	Mitt.
Bakaïrí	10	69,7	59,0	64,7	6	71,2	59,1	65,8
Kamayurá	14	69,6	60,6	64,7	4	68,7	58,9	64,4
Auetö	14	70,3	60,9	65,4	2	63,4	62,0	62,7
Kustenaú	--	--	--	--	1	--	--	67,3
Mehinakú	6	71,0	63,8	65,8	5	68,7	59,4	65,3
Waurá	1	--	--	65,6	1	--	--	67,6
Nahuquá	15	71,5	62,8	67,4	12	76,0	65,9	69,9
Trumaí	8	72,6	68,0	70,5	--	--	--	--

Die Nahuquá und die Trumaí, die die breitesten Schädel besitzen, besitzen auch die höchsten.

Kieferwinkel. A. Haarrand — Kinn = 100.

	Männer	Max.	Min.	Mitt.	Frauen	Max.	Min.	Mitt.
Bakaïrí	9	58,3	49,1	47,8	6	61,6	50,6	56,1
Waurá	1	--	--	50,0	1	--	--	56,0
Trumaí	1	--	--	50,8	--	--	--	--
Kamayurá	4	62,4	42,7	54,5	2	56,8	54,5	55,7
Mehinakú	6	59,2	52,4	56,4	--	--	--	--
Nahuquá	5	64,5	53,3	58,0	1	--	--	59,8
Auetö	4	62,9	54,5	59,0	2	60,6	53,1	56,9

B. Nasenwurzel — Kinn = 100.

	Männer	Max.	Min.	Mitt.	Frauen	Max.	Min.	Mitt.
Trumaí	1	--	--	79,1	--	--	--	--
Kamayurá	4	93,2	64,9	81,3	2	98,9	89,7	94,3
Bakaïrí	8	88,7	80,5	84,5	6	98,9	81,3	88,1
Auetö	4	94,7	85,0	88,4	2	97,0	89,9	93,5
Mehinakú	6	96,4	85,5	89,8	--	--	--	--
Nahuquá	5	102,5	86,0	93,7	1	--	--	100,0
Waurá	1	--	--	100,0	1	--	--	86,6

Die Gesichter der Nahuquá erschienen besonders wegen der Breite der Kieferwinkel sehr viereckig.

Jochbogen. A. Haarrand — Kinn = 100.

	Männer	Max.	Min.	Mitt.	Frauen	Max.	Min.	Mitt.
Waurá	1	--	--	67,5	1	--	--	87,3
Nahuquá	5	74,6	68,6	72,0	1	--	--	70,0
Trumaí	1	--	--	72,2	--	--	--	--
Bakaïrí	9	76,6	67,7	72,9	6	83,0	71,9	76,9
Auetö	4	80,5	71,1	74,9	2	77,5	74,7	76,1
Kamayurá	4	81,2	74,5	77,8	2	76,9	74,3	75,6
Mehinakú	6	84,9	74,3	79,8	--	--	--	--

B. Nasenwurzel — Kinn = 100.

	Männer	Max.	Min.	Mitt.	Frauen	Max.	Min.	Mitt.
Waurá	1	--	--	110,7	1	--	--	130,1
Nahuquá	9	122,7	103,2	113,2	12	130,0	116,3	125,0
Auetö	5	122,4	110,8	114,1	2	124,0	122,2	123,1
Bakaïrí	9	121,1	109,2	114,7	6	131,6	109,5	120,8
Kamayurá	14	126,4	105,2	115,0	4	134,7	108,3	123,1
Kustenaú	--	--	--	--	1	--	--	116,3
Trumaí	7	123,3	110,2	117,9	--	--	--	--
Mehinakú	6	134,3	121,4	127,4	5	141,8	127,0	131,3

	Männer	Max.	Min.	Mitt.	Frauen	Max.	Min.	Mitt.
Trumaí	1	—	—	60,2	—	—	—	—
Kamayurá	4	62,3	58,6	60,5	2	62,0	59,9	60,1
Waurá	1	—	—	61,6	1	—	—	60,0
Auetö	4	61,3	59,3	60,0	2	61,0	59,1	60,0

Männermaximum 62,3 und Frauenmaximum 62,0 bei den Kamayurá.

Armlänge. Körperhöhe = 100.

	Männer	Max.	Min.	Mitt.	Frauen	Max.	Min.	Mitt.
Nahuquá	4	46,2	43,5	45,1	10	49,2	45,2	46,7
Mehinakú	6	46,0	43,6	45,4	5	48,0	43,5	46,3
Auetö	14	47,3	43,9	45,8	2	46,7	44,7	45,7
Trumaí	1	—	—	46,2	—	—	—	—
Kustenaú	—	—	—	—	1	—	—	45,7
Kamayurá	14	49,3	44,6	46,2	4	47,1	44,3	45,5
Bakaïrí	10	47,6	45,2	46,2	6	46,6	45,2	45,6
Waurá	1	—	—	46,3	1	—	—	46,1

Auffallend sind die langen Arme der Nahuquáfrauen. Während die Nahuquámänner unter den Männern die kürzesten Arme haben, sind die Arme ihrer Frauen nicht nur länger als die ihrer männlichen Stammesgenossen, sondern die längsten der Gesamtzahl überhaupt; ihr Maximum 49,2 wird nur von einem Kamayurámann mit 49,3 übertroffen, ihr Minimum ist höher als das Mittel der Nahuquámänner.

Handlänge. A. Absolute.

	Männer	Max.	Min.	Mitt.	Frauen	Max.	Min.	Mitt.
Trumaí	1	—	—	15,3	—	—	—	—
Nahuquá	5	18,0	15,2	16,5	1	—	—	15,5
Bakaïrí	10	18,5	15,3	16,6	6	18,0	14,8	15,8
Kamayurá	4	18,5	16,5	17,0	2	16,5	16,3	16,4
Auetö	4	18,5	15,8	17,2	2	16,3	13,7	15,0
Mehinakú	6	19,0	16,5	17,4	—	—	—	—
Waurá	1	—	—	17,5	1	—	—	15,6

B. Körperhöhe = 100.

	Männer	Max.	Min.	Mitt.	Frauen	Max.	Min.	Mitt.
Trumaí	1	—	—	9,5	—	—	—	—
Nahuquá	5	10,8	9,3	10,1	1	—	—	10,8
Bakaïrí	10	11,2	9,3	10,2	6	11,3	9,2	10,3
Kamayurá	4	11,1	10,0	10,3	2	10,8	10,4	10,6
Auetö	4	11,5	10,1	10,5	2	10,4	9,8	10,1
Mehinakú	6	11,4	10,0	10,6	—	—	—	—
Waurá	1	—	—	10,6	1	—	—	10,5

C. Armlänge = 100.

	Männer	Max.	Min.	Mitt.	Frauen	Max.	Min.	Mitt.
Trumaí	1	—	—	20,6	—	—	—	—
Bakaïrí	10	24,3	20,2	22,2	6	25,0	21,5	22,9
Kamayurá	4	24,5	20,5	22,5	2	24,2	23,0	23,6
Nahuquá	5	24,3	21,4	22,6	1	—	—	21,9
Auetö	4	24,9	22,3	23,4	2	22,3	22,0	22,2
Mehinakú	6	25,1	21,7	23,4	—	—	—	—
Waurá	1	—	—	22,8	1	—	—	22,9

Die Hand der Indianer ist verhältnismässig kurz und die Frauenhand mehrfach verhältnismässig kürzer als die Männerhand.

Längen-Breiten-Index der Hand. Handlänge = 100.

	Männer	Max.	Min.	Mitt.	Frauen	Max.	Min.	Mitt.
Bakaïrí	10	56,2	43,4	44,1	6	50,9	41,7	47,3
Nahuquá	5	52,6	47,8	45,3	1	—	—	45,2
Kamayurá	4	48,5	43,4	45,8	2	42,9	41,2	42,5
Mehinakú	6	51,5	48,0	50,2	—	—	—	—
Auetö	4	55,9	48,6	51,5	2	54,7	46,0	50,4
Waurá	1	—	—	54,3	1	—	—	51,3
Trumaí	1	—	—	55,6	—	—	—	—

Die Mehinakú haben die relativ längste und eine auch recht breite Hand. Die Hand der Bakaïrí und Nahuquá ist kurz und schmal, die der Auetö lang und breit, die der Kamayurá mässig lang und schmal.

Trochanterhöhe. Körperhöhe = 100.

	Männer	Max.	Min.	Mitt.	Frauen	Max.	Min.	Mitt.
Kustenaú	1	—	—	50,3	—	—	—	—
Mehinakú	6	52,2	48,4	50,6	5	51,4	47,6	50,2
Auetö	14	53,6	47,2	50,6	2	52,4	48,7	50 5
Trumaí	1	—	—	51,0	—	—	—	—
Waurá	1	—	—	51,6	1	—	—	51,5
Nahuquá	5	52,4	50,7	51,7	12	52,1	50,2	51,2
Bakaïrí	9	52,7	50,7	52,0	6	54,3	51,1	52,6
Kamayurá	14	53,6	51,1	52 1	4	52,0	50,6	51,3

Das Maximum 54,3 der Gesamtzahl ist bei den Bakaïrí-Frauen und das Minimum 47,2 bei den Auetö-Männern.

Fusslänge. A. Absolut.

	Männer	Max.	Min.	Mitt.	Frauen	Max.	Min.	Mitt.
Nahuquá	3	25,0	23,0	24,0	1	—	—	23,7
Trumaí	1	—	—	24,5	—	—	—	—
Auetö	4	25,8	23,5	24,6	2	22,0	20,5	21,3
Kamayurá	4	25,5	23,3	24,6	2	23,0	22,5	22,8
Bakaïrí	7	26,5	22,4	24,7	2	24,7	22,3	23,5
Mehinakú	5	27,5	24,5	25,7	—	—	—	—
Waurá	1	—	—	26,0	1	—	—	23,0

B. Körperlänge = 100.

	Männer	Max.	Min.	Mitt.	Frauen	Max.	Min.	Mitt.
Nahuquá	3	15,3	13,9	14,7	1	—	—	16,1
Kamayurá	4	16,0	14,1	15,0	2	14,8	14,8	14,8
Trumaí	1	—	—	15,2	—	—	—	—
Auetö	4	16,1	14,8	15,3	2	14,7	14,1	14,4
Bakaïrí	7	15,9	14,3	15,4	2	15,3	14,4	14,9
Mehinakú	5	16,3	14,8	15,6	—	—	—	—
Waurá	1	—	—	15,7	1	—	—	15,6

Die Fusslänge ist ebenso wie die Handlänge am grössten bei den Mehinakú, gering bei den Nahuquá, während die Bakaïrí verhältnismässig längere Füsse als Hände haben. Es ist schade, dass wir nicht wissen, ob die einzige gemessene Nahuquá-Frau, die sich durch einen so auffallend langen Fuss auszeichnet, nicht vielleicht eine der bei dem Stamm eingeführten Mehinakú gewesen ist. Bei allen Nahuquá-Frauen waren die Zehen sehr kurz, bei der gemessenen die vierte und fünfte Zehe des rechten Fusses stark verkürzt und verkrüppelt.

Die zweite Zehe war häufig länger als die erste, und beim Gehen zeigte sich ein Abstand zwischen beiden. Der Abstand bei aufstehendem Fuss war zuweilen von rechteckiger Form.

Längenbreiten-Index des Fusses. Fusslänge = 100.

	Männer	Max.	Min.	Mitt.	Frauen	Max.	Min.	Mitt.
Waurá	1	—	—	40,4	1	—	—	38,2
Bakaïrí	7	43,1	39,6	41,2	2	40,4	38,5	39,5
Nahuquá	3	44,3	40,8	41,7	1	—	—	37,9
Mehinakú	5	44,9	37,5	41,7	—	—	—	—
Auetö́	4	42,6	40,7	42,0	2	43,9	38,6	41,3
Kamayurá	3	44,0	40,8	42,4	2	40,0	37,0	38,5
Trumaí	1	—	—	42,9	—	—	—	—

Um einen gewissen Ueberblick über die Art zu geben, wie sich den Messungen zufolge die einzelnen Stämme unterscheiden, stelle ich die 6 Stämme, von denen wir kleine Serien besitzen, für die wichtigsten Masse so zusammen, dass ich jedem die Nummer der Reihenfolge zuweise, die ihm zukommt: 1 hat die niedrigste Messzahl, 2 eine höhere und so fort bis zu 6, der höchsten Zahl der Reihenfolge. Die Kolumnen sind nach der Körperhöhe rangiert.

	Trumaí	Auetö́	Bakaïrí	Nahuquá	Kamayurá	Mehinakú
Körperhöhe	1	2	3	4	5	6
Klafterweite	1	6	4	2	3	5
Schulterbreite	5	3	4	1	2	6
Brustumfang	4	6	3	1	2	5
Kopfhöhe	6	5	4	3	1	2
Kopfumfang	1	6	3	5	2	4
Längenbreiten-Index	6	4	3	5	2	1
Längenhöhen-Index	6	3	1	5	2	4
Jochbogenbreite	2	4	3	1	5	6
Schulterhöhe	3	5	6	1	2	4
Nabelhöhe	6	5	4	2	3	1
Symphysenhöhe	3	4	6	2	5	1
Darmbeinkammhöhe	4	6	3	2	5	1
Armlänge	4	3	6	1	5	2
Trochanterhöhe	3	2	5	4	6	1
Handlänge	1	5	3	2	4	6
Fusslänge	3	4	5	1	2	6

Die Trumaí haben die geringste Zahl von Allen für Statur, Klafterweite, Kopfumfang, Handlänge, die grösste für Kopfhöhe, Längenbreiten- und Längenhöhen-Index des Schädels, Nabelhöhe, die Mehinakú die geringste Zahl für den Längenbreiten-Index des Schädels, für Nabel-, Symphysen-, Darmbeinkamm- und Trochanterhöhe, die grösste dagegen für Statur, Schulterbreite (wie sie sich auch für Klafterweite und Brustumfang recht auszeichnen), für die Jochbogenbreite und, obwohl Arme und Beine kurz sind, für die Länge des Fusses und der Hand. Die Nahuquá haben für kein Mass eine 6, haben aber verhältnismässig viele 1 und 2 aufzuweisen.

Die Hautfarbe zeichnete sich in allen Abstufungen durch gelbgraue Lehmtöne aus; Sonnenbrand, Schmutz und Bemalung erschwerten die Feststellung der ursprünglichen Farbe ausserordentlich und nur unter den Baumwollbinden der Oberarme oder Unterschenkel erkannte man, wie hell die Indianer eigentlich waren. Wilhelm legte eine kleine Farbentafel an Ort und Stelle an; ihr zufolge fällt der Durchschnittston zwischen Nummer 30 und 33 der Broca'schen Tafel; dunkleren Tönen war ein entschiedenes Lila-Violett beigemischt, namentlich auf Brust und Bauch, den helleren etwas Gelb. Wir gebrauchten auch die Radde'schen Tafeln und fanden die meiste Aehnlichkeit für Stirn und Wange mit 33 m bis n oder auch 33 o, den Oberarm annähernd 33 m.

Das Haupthaar war schwarz, besonders bei den Bakaïrí, Nahuquá und Auetö braunschwarz. Blauschwarzer Ton kam nicht vor. Dagegen sah das Haar, besonders der Bakaïríkinder, bei schräg auffallendem Licht merkwürdig hell und verschossen aus, es spielte zuweilen in einem dunkelrosafarbigen Schimmer. „Rosshaar" haben wir niemals angetroffen. Das Kopfhaar war mässig dick und gradlinigen Verlaufs oder, namentlich bei den Bakaïrí und Nahuquá, ausgesprochen wellig. Zu unserer Ueberraschung sahen wir unter den Bakaïrí reine Lockenköpfe, wie beispielsweise der Typus Tafel 13 wiedergibt. Wieviel davon Natur, wieviel Kunst war, ist schwer zu sagen. Jedenfalls hatte der alte Paleko in Maigéri, der längst über die Eitelkeit der Jugend erhaben war, kurzes lockiges Haar. Wellig ist das Haar der Bakaïrí auch ohne künstliche Behandlung. Zuweilen war die Stirn bis in die Nähe der Brauen behaart.

Die Wimpern, besonders bei den Nahuquá bis auf die letzte Spur verschwunden, wurden ausgerupft. Desgleichen das Barthaar. Doch trafen wir öfters einen mässigen Schnurr- oder Kinnbart, gelegentlich auch Wangenbart, zumeist bei den Kamayurá. Achsel- und Schamhaar wurden ebenfalls ausgerupft.

Der Gesichtstypus der einzelnen Stämme zeigte gewisse Verschiedenheiten, die schwer zu definieren sind. Es giebt ein Bakaïrí-Gesicht, das ich mir zutrauen würde, nicht mit einem Gesicht aus den übrigen Kulisehustämmen zu verwechseln, das aber mit Karaiben der Guyanas die grösste Aehnlichkeit besitzt. Auch einen von Ehrenreich photographierten karaibischen Apiaká des Tokantíns würde ich sofort für einen Bakaïrí erklären. Andere Bakaïrí aber könnten nach ihrer Physiognomie auch wieder beliebigen andern Kulisehustämmen angehören. Je mehr Indianer man kennen lernte, desto unsicherer wurde man natürlich. Das Bakaïríoder Karaibengesicht, das ich meine, hat fast europäische Bildung, die Prognathie ist gering, Stirn nicht hoch aber gut gewölbt, die Nase hat einen etwas breiten Rücken, kräftige Flügel, eine rundliche Spitze, breite Oberlippen, die Augen sind schön mandelförmig geschnitten und voll. Dagegen giebt es einen zweiten Bakaïrítypus mit starker Prognathie, einem stark zurückweichenden Kinn, niedriger schräger Stirn und einer längeren Nase mit gebogenem Rücken, der uns besonders an den Bakaïrí des Paranatinga auffiel. Eine sonderbare Spezialität des dritten Bakaïrídorfes waren ausgeprägt jüdische Physiognomien. Der Lichtdruck Tafel 13 zeigt uns den besten Vertreter dieser Abart, der unserm Reisehumor den Namen »Itzig« verdankte. Itzig war der kleinste Bakaïrí, aber sehr gewandt und stark und wie auf der Photographie zu sehen ist, mit einem kräftigen Brustkasten ausgestattet, er hatte schwarzes lockiges Haar, eine breitrückige gebogene Nase und würde wohl von keinem Unbefangenen für einen Indianer gehalten werden. Wenn es ausser den Mormonen heute noch Leute giebt, die die Kinder Israels in Amerika einwandern und als Stammväter der Rothäute gelten lassen, so mögen sie Itzigs Bild als vortreffliches Beweisstück entgegennehmen. Wahrscheinlich haben sich dem Zug der verlorenen Stämme auch einige Egypter angeschlossen; wenigstens waren einige Frauen in ihrer Haartracht, besonders die „Egypterin" von dem ersten Dorf mit ihrem schmalen Gesicht und ihrer langen leicht gebogenen Nase von grosser Aehnlichkeit mit den Frauen des alten Nilreichs, wie diese uns überliefert worden sind.

Stirnwülste fanden sich vereinzelt bei allen Stämmen, typisch jedoch, und bei den kleinen Menschen doppelt auffallend, bei den Trumaí. Sie hatten auch die stärkste Prognathie und das am meisten zurückweichende Kinn; sie hatten eine schmale Nasenwurzel und geringen Abstand der Augen, während die Mehinakú durch geringe Prognathie, vortretendes Kinn, breite niedrige Gesichter und weit abstehende Augen auffielen. Die Gesichter der Nahuquá waren von denen der Bakaïrí durch ihren plumperen Charakter unterschieden, sie hatten, im Gegensatz zu der ovalen Form dieser, bei stark vortretenden Kieferwinkeln etwas Viereckiges und Vierschrötiges. Die feinst geschnittenen Gesichter fanden sich unter den Kamayurá.

Die Iris war dunkelbraun und nur ausnahmsweise hellbraun; die Trumaí hatten verhältnismässig helle Augen. Einen Nahuquá fanden wir blauäugig, er hatte in Haar- und Hautfarbe nichts Besonderes, das Haar war schwarz und ziemlich straff, er war der Vater eines jungen Mannes mit dunkelbraunen Augen, seine eigenen Augen aber hatten eine entschieden blaue Iris. Die Stellung der Augen war horizontal oder ein wenig schräg, die Form war mandelförmig, die Lidspalte bei den Bakaïrí häufig sehr weit geöffnet, bei den übrigen, besonders bei den Nahuquá und Kamayurá ziemlich klein und niedrig. Mongolische Augen haben wir nicht gesehen, nur ein Kamayurá konnte als mongoloid gelten.

Schöne Zähne waren äusserst selten. Sie waren häufiger opak als durchscheinend, die Färbung war gelblich und nur ausnahmsweise weiss, die Stellung vielfach unregelmässig; sie waren ziemlich massig, bei den Mehinakú häufig klein und fein. Fast überall erschienen sie stark abgekaut. Man sieht nie, dass sich die Indianer die Zähne putzen oder den Mund ausspülen, was ihnen bei ihrer mehlreichen Kost recht zu empfehlen wäre. Sie gebrauchen die Zähne sehr rücksichtslos, wenn sie keine Fischzähne oder Muscheln zur Hand haben; sie beissen ferner auch in die austerartig harten Flussmuschelschalen ein Loch, um mit dessen scharfem Rand Holz zu glätten, und zerbeissen die Muscheln, aus denen sie ihre Perlen verfertigen, eine Art der Misshandlung, die besseren Gebissen verderblich sein müsste und deren blosser Anblick mir in der Seele wehthat.

IX. KAPITEL.

I. Die Tracht: Haar und Haut.

Vorbemerkung über Kleidung und Schmuck. Das Haar. Haupthaar, Körperhaar, Wimpern. Die Haut. Durchbohrung. Umschnürung. Ketten. Anstreichen und Bemalen. Ritznarben. Tätowierung.

Da ich in diesem und dem folgenden Kapitel nach Möglichkeit auf den Ursprung der bei unseren Eingeborenen beobachteten Tracht zurückzugehen suche, möchte ich zwei grundsätzliche Bemerkungen vorausschicken.

Einmal, ich halte es für einen Irrtum, dass eine aus dem Schamgefühl hervorgegangene Kleidung dem Menschen zu seinem Menschentum notwendig sei. Die Indianer am oberen Schingú, deren Vertreter für verschiedene Stammesgruppen wir kennen gelernt haben, bedürfen der Kleidung in diesem Sinne nicht, was ich daraus schliesse, dass sie keine solche Kleidung haben. Ihre Vorrichtungen, die wir von unserer Gewöhnung aus als Schamhüllen anzusprechen geneigt wären, sind durchaus keine Hüllen, und das Schamgefühl, das die Hüllen geschaffen haben soll, ist nicht vorhanden. Schon 1584 schrieb der Jesuitenpater Cardim von brasilischen Eingeborenen: »Alle gehen nackt, so Männer wie Weiber, und haben keinerlei Art von Kleidung und für keinen Fall *verecundant*, vielmehr scheint es, dass sie in diesem Teil sich im Zustand der Unschuld befinden.«

Dann muss ich einigermassen Stellung nehmen zu dem Ursprung des Schmuckes. Es steht fest, dass es heute bei den Naturvölkern zahlreiche Arten von Schmuck giebt, für die kein wirklicher oder eingebildeter Nutzen sichtbar ist und die gegenwärtig ganz und gar nur Zierden sind. Dennoch ist es wohl unmöglich, dass sich die feineren Empfindungen eher geregt haben als die gröberen. Der Jäger hat sich erst mit den Federn der erbeuteten Vögel geschmückt, ehe er sich Blumen pflückte. Ehe er sich aber Vögel schoss, um sich mit den Federn zu schmücken, hat er Vögel geschossen, um sie zu essen. Er hat sich von altersher den nackten Leib mit bunten Lehmen angestrichen. Es ist wahr, die schönen Farben liegen in der Natur am Ufer, und man ist tagtäglich hineingetreten. Aber sollte es dem Menschen nicht eher aufgefallen sein, dass der nasse Lehm die Haut kühlte oder dass die Moskitos nicht mehr stachen, als dass er bemerkte, wie sein Fuss an Schönheit gewonnen hatte? Ich glaube, dass er sich zweckbewusst zunächst auch nur deshalb beschmierte, weil er Utilitarier genug war, solche Vorteile auszunutzen.

Manche wollen aber von solchem Anfang Nichts hören. Sie scheinen der Ansicht zu sein, dass dem Nützlichen etwas Geringzuschätzendes anhaftet. Warum, mögen die Götter wissen. Auch ich glaube, dass der Schmuck aus dem Vergnügen, dass er wie Spiel und Tanz aus einem Ueberschuss an Spannkräften hervorgeht, aber die Dinge, die man braucht, um sich zu schmücken, hat man vorher durch ihren Nutzen kennen gelernt. Wir können, sobald man sich zu schmücken beginnt, auch schon zwei Hauptrichtungen beobachten. Es giebt eine Eitelkeit, die sich auf Heldenthaten bezieht, die Eitelkeit der Jedermann zur Ansicht vorgehaltenen Bravouratteste, nennen wir sie die der Trophäe und des Schmisses, und es giebt eine zahmere Eitelkeit, die sich mit dem Eindruck durch schöne oder auch schreckliche Farben genügen lässt, nennen wir sie die der Schminke. Ueberall können wir bei unsern Indianern Methoden, die dem Nutzen, und solche, die der Verschönerung dienen, einträchtiglich nebeneinander im Gebrauch sehen, und wir haben allen Grund anzunehmen, dass jene die älteren sind.

Das Haar. Die Haartracht der Männer ist eine Kalotte mit Tonsur. Das Haar wird von dem Wirbel aus radienförmig nach allen Seiten gekämmt, fällt vorn auf die Stirn, reicht seitlich bis an das Loch des Gehöreingangs und hinten nicht ganz bis zum Halsansatz. Während die Suyá das Vorderhaupt kahl zu scheeren pflegen und die Tonsur des Apostels Paulus besitzen, haben die Kulisehuindianer sämtlich die Tonsur des Apostels Petrus, eine kreisförmige Glatze auf dem Scheitel bis zu 7 cm Durchmesser. Wenn der junge Bakaïrí Luchu in Vogel's braunem Lodenponcho stolzierte, sah er aus, wie ein Klosterschüler aus dem »Ekkehard«. Man hat geglaubt, die Indianer hätten die Tonsur von dem Beispiel der Patres entlehnt, was ihrer Sinnesart gewiss entsprechen würde, allein die Tonsur war vor den katholischen Priestern in Amerika. Sie ist bei den südamerikanischen Naturvölkern ungemein verbreitet gewesen, und da die Portugiesen die Geschorenen von coróa, Krone, Tonsur, „*Coroados*" nannten, sind ganz ungleichwertige Stämme verwirrend mit derselben Bezeichnung bedacht worden. Pater Dobrizhoffer berichtet, dass bei den Abiponern von Paraguay die Tonsur als Auszeichnung der höheren Kaste galt. Hiervon war bei unsern Stämmen nicht die Rede. Jeder Knabe erhielt die Tonsur um die Zeit, dass er mannbar wurde, und Antonio erzählte mir, dass er geweint und sich sehr gesträubt habe, als sein Vater ihm zum ersten Mal die Glatze schor. Der Gebrauch wurde mir als uralte Sitte der Grossväter bezeichnet. Nicht immer war man sehr aufmerksam im Rasieren. Bei älteren Leuten zumal fand sich die Tonsur oft mit Stoppeln überwachsen; man kümmere sich weniger darum, hiess es, »wenn man alt wird und Vater und Mutter schon tot sind«.

Bei den Bakaïrí wussten sich eitle junge Männer auch durch hölzerne Papilloten eine volle Lockenfrisur zu verschaffen. Kleine Stücke korkartigen Holzes, mit einer Muschel eingeschnitten, bedeckten den Kopf; die Haarbündel, die sich krümmen sollten, lagen in den Hölzern eingeklemmt. Doch schien diese Verschönerung nur selten geübt zu werden.

Die Frauen trugen das Haar auf der Stirn in gleicher Weise, nur etwas voller, seitlich aber und hinten fiel es frei herab; es reichte auf dem Rücken gewöhnlich bis zu den Spitzen der Schulterblätter. Die Ohren waren meist bedeckt und auf den Schultern ruhte das nach hinten fliessende Haar auf. So darf man wohl annehmen, dass die Tonsur der Männer nichts ist, als eine Konsequenz der Unterscheidung der für die beiden Geschlechter üblichen Haartracht. Der Mann kürzte das Haar hinten und an der Seite, die Frau nur über der Stirn. Der Mann that, um sich die von ihm gewünschte Kürzung zu erleichtern, noch

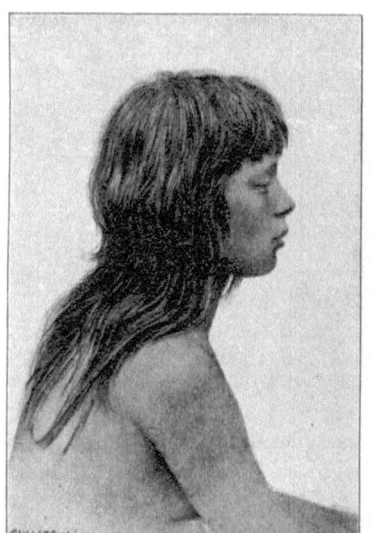 

Abb. 11. Bakairí-Mädchen.

ein Uebriges und schnitt einen Teil des ihm lästigen, nach hinten und zur Seite fallenden Haares schon am Grunde ab. Damit war auch der Vorteil verbunden, dass sich das Haar beim Kämmen bequem nach allen Seiten gleichmässig verteilen liess. Die Tonsur der Indianer dehnte sich hauptsächlich nach abwärts über den Hinterkopf aus (vgl. Abbildung 14). Die Suyámänner dagegen hatten mit ihrer Tonsur des Apostels Paulus die Entfernung des über die Stirn fallenden Haares weiter getrieben und trugen dafür das Haar hinten bis auf die Schulter hängend oder aufgeknotet. Langes Hinterhaar und Wirbeltonsur findet sich nicht zusammen. Für diesen einfachen Vorgang bedarf es keiner Kopierung der Patres.

Alles übrige Körperhaar, mit Ausnahme der Augenbrauen, wurde rasiert oder frischweg ausgerupft. Die Wimperhaare wurden nicht, wie bei den Yuruna am untern Schingú, auf einen Tukumfaden gelegt und dann mit einem Ruck gleichzeitig ausgerissen, sondern Stück für Stück den Kindern im frühesten Alter ausgezogen. Das Rasieren der Tonsur geschah mit einem Endchen Lanzengras; man hielt diese Rasiermesser in der Nähe des Hauses angepflanzt. Mit den Zähnen des Piranyafisches wurde das Haar geschnitten. Die von den Frauen so gern gegenseitig geübte und täglich gepflegte Läusejagd habe ich bei Männern nie gesehen. Der Kamm, aus spitzen Bambusstäbchen geflochten, hing an der Hängematte. Von dem Bemalen mit Urukúrot war auch das Haar nicht ausgenommen; gelegentlich troff es von dem roten Oel und sogar Muster liessen sich anbringen: ein festlich gestimmter Auetó hatte sich den untern Rand der Kalotte mit einem zwei Finger breiten Streifen von Urukúrot bestrichen, während zwei Streifen aufwärts von den Ohren zur Tonsur führten, sodass sich der kostümkundige Wilhelm zum Vergleich mit einer frühmittelalterlichen Sturmhaube angeregt fühlte.

Ich habe namentlich Tumayaua öfter zugesehen, wenn er sich die spärlichen Barthaare ausrupfte. Im Besitz eines Spiegels konnte er sich dieser beschaulichen Beschäftigung mit grosser Aufmerksamkeit Stunden lang hingeben; Schmerz empfand er dabei sichtlich nicht, sondern das Behagen eines fleissigen Mannes, der seine anregende Arbeit liebt. An die Prozedur als etwas Selbstverständliches von Jugend auf gewöhnt, hatte er das schlimmere Teil bei jeder Operation, die Angst davor, kaum kennen gelernt. Eitel sind die Leute in hohem Grade; dass aber die Nerven der Indianer schon von vornherein träger reagieren als die unsern, ist nach dem Verhalten der Kinder unwahrscheinlich. Derselbe Mensch, der sich die angeschwollene Haut mit dem Wundkratzer, auf den ich noch zurückkommen werde, in dem Bewusstsein, dass er sich dadurch kuriere, mit dem Ausdruck nur geringer Schmerzempfindung stark aufritzte, schrie auf, wenn ich ihm das Brennglas über die Hand hielt, sobald der erste unerwartete Schmerz entstand.

Ohne Zweifel haben wir es bei dem Ausrupfen der Haare heute mit altem Brauch, mit einer Tracht, zu thun, wobei Niemand mehr denkt, nach dem Grunde, oder wohl richtiger den Gründen, zu fragen. Man übt die Sitte, man ist an sie gewöhnt und findet deshalb Fremde hässlich, die sie nicht kennen. Es ist bemerkt worden, dass der Bart gerade von solchen Völkern ausgerupft werde, die von der Natur schon spärlich mit dieser Zierde bedacht sind, und man hat sich nicht begnügt, zu sagen, dass es hier eben leichter möglich sei, ihn auszurupfen, sondern geglaubt, dass die Spärlichkeit als solche den Leuten hässlich erschienen sei. Hässlich dünkte den Frauen nun aber erst recht mein langer und dichter Bart, und die eine oder andere Indianerin gab mir, mit vertraulichem Widerwillen daran zupfend, den wohlmeinenden Rat, dass ich ihn doch auch ausrupfen möge. Auch würden sich die so radikal beseitigten Wimpern keineswegs mangelhaft entwickeln, wie die prächtigen Wimpern der »zahmen« Indianer beweisen. Im

MEHINAKÚ

Uebrigen wurde die Bartpflege weitaus am nachlässigsten behandelt, und so wird der Brauch, das Haar zu entfernen, wohl auch nicht zuerst bei ihr eingesetzt haben.

Für das Schamhaar, das nur die Suyá-Männer nicht entfernten, während ihre absolut nackten Frauen dies thaten, kann man den ziemlich grob naiven Eingeborenen am ehesten zumuten, dass sie sein Vorhandensein als besonders hässlich erachteten. Doch ist es schwerlich befriedigend anzunehmen, dass es nur die dem Menschen angeborene Freude an glatter Haut sei, die den so energischen Vernichtungskrieg des unbekleideten Eingeborenen gegen alles Körperhaar in Szene gesetzt hat. Es fehlt nicht an Gründen, die es als vielfach lästig erscheinen lassen. Man sagt sich, dass auch Insekten, die nicht nach Art der Läuse verspeist werden, in Bart, Achsel- und Schamhaar eindringen und das Haar verfilzen, wie in unserm Revier sich dort namentlich die Bienen verfingen, man erinnert sich der im Haar doppelt empfindlichen Knötchen und Eiterbläschen auf schwitzender Haut, der Unsauberkeit durch Blut und Schmutz, der Angriffsgelegenheit für Gestrüpp wie für die Rauflust des Mitmenschen und findet so manchen Umstand, dem zufolge das Körperhaar einem nackten Menschen allerdings eher Beschwerden als Freuden bringen mag. Es ist andrerseits auch der Zeitvertreib und Genuss zu würdigen, den das Ausrupfen der Haare und das Herumarbeiten mit Handwerkzeug am Körper in faulen Stunden den Leuten bietet. Endlich wäre es vielleicht nicht ganz gleichgültig, dass Haar und Federn als eine Art pflanzlicher Gewächse gelten. Das Wort für Haar und Federn bei den Bakaïrí und wahrscheinlich auch in andern Sprachen ist ursprünglich dasselbe wie Wald, und ob nun das Pflanzliche vom Körperlichen abgeleitet sei oder umgekehrt, die Begriffe sind urverwandt. Haar und Pflanzen wachsen, sie werden auch ausgerodet, zumal das kurze Unkraut.

Ich möchte jedoch einen einfachen und täglich wirkenden Grund voranstellen. Wie Haut und Haar zusammengehören, so denke ich bei dem Gebrauch des Ausrupfens an einen Zusammenhang mit dem andern Gebrauch des Körperbemalens, des Schminkens, von dem Joest behauptet, dass es älter sei als das Waschen. Für das Anstreichen des Körpers, mit dem wir uns bald näher beschäftigen wollen, ist die Entfernung des Haares aber äusserst wünschenswert, weil dieses die Farbe aufnimmt, die der darunter liegenden Haut selbst eingerieben werden soll. Wer ein Fell anstreichen will, rasiert zuvörderst. Ein Hauptzweck des Anstreichens, die Tötung der Insekten, würde gar nicht erreicht. Die Entfernung des Schamhaars findet weiterhin eine sehr natürliche Erklärung in dem Konflikt, in den es mit den Vorrichtungen gerät, die hier gerade um die Zeit angebracht werden, wenn es erscheint. Besonders wurden die Manipulationen mit der Hüftschnur bei den Männern entschieden behindert werden. Kurz, wer das Haar entfernt, ist besser daran und vermisst doch Nichts. Damit allein ist die Sitte genügend begründet. Rupfen, Schneiden und Rasieren sind nur eine Frage der Gründlichkeit oder der technischen Mittel oder der Rücksicht auf die Empfindlichkeit. Weniger Beachtung findet der Kamm, man hat eher die Haare geschnitten und ausgerupft, ehe man sie gekämmt hat.

Am merkwürdigsten, gewiss auch kein Zeitvertreib, ist das Ausrupfen der Wimpern, weil diese, man darf wohl sagen, Operation ganz allgemein und schon bei den kleinen Kindern beiderlei Geschlechts ausgeübt wird und mit Stammes- und Geschlechtsunterschieden nicht in Zusammenhang gebracht werden kann.*)

Ist das Auge aller Menschen wertvollstes Organ, so sind diese nach Tieren und Früchten spürenden Waldbewohner darauf im denkbar höchsten Grade angewiesen. Nie habe ich einen Indianer jammern und winseln hören wie den seine Blindheit beklagenden Häuptling der Yaulapiti. Darum braucht man aber in der Behandlung nicht die uns richtig erscheinende Einsicht zu entwickeln. Weil Tabakrauch das beste ärztliche Mittel ist, wird eine stark entzündete Bindehaut nach Kräften voller Rauch geblasen. So liegt auch der Gedanke, dass die Wimpern das Auge schützen, den Indianern ganz fern. Sie erklären, das Auge werde durch die Wimpern am Sehen behindert, namentlich, wenn sie scharf in die Ferne sehen wollten. Dass sie bemüht sind, nach ihrem besten Wissen für das edle Organ zu sorgen, geht daraus hervor, dass dem Knaben, der ein sicherer Bogenschütze werden soll, die Umgebung des Auges mit dem Wundkratzer blutig geritzt wird — natürlich, weil man an diese »Medizin« glaubt und nicht, weil man ihn abhärten will. Gerade bei den Wimpern ist das grausam erscheinende Ausrupfen, weil radikal, ein noch relativ mildes Verfahren. Denn Schneiden und Rasieren am Lidrand mit Fischzähnen und Muscheln zu ertragen wäre in der That ein Heroismus.

Die Haut. Die Haut wird durchbohrt, um Schmuck aufzunehmen, sie wird mit Farbe bestrichen und wird mit Stacheln oder Zähnen geritzt. Die beiden letzteren Methoden entwickeln sich zu künstlerischer Behandlung, zur Körperbemalung oder zur Tätowirung — wissen möchte man nur, welche ursprünglichen Zwecke zu Grunde liegen.

Wenn wir bei uns verweichlichten zivilisierten Menschen im Groben und Feinen noch an tausend Beispielen beobachten, bis zu welchem Grade Gefallsucht und Eitelkeit den Sieg über körperliches Unbehagen davonzutragen pflegen, so werden wir uns nicht wundern, dass die Eitelkeit der Naturvölker noch etwas rücksichtsloser verfährt. Der Hauptunterschied zwischen uns und ihnen ist nur der, dass sie an der Haut thun müssen, was wir an den Kleidern thun können. Dann aber ist es bei ihnen überall zunächst der Mann gewesen, der sich geschmückt hat. Er hat damit als Jäger angefangen und, da es die Jäger-Eitelkeit zu erklären gilt, dürfen wir schliessen, dass der Mensch zuerst den Begriff der Trophäe entwickelte, indem er sich von den Teilen der Beute, die ungeniessbar

---

*) Den Naturvölkern wird etwas gar zu häufig das Bedürfnis der Abhärtung zugeschrieben, aber ch habe nicht gesehen, dass man die Kinder abhärtete. Die Herren Väter, von den Müttern nicht zu reden, neigten eher zur Sentimentalität als zur Strenge ihren sehr eigenwilligen Sprösslingen gegenüber, die nicht schreien durften, ohne dass es auch den Eltern bitter wehthat. Man fügte ihnen mit Bestimmtheit nur Schmerzen zu, wenn man es zu ihrem Besten zu thun glaubte, man war immer um ihre Gesundheit aufs Aeusserste besorgt und behing sie mit Amuletten.

waren, sich aber gut konservieren und tragen liessen, nicht trennte, sondern sie zur Anerkennung für die Mitwelt aufbewahrte und an seinem Leibe anbrachte. Wir finden dies um so natürlicher, als wir wissen, dass mit solchen Teilen nach seiner Meinung die Eigenschaften des Wildes erworben wurden. So trug er Krallen, Zähne und Federn als Trophäe und Talisman. Während er die meisten dieser Dinge an eine Schnur anbinden konnte, sah er sich mit einer Feder, die er zur Erinnerung an einen guten Schuss aufbewahren wollte, in Verlegenheit: er durchbohrte den Ohrzipfel und steckte sie dort hinein, wo sie festsass und ihn nicht behinderte. Hierauf sind auch die Vorfahren aller unserer Stämme verfallen; einige haben es sich bald nicht an den Ohrlöchern genügen lassen, sondern auch die Nase und Lippe durchbohrt. Denn der Begriff der Trophäe, anfangs nur auf den mühevollen Erwerb bezogen, dehnte sich aus auf ein mit nicht grade grossen Schmerzen oder Mühen verbundenes Tragen; eine neue Leistung entstand, die der Bewunderung wert war, und ein junger Mann kam sich gewiss im vollen Wortsinn »schneidiger« vor, wenn er sein Kleinod in einem Loch der Nase, der Lippe oder der Ohren zur Schau trug, als wenn er es an einer Schnur umhängen hatte. Wurde die Trophäe einmal gewohnheitsmässig getragen, so war es unausbleiblich, dass sich die Aufmerksamkeit auch ihren äusseren Eigenschaften, den früher sekundären Merkmalen der Farbe und Form, zuwandte. Selbst Gegenstände, die man nur gebraucht hatte, um die Löcher offen zu halten und das Zuheilen zu verhindern, wurden zu Schmuck und Zierrat. Mit den Vorstellungen über das Schwierige, Seltene, Kraftbegabte assoziierten sich die mehr oder minder dunkel empfundenen Wahrnehmungen gefälliger Farbenkontraste.

Die künstliche Verletzung wurde aber auch Selbstzweck durch den Umstand, dass sie ein dauerndes Kennzeichen lieferte und so mancherlei Formen der Sitte gestaltete. Sie war nicht nur vorzüglich geeignet, innerhalb eines Stammes mutige und herrschende Personen, die gewöhnlich auch die eitelsten waren, auszuzeichnen, sie bildete vielfach von Stamm zu Stamm das mit Bewusstsein getragene Nationalitätsmerkmal. Sie gab das Mittel an die Hand, schon Kinder mit Dauermalen zu versehen. Die Indianer haben von jeher den Kinderraub bei fremden Stämmen mit Leidenschaft betrieben, um sich Krieger und Frauen aufzuziehen; so markierte man die Kinder, um sie wiedererkennen zu können, wie der Herdenbesitzer sein Vieh stempelt. Als wir bei den Bororó waren, schwor eine alte Frau Stein und Bein, unser Antonio sei, obwol er kein Wort Bororó verstand, ihr vor Jahren von Feinden gestohlener Sohn, sie wehklagte und jammerte laut durch die Nacht; da war es denn merkwürdig zu sehen, wie sich die Bororó den halb lachenden, halb empörten Antonio gründlich vornahmen, seine Unterlippe genau untersuchten, die bei ihnen schon dem Säugling durchbohrt wird, und ihn einmütig freigaben, als sie statt ihres Lippenlöchleins eine durchlöcherte Nasenscheidewand fanden. So waren unter den Bakaïrí geraubte Paressífrauen, unter den Nahuquá Mehinakúweiber, unter den Suyá die gefangenen Manitsauá sofort nach den Stammesabzeichen von den Uebrigen zu unterscheiden.

Die künstliche Verletzung entwickelte sich also zu einer ständigen Einrichtung der Zweckmässigkeit. Zudem galt das Fremde als hässlich oder komisch, das Heimische als schön und edel.

Die Durchbohrung der Ohrläppchen ist allgemein bei den Männern aller Stämme verbreitet. Sie dient allein für Federschmuck. Bei keinem Stamm des Kulisehu haben die Frauen die Ohrläppchen durchbohrt, und keine Frau trägt auch sonst am Körper irgendwelchen Federschmuck; die Frau jagt nicht — der Ursprung aus der Jagdtrophäe ist noch unverkennbar ausgeprägt. Das Ohr der Knaben wird um die Zeit durchbohrt, wenn er anfängt, sich mit Bogen und Pfeilen kleinen Formates zu üben.*)

Abb. 12. Holzmaske der Bakaïrí mit Ohr- und Nasenfedern.

Die Durchbohrung der Nasenscheidewand in ihrem untern Teil, sodass dem hindurchgesteckten Gegenstand die Flügel leicht aufgestülpt aufsitzen, ist nur bei den Bakaïrí anzutreffen, am Paranatinga und Rio Novo, am Batovy und im ersten Kulisehudorf bei beiden Geschlechtern, im zweiten Kulisehudorf nur bei den Männern, im dritten weder bei Männern noch bei Frauen. Diese geographische Verteilung macht es mir nicht unwahrscheinlich, dass die Sitte an die der Paressí

---

*) Bei den Suyá tragen Männer und Frauen im aufgeschlitzten, allmählich zu einem langen Zügel erweiterten Ohrläppchen Rollen von Palmblattstreifen, aber auch hier beschränkt sich der Federschmuck auf die Männer.

anlehnt, die mit den westlichen Bakaïrí früher in lebhaftem, bald friedlichem, bald feindlichem Verkehr standen, von denen wir noch zwei als Kinder geraubte Frauen im Paranatingadorf fanden. Die Paressí durchbohrten ihren Frauen die Ohrläppchen, sodass sie von den Bakaïrífrauen stets zu unterscheiden waren, und ihre Männer durchbohrten die Nasenscheidewand, schoben ein Stückchen Rohr hinein und steckten nur in das eine Ende desselben eine lange Arara- oder gewöhnliche Tukanfeder, während der Ohrzierrat der Frauen in dreieckigen Stückchen Nussschale bestand.

Bei den Bakaïrí werden heute keine Federn mehr in der Nase getragen, doch fanden wir Masken mit einem Loch in der verlängerten Scheidewand der hölzernen Nase, durch das nach jeder Seite eine in einem Rohrstück steckende Ararafeder hinausragte. Auch ist ein Unterschied zwischen der Grösse des Loches bei Männern und Frauen, worauf ich von den Bakaïrí selbst besonders aufmerksam gemacht wurde; die Männer tragen darin ein dünnes Stück Kambayuwarohr, in das man die Feder steckte oder einen dünnen Knochen, die Frauen einen dicken Kambayuvapflock oder einen dicken Knochen oder Stein. Dieser letztere wird niemals von den Männern verwendet. Wir haben am Kulisehu einige Schmucksteine aus grauweisslichem, stumpf glänzenden Quarzit gesammelt, die zu der Form einer spitzen Spindel zugeschliffen waren und eine Länge

Abb. 13. Nasenschmuckstein der Bakaïrífrauen.

von 6 cm hatten. In wirklichem Gebrauch sahen wir die Nasenspindel, *natáko*, nur bei einer schwangern Frau, die auch mit vielem Halsschmuck behangen war. Diese Steine kamen vom Batovy oder vom Ponekuro, dem rechten Quellfluss des Kulisehu; sie seien selten, sodass gewöhnlich Knochen oder Rohr aushelfen müsste. Wir erhielten auch Knochen ähnlicher Form, $8^1/_2$ cm lang, und eine 7 cm lange, perlmutterglänzende Spindel, die aus einer Muschel geschnitten war. Die Operation wird ungefähr im fünften Lebensjahre vorgenommen und soll zuweilen mit starker Blutung verbunden sein.

Die Umschnürung der Extremitäten kann ich hier anschliessen, obwohl sie unsern Indianern in dem Grade, wo man erst von einer Körperverletzung reden könnte, noch fremd war. Sie war bei allen Stämmen vielfach im Gebrauch. Man nahm dazu dicke breite Strohbinden, Baumwollstränge, Baumwollstricke oder mit Holznadeln gehäkelte Bänder, und trug sie um den Oberarm und unterhalb des Knies oder oberhalb des Fussknöchels. Am meisten fiel die Sitte im dritten Bakaïrídorf auf, wo man pralle, fast aufgeschwollene Waden sah. Doch haben wir in dem Maasse dick hervorgetriebene Waden, wie sie von den männlichen oder weiblichen Karaiben des Nordens abgebildet werden, niemals beobachtet. Die Strohbinden bemerkten wir namentlich bei den Nahuquá (vgl. die Abbildung 4).

Nur die Männer gebrauchten die Umschnürung. Sie mache stark, wurde mir zur Erklärung angegeben. Zum Tanzschmuck trug man auch mit bunten Federn verzierte Bänder um den Oberarm.

Ketten. Mit Halsketten schmückten sich beide Geschlechter, die Männer trugen auch Zierraten an ihrer Hüftschnur. Am meisten waren Kinder und Schwangere mit Kettenschmuck behängt. Für die Kinder wurden in erster Linie auch unsere Perlen verlangt.

Die Bakaïrí verfertigten mit vieler Mühe sehr hübsche Halsketten, Trophäen der Arbeit, die bei den andern Stämmen recht beliebt waren, und die wir 1884 auch bei den Suyá gefunden haben, vgl. den Kamayurá der Abbildung 14. Es sind rechteckige, leicht gewölbte Stücke, die aus einer Windung der Schale

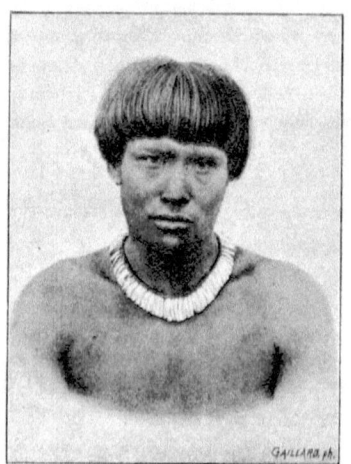 

Abb. 14. Kamayurá mit Muschelkette.

von *piu*, Orthalicus melanostomus (Prof. v. Martens), geschnitten sind, 2—3 cm lang, 1—1,5 cm breit, fast rein weiss und heissen *piu oráli*. Sie decken sich mit der Längsseite dachziegelförmig und sind meist oben und unten durchbohrt, aber nur oben mit Fädchen an der Halsschnur befestigt. Man suchte besonders dicke Schalen aus, zerbrach sie und schliff sie an Steinen. Sie wurden durchbohrt mit dem Zahn des Hundsfisches oder mit dem Quirlstäbchen, an dessen Ende ein dreieckiger Steinsplitter angeschnürt war; so bildete sich ein konisches Loch.

Eine andere Art besteht aus kleinen Scheibchen oder glatten Perlen, nur 1 mm dick und mit 3—5 mm Durchmesser. Sie sind regelmässig kreisrund, von mattem, weissgrauen bis bläulichen Glanz. Die Stückchen der zerbrochenen Schale wurden mit den Zähnen abgebissen, ungefähr gleich gross gemacht und ebenso wie die Rechtecke durchbohrt. Die winzigen Dinger sind so gleichmässig geschliffen, dass sie auf der Schnur eine dünne biegsame Schlange bilden. Sie pflegen mit gleichgestalteten Tukumperlen (Bactris) zu wechseln, die aus der Schale der Palmnuss abgebissen sind. Die Tukumperlen werden ebenfalls mit dem Zahn des Hundsfisches durchbohrt. Bei ihnen und den Muschelscheibchen wird die Gleichmässigkeit dadurch erreicht, dass man die Perlen aufreiht und die Rolle nicht auf Stein schleift, sondern zwischen zwei Topfscherben reibt und glättet. Die Muschelperlen sind ein sehr natürliches Erzeugnis, wenn man überhaupt bunte oder glänzende Schalenstücke aufbewahrt; man reiht sie auf eine Schnur, da sie sich anders schlecht befestigen lassen, man macht sie untereinander gleich und erreicht dies am bequemsten, wenn man sie einfach rundum schleift. So sind die verschiedenartigsten Naturvölker mit ihrem betreffenden Muschelmaterial zu Perlen gelangt, die sich zum Verwechseln ähnlich sehen. Die Perlen haben aber auch alle Eigenschaften, um dort, wo Verkehr stattfindet, von Stamm zu Stamm zu wandern, und geben die beste Gelegenheit, den Umfang des Verkehrs, der Manchen für unbegrenzt gilt, kennen zu lernen. Die Bakaïrí des Batovy sind mehr als die des Kulisehu „zóto", Herren, der Muschelketten.

Die Tukumperlen werden hauptsächlich von den Nahuquá verfertigt; diese hatten als Muschelperlen besonders rosafarbene Spindelstückchen von Bulimus, deren „zóto" sie waren, und von denen ein einzelnes in kleinen Abständen die Schlange der Nussperlen zu unterbrechen pflegte. Die Nahuquá zeichneten sich durch einen grossen Reichtum von Ketten, namentlich aus pflanzlichem Material, aus, das übrigens auch bei den Bakaïrí eine grössere Rolle spielte, als bei den abwärts wohnenden Stämmen. Die Bakaïrí von Maigéri schätzten »Grasperlen« sehr hoch, *kanakúni*, die Antonio für Früchte eines hohen, an Lagunen wachsenden, seltenen Grases erklärte, und deren jeder Halm nur wenige hervorbringe.

Wir fanden Halmstücke, Rindenstücke, Samenkerne und Beeren der verschiedensten Art: Nussperlen von der grossen und der kleinen Tukumpalme, Früchte einer Schlingpflanze, eines Kampbaumes Takipé, einer Pflanze namens (Bakaïrí) *udayáki*, roten und schwarzen Samen von Papilionaceen, von Mamona-Ricinus, Tonkabohnen (Dipteryx odorata), bei den Auetö Kuyensamen und Almeiscakerne, ja eine kleine 7 cm lange flaschenförmige Kuye.

Bei den Yaulapiti, Trumaí und von ihnen herrührend, bei ihren Nachbarn, waren Steinketten häufig: durchbohrte Scheiben und Zilinder, die die Nahuquá in dem bernsteinähnlichen Jatobáharz und in Thon nachbildeten. Es war der Diorit der Steinbeile und Wurfholz-Pfeile; er wurde mit dem an dem Quirlstock befestigten Steinsplitter unter Zusatz von Sand durchbohrt. Kleine Steinbirnen, wie sie zu den Wurfpfeilen gehören, wurden mit Vorliebe von den Mehinakú und Auetö an Kinderketten gehängt.

Es waren also deutlich Unterschiede in dem Material vorhanden, die wahrscheinlich, wie es für die Steine ja sicher ist, örtlich bedingt waren. Alle Ketten aus den weissen Muschelstücken gingen auf die Bakaïrí, alle aus den roten auf die Nahuquá, alle aus Steinen auf die Trumaí oder Yaulapiti zurück.

Ueberall fand sich das tierische Material. Es gab Hornperlen, Knochenperlen, diese auch in Stäbchenform, sie wurden bald vereinzelt aufgehängt, bald zu ganzen Ketten vereinigt besonders Affen- und Jaguarzähne. Vgl. das Bild des Auetö-Häuptlings Seite 108. Wir erhielten bei den Nahuquá eine Kette mit Jaguarzähnen und bunten Federchen. Die Trumaí schätzten Kapivara-Zähne. Bei den Mehinakú gab es besonders reichlichen Kinderschmuck, mit dem die Säuglinge bündelweise behangen waren: ausser dem Uebrigen, zumal Affen-Zähnen, Zähne der Jaguatirica (Felis mitis), Fischwirbel, Knochen vom Bagadú-Fisch, einmal ein mächtiges schwarzes Käferhorn. Auch Klauen vom Tapir (Kamayurá), Jaguar und Hirsch.

Hiermit werden die wesentlichsten Bestandteile des Kettenschmucks wohl aufgezählt sein, in dem späteren Kapitel über die Plastik unserer Indianer komme ich auf Einzelnes noch zurück, insofern auch allerlei **Figuren** geschnitzt und geschliffen wurden.

Inwieweit den einzelnen Dingen nützliche und heilsame Wirkungen zugeschrieben wurden, vermag ich nicht zu sagen. Dass der »Schmuck« vielfach »Talisman« war, geht daraus hervor, dass, wie erwähnt, die Kinder und Schwangeren am meisten behängt waren. Wenn die Reste einer Zündholzschachtel umgehängt wurden, so wird dies auch nicht aus dem Schönheitsgefühl entsprungen sein. Die Grasperlen der Bakaïrí waren zierlichen Fischknöchelchen äusssserst ähnlich, ich erhielt eine solche Kette aber nur mit grösster Mühe; sie war in den Augen ihres Besitzers entschieden »schöner« als die mit Fischperlen, weil sie seltener war.

Anstreichen und Malen. Warum streichen sich die Indianer mit Oelfarbe an, sei es nun mit schwarzer, wie die Einen, die den Orléansstrauch weniger pflegen, oder mit roter, wie die Anderen vorziehen? Den Feind durch Prunk und Entstellung zu schrecken? Das ist gewiss eine nützliche Anwendung, aber doch nur für diesen bestimmten Fall.

Sollte durch die Freude an der Farbe Alles erklärt werden? Dann sind wir genötigt, auch die Freude am Schwarzen als eine ursprüngliche Lustempfindung anzuerkennen. Dann müssten wir mit Erstaunen feststellen, dass unsern Stämmen ein z. B. in Polynesien so ausgiebig benutztes, für solchen Zweck selbst in dem relativ blumenarmen Flusswald reich bestelltes Fundgebiet der Natur entgangen ist — nicht Mann, nicht Weib schmückte sich mit Blumen. Die einzige Frage, glaube ich, die Antonio aus eigener Initiative an mich gerichtet hat, war in Cuyabá die: »warum tragen die Frauen Blumen im Haar?« Der Gedanke, dass es geschehe, um sich mit bunten Farben zu schmücken, lag seiner Seele himmelfern. Nein, die bunten Papageifedern sind zum farbigen Schmuck erst geworden; zuerst war das Vergnügen an der Jagd oder dem Tierleben und die Prahlerei mit der Jägergeschicklichkeit wirksam und dann erst kam die Sinnenfreude zu ihrem Recht.

Ich habe in meinem Tagebuch jeden Fall von Körperbemalung eingetragen und feststellen können, dass es hier noch heute zwei Arten des Körperbemalens giebt. Die eine, an die wir zuerst denken, die das Aeussere schmücken soll, war die seltenere und hatte ein Kennzeichen, das sie von der andern ziemlich sicher unterscheiden liess. Dieses Kennzeichen war, dass zum Schmuck das Muster gehörte, sei es einfach, sei es prunkvoll. Man muss einen Unterschied machen zwischen Anstreichen und Bemalen des Körpers. Beim Anstreichen ist das Nützliche, beim Mustermalen das Schöne massgebend. Die Farbenfreude ist in beiden Fällen vorhanden, aber sekundär. Schon die Wirkung des Urukúrots überschätzen wir. Wenn sie so allgemein wert gehalten worden wäre, so hätten sich alle Stämme seiner bedienen können. Wer den wahrhaft prunkhaften Schmuck der Papageienvögel zu Hause hat, der soll sich besonders schön vorkommen, wenn er sich mit Russ und auch mit Ziegelrot anstreicht! Man verweile im Berliner Museum für Völkerkunde vor den herrlichen Federzierraten des tropischen Südamerika und vergleiche damit getrost das Schönste und Bunteste, was unsere gewiss nicht Geringes leistende moderne Technik hervorzuzaubern vermag — noch kann die Natur den Vergleich aushalten, und sicherlich schlägt ihre Federpracht das bescheidene Schwarzweissrot, das dem Indianer Kohle, Lehm und Orléansstrauch liefern.

Der Indianer gebraucht niemals Weiss zur Körperbemalung! Ich höre schon die Antwort »er findet, Weiss steht ihm nicht«. Daran ist wohl auch etwas Richtiges. Unsere weissen Perlen schätzte er geringer als die roten, beiden zog er die blauen vor, die mit seiner Haut am besten kontrastirten. Man könnte zwar einwenden, dass er diese Unterschiede schon nach dem blossen Anblick machte, uud ehe er die Perlen auf seinem Körper gesehen hatte, aber es mag sein, rot gefiel ihm besser als weiss und blau besser als alle übrigen, nicht, weil er die für ihn selteneren Farben vorzog, sondern nach' reinem Geschmacksurteil. Dann ist damit noch nicht erklärt, warum er sich des Weissen gänzlich enthielt, man verstände nur, dass er es sparsamer gebrauchte, und könnte keinenfalls begreifen, dass er es nicht schon, um die anderen Farben besser zu heben, anwendete. Er trägt Federhauben, die allerliebst aussehen, von reinem Weiss mit wenigen gelbroten Federchen dazwischen.

Zur Musterbemalung des Körpers eignet sich der kreidige feinkörnige Thon nicht. Würde er wie Kohle mit dem gelblichen Oel vermischt, so liesse er sich ebenfalls in Linien auftragen, aber die weisse Farbe ginge verloren. Mit Wasser gemischt, würden die Linien aber sehr unbeständig sein und zumeist beim Antrocknen abfallen. Auf den Masken liefert das Weiss nur den Grund oder erscheint bei den kunstlosesten in breiten Streifen. Dagegen würde den Eingeborenen, wenn er seinen Farbstoff wesentlich um des Farbeneindrucks willen zum Körperschmuck verwendete, nichts hindern, sich auch mit Weiss zu verschönern, indem er sich mit dem Thon in breiter Fläche einpulverte. So sind kreidigweiss die Oberschenkel der fadendrillenden Frauen; auch der feine Mehlstaub, mit dem die Beijúbäckerinnen öfters weiss eingehüllt sind, stände ihm zur Verfügung. Aber weder die weisse Bäckerin noch der in breiter Fläche rot oder schwarz angestrichene

Indianer hat sich so zugerichtet, um sich zu schmücken. Es ist Werkeltagskleidung, nicht Sonntagsanzug.

Die Frage lautet also: was ist denn der Nutzen des Anstreichens? Wie bekannt, und wie ich aus eigener Erfahrung langen Barfussgehens sehr gut weiss, kühlt der Schlamm; es ist äusserst angenehm in der Hitze, die Haut feucht zu erhalten. Er kühlt insbesondere gestochene Stellen, und er schützt die angestochenen vor den Moskitos, ob er nun rot, gelb, schwarz oder weiss sei. Ich kann nicht glauben, dass sich der Mensch immer, wenn er durch den Uferschlamm gewatet ist, darum besonders geschmückt erschienen ist; es mag auf anderm Boden, wo die Erdfarben seltener sind, ein Anderes sein. In unserm Gebiet hat jedenfalls die Annehmlichkeit für die Haut den Vorrang vor der für das Auge. Der Indianer hat den Schlamm durch Oel ersetzt; doch ein feinpulvriger Zusatz soll es konsistenter und klebriger machen, und dieser Zusatz ist ein Farbstoff, Russ und Urukúrot. Sicherlich gefällt den Bakaïrí das Rot besser, da sie die Pflanze nicht zu hegen und zu pflegen brauchten, wenn der Russ ebenso schön wäre, und innerhalb dieser Grenze schmückt man sich auch beim Anstreichen. Mit Oelfarbe, je nachdem mit schwarzer oder roter, streicht sich der Eingeborene an, damit er die Haut in der Hitze angenehm geschmeidig erhält, und damit die Moskitos und Stechfliegen, die sich auf den Körper niederlassen, ankleben und zu Grunde gehen. Er zieht nicht auf die Jagd aus, ohne dass die liebende Gattin ihn namentlich an Brust und Rücken mit Oelfarbe bestrichen hat, er führt mit sich im Kanu, wie wir bei unsern Begleitern sahen, die kleine Oelkalebasse, um unterwegs den Ueberzug zu erneuern und tauscht morgens diesen Liebesdienst mit den Genossen aus. Nach einem Tage Rudern ist solch ein Rücken mit zahllosen schwarzen Kadaverchen bespickt, die durch ein Bad im Fluss rasch entfernt werden. Bei den Mehinakú sah ich auch eine Anzahl Frauen am ganzen Körper mit trockner Kohle geschwärzt, die ihre gewöhnliche Arbeit eifrig verrichteten und allem Anschein nach in keiner Weise daran gedacht hatten, sich herauszuputzen. Leider weiss ich aber nicht, zu welchem Zweck die Einreibung gemacht war, und vermute nur, dass es sich um hygienische Massregeln handelte.

Nun will ich nicht etwa behaupten, Anstreichen und Musterbemalen seien haarscharf geschieden. Es ist dasselbe wie mit der Kleidung. Man trägt sie anders zur Arbeit und zum Fest. Wenn man sie durch bessere Stoffe, lebhaftere Farben, besonderen Schnitt schmückend gestaltet, so möchte ich daraus nicht schliessen, dass die Kleidung von Haus aus nur Schmuck sei. Die Oelfarbe ist thatsächlich die Kleidung des Indianers, wie er sie bedarf; ihr eigentlicher und ältester Zweck ist Schutz, nicht gegen die Kälte, sondern gegen die Wärme, gegen die Sprödigkeit und bestimmte Arten äusserer Insulte. Er hat nur eine Kleidung, die er mehr entbehren kann als wir die unsere, die auch nicht die Nebeneigenschaft besitzt wie die unsere, zu verhüllen, und er ist deshalb nicht zu dem Schamgefühl gelangt, das wir besitzen. Wie unsere Kleidung nach Rücksichten des Schmucks umgestaltet wird, so seine Oelfarbe und, denke ich mir, früher sein Schlamm. Wie manche Leute mehr als Andere auch in der werktäglichen Kleidung von der Rücksicht auf ein schöneres Aeussere bestimmt werden, so leistet sich ein indianischer Fant wie der Bakaïrí Luchu in einer beliebigen faulen Stunde auch eine Schlangenlinie mit Tupfen daneben auf dem Oberschenkel, und wie einfachere Menschen bei uns auch des Sonntags sich nur bescheiden herausputzen, so ist auch ein anspruchsloseres Indianergemüt zufrieden, wenn er sich zur Feier eines fröhlichen Ereignisses statt eines Linienmusters nur eine Bemalung der Stirn und Nase oder der Waden gönnt. Finde ich es aber im Grossen und Ganzen deutlich ausgesprochen, dass man sich zu Nützlichkeitszwecken anstreicht und zu Verschönerungszwecken mit Zeichnungen verziert, so schliesse ich daraus, dass das Schminken zunächst nicht Schmücken war. Und dies ist um so mehr aufrecht zu erhalten als der Farbe ihrer Farbstoffe wegen noch heute nur ein sekundärer Wert beigemessen werden kann, wenn sie Weiss überhaupt verschmähen, zwischen Rot und Schwarz keinen sonderlichen Unterschied machen, und wenn sie ganz ungleich schönere Farben in ihrem Federschmuck zur Verfügung haben. Auch spricht die Entwicklung der Farbenwörter, wie wir noch sehen werden, zu Gunsten derselben Auffassung.

Dass unter den für nützlich gehaltenen Zwecken des Anstreichens auch medizinische nicht gefehlt und die Sitte gefördert haben, brauche ich kaum hervorzuheben; einen bestimmten und sehr gewöhnlichen Fall habe ich sogleich bei dem Wundkratzer anzuführen. Wenn Moritona, der grosse Medizinmann der Yaulapiti, sich den Rest von unserer Erbsensuppe breit über die Brust schmierte, so dürfte das Motiv der Farbenfreude daran nur geringen Anteil gehabt haben.

Die Muster waren verschiedener Art. Einfache Fingerstriche, auffällige Streifen z. B. von Auge zu Ohr, oder die Verschönerung desselben Moritona: ein schwarzer Streifen von der Nase bis zum Nabel, Streifen, die den Konturen der Schulterblätter folgten, Tupfen auf Brust und Armen, Wellenlinien die Schenkel entlang, gesprenkelte Bogen über die Brust hinüber, ein Zickzack Rücken und Beine hinunter u. dergl. mehr. Zum Teil handelt es sich dabei um auffällige Begleitung oder Durchkreuzung der anatomischen Konturen, zum Teil um Nachahmung tierischer Hautzeichnung, aber Alles war Willkür der einzelnen Person und Stammesmuster waren nicht vorhanden. Als Uebergang zum gewöhnlichen breiteren Anstreichen mag es gelten, dass man einzelne Körperteile z. B. Stirn und Nase auffällig bemalte. Die Baumwollbänder, die den Oberarm oder den Unterschenkel umspannten, boten ein nicht unbeliebtes Motiv. Bei dem Bakaïrí Kulekule, der für mich schwärmte, sah ich eines Tages unterhalb jeder Brustwarze ein schwarzes hufeisenartiges Bogenstück, und als ich ihn nur zum Scherz fragte, was das sei, deutete er zu meiner Ueberraschung auf meine Stiefel, die ihm sehr imponierten: er hatte sich die Absätze aufgemalt. Ein wirkliches Kunstwerk trug ein junger Auetö zur Schau, der für die Reise mit uns nach Cuyabá — sein Vater befahl ihm, dass er uns begleite — feierlich herausgeputzt war, der aber trotz eines ihm zum Proviant mitgegebenen Topfes Mehl uns schon bei den Mehinakú verliess. Das Mereschu-Rautenmuster, von dem ich später ausführlicher sprechen werde, bedeckte Brust und Seiten abwärts bis zur halben Höhe der Waden, dagegen prangte die untere Hälfte des Gesichts und seitlich der Hals vom Ohr bis zum Schlüsselbein in einem Ueberzug von reinem tiefem Schwarz. Im Uebrigen war es vorwiegend bei der festlichen Gelegenheit des Empfangs oder wie bei den Nahuquá, beim Tanz, dass man sich mit Mustern schmückte. Im alltäglichen Leben war so gut wie Nichts zu sehen, ebensowenig als von Federschmuck. Die Bakaïrí des ersten Dorfes empfingen uns, als ich mit den Gefährten von der Independencia erschien, einschliesslich der Frauen fast sämtlich in bemaltem Zustande; die kleineren Enkel Tumayaua's waren sorgfältig am ganzen Körper beklext, und Tumayaua sagte mir ausdrücklich, dass wir sehen sollten, wie sich die Frauen freuten.

Ritznarben. Ritzen der Haut ist eine Art Universalheilmittel. Es wird für Jung und Alt gebraucht und in gleicher Art bei allen Stämmen. Mit dem Wundkratzer, einem dreieckigem Stück Kürbisschale, das mit einer Reihe kleiner spitzer Zähnchen von Fischen *(Trahira)* oder Krallen von Nagetieren *(Aguti)* besetzt ist, wird die Haut geritzt, eine Weile bluten gelassen, wobei durch Streichen mit einem Knochen nachgeholfen wird, und dann entweder mit gelbem Lehm oder mit Russ oder dem Saft einer Frucht (*natuntsán* bei den Auetö) eingerieben. Zumal an den Armen sieht man überall die Ritznarben. Eigentliche Ziernarben fehlen durchaus, was mit dem Satz von Joest übereinstimmt, dass sie auf die dunkeln Völker beschränkt sind. Damit die Knaben zum Schiessen ein sicheres Auge und einen starken Arm erhalten, wird Gesicht und Oberarm mit dem Wundkratzer bearbeitet. Ich sah ihn bei einer starken Anschwellung des Fusses mit sehr gutem Erfolg angewandt. Das Verfahren ist der reine Baunscheidtismus und wird auch ausdrücklich als ein medizinisches hingestellt. Es ist klar, dass man sich in vielen Fällen auch wirklich Erleichterung verschafft, indem man die Spannung und Entzündung vermindert. Es ist nicht weniger klar, wie man darauf verfallen ist, da sich jeder Mensch bei Insektenstichen kratzt, bis es blutet und der Schmerz oder das Jucken aufhört, und da man auch, was Schlechtes unter die Haut eingedrungen ist, wieder herauslassen möchte. Endlich ist es nicht rätselhaft, warum man sich mit Russ oder Erde einreibt, man will sich wiederum nicht schmücken, sondern man steigert oder mildert nach Bedarf den Reiz und stillt das Blut. Bluten wurde auch mit Asche gehemmt.

Abb. 15.
Wundkratzer.

So ist der Eingeborene hier zum Tätowieren gekommen, ohne es zu erfinden; ich habe häufig gefärbte Ritzstriche in der Haut als eine richtige, wenn auch unbeabsichtigte Tätowierung bei den Stämmen beobachtet, die sich mit dieser

Kunst gar nicht befassten. Von Zufall kann man aber nicht reden, weil die Gewohnheit des medizinischen Wundkratzens die Nebenerfahrung der Färbung notwendig hervorrufen musste. Die zielbewusste Verwendung ist Sache späterer Vorstellungen. Auch die Tätowierung wird zur künstlichen Methode und zum auszeichnenden Hilfsmittel, das auf der Haut angebracht wird, wo keine Kleidung vorhanden ist. Nichts ist natürlicher als dass die Tätowierung in dem Masse zurücktritt, als die Kleidung erscheint und bequemere Wege zu gleichen Zwecken eröffnet. Der zahme Bakaïrí Felipe aus dem Paranatingadorf, Leutnant der brasilischen Miliz und im Besitz eines Patents und einer ausrangierten galonierten Uniform, hatte nach unserer ersten Expedition mit Antonio die wiedergefundenen Namensbrüder besucht; er erzählte mir, dass man ihn aufgefordert habe, zu den Kustenaú zu gehen und sich tätowieren zu lassen. »Aber ich wollte nicht«, sagte er mir, »ich habe ja meine Galons«.

Die Tätowierung ist auf die Nu-Aruakstämme, also die Mehinakú, Kustenaú, Waurá und Yaulapiti beschränkt, — auf Stämme, die sich den Körper mit Vorliebe schwärzen, die also die Färbung der Kratzstriche am besten beobachten konnten — und wird gelegentlich von den benachbarten Bakaïrí in Anspruch genommen. Sie wird mit dem Dorn einer Bromelia, Gravatá, oder dem Zahn des Hundsfisches in frühem Kindesalter ausgeführt; zur Farbe dient Russ oder der Saft der Tarumáfrucht.

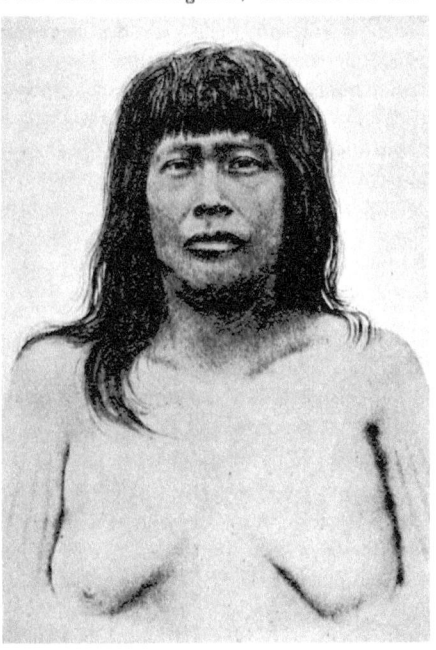

Abb. 16. Kamayurátrau mit Ritznarben.

Nur ein einziges Mal haben wir eine künstlerische Tätowierung gesehen; ein Häuptling der Mehinakú hatte auf jeder Seite der Brust die Raute des MereschuFisches auftätowiert; von der obern und äussern Ecke der Raute verlief noch eine Doppellinie zur Schulter hinauf. Indem er uns stolz die Stämme aufzählte, die ihn kannten, deutete er jedesmal auf eine Ecke der Raute; ich nehme auch diesen kleinen humoristischen Zug zu Gunsten meiner Meinung in Anspruch, dass das, was die Naturvölker mit ihrer Haut anfangen, mutatis mutandis, dem entspricht, was wir mit unserer Kleidung unternehmen. Der Mehinakú zählt an den Ecken seines Tätowiermusters ab, unsereins an den Westenknöpfen. Die Männer hatten als Tätowierung je eine Linie oder Doppellinie, die den innern Konturen der Schulterblätter folgten, bald als stumpfe oder annähernd rechte Winkel, die ihre Scheitel der Wirbelsäule zukehrten, bald als Bogenstücke — ein Muster, das nun in die Kunst der Mehinakú übergegangen ist und aussen auf den Böden der grossen Töpfe erscheint, vgl. Tafel 15. Die Frauen trugen entweder auf dem Oberarm, oder um das Handgelenk, oder auf dem Oberschenkel zwei, auch drei horizontale Bogenlinien, die den vordern Teil des Gliedes umspannten, also Halbkreise darstellten.

Die Tätowierung leistet im Allgemeinen noch nichts als einfache Linien und verrät noch ihren Ursprung aus dem ungeschickten Wundkratzen mit dem Fischzahn. In diesem Sinne ist die umstehende Abbildung einer wie tätowiert erscheinenden, aber nur medizinisch geritzten Kamayuráfrau merkwürdig. Die Kamayurá hatten keine Tätowierung, dagegen waren Hände und Arme vielfach eng liniirt mit Ritznarben des Wundkratzers.

Allein schon diente die Tätowierung bewusster Auszeichnung. Sie kennzeichnete Männer und Frauen der Häuptlingsfamilien, die eben nicht wie der Bakaïrí Felipe in der Lage waren, Galons zu tragen; man sorgte für diese Unterscheidung schon bei den kleinen Kindern. So liefert sie hier zunächst ein Unterscheidungszeichen innerhalb des Stammes, das aber im Lauf der Zeit wie jedes Rangabzeichen der Verallgemeinerung verfallen wird. Schon gelüstete es einzelne Bakaïrí- und Nahuquá-Aristokraten, sich um die fremde Auszeichnung zu bewerben. Die Nahuquá hatten mehrere Mehinakúfrauen mit Tätowierung. Ich traf bei den Mehinakú einen Kamayurá zu Besuch und dieser trug auf dem Arm charakteristischer Weise, aufgemalt freilich und nicht tätowiert, die beiden Tätowierlinien der Mehinakúfrauen. Ich glaube, kann es aber nicht behaupten und beweisen, dass hier ein Zusammenhang mit dem System des Matriachats vorliegt. Die Söhne gehören nach indianischer Vorstellung zum Stamm der Mutter und in jedem Fall verkehren sie unter friedlichen Verhältnissen in dem Stammdorf der Mutter. Sicher ist es, dass die Mehinakúweiber und die Mehinakútöpfe ihren Heimatsstempel trugen.

II. Sexualia.

Die Vorrichtungen bei Männern und Frauen sind keine Hüllen. Schutz der Schleimhaut und sein Nutzen bei eintretender Geschlechtsreife. Ursprung aber bei den Frauen als Verband und Pelotte, bei den Männern als gymnastische Behandlung der Phimose.

Unsere Eingeborenen haben keine geheimen Körperteile. Sie scherzen über sie in Wort und Bild mit voller Unbefangenheit, sodass es thöricht wäre, sie deshalb unanständig zu nennen. Sie beneiden uns um unsere Kleidung als um einen wertvollen Schmuck, sie legen ihn an und tragen ihn in unserer Gesellschaft mit einer so gänzlichen Nichtachtung unserer einfachsten Regeln und einer so gänzlichen Verkennung aller diesen gewidmeten Vorrichtungen, dass ihre paradiesische Ahnungslosigkeit auf das Auffälligste bewiesen wird. Einige von ihnen begehen den Eintritt der Mannbarkeit für beide Geschlechter mit lauten Volksfesten, wobei sich die allgemeine Aufmerksamkeit und Ausgelassenheit mit den »private parts« demonstrativ beschäftigt. Ein Mann, der dem Fremden mitteilen will, dass er der Vater eines Andern sei, eine Frau, die sich als die Mutter eines Kindes vorstellen will, sie bekennen sich ernsthaft als würdige Erzeuger, indem sie mit der unwillkürlichsten und natürlichsten Verdeutlichung von der Welt die Organe anfassen, denen das Leben entspringt.

Es ist somit nicht möglich, die Leute richtig zu verstehen, wenn wir nicht unsere Begriffe von der »Kleidung« beiseite lassen, wenn wir sie nicht nehmen, wie sie sind und wie sie sich in ihrer Eigenart geben. Indem wir als den Ausgangspunkt festhalten, dass sie nur ihre natürliche Haut und keine künstliche Stoffdecke über ihren Körper haben, müssen wir uns zunächst einmal fragen, ob die Haut in ihrem Verhältnis zu einer Aussenwelt, der sie unmittelbar ausgesetzt wird, durch die Veränderungen des geschlechtlichen Lebens beeinflusst werden kann, und müssen jedenfalls an dieses Thema mit ärztlicher Unbefangenheit, nicht aber mit dem Gedanken eines zivilisierten Menschen, der sich plötzlich entkleiden soll, herantreten. Beginnen wir mit einer Uebersicht der verschiedenen Methoden, die für die Behandlung der partes pudendae bei den einzelnen Stämmen von der Zeit der Reife ab, und nur von dieser Zeit ab, im Gebrauch sind. Sie beziehen sich nirgendwo auf die Kinder.

Die Männer bieten bei den Kulisehustämmen mit Ausnahme der Trumaí für den ersten Anblick nichts Besonderes. Das Schamhaar ist ausgerupft; sie tragen nur eine Gürtelschnur in Gestalt eines Baumwollfadens, auf den gelegentlich kleine Halmstücke oder durchbohrte Samenkerne oder winzige Stücke Schneckenschale aufgereiht sind, aber meistens so, dass der grössere Teil der Schnur frei bleibt. Man betrachte die Photographien, z. B. Tafel 14: die Hüftschnur findet man ausnahmslos bei jedem Mann. Oefters ist statt des Fadens ein Strang Baumwolle vorhanden, so bei dem einen Nahuquá Seite 95[*]) oder auf dem Bild des Bakaïrí Luchu, Tafel 6. Gerade bei diesem Jüngling, der erst seit kurzem in das mannbare Alter eingetreten war und auch mit der Entfernung des Schamhaars noch nicht abgeschlossen hatte, lernte ich den uns hier interessierenden Zweck der Hüftschnur kennen. Ich hatte sie samt dem Baumwollstrang bis dahin als eine öfters mit Zierrat ausgestattete Tragschnur betrachtet für Leute, die keine Taschen haben, oder als Vorrat an Bindematerial, das immer zur Hand wäre, allein in der That wurden leichtes Handwerkszeug wie Muscheln und Fischgebisse, oder auch der Kamm oder die von uns gegebenen Messer nicht an der Hüftschnur, sondern an einer Schnur um den Hals auf Brust oder Rücken getragen. Auch hatten die so arbeitsamen Frauen keine Hüftschnur. Kleinere Knaben waren meist schon mit der Schnur versehen, hatten dann jedoch stets ein paar zierliche Kleinigkeiten darauf gereiht.

---

[*]) Dem Nahuquá links fehlt die Hüftschnur, weil sie kurz vor der Aufnahme in unsern Besitz übergegangen war.

Die Hüftschnur dient zu dem Zwecke, das Praeputium zu verlängern. Der Penis wird aufwärts dem Leib angelegt und so unter die Hüftschnur geschoben, dass das oberste Stück des Praeputium abgeklemmt bleibt. Man hält den Jüngling zu diesem Verfahren an, wenn die ersten Erektionen eintreten. Er bemüht sich, die Prozedur Tagelang inne zu halten, und beseitigt das lästige Schamhaar.

Die Trumaí hatten eine absonderliche Methode, die auch von andern brasilischen Stämmen berichtet wird. Sie banden das Praeputium vor der Glans mit einem meist mit Urukú rot gefärbten Baumwollfaden zusammen. Das Vorderende des Penis erschien wie ein Wurstzipfel. Sie hatten also im Dauerzustand das, was die Andern mit ihrer Hüftschnur nur vorübergehend hatten. Leider haben wir sie nicht unter normalen Verhältnissen in ihrem Dorfleben beobachten können. Als wir sie auf der Flucht vor den Suyá in der Nähe der Auetö fanden, bemerkten wir den wunderlichen Faden nicht bei sämtlichen Männern, obwohl auch die nicht damit versehenen die durch den Gebrauch erzeugte Abschnürungsmarke am Praeputium erkennen liessen. Es wäre nicht unmöglich, dass sich die Leute vor den Auetö ein wenig genierten; wenigstens bekundeten die übrigen Stämme, wenn wir mit ihnen von den Trumaí redeten, stets ein ganz besonderes Vergnügen über den Wollfaden, den sie verspotteten und ebenso komisch fanden wie wir. Doch hatten wir die Gesellschaft ganz unter sich getroffen, und der Hauptgrund, nehme ich an, war die in der Notlage nur zur erklärliche Vernachlässigung des Aeussern. Auch bemerkten wir, dass es namentlich ältere Individuen waren, denen der Faden fehlte, wie auch die Aelteren betreffs der Tonsur am nachlässigsten sind. Bei älteren Männern, die den Faden trugen, sass er dem Scrotum unmittelbar auf, und waren auch die Konturen des Penis völlig verschwunden, sodass man nur ein zusammengeschnürtes Beutelchen erblickte. Und kaum anders war es, wenn sie keinen Faden trugen.

Abb. 17. Penisstulp der Bororó.

Diese Folge dauernder Vergewaltigung trat nicht minder bei dem Stulp oder der Strohmanschette zu Tage, die keiner der Kulisehustämme trug, die ich aber hier mit anführen möchte. Wir sahen die auch sonst in Brasilien nicht unbekannte Vorrichtung bei den Yuruna, den mit den oberen Stämmen unbekannten Anwohnern des Mittel- und Unterlaufs, und in grösserem Format bei den Bororó des südlichen Matogrosso. Ein langer Streifen ziemlich spröden gelben Palmstrohs wird gerollt und gefaltet, wie die Abbildung zeigt, sodass ein trichterförmiger nach unten spitz zulaufender Stulp entsteht; das links abstehende Ende des Streifens in der Abbildung möge man sich wegdenken, da der Stulp nur bei festlichen Gelegenheiten solch' eine mit roten Mustern bemalte Fahne trug. Sein Effekt ist genau wie der des Fadens: das Praeputium wird so hindurchgezogen, dass das untere enge Ende des Trichters noch gerade einen Zipfel scharf abschnürt, vgl. das Titelbild und Tafel 27. Auch hier verschwindet meist der Rest des Penis im Scrotum, aber der Vorteil des starren Stulps vor dem Faden ist der, dass er weniger scharf einschneidet. Der Stulp ist eine Verbesserung und eine Verschönerung im Vergleich zum Faden. Ich nehme an, man hat zunächst die Hüftschnur getragen und davon haben die Einen Stücke zum Abbinden benutzt, während die Andern sich begnügten, die Haut einzuklemmen. Bei jenen ist man zum Teil zu dem milderen und koketteren Stulp fortgeschritten, behielt aber die alte, immer noch nützliche oder zum Schmuck dienliche Hüftschnur bei, wie die Bororó sie neben dem Stulp tragen, während die stulptragenden Yuruna sie zum breiten Perlgürtel entwickelt haben. Waehneldt berichtet in der That (1863) von den im Quellgebiet des Paraguay wohnenden Bororó, dass sie nicht den Stulp, sondern den Faden tragen: »Die Männer binden nur die Glans mittels eines feinen Bastfadens um den Bauch, damit sie sich von Insekten frei halten und beim Laufen nicht belästigt werden«.

Alle Methoden erreichen auf leicht variierte Art dasselbe, die Bedeckung der Glans, sei es, dass das Praeputium nur verlängert, sei es, dass es ausserdem noch zusammengeschnürt und auch noch besonders durch Palmstroh umschlossen wird.

Von den Frauen habe ich erwähnt, dass alle das Schamhaar entfernen.

Die Suyáfrauen, die sich mit Halsketten schmückten und in den durchbohrten Ohrläppchen dicke bandmassartig aufgerollte Palmblattstreifen trugen, gingen durchaus nackt.

Die Trumaífrauen trugen eine Binde aus weichem, grauweisslichem Bast; sie war zu einem Strick gedreht, sodass eine Verhüllung nur in den aller bescheidensten Grenzen vorhanden war und sicherlich nicht beabsichtigt sein konnte, da man den Streifen nur hätte breiter zu nehmen brauchen. Sie rollten einen langen, schmal zusammengefalteten Baststreifen an einem Ende ein wenig auf, hielten dieses Röllchen mit der einen Hand gegen den untern Winkel des Schambergs angedrückt, drehten mit der andern Hand den freien Streifen einige Male um sich selbst und führten ihn zwischen den Beinen nach hinten hinauf, kamen wieder nach vorn zu dem Röllchen, drückten es mit dem quer darüberweg gespannten Streifen an und wandten sich über die andere Hüfte zum Kreuz zurück, wo sie das freie Ende einschlangen und festbanden.

Die Bororófrauen hatten ebenfalls die weiche graue Bastbinde, die sie während der Menses durch eine schwarze ersetzten, nur befestigten sie die Binde an einer Hüftschnur. Dort in einer Breite von 3—4 Fingern, vorn eingeschlungen, lief sie schmäler werdend über die Schamspalte und den Damm zum Kreuz und wurde wieder an die Hüftschnur gebunden. Statt der Hüftschnur wurde auch ein breites, fest schliessendes Stück Rinde um den Leib getragen. Vgl. die Abbildung Bororó, Mutter und Tochter.

Die Frauen der Karaiben, der Nu-Aruak- und Tupístämme des Schingú-Quellgebiets trugen sämtlich das dreieckige Stückchen starren Rindenbastes, das am bequemsten mit seinem Bakaïrínamen „Uluri" bezeichnet wird. Die Uluris werden aus einem viereckigen Stück des ziemlich harten knitternden Stoffes durch Faltung in der Diagonale hergestellt; die Ränder der zwei so entstehenden leicht aufeinander federnden Dreiecke sind nach innen umgeschlagen, damit sie nicht scharf bleiben und einschneiden. Das Uluri sitzt sehr tief dem Winkel des Schambergs auf; die untere Ecke des Dreiecks verlängert sich in einen etwa 4 mm breiten Dammstreifen aus hartem Rindenbast, während von den beiden oberen 2 dünne Fadenschnüre durch die Leistenbeugen um die Schenkel herum nach hinten laufen und dort mit dem schmalen Dammstreifen vereinigt werden, der von der unteren Spitze des Dreiecks her entgegenkommt. Die Grösse der Uluris wechselt; umfangreiche Exemplare haben eine Grundlinie von 7 cm, eine Höhe von 3 cm, die meisten sind, zumal bei jüngeren Individuen, erheblich kleiner. Sie bedecken grade den Anfang der Schamspalte und liegen dort fest an. Der Introitus vaginae wird durch das Dreieck nicht erreicht, aber durch den Gesamtdruck von vorn nach hinten verschlossen oder mindestens nach innen zurückgehalten, da der zwischen den unbehemmten Labia majora in der Spalte eingebettete Dammstreifen scharf angezogen ist.

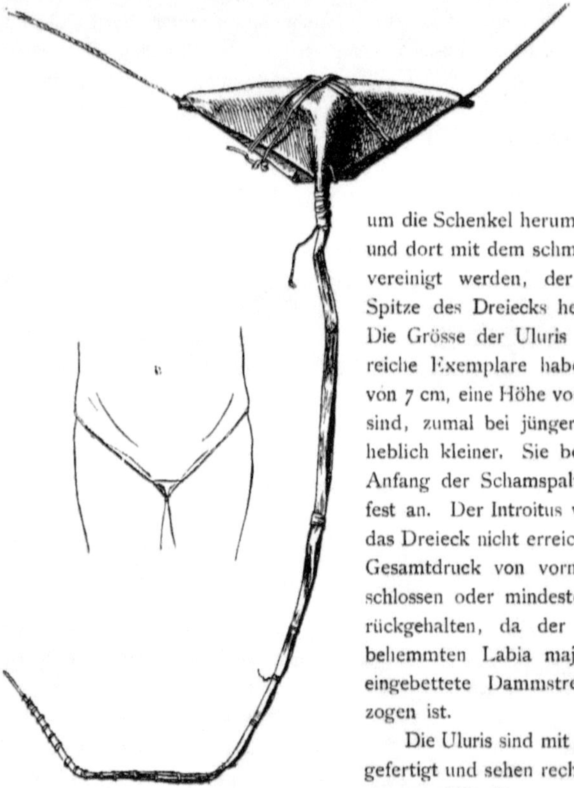

Die Uluris sind mit grosser Zierlichkeit gefertigt und sehen recht kokett aus, wenn sie neu sind. Ihre ganze Konstruktion ist so hübsch überlegt und besonders die Befestigung der Leistenschnüre wie die des Dammstreifens, die an die Dreiecke angenäht sind, so saubere Arbeit, dass man sie nicht für ein ursprüngliches Erzeugnis erklären kann.

Abb. 18. Uluri. ($^5/_6$—$^5/_7$ nat. Gr.)

Den verschiedenen Methoden der Frauen gemeinsam ist der Verschluss, nicht die Verhüllung. Sie halten die Schleimhautteile zurück, wie bei den Männern die Glans verhindert wird vorzutreten. Zurückhalten der Schleimhaut ist der allen Vorrichtungen beider Geschlechter gemeinsame mechanische Effekt. Das Uluri erreicht ihn bei einer so weit getriebenen Reduktion der Bedeckung, dass die Verhüllung eher möglichst vermieden als gewünscht erscheint. Die Schleimhaut bleibt, da sie bei den Männern hinter dem Praeputium, bei den Frauen hinter den Labia majora zurückgehalten wird, der Aussenwelt überhaupt und somit allerdings auch den Blicken der Umgebung verborgen.

»Kleidungsstücke«, deren Hauptzweck es wäre, dem Schamgefühl zu dienen, kann man doch nur im Scherz in jenen Vorrichtungen erblicken. Sexuelle Erregung wurde durch sie nicht verhüllt und wurde auch, wenigstens bei den Bororó-Männern, nicht geheim gehalten. Das rote Fädchen der Trumaí, die zierlichen Uluris, die bunte Fahne der Bororó fordern wie ein Schmuck die Aufmerksamkeit heraus, statt sie abzulenken. Zwar wird der Gedanke, sowohl den moralischen Zustand als diese »Reste einer früheren Kleidung« auf eine Degeneration zurückzuführen, indem die Eingeborenen von einer höheren Stufe auf die niedrige der Gegenwart herabgesunken wären, für manche Gemüter ein Herzensbedürfnis sein, er lässt sich aber nicht in Einklang bringen weder mit der von einem gleichen klar ausgesprochenen Zweck beherrschten Mannigfaltigkeit der Vorrichtungen, noch mit der vollkommenen Harmonie, in der sie sich der ganzen übrigen Kulturhöhe der Indianer einfügen. Die absolut nackten Suyáfrauen wuschen sich die Geschlechtsteile am Fluss in unserer Gegenwart.

Könnte für die heranwachsenden Männer, wenn die Glans durch Erektionen und sexuellen Verkehr dauernd frei zu werden droht, der Wunsch entstehen, sie zum Schutz bedeckt zu erhalten? Es lässt sich Vieles dafür anführen. Zwar möchte sich dieses Schutzbedürfnis noch am wenigsten auf Gestrüpp und Dornen beziehen. Ernsthafter sind die Insulte der Tierwelt zu nehmen. Wenn die Trumaí, wie von ihnen behauptet wurde, Tiere wären, die im Wasser lebten und auf dem Boden des Flusses schliefen, wären sie sogar in die dringende Notwendigkeit versetzt, die Urethralöffnung dem Kandirúfischchen *(Cetopsis Candiru)* zu verschliessen. Dies transparente, spannenlange kleine Scheusal, dessen Vorkommen im Batovy wir 1884 festgestellt haben, hat die eigentümliche Neigung, in die ihm zugänglichen Köperöffnungen des im Wasser befindlichen Menschen einzudringen; es schlüpft in die Urethra, kann wegen der Flossen nicht zurück und verursacht leicht den Tod des Unglücklichen, dem Nichts übrig bleibt, als schlecht und recht mit seinem Messer die Urethrotomia externa zu vollziehen. *)

Da die Amphibiennatur der Trumaí aber auf gerechte Zweifel stösst, und der Aufenthalt im Wasser selbst für den Fischer oder den sein Kanu durch die Katarakte bugsierenden Ruderer nur eine nebensächliche Rolle spielt, so ist es

---

*) Die Angst der Brasilier vor dem an und für sich so harmlosen Fischchen ist somit wohl gerechtfertigt; sie wird am besten durch eine Münchhauseniade charakterisiert, die uns ein Offizier mit ernsthafter Miene für wahr berichtete: in den Gewässern bei Villa Cáceres ist der Kandirú so bösartig und so auf seine Passion versessen, dass er sogar, wenn Jemand vom Ufer aus ein Bedürfnis

nicht notwendig, auf die von dem Kandirú ausgehende, nur gelegentliche Gefahr zurückzugreifen. Dagegen macht allerdings das Gesindel der »Carapatos« (Ixodidae), der beim Durchwandern des Waldes zahlreich von den Blättern abgestreiften und herabgeschüttelten Zecken, den Schutz der Glans den Waldbewohnern im höchsten Grade wünschenswert. Die zum Teil winzig kleinen Schmarotzer saugen sich auf der Haut fest, pumpen sich voller Blut, bei ihrer dehnbaren Körperwandung bis zu Erbsengrösse anschwellend, und haften mit den in die Haut scharf eindringenden Hakenspitzen ihrer Kieferfühler so fest, dass man sie zerreisst, wenn man sie abpflücken will, und durch die zurückbleibenden Teile schmerzhafte Entzündungsstellen hervorgerufen werden. Der Brasilier, der häufig mit Karapaten wie besät aus dem Walde kommt, entledigt sich schleunigst seiner Kleidung und schüttelt Hemd und Beinkleid über dem Lagerfeuer aus; hat sich einer der Schmarotzer in die Glans eingebohrt, so pflegt er ihm mit einer brennenden Zigarette so nahe auf den Leib zu rücken, als seine eigene Empfindlichkeit nur eben gestattet, damit das Tierchen, durch die Hitze bedrängt, freiwillig seinen Aufenthalt aufgibt und sich aus der Schleimhaut zurückzieht, ohne zerrissen zu werden. Wir Alle haben trotz unserer Kleidung das eine oder andere Mal dieses Verfahren einschlagen müssen und die Situation, bevor die Erlösung erreicht ist, als eine der peinlichsten gekostet. Ich bin auch der Ansicht, dass der Schutz, dessen sich die Indianer erfreuen, sicherer ist, als der einer verhüllenden Bekleidung.

Wie viel anderes beissendes, kneifendes, saugendes, einkriechendes Insektenzeug den südamerikanischen Waldbewohner noch auf ähnliche Art bedrängen kann, ist jedem Reisenden geläufig, der sich im brasilischen Wald auf den Boden gesetzt hat. Am hellsten werden diese Unannehmlichkeiten durch den Umstand beleuchtet, dass es auch der Bewohner des südamerikanischen Tropenwaldes gewesen ist, der die Hängematte, von den Engländern und Franzosen noch jetzt nach dem Nu-Aruakwort „amáka" benannt, zu erfinden genötigt war. Genötigt war, sicherlich nicht allein wegen des nassen Bodens der Hylaea. Wohlweislich begegnet der Indianer jenen Angriffen in etwas dadurch, dass er in Hockstellung zu sitzen pflegt. Auch gebrauchen die Frauen, wenn sie beim Schaben der Mandiokawurzel und dergleichen Beschäftigung, die sich in der Hockstellung nur unbequem verrichten liesse, breit aufsitzen, selbst im Hause, das ja von Schleppameisen wimmelt, ein paar aneinander befestigte flache Bambusstücke zur Unterlage. Sie sind von den häuslichen Arbeiten her weniger daran gewöhnt zu hocken, als die Männer, somit auch weniger geschützt. Auf der nebenstehenden Abbildung zeigt eine Gruppe von Bakaïrí aus dem zweiten Dorf sehr gut die charakteristischen Stellungen beider Geschlechter im Sitzen oder Hocken.

Auch bei den Frauen würde, wenn Schutz der Schleimhaut durch ihre Vorrichtungen bewirkt werden sollte, dieser Zweck wohl erreicht und sicherlich besser erreicht als etwa ein Zweck der Verhüllung. Es ist ferner anzuerkennen, dass, die Absicht des Schutzes der Schleimhaut vorausgesetzt, ein Bedürfnis sich dafür durch das geschlechtliche Leben wenigstens steigerte, weil bei der jungen

Frau die Mucosa zugänglicher wurde, im Zustand der Schwangerschaft turgescierte und durch die Entbindungen gelockert wurde.

So wäre es in der That nach den örtlichen Bedingungen unrecht, daran zu zweifeln, dass die beschriebenen Methoden den Erwachsenen beider Geschlechter Schutz gegen äussere Insulte bieten konnten, und dass es nicht an Gelegenheiten fehlte, wo sie in diesem Sinne nützlich sein mussten. Es wäre auch natürlich, dass man mit ihnen die Jugend schon beim Eintritt in die Reifezeit, wo sie begannen, mit den Aelteren zu arbeiten, gebührend ausrüstete. Allein die Erklärung kann unmöglich erschöpfend sein. Denn die Wichtigkeit und Unentbehrlichkeit der Vorrichtungen steht im Missverhältnis zu dem Begriff

Abb. 19. Hockende Bakaïrí.

von Schutzapparaten. Warum hätte man sie nicht häufiger, namentlich Nachts in der Hängematte, abgelegt? Warum wären die Jünglinge so aufmerksam bei ihrer Dressur des Präputiums gewesen? Warum hätte man sonderlich Aufhebens davon gemacht, dass die Uluris oder die Stulpe eines Tages angelegt wurden? Die Beziehungen zum Geschlechtsleben müssen unmittelbar sein und nicht nur mittelbar.

Bei dem weiblichen Geschlecht begegnet man keiner Schwierigkeit. Plötzlich treten Blutungen auf; hier ist eine Erkrankung gegeben. Dass der Indianer ursprünglich so dachte, wird klar bewiesen durch die bei den meisten Stämmen übliche, höchst überflüssige medizinische Behandlung des menstruierenden Mädchens mit Isolierung, Ausräucherung, Diät, Inzisionen und den übrigen Hilfsmitteln wider die unbekannten Feinde. Man entfernte säuberlich das Schamhaar und legte einen Verband an, die Bastschlinge, oder eine Pelotte: das Uluri. Die Bastschlinge ist bei den Trumaífrauen — eine Kombination von Verband und Pelotte — strickartig gedreht, bei den Uluriträgerinnen bewirkt der schmale Rindenstreifen die Anspannung über den Damm; in beiden Fällen wird ein gegen die Schambeinfuge hin andrückendes Widerlager geschaffen, bei jenen durch das Röllchen, bei diesen durch das federnde Dreieck. Man sieht, es war nicht die Reinlichkeit, die das Verfahren eingab, sondern das ärztliche Bemühen, dem Blutverlust entgegenzuarbeiten. Das sind aber wahrlich keine Erfindungen der Schamhaftigkeit, wie Schürzen oder dergleichen loser Umhang.

Für die Männer liegt die Erklärung nicht ganz so nahe. Auch hier hat man den Versuch gemacht, die Beziehung zu einem ursächlich wirkenden, primären Schamgefühl zu retten. Die Ansicht ist ausgesprochen worden, dass man sich nur ganz ausschliesslich geschämt habe, die Glans des Penis den Blicken zu zeigen, und deshalb auch nur sie verhüllt habe. Leider habe ich Nichts beobachtet, was die Frage unmittelbar entscheiden könnte. Ich habe gesehen, dass die Leute sich nicht schämten, wenn sie ihre Vorrichtungen uns gaben oder auch gelegentlich ablegten, wie denn eine Anzahl Trumaí den Faden nicht einmal trugen, allein der Penis war immer bereits so stark zurückgedrängt und die Haut so faltig, dass von der Glans nichts sichtbar wurde. Ich glaube sogar, vielleicht, weil ich ohne gegebenes Material selbst durch die Kulturbrille schaue, dass sie sich schämen würden, die Glans dem Auge eines Andern, zumal des Fremden, auszusetzen. Nur würde ich dieses Schamgefühl als Folge des eingewurzelten Gebrauchs betrachten und nicht als seine Ursache. Dass sich aber ein in der Naturanlage gegebenes Gefühl nur für einen kleinen anatomischen Teil eines in seiner Funktion auch die andern Teile beanspruchenden Organs regen solle, finde ich recht seltsam, und gern würde ich von einem etwa derart beobachteten Fall hören, dass ein im Zustand der Nacktheit überraschter Mensch sich nicht mit der Hand, sondern nur mit zwei Fingern bedeckt habe. Es ist nicht zu vergessen, dass Erektionen durch die Abschnürung weder verhindert noch verborgen werden. Dann giebt es ja auch beschnittene Menschen, die nackt gehen oder gingen [*].

Und hier sind wir bei dem Punkt angelangt, der vor Allem erwogen werden muss. Wir müssen die entgegengesetzte Behandlung der Glans in Betracht ziehen, die das Praeputium verkürzt oder spaltet. Der grössere Teil der Menschheit hat der Zirkumzision den Vorzug gegeben. Mit Ploss und Andree [**] bin ich der Meinung, dass der ursprüngliche Sinn der Beschneidung der eines »operativen Vorbereitungsaktes auf die Sexualfunktion des Mannes« gewesen sei; »man will den Jüngling mit einem Male reif und normal in sexueller Hinsicht

---

[*] Vgl. das Beispiel des Kaziken von Gutera, R. Andree, Ethnographische Parallelen und Vergleiche. Neue Folge, Leipzig 1889, p. 202.
[**] a. a. O. p. 212.

machen, er wird damit in die Reihe der heiratsfähigen Männer aufgenommen«. Haben unsere Naturvölker sich nun für die entgegengesetzte Methode entschieden, so können sie dabei nicht von einem entgegengesetzten Motiv, das unsinnig wäre, geleitet worden sein. Aber wohl darf man sich fragen, ob ihre Methode nicht nur scheinbar entgegengesetzt ist, ob sie nicht in Wirklichkeit dasselbe erreicht? Nicht dass die Oeffnung erweitert würde; es liegt vielmehr eine gymnastische Behandlung der Phimose vor anstatt einer operativen. Dehnen sie denn nicht die Haut, die die Andern zerschneiden? Schaffen sie nicht Raum innen, wo ihn die Andern nach aussen schaffen? Am wenigsten kann dies für das Abklemmen des Praeputiums mittels der Hüftschnur bezweifelt werden, was, wie bereits erwähnt, die älteste Form zu sein scheint, da sich die Hüftschnur überall erhalten hat. Mit dem Stulp wurde die Haut stark vorgezerrt. Bei Jünglingen zeigte sie sich häufig wund und abgeschürft. Der Europäer lässt zu enge Schuhe vom Schuster auf den Leisten schlagen, im innern Brasilien aber, wo man nur fertige importierte Waare kauft, findet ein Mann der guten Gesellschaft gar nichts darin, in Lackschuhen zu erscheinen, die er sich mit ein paar festen Schnitten erweitert hat. Sein Messer verhält sich zum Leisten, wie der beschneidende Splitter oder Dorn zur Hüftschnur.

Eins haben der feine Brasilier und der Europäer in diesem Fall gemeinsam, sie schämen sich schon beide mehr oder minder, barfuss zu erscheinen. Vielleicht kommt auch einmal die Zeit, wo vollkommene Menschen glauben, die Schuhe seien erfunden, weil es ein Erbgut unseres Geschlechts gewesen sei, sich der nackten Füsse zu schämen.

Nicht einmal die wirklichen Anzüge, die unsere Indianer haben — sie sind aus Palmstroh geflochten, mit Aermeln und Hosen ausgestattet und dienen zur Vermummung bei Tanzfesten — lassen sich zu Gunsten des Ursprungs aus dem Schamgefühl verwerten: an ihnen werden die Geschlechtsteile gross und deutlich aussen angebracht. Ich vermag nicht zu glauben, dass ein Schamgefühl, das den unbekleideten Indianern entschieden fehlt, bei andern Menschen ein primäres Gefühl sein könne, sondern nehme an, dass es sich erst entwickelte, als man die Teile schon verhüllte, und dass man die Blösse der Frauen den Blicken erst entzog, als unter vielleicht nur sehr wenig komplizierteren wirtschaftlichen und sozialen Verhältnissen mit regerem Verkehrsleben der Wert des in die Ehe ausgelieferten Mädchens höher gestiegen war als er noch bei den grossen Familien am Schingú galt. Auch bin ich der Meinung, dass wir uns die Erklärung schwerer machen als sie ist, indem wir uns theoretisch ein grösseres Schamgefühl zulegen als wir praktisch haben.

III. Jägertum, Feldbau und „Steinzeit"-Kultur.

Bevölkerungszahl. Lage der Dörfer. Vereinigung von uraltem Feldbau und Weltanschauung des Jägertums. Jagd und Fischfang müssen den metalllosen Stämmen, für die der Ausdruck »Steinzeit« unzutreffend ist, die wichtigsten Werkzeuge liefern. Steinbeilmonopol, Zähne, Knochen, Muscheln, Federn. Aufzählung der Nutzpflanzen und Verteilung nach Stämmen. Keine Bananen. Pflanzennamen als Zeugen für stetige Entwicklung. Fehlen berauschender Mehlgetränke beweist, dass Einfachheit nicht gleich Degeneration. Vereinigung von Jagd und Feldbau ermöglicht durch Arbeitsteilung der Geschlechter. Indianerinnen schaffen den Feldbau; sie erfinden die Töpfe zum Ersatz der Kürbisse; die Männer braten, die Frauen kochen. Durch fremde Frauen Kultur des Feldbaues, der Töpfe, der Mehlbereitung verbreitet und nach Kriegen erhalten, namentlich durch Nu-Aruakfrauen.

Die Bevölkerung des Schingú-Quellgebiets mag ungefähr 2500—3000 Seelen betragen. Ich bin nicht in der Lage, mehr als eine ganz oberflächliche Schätzung zu geben. Selbst in dem dritten Bakaïrídorf waren die jungen Frauen und Mädchen in den Wald gelaufen, als wir ankamen. Meist kehrten die Flüchtlinge zwar allmählich zurück, doch wussten wir niemals sicher, ob wir die normale Anzahl der Bewohner vor uns sahen. Es kam auch umgekehrt vor, dass Besuch aus den benachbarten Ortschaften eingetroffen war, und die uns umgebende Gesellschaft zu zahlreich erschien. Die kleinsten Dörfer bestanden aus nur zwei Familienhäusern, die grössten aus nahezu zwanzig. Es wird im Allgemeinen richtig sein, wenn man den Dörfern je nach der Grösse eine Bevölkerung von 30 bis 150 und, wo es hoch kommt, bis 200 Bewohnern zurechnet.

Nur die Trumaí und jenseit Schingú-Koblenz die Suyá wohnten am Flussufer. Es waren dies die streitlustigsten und unruhigsten Stämme; die Suyá konnten als die Hechte im Karpfenteich gelten. Die Uebrigen sassen in stiller Sicherheit oft mehr als zwei Wegstunden landeinwärts vom Fluss. Aber während der Fluss im Gebiet der Bakaïrí noch schmal war und sich in den letzten Katarakten austobte, während hier noch in der Landschaft dichte Kampwildnis mit sandigem Boden vorherrschte, entwickelte sich flussabwärts ein ausgedehntes Netz von Kanälen und Lagunen, gestaltete sich dort für die Kenner der verschlungenen Wasserwege, in denen sich der Fremde nicht zurechtzufinden vermochte, der Verkehr nicht nur von Dorf zu Dorf, sondern auch vom Dorf zur Pflanzung mühelos und vielseitig, lohnte überdies ein reicherer Boden besser die Arbeit.

Wollen wir das Schema Fischer und Jäger oder Ackerbauer anwenden, so müssen wir bei unsern Eingeborenen ein Mischverhältnis feststellen. Die Jagd auf Säugetiere trat bei den sesshaften Anwohnern des Flusses von selbst gegen den Fischfang zurück. Dieser war wichtig sowol für den Zweck der Ernährung als für den der Verwendung im technischen Bedarf. Felle boten keinen Nutzen, da man wärmende Kleidung nicht trug; die Haut des erlegten Säugetieres wurde gewöhnlich nicht abgezogen, sondern mitgebraten, und zwar bis zur Verkohlung, wo sie angenehm knusprig und salzig schmeckte. Die Jagd, ausser der eifrig gepflegten auf grosse Hühnervögel und die sonstige Bewohnerschaft des Flusswaldes, gewährte nur Gelegenheitsbeute und hätte, wenn sie ernster betrieben werden sollte, zu grösseren Streifereien genötigt. Wir sahen dies später bei den Bororó, die auch an einem fischreichen Fluss wohnten, bei denen aber umgekehrt die Jagd auf Säugetiere im Vordergrunde stand; sie waren wochenlang von Hause abwesend und kehrten mit grossen Mengen gebratenen Fleisches zurück: sie betrieben noch keinen Feldbau.

Geistig — und das ist ein Punkt von hoher Bedeutung — lebten die Schingúindianer trotz eines intensiven Feldbaus noch im vollen, echten Jägerstadium. Wenigstens von den Bakaïrí kann ich diesen Satz in seinem ganzen Umfang bestätigen. Ich habe geschildert, mit welcher Aufmerksamkeit sie selbst im Dorf jeden Laut, der aus dem Walde drang, jeden Vorgang aus dem Tierleben, den ihnen der Zufall vor Augen führte, beobachteten. Draussen auf dem Kamp- oder Waldpfad, im Kanu, im Nachtlager fühlte sich der Indianer stets auf der Jagd. Er wusste sich nicht durch eine Kluft von der Tierwelt geschieden, er sah nur, dass sich alle Geschöpfe im Wesentlichen benahmen wie er selbst, dass sie ihr Familienleben hatten, sich durch Laute miteinander verständigten, Wohnungen besassen, sich zum Teil befehdeten und von der Jagdbeute oder von Früchten ernährten, kurz er fühlte sich als primus inter pares, nicht über ihnen; er wusste nichts von all den guten Dingen, dass es ein Anderes ist, ob man in Situationsbildern oder in Begriffen Schlussfolgerungen zieht, und ob man nach Assoziationen, die sich fertig innerhalb der Art forterben, oder nach der Tradition, die von den Eltern durch die Sprache übermittelt wird, zweckgemäss handelt. Seine Sagen und Legenden, die uns als reine Märchen und Tierfabeln erscheinen, und die er genau so ernst nimmt wie wir die heiligen Bücher und ihre Lehren, in denen er sich auch Menschen und Tiere vermischen lässt, müssten ihm selbst nur scherzhafte Spielereien sein, wenn er seine Person aus anderm Stoff geformt wüsste als die übrigen Geschöpfe. Wir können diese Menschen nur verstehen, wenn wir sie als das Erzeugnis des Jägertums betrachten. Den Hauptstock ihrer Erfahrungen sammelten sie an Tieren, und mit diesen Erfahrungen, weil man nur durch das Alte ein Neues zu verstehen vermag, erklärten sie sich vorwiegend die Natur, bildeten sie sich ihre Weltanschauung. Dementsprechend sind ihre künstlerischen Motive, wie wir sehen werden, mit einer verblüffenden Einseitigkeit dem Tierreich entlehnt, ja ihre ganze überraschend reiche Kunst wurzelt in dem Jägerleben und ist nur erblüht, als ein ruhigeres Dasein den Knospen Schutz gewährte. Ich kann nicht genug von Anfang an auf diese Verhältnisse hinweisen, weil wir sonst die materielle Kultur der Eingeborenen nicht richtig würdigen und ihre geistige überhaupt nicht begreifen würden.

Auf der andern Seite ist es Thatsache, dass die Erzeugnisse des Feldbaus — ausgenommen bei den Trumaí — seit undenklichen Zeiten im Besitz unserer Indianer sind. Dafür liefert die Vergleichung der Sprachen unwiderlegliche Beweise. Sie lehrt uns zunächst, dass die Stämme des Schingú verschiedenen Sprachfamilien angehören. Sie lehrt uns weiter, dass für jeden einzelnen die Abzweigung von dem entsprechenden Grundvolk in entlegenen Epochen stattgefunden hat;

denn die lautlichen Erweichungsvorgänge und das Verschwinden der Stammanlaute, die überall bei den einzelnen Dialekten vorhanden sind, zeigen eine gleich gerichtete, aber dem Grade und den Grenzen nach überall verschieden abgestufte Entwicklung, zeigen nur Entsprechungen und keine Uebereinstimmungen, können also erst nach der Abtrennung von dem Grundvolk in Gang gekommen sein. Dennoch haben schon die Grundvölker die Namen der wichtigsten Nutzpflanzen; sie sind gänzlich verschieden von einem Grundvolk zum andern, sie sind aber dem einzelnen Grundstock gemeinsam mit einer grösseren oder geringeren Anzahl der Zweige. Für die Karaiben glaube ich diese Sätze in meiner Bakaïrí-Grammatik erwiesen zu haben, für die Tupí darf ich sie nach neueren Studien gleichfalls behaupten, für die Nu-Aruak, wo das Material unzulänglich und schwierig ist, enthalte ich mich jeden Urteils und verweise nur darauf, dass wir aus geschichtlichen und ethnologischen Daten schliessen müssen, dass die Nu-Aruak sicherlich eine ältere Kultur besitzen als die Karaiben und gar die Gēs, und eine ältere wahrscheinlich auch als die Tupí. Die Trumaí haben ihre Namen für die wichtigsten Nutzpflanzen teils von den Nu-Aruak, teils von den Tupí entlehnt.

So haben wir einen Widerspruch gegen die landläufige Auffassung: uralten Feldbau neben der Weltanschauung des Jägertums. Die Bakaïrí sagten mir, »unsere Grossväter wussten nichts von Mais und Mandioka, sie assen dafür Erde« — wovon die heutigen Indianer nur naschen. In dem Bagadú-Märchen erzählen sie, dass die Mandioka den Kampbewohnern erst geschenkt worden sei. Man begegnet im Matogrosso verschiedenen Stufen der Entwicklung nebeneinander: in den Bororó werden wir einen mächtigen Stamm kennen lernen, dem das Anbauen von Nährpflanzen ein unverständliches Beginnen war, der ohne Not die für ihn gepflanzten Mandiokawurzeln, kaum dass es junge, dünne Wurzelstengel waren, eiligst ausriss und verzehrte — wir erkennen aus der Sprache und hören auch aus der Ueberlieferung, dass die Trumaí erst spät in dem Feldbau von ihren Nachbarn unterrichtet worden sind und finden bei ihnen vortrefflich gehaltene, ausgedehnte Pflanzungen — wir sehen endlich die übrigen Schingú-Indianer abhängig von den Früchten des Feldes, doch in ihrem ganzen Denken und Empfinden von der Freude am urspünglichen Jägerberuf erfüllt.

Allein der Gang kann sich nicht so abgesetzt stufenweise und mehr oder minder sprungweise nach dem Schema vollzogen haben. Um dies einzusehen, müssen wir nur noch einem andern Problem etwas näher treten. Die Schingústämme hatten keine Metalle. Man sagt, sie lebten in der »Steinzeit«.

Leider ist das Studium der vormetallischen Perioden ganz vorwiegend an dem stummen Material der Ausgrabungen herangebildet worden. So hat man zunächst die Verwirrung der Begriffe entstehen lassen, dass »Steinzeit« und »Praehistorie« häufig als Ausdrücke gelten, die sich decken, obwohl die Völker, die ihre Geschichte selbst geschrieben haben, dies erst thaten, als sie die Metalle längst besassen, und obwohl neben ihnen und zu gleicher Zeit metallose Völker, »vorgeschichtliche« mit geschichtlichen zusammen gelebt haben. Dann aber hat man bei unsern praehistorischen Funden eine ältere Zeit unterscheiden können, wo die Steingeräte durch Zuhauen und Zersplittern der Steine, und eine jüngere Zeit, wo sie durch Schleifen hergestestellt wurden, und hat sich nun nicht begnügt, diesen Gang — ich sage nicht, diesen Entwicklungsgang — auf die Gebiete zu beschränken, wo man ihn beobachtet, sondern, die Erfahrungen verallgemeinernd, geschlossen, der Mensch habe notwendig, um seine Werkzeuge zu gewinnen, überall damit begonnen, Steine zu zerschlagen, und sei dazu fortgeschritten, sie zu schleifen. Während die Praehistorie erst dort für die Erklärung der Kulturanfänge das entscheidende Wort sprechen und die Definitionen liefern sollte, wo die Beobachtung an den Naturvölkern ihre Grenze findet, gelten heute die Mitteilungen aus Alaska oder von einer Südseeinsel vorwiegend als schätzbares Material für den Praehistoriker, der mit Freude sieht, wie seine scharfsinnigen Deutungen durch die Wirklichkeit bestätigt werden, und wenn andrerseits der Forschungsreisende irgendwohin gelangt, wo die Leute keine Metalle kennen, so ruft er aus, sie leben in der »Steinzeit« — eine Thorheit, die mir deshalb sehr klar geworden ist, weil ich sie selbst häufig begangen habe. Gingen wir zunächst einmal von den Naturvölkern aus, wie es sich gebührt, so würden wir nicht verkennen, dass sich unter ihnen noch heute paläolithische sowohl als neolithische Arbeit je nach den vorhandenen Gesteinarten, je nach dem anderweitig gegebenen Material und je nach den technischen Zwecken vorfindet. Wir würden sehen, dass der negative Ausdruck »metallos« natürlich zutrifft, dass aber der positive Name »Steinzeit« sehr unglücklich sein kann. Wir würden auch den Fall berücksichtigen, wo der Mensch gar keine oder nur ungeeignete Steine hat und doch seine Geräte und Waffen vortrefflich herstellt. Als unbefangener Beobachter wäre ich kaum je darauf verfallen, zu behaupten, dass die Schingú-Indianer in der »Steinzeit« leben.

Abb. 20.
Steinbeil.
($^1/_8$ nat. Gr.)

Es trifft gewiss zu, dass ihre schwierigsten Leistungen — Waldlichten, Häuserbauen, Kanubauen, Verfertigen von Schemeln und dergleichen — dem Steinbeil zukommen. Allein die verschiedenen Stämme waren ganz abhängig von einer Fundstätte, die im Besitz der Trumaí war. Weder Bakaïrí noch Nahuquá noch Mehinakú nebst Verwandten, noch Auetö noch Kamayurá hatten Steinbeile eigener Arbeit. Ihr Sandstein eignete sich nicht zu Beilen. Genau ein Gleiches habe ich von der früheren Zeit der zahmen Bakaïrí des Paranatinga auszusagen: in diesem Gebiet hatten die Kayabí das Monopol der Steinbeile; die benachbarten Bakaïrí mussten sie sich von ihnen, ihren späteren Todfeinden, beschaffen. Die Stämme des Batovy, Kulisehu und Kuluëne erhielten ihre Steinbeile von den Trumaí; (die am Hauptfluss wohnenden Suyá hatten selbst welche). Das Steinbeil tritt uns hier also als ein Einfuhrartikel entgegen.

Auf meine Erkundigungen wurde mir geantwortet, die Steine würden »an einem Bach im Sand« gefunden. Das Material ist von Herrn Professor Arzruni in Aachen als Diabas bestimmt, ein aus Augit, Plagioklas, Glimmer, Chlorit und Magneteisen zusammengesetztes Gestein, in dem einzelne Krystalle von Olivin und ziemlich viele Quarzkörner eingelagert sind. Die Klingen, 11—21 cm lang, sind meist flach zilindrisch, einige in der Mitte walzenrund, verjüngen sich nach hinten und enden vorn breit mit bogenförmiger Schneide. Sie sitzen ohne jede Umschnürung in einem durchschnittlich 0,5 m langen Holzgriff, der aus einem zilindrischen quer durchbohrten Oberstück und einem dünneren, von diesem wie ein Schilfrohr von seinem Kolben abgesetzten Stiel besteht. Aus demselben Diabas sind die in die am Wurfpfeile eingelassenen Steinspitzen und die Schmucksteine der Halsketten. Die Trumaí schliffen ihren Steinen die Klinge an, und durchbohrten, wie ausser ihnen nur die benachbarten Yaulapiti, die Schmucksteine. Die übrigen Stämme schliffen nur die stumpf gewordenen Beile im Flusssandstein zu. Muscheln und Steine wurden mit einem Quirlbohrer durchbohrt. An einem Stöckchen war, und zwar an beiden Enden, damit man wechseln konnte, ein dreieckiges hartes Steinsplitterchen eingeklemmt und durch Fadenumschnürung gesichert. Das Stöckchen war nahezu $1/2$ m lang und wurde zwischen den Händen gequirlt. Wurde Stein durchbohrt, so setzte man Sand zu. Das ist Alles, was die Indianer in der Bearbeitung von Stein leisteten, sie hatten keine dreieckigen Pfeilspitzen aus Stein, keine Steinmesser, keine Kelte, keine Steinsägen, keine Schaber u. s. w. Ich schlug bei den Bakaïrí zwei Stücke eisenhaltigen Sandsteins gegeneinander, dass Funken hervorsprühten, und sah zu meinem Erstaunen, dass sie die Erscheinung nicht kannten. Sie waren Neolithiker, die von der paläolithischen Zunft manches nützliche Handwerksgeheimnis hätten lernen können.

Abb. 21.
Quirlbohrer.*)
($1/2$ nat. Gr.)

Ich wage nicht zu sagen, die Schingú-Indianer lebten in der »Zahnzeit«, »Muschelzeit« oder »Holzzeit«, obwohl in der That die grosse Mehrzahl von Waffen, Werkzeugen, Geräten, Schmuck aus Zähnen, Muscheln und Holz zusammengesetzt ist, und sie das Feuer durch Reiben von Hölzern erzeugten. Ich wage dies nicht einmal in Betreff der ostbrasilischen Waldstämme, bei denen das Steinbeil doch eine ganz sekundäre Rolle gespielt haben muss, da sie weder Feldbau trieben, noch Kanus bauten, noch solide Hütten kannten. Aber es ist offenbar nur die Uebertragung von anderswo — und beim Ausgraben auf sehr erklärliche Art und Weise — gewonnenen Begriffen, wenn man aus dem vorhandenen natürlichen Material für Werkzeuge und Waffen, um die Kulturstufe zu bezeichnen, dasjenige herausgreift, was am wenigsten sowohl Bearbeitung wie Verwendung erfahren hat. Die Kultur der den Wald bewohnenden alten brasilischen Jägerstämme wird schwer verkannt, wenn man mit der Klassifikation »steinzeitlich« die

---

*) Der Quirlstock ist unterbrochen dargestellt.

Vorstellung von den Menschen der Eiszeit heraufbeschwört. Wir versperren uns das Studium der räumlichen Kulturkreise und der Abhängigkeit des Menschen von seinem Wohnorte; jeder Stamm hat das Material seiner Umgebung verwerten gelernt, auf das er angewiesen war, und ist so in den Besitz von Methoden gelangt, die eine mit demselben Material nur spärlich versorgte Nachbarschaft nicht gefunden hätte, aber nur zum eigenen Fortschritt benutzen und üben lernt. »Von der geographischen Umgebung«, sagt Bastian, »zeigt es sich bedingt, ob neben dem den Metallen vorhergehenden Steinalter noch ein Holzalter (wie in brasilischen Alluvionen z. B.), ein Knochenalter (bei Viehstand auf öden Ebenen, oder dortiger Jagd), ein Muschelalter (wie auf Korallen-Inseln manchmal) zu setzen sein würde.« Ich sage also lieber einfach, unsere Indianer kannten noch keine Metalle und waren in ihren Arbeitsmethoden zunächst auf Muscheln, Zähne und Holz angewiesen, schon weil sie besser geeignete Steine grossenteils gar nicht hatten.

Und nun bin ich wieder bei meinem Ausgangspunkt angelangt. Trotz ihres Feldbaues und trotz ihres Rodens mit der Steinaxt haben die Schingú-Indianer sich ihr Jägertum nicht nur erhalten können, sondern haben es sich auch erhalten müssen, weil ihnen Fischfang und Jagd, abgesehen von einem Wechsel in der Nahrung, die unentbehrlichsten Werkzeuge für die Herstellung von Waffen und Geräten lieferte.

Zähne. Die Piranya-Gebisse *(serrasalmo)**) dienten zum

Abb. 22. Feuerauge-Piranya. ($^1/_4$ nat. Gr.)

Schneiden. Sie wurden mit einem beliebigen Holzhaken geöffnet und sorgfältig untersucht; der 14 dreieckige Zähnchen enthaltende, 4 cm lange Unterkiefer wurde dann mit einer Muschel ausgeschnitten. Hartes und Weiches, die Stacheln der Buritípalmen oder das menschliche Haar, besonders aber alle Fäden und Fasern, wurden mit dem scharfen Gebiss geschnitten. Meine Scheere nannten sie »Piranya-Zähne«. Bambus und anderes Rohr wurde damit eingeritzt, bis es glatt abgebrochen werden konnte. Ein kaum unwichtigeres Werkzeug lieferte der Peixe cachorro oder Hundsfisch, der zoologisch *Cynodon* heisst, und im Unterkiefer zwei 3—3$^1/_2$ cm lange spitze, durch je ein Loch nach oben durchtretende Zähne besitzt. Mit dem messerscharf geschliffenen Rand dieser Zähne wurde geschnitten, doch gebrauchte man sie hauptsächlich zum Stechen, z. B. beim Tätowiren, zum Ritzen, z. B. bei Verzierung der Schildkröten-Spindelscheiben, und zum Durchbohren von Rohr wie bei den Pfeilen, um die Fäden zur Befestigung der Federn und Spitzen durchzustecken. Mit den

---

*) Es gab zwei Arten, eine kleinere schwarze, »Piranya preta« oder »olho de fogo« (Feuerauge), und eine grössere »papo amarello« (Gelbkropf), dessen »Gelb« ein prächtiges Orange war.

spitzen Zähnchen des Trahira-Fisches, *Erythrinus*, waren die dreieckigen Kürbisstücke besetzt, die als Wundkratzer in der kleinen Chirurgie der Indianer, vgl. Abbildung 15, das wichtigste Instrument darstellten. Auch dienten die Zähnchen des Agutí, *Dasyprocta Aguti*, zu gleichem Zweck. Von den Nagetieren bot das Kapivara, *Hydrochoerus Capybara*, in den Vorderzähnen des Unterkiefers unentbehrliche Schabemeissel; der 6—8 cm lange Zahn wurde mit Baumwollfaden an ein Stückchen Ubárohr befestigt oder zwei Zähne wurden zusammengeschnürt und auch noch mit etwas Wachs verkittet. Mit dem Agutí-Zahn

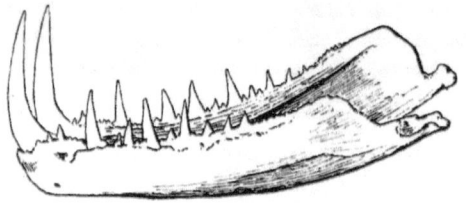 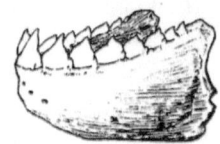

Abb. 23. Hundsfisch. ($^1/_1$ nat. Gr.)   Abb. 24. Piranya. ($^1/_1$ nat. Gr.)

Abb. 25. Vorderklauen des Riesengürteltiers. (Wühlhacke). ($^3/_5$ nat. Gr.)   Abb. 26. Kapivara-Zähne. (Schabmeissel). ($^1/_2$ nat. Gr.)

wurden ebenfalls die Pfeillöcher gebohrt. Affenzähne, an der Wurzel durchbohrt und kunstvoll zu einer Kette aneinander geflochten, waren ein beliebter Gürteloder Halsschmuck.

Knochen. Arm- und Beinknochen von Affen, die in dicken Bündeln in den Handwerkskörbchen zu Hause aufbewahrt wurden, dienten als Pfeilspitzen. Sie wurden zugeschliffen und mit ihrem Röhrenkanal dem zwischen Pfeilspitze und Pfeilschaft vermittelnden Stock aufgesetzt. Der Schwanzstrahl des Rochen war ebenfalls Pfeilspitze. Kleine spitze Knöchelchen wurden als Widerhaken angebracht. Säugetierknochen fanden mancherlei Verwendung, mit dem Oberschenkelknochen des Rehs strich man die mit dem Wundkratzer behandelte Haut, den Splitter von einem Jaguarknochen sahen wir zugespitzt, um Ohrlöcher zu bohren, mit einem Knochen wurde auf die Pfeilspitzen das Wachs aufgetragen, das die Umschnürung verschmierte. Die Vorderklauen des Riesengürteltiers *Dasypus gigas* dienten dem Menschen, wie dem Tier selbst, zum Graben und Aufwühlen des Bodens und waren die Erdhacke unserer Indianer. Die Spindelscheiben stammten vielfach aus dem Bauchstück des Schildkrötenpanzers, der mit einem Stein zerschlagen wurde. Jaguarklauen wurden als Halsketten getragen, Fischwirbel an der Gürtelschnur; ein quer durch die Nasenscheidewand gesteckter Knochen schmückte die alten Bakaírí.

Muscheln. Flache Flussmuscheln wurden zum Schneiden, weniger wo es auf ein Durchschneiden als ein Längsschneiden ankam, zum Schaben, Hobeln, Glätten in ausgedehntem Masse gebraucht. Die von den Kamayurá mitgebrachten

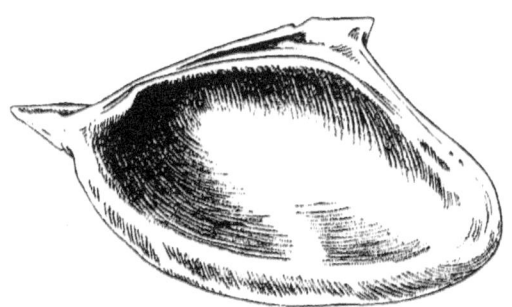 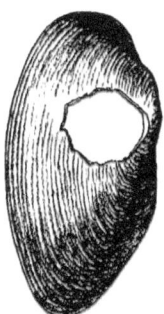

Abb. 27. Messermuschel und Hobelmuschel.

Arbeitsmuscheln hat Herr Prof. von Martens bestimmt: *tyutsí*, Anodonta war die Muschel zum Abschaben der Mandiokawurzel, „*manióka pináp*"; die Frauen sassen auf ein paar aneinandergereihten Bambusstücken und schabten, schruppten, kratzten, bis ihre Beine in den Schnitzelhaufen verschwanden. Diese Muschel diente auch als Hobel, um den Griff des Steinbeils oder das Ruder durch feineres Schaben zu glätten, aber nicht etwa mit dem Rande, sondern mit einem in der Mitte angebrachten Loch. Die Leute bissen mit ihren Zähnen die äusserste Schale ab und stiessen mit der spitzigen Akurínuss das Hobelloch hinein. Eine andere Anodonta-Art, *ita-i*, »kleine Muschel«, gebrauchte man ebenfalls zum Feinschaben des Holzes. Auch verwandte man diese wie die anderen Arten zum Aufbewahren der Farbe, mit der man sich rot oder schwarz bemalte; sie waren gewöhnlich an der Hängematte aufgehängt. Eine zweite grosse Schabmuschel für Wurzeln war *itá*, »Muschel«, eine Varietät der von Castelnau aus dem Araguay mitgebrachten *Leila pulvinata Hupé*. Mit der grössten Art *itá kuraú*,

Unio Orbignanus, wurden die Bogen geglättet und zwar mit der Aussenfläche der Muschel. Interessant war eine flache *Hyria*, *itá mukú*, weil sie einen scharfen spitzen Fortsatz hat, mit dem man z. B. Pikífrüchte öffnete. Sie entspricht am besten unserm Taschenmesser, einem von den Indianern sehr abfällig beurteilten Instrument, weil sie es nur mit unsäglicher Mühe zu öffnen wussten; sie stellten sich dabei so ungeschickt an wie wir bei dem uns ungewohnten Quirlbohren. Die Muschel wurde um den Hals gehängt, wenn man auf Reisen ging, mit ihr wurden die erbeuteten Fische und Jagdtiere aufgeschnitten, mit der Muschel wurde das Grübchen des Feuerstocks ausgehöhlt, in dem ein zweiter Stock bis zum Glimmen gequirlt wurde, bei allem Schnitzen des Holzes war sie unentbehrlich. Vielfache Verwendung fanden Schneckenschalen, Stücke von *Bulimus*-Gehäusen zum Kettenschmuck. Vgl. Seite 182. *Orthalicus melanostomus* baumelte zuweilen in dichtem Gehänge am Maskenanzug.

Federn beflügeln den Pfeil, dessen Schaftende einander gegenüber zwei abgespaltene Federhälften in spiraliger Drehung aufgenäht sind. Im Uebrigen scheinen sie ausschliesslich, hier aber in grösstem Umfang, zum Schmuck verwendet zu werden als Ohrfedern, Federkronen, Federhauben, Federarmbänder, Federmäntel (bei den Kamayurá) und in hundertfältiger Verzierung im Kleinen, wo die bunten Büschelchen hingen an den Hängematten, an Kämmen, Kürbisrasseln, Pfeilschleudern, Masken u. s. w. Das herrlichste Material stand zur Verfügung, von dem Gelb, Blau, Rot und Grün der Arara, Tukane, Webervögel, Papageien, von den schönen Streifungen oder Sprenkelungen der Hokkohühner, Falken, Eulen, bis zu dem schimmernden Weiss der Reiher und Störche oder dem Schwarz des Urubúgeiers. Prächtig war die breite und grosse schwarz-weiss gebänderte Fahne der *Harpyia destructor*.

Die Beute von Jagd und Fischfang bot also eine Fülle der notwendigsten Dinge, sie lieferte namentlich Werkzeug zum Schneiden, Schaben, Glätten, Stechen, Bohren, Ritzen und Graben. Der Feldbau hatte den Eingeborenen Sesshaftigkeit gesichert, ihre ökonomische Lage verbessert, aber sie waren dabei immer, wenn auch in geringerem Umfang, noch Fischer und Jäger geblieben. Sie waren Jäger ohne Hunde, Fischer ohne Angel, Bauern ohne Pflug und Spaten. Sie bieten uns ein vortreffliches Beispiel dar, um zu lernen, wie vielgestaltig die Methoden der Arbeit zum Zweck des Lebensunterhalts vor dem Besitz jedweder Metalltechnik gewesen sei können, ein Beispiel, das uns warnt, die Wichtigkeit der Steingeräte, die freilich am ehesten und reichhaltigsten der Nachwelt erhalten bleiben, zu überschätzen, und in den einen grossen Topf des Steinalters unterschiedlos Alles hineinzuwerfen, was vor dem Gebrauch der Metalle liegt und im Vergleich zu der für diesen anzusetzenden kleinen Spanne Zeit unvorstellbar lange Perioden umfassen muss.

Wenn man die Kultur nach dem Umfang und der Gründlichkeit schätzt, wie die den Menschen umgebende Natur ausgenutzt wird, so standen unsere Eingeborenen wahrlich auf keiner niedrigen Stufe. Sie jagten und fischten mit Pfeil und Bogen, sie fischten mit Netzen, Fangkörben und Reusen, sie hatten ihre Fischhürden im Fluss, durchsetzten den Strom mit Zäunen und Blöcken und schlossen Lagunenarme ab, um die Fische abzusperren, sie rodeten den Wald über grosse Strecken hinaus in schwerer Arbeit, sie bauten sich stattliche Häuser, häuften darin ansehnliche Vorräte, füllten sie mit dem Vielerlei einer fleissigen Handwerkergeschicklichkeit, statteten sich selbst mit buntem Körperschmuck aus und verzierten alles Gerät mit sinnigen Mustern. Wenn mich die Cuyabaner mit wütenden Zeitungsartikeln überschütteten, dass ich gesagt habe, die Wilden des Schingú hätten ein saubereres und besseres Heim als viele Matogrossenser, so will ich, ohne die Ursachen zu vergleichen, ihnen zur Beruhigung zufügen, dass es auch im alten Europa der Dörfer genug giebt, im Gebirge und an der Küste, wo man eine elendere Lebenshaltung führt als am Kulisehu.

Ich zähle die angebauten **Nutzpflanzen** auf, die wir bei den Indianern beobachtet haben. Sie gliedern sich A. in solche, die Allgemeingut des südamerikanischen Nordens gewesen sind, ehe die Europäer erschienen, und B. in solche, die in der unmittelbaren Umgebung wild vorkamen:

A.

Mais	*Zea Mays.*	Baumwolle	*Gossypium.*
Mandioka	*Manihot utilissima.*	Cuyeté	*Crescentia Cuyeté.*
Bataten	*Convolvulus Batatas.*	Flaschenkürbis	*Cucurbita Lagenaria.*
Cará	*Dioscorea.*	Esskürbis	*Cucurbita.*
Erdnuss	*Arachis hypogaea.*	Mamona	*Ricinus.*
Bohne	*Phaseolus.*	Urukústrauch	*Bixa Orellana.*
Pfeffer	*Capsicum.*	Tabak	*Nicotiana Tabacum.*

B.

Bakayuva-Palme	*Acrocomia.*	Genipapo	*Genipa.*
Piki	*Caryocar butyrosum.*	Pfeilrohr, Ubá	*Ginerium parviflorum.*
Mangave	*Hancornia speciosa.*	Lanzengras	*Scleria.*
Fruta de lobo	*Solanum lycocarpum.*	Pita-Bastpflanze	*Fourcroya? Agave?*

Die Kategorie B. würde sehr wahrscheinlich noch ansehnlich vermehrt werden können. Sie hing vom Bedürfnis ab. Die Fruchtbäume darunter wurden mit grosser Sorgfalt angepflanzt. Ich habe erzählt, dass sich bei dem ersten Bakaïrídorf eine Art Allee von Pikibäumen befand, die Nahuquá pflegten diese Gattung mit Leidenschaft. Die Mangaven waren beliebt und kommen besonders gut fort bei den Bakaïrí, bei den Kamayurá und namentlich, wie mir berichtet wurde, bei den Waurá, sodass das Trumaíwort »waurarú« nur die Wauráfrucht zu bedeuten scheint. Die Fruta de lobo war weniger häufig beim Dorf zu finden. Dann aber wurden nach Bedarf auch Pflanzen, die sie irgendwie für ihre Gerätschaften und Waffen bedurften, angepflanzt, wenn sie grade in der Nähe des Ortes nicht vorkamen. So siedelten sie beim Dorf das auf sumpfigem Boden wachsende Lanzengras an, mit dem sie sich rasierten, die Bastpflanzen, die ihnen

Fäden lieferten, zuweilen vielleicht auch das Sapé-Gras, mit dem die Häuser gedeckt wurden. Am interessantesten aber scheint mir die Versicherung, dass sie das Ubá-Pfeilrohr, um es nicht von entfernten Stellen holen zu müssen, am Batovy in grösserem Umfang anpflanzten.

Offenbar spielte neben zufälligen Liebhabereien und Kenntnissen in der Behandlung die Beschaffenheit des Bodens eine grosse Rolle. Der Tabak gedieh vorzüglich bei den Suyá und bei den Auetö und wurde allgemein von den Männern geraucht, ausgenommen im ersten Bakaïrídorf am Batovy [*]). Er spielt eine wichtige Rolle bei der ärztlichen Behandlung und gilt als ein uralter Erwerb der Kulturheroen, die ihn, wie die Sage andeutet, von Norden her empfingen. Die Trinkschalen und Kalabassen, besonders die Cucurbita Lagenaria, bildeten ein Haupterzeugnis der Nahuquá, etwas weniger der Bakaïrí. Die Mehinakú und die Bakaïrí hatten die beste Baumwolle. Der Orléansstrauch wurde vor Allem von den Bakaïrí gehalten, die Mehinakú vernachlässigten ihn gänzlich, da das Begiessen zu viel Arbeit mache; der mich bei der Ankunft in ihrem Dorf überraschende Umstand, dass dort keine rot, aber viele schwarz bemalte Gestalten umherliefen, findet eine sehr natürliche Erklärung.

Mais, bei den Suyá in einer durch Kleinheit der Kolben und goldige Farbe der Körner ausgezeichneten Art vertreten, und Mandioka gab es überall, die letztere wurde aber entschieden im grössten Umfang bei den Mehinakú gepflanzt. Sie waren die reichsten Bauern des obern Schingú; ihr Wort für Mandioka ist auch an die Trumaí übergegangen. Neben der Mandioka sahen wir von Knollengewächsen Ignamen in zwei Arten und Bataten, die wir erst reichlich bei den Mehinakú fanden. Die Bohnen bezeichneten unsere Leute als »feijaõ de vara«, Stangenbohnen, oder auch als »feijão de roça«, Pflanzungsbohnen. Von Esskürbissen, abóbora, haben wir nur die Kerne gesehen, die uns die Suyá 1884, soviel wir verstanden, zum Essen brachten. Die Mandubi-Erdnuss kam in einer kleinen Art vor. Goyaven und Bananen gab es mit Sicherheit nicht am Schingú.

Ich habe in meinem Bericht über die erste Reise auf das Fehlen der Bananen hingewiesen und besonders hervorgehoben, dass dies für die Frage, ob die Banane in Amerika erst nach Ankunft der Europäer eingeführt sei oder nicht, um so entscheidender sein müsse, als die verschiedenen Schingústämme verschiedener Abkunft seien und dennoch kein einziger von dem früheren Wohnsitz die Banane mitgebracht habe. In den Erfahrungen der zweiten Expedition kann ich meine Meinung nur bestätigt finden. Wir haben jetzt auch echte Tupí angetroffen, die keine Bananen hatten. Ich habe bei den Kamayurá nach dem

---

[*]) Dieser Umstand mag H. v. Ihering veranlasst haben, zu zitieren: »v. d. Steinen vermisste bei den Bakaïrí des oberen Schingú Tabak ebenso vollständig wie Bananen oder Metalle« [Zeitschrift f. Ethnologie, 1893, p. 195]. Ich beschreibe, vgl. »Durch Centralbrasilien« p. 173, für Dorf III der Batovy-Bakaïrí die echte Rauchrolle, wie sie die Entdecker auf den Antillen fanden. Dagegen teile ich die Ansicht v. Ihering's, die ich in Vorträgen schon öfter ausgesprochen, bevor ich seinen Aufsatz gelesen, dass die Pfeife in Brasilien modernen Ursprungs ist. Wie die Angel.

Wort „*paköba*", das die Lingoa geral für Banane hat, vergeblich gefahndet; sie verstanden es nicht. Den Vorschlag, ob dieses Wort aus dem Portugiesischen abgeleitet sein möge, nehme ich mit Vergnügen zurück; ich lege keinen Wert mehr auf willkürliche Etymologie, allein der Thatsache, dass die Bananennamen sich bei den einzelnen Stämmen nicht nach der sprachlichen Abstammung, sondern nach der zufälligen örtlichen Verteilung richteten, muss ich heute einen noch viel grösseren Wert beimessen als damals. Das ist ganz beispiellos für die übrigen Nutzpflanzen. Kommt nun hinzu, dass keiner der ersten Entdecker die Banane erwähnt, dass ferner die Aruak der Küste und die Inselkaraiben das spanische Wort „*platano*" in ihrem „*práttane*" und „*balatanna*" so unverkennbar wiedergeben, dass ein Zweifel an der Uebereinstimmung ganz ausgeschlossen ist, würdigen wir es endlich, dass wir in einer verlorenen Ecke Vertreter sämtlicher grossen Sprachfamilien mit den vortrefflichsten Namen für die Kulturpflanzen finden, nur ohne Bananen, dass gar ein abgesprengtes und mit den Europäern verkehrendes Glied eines dieser Stämme, die zahmen Bakaïrí, die Banane haben und sie in ihrer sonst durchaus rein erhaltenen Sprache (wie übrigens ebenso die Paressí) einfach „*banana*" nennen, so glaube ich, dass der Beweis mit aller Kraft ausgestattet ist, die ein negativer Beweis überhaupt haben kann. Humboldt und Martius haben sich dadurch bestechen lassen, dass sie die Banane überall bei den Indianern antrafen, aber diese Stütze für ihre Ansicht ist jetzt hinfällig geworden, und die Erfahrungen der Linguistik wie das thatsächliche Fehlen der Banane in dem ganzen Gebiet des oberen Schingú geben der Ansicht des Botanikers Alphonse de Candolle unzweifelhaft Recht, dass die Banane in Südamerika erst eingeführt worden ist, wenn auch gewiss sehr bald nach dem Erscheinen der Europäer.

Es lohnt sich zur besseren Würdigung der sprachlichen Beweismittel ein Beispiel zu geben. Betrachten wir die Wörter für Pfeffer bei I. den Nu-Aruak, II. den Karaiben und III. den Tupí.

I. Am Schingú heisst Pfeffer bei den Nu-Aruak *áí*, bei den Maipure am Orinoko *ai*, bei den Moxos in Bolivien *atscheti*, bei den Aruak *haatschi*, bei den Frauen der Inselkaraiben *áti*, für das Taino der Insel Haiti verzeichnet Oviedo *axi, ají*.

II. Am Schingú heisst Pfeffer bei den karaibischen Bakaïrí *påno* (mit nasalem *å*), bei den Nahuquá *vôme, hômi*, bei den Inselkaraiben *pomi, pomui*, bei den karaibischen Orinokostämmen in Venezuela *pomèi, pomuey*, in dem allgemein in Guyana verbreiteten Galibí *pomi*. Bei den Palmella, einem Karaibenstamm am Madeira, *apómo*.

III. Von den Tupí haben die Kamayurá am Schingú das Wort *ökeöng*; die Omagua am obern Amazonas *ekei*, die Guaraní in Paraguay *kiy*, die Lingoa geral *kyiá, kyinha* u. dgl.

Diese lautlichen Entsprechungen, die innerhalb der Stammesgruppen völlig sicher sind, die von Stammesgruppe zu Stammesgruppe auch nicht die leiseste

Verträglichkeit zeigen, überspannen mehr als halb Südamerika und rühren aus Aufzeichnungen, die von 1887 bis vor die Mitte des 16. Jahrhunderts zurückreichen. Sie lehren unwiderleglich, dass der Pfeffer in jeder der drei Stammesgruppen, deren weit entlegenste Familienglieder die Entsprechung auf ihren Wanderungen bewahrt haben, seit undenklichen »vorgeschichtlichen« Zeiten bekannt war und keine ihn von einer der andern erworben hat. Damit lässt sich das Verhalten der Bananenwörter durchaus nicht vereinigen. Jene Uebereinstimmungen können uns nur deshalb in Erstaunen versetzen, weil wir in dem Wahn befangen sind, nicht nur, dass die südamerikanischen Völker ein linguistisches Chaos darstellen, sondern auch, dass diese »Horden«, denen wir erst die Metalle gebracht haben, zum grossen Teil rohe Jägervölker seien, hin und her geworfen von unbekannten Geschicken wie Geröll im Wildwasser, beliebig hier verkittet und dort zertrümmert. Wir werden uns aber daran gewöhnen müssen, auch in den plumpen Massen, die unserm Auge die »Steinzeit« zusammensetzen, eine Menge regelmässiger, feinsäuberlich niedergeschlagener Kulturschichten zu unterscheiden.

Der metalllose Südamerikaner hat in der Züchtung der Mandioka, die heute mit dem Mais in die letzten Winkel Afrika's vordringt, als ob beide rein amerikanischen Pflanzen dort ewig einheimisch gewesen seien, eine Leistung vollbracht, die mit denen anderer Erdteile keinen Vergleich zu scheuen hat. Heute giebt es eine kultivierte unschädliche Art, aber die ursprüngliche und am Schingú allein vorkommende Wurzel musste erst ihres stark giftigen Saftes beraubt, das durch Zerreiben und Zerstampfen erhaltene, ausgepresste Mehl erst geröstet werden, ehe ein Nahrungsmittel entstand, und zwar eins von vielseitigster Verwendung, in festem Zustande und als breiiges Getränk, *Manihot „utilissima"*. Sie übertrifft an Wichtigkeit im Haushalt unserer Indianer weitaus den Mais. Sie liefert den Hauptproviant und ihr gebührt das eigentliche Verdienst, die Eingeborenen, die sie von vorgeschritteneren Stämmen empfingen, zur Sesshaftigkeit genötigt zu haben; denn ihre Zubereitung setzt eine Reihe Geduld erfordernder Prozeduren und setzt Werkzeuge voraus, die, wie mit Palmstacheln besetzte Reibbretter, nur durch grossen Aufwand von Zeit und Arbeit mit den geringwertigen Werkzeugen hergestellt werden konnten. Unbekannt am oberen Schingú ist das ingeniöse Typytí, ein aus elastischen Stengeln geflochtener Schlauch, der mit der zerriebenen Masse gefüllt wird und, durch ein Gewicht in die Länge gezogen, den giftigen Saft auspresst; unsere Indianer filtrierten und pressten den Saft durch geflochtene Siebe.

Von höherem Interesse aber ist es, dass die heute in Südamerika, wo Mais und Mandioka von Eingeborenen gebaut werden, wohl überall gepflegte Methode, durch Kauen von Mehlkugeln oder Maiskörnern grössere Mengen Absuds in Gährung zu versetzen, in unserm Gebiet noch unbekannt war; auch wusste man dort Nichts von der Bereitung des bei den Nordkaraiben beliebten Pajauarú, wo die mit Wasser aufgeweichten frischen Beijús in Blätter eingehüllt und einige Tage begraben werden. Der Püserego des Schingú hat keine berauschende Wirkung, er stellt nur das schmackhafteste Breigetränk dar, er ist eine Suppe, kein Alkoholikum. Man bereitete auch keinen Palmwein; man berauschte sich nur am Tanz, wenn man will, am Tabak, und leistete das Menschenmögliche in quantitativer Vertilgung der Breigetränke. Dagegen ist das Wort der Kamayurá *kauí* für den einfachen Erfrischungstrank aus Wasser und eingebrocktem Beijú dasselbe Kauim, das ihre mit Europäern oder mit fortgeschritteneren Amerikanern verkehrenden Tupí-Stammesgenossen für die gährenden Getränke gebrauchen und also aus den Tagen der Unschuld beim Uebergang zu weniger harmlosen Genüssen noch beibehalten haben. Das Fehlen von berauschenden Getränken, für die der Stoff vorhanden ist, wird nicht der immer bereiten Deutung entgehen, dass die Indianer auch diese schönen Kulturerzeugnisse früher besessen und jetzt nur vergessen hätten, und sollte dann nur den, der die primitiven Zustände ausnahmslos auf Rückschritt und Niedergang zurückführen will, in diesem besonderen Fall vielleicht einmal veranlassen, eine Verrohung zur Tugend, eine Verwilderung zur Sittenreinheit anzusetzen. Wer indessen in Brasilien den Indianer Kauim- oder Kaschirígelage hat feiern sehen, wer seine Bootsfahrt um dieses edlen Zweckes willen hat unterbrechen müssen und weder durch Geld noch durch gute Worte erreichen konnte, dass die Leute eher aufbrachen, als bis der letzte Tropfen aus dem hochgefüllten Trinkkanu verschwunden war, wird nicht anders glauben, als dass ein freier Stamm, der bei seinen Festen wirklich nur ungegohrene Getränke vertilgt, von den gegohrenen entschieden noch keine Ahnung haben und auch bis auf die sagenhaftesten Urväter und Kulturheroen zurück niemals eine Ahnung gehabt haben kann. Die Praxis, Gähren durch Kauen hervorzurufen, ist so einfach, dass man nicht versteht, wie sie zu vergessen wäre, und obendrein von Vertretern verschiedener Stammesgruppen gleichmässig vergessen werden sollte.

Ich finde umgekehrt in dem Fehlen der berauschenden Getränke die sicherste Bürgschaft für die Unberührtheit der Verhältnisse am Schingú, und halte es für eine unabweisliche Annahme, dass in gleicher Weise vor dem Einbrechen der Europäer ähnliche Kulturbildchen der »Steinzeit« in den zahlreichen, verhältnismässig abgeschlossenen Flussthälern des Amazonas- und Orinokosystems seit Jahrhunderten und Jahrtausenden häufig gewesen sein müssen. Nicht immer hat man sich mit der Nachbarschaft (Frauen! Steinbeile!) vertragen, gelegentlich sind auch Störenfriede eingefallen, haben vielleicht eines der kleinen Zentren für die Dauer vernichtet, dafür sind andere neu gegründet worden, und so hat sich im Kleinen und Bescheidenen immer und alle Zeit das abgespielt, was wir Geschichte nennen. Hier und da ist ein Stamm durch Angreifer vertrieben oder durch innere Fehden gespalten worden, eine längere Wanderung fand statt, ehe wieder Ansiedelung erfolgte, aber im Allgemeinen hat man sich von Flussthal zu Flussthal verschoben und durchsetzt.

Nur ein ewiger Wechsel von Isolierung und Vereinigung, in dem bald diese, bald jene schärfer ausgeprägt war, kann die Menge gleichzeitiger linguistischer

Verschiedenheiten und Uebereinstimmungen innerhalb derselben Sprachfamilie erzeugt haben; dass dabei aber trotz der Veränderungen eine wirkliche Stetigkeit vorgewaltet hat, geht aus der, zumal bei der Dürftigkeit unseres Materials, überraschend grossen Zahl guter Uebereinstimmungen hervor. Wo es möglich ist, die Lautgesetze festzustellen, sehen wir dieselbe Sicherheit und Regelmässigkeit, wie wir sie bei unsern europäischen Sprachen finden. Wir können also nur auf einen trotz gelegentlicher Katastrophen geordneten Entwicklungsgang zurückschliessen. Schon die Jägerstämme müssen eine, wenn auch unregelmässigere Art der Sesshaftigkeit gehabt haben, um die prächtige Technik der Pfeile und Bogen zu erwerben, nur in dem friedlichen Dahinleben während Generationen können alsdann die Nutzpflanzen gewonnen sein, und es ist gar nicht nötig, dass es immer grosse und mächtige Stämme gewesen sind, die einen Fortschritt hervorgebracht haben. Wir sehen an den Schingúleuten, dass der primitive Feldbau des Fischfangs und der Jagd schon deshalb bedarf, damit er sein Handwerkszeug erhält. Die Erkenntnis, die sich jetzt in Nordamerika durchringt, dass die ruhelosen Rothäute in weit grösserem Umfang sesshaft gewesen sind, als wir ihnen heute zutrauen sollten, dass diese wilden Jägerstämme zum Teil das Produkt der von uns herbeigeführten Umwälzung darstellen, steht in voller Uebereinstimmung mit den Schlüssen, zu denen wir durch die Erfahrungen am Schingú gedrängt werden.

Es giebt für unsere Indianer — Verallgemeinerung liegt mir fern — noch einen tiefer liegenden und doch recht einfachen Grund, der das Nebeneinander von blutiger Jagd und stiller Bestellung des Bodens sehr wohl erklärt. Um es schroff auszudrücken: der Mann hat die Jagd betrieben und währenddess die Frau den Feldbau erfunden. Die Frauen haben, wie in ganz Brasilien, ausschliesslich nicht nur die Zubereitung im Hause, sondern auch den Anbau der Mandioka in Händen. Sie reinigen den Boden mit spitzen Hölzern vom Unkraut, legen die Stengelstücke in die Erde, mit denen man die Mandioka verpflanzt und holen täglich ihren Bedarf, den sie in schwer bepackten Kiepen heimschleppen. Der Mann pflanzt dagegen den Tabak, den die Frau nicht gebraucht. Am Schingú hatte die Frau bereits ein kräftiges Wörtlein mitzureden; in primitiveren Zuständen mag sie wirklich ein Last- und Arbeitstier gewesen sein, noch heute muss sie bei den meisten Festen und Tiertänzen der Männer fern bleiben. Aber man überlege den Fall etwas näher. Der Mann ist mutiger und gewandter, ihm gehört die Jagd und die Uebung der Waffen. Wo also Jagd und Fischfang noch eine wichtige Rolle spielen, muss, sofern überhaupt eine Arbeitsteilung eintritt, die Frau sich mit der Sorge um die Beschaffung der übrigen Lebensmittel, mit dem Transport und der Zubereitung beschäftigen. Die Teilung ist keine der Willkür, sondern eine der natürlichen Verhältnisse, aber sie hat die nicht genug gewürdigte Folge, dass die Frau auf ihrem Arbeitsfelde ebenso gut eigene Kenntnisse erwirbt, wie der Mann auf dem seinen. Notwendig muss sich dies auf jeder niederen oder höheren Stufe bewähren. Zu der den Mandiokabau mit klugem Verständnis betreibenden Indianerin findet sich das Gegenstück bereits im reinen

Jägertum. Die Frau des Bororó ging mit einem spitzen Stock bewaffnet in den Wald und suchte Wurzeln und Knollen, bei den Streifzügen durch den Kamp oder wo immer eine Gesellschaft von Indianern den Ort veränderte, war solcherlei Jagd, während der Mann den Tieren nachspürte, die Aufgabe der Frau; sie holte die Palmnüsse kletternd herunter und schleppte schwere Lasten davon heim. Und war die Indianerin die Untergebene des Mannes, so kam ihr diese Stellung bei der Verteilung von Fisch und Fleisch gewiss nicht zu Gute*), sie war dabei auch angewiesen auf die Beute an den Vegetabilien, die sie selbst erwerben konnte. Am Schingú flochten die Männer den Bratrost, brieten Fisch und Fleisch, die Frauen backten die Beijús, kochten die Getränke, die Früchte und rösteten Palmnüsse — welchen andern Sinn konnte diese Teilung in animalische Männerund vegetabilische Frauen-Küche haben, als dass ein jedes der beiden Geschlechter noch in seinem uralten Ressort verblieben war?

Die Männer brieten, aber kochten niemals. Von dieser Thatsache aus kommen wir durch den gleichen Gedankengang zu einer ähnlichen Folgerung, der ganz analoge Beobachtungen das Wort reden. Kaum irgend etwas ist mir anfänglich seltsamer am Schingú erschienen als der Umstand, dass die Kunst, Töpfe zu machen, auf die Nu-Aruakstämme beschränkt war. Die Bakaïrí besassen nicht einen Topf, der nicht von den Kustenaú oder Mekinakú stammte. Die zahmen Bakaïrí erklärten mir ausdrücklich, dass sie die Töpferei von den Paressí, ihren Nu-Aruak-Nachbarn, gelernt hätten. So machte der alte Caetano, also aller ursprünglichen Sitte entgegen der Mann, am modernen Paranatinga Töpfe. Die Nahuquá hatten Töpfe von den Mehinakú und machten auch selbst welche, wie uns eine Frau, den feuchten Thon knetend, ad oculos demonstrierte, allein diese Frau trug die Tätowierung der Mehinakúweiber und war unter die Nahuquá verheiratet worden; die Kunst stammte thatsächlich von den Mehinakú. Auch die Tupístämme hatten Töpfe von Nu-Aruak, namentlich von den Waurá. So war die eine Stammesgruppe**) die alleinige Trägerin der, wie wir sehen werden, auch in künstlerischem Sinn gehandhabten Keramik.

Ich glaubte anfangs und ehe ich wusste, dass die merkwürdige Abhängigkeit von den Nu-Aruak für sämtliche Stämme bestand, es sei zufällig kein Thon vorhanden. Doch war dies ein Irrtum. Geeigneten Thon gab es nicht nur bei den Nahuquá, sondern auch bei den Bakaïrí, und nur darüber weiss ich nichts anzu-

---

*) »Nachdem die Männer gegessen, kommen Weiber und Kinder an die Reihe, die sich mit den oft geringen Ueberresten begnügen müssen und Hunger leiden würden, sähen sie sich nicht bei Zeiten vor und praktizierten einen Teil des Inhalts der Kochtöpfe noch während des Kochens heimlich bei Seite oder ässen bereits während ihrer Arbeit.« So bei den modernen karaibischen Makuschi in Guyana. Appun, Unter den Tropen, II, p. 399, Jena 1871, und bei manchen anderen Stämmen.

**) Nach Im Thurn versorgen in Guyana gegenwärtig die Karaiben die andern Stämme mit Topfgeschirr, doch giebt er an, dass die Aruak für ihren eigenen Gebrauch reichlich Töpfe machen, sie aber nicht wie die Karaiben als Handelswaare vertreiben. Martius erklärt noch von den Makuschi, dem volkreichsten Karaibenstamm des Rio Branco-Gebiets: »Alle Geräte dieser Indianer sind sauber und sorgfältig verfertigt, die Waffen mit Federn verziert, und nur in den Töpferwaaren stehen sie den Indianern der Küste nach«.

geben, was aber für unsere Frage gleichgültig sein kann, ob die Qualität einen Grad schlechter war als bei den Töpferstämmen.*)

Aber man beachte nun noch einen anderen Umstand: die Bakaïrí und Nahuquá hatten Kuyen und Kalabassen, die wiederum den Töpferstämmen mangelten und die diese von den Nahuquá bezogen, wo die besondere Pflege oder die bessere Erde, ich weiss es nicht, prachtvolle Gefässfrüchte erzielte. Erfährt man endlich, dass die Waurá sehr hübsche Töpfe genau von der Form und Grösse der Kuyen, mit Nachahmung der auf ihnen angebrachten Zeichnungen, verfertigten, dass die Grundform der Töpfe deutlich die der Trinkschale, der Kuye ist, und dass die Töpfe ebenso wie die Kürbisschalen innen geschwärzt wurden, so wird man den Zusammenhang verstehen.

Der indianische Topf hat ursprünglich mit dem Kochen gar nichts zu thun und ist nur ein Ersatz der Kürbisfrucht. Die Frauen holten in den Kürbissen Wasser zu den Hütten oder den Lagerplätzen. Wie sie sich halfen, wenn sie keine Kürbisse hatten, sehen wir noch heute an den von mehreren Stämmen bekannten mit Lehm verschmierten Körbchen. Mit Lehm verschmiert man auch das undichte Kanu; mit Lehm beschmierte man, der Anfang der Körperbemalung, den Leib und den Lehm selbst transportierte man, und das ist wohl die Hauptsache gewesen, in Körben, wie wir noch gesehen haben. Fehlte es öfter an Kürbissen, so kamen die Frauen leicht dazu, ihre Lehmkörbe durch reichlichere Anwendung des plastischen Thons solider zu gestalten; sie konnten ferner des Flechtwerks entraten, sobald sie bemerkt hatten, dass die trocken gewordenen Lehmformen für sich genügende Widerstandsfähigkeit besassen. Sie setzten sie in die Sonne oder über das Feuer und hatten die billigste Bezugsquelle für künstliche Kürbisse gefunden.

Aber die Frauen haben diese Erfindung erst in sesshafter Zeit gemacht; das Weib des streifenden Jägers kann den Kürbis nicht durch den schweren und zerbrechlichen Topf ersetzt haben. Noch weniger könnte der jagende Mann Erfinder des Topfes gewesen sein. Es ist genau dasselbe Verhältnis wie zum Ursprung des Feldbaues.

Der Topf ist im Anfang nur ein Behälter wie Kürbis oder in gewissen Fällen auch Korb. Wenn wir hören, Menschen werden in Töpfen begraben, so melden sich alle Assoziationen in unserer Seele, die wir von unsern Töpfen besitzen, wir denken an eine Art Kochtopf, und sind geneigt, einen dunklen Zusammenhang mit Leichenverbrennung zu empfinden. Da ist es denn wichtig zu erfahren, dass der Jägerstamm der Bororó seine Totenskelette nicht wie die Humboldt'schen Aturen in grossen Töpfen, sondern in federverzierten Korbtaschen bettet, sodass auch hier die Vorstufe erhalten ist.

---

*) Die Bakaïrí waren die einzigen, die aus einem kristallklaren Quellbach gutes Trinkwasser holten, die Nahuquá und mehr noch die Mehinakú und Auetö tranken aus schlammigen Lehmpfützen und stillem Kanalgewässer.

Wie die Kürbisse zum Trinken und Essen gebraucht wurden, so dienten auch die Töpfe zunächst nur diesen Zwecken. Die grosse Anzahl von kleinen und mittelgrossen Töpfen, die wir vom Kulisehu mitgebracht haben, sind fast sämtlich »Näpfe«, keine Kochtöpfe. In riesigen Töpfen wurde das Filtrat der Mandiokamasse gekocht, sonst aber gesotten nur Mus von Früchten und gelegentlich ein Gericht von kleinen Fischchen, die des Umdrehens auf dem Bratrost nicht lohnten.

Suppenfleisch und Fleischbrühe waren unbekannt; die Männer kannten nur das Braten. Man fragt vielleicht, wie sind sie denn zum Braten gekommen? Ich werde im nächsten Kapitel darthun, dass wir es hier mit einer Jäger- und Männererfahrung zu thun haben. Man zündete den Kamp im Kreis an, um die aufgescheuchten Tiere zu überwältigen, und fand dort gebratene kleine Tiere und fand Früchte, die, obschon noch unreif, durch die Hitze geniessbar und sogar schmackhaft geworden waren.

Da nun die Männer und Jäger in ihrem Departement das Kochen noch nicht kennen, muss das Sieden oder Kochen bei der Verarbeitung pflanzlicher Nahrung erfunden worden sein. Man sieht die Frauen häufig allerlei kleine Früchte in Menge auf den Beijúschüsseln rösten. Unreifes Obst wird so erst essbar, Kerne und Nüsse erhalten mit der Knusprigkeit einen erhöhten Wohlgeschmack. Und mit dem Braten der Früchte haben sie auch begonnen. Die aus Schlingpflanzen geflochtenen Bratroste der Männer für Fleisch und Fische liessen die Früchte durch die Maschen fallen; man mag die Unterlage wieder mit Lehm verschmiert haben, und zur irdenen Bratpfanne, der späteren Beijúschüssel, fehlte nur ein kleiner Schritt. Wollte man dagegen in Wasser eingeweichte Früchte oder Wurzeln »braten«, setzte man die damit gefüllten Gefässe, entweder die natürlichen — der Botokude kocht in Bambusstücken — oder die künstlichen, mit Thon gedeckten auf das Feuer, so »kochte« man. Also nur von den Frauen wurde »mit Wasser gekocht«!

Wenn die Mandiokaindustrie von einem Stamm begründet worden ist, dessen Nachkommen noch leben und in der gegenwärtigen Klassifikation einbegriffen sind, so spricht alle Wahrscheinlichkeit dafür, dass es Nu-Aruak gewesen sind. Am Schingú haben ganz gewiss sie das Verdienst der Einführung gehabt, da die Mehlbereitung ohne irdene Töpfe und Beijúpfannen unmöglich ist. Die Aruak sind aber auch in den nördlichen Gebieten die besten Mehlarbeiter und von jeher, obwohl die Karaiben in Guyana gegenwärtig die Fabrikanten für das dortige Gebiet geworden sind, die geschicktesten Töpfer gewesen. Doch wohlverstanden die Frauen! Wenn die Karaiben im Norden des Amazonenstromes und auf den Kleinen Antillen die Aruakstämme unterjochten und die Hälfte der Bevölkerung töteten, so war es gut, dass diese Hälfte die Männer waren; die Frauen mit ihrem Feldbau, ihrer Töpferkunst und ihrer Mehltechnik blieben erhalten.

So sehen wir, wie bei unsern Indianern die höhere, das Jägertum überholende Kultur der natürlichen Arbeitsteilung entsprungen und dieser es auch zu verdanken ist, dass sie bei Fehden und bei Neubildungen von Stammesgemeinschaften den künftigen Generationen überliefert werden konnte. Die Frau war mehr als das arbeitende Tier, sie war auch der arbeitende Mensch; wie der Mann die Technik der Waffen und der der Jagd entstammenden Werkzeuge, entwickelte sie in gleicher Selbständigkeit die mit Suchen, Tragen, Zubereiten der Früchte und Wurzeln in ihre Hand gegebenen Kulturelemente; seinen wohlschmeckenden Mehltrank in dem irdenen Gefäss verdankt der Indianer dem Weibe. Die einzelnen Beweisstücke, aus denen sich diese mehr für Damentoaste als für den ernsten (im modernen Bedürfnis und nicht in der Urgeschichte begründeten) Kampf unserer Frauen um die Arbeit zu verwertende Schlussfolgerung zusammensetzt, sind in dem brasilischen Kulturkreis noch vollständig erhalten. Die Erkenntnis, dass — wenigstens hier — die Möglichkeit sesshaft zu werden auf das augenscheinliche Verdienst der durch den Jägerberuf der Männer naturgemäss in bestimmte Richtungen gedrängten Thätigkeit der Frauen zurückgeht, hebt das weibliche Geschlecht für diese Phase der Entwicklung zum mindesten ebenbürtig an die Seite des männlichen.

Das Schema Jäger und Ackerbauer wird nun erst lebendig; Mann und Frau repräsentieren beide einen Stand oder eine bestimmte Summe von Fachkenntnissen. Da ist es denn sehr einfach, dass die weniger fortgeschrittenen Stämme des Schingú ihre Töpfe nicht machen konnten, obwohl sie den Lehm hatten. Ihnen fehlten die Nu-Aruakweiber, und die Nahuquá, die deren etliche in ihre Gemeinschaft aufgenommen, hatten damit den richtigen Weg eingeschlagen: sie fingen jetzt an, sich die Töpfe selbst zu machen, während die Bakaïrí noch nicht das kleinste Töpfchen zu Stande gebracht hatten.

Ich resumiere. Alter Feldbau verträgt sich vortrefflich mit der Art des Jägertums, wie es hier geübt wird. Die Indianer waren in der Hauptsache Fischer. Zur reinen Ichthyophogie reichte der Ertrag in ihrem Gebiet an dem Oberlauf eines Flusses nicht aus, dagegen war er nicht gering in den Monaten, wo die Fische bei steigendem Wasser aufwärts zogen und sich in allen Kanälen und Lagunen in grosser Zahl einfanden, oder wenn bei abnehmendem Wasser die Gelegenheit zum Fang in den künstlich abgesperrten Teilen der Flussarme erheblich grösser wurde. Fischfang und Jagd lieferten aber ferner die unentbehrlichen Werkzeuge. Haustiere in unserm Sinne gab es nicht; Hunde waren dem Eingeborenen unbekannt. Er erfreute sich an bunten Vögeln, denen er gelegentlich die Federn ausriss, namentlich an schwatzenden Papageien und krächzenden Araras, liess im Dorf umherspazieren, was gerade jung eingefangen war, ob Specht oder Reiher oder Hokkohuhn, und bewahrte in riesigem Stangenkäfig zum Ergötzen der Gemeinde den fauchenden Adler, die *Harpyia destructor*, oder sonst einen Raubvogel auf; er hatte Eidechsen mit dem Schwanz an der Hängematte aufgehängt, damit sie unter den lästigen Grillen ein wenig aufräumten — weiter war man in der Verwertung der Tiere nicht gediehen und, während man wilde Pflanzen um des Nutzen willen beim Dorf ansiedelte, dachte man nicht daran, essbare Tiere zu züchten. Ja, die Stellung, die der Indianer der Tierwelt gegenüber einnahm, liess ihn ein lebhaftes Widerstreben empfinden, Tiere, die er aufzog, später zu verspeisen; wie wir keine Hunde essen.

Die relative Sesshaftigkeit, die mit dem Fischerleben verbunden war, hatte sich erst zur dauernden befestigen können, als die Frauen gelernt hatten zu pflanzen, Töpfe zu machen und Mehl zu bereiten. Obwohl der Feldbau am Schingú bereits zu achtungswerter Vervollkommnung gediehen war, liess sich doch an kleinen Zügen erkennen, welchen Ursprung er wenigstens hier genommen hatte. Man pflanzte die in der Nachbarschaft vorkommenden nützlichen Gewächse an, jeder Stamm machte auf seinem Boden seine eigenen Erfahrungen, und durch die Frauen, die im Frieden oder im Kriege zu andern Stämmen kamen, wurden sie verbreitet. Dass die Bakaïrí-Karaiben auf diesem Wege einst durch Nu-Aruakweiber in ihrer Zivilisation gefördert worden sind, geht aus ihrer Stammeslegende, wie ich schon hier anführen möchte, in kaum zu missdeutender Weise hervor. Sie haben zwei Kulturheroen, die Zwillingsbrüder Keri und Kame, von denen jener durch die Sage stark bevorzugt wird. Die beiden Namen sind die allgemein verbreiteten, stets zusammen erscheinenden Nu-Aruakwörter für Mond und Sonne, sodass ein Einfluss von Nu-Aruakseite, mag man die »Personifikation« erklären, wie man will, offen zu Tage liegt. Kame ist der Führer der Nu-Aruak und anderer Stämme, Keri der Bakaïrí. Alles, was Keri und Kame zum Besten des Stammes unternehmen, wird auf den Rat der Mutterstelle vertretenden Tante Ewaki zurückgeführt; die Frau aber, die ihnen immer erst Mittel und Wege weist, ist unmöglich als stupides Arbeitstier aufgefasst worden.

IV. Das Feuer und die Entdeckung des Holzfeuerzeugs.

Einleitung. Kampbrände und Verhalten der Tierwelt. Uralte Jagd. Die »Queimada« eine Kulturstätte. Die Schauer des primitiven Menschen. Der Mythus von der Belehrung durch den Sturmwind. Feuererzeugung und Arbeitsmethoden. Verfahren am Schingú. Ursprung des Holzreibens. Stadium der Unterhaltung des Feuers und Zundertechnik. Praehistorische Vagabunden und Prometheus. Bestätigung durch den Versuch.

Wenn ich schon in den vorigen Abschnitten genötigt war, die Beobachtungen am Schingú in Hinsicht auf ihren allgemeinen kulturgeschichtlichen Wert zu erörtern, so kann ich dies noch weniger bei dem Thema vermeiden, das ich jetzt in Angriff nehme. Es liegt mir recht fern zu denken, dass die Schingú-Indianer die ersten gewesen seien, die durch Bohren oder Reiben von Holzstücken Feuer erzeugt hätten, ich gebe mich keineswegs dem süssen Wahn hin, dass ich einen paradiesischen Ursitz aufgefunden habe, wo alle wichtigsten Erfindungen gemacht worden seien. Ich möchte nur von jenen Naturvölkchen, die noch keine europäische Kultur kannten, in demselben Sinn ausgehen, wie man bei allen andern in gleicher Lage eine sichere induktive Grundlage suchen könnte. Was übrigens die »Feuererfindung« betrifft, so steht meiner Ansicht nach nicht das Geringste im Wege, dass sie an beliebigen Stellen der Erde gemacht worden sein kann, wo man schon eine primitive Technik und praktische Kenntnisse von dem Nutzen des Feuers besass.

Nirgendwo hat sich in einem helleren Lichte gezeigt, wie schwer es uns zivilisierten Menschen wird, einfach und ohne tiefe Gelehrsamkeit auf Grund lebendiger Umschau zu denken als bei den zahllosen Betrachtungen über das Verhältnis der Naturvölker, geschweige des primitiven Menschen, zum Feuer. Der hundertjährige Rosenflor um Dornröschens Schloss konnte an Ueppigkeit nicht wetteifern mit alle den Blüten lieblichen Unsinns, die einer nur zu gedankenvollen und empfindsamen Literatur entsprossen sind, während hinter dem wuchernden Wust der Deduktionen die junge, frische Erfahrung vergessen schlummerte. Es war dahin gekommen, dass man behauptete, die Erfindung des Feuerreibens sei von Priestern gemacht worden, die das Sonnenrad in Holz nachahmten: sie drehten, bis die Achse Feuer sprühte. Zwei wesentliche Punkte dürfen heute als gesichert gelten. Niemand denkt mehr an die Möglichkeit, dass es Stämme auf Erden gebe, die nicht längst die Kunst verständen, das Feuer willkürlich zu erzeugen, und Niemand zweifelt daran, dass auch die einfachsten der verschiedenen Methoden nicht ohne lange Vertrautheit mit den Eigenschaften des Feuers gefunden sein können, dass also der künstlichen Erzeugung eine Periode der Unterhaltung mit Uebertragung des natürlichen Feuers von Ort zu Ort vorhergegangen sein muss.

Ob in den lichten Buschwäldern des Matogrosso durch die zahlreichen Gewitter häufig Brände verursacht werden, ist kaum festzustellen. Dass solche Brände vorkommen, ist mir versichert worden, dass die Vegetation der dürren verkrüppelten Kampbäume und des hohen trockenen Grases dafür äusserst günstig ist, unterliegt keinem Zweifel. Die Feuer, die wir auf unserm Zuge anlegten, brannten viele Tage lang und verbreiteten sich ohne Nachhülfe über grosse Strecken.

Sonderbar und auffallend war der Einfluss auf die Tierwelt. Alles Raubzeug machte sich den Vorfall sehr bedacht zu Nutze, es suchte und fand seine Opfer weniger bei dem hellen Feuer als auf der rauchenden Brandstätte, wo mancher Nager verkohlen mochte. Zahlreiche Falken schwebten über den dunklen Wolken der »Queimada«, Wild eilte von weither herbei, um die Salzasche zu lecken, und bevorzugte, vielleicht weil es sich auf der kahlen Fläche nicht verbergen konnte, die Nacht. Der Boden strahlte eine behagliche Wärme aus.

Der Jagd mittels des Feuers begegnet man bei vielen Naturvölkern. Die Schingú-Indianer schienen sie nicht mehr zu üben, den Bakaïrí war sie jedenfalls gut bekannt und das Märchen von »Kame in der Maus« erzählt uns, dass Keri mit dem Besitzer des Feuers, dem Kampfuchs, jagen ging und dieser »nur eine verbrannte Maus« erbeutete, in der Keri's Bruder Kame steckte:

Keri begegnete dem Kampfuchs. »Wir wollen Feuer im Kamp machen, Grosspapa,« sagte Keri. Sie gingen Feuer machen; es brannte ringsum. Kame war in einer Maus. Keri wusste nicht, dass er hineingegangen. Das Feuer brannte nieder und hörte auf. Keri jagte, sah keinen Braten. Der Kampfuchs fand eine verbrannte Maus. Nachdem er sie gesehen, ass er sie. Er traf Keri. »Grosspapa, was für Braten hast Du gegessen?« »»Nur eine Maus habe ich gegessen.««

Die »Queimada« oder Brandstätte lieferte Massenerfahrungen über den Nutzen des Feuers: beim Beginn des Feuers fliehende Tiere, später verkohlte Tiere und Früchte, Tiere die herbeikamen, Salzasche, Wärme. Der Jäger hat hier das Braten des Fleisches lernen können, das für ihn in kleinerem Massstab die Bedeutung gewann, wie sie die Mehlbereitung für den Feldbauer besitzt. Denn das Braten konserviert. Nach vielen Tagen ist gebratenes Fleisch noch schmackhaft, das sonst längst in Verwesung übergegangen wäre: die Bororó zogen wochenlang auf Jagd hinaus und kehrten mit reichem Vorrat an gebratenem Wild zurück, die Auetö blieben mehrere Tage auf Fischfang abwesend und brachten ein Kanu mit gebratenen Fischen schwer beladen heim, bei den Mehinakú sahen wir Körbe gefüllt mit recht appetitlichen, goldgelben Backfischen. Das Braten wird noch heute soweit getrieben, dass das Fleisch eine dicke Kohlenkruste — die verbrannte Haut — mit einem sehr beliebten Salzgeschmack erhält.

Alle diese Erfahrungen konnte sich schon der primitive Jäger, der kein Feuer zu erzeugen wusste, bei Kampbränden zu Nutze machen; man wird ihm das Sammeln von Kenntnissen nicht absprechen, die im Einzelnen den verschiedenen Klassen der umgebenden Tierwelt geläufig sind.

Da aber protestiert, wer durch die Kulturbrille zu schauen gewöhnt ist. Er vermisst die Schauer, die man in der Urzeit vor dem gewaltigen Phänomen des Feuers empfunden hat, und die nicht viel mehr sind als die Schauer des Gelehrten, dessen Studierlampe umfallen und die Stube, das Haus, die Stadt mit allen ihren Wertgegenständen in Brand setzen könnte. Wenn schon ich, der doch des Feuers Macht bezähmt, bewacht, in Furcht und Schrecken gerate, sobald das wütende Element losgelassen wird, wenn mich das übermächtige Flammenschauspiel durch den Eindruck phantastischer Schönheit aufregt, wie muss erst die Seele des armen Wilden von Angst erfüllt sein und das Geheimnis des Erhabenen spüren! Ohne Zweifel mag in dem einen oder andern rasch vorwärts eilenden Steppenbrand die Besonnenheit verloren gehen, doch im Allgemeinen sehen wir die beschriebenen Schauer gerade bei den Naturvölkern nicht, wir können sie ebensowenig entdecken als die ebenfalls für die Entstehung religiöser Gefühle in Anspruch genommenen Schauer inmitten des grossartigen Urwalds; nur der hülflose Europäer fürchtet sich, während es dem »Wilden« wahrscheinlich leichter »unter den Linden« als in seinem heimatlichen Dickicht unheimlich zu Mute würde. Der Eingeborene fürchtet das Gewitter und wird von dem einschlagenden Blitz gewiss ebenso entsetzt sein wie irgend eine Kreatur, allein den fortschreitenden Brand fürchtet er ebensowenig wie viele Tiere, sofern er oder sie nicht gerade von der Woge erfasst werden. Wird er im Kamp vom Feuer überrascht, so steckt er schleunigst seine eigene Nachbarschaft in Brand und holt sich dazu, wenn er kein Lagerfeuer hat, getrost einen brennenden Zweig. Derselbe Wind, der das Feuer jagt, schafft auch seinem Gegenfeuer rasche Bahn; auf der planmässig leergebrannten Stätte sieht der Jäger gemütlich zu, wie die Glut ringsum lodernd weiterwandert, und sucht dann eiligst zu erwischen, was von Gebratenem und Getödtetem zurückgeblieben ist, ehe die Raubvögel ihm zuvorkommen. Es ist entschieden mehr wahrscheinlich, dass das klügste, listigste Geschöpf zu jeder Zeit, wo es überhaupt schon die den Menschen auszeichnende Initiative besass, veranlasst worden ist, für die Unterhaltung des Brandes zu sorgen als ihn zu fliehen und zu bestaunen. Die Bestie Feuer ist überall als Haustier gefunden worden und das allein beweist, dass man die Berührung mit seiner wilden Natur stets gesucht und nicht gemieden hat. Die späteren Kulturgefühle sind leicht zu erklären und zu ihrer Zeit und auf ihrer Stufe wohl berechtigt, aber immer geht das Notwendige und Nützliche dem Heiligen voraus.

Man hat Kulturgefühle an den Anfang der Entwicklung gesetzt, man hat mit demselben Fehler Kulturgedanken dorthin verlegt. Den unbekannten Wohlthäter der Menschheit, der zuerst das Mittel ersann, durch Reibung zweier Holzstücke Feuer zu erzeugen, hat man in schwungvollen Worten gepriesen. Ein vielzitierter Ausspruch deutet uns den Weg der glücklichen Erfindung durch die heutzutage wohl recht selten gewordene Möglichkeit an, dass er einige vom Sturm gepeitschte Zweige, die sich aneinander rieben und in Flammen gerieten, oder auch einen Zweig beobachtet habe, der vom Sturm in einem Astloch umhergewirbelt wurde und plötzlich aufloderte.

Gewiss ist die Natur die grosse Lehrmeisterin in vielen Dingen gewesen. Allein sie demonstrierte dann nicht wie der Professor im Experimentalkolleg hinter dem Pult, sondern stiess die schwerfälligen Schüler ein wenig mit der Nase auf das, was sich Lehrreiches abspielte. Wollte man von der Psychologie der Naturvölker ausgehen, so würde man einem unthätig zuschauenden Eingeborenen kaum zutrauen, einen ganzen Komplex von Erscheinungen, wie Blasen, Peitschen, Reiben, Brennen nach Ursachen und Wirkungen so aufzulösen und in Gedanken wieder so zu verknüpfen, dass er nun eine »Methode« hätte, um einen jenen Wirkungen entsprechenden Zweck zu erreichen. Wo Vorbilder der Natur den Weg gezeigt haben, da sind es alltäglich wiederkehrende gewesen und da hat der Mensch nicht analysierend nachgeahmt, sondern er hat mitgeahmt, wenn der Ausdruck erlaubt ist, und nur durch ein von irgend einem Interesse angeregtes Mitthun kam er dazu, etwaige ihm nützliche Wirkungen aufzufassen und festzuhalten; so hatte er alsdann mit seiner aktiven Beteiligung, die die Hauptsache ist, ein zweckgemässes Handeln erlernt, eine Methode erworben. Dieser Fortschritt ist nur an dem Nacheinander von häufig vorkommenden Einzelvorgängen möglich, deren jeder, während er sich abspielte, am Schopf erfasst wurde; einen seltenen Komplex kann sich erst geistig aneignen, wer schon im Besitz der Teilvorgänge ist. Wahrscheinlich hat sich der Mensch, wenn der Sturm das Feuer wirklich hier und da entzündete, schleunigst einen Brand genommen, damit ihn Wind oder Regen nicht verlöschten. Vielleicht hat er auch beobachtet, dass ein stürzender Baum ein Tier erschlug, und hat sich der unerwarteten Beute freudig erschreckt bemächtigt, aber von diesem historischen Augenblick wollen wir es lieber nicht datieren, dass er zum Knüppel gegriffen und eine Waffe gefunden hat, um Tiere zu erschlagen. Diese Künste muss er anders gelernt haben. Bis zur Gegenwart ist auch eine so ungemein einfache Erklärung noch für keine primitive Errungenschaft befriedigend gelungen; immer ist man sich bald bewusst geworden, dass man einen mehr oder minder sinnreichen Mythus hervorgebracht hatte, dem nur der Name des Erfinders fehlte, um die Aufnahme in die Mythologie der Völker zu verdienen. Auch heute pflanzt sich der Einfall des sinnenden Mythologen, belobt oder verurteilt, durch alle Literatur neben der Prometheussage fort und wird dem Anschein nach mit ihr immer verknüpft bleiben.

Es ist klar, wir dürfen uns von den späteren mystischen, poetischen, religiösen oder naturwissenschaftlichen Vorstellungen, die sich auf das Feuer beziehen, nicht beirren lassen und den Naturmenschen, der ein nüchterner, beschränkter Praktiker ist, nicht als das ansehen, was er nicht ist, weder als einen Philosophen noch als einen Erfinder der Neuzeit. Wenden wir uns an die lebendige Erfahrung, so verschwindet sofort das Hindernis am Anfang, nämlich der nur für die Zeit entwickelter Eigentumsbegriffe nicht unlösbare Widerspruch, dass ein Ding gleichzeitig mit Schrecken erfüllt und bei Tag und Nacht unentbehrlich geworden ist.

Für das erste Stadium, mit dessen Ursprung wir uns hier nicht weiter beschäftigen dürfen, wo sich der Mensch dazu erhob, das freie, wilde Feuer absichtlich zu unterhalten und sich durch Weiterverpflanzen mit allen seinen Vorteilen dauernd dienstbar zu machen, möchte der Vergleich, dass er es wie eine Art Haustier angesiedelt, gepflegt und gezüchtet hat, nicht unzutreffend sein. Aber erst mit dem weitern Problem, wie die Methode zu Stande kam, das Feuer zu erzeugen, finden wir uns innerhalb der Naturvölker auf festem Grund und Boden, wir sehen bei ihnen sofort, dass es verschiedene Methoden dieser Arbeit giebt, und dass sie deshalb im Zusammenhang mit den übrigen Arbeitsmethoden untersucht werden müssen. In diesem Sinne habe ich mich bei den Schingú-Indianern zu unterrichten gesucht und glaube auch nachweisen zu können, wie ihre Art, das Feuer zu erzeugen, entstanden sein muss. Es ist die einfachste des in Amerika und anderen Erdteilen weit verbreiteten »Feuerbohrers«, während man in Polynesien einen »Stock« in einer »Rinne« reibt.

Die Eingeborenen nehmen zwei nicht ganz kleinfingerdünne, etwa $^3/_4$ m lange, noch mit der trocken haltenden Rinde überkleidete Stöcke und schneiden in den einen mit einer Muschel eine kleine Grube. Während ein Mann diesen Stock auf den Boden legt und fest angedrückt hält, setzt ein Zweiter den andern Stock in das Grübchen hinein und quirlt ihn mit grosser Geschwindigkeit zwischen den hurtig daran auf- und niedergleitenden Händen. Durch das Quirlen erweitert sich das Grübchen, es löst sich feiner Staub und beginnt zu glimmen und zu rauchen. Zunder wird herangebracht, angeblasen und sofort ist die Flamme da. Die kleine Grube erscheint nun äusserst glatt und oberflächlich verkohlt. Der Vorgang nimmt Alles in Allem keine Minute in Anspruch. Der Quirlende plagt sich redlich; mehr daraus machen wäre Uebertreibung, obwohl ein Ungeübter, der während des Quirlens kleine und für den Erfolg schädliche Pausen eintreten lässt, auch nicht ohne eine Luxusanstrengung fertig werden wird. Zur Not kommt ein Einzelner recht gut mit der Prozedur zu Stande, indem er den Stock auf den Erdboden mit den Füssen festhält.

Die Feuerstöcke sind gewöhnlich zwei gerade Zweige vom Orléansstrauch oder Urukú, die ein leichtes lockeres Holz besitzen. Auch anderes Holz hat, wie der Indianer es versteht, »das Feuer in sich«, besonders Ubá und Kambayuva, die beiden Arten des Pfeilrohrs. Unterwegs weiss sich der Jäger, wenn er kein Feuer bei sich hat und seiner bedarf, zu helfen: er zerbricht einen Pfeil und bohrt ein Stück in dem andern. Doch ist der Pfeil kostbar und das Reiben anstrengend. Wir beobachteten mehrfach, dass die Leute von der qualmenden Rodung brennende Kloben auf ihre Wege zum Hafen und in den Wald mitnahmen, die sie später achtlos beiseite warfen. Auf Ausflüge mit tagelanger Abwesenheit von Hause im Kanu führten sie ein mächtiges glimmendes Stück morschen, trockenen Holzes aus dem Walde mit sich.

Der Zunder ist ein hellbraunes feinmaschiges Bastgewebe, das am besten die junge Uakumá-Palme (eine *Cocos*-Art) darbietet. Im Kamp hilft auch Zunder von der Guarirobá-Palme (*Cocos oleracea*) oder von trockenem Gras und Laub aus. Er hat den Zweck, die Flamme zu liefern, mit der man das Feuer auf die Reiser überträgt. Ehrenreich giebt von den Karayá, Im Thurn von den Warrau Guyana's an, dass ihr Holz sich so lebhaft entzündet, dass es keines Zunders bedarf; »es liefert in sich selbst den Zunder«.

Man sieht, es ist zum Feuerreiben mit dem »Bohrer« nicht nötig, ein hartes und ein weiches Holz zu haben. Die Schingú-Indianer nehmen stets nur eine Art, die Karayá bohren Bambus in Urukú.

Uns fällt die Bewegung des Quirlens sehr schwer; wir kennen sie im gewöhnlichen Leben ja kaum, weil unsere Bohrer in eine Schraube auslaufen, und üben sie überhaupt nicht zum Bohren, sondern zum Mischen z. B. in der Küche, um Hefe oder Eier mit Milch zu vereinigen, oder bei der Präparation eines Cocktail. Wie das Bohren und Quirlen der Eingeborenen entstanden ist, lässt sich leicht erkennen. Man hat zuerst Löcher mit einem spitzen Zahn oder Knochen gemacht.

Bei starkem Widerstand des Objektes kam man zu drehendem An- und Eindrücken, und dies entwickelte sich allmählich von selbst zum Quirlbohren, wenn man nur ruhig und gleichmässig arbeitete, um das Objekt nicht zu sprengen, dasselbe auch festklemmte, um den angebohrten Punkt nicht zu verlieren, und so über beide Hände verfügen konnte. Dieses Quirlbohren wird von dem Indianer mit einem an ein Stäbchen befestigten Zahn oder Steinpartikelchen (vgl. S. 204) geübt für alles Durchlöchern von Muschel, Knochen, Stein, Gürteltierpanzer und hartem Holz. Man sieht ihn sehr häufig damit beschäftigt während er die Füsse zum Festklemmen verwendet. Nun stehen wir aber einem Rätsel gegenüber, wenn wir erklären wollen, wie das Feuerbohren mit zwei Holzstücken entstanden sein kann. Wie kam man dazu, Holz mit Holz zu bohren, wenn man nicht gerade darauf ausging, das »Feuer zu erfinden«?

Es ist allen Ernstes gesagt worden, man habe beim Schleifen oder Bohren von Werkzeugen aus Holz, Knochen und Stein die Erfahrung gemacht, dass Reibung Wärme erzeugt, habe bemerkt, dass die Wärme zunehme, je stärker man reibe, und habe alsdann versucht, Holz so stark zu reiben, dass es nicht nur warm werde, sondern auch glimme, leuchte, brenne! Wenn die Herren, die diesen Vorschlag für unsere werten Ahnen machen, auf eine unbewohnte, bewaldete Koralleninsel verschlagen würden — mit einigem Widerstreben will ich es annehmen, dass sie mit ihren technischen und theoretischen Kenntnissen darauf verfallen würden, Holz mit Holz zu reiben, um sich ein Lagerfeuer zu verschaffen. Der Mensch der Vorzeit, mag er noch so lange im Besitz des lebendigen Feuers gewesen sein und seinen Wert gekannt haben, könnte sich die Erfindung doch wohl nur dann absichtlich erzwungen haben, wenn das durch Reiben erwärmte Holz auch leuchtete; dann hätte er vielleicht den Versuch gemacht, das Leuchten bis zur Flamme zu steigern. So haben z. B. die Bakaïrí auch wirklich geschlossen. Der Kampfuchs, sagen sie, habe sich das Feuer aus den Augen geschlagen.

In jenem Vorschlag zur Lösung des Problems steckt aber der gesunde Kern, dass man dem Zufall einer Entdeckung keinen zu grossen Spielraum einräumen möchte. In der That, will man sich die Beobachtung, dass Feuer entsteht, wenn Holz mit Holz gerieben oder gebohrt wird, nur nebenher bei der Bearbeitung von Werkzeugen gemacht denken, so sollte sie wenigstens in einem direkten und innern Zusammenhang mit dem Gebrauch des Feuers vorzustellen sein. Wenn Holz gebohrt wurde, so wurde es sicherlich mit Zahn, Knochen oder Stein gebohrt, und obgleich es ja möglich wäre, dass gelegentlich, wenn jenes Material fehlte, einmal ein harter Holzstock zum Quirlbohren genommen wurde, der dann ein glimmendes Pulver erzeugte, so erscheint diese nicht zu leugnende Möglichkeit mir deshalb nicht recht befriedigend, weil sie nicht aus der Feuertechnik selbst hervorwächst. Auch sieht man nicht ein, in was für einem praktischen Fall, wenn das gewohnte Handwerkszeug fehlte, den Leuten soviel daran gelegen sein musste, Holz zu durchbohren, dass sie das mühevolle Mittel wählten und ihren Zweck nicht durch Binden oder Brechen oder anderswie bequemer erreichten. Einige

Ueberlegung und ein paar Thatsachen leiten uns auf einen vielleicht aussichtsvolleren Weg.

Der Mensch hatte Feuer, unterhielt es, konnte es aber nicht erzeugen. Es ist klar, dass die erste Kunst, die auf dieser Stufe gelernt sein sollte und gelernt wurde, die Neubelebung und die Uebertragung des Feuers an einen andern Ort war. Wir haben auf dem Rückweg der Expedition in der Regenzeit mehrere Male am Morgen nur mit vieler Mühe, obwohl der Kloben noch glühte, genügendes Feuer erhalten können, alles Holz war nass und wollte nicht brennen; unsere Leute konnten nur dadurch Abhilfe schaffen, dass sie von den feuchten Reisern die Rinde losschälten und mit dem Messer schnitzelnd aus dem Innern eine Anzahl ziemlich trockener Spänchen hervorholten, diese mit grosser Vorsicht und Geduld fast einzeln auf die glimmende Kohle brachten und nun allmählich schwache Flämmchen hervorhauchten, die geschickt genährt zu einem lebenskräftigen Feuerchen erstarkten. Im Thurn beschreibt dasselbe Verfahren von den Guyana-Indianern. Von den nordamerikanischen Eingeborenen wird berichtet, dass sie glimmende Baumschwämme den Tag hindurch mit sich führten und so ihr Lagerfeuer von Ort zu Ort verpflanzten. Die von unsern Indianern im Kanu mitgenommenen morschen Kloben glimmten mit Leichtigkeit ein bis zwei Tage.

Man entwickelte früh, ehe man das Feuer willkürlich hervorrufen konnte, die Technik des Zunders. Man übertrug das Feuer von einem schwach glimmenden Kloben auf Reiser durch Zufügen von trockenen Halmen, Spänchen, Blättern oder dergleichen. Man lernte die leicht brennbaren Pflanzenteile kennen. Für die Wanderung versorgte man sich mit Zunder von schwammigem Pflanzengewebe, man hielt sich davon auch einen Vorrat an dem Lagerort, da jeder Regen oder eine Nachlässigkeit das Feuer dem Verlöschen nahe bringen konnte. Man verwandte die bei der Bearbeitung des Holzes, des Steinbeilgriffes und der Waffen losgeschnitzelten Späne oder, wenn man Holz mit Zahn, Muschel oder Stein durchbohrt hatte, das hierbei entstandene Mehl. Fehlte dieser natürliche Zunder oder war er etwa durchnässt, so machte man sich eben welchen. Man zerrieb, schabte, schnitzelte leichtes Holz mit den Werkzeugen aus Zahn, Muschel oder Stein. Wo man die Beilklinge in eine Holzrinne einliess und dort festband — so liess sie sich besser spitzwinklig anfügen und erhielt die für den Kanubau zweckmässigste Stellung — mag man das Zundermehl in einer Rinne geschabt haben; sowohl hier als auch wo man den Holzgriff des Steinbeils quer durchbohrte, wird man nicht übersehen haben, dass der dabei abfallende Staub besonders fein und leicht entzündbar war. Man machte die Beobachtung, dass der relativ schwere, weniger schnell auflohende Holzzunder längere Zeit glimmte als Schwammgewebe und Mark. Dieses Mehl war vorzüglich geeignet, das lebendige Feuer an einen andern Ort zu schaffen, es liess sich in einem beliebigen Rohrstück mit durchlöchertem Deckel, das man bewegte oder in das man zuweilen hineinblies, leicht transportieren, und eine zweite Büchse konnte nachzufüllenden Vorrat bergen. Kurz, wenn es eine

Zeit der Uebertragung lebendigen Feuers, sei es um der Wärme oder der Jagdzwecke oder des Bratens willen, gegeben hat, so muss es auch eine Bereitung von Zunder und Glimmstoff aus verschiedenem Material gegeben haben und kann darunter das allezeit auch während des Regens verfügbare und vom Arbeiten her notwendig gut bekannte Holzmehl nicht gefehlt haben.

Wer sind alsdann die grossen Genies der Urzeit gewesen, die die willkürliche Erzeugung des Feuers »erfunden« haben? Irgend ein paar arme Teufel im nassen Walde sind es gewesen, denen der mitgenommene glimmende Zunder zu verlöschen drohte, und denen Muschel, Zahn oder Steinsplitter im Augenblick unerreichbar war. Sie suchten sich einen Stock oder zerbrachen einen Rohrschaft; je dürrer das Holz war, desto leichter liess es sich abbrechen und desto leichter würde es brennen. Eifrig bohrten sie Holz in Holz, um ein reichliches Quantum Mehl zu erzielen, oder, wenn es sich um Vorfahren der Polynesier handeln soll, rieben sie Holz an Holz — ob sie das Eine oder das Andere thaten, wird nur von ihren gewohnten Arbeitsmethoden abgehangen haben; sie wurden durch die Entdeckung erfreut, dass ihr mit dem Holzstock mühsamer, aber auch feiner losgeriebenes Pulver von selber glimmte und rauchte. Es ist richtig, wie Im Thurn von den Warrau sagt, »das Holz liefert in sich selbst den Zunder«, aber der Zunder lieferte auch in sich selbst die Flamme. Eine Entdeckung, die jeder prähistorische Vagabund zu machen im Stande war, der nichts besass als vom letzten Lagerfeuer her einen Rest Glimmstoff.

»Würde sich etwa ein gewaltiger Denker der Vorzeit von der Vermutung haben leiten lassen: durch Reibung werde Wärme erzeugt, sollte nicht auch das Feuer durch die höchste Steigerung der Reibungswärme gewonnen werden können? — so hätte in ihm die Wahrheit gedämmert, dass die leuchtende Wärme sich durch nichts als ihre Quantität und ihre Wirkung auf die Sehnerven von der dunklen Wärme unterscheide, und sein darauf begründeter Entzündungsversuch durch Reibung wäre ein Ja in der Natur auf eine richtig gestellte Frage gewesen. An Schärfe des Verstandes wäre ein solcher Prometheus der Eiszeit nicht hinter den scharfsinnigsten Denkern der geschichtlichen Zeit zurückgeblieben . . . .«

Oh, Ihr unsterblichen Götter!

Der kühn entwendende Titane barg das Feuer in einem hohlen Stab, das wäre in einen Moment zusammengedrängt in der That die Geschichte des Stadiums der Unterhaltung des natürlichen Feuers. Am interessantesten scheint mir eben jener Stab selbst, ein Stengel der Ferulastaude, dessen Mark leicht Feuer fängt und der als Büchse gebraucht wird. Nach Plinius haben sich die Egypter dieses Zunders bedient. Prometheus stand noch auf der Stufe vor Erfindung der Reibhölzer, er trug den glimmenden Stoff von Ort zu Ort. Auch die Murray-Australier wissen zu erzählen, dass ihnen das Feuer in einem Rohr, einem Grasstengel, gebracht worden sei.

Mit dem technischen Fortschritt der willkürlichen Erzeugung wurde das Holzmehl überflüssig. Man bedurfte jetzt nur des leichten, losen Zunders zur

Anfachung der Flamme und nicht einmal überall dieses. Die Hölzer, die einst das Zundermehl hauptsächlich geliefert haben, dürften wir wohl in denen wiedererkennen, die später zum Feuerreiben dienten; denn natürlich sind die Hölzer, die sich durch Reiben am besten entzünden, auch die, die das brennbarste Mehl geben.

Ich aber dachte mit Prometheus: Probieren geht über Studieren, machte den Versuch und empfehle ihn Allen, die sich von seinem überraschenden Gelingen selbst überzeugen wollen. Ich füllte ein 15 cm hohes Kaviarfässchen mit beliebigem trockenem Sägemehl, legte eine glühende Kohle darauf, bis eine dünne oberste Schicht verkohlt war, und warf die Kohle fort. Bei mässig bewegter Luft rauchte das Mehl bald so stark, dass ich vorzog, einen durchlöcherten Deckel aufzusetzen. Dann schlug ich ein Tuch um das Fässchen und überliess es sich selbst; ununterbrochen glimmte das Mehl 13 Stunden. Mit Nachfüllen wäre das Glimmen beliebig lange in Gang zu halten. Nun erinnerte ich mich erst, wie schwer es mir unterwegs oft geworden war, die glimmende Baumwolle in dem Ochsenhorn meines brasilischen Stahlfeuerzeuges zu ersticken; ich gedachte auch der aus trockenem Kuhdünger gepressten Stange, die man an Deck indischer Schiffe zum Gebrauch für die Raucher viele Stunden hindurch glimmen lässt. Vielleicht ist auch hier und da eine entsprechende Verwendung von Holzmehl zu finden. Hobelspäne sind bei uns im geschichtlichen Deutschland bis zum Beginn dieses Jahrhunderts mit Feuerstein und Stahl gebraucht worden.

V. Waffen, Geräte, Industrie.

Bogen und Pfeile. Wurfholz. Keule. Kanu. Fischereigerät. Flechten und Textilarbeiten. Buriti- und Baumwollhängematten. Kürbisgefässe. Töpferei.

Ueber die Ansiedlungen, die Lebensweise, die Werkzeuge unserer Indianer habe ich, soweit sie Eigentümlichkeiten darbieten, Bericht erstattet. Was von dem einen oder andern Gerät noch zu sagen wäre, wird sich im Rahmen der kunstgewerblichen Schilderung, die wegen des mancherlei Neuen einen besondern Ueberblick beansprucht, von selbst ergeben. Dagegen empfiehlt es sich, über das Aussehen und den Gebrauch der Waffen, sowie über die einfachsten Kunstfertigkeiten noch Einiges mitzuteilen.

Bogen und Pfeile sind die einzige allen unsern Indianern gemeinsame Waffe. Bei den Suyá und Trumaí finden sich Keulen im Gebrauch. Nirgendwo giebt es Lanzen. Nirgendwo Blasrohr und vergiftete Pfeile. Nur der Zauberer hat so eine Art theoretischer Giftpfeile, indem er mit kräftiger Hexenkunst vergiftete Zweiglein, wie wir sehen werden, heimlich nach seinem Opfer schleudert; hier tritt uns also jedenfalls der Gedanke eines Wurfgiftes entgegen.

Bogen und Pfeile sind ausgezeichnet durch ihre Grösse, die Pfeile durch die ausserordentlich saubere und gefällige Arbeit. Die Länge der Bogen beträgt über $2^1/_3$ m, die der Pfeile $1^1/_2$ bis nahezu 2 m. Das Bogenholz ist gelblich oder lichtbraun und stammt von dem Aratábaum, Tecoma u. a. Palmholz fanden wir nur bei einigen Bogen der Tupístämme, hier auch, was den übrigen Stämmen unbekannt ist, den Bogen mit Baumwolle in hübschem Muster umflochten. Die Sehne ist aus Tukumfaden gedreht.

Der Pfeil ist ein keineswegs einfaches Kunstwerk; wenn man die Pfeile von unsern Stämmen, zwischen denen sich eine ethnographische Ausgleichung vollzogen hat, mit den Pfeilen aus den benachbarten Gebieten vergleicht, bemerkt man bei näherem Zusehen immer Verschiedenheiten des Materials oder der Technik. Die Pfeile der Yuruna am untern Schingú, die der Karayá im Osten nach dem Araguay hinüber, die der Paressí im Westen, die der Bororó im Süden, wie die der Yarumá haben stets ihre bestimmten Merkmale. Wie vergleichende Sprachforschung lässt sich vergleichende Pfeilforschung treiben. Kamen wir zu einem neuen Stamm, so sahen wir häufig, mit welchem Interesse man die von den Nachbarn mitgebrachten Stücke prüfte und bestimmte; Nichts erschien den Leuten ausser unserer Kleidung merkwürdiger als unser Mangel an Bogen und Pfeilen. Wenn es schwer zu begreifen ist, wie der Indianer sich vorstellt, dass seine Kulturheroen die einzelnen Stämme durch Bezauberung von Pfeilrohr, das sie in die Erde steckten, geschaffen haben, so ist doch die zu Grunde liegende Anschauung, dass der Pfeil das Merkmal des Stammes sei, sehr gut zu verstehen; der grosse Zauberer wählt auch für jeden Stamm die Art Rohr, die seine Pfeile auszeichnet. Das Kambayuvarohr liefert zierlichere, dünnere Schäfte als das Ubárohr; die zahmen Bakaïrí haben, seitdem sie die Bekanntschaft der Flinten gemacht, das am obern Schingú allgemein gebrauchte Ubárohr aufgegeben und besitzen nun, wenn nicht gerade Kinderpfeile, so doch kleine Pfeile im Vergleich zu denen des Schingú. Auch die Bogen (1,70 m) sind kleiner geworden.

Der einfachste Pfeil besteht aus dem befiederten Rohrschaft und einem hineingetriebenen dünnen Holzstock, der $^1/_3$ m vorragt und ein wenig zugespitzt ist. Unterhalb der Spitze wird zuweilen ein kleiner Widerhaken angebracht, wozu man ein Zähnchen oder mit Vorliebe den Kieferstachel des grossen Ameisenbären gebraucht. Oder man treibt oben auf die Holzspitze ein langes Stück Röhrenknochen vom Affen, Arm- oder Beinknochen, deren man ganze Bündel zu Hause ansammelt, und schleift den Knochen zu. Als Bindemittel dient Wachs, das mit einem Knochen aufgetragen wird. Auch der Rochenstachel giebt eine Pfeilspitze ab. Der Widerhaken lässt sich endlich so herstellen, dass man ein geschweiftes, doppelspitziges Knochenstück in das seitlich ausgehöhlte Ende des Holzträgers legt, umwickelt und verharzt.

Zuweilen wird auf den Pfeilschaft eine durchbohrte, hohle Tukumnuss bis etwas oberhalb der Mitte hinaufgeschoben; seitlich sind ein oder zwei Löcher in die Nuss eingeschnitten. Im Fluge ertönt ein helles Schwirren und Pfeifen.

Während die klingenden Pfeile nur zur Vogeljagd gebraucht werden, sind die andern für alle Jagd und das Schiessen der Fische bestimmt; die mit Widerhaken sind ausschliesslich Fischpfeile. Pfeile mit sägeartig eingekerbten Holzspitzen sind am Schingú nicht vorhanden, ausgenommen bei den Yarumá, die wir für eine Südgruppe der Mundurukú des Tapajoz halten.

Die Suyá und Trumaí hatten zum Krieg und zur Jaguarjagd Pfeile mit langen spitzen Bambusmessern. Bambusspäne von Spindelform, bis 35 cm lang und bis 36 mm breit, messerscharf an den Seiten, sitzen dem tief in den Rohrschaft eingetriebenen Holzstock auf, indem dieser in eine unten an der Innenfläche des Spans eingeschnittene Rinne gebettet ist. Und zwar ist die spitze Spindel mit ein wenig Harz und Faden nur lose befestigt; sie bleibt beim Schuss in dem getroffenen Körper zurück, während der Schaft mit dem Holzstock hinter ihr abspringt.

Das Merkwürdigste am Pfeil ist die Befiederung am untern Ende. Zwei Federn, richtiger zwei Federhälften, denn die Feder wird in ihrem Schaft gespalten, sind in spiraliger Drehung, die ein Viertel des Umfangs umschreibt, sorgsam befestigt; jede Fahne steht mit der Ebene ihres Oberteils senkrecht auf der ihres Unterteils, sodass sich der fliegende Pfeil durch die Luft schraubt. Die Federn sind kleinen Löchelchen entlang gespannt, die mit einem Agutízahn gestochen und mit einem spitzen Buritísplitter erweitert werden, und, man darf sagen, dem Pfeil aufgenäht, der Baumwollfaden wird um die Enden herumgewickelt und selbst durch eine Umwicklung mit Waimbérinde *(Philodendron)* geschützt. Meist stammen die Federn von Hokkohühnern, Jakú (*Penelope*) und Mutung (*Crax*), vom Falken und vom blauen Arara. Wo die Hand den Pfeilschaft umfasst, befindet sich eine Umwicklung mit Waimbé. Unten ist eine Kerbe eingeschnitten, der das Oberteil der Federn parallel liegt.

Kinderpfeile sind ähnlich, nur kleinen Formats mit Holz und Knochenspitzen, oder (die der frühesten Jugend) schwanke, dünne Stengel, die man von Palmblätterrispen abspaltet.

Die Haltung des Bogens ist gewöhnlich senkrecht. Der Pfeil liegt links vom Bogen. Er wird zwischen dem Zeigefinger und Mittelfinger gehalten, die die Sehne zurückziehen, während Finger IV und V noch helfen, die Sehne zu spannen. Der Daumen wird nicht gebraucht. Diese Spannung, der Mittelmeerspannung von Edward S. Morse entsprechend, ist verschieden von der der Bororó. Vorrichtungen, um die Finger gegen die starke Reibung der Sehne zu schützen, werden nicht gebraucht. Die den Bogen haltende linke Hand kann noch einen zweiten Pfeil in Reserve halten.

Der Pfeil visiert das Ziel nur bei geringer Entfernung; ist sie gross, so wird der Bogen hoch emporgehalten, der Pfeil fliegt in der Lotrichtung des Ziels empor und senkt sich zu ihm hinunter. Auf dem Fluss, z. B. wenn auf eine in der Ferne spielende Fischotter geschossen werden soll, ein bei der malerischen Haltung des im niedrigen Kanu stehenden nackten Schützen ungemein fesselnder

Anblick! Beim Fischschiessen wird die Pfeilspitze öfter in das Wasser getaucht, um den Grad der Lichtbrechung zu prüfen. Es gehört nicht geringe Uebung zum Fischschiessen. Langsam rudert der hinten sitzende Gefährte, während der Schütze vorn schussfertig steht und scharf auslugt. Unsereins sieht nicht mehr als der Indianer, wenn er zum ersten Mal in das Mikroskop blicken würde. Eine leise Aenderung der Wellenform verrät ihm schon die Beute. Dabei hat man sich mäuschenstill zu verhalten, unhörbar wird das Ruder eingetaucht. Mancher Schuss geht übrigens fehl und häufig treiben zwei oder drei der schönen Pfeile traurig im Wasser, bis sie zurückgeholt werden. Kein Wunder, dass den Indianern unsere Angel wie eine Offenbarung erschien. Kannten sie die Angel noch nicht, so kannten sie doch schon den Köder. Aber den frei schwimmenden. Der Schütze warf vom Kanu eine scharlachrote Beere in den Fluss; in dem Augenblick, wo ein von unten zuschnappendes Maul sie verschlingen wollte, schnellte der Pfeil vom Bogen. Wer neuen Sport sucht, möge es probieren. Die Indianer üben sich auf dem Dorfplatz und pflanzen als Ziel einen Schaft auf, der oben ein zilindrisches oder kegelförmiges Stück Korkholz trägt.

Das **Wurfbrett,** für unsern Fall, wo kein »Brett« vorhanden ist, häufig Wurfholz*) genannt, ist eine jetzt seltene Waffe, die sich nur bei den beiden Tupístämmen, den Kamayurá und Auetö, und bei den Trumaí vorfand. Sie ist die grösste ethnologische Ueberraschung unserer Reise gewesen. Ehrenreich begegnete ihr dann auch bei den Karayá am Araguay. Durch den Bogen verdrängt, hat sie sich in lebenskräftiger Uebung nur bei den holzarmen Eskimo erhalten. Die nordamerikanischen Indianer haben sie, so viel man weiss, nicht gekannt; bei den alten Mexikanern und bei den Maya, sowie bei den Bewohnern Kolumbiens erscheint sie in beschränkter Verwendung, doch lässt sich auf eine grössere Verbreitung in frühen Zeiten schliessen, sie gilt als Waffe der Inkakrieger, wir sehen sie dann endlich in vereinzelten Beispielen bei südamerikanischen Naturvölkern, zumal Tupís, sowohl am hohen Amazonas wie im östlichen Brasilien. Auch bei unsern Stämmen hatte das Wurfholz seine aktuelle Bedeutung eingebüsst oder war mindestens dabei, sie zu verlieren. Immerhin fanden sich in jedem Hause mehr Wurfbretter als Bogen; die Indianer sagten, dass sie die Waffe zwar niemals mehr zur Jagd, wohl aber noch im Kriege gebrauchten. Als die Trumaí 1884 vor unserm Lager erschienen, hatten sie keine Wurfbretter bei sich; die Steinkugeln, mit denen die Wurfpfeile im Ernstfall ausgestattet sind, waren bei den Auetö und Kamayurá nicht zahlreich vorhanden, sie mussten sie auch von den Trumaí beziehen, und so sind für die Tupístämme wenigstens schon rein infolge der geographischen Lage die Tage des Wurfbrettes gezählt. Aber als Sportwaffe erfreute es sich noch hohen Ansehens und fleissigen Gebrauchs; ich werde bei den Tänzen auch des Wurfbretttanzes, der die Verwundung im Kampf darstellt, zu gedenken haben. Das Wurfbrett hat den Zweck, einen stein-

---

*) Für unsern Fall würde der beste Ausdruck »Pfeilschleuder« sein. »Wurfholz« giebt leicht zu Verwechselungen mit geworfenen Hölzern Anlass.

beschwerten Pfeil, oder, wenn man will, einen zierlicheren Spiess mit grosser Kraft zu schleudern. Der am Schingú vorhandene Typus ist ein etwa 70 cm langer glatter, dünner Stock aus hartem Palmholz, der sich an dem einen, vorderen Ende zu einer mit einem Loch versehenen Griffplatte verbreitert und an dem andern, hintern Ende einen kleinen Haken trägt. Also kein Brett und Nichts von einer Rinne. Vgl. Abbildung 28 und 6, S. 109.

Der Pfeil wird hinten auf den Widerhaken eingesetzt, durch das Loch der Griffplatte steckt man den Zeigefinger, während die andern Finger Platte und Pfeil umschliessen; so liegt der Pfeil in seinem hintern Teil dem Wurfbrett fest an, mit kräftigem Schwung wird ausgeholt, das Wurfholz beschreibt einen Bogen nach vorn und oben und entsendet mit dieser Hebelbewegung den Pfeil, »dass es nur so saust«. Die Wurfbretter sind aus hellem oder dunklem Palmholz gefertigt,

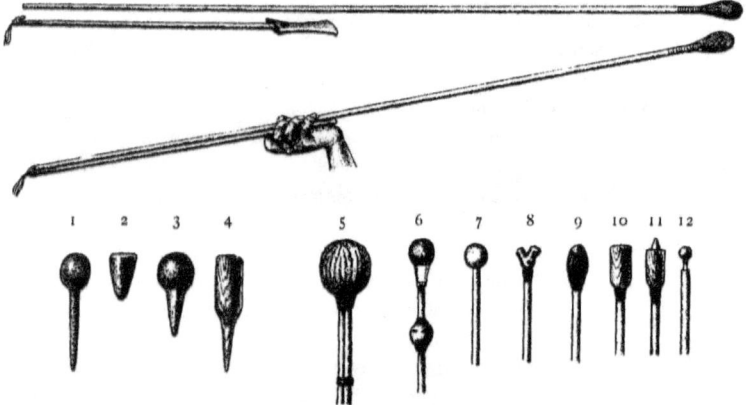

Abb. 28. Wurfbrett ($^1/_{19}$ nat. Gr.) und Spitzen von Wurfpfeilen.

sie sind schön geglättet und machen zum Teil einen eleganten Eindruck, zumal wenn ein buntes Federbündelchen von der Widerhakenschnur herabhängt. Die Platte hat eine Breite von etwa vorn 5 cm, hinten 6 cm und eine Länge von 15 cm; sie ist bikonkav ausgeschnitten, damit die Hand sie sicher umfasst. Der Stiel ist ungefähr vier mal so lang. Der Haken, dem der Wurfpfeil aufgesetzt wird, bei den Karayá ein Knochen, ist hier ein $2^1/_2$ cm langes Stöckchen, mit Baumwollfaden schräg angebunden. Für Kinder gab es Wurfbretter kleinen Formats.

Das geworfene Rohr ist bei unsern Indianern kein Spiess, sondern ein echter Ubá-Pfeil und wird auch von ihnen Pfeil genannt. Nur die Befiederung ist gewöhnlich nachlässiger gearbeitet und nicht spiralig angeordnet. Knochenspitzen und scharfe Holzspitzen kommen nicht vor. Das Charakteristische des Wurfpfeils ist umgekehrt — eine, wie es scheint, in der deutschen Sprache nicht vorgesehene Möglichkeit — die »stumpfe Spitze«. Auch in diesem Sinn fehlt das Merkmal des »Spiesses«. Der Wurfpfeil spiesst und sticht nicht, sondern zerschmettert mit schwerer Schlagkraft. In den Schaft eingelassen, mit Bindfaden umschnürt und mit Wachs verschmiert, waren schwere Stein- oder Holzspitzen. Die Steine entweder konisch wie No. 2 in der beistehenden Figur oder birnförmig wie No. 3. Aus dem Wachsüberzug schaute der Stein nur wenig heraus, vgl. No. 9. Die Holzspitzen hatten verschiedene Formen, kugelig, oder der Steinbirne entsprechend mit langem Stiel zum Einschieben in den Schaft: No. 1, oder (die gewöhnliche Form) No. 4 und 10, ein zilindrisches Stück, das sich unten zum Einsetzen zuspitzte — in No. 11 auch einmal mit einer spitzigen Hervorragung, ferner ein Knopf No. 12 und eine Gabel No. 8. In der Abbildung 6 S. 109 trägt der Mittelpfeil einen langen schmalen Holzkegel, der auf weissem Grund mit einem langen schwarzen Linien- oder Tüpfelmuster verziert ist, schon die reine Dekorationswaffe zum Tanz. Viele Wurfpfeile trugen nur Wachskugeln. Endlich sehen wir in No. 6 und 7 nach Art der klingenden Pfeile auch eine oder zwei Tukumnüsse (*Astrocaryum*) aufgesetzt und in No. 5 eine faustgrosse Tukumnuss auf zwei aneinander gebundenen Rohrschäften.

Das Wurfbrett hat von der Tukumpalme seinen Namen: *Yauari*. Es ist nicht selten, dass die Pflanze, die das Material liefert, auch den Namen des Gerätes liefert; die Kamayurá fügten eine nähere Bestimmung hinzu, *yauari amomoáp*, das heisst (*amo* weit, *mo* Causativum, *ap* zerbrechen, verwunden) »fernhin zerschmetterndes Tukum«. Apollo *amomoáp*, der fernhin treffende. In einer Legende, die Ehrenreich bei den Karayá aufnahm, kommen Affen vor, die im Baum sitzend Menschen mit Wurfpfeilen töten. Damit steht einigermassen im Einklang, wenn mir die Indianer sagten, das Wurfbrett sei gut im Wald zu gebrauchen. So kann man bei rascher Verfolgung zwischen den Bäumen das Wurfbrett mit dem Steinpfeil fertig zum Schleudern, nicht aber den beide Hände zum Spannen benötigenden Bogen schussbereit halten und einen der kurzen Augenblicke erfassen, während deren das fliehende Ziel Deckung durch Stämme und Unterholz verliert. Die Kraft, mit der der Wurfpfeil entsaust und aufschlägt, ist weit grösser als man erwartet. Die Waffe hat vor dem Bogen einmal den ungeheuren Nachteil, dass sie nicht in die Höhe hinauf verwendbar ist, man kann keinen Vogel mit ihr aus dem Wipfel herunterholen, und unterscheidet sich ferner sehr zu ihren Ungunsten durch die Unbrauchbarkeit zum Erlegen der Fische, sie ist mit einem Wort keine Jagdwaffe, würde es selbst nur in beschränktem Mass für grössere Tiere sein, wenn die Wurfpfeile mit die Haut durchdringenden Spitzen ausgestattet wären; sie ist eine entschiedene Kriegswaffe und wird auch nur als solche bezeichnet. Sie hatte ihren Wert neben dem Bogen, wo es Krieg, geeignete Steine und Wald gab. Wenn sie eine Vorstufe des Bogens genannt wird, so ist doch zu bedenken, dass sie uns das Geheimnis seines Ursprungs in keiner Weise entschleiern hilft, denn das Wesentliche des Bogens ist seine federnde Kraft, sowohl die des Holzes als die der Sehne.

Keulen hatten nur die Suyá und die Trumaí. Die der Suyá, vgl. »Durch Centralbrasilien« Abbildung Seite 326, war platt, 1¹/₃ bis fast 1¹/₂ m lang, mit einem ovalen Oberstück, das durch Muschelaugen verziert war, eine elegante Waffe aus braunschwarzem, wie poliert glänzendem Seribapalmholz. Von ähnlicher Form, kleiner, plumper, keine künstlerische Arbeit, ist die Trumaíkeule. Wir haben auch auf der zweiten Expedition deren nur eine erhalten. Dagegen hatten die Trumaí wie die Kamayurá kleine Tanzkeulen, deren ich später gedenken werde. Auch hier also wie beim Wurfbrett die Erscheinung, dass die alte Waffe zum Spielgerät herabsinkt. Bei den Kamayurá fanden wir ausser einer Suyákeule eine den Yarumá zugeschriebene Keule, die genau der 1884 bei den Yuruna gefundenen Karayákeule entsprach, ein dunkelbrauner, vertikal ringsum kanelirter, scharf gerliefter, oben und unten stumpf abgekuppter Stab mit glattem Zwischenstück für die Hand. Dort die Yuruna, hier die Kamayurá hatten die Mordwaffe zum friedlichen Spazierstock umgewandelt. Man muss gestehen, dass die Wehr der Männer am Kulisehu nicht auf kriegerische Gewohnheiten hinweist.

Die **Kanus** sind allgemein aus der Rinde der Jatobá hergestellt, wie ich es für unsere Fahrzeuge beschrieben habe. Vgl. Tafel 10 und 11. Ein 1884 gemessenes Bakaïríkanu hatte folgende Masse: Länge 8 m, Breite in der Mitte oben 64 cm, unten 56 cm, Tiefe 24 cm, Breite des Hinterteils 63 cm, Rindendicke 11 bis 21 mm. Wir haben auf der zweiten Reise längere Exemplare gesehen, und die Arche, die wir bei den Mehinakú erwarben, hatte eine erheblich grössere Breite, war freilich ein Unikum an Behäbigkeit. Die Kanus der Bakaïrí, die im flacheren, von Steinen durchsetzten Flussbett zu fahren hatten, waren etwas flacher als die weiter flussabwärts. Bei den Yaulapiti war der Rand etwas nach innen umgekrempelt.

Die Ruder, etwas über 1 m lang, bestanden aus einem etwa 60 cm langen und 10 cm breiten, leicht ausgehöhlten Blatt mit Stiel [und Krückengriff (vgl. die Abbildung). Mit der einen Hand den Krückengriff, mit der andern den untern Teil des Stiels umfassend, stösst der Indianer das Ruder ziemlich senkrecht neben sich ein und hebelt mit kräftigem Druck nach vorn hinüber. Die Stösse folgen sich oft mit grosser Geschwindigkeit, das Ruder wird hoch durch die Luft geworfen und blitzschnell in den Händen gewechselt. Einer der Ruderer sitzt meist vorn, der Andere hinten; der Hintere steuert mit seiner Schaufel, nach den Fischen schiesst der Vordere. Ein niedrig eingeklemmtes Aststück ist die ganze Sitzgelegenheit. In der Mitte liegt der Tragkorb, mit Blättern vor dem Regen geschützt. Lehm und Harz spielen eine grosse Rolle,

Abb. 29.
Bakaïrí-Ruder.
(¹/₈ nat. Gr.)

besonders an dem eingestülpten Hinterteil platzt die Rinde gern und lässt Wasser eintreten. Dank ihrer grossen Gewandtheit als Piloten schiessen die Bakaïrí ohne Gefahr auch durch den Schwall der Katarakte; doch wären die Strudel mit stärkerem Gefälle flussabwärts im Gebiet der Yuruna durch die niedrigen und gebrechlichen Rindenkanus nicht zu überwinden — ein beachtenswertes Hindernis für die Verschiebung unserer Stämme nach Norden. Vielleicht nicht weniger schlimm wäre der Wellenschlag auf dem breitern Strom, den jeder heftige Wind bringt. Dagegen bieten die Rindenkanus den gewaltigen Vorteil, dass sie in kürzester Frist herzustellen sind. Deshalb begnügte man sich sogar bei der Fazenda S. Manoel mit einem von den Bakaïrí gelieferten Kanu, das nur einen Tag Arbeit kostete. Sie sind leicht aus dem Wald an das Ufer zu tragen; Bastringe schützen die Schultern.

Gefischt wird während der Fahrt soviel als nur möglich, desgleichen gegessen. Rauchen und Singen unterwegs ist unbekannt.

Fischereigerät. Das Schiessen der Fische mit Pfeil und Bogen liefert eine der Zahl nach nur geringe Beute. Ich habe berichtet über die Zäune oder Stakets, mit denen der Fluss bei dem zweiten Bakaïrídorf gesperrt war, über die »Chiqueiras«, das Sperrwerk mit Zweigen, das Bachmündungen oder Lagunenarme abschloss, über die Steinkreise, die nahe bei den Stromschnellen im flachen Flussbett oft in grosser Zahl gelegt waren, und wo die Fische durch eine schmale Oeffnung oben eintraten und flussabwärts gescheucht, beim gegenüberliegenden Ausgang in Netzen abgefangen wurden, sowie endlich über das Fischen der Bakaïrí in der seichten Kamplagune mit Fangkörben. Gern fischt man zwischen den Steinen, in dunkeln Nächten bei Fackellicht. Von einer Vergiftung der Fische haben wir Nichts gesehen.

Dass die Angel sämtlichen Stämmen so verschiedenen Ursprungs unbekannt war, Stämmen, die so eifrige Fischer waren, ist eine Thatsache von hohem Wert. Sie spricht beredt für die mehrfach aufgestellte Behauptung, dass die Angel im Norden und Süden des Amazonas überhaupt erst durch die Europäer eingeführt worden ist. Ist dies nicht der Fall, bleibt nur der Ausweg, dass unsere Stämme sich von ihren Ursitzen entfernt haben, ehe die Angel dort bekannt war. Denn wer, wie ich, gesehen hat, mit welchem Interesse die Eingeborenen unsere Angeln kennen lernten, der wird, wenn irgendwo, hier über das Ansinnen lächeln, dass die degenerierten Indianer eine ihnen früher — als sie noch dem Ausgangspunkt der Karaïben oder der Nu-Aruak oder der Tupí oder der Gës näher waren — wohlbekannte Erfindung vergessen hätten. Es lässt sich begreifen, dass Indianer unter friedlichen Verhältnissen keine Keulen mehr machen, es liesse sich verstehen, dass der eine oder andere unserer Stämme vom Amazonas hereingewandert wäre und das Holzkanu aufgegeben habe, weil er am Oberlauf mit den mühelos zu machenden Rindenkanus vortrefflich auskam, aber dass Fischer, die früher geangelt haben, in einer Gegend, wo sie die Kunst mit grösstem Nutzen weiter treiben könnten, davon abgekommen seien, und ihre Nachkommen sich von uns neu belehren lassen müssten, das glaube wer kann. Im Guaraní und Tupí heisst

Haken und besonders Angelhaken *pinda*, und nach diesem Wort wird in beiden Dialekten Xylopia frutescens, die die Angelrute liefert, *pinda-iba* = Haken-Rute genannt. Die Kamayurá, die gewiss an Tupí-Reinheit nichts zu wünschen übrig lassen, und denen wir beim Vergleichen der uns gemeinsamen Wörter als Stammesbrüder erschienen, versagte die Uebereinstimmung gerade bei dieser Pflanze: sie kannten *pindaiba* nicht und nannten sie *ivira* oder *ivít*, das *ymbira* des Tupí oder *hybir* des Guaraní (= »Hautbaum«), nach Martius »Name verschiedener Bombaceen und Xylopien«. Die dekadente Gesellschaft hat auch den Pflanzennamen »Haken-Rute« vergessen, obwohl er für sie so leicht zu behalten war.

Die Netze, nur kleine Handnetze, waren aus der gedrillten, sehr widerstandsfähigen Tukumpalmfaser geflochten. Sie hingen als Beutel von einem Stück mit beiden Enden rundoval zusammengebogener Schlingpflanze. Von Reusen wurden zwei Arten unterschieden, eine *puroschi* der Bakaïrí, breiter, voller, mit horizontalen rechteckigen Zwischenräumen, und die andere, *tamaschi*, schmal, lang, mit weiten hohen Vertikalmaschen. Der Fangkorb *kutu* war ein stumpfkegeliges, oben und unten offenes Flechtgerüst aus spitzen Reiserstöcken. Ich sah Paleko zu, wie er, um einen Fangkorb zu bauen, ein Bündel bereits zugespitzter Stöcke, die noch verschiedene Länge hatten, gleich machte. Er hatte folgende Art Massstab. Er nahm ein Stück Schaftrohr a—b und ein anderes c—d, band sie untereinander parallel bei b und c zusammen und gebrauchte nun das freie Stück von c—d zum Messen, indem er den zu messenden Stock entlang legte, bei b aufstützte, bei d scharf umritzte und abbrach.

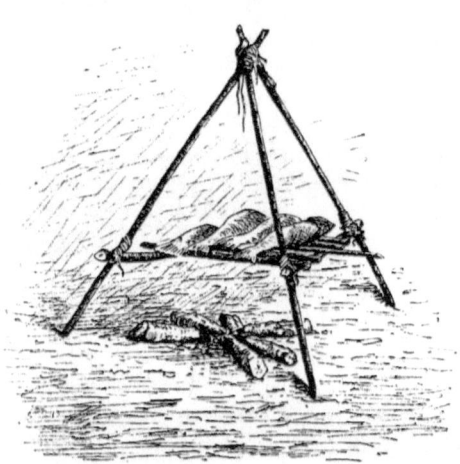

Abb. 30. Bratständer (Trempe). (¹/₃₀ nat. Gr.)

Die Indianer ziehen häufig für einige Tage aus, um dem Fischfang obzuliegen. Sie bringen gebackene Fische mit nach Hause, doch scheinen sie auch schon damit zufrieden zu sein, sich einmal draussen recht satt zu essen. Die Pyramide des Bratrosts, »Trempe« der Brasilier, die man fast immer findet, wo die Indianer sich zum Fischen oder Kanubauen über die Nacht hinaus aufgehalten haben, ist im Nu fertig. Drei Stöcke werden wie Gewehre zusammengestellt und oben mit Bast vereinigt, etwas unterhalb der Mitte wird von einem Stock zu den beiden Nachbarn je ein Stäbchen quer gespannt und angeflochten, und dieser Winkel mit anderen Stäbchen bedeckt, sodass ein dreieckiger horizontaler Rost entsteht. Die Fische öffnet man, indem man einen Längsschnitt in die Mittellinie anlegt und einen seitlichen Querschnitt ansetzt; die Klappe aufschlagend nimmt man die Därme heraus, und die Fische kommen auf den Bratständer.

Flechten. Das Material lieferten die Bakayuva-, die Buriti-, die Akuri- und die Carandasinha-Palme, Bambusrohr und Marantastengel, die gespalten wurden, die Kletterpalme Urumbamba (Desmoncus) und die unentbehrlichen Schlingpflanzen. Die Männer waren es, die flochten. Sie bedienten sich beider Füsse zur Aushilfe, indem der eine die Quer- und der andere die Längshalme festhielt. Die Korbflechterei stand auf keiner hohen Stufe. Es gab Stehkörbchen und Hängekörbchen, dichtgeflochtene und weitmaschige, in denen man den Kleinkram aufbewahrte, Fische trug u. dgl., allein über die allgemein bekannten Formen hatte man es nicht hinausgebracht. Einige Abwechslung wurde dadurch erreicht, dass man schwarz gefärbte Streifen einflocht. Die Mehinakú und Auetö hatten grössere viereckige, trogartige Stehkörbe, die sich durch ein schmuckes Aussehen auszeichneten, auch mit Troddeln an den Ecken verziert waren, und zum Aufbewahren von Kürbissen u. dgl. dienten. Diese Körbe wurden von den Mehinakú *mayáku* genannt, ein Wort, das die Bakaïrí für die Kiepen, also für den ganz anders gebauten Tragkorb gebrauchten. Die nebenstehende Abbildung zeigt den dreiwandigen bei allen Stämmen benutzten Tragkorb, den „*mayáku*" der Bakaïrí, während die Art, wie er mit der Bastschlinge am Kopfe hängend getragen wurde, auf dem Bilde Tumayaua's, Tafel 6, zu ersehen ist. Der Inhalt wurde mit Blättern, die auch zum Auskleiden der Innenseiten benutzt werden, zugedeckt; dann band man die Seitenwände möglichst nahe aneinander fest. Kleine Kiepen wurden schon den Kindern aufgehängt.

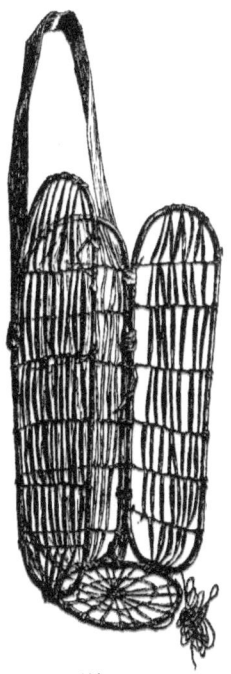

Abb. 31.
Tragkorb. ($^1/_7$ nat. Gr.)

Zu gedenken ist der Vorratkörbe für das Mandiokamehl. Während die unteren Stämme plumpe, an die Form der Kiepen erinnernde Proviantkörbe hatten, waren die der Bakaïrí *(oddu)* ein Erzeugnis sorgfältiger Arbeit. Fünf oder sechs mannshohe dünne Stangen waren mit ein paar Querringen von Schlingpflanzen zu einem kreisrunden, irgendwie gestützten Gerüst zusammengestellt, dieses wurde innen mit Helikonienblättern, deren mehrere mit Faden übereinandergereiht waren, ausgelegt und aussen mit rötlichem Pindahybabast von unten nach oben, indem man den Bast von Stück zu Stück fortknotete, in wagerechten Kreistouren umwunden. Während diese Art also ungeflochtene Körbe waren, gab es andere mit offenem sechseckigem

Maschengeflecht, die ebenfalls mit Blättern austapeziert waren. Die Körbe wurden an Embirastreifen aufgehängt.

Das Mattenflechten spielte keine grosse Rolle. Ganz niedlich waren kleine fächerförmige oder viereckige Matten, um das Feuer anzufachen. Grössere Matten zum Schlafen fehlten, da man die Hängematten hatte. Bei der Mehlbereitung wurden Matten gebraucht, einmal aus Palmblatt geflochtene Trockenmatten und dann aus vierkantigen, mit Querfäden aneinander geschlungenen Rohrstäbchen bestehende Siebmatten zum Durchseihen und Auspressen der auf palmstachelbesetzten Reibbrettern zerkleinerten Wurzel. Aehnliche Stäbchenmatten dienten als Mappen zum Aufbewahren von Federschmuck. Die Federn wurden wie in einen Aktendeckel hineingelegt; die Matte erhielt man dann steif durch drei Klammern, je eine oben, unten und in der Mitte, indem man gespaltene Rohrstengel zusammenbog, mit der Schnittseite anliegend quer hinüberspannte und die überstehenden Enden rechts aneinanderband.

Die Rohrdiademe und geflochtenen Tanzanzüge werde ich in dem Maskenkapitel besprechen.

Abb. 32. Feuerfächer. (¹/₉ nat. Gr.)

Textilarbeiten. Das Material: Ananasseide, Aloehanf, Palmfaser von der Tukum und Buriti, und Baumwolle. Die Fasern werden in feinen Bündeln aufgelegt, auf dem Schenkel gedrillt, die Baumwollflocken dagegen durch die ebenfalls auf dem Schenkel rapid in Drehung versetzte und dann frei tanzende Spindel zum Faden ausgezogen. Nur die Frauen spinnen und weben. Die Faserschnüre dienen als die eigentlichen Bindfäden und Stricke; Fischnetze, Tragnetze und in bestimmten Fällen die Hängematten, endlich Bogensehnen bestehen daraus. Man strickt mit Bambusstäbchen oder langen Holznadeln, die offene Oehre haben.

Die Spindel ist eine Scheibe, durch die ein dünnes, zuweilen an der Spitze abgekerbtes, nicht immer sehr gerades und glatt bearbeitetes Stöckchen gesteckt wird. An ihm wird eine von den Kernen befreite Baumwollflocke befestigt, alsdann der Wirtel rasch auf dem Oberschenkel gedreht und das Ganze hängen gelassen; infolge der gleichmässigen Rotation dreht sich die Baumwolle zum Faden aus. Der Faden wird auf das Stöckchen gewunden, bis ein dicker kegelförmiger Knäuel dem Wirtel, der das Abgleiten verhindert, anliegt. Durchmesser der Wirtelscheibe $5^1/_2$—6 cm, Länge des Spindelstocks 30—35 cm. Der Wirtel besteht meist aus einem Stück vom Bauchpanzer der Schildkröte, häufig aus Holz und nur bei den Bakaïrí aus einer gewöhnlich plumpen Thonscheibe, die man unter Umständen aus einem alten Topfboden brach und zuschliff. Von den auf den beiden ersteren Arten eingeritzten Mustern werde ich später sprechen; die Bakaïrí lassen ihre Holz- und Thonscheiben unverziert, Schildkrötenwirtel haben wir bei ihnen nicht gefunden. Die Frauen puderten sich zum Schutz gegen den Schweiss den Oberschenkel erst mit weissem, kreidigem Thon ein. Sie bewahrten das Material in Form kindskopfgrosser Kugeln auf, von denen sie zum Gebrauch ein wenig mit einer Muschel abkratzten.

Der Faden wird in zweierlei oder dreierlei Stärke hergestellt und in Knäueln, die in grüne Blätter eingeschlagen werden, aufbewahrt. Die Knäuel sind beliebte Gastgeschenke der Bakaïrí und Mehinakú, die sie uns beim Empfang ebenso überreichten, wie dies Columbus schon den 12. Oktober 1492 von seinen Insulanern berichtet.

Der »Webstuhl« ist so primitiv wie nur möglich. Zwei niedrige Pfosten, die keinen halben Meter hoch zu sein brauchen, in gehörigem Abstand, das ist Alles. Der Ursprung des Webens aus dem Flechten ist noch klar ersichtlich. Um die Pfosten wird als Kette ein dicker Strang Baumwolle geschlungen, ein Faden ohne Ende; mit leitenden Stöckchen werden die Querfäden durchgezogen.

Die Bakaïrí-Hängematte stellt ein ziemlich lockeres Netz dar, lang rechteckig, $2^1/_3$ m $\times$ $1^1/_4$ m. Die Längsreihen sind in einem Abstand von unregelmässig 2—3,5 cm von Querreihen durchsetzt, in den Zwischenräumen kann man bequem einen Finger durchstecken. Die Art des Gewebes ist sehr einfach. Zwei Längsfäden, 2—3 mm dick, sind jedesmal durch die dünneren, nur 1 mm dicken Querfäden umschlungen, und zwar sind der Querfäden vier, von denen zwei wellenförmig vor, zwei hinter den Längsfäden herlaufen, indem sie sich zwischen den letzteren durchkreuzen. Wo die Querfäden beiderseits ausmünden, werden sie verknotet; so findet man an jeder Längsseite einige 70 Knoten mit den vier abgeschnittenen Fadenenden. Die an jedem Pfosten freibleibende Schlinge wird in der Mitte umwickelt, sodass einerseits eine Oese zur Aufnahme der Hängeseile entsteht, und andrerseits von diesem festen Punkt aus die hier noch auf eine Strecke von 30—35 cm undurchkreuzten Längsfäden beim Aufspannen nach dem Netz hin divergieren.

Ausser dieser typischen Baumwollhängematte giebt es eine Hängematte, bei der die Kette aus Buritípalmfaserschnur und nur der Einschlag aus Baumwolle besteht. Und zwar kann sich dieser Baumwolleneinschlag auf ein paar Querfäden beschränken, die bei den Mehinakú in 10—20 cm Abstand verliefen. Die Buriti-Hängematte ist bei den Nu-Aruakstämmen zu Hause. Die zahmen Bakaïrí am Paranatinga besassen sie ebenfalls, und sie gaben mir an, dass ihr alter Häuptling Caetano sie erst eingeführt habe. Die Palmfaserhängematten waren gewöhnlich von derselben Länge oder auch länger (bis $2^3/_4$ m) als die Baumwollhängematten, aber keinen Meter breit, sodass die bequeme Diagonallage, die der Brasilier mit Recht einzunehmen liebt, fast ausgeschlossen war.

Eine dritte Art entstand dadurch, dass reichlicher Baumwolle benutzt wurde. So sahen wir bei den Auetó alle Uebergänge von 6—7 cm Abstand der Baumwollquerfäden bis 1—2 oder gar ½ cm. Endlich aber waren die Baumwollfäden so eng zusammengedrückt, dass man die Palmfaser nicht mehr sah und ein festes Tuch, fast so dicht wie Segelleinen gearbeitet, entstand. Hier war der etwa 1,5 mm breite Palmfaser-Längsfaden von zwei Paar Baumwoll-Querfäden umschlungen, die sich zwischen ihm und dem nächsten Längsfaden nicht einfach, sondern doppelt durchkreuzten. Die Längsseiten der Hängematte waren naturgemäss dicht mit Knoten besetzt; an den vier Enden liess man die Stränge ein Stück herabhängen und in Quasten endigen. Mehrfach waren auch in Abständen von etwa 40 cm blauschwarze Querstreifen durch Verwendung gefärbter Baumwolle erzielt worden. Uebrigens waren alle Hängematten braun; die Baumwollhängematte wie die von Palmfaser, die schon in der Naturfarbe lichtbraun war, färbten sich schmutzig braun an dem mit Urukúrot geölten Körper.

Die Hängematten aus reiner Baumwolle waren eine Spezialität der Bakaïrí; auch bei ihnen fanden sich am Kulisehu schon Burití-Hängematten. Das festeste Tuch arbeiteten die Auetö. Eigentümlich waren Hängematten für kleine Kinder bei den Nahuquá: nur ein oben und unten zusammengebundenes und aufgehängtes Halmbündel.

So waren die verschiedensten Formen gegeben und in der Ausgleichung begriffen. Die Suyá schliefen noch nach der alten Sitte der Gēs auf grossen Palmstrohmatten; sie waren, als wir sie besuchten, gerade im Begriff, die Hängematte bei sich einzuführen, hatten davon ein paar Exemplare und webten auch schon selbst. Vielleicht rührte die Kunst von Trumaífrauen her, die sie bei sich hatten. Ich habe schon nach der Reise von 1884 auf den Parallelismus zwischen dem Schingúgebiet und den Guyanas aufmerksam gemacht, dass dort wie hier die Baumwollhängematte bei den Karaiben, die Palmfaser-Hängematte bei den Nu-Aruak heimisch zu sein scheint, dass dieser ethnographischen Uebereinstimmung ferner die linguistische genau entspricht. Die Technik geht in beiden Fällen aus dem Flechten hervor, nur das Material ist verschieden. Am weitesten zurück waren die Bakaïrí, die das tuchartige Gewebe nicht besassen. Auch ist es auffallend, dass ihre Spinnwirtel, obwohl sie ihren Zweck völlig erfüllten, kunstloser waren als bei den übrigen Stämmen.

Eine gleichgerichtete Technik zeigte sich bei einer Art Siebmatten. Die Stengel wurden mehr oder weniger dicht mit Baumwollgarn übersponnen, sodass steife und doch zugleich sehr bewegliche dichte Matten entstanden, zwischen denen die Mandioka trocken gepresst wurde. Auch sahen wir Stücke Tuch zu demselben Zweck verwendet.

Kürbisgefässe: Die Früchte der Crescentia Cuyeté und die Cucurbita Lagenaria liefern die mannigfaltigsten Formen von Gefässen. Da finden sich solche von Kugelform, Gurkenform, Flaschenform, Sanduhrform, sowie manche andere unregelmässiger Art; nach ihrem Durchschneiden erhält man entsprechend gestaltete Schalen. Man schnürt die noch grünen Früchte so ein, wie man sie wünscht; namentlich ist die Sanduhrform ein Erzeugnis dieser Methode. Um sie

KOCHTÖPFE UND AUETÖGRAB.

in Schalen zu zerteilen, umschnürt man die frischen Früchte mit Palmfaser und ritzt mit einer Muschel entlang. Zerspringt eine Schale beim Gebrauch, so wird sie genäht; man bohrt die Löchelchen mit dem spitzen Zahn des Hundsfisches und nimmt zum Nähen einen mit Wachs gewichsten Buritífaden, dessen Knoten die messerscharf geschliffene Zahnkante hart an der Schale beschneidet. Mit demselben Zahn werden auch die Zeichnungen eingeritzt, die die Oberfläche verzieren, wenn man nicht vorzieht, sie mit einem glühenden Stäbchen einzubrennen. Den Trinkschalen und kleinen Schöpfkuyen oder Löffeln giebt man innen einen schwarzen Lacküberzug. Der Lack ist der Russ von verbranntem Buritíschaft, vermischt mit dem gelben klebrigen Wasserauszug der geraspelten Rinde des Ochogohi-Baums aus dem Campo cerrado. Besondere kleine kugelige Kürbisse dienten zur Aufnahme des Oels, mit dem man den Körper einrieb, und wurden mit einem Pfropfen verschlossen; die Bakaïrí nannten die Frucht *péru*. Sie hingen zuweilen in einem eng angeflochtenen Netz. Der Rassel-Kürbisse habe ich bei der Tanzmusik zu gedenken.

Töpferei. Ich habe in dem Kapitel über die »Steinzeit«-Kultur, vgl. Seite 215 ff., über den Ursprung der Töpfe in unserm Gebiet, über das Monopol der Nu-Aruakstämme und über die nur auf das weibliche Geschlecht beschränkte Herstellung ausführlich gehandelt. Ich bin erst in dem späteren Kapitel über die Plastik, wenn die Entwicklung der indianischen Kunst verständlich geworden ist, in der Lage, über die ornamentale Gestaltung der Töpfe zu reden. Es gab drei nach Grösse und Zweck unterschiedene Arten Töpfe. Einmal die mächtigen *mawukúru* der Mehinakú, in denen die zerriebene Mandiokawurzel gekocht wurde; sie hatten einen Durchmesser von fast ³/₄ m. Wir haben keinen dieser Töpfe heimbringen können, aber bei den Auetö eine Photographie aufgenommen, aus der ihre Gestalt und, da ein Mann — von Rechtswegen hätte es eine Frau sein sollen — daneben hockt, auch ihre Grösse deutlich wird. Vgl. Tafel 15. Die grössten und schönsten Töpfe werden von den Waurá geliefert. Beim Kochen wurden sie auf drei niedrige Thonfüsse gestellt von zilindrischer, unten anschwellender Form.

Eine zweite Art, der Kochtopf für Obst und kleine Fischchen, hatte einen Durchmesser von 18—20 cm, eine Höhe von etwa 12 cm; er war rund, mit ziemlich steiler, leicht ausgebauchter Wandung und hatte zuweilen einen 2½ cm breiten, wagerecht nach aussen umgebogenen Rand. Diese Töpfe waren nicht, wie man vermuten sollte, die gewöhnlichsten, sondern die seltensten. Ich glaube kaum, dass in jedem Wohnhaus einer vorhanden war. Das Kochen spielte keine Rolle ausser für die Mehlbereitung, und dazu bedurfte man der grossen Kessel. Dagegen war eine dritte Art ziemlich zahlreich zu finden. Dies sind die vielgestaltigen Wärm- und Essnäpfe von 10—24 cm Durchmesser, die auf den beiden Tafeln »Keramische Motive« 23 und 24 in typischen Beispielen dargestellt sind. Ein Blick auf die beiden Tafeln lehrt die wichtige Thatsache, dass die Grundform dieser mit Randzacken besetzten Töpfe die der rundovalen Gefässfrucht ist, deren

Wölbung sie beibehalten haben, obwohl man für den Topf einen platten Boden wünschen sollte. Die Wölbung aber hat wiederum das plastische Motiv des Tierkörpers ermöglicht. Diese Thonnäpfe, wie man sie wohl am besten nennen würde, waren auch keineswegs zahlreich in den Häusern vorhanden. Am wenigsten sahen wir von ihnen bei den Auetö und Kamayurá. Von den Trumaí erhielten wir nur zwei kleine Rundtöpfchen, allein hieraus folgt Nichts, da sie auf der Flucht waren. Wir fahndeten wegen des künstlerischen Wertes auf jedes Exemplar, wir haben in unserer Sammlung einige 80 mitgebracht, und wenn ich nun schätze, dass in den von uns besuchten Dörfern doppelt so viele überhaupt vorhanden gewesen wären, so bin ich sicher, eine zu grosse Zahl zu nehmen. Es werden durchschnittlich kaum 3 Töpfchen auf jedes Haus kommen. Die Kuyen behaupteten noch den Vorrang. Es gab da natürlich jeden Uebergang in der Grösse wie im Gebrauch zu den kleinen Kochtöpfen. Man ass aber immer auch aus den Thonnäpfen, während man den Inhalt der Kochtöpfe verteilte. Mit Vorliebe gebrauchte man die Thonnäpfe für die Kinder.

Wie Kesseltöpfe geformt wurden, haben wir leider nicht beobachtet. Wir haben nur die äusserst einfache Art gesehen, wie eine Mehinakú-Frau im Nahuquá-Dorf einen kaum mittelgrossen Topf machte. Sie brachte einen mit Lehm gefüllten Korb herbei — er interessierte mich mit Rücksicht auf die Entstehungsgeschichte der Töpfe mehr als alles Andere — setzte dem Thon Wasser zu und drückte das überschüssige durch ein Sieb aus. Sie formte knetend und streichend und brauchte bei der Kleinheit des Topfes die Wandung nicht aus den sonst allgemein beschriebenen, übereinander gelegten dünnen Thonzilindern aufzubauen. Sie glättete die Wand mit einem Stück Kuye, nicht mit einem Stein. Die ornamentalen Randzacken, die Körperteile eines Tieres darstellten, modellierte sie und setzte sie dann an; mit einem Bambusstäbchen ritzte sie Augen und Nase ein. Als Modell für den Topfboden nimmt man gern einen alten ausgebrochenen Boden oder eine Beijúschüssel.

Der Thon ist weissgrau bis graugelb. Nur die Waurá-Töpfe haben einen schönen hellroten Thon. Der neue Topf wird in der Sonne ordentlich getrocknet und alsdann umgestülpt auf ein stark russendes Feuer gesetzt; es wird dafür die grüne Rinde eines Kampbaums genommen, den die Bakaïrí *kutére* nennen, oder des mit klebrigem Harz getränkten Guanandí (Calophyllum). So wird der Topf wie der Kürbis innen geschwärzt.

X. KAPITEL.

1. Das Zeichnen.

Ursprung aus der zeichnenden Geberde. Beschreibendes Zeichnen älter als künstlerisches. Sandzeichnungen. Bleistiftzeichnungen. Erklärung der Tafeln. Profilstellung. Proportionen. Fingerzahl. Rindenzeichnungen.

Die einfachste Zeichnung, die wir beobachten können, ist wohl diejenige, die unmittelbar an eine erklärende Geberde anknüpft. Wie der Eingeborene zur Veranschaulichung für den Gehörsinn geschickt die charakteristischen Stimmtöne eines Tieres wiedergiebt und bei irgendwie belebter Erzählung dies zu thun immer versucht ist, so ahmt er das Tier auch für den Gesichtssinn in Haltung, Gang, Bewegungen nach und malt zum besseren Verständnis irgend welche absonderlichen Körperteile wie Ohren, Schnauze, Hörner in die freie Luft oder, indem er seine eigenen Körperteile mit der Hand entsprechend umschreibt. Die zeichnende Geberde geht dem Nachahmen der Tierstimme auf das Genaueste parallel. Sobald aber das Verfahren nicht ausreicht, zeichnet man auf die Erde oder in den Sand. Ich habe bei der Aufnahme der Wörterverzeichnisse mich ausserordentlich oft überzeugen können, dass sich die innere Anschauung unwillkürlich und ohne von mir dazu herausgefordert zu sein, in eine erklärende Sandzeichnung umsetzte. Es geschah freilich zumeist, wenn auch die Gestalt des Tieres besonders dazu geeignet war, wie bei Schlangen, einem Alligatorkopf und bei Fischen, wo ausserdem eine Stimme nicht nachgeahmt werden konnte. Es ist ferner ohne Weiteres zuzugeben, dass der Antrieb für den Bereich des Gehörsinns bei diesen Jägern ungleich kräftiger wirkte, und auch, dass man sich für den Gesichtssinn im Verkehr untereinander gewiss auf die zeichnende Geberde beschränkte. Ja, wirklich beschränken konnte. Mir gegenüber trat der Gedanke hinzu: »wie wollen wir, da der Mann unsere Sprache nicht versteht, in diesem Fall nur hinreichend deutlich sein?« und man zeichnete in den Sand.

Es genügt, wenn man aus dem Verhalten der Indianer zu schliessen berechtigt ist, dass sich die zeichnende Geberde auf einer Stufe, wo sie noch eine nicht unwesentliche Ergänzung der Sprache bildet, mit Leichtigkeit zu wirklichem Zeichnen verstärkt. Wir sehen, und das ist das Wichtige, dass hier bei Naturvölkern das Zeichnen, wie die Geberde gebraucht wird, um eine Mitteilung zu machen und nicht, um zierliche Formen wiederzugeben, und ich glaube nach dem persönlichen Eindruck, den ich von der Unmittelbarkeit des erklärenden Zeichnens gewonnen habe, dass es älter ist als das ornamental-künstlerische. Man wendet vielleicht ein, die Schingú-Indianer seien bereits Künstler, die alles Gerät mit Zeichnungen und Ornamenten bedecken, und deshalb liege ihnen das Ausdrucksmittel der Zeichnung besonders nahe. Darauf kann ich nur erwidern, dass die Bororó, die ich überhaupt in diesem Zusammenhang vorgreifend mehrfach erwähnen möchte, zwar prächtigen Federschmuck verfertigten, aber von den darstellenden Künsten so gut wie Nichts wussten, und dass nun eben sie eine grössere Geschicklichkeit und grössere Lust hatten, zur Erklärung in den Sand zu zeichnen, als die Schingúleute. Sie waren jedoch unstäte Gesellen, die von der Jagd lebten, sie hatten nie die Musse gefunden, Malerei und Plastik zu üben wie jene, die zwar noch Jagd und Fischfang trieben, aber schon zu sesshaftem Feldbau vorgeschritten waren.

So sage ich, das mitteilende Zeichnen ist das ältere. Unser deutsches Wort »Zeichnen« spiegelt den Gang vortrefflich wieder. Am Anfang steht das »Zeichen« und dessen sich zu bedienen, war den Jägervölkern uralte Berufsache, in gleicher Weise den Vorfahren der Eingeborenen vom Kulisehu und denen der vom S. Lourenço. Sie brachten mitteilende Zeichen an, um sich und Andere zu orientieren, sie knickten die Zweige auf ihrem Pfad, zunächst um sich Raum zu schaffen, und dann zweckbewusst, um den Weg zu markieren. Sie fanden sich nach alten Spuren zurecht und machten, um sich zurecht zu finden, Spuren absichtlich. Der in Stein geritzte Fuss, der den Nachkommenden die Wegrichtung anweist, ist ein Erzeugnis genau dieser Entwicklung. Der Fortschritt von der Baummarke zur dargestellten Fussspur ist der von der Kerbe zum Umriss, von dem Zeichen zur Zeichnung, und er vollzieht sich durch die Vermittlung der Geberde, die auch erklärt und mitteilt, aber eben mit Umrissen erklärt und mitteilt; nun konnte die Geberde, die vorher nur in der Luft beschrieben wurde, z. B. im Sand ein dauernd sichtbares Bild hinterlassen.

Auch das Vergnügen an der darstellenden Nachahmung, von dem alle selbstständige Weiterentwicklung abhängt, ist bis zu einem gewissen Grade schon bei jenem Anfang helfend thätig, denn die Geberden sind um so lebhafter, je mehr das der innern Anschauung vorschwebende Objekt Interesse erregt. Ja, rein zum Vergnügen, dass sich nicht minder mitteilen will als praktisches Bedürfnis, hat auch schon der kulturärmste Mensch die Orte seiner Anwesenheit markiert; darin braucht man ihn wahrlich nicht — andere Völker, andere Sitten — seinem getreuen vierbeinigen Jagdgenossen nachzustellen. Gerade in Brasilien ist durch geheimnisvolle Deutungen der »Bilderschriften« unendlich viel Unsinn zu Tage gefördert worden, und ich freue mich, dem Widerspruch Richard Andree's gegen diese Manie, in jeder müssigen »Verewigung« eine wichtige Mitteilung zu vermuten, voll beipflichten zu können. Gewiss denkt man sich etwas bei einem Einfall, den man in einer

Zeichnung, so gut als bei einem, den man in Worten wiedergiebt, aber mit dem Spass, den er macht, ist man auch vollständig zufrieden und dieser ist nur grösser, wenn er trotz der Schwierigkeiten des Materials gelingt. Auf Zeit kommt es dabei nicht an; ein Einfall wird dadurch nicht tiefsinnig, dass man ein paar Monate lang tief in Stein schneidet. Dass die Indianer die Fähigkeit besässen, sich in »Bilderschrift« auszudrücken, will ich keineswegs bezweifeln — ich habe selbst gesehen, wie ich sogleich berichten werde, dass sie durch Bilder Mitteilungen machten. Dass den Felszeichnungen aber der Sinn einer zusammenhängenden Mitteilung fehlt, geht aus der grossen Regellosigkeit hervor, in der die Bilder über den Raum zerstreut sind; man sieht deutlich, die eine Person hat diesen, die andere jenen Beitrag geliefert, der deshalb, weil wir das betreffende Bild nicht immer zu erklären vermögen, nichts Besonderes zu bedeuten braucht. Die Regellosigkeit ist weit stärker, als sie in den Reproduktionen erscheint, weil wenigstens in den meisten Fällen nur eine Auswahl der Bilder geliefert wird, dagegen die dem Sammler gleichgültig erscheinenden und für die Erklärung des Ganzen doch sehr wichtigen Nebendinge, z. B. Schleifrillen für Steinwerkzeuge, ausgelassen werden. Ausnahmen aber mag es ja geben.

Nun darf ich wohl zur einleitenden Uebersicht schon weiter skizzieren, was ich nach meinen Beobachtungen über den ferneren Entwicklungsgang der Schingú-Kunst folgern zu müssen glaube. Nachdem man aus sich selbst heraus dazu gekommen war, Umrisse der die Aufmerksamkeit lebhaft beschäftigenden Dinge zu gestalten, nachdem man so gelernt, äussere Bilder der inneren Anschauung zu sehen und den Begriff des Bildes erst erworben hatte, da hat sich bei jedweder Technik bis zu der des Flechtens herunter die Herz und Sinn erfreuende Neigung geltend gemacht, die bei behaglicher Arbeit entstehenden Aehnlichkeiten zu allerlei interessierenden Originalen der Natur zu bemerken, sie zu steigern und neue hervorzurufen. Besonders bei den Töpfen werden wir den Zusammenhang zwischen der Form des Gefässes und dem Motiv der Nachbildung deutlich erkennen. Aus diesen konkreten Nachbildungen endlich ist bei einer sich vom Original mehr und mehr in künstlerischem Sinn entfernenden Tradition unter dem Einfluss je der Arbeitsmethode und des Arbeitsmaterials das stilisierte Kunstwerk geworden, das im Geist unserer Indianer noch auf das Engste mit dem älteren Abbild verknüpft ist. Im Gebiet der Malerei begegnen wir solchen Erzeugnissen in der Form der geometrischen Ornamente. Punkte und Striche können dem alten Markieren gleichwertig sein. Aber schon so »einfache« Figuren wie Dreiecke und Vierecke, von denen man glauben möchte, dass sie freiweg auch von dem primitivsten Künstler konstruiert werden könnten, sie sind erst durch Stilisierung aus Abbildungen entstanden, und haben nur, da sie sich der Technik von selbst als Typen empfahlen, im Kampf um das Dasein mit komplizierten Gebilden wie spielend den Sieg davongetragen.

Nun noch ein Wort über die Motive unserer indianischen Kunst. Sie sind ganz ausschliesslich dem Tierreich entlehnt. Andree hebt in seinem bekannten

Aufsatz über »Das Zeichnen bei den Naturvölkern« *) hervor, dass die Pflanze nur selten eine Rolle spielt und fügt hinzu: »Um zum Verständnis dieser Erscheinung zu gelangen, brauchen wir uns blos daran zu erinnern, dass auch bei unsern Kindern, wenn sie die ersten selbständigen Versuche zum Zeichnen auf der Schiefertafel machen, zunächst Tiere und Menschen in rohen Formen dargestellt werden; das lebendige bewegliche Tier fesselt eher ihre Aufmerksamkeit, ist in seiner ganzen Figur auch schneller zu erfassen als die aus zahlreichen Blättern und Blüten bestehende Pflanze.«

Diese zutreffende Bemerkung steht im besten Einklang zu dem Zusammenhang von Geberde und Zeichnen, den ich behaupte. Durch Geberden ahme ich ein Tier nach, keinen Baum, und nicht nur deshalb, weil dieser sich nicht aktiv bewegt. Denn durch Geberden Teile des Tierkörpers zu umschreiben, wird mir leicht, weil ich dabei, von meinem eignen Körper ausgehend, wenn ich z. B. ein paar Eselsohren oder ein Geweih zeichnen wollte, sofort den Platz und die Art des Organs angebe, dagegen vermag ich Pflanzenteile durch Geberden nicht auszudrücken, es sei denn, dass ich Worte zu Hülfe nehme. Indessen ist bei unsern Indianern das Zeichnen nur ein Spezialfall, das Tiermotiv beherrscht seine ganze Gedankenwelt in jeder Kunst und Wissenschaft, wie sie auch heisse, und dafür kann es keinen andern Grund geben als sein Jägertum.

Dem formellen oder ästhetischen Interesse am Tier geht das materielle voraus. Die Blume steht in der Kunst genau so in zweiter Linie, wie sie es beim Schmuck thut: erst die Feder im Ohr und dann das Sträusschen am Hute. In der »Bilderschrift« des Virador in Rio Grande do Sul sah ich Araukarien dargestellt. Eine Palme wäre gerade so leicht zu zeichnen als eine Fichte, aber keine Palme liefert im Norden eine so unentbehrliche Nahrung wie die Araukarie früher dem »Bugre« jener Südprovinz. Ehe die Kunst, wenn ich den Sinn des Satzes ein wenig variieren darf, nach Brod ging, ist sie nach Fleisch und Fisch gegangen. Ich werde auf dieses Thema namentlich bei den keramischen Kunsterzeugnissen zurückzukommen haben.

Sandzeichnungen. Sie sind wie Worte zunächst eine Form der Mitteilung. Wie die beschreibende Geberde sich gern und leicht zum Bild vervollständigte, habe ich berichtet. Am häufigsten war Kartenzeichnen. Unsere zweite Reise ist durch die Sandzeichnung der oberen Schingúverteilung, mit der der Suyágeograph seine Angaben erläuterte, entstanden; vgl. S. 153. »Er zählte alle die Stämme auf, welche an dem obern Schingú sesshaft sind, er zeichnete, um recht deutlich zu sein, mit dem Finger den Flusslauf in den Sand. Zu unserer grössten Ueberraschung malte er den Batovy, den einzigen, den er so und zwar ganz aus eigener Initiative so darstellte, mit korkzieherartig gewundenem Lauf.« (»Durch Centralbrasilien«, S. 213). Der Batovy war, wie wir zu unserm Leidwesen erfahren hatten, ein wahrer Mäander.

---

*) Ethnographische Parallelen und Vergleiche, Neue Folge, Leipzig 1889, p. 59.

Das Gleiche sahen wir bei den Kulisehustämmen. Durch Querstriche wurde die Anzahl markiert, bald der Stämme, bald der Stromschnellen. Kreise waren Häuser, Kränze von Kreisen Dörfer, der wirklichen Anordnung der runden Häuser um den grossen Platz entsprechend. Alle diese Figuren wurden auch mit Bleistift uns in's Buch gezeichnet, wobei die zugehörigen Wörter diktiert wurden. Eine gewisse Individualisierung wie oben des Batovy durch Zickzack- oder Schlangenlinien schien häufiger vorzukommen, war aber nicht von uns zu kontrollieren. Sie hat nichts Auffallendes nach dem, was wir Seite 133 von dem Kartenbild im Kopfe des Indianers gehört haben. So sehen wir in der Abbildung 33 eine Bleistiftzeichnung von Flussläufen, die ein Bakaïrí Wilhelm in's

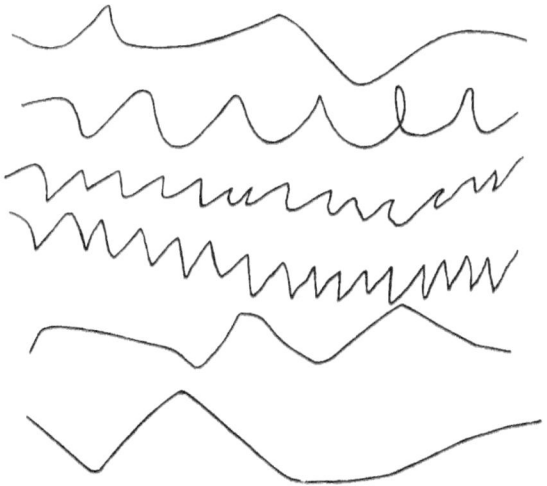

Abb. 33. Bleistiftzeichnung von Flüssen. ($^2/_3$ nat. Gr.)
Von oben nach unten: *kuluëne, kanakayutuí, auiná, auïyá, paranayubá, pareyutó.*

Skizzenbuch machte; von den Namen kennen wir nur den des Kuluëne, des Hauptquellflusses, *paranayubá* ist Tupí = gelber Fluss. Auch wurden, um an Bächen liegende Dörfer zu versinnbildlichen, Zickzacklinien gezeichnet, denen je eine Reihe von Kreisen entlang lief. Sie malten am liebsten ganze Seiten voll. Ein mit parallelen kurzen Strichen bedecktes Blatt war den Stromschnellen gewidmet. Dazwischen wurden im Geplauder andere Angaben gemacht, z. B. die verschiedenen Wörter aufgezählt, mit denen verschiedene Stämme »Wasser« oder »Beijú« benannten. Kreise auf dem Boden bezeichneten bei den Nahuquá die Stelle, wo unreif vom Baum gefallene Pikífrüchte, die apfelrund sind, eingegraben waren.

Auf der Rückfahrt kam unser Kanu eines Tages an einem Sandstrand vorbei, den die indianischen Begleiter schon vor uns passiert hatten; zu unserem

Erstaunen sahen wir dort zwei Fische in den Sand gezeichnet, die Antonio für Matrinchams erklärte. Wir machten Halt fischten und fingen auch Matrinchams! Es war so gut als ob das Wort dort angeschrieben gewesen wäre, und eine Antonio mit voller Absicht übermittelte Aufforderung, dort ebenfalls sein Glück zu versuchen. Unklarer als dieses lehrreiche Beispiel ist mir ein anderer Fall geblieben. Ziemlich genau in der Mitte des Weges zwischen dem Hafen und der Ortschaft der Mehinakú fand ich einen Rochen und einen Pakúfisch in den Sand gezeichnet. Der schmale Waldpfad erweiterte sich an dieser Stelle zu einer kleinen kreisförmigen Fläche. Meine Begleiter, zwei Bakaïrí, setzten sich sofort nieder, auszuruhen. Ich weiss nicht, ob ein müder Wanderer vor uns, der dort auf der Heimkehr vom Fluss verweilt, die beiden Tiere zum blossen Zeitvertreib oder, weil er gerade mit Rochen und Pakús zu thun gehabt, so säuberlich hingezeichnet hatte, und finde es offen gestanden ziemlich gleichgültig, ob zufällig das Eine oder das Andere zutrifft.

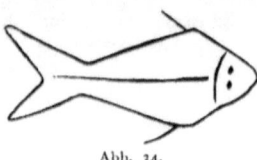

Abb. 34.
Matrincham-Sandzeichnung.

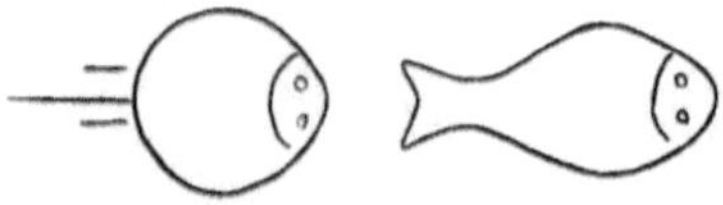

Abb. 35.
Rochen- und Pakú-Sandzeichnung.

Noch unerklärlicher nach ihrem genauen Sinn war die in den Sand gezeichnete Kreisfigur, die in der Abbildung 36 wiedergegeben ist, und die sich unter einem schönen Baum etwa einen halben Kilometer vor dem Mehinakúdorf befand. Sie wurde *aturuá* genannt und hatte $4^1/_2$ m Durchmesser. Als wir das Dorf in Begleitung mehrerer Männer verliessen, machten sie innerhalb des Kreises einen Rundgang beiderseits bis dicht an das Maschenwerk und sangen *ka ā ā ...*; auch Spuren früherer Rundgänge waren reichlich vorhanden. Da die Männer an dieser Stelle umkehren wollten und von den Frauen sprachen, handelte es sich wohl hier an der Waldgrenze oder ein Viertelstündchen von Hause um eine Beziehung zu Ankunft oder Abschied der Gäste. Das Maschenwerk der Zeichnung war dem Dorf zugewandt. Die beiden Bogen kommen ähnlich als Tätowiermuster und aussen auf dem Boden der grossen Töpfe der Mehinakú (vgl. die Tafel 15) vor. In meinem Tagebuch habe ich die Figur einige Tage früher abgezeichnet, als mein Vetter sie gesehen hat; dort sind an Stelle des kleinen Zentralkreises mit den beiden Stützen zwei Kreise abgebildet, die sich berühren, der untere ist etwas grösser und geht in das Netz über, man könnte an Kopf und Leib denken.

Abb. 36.
Sandzeichnung der Mehinakú. ($^1/_{130}$ nat. Gr.)

Die Bororó, die ich hier bereits anschliesse, lieferten nicht nur rein erläuternde, sondern auch schon halb künstlerische Darstellungen im Sand, deren wir am Schingú

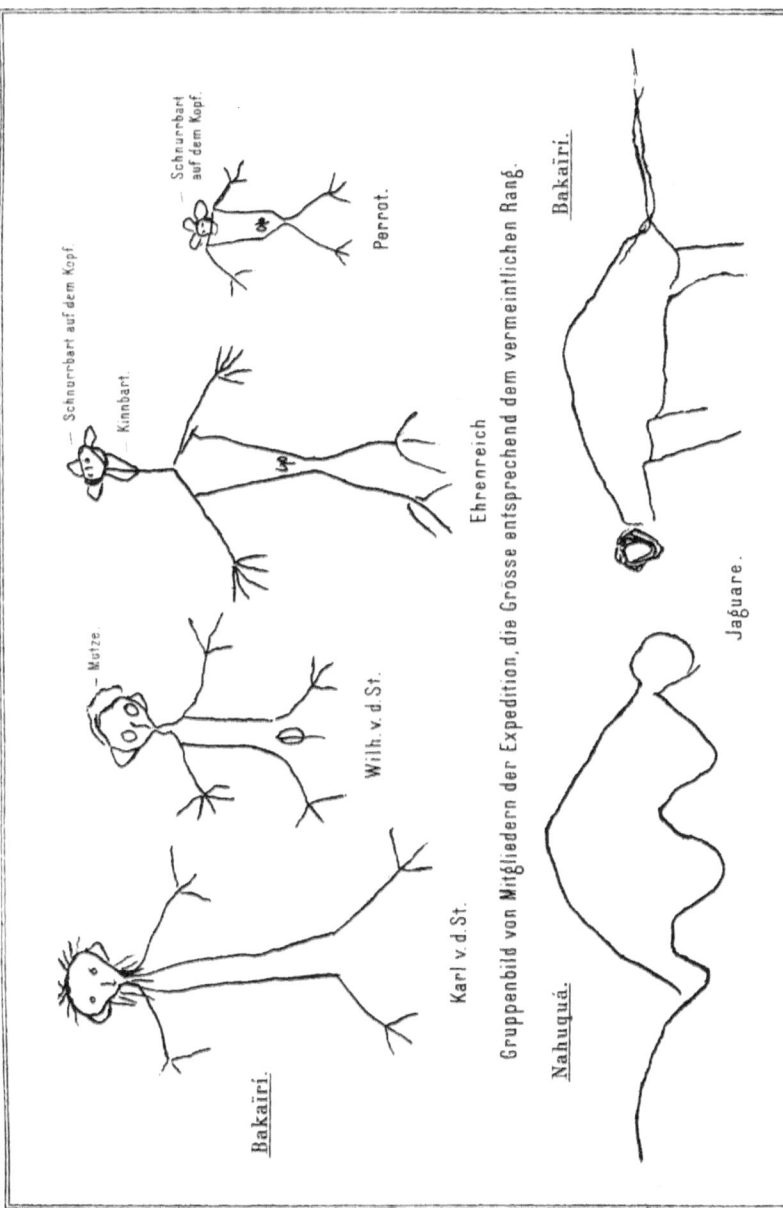

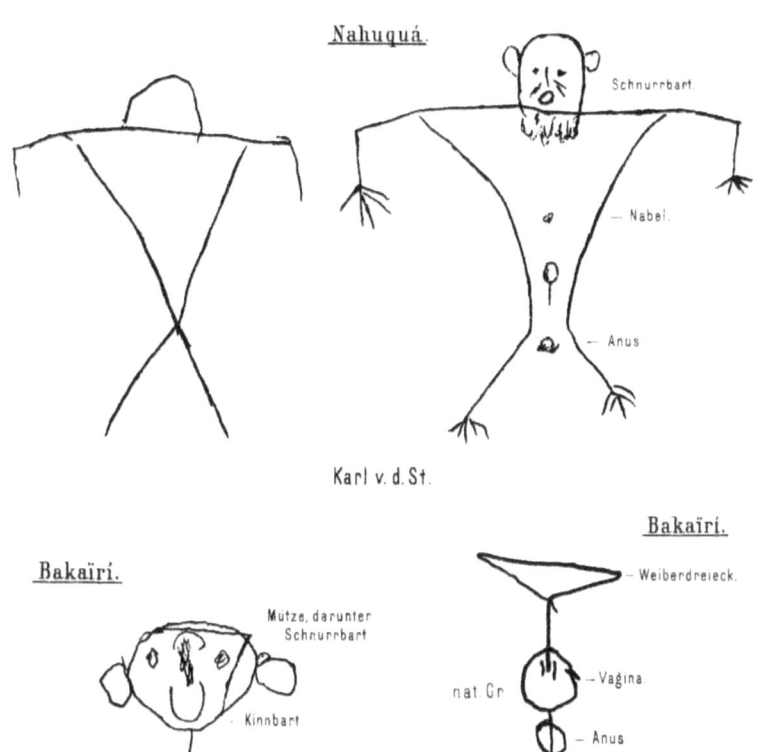

Originalzeichnungen vom Kulisehu. II. ⅔ nat. Gr.

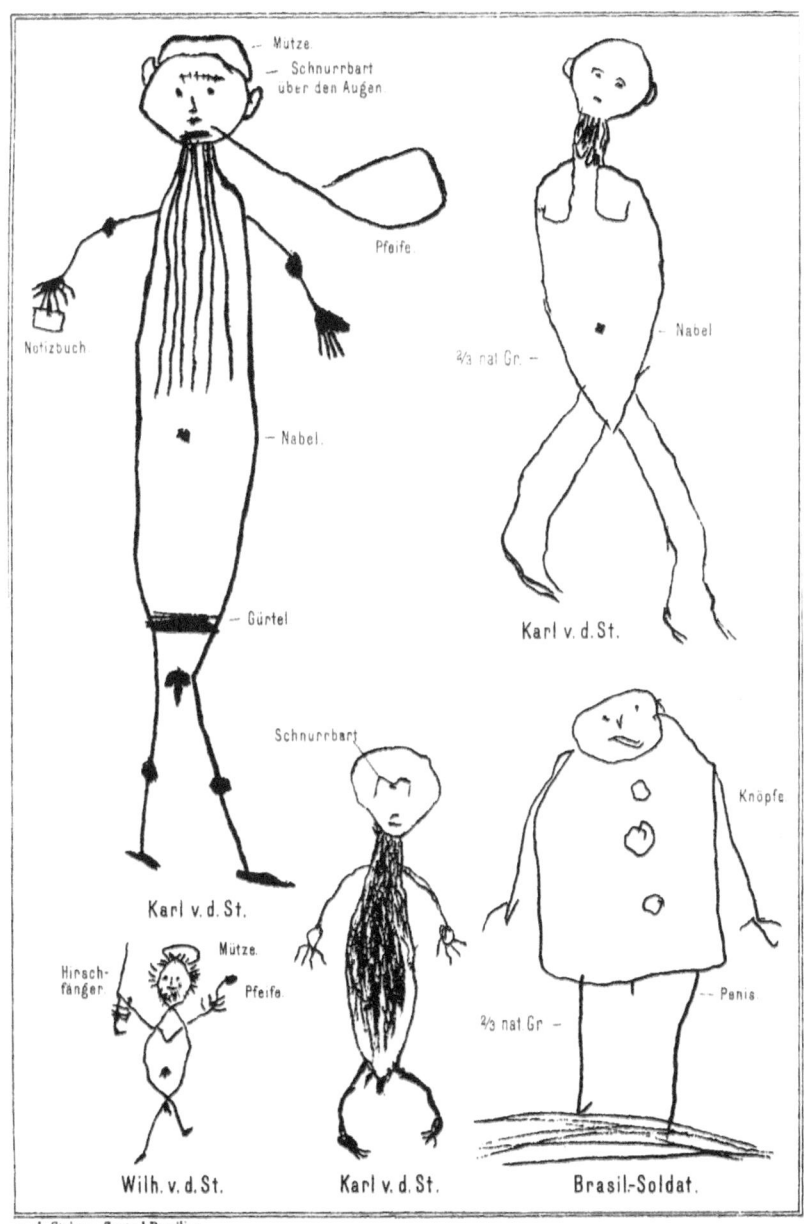

v. d. Steinen, Zentral-Brasilien. Originalzeichnungen der Bororó. I. Nat. Grösse.

Originalzeichnungen der Bororó. II. Nat. Grösse.

keine zu sehen Gelegenheit hatten. Abends im Mondschein machte es ihnen ein Hauptvergnügen, uns Jagdtiere und Jagdszenen in den Sand zu malen. Ich sage »Szenen«, denn ihr Dilettantismus schreckte auch vor einer schwierigen Komposition keineswegs zurück. Sie begnügten sich aber auch nicht, in Umrissen zu zeichnen, sie schaufelten mit der Hand den Sand aus dem Umriss des darzustellenden Tieres der Fläche nach weg und füllten diese Vertiefung von der Gestalt z. B. eines Jaguars oder Tapirs mit grauweisslicher Asche aus: so erhielten sie den Körper mit seinen Extremitäten als ein weisslich schimmerndes Gemälde. Mit dunklem Sand wurde das Auge und die Fleckenzeichnung der Haut eingetragen. Da die Figuren mindestens Lebensgrösse hatten, machten sie in dem Zwielicht der Nacht einen überraschend lebendigen Eindruck; es sah aus, als wenn riesige, schimmernde und flimmernde Felle auf dem Boden ausgebreitet wären.

Bleistiftzeichnungen. Schon 1884 haben wir die Suyá mit Bleistift in unsere Hefte zeichnen lassen. Sie hatten selbst ihren Spass daran, waren auch nicht ungeschickt und hielten nur überflüssiger Weise zu Anfang, ihrerseits mit harzgetränkten Stäbchen zu zeichnen gewohnt, die Bleistiftspitze in die Flamme. Sie zeichneten rautenförmige Muster, ähnlich denen auf ihren Kürbisschalen, die ich damals mit dem Schema »geometrische Figuren« abfertigte. Wir haben dieses Mal eine Reihe bestimmter Personen und Dinge abzeichnen lassen, die ungemein lehrreich ausgefallen sind. Auf den vier Tafeln 16—19 sind die noch recht verbesserungsfähigen Kunsterzeugnisse peinlichst genau wiedergegeben; man findet dort Portraits der Expeditionsmitglieder, namentlich von mir, ferner seitens der Kulisehu-Indianer zwei Jaguare und ein Weiberdreieck mit zugehöriger Topographie, sowie seitens der Bororó einen Soldaten, eine Frau, eine Pfeife, ein Schwirrholz, zwei Jaguare, einen vom Hund verfolgten Tapir, einen Affen, ein Kolibri und drei Schildkröten. Die Tierbilder der Bororó sind, wie die Sandzeichnungen mit Asche bedeckt wurden, innerhalb der Umrisse schwarz ausgefüllt und bekunden, dass diese Künstler schon höhere Ansprüche an sich stellten, obwohl sie in ihrer spärlichen Ornamentik nicht mehr leisteten als das Schwirrholz zeigt.

Man wird durch die Bleistiftzeichnungen zunächst lebhaft an die Bilder aus dem Schreibheft des kleinen Moritz erinnert. In der That sind in dem interessanten Büchlein von Corrado Ricci, l'arte dei bambini, Bologna 1887, das über Studien an vielen Kinderzeichnungen berichtet, zahlreiche Uebereinstimmungen zu finden, und mehr als der Verfasser selbst, wenn er der Zeichnungen bei Naturvölkern gedenkt, voraussetzt. Die Kinder beschreiben den Menschen, anstatt ihn künstlerisch wiederzugeben, »wie sie ihn mit Worten beschreiben würden«. Bei ihren ersten Versuchen sind sie mit den unvollkommensten Geschöpfen, die nur Kopf und Beine haben, zufrieden, bald aber streben sie danach, den Menschen in seiner Vollständigkeit darzustellen; sie wissen, er hat zwei Beine und zeichnen sie, unbekümmert, ob es sich um Profilstellung oder um eine Situation zu Pferde oder im Boot handelt. Die räumliche Anordnung ist ihnen Nebensache, die Arme können am Kopf, am Hals und gar an den Hüften sitzen, wenn sie nur da sind, die Proportionen sind ihnen im höchsten Grade gleichgültig. Dagegen legen sie den grössten Wert auf Attribute, die sie interessieren, und so ist das Ideal des Knaben stets der Herr mit Pfeife oder Zilinderhut oder Flinte und Säbel, das Ideal des Mädchens die Dame mit dem Blumenstrauss oder dem Sonnenschirm, unerbittlich nach der neuesten Mode gekleidet.

Auch die Indianer beschreiben. Ich kann mich auf ihren Standpunkt sofort versetzen, wenn ich mir die Aufgabe vorlege, aus dem Kopf und ohne besonderes Nachsinnen eine Karte von Afrika zu zeichnen. Dann bringe ich ein schief birnenförmiges Ding zu Papier, ziehe im dicken Teil rechts eine senkrecht von oben nach unten und links eine quer verlaufende Schlangenlinie, sowie etwas tiefer eine Bogenlinie: Nil, Niger und Kongo, flicke endlich einen Stiel hoch oben rechts an, die in der Luft schwebende Landbrücke nach Arabien hinüber. So würde ich einem Indianer Afrika zeichnen, meine Kollegen würden es auch erkennen. Und verlangt man Vervollständigung, so punktiere und tüpfele ich das Oberteil aus, um die Sahara darzustellen, erinnere mich auch der neueren Forschung und setze neben den Winkel von Nil und Kongo ein paar teils schmale, teils rundliche Kringel ein, die Seen des dunklen Erdteils; dabei fällt mir noch das Schmerzenskind der Kolonialpolitik ein und ein langes Inseloval erscheint, an Grösse mindestens Madagaskar ebenbürtig, während ich Madagaskar selbst ganz vergesse. In diesem uns gewiss leicht verständlichen Beispiel steckt die ganze Psychologie der indianischen Bleistiftzeichnungen. Wenn ein Afrikareisender Widerspruch erhebt, so bitte ich ihn verbindlichst, dafür ein Bild von Südamerika zu entwerfen. Wenden wir uns dann endlich mit diesen Erzeugnissen vertrauensvoll an Herrn Dr. Bruno Hassenstein in Gotha, so wird dieser, so liebenswürdig er sonst ist, dasselbe grausam mitleidige Lächeln kaum unterdrücken können, das uns die Portraits der Eingeborenen entlockten.

Auf Tafel I vom Kulisehu stehen vier Expeditionsmitglieder nebeneinander, eine Aufnahme aus dem dritten Bakaïridorf. Dort bin ich erkennbar als der grösste und mit dem längsten Bart, der zweite, mein Vetter, ist durch die verwogene kleine Mütze gekennzeichnet, der dritte ist Ehrenreich mit kürzerem Vollbart und mir an Körpergrösse am nächsten, der vierte, ganz klein und niedlich, ist Leutnant Perrot, dem man einen geringeren Rang zuschrieb, weil er bei den Untersuchungen zurückstand. Ich habe hier wie an den meisten Zeichnungen die Probe gemacht und sie andern Indianern nachher vorgelegt, mit der Frage, wer das sei? Sie bestimmten die Personen richtig, hoffentlich nicht nach der Aehnlichkeit, sondern nach den als auffällig gegebenen Merkmalen. Wirklich ganz befriedigend auch für unsere Ansprüche, sind (Bororó II) die Schildkröten und der Tapir der Bororó, während der verfolgende Hund wohl nur erkannt werden konnte, weil er ein hinter dem Tapir herlaufender Vierfüssler war, der wegen des Schwanzes und des mangelnden Rüssels ein zweiter Tapir nicht sein konnte. Der Schluss per exclusionem muss oft mithelfen.

Interessant sind (Kulisehu II) die beiden von einem Nahuquá gemachten Konterfeis, die mich darstellen. Der Mann zeichnete merkwürdiger Weise zuerst eine Horizontallinie, die ununterbrochene Schulterlinie und die Oberarme enthaltend, setzte eine Art Halbkreis darauf, zwei schräg gekreuzte Linien darunter und reichte mir dieses nichtswürdige Bild als fertig zurück. Hiergegen empörte ich mich, ich machte ihn darauf aufmerksam, dass ich mit Augen, Ohren u. s. w., normal ausgestattet sei und verlangte eine neue gänzlich umgearbeitete Auflage, die er, mich aufmerksam betrachtend, auch anfertigte. Er schlug nun in's andere Extrem um und zeichnete mehr, nicht nur als er sah, sondern auch als er hätte sehen können.

In ähnlichem Kontrast sind die beiden von zwei verschiedenen Leuten gezeichneten Bilder oben auf der Bororótafel I: rechts bin ich ohne Arme und Füsse geboren, links erscheine ich auf das Liebevollste ausgeführt und ausgestattet. Hier habe ich ausser allen Gliedern, einschliesslich — wie auch bei der Indianerin Bororó II — knubbelförmiger Gelenke: Mütze, Pfeife, Notizbuch, Gürtel und Schuhe. Ebenso sind dem lustigen Kerlchen darunter, meinem Vetter, Mütze, Pfeife und der schöne Hirschfänger mitgegeben. Kinder, denen das Rauchen an sich merkwürdig erscheint, würden der Pfeife einen kräftigen Qualm entsteigen lassen, die Indianer aber interessierte nur das Gerät. Rechts in der Ecke der brasilische Soldat hat eine Uniform mit drei Knöpfen erhalten, das heisst nur den Rock, aus dem die gewöhnlichen Armstriche ärmellos austreten. Die armlose Figur darüber ist die einzige, bei der es versucht ist, unsern Beinkleidern gerecht zu werden, sogar auf Kosten der Füsse.

Das Hauptattribut der Männer, namentlich bei den äusserlich sparsamer ausgestatteten Porträts Kulisehu I und II, ist das ihnen von der Natur zuerkannte. Da haben wir völlig Kinderstandpunkt, dass es dem Zeichnenden einerlei ist, ob er das auch mit Augen sieht, was er sich für verpflichtet hält anzubringen, weil er weiss, dass es da ist. Für den unbekleidet gehenden Indianer liegt hier das charakteristische Merkmal und so giebt er es; er fügt es sogar zu, wo er ausdrücklich die Kleidung zeichnet, vgl. den Soldaten. So ist auch häufig der Nabel berücksichtigt. Ja der Nahuquá, von dem ich Vollständigkeit verlangte, (Kulisehu II), mochte nun selbst den After nicht vergessen.

Die räumliche Anordnung ist den Indianern nicht ganz so nebensächlich wie den kleinsten Kindern, allein es wird Merkwürdiges darin verübt. Dass die Pfeife (Bororó I) neben dem Mund steht, will Nichts besagen, wenn man in demselben Bild den Schnurrbart über den Augen erblickt. Ich würde ihn als ein paar vereinigter Brauen, was Göthe Räzel nennt, angesprochen haben, allein ich wurde ausdrücklich belehrt, dass der Strich den Schnurrbart vorstelle. Bei der kleinen Mittelfigur darunter ist Gleiches der Fall. Und die Bakaïrí thun dasselbe mit dem ungewohnten Schnurrbart. Auf der Kulisehu-Tafel II links unten sehen wir den Schnurrbart unter der nachlässig durch einen Querstrich vom Kopfrund abgeschnittenen Mütze, und, durch eine grosse Nase von ihm getrennt, bleibt der Kinnbart ganz innerhalb des Gesichtes. Dieser Kopf ist genau meine Karte von Afrika mit den gleichmütig nördlich oder südlich von den Kongo- und Nilquellen eingetragenen Seeen, ohne jedes Verhältnis erscheinen wie meine Landenge von Suez der fürchterliche Halsstrich, wie meine Sansibarinsel die ungeheuern Ohrwatscheln. Und nachdem ich von einem hochgestellten deutschen Beamten gehört habe, dass Brasilien und Rio de Janeiro auf der Westseite des Kontinents am Stillen Ozean liegen, gebe ich mich auch damit zufrieden, dass die Bakaïrí, vgl. Kulisehu-Tafel I, den Herren Ehrenreich und Perrot den Schnurrbart gar oben auf dem Kopf aufsitzen lassen. In diesen beiden Fällen war der Schnurrbart nachgetragen worden. Die Indianer selbst rupfen alles Barthaar aus und gleichgültig, wo das Barthaar sitzt, unterscheiden sie nach ihrem ersten Eindruck, ohne sich genauere Rechenschaft zu geben, ein hängendes und ein quer liegendes Barthaar, sie geben jenes, wenn sie nicht (vgl. Bororó I und die Nahuquá-Zeichnung Kulisehu II) die Haare in grösserer Anzahl einzeln zeichnen, durch eine nach oben offene, dieses durch eine nach unten offene Bogenlinie wieder. Das Wo kümmert sie nur für die gröbste Topographie, der Bart bleibt ja bei Kopf und Gesicht, und, worauf es ihnen ankommt, ist nur, dass sie das Merkmal überhaupt bringen. Wenn es ihnen einfällt, den After zu zeichnen, so setzen sie ihn auch in die Vorderansicht, obwohl sie hier doch die Erfahrung, die ihnen beim Bart mangelt, dass er an eine andere Stelle gehört, haben müssen.

Was fehlt, was da ist, es hängt vom Interesse ab. Der Kopf, der Bart, die Sexualia werden mit Lust und Liebe gezeichnet — mag das Uebrige sehen, wo es unterkommt, oder wegbleiben. Wirft man nicht dem grössten Meister des Bildnisses und genialsten Charakteristiker der Physiognomie vor, dass er die Hände vernachlässigt? Die Gegensätze berühren sich, Franz Lenbach und die Kulisehu-Indianer sind Zeitgenossen. Nehmen diese oder die Bororó den Bleistift zur Hand, so machen sie ihre mehr oder minder vollständigen Angaben, ihre Aufzählung der Körperteile, und was sie interessiert, wird betont, was sie in dem Augenblick gleichgültig lässt, wird salopp behandelt oder ausgelassen. Bei den Tieren sind die Umrisse wichtig, Augen hat nicht eines von allen uns überhaupt gezeichneten mit Ausnahme der in den Sand gezeichneten Fische, vgl. Abbildung 34 und 35; bei diesen kommt man wol eher dazu, weil der Kopf, nur durch den Kiemenbogen abgesetzt, zu wenig charakterisiert erscheint. Der Nahuquá, Kulisehu I, giebt dem Jaguar eine lauernde Stellung mit mächtigem Katzenbuckel und dem langen Schweif, die Extremitäten bilden eine Wellenlinie: das Bild wurde von Andern stets mühelos als Jaguar erkannt. Wenn bei allen Bororótieren die Gesichter einfach schwarz ausgefüllt sind, so kann man dies der malenden Manier der Zeichner zur Last legen und darauf hinweisen, dass der ganze übrige Körper ebenso behandelt ist, aber auch der Bakaïrí auf der Kulisehu-Tafel I verkritzelt das Gesicht seines Jaguars. Die Indianerin, Bororó II, die von sämtlichen Figuren die besten Proportionen zeigt, hat einen ganz verkritzelten

Kopf. Ueber dem schönen, den Rumpf bedeckenden Bart der Mittelfigur unten, Bororó I, sind Augen, Nase, Ohren vergessen, die Beine sind zu Käferzangen verkümmert. Bei keinem der fünf Bakaïriporträts ist der Mund gezeichnet, bei keinem fehlt die Nase, die der Bakaïrí durchbohrt. Dagegen kann es dem Bororó, der die Unterlippe durchbohrt, nicht geschehen, dass er den Mund auslässt, während er die Nase zweimal vergessen hat.

Profilstellung, in der Kunst der Kinder so beliebt, fehlt bei den indianischen Zeichnungen der Menschen und ist bei den vierfüssigen Tieren konstant. Jenes ist zu bedauern, da der Vergleich mit den Fällen fortfällt, wo die Kinder dem Profil zwei Augen und nun, wenn sie sich erinnern, dass die Nase zwischen den Augen sitzt, gelegentlich auch zwei Nasen geben, wo sie ferner die Arme, deren man ja zwei vorzeigen muss, auf der zugekehrten Seite doppelt anbringen und dergleichen mehr. Hoffentlich wären diese Leistungen des kindlichen Gemüts den Indianern doch schon unmöglich. Immerhin haben wir unter den Sandzeichnungen ein der kindlichen Kunst genau entsprechendes Beispiel aufzuweisen. Der Matrincham (Abb. 34) besitzt zwei Augen neben dem Kiemenbogen; ebenso ist der Pakú (Abb. 35) im Profil mit zwei Augen gezeichnet. Dass es Profilstellungen sind, geht bei dem Matrincham hervor aus der Angabe der Seitenlinie, des Kiemenbogens, (gerade wie bei den Holzfischen), der Flossen- und endlich, was auch für den Pakú zutrifft, der Schwanzstellung. Bei dem Rochen sind die zwei Augen berechtigt, da der Indianer das Problem, ihn von der Seite zu zeichnen, natürlich vermeidet.

Auf Kulisehu-Tafel II befindet sich die Zeichnung einer Arm-Tätowierung, die wir in Cuyabá bei einem Manne des am oberen Tapajoz wohnenden Tupístammes der Apiaká beobachteten, und die ich hier in Parenthese anfüge. Hier sind genau wie bei Kinderzeichnungen von »Reitern zu Pferde« die zwei Beine auf derselben Seite. Die Beine des Pferdes sind genau gleich denen des Jaguars, Bororó II, hintereinander gestellt. Schön sind auch die langen Ohren des Tieres.

Warum sind alle Menschen en face, alle Vierfüssler im Profil gezeichnet? Der Grund kann nur der sein, dass bei jenen der Umriss als selbstverständlich gegeben gleichgültig und die Charakteristik der nach beiden Seiten zu verteilenden oder in ihrer ganzen Breite von vorn besser zu beurteilenden Details, bei diesen der im Profil leichter zu kennzeichnende Umriss entscheidend war. Der Affe, Bororó II, nach Beinen und Schwanz Profil, zeigt die Arme symmetrisch, kann aber mit Drehung des Oberkörpers nach vorn aufgefasst sein. Der Jaguar mit dem getüpfelten Fell ist von einem Mann gezeichnet worden, der sich offenbar bewusst war, dass das Tier an einer Seite nur zwei Beine hat: er liess die Beine der rechten Seite aus.

Die Proportionen sind mangelhaft. Pfeife und Notizbuch der Hauptfigur Bororó I standen in Wirklichkeit in umgekehrtem Grössenverhältnis. Es störte den Künstler in keiner Weise, dass Rumpf und Extremitäten sich verhielten wie bei einer emporgerichteten Eidechse. Prächtig ist auch das Missverhältnis auf

Kulisehu-Tafel II bei dem Nahuquáporträt. Während der Hals mehrfach einer Stange ähnelt, geht hier die Schulterlinie wie auch bei Perrot, Kulisehu I, quer durch die Mundgegend. Sie verbreitert sich zum Fünffachen der Hüftbreite, die allerdings in der ersten Auflage nebenan sogar auf einen Punkt zusammenschrumpft. Die Beine kommen überall am schlechtesten fort. In der schlimmsten Missgeburt, Kulisehu II links unten, fehlen sie, nach der sonstigen Lage der Sexualia zu urteilen, und die Zehen sitzen am Rumpf. Man könnte, wenn nur dieses eine Bildnis vorläge, die Seitenlängsstriche auch für Beine erklären, die in der Achselhöhe entsprängen, allein der Rumpf ist seltsamer Weise bei allen Kulisehuporträts unten nicht geschlossen, ja bei meinem und Wilhelm's Porträt, Kulisehu I, auch nicht der Kopf! Nur der Nahuquá behandelt, wenigstens in seiner ersten Aufnahme, den Leib als ein Dreieck. Die Seitenkonturen des Rumpfes schwenken, ohne sich zu vereinigen, im Winkel nach aussenhin ab — bei Wilhelm, Kulisehu I, fast horizontal — erhalten nach kurzem Verlauf, ohne Knie, ohne Fuss, am Ende jederseits ein Strichelchen angesetzt, und diese dreizehigen Hühnerläufe sind dann menschliche, sind meine Beine. »Du gleichst dem Geist, den du begreifst, nicht mir!« Bei ihrer Kürze sind die Beine meist noch ungleich, auch wo der Rumpf geschlossen ist, vgl. den fidelen Wilhelm, Bororó I.

Die Zahl der Finger und Zehen verdient besondere Aufmerksamkeit. Sollte Jemand von uns, der Jäger ist, einen Hirschkopf skizzieren, so wird er darauf bedacht sein, ihn mit einer bestimmten Geweihform, welche immer ihm grade vorschweben mag, auszustatten. Ein beliebiger Anderer dagegen achtet kaum auf ein Weniger oder Mehr der Sprossen, nicht einmal, wenn er ein vorhandenes Vorbild flüchtig abzeichnet, er ist zufrieden, wenn er eine Anzahl Sprossen in einer sehr fragwürdigen Art der Verästelung dem Kopf aufgesetzt hat. Nur wird es seinem Anspruch an ein Hirschgeweih nicht genügen, zwei Gabeln zu zeichnen, er wird mindestens je drei Sprossen anbringen. Ebenso wenn ich eine kleine Tanne schematisiere, so sind hier mein Minimum drei Paar an einem Vertikalstrich symmetrisch angesetzter Schrägstriche, das Ganze unten durch eine Horizontallinie abgeschlossen; zwei Paar würden schon ein Bäumchen, aber noch kein Tännchen sein. Also ohne dass ich zähle, liefere ich doch meiner innern Anschauung gemäss ein Minimum von Teileinheiten. Unsere auf die Fünfzahl der Finger früh eingedrillten Kinder werden ihr schon bei Zeichnungen gerecht, die sonst die gröbsten Sünden enthalten, und wo sie noch nicht daran denken, die Hand wiederzugeben, zeichnen sie bereits richtig fünf Finger. Bei Zeichnungen der Naturvölker, begegnen wir der Unsicherheit über die Fingerzahl und namentlich der Dreizahl der Finger mit einer Regelmässigkeit, dass wir hier wie bei dem Hirschgeweih und der Tanne ein Gesetz anerkennen müssen. Sie haben sicherlich nicht 1, 2, 3 nachgezählt, und was zu Grunde liegt, kann nur sein, dass sie sich gedrängt fühlen, mehr als zwei Striche zu liefern, um ihre vage innere Anschauung wenigstens soweit zu bestimmen, dass keine Gabelung herauskommt.

Betrachten wir die fünf Bakaïrípoträts, so haben wir, wenn wir die Zahlen der Finger in den Zähler und die der Zehen in den Nenner setzen, folgende Verhältnisse: $\frac{3}{3}, \frac{3}{3}, \frac{5}{3}, \frac{3}{3}, \frac{5}{3}, \frac{5}{3}, \frac{3}{3}, \frac{3}{3}$ (Kulisehu I) und $\frac{4}{3}, \frac{5}{4}$ (Kulisehu II). Ich liess mir an meiner Hand zeigen, welche Finger sie abgezeichnet hatten; sie fassten mir Daumen, Kleinfinger und Mittelfinger an und deuteten auf die entsprechenden Striche so, dass der Kleinfinger der innen gelegene der drei wurde, der in meinem Konterfei von der Vierergruppe zufällig der längste war. Ehrenreich ist mit zwei fünffingrigen Armen, Wilhelm wenigstens mit einem solchen ausgestattet. Die untern Extremitäten haben drei Zehen mit Ausnahme meines Porträts, Kulisehu II, wo auf einer Seite vier vorhanden sind. Der Nahuquá auf derselben Tafel hat, nachdem seine erste Aufnahme getadelt worden war, in der zweiten die Zahl der Finger richtig gezeichnet, freilich nicht aus dem Kopf, sondern mit genauer Betrachtung des beleidigten Originals.

Bei den Bororó finden wir auf Tafel I, abgesehen von meinem armlosen Porträt, Wilhelm mit je fünf Fingern, den Soldaten mit je drei und ebenso auf Tafel II die Indianerin mit drei Fingern. Im Uebrigen ist hier ein grosser Fortschritt anzuerkennen. Es erscheinen nicht nur Ellbogen- und Kniegelenke in Gestalt von dicken Knoten, sondern auch Hände und Füsse. Eine rührende Sorgfalt ist auf dem klassischen Bild, das mich mit Pfeife und Notizbuch darstellt, dem linken, mit der Hand zu einer dicken Masse vereinigten Daumen gewidmet worden: an der rechten Hand bemerken wir zu unserer Ueberraschung sieben Finger, finden aber volle Aufklärung in dem Umstand, dass die beiden Extrafinger das Büchlein festhalten müssen; die Beine stehen auf Schuhen, wie auch die Wilhelm's darunter. Der Soldat ist mit zwei Beinstrichen in den Boden eingepflanzt. Die Mittelfigur daneben hat höchst merkwürdige Hände und Füsse, aber hat doch welche; sie erinnern ausserordentlich an die blutsaugenden Zecken. Man bemerkt bei ihr auch die Neigung, den Extremitäten eine zweite Dimension zu geben. Die Füsse der Indianerin, Bororó II, sind, ein drolliger Kontrast zu den fehlenden Händen, in vortrefflichem Umriss und in guter Horizontalstellung gezeichnet; man würde sie für Schuhe halten, wenn ihnen nicht je drei Zehen, kurzen Haaren nicht unähnlich, eingepflanzt wären.

Von den Tierbildern haben nur bei den Bororó Tapir und Affe gegliederte Füsse. Die Jaguarbeine enden in runden Knöpfen — Katzenpfoten. Stets ist der Schwanz charakterisiert, nur bei dem gefleckten Jaguar muss man sich billig wundern über den buschigen Stummel. Bei dem fliegenden Kolibri, dessen Beine fehlen und ja auch fehlen dürfen, sehen wir einen langen und geteilten Schwanz, wie er bei dieser Vogelart häufiger vorkommt.

Rindenzeichnungen. Ziemlich selten, ausgenommen bei den Nahuquá, wo sie zahlreich waren, fanden sich an dem vom Fluss zum Dorf führenden Waldpfad in den Bäumen menschliche Figuren eingeschnitten, das heisst in den Umrisslinien eingeritzt oder der Fläche nach aus der Rinde abgeschält. Es waren, soviel ich

Abb. 37. Rindenfigur der Bakaïrí.

Abb. 38. Rindenfiguren der Nahuquá.

mich erinnere, 1887 ausschliesslich Männer, doch haben wir 1884 eine männliche über einer weiblichen vor dem ersten und eine weibliche Figur vor dem zweiten Batovydorf der Bakaïrí angetroffen, »mit schelmischer Benutzung einer in der Rinde vorhandenen Vertiefung«. An der nebenstehenden Rindenfigur der Bakaïrí ist durch den Flächenschnitt ein grosser Fortschritt im Vergleich zu den Strichzeichnungen erreicht. Wo die Finger deutlich ausgeführt waren, entsprachen sie ganz den drei der Bleistiftzeichnungen; die Zehen dagegen waren niemals genauer behandelt. Die Beine liefen unförmlich strumpfartig aus. Besonders fielen uns die Baumfiguren an dem Waldweg der Nahuquá auf, sie hatten Eselohren ähnliche, doch etwas längere Gebilde an beiden Seiten des Kopfes, die Ohrfedern darstellten. Auch die eine oder andere Tierfigur war vorhanden. Wenn ich hinzurechne, dass auf dem hohlen, vor der Festhütte des dritten Bakaïrídorfes liegenden mächtigen Trommelbaum menschliche Figuren eingeschnitten waren, so ergiebt sich die beachtenswerte Thatsache, dass sich die Verwendung der Menschenfigur in der Zeichenkunst nur an Bäumen vorfand. Die Bleistiftzeichnungen wurden meiner Aufforderung gemäss gemacht.

Bei den Auetö́ sahen wir Tierfiguren im Innern der »Künstlerhütte« auf den Pfosten eingekratzt und geschwärzt. Es sind alles den Pfosten entsprechend lange und meist schmale Figuren. Die erste scheint eine Schlange zu sein, die den Rachen aufsperrt; sie wurde *nanyetá* genannt. Eine gewöhnliche Schlange sehen wir in der letzten Figur, *mói* der Auetö́ und Kamayurá, *agáu* der Bakaïrí und *úi* der Töpferstämme. Wir haben ferner in der ersten Figur der zweiten Reihe eine

1. Sukuri-Schlange. 2. Rochen I.

3. Pakú-Fische. 4. Panzerfisch.

5. Fischgräten.

6. Pintado-Fisch (Wels).

7. Rochen II. 8. Nuki-Fische.

9. Pakú-Fisch.

10. Fledermäuse.

d. Steinen, Zentral-Brasilien.

Bakaïrí-Ornamente I.

11. Jiboya-Schlange.

12. Agau-Schlange mit Kopf.

13. Frauen-Dreieck.   14. Matrincham.   15. Kurimatá.

14. Frauen-Dreiecke (Uluri).

15. Frauen-Dreiecke (Uluri).

16. Frauen-Dreiecke (Uluri).

17. Palmito-Blätter.

Bakaïri-Ornamente II.

Eidechse, von den Auetö *tetú* genannt, *teiú* der Tupí und *Teius* des Zoologen. Dagegen stellt die letzte Figur der ersten Reihe trotz ihrer Windungen einen Pakú-Fisch dar. Noch wunderbarer mutet es uns an, wenn die Leute erklären, dass die zweite Figur, einem Käfer nicht unähnlich, der sich die Beine aneinander juckt, eine »kleine Schildkröte« bedeute, *tarikayaa-i*, Emys Tracaxa. Hier sind die beiden Beine so behandelt wie der Schwanz des Pakúfisches. Das Nachbartier der kleinen Schildkröte, ein Vierfüssler, wurde von den Auetö und Kamayurá *kumayú* genannt. Bei dieser Uebereinstimmung darf das Wort als ein echtes Tupíwort gelten. Doch lässt sich damit nur das Stacheltier *kuandú* des Tupí zusammenbringen, was lautlich um so mehr gerechtfertigt wäre, als *yu* Stachel heisst, und nur schwer glaublich erscheint nach dem Bilde, das keine Aehnlichkeit mit dem Original hat, und dem sogar

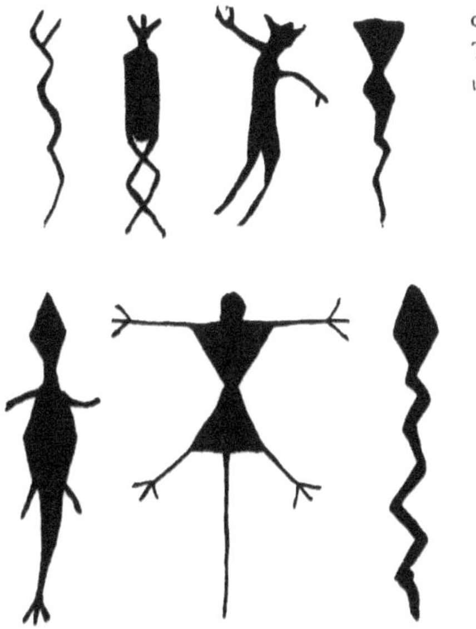

Abb. 39.
Pfostenzeichnungen der Auetö. (¹/₁₆ nat. Gr.)
Schlange, Kleine Schildkröte, Kumayú, Pakú-Fisch, Eidechse, Affe, Schlange.

Abb. 40. Flöte der Mehinakú mit zwei Affen. (¹/₇ nat. Gr.)

Abb. 41. Tokandira-Ameise. (¹/₁₂ nat. Gr.)

ein Hauptmerkmal des Tieres fehlen würde. Denn der Kuandú oder Greifstachler, Cercolabes prehensilis, hat einen Schwanz fast halb so lang wie sein übriger Körper. Er ist in Brehms Tierleben, Säugetiere II, Seite 575 abgebildet, aber ich bezweifle, dass Herr Mützel seine Illustration mit der des indianischen Künstlers irgendwie vereinen kann.

Da ist es tröstlich, in der Mittelfigur der untern Reihe keine Schwierigkeit zu finden. Sie stellt einen Makako oder Cebusaffen dar und ist durch die menschenähnlichen Gliedmassen mit den üblichen drei Zehen und dem langen Schwanz wohl gekennzeichnet. Zum Vergleich füge ich die Abbildung einer Flöte der Mehinakú bei, wo derselbe Affe — nicht unpassend, da er selbst Flötentöne von sich giebt — erscheint und ganz ähnlich behandelt ist, sich nur auch eines Halses erfreut.

Auf einem Pfosten war (Abb. 41) ein sehr merkwürdiges Wesen dargestellt, eine Art weiblicher Gestalt mit Reitkleid und Wespentaille, zweifingerigen Armen und dreieckigem Gesicht unter einer Hutkrempe. Dies ist *Cryptocerus atratus*, die Tokandira, Tokanteira, Tokangira der Brasilier, eine riesige Ameise, die nicht gesellig lebt, sondern in Einzelexemplaren auf Baumstämmen umherspaziert.

Im Hafen der Mehinakú endlich fanden sich an den Bäumen die noch zu besprechenden Mereschumuster.

II. Zeichenornamente.

Ornamentaler Fries der Bakaïrí. Mereschu und Uluri. Die Auetó-Ornamente. Folgerungen. Verwendung der Ornamente. Kalabassen, Beijúwender, Spinnwirtel. Bemalung der Töpfe.

Ich habe auf Seite 90—91 bei dem Bericht über den Besuch im zweiten Bakaïrídorf des grossen Wandfrieses von weiss bemalten Rindenstücken Erwähnung gethan, der sich in dem Häuptlingshause in einer Länge von etwa 56 m und an mehreren Stellen zweireihig ringsum zog; die Breite der Rindenstücke schwankte etwa zwischen 15 bis 40 cm. Unser erster Eindruck war der gewesen, dass es sich bei diesen Zickzacks, Tüpfeln, Ringen, Ketten von Rauten und Dreiecken um ornamentale Einfälle handle, die niedlich und nett seien, die aber weiter nichts bedeuteten. Die mit Russ geschwärzte Rinde entstammte einem Waldbaum, den die Bakaïrí *noischi* nannten, der weisse, mehrfach auch gelbliche Lehm war mit den Fingern aufgetragen, sodass man zarte Linien bei diesen Freskoschmierereien nicht erwarten durfte. Als ich mit den Namen der Ornamente mein Wörterverzeichnis vermehren wollte, wurde ich überrascht, mehrere mir bekannte Fischnamen zu hören, sodass ich der Sache nun auf den Grund ging. Für jedes Muster erhielt ich den Namen einer konkreten Vorlage, und je mehr wir uns hier und bei den andern Stämmen mit den Ornamenten auf dem Hausgerät beschäftigten, desto mehr stellte sich heraus, dass es allüberall derselbe Hergang war. Ehrenreich hat die Frage dann auch bei den Araguayindianern weiter verfolgt und dort zu meiner Freude nur Bestätigung gefunden.

Auf den beiden Tafeln 20 und 21, Bakaïrí-Ornamente I und II, die von allen Rindenstücken die charakteristischen Proben liefern, sehen wir zunächst in den Nummern 14 und 15*) zwei gut gemalte Fische, den schon oft genannten Lieblingsfisch der Bakaïrí, den Matrincham, und den grätenreichen Kurimatá,

---

*) Auf Tafel 21 kommen durch ein Versehen die Nummern 14 und 15 doppelt vor.

Salmo curimatá. Sie sind der ganzen Fläche nach aufgestrichen. Das *noróku ikúto*, »Bild des Matrincham«, war geradezu elegant und flott hingesetzt. Daneben haben wir in Nr. 13 ein *ulúri ikúto*, das Bild des Frauendreiecks. Und in dieser Weise wurde jedes Ornament für ein *ikúto* erklärt. Zuweilen sind die einzelnen durch kurze Vertikalstriche abgegrenzt, vgl. 3 und 4 oder 7 und 8 auf Tafel I. Nur ein einziges Bild ist dem Pflanzenreich entlehnt, Nr. 17. Es stellt die Blätter einer kleinen »Kohl« liefernden Waldpalme *yemariáli* dar, ein Wort, das Handblatt bedeutet. Wir sehen eine Anzahl Fiederpaare abwechselnd nach oben und unten gerichtet und geradeso angeordnet wie die Uluris in Nr. 16; für uns macht die Abbildung den Eindruck eines Flechtmusters.

Allein unsere Deutungsversuche würden überhaupt bald Schiffbruch erleiden. Wir bemerken unter den Ornamenten solche, wo die natürliche Hautzeichnung eines Tieres wiedergegeben wird, solche, wo die Umrisse des Tieres gezeichnet sind, und solche, wo Beides vereinigt wird. Nr. 6 enthält die Tüpfel- und Tupfenzeichnung eines Welses *schurúi*, dessen bunte Haut den portugiesischen Namen »Pintado« veranlasst hat. Wir werden ihm bei den Maskenanzügen wieder begegnen. Nr. 7 wurde als die Tüpfelzeichnung eines Rochen *pinukái* vorgestellt, während in Nr. 2 eine zweite Rochenart *schiwári* (ein bei den Nordkaraiben als *schibali, sipari, chuparé* u. dgl. allgemein vorhandenes Wort) mit den charakteristischen Ringeln und Tüpfeln ihrer Haut auftritt.

Zickzacke und Wellenlinien sind Schlangen, denen man die Merkmale der Hautzeichnung, die auf dem dünnen Streifen wol keinen Platz hatten, kaltblütig in der Umgebung beifügt. So hat Nr. 12, eine gewöhnliche Landschlange oder Cobra der Brasilier, links das Schwanzende und rechts den deutlich erkennbaren, mir als solchen auch bezeichneten Kopf; die Tüpfel sind zwischen den Zickzacks angebracht. Dem Künstler fiel, als er die Schlange gezeichnet hatte, noch ein, sie durch ihre Flecken zu charakterisieren. Ein Gleiches ist in Nr. 1 bei der Sukurí-Wasserschlange oder Anakonda, Boa Scytale, geschehen. Dagegen sehen wir in Nr. 11, dem Bild der Boa constrictor, die in zahlreichen kleinen Dreiecken abgesetzte Zeichnung der Schlangenhaut, sie zieht sich an den beiden Rändern des Brettes entlang, und zwar beide mal so, dass die Dreiecke mit ihren Spitzen nach innen vorragen und den unbemalten Grund zu einer Kette von schwarzen Rauten umgrenzen. Die Schlange hat nach meinen Notizen einen Kopf, doch ist es schwer zu verstehen, wie das Figurenstück links, mit dem die Zeichnung beginnt, einen solchen darstellen soll.

Ohne Weiteres verständlich ist Nr. 5, *kána igúri ikúto*, das Fischgrätenbild. Es hatte die ansehnliche Länge von $3^1/_4$ m. Der Panzerfisch Nr. 4, der mit dem Trennungsstrich zusammenläuft, stellt grössere Ansprüche an die Einbildungskraft. Dieser *tupára* der Bakaïri ist der *akará* der Tupí und Acara oder Panzerwels des Zoologen, der Cascudo der Brasilier. Dagegen werden uns in Nr. 3 die Pakú-Fische, Prochilodus, *páte-ikúto*, wenn wir sie auch als Fische kaum erkannt hätten, von dem Bild des Kurimatá her, *koalú ikúto* (Nr. 15), wohl verständlich. Die Fischfigur, in Nr. 15 der Fläche nach gedeckt, erscheint in 3 nur im schematischen Umriss, der Körper wird zur Raute, der Schwanz zum Dreieck, und beide werden in beliebiger Zahl nebeneinander oder jedes allein rein ornamental verwendet. So sehen wir in Nr. 3 links zwei Körperrauten und ein Schwanzdreieck des Pakú, während rechts sich drei Rauten folgen. An den beiden Rauten links setzt der Kiemenbogen den Kopf ab, wie in den Abbildungen 34 und 35 und auch bei den geschnitzten Rindenfischen. Dasselbe wiederholt sich in Nr. 8, *nûki-ikuto*, dem Bild des nicht näher festzustellenden, nach einem sehr ähnlichen Auetómuster aber vielleicht als ein Harnischwels aufzufassenden Nuki-Fisches, wo rechts sich Dreieck, Raute, Raute, Dreieck folgen, als ob sich zwei Fische mit dem Maul berührten, und links vier Schwanzdreiecke aneinandergereiht sind. Anscheinend in der Hautzeichnung des Nuki-Fisches ist es begründet, wenn ihn die weiss ausgefüllten Dreiecke vom Pakú unterscheiden. Der Pakú ist dagegen durch kleine Tüpfel gekennzeichnet; in Nr. 9 sehen wir links ein Musterstück seiner Haut und rechts daneben eine Anzahl von Körperrauten, deren jede ein Tüpfelchen in der Mitte hat und die wir, wenn wir sie mit Fischen in Zusammenhang bringen wollten, wohl zweifellos für das Bild einer panzerartigen Schuppenhaut erklären würden, die der Pakú gar nicht hat.

Ich muss gestehen, ich wusste nicht recht, ob ich über unsern gutmütigen Erklärer lachen oder ob ich mich der Empfindung der stillen Verblüfftheit hingeben sollte, die sich in den Ausruf zusammendrängen lässt »wie anders malt in diesen Köpfen sich die Welt!« Nr. 10 *semimo ikuto*, Bilder von Fledermäusen! Aneinander gereihte Rauten. Kopf, Extremitäten, Schwanz, wo sind sie? Wir werden den Fledermäusen aber auch noch in andern Zeichnungen und besonders bei den Töpfen begegnen, wo sie zur gleichen Rautenform reduziert werden. Im Brehms Tierleben, I, 1890, findet sich auf Seite 363 eine Abbildung von Vesperugo noctula, dem Abendsegler, die uns bei dem in eine Flughaut eingeschlagenen, allerdings hängenden Exemplar links einen einigermassen ähnlichen Umriss zeigt; stilisiert würde er sich auch zur Raute entwickeln können. —

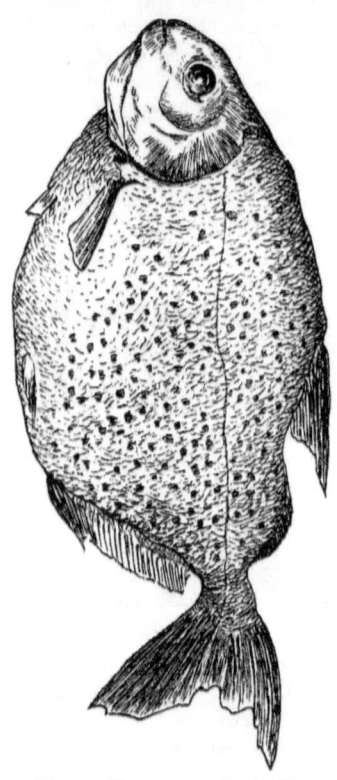

Abb. 42. Mereschu. (²/₃ nat. Gr.)

Stellen wir nun fest, dass wir auf diesen beiden Tafeln Rauten in drei Mustern haben: die des Pakú, entweder Kontur- oder punktiertes Flächenmuster, die des Nuki mit diagonalen Dreiecken und die einfach gedeckte der Fledermaus. Die Negativzeichnung der Fledermäuse Nr. 10 wäre ganz genau Nr. 11, die Boa constrictor oder Jiboya-Schlange. Man sieht jedenfalls ein, dass man auf sehr verschiedenem Wege zu der geometrischen Figur der Raute gelangen kann.

Mereschu und Uluri.

Merkwürdiger Weise fehlte in dem Fries des Bakaïrí-Hauses ein Muster, das nicht nur bei den Bakaïrí, sondern bei allen Stämmen des obern Schingú das gewöhnlichste ist. Auf der ersten Reise haben wir es häufig genug bemerkt, haben es aber nicht gewürdigt und verstanden. In meinem Bericht »Durch Centralbrasilien« findet es sich Seite 163 als Trinkschalenmuster der Bakaïrí und Seite 213 als Bleistiftzeichnung der Suyá in schönster Ausprägung: Rauten, deren Ecken durch kleine Dreiecke ausgefüllt sind. Erst nachdem die Entdeckung in dem zweiten Bakaïrídorf gemacht worden, ergab sich die Erklärung. Die Vorlage des Ornaments ist ein kleiner platter Lagunenfisch, ein Serrasalmo oder Myletes, den Piranyas verwandt. Das von Wilhelm gezeichnete mass in der Länge 19 cm, in der Breite 9,5 cm und war silbergrau mit braunen Punkten.

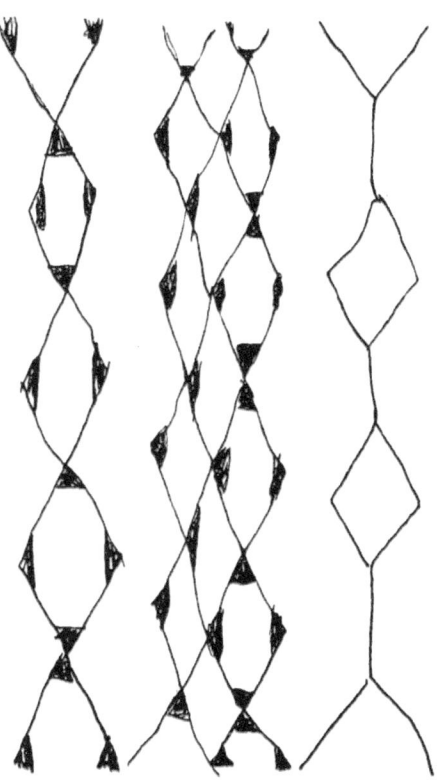

Abb. 43. Mereschu-Muster, mit Bleistift gezeichnet. (¹/₁ nat. Gr.)

Kein Künstler hat jemals mit einem Bild grössern Erfolg gehabt als Wilhelm mit dieser Zeichnung. Die Leute drängten sich herbei und Alle waren geradezu glücklich, es zu betrachten. Und dies wiederholte sich bei sämtlichen Stämmen. Sogar die Paressí in Cuyabá freuten sich seiner und bestimmten ihn. Wir haben den Bakaïrínamen des wichtigen Fischleins, den wir zuerst kennen lernten, für unsern Bedarf beibehalten. Das Tier heisst in den Kulisehusprachen folgendermassen: Bakaïrí *meréschu* (das betonte e lang), Nahuquá *irinko*, Mehinakú *kulupé*, Kustenaú *kulupéi*, Waurá *warjái* (französisches *j*), Yaulapiti *marirityi*, Auetó *pirapévit*, Kamayurá *tapaká*, Trumaí *paki*. Ueberall hat das Muster den Namen des Fisches.

In der Abbildung 43 ist das erste und zweite Muster von den Bakaïrí, das dritte von einem Nahuquá mit Bleistift gezeichnet. Der edle Nahuquá hat sich die Sache genau wie mit meinem Portrait auf Tafel 17 sehr leicht gemacht, indem er sich mit dem denkbar einfachsten Umriss begnügte, doch steht er in dieser nachlässigen Genialität allein da. Die Nahuquá beziehen das Muster ausser auf den Mereschu-Fisch *irinko* noch auf einen Verwandten Namens *iru* oder *ino*. Aehnliches liegt wohl dem Umstand zu Grunde, dass die Waurá ein anderes Wort haben als die Mehinakú und die Kustenaú.

Die Abbildung 44 der Bakaïrí-Holzmaske zeigt das Mereschu-Muster in typischer Weise. Gerade bei der Bemalung der Masken spielt es die grösste Rolle. Die Raute entspricht dem Körper des Fisches und die vier ausgefüllten Ecken sind Kopf, Schwanz, Rücken- und Afterflosse. Die Ausführung der Ecken ist verschieden reichlich, sodass innen bald ein Achteck, bald ein Viereck übrig bleibt. Nach unserm Gefühl kann ein so ausgefülltes Dreieck nur dem Kopf entsprechen, die in die Raute hineingezeichneten Flossen stellen wir uns zur Not auch noch aufgesetzt und nicht eingezeichnet vor, aber mit dem Schwanz, der als Dreieck seine Spitze nach innen und nicht nach aussen richten sollte, wissen wir uns vorläufig nicht abzufinden, doch werden wir später die Erklärung finden.

Abb. 44.
Holzmaske mit Mereschu-Muster.
(Möwe, Bakaïrí). ($^1/_6$ nat. Gr.)

Wie das Mereschu als Flächenmuster erscheint, zeigen typisch die beiden Auetó-Masken, Abb. 45 und 46, von denen die eine das Ornament auf Holz, die andere auf tuchartigem Stoff aufweist. Die Mereschus sind durch Striche eingerahmt, sie sind in ein Netz mit rautenförmigen Maschen eingelagert: »Fische im Netz«, sagte der Bakaïrí. Der Ausdruck Netz ist, wie wir sehen werden, keineswegs bildlich, sondern entspricht einem Fischnetz.

Trotz des rein ornamentalen Charakters der Figur, die unserm Sinn den Ausdruck »Abbildung« völlig verbietet, ist der Indianer sich auf das Entschiedenste noch der konkreten Bedeutung bewusst. Wo das Muster eine Maske oder einen Spinnwirtel bedeckte, wurde doch immer jede Masche mit ihrem Mereschu einzeln an das benachbarte angesetzt und keineswegs durch Kreuzung von Linien zuerst ein Netz erzeugt. Höchstens die Auetó, die es in der schematischen Ornamentik, wie wir sehen werden, am weitesten gebracht hatten, waren zu der reinen Konstruktion im Stande, wie denn auch die Uebung bei einer geradezu handwerksmässig betriebenen Herstellung allmählich von selbst dazu führen sollte; man sieht an der Zeichnung der Holzmaske deutlich, dass der Künstler die mathe-

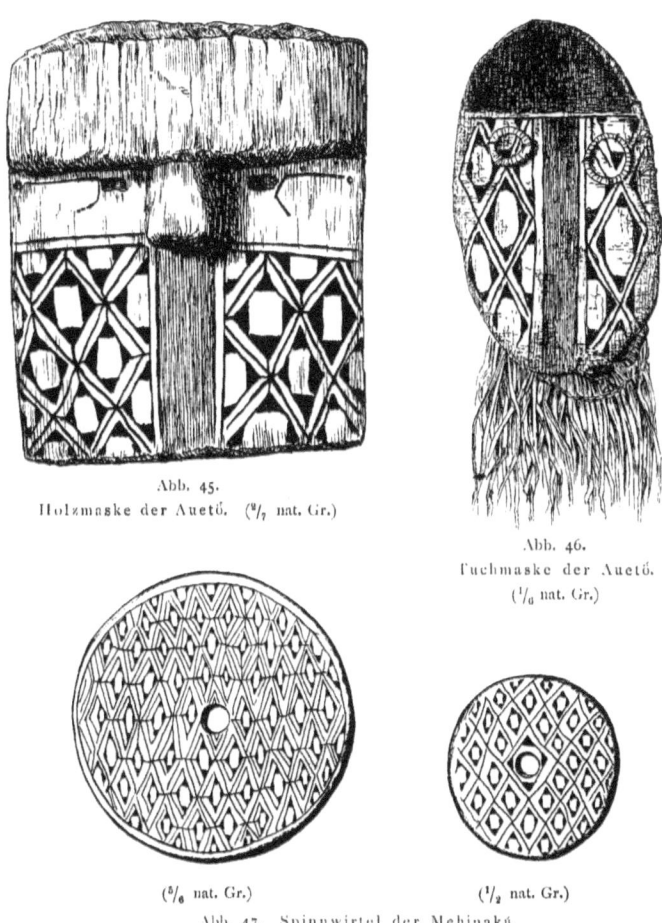

Abb. 45.
Holzmaske der Auetö. ($^2/_7$ nat. Gr.)

Abb. 46.
Tuchmaske der Auetö.
($^1/_6$ nat. Gr.)

($^5/_6$ nat. Gr.)   ($^1/_2$ nat. Gr.)
Abb. 47. Spinnwirtel der Mehinakú.

matische Art der Raumeinteilung nicht geübt hat, während man bei der Tuchmaske zweifeln möchte. Die Bakaïrí waren jedenfalls von jenem Fortschritt noch weit entfernt. Auch die beiden Spinnwirtel der Mehinakú (Abb. 47), in deren einem das Loch in der Mitte von einem Mereschu umschlossen wird, zeigen, wie die einzelnen Fische aneinander gesetzt sind, und lassen bei näherer Betrachtung zahlreiche kleine Unregelmässigkeiten entdecken. Es machte viel Vergnügen, den Leuten bei ihrem Kritzeln zuzuschauen. Ich vermag nur nicht zu denken, dass dieses »Muster«, das den hohen Grad der ethnologischen Ausgleichung zwischen den Stämmen am besten zum Ausdruck bringt, ein Erzeugnis jüngerer Zeit sei. Wenn das Mass der Stilisierung als relatives Zeitmass dienen dürfte, wären die Auetó am längsten in seinem Besitz.

Man kann nicht etwa sagen, die Leute haben rautenförmige Figuren, in denen sie Striche sich in gleichen Abständen kreuzen liessen, gezeichnet, die Ecken ausgefüllt, nun gesagt: »das sieht ja aus wie ein Mereschu-Fisch, ist mereschuförmig oder dgl.« und hätten also das Muster dem Vergleich gemäss mit dem Namen belegt. Das wird widerlegt durch die Art der Herstellung, die Stück für Stück die Figuren aneinander setzt, und durch den einfachen Umstand, dass das Muster nicht mehr mereschuförmig ist, sondern sich von dem konkreten Vorbild, wie namentlich die Schwanzecke beweist, bereits entfernt hat. Er wäre für keinen von uns überhaupt als Fisch zu erkennen. Der Pakúfisch links in Nr. 3 (Tafel 20) ist noch als Abbildung eines Fisches mit Hülfe von dem Kurimatá Nr. 15 verständlich, obwohl bereits zwei Rautenkörper mit dem Schwanzdreieck vereinigt sind, aber von den Rautenkörpern rechts in Nr. 3 kann kein Zeichner sagen, dem sie zufällig in den Händen erstehen, sie erinnerten ihn an einen Pakúfisch, sondern es ist schlechterdings nur der umgekehrte Weg von dem Bild einer konkreten Vorlage zur Schematisierung möglich. Von Nr. 9, den punktierten Rauten = Pakúfischen mit Tüpfelung oder den Fledermäusen nicht zu reden.

Die Beziehung zum originalen Vorbild ist geradezu das, was dem Indianer die Freude an der Zeichenkunst giebt, wie übrigens sehr natürlich ist. Es macht ihm Spass, dass er mit wenigen Strichen einen Fisch zeichnen kann. Nun ist aber wahrscheinlich ein technisches Moment von Bedeutung gewesen. Das Zeichnen war in den meisten Fällen ein Ritzen, kein Malen. Der geritzte Strich wurde erst mit Farbe gefüllt. Auf Spinnwirteln und Kürbissen wurden die Muster geritzt, sogar an den Masken wurden sie mit einem Bambusstäbchen aus dem zuerst aufgetragenen weissen Thongrund herausgekratzt. Da ist es kein Wunder, dass Motive wie die Raute des Mereschu und das Dreieck des gleich zu besprechenden Uluri mit ihren scharfen Ecken so gewaltig die Oberhand gewonnen haben und in ewiger Wiederholung überall wiederkehren. Auskratzen liessen sich die scharfen Ecken ebenfalls besonders leicht. Man hatte besseres Arbeiten als mit Kreisen und Wellenlinien, die doch auch Tiere darstellen konnten. Das Ritzen drängte von selbst zur Stilisierung.

Bei dem Uluri, dem Weiberdreieck, ist uns das Vergnügen am konkreten Vorbild vielleicht leichter verständlich als bei einem wohlschmeckenden Fischlein. Vgl. Abbildung 18, Seite 194. Auch wir stehen ja noch heute auf dem Standpunkt der Kulisehu-Indianer. Nur haben wir zivilisierten Menschen die anatomische Vorlage stilisiert, wo sich die rohen Naturvölker mit dem zierlichen »Kleidchen«

1. Fledermäuse.

2. Frauen-Dreiecke.

6. Hängende Fledermäuse.

3. Panzerfische.

4. Mereschu-Fische.

7. Junge Bienen.

8. Fischwirbel.

5. Mereschu-Fische.

. d. Steinen, Zentral-Brasilien.

Auetó-Ornamente.

begnügten. Und seltsamer Weise ist es die hier so viel besprochene Raute, die wir an Stelle des Uluri haben. Der Bakaïrí-Forschungsreisende würde — ich weiss nicht, ob in allen Teilen Deutschlands — auf unsern Bäumen, Mauern, Thüren geschnitzt, geritzt und gemalt, genau so wie er es macht, zu seiner wahrscheinlich grossen Befriedigung in zahllosen Exemplaren seinen Pakúfisch, die Raute mit dem zentralen Punkt, wiederfinden. Wehe dem, der sich einmal daran gewöhnt hat, dieses indianische Pakúmuster bei uns überall, wo es angebracht wird, auch zu sehen. Wollte er ihm entfliehen, so dürfte er keinen Bahnhof, keine Allee, keinen Aussichtspunkt, kurz keinen Ort, wo Menschen passieren, mehr betreten, denn es hat den Anschein, als ob eine unbekannte geheimnisvolle Gesellschaft sich verschworen hätte, ihn damit zu verfolgen; er trifft es in der Rinde uralter Waldriesen, er trifft es im frischgefallenen Schnee.

Abb. 48. Rückenhölzer der Bakaïrí mit den Mustern: Mereschu, Uluri, Fledermaus und Schlange. ($^1/_4$ nat. Gr.) Vgl. folgende Seite.

Die Kulisehu-Indianer machten aus ihrem Vergnügen an dem Uluri kein Hehl; eine formlose Bastbinde hätte ihnen das Vorbild nicht geboten. Wenn sie die geometrische Vorstellung eines Dreiecks haben, so verdanken sie sie rein dem Uluri. Aus sich heraus würden sie nicht darauf verfallen sein, Dreiecke zu zeichnen. Unter den Bleistiftzeichnungen findet sich auf Tafel 17 ein Uluri, das mir ein Bakaïrí unaufgefordert in mein Buch konterfeite. In dem Fries, Tafel 21, zeigt sich in Nr. 13 ein grosses Einzelstück, in 14 sehen wir die Uluris zu einem flach gehaltenen Zackenband vereinigt. Nr. 15 bietet sie in sonderbarer Reihenfolge derart, dass sich je zwei benachbarte nur mit einer Ecke abwechselnd am obern und am untern Rand des Rindenbrettes berühren. In Nr. 16 liegen vier Uluris abwechselnd mit ihrer Basis dem untern und dem obern Rande an und sind durch schräge Balken, die von Basis zu Basis ziehen, ein Stückchen auseinandergehalten. Die Balken stellen die grob verdickten Leistenschnüre dar und sind dem Mereschu-Fischnetz analog.

Wenn ich den Bakaïrí ein gleichseitiges Dreieck vorzeichnete, so lachten sie vergnügt und riefen „ulúri". Auf ihren Trinkschalen erschien es vielfach, die ganze Fläche in zierlicher Anordnung bedeckend, und die Trennungslinien waren oft noch mit dem Bewusstsein, dass es ursprünglich Schnüre waren, hingesetzt.

Die vier Rückenhölzer der Abbildung 48, Holzzilinder, die im dritten Bakaïrídorf zum Festschmuck an Schnüren auf dem Rücken getragen wurden und stilisierte Mandioka-Grabhölzer darstellten, bringen uns verschiedene schwarz aufgemalte Muster in hübscher Ausführung. Das erste zeigt Mereschu-Fische, das dritte hängende Fledermäuse, die wir auch bei den Auetö antreffen werden, das vierte die der Nr. 12 der Tafel 21 entsprechende Agauschlange, das zweite Uluris. Niemals, so viel ich mich erinnere, kommt das Uluridreieck als ein nur aus drei Umrisslinien zusammengesetztes Dreieck vor, ausgenommen in der Bleistiftzeichnung auf Tafel 17. Das Dreieck ist stets ausgefüllt und ruft so den Eindruck der konkreten Vorlage noch mit grösserer Unmittelbarkeit hervor.

Auf Schwirrhölzern der Nahuquá, vgl. Kapitel »Maskenornamentik und Tanzschmuck, III« die Abbildung, kommen Zickzacks derselben Art wie auf dem Rückenholz vor und gelten auch hier als Bild der Schlange.

Zwei sehr merkwürdige Ornamente lieferten uns ebenfalls noch die Rückenhölzer. Das eine für unser Auge von dem Mereschu nur durch die Kleinheit der ausgefüllten Ecken zu unterscheiden, war eine Heuschrecke, *töviga* der Bakaïrí, *tukúra* der Tupí. Das Muster war mit dem des Mereschu-Fisches vereinigt; die langen, von den Ecken der Raute ausgehenden Striche sind die Heuschreckenbeine.

Das andere Ornament bezieht sich auf einen »kleinen Vogel«, *yaritamáze* der Bakaïrí, den ich nicht näher bestimmen kann. Dass es einen fliegenden Vogel darstellt, begreift man ohne Weiteres. Aber die Indianer verlangen mehr; sie bestehen auf dem *yaritamáze*.

Abb. 49.
Rückenholz mit Heuschrecke.
(¹/₃ nat. Gr.)

Abb. 50.
Rückenholz mit Vögeln.
(¹/₃ nat. Gr.)

Die Auetö-Ornamente zeichnen sich durch die weitest gehende Stilisierung aus. In der »Künstlerhütte« des Dorfes fanden sich über den Thüren und an den Wandpfosten zahlreiche Muster aufgemalt, deren bemerkenswerteste auf der Tafel 22 »Auetö-Ornamente« vereinigt sind. Sie sind sämtlich aus Dreiecken und Rauten zusammengesetzt. Während die Bakaïrí mit weissem Lehm auf geschwärzte Rinde malten, trugen die Auetö schwarze Farbe auf hellem Holzgrund auf oder schnitten die Muster ein und rieben mit Farbe nach. Mein Vetter pflegte deshalb die Kollegen Auetö Schwarzkünstler und die Kollegen Bakaïrí Pleinairisten zu nennen.

Nr. 5 ist das echte, recht gefällige Mereschu-Muster. Auch Nr. 4 soll Mereschu-Fische darstellen. Es wurde für beide dasselbe Wort *tepirapevetú* angegeben. Dies ist freilich das einzige Beispiel, wo die Mereschu-Raute nicht nur an den Ecken, sondern ganz ausgefüllt ist. Dafür ist aber das Netz, in dessen Maschen die Fische eingetragen sind, ausführlicher behandelt.

Nr. 3 sind Panzerfische *akará*. Sie haben dieselbe Form wie auf der Tafel 20 der Bakaïrí die Nuki-Fische Nr. 8, sodass auch diese vielleicht eine Art Cascudos sind. Nun haben die Panzerwelse nicht wie die Mereschus ein rhomboide Form, sondern sind langgestreckt. Da wir den ebenfalls nicht rhomboiden Pakú auch als Raute erblicken, da selbst Nr. 14 und 15 der Tafel 21, die nicht schematisch gezeichneten Fische ein wenig mehr als der Wirklichkeit entspricht, rhomboid aussehen, so erkennen wir, dass der Fischkörper in der Stilisierung überhaupt als Raute gilt, ob es für die betreffende Art zutreffend ist, wie eigentlich nur für den mit ganz überwiegender Vorliebe überall angebrachten Mereschu oder nicht. Zur näheren Charakterisierung werden eingetragen, beim Pakú die Tüpfel und bei den Panzerwelsen die scharf abgesetzten harten Schuppen, die vieleckig sind, aber gerade in den grösseren Stücken als ein wenig übereinander geschobene Dreiecke erscheinen (vgl. Brehm, Fische, p. 244 die Abbildung).

In Nr. 2 sehen wir die Uluridreiecke, die auch bei den Auetó mit dem entsprechenden Wort für das Frauendreieck *(umpám)* benannt werden. Es ist jammerschade, dass wir die Trumaí, die einzigen, deren Frauen eine Bastbinde tragen, nicht in Ruh und Frieden haben kennen lernen; freilich haben sie soviel von ihren Nachbarn entlehnt, dass sie auch deren Weiberdreieck im Ornament besitzen mögen. In dem Flötenhaus der Auetó war unterhalb der Dachwölbung ein ziemlich langer Fries angebracht, wo man auf schmalen Streifen hellen Holzes eine ganze Serie von Umpams oder Uluris in Schwarz aufgemalt hatte.

Nun aber Nr. 1. Zwei Reihen von Dreiecken übereinander, genau wie die Uluris, doch über die Dreiecke läuft eine die obern Seiten umrändernde Zickzacklinie hinweg, die bei Uluris niemals vorkommt. Dies sind auf einmal Fledermäuse, *tatsiá* der Auetó und zwar *tatsiá pevú* »flache«, »platte Fledermäuse«. Desgleichen sind Fledermäuse in Vertikalstellung dieselben Dreiecke, die wir horizontal in Nr. 2 als Uluris anerkennen müssen, es fehlt ihnen auch die begleitende Zickzacklinie von Nr. 1, nur werden sie als hängende Fledermäuse bezeichnet. So sind auch die *semimo*, die Fledermäuse der Bakaïrí, auf dem dritten Rückenholz der Abbildung 48, als hängende Fledermäuse aufgefasst. Gedenke ich der fliegenden Hunde, die wie Schinken im Baum hängen, so begreife ich das dreieckige Ornament vollkommen, und auch Andere sehe ich damit einigermassen einverstanden; allein Niemand will mich verstehen, wenn ich jetzt auch auf fliesenbedecktem Boden oder in den Kacheln über einem Spülstein u. s. w. überall Fledermäuse zu erblicken behaupte.

Vielleicht noch überraschender ist *mura-yót*, das Muster von »jungen« oder »kleinen« Bora- oder Vogelbienen: die schwarzen Felder eines auf einer Ecke stehend gehaltenen Schachbretts! Ein Muster, das uns allenthalben umgiebt und das trotzdem die grösste Einbildungskraft sich nicht als das Bild der von dem Indianer leidenschaftlich gern verspeisten jungen Biene oder auch nur ihrer Zelle vor die Seele rufen würde. Im Vergleich zu ihnen sind die Fischwirbelchen, Nr. 8, je zwei mit einer Spitze vereinigte gleichseitige Dreieckchen, stilisierten Sanduhren ähnlich, von packender Realistik.

Folgerungen. Was wir geometrische Figuren nennen, bezeichnet der Indianer mit Namen konkreter Vorlagen. Man wird sich noch einmal fragen müssen, ob es vielleicht nicht nur Namen sind, die er des Vergleiches halber anwendet. Doch das ist auf keine Weise aufrecht zu erhalten. Auch wir haben zwar keinen bessern Ausdruck als »Schlangenlinie«, aber dafür zeichnen wir auch niemals die Tüpfel daneben und unterscheiden nicht nach der Zahl oder Anordnung der Tüpfel Schlangenlinien, die verschiedenen Schlangenarten entsprechen, wie die Bakaïrí in Nr. 1 und 12 der Tafeln 20 und 21 thun. In Nr. 12 haben wir die Abbildung mit Tüpfeln, auf dem vierten Rückenholz Seite 265 dieselbe Schlange in der nach unserer Ansicht rein geometrischen Figur der Schlangenlinie. Doch ist auch diese dem Eingeborenen noch keine geometrische Figur; der gewiss unausbleibliche Folgezustand, dass sich das konkrete Ding in eine Abstraktion verwandelte, begann höchstens erst einzusetzen. Von den Dreiecken könnte der Indianer sagen, sie sind »uluriförmig«, aber einmal nennt er sie, obwohl seine Sprache den Vergleich sogar adjektivisch wohl auszudrücken vermag, schlechthin Uluris, und dann verbindet er sie gelegentlich auch, wie in Nr. 16, durch die Leistenschnüre. Noch zwingender ist aber der Beweis für das Mereschumuster, wenn der Eingeborene mir das umgebende Netz als Fischnetz, die ausgefüllten Ecken der Raute als Kopf, Schwanz und Flossen erklärt und die Entwicklungsstufen der Fischstilisierung in Nr. 15, Nr. 3 und Nr. 9 nebeneinander auf demselben Fries überliefert, wenn er endlich die Rauten dort, wo sie eine breite Fläche bedecken, dennoch Stück für Stück zeichnet und nicht durch Kreuzung paralleler Linien erzeugt. Ich mache mich anheischig, das Mereschumuster beliebig vielen unbefangenen und phantasiebegabten Personen vorzulegen und glaube, dass von hundert nicht Einer es als einen Fisch deutet. Die Sache geht ja so weit, dass wir überhaupt froh sein dürfen, wenn wir die Figuren einigermassen verstehen, nachdem wir wissen, wie der Indianer sie nennt; wollen wir aber behaupten, dass er die Namen nach Aehnlichkeiten geschaffen habe, so sollten wir doch selbst vorher die Aehnlichkeit bemerkt haben. Wie das Mereschumuster aller Wahrscheinlichkeit nach entstanden ist und seine allgemeine Verbreitung gewinnen konnte, vermag ich erst in dem nächsten Kapitel zu erörtern, vgl. unter II.

Umgekehrt ist nichts leichter zu verstehen als die Entwicklung der geometrischen Figur aus einer Abbildung. Bestimmte Dinge machten den Leuten Vergnügen, und vorausgesetzt, dass sie solche Dinge malen — einerlei jetzt, wie sie überhaupt zum Malen fortgeschritten sind —, so muss sich bald aus den Einfällen der verschiedenen Künstler, wie wir sie bei dem Bakaïrífries noch in buntem Durcheinander sehen, der eine oder andere allgemeinere Geltung verschaffen, wenn das betreffende Objekt wegen seiner natürlichen Einfachheit der Umrisse leichter zu erkennen ist. Ein rhomboider Fisch wird unter ungeübten Händen mehr Aehnlichkeit bewahren als irgend ein Vierfüssler. Eine Reihe von Uluris wird im Anfang in ihrer Anordnung noch individuell variiert, wie die Nummern 16, 15 und 14 vortrefflich zeigen, aber aus der Menge der individuellen Variationen gewinnt wieder diejenige den Sieg, die das Nebenwerk abstösst, die Aehnlichkeit der Einfachheit opfert und sich am leichtesten, wenn ich so sagen darf, fabrikmässig herstellen lässt. Je weniger man zu überlegen braucht, desto lebensfähiger ist die Form, denn sie wird auch geringeren Talenten erreichbar. Die Kunst macht hier noch einen Fortschritt, wenn sie die ewig zu wiederholende Schablone gewinnt; nur so kann sie Fuss fassen und ein allgemeines Bedürfnis werden und sich von Generation zu Generation erhalten. In diesem Stadium sind wir bei den Auetö, die Bakaïrí bewegen sich zum Teil noch unter seinem Niveau und lassen uns den Weg erkennen, der sich bei jenen nur noch in den Namen verrät.

Bei den Auetó ist die künstlerische Form schon Hauptsache, bei den Bakaïrí liegt der Nachdruck noch darauf, dass die Schemata Abbildungen sind. Mehr

Abb. 51. Ruder der Bakaïrí.   Rochen-   Mereschu-   Pakú-   Kuomi-
(⅛ nat. Gr.)   ringe.   Fische   Fisch. Fische.
                                        im Netz.

als alle Erörterung wird der seltsame Zustand bei den Bakaïrí durch ein Beispiel von vielen, die nebenstehende Abbildung eines mit primitiven »Kritzeleien« bedeckten Ruders erläutert. Die vier Kreise sind die Ringzeichnung eines Rochen, jenseit des Trennungsstriches folgen Mereschus in Netzmaschen, dann ein Pakú- und endlich mehrere »Kuómi«-Fische, ein sonst nicht vorhandenes Muster, dessen natürliches Vorbild ein mir unbekannter Fisch ist: *pinukái, mereschu, páte, kuómi.* Ich bin weit entfernt, behaupten zu wollen, dass diese vier Muster in ihrer Zusammenstellung einen Sinn haben, glaube höchstens, dass es dem Verfertiger nahe gelegen hat, gerade auf einem Ruder Fische anzubringen. Aber es ist ungemein lehrreich zu sehen, dass von diesen Kritzeleien, wenn sie in ihrem Zusammenhang auch gewiss nichts bedeuten, also keine Bilderschrift sind, doch jede einzelne keineswegs ein beliebiger Schnörkel, sondern das Schema eines ganz bestimmten Dinges ist, also in der That das Element einer Bilderschrift darstellt. Niemals würden wir diese Schemata durch Ueberlegung richtig erklären, man muss von den Leuten selbst erfahren, was sie bedeuten, oder ruhig verzichten. Ich meinerseits bin ausserordentlich bescheiden im Deuten geworden, halte es auf der andern Seite aber für sehr oberflächlich, Figuren, die wir nicht verstehen, als Schnörkel abzufertigen. Wo

Figuren sich regelmässig wiederholen, wo es sich gar um Muster handelt, da darf man sicher sein, dass die ersten Leute, die sie zeichneten, auch ein bestimmtes Vorbild vor Augen hatten, dessen Sinn aber die Nachkommen vernachlässigt und unter dem Einfluss sprachlicher Differenzierung der nunmehr technischen Wörter auch ganz vergessen haben mögen.

Der Kulturmensch beginnt heute schon seine ersten Stümpereien in der Zeichenkunst mit Dreiecken, Vierecken, Kreisen, unsere Vorfahren haben an diesen und ähnlichen Figuren die Wissenschaft, die als die höchste gilt, entwickelt, er erblickt auch nirgendwo in der umgebenden Natur Linien und geometrische Figuren — folglich, schliesst er, sind diese fundamentalen Begriffe seinem eigenen reichen Innern entsprungen. Dass sie aus den Vorlagen von Schamschürzen, Fledermäusen, Fischen entstanden sein könnten, scheint ihm nicht nur unwürdig, sondern auch ein lächerlicher Umweg. Denn was ist leichter als ein Dreieck zu zeichnen? Was ist leichter, erwidere ich, als bis fünf zu zählen? Der Bakaïrí erklärt noch jetzt jedes Dreieck, das ich ihm zeichne, für eine Abbildung des Uluri, er kann die Dinge noch nicht zählen, ohne seine Finger zu Hülfe zu nehmen. Das Zahlwort »5« — Hand, das sich noch bei vielen Naturvölkern findet, entspricht genau dem Uluri — Dreieck, in beiden Fällen ist die innere Anschauung des Schemas oder die Abstraktion erst von dem Objekt gewonnen worden, in beiden hat das konkrete Vorbild noch lange Zeit sein Recht behauptet. Weder unsere Leichtigkeit, mit diesen Begriffen umzuspringen, noch die Thatsache, dass der Sinn unserer Zahlwörter aller spürenden Philologie entzogen bleibt, beweist, dass unsere Vorfahren einen andern Gang gegangen sind als die Naturvölker.

Der Lehrer der Geometrie braucht heute gewiss nicht mehr an einem Uluri besonderes Vergnügen zu haben, damit er ein Dreieck konzipieren könne. Das Uluri ist so eine Art Archaeopteryx der Mathematik. Wie sollte der fliegende Vogel anerkennen wollen, dass er von den kriechenden, bestenfalls flatternden Reptilien abstamme? Dennoch beweist die Unfähigkeit des Vogels, diesen Ursprung zu verstehen, nicht das Allergeringste dagegen. So beweist es auch nichts, wenn wir ausgezeichneten Flieger in den Höhen der Mathematik uns kaum vorzustellen vermögen, dass frühere Menschen sich noch nicht zu der kleinen Leistung aufschwingen konnten, ein simples Dreieck aus sich selbst hervorzuholen.

Verwendung der Ornamente. An den Gebrauchswaffen — es gab ja nur Bogen und Pfeile — waren gemalte Muster kaum anzubringen. Auch das Wurfholz wurde nur durch Umflechtung verziert; ein Korkkegel, der einem Pfeilschaft als Spitze aufsass, zeigte den Schmuck des Mereschumusters, vgl. die Abbildung Seite 109. Sonst darf man behaupten, dass aller Festputz, soweit er geeignete Flächen darbot, ausnahmslos mit Mustern bemalt war. Am meisten bemerkbar ist dieses an den Masken, für die sämtliche Stämme das Mereschu mit grosser Vorliebe verwendeten, wie sich bei Beschreibung der Masken des Näheren ergeben wird.

Ich will kurz die am meisten charakteristischen Beispiele der Verzierung mit Mustern aufführen. Bei den Bakaïrí sahen wir ein Kanu mit den Rochenringen und dem Zickzack der Anakonda bemalt. Von Rudern haben wir ausser dem der Abbildung 51 nur noch eins gefunden, wo ein Schlangenmuster angebracht war oder sich erhalten hatte. Dem im dritten Bakaïrídorf liegenden Trommelbaum hatte man ausser den unter den Rindenzeichnungen erwähnten Mereschufiguren eine lange Fischgrätenzeichnung wie die der ersten Ornamententafel aufgemalt. Im Hafen der Mehinakú, wie ich ebenfalls schon angeführt habe, trugen mehrere Bäume hübsche Mereschumuster eingeritzt.

In erster Linie waren es bei den Bakaïrí die Kürbisse, die mit Mustern geschmückt waren, sowohl die Trinkschalen als die kugelförmigen Kalabassen als die flaschenförmigen, die zum Aufbewahren von Federn dienten. Netzförmig bedeckte sie bald das Uluri- bald das Mereschumuster; entsprechend der am Stiel ausgeschnittenen Scheibe der Kalabassen und ebenso gegenüber war ein Kreis gezeichnet, zu dem die Muster konvergierten, und von dem bei den durchschnittenen Kuyen an der Seite ein Halbkreis übrig blieb. Wir sahen in einem Beispiel, dass die Mereschus an einer Ecke übereinander geschoben waren, wodurch der Eindruck des Geflechts entstand. Gelegentlich wechselten Mereschus und Fledermäuse und waren nur dadurch unterschieden, dass bei diesen die Ecken nicht ausgefüllt waren, analog Nr. 10 auf Tafel 20. Die Rückenhölzer waren alle, wie beschrieben, mit Mustern dicht bedeckt. Vgl. Seite 266.

Abb. 52.
Trinkkürbis (Bakaïrí) mit Mereschu- und Fledermausmuster.
(¹/₇ nat. Gr.)

Abb. 53.
Federkürbis (Bakaïrí) mit Mereschumuster.
(¹/₆ nat. Gr.)

Bei den Nahuquá sind uns ebenfalls besonders die verzierten Kürbisse aufgefallen, nur dass hier hauptsächlich die beim Tanz verwendeten Rasselkürbisse verziert waren. Ihre ganze Malerei war nicht weither. Doch ist es möglich, dass ich sie unterschätze, weil sie ihren Hausrat bei unserm ersten Besuch ausgeräumt und bei unserm zweiten vielleicht auch noch zum Teil zurückgehalten hatten. Immerhin ist dies letztere nicht besonders wahrscheinlich, da sie dringend wünschten, mit uns Geschäfte abzuschliessen.

Vor den Mehinakú und Kamayurá, zumal den ersteren, zeichneten sich die Auetö́ als eifrige Maler aus. Bei den Mehinakú traten die Kürbisse, die bei den Kamayurá mit hübschen Mustern versehen wurden, gegen die Töpfe zurück. Die Mandioka-Grabhölzer waren durch Mereschumuster und, wie wir sehen werden, auch durch Schnitzwerk verziert. Beides ist auch auf die Beijúwender, mit denen die Fladen von einer Seite auf die andere geworfen wurden, auszudehnen. Ich gebe das Beispiel eines Beijúwenders der Kamayurá (a) und eines der Yaulapiti (b), dieser armen Teufel, die uns vier hölzerne Beijúwender und nur einen steinharten Beijú anzubieten hatten. Der Kamayurá-Künstler hatte grösseres Gefallen daran, die Zwischenlinien zu zeichnen als die Mereschus, die er mit vier Hälften abfertigt. Man sieht an diesem hübschen Fall, der sogleich sein Gegenstück finden wird, so recht, wie das ursprüngliche Motiv im vollen Sinn des Wortes beiseite geschoben wird, und die Ornamentik um ihrer selbst willen bestehen will. Der Beijúwender der Yaulapiti zeigt oben und unten einen halben Mereschu und in der Mitte das Panzerfisch-Ornament der Auetó, von dem ich aber nicht wie vom Mereschu weiss, ob es bei den Yaulapiti gleichen Sinn hat.

Das reichhaltigste Material an Zeichnungen bieten bei den Mehinakú, Auetó und Kamayurá in gleicher Weise die Spinnwirtel. Während die Bakaïrí Wirtel

Abb. 54. Beijúwender.
a. der Kamayurá, b. der Yaulapiti.
($^1/_6$ nat. Gr.)

Abb. 55. Spinnwirtel mit Mereschumuster (Mehinakú). ($^1/_1$ nat. Gr.)

aus Holz und Thon hatten, wurde hier überwiegend eine aus dem Bauchpanzer der Schildkröte herausgeschnittene Scheibe benutzt und fast immer auf einer, nicht selten auf beiden Seiten verziert. Das Muster wurde mit dem Zahn des Hundsfisches eingeritzt und mit Speichel und Kohle verschmiert.

Ich habe auf Seite 263 bereits zwei Schildkröten-Spinnwirtel der Mehinakú wiedergegeben. Einen gleicher Art von Holz zeigt die Abbildung 55. Der Zeichner ist mit seinen Trennungsstrichen sehr in die Enge geraten. Dieser Typus ist der gewöhnliche. Vereinzelt aber fanden wir Wirtel, die grossen Fortschritt bekunden. Auf der kleinen Arbeitsfläche bildet sich die Sicherheit der Hand und es entstehen rein künstlerische Motive. Man hatte, um die Mereschus ringsum abzugrenzen, dicht an dem Rande des Wirtels einen konzentrischen Kreis gezogen und diesen Raum zwischen Kreis und Scheibenrand freigelassen. Aber auch er wird jetzt gefüllt, man begleitet den Kreis wie den Scheibenrand mit Uluris und verbindet deren nach innen vorragende Spitzen. So sehen wir an dem Spinnwirtel der

Kamayurá, Abb. 56, den mit Mereschus gefüllten Innenkreis mit einem Kranz von Perlen, möchten wir fast denken, umgeben, doch sind diese eckigen Perlen nur die Zwischenräume zwischen den alten guten Uluris.

Abb. 56. Spinnwirtel der Kamayurá mit Mereschu- und Ulurimuster. Unteres Stück zerstört. ($^1/_1$ nat. Gr.)

Abb. 57. Spinnwirtel mit Mereschu- und Ulurimuster. Seitenabschnitt rechts zerstört. Mehinakú. ($^1/_1$ nat. Gr.)

An einem Wirtel der Mehinakú, Abb. 57, haben wir genau dasselbe Verhalten, nur ist der verzierte Rand breiter gelassen, die Abstände der Uluris sind grösser und so umschliesst ein aus sechseckigen Täfelchen zierlich gebildeter Kranz den Innenkreis. Hier aber ist eine seltsame Variation dadurch entstanden, dass nur ein rechteckiger Streifen, dessen Mitte das Loch einnimmt, mit Mereschus ausgefüllt ist.

Die Leute kommen jetzt, wie in den Kränzen von Perlen und Täfelchen, zu Motiven, von denen sie selbst noch nichts wissen. Wehe diesen Erzeugnissen, wenn der Indianer sie nicht selbst erklären kann, und sie in die Hände eines durch seine Kulturbrille schauenden weissen Mannes geraten! Auf einem Wirtel der Auetö sind Me-

Abb. 58. Schmuckwirtel der Auetö mit Mereschumuster. ($^1/_1$ nat. Gr.)

reschus im Kreise um die Mitte so angeordnet, dass sie sich mit den Seitenecken berühren: es entsteht eine »Rosette« oder ein zierlicher »Blumenkelch«.

Nachdem wir mit dem Mereschu mehr als zur Genüge vertraut worden sind, blicken wir ohne Aufregung auf die Scheibe, Abbildung 58, mit dem aufrechten Kreuz. Die Figur entsteht nur dadurch, dass der Künstler, wie der Kamayurá oben beim Beijúwender Abbildung 54a, die Trennungsstriche als Hauptsache behandelt, während der Unbefangene, der nur diese Scheibe sähe, umgekehrt

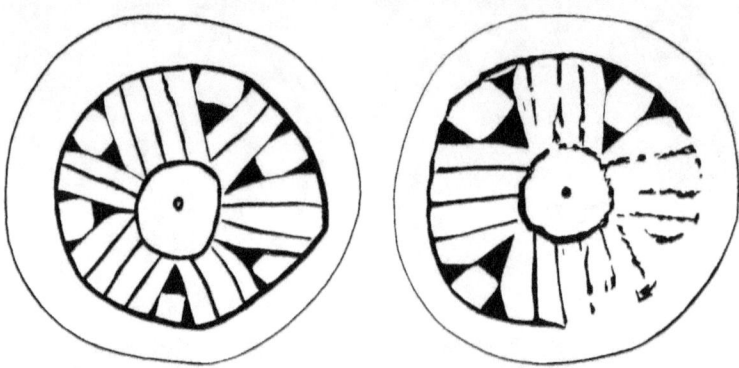

Abb. 59. Spinnwirtel der Kamayurá mit Mereschumuster. ($^1/_1$ nat. Gr.)

sich wenig darum kümmern würde, dass zwischen den Armen des Kreuzes noch einige ornamentale Dreiecke angebracht sind. Die Vierarmigkeit ist nur ein Zufall. Zwei andere herzlich kunstlose Stücke zeigen, Abbildung 59, ohne Weiteres, dass es sich um nichts als die Zwischenräume zwischen den radial gerichteten Mereschus handelt. Doch sind diese drei Scheiben keine wirklichen Spinnwirtel, sondern Nachahmungen derselben zum Festschmuck. Leichte Korkscheiben bei den Auetö, Stücke Schildkrötenknochen bei den Kamayurá sind mit schwarzer Farbe ohne Ritzung bemalt. Sie werden um den Hals gehängt. In dem Kreuzmuster hat man das Loch des Wirtels ausgelassen. Dagegen hat man es auf den beiden andern Scheiben gross und breit hingemalt und sie in der Mitte nur für den Aufhängefaden durchbohrt.

Abb. 60. Schmuckwirtel der Auetö mit Wirtelmotiven.

Ein Kunstwerkchen gleicher Art, in dem das Loch wirklich wie für die Aufnahme des Spindelstocks breit gebohrt ist, zeigt uns in der Mitte das Bild eines vielstrahligen Sterns, ferner eines diesen umschliessenden schwarz punktierten Kreisbandes und endlich eines ringsum laufenden schwarzen Kranzes, in dem neben jedem der schwarzen Punkte ein weisses Scheibchen ausgespart bleibt. Die durchlöcherte Sonne von 15 schwarzen Sternen und 15 weissen Vollmonden umgeben: für den Symboliker mag es schwer zu entscheiden sein, ob sich mehr die

Erklärung empfiehlt, dass hier ein Zauberer der Auetó den Weltuntergang prophezeit, oder die, dass er eine geheimnisvolle Ursage seines Volkes über die Schöpfung des Firmaments verkündet. In der That ist die niedliche Schmuckscheibe ein rein ornamentales Erzeugnis. Nur sind die Motive nicht ganz so weit hergeholt. Sie werden uns in roherer Ausführung auf den beiden Seiten eines anderen Schmuckwirtels, Abbildung 61, einzeln verständlich überliefert.

Vorher betrachte man sich noch einmal die beiden Wirtel von Abbildung 59, wo das eckig runde Loch von Mereschus umgeben dargestellt ist. Die Schmuckwirtel enthalten die Bestandteile der Arbeitswirtel nach Auswahl. Auf der grossen Kreuzmusterscheibe war das Loch ausgelassen, in Abbildung 61 bilden neben den Uluris die Lochkreise von 59 das Motiv. Während auf den Arbeitswirteln die Zeichnung erst eingeritzt und mit Farbe verschmiert wurde, hat auf den Schmuckwirteln bei direktem Aufmalen die Farbe grössere Freiheit; breit werden um das

Abb. 61. Schmuckwirtel der Kamayurá. Vorder- und Rückseite. ($^1/_1$ nat. Gr.)

zentral gemalte Loch die Uluris hingesetzt (Abb. 61) und mit ebenso vielen am Randkreis durch Schnüre verbunden; in die freibleibenden Vielecke werden das eine mal ringsum sechs Lochkreise mit den Bohrlöchern, das andere mal sieben Bohrlöcher eingetragen. Abgesehen von diesen Zusätzen ist die Grundanlage der beiden Schmuckwirtel bereits in dem Arbeitswirtel mit dem getäfelten Kranz (Abb. 57) gegeben, dessen schon reduziertes Mereschumuster nur ganz fortfällt und dessen zahlreiche Uluris auf 7 oder 6 vermindert sind. So kommen die Uluris dazu, einen »Stern« zu bilden, dessen Spitzen freilich mit ihrer Verlängerung zum Rand hinüber an diesen beiden Schmuckscheiben noch der geometrischen Reinheit Hohn sprechen. Stern, Lochkreis und Bohrloch sind nun von dem Künstler der kosmologischen Schmuckscheibe (Abb. 60) in freier Komposition, die jedem Element eine eigene Stelle anwies, nach der Reihe abgezeichnet worden.

Die hölzernen Spinnwirtel waren sehr selten mit Ritzmustern verziert. Doch habe   ein Muster geschnitzt hatte.

Ich schliesse die Abbildung des einen hübscheren, der auf beiden Seiten geschnitzt war, hier an; aus der üblichen Ritzkunst der Wirtel hervorgegangen, stellt die Arbeit den einzigen Fall von Flachschnitzerei dar. Die zuerst abgebildete Seite wolle man mit dem Kreuzwirtel vergleichen, Seite 273. Die vier dreieckigen Segmente sind die halben Mereschus; die Strichkontouren der Zeichnung wurden erhaben herausgeschnitzt, die so entstehenden Seitenleisten nach der Mitte geführt und die fünfeckigen Felder, die sich uns wiederum als die Hauptsache aufdrängen möchten und die doch nur von der Mereschu- und Lochumrandung übrig bleiben, vollständig geebnet. Auf der andern Seite des Wirtels sind zwischen den vier halben vier ganze Mereschus ausgeschnitten, und das Loch umgiebt, wie oft auch bei den Ritzmustern, ein fünftes zentrales.

Bemalung der Töpfe. An den Thonnäpfen, die Tiere darstellen, ist gelegentlich, vgl. die Abbildung 87 des Eidechsentopfes in dem Abschnitt über die keramische Plastik, die Zeichnung des Tieres nachgeahmt. Häufiger sind die mittelgrossen und grossen Töpfe bemalt und zwar an der Aussenwandung mit parallelen senkrechten Streifen und mit Mustern ausser auf dem Boden. Besonders häufig sieht man die Tätowierungslinien der Mehinakú angebracht, die die Schulterblätter in Winkeln oder in Bogen innen umziehen. Die Tafel 15 mit den grossen Töpfen zeigt uns auf dem Topfboden links oben dieses Motiv in bereits reicherer Gestaltung, indem die Bogen nicht nur doppelt sind, wie auch bei der Tätowierung selbst

Abb. 62. Geschnitzter Holzwirtel der Auetö.
Ober- und Unterseite. ($^1/_1$ nat. Gr.)

schon vorkommt, sondern dreifach und zwischen die beiden inneren Tüpfel und zwischen die beiden äusseren Schlangen-Zickzacke gemalt sind. Kleinere Bogen, wie die Frauen sie auf den Armen tätowiert haben, sind oberhalb des mit Farbe ausgefüllten Mittelfeldes angebracht. Der Topfboden im Vordergrund enthält einen Mittelkreis mit Netzwerk und ringsum das Schlangen-Zickzack sowie ein paar Striche in der Richtung der Seitenstreifen. Die Zeichnung ist unregelmässig genug, um uns davor zu bewahren, dass wir in ihr einen »Stern« erblicken, an den die Indianerin nicht gedacht hat.

III. Plastische Darstellung und Keramik.

Einleitung. Kettenfigürchen. Strohfiguren. Lehmpuppen. Wachsfiguren. Holzfiguren (Tanz-Vögel und -Fische, Mandioka-Grabhölzer, Beijúwender, Kämme, Schemel). Töpfe.

Die Kunst der Indianer, körperliche Formen nachzuahmen, ist ungleich weiter fortgeschritten als die der Zeichnung. Sie hat von vornherein, wie Ricci auch für die Versuche der Kinder hervorhebt, den grossen Vorteil, dass die perspektivischen Schwierigkeiten wegfallen. Die Teile mögen ungeschickt herausgearbeitet sein, sitzen aber doch an ihrer richtigen Stelle, es ist nicht nötig, sie an einen falschen Platz zu setzen, um sie zu zeigen. Genau so wie in der Zeichnung, ja, da die Zahl der Motive weit ansehnlicher ist, in grösserem Umfang tritt hier das Tiermotiv hervor. Abgesehen davon, dass Töpfe als Kürbisse dargestellt werden, aus denen sie wahrscheinlich hervorgegangen sind, handelt es sich ganz allein um Nachahmung von Tieren. Nur in der Tanzkunst tritt noch eine gleich unerschöpfliche Fülle von Motiven hervor, die der Freude am Jägerleben und seinen Beobachtungen entspringen.

Auch in der plastischen Kunst lässt sich noch deutlich erkennen, dass sie von Haus aus nur beschreibend ist. Wir dürfen hier nicht erwarten, den Weg soweit zurückverfolgen zu können, wie bei der Zeichnung, deren beste Leistungen noch eine Art kartographische Aufzählung der charakteristischen Merkmale bleiben und diese selbst noch in der geometrischen Umgestaltung konservieren, allein wir haben hier einen andern Hinweis, der nicht minder deutlich ist. Bei dem Bilden körperlicher Formen tritt das zu bearbeitende Material in viel höherem Grade in den Vordergrund als beim Einritzen von Linien. Wie der Reim häufig den Gedanken liefert, so liefert auch eine schon vorhandene Form häufig das Motiv. Da zeigt sich denn eine ganz auffallende Genügsamkeit in den charakteristischen Merkmalen, die beansprucht werden; eine beliebige kleine Aehnlichkeit reicht aus, um das Objekt für ein bestimmtes Geschöpf zu erklären. Auf einer höhern Stufe schmückt der Eingeborene einen Gebrauchsgegenstand durch ein frei erfundenes Motiv, und dieses verfällt alsdann der geometrischen Stilisierung genau so wie die Zeichnungen.

Kettenfigürchen. Die knappe Charakterisierung fällt am meisten bei den Figürchen auf, die an den Halsketten, zumeist der Säuglinge und kleinsten Kinder, zwischen den Samenkernen, Muschel- und Nussperlen aufbewahrt werden. Das Material ist ganz gleichgültig. Ein Stück aus der Windung der rosafarbigen Schneckenschale hat einen Rand, der in unregelmässigen Vorsprüngen und Ausbuchtungen verläuft: das ist ein Krebs. Aus der Schale des Caramujo branco, Orthalicus melanostomus, schneiden die Bakaïrí Vögel und Fische aus. Wir sehen ein schildförmiges Stück, den Rumpf, das sich unten in einen schmäleren Schwanz und oben in eine Art Halsstück fortsetzt (Abb. 63). Dieses »Halsstück« ist aber der Kopf, häufig seitlich durchbohrt, um die Schnur aufzunehmen, und erscheint ganz nebensächlich behandelt. Ist das Schwanzstück wie eine Flosse eingeschnitten, so haben wir statt des Vogels einen Fisch vor uns.

Abb. 63.
Vogelfigur aus Muschelschale.
(²/₃ nat. Gr.)

So sind auch kleine Stücke des grünlichen, schwarzgesprenkelten Steins der Steinbeile: Fische, wenn sie platt sind, oder Vögel, wenn sich der walzenrunde Leib zum Schwanz abplattet. Der Natur wird durch Schleifen etwas nachgeholfen. In der Abbildung 64, Seite 279, zeigen die beiden ersten Ketten durchbohrte Steinscheiben (Durchmesser 2—3 cm) und Steinzylinder (3 cm lang) zwischen den Nussperlen, wie sie die Trumaí und Yaulapiti herstellen, in der dritten sind diese Gebilde von den Nahuquá aus Thon, in der vierten von ihnen aus dem durchsichtigen bernsteinartigen Jatobá-Harz (Hymenaea) nachgeahmt; auch die dritte Kette enthält eine Harzperle. An der ersten und vierten Kette ist ein Vogel aufgereiht. Der Steinvogel, bei dem ein Knöpfchen als Schnabel erkennbar ist, wird als Taube bezeichnet. Auch die birnenförmigen Steine der Wurfpfeile werden in kleinem Format an den Ketten getragen, angebunden, nicht durchbohrt, und zwar fanden wir sie auch bei den Mehinakú importiert, die weder die Steine noch überhaupt Wurfhölzer haben.

Aus Nussschale und Knochen werden ähnliche Figuren geschnitzt. Bei den Mehinakú erwarben wir ein 7 cm langes Stück Bagadúfisch-Knochen, ein Viereck mit bogenförmig ausgeschweiften Seiten, das einen Vierfüssler darstellt, während ein kleineres Stück einen Rochen mit Schwanz und daneben den Bauchflossen wiedergiebt. Leider habe ich zu spät erfahren, dass den Figuren stets ein bestimmter Sinn unterlegt wurde, und kann deshalb von manchen nicht sagen, was sie bedeuten. Hier ist alles Raten zwecklos.

Strohfiguren. Wer sich noch zutraut, die Bilder und Figuren des Indianers immer deuten zu können, den hätte ich gern in der Hütte der Bakaïrí, die den grossen Fries enthielt, neben mir gehabt, nicht einmal so sehr wegen der aufgemalten Ornamente als wegen eines Flechtmusters, das sich über der Thüre befand. Als uns der Hausherr die Abbildungen erklärt hatte, führte er uns vor diese Thüre als ob er sagen wollte: »nun habe ich hier noch ein kleines Kunstwerk«. Es befand sich dort ein Flechtwerk aus dünnen, querliegenden schwarzen Reisern und vertikal gespanntem gelbem Stroh. Man erblickte zwei Reihen von Quadraten zwischen drei Stangen, in diagonaler Richtung abwechselnd von links oben nach rechts unten und von rechts oben nach links unten so geteilt, dass jedes von ihnen durch ein schwarzes Reiserdreieck und ein gelbes Strohdreieck zusammengesetzt war. Diese Dreiecke erklärte der Bakaïrí für »Schwalbenfedern« „táriga yuchúto". Die táriga ist eine schwarzgelbe Schwalbe*), während die irí schwarzweiss ist. Offenbar stellten die gelben Dreiecke des Musters die Flügel dar. Es handelt sich keineswegs um ein zufälliges Muster, denn danach war weder der besondere Hinweis, noch die umgebenden Abbildungen, noch die Zusammensetzung mit den Reisern angethan. Allein jeder Zweifel schwand, als der Indianer uns im Innern von zwei Quadraten, die sonst nur aus querliegenden Reisern gebildet waren, mehrere schmale, an und für sich ganz zwecklose Flechttouren zeigte, wo ein wenig gelbes Stroh aufgewickelt war, und nun erklärte: »Kapivara-Zähne«. Zähne also von Hydrochoerus capybara oder Wasserschwein, dem grossen Nagetier, das sich durch gewaltige Schneidezähne, die Meissel der Eingeborenen, auszeichnet. So ungefähr konnte man zugeben, waren

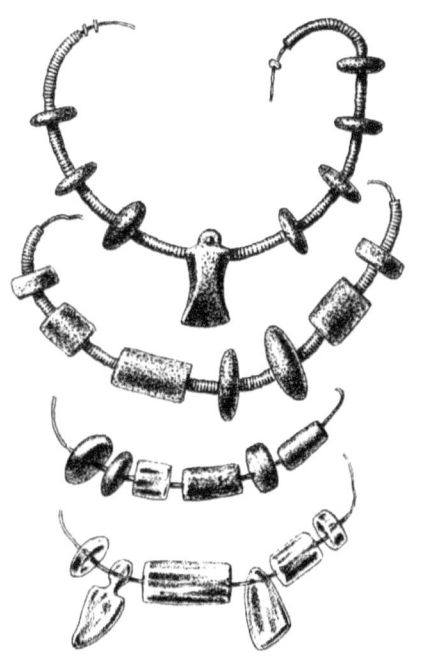

Abb. 64. Kettenfigürchen. (¹/₂ nat. Gr.)

die Umrisse ähnlich, allein von selbst wäre kein Europäer auf diese richtige Deutung verfallen. Endlich sahen wir im Künstlerhaus der Auetö einen geflochtenen Streifen, den sie uns als »Fischgräten« bezeichneten. Es war dieselbe Figur wie Nr. 5, Tafel 20.

Ich würde diese Beispiele schon früher bei den Zeichnungen und nicht hier angeführt haben, wenn sie sich nicht an eigentümliche Flechtfiguren oder -püppchen anschlössen, die wir bei den Nahuquá fanden. Von den beiden Abbildungen 65 und 66 ist die eine leicht verständlich und für den Kindergarten brauchbar, sie stellt eine

---

*) In meinem Buch »Die Bakaïrí-Sprache«, p. 39, irrtümlich als halb schwarz, halb »weiss« angegeben.

Kröte vor; die andere jedoch würde ich wenigstens, und wenn ich ein Jahr darüber nachgedacht hätte, nicht richtig gedeutet haben. Wir haben in ihr ein Reh anzuerkennen! Es ist in der That auch ganz einfach. Erstens darf ich davon ausgehen, das es ein Tier ist; dann muss das kräftiger herausgehobene Eckstück rechts der Kopf sein, und ich habe somit ein vierfüssiges Tier, während ich mich um die drei Rückengipfel nicht mehr kümmere, da ein Nahuquá kein Dromedar oder Kameel, geschweige ein Tier mit drei Erhöhungen auf dem Rücken kennt. Es muss ferner ein solches vierfüssiges Tier sein, für das der Schwanz, weil er fehlt, nicht charakteristisch sein sollte. Was ich aber von Füssen sehe, ist den Hufen des Rehs am ehesten entsprechend. So hinke ich mit meinen Schlüssen langsam hinter denen des Nahuquá her, während der Indianer eines anderen Stammes nach kurzem Besinnen von selbst die richtige Lösung findet.

Abb. 65. Kröte. Nahuquá. (¹/₂ nat. Gr.)

Wie ich bei den Zeichnungen schon der Bororó gedacht habe, möge deren analoges Fröbelspielzeug auch in diesem Zusammenhang vorgenommen werden. Das gefaltete Stückchen Palmblatt, Abb. 67 links, stellt eine »Bororó-Frau« vor, das heisst es ist nichts als die Schambinde mit dem sie festhaltenden Rindengürtel. Ein »Bororó-Mann« wurde dargestellt, indem man den Palmblattstreifen auf gleiche Art faltete und nun nur einen Faden quer darum band, die Leibschnur, die er neben seinem Stulp trägt und auch lange vor Erfindung des Stulps getragen hat.

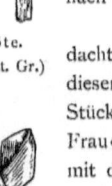

Abb. 66. Reh. Nahuquá. (¹/₂ nat. Gr.)

Eine besondere Gruppe von Strohfiguren sind die der Bakaïrí-Tanzfeste. Ich werde sie bei den Masken zu besprechen haben. Sie stellten Tiere dar und wurden auf dem Kopf getragen. Spannenlange Puppen dienten als Kinderspielzeug und wurden auch im Dach der Festhütte an einer Stange aufgesteckt zum Zeichen, dass man Mummenschanz feiere; sie verkündeten aller Welt: »Heute grosses Tanzvergnügen«. Die beiden Püppchen der Abbildung 68 scheinen sehr ausdrucksvoll zur Fröhlichkeit aufzufordern. Grösseren Strohfiguren, die nicht als Kopfaufsätze dienten, begegneten wir 1884 vor dem zweiten Bakaïrídorf am Batovy. »Kurz vor dem Ausgang des Waldes trafen wir eine wunderbare Aufstellung von ungefähr einem Dutzend Tiergestalten längs einer Seite des Pfades, wahrscheinlich Ueberbleibsel eines Festes.« (Sie sollten die Teilnehmer der Nachbardörfer begrüssen). »Sie waren aus Laub und Stroh verfertigt,

Abb. 67. Frauen- und Männerfigur. Bororó. (¹/₂ nat. Gr.)

meist Vierfüssler mit langem, dünnem Körper, fast nur aus Wirbelsäule und hohen Beinen bestehend; die grössten reichten uns bis an die Hüften. Ein Ding, das offenbar ein Affe sein sollte, kletterte eine Stange hinauf.« (Durch Centralbrasilien, p. 168.)

Ungemein charakteristisch für das Vergnügen an der Kunst sind die Maisfiguren, beinahe ausschliesslich Vögel, die wir am schönsten im zweiten Bakaïrídorf trafen. Dort hingen sie fast truthahngross von der Wölbung der Kuppel an einer langen Schnur herunter, ein seltsamer Anblick für den Eintretenden, der gewiss an Idole und Fetische dachte. Aber diese braven Vögel waren nichts als liebevoll ausstaffierte Maiskolben, die in ihrer natürlichen Strohhülle aufbewahrt wurden. Ich habe Figuren verzeichnet von der Harpyia destructor, einer grossen und einer kleinen Falkenart, dem Schlangenhalsvogel und dem Jabirú oder Riesenstorch. Eine menschenähnliche Figur, eine Puppe mit einem Knopf oben statt des Kopfes, stellte den Imoto-Tänzer in seinem Strohanzug dar. Sonst waren es immer Vögel und zwar grosse Vögel. Oefters waren ein paar echte Schwanzfedern eingesteckt oder dem Maisstroh einige farbige Bänder aufgemalt. Die nebenstehende Harpyia destructor (Abb. 69) ist durch den starken Schnabel und die Holle gekennzeichnet, die Schwanzfedern sind schwarz gebändert; mit Liebe sind die Zehen aus gedrehtem Stroh verfertigt und, wo der Lauf aus dem Gefieder der Schenkel hervortritt, befindet sich eine Abschnürung. Imposanter war der Tujujústorch; er hing mit ausgebreiteten Flügeln!

Abb. 68. Aufforderung zum Tanz. Bakaïrí. ($^1/_6$ nat. Gr.)

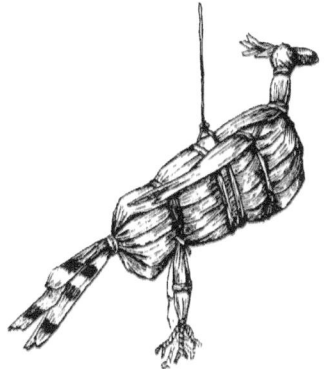

Abb. 69. Maisfigur: Harpyia destructor. Bakaïrí. ($^1/_{10}$ nat. Gr.)

Ein dicker Maiskolben bildete als Mittelstück den Körper; nur an ihm war der Stiel nicht abgeschnitten, sondern bildete weit vorragend den etwas dünnen, aber langen Schnabel. Auf jeder Seite waren elf Maiskolben nebeneinander zwischen ein paar Reisern eingespannt, und diese schöne schwebende Brücke stellte nunmehr die Mycteria americana dar, deren einzelne Teile nach der Reihe abgebrochen und geröstet wurden. Nichts Geheimnisvolles, nichts Symbolisches, nur ein Storch, den der Bakaïrí dem erstaunten Europäer knusprig zu braten gern bereit war.

Lehmpuppen. Eine ähnliche unerwartete Verbindung des Schönen und Nützlichen zeigt eine rote schwere Lehmpuppe, 30 cm lang, 24 cm breit und 7 cm dick, Abb. 70. Vier rundliche Stummel, die durch zwei seitliche und eine untere Ausbuchtung des Körperklumpens erzeugt werden, sind die Extremitäten, ein kubischer ungeschlachter Vorsprung das Haupt. Zwei Löchlein die Augen, eine Vertiefung der stark abwärts gerutschte Mund und ein Löchlein wiederum der Nabel. Dieser rote Lehmmann ist eine essbare Kinderpuppe. Er besteht aus dem Stoff, von dem die Bakaïrí sagen, dass ihre Grossväter ihn verzehrten, bevor sie die Mandioka kannten. Heute wird der schwere fette Teig wohl kein geschätzter Leckerbissen mehr sein. Zum Spielen ist die Puppe nach ihrem Gewicht auch wenig geeignet. Dass die Kinder daran schleckten, wurde mir angegeben. Doch haben wir ähnliche Puppen aus weisslichem, härterem, nicht essbarem Lehm gefunden und bei den Kulisehu-Indianern nichts vom Lehmessen bemerkt, während ich bei den Bororó allerdings gesehen habe, dass sie von der Wand des Stationshauses, vor der wir plaudernd standen, wie in Gedanken Stückchen abbrachen und aufmummelten.

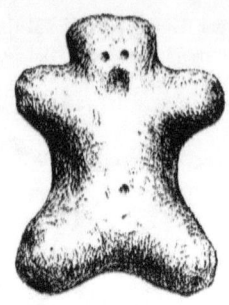

Abb. 70. Lehmpuppe. Bakaïrí. ($^1/_6 - ^1/_7$ nat. Gr.)

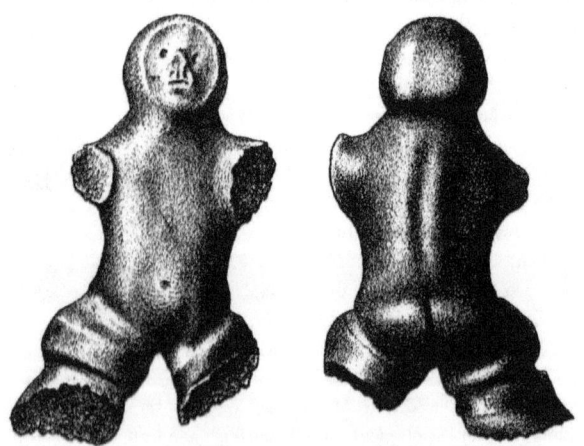

Abb. 71. Thonpuppe. Auetö. ($^3/_4$ nat. Gr.)

Bei den Bakaïrí entdeckten wir eine kleine weibliche Puppe aus gebackenem Thon, die sie den Auetö zuschrieben, die einzige ihrer Art. Bei den Auetö selbst fanden wir nichts Aehnliches. Die Arme sind dicht am Ansatz, die Beine etwas tiefer inmitten der unförmlich angeschwollenen Oberschenkel abgebrochen.

Von dieser Elephantiasis abgesehen ist die Modellierung gar nicht so übel. Besonders der Rumpf ist lobenswert, der Nabel sitzt an der richtigen Stelle, und der Rücken erscheint sowohl in seinem Verlauf mit der Furche der Wirbelsäule als dort, wo er aufhört, mit einer etwas tief eingeschnittenen Teilung frei von allem Schematismus. Der Kopf erinnert an den eines Eskimo in der runden Kapuze, was einmal von dem Fehlen des Halses herrührt und dann an der flachen Vertiefung liegt, die unterhalb des Haarrandes für das Gesicht gegraben wurde und in der man die Nase stehen liess. An dem Lehmmann der Bakaïrí ist bei genauerem Zusehen zu erkennen, dass man auch eine (nur äusserst flache) Vertiefung für das Gesicht angelegt hat.

Wachsfiguren. Wiederum wie beim Mais nur eine kunstsinnige Art, das Material aufzubewahren. Das schwarze Wachs wurde, und zwar am hübschesten bei den Mehinakú, zu niedlichen Tiergestalten geformt und so aufgehängt oder auch in den Korb gelegt, bis man es gebrauchte. Bei den Bakaïrí fanden wir eine menschliche Figur, besser als die Lehmpuppen

Abb. 72. Wachsfigur: Nabelschwein. Mehinakú. (½ nat. Gr.)

modelliert. Die zivilisierten und zum Christentum bekehrten Indianer haben den alten Brauch dahin verändert, dass sie Heiligenbildchen aus Wachs herstellen und verkaufen. Am bildsamen Wachs zeigte sich am besten, was die Künstler vermögen. Einige Tiere waren sehr gut modelliert, so das kleine, 6,5 cm lange Pekari oder Nabelschwein der Abbildung 72, Dicotyles torquatus. Die Augen sind durch ein paar Muschelplättchen wiedergegeben, die Nasenlöcher der Rüsselschnauze tief eingestochen. Von den Säugetieren sahen wir sonst noch den grossen Sumpfhirsch und einen Brüllaffen als Wachs-

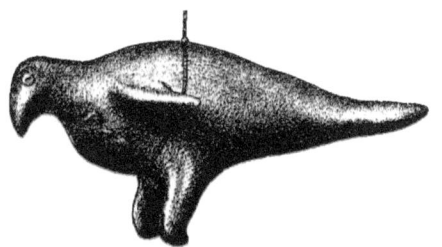

Abb. 73. Wachsfigur: Karijo-Taube. Mehinakú. (⅛ nat. Gr.)

figuren. Häufiger waren die hängenden Vögel, oft rot bemalt. In der Illustration 73 sehen wir eine Karijo-Taube; die Figur, 15 cm lang, mit den kurzen Flügelstummeln, war recht steif geraten.

Holzfiguren. Beim Tanzschmuck werde ich die geschnitzten und bemalten Holzmasken für sich behandeln. Die Bakaïrí, deren Festputz zumeist aus Strohmützen, Strohanzügen und auf dem Kopf getragenen Strohtieren bestand, schnitzten für ihre Kopfansätze Vögel aus leichtem Holz. Vom Batovy haben wir 1884 ein wundersames Kopfgerüst mitgebracht (abgebildet »Durch Centralbrasilien« p. 322), wo sieben buntbemalte Vögel drei langen mit Baumwollflocken umwundenen Stäbchen aufsitzen, Vögel, die ich damals für Schwalben hielt, mittlerweile aber als Sanyassú (Tanagra Sayaca Neuw.) bestimmen konnte. Aehnliche Vögel sind auch die in Nr. 74 abgebildeten, von denen der grössere einen Falken, der kleine den hurtigen Strandvogel Massarico (Calidris arenaria) darstellt; sie waren zahlreich im dritten Bakaïrídorf am Kulisehu vorhanden. Der Hals ist scharf vom Körper abgesetzt, einige Linien veranschaulichen die Zeichnung des Gefieders und ein rechts und links durch den Leib gesteckter und unten wieder mit seinen Enden zusammengefasster langer Halm stellt die Beine dar.

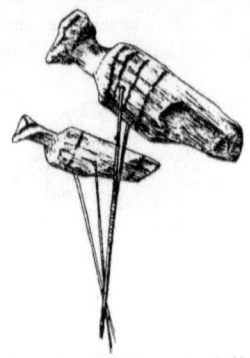

Abb. 74. Holzfiguren: Falk und Massarico. Bakaïrí. (¹/₅ nat. Gr.)

Am Batovy haben wir (Abb. 75) aus harter Rinde plump geschnitzte, zum Aufhängen durchbohrte Fische gefunden, 30—40 cm lang, platt und breit mit Flossen oder bandartig ohne Flossen und den Kiemendeckel durch einen Bogen markiert, wie an den Rautenzeichnungen der Fische eine Ecke ausgefüllt ist, um den Kopf darzustellen. Aehnliche Fische fanden wir 1887 bei den Nahuquá. Hier sind es aber Schwirrhölzer, die ich in dem Kapitel »Maskenornamentik und Tanzschmuck, III.« unter den Musikinstrumenten besprechen werde.

Die Mandioka-Grabhölzer zeigten bei den Mehinakú eine geschnitzte Verzierung von grossem Interesse. Das gewöhnliche Grabholz ist ein 60—65 cm langer, glatter und spitzer Stock aus hartem Holz genau von derselben Form wie das mit dem Mereschumuster verzierte und mehrfach umflochtene Schmuckholz der Abbildung 76.

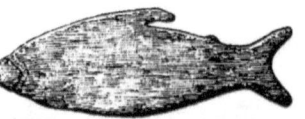

Abb. 75. Holzfisch der Batovy-Bakaïrí. (¹/₇ nat. Gr.)

Diese spitzen Hölzer ersetzten den Spaten. Nun fällt es sinnigen Gemütern bei, an dem stumpfen Oberende des Stockes eine Grabwespe, ein Tierchen,

Abb. 76. Mandiokagraber als Rückenholz. Bakaïrí. (¹/₈ nat. Gr.)

das auch den Sand aufwirft, mit Kopf und einem Teil des Leibes zu schnitzen. Vgl. Abb. 77. Das erste Bild der Serie zeigt uns dieses Motiv im ersten Stadium, wir sehen den eingeschnürten Leib scharf abgesetzt und daran den Kopf mit jederseits einem Auge aus Wachs (vgl. auch Abb. 78). In den drei folgenden Bildern ist die Figur stilisiert, das letzte, eine einfache Spitze, scheint mit dieser Entwicklung nicht zusammenzuhängen, doch fällt es auf, wie das

Spitzenstück auf freiem Rand abgesetzt ist. Figur 2, 3 und 4 sind also stilisierte Grabwespen; sie wären ebenso wenig als solche noch zu erkennen wie die Pferdeköpfe auf manchen Giebeln der pommerschen Bauernhäuser, wenn man ihre Ge-

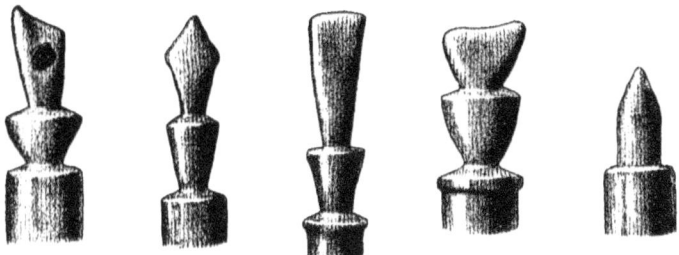

Abb. 77. Grabwespen-Motiv der Mandiokahölzer. Mehinakú. ($^2/_5$ nat. Gr.)

schichte nicht besässe, und würden ohne diese gewiss für rein ornamental gehalten. In unserm Fall ist das Motiv wirklich motiviert; die Indianer machten mir lachend vor, dass sie selbst den Boden aufreissen, wie die Grabwespe wühlt und den Sand emporwirft. Die Mehinakú nannten sie *kukúi*, die Bakaïrí *koingkoing*.

Die halbmondförmigen Beijúwender, die auf beiden Seiten bemalt zu werden pflegen, erhielten bei den Mehinakú einen in Tiergestalt geschnitzten Griff. Die Scheibe des Beijúwenders galt meist als Vogelkörper, der sich in einem langen Hals mit Kopf fortsetzte. In der Abbildung 78 ist der Kopf eines Löffelreihers, Platalea Ajaja, dargestellt. Daneben befindet sich eine Schlange mit dem bekannten Zickzack, diesmal in Holz. Die Beijúwender sind meist 12 oder 13 cm breit, und mit dem Griff 30—35 cm lang. Das grösste Stück der Sammlung, eine Scheibe ohne Griff, ist 43 cm lang und 19^1/$_2$ cm breit. Bei den Mehinakú, den Mehlleuten des Kulisehu, fanden wir auch ein Unikum von Beijúwender, der eher eine Keule zu sein schien. Diese Kuchenangriffswaffe war ein schmales, 86 cm langes, 11 cm breites Brett, dessen beide Seiten wellenförmig ausgezackt waren.

Abb. 78. Beijúwender und Mandiokaholz. Mehinakú. ($^1/_9$ nat. Gr.)

Die Kämme waren bei den Mehinakú und Nahuquá durch Schnitzerei verziert. Harte Holzstäbchen bilden die Zinken, sind in ihrem mittleren Teil aneinandergeflochten und zwar häufig mit hübschem Rautenmuster, und werden oberhalb wie unterhalb des Geflechts noch durch ein Paar querer Bambusleisten zusammengehalten. Vgl. den Auetö-Kamm, Abb. 79. Eine fortgeschrittene Technik ersetzt die aneinandergebundenen Leisten durch Querhölzer, in denen eine Längsplatte ausgeschnitten ist; durch diese wird der Kamm hindurchgeschoben. Solchen bis zu 18 cm langen Kammhaltern werden an jedem Ende Tierfigürchen aufgesetzt, sodass ein Kamm deren vier hat. Die Leute konnten aber mit ihrem Handwerkszeug von Fischzähnen und Muscheln keine zierlichen Figürchen zu Stande bringen. Der Kopf blieb meist, wie die Bronzepferde unserer Denkmäler sich häufig einen Pfosten in den Leib gerannt zu haben scheinen, durch einen »Rüssel« mit der Basis verbunden; würden die Kämme ausgegraben, so liesse man die unbekannten Verfertiger schleunigst aus Gegenden eingewandert sein, wo es Elephanten oder Walrosse gäbe. Die Figuren des in Nr. 80 abgebildeten Kamms der Mehinakú sind Jaguare; ähnliche und für uns nicht minder schwer bestimmbare der Nahuquá stellten das Agutí, Dasyprocta Agutí, ein springendes, hasenartiges Nagetierchen vor. Auch hier sind die Motive für den Kamm verständlich. Der bunte Jaguar und das Agutí »oder, wie es seines hübschen Felles wegen auch wohl heisst, der Goldhase, eines der schmucksten Glieder der Familie« (Brehm, Säugetiere II p. 583), dessen lebhaft glänzendes Haar bei den Bewegungen des Tieres oder wechselnder Beleuchtung ein niedliches Farbenspiel zeigt, sind beide durch auffallend schöne Behaarung ausgezeichnet. Dabei putzt sich das Agutí noch eifriger als die Katze.

Die Hauptwerke der Schnitzkunst sind die Sitzschemel. Es ist bemerkenswert, dass die Bakaïrí sie *apüka* und die Auetö und Kamayurá *apükáp* nennen; jenes erstere ist das Lehnwort, da das Tupí den zugehörigen Verbalstamm *aypg* sich setzen etc. besitzt. Die einfachste Form (Abb. 81) besteht aus einer rechteckigen leicht konkaven Sitzplatte und zwei ihrer Länge nach gerichteten Stützbrettchen mit schienenartiger Verlängerung vorn und hinten, alles jedoch aus einem

Abb. 79. Kamm. Auetö. (½ nat. Gr.)

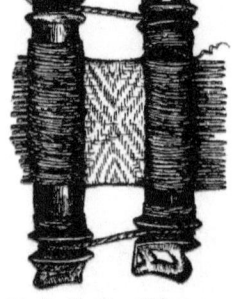

Abb. 80. Kamm mit Jaguaren. Mehinakú. (⅖ nat. Gr.)

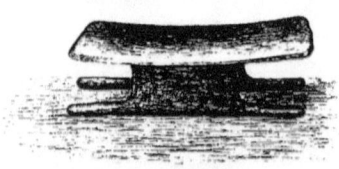

Abb. 81. Schemel. (1/10 nat. Gr.)

Stück gearbeitet. 42 cm lang, 19 cm breit und 14 cm hoch ist eine Durchschnittsgrösse; es gab kleine Dinger 21 × 10 cm und 7 cm hoch, auf denen zu sitzen ein Kunststück war. Weder von diesen einfachen noch von den kunstvolleren waren viele Exemplare vorhanden, sie fanden sich jedoch immer in dem Häuptlingshause und wurden dem Gast angeboten. Die Sitzplatte erhielt zuweilen eine

Abb. 82. Tujujú-Schemel. Kamayurá. (¹/₈ nat. Gr.)

mehr ovale Form, die sich vorn und hinten in ein dreieckiges Schwanzstück verlängerte, und stellte einen Fisch dar.

Am häufigsten sahen wir Vogelgestalten. So erwarben wir bei den Kamayurá (Abb. 82) einen Tujujú-Storch, Mycteria americana, und bei den Mehinakú (Abb. 83) einen Nimmersatt, Tantalus loculator, von den Brasiliern Jabirú oder João grande, der grosse Hans genannt. Die beiden Tiere sind hauptsächlich durch die Schnäbel unterschieden; der des Nimmersatt ist ibisähnlich gebogen. Mit Vorliebe stellte man die grössten und ansehnlichsten Vögel dar. So

Abb. 83. Nimmersatt-Schemel. Mehinakú. (¹/₈ nat. Gr.)

fanden wir bei den Mehinakú einen prächtigen Königsgeier, Sarcoramphus papa, oder roten Urubú. Die roten Warzen, die dieser prächtige Raubvogel zwischen dem Schnabel und den Augen hat, waren sorgfältig geschnitzt. Der hier abgebildete Schemel der Trumaí (Abb. 84) soll den weissen Urubú darstellen; ihm fehlen die Warzen. Merkwürdigerweise hat man ihm zwei Hälse und Köpfe gegeben, sodass wir hier den Stuhl des Häuptlings in Gestalt eines Doppeladlers sehen; es sollen Männchen und Weibchen sein. Etwas prosaisch ist dem gegenüber die

Vertiefung auf dem Rückenschild, sie dient als Napf zum Zerkleinern und Anrühren des Färbharzes. Bei allen Vögeln sind die mit Schienen versehenen Stützbretter des einfachen Schemels erhalten geblieben, sie stehen nur mehr gespreizt und erscheinen in der Mittellinie des Bauches angesetzt. Stützbretter und Sitzplatte bestehen aus einem Stück. Die Oberfläche ist äusserst sorgsam geglättet. Von dem Doppelgeier sind die Maasse, die mit denen der übrigen übereinstimmen, folgende: 61 cm lang, 24 cm breit, 25 cm hoch.

Abb. 84. Doppelgeier-Schemel. Trumaí. (¹/₉ nat. Gr.)

Zwei Vierfüssler haben wir gefunden. Auch hier hat man höhere Typen gewählt. Die Stützbretter sind in vier Füsse umgewandelt. Bei den Nahuquá erhielten wir einen nicht sehr ansehnlichen Affen, 46 cm lang, charakterisiert durch Ohren, Nase und den langen horizontalen Schwanz. Der Rücken hat seine natürliche Rundung. Das Tier wurde bei den andern Stämmen

Abb. 85. Affen-Schemel. Nahuquá. (¹/₈ nat. Gr.)

Abb. 86. Jaguar-Schemel. Mehinakú. (¹/₈ nat. Gr.)

stets sofort richtig bestimmt. Das Prachtexemplar unserer Sammlung ist jedoch der Jaguar der Mehinakú, ein klotziges Geschöpf, 90 cm lang und 18 cm breit,

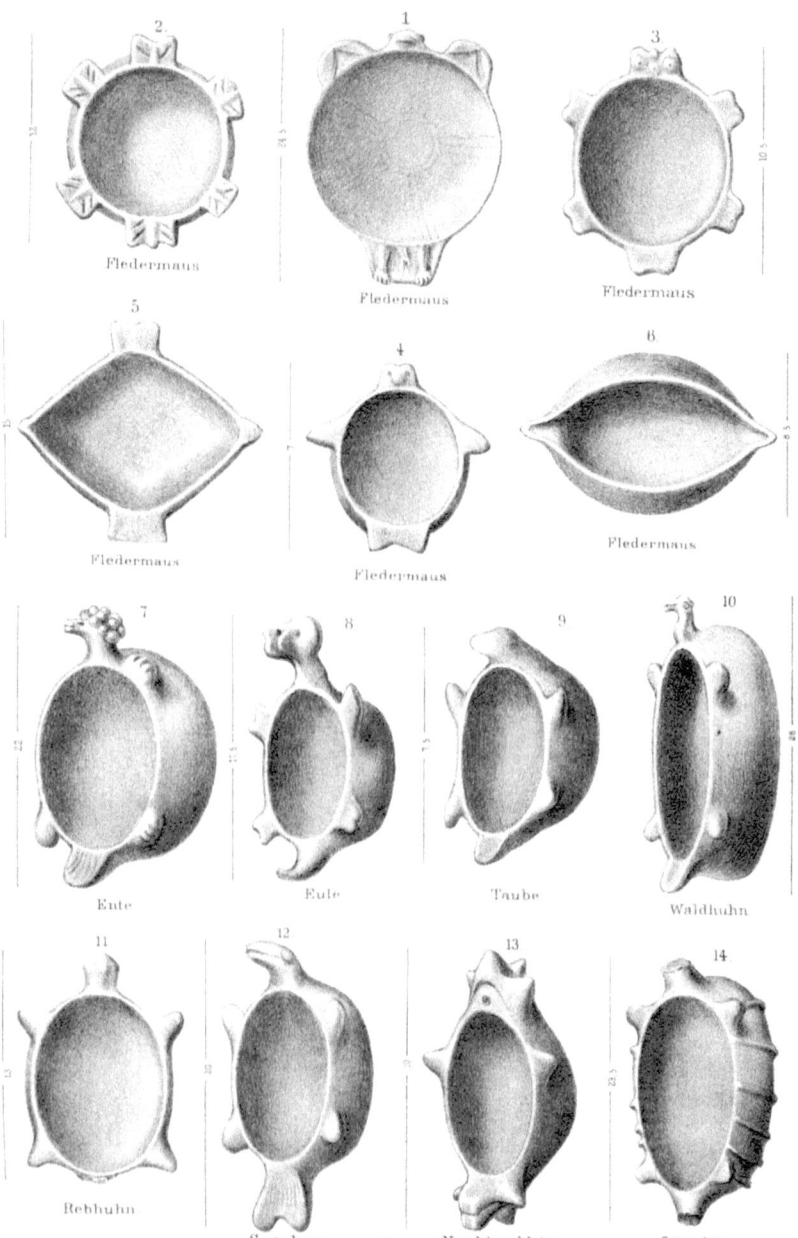

Töpfe vom Kulisehu.

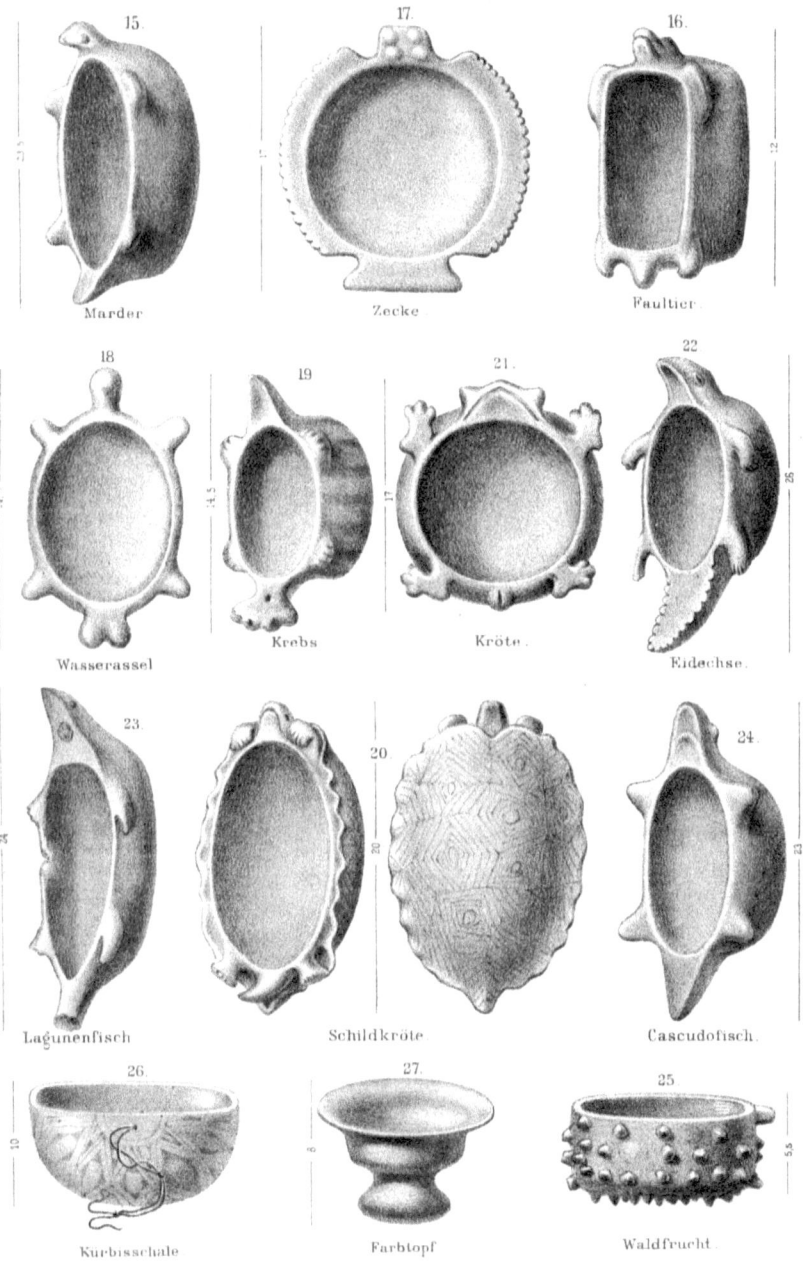

Töpfe vom Kulisehu.

mit einem plumpen Kopf nebst wohlausgearbeitetem Hals, einem langen schildartigen Rücken und einem langen etwas aufgerichteten Schwanz. Vortrefflich sind die Katzenohren wiedergegeben, die Nase beschränkt sich auf eine unbestimmte Erhöhung, das Maul ist eine breite Querrinne und die Augen sind ein paar runde Unio-Muschelstücke mit Perlmutterglanz.

Töpfe. Die Grundform der Thonnäpfe (vgl. Seite 241, 242), mit denen wir es hier allein zu thun haben, ist wie die der Kuyen halbkugelig bis fast halbeiförmig. Die auf den beiden Tafeln 23 und 24 gezeichneten Töpfe befinden sich sämtlich im Berliner Museum für Völkerkunde. Sie stammen aus beliebigen Dörfern, sind aber ausschliesslich von Nu-Aruakfrauen gemacht worden. Mit Ausnahme der Nummern 25, 26, 27 der zweiten Tafel sind alle Formen Tiermotive. Den Topf Nr. 26 erhielten wir bei den Mehinakú, er wurde den Wauráfrauen zugeschrieben, den Hauptkünstlerinnen der Nu-Aruakgruppe; er besteht aus rötlichem Thon, was die Aehnlichkeit mit einer wirklichen Kuye noch steigert, ist mit einem zierlichen Mereschu-Muster bedeckt und hat eine Schnur angebunden. Nr. 25, die stachlige Schale einer Waldfrucht, erwarben wir von der Familie der Yanumakapü-Nahuquá, die wir im Auetö-Hafen kennen lernten. Als Farbtöpfchen der Waurá, aussen am Rand gekerbt, gilt Nr. 27 mit der »Pokalform«. Becher und Pokal sind noch nicht zu unsern Indianern gedrungen; auch diese Form enthält ein Kuyenmotiv, das ihr allerdings weniger anzusehen als anzuhören ist. Die flache Kugel am Grund ist nicht etwa nur für den bequemen Griff angesetzt, sondern stellt eben den wesentlichen Teil der plastischen Leistung dar, einen Rasselkürbis. Sie birgt im Innern ein paar Steinchen oder Kerne, die ein ziemlich schwaches Rasseln ertönen lassen, wenn man den »Pokal« schüttelt.

Während diese drei Töpfe einen freien Rand haben, sind alle übrigen durch eine kleinere oder grössere Zahl von Zacken ausgezeichnet. Diese auf sehr verschiedene Art modellierten Zacken charakterisieren das dargestellte Tier. Fast überall ist noch die Kürbiswölbung beibehalten, ja es ist unverkennbar, dass sie gerade der künstlerischen Idee die Richtung gegeben hat. Wie die gewöhnlich einfach halbmondförmigen Scheiben der Beijúwender den Tierkörper darstellen, sobald man einen als Hals und Kopf geschnitzten Griff ansetzt, genau so wird hier die gewölbte Schale zum Tierleib, wenn man mit den Randzacken Kopf und Gliedmassen ansetzt. Das ist also eine klare und eindeutige Entwicklungsgeschichte. Sobald einmal das neue künstlerische Element gewonnen ist, entfaltet es sich in selbständiger Freiheit, drängt zu wechselnder Gestaltung und verfällt in den beliebtesten und oft wiederholten Formen rasch der Stilisierung.

Die häufigste, weitaus häufigste Form des Topfes ist die mit dem Fledermausmotiv. Offenbar wird der indianische Sinn nicht von unsern verfeinerten Geschmacksrücksichten geleitet. Unsere Damen würden nicht angenehm berührt sein, wenn sie aus Fledermäusen, Kröten und Zecken speisen sollten; wir Männer können aber unsere Hände in Unschuld waschen, denn es sind Frauen, die jene unzarten Einfälle gehabt haben. Zu ihren Gunsten nehme ich an, dass sie in ihrem Realismus durch die Farbe und Form der Originaltiere beeinflusst und solche auszuwählen geleitet worden sind, deren Nachahmung bei Töpfen am glücklichsten ausfallen musste. Die Fledermaus hat ausser ihrem rundlichen Rumpf genau die Farbe des Thons, und die ebenfalls nicht seltene Kröte (Nr. 21) kam in dem kreisrunden bauchigen Topf vorzüglich zur Geltung. Gürteltiere und Schildkröte sind ja überhaupt nur wandelnde Topfschalen und wurden deshalb auch der Nachbildung des Panzers an der Topfwölbung gewürdigt. Die mit dem angebundenen Schwanz von der Hängematte baumelnde Eidechse empfiehlt sich als gutes Haustier der freundlichen Beachtung. Endlich kamen noch der Kaiman und Cascudo-Fisch, beide panzerbewehrt, in mehreren Exemplaren vor. Die übrigen Motive sind Unica.

Wir haben die folgenden Tiere in Nachbildungen gefunden und der Sammlung einverleibt.

Säugetiere: Zwei Arten Fledermaus (1—6), Reh Seite 291, Eichhörnchen, Irara-Marder (*Galictis barbara*) (15), Faultier (16), kleiner Ameisenbär oder Tamanduá mirim (*Myrmecophaga tetradactyla*), Gürteltier: sowohl ein kleines Tatú (14), als Tatú Canastra oder Riesengürteltier (*Dasypus Gigas*), endlich ein nächtliches Waldtier, das einem Gürteltier ähnlich sein sollte (13).

Vögel: Weisser Sperber (*Buteo pterocles*) (12), Coruja-Eule (8), Taube (9), Makuko-Waldhuhn (*Trachypelmus brasiliensis*) (10), Inyambú-Rebhuhn (11), Ente (7) und ein unbestimmter fliegender Vogel.

Kriechtiere und Lurche: Trakajá-Flussschildkröte (*Emys Tracaxa*) (20), Kágado-Schildkröte (*Emys depressa*), Jabutí-Waldschildkröte (*Testudo tabulata*), Kaiman, Eidechse (22), Sinimbú oder Chamäleon (*Anolis*), Kröte (21).

Fische: Cascudo, Akará oder Harnischwels (*Loricaria*) (24), Lagunenfisch (23), Rochen.

Insekten und niedere Tiere: Karapato oder Zecke (*Ixodes*) (17), Krebs (19), Wasserassel (18).

Das schönste Exemplar, die Trakajá-Schildkröte, Nr. 20, ist wirklich ein Kunstwerk, nicht so sehr, weil die Panzerzeichnung so sorgfältig eingeritzt ist, sondern wegen der ungemein glücklichen Modellierung von Kopf, Schwanz und Gliedmassen. Besonders die Vorderfüsschen legen sich so weich und natürlich um, dass man über das Formtalent und die Beobachtungsgabe der unbekannten Mehinakúfrau in Staunen gerät. Ich muss zu ihren Ehren feststellen, dass sie die Natur getreuer kopiert hat als der Berliner Zeichner und Lithograph ihre Nachbildung.

Bei einigen Tieren darf man eher von einem unmittelbaren Modell mit Höhlung als von einem Topf mit anatomischer Gliederung sprechen. So die Schildkröte 20, die Kröte 21, die Fledermaus 1, die Eidechse 23, für die in der Zeichnung meines Vetters, Abbildung 87, auch noch die Körperbemalung sichtbar wird. Die Fledermaus ist besonders wegen der aufgespannten Flughaut, aus der die hinteren Extremitäten sorgfältig herausgearbeitet sind, bemerkenswert. In

Nr. 2 sind die Zacken einfach geritzt, der Kopf mit den Augen hat ein Paar Striche für die Augen, die übrigen Zacken haben zwei Paar Striche für die Linien der Flughaut erhalten. Diese Striche können fehlen, man sieht nur einen sechszackigen Topf und ist erstaunt, ihn regelmässig und bei den verschiedensten Stämmen als »Fledermaus« bezeichnet zu hören. In Nr. 3 und 4 sind die Gesichtsteile noch genauer dargestellt, in Nr. 3 ist der Schwanz breiter als die Extremitäten-Zacken, in Nr. 4 sind die Beine und der Schwanz innerhalb der Flughaut wie in Nr. 1 vereinigt und nicht mehr markiert. Auch Nr. 5 und 6 waren Fledermäuse, doch sagte man, es sei eine andere, kleinere Art als die runden, sechszackigen Töpfe. Wir werden sofort an die gezeichneten Fledermaus-Rauten der Bakaïrí, Tafel 20, erinnert.

Abb. 87. Eidechsen-Topf. (¹/₃ nat. Gr.)

Bei genauerer Betrachtung der Töpfe wird man bei den meisten wenigstens einigermassen verstehen können, was als charakteristisches Unterscheidungsmerkmal gilt. Wenigstens eins der drei Elemente Kopf, Gliedmassen, Schwanz ist immer mit einem steckbrieflichen »besondern Merkmal« versehen. Dabei ist nie der Schluss per exclusionem zu vergessen.

Nr. 15, die marderähnliche Galictis, ist wohl am schwersten anzuerkennen. Die Schnauze ist an dem Original spitzer. Das Faultier 16 ist durch die Kopfform und die Stellung der vier Beine an den Ecken bestimmt. Aber mit den vierfüssigen Säugetieren war es offenbar nicht leicht. So ist

Abb. 88. Reh-Topf. (²/₅ nat. Gr.)

bei ihnen auch die einzige Ausnahme entstanden, dass man ein Reh (Durchmesser 6,5 × 13,5 cm) auf seine Beine gestellt und die Höhlung vom Rücken her offen gelegt hat. Abb. 88. Kopfform, Schwanz und die Stellung liessen auch fremde Indianer das Töpfchen sofort als Reh bestimmen. Der glückliche Gedanke, der die Darstellung in ganz neue Bahnen lenken könnte, ist uns in keinem andern Beispiel begegnet.

Bei den Vögeln sind Flügel- und Beinstummel nicht unterschieden; in dem Schwanz werden, vgl. 7 und 12, die Federn geritzt, der des Sperbers ist ausgebuchtet. Der Kopf des Erpels 7 und der Eule 8 sind wohl gekennzeichnet, bei der Taube 9 erscheint dieselbe Kopfform wie auf den Figürchen der Halssteine, der Sperber 12 hat einen kräftigen Schnabel und dem Makuku 10 ist ein niedlich ausgebildetes Köpfchen angesetzt. Bei dem undeutlichen Rebhuhn 11 ist der Schwanz abgebrochen.

Fische waren äusserst selten. Nr. 23 hatte einen langen Schwanz, an dem das Ende schon abgebrochen war, als wir den Topf erhielten, doch hat er auf der Reise noch ein neues Stück verloren. Die Kopfformen von 23 und 24 sind der der Eidechse ähnlich, sie haben aber ein besonderes Maul.

Die Zecke 17 hat auf dem Kopf vier Knöpfe, die wohl Kiefertasten und Mundteile darstellen sollen. Höchst belustigend ist der gezackte Rand, er giebt den Gesamteindruck von dem Gekribbel und Gekrabbel der acht gekrümmten Beine, die bei vollgesogenen Tieren einen Kranz auf der Kuppe des Beutels bilden,

Abb. 89. Suyá-Kröten-Topf. (¹/₂ nat. Gr.)

gar nicht übel wieder. Ob die Assel 18 zoologischer Prüfung Stand hält, weiss ich nicht. Sie ist augenlos wie die Wasserasseln, deren sie, soviel ich meine Erklärer begriff, eine darstellen soll. In Nr. 19, dem Krebs, bemerken wir reich ausgezackte Extremitäten und eine Schwanzflosse. Er hat als Augen ein paar Knöpfchen, in die ein feines Löchlein eingestochen ist.

Zum Schluss bringe ich noch einen Topf (Durchmesser 10 × 15 cm) mit Menschendarstellung! Es ist allerdings nicht zu verlangen, dass Jemand an ihm etwas Menschliches vermutet. Die Künstlerin, die ihn uns überlieferte, schüttelte sich selbst vor Lachen über ihr Erzeugnis. Sie hatte einen Krötentopf machen wollen und schon die Schwanz- und Beinzacken sowie auch bereits den Kopf mit den dicken Augen der Bildung des Krötentiers entlehnt. Als sie nun das breite Maul modellierte und ihr dies zunächst in offenem Zustand anstatt in geschlossenem geriet, bemerkte sie die Aehnlichkeit mit der viel verspotteten Lippenscheibe der verhassten Suyá, die diesen Indianern wie eine bewegliche Untertasse vor den Zähnen steht. Sie lachte darüber, setzte die steife Maulklappe hübsch senkrecht zum Krötengesicht und erklärte den Topf für eine »Suyá-Figur«. So ist denn auch einmal von den Frauen ein Männerzierrat zum Motiv genommen, analog dem Uluri-Motiv, das bei den Herren Malern so beliebt war.

IV. Verhältnis des Tiermotivs zur Technik.

Was bei dem Suyá-Topf nur in einem Scherz zu Tage tritt, der Einfluss der Technik auf die Bestimmung des Motivs, macht sich in grossem Umfang als ein gesetzmässiger Vorgang geltend. Man betrachte noch einmal die Liste der in Töpfen dargestellten Tiere. Sie ist interessant wegen der Tiere, die nicht da sind. Man könnte sagen, es sei schon derselbe Unterschied bemerkbar wie durchschnittlich in den modernen Motiven von Künstlern und Künstlerinnen, zumal der Stillleben: auf der einen Seite Blumen, Früchte, Schmetterlinge, Fliegen, Marktfische und Schinken, auf der andern Wildpret und Heringe. Denn unter den Tieren der Töpfe herrscht das kleinere und, mit Ausnahme der Zecken, zahmere Getier bedeutend vor. Dass in der grossen Auswahl Jaguar, Tapir, Schwein und die den Federschmuck liefernden, doch zu Hause gehaltenen Papageienvögel ganz fehlten, ist jedenfalls bemerkenswert. Aber diese Tiere fehlen auch — wieder aus einem besondern, später anzuführenden Grunde — bei den Maskentieren der Männerfeste und es ist mehr hervorzuheben, dass man den bereits erwähnten Zusammenhang zwischen Motiv und der Form der Darstellung von der negativen Seite noch deutlicher sieht.

Schlangen und Affen waren mit ihren gestreckten Leibern ganz ungeeignet für die irdenen Kürbisse, während jene sich den langen Rindenbrettern des Frieses oder dem schwertförmigen Schwirrholz oder dem Kanu und diese sich einem Hüttenpfosten oder einer Flöte vorzüglich anpassten. Der Griff am Halbmond des Beijúwenders verwandelte sich leicht in einen Vogelhals oder das Vorderteil einer Schlange, aber er wurde beispielsweise kein Fisch, mit dem der Halbmond und eine einseitige Verlängerung schlechterdings nicht zu vereinen sind. Ein Fisch wurde dagegen das Schwirrholz mit seiner langen schmalen Gestalt (vgl. Kapitel XI unter III), und man wickelte den Strick vortrefflich an dem Schwanzende auf; das Loch für den Strick befindet sich deshalb nicht etwa in den Augen am Kopfende. Der gezeichnete und eingeritzte Fischkörper wird zur Raute, das Mereschumuster beherrscht die ganze Zeichenkunst, eine Waurá-Frau ritzt es auch in den Kürbistopf, aber nicht eine verfällt darauf, einen Mereschu als Topf darzustellen! Warum? Der Mereschu hat in dem Kampf um's Dasein unter den Ritzmustern gesiegt, weil eine durch scharfe und leicht auszukratzende Ecken charakterisierte Figur sich am bequemsten ritzen liess; sie war leicht zu machen und blieb doch ähnlich. Ebenso das Uluri. Gelegentlich, vgl. Topf 5, ist auch ein rautenförmiger Topf entstanden, doch tritt er in die Entwicklungsserie der Fledermausformen ein, während sich für die Fische hier, wo ihn auch andere Tiere haben, der natürlichere Ovalumriss behaupten kann, vgl. 23 und 24.

Da liegt klar ein Gesetz ausgesprochen. Nicht symbolische Tüftelei lenkt den Kunsttrieb. Weder im Kleinen, noch im Grossen. Weder scheut die Künstlerin davor zurück, einen Krötentopf zu machen, weil die Kröte ein unappetitliches Vieh ist, noch wählt sie die Fledermaus, weil dieses Geschöpf auch in der Mythologie der Indianer vorkommt. Tiermotive überhaupt sind bei der Rolle, die das Tier in dem geistigen Leben des Indianers spielt, als selbstverständlich gegeben. Die Auswahl jedoch kann erstens durch die Beschaffenheit oder Thätigkeit des Tieres angeregt werden: dem Topf entspricht der Panzer der Schildkröte, die Grabwespe ziert das Mandioka-Grabholz, das schmuckhaarige Agutí den Kamm, das Bild der zischenden Schlange das Schwirrholz, das des flötenden Affen die Flöte. Dann aber, sobald erst die Kunstthätigkeit kräftig genug gehandhabt wird, wirken auch Form und Grösse und Farbe des Objekts bestimmend, indem das Tier, das sich ihnen am besten anpasst, für die Nachbildung gewählt wird. Der Künstler braucht sich dessen gar nicht bewusst zu werden, es macht sich schon von selbst geltend, wenn entgegengesetzt gerichtete Versuche unbefriedigend ausfallen. Am meisten tritt diese Erscheinung für die Wiedergabe der Vögel hervor: gemalt haben wir nur einen kleinen Vogel auf einem Rückenholz gesehen, dagegen waren die plastischen Vögel — geschnitzt, aus Wachs geformt oder als Maisstrohpuppen — äusserst zahlreich. Es war den Indianern leichter die Umrisse von Kopf, Schnabel und Schwanz sowie die Proportionen in plastischer als in zeichnerischer Reproduktion charakteristisch zu gestalten.

Zum Schluss stelle ich die von uns beobachteten Tiermotive zusammen und füge bei, auf welche Art sie vorkommen. Es bedeuten: *F* Flechtwerk, *M* Maisvögel, *S* Schnitzerei, *T* Töpfe, *W* Wachs, *Z* Zeichnung, Ritzung oder Malerei.

Säugetiere: Affen (Makako) *Z*, *S*; (Brüllaffe) *W*. Fledermaus (mehrere Arten) *Z*, *T*. Jaguar *Z*, *S*. Irara-Marder *T*. Eichhörnchen *T*. Agutí *S*. Kapivara(zähne) *F*. Greifstachler *Z*. Faultier *T*. Gürteltiere (Riesengürteltier, kleine Arten) *T*. Kleiner Ameisenbär *T*. Sumpfhirsch *W*. Reh *F*, *T*. Pekarí *W*.

Vögel: Königsgeier (roter Urubú) *S*. Weisser Urubú *S*. Harpyie *M*. Falk, Sperber *M*, *S*, *T*. Eule *T*. Singvögel *S*. Schwalbe *F*, *Z*. Taube *S*, *T*, *W*. Rebhuhn *T*. Waldhuhn *T*. Massarico *S*. Riesenstorch *M*, *S*. Tujujústorch *M*, *S*. Löffelreiher *S*. Schlangenhalsvogel *M*.

Kriechtiere und Lurche: Schildkröten (Trakayá, Jabutí, Kágado) *T*, *Z*. Kaiman *Z*. Leguan auch (Lehmfigur) *T*. Eidechsen (mehrere Arten) *T*, *Z*. Schlange (mehrere Arten) *S*, *Z*. Kröte *F*, *T*.

Fische: Harnischwels *Z*. Kuomi *Z*. Kurimatá *Z*. Lagunenfische *T*, *Z*. Matrincham *Z*. Mereschu *Z*. Nuki *Z*. Pakú *Z*. Piava *Z*. Pintado-Wels *Z*. Rochen (zwei Arten) *Z*, *S*. Unbestimmte *S*, *Z*. Gräten *F*, *Z*.

Insekten und niedere Tiere: Heuschrecke *Z*. Grabwespe *S*. Tokandira-Ameise *Z*. Zecke *T*. Krebs *S*, *T*. Wasserassel *T*.

Mancherlei neue Motive treten noch in den Masken hinzu.

XI. KAPITEL.

Maskenornamentik und Tanzschmuck.

Vorbemerkung. **I. Masken.** Tanzen und Singen. »Idole?« Gelage und Einladungen. Teilnahme der Frauen. Arten der Vermummung. Bakaírí-Tänze (Makanári) und -Masken. Nahuquá (Fischnetz-Tanz). Mehinakú (Kaiman-Tanz). Auetö (Koahálu-, Yakuíkatú-Tanz). Kamayurá (Hüvát-Tanz). Trumaí. **II. Gemeinsamer Ursprung der Masken und des Mereschu-Musters.** Die Auetö als Erfinder der Gewebmaske und des Mereschu-Ornaments. **III. Sonstiger Festapparat.** Kamayurá-Tänze. Tanzkeulen. Schmuckwirtel etc. Musikinstrumente. Schwirrhölzer. Federschmuck. Diademe. Spiele der Jugend.

»Einfach und nur zur Befriedigung der notwendigsten Bedürfnisse gebildet sind die Gerätschaften der Steinzeit. Mit der Kunst, die Metalle zu formen, erwacht der Sinn für Schmuck und Zierrat.« So schreibt O. Schrader in seinem ausgezeichneten Buch »Sprachvergleichung und Urgeschichte« (p. 215), und so etwas kann auch wohl nur ein ausgezeichneter Philologe schreiben, dem der Gedanke fern liegt, dass solche Urteile, auch wenn sie das indogermanische Urvolk betreffen, in dem modernen Museum für Völkerkunde geprüft werden müssen. Jener Satz hat ungefähr denselben Wert als der, dass der Mensch angefangen habe Tradition zu bilden, als er schreiben lernte. So gewiss es ist, dass die Befriedigung der notwendigsten Bedürfnisse älter ist als die Entwicklung des Sinnes für Schmuck und Zierrat, so haben diesen doch auch bereits die metalllosen Naturvölker nach dem ganzen Umfang ihrer Mittel ausgebildet; ja es ist sehr wohl darüber zu diskutieren, ob nicht mehrfach gerade umgekehrt er das Interesse an den Metallen erst wachgerufen hat — und auch wachrufen konnte, weil er eben schon hoch ausgebildet war. Ich glaube in dem Kapitel über die Zeichenornamente und die Plastik ausführlich begründet zu haben, was ich von unsern Indianern in einem vorläufigen, der Gesellschaft für Erdkunde zu Berlin abgestatteten Bericht (Verhandlungen 1888, p. 386) erklärte: »sie haben eine Sucht geradezu, alle Gebrauchsgegenstände zu bemalen, eine Leidenschaft für das Kunsthandwerk«, und habe den Beweis nunmehr zu vervollständigen für die festlichen Tage, wo sich der Mensch über die Befriedigung der notwendigsten Bedürfnisse mit vollem Bewusstsein erhaben fühlt und alle Kunstfertigkeiten in den Dienst der Kunst stellt, sich zu schmücken.

I. Masken.

Auf der zweiten Reise ist unsere Ausbeute an Tanzschmuck und vor allem an Gesichtsmasken bedeutend grösser gewesen als auf der ersten. Es ist dies um so wichtiger, als die Masken, die doch über die ganze Erde in den verschiedensten Formen und den verschiedensten Zwecken dienend verbreitet sind, die auch bei den Indianern des nördlichen Amerika eine so bedeutende Rolle spielen, bisher nur in verhältnismässig geringem Umfang in Südamerika beobachtet wurden. Es scheint, dass ihr Vorkommen besonders dem Amazonasgebiet angehört, aber es scheint wohl nur. Alle Stämme haben ihre Tanzfeste, alle haben Pantomimen, in denen Tiere dargestellt werden, man stattet sich mit dem natürlichen Fell- oder Federschmuck aus, ahmt die Stimme und Bewegungen nach, und gelangt von selbst zur charakterisierenden Vermummung, durch die das Spiel wirkungsvoller gestaltet wird. Die technische Geschicklichkeit der Vermummung und ihrer Charakterisierung ist gewiss verschieden, aber bis zu dieser Stufe, die wir bei den Schingú-Stämmen in auch recht verschiedener Ausbildung der mimischen Mittel antreffen, sind wohl alle Jägervölker gelangt. Wir sind nur deshalb so schlecht darüber unterrichtet, weil die Gelegenheiten, in ungestörten Verhältnissen lebende Stämme zu erforschen, selten sind und bei einem flüchtigen Besuche auch nur oberflächlich ausgenutzt werden können. Unsere eigene Reise ist das beste Beispiel. Aus einem Gebiet, in dem wir 1884 zwar sonderbare Kopfaufsätze mit Tiernachbildungen aus Stroh u. dgl., aber nur zwei hölzerne Taubenmasken kennen lernten, haben wir 1887 eine stattliche Sammlung von Gesichtsmasken heimgebracht, die jetzt im Berliner Museum für Völkerkunde einen interessanten Vergleich mit den dort vorhandenen grotesken Tiermasken der Tekuna vom oberen Amazonenstrom gestatten. Auch Ehrenreich hat von den Karayá am Araguay eine Reihe von mächtigen, in buntester Weise mit Federn geschmückten Tanzmasken mitgebracht, die in ihrer Bauart auf das auffallendste an den Duck-Duck der Südsee erinnern.

Jeder Stamm nicht nur, jedes Dorf hat seine eigenen Maskentänze. Der Mittelpunkt ist immer das »Flötenhaus«. In ihrem Charakter gleichen sich die Tänze in ganz Brasilien ausserordentlich. Stets das Umherlaufen im Kreise und der dem Stampfen entsprechende stossweise Gesang. Es ist ungemein charakteristisch, dass die Bakaïrí für »tanzen« und »singen« dasselbe Wort haben. »Der Sinn der Gesänge«, sagt Martius, »ist einfach: Lob der Kriegs- und Jagdthaten Einzelner oder Horden, Aufzählung gewisser Tiere und Erwähnung von deren Eigenschaften. Erscheinen Masken beim Feste, welche meistens Tiere vorstellen, so ahmen die Träger deren Stimmen nach.«

Nichts haben wir beobachtet, was uns den Schluss erlaubte, dass die Masken irgendwie heilig gehalten werden. Zumal alle von Palmstroh geflochtenen Stücke wurden nach dem Gebrauch achtlos beiseite geworfen. Man hat zwar die Masken zuweilen vor uns versteckt, aber nur auf dieselbe Art, wie man in der Angst vor Beraubung alle beweglichen Geräte und Schmucksachen vor uns verbarg. Hatten die Leute erst Zutrauen zu uns gewonnen, so überliessen sie uns ihre Masken ohne jeden Anstand und fertigten neue auf Bestellung. Sie wurden uns demonstriert mit Scherzen und Lachen wie hübsches Spielzeug.

Bei den zahmen Bakaïrí am Paranatinga und Rio Novo pflegt das Hauptfest im April stattzufinden. Ich, mit meinen zivilisierten Vorstellungen, fahndete auf die Idee eines Dankfestes und dachte an die Möglichkeit, dass jenes zur Erntezeit abgehaltene Fest irgendwie irgendwelchen freundlichen Mächten, die als Spender des Guten gälten, zu Lob und Preis gefeiert werde. Ich suchte also von Antonio herauszubekommen, ob sich dergleichen feststellen lasse. Antonio blieb aber meiner Suggestion unzugänglich; »wir feiern das Fest um die Zeit der Ernte,« erklärte er, »weil wir dann etwas zu feiern haben; in der Trockenzeit müssen wir sparen, in der Regenzeit würde alles verschimmeln.« Materiell, aber verständlich *).

Nach Allem, was uns von den Eingeborenen über die Feste erzählt wurde, kam es ihnen in erster Linie auf ein nach ihren Begriffen schwelgerisches Schmaus- und Trinkgelage an. Die Bakaïrí-Legende schildert uns in gleichem Sinn die Entstehung. Kame, der Stammvater der Arinosstämme, hat das erste Flötenhaus erbaut, die erste Flöte geschnitzt, seine Freunde zum Tanz eingeladen und mit Stärkekleister bewirtet. Keri, der Stammvater der Bakaïrí, der mit Kame im Erfinden eifrigst konkurrierte, lud seinerseits Kame zum Tanze ein; die Legende berichtet uns, auf welche Art das Fest sich vollzog, und nennt als die Erfindung Keri's das Makanari und den Imeo, die Strohanzüge ohne Gesichtsmasken, aber mit charakterisierenden, teilweise vermummenden Kopfaufsätzen.

»Auch Keri rief die Seinen herbei. Gegen Abend gingen sie tanzen auf dem Dorfplatz. Darauf holte Keri vom Hause Pogu zu trinken. Sogleich darauf flochten sie Makanari. Keri rief Kame. Viele Leute kamen und Keri war Herr des Tanzes. Sie tanzten den ganzen Tag. Gegen Abend ruhten sie aus. Nach Dunkelwerden tanzten sie die ganze Nacht. Früh Morgens gingen sie am Flusse baden. Nach dem Bad kamen sie zum Flötenhaus. Sie begannen mit dem Imeo und tanzten den ganzen Tag. Ebenso tanzten sie die ganze Nacht. — Darauf war das Fest zu Ende.«

Ein beachtenswerter Zug der Legende ist der Umstand, dass sich die verschiedenen Stämme zum Tanzfest vereinigten. Es ist allgemein Sitte, dass sich die Dörfer zu den grossen Festen gegenseitig einladen. Auch nachbarlich befreundete Stämme entsenden zahlreiche Teilnehmer. Als wir 1884 mit den vereinigten Trumaí und Kamayurá (vgl. Seite 118) zusammentrafen, hatten die beiden Stämme gerade ein gemeinsames Fest gefeiert.

Einmal versteht man unter diesen Umständen, dass ein Austausch und eine Ausgleichung zwischen den Bräuchen und Tanzgeräten der Stämme stattfindet.

---

*) »Meistens giebt ein Ueberfluss an Vorräten für die Getränke Veranlassung zum Feste,« sagt Martius; »wo aber die europäische Gesittung sich Geltung verschafft hat und Christen neben den Indianern wohnen, da wird wohl auch der Tag eines Heiligen dafür gewählt.«

Jeder Stamm kannte die Lieder der Nachbarstämme, ohne dass er ihren Inhalt genau verstand, wie wir an zahlreichen Beispielen erfahren haben; ein Stamm lernte vom andern auch neue Arten Masken kennen, und endlich gewann das Mereschumuster, auf das ich nach Beschreibung der Masken zurückkommen werde, seine allgemeine Verbreitung.

Dann aber ist es ferner leicht begreiflich, dass die Frauen von den feierlicheren Tänzen streng ausgeschlossen sind und das Flötenhaus, das Haus der Männer, wo die fremden Besucher empfangen und bewirtet werden, nicht betreten dürfen. In diesem Sinn ist wohl auch der eigentümliche Mummenschanz aufzufassen, den wir im zweiten Bakaïrídorf erlebten, als die Speisen und Getränke für unsere Flötenhaus-Gesellschaft durch einen maskierten Indianer des ersten Dorfes von den Frauen, die sie nicht hätten bringen dürfen, geholt wurden. Vgl. Seite 89 *). Dem Scherz lag das ernsthafte Motiv zu Grunde, dass Fremde und Frauen in ihrem Verkehr beschränkt werden sollen. Der Muhammedaner schlägt den umgekehrten Weg ein, indem er seine Frauen maskiert und in besonderen Gemächern abschliesst.

In dem Ursprung der Tänze selbst liegt ferner ein wesentlicher Grund gegen die Teilnahme des weiblichen Geschlechts. Es sind »unweibliche« Vergnügungen, die aus Jägerfesten hervorgegangen sind. Immerhin scheint es Unterschiede zu geben. Bei den grossen Festen beteiligen sich die Frauen niemals, sagten die Bakaïrí, wohl aber bei kleinen; auch sollen sie gelegentlich ohne Männer für sich tanzen. Die Suyá aber scheinen anders zu denken; wenigstens äusserten sich die Bakaïrí sehr geringschätzig über den Unfug, dass dort »Männer mit Frauen tanzten«. Vielleicht ist es nützlich, endlich noch hervorzuheben, dass von irgendwelchen Geheimnissen und Mysterien oder irgend einer besonderen Beziehung der Medizinmänner zu den Tänzen, die vor den Frauen geheim gehalten werden sollten, auch nicht die leiseste Spur zu finden war.

Es ist auch zum Schutz gegen die weibliche Neugier, wenn die Eingänge der Flötenhäuser am Kulisehu so niedrig gemacht sind, dass man nur in sehr gebückter Haltung eintreten kann oder gar auf den Knieen hineinrutschen muss. Ich weiss nicht, wie weit das Verbot für die Frauen im Alltagsleben praktisch durchgeführt wird, aber wir erhielten nicht die Erlaubnis, sie im Flötenhaus zu messen, und gewiss ist, dass es hiess, »die Frauen würden getötet, wenn sie in das Flötenhaus gingen« — eine ziemlich grobe Variante des »mulier taceat in ecclesia«. Dass der Gebrauch auch noch bei den zahmen Bakaïrí vor einigen 30 oder 40 Jahren ernst genommen wurde, geht am besten aus einer Erfahrung hervor, die nach der Erzählung eines alten Brasiliers die das Christentum bringenden Patres machen mussten. Diese hatten nichts natürlicher gefunden als die neue Gemeinde in dem für Kirchenzwecke so geeigneten, weil unbewohnten

---

*) Aus Versehen ist an dieser Stelle ein Satz stehen geblieben, der einen längst von mir aufgegebenen Gedanken enthält — der Schlusssatz, dass vielleicht ein Zusammenhang mit dem Gebrauch des Alleinessens vorhanden sei.

Flötenhause zu versammeln. Die Männer kamen auch bereitwillig, die Frauen aber blieben draussen und konnten nur sehr schwer bewogen werden, um ihres Seelenheils willen leibliche Gefahr zu laufen.

Bei allen Stämmen wird der Körper zum Maskentanz durch Schürzen oder Mäntel halb oder ganz verhüllt. Blattstreifen von Buritístroh oder trockene Grashalme von etwa Meterlänge waren an einer Schnur zu einer breiten Schürze aufgereiht und wurden in mehreren Touren um den Hals geschlungen, sodass sie von den Schultern herabfielen, oder um die Hüften, sodass sie bis auf die Knöchel reichten, oder in beiderlei Gestalt vereinigt. Die Hauptverschiedenheit bezieht sich auf den Ausputz des Kopfes. Gemeinsam ist allen die Beziehung auf Tiere. Hier können wir unterscheiden:

Abb. 90. Imeo-Tänzer. Bakaïrí.

1. Tiernachbildungen werden aufgesetzt. Bakaïrí.
2. Strohmützen mit langem Faserbehang, zum Teil Attribute des Tieres tragend. Bakaïrí.
3. Fischnetz vor dem Gesicht. Nahuquá.
4. Strohgitter nach Art der Siebfilter in ovalem Reifen. Ohne Gesichtsteile. Bakaïrí, Nahuquá. Gesichtsteile aus Wachs. Auetö.
5. Mit Netz, Baumwollgeflecht und -gewebe überspannte ovale Rahmen. Gesichtsteile aufgeklebt aus Wachs, Augen von Baumwollflocken, Bohnen, Perlmutter. Bemalt. Bakaïrí, Auetö, Kamayurá, Trumaí.
6. Holzmasken. Viereckige Holzplatten mit mächtig vorspringender Stirnwölbung und Nase menschlicher Bildung. Aufgemalt: natürliche Zeichnung des Tieres, Umrisse des Tieres, Körperteile des Tieres (Flügel, Flossen), stilisierte Tiermuster. Augen aus Muschelschale, Mund mit Wachs angeklebtes Fischgebiss, dieser wie jene wiederum menschlicher Bildung. Bakaïrí, Nahuquá, Auetö, Kamayurá und in grösster Ausbildung Mehinakú. Die Mehinakú hatten nur Holzmasken. Eine Uebergangsform zwischen 5. und 6. bei den Auetö ohne Stirnvorsprung und oval.

Bei den Maskenfesten mischt sich unzweifelhaft Entlehnung von fremden Stämmen, die durch die Besuche nahe gelegt wird, und lokale Pflege besonderer Varietäten. Auch Köln, Düsseldorf, Mainz und Trier haben in ihren Karnevalsgesellschaften verschiedene Mützen, verschiedene Orden, verschiedene Gebräuche in den Sitzungen, verschiedene Lieder, verschiedene Schlagwörter und verschiedene Motive für die Wagen des Zuges. Auch hier werden für die Beteiligung des weiblichen Geschlechts besondere »Damensitzungen« angesagt, und die Frauen würden sich schwer hüten, zur unpassenden Zeit im »Flötenhaus« zu erscheinen, wenn sie auch hoffen dürfen, lebendig oder höchstens nur halb tot wieder herauszukommen. Auch dem Fasching am Kulisehu folgt eine Fastenzeit, denn er hört — der Grund ist keiner des Kultus — nicht eher auf, als bis man möglichst Alles gegessen und getrunken hat, was da ist. Die Frauen haben gewaltige Arbeit, um den Ansprüchen an Beijús und Getränken zu genügen, sie müssen unaufhörlich stampfen, kochen und backen, und diese Notwendigkeit hat wohl auch ein wenig dazu beigetragen, dass man sie vom Tanze fernhielt, damit sie währenddess ihren Pflichten nachkommen konnten.

Bakaïrí. Am Rio Novo und Paranatinga werden die alten Bräuche noch gepflegt. »Alles tanzt wie die wilden Bakaïrí«, sagte Antonio, »tudo dansa como Bakaïrí brabo«. Er beschrieb mir das im letzten April gehaltene Fest, wo die vom Rio Novo die vom Paranatinga eingeladen hatten. Man tanzte den Yatuka-Tanz, das Makanari und den Imeo. Yatuka ist ein Fischtanz; Fische aus Holz werden auf dem Kopf getragen, besonders der schwarze Pakú und der Matrincham; mit schwarz-weiss oder schwarz-rot bemalten Kalabassen werden Männer- und Frauenköpfe hergestellt, die von Bromelienhaar umgeben sind.

Makanari ist ein weiter Begriff. Makanari sagt der Bakaïrí fast zu Allem und Jedem, was zu seinem Tanzschmuck gehört, Makanari nennt er bestimmte Tänze. „*bakaïrí makanári zóto*", der Bakaïrí ist Herr des Makanari. Es ist der Tanz seines Stammes. Der Imeo ist eine Art Makanari, eine bestimmte Tour. Es scheint überhaupt, dass der Begriff des Makanari ursprünglich enger gewesen ist und sich auf einen bestimmten Tanz mit Strohgeflechten bezogen hat. Bei den zahmen Bakaïrí giebt es keine Holzmasken. Hier ist das Hauptmakanari der Fledermaustanz, und zwar *semimo*, der kleinen, und *aluá*, der grossen Fledermaus. Antonio sagte mir den Text des Aluá-Tanzes[*], doch war es mir trotz vieler Bemühungen unmöglich, eine Uebersetzung oder nur eine Erklärung des Inhalts zu erhalten. Er selbst verstehe die alten Worte nicht mehr. Dass hieran etwas Wahres war und dass er mir nicht nur in seiner Unbeholfenheit eine Ausflucht auftischte, glaube ich deshalb, weil schon *aluá* selbst gar kein Bakaïrí- oder Karaiben-, sondern ein Nu-Aruakwort ist. (Vgl. auch die Anmerkung Seite 62.) Vielleicht ist der Text zum Teil auch altaruakisch — unverstanden einst,

---

[*] Einer singt: *ohuhaaha-áhá yumáa ohú* . . . . . *yumari uvanuká, yumari uvanuká, huyaná vitá öö* . . . . *yohohohú.* Darauf ein Anderer: *maud káua káuayú, maudkauayú hohohú. aluá . . . aluhá, aluá miyevené yanávitá hö . . . ohohohú. ihöhö . . . hohú, he . . hirámituri hohó, yukévené yohó hohohohú.* Nun Alle im Rundlauf: *ohú namituri ohú namituhuri ohoyócho yóchu hohuhó. ayaravéneni kayarilö ohó namituri ohú namituhurú ohó oyochó yochu.* Jetzt hinaus auf den Platz: *yochó huyócho huyóchó huyóchohú huyócho. makavó makavó yuudvitirá inávitáhané, iná yochohuyócho* . . . . . Endlich umdrehend: *aschimámayú ohuhohú ayavariků hohuhoo, evešchirini mahúrani hoo, aschimámayú ohohu* . . . . .

nachdem man ihn bei gemeinsamen Festen zusammen gesungen hatte, übernommen und mit Bakaïríworten gemischt worden.

Das Imeo-Makanari ist allen Bakaïrí gemeinsam. Am Kulisehu kommt noch als verwandte Figur der Imóto, Imódo hinzu. Imeo ist ein weisses Tier, das in der vertrockneten Buritípalme lebt — soviel ich begriffen habe, eine Palmbohrer-Käferlarve, Imodo ein verwandtes Geschöpf, rötlich, mit schwarzem Kopf. Eine seltsame Auswahl, die ein wenig an den Sommernachtstraum erinnert. Allein sie erklärt sich, wenn man bedenkt, dass das Material für die Tanzkostüme in erster Linie von der Buritípalme geliefert wird, die jenes Insekt bewohnt. Und dieses ist vielleicht noch obendrein ein guter Bissen. Andere Tiere treten ebenfalls in diesem Makanari auf, namentlich Fledermaus und der Pintado-Wels, Abb. 91. Letztere Maske ist leicht verständlich. Ein aus grobem, hartem Gras geflochtener Anzug bedeckt den Körper, durch das Flechtwerk kann der Träger ohne Mühe hindurchschauen, und ein langes Stück Schlingpflanze charakterisiert die Bartfäden des Fisches. Für die übrigen Figuren des Tanzes besteht die Tracht aus einer über den ganzen Kopf herabgezogenen Strohmütze mit langem Faserbehang ringsum und einem aus Buritíblattstreifen geflochtenen Gewand, das wir schon 1884 am Batovy gefunden haben. Strohmützen ohne Stiel gehören dem *semimo-* oder Fledermaustänzer; der Imódo (links auf der Abbildung 92) hat an der Mütze einen Stiel mit einer oder auch zwei knopfartigen Verdickungen, der Imeo (rechts auf der Abbildung 92) ein Bündel geknöpfter Stiele. Der Imódo wurde auch als Maispuppe (vgl. Seite 281) in der Hütte aufgehängt. Eine Mütze endlich mit fünf in den Stiel eingeflochtenen pansflötenartig angeordneten Rohrstäbchen wurde

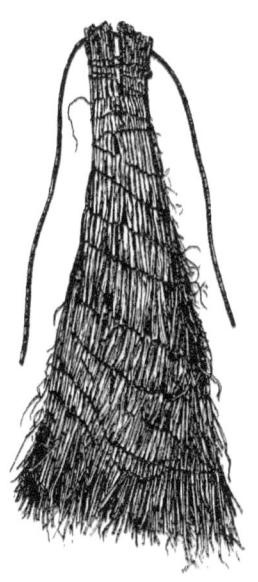

Abb. 91. Wels-Maske. Bakaïrí. ($^1/_{10}$ nat. Gr.)

enoschibíro genannt; dies ist jedoch der Name des Holzes, aus dem die Flöten geschnitzt werden. Die Maske bezeichnete einen flötenden Vogel, den ich nicht bestimmen konnte. Von dieser Mütze seien die Masse angeführt: Gesamtlänge 86 cm, Aufsatz 11,5 cm, eigentliche Mütze 22,5 cm, Behang 52 cm.

Sehr merkwürdig ist das Buritíwams des Imeotanzes mit fransenbesetzten Aermeln und Hosen, Abb. 92. Wir fanden auch einzelne Aermel, die in Verbindung mit dem losen Strohbehang getragen wurden. In den Anzug steigt man am Hals hinein, die Weite beträgt dort 1$^1/_4$ m und ein Strick zum Zuschnüren ist eingereiht. Die Bakaïrí versuchten europäische Hemden mit gleicher Umständlichkeit anzulegen. Zwischen den Hosen befindet sich ein mit einem dünnen Strick zu verschnürender Schlitz. Falls unsere Kleidung ihren Ursprung dem Schamgefühl verdankt, hat der Bakaïrí einen andern Weg eingeschlagen oder müsste als böser Satiriker gelten, denn er hat bei einigen Exemplaren einen aus einem Stückchen Maiskolben bestehenden Penis nebst Testikeln aus Flechtwerk aussen angehängt. Unwillkürlich fühlen wir uns so zu der Annahme gedrängt, es würde uns damit auch ein menschliches Individuum vorgeführt. Dieses ist aber gar nicht nötig, denn dem Indianer erscheint es umgekehrt für selbstverständlich, dass das dar-

Abb. 92.   Makanari der Bakaïrí.

Imodo.   *Imeo.*   *Enoschibiro.*   *Imeo.*

gestellte Tier im Besitz aller menschlichen Eigenschaften auftritt und handelt und giebt auch den Gesichtsmasken seiner Tiere menschliche Züge.

Imiga wird der Tanz am Batovy genannt, dessen Festschmuck wir 1884 im Flötenhaus des zweiten Bakaïrídorfes fanden. (Vergl. »Durch Centralbrasilien« p. 170.) Da gab es bemalte Kürbisse, mit Federn beklebt, unten offen, aus denen geschnitzte Vögel hervorschauten, den ausgestopften Balg eines Kampfuchses und einer Fischotter, ein Halmgerüst, in dem zwischen Baumwollflocken Sanyassa-Vögelchen sassen, aus Stroh geflochtene Eidechsen, sowie zwei schwarz und weiss bemalte schwertartige Holzstücke, die Klapperschlangen vorstellten —

Alles, die kreisförmig ausgeschnittenen Kugelkürbisse ausgenommen, zum Aufsetzen auf den Kopf mit Strohtrichtern versehen. Dazu Rasselkürbisse und Fussklappern aus harten Fruchtschalen.

Von Masken erhielt ich in Maigéri eine längsovale Netzgeflechtmaske, mit einem Bart aus Buritífasern, einem Gehäng von Orthalicusmuscheln und einer mit Hokkofedern besetzten weitmaschigen Netzkapuze. In dem oberen Drittel, das von einem weissen Streifen senkrecht durchsetzt, sonst aber rot bemalt und schwarz betüpfelt ist, befinden sich die beiden Augen in Gestalt zweier Strohringe; ein Strohstreifen umgrenzt die zungenförmige Nase, die oberhalb der Augen am Rande sitzt. Die beiden unteren Drittel haben weissen Lehmgrund und zeigen darauf in zierlicher Zeichnung das Mereschu-Muster schwarz aufgetragen. Das Auffälligste aber ist das Bild eines Piava-Fisches, *tonischí*, der in der Fortsetzung des mittleren Gesichtsstreifens mitten in dem Mereschu-Muster steht. Auf ihn bezieht sich auch wohl die schwarze Tüpfelung des Oberteils.

Abb. 93.
Netzgeflecht-Maske mit Piava-Fisch.
Bakaírí. (¹/₁₀ nat. Gr.)

Wir haben acht Holzmasken erhalten, alle mit schwarzer, roter und meist auch weisser Bemalung. Es sind schwere und mühsam mit dem Steinbeil bearbeitete flache Holzplatten, aus denen der Stirnteil mit starker Wölbung vorspringt. Auch tragen sie eine mächtige Nase von menschlicher Form, die mit dem übrigen aus einem Stück geschnitzt ist. Der Mund besteht aus einem mit Wachs angeklebten Piranya-Gebiss. Die Augen sind kleine Löcher, mit Perlmutterstückchen verziert, oder erscheinen in zwei Masken als ein paar in der Mitte durchbohrte Fluss-Muscheln. Den Holzplatten sind Kapuzen zum Aufsetzen auf den Kopf angeflochten, von denen wie immer ein langer Strohbehang niederwallt. Die Bakaírí pflegten an der den Ohren entsprechenden Stelle je zwei schön gelbe Japú-Federn (Cassicus), die sie selbst als eine Art Stammesmerkmal tragen, einzustecken. Diese Federn bemerkt man auch bei dem Mann im Kostüm mit der Imeo-Mütze, (vergl. Seite 299).

Sechs der Masken sind uns als Vogel-Masken bestimmt worden. Wir haben erstens eine Maske, Abb. 94, die eine Taube, *Papadüri*, darstellt, zweitens eine

Abb. 94.
Papadüri-Taube. Bakaírí.
(¹/₆ nat. Gr.)

Abb. 96. Waldhahn. Bakaírí.
(¹/₆ nat. Gr.)

Abb. 95.
Alapübe-Vogel. Bakaírí.
(¹/₆ nat. Gr.)

Abb. 97. Tüwetüwe-Vogel. Bakaírí.
(¹/₆ nat. Gr.)

Mövenmaske, *Kakaya*, vgl. Abb. 44, S. 262, drittens die Maske eines kleinen uns unbekannten Vogels, der an Lagunen leben soll, *Alapübe* genannt, Abb. 95, viertens die *Arakuma*-Maske, die einen Hahn des Waldes veranschaulicht und durch einen den Kopfschmuck des Tieres wiedergebenden Holzstiel ausgezeichnet ist, Abb. 96, und endlich zwei *Tüwetüwe*-Masken, die eine mit einem schwarzen, die andere mit einem roten Zackenornament, die sich auf einen Singvogel mit weissem Kopf und roter Schulterzeichnung beziehen, Abb. 97. Von den beschriebenen Vogelmasken enthält allein (vergl. die Abbildung Seite 262), die Mövenmaske das Mereschu-Ornament, und es ist wohl anzunehmen, dass damit der Fische erbeutende Wasservogel gekennzeichnet werden soll, da der Mereschu nicht im Netz, sondern vereinzelt dargestellt ist.

Die beiden schönsten Masken wurden *yakuá-ikúto*. d. i. Piranya-Bild genannt. Sie tragen rote Wangenzeichnung; an dem einen Exemplar sehen wir zwei rote Dreiecke mit der Spitze zwischen Nase und Mund zusammenstossen, und die Dreiecke sind so gross, dass sie je ein Viertel der Platte einnehmen. (Vergl. Abbildung 12, Seite 180.) Durch diese Bemalung wird die grössere Piranya-Art jener Gewässer, der mit einem prächtigen Orange geschmückte Papo amarello (Gelbkropf) der Brasilier wiedergegeben. Die Augen sind durchlöcherte Muscheln. Der schönste Zierrat dieser beiden Masken aber sind mächtige, in der verlängerten Nasenscheidewand steckende und weit nach rechts und links vorspringende Arara-Federn. Sie sind in ein Bambusstöckchen eingelassen, das mit Troddeln verziert ist. Die Indianer sind also soweit davon entfernt, dem dargestellten Tier auch seine zoologische Physiognomie geben zu müssen, dass sie ihm sogar nach ihrem eigenen Brauch die Nasenscheidewand durchlochen und mit Federn schmücken.

Zwei wunderliche Tanzkostüme trafen wir in dem Flötenhause des dritten Bakaïrí-Dorfes. Doch war nur eines noch in gutem Zustand. Es wurde Kualóhe genannt, und sah aus wie eine kleine Hütte. Dieser Strohanzug war wirklich ein kleines Haus, und so kommt es offenbar von der Strohbedeckung her, dass die Bakaïrí ihre Tanzanzüge, einschliesslich des hosen- und ärmelbewehrten Buritíwamses, »Häuser« nennen. Auch hiessen die Strohkapuzen »Kopfhäuser«. Allerdings wurde der Ausdruck bei der Uebertragung des Wortes auf unsere Wollhemden und Tuchhosen unbegreiflich. Das Ungethüm war viel zu schwer, als dass wir es hätten mitnehmen können; sein Umfang betrug unten fast zehn Meter. Es hatte die Konstruktion einer gewaltigen Krinoline mit fünf starken strohbedeckten Querreifen, wurde jedoch mit zwei am obersten Ring angebrachten Basthenkeln auf der Schulter getragen. Einer der Indianer that uns den Gefallen und kroch hinein; er setzte sich die *Tüwetüwe*-Maske auf und erging sich in drehenden und wiegenden Bewegungen. Zu dem Kualóhe wurde auf dem vor der Festhütte liegenden hohlen Baum getrommelt. »Es ist kein Makanari«, sagen die Bakaïrí. Ich weiss nicht, ob sie damit sagen wollen, das es fremder Abstammung sei. Auch vermag ich nicht zu entscheiden, ob ein Zusammenhang zwischen diesem Tanz und dem Kurimatá-Fisch (Salmo curimata) der im Bakaïrí *koálu* heisst, vorhanden ist. Jedenfalls gehört zu ihm nicht die *Tüwetüwe*-Maske, die sich der uns vortanzende Eingeborene aufsetzte, sondern eine *kuábi*-Siebmatte. Eine Siebmatte, aus aneinandergeflochtenen Rohrstäbchen bestehend, war mit Federschmuck versehen und wurde so vor dem Gesicht getragen. Diese Binsenmaske oder Kuabi lag jedoch in Fetzen auf dem Boden.

Nahuquá. Den Eremo-Tanz, den uns die Nahuquá vorführten und an dem auch eine Frau teilnahm, habe ich Seite 99 geschildert. Sehr gut giebt die Tafel 7 das kleine Schauspiel wieder. Die Tänzer, die mit Netzen vor dem Gesicht in stark gebückter Haltung aufeinander zuschritten und ihre grünen Zweige

Abb. 98. Kualóhe-Tänzer mit Tüwetüwe-Maske. Bakaïrí.

im Takt zusammenschlugen, veranschaulichten mit ihrer Pantomime den Fischfang, wie er in der Flusshürde oder an ähnlichen gesperrten Stellen betrieben wird; die Fische werden an dem engen Ausgang zusammengetrieben und stürzen in die dort bereit gehaltenen Netze. Ebenfalls habe ich über den grossen Rundtanz, den sie Amakakatí nannten, Seite 99 berichtet; bei ihm spielte sichtlich die von den Nahuquá besonders wert gehaltene Kürbisrassel eine Hauptrolle.

Geradezu armselig sind die Masken, die wir mit Müh' und Not erhielten. Es ist allerdings zu beachten, dass wir nur ein einziges Dorf der Nahuquá besucht haben, und dass die Hauptmasse dieses Volkes einige Tagereisen im Osten am Kuluëne sitzt, wo es an Tanz und auch Maskenspiel, wenn wir die uns gegebenen

Andeutungen richtig verstanden haben, nicht fehlen soll. Verdächtig ist es, dass sie die Maske nur mit dem Tupíwort *yakuikáto* benannten. Wir haben bei ihnen auch wie bei den dritten Bakaïrí einige nach Art der Mandiokafilter geflochtene Gesichtsmasken angetroffen; leider aber waren diese Binsengitter, da das Fest bereits einige Zeit vor unserem Eintreffen stattgefunden hatte, nachlässig in die Ecke geworfen, zerknittert und zertreten, sodass wir die traurigen Ueberreste nicht mehr gebrauchen konnten.

Wir haben von den Nahuquá vier Masken heimgebracht. Drei sind mit Bohnenaugen, mit rot und schwarz bemalten Gesichtsteilen und mit dem schwarzen Mereschu-Muster auf weissem Grund in dem unteren Zweidrittel der Platte verziert. Sie sind schlecht gearbeitet; wir hatten die Indianer gebeten, uns, wenn wir auf der Rückfahrt vorsprächen, schöne *yakuikáto* zu liefern. Da erhielten wir denn die drei charakterlosen Holzmasken, deren schönste die Abbildung 99 zeigt, und von denen wir fast befürchten, dass sie wenig Nahuquá-Eigenart enthalten.

Abb. 99. Nahuquá-Maske. ($^1/_7$ nat. Gr.)

Wirklich originell war eine kleine Maske, Abb. 100, die wir unterwegs von einem Guikurú - Nahuquá bekamen. Auch sie war in der Eile, wenn nicht geschnitzt, so doch hergerichtet; man hatte den naturfarbenen Holzgrund ohne Anwendung von weissem Lehm bemalt. Sogar die Augen waren nur schwarze Tupfen. In dieser Ausstattung wäre sie gewiss niemals zum Fest gebraucht worden; da man wusste, dass wir Masken haben wollten, lieferte man ad hoc gemachten Schund. Die Maske zeigt je eine schwarze Raute in den getüpfelten Seitenfeldern. Der alte Bakaïrí Paleko, dem ich sie vorlegte, sagte zuerst »Fledermaus«, dann aber »yakuikati-Gesicht«.

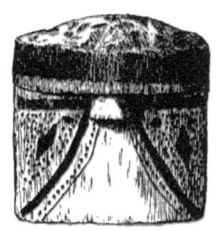

Abb. 100. Guikurú-Maske. ($^1/_7$ nat. Gr.)

Mehinakú. Die Mehinakú nannten ihre Masken *munotsí* oder *monotsí*. Doch sprachen sowohl die Kustenaú als die Waurá und Yaulapiti, auch von *koahálu*-Masken mit dem Auetö-Wort für die Geflechtmasken. (Die Yaulapiti sagten statt *munotsí* für Holzmasken wieder *yakuikatú*.) Bei den Mehinakú fanden sich ausschliesslich schwere Holzmasken, die mit einem Schwirrholz in der Festhütte aufgehängt, einen stattlichen Anblick gewährten. Alles, was ich von der ihnen zukommenden Bedeutung zu sagen weiss, ist dass sie zu einem Kaiman-Tanz gehören. Neben dem Eingang der Festhütte, erinnere ich auch, befanden sich zwei in Erde modellierte Leguane oder Anolis, die in Brasilien gewöhnlich mit dem Tupíwort Sinimbú bezeichneten Schuppenechsen.

Wir suchten uns die acht schönsten Masken aus und erhielten sie ohne
Schwierigkeit. In einem Wohnhaus entdeckten wir noch ein wahres Ungetüm.
Nicht viel breiter als die andern, war es fast dreimal so lang und reichte dem

Abb. 101. Mehinakú-Maske
mit rot bemaltem Grund.
($^1/_6$ nat. Gr.)

Abb. 102. Mehinakú-Maske mit Zinnenband.
($^1/_6$ nat. Gr.)

Träger bis auf den Nabel herab. Unverhältnismässig tief sitzt der Mund, von
der Nase um deren anderthalbfache Länge entfernt. Links und rechts von der
Nase zieht sich ein breiter roter Querstreifen. Vgl. Abb. 103.

Die Mehrzahl der Masken enthält das Mereschu-Muster. Auf die Riesenmaske sind nur Rauten ohne Eckenausfüllung und dazwischen eine Netzkreuzung gemalt. In den Abbildungen sind die rot bemalten Teile an der lichten Strichelung leicht zu erkennen.

Keine Maske ist der andern gleich. Wir sehen mehrere mit einem roten Hals- oder Mittelstreif unter der Nase, doch hat in Abb. 104 die eine rechts und links neben der Nasenspitze ein Stück roten Querstreifens, und wird bei der andern der Seitenteil median durch einen roten Bogenstreifen abgegrenzt. Bei einer dritten (Abb. 106) ist in der Höhe der Augen ein Randfeld rot bemalt. Bei einer vierten (Abb. 105) fehlt der Mittelstreif und ist durch ein halbes Mereschu ersetzt, dessen eine Spitze zwischen Mund und Nase sitzt, während rechts und links auf dieser schwarz-weissen Maske wieder eine bogenförmige Begrenzung der gemusterten Seitenfelder stattfindet. Wir kennen solche Bogenstücke bereits von den Töpfen und Spinnwirteln. Jeder Mann hatte seine Maske und erkannte sie an der Zeichnung, sodass diese das Eigentum markierte, ob es nun so beabsichtigt war oder dadurch, dass Jeder seine Malerei selbständig entwarf, sich von selbst so machte.

Ich weiss nicht, inwieweit man berechtigt wäre, Attribute des Kaimans in einem Teil der Bemalung

Abb. 103. Grosse Mehinakú-Maske.
($^1/_5$ nat. Gr.)

zu erkennen. Nicht wenig verlockt dazu das Zinnenband, das die mit der grossen Buritíkapuze wiedergegebene schwarz-weisse Maske Seite 102 quer durchsetzt. Es könnte den Nackenschildern des Kaimans gut entsprechen, um so mehr als es nur bei den Kaimanmasken auftritt. Die Maske rechts in Abbildung 106 ist ferner durch zwei Reihen sehr spitzer roter Dreiecke ausgezeichnet, die abwechselnd ihre Spitze nach oben und unten kehren. Es liegt, wenn man die geflochtenen Kapivara-Zähne der Bakaïrí gesehen hat, sehr nahe, an die Zähne des Kaiman zu denken; die des Ober- und Unterkiefers

Abb. 104. Kaiman-Masken. Mehinakú. $^1/_4$—$^1/_6$ nat. Gr.)

greifen in ganz ähnlicher Weise übereinander. Die im Profil gezeichnete Maske Seite 308 erinnert mit ihren Seitendreiecken unter- und ausserhalb der Augen an die Piranyamaske der Bakaïrí, vgl. S. 180, und wird gleichfalls die Hals- oder Wangenzeichnung eines Tieres darstellen.

Auetö. Die Auetö unterschieden zwei Arten Masken: I. *koahálu* und II. *yakuikatú*, ersteres Geflecht- und Geweb-, letzteres Holzmasken.

I. **Koahálu.** Unter den Geflecht- und Gewebmasken fallen drei sehr absonderliche auf, weil sie in einer sonst nicht vorkommenden Weise Wachs aufweisen, Abb. 107. Die erste und zweite dieser Koahálu-Masken sind nichts anderes, wie an der Mittelfigur deutlich zu sehen ist, als Gitter aus Rohrstäbchen, von derselben Arbeit mit der Technik der Siebmatte, die wir bei den Bakaïrí und Nahuquá beobachtet haben. Bemerkenswert ist auch die Art, wie die ovalen Geflecht- und Gewebmasken getragen werden. Sie stehen nämlich keineswegs vor dem Gesicht, wie unsere Masken, wo die Gesichtsteile den dahinter liegenden Teilen des menschlichen Antlitzes der Lage nach entsprechen, sondern liegen schräg nach oben gerichtet dem Vorderkopf und der

Abb. 105. Kaiman-Maske. Mehinakú. ($^1/_6$ nat. Gr.)

— 311 —

Abb. 106. Kaiman-Masken. Mehinakú. (¹/₄—¹/₅ nat. Gr.)

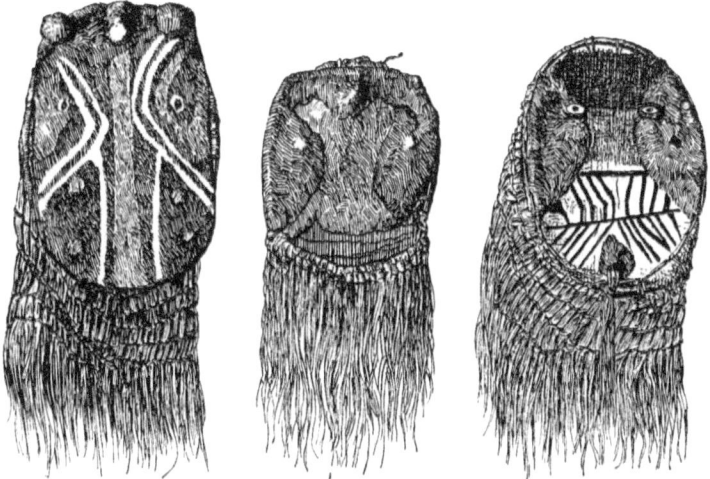

Abb. 107. Koahálu-Masken. Auetö. (¹/₆ nat. Gr.)

Stirn des Trägers auf, der unterhalb der ovalen Maske durch den angeflochtenen Strohbehang hindurchblickt.

Von den drei Wachsmasken, Abb. 107, ist die primitivste die Mittelfigur. Das Stäbchengitter ist mit Wachs bedeckt, die Seitenteile aber sind dicker aufgelegt und enthalten die Augen, zwei weisse Wollpfröpfchen, ursprünglich mit schwarzen Wachspupillen versehen, die aber verloren gegangen sind. Die Nase, ein dicker Wachsklumpen, sitzt höher als die Augen. Bei der völlig mit Wachs überzogenen Maske links sind die Augen Wachsklümpchen, die auf kleine Perlmutterstückchen aufgesetzt sind. Rote Wangendreiecke und ein roter Mittelstreif werden von

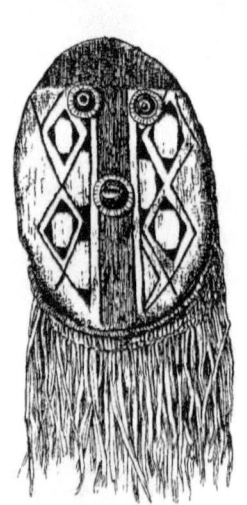

Abb. 108. Koahálu-Maske. Auetó.
(¹/₆ nat. Gr.)

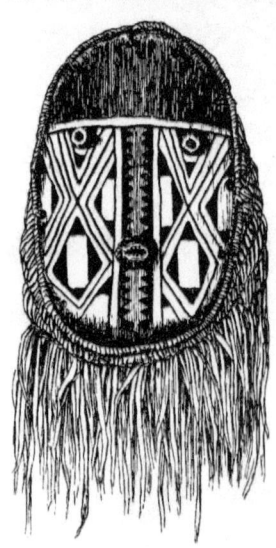

Abb. 109. Koahálu-Maske. Auetó.
Holzplatte. (¹/₆ nat. Gr.)

grell abstechenden weissen Linien umzogen; in den unteren Seitenfeldern finden sich zwei rote Tupfen. Die Augen stehen entsetzlich weit auseinander und dem Rande näher als der Mittellinie, die Nase wieder hoch oben, und beiderseits von ihr erscheint ein Wachsknopf. Einen Mund haben die drei Wachsmasken nicht, doch mag er nur zufällig fehlen, weil wir die Masken nahmen, wie wir sie gerade in den Hütten fanden.

Am interessantesten ist die Maske rechts, Abb. 107. Hier ist eng gewebtes Tuch, das oben frei liegt, in den Reifen gespannt. Zwischen den beiden Wachswangen steht ein rotbemaltes Mittelstück, und an ihrer Grenze die Augen sind winzige Bohnenringe. Die untere Hälfte der Maske zeigt die Kiemen in Gestalt feder- oder baumförmiger Verzweigung. Unten hängt ein ³/₄ m langer Baumwollzipfel herab, über dessen Ansatz ein Stück Wachs aufgedrückt ist.

Ausser den Wachsmasken fanden sich zum Koahálutanz gehörige Gesichtsmasken mit schwarzem oder rotem Stirnsegment, Mittelstreifen und Mereschu-Muster, Abb. 108. Vgl. auch die Maske Seite 263, Abb. 46. Rohrringe erscheinen zur Einfassung sowohl der Wachsaugen (Perlmuttereinlage) als des Wachsmundes mit den Piranyazähnen. Eine ganz gleichartige Maske, Abb. 109, besteht interessanter Weise aus einer Holzplatte, die oval ist wie der Reifen der Geflechtmasken; Löcher sind ringsum angebracht, wo die Kapuze eingebunden ist. So haben wir also eine Holzmaske noch genau von der Ausstattung und der Form der Geflechtmasken.

Ich suchte mit Hülfe der Bakaïrí den Sinn des Koahálutanzes herauszubekommen, erfuhr aber nur, dass es sich um einen Fisch oder Fische handelt. Die Bakaïrí sagten, dass die Maske dem *kuábi*, vgl. Seite 306, entspreche, das sie selbst im dritten Dorf zum Kualóhe-Tanz tragen. Darum möchte ich aber Koahálu und Kualóhe, die doch verschiedene Wörter sind, nicht in Zusammenhang bringen — um so weniger, weil ich bei den Auetö auch noch die Formen *koahahálu*, *kuahahalutè* und als für die Kamayurá geltend *koaháhi* gehört habe. Jedenfalls bedeutete *koahálu* im praktischen Gebrauch nur den zum Fischtanz gehörenden Gesang und wurde dem *maraká* der Kamayurá gegenübergestellt.

Der Auetö-Häuptling führte uns den Tanz vor, indem er einen Bogen und Pfeil zur Hand nahm, die Maske, wie beschrieben, aufsetzte und auf und nieder schreitend mit sehr heller Stimme sang: „*ehú hehú he ehé. Hátüere umatschüre ü kunyayá, kunyayá kunyayá. Hátüre ümatyüre ü kunyayá.*" Das bezieht sich auf Frauen „*kunyá*", was die Bakaïrí auch mit *pekóto* übersetzten. Dagegen sängen die Kamayurá ihre „*maraká*": „*yemáma hemahé, yávara emuakuá yerú pitú pitú yáuara emuakuá yemáma hemahé . . .*"

II. Yakuikatú. *yaku-i* ist ein kleiner oder junger Jakú, Schakú. Das Wort *yakú* bezeichnet die den Hokkohühnern nächstverwandten Hühnervögel der Penelopiden. Vgl. Brehm's Tierleben, Vögel II, p. 628. *katú*, gut, wird im Tupí in den verschiedensten Bedeutungen angehängt, denen gewöhnlich zu Grunde liegt, dass etwas wohlgefällt, Vergnügen macht, sodass wir es in diesem Fall am besten mit »Vergnügen«, »Spass«, »Fest« übersetzen. Die Kamayurá nannten den Tanz und die Masken sowohl *yakuikatú* als schlechtweg *yakuí*. Dieses Tupíwort war sämtlichen Stämmen geläufig, nur sagten die Bakaïri *yakuikáti*, wahrscheinlich, weil sie es ihrem eigenen *igáti* (Fett) anähnelten. Der Yakuí-Tanz ist der Originaltanz der Auetö und Kamayurá, der Tupístämme.

Die hierher gehörigen Auetömasken sind Holzmasken. Einen Uebergang zu ihnen sehen wir schon bei den Geflechtmasken, vgl. Abbildung 109; es fehlte der Stirnvorsprung, die Maske war auch flacher gewölbt als die Holzmasken sonst sind — wen wirn die tafelartigen Bakaïrímasken ausnehmen wollen, die nur eine Stirnwölbung besitzen. Schon sind die Auetö auf dem Wege, hölzerne Fischmasken wie die Kamayurá zu machen.

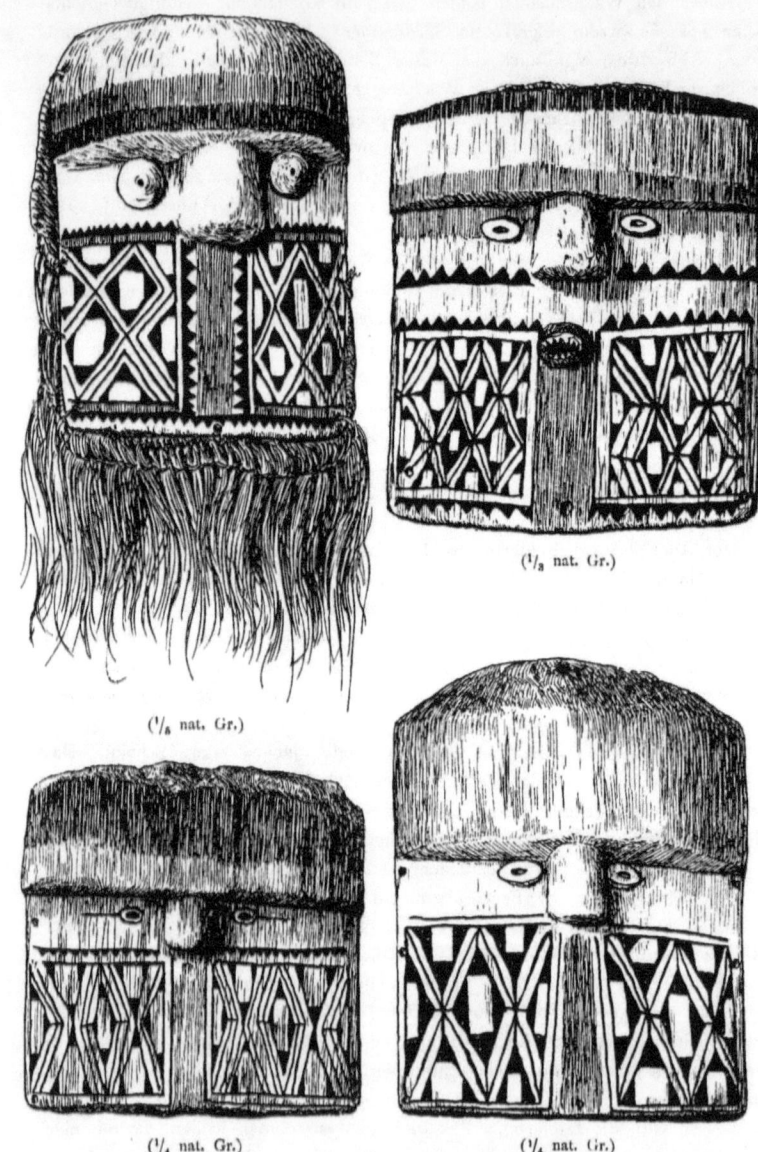

Abb. 110. Yakuíkatú-Holzmasken der Auetö.

Alle Holzmasken (vgl. die Vollseite) haben einen roten Mittelstreifen, Muschelaugen, die durchbohrt sind, und das Mereschu-Muster mit schöner Netzzeichnung. Die beiden Masken von Abbildung 111 haben neben den Augen in schöner Ausprägung die Flügelzeichnung. Auch tritt auf vier Masken das Zackenband, wie es in der Tüwetüwe-Maske der Bakaïrí auf die Schulterzeichnung

(⅓ nat. Gr.)   (¼ nat. Gr.)
Abb. 111. Yakuíkatú-Masken mit Flügelzeichnung. Aueto.

des Lagunen-Vogels bezogen wird, sowohl quer als auch senkrecht auf und charakterisiert auch hier die Eigenart des Gefieders, indem es die hübsche Wellenzeichnung wiedergiebt, die namentlich auf Brust, Steiss und Schenkeln der jungen Vögel erscheint. Der Hals- oder Mittelstreifen ferner ist durchgängig rot gemalt, weil die nackte Kehle des Jakú diese Färbung besitzt.

Kamayurá. Die Kamayurá pflegten hauptsächlich den Yauarí oder Wurfbretttanz, zu dem keine Maske gehört; es ist ein Kriegstanz. Sie gebrauchten das Wort *yauarí* uns gegenüber aber auch schlechthin für Tanz. Es ist ausserordentlich schwer, Verwechslungen zu vermeiden, weil die Indianer, wenn man nach dem Namen eines Dinges fragt, immer sagen, wozu es dient. So heisst *maraká*, das im Tupí stets mit »Rassel« übersetzt wird, der Gesang und die Musik, bei dem die Rassel gebraucht wird. So glaubten wir immer, „*yakuíkatú*" heisse »Maske«, während es »Jakú-Fest« heisst. Von Maskentänzen unterschieden sie 1. Yakuí und 2. Hüvát. Das Wort *hüvát* = Guaraní *y-guár* bedeutet »Wasser-Bewohner«, wie das Kapivara-Schwein der »Gras (*kaapim*)-Bewohner« ist. Wir glaubten zunächst, *hüvát* sei »Holzmaske«.

Das Hüvát war der Fischtanz der Kamayurá, wie der Koahálu der Fischtanz der Aueto war, während den Yakuí-Vogeltanz beide hatten.

Wir haben bei den Kamayurá keine eigentlichen Yakuí-Masken erhalten; sie verglichen diesen Vogeltanz mit dem Tüwetüwe-Tanz der Bakaïrí. Sie verwendeten in gleicher Weise Geweb- und Holzmasken für den Hüvát-Tanz, beschränkten den Fischtanz also nicht, wie die Auetó noch durchgängig zu thun schienen, auf die ersteren. Auf beiden ist der Fisch durch die Seitenlinien, die wir auch schon auf einer Fischzeichnung Seite 248, Abb. 44, kennen gelernt haben, charakterisiert. Sie reichen bis an die Augen und gewähren in Abbildung 112 den Eindruck einer Brille ohne Steg. Auf einer Holzmaske waren die Brustflossen wiedergegeben, indem unterhalb und seitlich der Nase jederseits unter dem Querstrich eine Zeichnung angebracht war, die aussah wie eine kleine, schief nach aussen gerichtete Zunge oder Klappe.

Geweb- und Holzmasken hatten dieselbe Anordnung: Stirnteil, Augen mit der Seitenlinie, Mittelstreif und seitlich von ihm Mereschumuster. Auf der Nase der Holzmasken, Abb. 113 und 114 erscheint eine T-Figur, die wahrscheinlich die Zeichnung eines bestimmten Fisches wiedergiebt. Die Holzmasken waren auffallend breit, 27 : 37 cm. An den Gewebmasken (Abb. 112) waren Bartfäden der Fische in Gestalt von Baumwollsträngen angebracht, die von dem Reifen herabhingen und der Buritíkapuze auflagen. Auch in dem Gewebe selbst wusste man Fischdessins zu liefern. Wir sahen einen ovalen, mit Baumwollgewebe überspannten Reifen, der vor

Abb. 112. Gewebmaske der Kamayurá. (¹/₈ nat. Gr.)

Abb. 113. Hüvát-Maske. Kamayurá.
(¹/₆ nat. Gr)

Abb. 114. Hüvát-Maske. Kamayurá.
(¹/₇ nat. Gr.)

das Gesicht gehalten wurde und keinerlei Bemalung, aber in der Webart selbst ein Fischgrätenmuster trug. Ebenso erschien in mehreren Gewebmasken, die bei der Festigkeit des Gewebes als Tuchmasken gelten konnten, unter dem gemalten Mereschu-Muster und ohne sich genau mit ihm zu decken, ein schwach erhaben gewebtes Rautenmuster. Eine Hüvát-Holzmaske endlich (Abbildung 115) mit rotem Stirnrand, ebenfalls sehr breit, war wegen zweier roter, senkrecht auf schwarzem Grund stehender Fische auffallend, die aussen neben den Augen aufgemalt waren. Jeder Fisch erschien als eine Raute mit breit angesetztem Schwanzdreieck.

Bei dem Hüvát-Tanz wird an den hohlen Baum geklopft zum Zeichen, dass das Fest beginnt und dass die Frauen sich zu entfernen haben. Frauen und Kinder wurden selbst zu der Pantomime fortgejagt, als Einer sich auf dem Dorfplatz eine Holzmaske aufsetzte, um uns den Tanz zu zeigen. Es sieht toll genug aus. Die Maske mit ihrem leeren, linienhaften Gesicht gewinnt bei den feierlichen Bewegungen unwillkürlich eine bestimmte Physiognomie. Ich wurde lebhaft an die Illustrationen zu »Grad' aus dem Wirtshaus....« erinnert, wo die Häuser, die Pumpen, die Laternen genau dieselben Gesichter zeigen.

Ausser den Hüvát-Masken fand sich bei den Kamayurá auch ein mächtiges, an das Kualóhe der Bakaïrí erinnerndes Geflecht vor, das ungefähr die Form eines Pilzes mit Haut und Stiel hatte. In dem Hut, der über einen grossen Querreifen geflochten war, sass der Oberkörper des Trägers bis ungefähr zum Nabel, während der Stiel des Pilzes von dem herabfallenden Strohumhang gebildet

Abb. 115. Holzmaske mit Fischbildern. Kamayurá. ($^1/_6$ nat. Gr.)

wurde. Ein Quadrant der Hutoberfläche, durch fühlerartige Stücke Schlingpflanze abgegrenzt, war mit dem Mereschu-Muster bemalt; an der Spitze sass noch, ähnlich wie bei dem Imeo der Bakaïrí, ein Stiel auf, aber dick umflochten, mereschubemalt und in einer Grasquaste endigend. Das Ding wurde *turuá* genannt; im Guaraní heisst *turú* »allerlei im Wasser lebendes Gewürm«, während es im Tupí nach Martius Tenthredo, Blattwespe, bedeutet.

Trumaí. Ausschliesslich Baumwollgeflechtmasken, *hukráke, zarumuká, kuahahá* genannt, wo ich den verschiedenen Sinn nicht zu bestimmen weiss. Es ist zu bedenken, dass wir die Leute auf der Flucht getroffen haben, und dass sie Holzmasken zurückgelassen haben könnten. Auch mag es daher kommen, dass eine sehr grosse Maske ohne Gesichtsteile nur als ein mit Baumwollgeflecht (schwarz, mit rotem Mittelstreifen) überspannter und auch mit einer unvollkommenen Buriti-Kapuze versehenerovaler Rahmen erscheint. Trotz der Baumwolle kann man nicht von »Weben« reden; die Stränge waren grob wie bei Strohmatten geflochten. Ein

Teil der Geflechtmasken hat denselben Typus wie bei den Auetö und Kamayurá, doch ist meistens die ganze Fläche des Gewebes mit dem schwarzen Mereschu-Muster auf weissem Grund bedeckt, in einem Fall mit liegenden Rauten und ohne Hals- oder Mittelstreifen, während dieser letztere sich bei andern auf eine schwarze Linie reduziert.

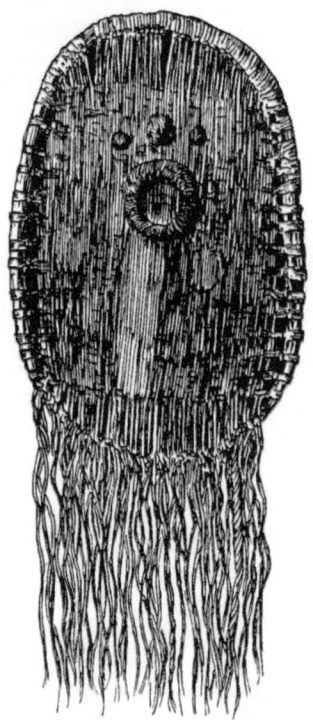
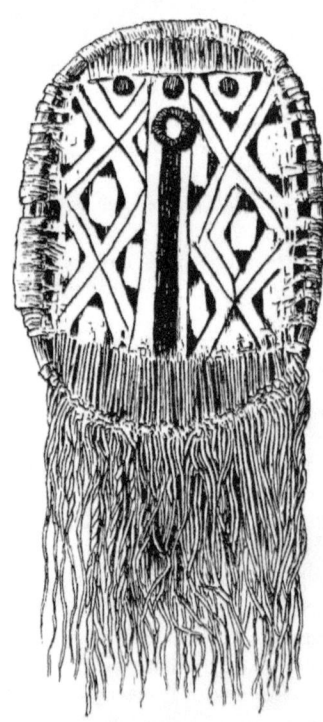

Abb. 116. Trumaí-Maske, schwarzrot. ($^1/_4$ nat. Gr.)

Abb. 117. Trumaí-Maske mit Mereschumuster. ($^1/_4$ nat. Gr.)

Augen und Nase sind gewöhnlich drei gleich grosse Wachsklümpchen in einer Linie nebeneinander, mit einem Stückchen Buritígarn angeknotet. Nur auf einer Maske sind ein paar blanke Muschelscheibchen den Augenklümpchen aufgedrückt. Der Mund ist ein schwarzer Wachsring von dem Aussehen eines Pessariums und so gross, dass Nase und Augen darin Platz haben. Alle Gesichtsteile sind auf die obere Hälfte, ja auf das obere Drittel des Ovals beschränkt.

Die Bemalung ist bei einer Reihe der Masken einfach ein schwarzer Grund mit rotem oder ein roter Grund mit schwarzem Mittelstreifen, in dem Nase und Mund liegen oder der nur bis zum Mund reicht.

Bei drei Masken findet sich aber mehr. Bei Nr. 1: Schwarzer Grund, weisser Mittelstreif, begleitet jederseits von einer weissen Linie; an sie stösst der dreieckige Wangenteil an, der sich zusammensetzt aus einem roten, einem weissen Streifen, dem schwarzen Grundstreifen und einem roten Randdreieck. Die Maske erinnert sehr an die erste Wachsmaske der Auetö Abb. 107. Nr. 2: schwarzer

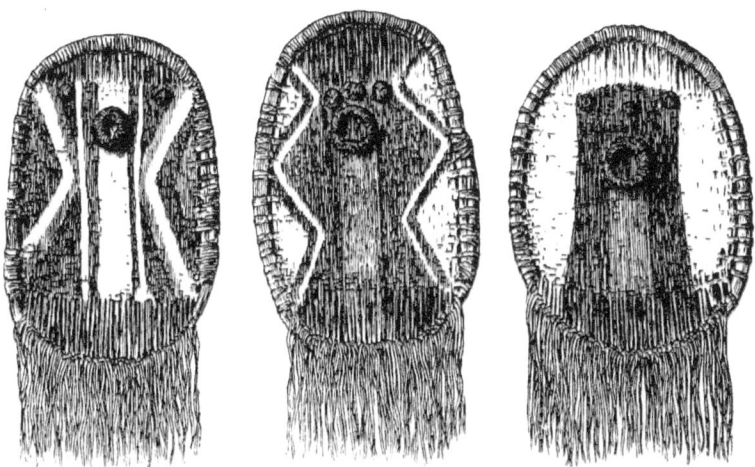

Abb. 118. Trumai-Masken, schwarzweissrot bemalt. ($^{1}/_{6}$ nat. Gr.)

Grund, roter Mittelstreif, jederseits zwei weisse Randdreiecke, von einer weissen Zickzacklinie umschrieben. Nr. 3: aussen und oben weisser Grund, innen in der Breite und bis zur Höhe einschliesslich der Augen schwarzer Grund mit rotem Mittelstreif bis zum Mundring.

II. Gemeinsamer Ursprung der Masken und des Mereschu-Musters.

Wir verstehen ohne Weiteres die Bakaïri, die sich aus Stroh geflochtene Tierfiguren und Köpfe von Tierbälgen aufsetzen, aber ungemein befremdend muss es uns erscheinen, dass auf den Tiermasken die Gesichtsteile menschlicher Bildung sind. Man sollte erwarten, dass z. B. eine Taubenmaske einen Schnabel hätte und nicht eine Nase mit einem Mund darunter. Man hat einem solchen Tänzer gegenüber das Gefühl, als wollte er uns gemütvoll zurufen: »Denkt nur nicht, dass ich wirklich eine Taube sei, ich bin ein Mensch wie Ihr und will nur eine

Taube vorstellen, wie Ihr an meinem Kukerukuu hört und Euch auch an den aufgemalten Federtupfen überzeugen könnt.«

»So wisset denn, dass ich Hans Schnock, der Schreiner bin,
Kein wilder Löw' fürwahr und keines Löwen Weib.«

Ja, die Masken sind keineswegs nur Gesichtsmasken. Augen, Nase und Mund sind auf den obern Teil des Feldes beschränkt, und der Mittelstreifen markiert die Fortsetzung des Körpers mit dem Hals, Flügel, Flosse, Seitenlinie, Hals- und Schulterzeichnung erscheinen daneben. Auf dem Fischmakanari der Bakaïrí, das eine äusserst liebevoll und sorgfältig gemachte Arbeit ist, vermissen wir den Mund und sehen einen grossen Fisch inmitten des Mereschu-Musters. Die Auetö endlich schauen unter ihren Masken durch die Kapuze hindurch; nicht minder ist ein grosser Teil der Holzmasken-Augen so beschaffen, dass die Löcher zu klein sind und nicht die richtige Entfernung von einander haben, um für das Durchblicken geeignet zu sein; sie sind für den Zuschauer, nicht für den Träger vorhanden.

Welches Bild sollen wir uns nun von der Entwicklungsgeschichte der Masken machen? Nehmen wir zum Ausgangspunkt die Strohkapuzen der Bakaïrí und ihre Pintado-Maske Seite 301. Diese Vermummung war schon ein grosser Fortschritt gegen die Ausschmückung mit einem Tierbalg und einem Gehänge von Strohstreifen. Die Leute haben sich Tiere geflochten, setzten sich die einen auf den Kopf und krochen in die andern hinein. Aus den Erzeugnissen der Zeichenkunst und von den Flechtfiguren her wissen wir, wie wenig ihnen ausreicht, um zu charakterisieren. Sie zogen ein Stück Schlingpflanze durch den Oberteil des Anzugs, das waren Bartfäden und genügten für die Veranschaulichung eines Pintado-Fisches. Sie haben es nicht nötig, die Nachbildung weiterzutreiben; sie bedürfen auch heute noch keiner Pintado-Gesichtsmaske. Aber die Indianer steigerten die Wirkung ihrer Strohkapuzen, indem sie wächserne Augen, Nase und Mund daran anbrachten und einen Reifen einflochten, der ein Gesichtsoval umgrenzte. Diese Maske war mehr dekorativ als mimisch; sie wurde vom Strohgitter zum Fadengeflecht, das Lehm aufnahm und sich bemalen liess, vervollkommnet, sie wurde mit dem Fischmuster versehen oder mit der Zeichnung eines Tieres oder ein Tier wurde aufgemalt.

Dass Fische die Hauptrolle spielten, ist sehr natürlich, weil sie bei ihren Zügen in Masse gefangen wurden und so die Gelegenheit zum allgemeinen Fest gaben. Auch der Yakuí-Tanz, der Tanz der kleinen Schakú-Hühner, mag an reichere Jagdbeute anknüpfen. »Alle grösseren Arten halten sich einzeln, die kleineren gewöhnlich in starken Flügen zusammen, die bis zu hundert und mehr Stück anwachsen können.« (Brehms Tierleben, Vögel II, p. 628). So wundern wir uns auch nicht, dass wir nichts vom Jaguar oder Tapir oder andern jagdbaren Säugetieren hören, die bei den Tekuna-Masken erscheinen: diese lieferten nur Gelegenheitsbeute, während gerade die Menge den Anlass zu einem mit vielen Nachbarn gefeierten Festschmaus darbot.

Wenn man sich jedoch erinnert, wie die Nahuquá bei ihrem Eremo-Tanz den Kopf mit einem Fischnetz verhüllten, und in ihrer Pantomime das Zusammentreiben der Fische durch eine Gesellschaft darstellten, wird man auch den Gedanken nicht von der Hand weisen, dass die ovale Gewebmaske mit dem in gleicher Form in einen Reifen gespannten Fischnetz mehr als die äussere Aehnlichkeit gemein hat. Wofern der Indianer von der Form des Gesichtes ausgehend auf den Maskenreifen verfallen wäre, so hätte er das ganze Feld auch für das Gesicht benutzt, während dieses jetzt nur einen Teil des Raumes einnimmt und mit geringerer Sorgfalt behandelt ist als die Bemalung. Das Fischmakanari der Bakaïrí ist nichts als ein engmaschiges und dadurch zur Aufnahme des Lehms geeignetes Netz. Die daran sitzende Netzkapuze könnte heute um des Federschmucks willen da sein, da die Federn in die Maschen eingebunden werden müssen, allein darum ist es doch ebenso gut möglich, dass das Netz älter ist als die Federn, die sonst an den Kapuzen fehlen. Vielleicht ist also unsere älteste ovale Geflechtmaske nur das in den Strohanzug eingefügte und dekorativ gestaltete Fischnetz. Dann ist es weit leichter zu verstehen, dass die Charakterisierung der Tiere so wenig ausgesprochen ist; das Netz wurde verziert und auch charakteristisch verziert, aber es war nicht um einer anatomischen Nachbildung willen in das Kostüm aufgenommen.

Auch erhalten wir damit eine Erklärung des Mereschu-Musters. Das Masken-Fischnetz wurde enger geflochten, weil es besser verhüllte, und liess sich nun bemalen. Aber man malte das alte weitmaschige Netz auf und setzte die Fischchen hinein. Es giebt einen Punkt, der mir zu beweisen scheint, dass ich Recht habe, der, an und für sich sehr seltsam, dann höchst einfach erklärt würde. Der Indianer malt das Mereschu-Muster immer, worauf mich mein Vetter Wilhelm aufmerksam gemacht hat, stehend, das heisst die grössere Diagonale der Raute aufrecht, die kleinere querliegend. Den runden Spinnwirteln ist dieser Umstand nicht mehr anzusehen, wenn sie fertig sind, aber wir haben beim Ritzen zusehend beobachtet, dass die Figur stehend gemacht wurde, und genau dasselbe geschah bei den Bleistiftzeichnungen. Ich habe deshalb die Figur Seite 261, Abb. 43, nicht, wie es uns wohl näher gelegen hätte, horizontal geben dürfen, habe deshalb auch alle Spinnwirtel auf senkrechte Mereschus eingerichtet und endlich, allerdings mehr des Scherzes halber, auch den Original-Mereschu, Seite 260, auf den Schwanz gestellt.

Wie kommt der Künstler zu dieser Sonderbarkeit? Auf dem Fries, vgl. Tafel 21, sind die Fische doch so gezeichnet, wie sie schwimmen. Nun, auf den Masken stehen die Fische ja auch auf dem Schwanz: man sehe nur das Fischmakanari der Bakaïrí Seite 303 und die schwarze Kamayurá-Maske Seite 317. Ja, das einzige Mal, wo uns der Mereschu-Fisch als einzelnes Individuum ausserhalb des Netzes entgegentritt, auf der Möven-Maske der Bakaïrí Seite 262, Abb. 44, steht er senkrecht. Auf den Gewebmasken aber, auf die es als die ältesten ankommt, wurde der Fisch in seiner an und für sich unnatürlichen Lage gezeichnet, weil sie dem Gesicht entsprechend längsovale Stellung haben; man denke sich die Piava des Fischmakanari Seite 303 horizontal und man wird empfinden, erstens, dass dadurch der Fisch beengt wäre, zweitens, dass das Durchschwimmen des Gesichts wegen des Widerspruchs gegen die Hauptrichtung geradezu unnatürlich aussähe. Ein Blick auf Fenster- und Thüreinteilung zeigt für uns dasselbe Bedürfnis.

Es wurden also Netz und Fische mit stehenden Rauten auf die längsovale Maske gemalt. Man gehe die grosse Anzahl der mit dem Mereschu-Muster ausgestatteten Masken-Abbildungen durch: überall dieselbe Stellung. Wir haben nur eine Ausnahme gesehen und sie bestätigt die Regel eher als dass sie ihr zuwiderläuft. Dies ist eine Trumaí-Maske. Allein die guten Trumaí haben die Masken von den Kamayurá entlehnt, wie sie die Baumwolle und die Siebmatte bei ihnen kennen gelernt haben und mit den Tupínamen bezeichnen. Sie haben den Entwicklungsgang nicht mitgemacht.

Wir verstehen jetzt auch den engen Zusammenhang zwischen Netz und Mereschu-Fisch und die Massenhaftigkeit der Vorführung grade dieses Fisches. In jede Masche zeichnete man einen Fisch, der klein sein musste, da er sonst an den Platz nicht passte, der auch dieselbe rhomboide Gestalt hatte wie die Netzmasche. Wir verstehen endlich, wie bei der zierlichen Arbeit die Darstellung von Kopf, Flossen und Schwanz zur Ausfüllung der Eckchen wurde. Kurz, es stimmt Alles so vortrefflich sowohl für das Muster wie für den Entwicklungsgang der Masken, dass ich den Beweis, soweit er überhaupt möglich ist, für erbracht ansehe.

Das Muster ist heute rein ornamental geworden. Zwischen den Mandioka-Grabhölzern und dem kleinen Lagunenfisch giebt es keinen direkten innern Zusammenhang. Indessen wird man Eins zugestehen müssen. Die Bedeutung des Fischchens wuchs über seine ursprüngliche weit hinaus, weil es an die fröhlichen Festtage erinnerte; alle Industrie bemächtigte sich seiner, die mit Trinken, Schmausen und Schmücken zu thun hatte. So hatte es seinen guten Sinn, wenn die grossen Kürbisse und Kalabassen, in denen der Pogu kredenzt wird, wenn die Beijúwender, mit denen das gastliche Gebäck an solchen Tagen unermüdlich umgedreht wird, wenn die Kuyen, in denen die prächtigen Federn aufbewahrt wurden, wenn die zum Tanz geschwungenen Rasselkürbisse, wenn die Spinnwirtel, mit denen der Faden für die Gewebmasken gesponnen wurde, wenn alle diese und ähnliche Sachen mit dem Mereschu-Fisch verziert wurden. Der Ursprung der Ausschmückung liegt in einem motivierten Gefühl, und erst, wenn dessen Manifestationen zahlreich und trivial geworden sind, sieht kein Mensch mehr etwas Anderes als Figur und Farbe. Die Lieblingsbildnisse unseres Volks kommen schliesslich auf die bunten Taschentücher. Das Mereschu-Muster hat sich von Stamm zu Stamm verbreiten und überall einbürgern können, gerade weil es aus den Festtänzen, zu denen sich die Stämme vereinigten, hervorgewachsen ist,

Dennoch darf nicht vergessen werden, dass sich der Indianer heute noch des konkreten Vorbildes bewusst bleibt. Der Bakaïrí setzt keinen Mereschu-Fisch auf seine Masken mit Ausnahme der Möven-Maske, Abb. 44, und des Fischmakanari, Abb. 93, und so sind auch bei den andern Stämmen — man vergleiche die Wachsmasken der Auetö und die schwarzweissroten Masken der Trumaí — deutliche Unterschiede vorhanden, die ich nur nicht näher zu bestimmen weiss. Im Anfang hat der Fisch noch nicht überallhin gepasst, wo sich die Raute heute schon eingedrängt hat oder bald eindrängen wird.

Man muss sich nun die Frage vorlegen: giebt es, wenn die Gewebmasken und das Mereschu-Muster auf das Fischnetz zurückgehen, irgendwelche Anhaltpunkte, um zu entscheiden, welcher Stamm der Erfinder gewesen ist? Der Mereschu-Fisch ist mir als ein »Lagunenfisch« bezeichnet worden, (wir haben ihn bei den Yaulapiti gegessen), doch kommt er überall in unserm Gebiet, selbst im Paranatinga, vor. Der Fischfang mit Netzen ist auch bei allen Stämmen gepflegt. Hier ist also Nichts zu entscheiden. Immerhin ist die ethnologische Ausgleichung mit dem Mereschu-Muster und den Masken noch nicht so ganz und gar vollzogen, als dass sich nicht wenigstens für ein paar Stämme ein Negatives folgern liesse. Die Bakaïrí, glaube ich, kommen nicht in Frage. Sie sind die »Herren des Makanari und des Imeo«, der geflochtenen Anzüge, und die zahmen Bakaïrí hatten gar keine eigentlichen Masken. Die Bakaïrí hatten auch nicht die mit dem Mereschu verzierten Spinnwirtel. Bei den Nahuquá haben wir keine Gewebmasken und nur schlechte Holzmasken gefunden, die sie mit dem Namen *Yakuikatú* des Tupí-Tanzes bezeichneten; sie mögen am Kuluëne mehr bieten, allein wir dürfen ihnen nach dem, was wir bis jetzt von ihnen wissen, kaum so viel und gewiss nicht mehr zutrauen als den Bakaïrí. Den Trumaí habe ich bereits früher die Originalität absprechen müssen.

Bleiben die Mehinakú mit Verwandten und die Tupí-Stämme. Jene haben uns nur Holzmasken sehen lassen. Die Holzmasken zeigen die gleiche Anordnung wie die Gewebmasken mit Mittelstreif und Muster, sodass sie keine eigenartige Entstehung verraten und nur einen technischen Fortschritt bedeuten. Die Mehinakú waren, wie die Schemel beweisen, die besten Schnitzer, und so möchte ich ihnen am ersten die Erfindung der Holzmaske zutrauen. Sie mögen auch, ich weiss es nicht, Tänze mit Gewebmasken haben, da das Wort *koahálu* den Kustenaú und Waurá, die ich im Auetőhafen befragte, auch geläufig war; die Entscheidung ist unmöglich, weil der eine Stamm die Tänze des andern kannte. Die Tupí-Stämme der Kamayurá und Auető, namentlich die letzteren, verdienen wohl die meiste Beachtung. Die Auető hatten die meisten Geflecht- und Gewebmasken, ihr Wort „*koahálu*" war an die Nu-Aruakstämme übergegangen, bei ihnen waren auch alle Holzmasken mit dem Mereschu bemalt, sie waren die besten Malkünstler, die rein stilisierte Zeichnungen lieferten, bei ihnen und den Kamayurá war namentlich auch das festest gewebte Tuch vorhanden. So sehen wir bei ihnen die älteste Uebung gerade der Künste, die hier verlangt werden, des Webens und Malens, während die Mehinakú in Keramik und Schnitzerei mehr leisten. Darum geht meine unmassgebliche Meinung dahin, dass die Wahrscheinlichkeit zu Gunsten der Auetö spricht, und dass sie die Erfinder der Gewebmaske und damit auch des Mereschu-Musters sind.

III. Sonstiger Festapparat.

Die Kamayurá zählten uns Abends auf dem Dorfplatz sieben verschiedene Tänze auf und stellten Einzelheiten daraus pantomimisch dar. 1. *yauarí*. Der Wurfbrett-Tanz. Mit grossem plastischen Talent wurde dargestellt, wie ein Krieger verwundet wird und tot zusammenbricht. Dem sterbenden Aegineten fehlte nur der Schild. 2. *mavuravuá* Maskentanz. 3. *ivúraaú* mit Federschmuck und Buritírock, den Pfeil über der Schulter. 4. *amurikumá* mit kleinen Tanzkeulen. Vgl. die Abbildung 119. *ihóhó ihoehehé ihóho ehéhé nuyukáko horómotáng moták.* 5. *tavúravauá*. Grüne Zweige auf den Armen, Netzmütze, Ohrfedern, Federdiademe, Buritírock. Dem Fischtanz der Nahuquá entsprechend. 6. *namiakóit*, wenn den etwa fünfjährigen Knaben die Ohrlöcher gestochen werden. 7. *kunyá maraká*, wenn den Mädchen das Uluri angelegt wird.

Abb. 119.
Tanzkeule.
Kamayurá.
(¹/₇ nat. Gr.)

Auch hörten wir noch mehr von begleitenden Gesängen, die alle stereotyp zu sein scheinen. Ich notierte Manches davon, vermag sie aber nicht zu übersetzen. Die am häufigsten wiederkehrenden Refrains waren *kaká hiyé, kaká hiyevéne*. Jedenfalls spielt der Yauarí-Tanz die grösste Rolle und hat auch mancherlei Touren; *yauarí* hörte man bei den Kamayurá ebenso oft wie *makanári* bei den Bakaïrí, nur dass *maraká* soviel als »Tanz« oder »Gesang« war, ihr Haupttanz also *yauarí-maraká* hiess. Einer gab auch eine merkwürdige Vorstellung, indem er gebückt und zwei Pfeile über den Boden reibend tanzte, eine Frau hinter ihm: *kurukú he*.

Die Frauen, *kunyá*, die ja als die beste Beute gelten, wurden vielfach in den Gesängen erwähnt. In der Tanzpantomime wurde oft verdeutlicht, namentlich beim Amurikumá-Tanz, dass die Frauen Fische überreichten. Die Tänze beginnen am frühen Morgen und dauern bis Sonnenuntergang.

Tanzkeulen, ähnlich wie die abgebildete der Kamayurá, zum Teil hübsch umflochten, fanden wir auch bei den Trumaí. Bei den Auetö erhielten wir einen Tanzschmuck, dessen Form an den Rossschweif eines Tambourmajors erinnerte: von einem Reifenstück hingen je an der Seite und in der Mitte Schwänze von Buritífasern fast ¹/₂ m lang herab.

Zum Tanz mit den Hüvátmasken bei den Kamayurá gehörten zwei Stäbe *haéuté*, 80 cm lang, an deren Spitze das Gebiss eines Hundsfisches in einem dreieckigen Aufsatz so eingeflochten war, dass die beiden langen spitzen Zähne, die beliebten Bohr- und Schneidinstrumente des Indianers oben herausschauten.

Man sieht, der Tanz hat seine psychologische Entwicklung. In ihm spiegeln sich die Fortschritte der Kultur deutlich wieder. Im Anfang wird das Tier in der Pantomime vorgeführt, seine Stimme nachgeahmt und seine Gestalt in der Strohvermummung nachgebildet, aus dem Fischnetz entwickelt sich die Maskenkunst mit ihren für alle Malerei fruchtbaren Motiven — hier ist bereits das Gerät mit seiner Technik gegenüber der Tierfigur in den Vordergrund des Interesses getreten. Das Wurfbrett und die Keule, sie sterben aus als Waffen bei dem friedlicher gesinnten Feldbebauer, aber sie erhalten sich als Tanzschmuck, die Wurfsteine werden am Pfeil durch Wachsklumpen ersetzt und kleine hängen als Amulette am Hals der Kinder. Der Bakaïrí macht zum Mittelpunkt seiner Tänze mit Buritíflechtwerk zwei in der Palme lebende Insekten. Der Kamayurá trägt das Gebiss

Abb. 120.
Hundsfisch-Tanzstab.
Kamayurá. ($^1/_6$ nat. Gr.)

des Hundsfisches beim Fischtanz als Festzierrat, er und der Auetö macht sich auch Schmuckwirtel an Stelle der Arbeits-Spinnwirtel und kommt sofort zu neuen Mustern, weil er sie für den Zweck des Augenblicks nur mit vergänglichen Mustern zu bemalen braucht (vgl. Seite 274), der Bakaïrí schafft sich aus den Mandioka-Grabstöcken in den Rückenhölzern einen eigenartigen Tanzschmuck und auch hier entstehen in der freien Kunstübung neue Motive, sowohl der Form, indem sich der spitze Holzzilinder verwandelt, als der Zeichenmuster (vgl. Seite 265, 266, 284).

Ueberall finden wir hier noch vor dem Schmuck die nüchterne, nützliche Thätigkeit, sei es Jagd, Fischfang oder andere Arbeit. Noch einmal wollen wir es uns klar machen, der Mensch schmückte sich nicht, indem er sich in der freien Natur umschaute nach dem, was schön aussah und sich dies an seinem Körper anbrachte, sondern er entdeckte die Schönheit erst, nachdem er das Material um nützlicher Zwecke gesucht und in Gebrauch genommen hatte. Aber jetzt hat er mittlerweile einen grossen Vorrat an Form- und Farbenmotiven gewonnen, er sucht sie allerorts zu verwenden und hat das Schmücken selbst zu einer Art Kunst erhoben, die sich bei Tanz und Festspiel, wo der Ueberschuss der Kräfte zur Geltung kommt, am freiesten entfaltet.

Musikinstrumente. »Am lebhaftesten tritt in der Musik des Indianers das Gefühl für den Rythmus hervor, dagegen bringt er es nur zu schwachen Bruchstücken von Melodieen und von der das Gemüt ergreifenden Kraft der Harmonie scheint er keine Ahnung zu haben.« Ich zitiere hier Martius schon deshalb, weil ich nicht sicher bin, ob die Indianer nicht musikalischer sind als ich selbst. In der That war Alles, was wir gehört haben, nur Ausdruck von Takt und Rythmus. Ich rechne deshalb auch die Klappern, die nur Geräusche hervorbringen, zu ihren musikalischen Instrumenten. Sie hatten Fussklappern, Bündel harter Fruchtschalen, besonders auch halbierte Pikí-Kerne, die der Tänzer um die Knöchel des aufstampfenden Fusses gebunden trug. (Vgl. die Abbildung 90, Seite 299.) Klirrende Muschel- und Nussschalengehänge, die von Halsschnüren an Baumwollquasten herabhingen, das Muschelbündel des Fischmakanari der Bakaïrí dienten gleichem Zweck.

Der Kerne und Muschelschalenstücke enthaltende, von einem Bambusstöckchen durchsetzte Rasselkürbis, der mit der Hand im Takt geschüttelt wurde, hatte bei den Bakaïrí, Nahuquá und Kamayurá denselben Namen wie die Fussklapper.*) Ein sonderbarer Anblick für uns, wenn die erwachsenen Leute mit grossem Eifer das Musikinstrument unserer Säuglinge schwingen. Vergeblich würde man die Rassel bei Kindern suchen. Während wir bei den Bakaïrí keine Rasselkürbisse gesehen haben, waren sie sehr zahlreich und mit mannigfachen Zierraten von Federchen, Wachsklümpchen und Baumwolltroddeln ausgestattet bei den Nahuquá. Wir fanden auch eine junge Schildkröte an Stelle des Kürbis auf ein Stöckchen aufgespiesst und bei den Auetö sogar das blaue, wie poliert aussehende Ei eines Hühnervogels mit mehr als ¹/₃ m langem Stiel. Gelegentlich waren zwei Rasselkürbisse an einem Stiel.

Kürbisse von Flaschenform dienten zum taktmässigen Aufstampfen. Runde mit eingesetztem Bambusrohr bildeten eine Art Uebergang zur Flöte.

Im dritten Bakaïrídorf und bei den Kamayurá wurde als Pauke ein hohler Baum, der auf der Erde lag, benutzt.

Flöten. Eine hohle, mit zwei Löchern versehene, 6 cm lange Palmnuss, in die man hineinblies, diente als Pfeifchen. Die beliebteste und vollkommenste Flöte ³/₄—1 m lang, 6 cm dick, hiess bei den Bakaïrí *méni*, während sie bei den übrigen Stämmen folgende, anscheinend sämtlich verwandte Namen führte: Mehinakú *kolutá*, Kustenaú *kulútu*, Trumaí *kut* (Fussklapper *kutchót*), Nahuquá *kulûta*, *karúto*, Kamayurá *kurutá*, *kuruá*, Auetö *kalötú*. In ein Rohr ist an einem Ende ein dicker Wachspropf eingelassen, indem daneben der Wandung entlang ein Kanal offen bleibt. Hier wird oben hineingeblasen, der Kanal führt zu einem viereckigen Luftloch in der Rohrwandung. Im untern Viertel der Flöte befinden sich vier Grifflöcher für Zeige- und Mittelfinger beider Hände; die am untern Ende abschliessende Querwand ist durchbohrt. Zuweilen besteht das Rohr aus zwei mit Wachs der ganzen Länge der Flöte nach verklebten Hälften; Umwickelung mit Rindenstreifen, Rohr oder Baumwolle. Auch findet sich Abschrägung des Mundstücks. Etuis gaben die aus Buritístroh geflochtenen Tanzärmel ab. Kleinere

---

*) *kamitü* bei den Kamayurá, nicht *maráka* wie im Tupí, das bei ihnen den Gesang und Tanz bedeutet. Auetö *teruá* und Fussklapper *aimára*, was mit *maráka* verwandt sein könnte.

Flöten (bis 80 cm lang) aus Bambus sind weniger sorgfältig behandelt. Pansflöten kommen vor vom zierlichen Hirtenflötchen an bis zu riesiger Grösse. So fanden wir 1884 bei den Suyá ein Exemplar mit drei Rohren von 1¹/₂, 1 und ⁸/₄ m Länge, 13¹/₂, 13 und 5 cm Umfang; im obern Teil ist seitlich ein rechteckiges Luftloch angebracht und höher hinauf noch ein 10 cm langes gewölbtes Stück Bambus aufgeklebt, das nur unten offen steht und den hier aus dem rechteckigen Loch austretenden Luftstrom fängt.

Schwirrhölzer. Neben den Tanzmasken hing im Flötenhaus der Mehinakú ein 60 cm langes Schwirrholz von der Form einer Schwertklinge, schwarz gefärbt mit rotem Mittelstück, vgl. Abb. 121. Das schmale Brett, an einem Strick durch die Luft geschwungen, erzeugt ein brummendes oder schwirrendes Geräusch, das einen etwas unheimlichen Eindruck macht, weil es wie von selbst stärker anzuschwellen scheint, und kann dabei mit einer Wucht sausen oder heulen, die man hinter dem unscheinbaren und simpeln Ding nicht erwarten würde. Bei den Nahuquá erhielten wir die in Nr. 122 abgebildeten Schwirrhölzer, von denen das eine mit dem Schlangenornament bemalt ist, während man das andere schwarz angestrichen und dabei eine Reihe von Fisch- oder Fledermausrauten ausgespart hat. Diese beiden Schwirrhölzer sind 34 und 36 cm lang, sie haben die Gestalt von Fischen, die zweckentsprechend ist, da man einen Teil des 3 m langen Stricks um die Einschnürung am Schwanzende wickelt. Ebenso wenig als betreffs den Masken hatten wir irgendwelche Schwierigkeit,

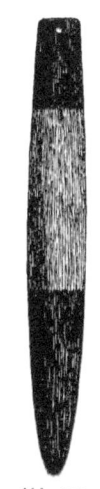
Abb. 121.
Schwirrholz.
Mehinakú.
(¹/₇ nat. Gr.)

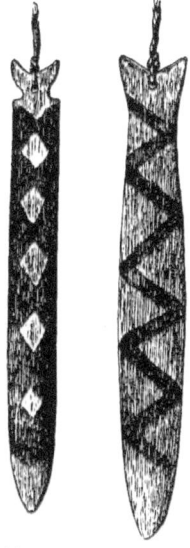
Abb. 122. Schwirrhölzer
(Fischform). Nahuquá.
(¹/₄—¹/₅ nat. Gr.)

die Schwirrhölzer zu erhalten. Die Nahuquá zeigten uns den Gebrauch auf offenem Dorfplatz in aller Unbefangenheit wie den eines beliebigen Geräts und ohne dass die Frauen weggejagt wurden. Es ist dies deshalb von grossem Interesse, weil das Schwirrholz, das in unsern Kulturstaaten heute nur ein Kinderspielzeug ist, eine grosse Bedeutung in den religiösen Mysterien bei den verschiedensten Völkern der Erde gehabt hat oder noch hat. Wir werden ihm bei den Bororó und zwar auch in einer geheimnissvollen Bedeutung, die am Kulisehu fehlt, wieder begegnen und deshalb auch dort erst auf sie einzugehen haben.

Die Nahuquá und die Mehinakú haben für das Schwirrholz dasselbe Wort, denn diese nennen es *matápu* und jene *matáhu*. Bei den Auetö, Kamayurá und

Trumaí haben wir das Gerät nicht gesehen. Die Bakaïrí geben ihm den Namen *yélo, iyelo*, das heisst ihr für Blitz und Donner gemeinsames Wort, etwa »Gewitter«. Wollen wir in ihrem Sinn sprechen, müssen wir es nicht, wie ich früher gethan habe, »Blitz«, sondern nach seinem Geräusch »Donner« nennen. Durch dieses Bakaïríwort erhalten wir auch die Aufklärung, warum das Schwirrholz bei den australischen Medizinmännern, die auf ihm zum Himmel fliegen können und die Figuren von Wasserblumen darauf einschnitzen, gerade zum Regenmachen gebraucht wurde. Sie erzeugten Donner und Gewitter mit dem Zauberholz; die Idee des Regens ist erst sekundär.

Federschmuck und Diademe. Die wichtigsten Federschmuck liefernden Vögel habe ich bereits Seite 208 aufgezählt. Die Federn wurden verarbeitet als Diademe, hauptsächlich die des Arara, der Papageien, des Japú (Cassicus) und der Falken. Die Schwanzfedern des Arara wurden gewöhnlich als Mittelstück des Diadems angebracht, wo sie über die anderen kleineren hoch emporragten. Das untere Kielende wurde eingeschlagen und auf Schnüre gebunden; um die nackten Spulen zu verdecken, legte man ringsum ein aus roten oder gelben Federchen gebildetes Band. Auf einen Strohkranz aufgebundene Federn setzten sich zu einem den Kopf umschliessenden **Federkranz** zusammen. **Federhauben** entstanden dadurch, dass Federn (am liebsten weisse von Reihern und Störchen, mit bunten Federchen durchsetzt), und zwar die grösseren, nahe der Mitte in den Maschen eines Baumwollnetzes eingebunden wurden; wird das Netz über den Kopf gezogen, richten sich die Federn zu einer Holle auf. **Federbänder** wurden getragen zur Deckung des Diademrandes, um die Stirn und hauptsächlich in ziemlich loser Verknüpfung um die Oberarme.

Abb. 123.
Ohrfedern.
Kamayurá.
(¹/₈ nat. Gr.)

Ohrfedern. Die Bakaïrí trugen mit Vorliebe gelbe Cassicusfedern, vgl. die Masken Seite 304 und Tafel 6. Die Ohrfedern werden in Hülsen gesteckt oder an kleinen oder grossen Rohrstöckchen befestigt. Sehr zierlich und bunt sind die 24 cm langen Federstäbe der Kamayurá; die Abbildung 123 kann leider die prächtigen Farben nicht wiedergeben. Die Nasenfedern der Bakaïrí habe ich Seite 181 besprochen.

Federmäntel hatten nur die Kamayurá, richtiger lange Federnetze, die von einer Halsschnur über den Rücken herabhingen, zusammengesetzt aus Federn von Geier, Sperber, Arara, Storch und Jakutinga. Sie gehörten in erster Linie »zum Yakuitanz«, *yakuí-áp*. Vorn über die Stirn fiel ein langes Buritígehänge. Die Kamayurá hatten auch 30—40 cm lange Büschel menschlichen Haars, die einem Kopfnetz angeflochten waren und beim Yauari-Tanz gebraucht wurden. Ferner trugen sie auch kleine Tierbälge und aufgespannte Fellstücke bis etwa ¹/₄ m Länge zum Tanz.

Billigere Diademe wurden aus Rohr geflochten, vgl. Tafel 6. Besonders die Bakaïrí und Nahuquá begnügten sich mit diesem Putz, den sie kunstvoll aus Buriti- oder Akurí- oder meist Waimbé-Streifen flochten und durch Abwechslung mit schwarzgefärbten Streifen belebten. Bei den Nahuquá waren auch Rohrstäbchen in strahlenförmiger Anordnung wie die langen Mittelfedern der Federdiademe aufgesetzt. Auch sehen wir einfach Stücke harten Bastes (von Pata de boi) diademartig umgebunden; der Auetö-Häuptling trug ein Stück Jaguarfell als Diadem, vgl. das Bild Seite 108. Die Kamayurá endlich hatten Baumwollmützen, die, wie die Rohrdiademe aus Federdiadem, ihrerseits, wie die Technik zeigt, aus der Federhaube hervorgegangen waren.

Aller Federschmuck, mit Ausnahme etwa einer gelegentlich, zumal bei den Bakaïrí, in's Ohr gesteckten Feder gehört zu festlichen Gelegenheiten, einschliesslich des feierlichen Empfanges. Es ist mit den Federn ebenso wie mit der Körperbemalung.

Spiele der Jugend. Bei den Bakaïrí sahen wir Fangbälle aus Maisstroh zusammengeballt; statt der sonst üblichen langen Feder war ein Schweif Maisstroh eingebunden. Gummibälle, jedoch massive, fanden sich bei den Auetö. Der Saft einer Figueira oder der Mangave wird auf der Brust zu einer kleinen Kugel gerollt, mit Aschenwasser gebeizt und der Ball ringsum so eingestochen, dass er aussen mit einem Geflecht überzogen erscheint. Die Bälle werden mit Urukú rot gefärbt.

Kreisel lieferte die unreife Erdnuss (Arachis hypogaea) oder Mandubí. Doppelt kirschengross wurde sie durchbohrt auf ein Bambusstöckchen geschoben, sodass dieses nur wenig vorschaute, und hier durch Umwickeln mit einem Baumwollflöckchen vor dem Abrutschen gesichert. Die Frucht tanzte den langen Stiel nach oben. Man setzte mehrere solcher Kreisel in einen Topf und liess sie zusammen tanzen.

Den Seite 110 beschriebenen Ringkampf müssen wir schon den Spielen der Erwachsenen zurechnen, doch übten sich die Kinder gern im Ringen. Desgleichen natürlich im Bogenschiessen. Auch haben wir Kinder-Wurfhölzer gesehen. Mit den schweren Thonpuppen wurde von älteren Kindern gespielt. Von mir verlangte man einige Mal eine Art Kraftprobe dergestalt, dass ich einen Jüngling mit freiem Arm in die Höhe heben sollte. Hier kann ich noch die Beobachtung anfügen, dass die Indianer es nicht fertig brachten, eine Stange auf einem Finger balanzieren zu lassen.

XII. KAPITEL.

I. Recht und Sitte. II. Zauberei.

I. Eigentum. Verwandtschaft. Ehe. Moral. Tauschverkehr. Namen. Geburt. Couvade und deren Erklärung. Begräbnis.
II. Hexerei in verschiedenen Stadien und auf verschiedenen Kulturstufen. Traumerlebnisse. Pars pro toto. Gute und böse Medizinmänner. Ihre Methoden. Sterben in der Narkose. Der Medizinmann im Himmel. Tabak. Wetterbeschwörung.

I.

Die Grenzen zwischen den Gebieten der Stämme sind natürliche. »Dieser Bach gehört schon dem Nachbarstamm« wurden wir unterwegs regelmässig belehrt. Das eine Ufer des Kulisehu gehörte auch z. B. den Nahuquá, das andere den Mehinakú. Der Fischfang mit Pfeil und Bogen auf dem Fluss stand Jedermann frei.

Die Pflanzung war gemeinsames Eigentum, im Haus hatte Jeder persönliches Eigentum, auch die Frauen, die wir oft Einspruch erheben sahen, dass man uns davon gebe; man vererbte es auf seine Kinder, Söhne und Töchter. Häufig aber beobachteten wir, dass Personen, denen wir Perlen und dgl. gegeben hatten, sie an den Häuptling abliefern mussten.

Die Gewalt des Häuptlings war nicht gross. Es gab in allen grösseren Dörfern mehrere Häuptlinge, die in verschiedenen Häusern wohnten; uns gegenüber repräsentierte immer nur Einer. »Repräsentation« war die wichtigste Verpflichtung in Friedenszeit. Der Häuptling hatte die Leitung der Pflanzgeschäfte, er sorgte dafür, dass der nötige Mehlvorrat angelegt wurde, er liess die Beijús backen und die Getränke zubereiten bei allen festlichen Gelegenheiten und bei Fremdenbesuch. Er war offenbar ein Hausvater in grösserm Stil, durfte aber nicht sehr sparsam sein, wenn ihm um die Wertschätzung seiner Mitbürger, geschweige seiner Stammesnachbarn, zu thun war. So war der Häuptling des ersten Batovydorfes „*kurápa*", schlecht = geizig. Er liess nur wenige Beijús für die Gäste backen. Geiz gilt als hässlichste Eigenschaft. Aber diese Art Regieren muss schwer sein. Antonio erzählte mir von einem gewissen João Cadete im Paranatingadorf, der an der Reihe war, Häuptling zu werden, lieber aber auswanderte »com medo de tratar gente«, in der Angst, Leute bewirten zu müssen, sodass Felipe an seine Stelle trat. Ist die Gemeinde mit ihrem Oberhaupt unzufrieden, so weiss sie sich zu helfen: sie trennt sich von ihm und zieht einfach an einen andern Ort. Die Würde ist erblich, deshalb nicht immer in den besten Händen, und geht auf den Sohn und, wenn keiner da ist, auf den Sohn der Schwester über. In Maigéri war der Häuptling gestorben und hatte nur eine Tochter hinterlassen, »meine Zukünftige« in der Bakaïrí-Idylle. Häuptling wurde nun vorläufig Tumayaua, der Bruder der Witwe; sobald das Mädchen sich verheiratete, trat ihr Gatte an seine Stelle. Sie empfing eine Menge von Perlen, die wir Anderen gegeben hatten, ihr gehörte der Häuptling-Schemel.

In dem Wenigen, was ich von diesen Verhältnissen berichten kann, sind einige Züge der Matriarchats erkennbar. Die Söhne gehören zum Stamm der Mutter; Antonio erklärte, wenn einer der mit Paressífrauen verheirateten Bakaïrí Kinder hätte, so wären das Paressí. Was freilich bei geraubten Frauen wohl nur sehr theoretisch gemeint sein kann. Zwischen Mehinakú und Nahuquá, zwischen Auetö́ und Yaulapiti, wie auch zwischen Kamayurá und Auetö́, zwischen Kamayurá und Mehinakú, zwischen Batovy-Bakaïrí und Kustenaú, zwischen Kulisehu-Bakaïrí und Nahuquá kamen zu unserer Zeit eheliche Verbindungen vor. Wie bei den Nahuquá Mehinakúfrauen lebten, hatten Auetö́-Männer Yaulapitifrauen geheiratet und wohnten in zwei Häusern bei dem Auetödorf etwas abseits, sie wurden »Arauití« genannt.*) Dagegen lebten ein Kustenaú- und ein Nahuquá-Mann bei den Bakaïrí verheiratet, während wir das Umgekehrte, dass Bakaïrí-Frauen in einen andern Stamm hineingeheiratet hätten, niemals beobachtet haben. Pauhaga aus dem ersten Bakaïrídorf am Batovy hatte eine Tochter Awiá's aus Maigéri zur Frau und kam, als seine Gattin ihrer Entbindung entgegensah, mit ihr in Awiá's Haus am Kulisehu, damit sie oder vielmehr sie beide, wie wir sehen werden, die Wochenstube bei den Schwiegereltern bezögen. Der Bruder der Mutter galt immer noch, obwohl die Leute in Einehe lebten und der Vater das Oberhaupt der Familie war, als ein dem Vater gleichwertiger Beschützer des Kindes und trat jedenfalls alle Pflichten an, wenn der Vater starb, für die Zeit bis die Kinder erwachsen waren. Er verfügte über ihr Eigentum, nicht die Mutter.

Aelterer und jüngerer Bruder hatten bei allen Stämmen eine verschiedene Bezeichnung. Der jüngere Bruder stand auf gleicher Stufe mit dem Vetter und hatte mit ihm den Namen gemeinsam. Die Bakaïrí nannten mich »älterer Bruder«, später im dritten Dorf auch »Grossvater«, die Mehinakú »Onkel« (Mutterbruder). Meine Reisegefährten hiessen stets meine »jüngeren Brüder oder Vettern«, wurden auch von den Indianern selbst so angeredet.

Heiraten werden ohne Hochzeitfeierlichkeiten abgeschlossen, die Eltern, zuerst die Väter, dann die Mütter, bereden die Sache, der Vater der Braut erhält

---

*) Ein »Arauití« wurde von dem Auetö-Häuptling auch der Suyá-Häuptling genannt, der uns 1884 die Karte des Flusslaufs gegeben hatte. Sein auffallend kleiner Lippenpflock wäre damit erklärt, dass er die Operation später nachgeholt hätte, seine geographischen Kenntnisse führte er selbst auf eigene Reisen zurück.

Pfeile und Steinbeile; der Bräutigam muss auch mit in der Rodung arbeiten, »um zu zeigen, dass er es versteht«, er hängt seine Hängematte über der des Mädchens auf und Alles ist in Ordnung. Dass ältere Männer junge Frauen, jüngere Männer ältere Frauen haben, war nur am Paranatinga deutlich ausgesprochen, am Kulisehu dagegen nicht; (dieses Vorrecht der Alten tritt hier also erst bei dem Verfall des Stammes auf). Wenigstens waren die paar Ehegemeinschaften, die ich in Maigéri genauer kennen lernte, gleichartig zusammengefügt. Die Scheidung erfolge bei den Bakaïrí ohne Umstände, auch wenn der Mann nicht damit einverstanden sei. »Die Frau geht fort, vielleicht erwischt er sie wieder.«

Ueber die Arbeitsteilung zwischen den Geschlechtern habe ich bereits früher gesprochen, vgl. S. 214 ff. Die Frau nahm keine unwürdige Stellung ein. Der Mann liess sie mehr Last tragen, als er selbst trug, er hielt sie fern von dem Flötenhaus, wo die Männer berieten, rauchten, Feste begingen, und wo die Fremden beherbergt wurden, er war ihr Herr und Gebieter — und that, was sie wollte. Wenn Martius sagt, dass die Frau »trotz sklavischer Unterordnung in Folge der heitern Geschäftigkeit« keine niedere Stellung einnehme, so trifft das für unsere Indianer vollkommen mit der Massgabe zu, dass die sklavische Unterordnung stark zurücktrat. Die Frau bedurfte des Schutzes einmal, weil sie schwach war und bei jeder Gefahr »weinte«, dann, weil sie vor fremden Gelüsten bewahrt werden musste. Sie ging bei der Heimkehr von der Pflanzung nach Hause vor dem Manne, da sie schwer bepackt rasch vorwärts eilte und Alles sicher war, im Walde ging sie hinter ihm, damit er einer etwaigen Gefahr zuerst begegne. Vor fremden Gästen wurde sie behütet, und wenn sie zweifelhafter Natur waren wie wir, so liefen die Weiber und Kinder in den Wald.

Was bei Ehebruchsdramen geschieht, weiss ich nicht. Wir haben überhaupt keine Gelegenheit gehabt, etwas zu beobachten, was in das Gebiet der Justizpflege gehörte. Wenn ich mich bei Antonio nach Verbrechen irgendwelcher Art erkundigte, so antwortete er immer, dergleichen sei früher wohl geschehen, komme aber jetzt nicht mehr vor.

Djebstahl war jedenfalls uns gegenüber sehr häufig, ausgenommen bei den Bakaïrí, wo indess Freund Luchu zur Zeit, da er uns in der Independencia besuchte, nicht mehr recht sicher war. Als die Verwirrung im Trumaïlager entstand, weil ich ein Glas mir gestohlener Arsenikpillen zurückverlangen musste, sahen wir, dass die mit uns gekommenen Yaulapiti Steinbeile der Trumaí zu erwischen suchten. Immer und ganz ohne Ausnahme sollte es ein Fremder gewesen sein, der gestohlen hatte. Die gemeinsam wohnenden Leute haben auch wenig, was sie sich untereinander wegzunehmen brauchten, und der Dieb könnte dessen kaum froh werden, ohne dass man ihn entdeckte. Nichts ist also natürlicher, als dass sich der Begriff von Moral auf das Genaueste an die Stammeszugehörigkeit anlehnt. Bei den Bakaïrí heisst *kurá* »wir«, »wir alle«, »unser« und gleichzeitig »gut« (»unsere Leut«), *kurápa* »nicht wir«, »nicht unser« und gleichzeitig »schlecht, geizig, ungesund«. Alles Uebel kommt von Fremden, nicht zum wenigsten Krankheit und Tod, die von Zauberern draussen geschickt werden.

Wie wichtig gute Beziehungen zu den Nachbarstämmen sein müssen, erhellt aus der, man kann fast sagen, Notwendigkeit des Tauschverkehrs. Der eine Stamm ist *zóto*, Herr dieses, der andere jenes Artikels. Das Wichtigste darüber habe ich auf den Seiten 203, 210, 215 ausführlich mitgeteilt. Die Bakaïrí hatten als Spezialität die Halsketten mit weissen rechteckigen Muschelstücken, Muschelperlen, Urukú, Baumwollfaden und Hängematten, die Nahuquá Kürbisse, sowie Ketten mit roten Muschelstücken und Tukumperlen, die Mehinakú und Verwandte Töpfe und feinen Baumwollfaden, die Trumaí und Suyá Steinbeile und Tabak, die Trumaí und vielleicht auch die Yaulapiti Ketten mit durchbohrten Steinen. Auch war das aus Bambusasche bereitete Salz der Trumaí bei andern Stämmen beliebt. Dies waren Alles Handelsartikel. Sie machten zum Teil den weiten Weg von den Bakaïrí bis zu den Suyá, von Stamm zu Stamm wandernd. Die Suyá verkehrten mit den Kamayurá, diese mit den Töpferstämmen, von den letzteren standen die Mehinakú im engsten Verkehr mit den Nahuquá, und die Kustenaú mit den Bakaïrí des Batovy. Die obersten Bakaïrí des Kulisehu erhielten ihre Suyá-Steinbeile und Kustenaú-Töpfe von ihren Batovy-Verwandten und die Bakaïrí des dritten Kulisehu-Dorfes von den Nahuquá, mit denen sie enge Beziehungen unterhielten. Als wir 1884 den Bakaïrí am Batovy von unsern Karaibensachen gegeben hatten, benutzte der Häuptling des ersten Dorfes die günstige Konjunktur und trat eine Geschäftsreise in das untere Gebiet des Kulisehu an; so kamen gelegentlich auch nicht benachbarte Stämme in Handelsverkehr. Die von den Suyá für Steinbeile eingetauschten Artikel sind Hängematten, Muschelketten, Ararafedern und Töpfe.

War ein alter und notwendiger Tauschhandel vorhanden, so fehlte doch, jedenfalls bis zu einem gewissen Grade, der Begriff des Wertes. Der Ankommende brachte dies oder jenes mit und lieferte es ab, wenn er zum Empfang bewirtet wurde. In kleinerer Menge beim Empfang, in grösserer beim Abschied erhielt er die gewünschte Gegengabe. Wir haben bei dem Abschied in Maigéri das typische Beispiel erlebt, vgl. Seite 132, wir wurden hingesetzt und erhielten dann einen Korb Mehl. So übersetzen die zahmen Bakaïrí das portugiesische *comprar* »kaufen« mit *yekadíle* sich setzen. Der Handel ist also noch ein Austausch von Gastgeschenken. Allein dies ist nur in der Kulturstufe, nicht in dem edelmütigen Charakter begründet. Der Indianer ist keineswegs gastfreundlich in dem Sinn, dass er sich durch den Besuch riesig geehrt und schlechthin verpflichtet fühlte, mit Beijús und Getränken verschwenderisch zu bewirten. Er möchte schon für diese Leistung eine Gegenleistung haben, er wird bald ungeduldig, wenn der Gast nur bleibt, um billig zu leben, und bittet ihn offenherzig, das Dorf zu verlassen. Schon in der Bakaïrílegende wird gleichzeitig mit der Erfindung des Tanzes berichtet, dass die Eingeladenen und Bewirteten Pfeile und Bindfaden geschenkt hätten. Unsere Reisegefährten boten uns unterwegs Fisch sicher nur an, wenn sie selbst satt waren, und es waren nicht die besten Beijús, die sie uns überliessen. Die ewige Unterhaltung auch unter ihnen selbst, ob dieser oder jener Stamm „*kúra*" sei, zeigte deutlich, dass man nichts weniger als naiv gastfrei war; es erregte stets die grösste Befriedigung, wenn wir einen Stamm für „*kurápa*" erklärten, weil das von unserer Seite bedeutete, dass wir mit jenem weniger Geschäfte gemacht hätten. Man lobte sich selbst zu stark, als dass der Empfangende an die reine Tugend des uneigennützigen Wilden hätte glauben können.

Unsere nüchtern geschäftsmässige Art, der **Umtausch von Gegenstand um Gegenstand, war allen Stämmen im Anfang völlig neu.** Sie lernten aber rasch. Doch kamen die possierlichsten Ungeheuerlichkeiten vor. Einer raffte eine Handvoll Mangaven auf und verlangte dann ungestüm ein grosses Messer. Einer wollte Perlen dafür haben, dass man ihm die Hand verbunden hatte. Nur wenn man ihnen erklärte, dass man selbst den Gegenstand nur in einem einzigen Exemplar besitze, wurde man nicht weiter behelligt.

Namen. Der Sohn erhält bald nach der Geburt den Namen des Grossvaters, Oheims oder eines Vorfahren, nicht den des Vaters. Die Namen sind bei den Bakairí zum Teil, ich glaube jedoch nur zum kleinen Teil, Tiernamen. Dies sind die einzigen, deren Sinn ich verstehe; so ist Luchu eine Wasserschlange, der Häuptling Reginaldo am Rio Novo hiess mit seinem einheimischen Namen *izána* = Kaiman, ein Alter in Igueti hiess *póne* = schwarze Piranya. Eine von den Frauen im Paranatingadorf hiess *makála* = Tujujústorch. Die Namen der Männer waren meist ohne Schwierigkeit zu erfahren; zuweilen ging ein leichtes Sträuben voraus, und man zog vor, wenn ein Freund die Mitteilung machte. Ein Bakaïrí hatte angeblich keinen Namen, weil seine Eltern früh gestorben seien. Von den Frauen am Kulisehu erhielt ich immer nur die Antwort »ich bin eine Frau«; ich habe allerdings versäumt, dritte Personen zu befragen. Die Sitte des Namentausches habe ich beschrieben, vgl. S. 125 und 129. Sie erklärt, warum die Indianer so wenig Schwierigkeiten machen, sich der christlichen Taufe zu unterwerfen. Sie verstehen darunter nur eine Zeremonie, durch die sie ihren alten Namen verlieren.

Geburt und Couvade. Abortieren soll häufig stattfinden. Die Frauen fürchten sich vor der Niederkunft. Bei den Bakaïrí machen sie sich einen Thee aus der Wurzel eines Kampbaumes, namens Perovinha. Wahrscheinlich treten noch mechanische Prozeduren hinzu. Die Frau kommt in knieender Stellung auf dem Boden nieder, indem sie sich an einen Pfosten anklammert. Die Hängematte soll nicht beschmutzt werden. Frauen, die uns dies pantomimisch veranschaulichten und die es aus Erfahrung wussten, erklärten mit Entschiedenheit, dass die Schmerzen gross seien. Sie stehen aber bald auf und gehen an die Arbeit und der Mann macht die berühmte **Couvade**, das männliche Wochenbett, durch, indem er strenge Diät hält, die Waffen nicht berührt, und den grössten Teil der Zeit in der Hängematte verbringt. Bei der Rückkehr sahen wir eine solche Couvade in Maigéri in Paleko's Haus. Man hatte eine wirkliche Wochenstube eingerichtet, indem man von einem der Hauptpfosten aus zwei mannshohe Wände aus hängenden Buritíblättern nach der Aussenwand gespannt hatte. So war ein Kreisdreieck abgesperrt. Man erlaubte mir gern den Eintritt, damit ich dem Kinde Perlen schenke. Drinnen waren vier Hängematten ausgespannt, zwei Frauen mit Säuglingen und zwei Männer beherbergend. Starker Pikígeruch, von Einreibungen herrührend, erfüllte den Raum. Die Säuglinge waren *kurápa*, krank, schwach, wie die Eltern klagten. Die Mütter und Väter waren unausgesetzt thätig, sie anzublasen, und zwar in hohlklingenden Geräuschen mit fast geschlossenem Mund, die auch während der ganzen folgenden Nacht kaum einen Augenblick unterbrochen wurden. Die Ehemänner verliessen das Haus nur für die Befriedigung der Notdurft, sie lebten ausschliesslich von dünnem Pogu, in Wasser verkrümelten Mandiokafladen. Alles Andere würde dem Kind schaden; es wäre gerade so, als ob das Kind selbst Fleisch, Fisch oder Frucht esse.

Nun ist nichts naheliegender als die merkwürdige Sitte, die den Frauen zu Gute kommt, mit dem Jägerleben in Zusammenhang zu bringen; der Mann sollte Frau und Kind während der schweren Stunde und der ersten Tage nahe sein, und nicht draussen umherstreifen; dafür gab es kein besseres Mittel, als wenn man ihn auf Diät setzte. Und, wie auch die Sitte entstanden sein möge, dass sie diesen Vorteil darbot, ist klar, und es ist mindestens wohl verständlich, dass die Frauen ihr zugethan waren und sie sich fest einbürgerte. Allein am modernen Paranatinga, wo sie vernachlässigt wird, sind die Frauen unzufrieden, nicht weil sie, sondern weil die Kinder darunter litten. Wenn sie den Frauen nützte, so ist das auch kein Grund dafür, dass sich die Männer ihr unterworfen hätten. Und die Männer unterwerfen sich ihr doch so allgemein und mit solcher Ueberzeugung, dass man sieht, es handelt sich um ein tief eingewurzeltes, uraltes Element des Volksglaubens. Es ist sehr zweifelhaft, ob es überhaupt irgend einen brasilischen Indianerstamm giebt, der sie nicht geübt hätte. Man muss die Einrichtung möglichst an Stämmen untersuchen, die noch unter ungestörten Verhältnissen angetroffen worden sind und nicht nur Reste der alten Einrichtungen bewahrt haben. Die Inselkaraiben assen und tranken gewöhnlich nichts in den ersten fünf Tagen, beschränkten sich die folgenden vier auf ein Getränk aus gekochter Mandioka, wurden dann üppiger, enthielten sich aber noch mehrere Monate einiger Fleischarten. »Es ist nicht wahrscheinlich«, sagt der vortreffliche Pater Breton, »dass der Ehemann auch schreit wie die Frau in Kindsnöten, ich habe sie im Gegenteil heimlich und versteckter Weise von draussen kommen sehen, einen Monat nach der Geburt, um in der Zurückgezogenheit ihre Fasten zu begehen.« Sie verachten diejenigen, die die Sitte nicht üben, erklären, sich selbst dabei besser zu befinden und älter zu werden, und glauben, dass ihre durch überflüssige Säfte erzeugten Krankheiten bei Unterlassung des Gebrauchs auf die Kinder übergingen.

Bei unsern Indianern besorgt der Vater das Kind, die Frau geht eher wieder an die Arbeit. Dass der Vater dabei viel in der Hängematte liegt, versteht sich bei dem Mangel an Nahrung und schon, weil er zu Hause bleibt, von selbst. Wann beginnt nun die Couvade und wann hört sie auf? Der Vater durchschneidet die Nabelschnur des Neugeborenen, fastet streng, pflegt das Kind und ist wieder ein freier Mann, wenn der Rest der Nabelschnur abfällt. Er durchschneidet die Nabelschnur bei den Bakaïrí den Knaben mit Kambayuvarohr, den Mädchen mit Takoarabambus.

Vergleichen wir hiermit die Notiz bei Martius über die Passés, wo die Gebräuche besonders klar als medizinische zu erkennen sind, wenn die Jungfrau beim Eintritt der Menses einen Monat fastet, die Wöchnerin einen Monat im Dunkeln bleibt, und, »wie der Gatte, auf die Kost von Mandioka, Beijú und Mehlsuppe angewiesen ist. Der Gatte färbt sich schwarz und bleibt während der ganzen Fastenzeit oder bis dem Säuglinge die vertrocknete Nabelschnur abfällt (sechs bis acht Tage), in der Hängematte. Er selbst pflegt die Nabelschnur mit den Zähnen oder scharfen Steinen zu durchschneiden, wenn er kein Messer hat.« Besonders wichtig ist jedoch ein uns in der Klosterbibliothek von Evora, der Hauptstadt der portugiesischen Provinz Alemtejo, erhaltenes Manuskript des Jesuiten Fernão Cardim von 1584 *), das viele zuverlässige Beobachtungen enthält. »Die Frauen gebären auf dem Boden, sie heben das Kind nicht auf, sondern der Vater hebt es auf oder irgend eine Person, die sie zum Gevatter nehmen und mit denen sie Freundschaft halten wie die Gevattern unter den Christen; der Vater zerschneidet die Nabelschnur mit den Zähnen oder mit zwei Steinen, einem über dem andern, und **sogleich** darauf legt er sich zu fasten, bis der Nabel abfällt, was gewöhnlich bis zu 8 Tagen währt, und bis er ihm nicht abfalle, lassen sie nicht das Fasten, und beim Abfallen macht er, wenn es ein Knabe ist, einen Bogen mit Pfeilen und befestigt ihn an dem Strickbündel der Hängematte, und an dem andern Strickbündel befestigt er viele Kräuterbündel, die die Feinde sind, die sein Sohn töten und verzehren soll, und nachdem diese Zeremonien vorbei sind, machen sie Wein, an dem sich alle erfreuen.«

Man könnte den Vater nach diesen wertvollen Angaben, die genau mit denen am Schingú übereinstimmen, für den behandelnden Arzt erklären, der etwa auch fastet wie der studierende Medizinmann, durch anderes Verhalten seine Kur gefährden und dem Kinde schaden würde. Allein nicht nur die Schingúleute, sondern auch viele andere Stämme sagen, der Vater dürfe Fisch, Fleisch und Früchte nicht essen, weil es dasselbe sei als wenn das Kind selbst es äße, und es ist nicht einzusehen, warum man den Eingeborenen nicht glauben soll, dass sie das glauben. Auch stände der Medizinmann des Dorfes immer zur Verfügung, und er wird in allen andern Fällen gerufen, wenn Mutter oder Kind erkranken.

Der Vater ist Patient, insofern er sich mit dem Neugeborenen eins fühlt. Wie er dazu kommt, ist doch auch wirklich nicht so schwer zu verstehen.

---

*) Do principio e origem dos Indios do Brazil. Rio de Janeiro. 1881.

Von der menschlichen Eizelle und dem Graaf'schen Follikel kann der Eingeborene nicht gut etwas wissen, er kann nicht wissen, dass die Mutter das den Eiern der Vögel entsprechende Gebilde beherbergt. Für ihn ist der Mann der Träger der Eier, die er, um es kurz und klar zu sagen, in die Mutter legt und die diese während der Schwangerschaft brütet. Man betrachte sich Tafel 16 und 17, wo die Indianer die männlichen Eier gezeichnet haben. Wo das sprachliche Material ausreicht, sehen wir sofort, wie dieser höchst natürliche Versuch, die Zeugung zu erklären, auch in den Wörtern für Vater, Hoden und Ei offenbar wird. Im Guaraní heisst *tub* Vater, Rogen, Eier, *tupiá* Eier, und „*tup-i*" selbst, der Name des Stammes, ist nur, mit *-i* klein zusammengesetzt, kleine Väter oder Eier oder Kinder wie man will; der Vater ist Ei und das Kind ist der kleine Vater. Die Sprache sagt es selbst, dass das Kind nichts ist als der Vater. Bei den Tupí bestand auch die Sitte, dass der Vater nach der Geburt jedes neuen Sohnes einen neuen Namen annahm; es ist keineswegs nötig, um dies zu erklären, anzunehmen, dass die »Seele« des Vaters jedesmal in den Sohn hineinfuhr. Im Karaibischen genau dasselbe. *imu* ist Ei oder Hoden oder Vater oder Kind, letzteres bei einigen Stämmen bereits lautlich differenziert:

Ipurucoto *imu* Ei, Bakaïrí Hoden, Tamanako Vater, Makuschi *imum* Samen; mit dem Pronominalsuffix *-ru* finden wir *imu-ru* Kind bei verschiedenen Stämmen: Kumanagoto *umo* mein Vater, *amo* dein Vater, Nahuquá *umú-ru* mein Kind. *amú-ru* dein Kind. Selbstverständlich kommt man überall dazu, bestimmende Zusätze zu liefern oder die ursprünglich identischen Wörter, den Zusammenhang vergessend, lautlich von einander zu entfernen. So hat das Kamayurá *ye-rup* mein Vater, *upiá* Eier, *ye-reapiá* meine Hoden, das Auetö́ *i-tupiá* meine Hoden, *n-upiá* seine Eier, die Lingoa geral *çapyá* Hoden, *çopiá* Ei. So heisst bei den Bakaïrí Kind und klein *iméri*, das Kind des Häuptlings *pima iméri*; wir können nach Belieben übersetzen »das Kind des Häuptlings« oder »der kleine Häuptling« und werden uns bei der letzteren Form, die wir vom Sohn mehr scherzweise anführen könnten, nicht bewusst, dass bei dem Indianer das Kind auch wirklich nur der kleine Häuptling selbst ist, eine kleine Ausgabe vom grossen. Seltsam und kaum fassbar ist diese Vorstellung auch für unser Gefühl wohl nur für den Fall, dass es sich um ein Mädchen handelt. Aber auch das Mädchen ist der kleine Vater und nicht die kleine Mutter; es ist nur vom Vater gemacht. Im Bakaïrí giebt es keine besonderen Wörter für »Sohn« und »Tochter«, sondern es wird, wenn man den Unterschied verlangt, das Geschlecht hinzugefügt. „*pima iméri*" kann sowohl der Sohn als die Tochter des Häuptlings heissen. Die einzige Tochter des Häuptlings ist die Erbin von Besitz und Rang, was beides mit ihrem eigenen Besitz an den Gatten übergeht.

Der kleine Vater kommt zur Welt, die Nabelschnur wird durchschnitten, der grosse Vater fastet mindestens so lange, bis die Wunde geheilt ist und damit das neue Menschlein als ein selbständiges Wesen gelten kann. Der Vater würde sicherlich keine Vorsichtsmassregeln beobachten, wenn das Kleine sogleich wie ein Küken gesund umherliefe, aber es blutet und schwebt in Gefahr, da es ja nicht einmal abgebunden wird. Die Sache ist gar nicht so seltsam, wenn die Mutter nur als Brutmaschine aufgefasst wird. Schon während der Schwangerschaft (vgl. Ploss, Das Kind, II. Kap., 7) fastet der Vater vielfach und vermeidet schwere Arbeit, um dem Kinde nicht zu schaden. Aber nach der Geburt fühlt er sich mindestens bis zu dem Augenblick, dass der Rest der Nabelschnur abfällt, noch in thatsächlichem »Zusammenhang« mit dem Kinde, und mindestens während der Tage, dass das Leben des kleinen Vaters sichtbarlich gefährdet erscheint, muss Diät eingehalten und nichts gegessen werden, was der eine Teil nicht vertragen kann. Es ist auch durchaus nicht unumgänglich notwendig, dass die Entbindung im Beisein des Vaters stattfindet, damit er zum Fasten gezwungen werde, und so kann das Bedürfnis seiner Anwesenheit auch nicht der letzte Grund der Sitte sein. Wie zitiert, holten die Inselkaraiben ihre Couvade noch einen Monat später nach. Bei den Ipurina am Purus kommt die Frau, von einigen älteren Weibern unterstützt, in einer Waldhütte nieder und kehrt erst »vier oder fünf Tage später« zu dem Manne zurück, der jetzt erst das Kind sehen darf und während dieser Zeit strenge Diät halten musste«. Noch ein ganzes Jahr lang darf der Mann weder Schweine- noch Tapirfleisch geniessen. Ehrenreich, der dies berichtet, fügt hinzu: »ein wirkliches ‚Männerkindbett' ist nicht üblich.« Nun, doch wohl nur insoweit nicht, als der Vater nicht in der Hängematte zu liegen braucht, was, wenn es nicht nur eine Nebenerscheinung ist, jedenfalls eine der unwichtigsten Kurvorschriften ist. Dass falsche Nahrung für das Kind in erster Linie schädlich ist, weiss auch der Indianer, und darum ist es das Wichtigste, Diät zu halten. Alles Andere ist mehr oder minder nur Beiwerk. Entscheidend ist endlich das Verhalten der Bororó. Die Mutter kommt im Walde nieder, und der Vater, der niemals dabei ist, fastet nicht nur, er nimmt auch, wie wir von dem darob hocherstaunten Apotheker der brasilischen Militärkolonie erfuhren, wenn das Kind krank ist, die Medizin ein, die ihm für das Kind übergeben wird.

Das Verhalten der Mutter kann, während alle Stämme für den Vater ein gleiches Verfahren einschlagen, recht verschieden sein, je nachdem sie als mehr oder minder leidend erachtet wird. Sie geht ihren Geschäften wieder nach, soweit sie die Kraft fühlt, und säugt das Kind, aber damit ist es auch genug. Zwischen Vater und Kind besteht keine mysteriöse Wechselbeziehung, das Kind ist eine Vervielfachung von ihm, der Vater ist doppelt geworden und muss sich für die unbehülfliche, unvernünftige Kreatur, die seine Miniaturausgabe darstellt, selbst wie ein Kind verhalten, das nicht Schaden nehmen darf. Gesetzt das Kind stürbe in den ersten Tagen, wie könnte der Vater, der von solcher Anschauung erfüllt ist und schwer verdauliche Sachen gegessen hat, zumal alle Krankheit durch Schuld eines Anderen entsteht, zweifeln, dass er selbst die Schuld trage? Was wir »pars pro toto« nennen, beherrscht den Volksglauben überall in Betreff des Hexen- oder des Heilzaubers, obwohl ich nicht glaube, dass der Zaubernde die klare Vorstellung eines »Teils« hat, mit dem er arbeitet. Die »Couvade« verfährt nach genau derselben Logik, nur dass hier ein Fall gegeben ist, wo das Ganze für den »Teil« eintritt. Es ist dasselbe, ob ich das Haar des Feindes vergifte und ihn dadurch dem Siechtum aussetze, oder ob ich zu Ungunsten des von mir losgelösten Kindes Speisen geniesse, die es überhaupt noch nicht und jedenfalls noch nicht in den Tagen, wo die Lösung hergestellt wird, vertragen könnte.

Begräbnis. Alle Stämme des Kulisehu beerdigen ihre Toten; der Körper liegt West-Ost so, dass der Kopf nach Sonnenaufgang schaut. (Die Suyá setzen ihre Toten nach Angabe der Kamayurá in hockender Stellung bei, den Kopf mit dem Federschmuck zurückgeneigt und den Blick nach Sonnenuntergang gerichtet.) Das Grab befindet sich auf dem Dorfplatz. Wir sahen bei den Mehinakú vor der Festhütte einen Reisighaufen, unter dem sich in geringer Tiefe die Grabhöhle befinden sollte; aus Löchern in der Erde krochen dicke Käfer hervor und es wimmelte von Fliegen. Bei den Auetö war ein Geviert vor der Festhütte mit dicken, niedrigen, durch Flechtwerk verbundenen Pfosten abgesteckt. Es ist auf Tafel 15 photographiert; ich weiss nicht, ob es ein Zufall ist, dass die zwei ausgeschweiften Seiten des Gevierts an die charakteristische Form der Griffplatte des Wurfholzes erinnern. Bei den Yaulapiti sahen wir einen quadratförmigen Grabzaun.

Der Körper ist in die Hängematte eingewickelt *). Die Beigaben sind für den Mann Bogen und Pfeile, für die Frau Siebmatte, Spindel und Topf. Die irdische Arbeitsteilung dauert auch im Jenseits fort. Die Kamayurá beschrieben uns die Bestattung eines Häuptlings. Sie graben, um das Grab zu machen, zwei Gruben und verbinden sie durch einen Gang, sodass die Anlage Hantelform hat. Während Alles weint und klagt, werden Feuer angezündet, jeder Mann zerbricht sein Wurfholz und die zugehörigen Pfeile und wirft sie in das Feuer. Die nächsten Verwandten fasten einige Zeit**), dann aber schmückt man sich festlich, die Tonsur wird erneuert, der Körper mit Genipapo, das die Kamayurá dem Urukú vorziehen, schwarz bemalt. Die Wittwe geht mit geschorenem Haupt. Das Grab, das wir bei den Auetö sahen (vgl. Tafel 15), barg die Frau eines Häuptlings, eine Kamayuráfrau; zur Bestattung seien von allen Stämmen Leidtragende gekommen.

II.
Zauberei und Medizinmänner.

Man pflegt sich das Zaubern und Hexen der Naturvölker als eine Kunst vorzustellen, die uns ganz fern liegt. Geht man jedoch von dem Wesen ihrer

---
*) In Cuyabá wurden Sklaven und Arme aus dem Misericordia-Hospital in Hängematte oder Decke begraben. Ein Sarg hat die Form einer langen Kiste, deren Boden und Querseiten aus Latten bestehen; dieses Gerüst ist innen mit einem weissen, aussen mit einem schwarzen Tuch überspannt.
**) Vgl. die Beerdigung bei den Paressí.

Kunst aus, so ist Nichts gewöhnlicher auch im Leben des Kulturmenschen als das Hexen, freilich ein unsystematisches, laienhaftes Hexen. Wer träumt, hext. Er ist nicht an den Ort und die Gestalt gebunden und ist zu beliebigen Leistungen mit jeder Person oder Sache befähigt. Lebhafte Spiele der Einbildungskraft sind nur quantitativ, nicht qualitativ vom Traumhexen unterschieden. Wer das Bild der Geliebten küsst, bereitet sich zum Hexen vor. Wer seinem fern weilenden Schatz durch die Luft einen Kuss zuwirft, macht sich der Hexerei schon dringend verdächtig, denn es steht zu befürchten, dass er glaubt, der süsse Hauch erreiche die Adresse und werde dort empfunden. Wer aber, wie der grosse Zauberer Goethe seinem Famulus Eckermann, erklärt: »ich habe in meinen Jugendjahren Fälle genug erlebt, wo auf einsamen Spaziergängen ein mächtiges Verlangen nach einem geliebten Mädchen mich überfiel und ich so lange an sie dachte, bis sie mir wirklich entgegenkam«, der hext schon nach allen Regeln der Kunst. Vollständig im Banne der echten Hexerei steht, wer auch nur eine Sekunde lang, wenn ihm die Ohren klingen, sich der Ueberzeugung hingiebt, dass man Gutes oder Schlechtes von ihm gesprochen habe, oder wer sich von seinem Freunde den Daumen halten lässt, damit ihm irgend etwas gelinge, oder wer seinen Wünschen die Kraft zutraut, den Ablauf angenehmer oder unangenehmer Geschehnisse zu beeinflussen.

Unsere Indianer haben wie viele andere Naturvölker die feste Ueberzeugung, die sich übrigens auf unserer Zivilisationsstufe noch bei Kindern und Betrunkenen und nicht nur bei ihnen beobachten lässt, dass sie im lebhaften Traum Wirklichkeit erleben; man geht auf die Jagd, schiesst Fische, fällt Bäume, wenn man schläft, während der Körper in der Hängematte bleibt. Bei den Bororó haben wir, wie ich berichten werde, erlebt, dass das ganze Dorf fliehen wollte, weil Einer im Traum heranschleichende Feinde gesehen hatte. Die Bakaïrí lassen den »Schatten« des Menschen — was wir dann mit »Seele« übersetzen — im Traum umherwandern. (Vgl. auch über dies und Aehnliches das Paressí-Kapitel.) Antonio, den allein, zumal in den Cuyabáner Monaten, ich genügend studieren konnte, um die meisten der später folgenden Angaben zu gewinnen, hatte auch die besonders von den Malaien her bekannte Besorgnis, dass es gefährlich sei, einen Schlafenden plötzlich zu wecken. Der »Schatten«, der vielleicht in fernen Gegenden wandert, könne nicht schnell genug zurückkehren, und der Schlafende werde in einen Toten verwandelt. Durch das Abhetzen des zurückeilenden Schattens erklärte er zu meiner Ueberraschung auch die Kopfschmerzen, die man nach zu kurzem nächtlichen Schlummer bekomme. Wir dürfen den Indianern ihren rein auf die unmittelbare Erfahrung der Sinne gegründeten Glauben nicht so übel nehmen, wenn wir bedenken, dass es der höheren spekulativen Philosophie gar nicht so einfach erscheint, zu bestimmen, ob das Leben ein Traum oder der Traum ein Leben sei, ob wir während des Wachens oder während des Schlafens Wirkliches erleben, und dürfen nicht vergessen, dass die Wirklichkeit nach dem Erwachen häufig volle Bestätigung bringt.

Wie entsteht nun eine solche Auffassung und was hat sie für Folgen? Der Erwachende ist sich bewusst, Dinge gesehen und gehört zu haben. Er hat sie mit voller Deutlichkeit wahrgenommen. Also waren sie da. Hat der Körper des Schlafenden währenddes in der Hängematte gelegen, so fällt es deshalb Niemanden ein, die Frage aufzuwerfen, ob das Gesehene und Geschehene wirklich sei. Keinem der Stammesgenossen kommt es in den Sinn, an dem wahrheitsgetreuen Bericht zu zweifeln; man macht vielleicht im Lauf der Zeiten eine Art Erklärungsversuch, indem man die thatsächlich vom Körper nicht unternommene Ortsveränderung z. B. dem Schatten zuschreibt, allein das ist nebensächlich und berührt niemals den Eindruck aus dem grade vorkommenden Fall. Denn dass man Etwas nicht versteht, ist kein Grund, die wirkliche Erfahrung der Sinne zurückzuweisen. Es ist nur ein Grund, dass man geträumten Ereignissen, die ein allgemeines Interesse haben, grosse Wichtigkeit beimisst, dass sich Alle darüber aufregen; das Geschehene ist etwas Besonderes, und der es erlebt hat, kann mehr als die Andern. Wir sehen, dass es für die Entscheidung, was wirklich sei, nicht in Betracht zu kommen braucht, ob Sinneseindrücke von aussen her unmittelbar eintreffen, oder ob solche, die schon von früher als Erinnerungsbilder aufgespeichert waren, in erregtem Zustand die alte sinnliche Kraft wieder erhalten. Eine Verwechslung von Gefühl und Leistung ist aber, sobald das lebhaft Vorgestellte für wirklich gilt, ganz unvermeidlich. Denn die erhitzte Phantasie kann ja in Wahrheit alle Dinge beliebig gestalten, also kann, wer von ihr erfüllt ist, das sonst Unmögliche. Er selbst ist überzeugt und die Andern bewundern ihn wegen seiner von ihm selbst berichteten Thaten; vielfache falsche Schlüsse über die Verknüpfung der Geschehnisse und auch das Spiel der Zufälligkeiten wirken überzeugend in gleicher Richtung. Alles beruht auf den verschiedenen Formen der Suggestion.

Sie, die in der Wirklichkeit so schwer zu überwinden ist, die räumliche Entfernung, wird nun, wo Gefühle stark erregt werden, mit Sicherheit überwunden. Nicht nur im Traum und in visionärem Zustand. Was der kritisch prüfende Goethe als rätselhaft empfindet, aber doch auch glaubt, der Naturmensch empfindet es in weit grösserem Umfang als für den Bereich der innigen Beziehungen zwischen zwei Personen und glaubt es natürlich. An einem jeden mit starkem Gefühl der Liebe, des Hasses, der Furcht, der Bewunderung betrachteten Gegenstand vollzieht sich das Wunder. Wie man im Traum die grösste Entfernung im Nu zurücklegt und den stärksten Feind durch Berührung mit dem kleinen Finger niederstrecken kann, so räumt auch eine erregte Einbildungskraft das Hindernis der räumlichen Trennung hinweg, wird unter leichten Manipulationen mit jedem Widerstand fertig und lässt umgekehrt jeden beliebigen Zuwachs an Stärke oder Geschicklichkeit entstehen. Verfüge ich z. B. über etwas vom Leib des Feindes, so verfüge ich über den Feind im Guten und im Schlechten, ich habe einen Talisman oder ein Mittel, ihn trotz der Entfernung zu vernichten. Gewöhnlich denkt man sich, der Hergang sei so, dass der Zaubernde den Teil mit dem Ganzen verwechsle, pars pro toto, und den Irrtum hege, das dem Teil zugefügte Leid wachse zu einem Leid für das Ganze an, allein dies ist gar nicht nötig. Der Teil hebt, sobald das Gefühl erregt ist, ja in der That die ganze Assoziationsgruppe heraus; man kann vor einem Bild oder einem Stück Alles empfinden, was man vor dem Original oder dem Ganzen zu empfinden vermag. Dass der Talisman- oder Zaubergläubige z. B. Fähigkeiten, die nur dem Ganzen zukommen, in den Teil, den er besitzt, hineinverlegt, rührt einfach daher, dass von letzterem die Gefühle angeregt werden, die sich auf das Ganze beziehen und die deshalb auch eine Kraftsteigerung bei ihm hervorrufen, als wenn er das Ganze besässe. Gewiss sind Teile geeigneter dazu, die zu der erwünschten Wirkung eine Beziehung haben wie Krallen und Zähne zur Körperstärke oder ein Stück Haut zur Vergiftung, aber wesentlich ist diese Bedingung nicht. Der Hexende nimmt, was er bekommen kann, wird aber immer geneigt sein, die Wirkung, die er erreicht, von den Eigenschaften des betreffenden Teils entspringen zu lassen. Bald wird nun auch die Erfahrung des Einzelnen zum Allgemeingut; es entstehen die von Generation zu Generation empfohlenen »Mittel«, über die kein Mensch mehr nachdenkt.

Wir brauchen wahrlich nur um uns zu blicken, um zu erkennen, dass wir uns noch auf keine Weise von der überzeugenden Macht der Gefühle haben befreien können. Wirkung in die Ferne und Talismane haben wir in Hülle und Fülle, wir haben nur andere Namen dafür und schieben Zwischenglieder ein zwischen Anfang und Ende des Prozesses, durch deren Vorhandensein der Ursprung aus unserm eigenen Selbst verdeckt wird. Nehmen wir nur die trivialsten Beispiele.

Der Medizinmann, der einen Abwesenden dadurch umbringt, dass er einen vergifteten Pfeil in seiner Richtung wirft, oder der Verliebte, der die entfernte Freundin küsst, sie unterscheiden sich durch Nichts. Der Poet, der im glücklichen Besitz eines von Schiller benutzten Tintenfasses wie Schiller dichtet, und der Eingeborene, der mit einer Kette von Jaguarkrallen um den Hals wie ein Jaguar stark ist, sie unterscheiden sich durch Nichts. Die Uebereinstimmung reicht sogar bis zum Erklärungsversuch. Denn der Gelehrte, der die Seele, sei es als ein einziges selbstthätiges Ding, sei es als eine Vielheit von persönlich geschäftigen Zentren im Gehirn einquartiert, und der Indianer, der den Schatten im Schlaf Fische fangen lässt, auch sie unterscheiden sich durch Nichts. Wenn der Medizinmann glaubt, er habe das gethan, was er geträumt oder halluziniert hat, so darf er, ohne Schwindler zu sein, sich für einen Wundermann halten und darf auch von Andern mit Recht dafür gehalten werden. Er kann dann thatsächlich mehr als die Andern. Der Schwindel mag in der berufsmässigen Geschäftsübung und in ihrer Uebertragung durch Unterricht auf jüngere Kräfte sich häufig bald einstellen, jedoch ist es äusserst oberflächlich, darum die aus der ganz naturnotwendigen Verwechslung von Gefühl und Leistung hervorgegangene Erscheinung des Zauberers mit dem Wort Humbug abzufertigen. Steckt ein solcher Schwindler doch in Jedem von uns, so nüchtern er sein mag.

Die Medizinmänner werden als gute und böse unterschieden. Es giebt ihrer nach Antonio »wenig bei den Bakaïrí und Auetö, mehr bei den Nahuquá, viele bei den Mehinakú und zu viele bei den Kamayurá«. Am Paranatinga lebte zur Zeit keiner. Jedermann kann es werden, es ist nur sehr schwer. »Man muss sehr viel lernen.« Man soll vier Monate hindurch nur Stärkebrühe trinken*), kein Salz geniessen und nichts von Fleisch, Fisch oder Früchten essen, man soll nicht schlafen, sondern sich unaufhörlich mit den Fäusten auf den Schädel trommeln, sodass die geschwollenen Augen am Morgen heftig schmerzen, viel baden, sich Arm und Brust blutig kratzen u. s. w. Antonio wollte gern Medizin studieren, hatte aber Angst vor diesem bösen Semester, Felipe machte in gleichem Bestreben einen guten Anfang, kam aber nicht zurecht, da er keinen Lehrer hatte. Die Hauptkunst des fertigen Hexenmeisters bewährt sich im Gebrauch der Gifte. Mit ihnen tötet er Andere und tötet er auch sich selbst, um sich in andere Gestalt verwandeln zu können. Wir werden da eine Auffassung des Todes kennen lernen, an die man sich erst etwas gewöhnen muss, die aber in unmittelbarster Uebereinstimmung mit dem Leben des Schattens während des Schlafes steht.

Hören wir zunächst, wie Krankheit und Tod in die Welt kommen trotz des guten Medizinmanns des eigenen Dorfes, der den bösen des fremden Dorfes nach Kräften bekämpft. Der böse ist ein schlechter Mensch, den Niemand leiden mag, weil er tötet, statt zu heilen, er mischt Gift von Wespen, von der Tocandyra-Ameise und mehr derartigen Tieren mit Oel und Harz von Alsmesca und Pindahyba in einer Kalabasse. Von dem Mann, den er übel will, verschafft er sich entweder Haar, indem er darauf tritt, wenn es geschnitten wird, es auch selbst abschneidet, wenn jener schläft, oder ein bischen Blut, indem er ein Zweiglein mit feiner Spitze von Jatobá, Pindahyba oder Pau de olho nach ihm hinwirft und es dann aufhebt. Dies Haar oder Blut kommt in die Giftkalabasse, die verschlossen wird, und sofort erkrankt der ursprüngliche Besitzer. Haar wird angeblich genommen, »weil dadurch Kopfschmerzen erzeugt werden« — in Wahrheit wohl deshalb, weil es am bequemsten zu erlangen ist. Hat der Hexenmeister kein Haar oder Blut, so tränkt er ein Pindahybazweiglein oder Wollfädchen mit dem Gift und versteckt es in eine Ritze des Hauses oder unter den Thonfuss, auf dem der Kochtopf steht, oder wirft es heimlich — denn es fliegt sehr weit — nach dem Verfolgten oder schiesst es mit einem Pfeil**) in einen Baum, wo Jener wohnt. Der gute Medizinmann findet es aber häufig, denn er sucht überall und steigt auch in den Baum hinauf, um es herabzuholen, legt es in Wasser und macht es dadurch unschädlich; er erhält dafür von dem Genesenden auch z. B.

---
*) Dieses Fasten ist auch sehr gut, wenn man es in der Kunst, Fische zu schiessen weit bringen will, und hier genügt es, wenn man einen Monat hindurch nichts als Stärkekleister geniesst. Antonio hat es so gemacht und war mit dem Erfolg sehr zufrieden.
**) Man kann zwischen diesem Zauberpfeil und der den Indianern unbekannten Waffe des Giftpfeils den subtilen Unterschied machen, dass jener nicht eigentlich vergiftet ist, sondern nur das vergiftete Stück befördert.

eine Hängematte, da er ein schönes Geschenk verdient. Hat das vergiftete Zweiglein den Patienten geritzt, so entdeckt der gute Medizinmann — und nur er — die Stelle, wo es eingetreten ist, saugt so lange, bis das Zweiglein oder Wollfädchen erscheint, und spukt es aus.

Wir haben also eine Methode, wo etwas vom Leibe vergiftet wird, und eine, wo das Gift nur in seine Nähe gebracht wird. Es giebt eine dritte, wo aller Zusammenhang mit ihm fehlt, dafür aber gleichzeitig ein Tier getötet wird. Sie bezweckt niemals nur Krankheit, sondern immer den Tod. Der zu tötende Mann wird *åmápö* oder *amápö* genannt. In diesem Fall bedarf der Hexenmeister ein Stück Haut vom Mittelfinger einer beliebigen Leiche und eine Ugá-Eidechse; er trocknet die Haut am Feuer, zerreibt sie mit seinem Zaubergift, stopft die Mischung tief in den Schlund der Eidechse, die um den Hals und den Leib, damit jene nicht herauskann, fest umschnürt wird, wirft das so präparierte Tier in einen Topf mit Wasser, verschliesst ihn wohl und hängt ihn über das Feuer: wenn das Wasser zu kochen beginnt, so erkrankt und, wenn die Eidechse stirbt, so stirbt der Amápö.

Alle Krankheiten sind durch Hexerei verursacht; »es soll Leute geben, die den Medizinmännern auftragen, ihre Feinde zu vergiften«. Mit seinem Friseur darf man sich am Schingú nicht verfeinden. So sei es, warf ich Antonio scherzend ein, eigentlich von mir sehr unvorsichtig gewesen, dass ich mir die Haare von ihm habe schneiden lassen. »Nein«, erwiderte er, »ich bin nicht schlecht, ich bin kein *omeóto* (= *ome-zóto* Giftherr).« »Also alle Krankheiten rühren von den Omeotos her?« »Alle.« »Hast Du jemals einen gesehen?« »Nicht bei den Bakaïrí, wir würden so schlechte Menschen verjagen.« »Aber bei den Kamayurá?« »Pode ser, kann sein.« »Hast Du schon gute Medizinmänner (*piáje*, französisches j) gesehen?« »Ja, mehrere am Kulisehu. Pakurali war einer. Früher auch am Paranatinga. Der Auetó-Häuptling Auayáto war einer.« Es ist sehr charakteristisch, dass alle schlechten (*kχurá-pa* = nicht unser) Zauberer in fremden Dörfern wohnen. Die Ausdrücke *omeóto* und *piáje* scheinen übrigens nicht streng geschieden. Jedenfalls sind die löblichen besseren Medizinmänner von berufsmässigem Schwindel längst nicht mehr nicht frei, da sie sich nicht gut einbilden können, aus dem Kranken die vergifteten Baumwollfäden, die sie ausgespucken, herausgesaugt zu haben. Aber der reinere Ursprung ihrer Kunst im Sinn der einleitenden Ausführungen ist noch leicht zu erkennen.

Noch deutlicher als an der Askese des medizinischen Studiums tritt es an den praktischen Leistungen zu Tage, dass Zaubern nichts ist als Erregung der Einbildungskraft. Die Schmerzen sagen dem Kranken, dass er von Jemandem angegriffen wird. Man sieht nicht, dass es Jemand im Dorf thut; hier ist auch Keiner so schlecht. Also ist der Feind draussen. Wer mit ihm fertig werden will, muss erstens stärker sein als er und zweitens den Unsichtbaren erreichen können. Beides wird für den, der nicht anders weiss als dass die im Traum vollbrachten Wunder Wirklichkeit sind, durch einen Arzt ermöglicht, der sich in einen starken Erregungszustand versetzt, denn dieser allein leistet, was man mit den gewöhnlichen Mitteln zu leisten nicht vermag. So kommt die drollige Verkehrung zu Stande, dass der Arzt einnimmt, um zu heilen. Er ist um so stärker, je mehr er vertragen kann. Er kennt allerlei Gifte, die berauschen, und gebraucht sie: Tabak, *ágokurióku* oder (çipó de cobra) Schlangen-Schlingpflanze, *seúwi* oder *Timbó*-Schlingpflanze (Paullinia pinnata), die Blätter des Waldbaums *ätíko*. Alles lauscht andächtig dem unverständlichen Zeug, das er während seiner Benommenheit zum Besten giebt, oder den seltsamen Erlebnissen, die er nach dem Erwachen aus tiefer Narkose von seinem Schatten berichtet. Er wird ein grosser Mann, er freut sich der Bewunderung und der Geschenke, er lässt sich wie viele andere grosse Männer erst zu kleinen Uebertreibungen verleiten und hilft dann auch seinen Leistungen, wo sie nicht ganz ausreichen, ein wenig nach, um das dumme Volk nicht zu enttäuschen. Bei den Bororó wird als Zauberarzt anerkannt, wer bei dem solennen Trinkgelage zur Zeit des besten Palmweins die grössten Quantitäten vertilgt und dem Rausche am sieghaftesten widerstehend die längsten Reden hält; die Begriffe Doktorschmaus und Doktorexamen fallen noch zusammen.

Die Tabaknarkose des Arztes ist bei allen unsern Stämmen wie auch bei vielen andern die gewöhnlichste Medizin des Patienten; der kranke Leib wird mit mächtigen Wolken angeblasen, gleichzeitig heftig bespuckt und zwischendurch unter fürchterlichem, das ganze Dorf durchhallenden Stöhnen nicht des Patienten, sondern des Doktors, mit Aufwendung aller Muskelkraft geknetet. Das dauert eine lange Zeit, der Arzt gönnt sich im Kneten nur wenige Ruhepausen, während deren er laut jammert und gleichzeitig leidenschaftlich raucht. Die Zigarren werden von der Familie geliefert. Schliesslich beginnt er zu saugen und spuckt unter krampfhaftem Prusten die Ursache des Leidens aus.

Der Auetö-Häuptling hatte schon Pflanzengifte getrunken, aber die kräftigste Probe, die in »früheren« Zeiten öfters vorkam, Schlangengift zu nehmen, war er noch schuldig geblieben. Es wird ausdrücklich hervorgehoben, dass die giftige Kalabasse des Hexenmeisters dem guten Medizinmann nichts anhaben kann, aber freilich nicht erklärt, wie denn auch dieser zu erkranken im Stande ist. Der Auetö-Häuptling war schon tot gewesen. Wenn der Medizinmann die starken Gifte einnimmt, so »stirbt er«. Er liegt »tot« in der Hängematte, bis sein Schatten zurückkommt. Ich möchte vorläufig beiseite lassen, was für die Auffassung des Todes aus dieser Auffassung der Bewusstlosigkeit folgt. Während seiner Narkose kann sich der Zauberarzt in jede beliebige Tiergestalt verwandeln und jeden beliebigen Ort sofort erreichen. Die Verwandlung findet so statt, dass er in das Tier »hineingeht«. Nun sind diejenigen noch heute die besten Aerzte, die Gift trinken und sich im Rausch verwandeln. »Diese Piajes, die *ágokurióku* trinken und zum Himmel gehen,« sagte Antonio wörtlich, »sind sehr gut, diese heilen Alles, und die Andern, die kein Gift nehmen, die nur mit Tabak anblasen, auch sie heilen, aber starke Krankheit heilen sie nicht.« Klarer kann der Ursprung und der Sinn des Zauberns nicht ausgesprochen werden: man versetzt sich in einen Erregungszustand, um sich zu einem sonst Unmöglichen zu befähigen, man vollbringt Wunder, an die Alles glaubt, indem man seine Einbildungskraft steigert; der Urgrund alles Hexens ist die Ueberzeugung von der Wirklichkeit des Geträumten oder des Eingebildeten.

Besser jedoch als meine Deutung werden die Angaben Antonio's im genauen Wortlaut über den Besuch eines narkotisierten Piaje im Himmel die Sachlage erläutern. Die zahmen Bakaïrí haben einige christlichen Vorstellungen, ich kann nur sagen, aufgeschnappt, und besitzen sie nun in seltsamster Verzerrung; mir wenigstens ist es herzlich schwer geworden, ernst zu bleiben, als vor meinen erstaunten Augen plötzlich Christus, Maria und die Engel in Schingútracht unter Beijús und umgeben von den mit Stärkekleister und gelber Pikíbrühe gefüllten Kürbissen auftauchten. Daneben aber wird uns versichert, dass auch die noch unchristlichen Vorfahren, die »antigos« des erzählenden Piaje den Himmel aufsuchten und Gift trinkend sich in allerlei wilde Tiere verwandelten. Ich erhielt die Geschichte, als ich die Vorstellungen über den Himmel zu gewinnen suchte.

»Der Himmel hat einen Boden wie hier. Der Piaje sagt es, der da war.« »??...« »Er trank Schlingpflanzengift und starb. Er war dann nicht mehr wie Menschen, er konnte in einen Jaguar oder eine Cobra-Schlange oder eine Sukurí-Schlange oder einen Geier hineingehen. Er stieg zum Himmel, kehrte zurück, erwachte als ein Mensch und war wieder wie vorher. Dies geschah am Paranatinga. Dasselbe geschah auch früher bei den Antigos und dasselbe erzählten auch die Leute vom Tamitotoala (Batovy).« Alsdann berichtete Antonio sein bestimmtes Beispiel. »Er trank das Gift in der Hängematte selbst, er trank aus einer Kuye, in der viel Wasser gemischt war, er starb in der Hängematte. Er ging in den Himmel und traf dort die Antigos. Er traf auch jenen . . . . ., wie heisst er doch?« (Sucht vergeblich nach dem Namen.) »Ach, seine Mutter war ja auch nach dem Himmel.« »Jesu Christo?« »Eben den. Mit dem unterhielt er sich lange Zeit. Dieser Krito liess ihn auf einen Schemel niedersitzen und brachte ihm Kalabassen mit Pogu und Pikíbrühe. Es gab sehr viel davon. Sie unterhielten sich sehr lange. Dieser Krito verschaffte ihm Ararafedern zum Fliegen. Dann blies er ihn an. Dann liess er ihn zurückkehren. Er erwachte in der Hängematte.« Ich wollte Näheres wissen, wie er herausgekommen sei. »Der Schatten stieg ein wenig über den Himmel empor, sah gut nach dem Loch aus, wo man aus dem Himmel herauskommt, und flog hierher.« »So war der Schatten im Himmel gewesen?« »Da der Leib nicht geht und nicht steigen kann, da der tot ist, so geht der Schatten.«

Die Verwandlung findet also im Traum statt, der durch ein narkotisches Mittel herbeigeführt ist. Sie wird als wirklich genommen und die Geschichte eines solchen ganz oder heutzutage in der professionellen Ausübung nur sehr teilweise wahren Traums liefert das Material für den Glauben an die Kunst der

Zauberärzte. Ihr eigentliches Verdienst ist nur die Kenntnis der Betäubungsmittel, und namentlich von unserm Standpunkt aus, die der Tabaknarkose. *) Antonio sagte mir, dass es zwei Arten von »Tabak« gebe; der Tabak, den man zu seinem Vergnügen rauche, sei ein anderer als der, der kuriere, und viel schwächer. In den Kuren, die ich gesehen habe, wurde der gewöhnliche Tabak verwendet; wahrscheinlich giebt es andere Blätter, die stärker betäuben. Die Schingúzigarette in grünem aromatischen Wickelblatt ist wohl noch eine der einfachsten Formen des geregelten Qualmgenusses. Tabakrauch kuriert Alles; ich habe entzündete Augen, Hüftgelenksentzündung, Brandwunden, Leibschmerzen und mehr dergleichen damit behandeln sehen. Die Suyá bliesen ihn mir in die Ohren und redeten laut in sie hinein, damit ich ihre Sprache besser verstehe. Vielleicht ist auch bei einem lange Zeit hindurch mit starken Qualmwolken angepusteten Patienten ein leichter Dusel zu erzielen, aber in jedem Fall muss dieser, ohnehin leidend, durch das unermüdliche eintönige Jammern und Kneten in einen dumpfen Zustand verfallen, in dem er ebenso gut Verwandlungen erleben kann als der Medizinmann. Angaben oder Beispiele habe ich aber dafür nicht erhalten.

In dem folgenden Kapitel habe ich eine einfachere Art des Anblasens zu besprechen, durch die sich der Zauberer nicht selbst, sondern durch die er Andere verwandelt, und die ohne Tabakrauch stattfindet.

Wiederum bläst der Medizinmann oder auch irgend Jemand sonst auf andere Art, wenn er das Gewitter durch Blasen verjagt. Man prustet den Speichel in einem Sprühtrichter gegen die Wolken; ich habe selbst mehrfach gesehen, dass das Mittel half, und mich dann geärgert, dass ich in allzu grosser Vorsicht trotz dringender Bitten der Indianer nicht mitgeprustet hatte. Mir hatte die Einbildungskraft gefehlt.

---

*) Die Gelegenheit, die betäubende Wirkung kennen zu lernen, ist wohl die beim Anfachen des glimmenden Feuers gewesen. Man muss sich trockene Blätter im Walde suchen, die aufgeschüttet werden, die qualmen und mehr oder minder rasch aufflammen, wenn man hineinbläst. Mit aromatischem oder betäubendem Rauch verbrennende Blätter werden der feinen Nase des Indianers beim Anblasen aufgefallen und von ihm für seine medizinische Hexenküche brauchbar befunden worden sein. Er athmete den Rauch ein und verschluckte ihn (daher bei den Entdeckern Amerikas stets der Ausdruck »trinken«).

XIII. KAPITEL.

Wissenschaft und Sage der Bakaïrí.
I. Die Grundanschauung.

Der Mensch muss nicht sterben. Wissen von der Fortdauer nach dem Tode. Naturerklärung durch Geschichten. Tiere = Personen. Tiere liefern wirklich die Kultur, daher gleiche Erklärung auf unbekannte Herkunft übertragen. Entstehung der erklärenden Geschichte. Gestirne, die ältesten Dinge und Tiere. Bedeutung der Milchstrasse. Verwandlung. Männer aus Pfeilen, Frauen aus Maisstampfern. Keri und Kame und die Ahnensage. Die Namen Keri und Kame. Die Zwillinge und ihre Mutter sind keine tiefsinnigen Personifikationen.

Als ich im Verlauf meiner sprachlichen Aufnahme Antonio*) den Satz vorlegte: »Jedermann muss sterben«, schwieg er zu meinem Erstaunen geraume Zeit. Es entstand dieselbe lange Pause, die ich jedesmal zu überwinden hatte, wenn ich ihm eine der ihm so fremdartigen, uns so geläufigen Abstraktionen auftischte. Da lernte ich denn zum ersten Mal, der Bakaïrí kennt kein Müssen, er ist noch nicht dazu gelangt, aus einer Reihe immer gleichförmig wiederkehrender Erscheinungen die allgemeine Notwendigkeit abzuleiten, ganz besonders aber versteht er auch gar nicht, dass der Mensch sterben muss. Fern liegt ihm der Gedanke, den wir uns auf den untersten Gymnasialklassen**) einprägen, »nemo mortem effugere potest«. Die Uebersetzung Antonio's, die das Wort »müssen« umging, aber doch zeigte, dass er meine Ansicht richtig verstanden hatte, lautete nach viertelstündigem Nachdenken etwas verzwickt: »ich sterbe nur (und) wir (sterben).« Der Dolmetscher schüttelte aber unbefriedigt den Kopf; er hatte den Zweifel, den auch wir etwa kaum unterdrücken möchten, wenn da behauptet würde: »alle Menschen müssen ermordet werden.« Nur aussen in einem bösen Streich sucht der Indianer die Ursache des Todes. Gäbe es nur gute Menschen, so gäbe es weder Kranksein noch Sterben. Nichts weiss er von einem natürlichen Ablauf des Lebensprozesses.

---

*) Bakaïrí-Grammatik, p. 185.
**) Ich habe als Knabe daran in meinem Innern durchaus nicht glauben wollen und viele Jahre, so lange ich das Wesen des Todes noch nicht genauer kennen gelernt hatte, eigensinnig an der Hoffnung festgehalten, dass doch ich vielleicht eine Ausnahme machen und nicht sterben würde, wie es sonst in der Weltgeschichte üblich ist.

Ein zweiter nicht unwesentlicher Unterschied zwischen der Auffassung unserer Indianer und der Kulturvölker betrifft die Fortdauer nach dem Tode. Dass die Güter der Erde ungleich verteilt sind und der Arme dereinst die Wonne des Ueberflusses erfahren möge, dass die Gerechtigkeit hienieden unvollkommen ist und der Gute dereinst belohnt, der Böse gestraft werden müsse, diese ethischen Forderungen sind in den einfachen sozialen Verhältnissen des Eingeborenen nicht entstanden. Seine Vorstellung von der Fortdauer nach dem Tode entspringt keinem Hoffen und Vertrauen. Allerdings verbindet sie sich mit dem Gedanken an angenehme Verhältnisse insofern, als bei dem spätern Zusammenleben mit den »Antigos« im Himmel Fische, Wildpret und Pikibrühe sehr reichlich bemessen sein werden und nimmt auch Rücksicht auf das Verhalten nichtswürdiger Gesellen, da diese, nicht etwa weil sie »verflucht« wären, sondern weil sie ihre Schlechtigkeiten an anderem Orte natürlich fortsetzen, sich als übelwollende Geister *kilain-oroika* Furcht und Schrecken verbreitend Nachts im Walde umhertreiben.

Allein die Wurzel der Ueberzeugung von der Fortdauer liegt für den Eingeborenen, so untrennbar die beiden auch verbunden sind, nicht im Gemüt, sondern im Verstande. Sie ist, für seine Erkenntnisstufe, ein Wissen. Nach der Vorstellung der Kulturvölker entfernt sich die Seele beim Tode zum ersten Mal aus dem Körper, es geschieht etwas ganz Neues, von dem sie durch Erfahrung und Beobachtung, es sei denn durch spiritistische, Nichts wissen; eben um dieses unbekannten Neuen willen können sie die Unsterblichkeit nicht beweisen, sondern müssen anheimgeben, sie aus ethischen Gründen zu glauben. Dem Indianer dagegen ist der Vorgang der Trennung von Leib und Seele nicht neu, er erfährt ihn tagtäglich, wie wir gesehen haben, wenn der Schatten im Traum von dannen eilt und den Körper in der Hängematte zurücklässt. Der gewöhnliche Tod ist eine tiefe Bewusstlosigkeit (Koma) infolge des Giftes, das der Hexenmeister beibringt, und vom Schlaf nur dadurch verschieden, dass der Schatten zu weit enteilt, um zurückzukehren. Nur der Medizinmann, der sich selbst vergiftet, wird wieder lebendig. »Wirklich« waren schon während des Schlafes die Erlebnisse des Schattens, »wirklich« sind ebenso gut seine »Erlebnisse« nach dem Tode. Man kennt diese Wirklichkeit, die nur ein Leben an anderm Ort ist, aus der täglichen Erfahrung, und erhält sie zum Ueberfluss noch bestätigt durch die Gestorbenen, mit deren Schatten unser eigener während des Traumes verkehrt, und durch die gelegentlich das Totenreich besuchenden Zauberer; in diesen kann Hamlet die Wanderer finden, die aus dem Bezirk des unbekannten Landes wiederkehren. To die to sleep, no more.

Die Schatten der toten Bakaïrí gehen in den Himmel zu den Vorfahren. Der Himmel ist zunächst nicht das Land der Zukunft, sondern das der Vergangenheit, die Alten sind noch da, wo nämlich alle Geschichte begonnen hat. Der Himmel, in dem die ersten Bakaïrí lebten, lag früher neben der Erde und man konnte bequem auf diese hinüber gelangen. Es starben dort aber zu viele Leute, so siedelte man auf die Erde über und der Himmel stieg dahin empor, wo er jetzt ist, und wo die Tiere, die Oerter, die Sachen, die in den alten Geschichten vorkommen, noch heute zu sehen sind. »Alles ist geblieben, wie es war.« »Bakaïrí hat es immer gegeben, aber im Anfang waren es sehr wenige.« Man muss nur an einigen bestimmten Punkten festhalten und man erkennt trotz aller Spiele der Phantasie und trotz aller Verarbeitung durch die Tradition einen Kern naiver, gesunder Logik in der Naturerklärung des Indianers.

Die Indianer kennen kein Müssen. Sie betrachten jeden Vorgang in der Natur noch als einen Einzelvorgang oder richtiger als eine Einzelhandlung. Gesetze sind ja auch in der That nur durch die gemeinsame Arbeit Vieler — solcher, die da leben und gelebt haben — zu erkennen. Und solange es keine Gesetze und höchstens Gewohnheiten giebt, steht jeder Einzelne im Mittelpunkt der Welt, die nur die Gesamtheit seiner persönlichen Eindrücke darstellt. Nicht die Naturerscheinung an und für sich mit ihren Bedingungen ist der Gegenstand des Nachdenkens, sondern der Eindruck, den man vor ihr empfängt; eine Geschichte genügt noch, sie zu erklären. Aus der Sprache erkennen wir denselben Zustand; jede Art hat ihren Namen, aber die Zahl der übergeordneten Begriffe ist äusserst gering. Gering ist also die Zahl der Scheidewände und Schubfächer und darum macht es nicht viel aus, wenn ein Ding aus dem einen Fach in ein anderes gerät. Es fällt entschieden auf, es ist etwas Besonderes geschehen, aber eine innere Unmöglichkeit ist nirgends vorhanden.

Man gestatte einen Vergleich mit dem undeutlichen Sehen. Fern auf dem Waldweg bemerken wir etwas, was wir genau zu erkennen noch gar nicht in der Lage sind. Jeder sieht, was er zu sehen erwartet — einen Stein, ein Reh, einen Holzhaufen, eine Botenfrau, was weiss ich. Es regt uns an, wenn sich von den Gestalten im Wald auch eine vor unsern Augen in die andere verwandelt, aber — und da liegt der grosse Unterschied — wir glauben nicht an eine Verwandlung, sondern schliessen, dass wir uns beim ersten Anblick getäuscht haben, weil wir unsere Wahrnehmung sofort den uns bekannten allgemeinen, jene Möglichkeit ganz ausschliessenden Gesetzen opfern. Doch können wir uns bei einer lebhaften Täuschung vielleicht vorstellen, dass unser Hindernis für unwissende Menschen nicht da ist. Ich hörte von einem Fall, dass ein flüchtiger Negersklave verfolgt wurde, er lief in ein kleines Dickicht, einen Capão; man suchte ihn vergeblich und fand nur eine grosse Jabutí-Schildkröte. Der Anführer der Leute nahm die Schildkröte auf sein Pferd, liess sie aber unterwegs aus Furcht fallen und gab sie frei: die ganze Gesellschaft schwor darauf, der Neger habe sich in die Schildkröte verwandelt. Dass man den Sklaven trotz emsigen Suchens nicht gefunden hatte, dass nur die Schildkröte zu entdecken war, diese persönliche Erfahrung entschied. Die Thatsache war einfach vorhanden; wenn sie ungewöhnlich war, so konnte man sie leicht dadurch erklären, dass der Neger ein Hexenmeister gewesen war.

Dass man jedoch alle »ungewöhnlichen« Dinge einfach durch Zauberei erklären kann, liegt eben daran, dass der Begriff der Gesetzmässigkeit fehlt. Man ist noch nicht in der Lage, scharf zu sehen Ja, je ungewöhnlicher der Vorgang ist, desto lieber hört man von ihm erzählen und desto fester wird er deshalb geglaubt.

Bei Weitem der wichtigste Fall von dem Mangel begrifflicher Scheidewände, der unserm Empfinden und Denken gleichzeitig am schwersten zugänglich ist, betrifft das Verhältnis des Menschen zu den Tieren und der einzelnen Tiergattungen zu einander. Wir sagen, der Eingeborene anthropomorphisiert in seinen »Märchen«, er lässt die Tiere reden und handeln wie Menschen. Das ist von unserm Standpunkt aus richtig, aber wenn wir glauben wollten, er statte die Tiere nur zu dem Zweck, eine hübsche Geschichte zu erzählen, mit menschlichen Eigenschaften aus, so wäre das ein gewaltiges Missverstehen, es hiesse nicht mehr und nicht weniger, als ihm all sein Glauben und Wissen wegdisputieren. Sein Glauben: denn in die wunderbaren Geschichten, die er von den Tieren berichtet, setzt er dasselbe Vertrauen, wie jeder überzeugte Christ in die Wunder der Bibel; sein Wissen: denn er könnte die ihn umgebende Welt ohne seine Märchentiere ebenso wenig begreifen als der Physiker die Kraftzentren ohne Stoffatome — si parva licet componere magnis.

Wir müssen uns die Grenzen zwischen Mensch und Tier vollständig wegdenken. Ein beliebiges Tier kann klüger oder dümmer, stärker oder schwächer sein als der Indianer, es kann ganz andere Lebensgewohnheiten haben, allein es ist in seinen Augen eine Person genau so wie er selbst, die Tiere sind wie die Menschen zu Familien und Stämmen vereinigt, sie haben verschiedene Sprachen wie die menschlichen Stämme, allein Mensch, Jaguar, Reh, Vogel, Fisch, es sind alles nur Personen verschiedenen Aussehens und verschiedener Eigenschaften. Man braucht nur ein Medizinmann, der Alles kann, zu sein, so kann man sich von einer Person in die andere verwandeln, so versteht man auch alle Sprachen, die im Wald oder in der Luft oder im Wasser gesprochen werden. Der tiefere Grund für diese Anschauung liegt darin, dass es noch keine ethische Menschlichkeit giebt; es giebt ein Schlechtsein und Gutsein nur in dem groben Sinn, dass man Andern Unangenehmes oder Angenehmes zufügt, aber die sittliche Erkenntnis und das ideale, weder durch Aussicht auf Lohn, noch durch Furcht vor Strafe geleitete Wollen fehlt ganz und gar. Wie sollte da eine unübersteigliche Kluft zwischen Mensch und Tier angenommen werden? Die äusserliche Betrachtung der Lebensgewohnheiten, auf die sich der Indianer beschränkt, kann dem Menschen höchstens die Stellung des primus inter pares zuweisen. Das Tier hat freilich nicht Pfeil und Bogen und Maisstampfer, aber das ist auch der Hauptunterschied in den Augen des Indianers, und deshalb entstehen die Männer aus Pfeilen, die Frauen aus Maisstampfern, doch hat es z. B. auch ebenso wie der Mensch wichtige Werkzeuge wie Zähne und Klauen, die er ihm ja erst wegnimmt.

Es fehlt dem Indianer ferner unsere Abgrenzung der Arten gegeneinander, insofern sich die eine nicht mit der andern vermischt. Dieser Unterschied, den die Erfahrung gewiss leicht erkennen lässt, wird wiederum vollständig verwischt, weil das in unsern anatomischen Kenntnissen begründete Hindernis wegfällt. Man bedenke einen Augenblick, was unser Volksglaube, das Versehen betreffend, in dieser Beziehung leistet; da bekommt man auch ein wirkliches Mausefell, einen wirklichen Hundefuss u. s. w. Wenn der Indianer durch die Vermischung von verschiedenen Tierarten untereinander oder durch die von Tier und Mensch irgend etwas erklären kann, so hindert ihn nichts, sie zu behaupten, so sieht er sie im Gegenteil bewiesen und schliesst höchstens, dergleichen geschieht jetzt nicht mehr, wo es nicht mehr nötig ist. Heute, sagen unsere Gelehrten, giebt es keine generatio aequivoca mehr, aber einst hat es sie sicherlich gegeben. Der Unterschied ist um so mehr verwischt, als der Eingeborene das bequeme Erklärungsprinzip der Verwandlungen im grössten Umfang benutzen muss. Es kommt endlich hinzu, dass er sich mit der Fortpflanzung innerhalb der Art, da das Kind nichts anderes ist als der Vater, nicht weiter beschäftigt: die Art oder der Stamm ist wie ein einziges Individuum, das immer unter demselben Namen erscheint; verschiedene Unterarten, z. B. die Jaguarkatzen, grosse und kleine und der Farbe nach verschiedene, sind Brüder. Aber jeder dieser »Jaguare« nach seinem Namen, »Kampfuchs«, »Reh«, »Ameisenbär« — sie erscheinen in beliebigen Geschichten und Niemand fragt, ob es etwa Kampfuchs »V« oder Kampfuchs »XXIII« war. Das ist auch genau dasselbe für die menschlichen Stammväter der Ahnensage; man setzt meist die Frauen und immer die Stammgenossen, die jene begleiten, als gegeben voraus.

Ich wiederhole, der Ausdruck »anthropomorphisieren« ist nur als Schema für uns berechtigt, und er wird falsch, wenn man ihn so fassen wollte, als ob der Indianer sagte »ich bin ein Mensch und lasse auch die Tiere wie Menschen handeln.« Das Umgekehrte, dass Menschen Tiere sind, kommt ebenso vor, und zwar im guten und im schlechten Sinn. Die Trumaí sind Wassertiere, weil sie auf dem Grund des Flusses schlafen. So sagen die Bakaïrí in allem Ernst. Wir begegnen dem gleichen Glauben an Menschen, die im Wasser leben, auch bei andern Stämmen. Die Bororó behaupten, man könne Stunden lang, wenn man gewisse Blätter kaut, unter der Oberfläche des Wassers verweilen und Fische fangen. Ich habe nichts Besonderes von dem »Wasserleben« der Trumaí mehr erfahren können, als dass sie mit Vorliebe andere Stämme auf dem Fluss angreifen und die Gefangenen mit gefesselten Armen in das Wasser werfen sollen. Ich weiss nicht, ob sie früher wie die Guató Flussnomaden gewesen sind; den Feldbau haben sie jedenfalls von den Nachbarn erst erlernt. Was auch den Glauben der Bakaïrí über sie angeregt habe, er wird nicht etwa durch die Schlussfolgerung entkräftet, die wir auf Grund unserer Naturgesetze aufstellen: »aber die Trumaí sind doch keine Tiere, keine Fische«, sondern der Bakaïrí schliesst, weil die Trumaí im Flusse schlafen, sind sie Wassertiere und verspottet und verachtet sie, wie jedem Stamm mit fremdartigen Sitten geschieht. Die Bororó rühmen sich selbst, dass sie rote Araras seien. Sie gehen nicht nur nach dem Tode in Araras über, wie auch in gewisse andere Tiere, nicht nur sind die Araras Bororó und werden entsprechend behandelt — sie drücken ihr Verhältnis zu dem farbenprächtigen Vogel kaltblütig auch so aus, dass sie sich selbst als Araras bezeichnen, wie wenn eine Raupe sagte, dass sie ein Schmetterling sei, und wollen sich damit durchaus nicht nur einen von ihrem Wesen ganz unabhängigen Namen zulegen.

Also die Trumaí sind Wassertiere, weil sie eine Gewohnheit der Wassertiere haben, die Bororó sind Araras, weil sich ihre Toten in Araras verwandeln. Man sucht solche und ähnliche Erscheinungen durch die in der Tradition leicht vorkommende Verwechslung von Namen und Sache zu deuten. Das trifft bei unsern Indianern entschieden nicht zu. Obwohl gern zugegeben werden mag, dass sich, wo die Grundanschauung vorhanden ist, derlei Verwechslungen von selbst einfinden, so muss doch die unzweifelhaft vorhandene Grundanschauung als die Hauptsache vorangestellt werden. Oder würden wir, denen sie fehlt und denen Verwechslungen auch widerfahren können, unsern Geographen und Historikern jemals glauben, dass die Finnen ein Volk von Blasenwürmern seien?

Mangelt aber der Wesensunterschied, so liegt die Sache ganz anders. Dann steht Nichts im Wege, dass der Kampfuchs, der nächtliche Räuber, der in seinen im Dunkel leuchtenden Augen ja Feuer hat, dieses Feuer, indem er es sich aus den Augen herausschlug, den Menschen geben konnte. Oder, um eine häufige Variante der Ahnensage zu nehmen, dann steht Nichts im Wege, dass der Jaguar der Urahn eines menschenfressenden Stammes gewesen ist; denn immer wird ausdrücklich berichtet, dass dieser Stammvater »Jaguar« Vorfahren des eigenen Stammes, Bakaïrí oder Paressí, getödtet und gefressen habe. Ich darf auf das Bestimmteste versichern, dass mein Gewährsmann felsenfest überzeugt war, dass der betreffende böse Stammvater der Legende ein Jaguar war, obwohl er mit Pfeilen schoss, und nicht nur so hiess. Dass die frühere Zeit, in der die Legende entstanden ist, nur symbolisiert und Nachkommen, Namen und Sache verwechselt hätte, ist eine bequeme Unterstellung, aber eine unzulässige, weil alsdann die ganze Tradition nur aus Verwechslungen bestehen würde. Die frühere Generation hatte dieselbe Grundanschauung wie die heutige. Sie erklärte sich die kannibalische Sitte des Nachbarstammes durch die Abstammung vom Jaguar, dessen Kennzeichen es ist, dass er Menschen frisst. Sie kannte den Stammvater nicht, weil man ihn von keinem Stamm, obwohl er immer da gewesen sein muss, kennen kann. Sie hatte, da der Wesensunterschied zwischen Mensch und Tier fehlt, keine Schwierigkeit, zu schliessen, weil diese Leute immer Menschen, unsere eigenen Vorfahren, gefressen haben, deshalb ist der Stammvater ein Jaguar gewesen, und ihr Kausalbedürfnis war befriedigt — was viel wesentlicher war als der etwaige Einwand, heute ist der Sohn eines Jaguar doch auch stets ein Jaguar, und heute schiesst doch kein Jaguar, wie es allerdings die Vorfahren des feindlichen Stammes gethan haben, mit Bogen und Pfeil.

Wir verstehen, dass der Indianer insofern Tiere wie Personen auftreten
lässt, als er von ihren Unterhaltungen berichtet, denn man weiss, dass sich die
Tiere gegenseitig rufen und in liebenden oder drohenden Tönen verständigen,
allein die Ausstattung der Tiere mit Kulturerzeugnissen und Geräten scheint
uns doch das Maass des Erlaubten zu übersteigen. Ja, der Mensch soll gemäss
den indianischen Ahnensagen alles mögliche Gute, das er besitzt, von den Tieren
erworben haben. Da sind die mannigfaltigsten Tiere »Herren« oder »Besitzer«
davon gewesen und ihnen hat es der Kulturheros genommen. Herr des medizinischen Tabaks und der Baumwolle war der Wickelbär, *Cercoleptes caudivolvulus*,
Herr des gewöhnlichen Rauchtabaks der Zitteraal, Herr der Mandioka der Bagadú-
fisch *Phractocephalus*, Herr des Schlafes und der Buritíhängematte die Eidechse,
Herr der mit Wasser gefüllten Töpfe, nach deren Zerschlagen der Ronuro und
der Paranatinga flossen, die Ochobi-Flussschlange, Herr der Sonne der Königsgeier, *Sarcoramphus papa*, und mehr dergleichen. Wie ist ein solcher Unsinn
möglich? Das Alles ist natürlich symbolisch gemeint, erklärt der Träger der
Kulturbrille und hält die Frage für erledigt. Ich kann nur herzlich lachen, wenn
ich mir die indianischen, an der Anschauung klebenden Jäger und Fischer mit
symbolischen Tieren hantierend denke wie die Dichter, Maler und, um auch
der niederen Geister nicht zu vergessen, die ihre Trade-mark erfindenden Patent-
inhaber unserer zivilisierten Welt — die allerdings sämtlich zu den Originalen ihrer
Symboltiere nicht in dem Verhältnis naher persönlicher Bekanntschaft zu stehen
pflegen.

Nein, Antonio und seine Stammesgenossen hätten unsere Art Symbole
nicht begriffen, geschweige selbst welche erfunden. Ich leugne es nicht, mir hat
während unserer Unterhaltung zuweilen der Verstand stillgestanden, wenn mir
der treuherzige Glaube an die Wirklichkeit der »Märchen«-Tiere und ihres Kultur-
besitzes in seiner ganzen Urwüchsigkeit entgegentrat, allein ich habe mich von
seiner Echtheit auch so genau überzeugt, dass ich mich für verpflichtet halte,
jede Erklärung, die ihn nicht voll anerkennt, zurückzuweisen. Ich meine auch,
die Sache sei einfach genug zu verstehen. Der Indianer hat ja in Wahrheit
die wichtigsten Teile seiner Kultur von den Personen erhalten, die
wir Tiere nennen, und ihnen muss er sie noch heute wegnehmen. Zähne,
Knochen, Klauen, Muscheln sind seine Werkzeuge, ohne die er weder Waffe noch
Haus noch Gerät herstellen könnte. Er verdankt, was er leisten kann der Piranya,
dem Hundsfisch, dem Affen, dem Kapivara, dem Agutí, dem Riesengürteltier,
den Mollusken, und von allen ihnen berichtet die Legende Nichts, weil jedes
Kind weiss, dass diese Tiere, deren Jagd die wichtigste Vorbedingung für jene
Leistungen bildet, noch heute die unentbehrlichsten Dinge liefern. Was ist natürlicher
als dass er auch die schönen und guten Dinge, von deren Herkunft er Nichts oder
wie von den Kulturpflanzen, nur Unbestimmtes weiss, ebenfalls von Tieren her-
leitet, sobald er darüber nachdenkt? Was ist natürlicher, als dass die Eidechse,
die mehrere Monate verschläft, den Schlaf (er wurde ihr aus den Augen gezogen)

oder dass der Kampfuchs, dessen Augen im Dunkel leuchten, wenn er Nachts auf Beute ausgeht, das Feuer geliefert hat; als dass die Sonne, deren Beschaffenheit wir noch kennen lernen werden, im Besitz des Herrschers der Lüfte, des Königsgeiers, den die übrigen Geier streng respektieren, und dass das Wasser im Besitz einer grossen Flussschlange war? Mit dem Schlaf hat die Eidechse auch die Hängematte hergeben müssen, die dazu gehört. Jetzt hat sie keine mehr, sie ist ihr eben weggenommen worden, und sie war auch sehr böse. Alle jene Errungenschaften wurden mit Gewalt oder List geraubt; darum fehlen sie den Tieren heutzutage. So wird das Kausalbedürfnis der alten naiven Jäger auf das Angenehmste befriedigt und zwar durchaus auf dem Boden der Grundanschauung, dass Tiere und Menschen nur verschieden aussehende und verschieden ausgestattete Personen sind.

Es ist der modernen Forschung gelungen, eine Anzahl der gefährlichsten Krankheiten auf das Vorhandensein von Bazillen zurückzuführen, und was ist die Folge? Alle möglichen Krankheiten, deren Ursache noch verborgen ist, werden auch Bazillen zur Last gelegt; Tausende von Leuten, die niemals einen Mikroorganismus gesehen haben, geschweige dass sie nur eine Ahnung davon hätten, wie die bösen Tiere es eigentlich anfangen, die Krankheit hervorzurufen, wittern sie jetzt in Allem, was sie geniessen, und erscheinen mit ihnen vertraut wie mit Spinnen und Schnaken. Jene nachgewiesenen Krankheitserreger möchte ich den Tieren vergleichen, die dem Indianer wirklich die nützlichsten Dinge geliefert haben, und jene andern, die nur in der Legende existieren, den Märchentieren, denen er, in gleichem Denkgeleise vorwärts strebend, die Dinge unbekannter Herkunft zuschreibt. Es ist ein natürlicher Vorgang, dass man das Unbekannte genau so erklärt wie das Bekannte.

Sonne, Feuer, Wasser, Schlaf sind Dinge, deren erste Besitzer rein erdacht werden müssen; für sie giebt es keine, auch noch so verblasste historische Tradition. Anders kann es — nötig ist es nicht — mit Kulturpflanzen sein. Der medizinische Tabak, erinnert man sich dunkel, ist aus dem Norden gekommen. Unzweifelhaft hat ihn, sagen wir, ein benachbarter Stamm geliefert; allein die Bakaïrí haben längst die wirkliche und in ihren Einzelheiten sehr gewöhnliche Begebenheit vergessen; seit vielen Generationen weiss man nichts mehr, als das man dort wo der Wickelbär lebt, zuerst mit Tabak kuriert hat. Der Wickelbär ist sehr selten im Gebiet der Bakaïrí, Antonio hatte noch keinen gesehen, er wusste aber genau, wie er aussah und seine in allen Einzelheiten sehr bestimmte Beschreibung nebst dem Namen *sawári* gab mir die Möglichkeit, ihn als das lautlich identische *yawari* der Makuschí in Guyana zu erkennen, von dem Schomburgk bei seinem Bericht zufügt, dass das Vorkommen des *yawari* nach v. Tschudi in Peru bis zum zehnten Grad südlicher Breite bekannt sei! So lieferte der Wickelbär als die für die Gegend, wo der Tabak herkam, charakteristische Person den Tabak ebenso, wie der Königsgeier die Sonne geliefert hat als die Person, die in die Gegend der Sonne hinkommt.

Der Wickelbär interessierte die Bakaïrí mehr als der verschollene Nachbarstamm, und er blieb durch die Jahrhunderte hindurch derselbe, er war der Herr des nördlichen Gebietes, und was dorther kam, ob Tabak oder Baumwolle, stammte von ihm; Jäger, die einen Streifzug über die gewöhnlichen Grenzen hinaus nach Norden ausdehnten, fanden ihn dort oder er selbst machte gelegentliche Besuche im Süden bei den Bakaïrí. Die Geschichte der Herkunft von medizinischem Tabak und Baumwolle wurde nach dem üblichen und natürlichen Schema, dass das charakteristische Tier als ursprünglicher Besitzer galt, behandelt: setzen wir, um den obigen Vergleich mit unserm ähnlichen Verfahren durchzuführen, Baumwolle und Tabak gleich zwei Krankheiten, so war der Bacillus legendarius der Wickelbär. Die von ihm erzählte Geschichte ist nur die Antwort auf die Frage: »wie kommt es, dass wir früher keinen Tabak hatten?« Zuerst hat man noch gewusst, »der und der bestimmte Stamm hat ihn uns gegeben«, dann vergass man im Lauf der Zeit Namen und nähere Umstände und eine spätere Generation hörte noch vielleicht, »wir haben ihn von irgend Jemanden dort, wo der Wickelbär lebt, bekommen«, allein eine solche Auskunft musste dem üblichen Schema schon in dem Augenblick verfallen, wenn die liebe Neugier weiter fragte: »woher hatten denn jene Leute selbst den Tabak?« Da gab es, die Grundanschauung vorausgesetzt, keine bessere Antwort als »eben vom Wickelbär« und man war sehr zufrieden.

Ebenso wird, wie wir sehen werden, die Herkunft des gewöhnlichen Rauchtabaks auf einen Fisch, der im Paranatinga nicht vorkommt, sondern im »Tabakfluss« lebt, und die Herkunft der Mandioka auf einen ebenfalls im Paranatinga nicht vorkommenden Fisch, der den »Beijúfluss« bewohnte, zurückgeführt. Ich habe Antonio zuweilen — nicht oft, denn er wurde wie jeder Gläubige durch Zweifel, deren richtigen Kern er selbst nicht verkennen konnte, empfindlich berührt — meinen skeptischen Einwurf nicht vorenthalten. Dann schwieg er entweder verletzt, oder er erklärte den gegenwärtigen Zustand durch Verzauberung oder — und zwar in der Mehrzahl der Fälle — er sagte einfach: »jetzt ist es nicht mehr so, aber es war früher so«.

»Es war einmal,« (das stets wiederkehrende *paá* der Tupflegenden) ist auch die Signatur der Indianer-»Märchen«. Der weitaus grösste Teil der Legenden will die Entstehung von irgend etwas erklären, es handelt sich also stets um Vorgänge in alter Zeit, und da sie nun immer nur dadurch zu erklären sind, dass etwas Besonderes geschehen ist, so musste sich aus alledem die Anschauung festsetzen, dass es einmal eine Zeit gegeben hat, wo das Aussergewöhnliche Regel war. Man gelangte mit der schönsten Logik der Welt zu Situationen, aus denen man immer nur durch menschliche Handlungen der Tiere den Ausweg fand, dann aber auch vortrefflich fand. Es ist sehr leicht, die Entstehung der häufig mit vielem Humor gewürzten Geschichten zu verstehen, wenn man nur die Pointe, die bewiesen wird, zum Ausgangspunkt nimmt; es ist ja klar, dass die zu erklärende Thatsache nicht zu der Geschichte gekommen sein kann, sondern nur die Geschichte zu der Thatsache.

In einem am Amazonas sehr verbreiteten Märchen*) macht der Urubú-Geier mit der Jabutí-Schildkröte eine Wette, wer rascher nach dem Himmel, wo gerade ein Fest gefeiert wurde, gelangen könne. Die Schildkröte schmuggelt sich in den Proviantkorb des Geiers ein, kommt glücklich an und empfängt den Geier, als dieser von einem Spaziergang durch das festliche Treiben zurückkehrt, mit der Behauptung, dass sie bereits seit langer Zeit oben sei und auf ihn warte. Die Wette ist unentschieden, man erneuert sie für die Rückreise, wer zuerst auf der Erde ankomme. Der Geier fliegt hinunter, aber die Schildkröte lässt sich fallen und gewinnt. Im Fall hat sie sich abgeplattet und ihre Schale ist geplatzt, wie man noch heute sieht.

Wie hat man sich diese Erfindung zu denken? Sie ist die Antwort auf die Frage: »wie kommt die Schildkrötenschale zu der Spalte, aus der wir das Fleisch mühsam hervorholen?« Heute haben alle Schildkröten diese Spalte, es muss lange her sein, dass sie entstanden ist. Damals muss der Stammvater der Schildkröten einen schweren Fall gethan haben; die Schale ist ja auch davon unten ganz abgeplattet. Dann ist die Schildkröte aber, meint Einer bedenklich, mindestens vom Himmel heruntergefallen. Ja, aber wie ist sie da hingekommen? Nun, der Geier hat sie mitgenommen. Aber wie? — Man hat die Schildkröte in eine Situation gebracht, die von allen Erfahrungen aus dem Leben der Schildkröten abweicht, aber die dahin führenden Schlüsse sind zwingend und jetzt erst beginnt die Erfindung, der wiederum aus dem entgegengesetzten Wesen der beiden in eine gemeinsame Situation gebrachten Tiere, des schnellen Vogels und des langsamen Reptils, ein deutlicher Weg zu dem beliebten Auskunftsmittel der Wette gewiesen ist. Wenn der Indianer nun obendrein einen Wesensunterschied zwischen Tier und Mensch nicht kennt, so stösst die Lösung des Problems mit Hülfe des menschlichen Wettens und des menschlichen Proviantkorbs nicht auf die geringste Schwierigkeit, zumal die Geschichte in der berühmten alten Zeit spielt, wo es anders war als heute. Der Proviantkorb des Indianers, der die Schildkröte zum Himmel bringt, ist gerade so berechtigt, wie unser Aether, in dessen Wellen sich das Himmelslicht fortpflanzt. Wenn wir durchaus unser Kausalbedürfnis befriedigen wollen, so müssen wir in den beiden Fällen, Jeder auf seiner Stufe, uns ein Transportmittel schaffen, dessen Eigenschaften der Erklärung angepasst werden.

Gestirne. Der Indianer betrachtet die Figuren am Himmel und sieht in ihnen Dinge, die er kennt. Der »früher so nahe« Himmel ist jetzt sehr, sehr hoch. Nur Vögel, die lange fliegen, können vielleicht dorthin gelangen; der Medizinmann ist dort im Augenblick, für ihn ist er »nicht höher als ein Haus«. Die Eigenschaften des Feuers werden himmlischen Körpern nicht zuerkannt. Die Sonne ist ein grosser Ball von Federn des roten Arara und des Tukan, dessen Gefieder ebenfalls prächtiges Orange und Rot aufweist, der Mond ein Ball von den gelben Schwanzfedern des Webervogels (Cassicus, Japú), die der Bakaïrí im

---

*) Barbosa Rodriguez, Poranduba Amazonense. Annaes da Bibliotheca Nacional, Bd. XIV, 2, Seite III. Rio de Janeiro, 1890.

Ohr trägt. Die Sonne wird am Abend mit einem grossen Topf zugedeckt, der am Morgen wieder gelüftet wird. Ich lasse die Person, die das besorgt, noch beiseite; sie ist auch höchst gleichgültige Zuthat oder Ergänzung bei dem Anfang der Entwickelung, denn wenn die Sonne ein Federball ist, und dieser Federball eine Zeitlang verschwindet, so ist es eben selbstverständlich, dass Jemand ihn so lange bedeckt, ob nun mit einem Topf, wie die Bakaïrí behaupten, oder dadurch, dass sie in einen Kürbis gelegt wird, wie die Paressí meinen.

In der Regenzeit, wo die Tage lang sind, wird die Sonne von einer Schnecke (Bulimus), in der Trockenzeit, wo sie kurz sind, von einem Kolibri getragen; bekanntlich ist der Flügelschlag dieses Vögleins so schnell, dass ihm das Auge nicht zu folgen vermag. Während der Nächte ist der Dienst der Tiere umgekehrt, in der Regenzeit schleppt das Kolibri und in der Trockenzeit die Schnecke den zugedeckten Sonnenball an den alten Ort zurück. Für die Phasen des Mondes geht der Bakaïrí vom Vollmond aus, wo wir den Ball ganz sehen. Zuerst kommt eine Eidechse, die wir den Rand entlang bemerken, um ihn mitzunehmen, am zweiten Tage ein gewöhnliches Gürteltier und dann ein Riesengürteltier, dessen dicker Körper uns die gelben Federn bald ganz verbirgt. Es ist zu bemerken, dass die Gürteltiere oder Tatús eine gewölbte Form haben, Nachttiere sind und bei Mondschein gejagt werden.

Die Eklipsen werden ähnlich erklärt. Aber Antonio fasste die Erscheinung keineswegs als gesetzmässige auf und erklärte sie von Fall zu Fall. So hat sich einmal, als er noch klein war, am Paranatinga ein Zauberer in einen Anú, einen blauschwarzen Vogel (Crotophaga), verwandelt und mit den Flügeln die Sonne eine Zeitlang verdeckt. Am 28. Januar 1888 war eine Mondfinsternis, auf die ich Antonio aufmerksam machte. Er kam jedoch, durch meine Vorhersage der Ueberraschung beraubt, mit seiner gewöhnlichen Erklärung aus, dass die Eidechse und die Tatús an der Arbeit waren. Ich liess ihn den Mond durch ein Opernglas betrachten und wollte Auskunft über die Berge haben. »Es ist ein bischen Schmutz von dem Tatú zurückgeblieben«, antwortete er. So kam mit dem Graben und Wühlen ein neuer Umstand hinzu, der die alten Bakaïrí veranlasste, die gewölbte Form des unbeleuchteten Teils gerade für das Gürteltier anzusehen.

In diesen Erklärungen liegt jedoch ein entschiedener Widerspruch zu den Anschauungen des karaibischen Grundvolks, die uns durch die Wörter für Sonne überliefert wird[*]), und in gleicher Weise widersprechen die Erklärungen der heutigen Paressí, die auch die Federn und die Gürteltiere haben, den bei dem Grundvolk der Nu-Aruak vorauszusetzenden Anschauungen. Die Wörter für »Feuer« und »Sonne« haben gleiche Wurzeln und sind teilweise nur durch Reduplikation unterschieden oder auch von einem Stamm zum andern sogar identisch. Man muss also bei der Wortbildung von den Eigenschaften der Sonne zuerst Wärme und Licht aufgefasst haben. Auch ist der Topf, mit dem die Bakaïrí die Sonne

---

*) Vgl. »Bakaïrí-Grammatik« die Tabelle für »Feuer, Sonne, Holz, Baum«, p. 278 und p. 279 bis 281, sowie »Durch Centralbrasilien«, p. 306.

Nachts bedecken lassen, noch eine Anlehnung an den Herd, und er beweist uns, da die Bakaïrí früher keine Töpfe hatten, die verhältnismässig späte Ausstattung der Hypothese. Ich warf Antonio bescheidentlich ein, »aber die Sonne ist doch heiss und Federn sind es nicht?« Ein Einwurf, den ich, kaum dass er dem Munde entflohen war, auch bitter bereute. Denn das Gemüt Antonio's, der klug genug war, den Widerspruch, sobald er ihm gezeigt wurde, auch zu empfinden, war sichtlich verletzt. »Es kann sein«, erklärte er endlich verdrossen, »dass später durch Verzauberung Feuer hinzugekommen ist; früher war keins da«. Darin irrt er also. Die Hitze ist nicht, wie Antonio meint, hinzu-, sondern im Gegenteil weggezaubert worden. Allein die heutige Bakaïrí-Wissenschaft wurzelt in der Anschauung, dass Sonne und Mond Federbälle sind, und liefert uns, wann immer und wo immer sie entstanden sein mag, ein gutes Beispiel, um das Denken der Indianer zu verstehen.

Dass ein Ding aussieht wie ein anderes, mehr vertrautes, genügt für die Erklärung. Die Sonne ist ein Federball in dem Augenblick, wo man findet, dass sie dem ähnlicher sei als einem lodernden Feuer. Sei der Schluss ein Analogieschluss, er hat auf dieser Stufe volle überzeugende Kraft, und die weiteren Erklärungen über das Dunkelwerden und den Lauf am Himmel entwickeln sich, von der nun gegebenen Anregung aus, organisch. Wir sagen, da oben können keine Tiere sein, also sind die Himmelskörper auch keine Tiere, der Bakaïrí dagegen sieht die Tiere oder die Federn und fragt nicht, ob sie da sind, sondern nur, wie sie hingekommen sind.

Ueber die Kometen erhielt ich keine Auskunft; nur meinte Antonio geringschätzig: »den Portugiesen (nur so werden die Brasilier genannt) sollen sie Böses thun, den Bakaïrí thun sie Nichts«. Von Planeten bekam ich nur den Namen für Venus, der nicht zu übersetzen war.

Antonio wusste am Himmel ausgezeichnet Bescheid. Er begriff auch das Wesen meiner Sternkarte ohne Mühe. Als ich ihm das erste Mal einige Konstellationen gezeigt hatte, gingen wir hinaus und suchten sie am Himmel auf. Wir kehrten in das Zimmer zurück und sofort fand er den Sirius auf der Karte wieder. Dieser wird mit dem Orion, dem Aldebaran und den Plejaden als eine zusammengehörige Gruppe aufgefasst. Der Orion ist ein grosses Gestell, auf dem Mandioka getrocknet wird, die grösseren Sterne sind die Pfostenköpfe, und so bezeichnet der Sirius das Ende eines grossen Querbalkens, durch den das Gestell von der Seite her gehalten wird. Die Plejaden, offenbar der Ausgangspunkt der ganzen Auffassung, sind ein Haufen beiseite gefallener Mehlkörner, ein dickerer Klumpen, der »Vater des Haufens«, ist der Aldebaran. »Es giebt am Himmel Mandioka, Pflanzungen, Wald, Alles, Alles.« Auch Festschmuck. Capella ist eine kleine Hülse, wie sie die Bakaïrí im Ohr tragen, um vorn eine Feder hineinzustecken, zwei andere Sterne des Fuhrmanns sind die Hülsen der Kayabí, deren Federn nach hinten gesteckt werden. Ein Stern, unsicher, welcher, aber wie mir schien Prokyon, ist ein Ohrlochbohrer oder richtiger wohl das von ihm gebohrte Loch. Die Zwillinge sind die Löcher einer grossen Flöte. Der Canopus hatte keinen Namen. Das südliche Kreuz war eine Vogelschlinge an einer Gerte und die beiden grossen Sterne des Centaur stellten zwei dazu gehörige Stöckchen dar. Mit der Schlinge war ein Mutum cavallo (Crax) gefangen worden, den man in einer dunkeln Stelle der Milchstrasse nahebei erkennt; wieder löst eine Anregung die andere aus und das Eine und das Andere bestätigen sich gegenseitig. Auch steht nicht fern, ungefähr den Sternen der Fliegenden Fische und der Argo entsprechend, ein Sokko-Reiher mit einem Körbchen voller Fischchen: Lambaré, Trahira, Jejum. Der Skorpion ist ein Tragnetz für Kinder.

Weitaus die meiste Aufmerksamkeit hatte entschieden die Milchstrasse mit ihren lichten und dunklen Teilen erregt und sie scheint geradezu neben Sonne und Mond die Hauptmasse des Rohstoffs für die ganze Sagenbildung geliefert zu haben. Während die Sterne Körner, Löcher, Netzknoten, Pflöcke und Pfostenenden sind, erscheinen hier auch Tiergestalten wie das erwähnte Mutunghuhn und der Sokkoreiher. Die Milchstrasse selbst ist ein mächtiger Trommelbaum, der am Boden liegt, »so wie der im dritten Dorf am Kulischu«, auf dem auch oben zum Fest getrommelt wurde; seine Wurzeln sieht man im Süden auseinanderlaufen. Keri und Kame, die beiden Kulturheroen, von denen die Bakaïrí ihre Festtänze gelernt haben, vollbrachten alle ihre Jugendthaten, die uns noch beschäftigen werden, in der Nähe dieses »Sata«-Baumes. Im Zenith befindet sich das dunkle Loch, das man nur in den klarsten Nächten sieht, wo der Königsgeier, der den Federball der Sonne in den Klauen trug, hervorkam, durch das auch der von Christus bewirtete Medizinmann (vgl. S. 346) wieder zur Erde flog. Die sternleere Stelle im Osten des Kreuzes, der Kohlensack, ist das Loch, das Keri und Kame gegraben haben, um zuzuschauen, wie ihre tote Grossmutter Mero verbrannt wurde. Sie hatten das Feuer — man sieht es noch jetzt in der grossen Magelhães'schen Wolke — selbst angelegt, während ein anderes, die kleine Magelhães'sche Wolke, durch ihre Unvorsichtigkeit entstand, wie ich näher angeben werde. Namentlich Keri ist der Held aller der Geschichten, er hat den Mutung mit der Vogelschlinge gefangen, er hat den Königsgeier des Sonnenballs beraubt, indem er die Gestalt eines Tapirs annahm, dessen dunkle Formen man noch jetzt in dem Argo-Teil der Milchstrasse deutlich unterscheidet. Neben dem Tapir erblickt man ferner einen Jaguar und einen Ameisenbär der Sage. Man braucht in der That nicht Indianer zu sein, um die Tiere zu bemerken; besonders den Tapir habe auch ich genau wiedererkannt.

Dass der Eingeborene dort oben ganz vorwiegend Tiere sieht, geschieht aus demselben Grunde, weshalb er sie hier unten in allen möglichen Dingen sieht, die ihn nur durch irgend ein kleines Merkmal an irgend ein Tier erinnern; er kann gar nicht anders, weil er hauptsächlich nach seinen Jägerinteressen apperzipiert. Dass die Tiere und Dinge am Himmel ein anderes Aussehen haben als die Originale auf Erden, nach denen sie bestimmt sind, ist ihm aber nicht entgangen. Es sind nur Figuren. Und dennoch sind sie auch wieder mehr. Denn mögen sie auch irgendwann gemacht sein, als Kunstwerke wie seine Tierschemel oder Sandzeichnungen kann er sie nicht auffassen, weil sie sich bewegen und inmitten eines höchst wechselvollen Treibens von Wind, Wolken und Wetter befinden, das sich selbständig, ohne dass man irgend einen Menschen sieht, abspielt. Sie müssen verzaubert sein.

Um so mehr, als man auf anderm Wege zu gleichem Ergebnis gelangt. Sie sind notwendig die ältesten Tiere und Dinge, die es giebt. Jedes frühere Geschlecht, was es auch von ihnen dachte, hat sie ebenso fertig gesehen wie die Gegenwart, während nach aller heutigen und früheren Erfahrung die Flüsse und Bäume und Bewohner der Erde aller Art erst klein sind und dann gross werden. Nun sind die sämtlichen Vorfahren verschwunden, es verschwinden Jahr aus, Jahr ein immer wieder solche, die sterben — wo sollen die ältesten Leute anders sein als bei den ältesten Dingen? Sterben aber ist verhext und verwandelt werden, wie sich der Medizinmann, der Gift nimmt und stirbt, in beliebige Tiergestalt verwandelt. Ergo haben wir da oben die verzauberten ältesten Leute und Dinge. Der Federball, der Geier, der Jaguar, der Tapir beweisen dem Indianer Thaten der ältesten Medizinmänner. Zum vollen logischen Abschluss würde nur noch gehören, dass er in jedem Traum einen verzauberten Zustand erblickte.

Wie der verbindende Text der Sagen, ehe noch eine verblasste historische Tradition besondern Stoff liefert, zu Stande kommt, habe ich bereits an den Märchen von Geier und Schildkröte besprochen. An Material fehlt es nicht, da die verschiedenen Tiere und Dinge, die man dort oben nebeneinander sieht, nach ihren Eigenschaften mannigfaltige Einfälle, die ihr Zusammensein erklären, anregen müssen. So berichtet die Sage, dass der Königsgeier, ehe ihm Keri die Sonne wegnahm, mit ihr in dem dunkeln Loch der Milchstrasse erschien und dann am Himmel umherflog. Nun, die Sonne wird als ein Federball apperzipiert, sie erreicht am Tage die höchsten Höhen des Himmels, wo man Nachts ein dunkles Loch erblickt, und der »rote Urubú« oder prachtvoll gefärbte Königsgeier, »der Fürst und Beherrscher seiner Sippschaft (Brehm)« ist dort der auffallendste Bürger im Reich der Luft — ist dieser Stoff gesammelt, so bedarf es nur der neugierigen Frage und die Verknüpfung kann nicht ausbleiben. Mit dem Mond giebt man sich nicht viel Mühe. Er war »zuerst mit der Sonne zusammen«; später teilten sich Keri und Kame in die Federn.

Von fünf Sternen im Perseus erhielt ich folgende Geschichte. Das Riesengürteltier — wir haben gesehen, dass es als grösstes, der Schmutz hinterlassenden, kugligen Tatús den Mond zuletzt bedeckt — traf Keri auf seinem Wege. Es trug einen Korb mit Pikifrüchten, gab Keri davon und ging. Keri rief ihm nach, es hielt an, gab Keri noch einmal und sagte: »mehr gebe ich nicht.« Da packte er das Tatú, die Früchte rollten umher, und das Tatú wühlte sich in den Boden. Keri machte sich Klauen aus Jatobáharz und grub es aus. Es wühlte sich wieder ein, er grub es wieder aus. Das geschah im Ganzen fünf mal und die fünf Löcher sind die fünf Sterne. Da haben wir also nur eine Begegnung zwischen Keri und dem schon gegebenen Tatú, wir wissen ferner von der Flöte (Zwillinge), dass Sterne als Löcher aufgefasst werden, was ist natürlicher als dass das Tatú, bekannt wegen seines schnellen Einwühlens, sobald es dem Verfolger entwischt, eine Gruppe jener Sternlöcher gemacht hat. Es fehlte nur der Streit, um das Spiel vom Entwischen und Verfolgen zu begründen, und der »Zankapfel«, wofür wieder die beliebteste Frucht gewählt ist, die rund ist und ein buttergelbes Fleisch hat, aber auch irgend eine andere hätte gewählt werden können. Kurz, die Geschichte entsteht ohne grosse Erfindungsgabe, indem zwischen den Eigenschaften eines der durch die natürliche Anregung dargebotenen Himmelstiere und einer geeigneten Sterngruppe, die dem forschenden Sinn auffällt, die Verbindung hergestellt wird. Nun lautet der Name »das Riesengürteltier kommt heraus«. Es muss nur das Interesse da sein, das die Frage erzeugt, und die erklärenden Einfälle sind unvermeidlich.

Die eine Generation mag diesen, die andere jenen beigesteuert haben. Die Analyse bis in die letzten Einzelheiten zu verfolgen, ist schlechterdings schon deshalb unmöglich, weil das Vergleichsmaterial mit anderen karaibischen Stämmen sehr gering ist.

Verwandlung. Ein grosser Teil der Naturerklärung der Bakaïrí beruht auf der Voraussetzung des Hexens. Sie haben keine Entwicklung, sondern nur Verwandlung. Diese findet auf zwei Arten statt.

Die erste ist die, dass ein Toter angeblasen und lebendig wird, oder auch, dass ein Ding angeblasen und lebendig wird. Dem Toten wird der Atem, der ihm fehlt, zurückgegeben, dem Ding wird erst Atem und damit Leben mitgeteilt. Dieses aus dem natürlichsten Belebungsversuch hervorgegangene Blasen und das Tabakblasen des modernen Medizinmanns dürfen nicht verwechselt werden. Die schwachen Neugeborenen in Maigéri (vgl. S. 335), für dèren Leben man fürchtete, wurden Tag und Nacht angeblasen, aber nicht mit Tabak. Erst in der Praxis sind die beiden Methoden in einander übergegangen. Zu dem Rauchen des Arztes — was nur, wie wir gesehen haben (vgl. S. 345), die leichteste und angenehmste der verschiedenen, sonst durch Trinken zu Stande kommenden Arten von Narkose ist, in deren Anwendung seine Kunst begründet erscheint, — ist das Anblasen des Patienten mit dem Tabaksqualm erst durch Uebertragung hinzugetreten. Längst hat man vielleicht vergessen, dass man mit dem Blasen den Atem einhauchen wollte. Aber belebt werden Tote und Dinge in den Legenden stets durch einfaches, aber auch unerlässliches Anblasen und der Bakaïrí übersetzt *epeheni* blasen in das Portugiesische zuweilen mit *rezar* beten, segnen, während er gewöhnlich *soprar* blasen oder *assoprar* anblasen gebraucht, wie auch das zu *epeheni* zugehörige Substantiv *sapehénu* Wind heisst.

Wenn ich nun gesagt habe, die Dinge werden durch Blasen lebendig oder belebt, so ist das bei genauerem Zusehen ein recht unzutreffender Ausdruck. Der

Zauberer leistet weit mehr, als dass er ihnen eine »Seele« oder wie dem Toten »Leben« einhauchte. Wir lernen dies an dem wichtigsten Beispiel, dass Menschen aus Dingen gemacht werden: Männer aus Pfeilen, Frauen aus Maisstampfern, nachdem zuerst die nötigen Pfeile und Stampfer aus Rohr und Holz geschnitzt sind. Die Bakaïrí sind zwar immer da gewesen, aber wenn Mangel an ihnen eintrat, machte der Kulturheros neue, indem er aus Ubárohr Pfeile verfertigte, sie in den Boden steckend aufrecht stellte und anblies. Ebenso sind die andern Stämme je aus dem Pfeilrohr gemacht worden, das sie heute noch führen und das sie also heute noch unterscheidet; der Europäer ist aus einem dem Schaft der Flinte ähnlichen Holz gemacht worden. Die grundlegende Beobachtung, die später, wie immer, als die Bestätigung für den erzählten Hergang gilt, ist die, dass sich die Stämme durch ihre Pfeile unterscheiden. Der Pfeil ist ferner das charakteristische Merkmal des Mannes. Die Frauen dagegen entstehen, indem Maisstampfer geschnitzt, aufrecht an den Mörser gestellt werden und durch Anblasen den Lebenshauch gewinnen; die aus gutem Holz geschnitzten fangen sofort an zu arbeiten, andere faulenzen.

Weder Pfeilen noch Stampfern wird eine »Seele« mitgeteilt, sondern die ganze »Person«. Wenn der Zauberer fertig ist, steht der Mann neben seinem Pfeil, die Frau neben ihrem Stampfer. Ganz geheuer scheint dem Erzähler selbst bei dem Vorgang nicht zu sein; denn der Zauberer, sobald er geblasen hat, »geht ein wenig beiseite« und findet die Männer oder Frauen bei seiner Rückkehr fertig. Ein Insekt, das durch Mimikry das Aussehen eines Jatobáblattes erhalten hat und von den Bakaïrí »Jatobáblatt« genannt wird, ist durch Anblasen des Blattes entstanden; wir können sagen, »es ist lebendig geworden« oder nennen es ein »wandelndes Blatt«. Es wird zu dem bereits vorhandenen Rohr, Holz, Blatt die Person hinzugeliefert.

Ich meine, diese Fälle seien wesentlich von denen verschieden, wo in den Legenden Dinge »personifiziert« werden, das heisst ebenso sprechen und handeln wie Tier und Menschen. Die herabfallende Schildkröte der Amazonassage sieht einen Felsblock in ihrer Fallrichtung und ruft ihm zu: »mach', dass Du wegkommst!« Gehorsam entfernt sich der Stein und sie fällt auf weichen Boden. Der Stein, der ihre Worte versteht, hätte auch etwas antworten können. Keri streitet sich mit dem Himmel herum und geht erzürnt mit seinen Leuten auf die Erde hinüber, wo die Bakaïrí deshalb heute wohnen. Der Wind wird gerufen, einen Baum umzureissen. Hier wird nicht geblasen oder gezaubert. Der Erzähler lässt die Dinge hören, sprechen, um auszudrücken, dass sie irgend etwas wollen oder nicht wollen, gefügig sind oder sich widersetzen, und braucht sich nicht darüber klar zu sein, wie wir es sind, dass er ihnen damit eine »Seele« zuschreibt. »Wie konnte denn der Himmel sprechen?« »Ich weiss es nicht, damals hat er gesprochen.« Mehr war von Antonio nicht zu erfahren. Wenn heute im alltäglichen Leben ein Ding plötzlich Schaden anstiftet, so ist das Schuld eines bösen Zauberers, während ein Tier aus sich selbst heraus handelt.

Die zweite Art der Verwandlung ist die des Zauberers selbst in eine beliebige Tiergestalt. Wie er das macht, scheint man nicht zu wissen. Er wird aber nicht eigentlich das Tier selbst, er geht stets in das Tier hinein und steckt stets in dem Tier, ja er kann in dem Fusse eines Tapirs sein und den Geier packen. Tritt nun die »Seele« aus der einen Person in die andere hinein? Allein dann dürfen wir wenigstens nicht fragen, weder, wo die Seele des Tieres noch wo der Körper des Kulturheros bleibt, noch ob der »Schatten«, der ja bei dem modernen in der Hängematte liegenden, narkotisierten Medizinmann für die Verwandlung in Jaguar oder Schlangen den Körper verlässt, vorher »im Innern« des Medizinmanns war, noch ob der Schatten in das Innere eines Tieres geraten kann — ich glaube, wir thun leicht des Guten ein wenig zu viel, wenn wir von dem Treiben der »Seele« bei den Naturvölkern reden. Ich wenigstens habe nur den Eindruck gewonnen, dass die Indianer betreffs der »Seele« bald an den Schatten, bald an den Atem denken, sich aber über alle genaueren Einzelheiten gar keine Rechenschaft geben, sondern immer die Vorstellung der ganzen »leibhaftigen« Persönlichkeit behalten. Am nächsten, scheint mir, kommt man dem richtigen Verhältnis, wenn man sich den Zauberer in einem Tier ungefähr so veranschaulicht, wie den Indianer in einer Tiermaske, der nun z. B. eine Taube ist und sich in Stimme und Bewegung wie eine Taube geberdet, dennoch aber der Stammgenosse N. N. bleibt und so, obwohl er ein Vogel ist, eine Kürbisschale mit Pogu bei den Frauen holen kann.

Keri und Kame und die Ahnensage. Die allgemeine Grundlage der Weltanschauung des Bakaïrí ist sein Verhältnis zum Tierleben. Sie aber vorausgesetzt, könnte man sagen, dass seine Wissenschaft und Poesie himmlischen Ursprungs ist. Die ältesten Bakaïrí lebten im Himmel; das wird uns bewiesen durch Alles, was wir von Sonne und Mond wissen, und Alles, was wir dort oben sehen, die Figuren der Milchstrasse, die sternleeren Stellen und die leuchtenden Magelhäesschen Wolken. Merkwürdiger Weise war von Vorstellungen, die bei andern Völkern in ähnlichem Sinn fruchtbar sind, über Gewitter, Sturm, Wolken, Regen Nichts zu erfahren. Es machte den Eindruck, als ob die Meteorologie noch ganz unbearbeitet sei. Immer blieben es die astronomischen Himmelstiere, zu denen die Personen der Ahnensage hinzutraten. In den Erinnerungen des Stammes fliesst die zweite Hauptquelle des Sagenstoffes, aber die beiden Zuflüsse mischen sich so innig, dass es kaum möglich ist zu unterscheiden, was von dem einen und was von dem andern ursprünglich geliefert ist. Der Jaguar, hinter dem sich ein kannibalischer Nachbarstamm der alten Zeit verbirgt, ist mit dem Jaguar der Milchstrasse eins geworden und die zoologischen Varietäten der Jaguarfamilie stehen obendrein als eine Anzahl von Brüdern zur Verfügung.

Dass fremdem, und zwar aruakischem Einfluss eine bedeutende Rolle zugefallen ist, geht aus den Namen Keri und Kame hervor. Es sind die Namen für Mond und Sonne der Nu-Aruakstämme, sie sind gar keine karaibischen

Wörter *). Ein Zufall ist völlig ausgeschlossen, weil die beiden Namen immer zusammengehen, sowohl als Mond und Sonne bei den Nu-Aruak wie in der Bakaïrí-Legende, wo die beiden Helden Zwillinge sind. Nur ist *kéri* Mond und *káme*, *kámu* Sonne, während in der Bakaïrí-Legende Keri die Hauptperson ist, Kame gewöhnlich den »Dummen« spielt, und Keri die Sonne, Kame den Mond zuerteilt bekommt. Endlich scheint auch in der ältesten Person der Legende, in Kamuschini, das *kamu*, Sonne enthalten zu sein. Es ist ein wichtiger Umstand, dass die Tradition mit Vorliebe von den Frauen fortgepflanzt wird. Antonio hatte alle Sagen von seiner Mutter und erklärte mir, so sei es die Regel. Dann ist eine fortwährende Differenzierung notwendig vorauszusetzen, denn fremde Frauen sind im Lauf der Zeiten zahlreich in den Bakaïrístamm aufgenommen worden. Keri erscheint in der Legende als der Kulturheros der Bakaïrí, Kame als derjenige der Arinosstämme. Der alte Caetano bezeichnete die Beiden auch schlechthin mit den Bakaïrí wörtern für Sonne und Mond in der Form von Eigennamen: Tschischi und Nuna. Es war drollig genug, wenn er in Bakaïrí sagte: »Keri nahm *tschischi*«, und in Portugiesisch: »Tschischi tomou o sol.«

Mit den beiden Brüdern gelangen wir allmählich zu dem andern Ende der Schöpfungslegende, dem Ausgang in die eigentliche Ahnensage oder Stammesgeschichte. Nachdem die Vorgänge im Himmel zu Ende geführt sind, das heisst, nachdem Keri und Kame geboren und erzogen sind und ihre Thaten vollbracht haben, denen der Besitz des Tageslichtes, des Tausches von Himmel und Erde, des Schlafes, des Feuers, der Flüsse zu verdanken ist, kommen sie zum Paranatinga, beziehen den alten Sitz der Bakaïrí am Salto, machen aus Pfeilen verschiedene Stämme, lehren Festtänze, verschaffen Tabak, Mandioka u. dergl. mehr, und ziehen endlich von dannen, um nicht wiederzukehren. Wo hört hier die reine Legende auf und beginnt die Geschichte, von der in den Angaben über die Flüsse, über das Verhältnis zu anderen Stämmen und über die Herkunft der Kulturgewächse doch einiges Thatsächliche erhalten sein sollte? Ja, die Kayabí treten auf, als es noch Nacht ist auf Erden, ehe die Sonne von Keri geholt worden ist!

Ich wäre froh, wenn ich die Frage nur einigermassen befriedigend beantworten könnte. Antonio wusste mir die Namen seiner Vorfahren bis zum Urururgrossvater Mariukara aufzuzählen, der nahe am Salto des Paranatinga gewohnt haben soll; das würde, die Generation zu 30 Jahren gerechnet, bis vor die Mitte des 18. Jahrhunderts zurückgehen. Nehmen wir die Zuverlässigkeit der Mitteilung an, so hätten wir, was bei einem schriftlosen und nicht mit besonderen Trägern der Tradition versehenen Stamm auch die natürliche Grenze sein dürfte, eine mündliche Ueberlieferung persönlich bis zum Grossvater, und da dieser ebenso

---

*) Vgl. Bakaïrí-Grammatik p. 57. Die Inselkaraiben haben eine gute »Gottheit« *ischeiri*, was sich lautlich mit *keri* kaum vereinigen lässt; wenn ein Zusammenhang besteht und *ischeiri* altkaraibisch ist, möchte man lieber denken, dass das Bak---íwort mit dem Aruakwort zusammengefallen wäre.

von seinem Grossvater noch belehrt sein konnte, mittelbar bis zum Grossvater des Grossvaters zurück. Geben wir, der verschiedenen Lebenszeiten gedenkend, auch noch zwei Generationen mehr zu, so wird das Aeusserste von Glaubwürdigkeit zugestanden sein. Keiner unserer Indianer zweifelt daran, dass wir mit diesen Ahnen bei der Zeit anlangen, wo Keri und Kame die Sonne holten. Bakaïrí hat es zwar vorher schon gegeben und auch Kayabí waren bereits vorhanden, ehe der Himmel mit der Erde vertauscht wurde. So geneigt ich bin, von den guten Bakaïrí das Beste zu denken, so meine ich nach allem, dass wir ihnen völlig gerecht werden, wenn wir sie seit undenklich langer Zeit am Paranatinga sitzen und sie dort die Kenntnis von Mandioka und Tabak gewinnen lassen.

Sind nun Keri und Kame die Namen zweier bestimmten Häuptlinge, die vor einigen Jahrhunderten wirklich gelebt haben und denen man nun mit Uebertreibung das Verdienst zuschreibt, den Lauf der Sonne geregelt und den Bakaïrí und ihren Nachbarn Schlaf, Feuer, Flüsse u. s. w. verschafft zu haben? Die Geschichte unserer seit Jahrhunderten als grosse Familien dahinlebenden Jägerstämme ist sehr wenig geeignet, Persönlichkeiten zu erzeugen, deren Namen nicht vergessen werden könnten. Aber hiervon abgesehen, wäre nur der eine Name »Mond« vorhanden, so möchte man noch an einen wirklichen Vorfahren dieses Namens denken können, aber dass wir nun gerade zwei mit dem Namen »Sonne« und »Mond« voraussetzen, sollen, ist etwas viel verlangt.

Können wir denn Keri und Kame nicht für eine Personifikation von Sonne und Mond halten? Allein sie waren nicht Mond und Sonne oder Federbälle, sondern hiessen nur so; die Himmelskörper Sonne und Mond sind nicht aus Bakaïríknochen entstanden. Nun, die ältesten Dinge und die ältesten Menschen gehören zusammen; der Stammvater ist der natürliche Besitzer der Sonne. Mag ich ihn, um seinen Ursprung zu erklären, aus irgend einem Material hervorgehen und ihn beleben lassen, zu personifizieren ist da nichts, sondern nur zu benennen. Die Person wird von dem geschichtlich ganz unbekannten, aber sicher vorauszusetzenden Begründer des Stammes ganz von selbst geliefert; es fragt sich also nur, woher der Name genommen wird.

Es ist in erster Linie zu erwägen, ob die Namen nicht einen geographischen Sinn haben. Orientieren wir uns! Die Töpferstämme des Kulisehu sind in unsern Breiten die östlichsten Vorposten der Nu-Aruak. Das mächtige Gros sitzt im Westen von dem Arinos, dem Nebenfluss des Tapajoz. Hier haben wir zunächst im Quellgebiet des Arinos und Juruena die früher zahlreiche, aus vielen einzelnen Stämmen vereinigte Paressígruppe, von denen wir wissen, dass sie sich heute südwärts verschoben haben. Weiter nach Westen sind gewaltige Gebiete von Nu-Aruak besetzt. Die Paressí, die uns in Cuyabá besuchten, nannten die Sonne *kamái* und den Arinos als den Fluss in Sonnenaufgang, der ihr Gebiet östlich begrenzte, *kame-uhina* = Sonnen-Fluss. Doch kann es irgend ein anderer Stamm der Paressígruppe, es können durchaus auch Vorfahren der heute bis zum Kulisehu nach Osten vorgeschobenen Mehinakústämme *) gewesen sein, von denen die Anregung für die Bakaïrí in jetzt längst entschwundener Zeit ausgegangen ist, es ist möglich, dass der Stamm, dessen Frauen einst die Bakaïrí-Tradition so stark beeinflusst haben, längst nicht mehr in einer selbständigen Form existiert — alle diese Einzelheiten sind nicht festzustelln. Aber es kommt auch wenig darauf an. Freilich, dass der Arinos bei den Paressí Sonnen-, Kame- oder Ostfluss heisst, könnte von Bedeutung sein. Denn die Stämme, die der Heros Kame nach Angabe der Bakaïrí gemacht hat, sind »toda gente de Arinos,« »die sämtlichen Leute des Arinos!« Es wurden aufgezählt die Paressí, Apiaká, Munduruků, Suyá (früher am Arinos), Maué (am Tapajoz). Keri dagegen hat gemacht »Bakaïrí, Mehinakú, Nahuquá, Bororó, Kayapó, Kayabí, das heisst die östlich und südlich vom Arinos wohnenden Stämme. Die Teilung hat nicht das Geringste mit einer Unterscheidung nach Sprachen zu thun, es finden sich Nu-Aruak und Gēs auf beiden Seiten, sie umfasst zwei grosse, räumlich zusammengehörige Gruppen, die keineswegs streng westlich-östlich gelagert sind; die eine enthält West-, Nordwest- und Nordstämme vom Standpunkt der Bakaïrí, die andere Ost-, Südost- und Südstämme. Aber die Hauptvertreter der beiden Gruppen, die Bakaïrí und die Paressí wohnen in der That so, dass jene östlich von diesen leben. Wir haben somit das folgende Verhältnis: 1. Kame — Nu-Aruak »Sonne«, dagegen bei den Bakaïrí Heros zweiten Ranges und Herr des Mondes, ist der Stammvater der westlichen und nördlichen Stämme und 2. Keri — Nu-Aruak »Mond«, dagegen bei den Bakaïrí auf das Stärkste bevorzugter Heros und Herr der Sonne, ist der Stammvater der östlichen und südlichen Stämme.

Hier möchte ich ein interessantes Beispiel heranziehen, das sich bei Alexander von Humboldt **) findet. In der Nähe von Maipure, dem nach dem Namen eines Nu-Aruakstammes benannten Ort, stehen zwei Felsen in den Katarakten des Orinoko, von denen der eine »der sogenannte Keri oder Mondfelsen«, wegen eines weissen, weithin glänzenden Flecks, wahrscheinlich eines Quarzknotens, berühmt ist, »in dem die Eingeborenen ein Bild des Vollmonds sehen wollen»; gegenüber wird auf einem andern Felsen ein ähnlicher weisser Fleck »mit geheimnisvoller Wichtigkeit« gezeigt, er »ist scheibenförmig, und, sie sagen, es sei das Bild der Sonne, Camosi«. »Vielleicht hat die geographische Lage dieser beiden Dinge Veranlassung gegeben, sie so zu benennen; Keri liegt gegen Untergang, Camosi gegen Aufgang.« Es wird nicht angegeben, ob nicht auch die eine Scheibe grösser ist als die andere, aber es ist richtig, wenn zwei gleiche Scheiben Mond und Sonne darstellen sollen, so wird man der in Sonnenaufgang das Bild der Sonne zuweisen und somit der andern das des Mondes, obwohl der Westen an und für sich nicht mehr mit dem Mond zu thun

---

*) Gerade sie haben »Sonne« und »Mond in der unveränderten Form „käme" und „keri", während die Paressí von Diamantino, was freilich für die in zahlreiche Unterstämme zersplitterten alten Paressí nicht viel bedeuten will, *kamai* Sonne, aber *kayō* Mond hatten.

**) Reise in die Aequinoktial-Gegenden, III. p. 173.

hat als mit der Sonne. So könnte es ja auch geschehen, dass, wenn von zwei ost-westlich gelagerten Gruppen von Stämmen die eine östliche die der Sonne genannt wird, die andere die des Mondes genannt würde.

Leider geraten wir aber in unserm Fall mit dem gleichen Schluss in eitel Verwirrung. Vom Standpunkt der alten westlichen Nu-Aruak, denen der Arinos der Ost- und Sonnenfluss war, wohnten die Keristämme noch mehr nach Osten als die Kame-Arinosstämme. Vom Standpunkt der Bakaïrí wohnten die Kamestämme gerade westlich und die Keristämme östlich. Die Bedeutung der Himmelsrichtungen wäre also vertauscht.

Lassen wir aber die Richtungen vorläufig beiseite und versetzen wir uns einmal in die Situation, als die Mythen entstanden! Es war ein alter Verkehr vorhanden, es vollzog sich gelegentlich auch eine engere Vereinigung von Nu-Aruak und Bakaïrí. Das muss geschehen sein, wenn die Namen Keri und Kame in das Bakaïrí aufgenommen wurden. Die beiden Elemente fühlten sich deshalb brüderlich verwandt und führten ihre Geschichte auf zwei Brüder zurück, die in ältester Zeit zusammen lebten. Die beiden Brüder haben ihren Stämmen Alles Gute verschafft, dessen sie sich heute erfreuen. Bevor sie dies aber auf Erden vollbringen konnten, müssen sie im Himmel gewohnt haben, der älteren Welt, die wir mit allen ihren verzauberten Tieren und Dingen erhalten sehen. Dort sind sie geboren und haben mit den dort sichtbaren Tieren die Geschichten erlebt, die damals passiert sein müssen, damit es so aussieht, wie es jetzt aussieht. Die Beiden haben auch die Federbälle Sonne und Mond unter den Topf oder in die Kuye gelegt, in denen sie jetzt noch immer eine Zeitlang verdeckt sind. Sie haben dafür gesorgt, dass Tag und Nacht richtig abwechseln, damit wir immer regelmässig unsere Schlafenszeit bekommen. Wenn die beiden das nicht gemacht hätten, wären wir übel daran; vorher ist es sicher nicht so regelmässig hergegangen, da waren die beiden Bälle noch ein einziger, ein grosser roter Vogel flog damit in allen möglichen Gegenden herum und nur, wo er gerade hinkam, wurde es hell. Dann haben sie die Federn aber für uns weggenommen, haben sie untereinander verteilt und haben den ordentlichen Dienst eingerichtet, der jetzt Tag für Tag und Nacht um Nacht mit Sonne und Mond so genau abläuft, dass wir in der Nacht unsere Ruhe haben und uns am Tage überall sicher zurechtfinden. Deshalb nennen wir den einen Ball auch heute »Sonne« und den andern »Mond«, wie sie selber hiessen.

Vielleicht stutzt der freundliche Leser, da er erwartete, ich werde sagen: deshalb wurden sie auch selber »Sonne« und »Mond« genannt. Mag sein, dass die Beiden nach Sonne und Mond genannt wurden, wie Rotkäppchen nach seiner roten Kappe. Ich weiss es nicht. Allein ich kann mir nur schwer vorstellen, dass die alten Indianer so gedacht haben, ich würde dann immer auf eine bewusste Namenstaufe stossen, wie sie für Kinder stattfindet, wie z. B. etwa ein Eingeborener, dem Zwillinge geboren werden, sie »Sonne« und »Mond« nennen könnte. Wenn er uns aber die Herkunft von Dingen erklärt, so erzählt er eine Geschichte, zu der die Eigenschaften des Dinges den Stoff liefern, von einer Person dieses Namens, — Jemand muss es doch gebracht haben und der Betreffende hiess so, wie auch das Ding seitdem heisst: in dem Namen des Dinges, den der Zuhörer kennt, steckt der Beweis für die Wahrhaftigkeit der Geschichte und ihm entspringt die Befriedigung der Wissbegierde. So hat es bei den Tupí eine Häuptlingstochter Mani gegeben, die unter besondern Umständen starb und aus deren Grab im Hause des Vaters eine Pflanze herauswuchs; die Vögel berauschten sich an den Blüten, man grub nach und fand eine Wurzel mit berauschendem Saft, die man seither »Mani's Haus« (óka) oder »Mandioka« nennt. In gleicher Weise, würde ich lieber denken, sind auch ein paar Zwillinge geboren, die Keri und Kame »hiessen« und die, als sie herangewachsen waren, Sonne und Mond für uns herbeischafften, die natürlich schon, bevor sie irgend etwas von Sonne und Mond wussten, Keri und Kame genannt waren. Der Name der beiden besten Dinge, die sie uns, den Bakaïrí und Aruak gebracht haben, ist der, den sie selber besassen, und daher wissen wir nun, wo die beiden Dinge herkamen.

Jedenfalls bestreite ich durchaus, dass Sonne und Mond personifiziert wurden. Wenn ich freilich nicht bestimmt festgestellt hätte, dass sie als Federbälle und Dinge gelten, die im Besitz von Personen sind, wenn wir nur die Namen der Kulturheroen »Sonne« und »Mond« hätten, so würde ich zusehen müssen, dass man auch diesen Fall nach dem bequemen Schema der Personifikation erledigte. Das ist aber hier ausgeschlossen. Der Indianer schliesst, Jemand muss die Dinge gebracht haben, und das sind natürlich die beiden Stammväter, die es notwendig gegeben haben muss. Und deren Namen findet er auch vorrätig.

Der alte Caetano sagte, sie heissen Tschischi oder Keri und Nuna oder Kame. Er gebrauchte die karaibischen und die aruakischen Wörter für Sonne und Mond als Eigennamen beliebig durcheinander, nur dass er seinen Bakaïrí (trotz des kéri = Mond) die Hauptperson Keri als Sonne vorbehielt. Keri ist immer der Kluge in den Geschichten und Kame der Dumme! »Kame«, sagte Antonio, »ist ein Tölpel (é gente bobo) und macht Alles verkehrt, Keri nicht, o nein!« Mit diesem für jeden Stamm selbstverständlichen Bestreben erreiche ich wieder den Anschluss an die geographische Verteilung und auch die Erklärung. Zwei Brüder »Sonne« und »Mond« waren die Stammväter der in einer gewissen Periode seit altersher gemeinsam lebenden Nu-Aruak und Bakaïrí. Selbstverständlich erkor jeder Stamm »Sonne« zu seinem Helden und gab »Mond« dem andern. Die Aruak-Frauen sagten, unser Kame (Sonne) und euer Keri (Mond), die Bakaïrí-Männer unser Tschischi (Sonne) und euer Nuna (Mond). So wurde für die Kinder der beiden, die Vorfahren der heutigen Bakaïrí, die von beiden belehrt wurden und sich um die Thaten der Helden mehr kümmerten als um die Worterklärung, der Besitzer der Sonne Tschischi, wie ihn die Väter, oder Keri, wie ihn die Mütter nannten, der Besitzer des Mondes Nuna, wie ihn die Väter, oder Kame, wie ihn die Mütter nannten. Tschischi-Keri haben die Bakaïrí und ihre Nachbarn, Nuna-Kame die Aruak und ihre Nachbarn gemacht, also Kame die mit den Paressí nordwestlich wohnenden Arinosleute und Keri die mit den Bakaïrí südlich und östlich wohnenden Stämme. Von einer bewussten primären Unterscheidung auf Grund der Himmelsrichtung aber ist keine Rede; diese Unterscheidung könnte nur sekundär auf dem Umweg entstanden sein, dass Keri schon zur Hauptperson und dem Besitzer der Sonne geworden war; denn die Kinder konnten nicht ohne Weiteres Osten und Sonne nennen, was die Mütter Westen und Mond nannten, und nicht ein unbegreifliches Missverständnis ist es (wie ich anfangs selbst geglaubt habe), das den Umtausch der Namen hervorgebracht hat, sondern der sehr verständliche Anspruch auf beiden Seiten, dem bedeutenderen der beiden brüderlichen Vorfahren zu entstammen.

Ich glaube, der Stoff der astronomischen Beobachtungen und der der geschichtlichen Erinnerungen sind auf genau dieselbe Weise verarbeitet worden: in beiden Fällen sind die Träger der Handlung hinzugedichtet worden, wie die Männer zu den Pfeilen und die Frauen zu den Maisstampfern. Die Handlung ist geschichtlich, die Personen sind es nur insofern, als sie die Häuptlinge, Medizinmänner oder Stammväter sind, die man für den Anfang voraussetzen muss.

Betrachten wir einige wichtige Einzelheiten der Sage: Keri und Kame sind Zwillinge. Ihre Mutter ist mit dem Jaguar »verheiratet«, aber es wird besonders hervorgehoben, dass sie nur seine Pflegesöhne sind und dass die Mutter, wenn sie also auch nicht Jungfrau zu sein braucht, sie dennoch nicht von ihrem Gatten empfangen hat; sie verschluckte zwei Fingerknochen von Bakaïrí, die der Jaguar als Pfeilspitzen im Hause aufbewahrt, und wurde davon schwanger. Gleichen Zügen begegnen wir in vielen amerikanischen Sagen. Es werden erstens mehrere Brüder als Urväter geboren, und zweitens ist die Mutter dann oft jungfräulich. Es fehlt nicht an tiefsinnigen Deutungen. Bei den Paressí sind es zehn Brüder, bei andern Stämmen vier; die Zahl richtet sich entweder nach dem Bedarf, wie viel selbständige Stammbäume nötig waren für die Stämme, die nebeneinander lebten und sich im letzten Grunde verwandt und verschwägert fühlten, oder sie wird auf die eine oder andere Weise nach den Himmelsrichtungen reguliert. Dass die Mutter jungfräulich ist, versteht sich bei der Auffassung des Indianers von der Vaterschaft ziemlich von selbst. Der Sohn ist immer der kleine Vater; der erste der Reihe darf, wenn er wirklich der erste sein soll, natürlich keinen Vater haben. Eine Mutter kann vorhanden sein, das Problem ist nur, wie sie schwanger wird. In unserm Fall ist es sehr glücklich gelöst; Keri und Kame entstehen jeder aus einem Knochen, der in den Leib der Mutter gerät, aber diese Knochen sind Pfeilspitzen und somit bleibt die gewöhnliche Entstehung des Mannes aus dem Pfeil auch hier gewahrt. Dass die Knochen Bakaïríknochen sind, ist eine Inkonsequenz, die wohl für die Verschmelzung verschiedener Sagen spricht. »Bakaïrí waren immer da«, auch Ewaki, Keri's und Kame's Tante, gehört schon zur »Verwandtschaft der Bakaïrí«, und Keri macht nur Bakaïrí, wenn Mangel eintritt. Keri bleibt aber immer der »Grossvater der Bakaïrí«.

Was die Mutter selbst betrifft, so ist sie aus einem, richtiger zu einem Maisstampfer, der aus Pikíholz geschnitzt war, hinzugemacht worden, und damit sollte in der klaren Analogie zum Ursprung der Männer aus Pfeilen die rein menschliche Auffassung ihres Wesens genügend gewährleistet sein. Wer aber in ihr trotzdem eine Personifikation z. B. der Morgendämmerung erblicken will, aus der die Sonne hervorbricht, der äussert damit meines Erachtens einen vortrefflichen Gedanken, dem nur der Fehler anhaftet, dass er ihn und nicht der Indianer ihn gehabt hat. Gern will ich aber zur Mythenbildung über den Mythus beitragen: es wurden fünf Maisstampfer belebt, zwei der so hervorgezauberten Frauen wollten nicht arbeiten und wurden sofort getötet, während die zukünftige Mutter der Zwillinge eine der fleissigen war; hier ist also der Fleiss personifiziert und der Fleiss hat die nächste Beziehung, die man nur verlangen kann, zur Morgendämmerung, wo er sich schon kräftig regt, wenn die Faulheit noch schläft.

Die Morgendämmerung verschwindet in dem Licht des Tages und deshalb wird erklärt, stirbt die Mutter der Kulturheroen. Ich finde es sehr grausam, dass die Mutter nicht als Abenddämmerung wieder lebendig wird. Doch muss ich anerkennen, dieser in den amerikanischen Schöpfungssagen oft beobachtete Zug vom Tode der Mutter trifft allerdings auch hier zu. Und da ist es freilich mit meiner schönen Erklärung vom Fleiss nichts, denn der sollte mit dem anbrechenden Tage erst recht zum vollen Leben erwachen. So glaube ich, ist es besser, auf die Allgemeinheit jenes Schicksals der Mutter keinen allzu hohen Wert zu legen — es stirbt sich in den Mythen überhaupt sehr leicht — sondern in jedem einzelnen Fall zu prüfen, wie weit der Tod den Zwecken des Erzählers förderlich ist. In unserm Fall ist sowohl der Tod selbst als Motiv für die Fortsetzung der Geschichte als auch die Art, wie er mit der Geburt kombiniert wird, sehr nützlich. Die Mutter wird von der Schwiegermutter getötet, weil sie als eine Bakaïrí gilt und die Schwiegermutter und ihr Stamm mit den Bakaïrí verfeindet waren und ihrer möglichst viele auffrassen. An ihr rächen sich Keri und Kame, auch sie wird getötet und indem sie verbrannt wird, entstehen die Magelhães'schen Wolken; dieses Feuer spielt auch wieder eine wichtige Rolle für die Entwicklung der Helden. Dann aber wurden Keri und Kame aus der toten Mutter herausgeschnitten, und das ist doch ein Umstand, der eine auffälligere Beziehung aufweist zu der wunderbaren, für die Mutter freilich verhängnisvollen Geburt zweier grossen Medizinmänner, die bald so Vieles leisten, als zu dem Tod der personifizierten Morgendämmerung! Die Morgendämmerung wird übrigens wie die Sonne als Federn betrachtet, die der Geier herbeibringt, um nicht die Sonne selbst hergeben zu müssen.

Wollten wir die Legenden doch mehr nehmen als das, was sie dem Indianer selbst sind, denn als das, was sie uns sein könnten, was sie im Aufschwung einer höheren, die kindlichen Ursprünge mit tausend Arabesken ausschmückenden Kultur, wie ich gewiss zugebe, auch jenem werden könnten. Der Indianer denkt sich die Sonne als einen Federball und das thuen nicht nur die Bakaïrí und Paressí, sondern auch die Bororó — und er soll sich das abstrakte »Licht« als eine Person vorstellen!

Der »Lichtgott« bringt in den amerikanischen Sagen die »Kultur« und man erblickt darin eine Erinnerung an eine Wanderung aus dem Osten oder einen Ursprung der Kultur aus dem Osten. Es ist in der That merkwürdig, wie mächtig die Kultur schon in unvordenklichen Zeiten von dem Zug nach dem Westen ergriffen war; sollen doch auch alle die Stämme, die ihre Toten, da man ihnen keinen Kompass ins Grab legen kann, mit dem Antlitz nach Sonnenaufgang hin bestatten, von Osten herbeigezogen sein. »Wo wohnt Keri?« fragte ich Antonio. »Im Himmel.« »Aber in welcher Richtung?« »Im Osten; dort bewahrt er doch die Sonne auf. Der Topf, der sie Nachts bedeckt, steht in seinem Hause.« Der alte Caetano nannte Keri den »Imperador« und auch er liess ihn im Osten wohnen, nämlich in Rio de Janeiro. Ich sehe nicht den geringsten Grund, den ersten Akt im Himmel der Kerisage mit einer Wanderungssage zu verquicken. Die Sonne war vor Keri da, er hat nur ihren Lauf geregelt. Wenn er mit der Sonne geht, muss er im Osten oder im Westen wohnen, die Bakaïrí haben sich für den Osten entschieden und hätten nun leicht zu dem Schluss kommen können, den sie nicht gemacht haben, dass ihre Vorfahren von dorther gekommen seien. Aber die Vorfahren können nicht gut überall, wo dieser Schluss gemacht wird, im Osten gelebt haben. Dass aber Keri mit der Sonne geht, kann nicht Wunder nehmen, weil er ja nur die Person ist, die zur Sonne erklärend hinzugedichtet ist, und da diejenige Person hinzugedichtet ist, die den Begründer des Stammes darstellen soll und auf den die wichtigsten Errungenschaften bezogen werden, so muss der Kulturheros auch der »Lichtgott« sein.

II. Die Texte.

Die Eltern von Keri und Kame. Entstehung und Tod der Mutter. Letzterer gerächt. Sonne, Schlaf und Burití-Hängematte. Himmel und Erde vertauscht. Feuer. Flüsse. Zum Salto des Paranatinga. Haus, Fischfang, Festtänze, Stämme. Abschied von Keri und Kame. Tabak und Baumwolle. Mandioka; Rehgeweih. Der hässliche Strauss. Keri und der Kampfuchs auf der Jagd. Der Jaguar und der Ameisenbär.

Die Originaltexte der Bakaïrí-Sagen habe ich in der Bakaïrí-Grammatik mit Interlinearübersetzung veröffentlicht. Ich will versuchen, ihren Inhalt, der zum Verständnis wesentlicher, von Antonio gelieferter Ergänzungen bedarf, hier zu erzählen. Sie selbst bestehen aus sehr kurzen Sätzen und haben eine ungemein knappe Form des Ausdrucks.

Die Eltern von Keri und Kame. Der erste Teil der Legende spielt im Himmel. Damals war ungefähr Alles vorhanden, was es jetzt auf Erden giebt. Von einer eigentlichen Schöpfung wird Nichts berichtet, es wird nur erzählt, wie die Helden Keri und Kame allerlei gute und wichtige Dinge von Andern erwerben. Waren doch selbst Bakaïrí immer da, wenn auch »im Anfang nur wenige«. Ebenso gab es Leute von anderer Stammeszugehörigkeit, namentlich die verschiedenen Jaguare und ihre Verwandten, die viele Bakaïrí töteten und verzehrten. So war auch Kamuschini, mit dem die Geschichte beginnt, »von einem andern Volk«.

Kamuschini begegnete, da er im Walde Blätter der Tukumpalme suchte, um sich Schnur für Bogensehnen zu verschaffen, dem Jaguar Oka, fürchtete sich vor ihm und versprach, ihm Frauen zu machen, wenn er ihn verschone. Zuerst fällte er Bäume mit rotem Holz *(sewéti)*, brachte die Klötze nach Hause, stellte sie in einen Maismörser, blies sie an und zog sich ein Weilchen zurück. Als er wiederkam waren es aber lauter Männer geworden, die Pfeile schnitzten! Er tötete sie, ging wieder fort und fällte nun mit seinem Steinbeil 5 oder 6 andere Bäume, verfuhr damit ebenso wie mit den ersten und fand diesesmal, als er die Angeblasenen sich ein Weilchen überlassen hatte, dass es Frauen geworden waren. Sie sagten alle »Papa« zu ihm und mit Ausnahme der letzten, die faul da sassen und die er deshalb erzürnt sofort tötete,*) stampften sie eifrig Mais — »Mandioka soll es damals noch nicht gegeben haben« — und machten Beijús und Getränke. Die beiden ältesten, Nimagakaniro und Ichoge, gab Kamuschini dem Jaguar Oka und dieser führte sie nach Hause. Unterwegs aber verunglückte Ichoge, sie kletterte auf eine Buritípalme, um sich Nüsse zu holen, und stürzte hinab.

Nimagakaniro verschluckte zwei Bakaïrí-Fingerknochen, von denen viele im Hause waren, weil Oka sie für seine Pfeilspitzen gebrauchte und viele Bakaïrí tötete, deren Fleisch er ass. Von den Fingerknochen und nur von diesen, nicht von Oka wurde die Frau schwanger. Jetzt aber nahte ihr Schicksal in Gestalt der Schwiegermutter Mero, deren Gatte unbekannt ist und die ausser Oka (der grossen Onça pintada, dem bunten Jaguar) noch zwei Jaguarsöhne hatte, Kuára (die »Canguçú-« Varietät der Brasilier) und Zaupányua (eine »rotfarbige« Abart). Mero kam zu Besuch, als Oka auf Jagd war; »sie wollte nicht, dass er von einer Bakaïrí Söhne habe«, denn sie hasste und ass die Bakaïrí. Sie riss Nimagakaniro mit ihren Krallen die Augen aus und ging wieder. Nimagakaniro starb, aber der Oheim Kuára — ein Jaguar, der im Himmel an einer Toten die Sectio Caesarea ausführt! — schnitt den Leib auf, holte die Zwillinge Keri und Kame hervor und legte sie in eine Kalabasse wie junge Papageien. Dann schnitten er und seine Leute Nimagakaniro in Stücke, brieten und verzehrten sie und setzten den Rest dem heim-

---

*) Von fünf erhielt ich die Namen Nimagakaniro, Atanumagale, Ichoge, Koyaka und Tawagüri. Bakaïrí-Grammatik, p. 226 habe ich irrtümlich angegeben, dass Kamuschini fünf Pikíbäume fällte, und obendrein das Unrecht begangen, Kamuschini einen Irrtum vorzuwerfen. Er fällte zuerst zwei Pikíbäume, aus denen Nimagakaniro und Ichoge entstanden. In Ichoge steckt *ipó* Pikí (= *iχó-ge* mit Pikí). Auch Tawagüri ist der Name des Baums, aus dem die beiden Faulenzerinnen gemacht wurden, portugiesisch olho de boi, Ochsenauge. Koyaka (= *koyá-ke* mit *koyáỹ*) entstand aus einem Baum mit rauher Rinde und gelben Früchten. Atanumagale's Baumursprung wusste Antonio nicht näher zu bestimmen. Sie und Koyaka wurden ebenfalls Frauen und Mütter von Jaguaren, obwohl dies (K. 36) als unbestimmt hingestellt wird. Atanumagale wurde später als Kuára's, des Sohnes der Mero, Gattin bezeichnet.

kehrenden Oka vor, der ihn ahnungslos ass. Heftig erzürnt, als er den Hergang erfuhr, lief er Mero zu töten, stand aber davon ab, weil sie sagte: »ich bin deine Mutter.« Keri und Kame zog der Pflegevater Jaguar auf, er liess sie auf seinen Rücken reiten und lehrte sie mit Pfeilen schiessen. Nun fragten sie ihn aber nach ihrer Mutter; er hatte von ihrem Tod geschwiegen, weil er sich schämte, von ihrem Fleisch gegessen zu haben, und gab auch jetzt keine Auskunft. Doch die Grossmutter oder Tante Ewaki, die zum Geschlecht der Bakaïrí gehörte und hier zum ersten Mal genannt wird, berichtete die Unthat Mero's. Keri und Kame gingen hin und töteten Mero, obwohl diese sie freundlich mit dem Gruss »o meine Enkel« empfing.

»Mero *safada*, die verdammte Mero« (Antonio hasste sie von Herzensgrund) »wurde nicht beerdigt, o nein, die wurde verbrannt«. Keri und Kame trugen Scheiter zusammen und legten Feuer an, dann gruben sie sich ein Loch um zuzuschauen. Mero brannte *bopopopo*..... Man sieht das Feuer noch heute in der grossen Magelhães'schen Wolke. Zu jener Zeit hatte Keri und Kame noch keine menschliche Gestalt. Kame kroch aus seinem Loch neugierig hervor und fing Feuer. Er verbrannte, starb. Keri blies ihn an und machte ihm Nase und Hände und Füsse wie die Menschen haben. Aber auch Keri fing Feuer (die kleine Magehães'sche Wolke ist das Feuer von Keri und Kame), verbrannte, starb, wurde von Kame lebendig geblasen und menschlich gestaltet. Da kamen drei Tierarten, die man auch noch am Himmel sieht, die kleine Fischotter, die sich den Schwanz, die grosse (Ariranya), die sich Hände und Füsse, und der Tukan, der sich den Schnabel von Keri und Kame nahm. Keri hatte einen grösseren Schnabel gehabt als Kame.

Jetzt sind die beiden also erst menschlichen Aussehens und beginnen bald ihre Thätigkeit zum Nutzen der heute Lebenden. Wie sahen denn Kamuschini, Mero und Oka aus? »Oka ist doch der bunte Jaguar?« »Ja«. »Und er schoss mit Pfeilen? »Ja, damals schoss der Jaguar mit Pfeilen.« »Er schoss die Bakaïrí und frass sie auf.« Mero hatte »etwas vom Joho« (Crypturus noctivagus) »und Makuku« (Tinamus brasiliensis), zwei Waldhühnern. Aber ihre Krallen waren so gross wie Daumen. »Also die Mutter der Jaguare ist ein Vogel gewesen?« »Ja, man sagt, dass der Jaguar noch heute keinen Johó und Makuku frisst.« Da ist wieder eine echt indianische Begründung des unsinnigen Verwandtschaftsverhältnisses zwischen der Sippe Jaguar und der Sippe Waldhuhn. Wenn hier etwas Historisches zu Grunde liegt, so ist es mit dem Zoologischen untrennbar verquickt. »Mero frass so viele Bakaïrí, dass kaum welche übrig blieben. Keri musste neue machen.«

Kamuschini's Person endlich wird auch mit einer Tierbeobachtung in Zusammenhang gebracht, und stellt, obwohl wir seinen Aufenthalt im Himmel begreifen lernen, noch grössere Ansprüche an unsere Einbildungskraft. Er hat »ein schwarzes Fell, ist mässig behaart, er macht Fäden wie die Spinne«. »Die Spinnen kommen jedes Jahr im Juli und kriegen dann Kinder; im August und

September, wenn der Regen kommt, machen sie Fäden und dann gehen sie zum Himmel und der Faden fliegt hinterher. Kamuschini ist wie diese Spinnen.«

Keri und Kame dagegen sind nunmehr menschlich gestaltet. Sie rächen den Tod der Mutter jetzt auch an dem Pflegevater. Aber sie scheuen doch davor zurück und wollen die That durch andere ausführen lassen. Sie bitten den Jaguar, ihnen Pfeile zu machen, stellen sie in einem Kreis aufrecht in den Boden und blasen sie an. »Es kamen« die Kayabí, die Nachbarn der Paranatinga-Bakaïrí, die mit ihnen früher in Frieden gelebt haben sollen, aber um der Steinbeile und Frauen willen ihre Todfeinde geworden sind. Die Pfeile, die der Jaguar für Keri und Kame machte, und zu denen diese die Kayabí hinzuzauberten, waren Stiele von Buritíblättern, denn damals waren Keri und Kame noch Kinder und gebrauchten Kinderpfeile. Keri hiess die Kayabí auf Oka schiessen, aber sie fehlten. Da schoss Keri selbst, der Pfeil drang in das Knie des Jaguar ein, »der Jaguar stürzte sich ins Wasser und entkam.« Die Legende sagt einfach: »darauf töteten sie ihren Vater«, Antonio aber machte diese abweichende Angabe und fügte hinzu: »wenn der Jaguar getötet worden wäre, so gäbe es heute keinen mehr.«

Sonne. Keri und Kame empfingen nun von ihrer Tante Ewaki den Auftrag, die Sonne zu holen, die der rote Urubú oder Königsgeier besass. Alles bisher Erzählte hat sich während der Nacht abgespielt, wenn nicht etwa der Königsgeier mit der Sonne erschien. Im Zenith giebt es ein schwarzes Loch, das den Urubús gehörte. In dieses Loch stürzte der Tapir, den man in der Milchstrasse sieht, weil es finstere Nacht war. Keri sah den Tapir und ging in seinen Vorderfuss hinein.*) Kame aber ging in einen kleinen gelben Singvogel, ähnlich dem Bemteví, und setzte sich auf einen Ast; er sollte Keri, der Nichts sehen konnte, von Allem, was vorging, unterrichten. Der rote Geier öffnete die Sonne, es wurde hell und so erblickten die Urubús den Tapir. Die ganze »Urubusiada«, schwarze und weisse Geier — nur der rote blieb noch fern — stürzten sich auf den Tapir. Sie holten Schlingpflanzenstricke herbei, zogen ihn mit aller Mühe aus dem Loch und wollten ihn zerteilen. Da machte Kame auf seinem Ast »neng, neng, neng«, Keri blies und die Geier konnten mit ihren Schnäbeln den Tapir nicht öffnen. Sie riefen den Königsgeier zu Hülfe, er kam und Kame hörte auf »neng, neng, neng« zu machen. Der rote Geier öffnete den Tapir mit seinem Schnabel und in diesem Augenblick ergriff ihn Keri, ihn so fest packend, dass er fast starb. Nur wenn er die Sonne hergebe, solle er am Leben bleiben. Da schickte der Königsgeier seinen Bruder, den weissen Geier, die Sonne zu holen. Dieser brachte die Morgenröte. »Ist das recht?« fragte Kame Keri, der festhalten musste. »Nein, nicht die Morgenröte«, erwiderte Keri. Da brachte der weisse Urubú den Mond. »Ist das recht?« fragte Kame. »Ach was!« erwiderte Keri. Nun

---

*) Der alte Caetano erzählte, Keri habe den Tapir aus *aka*, einem wie Mandioka weichen Holz gemacht, und habe dann kleine Fliegen gemacht, die dem Tapir einen übeln Geruch geben und den Urubú anziehen sollten.

brachte der weisse Urubú die Sonne, und als Kame fragte: »ist das recht?« antwortete Keri: »jetzt, ja«. Dann gab er den roten Urubú frei, der sehr erzürnt war.

»Der Mond bestand damals aus Japú-Federn, die Sonne aus Federn des Tukan und des roten Arara, die Morgenröte aus Tukan-Federn. So haben es die Alten gewusst. Wenn es jetzt, wie Ihr sagt, anders sein soll, so weiss ich davon Nichts und Niemand weiss es. Dann muss man geblasen haben, dass sie wie Feuer geworden ist.«

Keri sann und sann, was er nun mit der Sonne und dem Mond anfangen sollte. Es war immer hell. Ewaki wusste ihm auch nicht zu raten. Endlich machte er einen grossen Topf und stülpte ihn darüber. Da war es dunkel. Er gab den Mond Kame. Sonne und Mond waren beide unter dem Topf. Wenn der Topf aufgehoben wird, ist es Tag. — Ueber den Dienst des Kolibri und der Schnecke, sowie der Eidechse und der Gürteltiere vgl. Seite 358.

Schlaf und Buriti-Hängematte. Ob das Bedürfnis sich mit der langedauernden Helle der noch nicht untergebrachten Sonne einstellte, ich weiss es nicht, aber Keri und Kame wollten gern schlafen und konnten zu ihrem Leidwesen nicht. Sie gingen zu Ewaki und die immer gut unterrichtete Tante sagte ihnen, wo sie den Schlaf holen sollten. Po, die Eidechse, war im Besitz des Schlafes. Sie empfing Keri und Kame freundlich und sagte »o, meine Enkel.« Sie blieben in ihrem Hause, legten sich in die Buriti-Hängematte und schliefen. Als sie erwachten, fühlten sie sich wieder wohl. Am andern Morgen sagten sie Lebewohl und zogen mit der Hängematte, die ihnen die Eidechse geschenkt hatte, von dannen.*) Unterwegs, als sie eine Legua gegangen waren, wollten sie nun das Schlafen versuchen. Sie legten sich in die Hängematte und versuchten, aber es ging nicht. Sie quälten sich vergebens. Da gingen sie wieder zum Haus der Eidechse zurück, ergriffen sie und zogen ihr das Augenlid aus. Sie nahmen sich ein grosses Stück und die Eidechse war sehr böse. Nun hatten sie Augenlider und konnten schlafen.

Himmel und Erde vertauscht. Um diese Zeit ist es auch geschehen, dass Keri den Himmel verliess. »Zuerst war die Erde der Himmel; hier, wo wir jetzt sind, wurden keine Bakaïrí geboren. Der Himmel hat einen Boden, auf dem es gerade so aussieht wie hier auf der Erde. Himmel und Erde waren ganz nahe beieinander; man konnte auf die Erde hinübergehen.« Keri sagte zum Himmel: »Du sollst nicht hier bleiben. Hier sterben meine Leute. Und Du willst hier bleiben? Du bist gut! Aber ich will nicht, dass meine Leute sterben.« Der Himmel antwortete: »Ich will hier bleiben.« Da sagte Keri: »Dann tausche ich.« Er ging mit allen seinen Leuten auf die Erde und der Himmel stieg in die Höhe dahin, wo er jetzt ist, und wo man noch heute sieht, dass alles so geschehen ist, wie es die Bakaïrí erzählen.

---

*) Ehe es eine Hängematte gab, wurde ein andermal erzählt, schliefen die Leute im Stehen, indem sie mit dem Rücken an die Bäume anlehnten. Der Schutz vor Schlangen und Ungeziefer auf dem Boden ist in der That ein Hauptvorteil der Hängematte.

Feuer. Keri und Kame gingen zu Ewaki und diese befahl ihnen, das Feuer zu holen. Der Kampfuchs war der Herr des Feuers. Er hatte es in den Augen und schlug es sich heraus, wenn er Holz anzünden wollte. Der Kampfuchs (Canis vetulus »fängt Krebse und Krabben,« Brehm Säugetiere II S. 57) hatte eine Reuse ausgelegt, um Fische zu fangen. Zu der Reuse gingen Keri und Kame; sie fanden darin einen Jejum-Fisch und eine Caramujo-Schnecke. Keri ging in den Jejum (einen glatten, spannenlangen Lagunenfisch) und Kame ging in die Muschel. »Beide waren gut darin versteckt.« Singend kam der Kampfuchs gegangen und machte Feuer an. Dann sah er nach, was in der Reuse war, holte den Fisch und die Schnecke und legte sie in das Feuer, um sie zu braten. Aber die beiden gossen Wasser in das Feuer. Erzürnt ergriff der Kampfuchs die Schnecke, die hüpfte aber in den Fluss und holte neues Wasser und goss es in's Feuer, dass dieses beinahe ganz verlöschte. Der Kampfuchs ergriff sie wieder und wollte sie auf einem Holz in Stücke schlagen, die Schnecke aber entglitt ihm und fiel auf die andere Seite. Das wurde dem Kampfuchs zuviel; ärgerlich lief er davon. Keri und Kame aber bliesen das Feuer wieder an und gingen damit zu Ewaki.

Flüsse. Ewaki schickte die beiden Knaben aus, das Wasser zu holen. Sie wanderten drei Tage. Sie fanden drei Töpfe, die der Ochobi-Wasserschlange gehörten. In den Töpfen war Wasser, in zweien war gutes Wasser, aber in dem dritten war schlechtes, von dem man nicht trinken kann, ohne zu sterben. Diesen dritten Topf liessen sie ganz, sie wollten gutes Wasser haben. Die zwei andern Töpfe zerschlugen sie; das Wasser, das aus dem einen abfloss, war der Paranatinga, das Wasser des anderen der Ronuro und Kulisehu.[*]) Keri nahm sich des Paranatingawassers, Kame des Ronuro-Kulisehuwassers an. Beide Flüsse liefen weiter und Keri und Kame liefen jeder hinter dem seinen; sie riefen einander zu, damit sie sich nicht verlören. Auf einmal hörte Kame's Rufen auf. Keri schrie und schrie, doch die Antwort blieb aus. Da liess er den Paranatinga stillstehen und warten und ging zum Ronuro. Der dumme Kame hatte sich den schlechtesten Fluss ausgesucht, er konnte nicht mit ihm fertig werden, das Wasser wurde gross und breit und Kame ertrank. Ein gewaltiger Jahú-Fisch verschluckte ihn. Keri kam und fand den Ronuro stillstehend, Kame verschwunden. Sogleich gab er sich an's Fischen; er fing drei Jahús und einer war dick geschwollen. Dem riss er den Bauch auf und erblickte nun Kame, der tot war. Er legte die Leiche auf grosse, grüne Blätter und blies sie an. Da stand Kame auf und sagte: »ich habe gut geschlafen.« »Nein,« rief Keri, »Du hast ganz und gar nicht geschlafen! Ein Jahú hatte Dich gefressen.« Mit dem Ronuro wollten sie nichts mehr zu thun haben; Keri liess eine Ente kommen und befahl ihr, das Wasser mitzunehmen. So geleitete die Ente den Fluss wieder weiter und die beiden Knaben — sie hatten zu dieser Zeit das Alter, wie Antonio zum Vergleich zeigte,

---

[*]) Der Text der Legende nennt nur den Ronuro, Antonio fügte zu »dabei war das Wasser des Kulisehu.«

des Sohnes eines uns bekannten Deutschen in Cuyabá, etwa 8 Jahre — begaben sich zu Keri's Paranatinga, der noch geduldig wartete. »Das ist das Wasser,« sagte Keri, »das wir mitnehmen wollen.«

Drei Tage liefen sie mit ihm thalwärts. Da kamen sie zum **Salto des Paranatinga**, allein es war noch kein Wasserfall, sondern nur trockener Fels. Sie selbst brachten jetzt das Wasser zum Salto und liessen es jenseit des Falles warten. Aber da sie nun hier blieben, liess Keri bald Enten und Tauben kommen und andere Vögel, die das Wasser mitnahmen und weiterführten.

Haus, Fischfang, Festtänze, Stämme. Am Salto wohnte nämlich **Tumehi** oder **Tumeng**, ein Grossvater von Keri. Er war der Mann von Grossmutter oder, wie wir sie bisher genannt haben, Tante Ewaki (Mutter und Tante, Grosstante und Grossmutter haben gleichen verwandschaftlichen Wert). Tumehi war eine **Fledermaus** und hatte ein schwarzgraues Fell. Der alte Caetano nannte ihm durcheinander **Semimo** (Bak. *semimo* Fledermaus) und Rei de Congo! Den König vom Kongo, einen Begriff, den er der Himmel weiss wie, von Negern flüchtigen Sklaven oder Arbeitern auf den Fazendas, aufgegriffen und auf den schwarzen Tumehi übertragen hatte. Tumehi gehört zu der ältesten Sippe der Kamuschini, Mero und Ewaki, und sein richtigster Name ist wohl Semimo; denn *tuméhi*, *tumeng* ist ein **Adjektivum**. Der Salto war, ehe das Wasser hinkam, sein **steinernes Haus** gewesen; wir können uns nicht wundern, dass gerade die Fledermaus, die in den Felsspalten mit Vorliebe »haust«, als der Erbauer der steinernen Kluft und diese selbst mit dem einen oder andern überhängenden Felsdach als Haus gilt. Tumehi also war pedreiro, Steinhauer.

Keri und Kame liessen sich von Tumehi auch je ein steinernes Haus machen. Dieser verschaffte sich die Steine, indem er **Termiten** anblies: **so entstanden die Steine.**

Allein sie lernten noch Anderes von Tumehi am Salto. Der kundige Grossvater zeigte ihnen, wie man Reusen verfertigt und anlegt und darin Matrincham-Fische fängt, wie man ferner den Bratständer flicht und die Fische brät.

Jetzt sind Keri und Kame so weit, dass sie selbst als erwachsene Menschen gelten, sie haben Alles erworben, was man gebraucht: Sonne und Mond, Hängematte und Schlaf, Feuer, den besten Fluss mit dem Salto und seinen Fischen, Haus und Bratständer. Beginnen musste ihr Leben im Himmel und fortgeführt ist es nun bis zu dem Zeitpunkt, wo die eigentliche **Stammesgeschichte** an dem ältesten Wohnort der Bakaïrí, am Salto des Paranatinga, anhebt.

Die Bakaïrí wohnten mit Keri zusammen: Keri's Haus lag auf der **östlichen Seite des Salto**. Beide machten auch zusammen einen **Hügel** auf der westlichen Seite des Parantinga, von dem man eine weite Umschau hatte.

Kame baute zuerst eine **Festhütte** und schnitzte zuerst eine **Flöte**. Er lud Keri und seine Leute ein. Nach dem Klang der Flöte tanzten Alle, aufstampfend und die Arme im Takt schwenkend, von den Wohnhäusern zum Flötenhaus und wieder zurück. Kame setzte seinen Gästen Pogugetränk und

Beijús vor. Sie gaben dafür Geschenke von Pfeilen und Baumwollfaden. Keri rief nun auch seine Leute zum Tanzfest zusammen; sie tanzten und tranken auch Pogu, Nachmittags auf dem grossen freien Platz, den man noch am Salto sieht; dann flochten sie aus Burití Makanari- und Imiga-Anzüge, schwangen die Rassel, bliesen die Flöte. Nun konnte Keri auch Kame und seine Leute einladen. Viele kamen, Keri war Herr des Imeo-Tanzes, und man tanzte zwei Tage und zwei Nächte hintereineinander, nur Abends ein wenig ruhend und Morgens sich durch ein Bad im Fluss erfrischend.

Aber um der Leute willen brach bei dem Fest ein Streit zwischen den Brüdern aus. Keri hatte viele Bakaïrí aus Ubárohr gemacht, aber Kame hatte nichts gemacht. Keri warf ihm seine Faulheit vor, sie zankten sich und Kame, der Schwächere, entfloh. Er flüchtete sich nach Süd-Westen, machte einen Hügel am Rio Beijaflor (Kolibri), einem linken Nebenfluss des Paranatinga, und machte dort auch Stämme: Apiaká, Paressí und Guaná. Es ist recht interessant, dass hier auch die Guaná genannt werden, ein in mehrere Abteilungen zersplitterter Paraguay-Stamm, von deren Anwesenheit in diesem Landstrich nie etwas verlautet hat; in sehr, sehr alten Zeiten haben sie auch am »Beijaflor gewohnt.«

Keri stieg auf seinen Hügel am Paranatinga und entdeckte den Rauch in der Ferne. Er ging Kame aufsuchen und fand viele, viele Leute. Zornig fuhr er Kame an: »Warum hast Du so viele Leute gemacht?« Abermals gerieten sie in Streit, aber Kame verliess die Paressí, mit denen er zusammen war, und begleitete Keri zum Salto zurück. Nicht lange dauerte es, dass wieder Streit wegen der Leute ausbrach. Keri hatte neue gemacht und Kame entfloh, aber diesmal zum Arinos. Keri suchte ihn auf, fand ihn und brachte ihn wieder zum Paranatinga-Salto zurück. Es scheint, dass dieses Streiten und Umherziehen geschildert wird, um die Möglichkeit zu geben, dass jeder der Beiden eine Anzahl weit von einander wohnender Stämme gemacht habe. Schliesslich hat Keri gemacht: Bakaïrí, Kayabí, Bororó, Nahuquá, Mehinakú, und Kame: Apiaká, Paressí, Guaná, Maué, Suyá, Munduruku, »sämtliche Arinosstämme«. Dass man diese Gruppierung im Wesentlichen als eine östliche für Keri und eine westliche für Kame ansehen könne, habe ich bereits (vgl. S. 366) erörtert und ich habe erwähnt, dass, wenn hier eine Unterscheidung nach Sonne = Osten und Mond = Westen vorliegt, Keri trotz seiner aruakischen Bedeutung = Mond in der That auch als Herr der »östlichen« Stämme zu verstehen wäre (vgl. Seite 369), indem der Bakaïríheld mit dem ihm von den Aruakfrauen nur gegönnten Mondnamen für die Bakaïrí selbstverständlich der Besitzer der Sonne = Osten war. Alle Stämme wurden aus Pfeilrohr gemacht, der Portugiese aus einem dunkeln von der Farbe des Flintenschafts. Keri hatte die Flinte zuerst den Bakaïrí (natürlich!) gegeben. Aber sie wussten nicht damit umzugehen, einer schoss dem andern am Ohr vorbei. Sie fürchteten sich vor dem Schiessen ebenso, »wie wir noch bei den Leuten am Kulisehu gesehen haben«. Da gab Keri die Büchse den Karaiben.

Abschied von Keri und Kame. Keri und Kame verlassen wieder den Salto und Keri setzt als Häuptling über die dort bleibenden Bakaïrí den Arimoto ein. Arimoto war auch am Salto geboren. Dieser Hänptling aber missbrauchte seine Stellung und tötete viele Bakaïrí. »War er denn nicht selbst ein Bakaïrí?«, fragte ich. »Wahrscheinlich, aber er war ein niederträchtiger Bösewicht. Wenn er gut gewesen wäre, so wären seine Nachkommen noch heute Häuptlinge der Bakaïrí.« Keri und Kame waren diesesmal zum Kulisehu gegangen. Die Bakaïrí folgten ihm in ihrer Not und klagten über Arimoto. Sofort kehrten Keri und Kame zurück und töteten den Ungetreuen, der sich heftig wehrte und seinerseits Keri zu töten suchte.

Hiermit sind wir am Ende der Thätigkeit von Keri und Kame, soweit sie die Hauptlegende berichtet. Sie liessen den Bakaïrí reichlich Matrinchams zurück, stiegen auf einen Hügel, von dem aus sie noch einmal zu den lebhaft antwortenden Bakaïrí hinunterriefen und »gingen dahin auf dem Wege. Wohin sie dort gingen, weiss Keiner. Die Vorfahren wussten nicht, wohin sie gegangen. Heute weiss man erst recht nicht, wo sie sind.«

Obgleich indessen die Legende so schwermütig ausklingt, hatten die Leute ihre eigene Ansichten. Tumehi — um diese alte Fledermaus nicht zu vergessen — ist mit Keri weggegangen. Was ist aus Kame geworden? »Er war immer mit Keri zusammen. Vielleicht ist er jetzt tot.« Und Keri? Der göttliche Greis Caetano, der sich mit den neuen Verhältnissen vortrefflich abzufinden verstand, erklärte, Keri sei der Imperador in Rio de Janeiro, der Kaiser Pedro Segundo. Die guten Bakaïrí antworteten geduldig auf alle meine unzähligen Fragen, weil ich ihnen gesagt hatte, ich müsse das Alles wissen, um es dem Imperador zu berichten. Daran war ihnen viel gelegen. Ich machte den Einwurf, »wenn nun der Imperador in Rio de Janeiro stirbt?« »Wenn der Imperador stirbt«, lautete die Antwort, deren Richtigkeit inzwischen leider widerlegt sein muss, »so sterben auch alle Bakaïrí.«

Der Häuptling Felipe machte mir eine andere Angabe. »Keri ist mit hundert Mann zum Ronuro und Kulisehu gegangen. Er ist den Fluss abwärts gefahren bis zum Meer. So erzählen auch die Leute am Batovy!«

Antonio hielt sich an den Text der Sage, wie er ihn von seiner Mutter gelernt habe. Allein in anderm Zusammenhang gab er an, Keri wohne im Himmel, sein Haus sei dort, wo die Sonne aufgehe. »Ist Keri denn ‚Gott‛ (Deus), von dem Euch die Portugiesen gesprochen haben?« »Nein, das ist ein Anderer, von dem wir Nichts wissen. Keri ist der Grossvater der Bakaïrí.«

Tabak und Baumwolle. Ausserhalb der zusammenhängenden Legende, deren Inhalt ich bis hierher erzählt habe, wurden gelegentlich noch andere Leistungen von Keri mitgeteilt. So hat er dem Sawari den Tabak, mit dem man Leute kuriert, weggenommen. Sawari wollte ihn nicht hergeben, es sei sehr guter Tabak. Keri aber nahm den Samen weg und gab ihn den Bakaïrí. Wenn man eine Zigarre von diesem Tabak macht und Leute anbläst, so sterben sie;

kommen dann jedoch andere Leute und blasen den Toten an, so wird er wieder lebendig und geht weiter. Auch die Baumwolle und die daraus gewebte Hängematte kommt vom Sawari. Woher der Sawari den Tabak und die Baumwollhängematte bekommen hat, weiss man nicht. Er ist sehr selten und lebt gesellig den Paranatinga abwärts. Er ist ein Tier des Campo cerrado, das etwas kleiner ist und eine etwas spitzere Schnauze hat als der ihm verwandte Irara (Galictis, marderähnlich, vgl. Brehm, Säugetiere I, Seite 641), er klettert und schläft während des Tages in Baumlöchern; es giebt solche, die mehr schwarz, und solche, die mehr weiss sind. Die Beschreibung passt genau auf den Wickelbär, Cercoleptes caudivoloulus, der dem Irara in seinem ganzen Bau, obwohl er ihm nicht verwandt ist, ausserordentlich ähnlich ist (vgl. die Abbildung Brehm, Säugetiere II, Seite 287 mit der des Irara an der zitierten Stelle). Bei den Makuschí, die den Bakaïrí sprachlich nah verwandt sind, heisst der Wickelbär Yawari.[*] Nach Brehm »wissen wir, dass der Wickelbär weit verbreitet ist. Er findet sich im ganzen nördlichen Brasilien, in Peru und nordwärts bis nach Mexiko, ja noch im südlichen Louisiana und Florida.«

Sawari hatte auch den Tabak, den man raucht. Die Bakaïrí haben diesen aber von dem *karazóto* — »Herrn der Fische« bekommen, einem grossen Fisch, den es im Kulisehu giebt, aber nicht im Paranatinga. Antonio hat ihn auch im Kulisehu gesehen, »aber nicht gut«. Ich selbst habe ihn in Maigéri, wo mir Tumayaua ein Stück *karazóto* gab, gegessen; er war sehr fett. Nach der Beschreibung handelt es sich um einen Zitteraal, doch kann ich die Deutung nicht als ganz sicher hinstellen. Der Karasoto, von dem die Bakaïrí den Rauchtabak erhielten, wohnte im »Tabakfluss«. »Er hatte den Tabak, man weiss nicht woher, bekommen, aber gab den Bakaïrí davon, wenn sie ihn in seinem Hause besuchten«. Es ist wohl unverkennbar, dass man die Tiere als geographische Merkmale benutzte. Stammesnamen waren »Schall und Rauch«, die Tiere blieben immer verständlich.

Mandioka; Rehgeweih. Keri hat die Mandioka von dem Kampreh oder portugiesisch Veado (Cervus simplicicornis) bekommen. Vorher aber müssen wir wissen, wie das Reh selbst in den Besitz der Mandioka gelangt ist. Sie gehörte dem Bagadúfisch (Phractocephalus, vgl. die Abbildung »Durch Centralbrasilien« S. 221), auch Pirarara genannt, einem häufig von uns gefangenen, aber nicht gerade gern gegessenen, fetten Fisch. Der Bagadú (*kχáto*) lebte im »Beijúfluss.« »Vielleicht«, fügte Antonio hier von selbst hinzu und brachte mich damit zum ersten Mal auf die Fährte der »geographischen« Tiere, »war es ein Arm des Ronuro; denn dort giebt es Bagadú, im Paranatinga giebt es keinen.« »Der Beijúfluss lag im Osten.« Wie das Reh die Mandioka vom Bagadú bekam, wird folgendermassen erzählt.

---

[*] Schomburgk, Rich. Versuch einer Fauna und Flora von Britisch-Güiana, Leipzig 1848, Band II, S. 435: »Von Tschudi giebt seine geographische Verbreitung bis 10⁰ S. Br. an. Die Kolonisten nennen ihn Yamanack, die Arawaaks Wawula, die Macusis Yawali, die Warraus Uvari.«

Das Reh hatte Durst und suchte sich Wasser. Da fand es den Bagadú (in einem Seitenarm des Flusses, wo er bei hohem Wasserstand hineingegangen war und jetzt bei niedrigem nicht mehr herauskonnte). Der Bagadú lag auf dem Trocknen und schnappte nach Luft. Da sagte er zum Reh: »Trag mich! Flicht eine Bastschlinge, um mich zu tragen.« Nachdem das Reh sie aus Embira geflochten, packte es den Bagadú auf seinen Rücken und brachte ihn zum Abhang des Beijú-Flusses. »Hier möchte ich gern ausruhen,« sagte es. (Das Reh fürchtete sich, auf den Grund des Flusses hinunterzugehen.) Der Bagadú aber hatte keine Lust. So sprachen sie und schritten den Abhang hinab. Unten stürzten sie sich in den Fluss. Das Reh fühlte sich wohl in den Wellen. So nahm der Bagadú das Reh mit zu seiner Wohnung. Als sie angelangt waren, trank das Reh Pogu. Auch ass es Beijú. (Beides waren ihm noch unbekannte Genüsse.) Der Bagadú nahm das Reh mit auf die Mandiokapflanzung; es lief hinter ihm drein. Als sie die Mandioka sahen, brachen sie Zweige ab und banden drei zusammen. Nun gingen sie nach Hause. »Morgen will ich gehen,« sagte das Reh und schlief die Nacht noch im Hause des Bagadú. Am andern Morgen sagte der Bagadú: »Nimm die Mandiokazweige mit. Fälle Holz, und dann pflanze sie.« »Wenn sie gut gepflanzt sind, hast Du bald die Mandioka«, erklärte er. »Lebewohl!« sagte der Bagadú zum Reh. Es stieg aus dem Wasser heraus. »Wohlan, so geh!« »Ich kehre heim«, sagte es. Doch legte es die Zweige auf einen Haufen zusammen am Ufer nieder; es wurde allein damit nicht fertig und kam auch erst spät am Abend nach seiner Wohnung. Bald kehrte es an den Ort zurück mit seinem Sohne und beide trugen die Zweige nach Hause. Sie ruhten sich eine Weile aus, dann fällten sie Holz im Kamp. (Eine grosse Dummheit in den Augen der Bakaïrí, über die herzlich gelacht wurde.) Die Mandioka gedeiht aber nicht im Kamp. Darum fällten sie nun Bäume im Wald. Sie machten Feuer, brannten das Holz ab und pflanzten.

Jetzt war das Reh Herr der Mandioka. Keri begegnete ihm und wollte davon haben. Denn der Beijú Keri's war bis dahin aus der roten Erde gewesen, die es am Salto des Paranatinga giebt. Aber als die Beiden darüber sprachen, gerieten sie in Streit. Das Reh wollte die Mandioka nicht hergeben. Da wurde Keri böse, packte das Reh am Hals und blies: da hatte es auf einmal sein Geweih. Keri aber lachte und rief: »So sieht der Herr der Mandioka aus«, nahm die Mandioka mit und schenkte sie den Frauen der Bakaïrí und zeigte ihnen, wie er vom Reh gelernt hatte, was sie machen mussten, damit sie nicht an dem Gift stürben. »Das Reh aber hat jetzt sein Geweih, frisst Blätter und nagt Rinde von den Zweigen.«

Dem Reh hat man also, weil es Blätter und Rinde frisst, am ersten die Fähigkeit zugetraut, das Gift aus der Mandioka zu entfernen. Antonio war fest überzeugt, dass das Reh die Behandlung der Mandioka genau gekannt und Keri gezeigt habe. Erst von Keri lernten es die Bakaïrífrauen.

Der hässliche Strauss. Der südamerikanische Strauss oder Nandú (*Rhea*) der Zoologen wird in Brasilien Ema genannt, und ein anderer Vogel, die Seriema, Sariema der Brasilier, gilt, weil sie ebenfalls den Kamp in schnellem Lauf durcheilt, als sein Verwandter, obwohl die Zoologen sie als *Dicholophus cristatus* der Ordnung der Kranichvögel unter dem Familiennamen Schlangenstörche zurechnen. Vgl. die Abbildung Brehm, Vögel II, S. 686. Hier findet sich auch ein Zitat von Burmeister, dass die Seriema »schneller dahinrenne, als ein Pferd zu traben vermöge, und nur im Galopp eingeholt werden könne.«

Keri lief mit der Seriema um die Wette. Die Seriema hielt ein Augenblickchen an. Keri eilte an ihr vorüber und die Seriema blieb zurück. Darauf forderte er den Strauss heraus. Sie liefen und Keri blieb zurück, der Strauss eilte weiter. Keri war sehr erzürnt über den Strauss. Er holte sich Blätter von der Uakumá-Palme, er griff den Strauss und züchtigte ihn. Da verlor der Strauss seine schönen Federn; heute hat er nur kleine hässliche Federn.

Keri und der Kampfuchs auf der Jagd. Keri begegnete dem »Grosspapa« Kampfuchs und vereinigte sich mit ihm zur Jagd, indem der Kampfuchs als Herr des Feuers das Massegagras im Kreis anzündete. Was von Getier eingeschlossen war, sollte verbrennen. Nun war der dumme Kame gerade in eine Maus gegangen. »Keri wusste Nichts davon; er dachte, Kame sei draussen.« Das Feuer hörte auf und die Beiden streiften umher, ob sie Beute fänden. Keri fand keinen Braten. Der Fuchs fand eine verbrannte Maus und ass sie auf. Dann trafen sich die Beiden wieder. »Grosspapa, was für Braten hast Du gegessen?« »»Nur eine Maus habe ich gegessen.«« Da merkt Keri, dass der Kampfuchs den Bruder verschluckt hat und ersinnt ein merkwürdiges Mittel, ihn, ohne den Kampfuchs töten und aufschneiden zu müssen, zurück zu erhalten. »Lass uns rennen, Grosspapa,« sagte Keri. »»Jawohl, mein Enkelkind.«« Sie rannten eine lange Strecke. Sie standen still. Als der Fuchs stillstand, erbrach er. Nachdem er erbrochen, lief er eiligst davon. Keri ging dorthin, wo der Fuchs erbrochen hatte. Er sah die Mäuseknochen und sammelte sie. Nachdem er sie gesammelt, blies er. Nachdem er geblasen, erhob sich Kame. »Ich habe gut geschlafen,« sagte er. »»Du hast ganz und gar nicht geschlafen! Γ Kampfuchs hatte Dich gegessen.««

Der Jaguar und der Ameisenbär. Diese merkwürdige Geschichte hat mit Keri und Kame nichts mehr zu thun. Doch behandelt sie denselben Gegensatz des Klugen und Dummen. Der Dumme ist der starke Jaguar, der Kluge der jenem an Körperkraft und Gewandtheit nicht ebenbürtige grosse Ameisenbär, Tamanduá bandeira (gestreifter) der Brasilier und Myrmecophaga jubata der Zoologen. Das Verhältnis der beiden Tiere interessiert die brasilischen Jäger in hohem Grade; sie behaupten, der Ameisenbär nehme es zwar nicht draussen im Kamp, aber wohl im Wald, mit dem Jaguar sehr gut auf, indem er sich nach Art unserer Bären aufrichte und den Jaguar umarme. Zuweilen soll dieser Kampf Beiden das Leben kosten.

Unser Märchen beschäftigt sich aber noch mit dem besonderen Umstand, dass der Jaguar nur Wildpret und der Ameisenbär nur Ameisen frisst, und bringt ihn in recht drastischer Weise zur Geltung, das Schema der Wette auf einen ganz ungewöhnlichen Fall anwendend. Von diesem Punkt abgesehen, handeln die Tiere ganz und gar als Menschen; sie zünden Feuer an, braten, wandern mit der Kiepe umher, tanzen, der Ameisenbär scheert sich eine Tonsur (das Haar des Kopfes ist sehr kurzborstig), ja, der kleine Ameisenbär, Myrmecophaga tetradactyla, der zum Schluss erscheint, vergiftet den Jaguar mit dem in einer Kalebasse enthaltenen Zaubergift der Medizinmänner. Dass List und Klugheit den Sieg über körperliche Kraft davontragen, diese wichtigste Erfahrung des Jägerlebens ist die Moral dieses Märchens, in dem sich der humorvolle Sinn des Indianers prächtig wiederspiegelt. Der Jaguar wird bald *utóto* mit dem allgemeinen Namen der Art, bald *óka* mit dem Namen der Onça pintada genannt, unter dem wir ihn als Keri's und Kame's Pflegevater kennen gelernt haben.

Der Ameisenbär begegnete dem Jaguar. Da sagte der Ameisenbär: »lass uns kacken, mein Freund, mit geschlossenen Augen«. Sie schlossen die Augen und kackten. Während der Jaguar die Augen geschlossen hatte, legte der Ameisenbär Oka's Haufen sich unter. Seinen eigenen Haufen legte der Ameisenbär dem Jaguar unter. Nachdem er sie schön zurecht gelegt hatte, sagte der Ameisenbär: »lass uns die Augen aufmachen«. »Lass uns unsere Haufen besehen«, sagte der Ameisenbär zum Jaguar. Der Ameisenbär rief aus: »ich habe Fleisch gegessen!« Der Ameisenbär sagte zum Jaguar: »Du hast Termiten gegessen!« »»Termiten esse ich nicht!«« sagte der Jaguar zum Ameisenbär.

Der Tapir kam dahin, wo sie kackten. Als der Jaguar den Tapir gesehen, forderte er den Ameisenbär auf, er solle doch gehen und den Tapir tödten. (Nun hatte der Ameisenbär Gelegenheit, seine Renommisterei, dass er Fleisch esse, zu erweisen.) Wie befohlen, ging der Ameisenbär auf die Spur des Tapirs. Einen Baum! tödtete der Ameisenbär. Darauf ging der Jaguar den Tapir zu tödten. Der Jaguar tödtete den Tapir wirklich. Der Ameisenbär war indess Termiten essend weiter gegangen und kehrte erst zurück, als der Tapir todt war. »Wohin ist denn der Tapir gegangen, mein Freund?« fragte der Jaguar den Ameisenbär. »»Ich habe ihn nicht gesehen««, sagte der Ameisenbär zum Jaguar. »»Hast denn du ihn nicht gesehen?«« sagte der Ameisenbär zum Jaguar und fuhr fort: »»ich esse kein Fleisch, ich esse stets Termiten; Fleisch esse ich nicht««. »Ich habe ihn getödtet«, sagte der Jaguar. Der Jaguar weidete den Tapir aus und gab (eine grobe Revanche, als wollte er sagen: »da hast du auch so einen Fleischfresser«) den Koth des Tapirs dem Ameisenbär. »Zünde Feuer an, mein Freund«, sagte der Jaguar. Der Ameisenbär zündete Feuer an. Der Jaguar stellte den Bratrost auf und briet.

»Ich habe Durst«, sagte der Ameisenbär. »Wasser giebt es hier nicht!« sagte der Jaguar. »Wohl giebt es«, sagte der Ameisenbär, »es sind dort wilde Buriti-Palmen.« Der Ameisenbär ging, er ging weit, aber Wasser fand er nicht.

Da pisste er, trank seinen Urin und wusch sich auch damit. In seinem Urin drinnen fand er ein Lambaré Fischchen. (Der Erzähler macht es sich etwas leicht, den Ameisenbär mit einem Beweisstück für seine Behauptung auszustatten). Er ging zum Lagerplatz zurück und, als er ankam, fragte der Jaguar: »Hast Du Wasser getrunken, mein Freund?« »Ich habe getrunken«, sagte der Ameisenbär. »Sieh den Lambaré, den ich gefangen!« »Auch ich gehe trinken. Ist es weit?« »Es ist ein bischen weit«, sagte der Ameisenbär. Der Jaguar ging, Wasser zu trinken. Als der Jaguar schon weit gegangen war, rief er: »Wo ist das Wasser, wo?« »Weiterhin! Weiterhin!«

Als der Ameisenbär den fernen Jaguar nicht mehr hörte, legte er den Tapirbraten in eine Kiepe hinein und kletterte auf einen Jatobá-Baum. Der Jaguar kam zum Bratrost zurück; da gab es keinen Tapirbraten mehr. Der Jaguar ging auf der Spur und sah den Ameisenbär oben auf der Jatobá. »Komm, wir wollen essen!« sagte der Jaguar zum Ameisenbär. Der Ameisenbär ass den Tapir und — die Reihe war wieder an ihm, den Andern zu verhöhnen — die Tapirknochen warf er dem Jaguar zu. Der Jaguar, (der auf den hohen, schlanken Stamm der Jatobá nicht hinaufklettern konnte und nachsann, wie er den Ameisenbär herunterhole,) rief die Beissameisen. Die Beissameisen kletterten auf die Jatobá. Aber der Ameisenbär blies. Da gingen die Beissameisen wieder fort. Nun rief der Jaguar den Wind. Der Wind kam, den Baum zu brechen. Er kam zum Ameisenbär und entwurzelte die Jatobá. Die Jatobá stürzte. Der Ameisenbär entfloh. Wohl packte der Jaguar zu, aber er ergriff nur ein Termitennest, das auf der Jatobá sass.

Der Jaguar machte sich auf den Weg und suchte. Endlich traf er den Ameisenbär, wie er Termiten ass. Der Ameisenbär hatte sich eine Glatze geschoren. »Du, mein Freund, meinen Braten hast Du gegessen.« »Deinen Braten?« sagte der Ameisenbär, »Deinen Braten ass ich nicht.« »Grade Du hast meinen Braten soeben aufgegessen« sagte der Jaguar zum Ameisenbär. »Einer, der mir ähnlich sieht, hat ihn gegessen. Matawiwe (ein kleiner Artgenosse), der hat Deinen Braten gegessen,« sagte der Ameisenbär. »Habe ich etwa so ausgesehen?« fragte der Ameisenbär. »Du willst mich betrügen. Du hast Dir eine Glatze geschoren«, sagte der Jaguar.

(Der Fall ist nicht zu entscheiden, so schlägt der Ameisenbär eine Wettleistung vor; wer gewinnt, hat Recht. Er fühlte sich bei dieser Art zu »tanzen«, sehr sicher, und der Jaguar hatte auch anfangs keine Lust, darauf einzugehen). Nun sagte der Ameisenbär: »Lass uns ordentlich tanzen, mein Freund.« »Wir wollen das Tanzen bleiben lassen,« sagte der Jaguar. »Aber, so lass uns nur tanzen,« sagte der Jaguar. Zuerst trug der Jaguar den Ameisenbär. Dann trug der Ameisenbär den Jaguar. Wieder trug der Jaguar den Ameisenbär. (Er konnte den Ameisenbär öfter tragen, als dieser ihm zugetraut hätte, und war daran, zu gewinnen). Da riss der Ameisenbär dem Jaguar die Augen aus und entfloh. Das Pindoreiro-Vögelchen sah den Ameisenbär weglaufen.

Das Agutí (*Dasyprocta aguti*, ein sehr geschickt spürendes, hübsches Nagetierchen, »Goldhase«,) fand die Augen und setzte sie dem Jaguar wieder ein. Als seine Augen eingesetzt waren, stand der Jaguar auf und ging dahin, wo der Ameisenbär gegangen war. Der Ameisenbär war im Berg drinnen und sang. Der Jaguar ging in das Haus hinein. Singend kam der Ameisenbär mit dem Rücken auf die Thür zu. Wie er kam, packte ihn der Jaguar. Er ass von seinem Bein. Als er gegessen hatte, liess er los und ging nach Hause. Den Ameisenbär machten die Termiten gesund. Als er geheilt war, erhob sich der Ameisenbär.

Der kleine Ameisenbär (*Myrmecophaga tetradactyla*) sagte, er werde den Jaguar töten. »Ach was, du bist kein Riese«, erklärten ihm die Leute. »Dann nimm Zaubergift mit«, sagten ihm die Leute. Wie sie gesagt hatten, that der kleine Ameisenbär; er nahm Zaubergift in einem Kürbis mit zu Oka's Haus und legte den Kürbis vor die Thür. Oka ging aus. Als er den Kürbis erblickte, sagte er: »da ist etwas Hübsches für mich« und öffnete ihn. Da wurde Oka krank. Der Jaguar starb.

XIV. KAPITEL.

Zur Frage über die Urheimat der Karaiben.

I. Geschichtliches von den Bakaïrí.

Westbakaïrí nenne ich im Gegensatz zu den erst durch unsere Expedition von 1884 und 1887 gefundenen Ostbakaïrí des Schingú die den Brasiliern längst bekannten Bakaïrí westlich des Paranatinga. Heute gibt es von ihnen ein Dorf, dem unser Antonio angehörte, am linken Ufer des Paranatinga, und ein zweites an dem kleinen Nebenbach des Arinos, dem Rio Novo, wo Reginaldo als Häuptling schaltete, und wo wir 1884 die erste Bekanntschaft des Stammes machten. Einzelne Individuen, die man jedoch an den Fingern aufzählen kann, finden sich als Arbeiter auf der einen oder anderen Fazenda im westlichen Quellgebiet des Paranatinga; auch sollen ein paar am Rio Preto in der Nähe von Diamantino leben, die den Rest einer früheren Ansiedelung darstellen. Jedenfalls sind die Westbakaïrí, da Arinos und Paranatinga in den Tapajoz fliessen, sämtlich Bewohner des östlichen Quellgebietes des Tapajoz und finden sich nur im Gebiet der Hochebene oberhalb der Stromschnellen und Wasserfälle, die der Thalfahrt nach dem Amazonas hinunter schwere Hindernisse in den Weg legen.

Die Westbakaïrí sind seit den ersten Streifzügen der »Paulisten«, der von der Provinz S. Paulo auf ihren Sklavenjagden am Beginn des vorigen Jahrhunderts kühn vordringenden Entdecker des Matogrosso bekannt. Schon Antonio Pires de Campos, von dem wir aus dem Jahre 1723 einen Bericht[*] »nach der Erfahrung so vieler Jahre« besitzen, hat von ihnen gehört; nachdem er (Seite 448) die — heute längst verschollenen — Stämme des obern Cuyabá und des in ihn einmündenden Rio Manso kurz gekennzeichnet hat, fährt er fort: »alle diese haben gleiche Lebensweise, gleiche Art der Waffen und alles Uebrige gleich, sie sind Wanderstämme und gelangen mit ihren Streifzügen dahin, Uebles zuzufügen dem Heidenvolk des Namens Bacayris, die an den Zuflüssen des Maranhão (sic!) wohnen; und von dort weiter folgen sich verschiedene Stationen von Heiden

---

[*] Revista Trimensal do Instituto Historico XXV, p. 448. Rio de Janeiro 1862.

mit unzähligen Dörfern, wie ich Nachricht habe, und alles sehr kriegerische Leute und Meister ihrer Waffen.«

Die Bakaïrí werden auch in einem Bericht über eine Fahrt von Pará bis in das Quellgebiet des Madeira aus dem Jahre 1749 erwähnt, und so mag es noch weiterhin in mancher alten Notiz über die Entstehung der matogrossenser Goldminen geschehen. Es handelt sich immer nur um flüchtige Nennung des Stammnamens, die uns weitere Belehrung nicht bietet. Höchstens lässt sich aus diesen Zitaten der Schluss ableiten, dass die Bakaïrí im vorigen Jahrhundert zahlreicher gewesen sein müssen und vielleicht etwas mehr nach West und Südwest vorgeschoben waren als heutzutage. Das wird aber deutlicher aus ihrer eigenen Tradition hervorgehen.

Eine engere Berührung mit den Brasiliern hat erst in dem Anfange der zwanziger Jahre unseres Säkulums stattgefunden. Damals gelangte der »Padre« Lopes bis in die Gegend des Paranatinga und bekehrte die Westbakaïrí zum Christentum. Lopes war ein verwegener Goldsucher, von dem der Maler der Langsdorff'schen Expedition[*]) 1828 bemerkt, dass er in Begleitung von Apiaká-Indianern den Rio dos Peixes, einen Nebenfluss des Arinos, hinaufgegangen sei und »mit vielen Wilden gekämpft habe«. Jedenfalls gelten die Westbakaïrí seit seinem Besuch, der dem Grossvater Reginaldo's und Anderen das Leben kostete, als Christen. Wie überflüssig die Gewaltthätigkeiten des edlen Lopes gewesen sind, geht am besten aus den folgenden Worten des Geographen Ayras de Cazal in seiner Corographia Brasilica vom Jahre 1817, also vor Lopes, hervor: »Die Baccahirys, welche die dem Rio das Mortes benachbarten Gebiete bewohnen, unterhalten einen unaufhörlichen Krieg gegen alle Arten Vierfüssler und Vögel. Bis heute hat dieses Volk den Christen keine Feindseligkeiten zugefügt. Man sagt, dass sie weiss seien und freundlich: ein Grund, weshalb man sie für eine Horde der Paricys ansieht.«

Der eigentliche Grund, weshalb man die Bakaïrí für eine Horde der Paressí ansehen konnte, wie auch von Martius geschieht, ist einfach der, dass man weder von dem einen noch von dem andern der benachbarten Stämme genauere Kenntnis hatte. Wenn die Eingeborenen gelegentlich in kleiner Zahl nach Cuyabá kamen, um sich einige Geschenke von Eisenwaaren, Hemden, Hosen, Decken bei der Regierung zu erbetteln, empfand man sie als lästige Gäste, die man so rasch als möglich los zu werden suchte, und um deren Sprache oder Eigenthümlichkeiten sich kein Beamter zu kümmern brauchte. Sie wohnten nicht etwa in der Nähe einer zwei Hauptorte verbindenden Verkehrsstrasse, sondern sassen im Gegenteil hinter den allerletzten kleinen und selbst schon gering geachteten Kolonisten, dort, wo die Welt mit Brettern zugenagelt war, sie thaten keinem dieser Nachbarn etwas zu Leide und boten deshalb der Regierung gar kein Interesse dar. Der gute Häuptling Felipe im Paranatingadorf zerbrach sich vergeblich den Kopf, wie

---

[*]) Hercules Florence, vgl. Revista Trimensal Bd. 38 II, p. 280.

es komme, dass die das Land mit Brand und Plünderung heimsuchenden Bororó, sobald man einiger Individuen habhaft wurde, reiche Geschenke erhielten, und dass er selbst mit seinen Stammesgenossen, die sich seit Generationen der schönsten Friedfertigkeit befleissigt hatten, noch von seinem letzten Besuch des grossen Kapitäns mit leeren Händen habe zurückkehren müssen.

Fast Alles, was wir aus brasilischen Quellen über die Westbakaïrí erfahren können, findet sich in einem Bericht der Directoria dos Indios, vgl. den Auszug im Anhang, vom Jahre 1848 vereinigt.*) Die Bakaïrí des Paranatinga und Rio Novo haben sich in ihren beiden armen Dörfern erhalten; sie wurden gelegentlich von Goldsucherexpeditionen besucht, die alsdann eine kleine Massentaufe veranstalteten und Syphilis und Masern einführten. An den Masern sind Viele zu Grunde gegangen; nicht nur wird die bei uns verhältnissmässig harmlose Krank-

*) Im Jahrgang 1862 der Petermannschen Mittheilungen findet sich p. 437 ein Referat über einen Aufsatz, den Dr. Amédée Moure in den »Nouvelles Annales des Voyages« über 33 Stämme der Provinz Mato Grosso nach eigenen Erfahrungen und Erlebnissen veröffentlicht hat. Der Referent hat die Angaben Dr. Moure's in einer nach Stamm, Kopfzahl und Wohnsitzen geordneten Tabelle übersichtlich vereinigt. Wir begegnen unter den Stämmen solchen, die mit einer Kopfzahl von 20,000, 30,000, ja 50,000 angesetzt sind. Addiert man die Minima und Maxima der Schätzungen zusammen, so erhält man das Ergebniss, dass die Zahl der Indianer des Mato Grosso 241,800 bis 282,000 beträgt. Wenn man heute die Gesamtzahl der matogrossenser Bevölkerung aller Farben, aller zahmen und wilden Bewohner jeglicher Kulturstufe auf etwa 70,000 zu schätzen pflegt, so kommt man zweifellos der Wahrheit um Vieles näher. Der Originalaufsatz von Dr. Moure (Nouvelles Annales des Voyages de la géographie, de l'histoire et de l'archéologie, Tome II 1862 p. 5—19, 323—341, III p. 77—100, Paris) enthält auch kleine sachliche Ungeheuerlichkeiten, wie z. B. die, dass die Cambixis, die in den Campos dos Parecis wohnen und einen reinen Nu-Aruak-Dialekt haben, die peruanische Kechua-Sprache reden, indessen sind viele Einzelheiten doch von solcher Bestimmtheit, dass eine gute Information zu Grunde liegen musste. Die Quelle des Herrn Dr. Moure habe ich in Cuyabá wieder aufgefunden; sie bietet buchstäblich und wörtlich den allergrössten Teil seiner sachlichen Angaben, weiss aber nichts von den übertriebenen Zahlen, die man auch kaum vor einem Cuyabaner aussprechen könnte, ohne ein ungläubiges Lächeln bei ihm hervorzurufen.

Diese Quelle ist das »Archiv« der »Directoria dos Indios«, einer den 12. Mai 1846 in einem Gutachten des Präsidenten (vgl. Bd. IX der Rev. Trim) dieses zählt die damals bekannten Indianerdörfer in der Zahl von 21 auf, ohne der Bakaïrí Erwähnung zu thun) beantragten Aufsichtsbehörde. Der Direktor hat, um den Indianerhäuptlingen imponieren zu können, den Rang eines Brigadegenerals — er war zu unserer Zeit ein bescheidener Bürger mit spärlichem Gehalt, dem indessen, wenn er zu Grabe getragen wird, auch die seinem Rang gebührenden militärischen Ehren erwiesen werden. Das Archiv, dessen Einsicht mir verstattet wurde, war ein dünnes Folioheft; die Aufzeichnungen begannen mit dem 1. Oktober 1848. In der ersten Begeisterung hat der Direktor Joaquim Alves Ferreira am 2. Dezember 1848 eine Uebersicht über 33 Stämme mit erläuternden Zusätzen zusammengestellt und sich dadurch ein grosses Verdienst um seine Nachfolger erworben: Keiner gab sich später die Mühe selbständig zu prüfen, und wenn man für die Behörden neuer Zahlennachweise bedurfte, schrieb man vertrauensvoll den Bericht von 1848 ab. So beschränken sich auch Dr. Moure's eigene Erfahrungen und Erlebnisse auf eine wortgetreue Uebersetzung des Aktenstücks; nur hat er die Seelenzahl von 13,020 verzwanzigfacht! Klassisch ist eine neue, sauber geschriebene Tabelle der Direktorial-Akten vom 13. März 1872. Als war nötig geworden, den gewaltigen und allgemein bekannten Veränderungen, die der Paraguay-Krieg im Süden der Provinz hervorgerufen hatte, Rechnung zu tragen. Von den 1848 unter No. 3—15 aufgezählten Stämmen wurden drei gestrichen, die Gesamtsumme wurde von 13,020 auf 8670 herabgesetzt, dagegen wurde für die Stämme 1, 2, 16—33 der alte Bericht wieder wörtlich abgeschrieben, sodass hier in den 24 Jahren kein Mensch geboren und gestorben zu sein scheint.

heit den Indianern überhaupt leicht verhängnissvoll, sie haben auch die üble Gewohnheit, sich mitten im stärksten Fieber in den Fluss zu stürzen und trocknen sich nicht ab, wenn sie das kühle Bad verlassen.

Ich habe mich bemüht, von dem uralten Caetano, Häuptling a. D., und seinem Nachfolger Felipe am Paranatinga wie von Antonio Genaueres über die Geschichte des Stammes zu erfahren. Da lässt sich nun eine Geschichte der neueren Zeit deutlich abtrennen, während deren sich eine Verschiebung nach Südwesten vollzogen hat. Während die Vorfahren am Salto des Paranatinga, einige Tagereisen unterhalb des heutigen Dorfes und etwas oberhalb der Einmündung des von links kommenden Rio Verde wohnten, haben die Westbakaïrí mindestens seit der Mitte des vorigen Jahrhunderts das Grenzgebiet zwischen den Quellflüssen des Arinos, Cuyabá und Paranatinga besetzt gehalten, wo sich jetzt noch das Dorf am Rio Novo befindet. Am Ribeirão Caixão gab es mehr als sechs Dörfer, ein grosses Dorf befand sich am Ribeirão da Pedra. Die erste Taufe von Bakaïrí hat in Diamantino stattgefunden. Der aller Schätzung nach noch im vorigen Jahrhundert geborene Caetano erblickte das Licht der Welt an der Einmündung des Rio Beijaflor in den Paranatinga. Das heute oberhalb gelegene Paranatingadorf ist eine Schöpfung der neuesten Zeit durch den Goldsucher Correa veranlasst. Die den fabelhaften Goldminen der Martyrios nachspürenden Expeditionen konnten hier am besten über den Paranatinga setzen und wünschten die Kanus der Bakaïrí zu benutzen wie auch von ihnen Lebensmittel zu erhalten. Antonio wurde, frühestens Ende der fünfziger Jahre, in Limoeiro, einer kleinen Ansiedelung, geboren.

Eine chronologische Handhabe wird in den Vorfahren Antonio's geboten. Sein Vater Seseriari hatte auch noch einen portugiesischen Namen, sein Grossvater hiess, wie auch ein Indianer in dem ersten Batovy-Dorf, Karawako, der Urgrossvater Yakauka, der Ururgrossvater Kupare und der letzte, dessen Namen Antonio noch kannte, also der Urururgrossvater Mariukara. Dieser wohnte nahe am Salto des Paranatinga. Die Reihenfolge könnte, die Generation zu 30 Jahren gerechnet, bis vor die Mitte des 18. Jahrhunderts zurückgehen. Der wahrscheinlich um 1790 geborene Caetano sollte, was ich leider nicht mehr feststellen konnte, noch sechs oder sieben Vorfahren bei Namen nennen können, so dass seine Genealogie bis in die Mitte des 17. Jahrhunderts reichen würde. Caetano's Vater wurde am Paranatinga, oberhalb des Salto, erst sein Grossvater am Salto selbst geboren. Jedenfalls sind die Angaben der Bakaïrí in bester Uebereinstimmung mit der Nachricht des Antonio Pires, dass die Bakaïrí am Anfang des vorigen Jahrhunderts mit den Stämmen am Oberlauf des Cuyabá in Berührung waren.

Es ist nicht unwichtig, die Tradition, soweit sie noch nicht als Legende und Märchen erscheint, nach Kräften festzustellen, weil es sehr wünschenswert ist zu wissen, ob die heutigen Westbakaïrí, die Bewohner des Tapajoz-Quellgebietes, oder die Ostbakaïrí im Quellengebiet des Schingú die älteren Wohnsitze innehaben.

Die Westbakaïrí verlegen die Urheimat des ganzen Stammes mit Bestimmtheit an den Salto des Paranatinga, sodass unser Karaibenstamm ursprünglich dem Tapajoz angehören würde. Aber die westlichen Quellflüsse des Schingú und die östlichen des Paranatinga liegen in so unmittelbarer Nachbarschaft, dass es rein vom Zufall abhängt, wohin flussabwärts ziehende Stämme geraten. »Einer der Grossväter« Caetano's wurde im Walde von einem andern Bakaïrí erschlagen; innerhalb des Stammes herrschten damals böse Streitigkeiten und die Folge war — so lautet der Bericht der Paranatingaleute — dass ein Teil der Bakaïrí vom Salto zum Kulisehu zog.

Auch zwischen Paranatinga und Ronuro giebt es eine den Westbakaïrí bekannte »Tapeira«, eine verfallene Ansiedelung, aus vergangener Zeit. Vom Salto hat einstmals ein Weg bis zu den Auetö am Kulisehu geführt, der also den Ronuro oder seine Quellflüsschen und den Batovy passieren musste. Auf diesem Weg seien die Bakaïrí geflohen und hätten sich teilweise am Batovy, teilweise am Kulisehu niedergelassen. Von den Nahuquá hätten sie Mandiokazweige, Bataten und Caráfrüchte zum Anpflanzen erhalten.

Das sind also ganz bestimmte Angaben. Wann sich aber die Trennung zwischen West- und Ostbakaïrí vollzogen hat, und ob sie in mehreren Schüben vor sich gegangen ist, ist schwer zu sagen. Wie eben schon der Stamm der Auetö und der Nahuquá in der Ueberlieferung des Paranatingadorfes erscheint, so habe man dort auch noch von den Zeiten der Grossväter Caetano's her Namen der übrigen Kulisehustämme, der Mehinakú, Yaulapiti, Kustenaú, Waurá, Kamayurá und Trumaí gekannt. Im dritten Bakaïrídorf am Batovy haben wir ein kleines Stück Eisen gefunden, das früher vom Pakuneru, dem Paranatinga, gebracht worden sei; so mögen gelegentliche Besuche zwischen hüben und drüben noch vorgekommen oder wenigstens dann und wann noch Paranatinga-Bakaïrí an den Schingú gelangt sein.

Aber im Allgemeinen habe ich den Eindruck gewonnen, dass die eigentliche Trennung der beiden Bakaïrígruppen sich spätestens um die Mitte oder den Anfang des vorigen Jahrhunderts vollzogen hat, als die Brasilier sich im Matogrosso festsetzten und grosse Verschiebungen der Stämme veranlassten. Wahrscheinlich hat es sich nicht nur um eine einzelne innere Fehde der Anwohner des Salto, sondern auch um die bösen Nachbarn gehandelt, von denen die friedfertigeren Bakaïrí bedrängt und gelegentlich vertrieben wurden.

In den brasilischen Quellen werden als Feinde der Bakaïrí angegeben die Nambiquara, Tapanhuna und Kayabí, über die aber keine näheren Mitteilungen vorliegen. Die Nambiquara und Tapanhuna, Feinde der Apiaká, wohnten im Arinosgebiet; von den Tapanhuna giebt Joaquim Ferreira Moutinho[*]) an, dass sie die Bakaïrí-Sprache redeten; leider sind niemals überhaupt Aufzeichnungen von der Sprache der Bakaïrí, geschweige von der der Tapanhuna

---

*) Noticia da Provincia de Mato Grosso, S. Paulo 1869, p. 216.

gemacht worden, und leider hat der Verfasser, wie wir bei den Bororó sehen werden, keinen Anspruch auf irgendwelche Glaubwürdigkeit in diesen Dingen.

Eine erwähnenswerte Angabe im 40. Bande des Revista Trimensal do Instituto Historico (Rio de Janeiro 1877, II, p. 97) bezieht sich auf den einst weit und breit gefürchteten Stamm der Mundrukú, die heute am mittlern und untern Tapajoz sitzen, früher aber höher hinauf wohnten. Antonio Manoel Gonçalves Tocantins, der sie 1875 besuchte, bemerkt: »in früheren Zeiten schlugen sie auch die Bakaïrí, die sie Mureufuátes nennen, und die sie zwangen, in das Matogrosso zu gehen, wo sie (»aldeïert«) in Dörfern angesiedelt wurden.« Der letztere Zusatz zeigt, dass es sich nur um Ereignisse verhältnismässig jüngerer Zeit, aus der brasilischen Aera, handeln kann. Auch muss man nach dieser Stelle nicht etwa glauben, dass die Bakaïrí in der Provinz Pará gewohnt hätten; »Matogrosso« heisst bei den Ansiedlern des untern Tapajoz das Gebiet des Oberlaufs und der Quellarme Juruena und Arinos; die Mundrukú wohnten selbst neben den Apiaká in der Provinz Matogrosso, wo sie Sarumá heissen, und haben alle Stämme des Arinos- und Schingúgebietes mit ihren Angriffen beunruhigt. Die Bakaïrí, die sie »Mandurukú« nannten, hatten sie in lebhafter Erinnerung, gaben aber an, dass ihre Einfälle jetzt nicht mehr vorkämen, da sie nach Norden gezogen seien.

Die Hauptfeinde der Westbakaïrí und wahrscheinlich, sofern die Tradition Recht hat, schon der vereinigten Bakaïrí waren die Kayabí. »Unbezwungene Wilden in der Nähe des Salto«, sagt der Bericht der Directoria dos Indios. Was ich bei den Bakaïrí über sie allmählich in Erfahrung zu bringen vermochte, ist das Folgende. Die Kayabí nennen sich selbst Paruá, sie seien, was aber der Bestätigung bedarf, ihrer Sprache nach Verwandte der Kamayurá am Kulisehu, würden also ein Tupí-Stamm sein. Sie sind starke Leute und, wie der nahebei wohnende Tupí-Stamm der Apiaká, Liebhaber der Anthropophagie. Sie pflanzen Mandioka, Mais, Bataten, Mandubí u. s. w. grade wie die übrigen. Sie haben hübsch gearbeitete, umflochtene Keulen von Bakayuva-Palmholz, die etwa $1^1/_2$ m lang, von der Form flacher Stäbe sind und in einem Strick am Arm getragen werden. Auch darin würden sie mit den Kamayurá übereinstimmen. Die Pfeile sind von Kambayuva-Rohr wie die der Yuruna, aber kleiner. Sie besitzen keine Wurfbretter — ein wichtiger Unterschied von den Kamayurá.

Die Kayabí wohnen am Rio Verde, dessen Quellen zwischen dem Rio Novo- und dem Paranatingadorf der Bakaïrí liegen, und der rechts in den Paranatinga unterhalb des berühmten Salto einfliesst. Ihre Nachbarschaft zu den Bakaïrí ist also freilich die allernächste. Seit uralter Zeit besteht die Feindschaft. Nur ganz im Anfang hatte man sich vertragen: die Kayabí seien bei den Bakaïrí erschienen, um bei ihnen zu wohnen, und hätten sich an einem Bach in ihrer Nähe angesiedelt; dann kam es zur Fehde. Ich erinnere an die Kayabí der Kerisage; hier treten sie bereits im Himmel auf, vgl. S. 375. Die alten Bakaïrí seien den Paranatinga bis unterhalb des Rio Verde hinabgezogen, und hätten sich aus Furcht vor den Kayabí wieder zurückbegeben. Die Kayabí seien im Besitz der Steinbeile gewesen und das habe Anlass zu Streitigkeiten geboten.

Von Zusammenstössen aus jüngerer Zeit wurde mir Genaueres berichtet. Die Kayabí haben den Vater des Felipe getötet, sie griffen zur Nacht an und nahmen auch ein Kind mit. Antonio's Grossvater, Vater und Oheim drangen bis zur Mündung des Rio Verde vor; die Kayabí waren dort auf der Jagd und suchten Muscheln. Die Bakaïrí kamen Nachmittags an und hielten sich vorsichtig zurück, aber früh am Morgen, als die Kayabí noch in der Hängematte lagen, machten sie einen Ueberfall und töteten zwei, während die Andern davonliefen. Die Kayabí waren mit Arimesca-Oel (aus einer Schlingpflanze) und Urukú eingerieben und stanken wie der Teufel. Sie hatten Kürbisschalen bei sich, eine andere Art Urukú, Bogen und Pfeile. Im Paranatingadorf fanden wir 1884 zwei Kayabífrauen, die leider kein Wort ihrer Muttersprache mehr wussten, Maria und Luisa Kayabí*). Einige zwanzig Bakaïrí hatten den Raubzug an die Mündung des Rio Verde unternommen und die beiden kleinen Mädchen eingefangen nebst einer Schwester von Luisa, die aber so heftig um sich biss, dass sie getötet werden musste.

Wenn ich also neben der Lesart, dass Zwistigkeiten unter den Bakaïrí selbst einen Exodus nach dem Schingú veranlasst haben, auch die andere empfing, dass eine Anzahl Bakaïrí vor den Kayabí dorthin geflohen seien, so ist es ja wohl möglich, dass beide berechtigt sind und sich auf verschiedene Gelegenheiten beziehen.

Eine Verschiebung in gleicher Richtung, die mich nicht wenig überraschen musste, wurde mir für die Suyá berichtet. Die Suyá, die wir 1884 am Oberlauf des Schingú gefunden haben, sind ein echter Gēs-Stamm und sprachlich den Apinagēs der Provinz Goyaz zwischen Tocantins und Araguay am nächsten verwandt. Sie hätten ebenfalls am Rio Verde westlich vom Paranatinga gewohnt und seien von dem nahen Arinos dorthin gekommen. Sie müssten also, da wir an ihrem östlichen Ursprung festhalten dürfen, zuerst über den Schingú und Paranatinga hinüber nach Westen verschlagen worden sein und dann eine rückläufige Bewegung gemacht haben. Die Bakaïrí erzählen, dass sie sich mit den Kayapó, die ausgezeichnete Schützen wären, verbündet und die Suyá aus der Nachbarschaft am Rio Verde vertrieben hätten. Eine Menge Suyá seien getötet worden, und der Stamm habe sich an den Schingú geflüchtet. Hyacintho, der älteste Indianer des Rio Novodorfes, sei mit Antonio's Grossvater noch Teilnehmer des Kampfes gewesen, sodass die Begebenheit frühestens in das erste Viertel unseres Jahrhunderts fiele.

Im Süden und Südosten sind die Westbakaïri in anscheinend freundlichem Verkehr mit dem Gēs-Stamm der Kayapó gewesen. Aus brasilischen Quellen, die aber überhaupt die Ausdehnung dieses Stammes unterschätzen, ist nichts da-

---

*) Vgl. »Durch Centralbrasilien« p. 283 und die Körpermessungen Tabelle hinter Seite 304. Hier irrtümlich *Cajibi* geschrieben.

rüber bekannt, dass die Kayapó bis in diese Gegend gereicht haben. Sie melden nur von Angriffen der »Coroados« auf die Fazendas am obern Cuyabá, die Bakaïrí aber, die es besser wissen mussten, bezeichneten diesen Stamm als »*kayáχo*« = Kayapó, und sie nennen auch den am weitesten von Osten kommenden Quellfluss des Paranatinga den Kayapófluss. Dieselben Kayapó sind östliche oder südöstliche Nachbarn der Kulisehu-Bakaïrí, wie diese mir berichteten.

Ich habe endlich zu erfahren gesucht, wie weit der Gesichtskreis der West-Bakaïrí nach Westen reiche: die Paressí sind ihnen als alte Nachbarn wohlbekannt. Westlich jenseits von Diamantino hinter den Paressí wohnen noch, gab man an, die »Woimaré« und »Eneurá«, Sie seien keine Verwandten der Paressí, eine Behauptung, die für die »Woimaré« nicht zutrifft, wie wir bei den Paressí sehen werden. Die »Eneurá« sind sonst unbekannt. Noch viel weiter wohnen die ebenfalls unbekannten »Pekoban«. Die Vorfahren seien bis dahin vorgedrungen und hätten erzählt, es gebe dort einen grossen Fluss und die Pekoban lebten jenseits desselben. Das könnte nur der Guaporé, der Oberlauf des Madeira, sein.

Sehr bemerkenswerth ist schliesslich eine Notiz über die Guaná; sie hätten in sehr, sehr alten Zeiten am Rio Beijaflor gewohnt, einem linken Nebenfluss des Paranatinga, der noch oberhalb des Rio Verde einmündet. Vgl. Seite 379.

Das ist alles, was ich aus dem Munde der Westbakaïrí über die Geschichte des Stammes und seine Beziehungen zu den Nachbarn erfahren konnte. Fasse ich die Traditionen zusammen, so waren die ältesten Bakaïrí am Salto des Paranatinga ansässig, gehörten also jedenfalls dem Quellgebiet des Tapajoz an, und von dort aus wanderte ein Teil von ihnen an den Batovy und Kulisehu in das Quellgebiet des Schingú. Nach der Sage sind sie aus dem Paranatinga- und Ronuro-Quellgebiet an den Salto gelangt.

Die Trennung der West- und Ostbakaïrí würde unter allen Umständen mindestens in des vorige Jahrhundert zurückverlegt werden müssen und vor die Zeit fallen, als die Bakaïrí sich nach Südwesten in das Quellgebiet des Cuyabá ausdehnten. Die sprachliche Vergleichung steht mit diesen Schlüssen in gutem Einklang; die beiden Gruppen der Bakaïrí reden eine nach Form und Inhalt identische Sprache mit geringen mundartlichen Verschiedenheiten. Einige Fische und Bäume werden verschieden bezeichnet; der Name der Akurí-Palme des Kulisehu ist der der Oaussú-Palme vom Paranatinga und umgekehrt. Von Seiten der Schingú-Bahaïrí steht vollkommen fest, dass sie niemals in irgend eine Berührung mit dem weissen Mann getreten sind.

Durch unsere Expedition von 1884 kamen West- und Ostbakaïrí wieder zusammen. Antonio erzählte nach seiner Heimkehr an den Paranatinga von den Stammesgenossen am Batovy, und der praktische Häuptling Felipe verfiel auf den Gedanken, dass er versuchen müsse, sie zur Ansiedelung am Paranatinga zu bewegen. Er machte sich mit Antonio und einem Andern im September 1886 auf den Weg, sie erreichten den Batovy in drei Tagen und gebrauchten weitere drei Tage den Fluss entlang bis zum ersten Dorfe.

Der Häuptling Luku war *kurápa* und bewirtete sie nicht so glänzend, wie sie sich versprochen hatten, allein mehrere Ostbakaïrí, unser »Professor« von 1884 an der Spitze, begleiteten sie nach dem Paranatinga. Grosse Furcht hatten die Besucher vor dem Rindvieh, doch grosse Freude auch an den Gastgeschenken, mit denen Felipe nicht kargte. Ich erkundigte mich genau nach dem, was sie mitbekommen hätten. »Alles Eisen, was wir hatten, Hühner (was aber später bestritten wurde), kleine Bananenpflanzen, Mandiokazweige, Mais und Reis haben wir ihnen gegeben.« Da sieht man also, wie sofort die erste Gelegenheit benutzt wird, um die Kulturgewächse zu verpflanzen! Falls der Versuch gelungen ist, werden unsere Nachfolger am Schingú Bananen essen können!

Felipe begab sich im Januar 1887 frohgemut nach Cuyabá, um sich neue Eisenwaaren schenken zu lassen, allein dort hatte man kein Verständnis für seine Hoffnungen und schickte ihn mit leeren Händen heim. Tumayaua erzählte uns 1887, dass die Bakaïrí des ersten Batovydorfes von Neuem nach dem Paranatinga gegangen seien; sie müssen dort kurze Zeit nach unserm Abmarsch eingetroffen sein. Näheres darüber zu erfahren, hatte ich später keine Gelegenheit mehr.

II. Verschiebung der Karaiben nach Norden.

Hauptsächlich auf sprachliche Beweise gestützt, habe ich schon nach den Ergebnissen der ersten Schingú-Expedition die Hypothese zu vertheidigen gesucht, dass die neu entdeckten Karaiben im Quellgebiet des Tapajoz und Schingú den Ursitzen des Stammes näher wohnten als die Karaiben nördlich des Amazonas, dass diese von Süden her in die Guyanas eingewandert und von hier auf die Kleinen Antillen übergesetzt seien.

Eine gleich gerichtete Bewegung stellte ich nur für die immer neben den Karaiben erscheinenden Nu-Aruak vor, obgleich ich mir wohl bewusst blieb, dass hier eine weit grössere Unsicherheit vorliege, als bei den Karaiben. Vergl. »Durch Centralbrasilien«, S. 297. »Ob nun die gemeinsamen Urväter im Norden oder Süden des Streifens gewohnt haben, über den wir die Enkel verbreitet finden, ist bei dem heutigen Stand unserer Kenntnisse ziemlich gleichgültig. Mein Gefühl — das ist alles — findet sich besser mit der Annahme zurecht, dass die Bewegung von der Hochebene ausgegangen sei.« Mein Gefühl hatte mich nun für einen wichtigen Bestandteil der Nu-Aruakgruppe, die Paressí, von denen ich nach Cuyabaner Berichten falsche Vorstellungen hatte, durchaus betrogen; denn wenigstens sie sind nach den Angaben, die ich 1888 aus ihrem Munde erhielt, mit Sicherheit von Norden nach Süden vorgedrungen, mag die Grenze, wie weit ihre Heimat nach Norden zu verlegen ist, auch unbestimmt sein. Die Frage ist für die Nu-Aruak heute noch gar nicht zu übersehen, wir wissen zu wenig von den Moxos und den verwandten Stämmen in Bolivien und Westbrasilien, wir wissen noch weniger von den Chaco-Stämmen und müssen von den Aruak in den

Guyanas jedenfalls festhalten, dass sie hier eine ältere Kultur besassen als die Karaiben. Auch am Kulisehu trifft dies zu, selbst innerhalb der bescheideneren Verhältnisse, die dort vorliegen. Es ist recht wohl möglich, dass ihre Hauptbewegung von der der Karaiben sehr verschieden war.

Dagegen hat die bestimmter ausgesprochene karaibische Zentralhypothese seit 1884 neue Stützen erhalten. Die Beweise sind teils indirekte, wie ein kurzer Rückblick zeigen wird, teils direkte.

Das Problem, wo die Urheimat der Karaiben zu suchen sei, ist ungefähr so alt als die Entdeckung Amerikas. Dass schon die ersten Besucher der neuen Welt sich diese Frage vorlegen mussten, lässt sich leicht verstehen: denn das weitverbreitete Volk, das man zuerst auf den Kleinen Antillen und später an der nahen Küste Südamerikas kennen lernte, vor allen andern Indianern durch Tapferkeit, Stolz und Grausamkeit ausgezeichnet und alle die anderen mit Krieg, Mord und Plünderung heimsuchend, hatte die Inselkette des heute noch nach ihm benannten Meeres vor nicht allzulanger Zeit erst besetzt und erschien Allen als ein von aussen eingedrungenes Eroberervolk.

Derselbe Geschichtsschreiber, bei dem sich der Name »Karaibe« zum ersten Mal erwähnt findet und dessen berühmtes Buch 10 Jahre nach dem Tode des Kolumbus erschien, Petrus Martyr, spricht sich bereits für den fremden Ursprung des Namens aus und möchte ihn nach Nordamerika zurückleiten. Und dieser Gedanke hat sich lange behauptet; er drängte sich wie von selber auf, da man unwillkürlich bestrebt war, die Völkerschaften der beiden Kontinente auf dem Weg über die natürliche Brücke der Antillen zu verbinden; er hatte etwas ungemein Einleuchtendes auch insofern, als den Jägerstämmen des Nordens kein anderer Typus nach Charakter und Körperbildung in gleichem Maass verwandt erschien wie der der Karaiben.

Man berief sich auf zwei Sagen des nordamerikanischen Festlandes, die von der Vertreibung eines Stammes aus seinem alten Wohnsitz berichteten, man identifizierte die Karaiben mit den Vermissten, obwohl man weder in Florida, noch auf den Bahamainseln oder Grossen Antillen echt karaibische Elemente antraf. Ja, man vernahm bei der Mehrheit der Eingeborenen selbst die bestimmte Behauptung, sie seien von dem südlichen Festland gekommen, und ihre genauesten Kenner hoben dies mit Recht hervor.

Es verlohnte sich kaum, bei der nordamerikanischen, hauptsächlich von dem Engländer Bristock und dem Franzosen de Rochefort ausgebildeten und ausgeschmückten Hypothese zu verweilen, wenn sie nicht merkwürdigerweise zu später Zeit noch in Alexander von Humboldt einen Verteidiger gefunden hätte; dieser gesteht grade ihr die grösste Wahrscheinlichkeit zu und erklärt nur die Berechnung, dass die Wanderung um das Jahr 1100 vor sich gegangen sei, für willkürlich und unstatthaft.

War aber Humboldt mit dieser Meinung auf dem Irrweg, so ist doch die festere Umgrenzung des Begriffs »Karaibe«, so weit sie zu jener Zeit möglich war, sein unbestrittenes Verdienst. Man hatte bis zu seiner Reise geglaubt, die Karaiben seien ausgestorben — und auf den Inseln waren sie allerdings namentlich in Kämpfen mit den Franzosen — zu Grunde gegangen oder hatten sich mit Negersklaven vermischt; die letzten Reste waren von den Engländern Ende des vorigen Jahrhunderts nach einer Insel im Golf von Honduras befördert worden. Durch Humboldt wurde die Aufmerksamkeit nun erst wieder auf die Festland-Karaiben gelenkt, die in einer auf 40 000 Seelen veranschlagten Gesamtzahl sämtlich im Norden des Amazonenstroms zwischen seinen von links kommenden Nebenflüssen oder im weiten Gebiet des Orinoko sassen. Den damals bekannten Stämmen hat die neuere Zeit nicht wenige Namen hinzufügen können.

So musste naturgemäss die Ansicht zu Wort kommen, dass die Karaiben in demjenigen Lande, in dem sie am dichtesten vereinigt erscheinen, in dem Gebiet der Llanos von Venezuela und in dem heutigen Guyanas, also im Norden oder Nordosten des südamerikanischen Kontinents, von wo aus sie zu den Inseln übergesetzt waren, wahrscheinlich auch ihre Heimat hätten.

Indess diese Lösung war nicht befriedigend. Bei aller Verwandtschaft wiesen die Stämme nicht nur eine allgemein auffallende und stark ausgeprägte Verschiedenheit der Sprachen auf, sie verleugneten auch in ewigem Kampf mit andern Völkerschaften, besonders mit den altangesessenen Aruak nirgendwo den Charakter erobernder Eindringlinge. Hatte man also von den Inselkaraiben eingesehen: sie kamen vom südlich gelegenen Festland, traf man Karaibenstämme dort auch wirklich in unerwartet grosser Menge an, — so musste man sich doch jetzt sagen: auch hier sind sie nicht zu Hause.

Es blieb die Möglichkeit: sie sind vom Süden her eingewandert, sie haben den Amazonenstrom überschritten, sind einem oder mehreren seiner mächtigen Süd-Nebenflüsse entlang nach Norden vorgedrungen und entstammen irgend einem Gebiet der ungeheueren brasilischen Ländermasse. Doch gelangte man zu dieser Erwägung eigentlich nur, weil man sich nicht anders zu helfen wusste. Leider kannte man gar keine Karaiben in Brasilien; nur bei einem kleinen Stamm hoch im Nordosten des Reiches, bei den Pimenteira, hatte man in der Sprache deutlich karaibische Elemente finden können, aber so abscheulich entstellt und verstümmelt, dass sie keinen sicheren Anhaltspunkt gewährten. Das Einzige, was man als eine Stütze der neuen Vermutung vorbringen konnte, war ein Motiv mehr subjektiver Natur. Ueber das heutige Brasilien, der Küste entlang wie weit durch das tiefste Innere zerstreut, über das Paraguay-La-Plata-Gebiet bis nach Bolivien hinein und zum obern Amazonas waren die Tupívölker verbreitet, nicht minder seetüchtig, nicht minder wanderlustig als die Karaiben; diese Tupí konnten nun ja die Verwandten und Stammväter der Karaiben sein. Der Vorschlag fand seine besten Anwälte in einem Orbigny und vor allem in der Person des ausgezeichneten Begründers der brasilischen Ethnographie, in Martius, einem Manne, der sich um die Erforschung der amerikanischen Menschheit ungleich höhere Verdienste erworben hat als Humboldt. »Woher sind die Karaiben ursprünglich gekommen?« fragt Martius. Wir wagen hierüber nur die Vermutung aufzustellen, dass sie Tupí waren. Auch diese haben, über einen grossen Teil Brasiliens sich ausbreitend, eine Oberherrschaft über andere Horden behauptet und lange Zeit eine athletische Körperbildung und heroische Gemütsart erhalten. Es ist nicht unwahrscheinlich, dass in früherer Zeit — vielleicht Jahrhunderte vor Ankunft der Europäer in der neuen Welt — Berührungen und Vermischungen zwischen den Tupí und den Bewohnern des Karaibenlandes stattgefunden haben, aus welcher die sogenannten Karaiben hervorgegangen sind, nicht als ein besonderes Volk, sondern als Leute von einer eigentümlichen Lebensweise, als Räuber, Piraten und Menschenschlächter.«

Ich habe bereits Seite 158 angeführt, dass die Verwandtschaft der Tupí und Karaiben auf das nicht aus dem Wege zu räumende Hindernis der bis in die Wurzelwörter hinein bestimmt ausgeprägten Verschiedenheit der Sprachen stösst. Da giebt es keine Brücke. Wenn die Untersuchung der Bakaïrísprache und ihre Vergleichung mit den nordkaraibischen Indianern dieses sichere Ergebnis geliefert hat, so ist andrerseits durch das nun erwiesene Vorhandensein einer karaibischen Bevölkerung im Innern des Kontinents die Südhypothese dennoch gerettet worden, und Lucien Adam, der sich in neuerer Zeit auf Grund seiner sorgfältigen Untersuchung der Karaibenidiome für die Heimat im Süden des Amazonas ausgesprochen hatte, darf sich der besten Bestätigung freuen.

Inzwischen ist auch bereits vor uns ein karaibischer Stamm im Süden des Amazonas gefunden worden. Ueber ihn, die »Palmellas«, berichtet in einer in Europa kaum bekannt gewordenen Reisebeschreibung der brasilische Arzt João Severiano da Fonseca*), der sie 1877 bei dem Destakament von Pedras Negras (12° 51' 11", 22 s. Br. und 19° 44' 22", 65 W. von Rio de Janeiro) am Guaporé kennen lernte und ein kleines Vokabular aufnahm. Einige 7 oder 8 Leguas entfernt in den letzten Ausläufern der Paressí-»Cordillere« wohnte dieser »Stamm von zahmen Indianern, der erst vor wenigen Jahren erschienen und mit den Bewohnern des Destakaments und den Flussfahrern in Verkehr getreten ist. Sie reden ein von dem der Guaporé-Stämme verschiedenes, mit portugiesischen und spanischen Wörtern vermengtes Idiom und können ihre Herkunft oder ihren Ursprung nicht angeben. Es ist aber bemerkenswert, dass eine grosse Anzahl ihrer Wörter dem Galibí-Dialekt gleich oder ähnlich sind.« Severiano erfuhr von drei Palmellas, die im Destakament waren, dass sie bis vor längerer Zeit (aber höchstens 80 Jahre zurück) bei der Mission S. Miguel der Baures angesiedelt gewesen und dorthin auch schon von anderswoher, aber sie wussten nicht mehr, aus welcher Gegend, als Flüchtlinge gekommen seien. Sie zählten etwa 400 Individuen, hätten jedoch bei einer Epidemie viele Leute durch Tod und Flucht verloren. Es waren friedliche Ackerbauer, wenig zur Jagd und Fischfang geneigt, sie bauten Mais, Mandioka, Igname, Erdnüsse, Kürbis, Zucker-

---

*) Viagem ao redor do Brasil 1875—1878 Rio de Janeiro, 1880. Bd. II, 190 ff.

rohr, Apfelsinen, Melonen und züchteten Hühner und Enten. Nach Angaben der Handelsleute seien unter den Indianern »einige wirklich weiss, mit rötlichem oder kastanienbraunem Haar wie die Herisobocones im Baures-Distrikt, die Tukunapeba und die Arara des untern Schingú«. Eine weisse Indianerin mit blauen Augen und einem Benehmen, das Spuren von Zivilisation erkennen lasse, werde unter dem Namen der »Senhora« von Allen ehrerbietig behandelt. Leider erfahren wir nicht den wirklichen Namen des Stammes und müssen uns mit dem »Palmella« begnügen, wie sie ein Cuyabaner Kautschukhändler zu taufen für gut fand. Ist der Stamm nun auch in den Baures-Distrikt erst von aussen eingewandert und seine Herkunft unbekannt, so bleibt die Thatsache doch sehr bemerkenswert, dass hier Karaiben in ansehnlicher Volkszahl im Quellgebiet des Madeira erscheinen.

Nun sind im östlichen Quellgebiet des Tapajoz und im westlichen des Schingú die Bakaïrí und die Nahuquá hinzugekommen. Sind die Westbakaïrí heute stark reduziert, so ist doch von ihrem jetzt verlassenen Salto des Paranatinga und von dem Gebiet zwischen Paranatinga und Ronuro aus die Verbreitung nach Osten zum Batovy und Kulisehu erfolgt, wo sie die fischreiche Gegend der Katarakte besetzt haben. Die Nahuquá sind die Herren des Kuluene, des Hauptquellarms des Schingú, dessen Untersuchung die wichtigste Aufgabe unserer Nachfolger bildet. Sie fallen mit ihren zahlreichen Dörfern so stark ins Gewicht, dass man den Satz aussprechen darf: es sind die Karaiben, die die Hauptmasse der Bevölkerung des Schingú-Quellgebiets darstellen.

Durch die Kulisehu-Bakaïrí und die Nahuquá ist das der Expedition von 1884 noch entgegenzuhaltende Bedenken, dass die Zahl unserer karaibischen Elemente zu gering sei, um für die vom Centrum des Kontinents her nach Norden gerichtete verwertet zu werden, beseitigt.

Was nun das Verhältnis von Bakaïrí und Nahuquá zueinander betrifft, so ist festzuhalten, dass die beiden Stämme sich sprachlich nicht näher stehen als die Guyana-Karaiben untereinander. Ja, die Bakaïrí stehen den Makuschí oder Rukuyenn näher als den Nahuquá. Der Einfluss der benachbarten Nu-Aruak, der Töpferstämme des Kulisehu, auf die Sprache der Nahuquá ist deutlich ausgesprochen und dieser Verkehr, wie es heute der Fall ist, gewiss schon seit sehr langer Zeit enger und herzlicher gewesen als mit den Bakaïrí. Dieser Umstand steht ganz im Einklang mit der Geschichte und Sage der Westbakaïrí, wenn sie behaupten, dass der Ursitz ihres Stammes zwischen Ronuro und Paranatinga liege.

Die neueste Errungenschaft für die Karaibenfrage endlich und eine wegen der räumlichen Vermittlung, die sie gestattet, sehr wichtige sind die Apiaká. Martius spricht bereits von »Apiaká« im Strombecken des Tokantins, indem er sie neben den Karajá nennt und als Tupí betrachtet, wie es die in weit entlegenem Gebiet wohnenden, ebenfalls »Apiaká« genannten Indianer des obern Tapajoz in der That sind. Ehrenreich hat 1888, nachdem er den Araguay-Tokantins hinabgefahren war, einige Apiaká in Praia Grande getroffen und festgestellt, dass es Karaiben sind. Er war überrascht durch die grosse körperliche Aehnlichkeit mit den Bakaïrí. Die Leute erzählten, dass sie von den Suyá vertrieben worden seien. Sie hatten sich nach Norden geflüchtet und sitzen jetzt westlich der letzten Strecke des untern Tokantins, wahrscheinlich in dem obern Gebiet des Uanapu und Pacayá, etwa auf dem 3. Grad südl. Br. Ehrenreich vermutet, dass die Wanderung erst vor einigen Jahrzehnten stattgefunden habe. Es liegt nahe, sie mit der Ortsveränderung in Beziehung zu setzen, die die Suyá selbst vorgenommen haben, indem sie in den ersten Jahrzehnten dieses Jahrhunderts (vgl. Seite 393) von dem Paranatingagebiet nach dem Schingú verdrängt wurden. Wir wissen auch noch nichts Näheres, ob nun die Apiaká westlich oder östlich des Schingú gesessen haben, allein die wichtige Thatsache, dass hier ein historischer Beleg für die Verschiebung von Karaiben aus Süden nach Norden vorliegt, wird dadurch nicht berührt. Die Breitenverschiebung ist auch sehr beträchtlich; denn die Suyá wohnen heute auf dem 11. Breitengrade und haben vorher am Rio Verde noch erheblich südlicher gewohnt, die Apiaká dagegen sitzen bereits in dichter Nachbarschaft des Amazonenstroms.

Die sprachliche Verwandtschaft der Apiaká und Bakaïrí ist eng, aber nicht enger als die einiger Karaibenstämme nördlich des Amazonas und der Bakaïrí! Es ist sehr interessant, dass die Apiaká bereits vielfach konsonantischen Auslaut und innerhalb des Worts Doppelkonsonanten haben. Aus den Ehrenreich'schen Vokabular, das noch nicht veröffentlicht ist, führe ich einige Wörter an. Das Pronominalpraefix der ersten Person ist *i-*, das im Bakaïrí teils der ersten, teils der dritten Person angehört.

   Zahn *iéri*, Bak. *yéri*, allgemein karaibisch;
   Zunge *elo* (*e* wenig hörbar), Bak. *ilu* (3. Person);
   Hand *omiat*, Bak. *omári* (2. Person);
   Fuss *ipun*, Bak. *ixúlu* (3. Person);
   Oberschenkel *iwet*, Bak. *ewéti* (3. Person);
   Unterschenkel *iptchin*, Bak. *ischinári* (3. Person);
   Nase *inam*, Bak. *inári* (3. Person);
   Ohr *iuanan*, Bak. *iwanatári* (3. Person);
   Knochen *i'pun*, Bak. *ipüri*;
   Wasser *paru*, Bak. *páru* Wasser, Fluss;
   Fluss *paru ime*, Bak. *páru íma* grosser Fluss;
   Sonne *tschitschi*, Bak. *tschíschi*;
   Mond *nuno*, Bak. *núna*;
   Himmel *kabo*, Bak. *kxáu*;
   Regen *kongpo*, Bak. *kxópö*;
   Feuer *kampot* (Bak. *péto*), Rukuyenne und andere
      wapoto, apoto, vergl. Tabelle Bakaïrí-Grammatik S. 278.
   Baum, Holz. *yei*, Bak. *se*, Makuschí *yeh, yéi*;
   Vater *ongmá*, Bak. *iyúme*;

Mutter *iämä*, Bak. *ise;*
Oheim *koko* (patruus, matruus), Bak. *kχúgo* matruus;
Grossvater *tamko*, Bak. *itámo*, Galibi *tamoko;*
Pfeil *pirom*, Bak. *püléu, piráu;*
Bogen *topkat*, Bak. *tákχo;*
Tabak *tawe* (*e* kaum hörbar), Bak. *táwe;*
Mais *ánat*, Bak. *anázi;*
Beijú *abat*, Bak. *awátu;*
Batate *nabiot*, Bak. *náwi;*
Banane *uomium*, Zahme Bak. *banana;*
Fisch *uot*, Nordkar. *boto, uoto* Fisch, Bak. *póto* Wildpret;
Piranya *ponä*, Bak. *páne;*
Schlange *ogoi*, Bak. *agáu;*
Jaguar *ogro*, Bak. *ákå.*

Hier habe ich allerdings recht deutliche Entsprechungen, auf die es zunächst ankommt, ausgewählt. Die Banane wird wieder mit einem neuen, allen Karaibenidiomen fremden Wort bezeichnet; die Apiaká haben in ihrem zentralen Sitz die Frucht ebenso wenig gekannt als die Suyá, vor denen sie flüchteten, und sie wahrscheinlich erst in dem Gebiet zwischen Schingú und Araguay kennen gelernt.

Zahlreiche Nebenflüsse des Tapajoz, Schingú und Araguay sind noch ganz unerforscht. Ich hege die gute Zuversicht, dass dort noch manches Karaibenvölkchen haust. Verdächtig wegen ihrer Tätowierung sind die Arara westlich vom Unterlauf des Schingú. Die östlichste Spur der Karaiben liefern die schon erwähnten Pimenteira in der Provinz Piauhy. Sie brachen, berichtet Martius, seit dem Jahre 1775 von Zeit zu Zeit zwischen den Quellen des Piauhy und des Gorguea hervor und beunruhigten die Gehöfte von Ober-Piauhy. »Glieder dieser Horde waren schon früher in Quebrobro am Rio de S. Francisco angesiedelt gewesen.«*) »Der grösste Theil schweift noch unabhängig umher, und die Fazendeiros haben das Recht, sich derjenigen von ihnen, welche sie gefangen nehmen können, auf zehn Jahre als Sklaven zu bedienen oder sie zu verkaufen.«**) Es wäre dringend zu wünschen, dass ein Teil der Eingeborenen diesem schönen System vom Anfang des Jahrhunderts entgangen wäre und einer gründlichen Erforschung zugänglich würde. Das kurze Vokabular, das Spix und Martius in Piauhy aufgenommen haben (Glossar, S. 219) und in dem schon Martius Uebereinstimmungen mit Karaibendialekten — er nennt das Tamanako — erkannte, würde Ansprüche an Reinkaraibisch allerdings nicht im Geringsten befriedigen. Dennoch sind bei aller Vermischung mit Gēs- oder Tupístämmen die karaibischen Elemente unverkennbar und zahlreicher, als Martius wahrscheinlich vermutet hat. Es sind die Wörter für: Zahn, Zunge, Arm, Brust, Oberschenkel, Zehe, Oheim, Vater, Bruder, Kind, Gefährte, Sonne, (Mond), Holz, Feuer, Erde, Donner, Pfeil,

---

*) Zur Ethnographie Amerikas, zumal Brasiliens, S. 348, 349. Leipzig 1867.
**) Spix und Martius. Reise in Brasilien, II., S. 805. München 1828.

Mandioka, Tabak (-pfeife), schlafen. Nur wimmelt es da so von ŏ, ä, ü, dass Wohlbekanntes stark entstellt erscheint, z. B. Mandioka, Bak. *ichére*, Pim. *uütschörô* oder Arm, Tamanako *japari* (Bak. Flügel *sawŏri*), Pim. *söbaröh*. Erscheinen die Palmella und die Pimenteira nach Allem, was wir bisher wissen, einigermassen isoliert in fremder Umgebung, so repräsentieren die vereinigten Bakaïrí und Nahuquá einen sehr stattlichen Komplex und gleichzeitig ist ihre geographische Lage in dem Quellgebiet von Tapajoz und Schingú für die Hypothese der Verschiebung nach Norden insofern vorzüglich zutreffend, als die südlichsten der Nordkaraiben auf dem linken Ufer des Amazonas eben gegenüber den Mündungen von Tapajoz und Schingú unmittelbar anschliessen. Es liegt mir nichts ferner, als die Bakaïrí oder Nahuquá etwa als die Reste des unveränderten karaibischen Grundvolkes zu betrachten, sondern ich glaube nur, es spricht Alles dafür, dass sie dem Ursitz des Grundvolkes am nächsten wohnen. Dass es ein solches Grundvolk gegeben hat, und mag es am letzten Ende nur ein kleiner Stamm gewesen sein, ist ein unabweisliches Postulat der Sprachvergleichung. Trotz aller Differenzierung im Lauf der Zeiten durch Vermischung mit sehr verschiedenen Elementen giebt es noch heute eine grosse Einheit karaibischer Stämme, deren jeder einen grösseren oder kleineren Schatz von Grundwörtern besitzt. Sie haben ihre lautliche Differenzierung in genau gleichgerichteter Bewegung, aber unabhängig von einander vollzogen. Wir kommen also, ob wir Wanderzüge oder langsame Verschiebung annehmen, stets auf eine ursprüngliche Gemeinschaft zurück, wo man z. B. noch die unerweichten Stammanlaute hatte. Dass sehr viele Jahrhunderte ins Land gegangen und sehr viele Tropfen den Amazonas hinuntergeflossen sind, seit die Ausstrahlung von dem Ursprungszentrum stattgefunden hat, folgt aus der ungeheuren räumlichen Ausdehnung, die der karaibischen Spracheinheit heute zukommt. Damit ergiebt es sich denn von selbst, dass auch solche Karaiben, die noch in nächster Nähe der Urheimat sässen, alle Veränderungen, die gewaltige Zeitperioden auch unter den friedlichsten Verhältnissen mit sich bringen, erlitten haben müssen. Man darf niemals vergessen, dass das »Grundvolk«, wenngleich es für den der Untersuchung unterworfenen stark verzweigten Baum eine Art Stamm oder gar Wurzel abgiebt, doch selbst nur ein Zweig vom Baume gewesen ist; wie jeder beliebige Vorfahr oder Stammvater auch nur ein Glied in einer unendlich langen Reihe ist. »Urkaraiben« sind die Bakaïrí also keinenfalls. Die suchen hiesse für die Juden den noch lebenden Erzvater Abraham suchen.

Das karaibische Grundvolk hatte bereits Mais, Mandioka, Tabak, Igname, Pfeffer, Baumwolle, Orléansstrauch. Vgl. die Nachweise in dem Vokabular meiner Bakaïrí-Grammatik. Man mag sich drehen und wenden, aber man kann dem Schluss nicht ausweichen, dass die mit jenen Pflanzen gegebene Kultur den Karaiben bereits vor sehr, sehr langer Zeit gehörte. Es ist wahrlich wichtig, dies zu beherzigen, wenn man das richtige Verhältnis zur Ahnensage gewinnen will. Die sichere historische Tradition mit bestimmten Namen umfasst keine zwei Jahrhunderte. Da darf man es den Bakaïrí wirklich nicht übel nehmen, wenn sie uns den Stamm, der ihnen Tabak und Baumwolle gab, nicht mehr nennen können und sich auf den im Norden lebenden Wickelbär berufen. Allein, dass diese Erzeugnisse von Norden gekommen sind, ist bei dem Ueberblick über die Verhältnisse, den wir nun haben, von allergrösstem Interesse.

Nur zweierlei ist möglich. Entweder man fertigt die Wickelbärsage als Ammenmärchen ab, dann ist die Angelegenheit erledigt. Ich vermag mich nicht dazu zu entschliessen, weil ich nicht begreife, mit welchem Recht man eine bestimmte, in Nichts unwahrscheinliche und mit den pflanzengeographischen Forderungen wohl übereinstimmende Angabe zurückweisen könnte. Das Unwahrscheinliche liegt nur für uns in der Person des Wickelbären, allein sie ist doch gerade auch eine Gewähr für die Richtigkeit, da sich die Tradition eben mit der Beziehung auf ein auch schon vor vielen Jahrhunderten an der Nordgrenze des Bakaïrí-Gebiets lebendes Tier wirklich erhalten konnte. Dass wir uns keinen Tabak rauchenden Wickelbären vorzustellen im Stande sind, dafür können die Bakaïrí nichts.

Ich glaube also wie Antonio an den Wickelbären, von dem Tabak und Baumwolle stammt, und sehe mich dann nur der zweiten Möglichkeit gegenüber, dass die **Urheimat der Karaiben im Süden des Wickelbärreviers liegt.** Denn das Grundvolk besass bereits Tabak und Baumwolle.

Ich lege sogar auf diesen Beweis viel mehr Wert als auf die Tradition, dass in alten Zeiten Bakaïrí — man weiss nicht wohin — ausgewandert sind. Ich bezweifele keineswegs ihre Richtigkeit, ich halte es auch für möglich, dass aus solchen früheren Bakaïrí der eine oder andere Karaibenstamm hervorgegangen sei, den wir heute im Norden finden, aber unbestimmt bewiesen würde dadurch nur, was **garnicht bewiesen zu werden braucht.** Es ist wohl, auch wenn keine Tradition davon berichtete, nicht anders denkbar, als dass sich von jedem Stamm während der Jahrhunderte, zumal bei einem Stamm, der wie die Bakaïrí vom Fischfang lebt, kleinere oder grössere Gruppen in andere Gebiete dem Lauf der Flüsse entlang entfernt haben und dann auch durch Berührung mit neuen Stämmen körperlicher und sprachlicher Differenzierung entgegengegangen sind. Es braucht ebenso wenig bewiesen zu werden — wie es durch die Nu-Aruak-*keri* und *-kame* in der That bewiesen wird — dass die Bakaïrí im Lauf der Jahrhunderte von ihren Nachbarn, mit denen sie sich vermischten, beeinflusst wurden. Ich wiederhole, die **Bakaïrí sind keine Urkaraiben,** sie werden es leider nicht einmal, da ihr Todesurteil schon besiegelt ist, für Nachkommen späterer Jahrhunderte werden.

Ich resümiere. Von jeher hat das Postulat bestanden, dass die Karaiben im Norden des Amazonas von auswärts in ihre Sitze gelangt seien. Man ist dahin gedrängt worden, dass die Einwanderung nur von Süden her erfolgt sein könne. Die Bakaïrí oder Nahuquá, die man hätte erfinden müssen, wenn sie nicht vorhanden gewesen wären, sie sind in ansehnlicher Zahl nachgewiesen und stehen zur Verfügung in einem Gebiet, das dem Erklärungsbedürfnis auch des Geographen vortrefflich genügen muss. Isolierter erscheinen Palmella und Pimenteira. Das »missing link« für die räumliche Entfernung ist in den Apiaká geliefert; die Suyá, die sie vertrieben haben, wohnen nördlich von den Schingú- und Paranatingakaraiben. Der physische Habitus der Südkaraiben und der Apiaká wie auch derer nördlich des Amazonas, die wir wenigstens nach Abbildungen vergleichen können — ich gedenke hier besonders der Creveaux'schen Rukuyenn und einiger Galibí, die im Jahre 1892 eine Kunstreise in Europa machten — zeigt auffallende Uebereinstimmung. Die Tradition der Bakaïrí weist darauf hin, dass Tabak und Baumwolle, die das Grundvolk besessen hat, von Norden gekommen sind. Was man noch verlangen möchte, dass Sprache und Kultur bei den der Urheimat näheren, somit geringerer Differenzierung ausgesetzten Stämmen einer und einfacher geblieben sind, beides habe ich zu erweisen gesucht: für die Sprache in der Bakaïrí-Grammatik, für die Kultur in diesem Buche.

XV. KAPITEL.

I. Die Zählkunst der Bakaïrí und der Ursprung der 2.

Die Zahlwörter der übrigen Stämme. - - Namen der Finger. Hersagen der Zahlwörter mit Fingergeberden. Zählen von Gegenständen über 6; idem unter 6. Die rechte Hand tastet. Fälle des praktischen Gebrauchs und Fehlen gesetzmässiger Zahlen. Fingergeberde nicht mimisch, sondern rechnend. Räthsel der »2.« »5« »Hand« kein Vorbild, sondern eine (späte) Erfahrungsgrenze. Entstehung der »2« durch Zerlegung eines Ganzen in seine Hälften. Die Dinge liefern die Erfahrungsgrenze der »2«-Geberde. Abhängigkeit vom Tastsinn. Bestätigung durch die Etymologie.

Die Bakaïrí hatten die Kunst des Zählens am wenigsten entwickelt. Betreffs der übrigen Stämme beschränke ich mich, da ich die Zahlen in den Wörterverzeichnissen mitteile, auf wenige Bemerkungen.

Alle Stämme zählten erst die Finger der beiden Hände und dann die Zehen der beiden Füsse ab. Sie begannen, mit Ausnahme der Bakaïrí, vom Daumen der rechten Hand ab, zählten an den Fingern bis 5, gingen zum Daumen der linken Hand über, rechneten hier bis 10 und wiederholten das Verfahren genau so für die Füsse.

Wenn man die Zahlwörter auf ihre Bildung hin ansieht, so bemerkt man bei allen Stämmen dass sie besondere Wörter für 1, 2, 3 haben, mit Ausnahme der Bakaïrí, die ich vorläufig beiseite lasse, und der Trumaí, deren Aufnahme aber viel Unsicheres enthält; bei den Trumaí steckt das Wort für 2 *hurs* in dem für 3 *hurstamé*. Dagegen haben die Trumaí und mit ihnen nur die Waurá (unsicher) und die Kamayurá ein ganz neues Wort für 4, während bei allen übrigen die 4 eine durch einen Zusatz veränderte 2 darstellt.

Für 5 haben die Trumaí und die Auetö ein neues Wort, das nichts mit »Hand« zu thun hat. Bei allen Andern, immer abgesehen von den Bakaïrí, steckt die Hand in der 5. Die Kamayurá sagen »Hand hört auf« *yenepó momáp* (Guaraní *mombáb* aufhören), die Töpferstämme sagen »1 Hand«, die »Hand« schlechthin.

Die Zahlen 6, 7, 8, 9 sind aus 1, 2, 3, 4 mit einem Zusatz gebildet. Nur bei den Kamayurá lautet dieser anders für 6 und 7 als für 8 und 9. Für 6 und 7 1 und 2 + *cerowák* scheint die Bedeutung (Guaraní *guerobág*) zu sein: 1 oder 2 werden vertauscht, wechseln.

10 enthält bei den Töpferstämmen und wahrscheinlich auch bei den Auetö die Hände, bei den andern ist das Wort ein neues.

Mit 11 tritt bei allen, durch einen Zusatz bestimmt, der Fuss ein und 12, 13, 14 sind = 2, 3, 4 + dem Fuss und diesem Zusatz. Die Nahuquá verwenden allerdings statt ihres Wortes für Fuss ein Wort *vúro*, das aber aus der Vergleichung mit andern karaibischen Sprachen als ein Stamm gleicher Bedeutung zu erkennen ist.*) und zählen nun von 11—15: »1, 2, 3, 4, 5 Fuss« an den rechten Zehen und von 16—20 an den linken »1, 2, 3, 4, 10 Fuss.«

Von 15—19 gehen die Sachen ziemlich stark durcheinander, mit 15 erscheint meist ein neuer Zusatz und die Bildungen laufen denen der zweiten Hand von 6—9 oder denen des ersten Fusses von 11—14 parallel. Bei den Yaulapiti, deren Zahlen sehr regelmässig gebildet sind, heisst 1 Fuss: 15, bei den Mehinakú dagegen: 11, jenes also, weil der Fuss fertig ist, dieses, weil er nun beginnt. So kommt bei den Mehinakú folgendes Kuriosum zu Stande: 5 = 1 Hand, 11 = 1 Fuss, 12 = 2 Fuss, 13 = 3 Fuss, 14 = 4 Fuss und (da 5 = 1 Hand) 15 = 1 Hand, Fuss!

Alle haben in der 20 die Füsse, ausgenommen die Auetö. Bei den Yaulapití ist derselbe Zusatz, der mit Hand = 10 war, mit dem Fuss = 20. Bei den Kustenaú ist die 15 der 20 bedenklich ähnlich.

Wenden wir uns nun zu den tiefer stehenden Bakaïrí, mit denen ich mancherlei arithmetische Uebungen gepflogen habe.

Die Namen ihres Rechenapparates, der Finger haben mit Zahlen nichts zu thun. Der Daumen heisst »Vater«, der Kleinfinger »Kind« oder »Kleiner«, der Mittelfinger wie bei uns der »Mittlere«, Zeigefinger und Ringfinger werden jener der »Nachbar« — das ist wenigstens die wahrscheinliche Deutung — des »Vaters«, dieser der »Nachbar« des »Kleinen« genannt.

Sie zählen in Worten bis 6:

1 = *tokále* 4 = *ahága ahága*
2 = *ahága* 5 = *ahága ahága tokále*
3 = *ahága tokále* oder *ahewáo* 6 = *ahága ahága ahága*

Man sieht, dass sie nur für die Zahlen von 1 bis 3 eigene Wörter haben und die Zahlen von 4 bis 6 aus *ahága* und *tokále* zusammensetzen. Das Wort *ahewáo* für 3 lernte ich erst auf der zweiten Expedition kennen, hörte aber ebenso häufig die aus 2 und 1 zusammengesetzte Form. Der Schluss, dass *ahewáo* vielleicht ein neueres Wort sei, wäre falsch, denn die Sprachvergleichung ergiebt, dass es auch bei mehreren Karaibenstämmen im Norden des Amazonenstromes vorhanden ist und ein hohes Alter besitzen muss. Es fällt aber auf, dass diese 3 in keins der höheren Zahlwörter, nicht einmal in die 6 eintritt.

Sehen wir von dem nicht obligatorischen *ahewáo* ab, so zählt der Bakaïrí also: eins, zwei, zwei-eins, zwei-zwei, zwei-zwei-eins, zwei-zwei-zwei.

Er beginnt mit dem Kleinfinger der linken Hand und sagt „*tokále*", fasst Finger IV an, vereinigt ihn mit V und sagt „*ahága*", geht zu III über und sagt,

---

*) *vuro* = *upu-lu*, (-*lu* pronominales Suffix), Makusí, Inselkaraiben *upu* Fuss.

indem er ihn getrennt neben V und IV hält, „*ahága tokále*", geht zu II über, vereinigt ihn mit III und sagt „*ahága ahága*", fasst den Daumen an und sagt „*ahága ahága tokále*", legt den Kleinfinger der rechten Hand heran und sagt „*ahága ahága ahága*". Hinter »6« ist der Bakaïrí mit den Zahlwörtern zu Ende und fährt nun bei IV, III, II, I der rechten Hand fort, indem er jeden Finger nach der Reihe berührt und einfach „*méra*", »dieser« hinzufügt. So berührt er auch die Zehen des linken und des rechten Fusses und erklärt jedesmal „*méra*". Ist er noch nicht zu Ende, so greift er sich in die Haare und zieht sie nach allen Richtungen auseinander.

Man muss sich sagen, wenn sie die 7 mit „*ahága ahága ahága tokále*" hätten bezeichnen wollen, so hätten sie schon zählen müssen, um zu zählen, die Zahlen selbst zählen müssen. So konnte, selbst wenn es sich nicht um tiefere Gründe handelte, schon der Mangel eines höheren Zahlwortes als 2 oder 3 an und für sich ein Hindernis bilden. Offenbar hatten sie jenseits der 6 nur die vage Anschauung einer grösseren Summe. Man denke sich Jemand, der die Stufen einer Treppe zählen will, unterwegs aber an einer Stelle aus irgend einem Grunde die Zahl der zurückgelegten Stufen nicht mehr genau weiss; höher und höher steigend bleibt er sich bewusst, dass es immer mehr wird, aber einmal aus dem Konzept gebracht, wird er sich immer unklarer, wie viel Stufen es mehr werden und wie viele es zusammen sind. So kletterten die Bakaïrí an ihrer Treppe von 20 Stufen bis zu Ende empor und hatten gewiss alle Sicherheit, dass sie bei dem ersten Fuss weiter waren, als bei der zweiten Hand und bei dem zweiten Fuss weiter als bei dem ersten, allein dass sie nun etwa nach dem Abgreifen von 10 Fingern und 5 Zehen eine präzise Vorstellung gehabt hätten wie wir mit dem Wort »fünfzehn« verbinden, davon konnte auch nicht die Rede sein.

Ihre Begriffe endeten bei »6«, und auch die Anschauung jenseits der »6« war nur einigermassen bestimmt, so lange sie an der Betrachtung und Befühlung der Finger und Zehen haftete. Sobald bestimmte Gegenstände gezählt werden sollten, ging ihre Kunst kaum weiter als ihre Begriffe, das heisst die Zahlwörter. Ich habe mit Paleko und Tumayaua eine Menge — ich greife mir bei der Erinnerung in die Haare — Versuche gemacht und will zunächst das immer gleiche Ergebnis bei einer grösseren Anzahl von Maiskörnern oder dergl. erwähnen. Legte ich zehn Körner hin und fragte „*átúra?*", »wie viele?«, so zählten sie auf die noch zu beschreibende Art und Weise langsam, aber richtig bis »6«. Das 7te, 8te Korn wurde zur Not noch auf die Finger IV und III der rechten Hand bezogen und entsprechend „*méra*", „*méra*" gesagt, aber sie zeigten sich dann abgespannt und unlustig; sie erinnerten mich an Leute, die ohne Interesse Karten spielen oder Rätsel lösen sollen und bald gähnend ausrufen: »ach, ich habe für dergleichen gar kein Talent«. Sie gähnten auch, und wenn ich sie nötigte, so lachten sie einfältig oder machten ein verdrossenes Gesicht, klagten über „*kinaráchu ewáno*", was bezeichnend »Kopf-Arbeit« oder »Kopf-Schmerz« bedeutet, und liefen womöglich davon, in jedem Fall streikten sie.

Ich fragte Paleko gelegentlich, ob das Dorf der Nahuquá gross sei. Er gab sich zur Antwort daran, eine Anzahl Kreise in den Sand zu zeichnen und deutete mit zufriedener Miene auf das Bild. Seine Absicht war, mir die unbestimmte Vielheit der Häuser, von deren genauerer Anzahl er auch kaum sichere Kenntnis haben konnte, zu veranschaulichen, und er war sich nicht im Entferntesten bewusst, dass er, Kreis um Kreis hinsetzend, mir doch eine begrenzte Anzahl überlieferte. Dass es Menschen giebt, die ein Dutzend Kreise als 12 Kreise präzisieren können, davon hatte Paleko keine Ahnung.

Wie zählten sie Dinge, deren Anzahl nicht über 6 betrug? Legte ich 1 Maiskorn hin, so antwortete der Bakaïrí sofort „*tokále*", fasste gewöhnlich dabei das Korn und dann den linken Kleinfinger an, beides aber so flüchtig und mechanisch, dass selbst, wenn er es that, der Vorgang entbehrlich schien. Bei 2 Körnern unterliess er es schon selten, die Finger beider Hände zu Hilfe zu nehmen. Besonders wenn ich die Körner in einigem Abstand hinlegte, so schob er sie immer zusammen und fasste dann auch immer links Kleinfinger und Ringfinger an, ehe er die Zahl aussprach. Legte ich 3 Körner hin und fragte nach der Anzahl, so habe ich auch nicht ein einziges Mal weder von Paleko und Tumayaua noch von Andern, mit denen ich weniger übte, Antwort bekommen, ohne dass das Häufchen in 2 und 1 zerlegt worden wäre: das Körnerpaar wurde zuerst angefasst, häufig noch einmal prüfend gelockert, dann links Finger V und IV angefasst und gesagt „*aháge*"; das einzelne Korn wurde angefasst, Finger III links zu IV und V herangeschoben, „*tokále*" gesagt und schliesslich verkündet: „*aháge tokále*". Ebenso verliefen die Proben weiter bis 6. Immer wurden Häufchen von 2 Körnern gebildet, immer wurden sie angefasst und dann erst die Finger eingestellt.

Die rechte Hand tastete, die linke Hand rechnete. Ohne die Finger der rechten Hand zu gebrauchen, nur nach einer Betrachtung der Körner an den Fingern der linken Hand zu zählen, war schon bei '3 Stück ganz unmöglich. Das Zweierhäufchen musste mit der Hand zurechtgelegt werden. Ich habe Tumayaua 3, 4, 5, 6 Körner vorgelegt, ihn die Häufchen bilden lassen, aber die linke Hand festgehalten: nur selten zählte, oder besser wohl: riet er bei 3 richtig, für die übrigen gab er beliebige Ansammlungen von „*aháge*" zum Besten. Beide Hände waren also unentbehrlich, wenn 3 Dinge gezählt werden sollten; zur Not mochte es noch ohne die linke gehen, ohne die rechte.

In den Sagen und Märchen der Bakaïrí kommen, um dessen hier zu gedenken, Zahlenangaben mit 2 öfters vor.

Auch die 3 erscheint; das Reh erhält 3 Mandiokazweige von dem Bagadú-Fisch, die es anpflanzen soll. Kamuschini fällte 5 Bäume, vgl. Seite 373. Der Erzähler hat 3 Sätze nötig, um uns diese Mitteilung zu machen. »Er fällte zwei Pikíbäume. Er fällte wieder zwei ebenso. Er fällte einen.« Kamuschini bringt die 5 Bäume in das Haus und stellt sie an einen Mörser. Wieder 3 Sätze, und zwar wird hier, mitten in der Aufzählung, das zweite Paar der Bäume nicht durch das Zahlwort „*aháge*", sondern durch das unbestimmte „*zagóno*", der oder die andern, ausgedrückt. Die drei Sätze lauten also: »Er stellte 2 an den Mörser. Er stellte ebenso die andern an den Mörser. Der einzelne kam an den Mörser.« Freilich brauchte die Sache in diesem Fall nicht ganz so schlimm zu sein, wie sie aussieht. Kamuschini fällte Bäume verschiedener Art, wie mir Antonio nebenher berichtete. So mögen dem Erzähler in jedem jener drei Sätze auch die verschiedenen Bäume vorgeschwebt haben. Doch würde er bei 5 gleichartigen Bäumen nicht anders verfahren sein, wie ich bei den 5 Sternen des Perseus, vgl. Seite 361, sah.

Es steht natürlich nichts im Wege, dass sie selbst von 5 Dingen genau berichten, da sie Zahlwörter bis »6« haben.

Eine der stereotypen Unterhaltungen betraf die Anzahl der Kinder. Auch die vom zweiten Dorf eintreffenden, mit meinen Versuchen noch nicht gequälten Bakaïrí vertrauten mir in der ersten Viertelstunde an, dass sie 1, 2 oder gar 3 Kinder hätten und bedienten sich dabei ausnahmslos der Finger. Dass Jemand „*aháge aháge*" Sprösslinge sein eigen nenne, schien bei den Bakaïrí unerhört. Man kam also mit den Zahlwörtern und den Fingern sehr gut aus.

Ueberhaupt bedurften sie keine höheren Zahlen als sie besassen. In ihren kleinen Verhältnissen, die durch keine schweren Besitzfragen bedrängt wurden, spielte eine Stückzahl über sechs hinaus keine Rolle. Aus eigenem Antrieb nannten sie mir Zahlen für die eben erwähnte Kinderstatistik und die Tagereisen am Fluss, die von Stamm zu Stamm stets unter jener Grenze blieben. Ihr mangelhaftes Rechnen bedeutet Mangel an Intelligenz nur insofern, als er freilich einen beschränkten ökonomischen Horizont verbürgt, hat aber mit geringer Begabung unmittelbar gar nichts zu schaffen. Es bedeutet Mangel an Uebung. Sie haben keinen Viehstand, dessen Stückzahl zu überwachen wäre, sie haben keinen Handel mit Waaren, die gezählt oder auf eine Werteinheit bezogen werden müssten, sie haben sich nur hier und da über Personenzahl, über die Zahl der Tiere, denen sie begegnet sind, die sie erlegt haben, die sie unter sich verteilen, über die Bäume, die sie fällen, und was es von ähnlicher Arbeit im Haushalt und alltäglichen Leben giebt, zu verständigen, wobei ihre Zahlwörter ausreichen oder mit andern Ausdrucksmitteln in Wort und Geberde eine unbestimmte Vielheit angegeben werden kann. Das Prinzip des Zählens, die Abstraktion der Zahl besitzen sie, hat schon in uralten Zeiten das karaibische Grundvolk besessen, und von da aufwärts ist die Weiterentwicklung nur vom Interesse abhängig. Ihr geringes Bedürfnis, sich mit der Zahl der Dinge abzugeben, wird meines Erachtens noch mehr als durch den Mangel der Zahlwörter durch den Mangel des Plurals gekennzeichnet. Baum, Bäume und Holz ist alles „*se*", Haus, Häuser und Dorf immer nur „*éti*".

Wir, die wir in Zahlen leben und weben, weil sie das Gerüst all unseres Wissens darstellen, besitzen eine Menge angelernter Kenntnisse, in denen alle gewöhnlichen, »gesetzmässig« wiederkehrenden Zahlenverhältnisse einbegriffen sind, und bedürfen in sehr vielen Einzelfällen nicht der selbständigen Beobachtung. Schwerlich haben wir unsere Zehen jemals gezählt, aber es ist richtig, es sind ihrer 10. Eine Weste können wir ein Jahr lang tragen, täglich an- und ausziehen und haben keine Ahnung, wieviel Knöpfe daran sind. Nun klebt der Naturmensch an jeder Einzelerscheinung und weiss nichts von Gesetzen. Wenn man ihn fragt, wie viele Finger er hat, so thut er uns gern den Gefallen, sie zu zählen. Er nimmt die Frage genau so wie ein Europäer die nach den Westenknöpfen.

Wie die Zählkunst der Bakaïrí, die ausserordentlich ähnlich der australischer Stämme ist, sich regelmässig hätte weiter entwickeln können, sehen wir an einem häufig zitierten Beispiel bei ihren nahen, wenn auch räumlich sehr entfernten Verwandten, den Tamanako des Orinoko. Diese haben den bekannten Fortschritt vollzogen und ein Zahlwort für »5« von der Hand entnommen: »ganze Hand;« »10« sind »beide Hände«, »15« ein »ganzer Fuss« und »20« »ein Mann«. In der »4« der Tamanako ist die »2«, dasselbe Wort wie bei den Bakaïrí, noch enthalten, aber sie haben ihm eine den Sinn bestimmende Endung gegeben und sagen nicht mehr »zwei-zwei«. Wir erkennen genau das Fingergeberden-System der Bakaïrí wieder, das sich aber bereits die zugehörigen Zahlwörter geschaffen hat.

Ich habe mir, während Paleko Körbe flocht oder wenn ich mich Nachts oft lange schlaflos in der Hängematte schaukelte, viel über die Art ihres Zählens den Kopf zerbrochen. Sollte man auch hier, wo die Verhältnisse so einfach liegen wie möglich, dem merkwürdigen Geheimnis nicht auf die Spur kommen, wie die Abstraktion der Zahl im menschlichen Geiste entstanden ist?

Ueberall hat man bei den Naturvölkern bemerkt, dass sie in erster Linie mit den Fingern zählen, und damit weiter kommen als mit den Zahlwörtern. Man hat aus dieser allgemeinen Erfahrung den Schluss gezogen, dass die Zahlgeberden älter sind als die Zahlwörter und dass diese erst aus jenen hervorgegangen sind. Nur darf man, wenn von Fingergeberden die Rede ist, nicht meinen, dass es sich blos um Geberden handle, mit denen dem Frager die Zahl mitgeteilt werden soll, als wenn sie zunächst den Zweck hätten, für ihn eine lebhaftere Verdeutlichung zu bewirken; wie etwa der Italiener, sobald er »3« sagt, auch 3 Finger vorstreckt. Der Eingeborene rechnet mit seinen Fingern, wie man die Kugeln an den Drähten einer Rechenmaschine anfasst. Es ist wahr, beim Zählen von einem oder zwei Dingen berührt er die Finger der linken Hand oft so flüchtig, dass die Bewegung den Charakter einer rein mitteilenden Geberde annimmt. Hat man aber der sorgfältigen und peinlichen Arbeit zugeschaut, die das Zählen von 3 Maiskörnern darstellt, wie der Bakaïrí erst die Körner und dann die Finger links betastet, so wird man nicht zweifeln, dass die linke Hand seine Rechenmaschine ist. Und so tastet er auch jenseit der »6« die Finger und Zehen wie die Kugeln einer Rechenmaschine ab, und es liegt ihm fern, nur mitteilend darauf zu deuten oder gar, soweit das mechanisch möglich wäre, sie frei mit mimischer Veranschaulichung vorzustrecken.

Aber damit, dass man die Zählkunst bis auf die niedrigste Stufe zurückführen kann, wo man noch die »2« oder »3« an den Fingern mühsam abtasten muss, ist für das eigentliche Verständnis des Zählens nicht das Geringste gewonnen. Bei der »2« fängt das Rätsel erst an, denn wie in aller Welt sind die Menschen überall dazu gekommen, zu denken: $1 + 1 = 2$, also zwei einzelne gleichartige Gegenstände in einer neuen Einheit zusammenzufassen? Die Natur zeigt nur Dinge in endloser Wiederholung; es ist leicht verständlich, dass man auf ein Ding nach dem andern hindeutete, dabei einen Finger und irgend ein demonstratives Wort gebrauchte, es hat auch keine Schwierigkeiten bei der Rolle, die der Geberdensprache zukam, sich vorzustellen, wie man gedachte Dinge Stück für Stück sich selbst an den Fingern veranschaulichte und jedesmal auf einen Finger als den sinnlich wahrnehmbaren Stellvertreter hinwies. So kann man allerdings wissen und ausdrücken, dass alle Dinge da sind, oder dass welche fehlen, und in diesem Sinn auch bereits zählen, aber man gelangt nur zu einer Aufzählung gegenwärtiger und abwesender Objekte mit demonstrierenden Geberden und demonstrativen Wörtern, jedoch noch nicht zu dem zwei einzelne Dinge zusammenfassenden Einheitsbegriff der »2«.

Man hat gesagt, die »2« sei aus dem Wechselverkehr der ersten und zweiten Person entstanden = »ich + du«. Den beiden gegenüber seien alle übrigen Personen »Viele« gewesen = »3«. Mir ist diese Erklärung völlig unverständlich. Ich begreife, dass »ich + du« »wir«, oder dass »mein und dein« »unser« wird, aber »2«? Was hat das Verhältnis von »ich und du« auch nur vergleichsweise mit 2 Pfeilen, die ich in der Hand habe, mit 2 Frauen, denen ich begegne, zu thun? Ich kann mir nicht einmal denken, dass man, um »ich und du« mit einer Geberde auszudrücken, auf 2 Finger hinwies — falls man nicht das Zählen erfinden wollte — sondern glaube, dass man auf sich und den Andern zeigte.

Man hat gehofft, durch die Etymologie der Zahlwörter vorwärts zu kommen, und sich durch das verbreitete »5« = »Hand« leiten lassen. Wenn der ursprüngliche Sinn der Zahlwörter für »1« und »2« dunkel sei, so habe man doch Grund anzunehmen, dass er sich auf ein ähnliches Vorbild des Körpers bezogen habe. Falls man auf diese Art nur Zahlwörter erklären wollte, die gewiss aus einer Vergleichung hervorgegangen sein könnten, wäre gegen die Möglichkeit nichts einzuwenden. Dagegen wird über den Ursprung einer »2« bedeutenden Fingergeberde durch den Vergleich mit der »Hand« = »5« gar kein Licht verbreitet. Bedenken wir, »5« = »Hand« ist ein sehr später Gewinn. Es giebt eine ganze Reihe zählender Naturvölker, die ihn noch nicht erreicht haben. Die Bakaïri, die nachweisbar seit vielen Jahrhunderten rechnen müssen, besitzen das Wort heute noch nicht, das die Tamanako also erst nach der Trennung von dem karaibischen Grundvolk erworben haben. Wenn wir hieraus lernen, dass eine lange Zeit fertigen Zählens ohne »5« = »Hand« bestehen kann, so wundern wir uns nicht, dass diese Bedeutung eines Tages aufkam, aber wir dürfen daraus auch nichts mehr folgern, als dass man eben an den Fingern gerechnet hat. Die Hand war zunächst kein Vorbild, sie war eine bestimmte Grenze der praktischen Zählerfahrung. Eine natürliche Abgrenzung aber, wie sie an der Hand für die »5« in der That gegeben ist, ist hier für die »2« leider nicht gegeben. Bis zur 5 hinauf lieferte die Hand nur einzelne Finger, deren jeder einen gegenwärtigen oder gedachten Gegenstand mit einer Geberde veranschaulichen konnte, lieferte aber nicht das Vorbild einer Einheit aus zwei Fingern, das sich etwa beim Tasten von selbst dargeboten hätte.

Sollten denn nicht das einfachste »Vorbild« einer natürlichen Einheit für »2« die paarigen Organe gewesen sein? Gewiss, sobald man zählen konnte, und dann ohne Mühe. Schon ehe er zählte, muss sich dem Menschen die Beobachtung aufgedrängt haben, dass Auge und Auge, Flügel und Flügel gleiches Aussehen hatten, aber diese Beobachtung erzeugt doch nicht die Geberde, dass er hinter »augen« Fingern eine Grenze absteckte und die Abstraktion auf beliebige Dinge machte. Er verglich nur Auge mit Auge, Flügel mit Flügel und hatte keine Veranlassung, auch nur die beiden Augen mit den beiden Flügeln oder Armen zu vergleichen, geschweige in der längeren Reihe von Fingern, Pfeilen, Fischen, die ihm begegneten, bei passenden Gelegenheiten eine vergleichende Bestimmung nach »Augen« oder »Flügeln« zu machen, es sei denn, er erklärte: »jetzt will ich zählen«. Es ist auch immer zu betonen, dass der Eingeborene den Finger betastet, wenn er zählt. Dass er ursprünglich ein Augen- oder Flügelpaar befühlend und die Empfindung auf die Finger übertragend die erste »2« konzipiert habe, wird selbst von dem wildesten Symboljäger nicht phantasiert werden.

Ebenso wenig hätte er die »1« als erste Zahlvorstellung von »Nase« oder »Mund« zu abstrahieren vermocht, während er sie danach benennen konnte, wenn er die Abstraktion schon besass. Ob er aber auch den Finger an die Nase oder die Nase an den Finger legte, es hätte ihn, wie bereits erörtert, in der Zählkunst nicht gefördert, denn mit solchen 1, 1, 1, 1, die ohne die »2« nicht besser gewesen wären als das Demonstrativum „*méra*" der Bakaïrí, wäre er niemals auf die erste Summe gekommen. Seine »1« können immer nur ein unbestimmtes »Viel« zusammengesetzt haben.

Ist es nun nicht zu verstehen, wie der zahlenlose Mensch aus 1 + 1 die »2« gemacht hat, so wäre die Lösung des Problems vielleicht die, dass er sie aus einem Einzigen gemacht hat?

Der Bakaïrí zählt sowohl in der Finger- wie in der Wortsprache nach folgendem Schema:

I, II, II I, II II, II II I, II II II und zwar: I *tokále*, II *aháge*.

Obgleich er ein besonderes Wort für »3« besitzt, wendet er es doch nur in beschränktem Umfang an. Die »2« kann ihr ursprüngliches Uebergewicht nicht verleugnen und hat nicht einmal die Bildung von einem „*ahewáo ahewáo*" »6« geduldet. Die Gegenstände, die gezählt werden, werden in Paare eingeteilt. Bei der »3« und der »5« bildet er nicht I II „*tokále aháge*" und I II II „*tokále aháge aháge*", sondern II I „*aháge tokále* und II II I „*aháge aháge tokále*". Es sieht also fast so aus, als wenn die »2« nicht nur vor der »3«, sondern auch vor der »1« dagewesen wäre!

Durch diesen Einfall kam ich auf den Weg, den ich für den richtigen halte. Dieser Weg muss ein überall wiederkehrender, gesetzlich und entsetzlich einfacher Vorgang sein und muss für sich selbst sprechen, was auch die Etymologie sage, er muss derart beschaffen sein, dass wir ihn vorauszusetzen haben, wo wir die Zahlwörter gar nicht kennen.

Wenn die Einheit »2« nun von dem Menschen gewonnen wurde, indem er ein Ganzes in zwei Stücke teilte? Wenn er, statt mit der »Stückzahl« von »2« mit der Zahl von 2 Stücken begonnen hätte? Adam und Eva, nehme ich an, zählten schon im Paradiese bis »2«, denn es war ein lustiger Baum, der klug machte. Allein sie sonderten nicht aus der Zahl der gepflückten Aepfel »2« ab, indem sie einander in die Augen blickten und dann auf die Aepfel schauten und endlich 2 Finger anfassten, oder indem sie »mein und dein« Apfel sagten, sondern Eva wollte als liebenswürdige Frau Adam von demselben Apfel essen lassen, den sie ass, und da machte sie sofort die merkwürdige Beobachtung, dass sie, so viele Aepfel sie auch in dieser Art anbot, jedes und jedes Mal, wenn sie einen Apfel zerbrach oder zerschnitt, ihn mit dem ersten Schnitt in — gleiche oder ungleiche — aber immer in »**2**« Stücke teilte. Und wenn sie eins der Stücke zerschnitt, so teilte sie es mit diesem Schnitt wieder in 2 Stücke, kurz sie machte es wie die Bakaïrí: aus | wurde ||, sie zerschnitt das eine | und erhielt || |, zerschnitt das andere | und erhielt || ||, zerschnitt wieder ein | und erhielt || || |, zerschnitt noch einmal und hatte jetzt || || ||.

Wenn sich nun Eva, die in ihren Reden etwas weitschweifig war, die alle Einzelheiten der Reihe nach gründlich erörterte und sich mit lebhaften Geberden veranschaulichte, den Vorgang noch einmal vor die Seele rief, so sagte sie: »ich habe einen Apfel zerschnitten, da hatte ich dies Stück« und dabei tippte sie sich auf den ersten Finger der linken Hand — »ich hatte dies Stück« und dabei tippte sie sich auf den Ringfinger daneben; »die Stücke waren sehr gross, ich schnitt wieder, da hatte ich dies Stück« und dabei tippte sie sich auf den Mittelfinger der linken Hand — »und ich hatte dabei dies Stück« und dabei tippte sie sich auf den Zeigefinger daneben. Stets war bei solcher Veranschaulichung einer jeden und jeden Zerteilung die erste Grenze hinter dem Ringfinger. So konnte sie auf keine Weise verhindern, dass sie die Einheit »2« immer wieder in der Hand hatte, denn jedesmal, wenn sie 2 Stücke herstellte, sah sie die beiden zusammen, ehe sie sie verteilte, und bei jeder Veranschaulichung eines jeden solchen Vorgangs durch Fingergeberden, entsprach diesem »zusammen« dieselbe Grenze. Sie hatte die konkreten zwei Stücke durch die Teilung und die »2« des zukünftigen bewussten Rechnens durch die Erinnerung, unterstützt durch die Geberde, gewinnen müssen. Sie las an den Fingern die Paare ab, die sie gebildet hatte, ob nun ein Paar oder anderthalb Paar oder zwei Paare.

Kehren wir aus dem Paradies in die Gegenwart zurück, so können wir den Gedankengang folgendermassen resümieren:

Wenn an den Fingern keine natürliche Grenze für die »2« vorhanden ist, und der eine Stamm vom Kleinfinger, ein anderer vom Daumen ab, der der Coroados nach Martius sogar an den Fingergelenken rechnet, so ist das Zählen der »2« nicht, wie es mit der »5« denkbar wäre, an einem Vorbild in der Anlage der Hand selbst erlernt. Dann ist aber wohl festzuhalten, dass der Bakaïrí links nur berechnet, was er rechts betastet. Er kann die Anzahl der Körner mit dem Blick allein nicht auf die linken Finger übertragen, sondern muss sie sich erst zurechtlegen. Sein Zählen zerfällt in zwei Prozesse: den der Einteilung der Objekte in 2 Stück und den der Veranschaulichung an den Fingern von Paaren und Einzelstücken. Aber er teilt oder zählt doch schon mit der rechten Hand bis zu 2 und holt sich nur an der linken Hand, wenn ich so sagen darf, die Abstraktion. Jene wichtige Vorstufe, die bisher, wie ich glaube, unbeachtet geblieben ist, geht aus einer Tastwahrnehmung hervor. Notwendig ist alsdann den Dingen, die er anfasste und irgendwie mit den Händen bearbeitete, die erste Einheit der »2« zu verdanken: diese Dinge müssen ein Gesetz enthalten, das bei ihrer Bearbeitung die konkrete »2« lieferte und das bei der gewohnten Veranschaulichung an den Fingern die Abstraktion der »2« mit Sicherheit herbeiführte, weil sich bei allen Dingen die gleiche Beobachtung wiederholte.

Man kann ein Objekt in viele Trümmer schlagen, indessen Alles, was man auf regelmässige Art zerbricht oder zerschneidet, zerbricht oder zerschneidet man zuerst in 2 Stücke. Ich kann 1, 2, 3, 4 Stöcke in die Hand nehmen und Nichts lehrt mich, die einzelnen unter Zahleinheiten zusammenzufassen, ich nehme aber einen Stock und zerbreche ihn — man wird zugeben, so lange die Menschheit lebt, und wo sie auf der Erde Stöcke zerbrach, hat sie jeden Stock jedesmal zuerst in »2« Stücke zerbrochen. Zerbricht man weiter das erste Stück in 2 und das zweite Stück in 2, so erhält man die Zahlenfolge mit dem Zweiersystem der Bakaïrí oder der Australier. Bei der Vergegenwärtigung des regelmässig sich auf dieselbe Art abspielenden Vorganges durch die bei aller Veranschaulichung von primitiven Völkern geübten Fingergeberden zeigte der Urbakaïrí immer zuerst auf Kleinfinger und Ringfinger und dann bei Fortsetzung auf Mittelfinger und Ringfinger, der Coroado immer zuerst auf die beiden oberen Fingergelenke eines Fingers: hier wurde, ganz einerlei wo an den Fingern, eine erste Grenze, aber eine bei demselben Volk konstant bleibende Grenze, eine Erfahrungsgrenze abgesteckt. Das war die Fingergeberde »2« und das Wort »zusammen« »fertig« »vieles« — da giebt es x konventionelle Möglichkeiten — das den ersten Vorgang abschloss, wurde das Zahlwort »2«, und an den ersten Vorgang reihte sich ein zweiter gleicher für 3 und 4.

Die Vorstellung der »2« hat sich zuerst an Stücken gebildet und geübt. Sie mag bald auf sonst gleichartige Dinge, die der Mensch in den Händen hatte und die sich untereinander glichen wie sich zwei Stücke gleichen, ausgedehnt worden sein; die Zwei-Einheit sah und fasste sich bei zwei Ganzen ebenso an wie bei 2 Stücken. 2: $(1 + 1)$ — 1 : $(^1/_2 + {}^1/_2)$. Sie musste sich mit diesem Fortschritt auch von dem Vorgang des Zerschneidens und Zerbrechens lösen und auf andere Vorgänge, wie des Gebens und Nehmens und Verteilens, die sich mit den Händen und auf dieselbe Art mit Stücken oder Ganzen abspielten, übergehen.

Die Thätigkeit des Zerlegens war immer dieselbe, die Dinge wechselten beliebig, so kam man dazu, von ihrer Natur abzusehen und hatte die Abstraktion der Zahl »2«. Aber nur durch die Thätigkeit war sie gewonnen, nicht durch die blosse Erscheinung der Dinge, wie sie etwa die paarigen Organe des Körpers darboten. Die erste feste Grundlage war nun in der Erfahrung begründet, dass man ein Ganzes ohne Rechnen in zwei Hälften zerlegen konnte: wenn man ein einzelnes Stück zerbrach, brauchte man nicht mehr zu tasten und zu markieren, man wusste, dass es »2« gebe. Um die Hälften eines Ganzen handelte es sich aber in erster Linie bei den paarigen Organen. Man hatte sie nach aller Erfahrung als ein zusammengehöriges Ganzes aufgefasst, es gab keine ein- oder dreiäugigen, keine ein- oder dreibeinigen Menschen und man hatte in der Anschauung, wenn man es auch nicht begrifflich präzisierte, immer gewusst, dass man nicht mehr, nicht weniger hatte.

Die klare anfängliche Grenze, die wir bei dem Bakaïrí noch heute bestimmt erkennen, ist die Zerlegung des Ganzen in seine Hälften. Denn sobald es zur 3 kommt, muss er nicht nur die Rechenmaschine, sondern auch den Tastsinn zu Hülfe nehmen. Er weiss noch heute ohne Ueberlegung nicht einmal, dass er fünf Finger hat, obwohl er sie zählen kann; nur bis zur »2« ist die Kenntnis sicher, wie auch durch die Zeichnungen, die ich die Leute machen liess, bewiesen wird. Bei beliebigen gleichartigen Objekten steht er noch heute einer unbestimmten Vielheit gegenüber und deshalb wiederholt er, wenn ich ihm 2 Maiskörner, die nicht 2 Hälften eines Ganzen sind, zum Zählen vorlege, den alten Vorgang und lässt die Finger sie anfassen; hier ist der Bakaïrí freilich schon im Stande, ohne Finger zu zählen, thut es aber selten genug. Bei 3 Maiskörnern kann er mit dem besten Willen nicht sagen, dass es 3 sind, wenn er sie nur betrachtet und nicht auch befühlt und aus 2 + 1 an der Linken addiert.

Nur die Tastwahrnehmung hat im Anfang die einzelnen Gegenstände abgegrenzt, die gezählt wurden. Um das Ermüden der Bakaïrí zu verstehen, müssen wir uns vorstellen, dass wir im Dunkeln zählten und nur die Zahlwörter 1 und 2 hätten. Wir sind so daran gewöhnt, mit den Augen zu zählen, dass wir kaum begreifen können, es sei dies erst eine durch die lange Uebung erworbene Fertigkeit, die nur im Besitz der höheren Zahlwörter und durch deren lautes oder leises, das Fingerabgreifen ersetzendes Aussprechen erreichbar war. Dennoch brauchen wir nur statt der Augen die Ohren zu nehmen und wir merken bald, wie alles nur von der Uebung abhängt und wie wir in einem gleichwertigen Sinnesgebiet ungefähr ebenso schlecht registrieren oder zählen als der Bakaïrí die Maiskorner. Wer zählt nicht laut oder leise mit, wenn er die Schläge einer Uhr, von denen er natürlich nicht vorauswissen soll, wie viele es sind, zählen will? Und nun denke man sich einen Augenblick, man habe keine Reihe von Zahlwörtern zur Verfügung, in der jedes einzelne uns der Mühe überhebt, die vorhergehenden zu behalten, sondern habe nur die Wörter für 1 und 2; wird man nicht sofort die Finger zu Hilfe nehmen, um sie bei 6 oder 8 Schlägen um die Summe genau so zu befragen, wie der Bakaïrí in seinem Fall? Dass Schlag auf Schlag verklingt, ändert nichts Wesentliches an dem Vergleich: auch den Blick muss ich von Objekt zu Objekt hinüberbewegen. Stellen wir uns umgekehrt Jemanden vor, der eine grosse Uebung darin besässe, Gehörseindrücke zu registrieren; wird er begreifen können, dass Unsereins sagen kann, er habe die Uhr schlagen hören, wisse aber nicht wie oft? Wie mitleidig würde er über unser lautes Mitzählen lächeln! Und auch er würde die Finger zu Hilfe nehmen müssen, wenn er in seinen Zahlwörtern keine höheren Einheiten als 2 und 3 hätte.

Wie wir nicht geübt sind mit dem Gehör, ist der Bakaïrí nicht gewöhnt, mit den Blicken zu zählen. Er ist noch fast ganz auf das Ergebnis der Tastwahrnehmung beschränkt. Die Grundlage, auf der sich, durch Interesse und Bedürfniss angeregt, die Weiterentwicklung und die Bildung höherer Einheiten hätte vollziehen müssen, war schon seit zahlreichen Generationen vorhanden, allein wie gering waren Interesse und Bedürfnis im primitiven Familienleben! Schon zum Verteilen, das doch — denken wir unwillkürlich — zuerst herausforderte, »Rechenschaft« abzulegen, bedurfte man kaum je des Zählens: man gab ja und bekam ja und das Stück in der Hand bewies mehr als die Finger an der Hand.

Wenden wir uns jetzt noch einmal zu den Zahlwörtern der Bakaïrí und sehen nach, wie deren Etymologie, soweit sie einige Sicherheit bietet, mit der aus den Versuchen erschlossenen Entwicklung übereinstimmt. Die Vergleichung ist deshalb nicht ohne Wert, weil beiderlei Studien ganz unabhängig voneinander gemacht worden sind, und die Erklärung der Zahlwörter nur auf phonetische Begründung und Sprachvergleichung gestützt ist.

Mit „*ahewâo*" »3« weiss ich nichts anzufangen. Es kommt bei einer Reihe von Stämmen des Nordens vor, teilweise in stark veränderten Formen, die aber doch wohl zu vermitteln sind. Mit der grossen Unsicherheit, die die Bakaïrí noch im 3-zählen bekunden, mag der seltsame Luxus von zwei Zahlenausdrücken zusammenhängen; die Bestimmnng der Paare ist noch Hauptsache, und nur, was über das Bestimmen des ersten Paars, den gewöhnlichsten Fall, hinausgeht, hat ein besonderes Wort. Bei dem schwierigen Zählen von Gegenständen, das über »3« hinausging, habe ich wohl nur „*aháge tokále*" gehört, sodass die beiden Ausdrücke etwa wie »zwölf« und »Dutzend« gebraucht werden und dem „*ahewâo*" vielleicht noch etwas Unbestimmtes von seiner Urbedeutung innewohnt. Daher es denn auch zu keiner Zusammensetzung höherer Zahlen verwendet wird. Im Kamayurá heisst »3» *moapüt*, ein genau zu bestimmendes Wort. Es setzt sich zusammen aus dem Kausativum *mo-*, *mbo-* und *apüt*, *apy* Gipfel, Spitze. Der höchste oder der Gipfel-Finger ist der Mittel-Finger, der die »3« markiert, also schon eine natürliche Grenze wie 5 — Hand. Im nahverwandten Auetó heisst 1 und 3 ganz anders als im Kamayurá-Tupí, während 2 übereinstimmt. Das ist sehr ähnlich dem Verhältnis bei den verschiedenen Karaibenstämmen.

Glücklicherweise ist der Sinn des wichtigsten Zahlwortes „*aháge*" sicher. Es hat auch den grössten sprachvergleichenden Wert, denn es findet sich, meist wenig differenziert, bei allen gutkaraibischen Volksschaften wieder und ist geradezu ein Leitwort. Phonetisch geht es zurück auf „*atáke*". Man muss es zerlegen in erstens das demonstrative *a-*, das auch das Pronominalpraefix der zweiten Person bildet und sich auf das ausserhalb des eigenen Körpers Nächstliegende bezieht und zweitens die Postposition „*-take*", „*-sake*", „*-hage*", »mit, samt« = »da-bei«, »damit«, »zusammen«. Es steckt also nichts von Hand oder Fingern darin und nichts von Augen, Flügeln und Armen.

»Viel« heisst „*aági*", auch schon „*ági*" und ist, da ich einmal auch „*ahági*" aufgeschrieben habe und zwischen den beiden *a* jedenfalls ein Konsonant gestanden haben muss, sehr wahrscheinlich mit dem „*aháge*" »2« von Haus aus identisch — eine Identität, die sich dem Sprachgefühl des modernen Bakaírí längst entzogen hat. Somit hätten sich die Bedeutungen »2« und »viel« von dem ältesten heute noch nachweisbaren Wortsinn »dabei«, etwa unserm »miteinander« oder »zusammen« abgespalten und das Wort für die bestimmte Zahl und das für die unbestimmte Menge wären nur lautliche Differenzierungen derselben Stammform.*)

Wir sehen, dass die Geschichte des Bakaírí-Zahlwortes für 2 mit der vorausgesetzten Entstehung überhaupt der Zahlanschauung in vollem Einklang steht. Wir würden hier nur noch hinzulernen, dass die Beobachtung, wie ein regelrecht zerbrochenes Ding in »2« Stücke zerfällt, längere Zeit nicht abgesondert wurde von der, dass man bei unregelmässigem Zerbrechen beliebig viele Stücke »miteinander« in der Hand hatte. Nun fällt aber umgekehrt von unserer psychologischen Entwicklung ein seltsamer Lichtschein auf die Etymologie. Der Ursprung der Postposition „*-sake*", „*-hage*", die etwas wie »Gemeinsamkeit«, um es recht schön abstrakt auszudrücken, bedeuten muss, bleibt aufzuklären. Da gibt es auch in dem aufgezeichneten Material einen Verbalstamm, der gleichlautend ist, den aber Niemand mit dem Begriff »Gemeinsamkeit« in Verbindung bringen würde: Holz schlagen! Die Arbeit des Steinbeils, die den Stamm zerteilt. Das ist mindestens interessant, und man möchte wohl glauben, dass sich bei einem Karaiben die Bedeutungen: „*Holz zerbrechen, Holzstücke* oder *Reisig*, (*Gemeinsamkeit*), *zusammen, zwei*" auseinander entwickeln können, wennschon unser „*zusammen, samt, sammeln*", sowie Sanskrit *sama*, Zend *hama*, englisch *same derselbe*,

---

*) So ist im Deutschen derselbe Stamm *paar* = »2« und = »einige« nicht einmal lautlich, sondern nur syntaktisch und für den, der »Paar« und »par« schreibt, graphisch geschieden; die Syntax ist sogar noch nicht konsequent durchgeführt. Weil man »das Paar Handschuhe« oder »ein Paar Handschuhe« sagt, sagt man auch »die par Leute« oder »ein par Leute waren da«, statt folgerichtig wie »wenige Leute«, auch ohne Artikel »par Leute waren da« zu sagen.

griechisch ἀμά zugleich, ὁμός derselbe, etc. eines Ursprungs sind. In diesem Fall würde die Sprache das letzte fehlende Glied, sie würde den Beweis für die Entstehung der ersten Zahlabstraktion »2« aus dem konkreten Vorbild des Zerbrochenen liefern und damit die Reihe der Schlussfolgerungen aus meinen Experimenten, die nur bis auf den Nachweis der Entstehung aus der Hände Arbeit zurückreicht, zu einer lückenlosen induktiven Beweiskette ergänzen.

Im Tupí heisst »2« *mokói*, zusammengesetzt mit dem Kausativum *mo-*; *koi* wird übersetzt »Paar«. Also »2« — »macht Paar«. Aber was ist *koi?* Da ist es nun merkwürdig genug, dass *kopi* — dem Bakaïrí *sake* genau entsprechend — Holz fällen heisst! Zwischen den beiden Vokalen in *koi* ist ein erweichter Konsonant ausgefallen; nehmen wir an, es sei aus *koui, kobi* entstanden, was ein sehr gewöhnlicher Vorgang wäre, so hätten wir denselben Ursprung der »2«, wie er im Bakaïrí denkbar wäre.

Ich habe endlich noch des „*tokále*" »1« zu gedenken. Es setzt sich zusammen aus „*toka*" und der Verstärkungspartikel „*-le*". „*tóka*" heisst »Bogen«. Der Bogen ist, da jeder Mann nur einen Bogen hat, oder da auf jeden Bogen viele Pfeile kommen, das einfachste Vorbild für die »1« unter allem Gerät. Die Ableitung ist ein wenig bedenklich, weil sie etwas zu schön ist. Allerdings ist „*toka*" phonetisch auch so beschaffen, dass es sich nach den im Bakaïrí herrschenden Lautgesetzen nicht zu verändern braucht. In hohem Grade auffällig erscheint es, wie wenige Entsprechungen für „*tokále*" bei den Karaiben des Nordens vorhanden sind; sie sind geringer an Zahl als die für „*ahewáo*" und weit geringer als die für „*aháge*". Es ist wohl erlaubt, hier einen Zufall auszuschliessen und in diesem Umstand auch seitens der Sprache ein Zeugnis dafür zu erblicken, dass man das eigentliche, begriffliche Zählen mit der »2« begonnen hat.

II. Farbenwörter.

Vorhandene Farbstoffe. Uebereinstimmend die Zahl der Farbenwörter. Sonderbare Angaben durch Etymologie verständlich. Farbstoffe älter als Bedürfnis nach Farbenwörtern. Verwendung bei Tier- und Pflanzennamen. Grün niemals · blauschwarz.

Nicht minder als an den Zahlen ist an den Farbenwörtern zu erkennen, wie die Entwicklung vom Interesse abhängt.

Es sind, wie zumeist bereits erwähnt, die folgenden Farbstoffe am Schingú in Gebrauch.

Das Weiss ist kreidig weisse Thonerde, die in den Hütten in Form von kindskopfgrossen Kugeln zum Vorrat aufbewahrt wird. Die Frauen reiben sich beim Spinnen damit den rechten Oberschenkel ein, auf dem sie den Faden drillen. Sie wird nur mit Wasser angerührt. Zum Bemalen des Körpers wird sie niemals gebraucht; auch bei Geräten tritt sie sehr zurück und erscheint fast nur auf den Masken, deren Bemalung nur wenige Tage vorzuhalten brauchte, auf bemalten Rindenstücken u. dgl.

Holzkohle und Russ, die Beerenpulpa des Genipapo-Baums (*Genipa*) und mehrere Harze liefern Schwarz. Zum Schwärzen der Innenseite der Kürbisschalen wird Kohle von der Rinde des Buritíschaftes genommen.

Der gelbrote bis braunrote Lehm scheint durch den Urukú-Farbstoff verdrängt zu sein. Er wurde früher gegessen und wird noch zu schweren Kinderpuppen geformt, auch noch auf die Ritzwunden eingerieben.

Holzkohle und Russ werden unmittelbar wie das Weiss eingerieben, oder auch wie das Urukú mit Flüssigkeit angerührt. Entweder nimmt man Oel aus der Pikífrucht (*Caryocar butyrosum*) oder den gelben, kautschukhaltigen Extrakt von einem Baum des Campo cerrado, den die Bakaïrí Ochogohi nennen und dessen Rinde geraspelt und mit Wasser ausgezogen wird. Die Farben werden in einer Kürbisschale oder einem Topf, oder, wo ein hartes Harz mit der Beilklinge zerkleinert wird, am bequemsten in der napfförmigen Vertiefung eines Schemels angerührt. Das Urukú findet sich immer in den Handwerkskörbchen neben der Hängematte, als Paste in Blättern verpackt.

Die Farbstoffe, die den Eingeborenen zur Verfügung stehen, sind also Weiss, Schwarz, Rot und Gelb. Das Genipapo-Schwarz ist blauschwarz, das Urukú-Rot ein Ziegelrot bis Orange, das mit dem gelben Ochogohisaft gemischt von Rot viel verliert. Blaue und grüne Farbstoffe sind nicht vorhanden.

Die Theorie, dass sich der Farbensinn bei der Menschheit allmählich entwickelt habe, begründet durch die Thatsache, dass die Unterscheidung der Farben in der Sprache bis zu den hohen Kulturstufen hinauf mangelhaft ist und dass besonders blau und grün ausserordentlich häufig mit demselben Worte bezeichnet werden, ist heute verlassen worden. Man hat bei allen Naturvölkern, die man untersuchte, gefunden, dass sie die verschiedenen Farbeneindrücke mit dem Auge vortrefflich sondern, dass sie z. B. aus einem Haufen zahlreicher Wollbündelchen die gleichfarbigen Nuancen mit normaler Sicherheit auswählen, von Farbenblindheit also keine Rede sein kann, dass aber in der sprachlichen Bezeichnung freilich mit erstaunlicher Regelmässigkeit blau und grün zusammengeworfen wird. Die richtige Lösung ist von Ernst Krause (Carus Sterne) angegeben worden. Der Mensch, nach natürlicher Anlage jederzeit für den energischen Eindruck von Rot am meisten empfänglich, hat gerade für diese Farbe auch mineralische und vegetabilische Pigmente am reichlichsten vorgefunden. Der nächsthäufig fertig gebildete Farbstoff ausser Schwarz und Weiss ist gelb, während die grünen und blauen Farbstoffe erst späte Erzeugnisse der Färbetechnik sind. Entsprechend dem Gebrauch hat man auch die Farbennamen entwickelt.

Auf ein Blatt meines Tagebuchs hatte mir Wilhelm farbige Flecke eingetragen von Ultramarin, Kobaltblau, Smaragdgrün, Saftgrün, Karmin, Rosakrapp, Zinnober, Orange, Kadmiumgelb, gebrannter Siena, Sepia und Elfenbeinschwarz. Der Versuch, die Farbennamen durch Vorlegen lebhaft gefärbter Dinge zu erhalten, schlug gänzlich fehl. Man gab die gegenständlichen Namen oder diese mit Farbennamen durcheinander, und Nichts stand im Wege, ein ergötzliches Verzeichnis dieser Wörter anzulegen, deren keins eine Farbe bezeichnete. Ein Waurá brachte mich schier zur Verzweiflung, und gerade er schien für blau und grün verschiedene Wörter zu besitzen. Allein auch wenn dieser Irrtum — und zwar geschah dies am besten durch Benutzung der bereits sicher gewonnenen Farbennamen des Nachbarstammes — ausgeschlossen war, wenn die Leute sich wirklich im richtigen Geleise bewegten, wurde die Aufnahme meist zur wahren Geduldsprobe. Sie besannen sich, schwankten hin und wieder, waren sich zuweilen uneinig: es war klar, dass ich sehr Ungewöhnliches verlangte. Nur die Auetö, die eifrigen Maler, zeigten sich anstellig. Dann aber lag auch eine Schwierigkeit bei mir selbst, da ich mich nicht nur daran erst gewöhnen musste, für Smaragdgrün und Ultramarin dasselbe Wort zu hören, sondern auch andere verblüffende Auskunft bekam, die ich erst nach sprachlichen Studien verstehen konnte.

Allen gemeinsam war, dass sie je ein Wort hatten für 1) rot und orange, 2) gelb, 3) weiss, 4) schwarz. Das ist also genau im Einklang mit ihren Farbstoffen. Die Auetö hatten dasselbe Wort, das »Weiss« der Tupí-Sprache, für weiss und hellgelb. Die Trumaí waren die Einzigen, die für blau und grün zwei Wörter besassen, die Uebrigen bezeichneten diese beiden Farben mit demselben Worte. Doch ist bei den Bakaïrí *tamagenéng* blau   schwarz und dunkelbraun, und grün heisst *tukuéng*; es ereignete sich, dass Einer *tukuéng* auch für blau gebrauchte, aber nicht, dass *tamagenéng* für grün gebraucht wurde. Vereinzelt kamen die sonderbarsten Dinge vor. Ein Trumaí und ein Nahuquá bezeichneten blau mit demselben Wort wie Kadmiumgelb, ein Bakaïrí und ein Mehinakú grün ebenso wie rot — wenn man wollte, entdeckte man die verschiedenen Arten der Farbenblindheit bei den ersten besten, die man untersuchte.

Den Schlüssel für diese Erscheinungen kann nur die Sprachforschung geben. Bei einer Anzahl der Farbenwörter vermag ich die ursprüngliche Bedeutung anzugeben, und sie genügen, um derartige Möglichkeiten zu erklären. Ganz sicher ist das Wort der Kamayurá »blau« oder »grün« *i-tsovü-maé*   »perikitofarben« von *tsovü*, dem Namen der Conurusarten oder Perikitos. Diese Papageien haben in ihrem Gefieder sowohl Grasgrün wie Indigoblau. Im Tupí lautet dasselbe Farbenwort *çugui, çy*, und der Perikito heisst *tovi, tui, çiçi, çiui*. Dank der Kamayuráform *i-tsovü-mae* ist der im Tupí bereits verwischte Ursprung von *çugui* noch gerettet. Ob ich dem Indianer einen blauen oder einen grünen Klex, eine blaue Perlschnur oder ein grünes Blatt zeigte, er traf mit seiner Antwort »perikitofarben« ja das Richtige. Es kommt nur darauf an, welcher Teil der Färbung ihm vorschwebte. Das Auetöwort *i-kör-etú* »grün« oder »blau« entspricht vielleicht dem aus *keru* erweichten *jeru* »Papagei« des Tupí, so dass wir hier ein »papageifarben« hätten.

Das *tukuéng* »grün« der Bakaïrí geht ebenfalls auf den Perikito *zugú-ri*[*]) zurück. Da es nun eine von den Eingeborenen in den Häusern gehaltene Peri-

---

[*]) Der Name des Perikito ist onomatopoetisch, daher sehr ähnlich bei Bakaïrí, Tupí und Bororó.

kitenart giebt, die einen schönen roten Fleck neben dem Schnabel hat, so nehme ich an, dass eine Bakaïrí-Frau sich dieses Tierchens erinnerte, als sie mir zu meinem Erstaunen hintereinander smaragdgrün, zinnober und ultramarin als *tukuéng* bezeichnete! Dann stimmte Alles, ich selbst aber hatte damals keine Ahnung von dem Zusammenhang und brachte das Ergebnis kopfschüttelnd mit grossen Ausrufungszeichen zu Papier. Ein wahres Glück, dass die Leute nicht von dem roten Arara des unteren Schingú einen Farbennamen abgeleitet haben, sie würden eine Palette mit ungefähr sämtlichen schreienden Farben dem verdutzten Europäer mit einem Wort haben erklären können. Möglich wenigstens ist es ferner, dass das Wort für rot der Bakaïrí und Nordkaraiben »fruchtfarben« bedeutet; in diesem Falle könnte schon einmal Jemand, der keineswegs rotblind ist, das Wort ausnahmsweise auch für grün (smaragdgrün und saftgrün) gebrauchen, während die Andern es allgemein für Orange, Zinnober und Karmin anwandten. Wohl zu vertheidigen ist die Ableitung des Tupíwortes *ti*, *ting*, *tinga* für »weiss« von *ty* Urin, Saft, Brühe; alsdann könnte es gewiss nicht Wunder nehmen, wenn die Auetö damit weiss und hellgelb bezeichnen.

Das Wort für weiss der Bakaïrí ist »salz«farben, das für schwarz »russ«farben. Letzteres dient, wie erwähnt, auch für blau und dunkelbraun, und, während grün = perikitofarben auch »blau« sein konnte, konnte blau = russfarben nicht »grün« sein.

Somit ergiebt sich, einige der Farbennamen können mehrdeutig sein. Es ist klar, dass, wo dies der Fall ist, der Gebrauch sich allmählich für eine Qualität entscheiden wird; worauf es ankommt, ist eben nur der Gebrauch, der das Bedürfnis der Unterscheidung entwickelt. Das Bedürfnis, Farben zu unterscheiden, macht sich am nächsten geltend für die Farbstoffe selbst. Es scheint keineswegs gewöhnlich zu sein, dass der Farbnamen vom Farbstoff abgeleitet wird, da ich dies nur im Bakaïrí für schwarzblau russfarben zu finden vermag; so ist auch bei den Tupí *una* schwarz »verbrannt«, und die den Tieren häufig zugewiesene Form *pischuna* bedeutet »verbrannte Haut«. Auch dieses Wort wird für »blau« gebraucht; der prachtvoll blaue Arara ist als »Psittacus ararauna« = *arara una* in die Zoologie übergegangen. Nirgendwo ist das Urukúwort in dem Farbenwort rot, das Wort für den weissen Thon in dem Farbenwort weiss enthalten. Ich glaube, die Farbstoffe sind weit älter als das Bedürfnis, sie nach ihren Farben zu unterscheiden. Dies wird für die Bakaïrí durch zwei Punkte wahrscheinlich: die Farbenadjektiva gehören einmal mit einziger Ausnahme des »rot, orange« nicht zum Inventar der karaibischen Grundsprache, dann zeigt ihre Zusammensetzung nach dem Schema *t-Stamm-éng* das Gepräge neuerer Bildung.

Ich darf ein solches Verhalten wohl auch zu Gunsten der früheren Ausführung über den Ursprung des persönlichen Farbenschmucks verwerten (vgl. Seite 184 ff.). So uralt und eingeboren gewisslich die Freude an den Farben sein mag, so spricht doch der Umstand, dass sich das Bedürfnis, die Farben der Farbstoffe mit Wörtern zu unterscheiden, erst spät geregt hat, zu Gunsten der Ansicht, dass der farbige Schmuck zuerst nicht um der Farben willen auf den Körper gebracht worden ist. Da das, was als Trophäe oder zu praktischen Zwecken auf dem Körper getragen wurde, sich thatsächlich durch wechselnde Farben auszeichnete, die Wohlgefallen erregen mussten, so kam man von selbst dazu, sie auch um des Vergnügens willen anzuwenden, und von dieser Zeit an begann die früheste Unterscheidung durch Farbennamen; innerhalb deren wiederum wurde die erste Sicherheit gewonnen für die auch bearbeiteten Farben, während das Bedürfnis für die Unterscheidung von grün und blau noch durch vage Wörter wie »perikitofarben« befriedigt wurde.

Noch eins darf nicht vergessen werden. Der Indianer bildet keine Allgemeinurteile, wie »die Bäume sind grün, der Himmel ist blau«. Nichts veranlasst ihn, diese ihm von der Aussenwelt gebotene Anschauung zu zergliedern, sie interessiert seine Person bei keiner Thätigkeit und ist ein selbstverständlich Gegebenes, wie, dass das Wasser nass ist. Was ihn aber nach Farben zu unterscheiden interessiert, sind Tiere und Pflanzen. Hier liegt die Hauptverwendung der erworbenen Farbennamen und hier ist es nötig zu verfolgen, wie er im eigenen Gebrauch mit den Farbennamen verfährt.

Ich habe daraufhin die Liste der Tiernamen in dem Glossarium von Martius durchgesehen, in die einige 1300 aus der gesamten Literatur zusammengetragen sind. »Perikitofarben« *cugui* für »blau und grün«, wird nur ein einziges Mal bei einer Boa-Schlange verwendet, die Martius »viridis vel azureus Coluber aestivus L.« nennt. Die gewöhnlichen Unterscheidungen nach Farben, deren Zahl geringer ist als man erwarten sollte, ist schwarz, weiss, rot und gelb; ich zähle, ohne auf absolute Genauigkeit Wert zu legen, 28 Vögel, 23 Fische, 9 Säugetiere, 4 Schlangen und 12 niedere Tiere, die nach jenen vier Farben unterschieden sind. Nun kommen aber noch zwei Wörter für »bunt« vor, von denen das eine *pinima*, mit dem Verbum »malen« gleichen Stammes, für 4 Fische, 3 Vögel, den Jaguar, 1 Schlange, 1 Eidechse, 1 Krebs gebraucht wird, und das andere *paragoa*, schlechthin »Papagei« bedeutet und auch einen Papagei-Fisch und eine Papagei-Schlange liefert. Reines »grün« ist immer papagei- oder perikitofarben; wo ein »blau« zu bestimmen ist, wird das Tier auch mit dem Zusatzwort *una* (verbrannt) = schwarz oder dunkel versehen.

Deutlicher kann es nicht ausgesprochen sein, dass sich die Indianer nur da zu einer scharf bestimmten Farbenunterscheidung veranlasst fühlen, wo es sich um die ihnen von den Farbstoffen her geläufigen Farbenqualitäten handelt, dass also die eigene Praxis, nicht der Farbensinn, das Material der fest abgegrenzten Begriffe liefert.

Die Liste der Pflanzennamen von Martius, etwas über 1000 an der Zahl, bietet einen interessanten Vergleich. 8 Pflanzen erhalten das Prädikat schwarz, 7 weiss, 7 rot, 2 gelb. Dass bei den Pflanzen »grün« kein unterscheidendes Merkmal bildet, ist klar. Doch begegnen wir auch hier einmal dem bald mit grün, bald mit blau übersetzten *cugui* oder »perikitofarben«, und zwar entspricht es einem entschiedenen Blau, da es sich auf *Indigofera Anil L.* bezieht. 3 Pflanzen sind »bunt«, aber „*pinima*"; die Papageienbuntheit (*paragoa*) fehlt.

Die Eingeborenen hätten Indigo aus der soeben erwähnten Pflanze gewinnen können, doch haben sie es nicht verstanden. Bei der Fabrikation des Indigo bedienen sich brasilische Industrielle indianischer Hände, bezeugt Martius; sie sei erst von den Portugiesen eingeführt worden und liefere eine wenig begehrte Sorte. Das Genipapo-Schwarz hat einen blauen Ton und entspricht so vortrefflich der Anlehnung des Blau in den Farbenbezeichnungen an Schwarz. Aus dem Schwarz geht auch das Blau der Tätowierung hervor. Man betrachte sich die Sammlungen im Museum für Völkerkunde, die noch frei sind von blauen Stickperlen und Zeugen, und man wird mit einem Blick das ganze Verhältnis verstehen. Dort finden sich an den bemalten Gerätschaften nur Rot, Gelb, Weiss und Schwarz und der Federschmuck zeigt auch Grün und Blau, er zeigt auch beide Farben in herrlicher Reinheit, aber ungesichtet, in beliebiger Zusammenstellung untereinander und mit den übrigen Farben in einem leuchtenden Gesamtbild, das einlädt allgemein zu bewundern, aber nicht genau zu zergliedern. Farbensymphonie nennt man das in der modernen Kunst, und es ist begreiflich, dass man aus einer Symphonie keine Tonleiter lernt. Wie in den Vitrinen, sieht es in der Seele des Indianers aus. Blaues und Grünes hat er nicht anders zu Hause als in Gestalt seiner Perikitos und Papageien oder ähnlicher Schmuckvögel und so nimmt er deren Namen zum Farbennamen, der für blau und grün ausreicht.

Einen Unterschied zwischen blau und grün hat er entschieden immer gemacht, und das ist der, dass er Blaues, aber nicht Grünes dem Schwarzen oder Dunkeln anreihte. Warum nennt er nicht auch gelegentlich ein Grün »schwarzdunkel«? Der Grund dafür scheint nur zu sein, dass die Fälle, wo ein Grün so auffallend ist, dass es als unterscheidendes Merkmal für die Bezeichnung herangezogen wird, abgesehen von den Papageien selbst, wie die Listen zeigen, sehr selten sind, und dass es sich dann immer um ein leuchtendes Papageiengrün handelt. Dagegen herrscht bei dem mit »schwarzdunkel« blau unterschiedenen Tieren immer das dunkelblau vor; so hat selbst das wohl hellste von ihnen, der Ararauna, nach Brehm »alle oberen Teile nebst den Schwanzdecken dunkel himmelblau«; die Federn haben sogar vielfach im äussern Teil der Fahne einen ganz schwärzlichen Ton, und nur, wenn der Vogel vom vollen Sonnenlicht beschienen dahinfliegt, kommt ein helleres duftiges Azur zur Geltung.

XVI. KAPITEL.

Die Paressí.

Zur Geschichte der Paressí und ihnen verwandter Stämme. Unser Besuch. Sprache. Anthropologisches. Zur Ethnographie (Tracht, ethnographische Ausbeute, berauschende Getränke, Tanzfeste). Lebensgang. Beerdigung. Medizinmänner. Die Seele des Träumenden und des Toten. Firmament. Ahnensage. Schöpfung. Ursprung der Kulturgewächse. Abstammung der Bakaírí. Das Leben im Himmel. Fluss- und Waldgeister. Heimat der Paressí.

Zur Geschichte. Im Nordwesten von Kuyabá liegen die »Campos dos Parecis«, wo die Quellflüsse des Paraguay wie die des Tapajoz und Madeira entspringen. Von den alten Paressí-Indianern sind nur verhältnismässig geringe Ueberreste vorhanden, die in mehrere Stämme zerfallen. Sie führen mit Ausnahme der Kabischí, die häufiger die Umgegend der Stadt Matogrosso unsicher machen, ein friedliches Dasein. Da es uns unmöglich war, die Paressí zu besuchen, weil uns der Wunsch, die Bororó kennen zu lernen, in fast entgegengesetzte Richtung führte, mussten die Paressí schon zu uns kommen. Glücklicher Weise fanden wir bei dem damaligen Präsidenten der Provinz, dem Obersten Francisco Raphael de Mello Rego, eine äusserst liebenswürdige und verständnisvolle Aufnahme aller unserer Wünsche. Ihm und seiner ausgezeichneten Gemahlin, Donna Carmina, die uns als vollendete Dame inmitten der Cuyabaner und Cuyabanerinnen wie ein Wesen aus einer andern Welt erschien, sind wir für ihr reges Interesse zu grösster Dankbarkeit verpflichtet. Am 10. Januar überreichte ich dem Präsidenten das Gesuch, dass er einige Paressí nach der Hauptstadt zitiere; auch wurde privatim nach Diamantino geschrieben, da man behauptete, die einflussreichen Leute dort seien »liberal« und würden sich um die Ordre eines »konservativen« Präsidenten nicht kümmern. Am 19. Februar trafen die Indianer ein.

Ueber die Paressí sind uns wichtige Mitteilungen eines ihrer Entdecker selbst erhalten. Der Kapitän Antonio Pires de Campos*) entwirft uns im Jahre 1723 und zwar nach einer Bekanntschaft »de tantos annos« ein Bild von ihrem »reino« oder Reich, wie wir es aus den jetzt noch erhaltenen Trümmern niemals zusammensetzen könnten.

---

*) Revista Trimensal do Instituto Historico XXV, p. 443. Rio de Janeiro 1862.

»Auf jenen ausgedehnten Hochebenen bewohnen die Paressí ein weites Reich, und alle Wasser fliessen nach Norden. (Er rechnet sie damals also nur noch zum Quellgebiet des Tapajoz und Madeira). Diese Leute sind in solcher Menge vorhanden, dass man ihre Ansiedelungen oder »aldeias« nicht aufzählen kann; häufig kommt man an einem Marschtag durch 10 oder 12 Dörfer, und in jedem von diesen giebt es 10 bis 30 Häuser, und unter diesen Häusern finden sich einige von 30 bis 40 Schritt Breite, und sie sind rund von der Gestalt eines Backofens, sehr hoch und jedes eine dieser Häuser, hören wir, beherbergt eine ganze Familie. Alle leben von ihrem Feldbau, worin sie unermüdlich sind, und es sind sesshafte Leute, und die Pflanzen, die sie hauptsächlich bauen, sind Mandioka, einiger Mais und Bohnen, Bataten, viele Ananas (kein Wort von Bananen!), und einzeln in bewundernswerter Ordnung gepflanzt, von ihnen pflegen sie ihre Weine zu machen. Und sie hegen auch von Fluss zu Fluss den Kamp ein, innerhalb dieses Geheges machen sie viele Gruben, worin sie viele Rehe, Strausse und viele andere Tierarten jagen. Diese Heiden sind nicht kriegerisch und verteidigen sich nur, wenn man sie wegholen will; ihre Waffen sind Bogen und Pfeil und sie gebrauchen auch ein sehr starkes Holz und machen daraus breite Blätter, die ihnen als Schwerter dienen, und sie haben auch ihre ganz kleinen Spiesse, um ihre Thüren zu verteidigen, die sie so klein machen, dass man nur auf allen Vieren hineinkommen kann. Und diese Indianer gebrauchen auch Idole; diese haben ein besonderes Haus mit vielen Figuren von mannigfachen Gestalten, wo es nur den Männern erlaubt ist einzutreten, diese Figuren sind ganz fürchterlich und alle haben ihre Kürbistrompeten, die, wie diese Heiden sagen, den Figuren gehören, und die Weiberschaft beobachtet das Gesetz so, dass sie nicht einmal nach diesen Häusern hinzublicken pflegen, und nur die Männer finden sich darin ein in jenen Tagen des Vergnügens, die sie bestimmen, um ihre Tänze zu begehen, und an denen sie sich reich kleiden. Die gewöhnliche Tracht dieser Heiden ist, dass die Männer ein Stückchen Stroh an den Schamteilen tragen und die Frauen ihre »tipoinhas« bis zum halben Oberschenkel, deren Stoff sie selbst aus einem Gewebe von Federn machen (engmaschiges Netz mit eingeknüpften Federn), und mit prächtigen Farben, Alles sehr seltsam und mannigfacher Art und Gestalt, und die Neugier ist bei Männern und Weibern zum äussersten; sie sind sehr sauber und vollkommen in Allem bis auf ihre Strassen, die sie gerade und breit machen und so rein und in gutem Stande halten, dass man dort auch nicht ein Blatt finden wird.«

Antonio Pires lobt weiter die hellfarbigen hübschen und in allen Arbeiten geschickten Frauen, erwähnt die Kunst, die Federn der Papageien und anderer Vögel willkürlich zu färben, und bewundert die Arbeiten in Stein und hartem Holz, die ohne Hilfe von Eisen und Stahl gemacht werden. Die Häuptlinge trugen am Halse jaspisähnliche, marmorglatt geschliffene Steine von der Form eines Malteserkreuzes. Er hält das durch zahlreiche Häuptlinge beherrschte Volk, das ein ungeheures Gebiet mit fruchtbarem Boden und angenehmen Klima bewohne, für das dankbarste Ziel der katholischen Mission zu Ehren des portugiesischen Namens. Im Gegensatz zu den Paressí gelten ihm die »Cavihis«, die Kabischí, als umherstreifende wilde Barbaren, die seine Leute trotz ihrer 130 Feuergewehre in die Flucht trieben, und in deren Hütten er einmal mit Menschenfleisch gefüllte Töpfe und Gerüste voller Schädel und Knochen gefunden habe. Jenseits der Paressí wohnten im Norden ebenso zahlreich, und in dem ganzen Kulturzustande ihnen ebenbürtig die »Mahibarez«, deren Sprache sich nur in wenigen Wörtern unterscheide; sie unternähmen viele Raubzüge gegen die Paressí, töteten die Männer und entführten die Weiber.

So waren die Verhältnisse am Anfang des vorigen Jahrhunderts. Den Sklavensuchern folgten die Gold- und Diamantensucher, die die Indianer zu harter Frohne zwangen. Heute ist Diamantino,[*]) einst der Mittelpunkt der Abenteurer,

---

[*]) Lage nach Chandless 14°24′33″ südl. Br. und 56°8′30″ östl. von Greenwich.

nur noch ein trauriges Nest — 1874 hatte die ganze Parochie 1876 Seelen, und einige Jahre später erklärte der Geograph Melgaço: »der Verfall hält an und grenzt fast an Marasmus« — aber auch die Indianer sind zu Tausenden zu Grunde gegangen und nur die, die sich vor der Zivilisation und Bekehrung zu retten wussten, erfreuen sich noch einiger Gesundheit.

In dem Aktenheft der Directoria dos Indios von Cuyabá finde ich aus dem Jahre 1848 folgende Angaben über die Stämme in den »Campos dos Parecis«:

1. Barbados; 400 Seelen in einem Dorf am Abhang der Serra an den Quellen des Rio Vermelho, einem Quellflüsschen des Paraguay, bauen Mais, Mandioka, Bataten, Cará. Werkzeuge aus Stein und hartem Holz. Ohne Viehzucht und Industrie. Verräterisch, greifen zuweilen Reisende zwischen Diamantino und Villa Maria an. 2. Paressí; 200—250 Seelen, verschiedene Gruppen in dem Distrikt von Diamantino und Matogrosso, erscheinen zuweilen zum Austausch mit Sieben, Körben, Hängemattenstricken, Federn, Kuyen und Tabak, den sie herrichten und mit Urumbamba umwickeln, und der von Rauchern sehr geschätzt wird. Wenige verstehen und sprechen portugiesisch. Sie begehen keine offenen Feindseligkeiten, gesellen sich aber gelegentlich zu den Kabischí, um Unthaten zu verüben. 3. Maimbaré; 400 Seelen, in Familiengruppen durch den Sertão zerstreut, haben Beziehungen mit den Paressí. Jagd, Mais, Mandioka, Bananen, Bataten, Cará. 4. Kabischí; zahlreich, auf 500 Seelen geschätzt, in verschiedenen Dörfern, 15—20 Leguas nordwestlich von dem Arraial de S. Vicente. Feindlich, Raub- und Brandzüge gegen die Stadt Matogrosso hin.

Die hier mitgeteilten Zahlen haben nach andern, besser zu beurteilenden zu schliessen, keinen Wert. Ueber die Barbados gehen allerlei seltsame Geschichten um, sie seien weiss und Abkömmlinge von Paulisten, die keine Annäherung erlaubten. Betreffs der Kabischí habe ich einen handschriftlichen Bericht (Juni 1888) des Kapitän Antonio Annibal de Motta gelesen, der durch Vermittlung der Paressí am Rio Sepotuba 12 Eingeborene jenes Stammes, darunter den Häuptling Loulomadá kennen lernte. Von den Paressí, von denen er drei Dörfer an den Quellen des Rio Sepotuba, Rio Formoso und Rio Juba aufzählt, bemerkt der Kapitän, dass sie Kautschuk und Ipecacuanha nach S. Luiz de Caceres verhandelten, dass sie mit den kriegerischen Nambiquara des Rio Juruena in Fehde lebten, mit den »zahmen« Kabischí verkehrten, aber nicht mit den »wilden«, die 10 Tagereisen jenseits der zahmen im Walde wohnten. Die zahmen haben vier Dörfer am Rio Cabaçal, einem rechten Nebenflusse des Paraguay, jedes unter einem besondern Häuptling. Ihre Sprache bis auf einige dialektische Verschiedenheiten und ihre Sitten und Gebräuche sind denen der Paressí gleich, beide Stämme pflanzen Mandioka, Tabak und Baumwolle. Die Hängematten sind verschieden, insofern die Paressí sie aus Baumwolle und die Kabischí sie aus Faser der kleinen Tukumpalme (Astrocaryum) machen. Pfeile und Werkzeuge sind gleich. Die Männer tragen sehr fest gewebte Baumwollbänder um Oberarm und

Unterschenkel, die Frauen Kautschukbänder. »Allgemein fehlen Männern und Frauen die oberen Schneidezähne.« Der Kapitän hält die »zahmen« Kabischí für dieselben, die zuweilen die Landstrassen des benachbarten Gebietes unsicher machen.

Unser Besuch. Das Dorf der für uns zitierten Paressí liegt im Distrikt von Diamantino am Rio St. Anna, einem rechten Nebenflüsschen des Paraguay. Hier sind seit Mitte des vorigen Jahrhunderts Gold- und Diamantenminen gewesen und die Vorfahren unserer Besucher zur Arbeit herangezogen worden. Die Leute selbst nannten ihren Fluss Zaikuriviá und rechneten drei Tage nach Diamantino. Es waren im Ganzen 12 Individuen, 9 Männer und 3 Frauen. Nur vier von ihnen nannten sich Paressí, vier waren Waimaré von dem oben als Maimbaré bezeichneten Stamm, und vier, unter ihnen die drei Frauen, Kaschinití. Sie verteilten sich mit ihren portugiesischen und einheimischen Namen folgendermassen:

Paressí: João Battista *Kanadaló*, Manoel Bito (Brito) — *Haláso*, Bayano (aus Bahia) *Totóhigasö*, Manoel Bibiano — *Dalokaríhi*, Waimaré: Manoel Chico (von Francisco) — *Dulóizo*, José de Oliveira Santo = *Daremáridi*, ferner Waimaré-Vater, Paressí-Mutter: João Baixo (Hans Kurz) *Kohiaré* und Manoel Antonio (mein Hauptgewährsmann) *Zaruliaré*, sowie Kaschinití: Miguel — *Waitiharé*, Maria Kalara (Clara) = *Kamerosö*, Maria Theresa — *Kamemenaló*, Antonia (vgl. Abbildung 125) = *Kahuiró*. Die Männer waren mit Ausnahme von zweien mehr als 25 Jahre alt, der älteste vielleicht 50; Antonia war ein Mädchen nahe an 20 Jahren, die beiden andern 40—50 jährige Frauen.

Welche ursprünglichen Unterschiede dieser Einteilung in Stämme zu Grunde liegen, weiss ich nicht anzugeben. Die Waimaré wohnten früher nördlich von den Paressí. Es scheint mit der Zeit des Niedergangs eine Verschmelzung stattgefunden zu haben. So sagten unsere Waimaré, ihre Väter seien Waimaré, ihre Mütter Paressí gewesen, woraus erhellt, dass die Stammbezeichnung sich hier nicht nach den Müttern richtet, in deren Ort aber immerhin die Väter wohnten. Die Unterscheidung als Kaschinití wurde nebensächlicher behandelt; es gebe jetzt keinen selbständigen Kaschinitístamm mehr. Es war mir nicht möglich, näher in diese Feinheiten einzudringen, die erst in den letzten Augenblicken entdeckt wurden. Unser Zusammensein beschränkte sich leider auf nur zwei Tage; länger waren die Leute nicht zu halten.

Sprache. Dass die Sprachunterschiede zwischen Paressí und Waimaré nur dialektischer Art sind, konnte ich noch feststellen. Vater P. *abá*, W. *bawá*, Mutter P. *amá*, W. *mamá*, Wasser P. *oné*, W. *uné*, Feuer P. und W. *irigaté*, Oheim P. *kukúre*, W. *kukú*, älterer Bruder P. und W. *azö*. Mein Vokabular ist teils von dem Häuptling der Paressí, João Battista, teils von den Waimaré Manoel Chico aufgenommen und somit gemischten Inhalts.

Die Sprache gehört zu den Nu-Aruaksprachen und besitzt das typische Pronominalpräfix *nu-* der ersten Person. Die Verwandtschaft des Wortschatzes ist erheblich grösser zu den Mehinakú und Genossen am Kulischu als zu dem grossen Nu-Aruakstamm der Moxos in Bolivien, von denen sie durch das Quellgebiet des Guaporé-Madeira getrennt sind. Sehr schön ist der Wechsel von Mehinakú *p* und Paressí *h*, sowie häufig von *t* und *s* (in beiden Richtungen) ausgesprochen: Fisch Meh. *kupáti*, Par. *kohasá*, Oberschenkel M. *nupúti*, P. *nuhúse*, Caráfrucht M. *páka*, P. *haká*, Knochen M. *inápü*, P. *enáhe*, Haus M. *pái*, P. *hatí*, du M. *pítsü*, P. *hisó*, Kuye M. *pítsu*, P. *heschischa*. Bemerkenswert ist die Uebereinstimmung von Beil M. *yawái*, P. Eisenbeil *zauáti*, und Salz M. *echéu*, P. *séwe*. Andrerseits fehlen auch lexikalische Uebereinstimmungen einfachster Art, die man erwarten möchte, sodass an nahe Beziehungen zwischen der Paressí- und Mehinakúgruppe in jüngerer Zeit gar nicht zu denken ist.

Anthropologisches. Das Material reicht nicht im Entferntesten aus, um etwaige Unterschiede zwischen Paressí, Waimaré und Kaschinití zu bestimmen. Die Frauen waren alle drei Kaschinití, die Waimaré nannten sich Söhne von Paressímüttern, und überdies waren einige miteinander familienverwandt.

Körperhöhe.

9 Männer: Max. 166,3 Min. 153,0 Mitt. 160,5 3 Frauen: Max. 152,3 Min. 150,5 Mitt. 151,4

Die Männer stehen also an der Grenze zum kleinen Wuchs. Machen wir bei diesem Mass einmal die Unterscheidung nach den Stammesabteilungen, so erhalten wir:

4 Paressí - Männer: Max. 161,3   Min. 153,0   Mitt. 158,0
4 Waimaré-   »   » 166,3   » 160,5   » 162,8
1 Kaschinití-Mann: »   —   »   —   » 161,3

Das wäre kleiner Wuchs für die Paressí. Der kleinste aller Männer war der Paressí-Häuptling und der grösste war der Waimaré-Häuptling.

Klafterweite. A. Körperhöhe = 100.

9 Männer: Max. 109,4 Min. 101,4 Mitt. 106,6 3 Frauen: Max. 103,9 Min. 101,3 Mitt. 102,9

B. Absolut.

9 Männer: Max. 15,2 Min. 2,2 Mitt. 10,8 3 Frauen: Max. 5,9 Min. 2,0 Mitt. 4,4

Das Minimum ist bei einem Paressí, das Maximum bei dem Kaschinití.

Schulterbreite. A. Körperhöhe = 100.

9 Männer: Max. 26,2 Min. 23,5 Mitt. 25,0 3 Frauen: Max. 24,9 Min. 23,6 Mitt. 24,3

B. Absolut.

9 Männer: Max. 43,0 Min. 37,5 Mitt. 40,1 3 Frauen: Max. 38,0 Min. 35,5 Mitt. 36,8

Brustumfang. A. Körperhöhe = 100.

9 Männer: Max. 59,2 Min. 53,3 Mitt. 55,4 3 Frauen: Max. 57,1 Min. 52,5 Mitt. 54,8

B. Absolut.

9 Männer: Max. 97,0 Min. 84,5 Mitt. 89,0 3 Frauen: Max. 86,0 Min. 80,0 Mitt. 83,0

Kopfhöhe. Körperhöhe = 100.

9 Männer: Max. 15,6 Min. 13,5 Mitt. 14,7 3 Frauen: Max. 15,8 Min. 13,7 Mitt. 14,7

Kopfumfang. Körperhöhe = 100.

9 Männer: Max. 35,5 Min. 32,4 Mitt. 34,4 3 Frauen: Max. 37,8 Min. 34,4 Mitt. 36,1

Das Mass 37,8 (57,5 cm bei 152,3 cm Körperhöhe) von Maria Clara erscheint mir verdächtig. Nur ein Mann hatte absolut mehr, 58,0 cm, bei 163,9 cm Körperhöhe.

Längenbreiten-Index des Kopfes.

9 Männer: Max. 80,7 Min. 75,1 Mitt. 77,5   3 Frauen: Max. 76,8 Min. 75,3 Mitt. 76,0

Von den Kulisehu-Stämmen stehen den Paressí die Mehinakú am nächsten, wo das Mass für 6 Männer zwischen 79,2 und 75,2 schwankte und das Mittel 77,7 betrug. Vgl. Seite 164.

Verhältnis von Kopflänge zur Ohrhöhe. Kopflänge = 100.

9 Männer: Max. 66,5 Min. 59,0 Mitt. 62,8   3 Frauen: Max. 62,9 Min. 61,5 Mitt. 62,4

Kieferwinkel. Haarrand—Kinn   100.

9 Männer: Max. 57,6 Min. 48,6 Mitt. 54,3   2 Frauen: Max. 58,2 Min. 57,1 Mitt. 57,7

Jochbogen. Haarrand—Kinn   100.

9 Männer: Max. 77,8 Min. 68,6 Mitt. 73,5   3 Frauen: Max. 75,8 Min. 73,4 Mitt. 74,5

Wangenbeinhöcker. Haarrand—Kinn   100.

9 Männer: Max. 44,8 Min. 40,7 Mitt. 40,5   2 Frauen: Max. 45,7 Min. 40,7 Mitt. 43,2

Mittelgesicht. Nasenwurzel—Kinn   100.

9 Männer: Max. 66,7 Min. 57,7 Mitt. 62,9   3 Frauen: Max. 62,2 Min. 52,5 Mitt. 58,3

Nasenhöhe. Nasenlänge   100.

8 Männer: Max. 101,9 Min. 93,0 Mitt. 97,6   3 Frauen: Max. 105,1 Min. 97,6 Mitt. 101,7

Nasenbreite. Nasenhöhe   100.

9 Männer: Max. 84,9 Min. 71,7 Mitt. 79,2   3 Frauen: Max. 95,1 Min. 83,8 Mitt. 90,5

Schulterhöhe. Körperhöhe   100.

8 Männer: Max. 84,9 Min. 82,6 Mitt. 83,7   3 Frauen: Max. 84,8 Min. 83,4 Mitt. 84,0

Nabelhöhe. Körperhöhe   100.

9 Männer: Max. 61,2 Min. 53,9 Mitt. 59,4   3 Frauen: Max. 59,9 Min. 58,0 Mitt. 58,9

Symphysenhöhe. Körperhöhe = 100.

9 Männer: Max. 51,1 Min. 47,7 Mitt. 50,3   3 Frauen: Max. 50,4 Min. 48,3 Mitt. 49,2

Darmbeinkammhöhe. Körperhöhe   100.

9 Männer: Max. 60,8 Min. 58,9 Mitt. 59,9   3 Frauen: Max. 61,4 Min. 59,0 Mitt. 60,2

Armlänge. Körperhöhe   100.

9 Männer: Max. 49,3 Min. 45,4 Mitt. 47,4   3 Frauen: Max. 47,3 Min. 45,5 Mitt. 46,1

Handlänge. A. Körperhöhe   100.

9 Männer: Max. 11,3 Min. 9,7 Mitt. 10,4   3 Frauen: Max. 9,8 Min. 9,3 Mitt. 9,6

    B. Armlänge   100.

9 Männer: Max. 24,0 Min. 20,8 Mitt. 22,0   3 Frauen: Max. 21,4 Min. 20,4 Mitt. 20,9

Längenbreiten-Index der Hand. Handlänge = 100.

9 Männer: Max. 51,4 Min. 43,5 Mitt. 46,9   3 Frauen: Max. 53,5 Min. 46,0 Mitt. 50,6

Trochanterhöhe.

9 Männer: Max. 53,4 Min. 51,1 Mitt. 51,9   3 Frauen: Max. 53,8 Min. 49,8 Mitt. 51,2

Fusslänge. Körperhöhe 100.
9 Männer: Max. 16,5 Min. 15,4 Mitt. 15,9   3 Frauen: Max. 15,0 Min. 13,8 Mitt. 14,5
Längenbreiten-Index des Fusses. Fusslänge 100.
9 Männer: Max. 42,6 Min. 34,9 Mitt. 39,2   3 Frauen: Max. 45,7 Min. 39,6 Mitt. 42,6

Die Hautfarbe wurde nach den Radde'schen Tafeln mit 33 m bis n bestimmt für Stirn und Wange, die Stirn einmal mit 33 o, die Brust mit 33 m, nur einmal mit 33 l. Unter dem Baumwollband des Oberarms 33 n. Zumal die Brust hatte einen kräftigen Lehmton, der besser als mit allen den stets zu sehr glänzenden Farbenproben der Tafeln mit Scherben von Blumentöpfen zu bestimmen wäre.

Haar schwarz, straff, schlicht; bei den vier Kaschiniti, Mann und drei Frauen, wellig bis lockig. Bei Einigen spärliche Barthaare.

Gesicht durchgängig hoch, oval, mässig breit. Stirn bei den Paressí schräg, niedrig, bei den Waimaré schräg, hoch, mit Wülsten, bei den Frauen schräg, niedrig, voll. Wangenbeine vortretend. Iris dunkelbraun, Lidspalte hoch, mandelförmig, horizontal, bei Einigen leicht schräg gestellt. Nase bei den Paressí Wurzel schmal, Rücken grade oder leicht gebogen, Flügel schmal, Löcher oval, bei den Waimaré Wurzel, Rücken und Flügel breit, Löcher gross und elliptisch nach vorn stehend, bei den Kaschinití und den Frauen Rücken breit, wenig vorspringend, Spitze dick und Löcher weit elliptisch nach vorn gerichtet. Lippen bald voll, bald zart, geschwungen. Zähne vielfach defekt und unregelmässig, meist opak und gelblich. Nur eine Frau hatte ein schönes Gebiss mit regelmässig gestellten, weissen, durchscheinenden, kleinen Zähnen. Prognathie nur mässig, mit Ausnahme eines Waimaré mit stark abgekauten Oberzähnen, der durch einen höheren Grad, zumal des Unterkiefers, auffiel.

Die Paressí im engern Sinne, die kleiner waren, hatten einen feineren Gesichtsschnitt; sie erinnerten entschieden an die Bakaírí, es bestand sogar eine gewisse Aehnlichkeit zwischen João Battista und dem Häuptling Felipe des Paranatingadorfes.

Zur Ethnographie. Die Paressí erschienen barfuss in der gewöhnlichen Kleidung der matogrossenser Landbevölkerung, sie trugen freilich darunter noch einen Teil der ursprünglichen Tracht.

Das Haar der Männer hatte den Topfformschnitt wie bei den Schingú-Indianern, aber ohne Tonsur. Die Tonsur (ñaña) sei bei den Grossvätern allgemein üblich gewesen; sie ist also nicht nur nicht nach dem Muster der Padres entstanden, sondern im Gegenteil seit der Bekanntschaft mit ihnen, ebenso wie bei den zahmen Bakaírí aufgegeben. Das Haar der älteren Frauen wurde ganz nach alter Art getragen, das des Mädchens war gescheitelt, das Stirnhaar nicht abgeschnitten. Brauen, Wimpern, das spärliche Barthaar und das Körperhaar waren nicht entfernt.

Die Ohrläppchen waren bei beiden Geschlechtern durchbohrt, während Antonio mir angegeben hatte, dass bei den Männern nur die Nase durchbohrt sei. Als Ohrschmuck wurde — jetzt nicht mehr, zur Zeit der Grossväter — ein dreieckiges Stück schwarzer Kokosschale getragen (*hohoró*). Die Nasenscheidewand war bei einigen Männern zur Aufnahme einer Tukan- oder Ararafeder durchbohrt. Die Lippe wird und wurde niemals durchbohrt.

Tätowierung (*nohotó*) war bei einigen Männern auf Oberarm und Oberschenkel in Gestalt von zwei queren Bogenstückchen nur schlecht erkennbar vorhanden. Die Frauen sind es, die tätowieren. Sie nehmen dazu einen Gravatádorn (Bromelia) und Genipapotinte oder den Extrakt des Pauablattes. Auch bei einer Frau fand sich eine Strichzeichnung oberhalb des Knies.

Statt der von Antonio Pires noch beschriebenen Hüftschnur trugen die Männer ein aus importirtem buntem Baumwollfaden fest gewebtes, 1,5 bis 3,5 cm breites Gürtelband oder Perlschnüre (*kunokuá*). Das Penis wurde hinter das Kunokuá hinauf geschlagen getragen; zum Schutz gegen die Reibung des Bandes oder der Schnur wurde zwischen ihn und letztere ein viereckiges, gewebtes und rot gestreiftes Läppchen (8 × 10 cm) gelegt, das zur Hälfte um die Schnur geklappt wurde (*daihasó*). Wie die Abbildung 124 zeigt, wurde das Scrotum und die Wurzel des Penis durch den Lappen nicht verhüllt. Es muss hierauf besonders hingewiesen werden, weil z. B. auch ein Paressí-Indianer (wie viele andere) in der »Revista da exposição anthropologica« (Rio de Janeiro

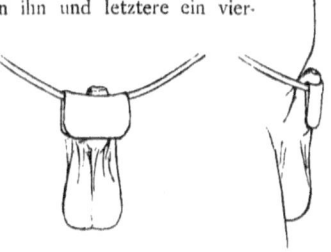

Abb. 124. Daihasó. (Paressí).

1882) p. 85 dem Leser zuliebe mit einem vollständigen Suspensorium dargestellt ist. Ueberhaupt wird diese Rücksicht auf uns zum Nachteil der Genauigkeit, die Wirklichkeit entstellend, vielfach, zumal in den Abbildungen, betreffs der brasilischen Ureinwohner geübt, wie Jedem, der den Gegenstand eingehender verfolgt, in den Reisewerken auffallen wird — daher denn irrige Vorstellungen über das Schamgefühl der Eingeborenen unvermeidlich sind. Widersprüche zwischen Text und Illustrationen sind sehr gewöhnlich.

Die Frauen, die sich ohne Umstände ihrer brasilischen Kleidung entledigten, trugen unter dieser eine eng gewebte, rot gefärbte »Leibbinde« von 30 cm Breite. Nur sass diese Leibbinde tief unterhalb des Nabels, den Bauch ganz freilassend, seitlich abwärts des Darmbeinkamms und vorn so tief, dass sie knapp, aber straff schliessend, kaum den Mons veneris bedeckte. Sie reichte über den halben Oberschenkel hinunter und wurde nur dadurch, dass sie elastisch war und festgespannt anlag, am Abrutschen verhindert. Es ist nicht genau zu verstehen, wie die »tipoinha« des Antonio Pires beschaffen war; nach dem Tupíwort und der Angabe, dass sie mit bunten Federn verziert war, zu urteilen, ist sie eine Art mit Federn versehenen Netzes gewesen. Heute ist jedenfalls im Gegensatz zur Schingútracht eine Hülle vorhanden, ein Kleidungsstück in unserm Sinn. Hier ist nichts mehr von Verband oder Pelotte. Die Entwicklung, die wir am Schingú noch vermissen, ist also für die Frauen, nicht für die Männer vollzogen. Wir wissen aber auch nach dem Bericht des Antonio Pires, dass die alten Paressí — wenn wir auch dem tapfern Sklavenjäger, dessen Angaben den Eindruck der Wahrhaftigkeit machen, einige Uebertreibung zutrauen wollen — zahlreiche Ortschaften mit einer dichten Bevölkerung hatten und sich in sozialen Dingen deshalb von den grossen Familien am Schingú schon unterscheiden konnten.

Wie die Tracht der Paressí-Frauen ursprünglich ausgesehen hat, wäre wohl nur durch die Bekanntschaft mit »wilden« Paressí zu erfahren. In dem Dorf der von uns untersuchten Eingeborenen besteht seit anderthalb Jahrhunderten ein sehr viel engerer Verkehr mit den Brasiliern von Diamantino, da man die Leute zu Minenarbeiten und zur Tapajozschiffahrt gebrauchte, als in den Dörfern der zahmen Bakaïrí, deren Frauen auch längst keine Uluris mehr tragen. Es ist vielfach in Brasilien geschehen, dass die Indianerinnen, ganz abgesehen davon, dass sie Kleider anzogen, sehr rasch nach dem Erscheinen der Weissen ihre alte Tracht veränderten.*) Das Bedürfnis, sich gegen Blicke zu schützen, macht sich am ersten fühlbar bei dem Zusammentreffen mit fremden Männern, deren Begierde die Frauen nicht reizen sollen.

Abb. 125. Paressí-Mädchen.

Die Männer trugen um die Oberarme und an den Unterschenkeln unter dem Knie oder über den Knöcheln festgewebte und festanschliessende bis 10 cm breite Bänder, die seitlich mit den als ein freier Strang herabhängenden Endfäden zusammengeschnürt wurden, die Frauen dagegen knapp fingerbreite Kniebänder aus Kautschuk, die scharf einschnitten und unter denen die Haut überraschend hell war. Das Mädchen hatte einen dicken Wulst von Glasperlen um den Hals.

Unsere ethnographische Ausbeute war sehr gering, um so geringer, als die Paressí von dem Wenigen was sie mitgebracht, das Beste, namentlich

---

*) Ein sehr gutes Beispiel berichtet Prinz Wied von den Camacan. »Die Weiberschürze besteht in einem künstlich mit feinen Schnüren übersponnenen Stricke, mit ein Paar grossen Quasten an den Enden, von welchem eine Menge andere runde Schnüre herabhängen, um eine Schürze zu bilden; der Strick wird von den Weibern um die Hüften gebunden und es sind diese Schürzen das einzige Kleidungsstück derselben, da, wo sie noch in einem etwas rohen Zustande leben; früher kannten sie auch dies noch nicht, sondern gingen völlig nackt, oder späterhin mit einem um die Hüften gebundenen Stück Baumbast«. Reise nach Brasilien in den Jahren 1815—1817, II p. 216. Da haben wir also die Reihenfolge: Nacktheit, Bastbinde, Fadenschürze, europäische Kleidung.

einige sehr schöne, mit künstlerischen schwarzgelben Flechtmustern ausgestattete Sieb- und Korbschalen dem »Capitão grande« oder vielmehr der Donna Carmina verehrt hatten. Wie schon erwähnt, bilden die Siebe, die »peneiras«, die Hauptspezialität der Paressí für den Tauschhandel mit den Brasiliern. Die Muster sind ähnlich denen der sprachverwandten Aruak in den Guyanas durch Reichhaltigkeit der Erfindung ausgezeichnet. Wir erhielten ausser den Stücken der Tracht eine Kiepe, *kohó*, beutelförmig, aus Bambusstreifen geflochten und an einem über die Stirn verlaufenden Baststreifen getragen, ein gewebtes Umhängetäschchen, eine Hängematte, ein paar aus fünf Rohren (grösstes 40, kleinstes 28 cm) zusammengesetzte Pansflötchen, eine mit Rohr umwickelte Rolle festgepressten Tabaks, wie man sie am Amazonas herrichtet, endlich einen Kinderbogen mit Kinderpfeilen. Die Hängematte war aus Baumwolle, nach Art der Bakaïrí-Hängematte gewebt, aber aus dünnen Fäden und deshalb ausserordentlich leicht. Bogen und Pfeile, sagten die Indianer, würden in ihrem Dorf fast nur noch von Kindern gebraucht. Die Pfeile waren aus sehr dünnem Kambayuva-Rohr (grösste 1,1 m), die Bogen, nicht ganz 1,6 m lang, auf dem Rücken konvex und flach auf der Sehnenseite.

Die Häuser scheinen die Bauart des brasilianischen Rancho zu haben, mit langem Giebeldach. Die Kanus sind aus Jatobá-Rinde (*misá*) oder Holz. Hängematten, Webstoffe, Töpfe werden von den Frauen, Siebe und Körbe von den Männern gemacht. Letztere roden den Wald, die Frauen pflanzen.

Die Unterhaltung mit den Indianern hatte grosse Schwierigkeiten, da sie zwar sehr bereitwillig und gutmütig waren, aber, von Cuyabaner Bürgern bewirtet, stark angezecht zu uns kamen, für ihre Dienste neuen Schnaps beanspruchten, diesen wie Limonade hinuntergossen und nun in einen andauernden Duselzustand gerieten. Auch Maria Kalara und Maria Theresa stolperten betrunken durch das Haus und sanken mit verklärt stupiden Gesichtern in einen unserer Lehnsessel. Glücklicher Weise waren sie auch durch andere Reizmittel zu gewinnen; Perlen liebten sie am meisten und leere Flaschen, die sie in grosser Anzahl mitnahmen.

Die berauschenden Getränke, die sie zu Hause verwenden und die den »Weinen« des Antonio Pires entsprechen, sind Mandioka oder Mais-»Kaschirí«; man stellt durch Kochen einen Absud von den Früchten her und regt die Gährung an, indem man gekaute Beijús oder Maiskörner zusetzt. Diese Getränke — sie machen schlechte Zähne, klagten die Paressí — werden in grossen Massen vertilgt. Die Hauptfeste sollen im Oktober und im April stattfinden. Es gebe Tänze für die Männer allein und solche mit Beteiligung der Frauen. Bei ihrer angeregten Stimmung machte es unsern Gästen viel Vergnügen, uns etwas vorzutanzen. Sie gingen zu dreien Arm in Arm, zwei bliesen auf der Pansflöte melodiös hingezogene Töne, indem sie leicht über die Flöte wegzublasen schienen, der dritte stampfte den Takt. Abwechselnd machten sie wenige Schritte vorwärts und zurück.

Die Tänze kommandieren die Häuptlinge, für die sie ausser den beiden Bezeichnungen *haríti* und *amuré* bei dieser Gelegenheit noch eine dritte *kakuáritihé* nannten. Man beginnt bei Tagesanbruch. Drei Arten wurden angegeben: der Zulaní-Tanz, wo Einer allein anhebt (*hamenané haroné ezanané kuakéna, nató nató natáneé*, wovon ich nichts verstehe als *nató* == ich) und der Chorus einfällt (*haló haló katáhe: timenatiré zolukatö hahahá* . . .) — der Holúta-Tanz mit Flötenmusik in schwirrend langgezogenen Tönen, die allmählich in der Ferne zu verklingen scheinen; dabei oder danach wird geschmaust, Fisch, Waldschwein, »tudo come, Alles isst« endlich der Walarosö-Tanz mit Flöte und Rassel (*wála*).

Von Maskentänzen konnte ich nur erfahren, dass man aus Buritístroh »Brillen« oder dergleichen mache und mit Stangen (?) um das mit dem Kaschirí gefüllte Trinkkanu tanze. Antonio Pires hat die Masken natürlioh als Idole aufgefasst und die Festhütte als Tempel.

Die Vernünftigsten und Mässigsten waren die beiden Häuptlinge João Battista und Manoel Chico, die ich Abends bei mir hielt und ausfragte. Leider war ihr Portugiesisch sehr mangelhaft; wohl auf bolivischen Import waren einige spanische Wörter zu beziehen, wie *muchacho*, Knabe, und *hoíyo* — *hiyo*, Sohn. Indessen erfuhr ich mancherlei Interessantes und bedauerte lebhaft, dass die Gesellschaft nicht länger zu halten war.

Die Paressí leben in Monogamie, die Heirat werde von den beiderseitigen Eltern ausgemacht und die Braut von ihren Eltern ohne Formalität, nachdem sie einige Geschenke erhalten hat, zu der Hängematte des Bräutigams geführt. Die Frau kommt, von ihrer Mutter um die Brust gefasst, in knieender Stellung nieder. Mann und Frau bleiben etwa fünf Tage, bis die Nabelschnur abfällt, zu Hause; der Vater darf nur mit Beijú angerührtes Wasser geniessen. Sonst würde das Kind sterben. Es erhält seinen Namen, den eines »Grossvaters«, mit etwa drei Jahren.

Die Toten werden im Hause mit dem Kopf im Osten beerdigt. In das Grab legt man Hängematte, Federschmuck, Armbänder, eine Halskette mit schwarzen Früchten und reichlichen Reiseproviant von Branntwein, Beijú, Fleisch von Waldschwein, Salz, einen kleinen Trinkkürbis. Die Verwandten schliessen das Haus ab und bleiben sechs Tage bei dem Grabe, während deren sie selbst strenge Fasten halten und nur »ein bischen Wasser« trinken. Wenn Einer isst, so »isst er den Mund des Toten«, so würde auch er sterben. Ist der Tote bis zum sechsten Tage nicht wieder lebendig geworden, so wartet man nicht länger, alsdann ist er im Himmel angekommen und kehrt nicht zurück. Man bereitet aus dem Saft des Kaiterú-Baums, indem man ihn die ganze Nacht hindurch quirlt, eine Flüssigkeit, zu der man das Urukúrot hinzusetzt, und am siebenten Morgen bemalt sich Alles festlich, schmaust und trinkt. Der Tod ist immer durch einen Hexenmeister *tihanále* hervorgerufen. Er bereitet den *feitiço*, das Zaubergift (portugiesischer Ausdruck, mit »Fetisch« identisch), oder *ihúzaré* und sucht es seinem Opfer, unter anderm auch durch Wurf, beizubringen. Er vergiftet auch den Branntwein, und der Trinker stirbt — einer so guten Sache wie dem reinen Schnaps wird die böse Wirkung nicht zugeschrieben. Der gute Medizinmann, sein Gegenpart, heisst *otuharití*. Zur Zeit gebe es im Dorfe keinen. Er heilt die Kranken, die er mit

Tabakrauch anbläst. Er weiss Alles, er nimmt junge Leute auf, die bei ihm lernen wollen, die *ewenekuaré*, und wer am besten lernt, wird sein Nachfolger. Der Student muss fasten und einsam im Wald leben. Der Otuharití weiss auch den Weg zum Himmel, »ebenso gut wie der Padre in der Stadt«, während »die andern Leute ihn nicht kennen«.

Das portugiesische Wort alma, Seele, war dem Häuptling geläufig,*) er übersetzte es mit *niakó*. Während des Schlafes wandert das Niakó umher, es kehrt zurück und man erwacht. Sein Niakó, fügte er zu, sei in der vorigen Nacht bei seiner Frau und seinem Kind gewesen; er glaubte durchaus, das Dorf wirklich besucht zu haben. Das Niakó geht weit weg und tritt aus dem Körper (*nomelihi*, wie in allen unsern Sprachen Haut — Körper) am Nacken aus. Ruft man den Schlafenden an und das Niakó ist noch in der Ferne, so »thut der ganze Kopf weh«. Den genaueren Sinn von „*niáko*" kenne ich nicht. Die Tiere haben es ebenso wie die Menschen.

Die »Seele« des Toten gebraucht sechs Tage, um im Himmel anzukommen. Christliche Vorstellungen scheinen hier bereits mit den ursprünglichen amalgamiert. Denn die bösen Menschen dringen nicht bis zum Himmel vor. Ein kleines Feuer auf dem Wege dahin, flackert hoch empor, wenn ein »Sünder« erscheint und verzehrt ihn. Mit ihm ist es zu Ende, wie die tote Mero in der Bakaïrísage verbrannt wird, damit sie töter als tot sei. »Sünder« (mit dem portugiesischen Wort) aber, die dem Feuer entrinnen, fallen in die Gewalt eines Ungeheuers halb menschlichen halb tierischen, hundeähnlichen Aussehens mit gewaltigen Ohren, des *iyuriú*, das zu dem Wanderer sagt »komm hierher mein Sohn« und ihm die Augen ausreisst, sodass es nun eigentlich erst »stirbt«. Im Himmel sind die ältesten Paressí, die den Ankommenden begrüssen, namentlich vier Brüder *noschinú*, die wir in der Ahnensage noch kennen lernen werden, an ihrer Spitze Waikomoné, der den Toten beim Empfang mit Urukú bemalt — eine gewiss körperlich gedachte Seele! Jeder bekommt dort oben einen *palatá*, d. h. einen Palast, wie ihn der Capitão grande in Cuyabá besitzt. Sie leben dort wie auf Erden und zeugen viele Kinder.

Firmament. Die Sonne besteht aus roten Ararafedern und gehört dem Molihutuaré, dessen Frau Kameró (*kamái* Sonne) heisst. Es ist ihr Besitzer, »dono«. Er bewahrt sie Nachts in einem langen Federkürbis und öffnet diesen am Morgen. Doch wurden noch zwei andere Namen für den Besitzer der Sonne genannt, Kuitahé und Kaschíe, die jetzt tot seien, während ein Anderer sagte, Molihutuaré sei jetzt tot. Es handelt sich wohl um mehrere Namen, sei es der Kaschinití oder Waimaré oder sonstiger Teile der Stammesgruppe für dieselbe Person. Auch der Mond,**) der aus gelben Mutungfedern, wahrscheinlich von

---

*) Wahrscheinlich von dem »alma do outro mundo« (Seele der andern Welt) des brasilischen Volksglaubens. Der Ausdruck spielt eine grosse Rolle bei der niedern Bevölkerung.

**) *kayö* Mond, *kayé* Batate. Dass hier zwei verschiedene Worte zusammenfallen, zeigt Moxos *cohè* Mond, *coere* Batate.

Mutum pinima der Brasilier, dem bunten Mutung, *Crax discors*, besteht, hat einen Herrn; dieser heisst Kaimaré und seine Frau Uriálo oder Uruiáro. Von den beiden Besitzern wurde ausdrücklich gesagt, sie seien »como gente mesmo«, gerade wie Menschen.

Wie der Gang der Sonne am Himmel zu verstehen ist, ist mir unklar geblieben — »Molihutuaré setzt sie hierhin, dorthin, immer höher« — weil meine Frage, ob das Araragefieder als Schmuck oder sonstwie irdischer Verwendung ähnlich gedacht ist, nicht begriffen wurde. »Am Tage stellt er Ararafedern hin«, die grellrot sind, »in der Nacht stellt er Mutungfedern hin«, die bei mehreren Arten glänzend schwarz sind, und »es ist dunkel«. Ich glaube nicht, dass Jemand hier eine Personifikation des Lichtes wird annehmen wollen.

Die Mondphasen werden ganz ähnlich wie bei den Bakaïrí erklärt. Statt der Eidechse erscheint bei den Paressí zuerst eine dünne Spinne am Rand des Vollmondes, hierauf aber kommen nicht nur zwei, sondern vier Gürteltiere: erstens das Tatú cabelludo oder das haarige, zweitens das Tatú liso oder das glatte, drittens das Tatú bola, Kugelgürteltier, Dasypus tricinctus, und endlich das Tatú canastra, Dasypus gigas oder Riesengürteltier, hinter dem der Mond ganz verborgen ist. Ebenso wie bei den Bakaïrí haben die einfach beschreibenden Namen der Mondphasen mit diesen Erklärungen nichts zu thun und enthalten nichts von irgend welchen Tieren, sodass man sieht, wie dringend nötig es ist, besonders nachzufragen.

Von den Sternen habe ich eine kleine Anzahl Namen erhalten, die ich jedoch nicht zu übersetzen vermag, sodass ich nicht weiss, was die Paressí sich darunter vorstellen. Ueber dem südlichen Kreuz, das *zutakaré* heisst, befindet sich ein Strauss *aú*, dessen Gestalt in einer dunkeln Partie der Milchstrasse erkannt wird. Dort befinden sich auch ein »Jaguar, ein Seriema-Vogel (Dicholophus cristatus) und viele andere Tiere.« Ein Jaguar packt einen Sumpfhirsch. Die Milchstrasse selbst ist ein mit zahllosen gelben *kutá*-Früchten überstreuter Weg, die in der Lingoa geral *karikaró* heissen sollen, die ich aber nicht näher zu bestimmen vermag, obwohl Antonio behauptet, dass ich sie im Sertão an der Weihnachtslagune selbst gegessen habe.

Ahnensage. João Battista's, des Paressíhäuptlings, Vater heisst Uvanäi und dessen Bruder Haraurusó. Sein Grossvater hiess Hazaré, sein Urgrossvater Kauviyé, dessen Vater Uvetökuharé, dessen Vater Zukahirí, dessen Vater Kahaduré, dessen Vater Oiyé, dessen Vater Kamoduré, und dessen Vater endlich war Uazále oder Wazalé oder Uazaré, der erste Paressí. Ich habe die Reihenfolge zu drei verschiedenen Malen abgefragt, sie stimmte immer. In der weitern Besprechung aber kam eine schier unerschöpfliche Fülle der Namen zu Tage; immer wieder tauchten neue Brüder oder Söhne von Uazale auf. Neben ihm spielt die grösste Rolle noch Waikomoné, sein Neffe. Beide wohnen jetzt, nachdem sie gestorben sind, im Himmel.

Gehen wir nun aber, um Uazale's Ursprung zu erfahren, sofort auf die erste Person der Weltgeschichte zurück, die bei den Paressí eine Frau ist ohne Gatten. Wiederum sehen wir, dass die Frau nicht erklärt zu werden braucht, sie wird auch bei allen nachfolgenden Brüdern Uazale's, die Söhne haben, vorausgesetzt. Es hiess immer, dann wurde der und der geboren, ohne dass jemals der Geburt der Frau Erwähnung geschah, und als ich mich besonders erkundigte, »woher hatte er denn seine Frau?« lautete die Auskunft: »die war auch geboren worden«.

Maisó hat keine Eltern. Wer Freund von schönen Worten ist, nenne sie die »Allmutter«. Sie hat menschliche Gestalt und ist aus Stein, zu ihrer Zeit war es noch dunkel, es gab noch keine Flüsse, keine Erde, kein Holz. Sie nahm ein Stück Holz — woher weiss ich nicht — und steckte es in die Vagina: da floss aus ihrem Leib der Rio Cuyabá hervor, er war sehr schmutzig. Bald aber kam ein Wasser klar und schön, der Rio Paressí. Sie that Erde in das Wasser, es entstand der Boden.

Dann kamen »viele Leute« aus dem Leibe hervor, als erster Darúkavaiteré, alle Kopf, Arme, Brust u. s. w. aus Stein.

Darúkavaiteré hatte eine Frau Namens Uarahiulú oder Urulahiulú. Er ging nur in der Nacht aus, es gab noch keinen Tagesanbruch. Die Sonne, den Mond, den Strauss, den Jaguar, das Seriema, den Sumpfhirsch und was wir am Himmel sehen, hat Darúkavaiteré selbst mit seiner Frau gezeugt und dort »hingesetzt«. Mit seiner Frau zeugte er dann Papageienvögel und Schlangen. Uarahiulú gebar zuerst einen gewöhnlichen Perikito und zwei gleichfarbige Perikitoschlangen, dann zeugten sie wieder und die Frau gebar zuerst einen Blauen Arara, der schon ein menschliches Gesicht hatte, und danach auch eine Blaue Araraschlange, zum dritten Mal gebar sie einen Roten Arara, auch mit einem menschlichen Gesicht, und eine Rote Araraschlange, zum vierten Mal einen Marakaná-Papagei und eine Marakanáschlange. Schwiegermutter Maisó war sehr böse über diese verunglückten Versuche. »Immer nur Papageien und Schlangen«, schimpfte sie, »und noch keine Menschen!« Sie sann hin und her, nahm ihr Haar, legte es der Tochter auf den Leib, knetete diesen und wusch sie im Fluss; wieder zeugte Uarahiulú mit Darúkavaiteré und nun gebar sie Uazale, den Stammvater der Paressí, der menschliches Aussehen besass. Doch hatte Uazale schwarzes Haar über den ganzen Leib, einen kurzen Schwanz und eine Flughaut zwischen Armen und Beinen wie eine Fledermaus.

Urulahiulú erhielt nun noch neun Söhne von Darúkavaiteré, unter diesen die Stammväter der den Paressí verwandten Stämme. Ihre Söhne waren: 1. Uazale, 2. Zatemaré, 3. Kamahié, 4. Kamaikuré, (2, 3 und 4 bleiben ohne Nachkommen), 5. Kamázu, den Grossvater der Kabischí, die deshalb die Paressí als ältere Brüder gelten lassen müssen, 6. Zaluiá und 7. Zakálu, beides Grossväter der Waimaré, 8. Zauluré, der Grossvater der Kaschinití, die heute nicht mehr als selbständiger Stamm leben, 9. Aurumenaré ohne Nachkommen und 10. Kuitihuré, den Grossvater der Portugiesen! Die Portugiesen oder Brasilier sind jüngere Brüder der Paressí.

Weiter zeugten Darúkavaiteré und Uarahiulú Söhne und zwar gebar letztere Eisenwaaren und Beile, darauf Pferde, Rindvieh, Schweine: Alles kam aus dem Leib der Uarahiulú.

Uazale ist der »erste Paressí« — »er war wie wir« — er wurde an einem Fluss im Norden geboren und ging später in den Himmel. Sein Sohn Kamoduré, auf den João Battista sich zurückführt, hatte sein Haus auf einem Berg, als eine grosse Ueberschwemmung stattfand; er hat zuerst Mais gepflanzt (vgl. weiter unten dessen Ursprung).

Anfangs assen die Leute Jatobáfrüchte, Buritínüsse, faules Holz und Erde. Einmal hatte sich Uazale als kleiner Junge im Walde verloren; er pfiff und pfiff, die Mutter hörte ihn nicht. Er lief tiefer in den Wald hinein und fand die wilde Mandioka. Er zog die Wurzel aus dem Boden, ass davon und brachte den Eltern Zweige mit. Es ist nicht uninteressant, dass ein Stamm aus der Aruakgruppe, die den meisten Anspruch von den lebenden Stammesgruppen auf die erste Kultur der Mandioka erheben dürfte, die Mandioka einfach im Walde finden und sie weder aus einem Grab hervorblühen, wie die Tupí, noch wie die Bakaïrí von einem Fluss bei dem Bagadufisch holen lässt.

Uazale pflanzte Haar von seinem Kopf und es wuchs Baumwolle, er begrub (ich bin nicht sicher, ob das nicht ein Missverständnis ist) ein kleines Kind und es wuchs Tabak. Auch der Mais ist damals entstanden. Uazale war sehr erzürnt über seine beiden Kinder Kolabiruné und Haraló, Bruder und Schwester, die in derselben Hängematte gelegen hatten, und tötete sie beinahe. Sie entflohen in den Wald und mit ihnen aus Angst auch noch zwei andere Söhne, Alahuré und Manié. Sie machten Feuer und der Wald geriet in Brand. Drei von den Vieren verbrannten, nur Alahuré blieb am Leben. Aus jenen aber wuchsen Pflanzen hervor: aus den Geschlechtsteilen von den beiden Männern entstand der schwarze (aus Kolabiruné) und der gelbe oder rote (aus Manié) Maiskolben, aus Haralo's, der Frau, Geschlechtsteilen entstand die *kumatú*-Bohne (fava), aus ihren Rippenknochen die *kumatahiró*-Bohne (feijão), aus dem Nabel die Batate, aus dem After die Mandubí-Erdnuss. Man sieht, dass die Aehnlichkeiten zwischen Körperteil und Frucht für die Auswahl entscheidend sind. Alahuré, der am Leben blieb, hat zuerst Mais gegessen.

Uazale hat auch die Frauen Töpfe machen gelehrt.

Ich wollte nun auch von den Paressí wissen, wie die Bakaïrí entstanden seien, denen sie keineswegs hold gesinnt waren. Die Bakaïrí hätten noch vor einigen Jahren auf dem Wege nach Diamantino die Paressí überfallen, um ihnen Frauen wegzunehmen, und viele getötet. Der Bruder des Manoel Brito sei damals um's Leben gekommen, und so ging in der That Manoel »Bito« zum Präsidenten, Herrn Mello Rego, um wider unsern Antonio, der zur Zeit der Begebenheit ungefähr 4 Jahre zählte, Klage zu führen. — Uazale hatte einen Bruder Kamázu, den schon erwähnten Grossvater der Kaschibí, und einen andern Tschenikauré, was soviel heisst als »grosser Jaguar«. Tschenikauré tötete den Kamázu und dessen Frau und verzehrte sie. Ihr Sohn Waikomoné wurde von der Grossmutter Araurirú aufgezogen; als er erwachsen war und mit Pfeilen schiessen konnte, erschoss er den grossen Jaguar und zog ihm das Fell mit dem langen Schwanz ab, das er in einem Sack mitnahm. Aus den sechs Pfeilen des Tschenikauré entstanden die Bakaïrí, die in der Paressísprache Matokozó genannt wurden. Zur Sippe des grossen Jaguars gehörten noch andere Stämme, die alle »bugre bravo«, Wilde seien und Menschenfleisch ässen! So beschuldigt ein Stamm den andern kannibalischer Sitten und schiebt ihm die Abstammung von dem menschenfressenden Jaguar zu.

Waikomoné scheint neben Uazale die grösste Bedeutung zu haben. Er habe mit ihm die Frau getauscht. Er wurde auch einmal als sein Sohn bezeichnet. Mit drei Brüdern Uazúlukuhiraré, Kerokamá und Uazulié ging er nach seinem Tode zum Himmel; sie empfangen dort die toten Paressí, die sie mit Urukú bemalen, schmücken und denen sie eine Tonsur scheeren. Diese vier werden als *noschinú* bezeichnet (*nóschi* Enkel) und gelten den christlichen Paressí als die »Engel«. »Ficarão bonito«, »sie wurden schön« und so wird auch jeder Paressí, der oben ankommt »bonito«. Im Himmel ist Alles »bonito mesmo«, sehr schön, »bonito como aquí na cidade«, schön wie hier in der Stadt! Waikomoné und seine drei Genossen vom Empfangscomité »não gostão de mulher«, haben (wahrscheinlich als asketische Medizinmänner) keinen Geschmack an Frauen, doch hat Waikomoné im Himmel sich einen Sohn aus Blättern gemacht, die er in die Hand nahm, und die wuchsen und wuchsen, bis es ein Mensch war, Hoholuré. Dieser Hoholuré verheiratet sich mit »allen hübschen Frauen«, die hier unten sterben und nach oben kommen. Ein Schwager von ihm heisst Duzuhayé, der auch im Himmel ist und viele Söhne besitzt, ein anderer Makakoaré. Die Fülle der Namen ist unerschöpflich; man sollte glauben, jeder Paressí sorge dafür, dass sein Grossvater im Himmel einen guten Posten hat.

Dagegen wimmelt es auf der Erde noch von allerlei Geschöpfen, die mit den Paressí nicht verwandt, verschwägert oder befreundet, sondern die ihnen im Gegentheil feindlich sind und sie zu fressen suchen. Sie fressen »nicht nur die Sünder, oh nein, auch gute Menschen«.

Iwakané, mit starkem Haarwust bis tief über die Augen, auf dem Grund der Flüsse. Man sieht ihn niemals, aber man hört ihn, wie er *hm, hm* oder *hum, hum* macht. Er ist in allen Flüssen, selbst in den Quellbächen. Er hat auch eine Frau.

Kokuimoró. Im Fluss. Sieht aus wie eine Fledermaus, hat eine Flughaut, einen Fledermausschwanz, einen Ararakopf. Fliegt des Nachts umher und schreit „*kwí kwí kwí*" mit einer feinen hohen Stimme, ähnlich dem Falkenruf. Früh Morgens taucht er in's Wasser.

Toluá. Im Fluss. Ziemlich klein, weisslich. Gluckst des Nachts „*turú, turú*" (daher der Name). Kommt aus dem Wasser hervor und begiebt sich in den Wald.

Severití. Im Wald. Sehr klein, wie eine fussgrosse Termite, hat kein Haar. Spricht nicht.

Hakasô. Im Wald. Sein Ruf abwechselnd: *kwa* . . . . . hochtönend und *hahahá* tief. Ist klein, hat einen Menschenkopf. einen sí sind nur Knochen.

Hakasô und Toluá fressen besonders den Mann, de. ... . nachlässigt und in den Wald geht, statt bei Frau und Kind zu Hause zu bleiben.

Heimat der Paressí. Wo ist Uazale und wo sind die ersten Paressí geboren? Ich habe mit João Battista und Manoel Chico die Geographie ihres Gebietes möglichst genau durchgenommen und eine Menge von Namen für kleine Bäche und Flüsschen erhalten, die kein weiteres Interesse darbieten. Aber schon bei der Aufzählung dieser Gewässer des Oberlaufs liess sich bestimmt feststellen, dass eine Verschiebung zum Süden stattgefunden hat. Ich nahm die mir bekannten Namen der Vorfahren, bei dem Vater und Grossvater beginnend, und fragte, an welchem Fluss sie geboren seien. Je mehr wir in der Reihenfolge der Ahnennamen aufrückten, desto mehr kamen wir auch nach Norden. Uazale's nächste Nachkommen wohnten oberhalb der Vereinigung von dem Juruena (dem entlang sich die Verschiebung nach Süden vollzogen hat) und dem Arinos, die beide zusammen den Tapajoz bilden. Uazale selbst ist am Matihurizá geboren, »wo es weder Land noch Wald giebt«, d. h. kein Ufer, »und er ist weit flussaufwärts gegangen«. Der Matihurizá ist der Tapajoz, wenn er nicht den Amazonas selbst vorstellt. Wenn also die Hauptbewegung der Karaibenstämme von Süden nach Norden gerichtet war, so hat sich wenigstens dieser Teil der Nu-Aruakgruppe von Norden nach Süden bewegt.

Freilich kommt es den guten Leuten auf den kleinen Widerspruch nicht an, dass Uazale aus fernem Norden gekommen ist, und dass seine Grossmutter Maisö zuerst von allen Flüssen den Rio Cuyabá gemacht hat!

XVII. KAPITEL.

Zu den Bororó.

I. Geschichtliches. Gründung der Kolonien.

Bororó da Campanha und do Cabaçal. »Coroados« Bororó. Verwirrung in der Literatur. Der kleine Sebastian. Martius. Beendigung der Fehde und Katechese. Raubwirtschaft in den Kolonien.

Man unterscheidet im Matogrosso zwei Gruppen von Bororó, die »Bororós da Campanha« oder der Ebene und die »Bororós Cabaçaes« oder des Rio Cabaçal. Die Bororós da Campanha leben in kleinen Ansiedlungen unterhalb Villa Maria, am rechten Ufer des Paraguay und Jaurú nach Bolivien hinüber, die Bororós do Cabaçal nicht weit von ihnen im Norden an den Ufern und im Quellgebiet des gleichnamigen Flusses sowie des Jaurú, die beide rechts in den obern Paraguay jener bei Villa Maria, dieser etwas südlicher, einmünden.

Diese Bororó sind nicht selten von Reisenden besucht worden; 1827 kamen sie mit der Langsdorff'schen Expedition in Berührung, in demselben Jahre hat der österreichische Naturforscher Natterer bei ihnen eine reiche, jetzt im Wiener Hofmuseum befindliche Sammlung angelegt, Graf Castelnau und sein Begleiter Weddell, die sich auf ihrer berühmten Durchquerung von Südamerika 1845 und 1846 im Matogrosso aufhielten, haben uns ein kleines Vokabular überliefert, der Ingenieur Rodolfo Waehneldt gibt eine sehr anschauliche Schilderung aus dem Jahre 1863 in der Revista Trimensal do Instituto Historico, Band 27, endlich hat der Sammler Richard Rohde, der 1883—84 im Auftrag der Berliner Museums für Völkerkunde im südlichen Matogrosso reiste, in dem Heft I der »Original-Mittheilungen aus der ethnologischen Abtheilung der Königlichen Museen zu Berlin« (1885) einige Angaben niedergelegt.

Diese Bororó der Campanha und des Cabaçal gelten als Trümmer eines einst gewaltigen Stammes, der das Gebiet zwischen dem Rio Paraguay und Rio Cuyabá besetzt hielt, mit den Kolonisten in erbitterter Fehde lebte, namentlich den Verkehr zwischen Cuyabá und Villa Maria und Matogrosso empfindlich störte und in zahlreiche längst vernichtete Unterabtheilungen zerfiel. In den zwanziger Jahren unseres Säkulums wurden zuerst die Bororó der Campanha von João

Pereira Leite, einem grossen Fazendeiro bei Villa Maria, der 6 Jahre mit ihnen gekämpft, 450 getötet und 50 gefangen hatte, zum Frieden bewogen und teilweise getauft *). Die Bororó des Cabaçal, die gewöhnlich beschriebenen, sind erst 1842 durch »milde Ueberredung und Geschenke« von dem Vikar in Matogrosso, José da Sª. Fraga am Jaurú sesshaft gemacht worden; sie zeigten sich aber sehr widerspenstig gegen den Feldbau, pflanzten nur etwas Mais, Bataten und Bananen und zogen es vor, sich hauptsächlich von der Jagd mit Pfeil und Bogen zu ernähren. Heute sind die Bororó am rechten Paraguayufer eine elende, heruntergekommene Gesellschaft. Sie haben die Zivilisation mit Lues und Schnaps durchaus nicht vertragen können.

Von anderen Bororó erzählt uns die Kolonisationsgeschichte der Provinz schon in ihrer frühesten Epoche. 1742 zog Antonio Pires mit einer Schaar Paulisten und 500 befreundeten Bororó aus, die Kayapó im südlichen Teil der Provinz zu unterwerfen, machte auch mehr als 1000 Gefangene, legte einige Militärposten an und liess dort »eine Besatzung von Bororó« zurück.

Alle diese Bororó gehen ursprünglich aus dem Gebiet des Rio S. Lourenço hervor; von seinem untern Teil haben sich diese nomadisierenden Jäger in das Gebiet zwischen ihm und seinem Nebenfluss, dem Cuyabá, sowie über das seiner Einmündung gegenüberliegende rechte Paraguayufer verbreitet, während sie, von dem obern Teil des S. Lourenço ausgehend, uns im Osten und Südosten der Provinz an den Quellflüssen des Araguay, den »Contravertenten« des S. Lourenço, als Nachbarn und Feinde der nicht minder starken Kayapó begegnen.

Es ist schwer verständlich, warum über die Bororó sowohl unter den Matogrossensern selbst als in der Literatur die grösste Begriffsverwirrung geherrscht hat und noch herrscht. Von Castelnau erfahren wir, dass die Bororó des Cabaçal noch damals »Porrudos« genannt wurden; nun ist »der alte Name des Rio S. Lorenço, den er in seinem obern Teil noch jetzt führt«, wie der Geograph Melgaço angibt (Rev. Trim. Bd. 47, p. 459), »Rio dos Porrudos« **).

Die Indianer des S. Lourenço werden heute »Coroados«, die Geschorenen, genannt — ein Name, der allerdings zu Verwechslungen geradezu herausfordert. »Coroados« hätten wir auch die Schingúindianer nennen können, Coroados gab es vor Allem im Strombecken des Paraná und andere wiederum am Rio Xipotó an der Grenze der Provinzen Minas Geraes und Rio de Janeiro, Stämme, die nach Herkunft und Sprache sowohl voneinander als von den »Coroados« des Matogrosso durchaus verschieden sind.

In Cuyabá waren die »Coroados« bei unserer Ankunft der Gegenstand des allgemeinen Interesses. Nachdem sie immer als die schlimmsten Feinde der

---

*) Er selbst wurde Pate des Häuptlings, der die Taufe, wie üblich, für einen Namenstausch hielt und Jedermann stolz sagte: »Ich heisse João Pereira Leite.«

**) *Porra* heisst im Portugiesischen Penis; der Penisstulp der Bororó regte den Namen an. Da die gleiche, in ganz Brasilien weit verbreitete Tracht anderswo diesen Namen nicht hervorgerufen hat, so liegt die Vermutung nahe, dass die Paulisten gerade hier, wo die Leute sagten, dass sie „*Bororó*" hiessen, zu einem Kalauer veranlasst wurden.

ländlichen Bevölkerung in dem ganzen Gebiet zwischen dem Rio Cuyabá und S. Lourenço bis zur Grenze nach Goyaz hinüber gegolten hatten, waren sie endlich dank den Bemühungen des Präsidenten Galdino Pimentel im Jahre 1886 »pacificados« zur Ruhe gebracht und in zwei Militärkolonien am S. Lourenço angesiedelt worden.

Nun sind keineswegs alle Schandthaten, die den »Coroados« zur Last gelegt wurden, von diesen begangen worden. Man hat sie, zumal im Nordosten von Cuyabá, mit Kayapó verwechselt, die dort räuberische Einfälle machten. Dann aber wusste Niemand in der Hauptstadt, dass die gefürchteten »Coroados« gar nichts anderes waren als Stammesbrüder derselben Bororó, die schon seit langer Zeit in mehreren Dörfern rechts des Paraguay in friedlichen Verhältnissen und teilweise sehr herabgekommenem Zustande leben, ja auch Stammesbrüder derselben Bororó, die schon mit dem Gründer Cuyabás, Antonio Pires, vor der Mitte des 18. Jahrhunderts verbündet und von ihm als Garnison verwendet worden waren!

Ich war nicht wenig erstaunt, als ich von »Atahualpa«, einem mit wenigen Genossen zur Taufe nach der Hauptstadt geführten »Coroado« erfuhr, dass sie sich selbst Bororó nennen.

So löste sich mir denn auch rasch ein anderes Rätsel, das die Unterhaltung mit Atahualpa darbot. Ich hatte gerade den Bericht über einige 1859 nach Cuyabá gebrachte gefangene »Coroados« (zwei Mädchen und einen Knaben) in dem Buch von Joaquim Ferreira Moutinho »Noticia da provincia de Mato Grosso« (S. Paulo 1869, 425 SS.) gelesen und dort eine Wörtersammlung (S. 192) gefunden, die ich nunmehr mit meiner eigenen Aufnahme vergleichen wollte. Zu meinem Erstaunen stimmte Nichts, gar Nichts. Der Autor hatte die Wörter von dem »Coroado«-Knaben erfahren, von dem er die rührendsten Geschichten erzählt und der in Cuyabá auf den Namen Sebastian getauft wurde. »Wir werden einige Wörter geben, die wir von ihm lernten.« Folgen 52 Wörter — abgeschrieben leider aus dem Glossar von Martius S. 195 ff., und herrührend leider von den »Coroados« am weit entfernten Rio Xipotó an der Grenze von Rio de Janeiro, die ebenso wenig als die »Coroados« von Paraná irgend etwas mehr als dem unglückseligen portugiesischen Namen mit den »Coroados« des Matogrosso gemein haben! Ohne den Namen wäre die unangenehme Verwechslung*) unmöglich gewesen. Moutinho hat die Gelegenheit, sich besser zu unterrichten,

---

*) Moutinho erzählt: »Dem kleinen Sebastian zeigten wir einmal den Himmel. Er, die Hände zum Zeichen der Verehrung emporhebend, antwortete uns demütig „*tupáng*" (NB. Tupfwort — Gewitter, von den Missionaren als »Gott« erklärt und adoptiert). Wir zeigten ihm die Sonne — er sagte „*obé*" (»Coroado«-Wort vom Rio Xipotó — Sonne) und er neigte den Kopf zum Beweis des Respekts.« Kein jemals in Cuyabá eingelieferter »Coroado«-Knabe hat die Wörter *tupáng* und *obé*, noch weniger aber hat jemals einer die von Moutinho so schön beschriebene Andacht gekannt. Aber dergleichen Anekdoten werden von dem harmlosen Leser als baare Münze genommen und erhalten vollen Kurswert. Wie gewaltig der Unsinn ist, den er wohlmeinend aufticht, davon hat auch der Verfasser selbst keine Ahnung in seiner Unkenntnis.

thörichter Weise nicht benutzt, als er das Dorf der nicht »Coroados«, sondern richtig »Bororó« genannten Stammesabteilung am Rio Cabaçal besuchte. Bei diesem Besuch, den er S. 169 ff. schildert, hätte er bemerken sollen, dass die Indianer einen Dialekt der Sprache des kleinen frommen Sebastian redeten. Wieder hat er seinen Martius zu Rate gezogen und dort S. 14 die »Bororós« gefunden und hier 40 Wörter, die wirklich den Bororó am Cabaçal gehören, abgeschrieben. Auch hier lässt uns sein Missgeschick die Quelle entdecken. Denn die Wörter, von der Castelnau'schen Expedition aufgenommen, haben leider nicht portugiesische, sondern französische Schreibweise, in der mehreren Doppelvokalen eine ganz andere Aussprache zukommt als in der portugiesischen, und stimmen in einer Weise überein, wie zwei voneinander unabhängige Aufnahmen niemals übereinstimmen.

Einer der Wenigen, der die Identität der »Coroados« und Bororó, wie ich später fand, richtig vorausgesetzt hat, ist der Baron Melgaço[*]) gewesen, ein ebenso tüchtiger Präsident (zum ersten Mal 1851) als Geograph des Matogrosso. »Die Coroados hausten im Quellgebiet des S. Lourenço; sie haben nichts gemein mit denen des Paranabeckens; ich vermute es seien Bororó gewesen.« Er hielt sie nur für ausgestorben.

Bei den Verwechslungen, die im Lande selbst vorkommen, kann es nicht Wunder nehmen, dass Martius von den Bororó sehr irrige Vorstellungen hat. Er behandelt sie unter den Central-Tupí,[**]) er zweifelt selbst mit Recht, dass sie einen Tupístamm darstellen, fällt aber dann den merkwürdigen Vorstellungen zum Opfer, die früher über die Zusammensetzung von Indianerstämmen geherrscht haben und die in seinem Lieblingswort »Colluvies gentium« am besten zum Ausdruck kommen. »Es ist wahrscheinlich, dass unter Bororós überhaupt feindliche Indianer, ohne bestimmte Namensbezeichnung, ja vielleicht mitunter wohl auch eine Colluvies gentium begriffen werde, die ohne scharf ausgeprägte und festgehaltene Nationalität in Sprache, Sitten und körperlicher Erscheinung, bis auf kleine Banden ohne festen Wohnort zerteilt, plündernd und mordend umherschweifen. In Mato Grosso und Goyaz mögen allerdings solchen räuberischen Gemeinschaften Individuen vom Tupistamme zu Grunde liegen. Indem sich aber denselben andere Indianer angeschlossen, haben sie ihre Sprache gleichsam zu einem Diebs-Idiome (!) umgeändert. Bei Cazal (Corografia brasilica p. 302) werden zwei Horden Bororós: die Coroados oder Geschorenen und die Barbados, Bärtigen, angeführt. Die ersteren sind keine Schiffahrer, sondern nomadische Jäger, die südlich und südwestlich von der Stadt Cuyabá in unzugänglichen Einöden an den Quellen des Rio de S. Lourenço und des Rio dos Mortes, eines Tributärs des Araguaya, hausen sollen.« Diese Angaben von Cazal sind völlig genau und zutreffend und auch er erkannte also die »Coroados« als Bororó. Unter

---

*) Revista Trimensal Bd. 47 p. 396. Baron Melgaço hiess mit seinem bürgerlichen Namen Aug. Leverger und war französischer Abstammung.

**) Zur Ethnographie Amerika's, p. 209 ff., p. 263 Leipzig 1867.

den »Barbados«, fährt Martius fort, seien vielleicht Guató zu verstehen, sie überfielen manchmal die von Goyaz nach Cuyabá ziehenden Karawanen und dehnten ihre Ueberfälle bis Diamantino aus. Die Guató sind jedoch niemals in diese Gegend gekommen, sie leben als Wassernomaden im oberen Paraguaygebiet; jene »Barbados« sind wahrscheinlich Kayapó oder auch Bororó gewesen.

Natürlich erklärt Martius den Namen Bororó aus der Lingoa geral, entweder, wenn von den Nachbarn herrührend, »Kriegsmänner, Feinde,« oder, wenn von ihnen selbst ausgehend, wir, die Herren des Bodens. Aber die Bororó wissen Nichts von der Lingoa geral und sie selbst nennen sich so.

Indem ich nunmehr den Namen »Coroado« ganz fallen lasse, berichte ich Einiges über die sogenannte »Katechese« oder Bekehrung dieses Bororó-Stammes, die lange Jahre vergeblich erstrebt war, aber auch kaum hatte gelingen können, weil die Versuche auf die verkehrteste Art betrieben worden waren. Als Stützpunkt diente eine am rechten Ufer des S. Lourenço eingerichtete Militärkolonie, die Ende der 70er Jahre der Major J. Lopez da Costa Moreira einrichtete.

1878 unternahm ein Kapitän Alexander Bueno mit 70 Terena-Indianern, einem zur Gruppe der Guaná gehörigen Stamme, eine Expedition, »um die Bororó zu verjagen«. Er hatte, wie mir versichert wurde, den geheimen Auftrag möglichst viele totzuschiessen und war auch so weit vom Erfolg begünstigt, als er dem Präsidenten einen Sack voll Ohren vorzeigen konnte. Von Lebenden brachte er zwei Frauen und zwei Kinder mit.

Am 9. Oktober 1880 überfielen die Bororó die Fazenda des José Martins de Figueiredo am Bananal (Rio Cuyabá) und töteten mehrere Personen. Daraufhin wurden mehrere gleichzeitige Expeditionen gegen sie ausgerüstet. Einer der Führer war Lieutenant Antonio José Duarte; er griff ein Dorf ohne Erfolg an und fing 5 Frauen und 12 Kinder. Mehr wurde nicht erreicht. In den Jahren 1875—1880 sollen von den Bororó 43 Häuser verbrannt, 204 Personen (134 Männer, 46 Frauen, 17 Kinder, 7 Sklaven) getötet und 27 Personen (11 Männer, 6 Frauen, 3 Kinder, 7 Sklaven) verwundet worden sein. Wie viele Bororó getötet worden sind, wird nicht angegeben. Dass die Gegenseitigkeit eine grosse Rolle spielte, unterliegt keinem Zweifel. Allgemein wurde hervorgehoben, dass die Eingeborenen die zäheste Ausdauer bewiesen, um ihre Rachepläne ins Werk zu setzen. Ein Brasilier, der zwei Kinder sehr grausam umgebracht hatte, wurde über vier Jahre systematisch verfolgt, bis sie ihn endlich fingen und, wie er es verdient hatte, in Stücke rissen. Sie waren bei ihren Angriffen äusserst vorsichtig und spionierten Tage und Wochen lang, bis sich die Gelegenheit bot, dass nur wenige Personen auf dem Gehöft waren. Einzelne Reisende liessen sie gewöhnlich unbehelligt; nur kam es vor, dass diese, wenn sie an einem Orte ihr Nachtlager aufschlagen wollten, daran verhindert wurden, indem aus dem Walde der Ruf ertönte „va embora" »geh fort«. Niemand liess sich blicken, doch hätte man eines Pfeilschusses gewärtig sein müssen, wenn man nicht gehorchte. Im Februar 1881 wurden von den Bororó bei Forquilha, 10 Leguas von Cuyabá,

2 Männer und 7 Kinder getötet, ja sie drangen bis Urubú bei der Pulverfabrik, 5 Leguas von der Hauptstadt, vor.

Jener Lieutenant Antonio José Duarte, den ich soeben erwähnt habe, führte endlich den glücklichen Umschwung in den unleidlichen Zuständen herbei. Er schickte gefangene Frauen mit reichen Geschenken zurück, versprach mehr, wenn die Männer kämen und so gelang endlich die Versöhnung. Im Januar 1887 brachte er gegen 400 Bororó nach Cuyabá. Es muss ein merkwürdiges Treiben in den Strassen der Stadt gewesen sein. Am meisten freute man sich der Kinder, die sich sehr borstig zeigten und kleinen Jaguaren verglichen wurden „*sómente unha e dente*" »nur Krallen und Zähne«; die Frauen stiegen über die Gartenmauern und kletterten nach ihrer Gewohnheit auf die Bäume, um sich Früchte herabzuholen.

Die Provinz atmete auf, man schätzte die Bororó mit der üblichen Uebertreibung auf 10,000 Seelen und sah alle diese 10,000 bereits im Geiste Mandioka pflanzen und auf den Zuckermühlen arbeiten. Die Regierung stellte sofort 70 Contos (à 1000 Milreis) zur Verfügung der Katechese und die Bürgerschaft steuerte freiwillig 3 Contos bei, was zusammen damals etwa einigen 140,000 Mark entsprach. Die Ausgaben erhöhten sich in kurzer Zeit auf 118 Contos. Die Indianer wurden in zwei Kolonien angesiedelt; die eine an der Mündung des Prata in den S. Lourenço wurde Thereza Christina nach der Kaiserin, die andere, an der Mündung des Piquiry in den S. Lourenço, Izabel nach der Kronprinzessin und Gemahlin des Grafen d'Eu genannt. Auch gründete der Präsident ein »Collegio de Nossa Senhora da Conceição« für die Erziehung der Indianerkinder — ein Kolleg, das niemals von Schülern besucht worden ist.

Feierlich wurde die ganze Gesellschaft von dem Bischof getauft. Der damalige Präsident Don Alvaro Marcondes und seine Gemahlin waren Pate und Patin für Alle; der Häuptling Moguyokuri, dessen persönliche Bekanntschaft wir noch machen werden — eine prachtvolle Indianergestalt in der That, 1,9 m hoch und trotz einiger angeborenen Brutalität ein urgemütlicher Biedermann —, empfing den Namen Alvaro. Sein Christentum hat sich freilich darauf beschränkt, dass er sich dieses Namens einige Tage noch erinnerte.

»Muguiocury«, berichtete das »Jornal do Commercio« in einem Cuyabaner Brief, »scheint mit der Sache der Zivilisation seines Stammes ganz indentifiziert, besucht fleissig den Palast, um den Präsidenten zu besuchen und ihm Geschenke zu bringen; er bezeigt für diesen die grösste Sympathie und nennt ihn »Pate«, indem er ihm die Hand küsst, so oft er ihn sieht. Jedesmal wenn er dem Präsidenten begegnet, trägt er seine Zufriedenheit mit vielem Lachen und wiederholtem Umarmen zur Schau.«

Difficile est, satiram non scribere. Es ist sogar sehr schwer. Der gute Moguyokuri hatte gewiss, soweit sein Verstand reichte, den besten Willen, wenn man es an Geschenken nicht fehlen liess. Der Indianer, der Offizier, der Lieferant, jeder auf seine Weise, will sich bereichern, das ist die Katechese. Die

Regierung giebt die Mittel mit vollen Händen her und was erreicht wird, ist einzig und allein, dass die Feindseligkeiten, an denen beide Teile gleich schuldig waren, aufhören. Christentum, Erziehung zur Arbeit, Unterricht der Jugend — meine Feder sträubt sich, diese schönen Worte zu schreiben.

Was von dem Gelde für die Indianer verwendet worden ist, ist so verwendet worden, dass das prachtvolle Menschen-Material mit Sicherheit zu Grunde gehen muss. Lieutenant Duarte, der Leiter von Thereza Christina, er war wirklich, wie die Cuyabaner sagten, »der Gott der Coroados«; er gab ihnen Alles, was sie haben wollten, und hielt sie mit dieser einfachen Methode ruhig, die ihn nicht viel kostete und die Kaufleute nach bekannten Methoden der Berechnung verdienen liess. Die Zahl der Indianer, für die der Staat per Kopf zahlte, pflegt natürlich sehr gross zu sein, und dazu kommt der beträchtliche Gewinn, den der Offizier an dem gemeinen Soldaten macht, der von ihm oder von dem durch ihn engagierten Lieferanten die Lebensmittel kaufen muss. Nicht nur die von der Stadt, sondern auch die von den draussen auf dem Wege zur Kolonie gelegenen Fazendas gelieferten Artikel waren in der Kolonie für den armen Soldaten teurer als in der Stadt für den Bürger; die Farinha, die Bohnen, der Speck kosteten doppelt soviel!

Ich habe die folgenden Preise (1 Milreis = 1000 Reis = rund 2 Mark) aufgezeichnet:

	Stadt	Kolonie
1 Liter Farinha	100 Reis	200 Reis!
1 » Reis	160 »	300 » !
1 » Bohnen	160 »	300 »
1 Kilo Speck	800 »	1500 » !
1 Liter Salz	200 »	500 » !
1 Paket Zündhölzer	320 »	800 » !
Branntwein, Flasche	400 »	2000 » !
» Gläschen	80 »	250 » !
1 Kilo frisches Fleisch	200 »	200 »
1 » Dörrfleisch (carne secca)	400 »	500 »
1 Arrobe Dörrfleisch	3000 »	8000 »
1 Kilo Paraguaythee	400 »	1000 »
Rapadura (Zucker-Ziegelstein)	120 »	250 »

Der Soldat bekam an Proviantgeldern pro Tag 600 Reis, was bei jenen Preisen für ihn und seine Hausgenossin sehr knapp war. Sold erhielt er pro Monat 5 Milreis nebst 5 Milreis Gratifikation.

»Ich weiss wohl,« sagte einer der Präsidenten, »Duarte hat da ein Kalifornien gefunden.« Aber auch der Präsident könnte Nichts ändern; kaum dass er die Verhältnisse übersieht, hat er den Posten zu verlassen, und je mehr er der Misswirtschaft steuern will, um so rascher nur erfolgt der Wechsel, weil er sich an Allen, die dadurch verlieren, Feinde schafft. Auf die Hauptfrage, ob der brasilische Soldat, den guten und ehrlichen eingeschlossenen, der wahrlich nicht leichten Aufgabe überhaupt gewachsen wäre, die Indianer zu einem nützlichen Element des Gemeinwesens heranzubilden, lohnt es sich nicht einzugehen. Die folgenden Seiten mög... es lehren.

II. Bilder aus der Katechese.

Nach dem S. Lourenço. (Erste Bekanntschaft mit Täuflingen in Cuyabá. Reise.) Die Bewohner (Clemente) und die Anlage der Kolonie. Europäische Kleidung. Feldbau. Unsere Eindrücke. Streit und Weiherringkampf (Maria). Fleischverteilung. Nächtliches Klagegeheul. Vespergebet. Skandal mit Arateba. Charfreitag. Totenklage. Halleluja-Sonnabend (Judas). Kayapó. Drohende Auflösung der Kolonie. Schule. Die feindlichen Brüder. Disziplin. Duarte's Ankunft. »Voluntarios da patria.« Frühstück und Serenade.

Nach dem S. Lourenço. Die ersten Bororó konnten wir schon im Juli 1887 in Cuyabá untersuchen; Duarte hatte Einige zur Taufe mitgebracht. Andere lernten wir Anfangs März 1888 kennen. Sie waren barfuss, aber sonst vorschriftmässig bürgerlich angezogen und trugen an einer Schnur um den Hals einen grünen Karton von der Grösse einer Visitenkarte, auf dem ihr neuer Name zu lesen stand: »Atahualpa«, »Montezuma«, »José Domingo« u. s. w. José Domingo hustete heftig; man sagte, er habe sich bei der Taufe erkältet. Unter der Kleidung trugen sie ihren heimischen Strohstulp; sobald sie vor den Mauern der Stadt waren, zogen sie Alles aus, packten die Herrlichkeit ein und behielten nur ihre grüne Karte noch einige Tage am Halse zum Andenken an die Bekehrung.

Es waren grosse, stämmige Burschen; auffallend durch dicke Stirnwülste, ohne Brauen und Wimpern. Sie hatten grosse Freude an den Sehenswürdigkeiten von Cuyabá, wo man sie wie Kinder verwöhnte, nur dass man ihnen statt Süssigkeiten Alkoholika gab. Ihr besonderes Wohlgefallen erregte Wilhelm's Chapeau claque; sie begrüssten den Knalleffekt mit bärenbrummigem *hu hù*-Lachen und schlugen Wilhelm anerkennend auf die Schulter. Bei uns im Hause wollten sie immer trinken oder essen »Mandioka« oder »Tapira«, was Rindfleisch und nicht Tapir bedeutete, oder schlafen oder sich frisieren. Ueberall fanden sie Freunde und wenn sie bei uns an der Hausthüre standen, nickte ihnen jede vorüberschreitende Negerin behaglich zu: »Ah, die Gevattern! Wie geht es, Gevatter? Está bom, compadre.«

Am 14. März 1888 brachen wir zum Besuch von Thereza Christina auf, während wir auf den Besuch von Izabel verzichten mussten. Duarte hatte noch längeren Aufenthalt in Cuyabá und wollte später nachkommen. Der Bakaïrí Antonio und die beiden Kameraden Carlos und Peter begleiteten uns. Die Maultiere waren wieder in so gutem Zustande, dass wir die besten als Reittiere gebrauchen konnten.

Unser erstes Ziel, die alte Militärkolonie, liegt $16° 32', 6$ südlicher Breite und $0° 59', 9$ östlich von Cuyabá am rechten Ufer des S. Lourenço, ziemlich genau

VOR DEM MÄNNERHAUS DER BORORÓ.

in Südostrichtung von Cuyabá. Wir hatten einige Nebenflüsse des Rio Cuyabá zu überschreiten, stiegen auf die Chapada und erreichten auf der Hälfte des Weges am 18. März die Fazenda S. José in einer Höhe von 555 m über dem Platz der cuyabaner Kathedrale oder Matriz. Südwestlich von ihr liegen tiefer hinab die Fazenden von Cupim und Palmeiras, die hauptsächlich die Kolonien versorgen. Jenseit S. José ist die Gegend unbesiedelt; das kleine weisse, festungsartig ummauerte Gehöft erscheint in tiefer Einsamkeit in einer Senkung zwischen kahlen, nur grasbedeckten Hängen. Ein einziger, aber hoher Baum stand an dem Bächlein, dessen Ufer von vielen jungen Buritipalmen eingefasst war. Es hatte Mut dazu gehört, hier zu wohnen und zu arbeiten. Ausser den Hofmauern von S. José hatte unterwegs kaum irgend etwas an die Kämpfe mit den Bororó erinnert. Nur waren uns zuweilen niedrige, enge Lauben aufgefallen, die man durch Zusammenstellen von krüppligen Sertãobäumchen aufgerichtet hatte; sie rührten von Soldaten her und hatten als Schutz während der Nacht gedient. Ueber entsetzlich öde Grasflächen gelangten wir am 19. März zu den ersten, noch wenige Meter breiten Bächen, die dem S. Lourenço zuflossen. Wir fanden am Ribeirão Prata ein liebliches Landschaftsbildchen, das uns mit dem Wald und der saftigen Wiese und dem Silberband des Quellflüsschens lebhaft die Heimat vor die Seele rief. Nur einige junge Palmen sprachen dawider und das Thermometer, das für das sehr erfrischende, »eiskalte« Wasser eigensinnig 22,8° angab. Am 21. März erfolgte der Abstieg von der Plateauterrasse an malerischen roten Sandsteinfelsen vorüber, und am Nachmittag erreichten wir die Apfelsinenhaine der Militärkolonie, wo der schöne, waldumsäumte S. Lourenço in einer Breite von 127 m vorbeiströmt. Wir wurden von dem Kommandanten, Kapitän Serejo sehr gastfreundlich aufgenommen.

Am nächsten Tage trafen wir in Thereza Christina ein. Es ist flussaufwärts gelegen, ebenfalls am rechten Ufer, nicht weit unterhalb der Einmündung des Prata, doch macht der S. Lourenço zwischen den beiden Kolonien starke Windungen und ist das Waldgebiet so sumpfig, dass man zu einem grossen Umweg landeinwärts gezwungen ist.

Ueber einem wenige Meter hohen Ufer eine ausgedehnte Waldrodung, auf dem freien, mit dürrem Unkraut überwucherten Platz noch mancher dicke alte Baumstumpf stehend und hier und da gehauene Stämme umherliegend, eine Menge niedriger, viereckiger, zum Teil langer Hütten mit palmstrohgedeckten Giebeldächern, die sofort über der Thüre ansetzen, Alles nüchtern und freudlos in demselben graugelblichen Ton von Stroh und Lehm, an drei Seiten von Wald umgeben, die vierte begrenzt von einem stattlichen, breiten Strom und drüben ein dunkler Streifen üppigen Waldes, über dem lang hingezogen ein flacher Hügelzug erscheint — das war Thereza Christina.

Der Vertreter Duarte's, der uns mit grosser Liebenswürdigkeit und Herzlichkeit empfing, war der »Kadett« Eliseo Pinto d'Annunciação. Kadetten sind in Brasilien Offiziersaspiranten, gewöhnlich Söhne von Beamten oder Offizieren, die von der Pike auf dienen und deren Beförderung wesentlich von der Protektion abhängt. Unser Eliseo hatte Sergeantenrang und meinte, er würde sofort Leutnant werden, wenn ich mich für ihn in Rio verwendete. Er war ein guter und gewissenhafter Mensch und hätte Nützliches leisten können, wenn er das Recht gehabt hätte, nach seiner eigenen Meinung zu handeln. Ein zweiter Kadett mit Unteroffiziersrang hiess Caldas, ein junger Mann, musikalisch und für eine Zulage Magister der Bororóknaben. Er hatte auch ein Vokabular angelegt und war also der Repräsentant von Kunst und Wissenschaft. Dann gab es noch einen Kadetten Joaquim, den Apotheker und den Verwalter Ildefonso. Weitaus die wichtigste Persönlichkeit für mich aber war Clemente, der 13 Jahre in Gefangenschaft der Bororó gelebt hatte und jetzt etwa 28 Jahre zählte. Sein Vater Manoel Pedroso de Alvarenga wohnte am Peixe de couro, einem Nebenflüsschen des in den S. Lourenço einmündenden Piquiry. Im September 1873 überfielen die Bororó dort 5 Kinder beim Baden; zwei wurden getötet, eins entkam, zwei wurden mitgenommen, Clemente und ein jüngerer Bruder. Er erzählte, man habe ihnen die Hände vor die Augen gebunden und sie fünf Tage ohne Aufenthalt auf dem Rücken zum Dorfe fortgeschleppt. Der Bruder sei bald gestorben. 1886 wurde Clemente von den Bororó wieder ausgeliefert. Allein er war inzwischen selbst Bororó geworden. Er ging nicht nur in ihrer Tracht mit Pfeil und Bogen, er hatte nicht nur fast all sein Portugiesisch vergessen, sondern er hatte, wie ich zu meinem Vorteil feststellen konnte, in seinem Denken und Wissen eine rein indianische Ausbildung erfahren. Auf der andern Seite hatte er mittlerweile wieder genug von seiner Muttersprache gelernt, um mir als brauchbarer Dolmetscher helfen zu können. Leider verliess er Thereza Christina vor uns, weil er dort »nichts lerne«. Die Offiziere wüssten selbst nichts. Bei seinem Heimatort lebe ein Mann, der könne aber alle Kranken kurieren und jedes Schloss aufmachen.

Anlage der Kolonie. Das Hauptgebäude der Kolonie hatte zum Grundriss ein langes, sehr schmales Rechteck. Es bestand aus einer Anzahl von Stuben mit gestampftem Lehmboden, lehmbeworfenen Fachwerkwänden und niedrigem Strohdach; die Thüren gingen alle nach derselben Seite auf den Hauptplatz hinaus. Die Möbel beschränkten sich auf Tische, Stühle und Kasten. An dem einen Ende befand sich Duarte's einfenstriges Zimmer, ohne Thüre nach aussen; dann kam das Zimmer, wo gegessen wurde, wo Caldas am Morgen zuweilen Schule abhielt und wo man überhaupt zusammenkam, mit einer Thüre nach dem Platz, einer auch gegenüber nach hinten hinaus, links dem Eingang zu Duarte's Zimmer und rechts der Thüre zu einem Proviantraum, in dem der Branntwein aufbewahrt wurde und dessen Schlüssel im Verkehr mit den Indianern eine grosse Rolle spielte. Es folgten sich dann noch mit Thüren auf den Platz die Cadêa, eine kleine Arreststube für die Soldaten, die immer besetzt war, und deren Bewohner den Tag in der Hängematte verbringen musste, eine Stube für Eliseo und den Verwalter und Vorratsräume. Der Apotheker besass seine wohlverproviantierte Giftküche in einem Häuschen für sich, das wenige Schritte entfernt gegenüberlag. Die Soldaten wohnten in kleinen Ranchos teils nach dem Fluss zu, teils am Waldrand. Ringsum schlossen sich die Indianerhütten an, dem Boden aufstehenden Giebeldächern vergleichbar, 6 Schritte breit, 10—13 Schritte lang; sie boten Schutz gegen Sonne und einigermassen gegen Regen, liessen an Einfachheit Nichts zu wünschen übrig und dienten zum Aufenthalt für je eine Familie.

In der Mitte der Kolonie blieb ein grosser Platz frei; hier erhob sich der sogenannte Ranchão, d. h. grosser Rancho oder Baitó der Indianer, vgl. die Tafel 25, 10 Schritt breit und 26 Schritt lang. Auch er war, obgleich mit Hülfe der Soldaten, ohne alle Kunst gebaut; die Langseiten bestanden aus Stangen, die nachlässig mit Palmblättern bekleidet waren und soweit Abstand hatten, dass man fast überall eintreten konnte; die Querseiten waren noch weiter offen. Die Abbildung zeigt, wie Indianer beschäftigt sind, das Dach mit Palmzweigen auszubessern. Im Baitó arbeiteten und schliefen die Junggesellen, hier war auch der Mittelpunkt aller Festlichkeiten, namentlich der Jagdgesänge und der Tänze und Klagegesänge bei Todesfällen und der Beratungen. Die Frauen hatten freien Zutritt und wurden, wie wir sehen werden, zum Teil mit Gewalt dorthin geschleppt.

Die Hütten waren überall bis dicht an den Rand des Waldes vorgeschoben. Zahlreiche schmale Pfade führten dort hinein; Bedürfnisanstalten auch nur primitivster Art waren in den Häusern ebensowenig als in Cuyabá vorhanden, und wie man in der Stadt den Garten, so suchte man in der Kolonie den Wald auf. Flussaufwärts lag die sogenannte Ziegelei, wo der Lehm geholt wurde, auch ein Brennofen gebaut, aber noch niemals gebraucht war, und fand sich in einer Lichtung das Wenige, was es von Pflanzung gab. Von Tieren erblickte man nur wenige Hunde und Hühner bei den Soldaten und einige rote Araras bei den Indianern. Auch trieben sich immer etliche schwarze Aasgeier in der Nähe umher. Das zu schlachtende Rindvieh wurde durch Vaqueanos draussen im Kamp, wo es in voller Freiheit lebte, eingefangen. Auch die Maultiere liess man laufen und suchte sie auf, wenn man sie gebrauchte oder kontrollieren wollte.

Es waren ungefähr 50 Brasilier in der Kolonie, dazu die Soldatenweiber; nur wenige waren hellfarbiger als die Bororó und viele dunkler. Die Anzahl der anwesenden Bororó schätzte ich auf einige 200 mit Weib und Kind. Doch war eine Gesellschaft auf einem Jagdzug begriffen und Duarte hatte an 20 mit nach Cuyabá genommen. Wenn es hoch kam, betrug die Gesamtseelenzahl 350, offiziell 450. Im Anfang sollen es bedeutend mehr gewesen sein — Eliseo gab an, einmal über 1000. In der That erklärte Clemente auch, dass sich die Bororó aus allen Dorfschaften vorgestellt hätten. So sehen wir, dass an die »10,000«, von denen man in Cuyabá spricht, in keinem Fall zu denken ist.

Europäische Kleidung. Der erste Eindruck, den wir von den Bororó empfingen, war wesentlich anders als der von den ordentlichen und fleissigen Schingú-Indianern. Nicht so sehr, was den Mangel an Kleidung betraf. Der

Häuptling Moguyokuri ging freilich meist im Hemde, selten mit Hose spazieren, nur der wüste Häuptling Arateba trug Hemd und Hose regelmässig; in ihre Schlafdecken hüllten sie sich an einem kälteren Tage oder gegen Abend gern ein, einige Frauen, zumal solche, die gerade mit den Herren ein intimes Verhältnis unterhielten, zeichneten sich durch grossblumig bedruckte Hemden, Jacken und Röcke aus, allein die mehr oder weniger Bekleideten waren für beide Geschlechter nur Ausnahmen. Die Männer trugen die Hüftschnur und den Strohstulp, die Frauen eine Hüftschnur oder einen Rindenstreifen mit Bastbinde. Beide Geschlechter liebten Hals- und Brustschmuck. Ich werde die Einzelheiten später besprechen. Moguyokuri überreichte ich ein Prachtstück, das seinen ganzen Beifall hatte: eine ziegelrote türkische, mit bunten Arabesken bestickte, weitärmlige Frauenjacke, die einst auf der Malkasten-Redoute in der Düsseldorfer Tonhalle gebraucht worden war. Der immer vergnügt grinsende Riese war in diesem eleganten Kostümstück ein Anblick für Götter.

Abb. 126. Bororó-Mädchen.

»Was sollen wir machen?« klagte Kapitän Serejo in der Militärkolonie. »Als die grosse Schaar nach Cuyabá eingeschifft wurde, hatte man 430 Anzüge beschafft. Viele kamen noch in Cubayá selbst hinzu. Und als die Indianer wiederkehrten, war von Allem nichts mehr vorhanden«. Einmal, weil die Kaufleute elenden Schund geliefert hatten, dünnes, schlecht gewebtes Zeug, dass sie sonst nicht abzusetzen wussten, dann weil die Kleider zu eng und zu kurz waren, die Hemden über der breiten Brust gar nicht schlossen und die Inexpressibles platzten, endlich aber, weil die Bororó die Geschenke der Zivilisation mit entsetzlicher Rücksichtslosigkeit behandelten. Sobald sie sich geniert fühlten, warfen sie die Kleidungsstücke fort, sobald sie einen Sack z. B. beim Forttragen von Fleisch oder Fischen gebrauchen konnten, nahmen sie dazu ihre Decken und Hemden. In Hängematten, deren Stücke sie abschnitten, und in Tischtücher — eine echt brasilische Gabe für nackte Indianer — wickelten sie ihre fettbeschmierten Körper ein. Sie selbst gebrauchen keine Hängematten, sondern schlafen auf Strohmatten. An Waschen der Wäsche dachten sie nicht im Traum; die Hemden erschienen lehmfarben wie ihre Leiber, die Erde, die Hütten.

Die guten Bororó waren derartig verwöhnt worden, dass wir mit unsern bescheidenen Tauschwaaren übel ankamen. Sie waren bereits soweit Kenner, dass sie nur nordamerikanische Aexte wollten. Am meisten Anklang fanden noch unsere Perlen, allein auch hier erschienen die Frauen recht wählerisch, und bezeichneten die, die ihnen nicht gefielen, kurzweg mit dem uns sehr betrübenden portugiesischen Ausdruck, den die Katechese allgemein eingebürgert hatte, »porcaria«, »Schweinerei«, oder »merda«, »Kot«, der begleitenden »Diavo«-Flüche nicht zu gedenken.

Das Bekleiden der Indianer war also nicht durchzuführen.

Feldbau. Die Bororó sollten roden und pflanzen! In der Praxis dankten die Offiziere ihrem Schicksal, wenn es ihnen nur gelang, die von den Soldaten angelegten Pflanzungen vor den Bororó zu retten. Sobald die Eingeborenen im Besitz der Aexte waren, machte es ihnen weit mehr Spass, die Pikíbäume umzuhauen, als hinaufzuklettern und die Früchte abzunehmen. In der Militärkolonie stand ein schöner Canavial, eine Anpflanzung von Zuckerrohr. Es musste eine Wache ausgestellt werden, um die Verwüstung zu verhindern. Allein die Indianer machten nächtliche Besuche und fanden ein Mittel, sie zu verheimlichen und ihre Gönner zu täuschen, indem sie die Pflanzen nicht brachen, sondern sich auf den Boden legten und das Rohr, wie es da stand, anbissen und behaglich auslutschten. Die Mandiokapflanzung wurde vollständig geplündert; die Frauen, des Wurzelgrabens vom Wald her gewöhnt, rissen die nicht meterlangen Sträucher aus und gruben fleissig nach, ob nicht noch Wurzeln im Erdreich versteckt seien. Dem Jägerstamm fehlte alles Verständnis für planmässiges Anpflanzen, namentlich aber die Geduld zu warten, bis die Wurzel ihre volle Entwicklung erreicht hatte.

Das Problem, diese Böcke zu Gärtnern zu machen, konnten die Soldaten nicht gut lösen. Die Aufgabe wäre auch für andere Männer, die nicht nur auf Kommando und von eigennützigen Wünschen erfüllt, sondern aus eigenem Antrieb um des humanen Zwecks willen und jeder Habsucht fern sich ihr gewidmet hätten, eine schwere Geduldsprobe gewesen. Dabei sahen die Indianer nur zu gut, dass Leben und Lebenlassen die einzige Parole ihrer Vorbilder war, dass von auswärts alles hübsch geliefert wurde, was man brauchte; für sie, die herzlich gern mit ihrer kriegerischen Vergangenheit brachen, sobald sie keinen Zweck mehr hatte, und die sich vor den Brasiliern genau ebenso gefürchtet hatten, wie diese sich vor ihnen, bedeutete die Kolonie nur ein bequemes und vergnügtes Dasein mit wenigen Pflichten, die darin bestanden, dass sie gelegentlich mit anfassten, und den brasilischen Häuptlingen Hausgenossinnen lieferten. Dass sie die wahren Herren der Kolonie waren und nicht der Leutnant „*Dyuáte*", dessen Macht sich darauf beschränkte, dass er in der Lage (thatsächlich in der Zwangslage) war, sie zu verwöhnen, ein Blinder hätte es sehen können.

Unsere Eindrücke. Ehe ich unsere Beobachtungen systematisch zusammenstelle, möchte ich die merkwürdigsten Szenen aus dem Leben und Treiben der Indianer und ihrer Lehrer, die wir erlebt haben, nach meinem Tagebuch zu schildern versuchen.

24. März. Wir speisen in unserer Messe bei offener Thüre. Während des Mahles ist ein fortwährendes Gehen und Kommen; zuweilen wimmelt die kleine Stube von Besuchern, obwohl wir ohnehin sehr eng zusammensitzen. Die Ver-

kehrssprache ist ein wunderbares Bororó-Portugiesich. Das Bororó wiegt in den gewöhnlichen Scherzreden vor, d. h. es werden die für den Fall nötigen Substantiva, deren den Brasiliern bekannte Zahl schon ziemlich gering ist, mit zwei Dutzend pronominalen, adjektivischen, adverbialen, auch ein paar verbalen Ausdrücken in stereotyper Gleichmässigkeit verbunden, und die Eingeborenen selbst, namentlich die Frauen, passen sich diesem »Pidgeon-Bororó« auch in ihrem Sprechen bereitwillig an. Hauptperson ist der Häuptling Arateba im Zustande chronischer Betrunkenheit; diesem oder jenem wird ein Teller mit Resten überlassen. Das ewig Weibliche drängt sich sehr in den Vordergrund; die Freundinnen der Herren bekommen auch ihre Teller und je lauter und ungezwungener sie sich benehmen, desto heiterer ist die allgemeine Stimmung.

Heute drängte sich plötzlich mit pöbelhaftem Schimpfen die jüngere der beiden Gattinnen Moguyokuri's herein, eine grosse starkknochige Frau, die alle Kleidung zu verachten scheint. Sie hatte ein Bündel Mandiokawurzeln in der Hand und schleuderte sie wütend Eliseo vor die Füsse. War uns doch heute schon im Männerhaus das allgemeine Mandiokabraten aufgefallen; die Pflanzung war wieder einmal vor der Zeit der noch dünnen Wurzelstengel beraubt worden. Moguyokuri's Xanthippe war anscheinend mit Unrecht des Diebstahls bezichtigt worden; andere hatten ihr die Mandioka gegeben. Der Zank nahm immer grössere Dimensionen an und währte bis zum Abend. Es standen sich zwei feindliche Parteien unter den Frauen gegenüber. Den meisten Lärm machte »Maria«, Arateba's Schwester, die überhaupt von allen Indianerinnen die bedeutendste Rolle spielte. Maria war Duarte's Geliebte gewesen, man munkelte davon, dass er sie mit Reitkleid und Federhut ausgestattet habe; jedenfalls lief sie jetzt nur in ihrer Nationaltracht umher, eine kleine stramme, gewandte und nach unseren Begriffen mässig hübsche Person mit funkelnden Augen.

Als das Gezänk im Innern einer Hütte seine Höhe erreicht hatte, sollte es durch eine Art Ringkampf ausgefochten werden. Man stürmte auf den Platz hinaus; Xantippe schien die Unparteiische zu sein. Unter lebhaften Reden und Geberden stellte sie drei Weiber auf die eine Seite und Maria ihnen allein gegenüber. Eine der drei sprang mit einem mächtigen Satz vor, Maria ihr entgegen. Sie fassten sich um den Leib und ein wildes Ringen begann. Aber schon in wenigen Sekunden bildeten sie den Mittelpunkt eines dicken Knäuels von Neugierigen und Mitkämpfenden, eines Knäuels, der sich wieder inmitten und mit einer grösseren, loseren Menschenmasse den Häusern entlang wälzte; es war ein tolles Schieben und Drängen, die Männer lachend, springend, ausser sich vor Vergnügen, die Frauen um die Wette heulend, während die beiden Gegnerinnen sich fest umschlungen und in den Haaren gepackt hielten. Endlich riss man sie auseinander, doch das Wortgezeter begann um so heftiger, indem stets Mehrere gegen Mehrere anschrieen. Besonders eine Alte übertönte Alles mit ihrer gellenden Stimme. Caldas, der mit Schmerzen sah, dass seiner ebenfalls beteiligten Zeltgenossin die Brust zerkratzt wurde, drängte den grossen Häuptling

Moguyokuri hinein; mit ungeheurer Ruhe trat dieser in den lärmenden Haufen und da ward's auf einmal still. Lautlos still; sein gewaltiger Arm schob die drei gefährlichsten Weiber auf einmal beiseite. Maria hatte entschieden verloren, sie sprach kein Wort und stand finstern Blicks mit verschränkten Armen, die Brust heftig arbeitend, während eine Parteifreundin ihr das zerzauste Haar ordnete. Noch einmal versuchten Unzufriedene den Sturm zu entfesseln, doch das Lachen der Corona gewann die Ueberhand, man ging auseinander und in triumphierendem Lauf wurde die gellende Alte von drei Frauen abgeführt.

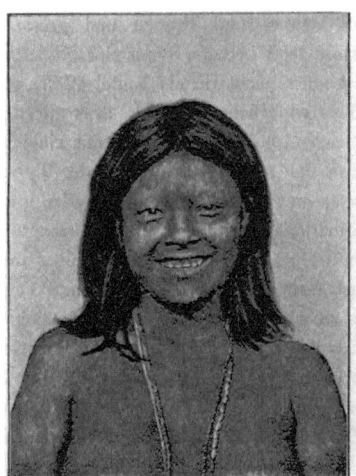
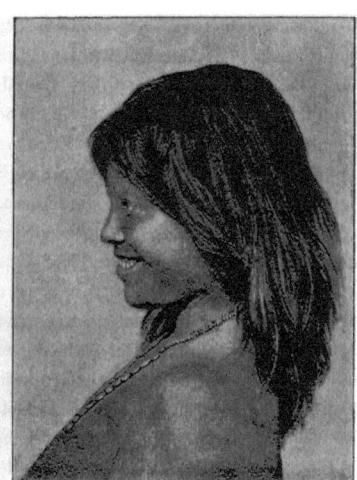

Abb. 127. Bororófrau.

Kopfschüttelnd lenkten wir die Schritte heimwärts nach unserm Schuppen, aber dort wurden wir auch von einem Heidenlärm zurückgetrieben. Die Soldaten tanzten und sangen in der Mondnacht mit ihren Mulattinnen und Indianerinnen, sie musizierten mit Harmonika, mit Gabel und Teller — Kirmess überall!

Ich ging zum Männerhaus zurück; zwei Männer übten sich im Ringkampf. Sie fassten sich stark gegeneinander gebeugt, unter den Armen an und verweilten lange in dieser Stellung, bis der Eine plötzlich versuchte, mit einem Bein oder der Ferse die Kniekehle des Andern einzudrücken und ihn zu Fall zu bringen: er wurde aber emporgehoben und hatte verloren. Kleine Feuerchen brannten dem Haus entlang. Die Männer lagen, den Kopf auf Holzklötze gestützt, einer neben dem andern in der Reihe, um dort draussen zu schlafen, schwatzten und zerbissen mit den Zähnen Zuckerrohrstangen, die Abfälle im Bogen hinter sich werfend. Es belustigte sie sehr, als ich am Feuer niederhockte und ihre Wörter aufschrieb. Seitab schliefen an Feuerchen auch Frauen mit ihren Männern; Kinder waren noch in später Nacht lustig auf den Beinen und tummelten sich über den Platz.

Fleischverteilung 26. März. Eine tüchtige Verwaltung würde in der Art der Verteilung der Lebensmittel einen vortrefflichen Weg finden, um die Indianer an Ordnung zu gewöhnen. An gerechte Gleichmässigkeit denkt aber Niemand weder beim Proviant noch bei den anderen Dingen. Alles Willkür. Die rohe Szene bei der Verteilung des *tapíra*, des Ochsen, deren wöchentlich etwa zwei geschlachtet werden und die im Matogrosso wahrlich ein billiges Lebensmittel darstellen, spottet jeder Beschreibung. Bequemer können es sich die Brasilier freilich nicht gut einrichten. Die Fleischstücke und zerhackten Knochen werden vor dem Haus auf einer Haut zu einem grossen Haufen übereinander geschichtet, die Indianer stehen, Männer und Frauen und grössere Kinder, zum Teil mit Körben bewaffnet, abwartend beiseite, einer der Kadetten giebt das Signal, und die ganze Gesellschaft stürzt sich wie ein Rudel Wölfe auf das Fleisch und die Knochen. Es war ein so widerlicher Anblick, dass mir der Humor versagte, obgleich ein Kreis von Zuschauern das Schauspiel mit einigem Genuss in sich aufnahm. Namentlich fesselte der Idiot Dyapokuri, der Typus eines Kretin, die allgemeine Aufmerksamkeit; mit tierischer Wildheit erkämpfte sich der Blödsinnige, der Deputierte des Männerhauses, drei gewaltige Stücke und schleppte sie mit triumphierendem Grunzen, während ihm der Speichel über den herabhängenden Unterkiefer troff, und mit glänzenden Augen von dannen. Wenn dies noch ein plumper Gelegenheitsscherz wäre, aber nein, es ist das regelmässige, ortsübliche Verfahren. Der Indianer wird dadurch zu Zuständen hinabgedrückt, die er in seinem Jägerleben seit undenklichen Zeiten überwunden hat; ist es doch einer der Hauptzwecke des Instituts der Bari oder Medizinmänner (wie wir sehen werden), der Uneinigkeit bei Verteilung der Beute vorzubeugen, ein Problem, das diese allerdings dadurch lösen, dass sie sich die besten Stücke sichern.

Nächtliches Klagegeheul. Abend für Abend ertönt aus mindestens vier oder fünf Hütten unausgesetztes Klagegeheul vereinzelter Frauen. Es sind Gattinnen der Männer, die auf dem Jagdzug begriffen sind und in wenigen Tagen zurückerwartet werden. *Bábela bábela bá* .... *baba éh*. Tief in die Nacht hinein dauert das Klagen; es ist uns kaum möglich einzuschlafen. Es hat aber einen sehr bestimmten Zweck. Die Frauen erklären, sie erführen, wenn sie sich nachher zum Schlafen niederlegten, im Traum, wann ihre Männer zurückkehrten. Sie wissen es dann am nächsten Morgen. Augenblicklich sind sie mit diesem Thema um so mehr beschäftigt, als die Frau eines der Abwesenden, des Indianers »Coqueiro« (Kokospalme), gerade gestorben ist. Im Männerhaus hatte man die rote Decke der Toten ausgebreitet, einen Topf und zwei Arbeitsmuscheln von ihr hinzugefügt; zwei Baris liessen einen langen Klagegesang erschallen, während sich eine Anzahl trauernder Frauen im Hintergrund hielt.

Vespergebet. Um 8 Uhr Abends findet die »Reza«, das Vespergebet der Soldaten statt. Wir verfolgten den Hergang gestern genauer und stellten uns, als der Hornist sein Signal gab, vor der Gefängnisthüre auf, um zuzuschauen. Allmählich fanden sich 32 Mann neben der immer vorhandenen Schildwache am Haupthause zusammen und »ordneten« sich in zwei Reihen, Gross und Klein, wie es gerade kam, in beliebigem Aufzug, aber Jeder mit seinem Comblain-Gewehr ausgerüstet. Der Vollmond ergoss sein mildes Licht über die seltsamen Gesellen. Vor der Front standen zwei Kadetten, der eine las beim Schein eines Kerzenlichts die Namen, der andere schnitt sich Stücke Zuckerrohr und lutschte gemütlich. Sobald ein Name aufgerufen wurde, antwortete der Inhaber mit einem, je nach seiner Stimmung, bald lauten, bald leisen »Pronto« »zur Stelle«. Zu unserm Erstaunen erklang plötzlich das »Pronto« auch hinter uns mit einer dumpfen Grabesstimme, die aus dem Arrestlokal hervordrang; durch einen Schlitz in der Thüre sahen wir mit Vergnügen an dem hin und wieder fahrenden Schatten, wie sich der Missethäter drinnen bei gutem Licht in der Hängematte schaukelte.

Nach dem Namensaufruf nahmen die Leute Mützen und Hüte ab und sangen oder vielmehr gröhlten, in dem eine helle Stimme vorsang: *O, virgem da concepção, Maria immaculada, vós sois a advogada dos peccadores, criais todos cheia de graça com a vossa feliz grandeza, vos sois dos céos princeza, do Espiritu Santo esposa.*

Maria mãi de graça, mãi de misericordia, rogai Jesus por nos, recebai (!) nos na hora de morte! Senhor Deus pequei (?), Senhor, misericordia. Por vossa mãi, Maria Santissima, misericordia!*)

Wie in das »Pronto« rufen fielen auch in den Gesang zufällig vorübergehende Indianer kräftig ein; im Hause drinnen übte sich Caldas auf der Violine. Zum Schluss knieten Alle, einschliesslich des Wachtpostens nieder, auch der Kadett mit dem Zuckerrohr. Die Bororó kümmerten sich nicht weiter um den ihnen längst bekannten Vorgang. Doch etwa eine Stunde später erschienen ein Dutzend Jungen vor unserer Thür und sangen — die Musik richtig, die Worte ausser dem Anfang unverständlich und unverstanden — „*O, Santa Maria, mãi de graxa*",**) indem sie sich kichernd umarmten und in einer Reihe aufgestellt schief aneinander lehnten.

Gegen 9 Uhr hatte sich Moguyokuri noch bei den Kadetten gemeldet, Branntwein fordernd. Zur Abwechslung trug der »sich ganz mit der Zivilisation seines Stammes identifizierende« Häuptling einen roten Frauenunterrock und eine weisse Leinenjacke; er bestand darauf, dass der Schlüssel zum Proviantraum geholt werde und erhielt auch seine Flasche; er erreichte seinen Zweck nicht minder, wenn er die Herren gelegentlich mitten in der Nacht heraustrommelte.

Skandal mit Arateba. Er ist wieder einmal total betrunken und verlangt nach mehr; der berühmte Schlüssel wird nun aber doch verweigert. Er alarmiert mit seinem Geschrei und Schimpfen die ganze Kolonie, eilt nach seiner Hütte und kommt zurück mit zwei »espadas«! Er fuchtelt wütend mit den Säbeln in der Luft umher und schwankt dabei von der einen Seite zur andern, lässt es aber beim Drohen bewenden. Er zieht sich erst das Hemd, dann die Hose aus

---

*) Spottvers: „*O, virgem da concepção, Maria immaculada, pagai o nosso soldo, deixai da caçoada!* (bezahl' uns unsere Löhnung und lass die faulen Witze).

**) »Mutter des Fettes« (spr. *grascha*).

und schleudert sie dem armen Eliseo vor die Füsse; er wendet sich an die Soldaten, die müssig umherstehen, und schüttet Alles, was er von Injurien kennt, über die Vorgesetzten aus, die ebenfalls müssig umherstehen. Es will fort und mit uns gehen, da man ihm hier den Branntwein vorenthalte. Endlich trollt er heim.

Am 30. März, Charfreitag. Der Wachtposten hält sein Gewehr abwärts gerichtet. Die Gewehre der übrigen Soldaten bleiben auf dem Boden liegen. Die Soldatenfrauen wandern in frisch geplätteten Sonntagskleidern mit Kreuzen und Kerzen zum Kirchhof. Das Gefängnis öffnet sich; zwei Arrestanten kommen heraus, der eine ein langer Neger, den Surrão — den Ledersack, der die Stelle des Tornisters vertritt — auf dem Rücken und in der Hand den Coxó, die Geige des Sertanejo, auf dem er fröhlich klimpert.

Schwer bepackt sind die Jäger zurückgekehrt und haben in ihren Tragkörben eine Menge Wildpret mitgebracht; Coqueiro, der neue Wittwer, weilt noch auf der Militärkolonie. Die Leiche seiner Frau ist ausgegraben. Die Knochen sind gereinigt und in einem Korb am Abend zum Männerhaus gebracht worden; daneben liegt eine neue Korbtasche, in die sie bei der eigentlichen Leichenfeier umgepackt werden sollen, und steht ein Topf mit Wasser. Der Raum ist dunkel, nur einige Feuerkohlen leuchten beiseit, an dem, wer raucht, die Zigarre anzündet. Viele Männer, Frauen, Kinder liegen bequem ausgestreckt auf dem Boden. Die Körbe aber und den Topf umgiebt ein dichter Halbkreis hockender Gestalten den Bari in der Mitte, sie singen einen einförmigen, doch laut hallenden Klagegesang. Der Bari schwingt unablässig die mit klirrenden Muschelscherben gefüllte Kürbisrassel, seine tiefe, bebende Stimme übertönt alle andern mit kräftigem Pathos, er lässt nicht nach mit Singen und Schwingen, bis ihm die Stimme und die Hand versagt; dann verstummt er und lässt die Rassel zitternd ausklappern, eine kleine Pause entsteht, während deren er in seiner Verzückung hastig eine Zigarre zum Munde führt und heftig einziehend den Rauch verschluckt. Wieder singt er und klappert er und raucht zwischendurch; bis nach einer kleinen Stunde die Pflicht erfüllt ist, Alles den Ranchão verlässt und sich draussen umhertreibt, schwatzend, lachend, wie fast alle Abende. In den Hütten hört man noch Mais stampfen, hier und dort flackert ein Feuerchen, eine malerische Gruppe beleuchtend, es wird gesungen, gelärmt, die Jungen balgen sich, Pärchen tauchen auf und verschwinden — kurz, Jahrmarkt vor dem Dorf, nur mit aussergewöhnlich vielen Buden, in denen Wilde Kaninchen fressen und Sterne anbeten.

Am Tag nach Charfreitag ist in Brasilien der sogenannte Halleluja-Sonnabend. Um zwölf Uhr Mittags hört die allgemeine Trauer auf, sie schlägt in helle Ausgelassenheit um, es wird überall geschossen und geknallt, der Verräter Judas, der an einem Baum hängt, wird gemisshandelt und vernichtet.

Auf der Kolonie erklärt man den Beginn des Halleluja um 8 Uhr Morgens, weil eine Kuh und ein Schwein geschlachtet werden muss. Der Fluss ist gestiegen, Fische waren bei dem vollen Strom für den Charfreitag nicht gefangen worden und der Fleischtransport ist zu Ende. Der gute Eliseo entschuldigt sich allen Ernstes bei uns, wenn er unter diesen Umständen das Ende der Passion früher ansagen müsse; wir beruhigen ihn durch den Hinweis auf den Zeitunterschied mit Jerusalem.

An einem jungen Baum ist $1^1/_2$ m hoch über dem Boden der Judas aufgehängt: weisser Drillichanzug, schöne enge Stiefel, Papiergesicht, die Wangen mit Urukúrot bemalt, Schnurrbart und Haar aus indianischem Frauenhaar, ausgestopft mit Sägespähnen. „*Kabababá?*" »Was ist das?« fragen die verwunderten Bororó. Judas hält einen Holzsäbel in dem rechten Aermel, aus einer Tasche schaut der Hals einer Bierflasche vor, ein in den Rock geschobenes Stück Papier ist das Testament des Verräters. Um 8 Uhr aber treten die Soldaten blank und sauber in weissem Leinenanzug an; europäische Augen würden durch die nackten Füsse etwas befremdet. Eliseo trägt eine rote Schärpe. Der Koch steckt dem Judas eine Pulverpatrone in den Leib — ein Knall, Rauch quillt hervor und Judas beginnt langsam abzubrennen. Der Trompeter bläst eine Fanfare, währenddes knattern drei Salven los und in den Pausen gesellt sich der musikalischen Begleitung durchdringendes Klagegeheul aus einer Hütte; die Indianer, die in dichten Haufen umherstehen, halten sich die Ohren zu und gedenken der Zeit, wo in ihrem Wald die Schüsse knallten. Moguyokuri und sein Sohn, der ihn an Körperlänge noch übertrifft, treten vor, um auf die zerfallenden Reste von Judas Ischarioth noch einige Pfeile abzusenden. Vorsichtig, damit die Pfeile nicht verbrennen, löschen sie vorher. Die Soldaten treten ab; überall wird nun Pulver verknallt, auch unsere Kameraden können dem Gelüst nicht widerstehen, aus dem Küchenhof, wo das Schwein geschlachtet wird, erschallt mörderliches Geschrei, Freude herrscht überall: Halleluja!

Kayapó! Die Totenfeier für Coqueiro's Witwe, die ich noch in ihren Einzelheiten schildern werde, fiel auf den Ostermontag (1. April); wir Gäste kamen aus dem Staunen nicht heraus über die seltsamen Kontraste, die jeder Tag in dem unruhigen Leben der Kolonie unsern Augen zur Schau stellte. Kaum war das Wehklagen verhallt, der Totenkorb weggeschafft, gab es neue Aufregung. Die Bororó wollten zwei Kayapó, die sie Kayámo nennen, im Wald gesehen haben. Ihr Erbfeind in dichter Nähe der Kolonie! Noch am Abend die Kolonie verlassen — es schien schier unglaublich — war die allgemeine Losung der Indianer. Die Soldaten mussten alarmiert werden, eine Patrouille wurde ausgeschickt und sollte an der verdächtigen Ecke im Walde ein Dutzend Schüsse abgeben. So beruhigte man sich vorläufig, doch schlief der grosse Häuptling Moguyokuri, der Schrecken des Matogrosso, die Nacht vorsichtigerweise nicht bei seinen beiden Frauen und seinen Kindern, sondern bei Eliseo.

Auch in der Nacht vom 2. auf den 3. April war Alles wach. Unsere indianischen Freunde holten uns zum Ranchão und luden uns ein, an einer Sitzung teilzunehmen, die den Zweck hatte, sich mit Musik in der Hoffnung auf einen Sieg über die bösen Kayapó zu stärken. Zu Anfang standen wir Alle und tanzten auf der Stelle, während ein alter Häuptling in der Mitte sang und den Rasselkürbis wuchtig schüttelte. Wir Andern hielten uns die Hände vor den Mund und brüllten ein dumpfes *u, u* ... hinein und knickten taktgemäss in die Kniee. Da wir merkten, wie sehr die Bororó dadurch getröstet wurden, liessen wir es an eifrigem Mitthun nicht fehlen. Unsere Schaar arbeitete im Dunkeln; nur zuweilen warf Einer ein wenig Stroh in's Feuer und die ernsten Gesichter wurden einen Augenblick grell beleuchtet. Das Tanzen dauerte eine halbe Stunde. Alsdann setzten wir uns nieder, rings um den alten Klapperer, der von der Anstrengung fürchterlich zitterte und in mächtigen Zügen Wasser schluckte; wir mussten ihm den Topf vor den Mund halten, da er sonst nicht zum Ziele gelangt wäre. Nun waren wir aber auch alle mit frischem Mut erfüllt, der ehrwürdige Greis verbreitete sich in halb singendem Tone weiter über den Gegenstand der Tagesordnung und unser grosser Chor antwortete je nachdem entzückt „*uakina*" »sehr gut« oder grob lachend „*hahahú*" oder entschlossen drohend „*uh* . . . ."

Am Mittag des 3. April stand die patriotische Begeisterung wider den unsichtbaren Feind auf der Höhe. Wir sassen beim Essen, als plötzlich 10 bis 12 Bororó in wildem Ausputz herbeistürmten. Voran Moguyokuri, betrunken, das Gesicht erhitzt, in meiner türkischen Frauenjacke, bewaffnet, richtiger beladen, mit Bogen, Pfeilen, einem Maisstampfer und einer schweren Beilklinge ohne Griff, hinter ihm José Domingo, Gesicht und Leib berusst, einen schönen, straussfedergeschmückten Bogen schwingend, um das rechte Handgelenk zum Schutz gegen die anprallende Sehne eine schwarze Haarschnur, an einem Riemen um den nackten Leib einen Schleppsäbel, und in ähnlicher Kriegsbereitschaft der Rest der Helden — last not least der Idiot Dyapokuri. Dieser unglückselige Narr hatte sich auch über und über mit Russ beschmiert, um den pathologischen Schädel hatte er wie ein Chinese den Zopf eine schwarze Haarschnur gewunden, auf dem Rücken hing ihm ein langes Küchenmesser und mit der Rechten wirbelte er einen Knüppel durch die Luft; einem Besessenen gleich, unartikulierte Laute ausstossend, sprang er umher zum Gelächter der Tischgesellschaft. Die schrecklichen Krieger zogen aus, die Fährten der Kayapó zu suchen. Bald schon kehrten sie zurück, sie hatten nichts Verdächtiges gefunden, das thörichte Volk schien Vernunft anzunehmen und die Episode beendet.

Im Männerhaus war man am Morgen sehr fleissig gewesen, den Nachmittag hindurch bis zum Abend beschäftigten sich ein Dutzend Bororó damit, ihren Geliebten für die Nacht Haupthaar, Gesicht und Leib festlich knallrot zu schminken, und draussen spielte sich, als die Dunkelheit hereingebrochen war, wieder eine ganz anders geartete Szene ab. Ein etwa zweijähriges Kind, das schon seit 24 Stunden im Todeskampf lag und dessen Ende die Baris für heute vorausgesagt hatten, wurde vor die Hütte hinausgebracht. Die Mutter hielt es im Schooss, die Medizinmänner und Verwandten sassen ringsum und wehklagten. Hinter der Mutter hockte der Vater, eine Weile blieb er regungslos, dann — es machte gerade einer der Zuschauer Licht, um sich die Pfeife anzustecken —

führte er eine Schnur um den Hals des armen Wurms und brachte die Prophezeihung der Aerzte rasch in Erfüllung. Sofort erhob sich Alles ausser der Mutter, die Medizinmänner holten ihren Federschmuck und die Rasseln und begannen mit dröhnendem „Aroé . . ., aroé . . ."-Gesang den Trauertanz.

Allein das Freudenfest im Ranchão und die Trauerfeier draussen erlitten plötzlich eine gewaltige Störung, als zwei Schüsse vom Wald her hörbar wurden. Dort schoss man wieder gegen die Kayapó! Einer, der seinen Rausch ausschlief, hatte sie erblickt und schreien gehört! Erwacht schlug er Lärm und ein toller Wirrwar war die Folge. Eliseo liess die Soldaten antreten; in kürzester Frist war der Platz gefüllt mit Männern, die sämtlich Bogen und Pfeile, Knüppel und Aexte trugen, mit Weibern, die in Tragkörben ihre gesamte Habe aufgepackt hatten und dabei die Kinder schleppten oder vor sich herschoben, mit halbwüchsigen Jungen, die meistens auch bewaffnet waren. Nur die Frau mit dem kleinen toten Geschöpf im Schoss verharrte auf ihren Platz, und ein paar Tänzer mit dem grossen Strahlenrad der roten Ararafedern um das Haupt stampften, sangen, rasselten unentwegt weiter oder kehrten, nachdem sie sich einen Augenblick in das Treiben gemischt hatten, zu ihrer Pflicht zurück.

Die Menge hastete wild durcheinander und umdrängte das Hauptgebäude. Dort standen die Soldaten in eine lange Reihe ausgezogen; die Kadetten und Beamten vermochten sich kaum des Ansturms zu erwehren, und Niemand konnte sein eigenes Wort verstehen. Dabei eine dunkle Nacht. Die Aufgeregten verlangten, dass man sofort auf das andere Flussufer übersetzte, ehe die Kayapó da wären; marschfertig war die ganze Schaar. Glücklicher Weise getraute man sich aber doch nicht, sich von den Soldaten zu trennen. Es war ein Wogen und Branden, dass man nicht wusste, ob man noch seine fünf Sinne beisammen habe. Allmählig wurde der Wellenschlag etwas schwächer. Lauter erschallte das feierliche Aroé . . . der Tanzenden, die jungen Männer und rot bemalten Mädchen suchten wieder ihre Lagerstätten in dem matt erhellten Ranchão auf, das Gewimmel auf dem Platz verdichtete sich zu kleineren Gruppen; hier und da sah man glimmende Scheite in der Finsternis und beim Aufflackern eines Feuers erblickte man die starrenden Bogen und Pfeile, die Tragkörbe, die Federn der Sänger, und hockend oder liegend Personen jeden Alters und Geschlechts, auf deren kräftigen Leibern die Verteilung von Licht und Schatten für den Augenblick, dass sie beschienen wurden, ungemein malerische Wirkungen hervorbrachte.

Im Hauptgebäude waren alle Stuben gefüllt; bei Eliseo, Caldas und dem Verwalter überall Weiber und Kinder mit Sack und Pack, um den Tisch und auf dem Tisch bis in den letzten Winkel Gross und Klein, wie, von der Nacktheit abgesehen, eine Schaar Emigranten in engen Bahnhofsräumen. Einige der jüngeren und hübscheren Frauen fielen auf durch den Besitz weisser Kopfkissen. Die Brasilier spotteten und trösteten „kayámo bakimo". »Die Kayapó sind nichts wert«, die Indianer renommierten, dass sie keine Furcht hätten, legten mit dem

Bogen aus und duckten sich wie Kundschafter, die den Feind beschleichen. Dazwischen bettelten sie um Tabak und Branntwein.

Noch einmal gab es grossen Lärm: ein Bororó sei von den Kayapó getötet worden, dicht bei den letzten Häusern! Man brachte einen Mann mit blutender Stirn, jammernd stürzte sich über ihn die Gattin und untersuchte die Wunde. Wir thaten desgleichen. Ein paar Tropfen, eine kleine Schramme; der Verunglückte gab an, er sei, als er ausgespäht habe, mit einem spitzen Ochsenknochen geworfen worden. Ob ein frivoler Freund sich einen schlechten Witz erlaubt, ob der Wurf einem Kayapó gegolten hatte, ist ein Geheimnis der Schreckensnacht geblieben.

Abb. 128. Bororó-Jungen.

Gegen 11 Uhr hielten wir es an der Zeit, uns zurückzuziehen. Neues war nicht mehr in Aussicht. Die Kadetten spielten Karten, die Häuptlinge waren schwer betrunken. Draussen war es auch ziemlich still geworden. Die Soldaten hatten es sich bequem gemacht, nahebei lagen auf Fellen ihre Frauen. Die Totenklage dauerte fort; im Ranchão war es dunkel.

Schule. Verweilen wir nun einmal bei einem friedlichen Bilde. Die Bororó-Jungen waren meine speziellen Freunde. Von ihnen lernte ich die wichtigsten Elemente der Sprache kennen; sie waren ausserordentlich aufgeweckt, keck, ungefähr wie kleine Niggerboys und in körperlicher und geistiger Gewandtheit unserer zivilisierten Jugend Europa's entschieden über. Sie gefielen sich in ihrer Lehrerrolle ausserordentlich und drängten mich unablässig zum Aufschreiben: „*poyédye papéra*", etwa »weiter auf dem Papier«. Ihnen verdankte ich namentlich die Kenntnis der Pronominalpraefixe für die Körperteile, die für jede Person verschieden lauten, und bald war es ihr Lieblingssport, in ihrer Sprache zu deklamieren »meine Nase, deine Nase, seine Nase, unsere Nase, eure Nase, ihre Nase« in allen möglichen Variationen. Besonders intelligent war die kleine Range in der Mitte auf Abbildung 128. Auch aus unserm Deutsch hörte er immer Bororó heraus. Es wurde der Ausdruck »papageienmässig« gebraucht; sogleich ertönte der Ausruf: „*papagaíma*" »wir baden«. Als Ehrenreich eines Abends den Mond mit den Worten des Doktor Faust anredete und zu der Stelle kam: »in Deinem Thau gesund mich baden«, fiel der Bengel sofort ein „*itáu! akau, áu*" = »mein Haar, dein Haar, sein Haar«. Dieses Spiel war um so origineller, als der Kadett Caldas, ihr Magister, der auch die Bororósprache bearbeiten sollte, die amerikanischen Pronominalpraefixe, die ich suchte, für eitel Schwindel und für eine Erfindung der Jungen nach Art der Hühnersprache erklärte. Er blieb auch dabei, weil er in seinen Ansichten sehr zähe war. Urteilte er doch auch höchst abfällig über unsere Meinung, dass das Lateinische eine tote Sprache sei, denn es werde in Egypten gesprochen. Was aber viel schlimmer war, er behauptete, dass »Müller« — der Himmel weiss, wo er die Kenntnis seines einzigen deutschen Wortes gewonnen hatte — ein französisches Wort sei, und bestand darauf, trotz der komischen Verzweiflung Ehrenreich's, der als geborener Spreeathener gegenüber solch unerhörtem Angriff auf das Berliner Adressbuch die Grundlage seines Denkens und Empfindens erschüttert fühlte.

Wenn Caldas, der für den Unterricht der Bororóknaben eine besondere Zulage empfing, von seinen Schülern wenig lernte, so lernten diese doch wohl noch weniger von ihm. Es ist wahr, die Schlingel kamen nur ungern; sie kamen im Anfang sogar überhaupt nicht und wurden erst dadurch bezwungen, dass sich ein paar neugierige Väter mit in die Schule setzten. Die Art, wie die Widerstrebenden Morgens versammelt wurden, erinnerte lebhaft an das Spiel »Schweinchen in den Stall bringen«. Dann waren sie auch äusserst unaufmerksam. Doch muss ich gestehen, die Methode hätte nicht seltsamer sein können. Ich dachte, die Kinder lernten zunächst einmal die portugiesischen Namen für die bekanntesten Dinge, Nutzpflanzen, Tiere, Geräte, an denen sie gewiss ihre Freude gehabt hätten, da sie mich aus freien Stücken danach fragten. Ich dachte ferner, wenn sie durchaus lesen lernen sollten — aber es ist wirklich ganz gleichgiltig, was ich dachte, und besser, sich auf den Bericht zu beschränken.

Die Jungen hatten jeder einen von Caldas beschriebenen Bogen in der Hand. Darauf lasen wir — natürlich nicht sie — *al, el, il, ol, ul, bal, bel, bil, bol, bul, dal, del, dil, dol, dul* u. s. w. über die ganze Seite. Der Lehrer sagte ihnen eine Zeile nach der andern vor, die Jungen mussten es nachsprechen. Stundenlang übten sie, ihr Papier lustig schwenkend, „*bal, bel, bil, bol, bul, dal, del, dil, dol, dul*". Weiter waren sie in mehreren Monaten allerdings noch nicht gekommen. Caldas selbst schien ungeduldig und fragte während der kurzen Zeit, die wir in der Vorstellung aushielten, dreimal, wie viel Uhr es sei. Zwei Bororóväter sassen in der

Ecke und murmelten auch zuweilen nicht ohne Andacht *bal, bel, bil, bol, bul*. Unter meinen sprachlichen Aufzeichnungen finde ich, dass die Bororó mir erzählten, »er lehrt die Jungen lesen«; der Satz lautet in wörtlicher Uebersetzung, dem Sachverhalt genau entsprechend, »er lehrt die Jungen auf das Papier sehen«. Caldas hoffte jedoch, bald weiter zu kommen; die Jungen seien eine ungezogene Gesellschaft, die zunächst Gehorsam lernen müssten. Er habe sie bisher mit einem Lineal auf die Finger geschlagen, wenn sie nicht aufpassten. Nun besitze er aber ein verbessertes System von „*palmatorios*", die er uns auch in zwei Exemplaren vorwies. Sie sahen aus wie Holzlöffel, nur mit kreisförmig plattem Endstück, und dieses — hierin steckte die Verbesserung — war mit Löchern siebartig durchsetzt. Die Luft pfeife durch die Löcher und dadurch werde der Schmerz erhöht. Nun, ich hoffe, die neuen Palmatorios haben sich bewährt und die Jungen sind mittlerweile mindestens bis zum *xal, xel, xil, xol, xul* vorgedrungen. In unserer Zeit war das ganze Ergebnis immer nur *dal, del, dil, dol, dul*.

Die feindlichen Brüder. Am 9. April führte Arateba in der Betrunkenheit wieder eins seiner Spektakelstücke auf. Er reisst einer Witwe, die ihm nicht zu Willen sein will, zornentbrannt das Haus ein. Mit dieser Arbeit wird er auch leicht fertig, obgleich er bei jedem Ruck hintenüber zu schlagen droht. Sein Bruder und zwei einsichtige Freunde nehmen ihn auf die Schultern und bringen ihn nach seiner Hütte. Dort hat er eine Viertelstunde das heulende Elend, rafft sich aber, nachdem man ihn mit kaltem Wasser übergossen, wieder auf und erscheint vor der Kommandantur. Wie im Käfig ein brüllender Löwe schreitet er auf und nieder, und fordert den Bruder, den er vor allem Volk mit Schmähreden überschüttet, zum Kampf heraus. Der Bruder springt auf ihn los und hüpft gebückt vor ihm eine Weile hin und her; dann umfassen sie sich mit wütenden Griffen. Arateba wird viermal auf den Boden geworfen. Da mischt sich Maria, ihre Schwester, entschlossen hinein und umschlingt ihn so kräftig, dass er sich nicht zu rühren vermag. Man führt die Brüder in verschiedenen Richtungen ab. Aus Arateba's Hütte schallt wüstes Zanken, wieder erscheint der schwankende Säufer — er hat das reine Verbrechergesicht und obendrein den Kopf glatt geschoren — und dringt in die Hütte, wo man den Bruder versteckt hielt. Klatschende Schläge, tobende Stimmen, allgemeine Rauferei. Der aufgeregte Haufe, in dessen Mitte Mogoyukuri's Gestalt hervorragt, kommt nach draussen, mehrere ringen miteinander, Arateba liegt wieder auf der Erde, die Weiber stürzen sich nun mit Macht in das Getümmel, Maria überwältigt den Betrunkenen, er wird weggeschleppt, Alles lacht, man geht zum Ranchão zurück und Mehrere sagen nicht mit Unrecht: „*piga**) pega*", »der Schnaps ist eine schlechte Sache«.

Disziplin. Wie wäre es, wo solche Auftritte an der Tagesordnung waren, anders möglich gewesen, als dass auch eine schädliche Rückwirkung auf die Sol-

---

*) = portugiesisch *pinga*, Tropfen. Vulgäre Bezeichnung des Branntweins.

BORORÓ

daten erfolgte? Die Leute waren erbittert, weil der Indianer müssig ging und sie alle Arbeit thun mussten, weil der Indianer den Branntwein bis zum gröbsten Missbrauch umsonst erhielt und sie für eine Flasche 2 Milreis bezahlen mussten oder 5mal so viel als in der Stadt, weil der Indianer den Offizieren ein verächtliches *filho da puta* ungestraft in's Gesicht sagen durfte und sie für ihre Vergehen in die „*Xadrez*"*) wandern mussten. Im Uebrigen war der gutmütige Eliseo, der das System nicht ändern konnte, schuldlos — ja er war z. B. nachsichtig genug, einem Mann zu verzeihen, der mit dem Messer auf ihn losging. Natürlich wurde der Sold im Kartenspiel verjubelt. Einer hatte, als der Löhnungstag kam, 100 Milreis im *Vinte e um* oder *Trinta e um* verloren. Hatten sie kein Geld, so verkauften sie ihr Hausgerät für einen Spottpreis.

Ihr Hass gegen den Verwalter steigerte sich zu einem kleinen Aufruhr, als einer ihrer Kameraden gefangen gesetzt wurde wegen der Verleumdung, dass jener seiner Hausgenossin Anträge gemacht und ihr ein neues Kleid aus seinem Magazin versprochen habe. Sie wollten das Arrestlokal stürmen und Ildefonso, »diesen Familienvater«, erschiessen. Es gelang, sie mit dem Hinweis auf Duarte's bevorstehende Ankunft, der den Streit entscheiden solle, zu beruhigen. Ildefonso war aber sehr aufgeregt. Er habe dem Mädchen nur guten Tag gesagt. Früher, das wolle er nicht leugnen, hatte er sich dergleichen erlaubt, jetzt aber sei ihm »das Weib nur Ideal«.

Duarte's Ankunft. Am 11. April gegen Mittag lautes Geschrei und grosse Aufregung: „*dyuáte, dyuáte!*" Aus dem Walde kamen sie hervor — in keiner Operette wird Schöneres geboten. 14 Bororó, einer hinter dem andern, barfuss, in schlohweissem Matrosenanzug, der mit roter Litze eingefasst war, in breitrandigen hellen Strohhüten, unter denen das lange schwarze Haar wellig hervorquoll, mit dicken roten Troddelquasten und flatternden roten Schleifen, darauf zu lesen „*Colonia Thereza Christina*". Säbel mit verzierten Gehenken und Griffen, grosse runde Schnapsflaschen, vereinzelt ein aufgespannter Sonnenschirm. Und dahinter Duarte zu Pferde und drei Häuptlinge hoch zu Maultier in marineblauer Uniform mit handbreiten roten Galons, die scharf gegen die blossen Füsse abstachen, ein Gewehr in der Hand und auf dem Aermel ein blinkendes Messingschild mit der Inschrift „*Voluntarios da patria*". Es lebe Donna Carmina, die Präsidentin! Denn das ist die Katechese der excellentissima Senhora! Prächtig genug sahen die strammen Burschen aus, wie sie im Sonnenschein dahergeschritten kamen und recta via auf das Hauptgebäude losmarschierten; unverwandt starrten sie mit furchtbar ernsten Mienen geradeaus, wirklich »unverwandt«, denn sie gönnten auch nicht einmal einen Seitenblick den laut heulenden Weibern und F˙ ' die sich vor Freude wie toll anstellten.

Auch im Esszimmer bewahrten sie die feierliche Ruhe. Wie Fremde sassen sie auf den Bänken um den Tisch und an der Wand, ein greller Gegensatz zu den

---
*) Das Arrestlokal. Eigentlich Schachbrett.

laut lärmenden nackten Stammesgenossen. Vier Frauen namentlich wehklagten zum Erbarmen, das Gesicht in Thränen gebadet und berichteten über die Geschehnisse seit der Trennung; die Aufgeregteste zerschnitt sich die Haut auf Brust, Armen und Beinen und wand sich in wüstem Jammer mit dem nassen, lehmgelben, blutüberströmten Leib vor dem in seinem Theaterkostüm steif auf der Bank sitzenden Gatten.

Am 12. April folgten dem Gebieter der Kolonie auch zwei mächtige mit Waaren beladene Karren, deren jeder von einem Dutzend Ochsen gezogen wurde. Für die Soldaten trat eine Veränderung ein, indem im Abendbefehl bekannt gegeben wurde, dass der Verkauf von Branntwein, sintemal beim Eintreffen des Lieutenants Viele betrunken gewesen seien, von jetzt ab aufgehoben werde.

Nachdem dergleichen Geschäfte erledigt waren, wurde Duarte am nächsten Tage erst eigentlich von seinen Untergebenen bewillkommnet. Zunächst beim Frühstück mit gutem Portwein. Zwei Kadetten tranken zwar aus einem Glase, doch an Stoff war kein Mangel. Duarte selbst war sehr mässig mit Rücksicht auf seine Leber. Dem Wein folgte eine Kollektion von Flaschen hellen Exportbiers, deren Schild uns heimatlich ansprach: die Brauerei war in Hannover. Sechs Toaste feierten Duarte, als Paraguaysoldaten, als Familienvater u. s. w.; immer wieder bot man ihm eine neue Fülle von Lobsprüchen an, die er alle mit freundlichem „*Obrigado*" »danke sehr« beantwortete.

Doch war diese Sitzung nur das Vorspiel zu der »Serenade« am Abend: Caldas Violine, Duarte Guitarre, Idelfonso Coxó-Geige. Es wurde ein hübscher, lustiger Abend, und er erfüllte uns mit höchstem Respekt vor der brasilischen Trinkfestigkeit; niemals hätte ich geglaubt, dass im Sertão so wacker gezecht werden könne. Zwei umfangreiche Bierkisten wurden bis auf den letzten Tropfen, ehe der Branntwein kam, ihres Inhalts entledigt. Endloser noch aber strömte der Redefluss. Ich widmete mein Hoch dem Begründer der Bororó-Katechese, dem Präsidenten Galdino Pimentel, dessen Schuld es nicht ist, wenn später falsche Wege eingeschlagen wurden, und vermied auf diese Weise das Dilemma, zu lügen oder nutzlos zu kränken. Duarte nahm nun auch das Wort und sprach recht gut. Mit der Regierung war er unzufrieden, es kam auf Rechnung des »Governo ingrato«, was an der Vollkommenheit der Zustände noch fehlte. Es sei auch unrecht, dass Eliseo noch nicht avanziert sei, allein er selbst habe abraten müssen, dass sein junger Freund, wie vorgeschlagen, die andere Kolonie Izabel übernehme, weil er sich durch einen Fehler die ganze Karrière verderben könne! Es war in der That für den Unbeteiligten merkwürdig, zu sehen, wie sehr die Kadetten seiner väterlichen Fürsorge, die nur ihm selbst zu Gute kam, vertrauten und ihm wahrhaft ergeben schienen. Ich schätze die Toaste des Abends auf die Zahl von 30—35 und rechne deren über 20 auf Duarte's Wohlergehen. Ganz köstlich war der gutmütige Eliseo. Er beauftragte zuerst den redegewandten Ildefonso, für ihn zu sprechen, erhob sich nach einiger Zeit aber auch selbst, indem er entschlossen anfing: „*não tendo a devida intelligencia*", ja, toastete nun, als das Eis gebrochen war, wieder und wieder, jedesmal beginnend mit der Entschuldigung, dass er nicht im Besitz der nötigen Geisteskräfte sei, und jedesmal die *coadjuvencia* der Anwesenden zum Schluss anrufend, um *debaixo de todo enthusiasmo* nach der Reihe einzelne Familienmitglieder Duarte's, die Gattin in Cuyabá, den Bruder und namentlich die älteste Tochter hoch leben zu lassen. Je mehr Bier getrunken wurde, desto ergreifender und ernster wurden die Reden. Der Apotheker war Poet, er wusste gar Vieles von Blumen aller Art und verglich den ungeschlachten Kadetten Joaquim mit einer Knospe, er feierte die Frau, die — erster Teil — nur ein Kind, und für ihn — zweiter Teil — eine Gottheit sei, die uns Männern immerdar ein unergründliches Geheimnis bleibe. Zur leisen Begleitmusik der Guitarre rezitierte Caldas schwungvolle Gedichte; die schönen Worte jagten sich oft mit unheimlicher Geschwindigkeit und ebenso schnell musste unser Empfinden vom Zarten zum Pathetischen, vom Starken zum Süssen überspringen. Tiefe Rührung bemächtigte sich Aller. Duarte wurde als Vater umarmt, Eliseo kniete vor ihm nieder und erflehte seinen Segen, was der Vater aber mild mit einem „*isso não*" »o Freunde, nicht diese Töne« abwehrte.

Noch habe ich der Bororó nicht Erwähnung gethan. Allein sie fehlten keineswegs und waren ganz bei der Sache. Zum ersten Mal sah ich einen stolzen Indianerhäuptling eine Flasche deutschen Exportbiers entkorken. Sie sprachen dem Saft der Gerste und des Zuckerrohrs redlich zu und tranken weit mehr als sie vertragen konnten, sie schwatzten in die sentimentalen Reden, was aber Niemanden kümmerte, eifrig hinein, sie hoben ihre Flaschen, wenn die Gläser zusammenklangen, und stiessen mit an, sie erschöpften sich und uns mit zärtlichen Umarmungen. Moguyokuri setzte sich auch hin und sang ein dröhnendes Lied und spielte die Guitarre, durch deren Saiten er wie ein Tapir durch den Bambus fuhr. Nur die indianischen Frauen fehlten bei der Serenade. Zwei junge Personen freilich waren vor dem Beginn von Moguyokuri nebenan in Duarte's Zimmer gebracht worden. Dort schauten sie am nächsten Morgen zum Fenster hinaus und liessen sich bewundern, Schildpattkämme im Haar, Talmiketten um den Hals, rosafarbene Ringe um das Handgelenk und geziemend gekleidet in lange Hemden, die mit einem mächtigen, buntschillernden Palmettenmuster bedeckt waren.

Ich darf hier wohl meinen Guckkasten schliessen. Die Bilder würden sich nur wiederholen. Bis zu unserer Abreise am 18. April hatten wir nicht Gelegenheit zu bemerken, dass an unsern ungünstigen ersten Eindrücken die Abwesenheit des Leiters der Katechese schuld gewesen wäre. Ganz im Gegenteil. Duarte ging baden, machte einen Spaziergang zur Ziegelei oder dergleichen; sonst sass er den Tag über in seiner Stube, in der sich immer zahlreiche Bororó aufhielten. Alle bettelten. Die einen erhielten Etwas, die andern erhielten Nichts. Betrunkene waren immer darunter. Für einen Neubau trugen die Soldaten die Hölzer und die Palmblätter herbei, die sie im Wald beschafft hatten. Ein paar Bororó halfen auch einmal ein wenig, weil sie Schnaps dafür erhielten. Wenn Nichtsthun und Zeitvertreib von Beamten und Indianern der Zweck der Kolonie war, so konnte sie als ein leuchtendes Vorbild gelten für alle andern.

III. Beobachtungen.

Anthropologisches. Tracht (Haar. Sexualia. Künstliche Verletzungen. Bemalung. Schmuck). Die Aróe. Jagd und Feldbau. Waffen. Arbeiten im Männerhaus und Technik. Nahrung; »Einsegnung« durch die Baris. Tanz und Spiel. Musikinstrumente; Schwirrhölzer. Zeichenkunst. Recht und Heirat (Sitten der Familie und des Männerhauses). Geburt; Namen. Totenfeier. Seele und Fortdauer nach dem Tode. Himmlische Flöhe; Meteorbeschwörung.

Anthropologisches.
Körperhöhe.
20 Männer: Max. 191,2 Min. 167,0 Mitt. **173,6**   6 Frauen: Max. 168,2 Min. 156,2 Mitt. **160,5**

Ein auffallender Unterschied von der Grösse der Schingú-Indianer! Die Bororó-Frauen entsprechen ungefähr den Bakaïrí-Männern. Das Mittel der 26 gemessenen Bororó beider Geschlechter beträgt 170,6, welche Zahl jedoch bei dem Missverhältnis von 20 Männern zu 6 Frauen keinen Wert hat. Nach dem Topinard'schen Schema sind die Bororó Menschen hohen Wuchses, da dessen untere Grenze 170,0 beträgt. In der von Topinard*) mitgeteilten Tabelle von Männer-Durchschnittszahlen würden die Bororó unter den 10 Volksstämmen hohen Wuchses die dritte Stelle einnehmen, von den Tehuelchen Patagoniens (178,1) und den Polynesiern (176,2) übertroffen werden und mit den Irokesen (173,5) fast genau übereinstimmen.

Klafterweite. Körperhöhe = 100.
20 Männer: Max. 113,2 Min. 99,9 Mitt. **104,7**   6 Frauen: Max. 102,4 Min. 97,4 Mitt. **100,3**

Das Minimum der Männer — 0,2 hatte der grösste gemessene Bororó, der bei 191,2 Körperhöhe 191,0 klafterte. Bei 2 Frauen von den 6 war die Klafterweite geringer als die Körperhöhe: — 0,2 bei 156,2 Körperhöhe und — 4,2 bei 160,7 Körperhöhe.

Schulterbreite. A. Körperhöhe = 100.
19 Männer: Max. 25,0 Min. 21,6 Mitt. **23,9**   6 Frauen: Max. 22,6 Min. 20,4 Mitt. **21,8**

B. Absolut.
19 Männer: Max. 45,3 Min. 38,5 Mitt. **41,6**   6 Frauen: Max. 38,0 Min. 32,5 Mitt. **34,6**

Das Maximum von B. gehört dem langen Sohn Moguyokuris (Tafel 26), der mit 191,2 die grösste Körperhöhe und für A. die Zahl 23,7 hatte. Die nächstgrosse Zahl für absolute Schulterbreite ist 43,5 bei einer relativen von 23,6. Vergleichen wir die Kulisehu-Indianer, Seite 162, so ist das absolute Bororó-Mittel 41,6 grösser als das grösste Mittel 41,4 dort der Mehinakú und das relative Bororó-Mittel 23,9 kleiner als das kleinste Mittel 24,1 dort der Nahuquá.

---

*) Anthropologie. Uebersetzung von R. Neuhauss nach der III. französischen Auflage. Zweite Ausgabe S. 320. Leipzig 1888.

— 469 —

Brustumfang. A. Körperhöhe = 100.
19 Männer: Max. 58,4 Min. 52,4 Mitt. **55,1**   6 Frauen: Max. 55,5 Min. 47,9 Mitt. **51,3**

B. Absolut.
19 Männer: Max. 100,8 Min. 90,0 Mitt. **95,4**   6 Frauen: Max. 93,3 Min. 76,6 Mitt. **82,5**

Vergleichen wir auch dieses Mass wie das vorige mit denen der Kulisehu-Indianer, Seite 162, 163, so finden wir wiederum das grösste absolute Bororó-Mittel 95,4 grösser als das grösste Mittel der Mehinakú mit 95,1 und das kleinste relative Bororó-Mittel 55,1 gleich dem kleinsten Mittel dort der Nahuquá mit 55,1.

Kopfhöhe. Körperhöhe = 100.
18 Männer: Max. 19,4 Min. 12,8 Mitt. **14,6**   6 Frauen: Max. 16,1 Min. 13,0 Mitt. **14,5**

Zwei Männer haben sehr hohe Zahlen. Berechnen wir das Mittel ohne das Maximum 19,4 (37,0 cm) und die nächstgrosse Zahl 16,8 (31 cm), so erhalten die 16 Männer ein um 0,4 geringeres Mittel mit nur 14,2, das kleiner ist als das Mittel der 6 Frauen.

Kopfumfang. Körperhöhe = 100.
20 Männer: Max. 34,4 Min. 31,1 Mitt. **32,9**   6 Frauen: Max. 36,6 Min. 31,6 Mitt. **33,4**

Das am Schingú gemessene Minimum der Männer — bei einem Trumaí — betrug 32,4, vgl. Seite 163. Das Mittel der Bororó 32,9 ist niedriger als das niedrigste Mittel der dort beobachteten Serien, 33,7 der Kamayurá, und zwar ist die Differenz 0,8 genau gleich der Differenz zwischen dem niedrigsten und dem höchsten Mittel der Kulisehustämme (Kamayurá 33,7, Auetö 34,5).

Längenbreiten-Index des Kopfes.
20 Männer: Max. 85,6 Min. 75,0 Mitt. **80,8**   6 Frauen: Max. 79,8 Min 76,2 Mitt. **77,7**
10 Männer unter dem Mittel: 75,0, 76,4, 77,0, 77,6, 77,8, 79,4, 79,6, 80,2, 80,3, 80,3, und 10 Männer über dem Mittel: 80,9, 81,5, 81,8, 82,3, 82,5, 84,0, 84,4, 84,8, 85,5, 85,6.
3 Frauen unter dem Mittel: 76,2, 76,6, 77,6, und 3 Frauen über dem Mittel: 77,9, 78,3, 79,8.

Ich habe die sämtlichen Einzelzahlen angeführt, um zu zeigen, dass die Mittelzahlen in diesem Fall ein richtiges Bild geben. Bei den Männern ist der Abstand von Maximum und Minimum so gewaltig, dass man hieran vielleicht gezweifelt hätte. Das Frauen-Maximum ist niedriger als das Männer-Mittel und der Unterschied für die Geschlechter hat ein wesentlich anderes Ansehen als am Kulisehu, vgl. Seite 164. In dem Mittel schliessen sich die Bororó-Männerzahlen den höchsten am Kulisehu an und werden nur durch den Index der Trumaí 81,1 übertroffen.

Verhältnis von Kopflänge zur Ohrhöhe. Grösste Länge des Kopfes = 100.
20 Männer: Max. 75,4 Min. 61,3 Mitt. **67,9**   6 Frauen: Max. 69,4 Min. 62,2 Mitt. **66,2**

Kieferwinkel. Haarrand—Kinn = 100.
19 Männer: Max. 65,9 Min. 51,7 Mitt. **58,3**   6 Frauen: Max. 67,3 Min. 52,4 Mitt. **58,4**

Jochbogen. Haarrand—Kinn = 100.
19 Männer: Max. 85,2 Min. 72,8 Mitt. **78,7**   6 Frauen: Max. 84,6 Min. 70,3 Mitt. **78,5**

Wangenbeinhöcker. Haarrand—Kinn = 100.
19 Männer: Max. 57,6 Min. 45,7 Mitt. **49,0**   6 Frauen: Max. 49,1 Min. 42,7 Mitt. **46,6**

Mittelgesicht. Nasenwurzel—Kinn = 100.
20 Männer: Max. 69,4 Min. 53,8 Mitt. 60,9   6 Frauen: Max. 68,0 Min. 58,0 Mitt. 62,3

Nasenhöhe. Nasenlänge = 100.
18 Männer: Max. 112,5 Min. 92,0 Mitt. 100,1   6 Frauen: Max. 111,6 Min. 102,3 Mitt. 106,8

Nasenbreite. Nasenhöhe = 100.
18 Männer: Max. 108,9 Min. 77,8 Mitt. 89,1   6 Frauen: Max. 95,1 Min. 73,3 Mitt. 85,3

Schulterhöhe. Körperhöhe = 100.
20 Männer: Max. 89,9 Min. 79,4 Mitt. 84,2   6 Frauen: Max. 85,3 Min. 82,3 Mitt. 83,9

Nabelhöhe. Körperhöhe = 100.
20 Männer: Max. 63,0 Min. 57,4 Mitt. 59,5   6 Frauen: Max. 63,0 Min. 58,9 Mitt. 60,4

Symphysenhöhe. Körperhöhe = 100.
19 Männer: Max. 53,0 Min. 47,1 Mitt. 50,9   6 Frauen: Max. 53,3 Min. 47,4 Mitt. 49,8

Darmbeinkammhöhe. Körperhöhe = 100.
20 Männer: Max. 62,3 Min. 55,8 Mitt. 59,9   4 Frauen: Max. 61,7 Min. 58,1 Mitt. 60,1

Armlänge. Körperhöhe = 100.
18 Männer: Max. 52,5 Min. 43,6 Mitt. 46,5   6 Frauen: Max. 46,2 Min. 42,9 Mitt. 44,5

Handlänge. A. Absolut.
19 Männer: Max. 19,2 Min. 16,1 Mitt. 17,8   6 Frauen: Max. 17,4 Min. 16,0 Mitt. 16,6

B. Körperhöhe = 100.
19 Männer: Max. 11,1 Min. 9,5 Mitt. 10,4   6 Frauen: Max. 11,3 Min. 9,8 Mitt. 10,4

C. Armlänge = 100.
20 Männer: Max. 24,2 Min. 19,3 Mitt. 22,1   6 Frauen: Max. 24,3 Min. 21,7 Mitt. 23,2

Längenbreiten-Index der Hand. Handlänge = 100.
18 Männer: Max. 50,3 Min. 41,6 Mitt. 45,1   5 Frauen: Max. 46,9 Min. 41,2 Mitt. 44,3

Trochanterhöhe. Körperhöhe = 100.
20 Männer: Max. 53,6 Min. 48,4 Mitt. 51,1   6 Frauen: Max. 55,6 Min. 49,4 Mitt. 52,1

Fusslänge. A. Absolut.
20 Männer: Max. 28,3 Min. 24,0 Mitt. 26,6   6 Frauen: Max. 25,5 Min. 23,1 Mitt. 24,0

B. Körperhöhe = 100.
20 Männer: Max. 16,4 Min. 14,1 Mitt. 15,3   6 Frauen: Max. 15,2 Min. 14,6 Mitt. 14,9

Längenbreiten-Index des Fusses. Fusslänge 100.
20 Männer: Max. 43,3 Min. 30,8 Mitt. 37,5   6 Frauen: Max. 38,9 Min. 36,1 Mitt. 37,5

Fusshöhe. Trochanterhöhe 100.
17 Männer: Max. 9,1 Min. 7,1 Mitt. 7,6   5 Frauen: Max. 7,9 Min. 6,8 Mitt. 7,4

 Die Haut hatte eine ausgesprochene Lehmfarbe, doch kamen alle Nuancen von hellen, gelblichen (Wange) bis zu dunklen, fast violetten (Brust) Tönen vor. Im Allgemeinen passte am besten Radde 33 m; Stirn etwas rötlicher, auch (die Wange desgleichen) mit 33 n und mit 33 o bestimmt.

 Bei einigen Individuen fand sich eine Hautaffektion, die am stärksten bei Moguyokuri's Frau ausgeprägt war. Hier waren frei nur das Gesicht, das Hypogastrium abwärts des Nabels, wo die Haut bedeckt war, und der Fussrücken;

sonst zeigte sich die Epidermis durchsetzt von schuppigen Riffen, die sich in konzentrischen Windungen, Kreisen, Ellipsen, ungefähr der Zeichnung eines Achatschliffes vergleichbar, hinzogen.

Haar schwarz und ebenso häufig straff und schlicht als wellig, seltener — bei zweien der 20 Männer — lockig. Barthaar, wo nicht ausgerupft, spärlich an Kinn und Oberlippe.

Kopf allgemein hoch, gewöhnlich breit, mehrfach rund. Leisten des Hinterhauptkopfes kräftig entwickelt. Stirn niedrig, bei den Männern häufiger schräg, bei den Frauen häufiger gerade, nur ausnahmsweise hoch und gewölbt, oft behaart. Starke Wülste, zumal bei den Männern liefern ein auffallendes Merkmal. Gesicht durchgängig hoch und breit, selten hoch und schmal, meist oval, selten rund, ausnahmsweise quadratisch. Wangenbeine vortretend.

Iris dunkel kaffebraun, ausnahmsweise hellbraun. Abstand der Augen gross. Lidspalte häufig schräg, aber in der Mehrzahl der Fälle horizontal, durchgängig niedrig, mandelförmig, ausnahmsweise geschlitzt. Ohrläppchen klein oder sehr klein, mehrfach verwachsen. Nase: Wurzel öfter breit als schmal, öfter eingesenkt als vortretend, Rücken durchgängig breit, meist gerade oder leicht gewölbt, mehrfach auch sattelförmig, Flügel breit, gelegentlich dachförmig und bei den Männern kräftig, bei den Frauen fein, Spitze mässig stumpf, Löcher nach vorn gerichtet, rund. Lippen voll, geschwungen vortretend. Zähne regelmässig, massiv, opak, meist gelblich, doch nicht selten weiss, oft stark und bis zur Hälfte abgekaut. Prognathie mässig; Kinn selten weichend.

Brüste der Frauen, die geboren haben, hängend, mit grossem Warzenhof. Genitalien der Männer klein. Das Praeputium war durch die Manipulationen mit dem Stulp künstlich verlängert.

Hände und Füsse verhältnismässig klein; kurze Zeigefinger. Umfang des Oberschenkels gemessen bei einem Mann mit 173.0 Körperhöhe 50 cm, der Waden 35 cm. Längste Zehe: bei 17 Männern 9 mal II, 7 mal I, 1 mal I = II, bei 5 Frauen 3 mal II, 2 mal I.

Tracht. Wimpern, Brauen, Barthaar und Körperhaar wurde ausgerupft oder rasiert. Die Wimpern begann man jetzt bei einzelnen Kindern stehen zu lassen, was ihnen nach unserm Geschmack zu grossem Vorteil gereichte.

Das Haupthaar wurde auf sehr verschiedene Weise, aber bei Männern und Frauen gleich willkürlich behandelt. Die Tonsur, die man nach dem Namen »Coroados« erwarten sollte, beschränkt sich auf eine gelegentlich vorhandene von 1 cm Durchmesser. Vielleicht rührt der Name von den grossen Federkronen her. Witwer und Witwe trugen das Haar kurz geschnitten. Die allgemeinste und ursprüngliche Art für beide Geschlechter war die, dass das Haar zur Stirn gekämmt und hier rechteckig ausgeschnitten wurde, hinten aber frei herabhing, vergl. Tafel 26. Neben den Ohren wurde gelegentlich noch eine Stufe geschnittten oder ein Bündel pinselförmig zusammengebunden, zuweilen das Haar von den Männern hinten in einen Knoten geschlungen, oder ein

Bastband um den Kopf gewunden. Frauen, die sich brasilischen Sitten zugänglich erwiesen, scheitelten das Haar in der Mitte. Auch der eine oder andere Mann ging mit losem, ungeschnittenem und in der Mitte gescheiteltem Haar. Das Haar wurde jetzt meist mit der Scheere geschnitten, nach der alten Methode zwischen zwei Muscheln. Der Kamm bestand aus spitzen Stäbchen, die an beiden Enden zugespitzt und in dem mittleren Teil durch rohes Flechtwerk mit einander verbunden waren; das Flechtwerk lag zwischen zwei an den überstehenden Enden zusammengebundenen Querleisten.

Die Männer tragen fast ausnahmslos eine Hüftschnur. Aber der eine oder andere ging doch ohne sie. Den Stulp, *inobá* (*no* Oaussupalme, *ba* Eier, Scrotum), von den Brasilianern, *gravata* genannt, habe ich bereits Seite 192 (mit Festfahne) abgebildet und besprochen. Man kann sich das Modell aus einem etwa 3 cm breiten und 14 cm langen Streifen Papier sehr einfach herstellen, indem man die beiden Enden einen Ring bildend übereinander legt, dann aber das eine um 90 ^{0} dreht und kurz unter das andere einschlägt. Wurde ein neuer oder ein etwas enger Stulp angelegt, so wurde das Praeputium vor der Glans mit einer Schnur umschlungen und durchgeholt; es wurde durch diese Manipulation und das Tragen des Stulps ziemlich stark gezerrt und verlängert. Die Fahne ist ein seitlich eingeschobener Strohstreifen bis 20 cm Länge. Auch der gefangene Clemente erhielt einen Stulp, und er klagte, dass damit Schmerzen und Schwellung verbunden gewesen seien. Die Langsdorff'sche Expedition berichtet von den Bororó dos Campos aus dem Jahre 1827, dass »die Männer das Praeputium nach Art der Guató mit Embira-Bast, den sie als Gürtel tragen, anzubinden pflegen; andere bedecken es mit einem Blattfutteral (*cartuxa de folhas*)«[*]). Waehneldt's Bemerkung, die ebenfalls Zeugnis ablegt, dass die Hüftschnur ohne Stulp wie am Kulisehu genügt, habe ich bereits S. 130 zitiert. Rohde[**]) drückt sich inkorrekt aus, wenn er sagt: »die Männer gehen vollständig nackend, nur den Penis bekleiden sie mit einem Futteral aus Schilf, die Vorhaut binden sie zusammen, das Glied ist aufrecht am Körper befestigt.« Denn die Schilffutterale, die er dem Berliner Museum für Völkerkunde übergeben hat, sind genau die beschriebenen Stulpe, die nur insofern den Penis bekleiden, als die Glans ein Teil von ihm ist und der Rest in das Scrotum zurückgedrängt erscheint. Das Einklemmen in die Hüftschnur haben wir am S. Lourenço nicht gesehen, es wird auch nur für die behauptet, die keinen Stulp tragen. Daraus folgt, dass der Zweck des »Anbindens«, beim Laufen unbehindert zu sein, den Waehneldt anführt, nur ein Nebenzweck gewesen sein kann. Der eigentliche Zweck, den Hüftschnur und Stulp in gleicher Weise erfüllen, ist die Verlängerung des Praeputiums; nur nach der Methode verschieden, ist er bei der grossen Mehrzahl aller brasilischen Stämme beobachtet worden.

---

[*]) Revista Trimensal 38 II, Seite 242.
[**]) Originalmitteilungen aus der Ethnol. Abteilung I, S. 14.

v. d. Steinen. Zentral-Brasilien.

BORORÓ MIT FEDERN BEKLEBT

Von den Frauen der Bororó meldet der Berichterstatter der Langsdorff'schen Expedition: »Die Frauen haben einen seltsamen Gebrauch, ich weiss nicht, ob um sich zu bedecken, in welchem Fall sie von der löblichen Absicht weit entfernt bleiben. Zunächst möchte ich sagen, dass sie aus diesem Grunde oder aus irgend einem andern die Taille mit einem 10 Zoll breiten Stück Baumrinde einschnüren und zwar mit solcher Gewalt, dass das Fleisch in der Höhe des Magens und über Leib und Hüften einen Vorsprung bildet, was dazu beiträgt, sie zu verunstalten; aber um auf den seltsamen Gebrauch zurückzukommen, habe ich zuzufügen, dass von diesem Gürtel vorn und hinten zwei Stränge (*filamentos*) von 2—3 Zoll Breite herabhängen.« Bei Waehneldt tragen die Frauen ein Stück Tapirfell, 1¹/₂ Spanne breit, um den Leib gebunden; »von ihm geht eine Bastbinde, ¹/₂ Spanne breit, aus, die ihre Geschlechtsteile bedeckt.« Rohde schreibt: »Die Weiber gehen ebenfalls nackend, das einzige Bekleidungsstück ist ein schmaler Streifen Kaktusrinde, der nur den geringsten Teil der Schamteile verhüllt.«

Betreffs unserer Bororófrauen habe ich Seite 193 mitgeteilt, dass sie an einer Hüftschnur eine 3—4 Finger breite,

Abb. 129. Mutter und Tochter. Bororó.

graue und während der Menses eine ebensolche schwarze Bastbinde trugen, dass sie statt der Hüftschnur auch ein Stück harter Rinde gebrauchten, über das die

T-Binde vorn nach unten hinab und hinten nach oben hinauflief, beides noch durch eine Schnur oder Bastumwicklung gesichert. Jüngere Frauen schienen das »Korset« der Hüftschnur vorzuziehen; der Leib war in dem starren Rindenpanzer fest eingespannt.

Der graue Bast stammte von dem Jangadeira-Baum (*Jangada* Floss), dessen leichtes Holz zum Bau von Flössen gebraucht, der auch Embira branca genannt wird und dessen botanischer Name (aus der Familie der Tiliaceen) *Apeiba cymbalaria* ist. Der schwarze Rindengürtel rührte von dem Jiquitiba- oder Topfbaum her, *Lecythis*, einer schönen Zierde des Urwalds mit gewaltiger Krone. Ein dickes Stück Rinde wurde von mittelgrossen Stämmen abgeschlagen und eine Woche ins Wasser gelegt. Dann liess sich innen ein sehr feiner, weicher Bast abziehen, der die hygienischen Binden lieferte. Er wurde in faulem Schlamm (*tyjuca* des Tupi) schwarz gefärbt. Die gröberen harten Aussenlagen boten den Stoff für die Gürtel, die eine Breite bis zu 28 cm hatten. Häufig waren schon 3—4 jährige Kinder, die sehr possirlich darin aussahen, mit dem Gürtel angethan.

Nach dem, was wir gesehen haben, sollte man den Rindengürtel nur für einen Ersatz der Hüftschnur halten, dessen festes Umschliessen, so lange die Mode nicht in Uebertreibung verfiel, vielleicht angenehm empfunden wurde. Nach der Langsdorff'schen Beschreibung jedoch erscheint der Gürtel als die Hauptsache, da Stränge frei herabhingen und keine zu befestigende Binde vorhanden war. An den Zweck der Verhüllung glaubt der Beobachter selbst nicht. Es war damit auch bei unsern Bororófrauen sehr schwach bestellt, und, was ihre Schamhaftigkeit anlangt, so blieb diese nicht nur teilweise, sondern ganz verborgen, oder richtiger, es war das offenbare Gegenteil davon vorhanden und war auch von Haus aus, ganz abgesehen von der Liederlichkeit der brasilischen Zivilisatoren, in reichem Masse vorhanden. Ich halte es nach Allem für nicht unmöglich, dass der breite Gürtel aus Rinde oder Tapirhaut ursprünglich einen andern Zweck hatte. Die Frauen trugen mit Palmnüssen so schwer beladene Kiepen aus dem Walde heim, dass sie schier unter der Last zusammenzubrechen schienen und nicht zu gehen, sondern nur zu trippeln vermochten; dabei ruhte das Ende der Kiepe im Kreuz dem Gürtelstreifen auf, und dieser schützte hier die Haut ähnlich wie die Bastringe die Schultern der Kulisehu-Indianer beim Kanutransport. Zumal ein Stück Tapirhaut musste als Unterlage vortreffliche Dienste thun. Mittlerweile aber war daraus ein renommistisch eng geschnallter Panzer geworden.

Die Ohrläppchen wurden bei beiden Geschlechtern durchbohrt, indess geschah dies bei den Knaben im Alter von 8 bis 10 Jahren, wenn er anfing, sich ernstlich in der Jägergeschicklichkeit zu üben, von Seiten des Vaters, und bei den Mädchen, wie wir sehen werden, in ganz anderm Sinn von Seiten des zukünftigen Mannes.

Die durchbohrte Unterlippe war das Stammesmerkmal der Männer. Ich habe erzählt, wie unser Antonio, den eine Frau als den ihr gestohlenen

Sohn reklamierte, daraufhin untersucht wurde. Waehneldt giebt von den Bororó des Jaurú an, dass Einige auch eine Art »Zahnstocher« in der Nasenscheidewand tragen; in der durchbohrten Unterlippe fand sich bei einer Anzahl der Schmuck von Holzstücken. Unsere Bororó trugen im tagtäglichen Leben niemals irgend etwas in dem Loch der Unterlippe. Nur Knaben, vgl. Abb. 128, pflegten kleine Stifte, die das Loch offen hielten, anzuwenden: man sah Knochensplitter, z. B. vom Kaiman, gelegentlich einen Nagel, und Stifte aus Harz, an dem im Munde liegenden Ende mit einem Knöpfchen versehen. Erwachsene trugen zum Festschmuck Stifte gleicher Art, vgl. Tafel 27, oder die Lippenkette vgl. Tafel 1 und Abb. 130. Die Kette bestand aus einem Halbdutzend aneinander hängender länglicher Muschelplättchen mit einer kleinen Fadentroddel an dem unteren Ende, und war 12 cm lang.

Das Lippenloch wurde dem Säugling kurze Zeit nach der Geburt von dem Medizinmann gebohrt. Das zu der Operation gehörige Instrument Baragára, war ein mit einer Knochenspitze endigender Federstab, vgl. Abb. 131, der sehr prunkvoll aussah und zum Schmuck bei festlichen Gelegenheiten im Haar getragen wurde: der Stab, an dem der Knochen mit Harz befestigt war, dicht beklebt mit abwechselnd roten und orangefarbenen Federchen, hier und da auch zartem, weissem Flaum dazwischen, und am oberen Ende auslaufend in eine lange blaue Ararafeder, während von deren Ansatzstelle ein Büschel gestreifter Falken-, Papageien- und Ararafedern herabhing, von Spitze zu Spitze etwa 1 m lang. Der Medizinmann tanzte singend mit dem Baragára in der Hand vor dem Säugling hin und wieder, auf ihn zuschreitend und zurückschreitend, und durchbohrte bei einer dieser Touren die Lippe.

Tätowieren war unbekannt; zufällig gefärbte Schnittnarben waren nicht selten. Ein dem Wundkratzer der Kulisehu-Indianer analoges Instrument haben wir nicht gesehen. Man ritzte die Haut nicht zu medizinischen Zwecken, sondern krazte sie nur, wie alle Welt, wenn sie

Abb. 130.
Lippenkette.
Bororó.
(²/₃ nat. Gr.)

Abb. 131.
Lippenbohrer.
Bororó.
(¹/₇ nat. Gr.)

Abb. 132.
Kratzknochen.
Bororó. (²/₇ nat. Gr.)

juckte und hatte sogar für das Kratzen auf dem Rücken ein besonderes Gerät, 21 cm lang, einen Knochen, der mit Straussfedern geschmückt war, vgl. Abb. 132, und von den redlich schwitzenden Festtänzern auch mit Nutzen verwendet wurde. Die Schnittnarben rührten von den Totenfesten her.

Bemalung und Federschmuck spielten, erstere eine geringe, letzterer eine gewaltige Rolle. Nicht mit Unrecht spricht Waehneldt von den »fast täglichen Festen« der Bororó. Die Bemerkung war auch für unsere Indianer durchaus zutreffend und zwar einfach deshalb, weil schon jede Jagd mit Tanz und Gesang begonnen wurde. Dann wurde das in das Männerhaus geschleppte Mädchen auf das Sorgfältigste von seinen Freunden bemalt. Endlich war es eine tagtäglich geübte »Medizin«, sich mit Federn zu bekleben. Wechselfieber war in der Kolonie vielfach vorhanden, die Kinder waren jeden Augenblick *doéte* (portugiesisch *doente*), und so wurde es für uns schlechterdings unmöglich zu sehen, wo die Grenze zwischen Medizin und Schmuck lag. Die Körperstellen, die schmerzten, werden mit erhitztem Almeisca-Harz bestrichen und mit Dunenfedern dicht beklebt. Wir sahen Kinder, die vollständige Aermel aus weissen Entenfederchen hatten. Das Färbharz war schwarz. Um das Gesicht mit Federn zu bekleben, trug man entlang der Haargrenze einen fingerbreiten Klebstreifen auf und verband die Enden neben den Ohren zuweilen durch einen zwischen Nase und Lippe verlaufenden Querstreifen, sodass man, wenn der Streifen breit gemacht und nicht beklebt wurde, eine zu einem Rahmen ausgeschnittene schwarze Halbmaske zu sehen glaubte. Der ursprünglich für die Federn angelegte Lackrahmen wurde auch ohne Federbeklebung verwendet.

Tafel 27 zeigt uns einen festlich mit Federn beklebten Bororó. Die Arme sind ganz in grüne Papageienfederchen eingehüllt, wie auch der benachbarte Teil der Brust; über dem Nabel findet sich ein kleiner Federstreifen und auf dem Rücken, kann ich zufügen, war ein Teil der Schultern und eine handbreite Stelle der Kreuzgegend beklebt. Der schwarze Lackrahmen im Gesicht hat schon von seiner ersten Schönheit und Befiederung eingebüsst, von Ohr zu Ohr zieht sich, einem mächtigen Schnurrbart ähnlich, der mit rein weissen Federn beklebte Querstreifen. Das Haar ist mit Urukú bestrichen und der Vorderrand mit roten Ararafederchen fest beklebt, beiderseits stehen rot bestrichene Pinsel ab; den Oberteil des Kopfes ziert, die Tonsur umgebend, ein rotes Krönchen von Ararafedern und ringsum gestreut liegt eine Handvoll nur lose aufklebender Federchen. Bei den Frauen, die krank waren, sahen wir nicht selten kleine Stellen mit Federn beklebt; Maria erschien eines Tages, über Fieber klagend, mit diesem Mittel stärker behandelt, da sie es an Haar, Gesicht und Brust angewandt hatte. Die Gattin eines der nach langer Abwesenheit heimkehrenden Jäger, hatte sich zum Empfang das Gesicht und Haar wie die Ranchãomädchen bemalen und die Haut des Oberkörpers in eine vorn offene Federjacke umwandeln lassen. Mit Federn ähnlich dem Schmuck der Bororó auf Tafel 27, wird der Schädel des skelettierten Toten vor der endgültigen Bestattung beklebt, während die übrigen

Knochen mit Urukúöl eingeschmiert werden. Ob bei dieser Ausschmückung auch die verzweifelt aussichtslose Hoffnung auf einen medizinischen Erfolg mitgewirkt hat, vermag ich nicht zu sagen.

Das tägliche Anstreichen mit öligem Russ und Urukú wie am Schingú kam nicht vor. Auch werden die Farbstoffe für keinerlei Gerät als die Schwirrhölzer verwendet; statt ihrer sah man am S. Lourenço überall die Federn am Leib wie an den Geräten. Es fehlte aber auch die Plage der Moskitos und Stechfliegen; von allem Ungeziefer sahen oder hörten wir in der Kolonie nur die in dem Maisvorrat raschelnden zahllosen Grillen. Das Urukú, von dem es nur sehr wenig gab, wurde mit Fischöl angerührt. Es wurde nur im bescheidensten Masse verwendet, ebenso wie die Bemalung mit Schwarz sich auf den Lackrahmen und das Berussen von Gesicht und Körper, als man gegen die Kayapó loszog, beschränkte. Mit Urukú schminkte man das Ranchãomädchen für die Nacht; es sass auf einer roten Decke, daneben lag eine Muschel mit Fischöl und ein Stück Urukúpaste. Das Haar wurde dick beschmiert, der Oberkörper erhielt auch einen Anstrich, aber die Hauptsache, auf die man lange Zeit verwendete, war die Bemalung des Gesichts mit einem Halm oder schmalen Bambusstäbchen. So wurde die Stirn nicht mit einem Zug bestrichen, sondern man legte das mit Farbe getränkte Stäbchen auf und drückte es ab, mit diesem Verfahren allmählich einen Querstreifen über die Stirn legend. Man färbte auch die Lider, das Oberlid bis in die Falte hinein. Auf die Wangen malte man Dreiecke. Auf die Bedeutung des Querstreifens und der Dreiecke komme ich später zurück, vgl. unter »Zeichenkunst« nach Besprechung der Schwirrhölzer, wo ich allein noch Gelegenheit habe, von Mustern zu reden.

Federschmuckarbeiten, um mich im Gegensatz zu der Federbeklebung so auszudrücken, wurden in prächtigster Art geliefert. Die Haupterzeugnisse der Jägerkunst finden sich auf Tafel I bei dem Häuptling in Gala vereinigt.

Ein gewaltiges Strahlenrad aus blauen, auf der Rückseite gelben Araraschwanzedern erhebt sich, schief nach vorn gerichtet, auf dem Vorderkopf, der Paríko, vgl. Abb. 133. Die Ararafedern, 45 cm lang, stecken in einem umwickelten Halmbündel, das sich dem Kopf anpasst und mit einer Schnur angebunden wird; das untere Viertel der langen Federn ist mit mehreren Reihen roter und grüner Papageienfederchen bedeckt. Ein kleines Diadem, vgl. Tafel I, wird über die Stirn herabgeklappt. Auf dem Hinterkopf, schief nach hinten gerichtet und runder gewölbt als der Paríko, steht ein ihm an Grösse gleichkommendes Diadem aus quergebänderten Falkenfedern ab, *kurugúgua*. Von den Ohren hängen bunte Lappen auf die Brust herab, die aus roten und gelben, in Querstreifen zierlich angeordneten Federchen von der Brust des Tukan gebildet sind. (Auch die grossen Schnäbel der Tukane werden getragen.) Bündel von Flügelfedern des Arara, der Papageien und anderer Schmuckvögel hängen, wie vom Bogen oder vom Lippenbohrer, von den Oberarmen herab.

Doch giebt es noch mancherlei andern Federzierrat. Namentlich ist der sehr schönen *nabuleǹga* (*nabúre* Arara) zu gedenken, Ararafedern mit wogenden Straussfedern und weissen Dunenquasten, zusammen an einem Stäbchen vereinigt, das in das Loch des Ohrläppchens oder in das Haar gesteckt wird, 56 cm lang, vgl. Abb. 134. Ebenso steckte man ein Stäbchengerüst von der Eiform des

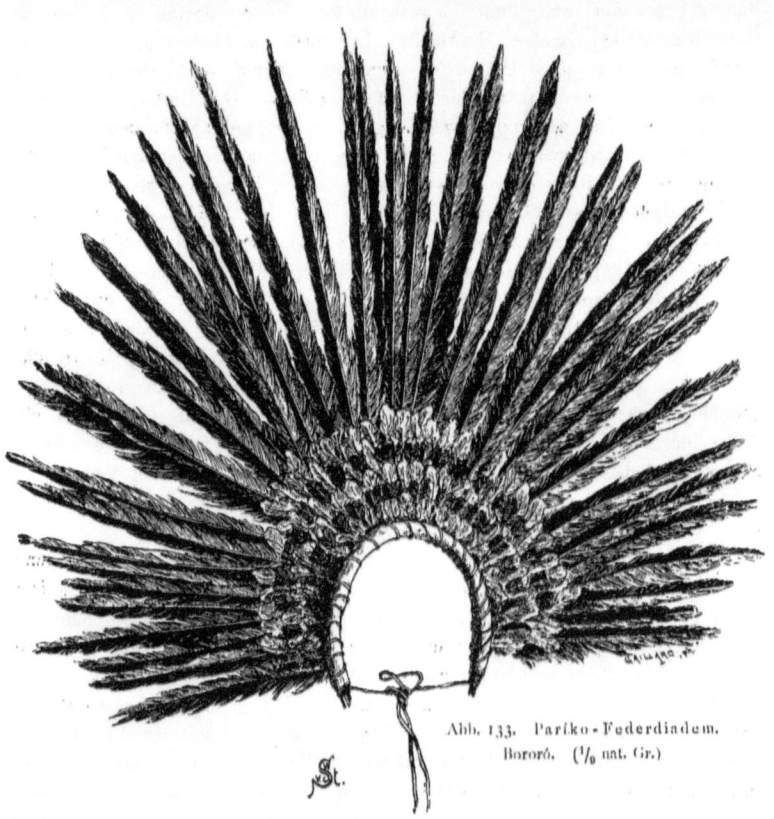

Abb. 133. Paríko-Federdiadem. Bororó. (1/9 nat. Gr.)

Rasselkürbiss, *marobóro*, in das Haar; das Gerüst war mit weissem Flaum beklebt und obenauf eine rote Araraschwanzfeder befestigt. Endlich sind die federverzierten Chignons der Bororómänner zu erwähnen. Der Haarknoten wurde mit einem Federkranz umwunden oder mit strahlenförmig hervorragenden Federn, vgl. Tafel 29 den Bororó im Vordergrund, dicht bespickt.

Zähne wurden namentlich zu Brustschmuck verarbeitet; am beliebtesten waren grosse Jaguarzähne, gewöhnlich 2 Paar aneinandergeflochten, und kleine Affenzähne, in mehreren Querreihen zu einem bis 30 cm breiten, fast über die ganze Brust reichenden Stück verbunden, vgl. Tafel I und Abb. 129. Dass auch Frauen diese Zierraten erhielten, kam nur äusserst selten vor und ist wohl, da von den anderen Bororó die gewöhnliche Thatsache, dass nur die Männer sich schmückten, berichtet wird, auf die Umwälzung durch die Kolonisation zurückzuführen. Charakteristisch war, dass der indianisch denkende und portugiesisch sprechende Clemente die aneinander geflochtenen Zähne *rosarios*, Rosenkränze nannte; die Indianer verbanden mit diesem Schmuck die Vorstellung, dass er stark und gewandt mache. Sie hatten auch brasilischen Gefangenen Zähne ausgezogen und sich damit behängt; desgleichen waren Unterkiefer des Feindes getragen worden. Einen Schutz versprach man sich geradeso vom Haar der Verstorbenen, das man zu Fäden spann und dann zu Schnüren flocht, die nur sehr schwer zu erlangen waren, Haarbüschel hingen mit den Federn von den Armbändern herab.

Klauen, kleine von Nagetieren und grosse von dem Riesengürteltier wurden je zwei aneinander gesetzt und bildeten so die Form eines Halbmondes; in der Mitte, wo sie zusammengebunden und mit Harz bedeckt waren, hing ein Bündel Fäden herab

Abb. 134. Arara-Ohrfeder. Bororó. ($^1/_6$ nat. Gr.)

und waren auf dem Harz einige Muschelringelchen eingedrückt. In ganz ähnlicher Zusammensetzung haben wir die Klauen des Riesengürteltiers am Kulisehu nicht als Schmuckstück, sondern als Gerät kennen gelernt, vgl. Abb. 25, Seite 206. Den Klauenschmuck ahmten die Bororó nach, indem sie aus dem Blech brasilischer Konservenbüchsen Stücke in derselben Form und Grösse ausschnitten. Der Vorgang ist deshalb sehr interessant, weil die Blechhalbmonde in Nichts ihre Abstammung aus zwei Klauen verrieten und schon von einem Cuyabaner, wie ich zu meiner Freude erlebte, als ein Beweis für die »Mondverehrung« der Bororó angesprochen wurden. Vgl. Abb. 135

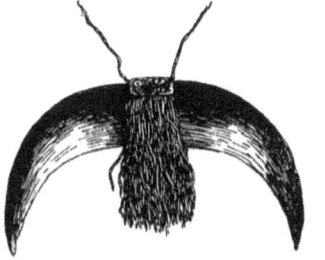

Abb. 135. Brustschmuck aus Gürteltierklauen. Bororó. ($^1/_3$ nat. Gr.)

den Ohrschmuck der Mutter. Dies war die Art, wie die Indianer bereits Metall bearbeiteten. Auch Lippenstifte wurden aus Blech geschnitten.

Jaguarkrallen wurden zu einem Kopfreifen zusammengesetzt, vgl. Abb. 126, ein Schmuck sehr ähnlich der Halskette des Auetöhäuptlings aus gleichem Material in Abb. 5, Seite 108.

Ketten aus Muschel- und Nussperlen, Knochenstückchen, durchbohrten Samenkernen waren vorhanden, standen aber an Bedeutung denen am Schingú weit nach. Am meisten schätzte man Perlen, die aus dem Gürteltierpanzer verfertigt wurden. Näheres darüber werde ich bei der Schilderung der Thätigkeit im Männerhaus angeben. Dort bespreche ich auch Zierschnüre für beide Geschlechter, die wir »Hosenträger« zu nennen pflegten.

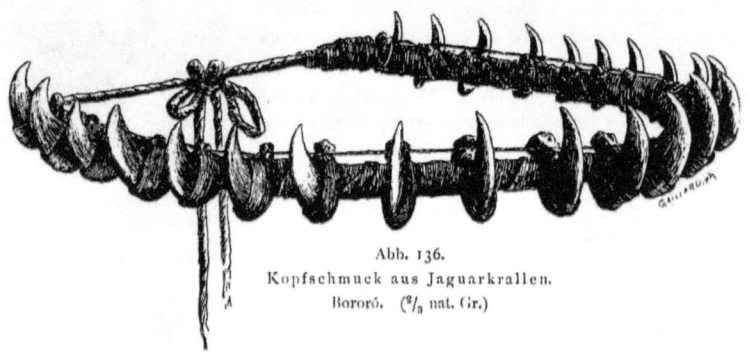

Abb. 136.
Kopfschmuck aus Jaguarkrallen.
Bororó. (²/₃ nat. Gr.)

Die Aróe. Der Mittelpunkt des Bororó-Daseins ist der Baitó, das Männerhaus, und neben dem unglaublich geräuschvollen Leben, dass sich hier Tag und Nacht abspielt, sind die Familienhütten kaum etwas mehr als der Aufenthalt für Frauen und Kinder. Die vereinigten Männer heissen *aróe* und zwar mit besonderer Rücksicht auf die gemeinsame Jagd. In den, man darf ohne viel Uebertreibung sagen, fast jeden Tag und jede Nacht im Baitó erschallenden und weithin hallenden Gesängen ist *aróe* nicht das dritte, sondern das zweite Wort; denn die Gesänge enthalten Aufzählungen von Tieren und Dingen, deren jedem, sobald es genannt ist, mindestens ein *aróe* folgt. Gesungen wird zu allen Ereignissen, die irgendwie die Gefühle von Trauer oder Freude erregen, und zwar, soweit das möglich ist, auch sowohl an ihrem Vorabend wie zur Nachfeier. Der Häuptling sagt am Abend für den folgenden Tag eine Jagd an: statt dass sich die Leute nun vernünftiger Weise schlafen legten, bis die frühe Stunde des Aufbruchs da ist, vereinigen sich die *aróe* zu ihrem Jagdgesang und die eifrigsten singen unentwegt bis zum Morgen. Der Stamm macht den Eindruck eines aus Jägern zusammengesetzten Männergesangvereins, dessen Mitglieder sich verpflichten, solange sie nicht etwa 40 Jahre alt sind, nicht zu heiraten, sondern in ihrem Klubhaus miteinander zu leben. Die älteren, mit Familie versehenen Genossen sind die angesehenen Träger von Amt und Würden und können deshalb auch nur wenig Zeit zu Hause zubringen; sie nehmen an den Jagdausflügen Teil oder haben im Klubhaus zu wirken, wo sie für Ordnung sorgen, die Gesänge leiten und an den beschäftigten Tagen auch an dem Essen teilnehmen, das die Frauen hinschicken.

v. d. Steinen, Zentral-Brasilien.
SCHIESSENDER BORORÓ.

Clemente versicherte, dass die Indianer in der Kolonie auf keine Weise anders lebten als in ihren Dörfen, dass hier im Gegenteil die gemeinsame Jagd, weil sie sich allen Unterhalt selbst zu beschaffen hatten, noch weit mehr im Vordergrund stehe. Danach ist also das Leben am Kulisehu wesentlich verschieden von dem im Bororódorf. Dort wohnte man in stattlichen Familienhäusern zusammen, hier besass jedes mit Kindern gesegnete Ehepaar seine kleine elende Hütte, dort bildeten die Junggesellen die Ausnahme, hier die Mehrheit, dort hatten die in Monogamie lebenden Männer ihr Flötenhaus, das keine Frau betrat, das zu gemeinsamen Beratungen und Tänzen diente, wo man aber nur arbeitete, soweit es Festschmuck zu verfertigen galt, hier wurden die Mädchen gewaltsam in das Männerhaus geschleppt, gerieten stets in den gemeinsamen Besitz von mehreren Genossen und die regelmässige Arbeit an Waffe und Gerät wurde in dem Männerhaus erledigt. Bei den Bororó war das Familienleben auf das Deutlichste nur eine Errungenschaft der Aelteren und Stärkeren. Der Lebensunterhalt konnte nur erworben werden durch die geschlossene Gemeinsamkeit der Mehrheit der Männer, die vielfach lange Zeit miteinander auf Jagd abwesend sein musste, was für den Einzelnen undurchführbar gewesen wäre. Dieser Lebensunterhalt war knapp, und die Jüngeren mussten zufrieden sein, wenn sie selbst satt wurden, sie konnten nicht so viel bekommen, um auch Weib und Kind zu versorgen. Mit dem friedlichen Feldbau, den die Frau der Kulisehustämme entwickelt oder erlernt hat, sind die Verhältnisse vollständig verändert worden, die Gemeinschaftlichkeit der Männer, der *aróe*, trat in den Hintergrund und konnte auf die für den Fischfang und Festtänze beschränkt werden. Der Zugang der Nahrungsmittel war jetzt so reichlich und regelmässig, dass ein Jeder genug erhielt für die Bedürfnisse wenigstens einer kleinen Familie — er sorgte dafür, dass die Familie klein blieb — und jetzt, wo die Thätigkeit der Frau die wichtigere Leistung wurde, war es umgekehrt vorteilhaft, wenn sich die Frauen in gemeinschaftlicher Arbeit zusammenfanden: man lebte familienweise in einem grossen Hause.

Jagd und Feldbau. »In der Regenzeit sind sie Tage und Tage ohne irgendwelches Essen«, *dias e dias sem nada para comer*, berichtete Clemente. Sie tränken dann viel mit Lehm angerührtes Wasser zur Stärkung, ässen aber keinen Lehm. Sie pflanzten nur Tabak, Baumwolle und Kuyen und zwar thäten dies auch nur die im Quellgebiet des S. Lourenço an kleinen Flüsschen wohnenden oberen Bororó, die geschicktere Fischer seien. Von ihnen tauschten die unteren Dörfer jene pflanzlichen Erzeugnisse gegen Pfeile ein. Hier sehen wir also das Anpflanzen nicht mit den Nahrung liefernden Gewächsen beginnen! Unsere nun in Thereza Christina angesiedelten Bororó hätten überhaupt Nichts pflanzen gelernt. Kalabassen und lange zur Aufbewahrung der Federn geeignete Kuyen waren in der That nicht vorhanden, kleinere Kuyen selten und hauptsächlich als Rasselkürbisse für den Aróegesang oder als kleine Blaskürbisse verwendet. Die Männer auf Jagd bedurften keiner Gefässe, oder wussten sich mit Fruchtschalen und Bambus zu helfen, ihre Federn bewahrten sie in grossen Bambusschachteln auf und zu Hause machten die Frauen Topfschalen und Wassertöpfe. Der Riesenbambus wachse auch nicht in der Nähe der Kolonie, sondern werde weiterher geholt; wir fanden Büchsen von 50—60 cm Länge und 9 cm Dicke, aus denen ein Längsdeckel ausgeschnitten war.

Für die grobe Verständnislosigkeit, die dem Bororó gegenüber der Feldkultur der Brasilier eigen war, habe ich Seite 453 drastische Beispiele angeführt. Die Männer zogen Tage und Wochen lang auf Jagd aus; zuweilen wurden sie von einigen Weibern begleitet. Es war also kein reines Nomadenleben, sondern Ansässigkeit war vorhanden. Sie wurde ermöglicht durch das Braten des Wildprets und den Fischfang.

Wir sahen eine Schaar heimkehrender Jäger; in Tragkörben brachten sie eine Menge Fleisch heim, sehr gut durchgebraten, schwarz, trocken, hauptsächlich Wildschwein, Geflügel, Schildkröten, dabei grosse verkohlte Stücke Haut mit nur wenig daran sitzendem Fleisch. Die Brasilier schätzten die Bororó als ausgezeichnete Fährtensucher; desertierende Soldaten wurden mit ihrer Hülfe rasch eingefangen.*)

Fische wurden mit Pfeilen geschossen oder mit Angeln, die sie nach dem brasilischen Vorbild aus gestohlenem Eisen und aus dem Panzer der Schildkröten fertigten, oder in Netzen gefangen, indem man einen Kreis bildete und die Fische zusammentrieb. Schmälere Flüsse sperrten sie auch mit Aesten und Gras, einige trichterförmige Eintrittslöcher übrig lassend, hinter denen eine Umzäunung mit Bambusstöcken angebracht war. In flachen Flüssen, erzählte Clemente, blieben die Indianer Nächte hindurch im Wasser, bei Palmfackeln arbeitend. Unverständlich ist mir die Behauptung geblieben, dass sie längere Zeit unter Wasser zu bleiben vermöchten. Sie kauten die bittern Blätter des »Dyorúbo«-Baumes, bevor sie untertauchten, und spuckten sie nachher wieder aus. Unter Wasser fingen sie Fische. Er wisse von Einem, der etwa eine Stunde in der Tiefe geblieben und »mit einem Arm voll Pintados« zurückgekehrt sei.

Sicher ist, die Bororó hielten sich gern im Wasser auf. Die von der Jagd heimkehrenden sah man ein bis zwei Kilometer oberhalb der Kolonie im Fluss erscheinen nnd schwimmend oder bis an den Hals im Wasser watend die Strecke zurücklegen, statt den Landweg zu wählen und nur quer herüber zu schwimmen. Schon von fernher hörte man sie lachen und schwatzen; paarweise folgten sie sich in kurzem Abstand, alle die Bogen, an denen die Pfeilbündel oben horizontal angebunden waren, gleichmässig steil wie Kreuze emporhaltend und auf der Brust oder unter den Armen die erbeuteten Thiere tragend.

Ebenso schwammen auch die Frauen heim, die schwerbefrachtete Körbe voller Palmnüsse und Wurzeln oder mächtige Bündel langer Palmblätter für

---

*) Um die gegen sie ausgeschickten Truppen an dem Auffinden des Dorfes zu verhindern, wandten die Eingeborenen die List an, dass sie den letzten Teil des Weges nach Möglichkeit durch die Bäume zurücklegten.

Dach und Hauswand mitbrachten. Sie hatten die Tragkörbe zu je vier Stück an Hölzer gebunden und lenkten sie an Stricken wie die Pelota (vgl. S. 139). Die Tragkörbe wurden auf dem Rücken in einer Bastschlinge getragen, die vorn über die Stirn oder den Vorderkopf lief.

Kanus hatten die Bororó nicht. Sie nannten die Fahrzeuge der Brasilier *ika* — dasselbe Wort, das sie für Aeste und Zweige (nicht Baumstämme: *ipó*) gebrauchten, wie sie deren für die Beförderung der Last zu kleinen Flössen zusammenzubinden gewohnt waren.

Hunde, von denen wir uns nach dem Beispiel unserer Vorfahren vorzustellen pflegen, dass sie dem primitiven Jäger unentbehrlich seien, fehlten den Bororó nicht nur in ihrer Heimath, sie wurden auch jetzt kaum je gebraucht, wo sie ihnen leicht in grosser Zahl zur Verfügung gestanden hätten.

Auf die Vertheilung der Jagdbeute vermag ich erst später einzugehen.

Waffen. Bogen und Pfeile bezeichneten die höchste Entwickelung der Technik und waren mit einer ausserordentlichen Sauberkeit und Genauigkeit gearbeitet. Hier konnte man auf das deutlichste sehen, dass nur das Interesse da zu sein braucht, damit es auch an den Leistungen nicht fehle. Der Bogen war mit Ausnahme der Keule auch die einzige Kriegswaffe. Von den Bororó dos Campos wird berichtet, dass sie »selten« Lanzen gehabt hätten, mit Spitzen von Eisen, Knochen oder Stein. Die Keule des S. Lourenço war $1^1/_2$ m lang, ein ziemlich plattes Stück Palmholz, das 3—4 cm breit war und in ein Blatt von nur 5—6 cm Breite auslief.

Den gewöhnlichen Bogen *baiga* zeigt uns Figur 5 der Abbildung 137. Er hat eine Länge bis zu 1,9 m und ist in einer Breite von $^1/_8$ m mit einem Palmfaserstrick umwunden, eine Reservesehne, die gewöhnlich die Fortsetzung der eingespannten Sehne bildet, vgl. Tafel 28. Prächtigen Federschmuck haben die bei festlichen Gelegenheiten von Häuptlingen getragenen und als feierliches Geschenk geltenden Bogen, deren Ausschmückung Fig. 1 verdeutlicht. Das Holz ist über und über mit bunten, entweder roten und gelben oder blauen und gelben Ararafederchen und weissen Dunen dazwischen beklebt, und das aufwärts gehaltene Ende krönt ein Büschel von gleichfarbigen Federn. Das bunte Büschel ziert zuweilen auch den gewöhnlichen Jagdbogen. Der glückliche Erleger eines Jaguars endlich wird durch den Bogen von Fig. 2 ausgezeichnet; an diesem sind ein Dutzend gelber Bändchen von Oaussú-Palmblatt *(Attalea spectabilis)* angebracht. Die Bogen haben einen ziemlich flachen Rücken, während die der Sehne zugewendete Fläche mehr konvex ist, umgekehrt wie bei den Paressíbogen.

Die Pfeile haben einen Schaft entweder aus Kambayuvarohr oder aus dem eleganten schwarzen Seriba-Palmstroh *(Avicennia)*. Den bleistiftdünnen Seribaschäften ist ein Endstück aus Rohr angesetzt an dem die Schwanzfedern befestigt sind; sie sind sorgsam mit durchlöcherten Bulimusmuscheln gehobelt und den wie Sandpapier rauhen Lischablättern feiner geglättet.

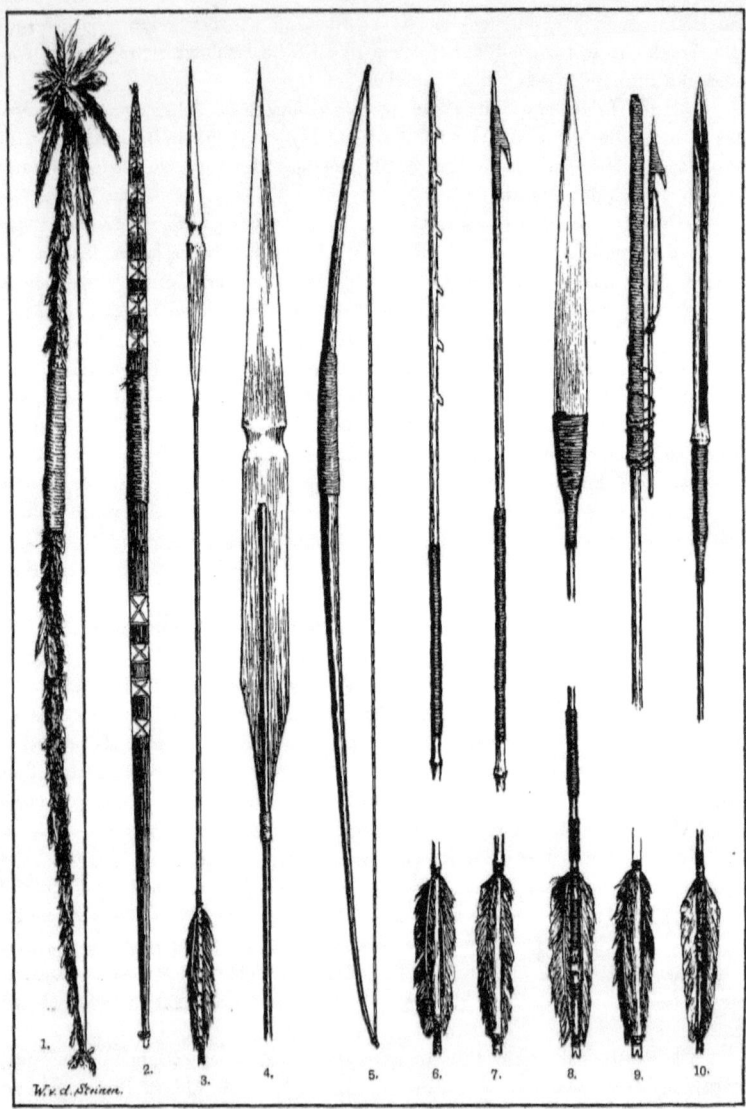

Abb. 137. Bogen und Pfeile. Bororó.

1. Bogen des Häuptlings, 2. des Jaguarjägers. 3. Jaguarpfeil. 4. Bambusspitze von 3. 5. Gewöhnl. Bogen. 6. und 7. Jagd- und Fischpfeil. 8. Schweinepfeil. 9. Harpunenpfeil. 10. Kriegspfeil.

Allen Pfeilen gemeinsam sind die beiden in spiraliger Drehung angesetzten Schwungfedern, deren oberes und unteres Ende angebunden ist; man kann auf den Abbildungen sehen, wie der Schaft der Feder in leichter Krümmung vom Pfeilrohr absteht. Zwischen ihnen sind oft noch ein paar Ringe von zierlich kleinen Federchen angebracht.

Die Pfeile sind $1^1/_2$ bis $1^3/_4$ m lang. Bei der gewöhnlichsten Art der Jagd- und Fischpfeile sind in das Kambayuvarohr spitze Holzstöcke eingetrieben, denen ein zugeschärftes Knochenstück aufsitzt. Oder es ist, Fig. 7, ein Knochen als Widerhaken angebunden, oder das Holz ist gekerbt, Fig. 6.

Abb. 138. Schiessender Bororó.

Die Knochen rühren vom Affen oder Tapir her. Für die Vogeljagd dienen Pfeile mit stumpfer Spitze; sie tragen einen Holzkegel, das breitere Ende nach oben und in der Mitte der Grundfläche mit einem Spitzknopf versehen.

Andere Pfeile haben als Spitzen geschärfte Bambusstücke; der Bambus wird lange Zeit in Rauch gehängt, damit er genügend austrocknet. Die einfachste Form, die zur Jagd auf Wildschweine gebraucht wird, zeigt Fig 8. Die 30—40 cm lange, $2^1/_2$ cm breite, flache Bambusspitze ist an den Rohrschaft gebunden. Fig. 3 stellt den schönen Seribapfeil für die Jagd des Jaguars dar; der ganze Pfeil ist $1^3/_4$ m lang, das befiederte Endstück 24 cm, die Bambusspitze 60 cm lang und 3 cm breit. Der Seribaschaft liegt in einer mit dem

Kapivarameissel gehöhlten Rinne der flachen Bambusspitze und ist nur lose mit etwas Harz und Faden befestigt, vgl. Fig. 4. Der Kriegspfeil, Fig 10, auch aus Seriba geschnitzt, trägt ein sehr schmales (1—2 cm), rundes, aber nach seiner ganzen Länge (37 cm) zugespitztes Bambusstück. Die Bambusspitzen brechen im Körper ab.

Der Widerhakenpfeil ist für die Erbeutung von Alligatoren und grösseren Fischen mit Harpunenvorrichtung ausgestattet. Die Länge des Harpunenpfeils in Fig. 9 betrug 1,78 cm, wovon 31 cm auf den an einen Strick befestigten Widerhakenstock zu rechnen sind; der Schaft ein dickes Ubárohr, war noch in der Breite von $^1/_2$ m umwickelt.

Die Spannung des Bogens geht aus der Momentphotographie in Abb. 138 und Tafel 28 hervor. Der hockende Schütze hält den Bogen horizontal, der stehende senkrecht. Ein Reservepfeil wird mit der linken Hand dem Bogen parallel gehalten. Der Pfeil liegt in letzterm Fall links vom Bogen auf dem Zeigefinger der linken Hand, die den Bogen hält. An seinem hinteren Ende wird er zwischen Daumen und Zeigefinger gefasst, der Daumen lässt los, der Zeigefinger in gestreckter Haltung stützt und richtet ihn genauer ein, die drei übrigen Finger, namentlich der Mittelfinger spannen die Sehne. Die Spannung ist also von der am Kulisehu (vgl. Seite 230) verschieden. Bei dem hockenden Schützen, wo der Pfeil dem Bogen aufliegt und hier durch die Spitze des Zeigefingers der linken Hand leicht angedrückt wird, ist die Haltung der spannenden rechten Hand insofern verschieden, als das hintere Ende des Pfeils zwischen dem fest zufassenden Daumen und dem gebogenen Zeigefinger gehalten wird.

Arbeiten im Männerhaus und Technik. Jeder hatte seinen bestimmten Platz: wer nach dem Fluss zu wohnte, in der dem Fluss zugewendeten Ecke und so fort Alle nach der Lage des Hauses der nächsten Verwandten. Hier, wo die Indianer unter sich waren, herrschte, abgesehen von den geschlechtlichen Vorgängen, eine auch nach unsern Begriffen anerkennenswerte Ordnung. Wer nichts zu thun hatte, faulenzte freilich mit grosser Ausdauer, aber wer an seinen Waffen, Schmucksachen und Geräthen Beschäftigung fand, arbeitete unverdrossen und arbeitete so sauber und sorgfältig, dass die Herren der Katechese ihre Freude daran hätten haben sollen. Selbst der Idiot Dyapokuri, wenn er zwischendurch auch ein Spässchen freiwilliger oder unfreiwilliger Art zum Besten gab, war unausgesetzt thätig.

An Tagen, wo man sich nicht der Jagd widmete, waren gegen 40 Männer im Baitó vergnügt bei der Arbeit. Die Frauen kochten währenddes in den Hütten, und ab und zu verschwand Einer, das Essen zu holen. Sobald er wiederkehrend in der Wand sichtbar wurde, ertönten vereinzelte »hm« »hm« der Anerkennung, und kaum dass auch der zuletzt erscheinende, das dampfende Gericht hoch emporhaltende Arm in das Innere nachgezogen war, erscholl mit allgemeinem gellenden ah! ein heller Juchzer der ganzen Gesellschaft. Umfangreiche Topfschalen waren mit steifem, säuerlichem Maisbrei oder Maisschleim gefüllt, obenauf lagen grosse Flussmuscheln zum Auflöffeln. Dann schritt Moguyokuri umher, legte einer Anzahl von Jungen oder Alten seine starke Hand auf die dicken Schädel, und die Auserwählten hockten um den Topf und stachen mit ihren Muschellöffeln kräftig in den Brei. Wer dieses patriarchalische Bild mit der Szene der brasilischen Fleischverteilung (Seite 456) verglich, musste von heiligem Zorn gegen die schändliche Wirtschaft erfüllt werden.

Der Idiot Dyapokuri briet das bei der »Fütterung der Tiere« erbeutete Rindfleisch. Er holte sich das Feuer in einer Hütte. Feuer brauchte nicht mehr durch Reiben entzündet zu werden, denn die Verwaltung lieferte schwedische Streichhölzer. Die ursprüngliche Methode der Bororó war dieselbe wie am Kulisehu. Als bestes Holz galt Canella brava, *Pseudocaryophyllus sericeus*.

Auch von Steinbeilen und schneidenden Fischzähnen war natürlich nichts mehr zu bemerken; Aexte und Messer waren im Ueberfluss vorhanden. Allein es gab doch noch Mancherlei aus der alten Zeit zu beobachten. So schnitten die Bororó beim Essen die Fleischstücke mit Bambusspähnen vor dem Munde ab, sie gebrauchten als Schabmeissel den an ein Stöckchen befestigten, bis 8 cm langen Kapivarazahn, vgl. Abb. 26 vom Schingú und hierher gehörig Abb. 139, sie schliffen diesen Zahn mit dem Zahn des Paka *(Coelogenys paca)*, eines kleinen Nagetiers, sie hobelten, glätteten, bohrten noch auf gut indianische Art.

Abb. 139. Kapivara-Meissel. Bororó. (¹/₂ nat. Gr.)

Ihr Hobel war eine Bulimusschale, *ruo*, 10 cm lang, vgl. Abb. 140 (und Abb. 27 vom Schingú), in die mit einer Oaussúnuss scharfrandige Löcher geschlagen waren. Sie glätteten ferner Holz z. B. der Schwirrhölzer, die für die Totenfeier gemacht wurden, indem sie es eine Viertelstunde mit einem nassen, glatten Stein strichen. Oder sie nahmen die rauhen Blätter des Lischa- und des Imbaubabaums. Sie sassen mit untergeschlagenen und gekreuzten Beinen und schnitten und hobelten die Gegenstände auf ihrem Fuss als Unterlage. An den auf dem Boden aufliegenden äusseren Knöchel fühlte ich vielfach kallöse Verdickungen und auch knorpelharte verschiebliche Stücke. Affenknochen zu Kettenschmuck zerschnitten sie auf dem Fuss, sodass ich jeden Augenblick für ihre eigenen Knochen fürchtete.

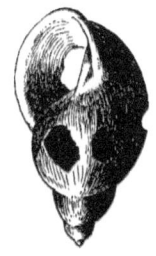

Abb. 140. Hobelmuschel. Bororó. (²/₅ nat. Gr.)

Bohren geschah stets mit Quirlbewegungen. Ein Nagel war an einem Stöckchen von ¹/₂ m Länge befestigt und dieses wurde zwischen den beiden schnell auf- und niedergleitenden Händen gequirlt. So durchbohrten sie die Muschelplättchen für ihre Lippenketten, die sie so herstellten, dass sie eine Muschel zerhackten und die Kanten der Stücke auf Stein schliffen. So durchbohrten sie die Zähne und klemmten solche, die klein waren, damit sie nicht ausglitten, zu mehreren nebeneinander in eine Oaussúnuss. Eigenartig war auch die Verfertigung der Perlen aus dem Panzer des Gürteltiers. Er stellt einen gewölbten, aus zahlreichen kleinen Polygonen zusammengesetzten Schild dar; an der Innenseite jedes Vieleckchens befindet sich eine natürliche punktförmige Vertiefung: in diese wurde der Quirlbohrer eingesetzt, und erst nachdem so der ganze Schild regelmässig wie ein Sieb durchlöchert war, wurde er in die einzelnen Plättchen zerbrochen, die man aufreihte und rund schliff.

Geflochten wurden Korbtaschen, in die bei der Totenfeier die Knochen gepackt wurden, viereckige Feuerfächer, die man auch als Teller benutzte, oder wie ein Fähnchen an einen Stiel band, um sie für die Abwehr von Moskitos zu verwenden, die grossen Schlafmatten aus Oaussúpalmblatt (2 m lang, 90 cm breit). Die beutelförmigen Tragkörbe schienen von den Frauen geflochten zu werden.

Abb. 141. Bororófrau mit Brustschnüren und Armbändern.

Die Männer spannen. Das Männerhaus als Spinnstube! Ich gestehe, es machte mir einen abenteuerlichen Eindruck, als ich zum ersten Mal einen dieser Jäger Baumwollflocken durch Schwippen an einer Bogensehne lockern sah. Sie spannen Baumwolle und das Haar ihrer Toten, jedoch auf andere Art als die Frauen am Kulisehu. Der Spinnwirtel, 4 bis 4½ cm im Durchmesser, war eine Muschel- oder Thonscheibe und sass im oberen Viertel des hindurchgesteckten Stöckchens. Während die linke Hand die langgezogene Flocke oder ein paar zusammengelegter Haare hielt und sie an dem kurzen Ende des Stöckchens befestigt hatte, wurde mit der rechten Hand der grössere Teil des Stöckchens unterhalb des Wirtels bei Schiefhaltung der Spindel auf dem rechten Oberschenkel gerollt; der Faden bildete sich also an dem kürzeren Teil des Stöckchens oberhalb des Wirtels. Den fertigen Faden wickelte man an dem langen Teil unter dem Wirtel auf.

Die Haarfäden wurden zu einer Schnur geflochten, die man um das Kopfhaar, um den Leib oder zum Schutz gegen den Anprall der Sehne um das Handgelenk trug. Palmfaserschnur drillte man mit der Hand auf dem Oberschenkel. Vielfach wurde bei den Fadenarbeiten die grosse Zehe benutzt.

Eigentliches Weben, d. h. die Verschlingung sich rechtwinklig kreuzender Fäden war unbekannt. Die Männer verfertigten aus Baumwollfäden schmale Bänder, in die Borsten vom Stachelschwein eingeflochten und die nach Art der Hosenträger, vgl. Abb. 141 und 129 als Brustschnüre von beiden Geschlechtern getragen wurden, sowie Armbänder durch künstliche Verschlingung des Fadens zwischen zwei dünnen Stäbchen.

Wie zierlich und nett die Männer arbeiteten, fiel namentlich bei dem Herrichten der Pfeile auf. Da gab es so manche kleine Geschicklichkeiten, die man nur zarten Frauenhänden zugetraut hätte. Dahin rechne ich besonders das Ausschmücken mit winzigen bunten Federchen, deren jedes Stück für Stück auf den Boden gelegt und sorgfältig zurechtgezupft wurde.

Auch kann in einer Spinnstube nicht mehr geschwatzt und gelacht werden als hier im Baitó. Gewiss war es wenig frauenhaft, wenn sich plötzlich der Abwechslung halber zwei der Arbeiter erhoben und einen regelrechten Ringkampf aufführten, der von den Uebrigen mit grossem Interesse verfolgt wurde. Sie standen auf, rangen, warfen sich und nahmen ihre Arbeit wieder auf oder legten sich wieder zum dolce far niente nieder. Denn behaglich Faulenzende fehlten niemals; selten fehlte es auch, während die Frauen sonst fern blieben, an einem Liebespärchen, das unter einer gemeinsamen roten Decke lag und schäkerte. Niemand kümmerte sich darum, ausser einigen von gelinder Eifersucht geplagten Freunden, die augenblicklich von der gemeinsamen Geliebten vernachlässigt wurden und zufrieden sein mussten, neben dem Pärchen zu sitzen und mit ihm zu plaudern.

Zuweilen gab Dyapokuri eine Vorstellung. Man war weit davon entfernt, den Geistesschwachen, der nur lallen konnte, als ein höheres Wesen anzusehen. Mit Vorliebe stellte er den Zank der Weiber dar, indem er sich in den wütigsten Geberden erging und das gegenseitige Kratzen und Haarausreissen kräftig veranschaulichte. In fürchterliche Aufregung geriet er aber selbst, als ein Soldat ihn wegen seines Auszugs zur Verfolgung der Kayapó (Seite 460) hänselte und, einen Stock über der Schulter, mit mächtig ausholenden Schritten daher hinkte: der arme Teufel schäumte vor Wut, warf seine brennenden Holzkloben nach dem Spötter und, als er sich nicht mehr zu helfen wusste, griff er ein paar Hobelspähne vom Boden auf und markierte mit einer zähnefletschenden Grimasse unter unverständlichen Zornlauten — den Schnurrbart des Soldaten. Nach einer Weile kam er wieder zur Ruhe und übte sich für die Totenfeier im Klappern mit zwei Rasselkürbissen und taktfestem Aróe-Grunzen.

Es waren lehrreiche und gemütliche Stunden im Ranchão. Nur Eins war unleidlich, das unaufhörliche Betteln um Tabak. Meine Pfeife wanderte von Mann zu Mann. Die Leute diktierten mir Seiten lang Bororó, wobei jeder gerade sich abspielende Vorgang für die Sätze herhalten musste, überhörten mich und lachten dann ebenso befriedigt wie die Bakaïrí. Je vertrauter wir miteinander wurden, desto auffälliger wurde überhaupt die Uebereinstimmung in Temperament und Charakter mit den Kulisehuindianern. An einem Pfosten im Männerhaus wurde auch, nachdem wir die anthropologischen Messungen vorgenommen hatten, meine Körpergrösse angezeichnet. Ein Stück Kohle wurde mit den Zähnen zerknuspert, mit Speichel in der Hand zerrieben und über meinem Kopf ein schwarzer Ring um den Pfosten gemalt.

Nahrung; „Einsegnung". Nach Clemente's Bericht hat trotz aller Jägerei die vegetabilische, von den Frauen beschaffte Nahrung, weil sie regelmässiger und reichlich eingeht, die grösste Wichtigkeit. Die Frauen suchen Wurzeln mit einem spitzen Stock, klettern mit grosser Gewandtheit auf die Palmen, unter denen der Oaussú und Akurí der Vorrang gebührt, sammeln die Nüsse, schneiden in der Krone den »Palmkohl«, suchen Jatobá- und Pikífrüchte und dergleichen mehr. Die Palmnüsse werden geröstet oder im Mörser zerstampft und mit Wasser zu einem breiigen Getränk verrührt, dem Erfrischungstrank, der dem Stärkekleister oder der Pikíbrühe des Kulisehu entspricht und dem Gast kredenzt wird. Der Maisbrei, den wir im Ranchão kennen lernten, fehlt in den Dorfschaften, da es keinen Mais giebt. Die Frauen bereiten die vegetabilische Nahrung zu. Sie verfertigen auch die Töpfe, die nur in geringer Anzahl vorhanden waren. Es gab zwei Arten, eine offene Schale *ruôbo*, in der man kochte, und eine *pôli* mit kurzem Hals und schmalem Boden, fast von der Form des Mörsers, der auch als Gefäss benutzt wurde, zur Aufbewahrung von Wasser. Sie waren sehr

Abb. 142. Wassertopf und Topfschale. Bororó. (¹/₈ nat. Gr.)

roh, schwach gebrannt, innen nicht lackiert. Der Mörser, plump geschnitzt, nur etwa 40 cm hoch, aber leicht transportabel, hatte ungefähr die Form eines Eies, von dem der eine Pol quer abgeschlagen ist und wurde beim Gebrauch in die Erde gesteckt. Ausser den Nüssen zerstampften sie darin auch Fleisch und Knochen.

Wenn die Frauen nach Thereza Christina heimkamen, gaben sie den Männern »carne de coco«, Nuss-Fleisch, und erhielten, was übrig geblieben war, von »carne de gado«, Rindfleisch. Salz und Speck wurden verschmäht. Während Wildschwein ihre Lieblingsspeise war, wiesen sie das Fleisch des Hausschweins zurück, weil das Tier von seinem Besitzer aufgezogen war. Wenn ein Milchschweinchen bei den Offizieren aufgetragen wurde, liefen sie aus dem Zimmer. Diesen Skrupel hatten sie bei Sandflöhen, die sie sich ausschälten, nicht (wir beobachten eine Indianerin, wie sie die kleine Operation mit einer, von unserm schon gedeckten Tisch weggenommenen Gabel erledigte). »Sandflöhe ässen sie, da diese ja auch ihr Blut verzehrten«. Alles Wildpret wurde im Fell gebraten, nur die Därme gekocht; Kuttelflecke waren die Spezialität von Dyapokuri. Gegessen wurde Alles, »was es im Wald und im Fluss gab«. Sehr beliebt waren die mit dem Harpunenpfeil geschossenen Kaimans. Kamprehe wurden weder gegessen noch überhaupt getötet.

Nicht gegessen und getötet werden zahme Araras. Sie fingen die Schmuckvögel jung ein, zogen sie auf und rupften ihnen die Federn aus. Clemente sagte, dass sie auch verständen, die Araras gelb zu färben, indem sie die gerupften Stellen mit dem Saft eines Baumes einrieben. Das vielen Indianern bekannte Verfahren ist also wahrscheinlich bei der medizinischen Behandlung der Tiere, die man gewaltsam ihrer Federn beraubt hatte, gefunden worden. Auf die liebevolle Rücksichtnahme für Reh und Arara komme ich später zurück.

Verhinderte nun die Etikette die Bororó keineswegs wie die Bakaïrí und Karayá gemeinsam zu speisen, so hatten sie dafür andere seltsame Gebräuche, die deutlich zeigen, dass auf knappe Jagdbeute angewiesene Stämme sich auf die eine oder andere Weise nach Mitteln umschauen müssen, Zank und Streit bei der Verteilung vorzubauen. Da bestand zunächst eine höchst auffällige Regel: **Niemand briet das Wild, das er selbst geschossen hatte, sondern gab es einem Andern zum Braten!** Gleich weise Vorsicht wird für kostbare Felle und Zähne geübt. Nach Erlegung eines Jaguars wird ein grosses Fest gefeiert; das Fleisch wird gegessen. **Das Fell und die Zähne erhält aber nicht der Jäger**, sondern, worauf ich jetzt noch nicht eingehe, der nächste Verwandte des Indianers oder der Indianerin, die zuletzt verstorben sind. Der Jäger wird geehrt, er bekommt von Jedermann Ararafedern zum Geschenk und den mit Oaussú-Bändern geschmückten Bogen. Die wichtigste Massregel jedoch, die vor Unfrieden schützt, ist mit dem Amt des Medizinmannes verknüpft, von dem ich deshalb zunächst berichten muss.

Die Bororó unterscheiden den Bari und den Aroetauarari. Beide schliessen sich aber nicht aus, beide sind Medizinmänner, nur ist der Aroetauarari in erster Linie der Vorsänger und Vortänzer bei dem Aróe-Gesang oder -Tanz, der Bari in erster Linie der behandelnde Arzt. Die Brasilier nannten jenen »Padre«, diesen »Doutor«. Beschränken wir uns auf den Ausdruck Bari oder Medizinmann. Sein Lehrgang scheint weniger umständlich als es sonst der Fall zu sein pflegt; es kommt mehr auf die natürliche Veranlagung an. In der Trockenzeit — der Name bezieht sich eigentlich nicht auf den Durst — wird am meisten Akurípalmwein getrunken; man bohrt die Bäume an, lässt den Saft in einen Topf oder einen Mörser laufen und zecht aus Bambusbechern. Der Wein ist säuerlich, aber reichlich. Beide Geschlechter betrinken sich nach Kräften. Wer es am längsten aushält, wird Medizinmann. Wenn man von diesem sagt, dass ihn die Vögel im Walde verstehen, dass er sich mit Bäumen und mit Tieren aller Art in ihrer Sprache unterhält, so meint man damit hoffentlich nicht einen noch vom Palmwein erleuchteten Mediziner, sondern gedenkt des Studierens in der Einsamkeit und des Aróegesanges, in dem die Tiere aufgerufen werden. Der Bari behandelt seine Kranken auf die bekannte Art: er stöhnt, windet sich, raucht und saugt die Krankheitsursache — hier pflegt es ein Knochen zu sein — aus dem Leib des Patienten, Zweierlei ist dabei zu beobachten: einmal wird der Knochen nur gezeigt und nicht aus der Hand gegeben, dann aber behandelt der Arzt nur Nachts.

Waehneldt berichtet von den Bororó am Jaurú Entsprechendes. Es werde kuriert unter grossen Rauchwolken, unverständlichen Worten und, »der Hauptsache«, konvulsivischen Bewegungen; »ich wohnte der Kur eines solchen Padre bei, die darin bestand, dass er verschiedene Körperteile ansaugte, während er nebenher aus seiner Pfeife rauchte und das Mundstück zerkaute. Nach jedem Saugen spie er die abgekauten Stücke der Pfeife aus, dem Kranken einredend, dass es die Ursache seines Leidens sei.« Ferner aber — und damit sind wir wieder bei der Jagdbeute — musste ein Kapivaraschwein erst im »Sanktuarium« von einem der 4 bis 6 Padres gesegnet werden, bevor es gegessen oder nur berührt werden durfte. Die Baris schnitten die besten Stücke ab und liessen den Uebrigen den Rest.

Ebenso lebten auch am S. Lourenço die Aerzte noch im goldenen Zeitalter. Es wäre unrecht, hier von einem ergötzlichen Auswuchs primitiver Hierarchie zu reden, denn der Bari war kein »Padre«, sondern ein »Doutor«, der nur noch nicht mehr wusste als ein »Padre«. Das »Einsegnen« vollzog sich auf genau dieselbe Art, wie man versucht, einen Toten in's Leben zurückzurufen. Die Logik ist sehr einfach. Die in erster Linie einzusegnenden Tiere sind genau dieselben, in die gestorbene Baris eintreten, und die Baris verwandeln sich nach ihrem Tode in die Tiere, die als bestes Wildpret geschätzt sind! Da ist es notwendig, sich zu überzeugen, dass das erlegte Tier nicht mehr lebendig gemacht werden kann, und in diesem Versuch besteht die Einsegnung. Ein grosser Jahú-Fisch war gefangen worden und wurde zum Männerhaus gebracht, ein nahezu $1^{1}/_{2}$ m langes Exemplar, das nicht in einem Stück gebraten werden konnte. Ein Bari hockte bei ihm nieder, verfiel in heftiges Zittern, schloss die Augen, wackelte fürchterlich mit der vor den Mund gepressten rechten Hand, begann dann zu blasen und *vái vái* zu schreien, warf den Kopf in den Nacken und schöpfte Luft, blies darauf den Fisch von oben bis unten an, beklopfte ihn allerseits, bespritzte ihn mit Speichel, öffnete das Maul des Tiers, schrie und spritzte hinein, schloss es wieder — fertig. Ein Verfahren, das geschäftsmässig flott erledigt wurde und nach meiner Uhr nur drei Minuten währte. Dann ergriff er ein Messer, zerlegte den Fisch und nahm sich das Stück, das ich mir auch genommen haben würde.

Tiere, die unbedingt eingesegnet werden müssen, sind die grossen Fische Jahú, Pintado-Wels und Dourado, Kapivara, Tapir, Kaiman. Besonders der Kopf des Tapirs bedarf der Zeremonie, Niemand als der Bari darf den Tapirrüssel, der das zarteste Fleisch enthält, und den Halsrücken verspeisen; auch von den übrigen Tieren gehört das Beste »dem Bari und seinen Freunden«, die es nach dem Braten verteilen. Das System ist auch auf einige Früchte ausgedehnt worden: Pikí, Mangaven und Mais, wieder die bestschmeckenden. Bei Akurínüssen ist die Prozedur unnötig; mit dem Mais wird sie erst vollzogen, seitdem die Brasilier ihn regelmässig in der Kolonie liefern. Ja, ein Bari muss dabei sein, wenn die Tiere erlegt werden! Gerät ein der amtlichen Fleischschau unterworfener Fisch in's Netz, wenn kein Bari dabei ist, so muss er freigelassen werden, und Clemente sagte, dies geschehe thatsächlich, komme aber nur ausnahmsweise vor, weil es stets mehrere Baris gebe und diese überall dabei seien. Wer sich gegen die Bräuche versündigt, stirbt bald. Vgl. weiter unten »Seelenwanderung«.

Tanz und Spiel. Nach dem Vorhergehenden verliert der jede gemeinschaftliche Jagd und Fischerei eröffnende Aróegesang alles Wunderbare. Der Bari, der die Beute am Ende feierlich verteilt, besorgt auch die feierliche Einleitung des Unternehmens. Die zu Grunde liegende Anschauung des Verhältnisses von Tier und Mensch, ohne die jene Zeremonien kaum anders als von Schwindlern hätten erfunden werden können, mit der aber sie in ihrem Ursprung wohl gerechtfertigt werden, geht uns hier noch nichts an.

Der Jagdgesang ist derselbe, der bei der Totenfeier gesungen wird! Er macht einen sehr würdigen und in der Nacht, wenn man will, schaurigen Eindruck. Bei der Totenfeier singen Männer und Frauen zusammen, die Frauen freilich beiseite und im Hintergrund stehend und öfters aussetzend, während die Männer sich keine Pause gönnen. Bei der nächtlichen Vorbereitung für die Jagd hörte man nur die tiefen hallenden Stimmen des Männerchors. Dem Kadetten Caldas verdanke ich die umstehenden Noten. Er unterschied einen ersten Gesang der Männer allein und einen zweiten von Männern und Frauen. Der Text, den er für den ersten aufgeschrieben hat, ist leider unbrauchbar. Er handelt von der Möve *schibáyu*, die auch im zweiten vorkommt, und ist trotz mehrfacher Wiederholungen nicht nur eine blosse Aufzählung von Namen. Dies letztere + *aróe* ist der Text des zweiten Gesanges und ist in langer Folge auch das, was gewöhnlich gesungen wird — im Text nicht viel weniger arm an Abwechslung als die Musik, die mir, obwohl ich von aller Sachkenntnis frei bin, in der »Eintönigkeit« das Mögliche zu leisten scheint. Folgende »Verse« sind von Clemente übersetzt und stehen in richtiger Reihenfolge: *bakororó aróe, okóge aróe, schibáyu aróe, kurugúge aróe, botoroé aróe, imayaré aróe, dyuretóto aróe, kayatóto aróe, manotóto aróe.* Die aufgezählten Worte heissen: Wasser (ein bestimmtes? sonst *póbe*), Dourado-Fisch, Möve, Falk, ein anderer Fische fressender Raubvogel, »seine Brust«, Wasserschlange Sukurí, Mörser, Sumpfgras. Die Szene ist also am Wasser; mehr vermag ich nicht anzugeben; ob der Tote in der Nachbarschaft seines dort beigesetzten Skelettkorbs Allerlei erlebt, ob die im Fischfang konkurrierenden Tiere in den Mörser gewünscht werden, was eher glaublich wäre, ich konnte es nicht in Erfahrung bringen. Abwechselnd mit diesem Lied wurde »Jaguar«, »Kapivara«, »Pariko« (Federdiadem) + *ehé* gesungen; nur geschah dies wiederum nicht bei der Totenfeier, sondern allein in Beziehung zur Jagd.

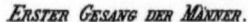

Rohde spricht von einem »Fararutanz«, zu dem man sich mit Federkronen, Schellen und anderen Zierraten schmücke. Ein Vortänzer, in jeder Hand die Kürbisklapper, an den Füssen Schellen aus Hirschhufen, befindet sich in der Mitte eines Kreises, den die Männer bilden und den die Frauen mit einem grössern Kreis umschliessen. Sie tanzen taktmässig. springen und klappern lange Zeit, endlich brülle der Vortänzer hau! und mache einen wilden Schlusssprung, den die ganze Gesellschaft nachahme. Waehneldt hat Tänze mit Tiernachahmungen gesehen und nennt besonders extravagant den Brüllaffentanz mit Nachahmung aller Laute und Bewegungen. »Am Jaguarfelltanz nehmen Männer und Frauen teil; letztere können niemals das Fell des Jaguars sehen, das Einer auf dem Rücken trägt, der es ihnen aber mit seinen Bewegungen bei jedem Schritt zu zeigen versucht.« Die Angst der Frauen ist die Pointe des Tanzes. »Der Tanz, der darin bestand, dass sie die Gebräuche ihrer Vorfahren nachahmten (?), war ein wenig schwerfällig und begleitet von Gesängen in einer von der heutigen unterschiedenen Sprache. Der melancholischste und traurigste Tanz war dem Andenken ihrer Verstorbenen gewidmet; sie stellten darin diese als anwesend dar, unterhielten sich mit ihnen und erwiesen ihnen Liebkosungen aller Art.«

Den Tanz zur Ermutigung im Kampf gegen die feindlichen Kayapó, an dem wir theilnehmen mussten, habe ich Seite 459 geschildert. Einzelheiten über den Tanz und Gesang bei der Totenfeier werden sich bei dem besonderen Bericht über die Bestattung von Coqueiro's Gattin ergeben, und dort werde ich auch den Tanz am Vorabend beschreiben, bei dem die Hinterlassenschaft der Toten verbrannt wurde.

Einen komischen Tanz sahen wir am 8. April, den »Pare«-tanz. Vier junge Männer im Paríkoschmuck erschienen hinter dem Ranchão, von Domingo geführt, der in jeder Hand einen Rasselkürbis schwang. Sie machten taktmässig kleine Sprünge mit gleichen Füssen und tanzten so im Kreis herum, ihre Front in plötzlichem Wechsel bald nach innen bald nach aussen kehrend. Dann kamen drei junge Mädchen, jede tanzte zaghaft hinter einem der Jünglinge, ihn an den Hüften anfassend. Die Zuschauer freuten sich, doch steigerte sich ihre Heiterkeit bedeutend, als nun eine vierte keckere Person mit Rindengürtel und Bastbinde in den Kreis sprang, die trotz eines das Gesicht verhüllenden Kopftuchs leicht als Mann zu erkennen war. Er trug Perlenschnüre um den Hals und in der Hand eine kleine Matte, mit der er im Takt dem Boden zu fächelte. Das Vergnügen dauerte etwa eine Viertelstunde, die Frauen, die unechte zuerst, traten aus, die Männer tanzten noch einmal in beschleunigtem Tempo herum und gingen baden.

Ringkämpfe, friedliche, fanden nach folgenden Regeln statt. Wer Jemanden herausfordern will, fasst ihn an sein rechtes Handgelenk. Die Beiden treten einander gegenüber, und Jeder legt seine Hände unter den Schultern oder im Kreuz des Andern zusammen; in dieser Umarmung stehen beide mit fast wagerechten Leibern, ihre Füsse haben einen möglichst grossen Abstand und der Eine blickt auf den Rücken des Andern. Lächelnd verweilen sie so eine Zeitlang in aller Ruhe, dann aber wird es ihnen plötzlich sehr ernst; die Aufgabe ist die, dass man dem Andern ein Bein stellt und ihn so zu Fall bringt. Einer eröffnet den Angriff, indem er seine Ferse in eine Kniekehle des Andern zu bringen und sie zu beugen sucht, dieser aber stellt das stramm durchgedrückte Bein so weit zurück, dass Jener keine Kraft auszuüben vermag. Aeusserst rasch folgen sich die Versuche bald von beiden Seiten, bis einer fällt. Revanche steht ihm immer zu Diensten. Vorzügliches leistete im Ranchão bei dieser Unterhaltung, indem er hintereinander drei oder vier der längsten Stammesgenossen warf, ein kleiner, gewandter, aber hässlicher und einäugiger Mensch, den wir den Clown nannten, der jedoch mit seinem cuyabaner Taufnamen Camões hiess. Die ihn an Körpergrösse überragenden und stärkeren Rivalen pflegten ihn stolz emporzuheben, hatten aber auch in demselben Augenblick seine Ferse in der Kniekehle und schlugen zu Boden.

Schiessen mit dem Bogen auf dem freien Platz wurde öfters geübt. Dabei entstand auch die Photographie von Tafel 28 und Abb. 138.

Sehr beliebt bei Alt und Jung war die Burika, eine Erfindung der Soldaten: ein wagerechter Balken mit kurzen Stricken an beiden Enden, der sich in der Mitte auf einem Pfosten drehte, vgl. Tafel 25, wo sich ein Schwarm Jungen an dem Spiel ergötzt. Der Balken wurde, während auf jedem Ende Einer ritt und Andere an den Stricken mitliefen, von Jemanden, der noch einige Augenblicke am Pfosten blieb, in schneller und schneller wirbelnde Drehung versetzt, bis denn gewöhnlich die Reiter zur Erde flogen.

In Abb. 143 ist zweierlei Kinderspielzeug vereinigt: *papá*, der aus Maisstroh geflochtene Ball mit Ararafeder, und *tagóra*, eine Peitsche mit einer schwarzen Urubúfeder am Ende der Schnur; mit der Federpeitsche schleuderten die Jungen umher und genossen das wenig aufregende Vergnügen, dass die Feder einen Augenblick auf den Boden senkrecht stehen blieb, wenn der Stiel der Peitsche aus dem Handgelenk heraus mit einem Ruck nach abwärts bewegt wurde. Zwei Jungen sah ich einmal, die eine Biene und einen Schmetterling an einen Faden flattern liessen.

Abb. 143. Maisball und Federpeitsche. Bororó. (¹/₉ nat. Gr.)

Musikinstrumente; Schwirrhölzer. Im gewöhnlichen Gebrauch waren nur die bis 20 cm langen, grossen Rasselkürbisse und eine kleine Blaskuye *poári* zu finden. Das Poari diente als Signalhorn bei der Jagd; es war ein Kürbis von der Gestalt und Grösse eines grossen Apfels, hatte unten einen runden Ausschnitt und oben ein fingerlanges, dünnes Röhrchen angesetzt, in dem seitlich eine Zunge geschnitten war. Mit Büschelchen vom Haar der Verstorbenen behangen, waren die Poaris nur schwer von den Bororó zu erlangen.

Abb. 144. Totenflöte. Bororó. (¹/₁₁ nat. Gr.)

Die einzige Flöte oder Trompete, die wir gesehen haben, ist in Abb. 144 dargestellt; sie war 1,21 m gross und wurde bei dem Totenfest geblasen und als die Knochenkörbe nach dem Hause zurückgetragen wurden. Eine Trommel, die bei derselben Feier im Ranchão gebraucht wurde, machte nicht den Eindruck der Originalität; sie war ein mit einem Stück Ochsenfell überspannter Holzmörser, als Schläger dienten ein paar Stäbchen aus Seribapalmholz.

Von grösserem Interesse sind die **Schwirrhölzer**, sowohl wegen der Geheimniskrämerei, die mit ihnen getrieben wurde, als auch wegen der Bemalung, da sie das einzige bemalte Gerät darstellen. Wie die Schwirrhölzer gebraucht werden, habe ich Seite 327 berichtet. Während sie aber am Kulisehu nur für die fröhlichen Maskentänze oder auch sonst als Spielzeug dienen, werden sie am S. Lourenço nur bei den Gebräuchen der **Totenfeier** in Thätigkeit gesetzt, einmal wenn die Sachen des Toten verbrannt werden und in einem pantomimischen Tanz den Verstorbenen, die selbst erscheinen, klar gemacht wird, dass man nichts von ihrem neuen Genossen zurückbehält, dass sie also auch künftighin im Dorf nichts mehr zu suchen haben, und dann wenn der Knochenkorb später weggeschafft wird und der Tote das Dorf verlässt. **Der Grundgedanke aller Feierlichkeiten ist die Furcht, der Tote kehre zurück, Lebende zu holen.** Bei den Zeremonien, die zur Abwehr dieser Möglichkeit vorgenommen werden, schliesst man das schwächere Geschlecht ängstlich aus. Die Frauen laufen so lange in den Wald oder verbergen sich in den Häusern. Das Signal für sie gibt das Schwirrholz, dessen brummendes Geräusch von Natur einen warnenden oder unheimlichen Charakter hat. Würden sie anwesend sein, so setzten sie sich der Gefahr aus, zu sterben. Bis hierher ist alles logisch und natürlich. Nun aber geschieht ein Mehr als nötig wäre, es hat sich bei diesen Gebräuchen eine Gefahr für die Frauen schon mit dem blossen Anblick des Schwirrholzes herausgebildet. Sie würden sterben, wenn sie es sähen.

Eine Verstärkung gewiss übertriebener Art, allein ohne irgend welche Unbegreiflichkeit. Man findet bei unsern Frauen ähnliche Uebertreibungen in der Furcht vor Feuerwaffen; eine mir bekannte Dame hielt sich die Ohren zu, als ich ihr einen Revolver mit offener leerer Trommel zeigte, und flehte in einer Aufregung, die nichts hören und sehen wollte, ihn fortzubringen, da es — streng historisch zitiert — »oft genug vorkomme, dass die Dinger, auch wenn sie nicht geladen wären, losgingen«. Wenn das Schwirrholz bei den Bororó bei den genanten beiden Gelegenheiten ertönt, so entspricht das dem geladenen Revolver; es ist eine Gefahr für Männer und Frauen, aber die Besorgnis für die letzteren ist grösser, weil es bei dem Indianer überhaupt zum Wesen der Frau gehört, dass sie immer weint, »zittert«, wenn Tiere, Feinde, ja nur Wasserfälle drohen, und dass sie immer des Schutzes bedürftig ist. Wenn der Frau nun sogar der Anblick des Schwirrholzes Gefahr bringt, so ist das zum Teil noch die Furcht vor dem garnicht geladenen Revolver, zum Teil schon eine ihr zufolge in der Praxis von Generationen gewonnene gedankenlose Formel, die ohne Prüfung mit ängstlichem Eifer angewandt wird. Genau ebenso hat Wallace im Amazonasgebiet beobachtet, dass die Frauen fliehen, wenn die Flöten des Jurupari-Dämonentanzes ertönen, und sich berichten lassen, dass sie sterben müssen, wenn sie sie sehen; auch wurden ihm die Flöten nur unter besonderen Umständen überlassen.

Freilich, wenn man liest, dass einem Reisenden von Australiern mit denselben Worten wie mir von den Bororó gesagt wurde, »die Frauen müssen sterben, die das Schwirrholz sehen«, wenn dasselbe Schwirrholz bei den verschiedensten Völkerschaften der alten und der neuen Welt in Mysterien, von denen die Frauen ausgeschlossen waren, eine Rolle gespielt hat, so fühlt man sich zunächst wunderlich berührt. Doch ist es in der That schwer fassbar, dass man aus diesem Grunde an die sonst durch nichts bewiesenen Berührungen mittelbarer oder unmittelbarer Art zwischen den heterogensten Elementen denken konnte; denn man sollte die Einrichtung, dass ein Brett an einem Strick durch die Luft geschwungen wird, nicht für eine so hohe Leistung menschlichen Scharfsinns halten, dass sie nur einmal in der Weltgeschichte ausgedacht werden kann, und man sollte die Furcht vor Krankheit und Tod, die Erklärungsversuche für diese Phänomene, die Vorstellungen über die Fortdauer nach dem Tode, die Deutung der Traumerlebnisse u. s. w. in ihren Entsprechungen ebenfalls nicht so seltsam finden, dass ein Volk nur von einem andern seine »Medizin« übernehmen konnte. Man kommt auf diesem Wege, da sich für eine lange Reihe von Erfindungen und Sitten Gleiches beweisen lässt, zu einem ethnographischen Paradies der Menschheit — ein Weg, der für das Schwirrholz wohl abgeschnitten ist durch den lichtvollen Aufsatz »the bullroarer« in Andrew Lang's »Custom and Myth« (London 1885). Die verschiedensten Stämme, erklärt Lang, haben ihre Mysterien, sie benötigten ein Signal, die richtigen Personen zu berufen und die unrichtigen zu warnen; dadurch, dass sie das Instrument vor den Frauen verbergen, erhalten sie doppelte Sicherheit, dass das neugierige Geschlecht sich scheu zeigt und fern hält. Bei den Bororó liegt der Fall etwas anders; man ist für die Frauen besorgt.

Abb. 145.
Schwirrholz, Bororó.
(¹/₈ nat. Gr.)

Bei andern Stämmen kann es sich — und so will jeder Fall für sich untersucht sein, da die auffällige Uebereinstimmung nur äusserlich zu sein braucht — um eine Bedrohung der Frauen mit Todesstrafe handeln, wie die Kulisehuindianerin sich einer solchen Gefahr für Leib und Leben aussetzen würde, wenn sie das Flötenhaus der Männer beträte. Der Satz, dass »die Frauen sterben würden«, kann zweierlei sehr verschiedene Bedeutung haben.

Es war uns bei den Bororó schier unmöglich, Schwirrhölzer zu bekommen. Die Angst vor Missbrauch war nach dem Verhalten der Brasilier nur zu begründet. Man bat Wilhem inständigst, die von ihm gezeichneten Schwirrhölzer den Frauen nicht zu zeigen. Wenn wir Kaufangebote machten, wurden die *aídye* versteckt. Die Männer hatten anscheinend selbst eine gewisse Angst, wenn wir von diesen Geräten wie von Bogen und Pfeilen und beliebigen anderen Gegenständen der Sammlung sprachen, Einer wandte sich ängstlich ab, als ich das Thema *aídye* berührte und bekundete deutlich, dass er lieber nichts davon höre; es war eng verknüpft mit der Furcht vor dem Tode. Wir erreichten unsern Wunsch nur durch drei ältere Jungen in den richtigen Flegeljahren, die auf kleine rote Perlen ebenso versessen waren, wie wir auf die Schwirrhölzer. Sie schnitzten und bemalten sie draussen im Walde. Bei Nacht und Nebel erschien der Erste sehr geheimnisvoll in unserer Stube und verlangte, dass wir Thüre und Fensterläden schlössen. Dann kam der Zweite anklopfend und endlich ebenso der Dritte. Jeder hatte unter einem Tuch ein Schwirrholz versteckt; sie flüsterten, dass wir sie sorgfältig verbergen müssten, Frauen und Kinder würden sterben, wenn sie eins erblickten, sie bestanden namentlich darauf, dass auch die Männer — der Schlingel Tobakiu hatte grosse Angst vor seinem Vater Moguyokuri — nichts erführen, weil sie »brabo« werden und sie jämmerlich hauen würden. Wir nahmen auf diese Begründung auch alle Rücksicht und legten die drei gefährlichen Hölzer vor ihren Augen in unsern Koffer dorthin, wo er am tiefsten war.

Die Form der Schwirrhölzer ist langoval, ihre Grösse 40—42 cm. An dem Schnurende befindet sich eine Einkerbung und etwas davon entfernt in der Mittellinie des Bretts ein Loch, sodass die zwischen Loch und Kerbe gespannte Schnur einen festen Halt hat, vgl. Abb. 145.

Zeichenkunst. Hier kann ich zunächst bei den Schwirrhölzern fortfahren. Auf Tafel 19 sehen wir eins mit Bleistift gezeichnet. Wie auf dem Bild die etwas spitz geratenen Ecken schwarz ausgefüllt sind, so sind auch die Enden der Schwirrhölzer schwarz angestrichen; zwischen ihnen ist die Fläche mit Urukúrot bestrichen und auf diesem roten Grund das Muster schwarz aufgemalt. Die Muster haben zu Motiven die beiden nächstliegenden. Auf dem Schwirrholz der Abbildung 146 nämlich, das bei der Totenfeier von Coqueiro's Gattin von dem Bari gebracht wurde, sind Halbkreise mit Tüpfeln gemalt: das mit den Federchen beklebte Schädeldach in seiner Ausschmückung für den Knochenkorb. Auf andern ferner erschienen Stücke der Frauentracht, entweder in breiten, schwarzen Querstreifen der Rindengürtel oder in Dreiecken die Bastbinde, vgl. Abb. 129, mit der Hüftschnur. Letzteres Motiv befindet sich auf dem gezeichneten Schwirrholz der Tafel 19. Auf jeder Seite ist eine Hüftschnur mit drei Bastbinden gezeichnet. Da hätten wir also das uns vom Uluri des Kulisehu bekannte Dreieck auch von der Bastbinde, deren entsprechende Nachbildung wir gern bei den Trumaí erhalten hätten. Auf einem Schwirrholzexemplar, das auch Perlmutteraugen und dazwischen einen ungetüpfelten Halbkreis zeigt, sind nicht nur drei Rindengürtel als drei Querbänder, sondern dazwischen auch noch je ein kleiner Kreis, mit rechts und links einem Quadrat daneben aufgemalt.

Die Bedeutung ist unklar; wahrscheinlich stellen die Quadrate die Knochenkörbe und der Kreis den Schädel dar.

Die Mädchen im Ranchão wurden im Gesicht mit den Bildern des Rindengürtels und der Bastbinde bemalt, ebenso wie ein Teil der Schwirrhölzer: derselbe Querstreifen über die Stirn und Schläfe, die Augen einschliessend und den Oberteil der Stirn freilassend, und dieselben Dreiecke auf den Wangen, jederseits eines. Nur wurde diese Malerei, vgl. Seite 477, mit dem fröhlicheren Urukúrot ausgeführt. Die Leute hatten sich eines Tages den Scherz gemacht, auch uns eine kleine Bemalung im Gesicht angedeihen zu lassen, die uns begegnenden Mädchen hatten grossen Spass daran und riefen, was uns damals rätselhaft war, „*aídye*" »Schwirrhölzer«. Sie setzten auch noch ein paar Dreieckchen hinzu, indem sie von einem geschminkten Bororó, der dabei stand, die Farbe abtupften. — Rotgestreift wurden endlich die Fahnen der Feststulpe, vgl. Seite 192, Abb. 17.

Die Bleistiftzeichnungen der Bororó, vgl. Tafel 18 und 19, habe ich Seite 249 ff. im Zusammenhang mit denen der Kulisehuindianer besprochen.

Auch ihre Sandzeichnungen sind dort Seite 248, 249 beschrieben. Mit besonderer Vorliebe wurde ein Indianer, durch ein riesiges Membrum virile gekennzeichnet, auf der Tapirjagd dargestelllt, wie er den Pfeil abschoss. Auch sahen wir einen Vaqueano, der den Lasso warf. Am schönsten aber war das schimmernde Jaguargemälde. Wilhelms Zeichnungen erregten stets lebhaftes Interesse. Abends hatten wir öfter Besuch, der sie genauer studierte und neue Aufgaben stellte; Einer wünschte ein Bild seines Fingernagels zu sehen, ein Anderer fing eine Motte zur Vorlage und dergleichen mehr. Sie verstanden auch die landschaftliche Darstellung und erkannten einen bestimmten Baum bei einer Hütte, den Wilhelm in grösserem Massstabe gezeichnet hatte.

Recht und Heirat. Der Häuptling befiehlt im Krieg und sagt im Frieden die Jagd an, wie er am Kulisehu für die Pflanzung sorgte. Sonst ist sein Amt ohne Bedeutung; es ist erblich. Die Brasilier suchten seine Stellung möglichst zu befestigen, damit sie sich an eine bestimmte Person halten konnten, allein ein Ansehen, wie es Moguyokuri besass, war nach dem, was Clemente angab, ein künstlich gesteigertes. In Wirklichkeit war der Posten eines Medizinmannes weit besser; denn wenn die Brasilier den Häuptling in erster Linie mit Geschenken bedachten, so sah sich der Bari in der angenehmen Lage, für seine Einsegnungen jederzeit das Beste zu erhalten. Es war freilich auch ein anstrengendes Klappern, das zu seinem Handwerk gehörte.

Soviel ich die Dinge begriffen habe, teilte sich der Stamm in zwei grosse Klassen: die der **Familienhütten** und die des **Männerhauses**. Jene begriff die älteren Familienväter, die in geregeltem Ehestande lebten, diese die Junggesellen, die sich Mädchen einfingen und sie in kleineren Gruppen gemeinschaftlich besassen. Der Frauenraub, der sich von Stamm zu Stamm abspielt, erfolgte hier innerhalb des Stammes. Nur ein Teil der Stammesgenossen war im Dauerbesitz von Frauen. Es ist sicher, dass diese merkwürdigen Verhältnisse nicht etwa ein zufälliges Erzeugnis der Kolonie waren. Clemente erklärte, dass es in den Dörfern genau ebenso hergehe, und was beweiskräftiger ist, die Gebräuche selbst zeigen, dass es sich um gewohnte Einrichtungen handelt. In Polygamie lebte in Thereza Christina anscheinend ausser dem brasilischen Häuptling Duarte mit seinen zwei Frauen nur Moguyokuri, und es war interessant genug, auf welche Art. Seine Gattinnen waren eine ältere Frau und deren Tochter aus erster Ehe; er heiratete eine Wittwe, die eine Tochter hatte, und als die Mutter hässlich und die Tochter hübsch wurde, »heiratete« er auch die Tochter. In den Dörfern ist aber die Polygamie der Aelteren in grösserem Umfang Regel. Nur durch die Ansprüche der Brasilier bedingt, schien in der Kolonie ein gewisser Ausnahmezustand zu herrschen, indem sowohl für die Hütten wie für das Männerhaus ein Mangel an Frauen bestand.

Von den Bororó am Jaurú berichtet Waehneldt: »bei ihren Heiraten haben sie keine andere Zeremonie als so viele Weiber zu nehmen als sie unterhalten können, oder richtiger gesagt, als dort (von auswärts) erscheinen; fast alle Ehemänner hatten viele Frauen, bis zu sechs, während in dem Dorf der Bororó bei S. Mathias daran so grosser Mangel war, dass Mädchen von acht und zehn Jahren als solche dienen mussten.« Ein Männerhaus war dort nicht vorhanden, sondern nur eine Umzäunung von $4^1/_2$ m Durchmesser, in der die Padres einsegneten und die von Frauen und Kindern nicht betreten werden durfte, das »Sanktuarium«.

Eine Einwilligung der Eltern zur Heirat wird nicht verlangt. Die Eltern geben und empfangen auch Nichts. Widersetzen sie sich, so bricht Streit aus und Gewalt entscheidet. Wer unterliegt, verlässt das Dorf. Alles beruht auf dem Recht des Stärkeren.

Die junge Frau bleibt mit ihren Kindern im Hause der Eltern. Der junge Ehemann bringt nur die Nacht dort im Hause zu und lebt am Tage, wenn er nicht auf Jagd ist, im Männerhaus. Die jungen Eheleute haben eine Feuerstelle für sich, etwas abseits sitzt die Grossmutter mit den Enkeln. So bleibt es bis zum Tode der Grosseltern. Die Grossmutter säugt, wenn die junge Frau mit dem Mann auf Jagd zieht oder im Wald Palmnüsse holt; »sie haben immer noch Milch, wenn ihre Kinder heiraten«.

Junge Männer sehen sich bei Zeiten vor, dass sie eine Frau finden, und da giebt es zwei Gebräuche in Beziehung zur Tracht, die von grösstem Interesse sind. Die Ohrläppchen des Mädchens werden von ihrem zukünftigen Mann durchbohrt;[*] wenn er sie nicht selbst heiratet, so wird sie von seinem Sohn geheiratet.

Wer ferner einem Knaben den Stulp anlegt, wird mit ihm »verschwägert« und heiratet seine Schwester oder seine Tante.

---

[*] Die des Knaben vom Vater.

Nun die Sitten des Männerhauses. Die Brasilier behaupteten, es sei vorgekommen, dass 30 bis 40 Männer hintereinander dasselbe Weib, das an Armen und Beinen festgehalten wurde, genötigt hätten. Teilweise werden die Mädchen am Tage offenkundig geholt und, wie beschrieben, unter vielen Schäkereien bemalt und geschmückt, teilweise wurden sie am späten Abend eingefangen. So sahen wir in einer Nacht, wie die vor dem Ranchão liegenden Junggesellen einen Angriff auf die von einer Klageversammlung heimkehrende Frauenschaar machten, zwei wurden unter lautlosem Ringen gefangen genommen, mit Decken umwickelt, sodass sie nicht zu erkennen waren, und in das Männerhaus geschleppt. Doch war die eine der beiden, wie wir am folgenden Morgen sahen, die an Erfahrungen reiche Maria, deren Sträuben nicht sehr ernst gemeint gewesen sein konnte. »Gestern hast Du Dich nicht verheiraten wollen?« fragte ich. »Jetzt habe ich mich schon verheiratet«, antwortete sie gemütlich. Sie lag neben ihrem bevorzugten Mann in aller Behaglichkeit unter der roten Decke und beide knackten Palmnüsse. Moguyokuri sahen wir eines Tages die jungen Leute aneifern, die im Ringkampf so wilde und nun so demütige Maria zu schmücken. Sofort stürzten sich sechs auf sie zu und bemalten sie.

Den Ranchãofrauen wurden von ihren Liebhabern Pfeile mit langen Bambusspitzen gegeben. Jeder überreichte zwei, die das Mädchen hockend mit gleichgiltiger Miene in Empfang nahm. Ich zählte, als ich einmal anwesend war, 18 Stück solcher Liebespfeile für ein Mädchen. Sie werden abgeliefert an den Bruder oder an den Bruder der Mutter. Die Ranchãomädchen verheiraten sich nicht mehr an einen Einzelnen; für etwaige Kinder gelten sämtliche Männer des Ranchão, mit denen sie verkehrt hat, als Väter. Das sind also ganz geregelte Verhältnisse, die aus der Uebermacht der Aelteren hervorgehen; diese leben im Besitz und beziehen aus den Mädchen, die dem Männerhaus überlassen werden und wegen deren sich diese einigen mögen, noch eine regelrechte Einnahme an Pfeilen oder auch Schmucksachen, wie z. B. die Hosenträgerschnüre ebenfalls als Bezahlung gelten. Widernatürlicher Verkehr soll im Männerhaus nicht unbekannt sein, jedoch nur vorkommen, wenn der Mangel an Ranchãomädchen ungewöhnlich gross sei.

Wie geordnet die Eigentumsverhältnisse sind, haben wir schon an dem Umstand gesehen, dass die Jagdbeute nicht in den Händen dessen bleibt, der sie erworben hat. Ein grosser Verlust betrifft die Familie, aus der ein Mitglied stirbt. Denn Alles, was der Tote in Gebrauch hatte, wird verbrannt, in den Fluss geworfen oder in den Knochenkorb gepackt, damit er keinesfalls veranlasst sei, zurückzukehren. Die Hütte ist dann vollständig ausgeräumt. Allein die Hinterbliebenen werden neu beschenkt, man macht Bogen und Pfeile für sie und so will es auch die Sitte, dass, wenn ein Jaguar getötet wird, das Fell »an den Bruder der zuletzt gestorbenen Frau oder an den Oheim des zuletzt gestorbenen Mannes« gegeben wird; als der berufene Schützer der Frau trat uns immer ihr Bruder entgegen. Pfeile sind das wichtigste Wertobjekt; sie erhält der Bruder des Ranchãomädchens, oder der Jaguartöter, sie sind die Gegenleistung beim Eintausch von Tabak und Baumwolle.

Gelegentliche Diebstähle wurden mit vielem Lärm, aber ergebnislos untersucht. Die Häuptlinge oder ältere Personen liefen überall umher, auf dem freien Platz wurden grosse Reden gehalten. So einmal, als Ehrenreich ein schönes Messer abhanden gekommen war. Man zog von Hütte zu Hütte, Alle mussten ihre Messer vorweisen und wir sahen zu unserm Erstaunen, dass deren in Hülle und Fülle vorhanden waren (bei einer Frau zählten wir 21 Stück). Indessen zum Schluss hiess es stets, dass der Gegenstand im Walde versteckt worden sei.

Geburt; Namen. Die Frau kommt im Wald nieder, angelehnt an „*pae*" den »Vater«, habe ich aufgeschrieben und weiss nicht, ob das nicht heissen müsste „*pao*", an den »Baum«. Das Kind wird fleissig auf die Augen geblasen, der Vater durchschneidet die Nabelschnur mit einem Bambusspahn und legt einen Faden an. Zwei Tage essen Vater und Mutter nichts, am dritten dürfen sie nur etwas warmes Wasser geniessen. Wenn der Mann ässe, würden er und das Kind krank werden. Die Nachgeburt wird im Walde vergraben. Bis zur Wiederkehr der Menstruation darf die Frau nicht baden, dann aber und auch sonst in diesen Tagen geschieht es fleissig. Abortieren mit Hülfe innerer Mittel soll häufig sein, zumal seitens der Ranchãofrauen. Wollen die Mütter nicht mehr nähren, so drücken sie die Brust aus und »trocknen die Milch über Feuer aus, worauf sie wegbleibt«. Medizin für die erkrankten Kinder, die der Apotheker bereitete, wurde von den Vätern eingenommen. Vgl. über die Couvade Seite 334 ff. Die Nebenfrage, ob der Vater in der Hängematte liege, erledigt sich bei den Bororó von selbst, da sie keine haben und doch die Couvade üben.

Der Name wird dem Knaben bald nach der Geburt gegeben, wenn die Unterlippe durchbohrt wird, vgl. Seite 475, was übrigens auch von anderen Personen als dem Medizinmanne geschehen kann. Der Operateur frägt, irgendwer schlägt vor und der Name wird angenommen. Die Mädchen wurden ebenfalls bald nach der Geburt von Verwandten benannt. Die Namen bezeichneten Tiere und Pflanzen; Moguyokuri sei ein dem Aguti verwandtes Tier.

Waehneldt hebt die grosse Liebe der Eltern zu den Kindern hervor. »Sie bewahren sie«, fährt er fort, »sorgfältig vor den Räubern; sofort als ich bei ihnen eintrat, verbargen sie alle und nur, nachdem sie sich überzeugt, dass nichts zu befürchten sei, erschienen sie alle wieder. Ein Indianer bat mich um ein Mittel für seinen kranken Sohn uud sagte, er werde, falls dieser sterben solle, so viel Erde essen, bis er mit ihm beerdigt werde.« Dass die Unterlippe durchbohrt wird, um den Kindern ein Merkmal zu geben, hat also auch bei den Bororó am Jaurú seinen bestimmten Grund. Wir können uns über die Liebe zu den Kindern nur in ähnlicher Weise aussprechen; trotz der schweren Last wurde das Baby meist mit in den Wald genommen und thronte bei der Heimkehr auf den Schultern der Mutter, ihren Kopf zwischen den Beinen. Umgekehrt war der Respekt vor den Eltern weniger deutlich ausgesprochen; es waren intelligente, aber unverschämte Rangen, die lieber eigensinnig als gehorsam waren.

Die Ausrüstung der Knaben mit Stulpen wird festlich begangen. Sie müssen den Tag vorher in dem Wald zubringen und bekommen nichts zu essen. Die jungen Krieger werden berusst und müssen allerlei Schabernack aushalten; der Hauptspass ist, dass sich zwei Parteien an beiden Seiten eines Feuers aufstellen und die Jungen einander zuwerfen.

Totenfeier. Unterrichten wir uns zunächst bei Waehneldt über die Bororó am Jaurú.

»Ihre Trauer- und Bestattungsfeierlichkeiten finden inmitten ihrer Dörfer statt, im Sanctuarium selbst (der Seite 501 erwähnten Umzäunung). Man zeigte uns die reinen Knochen des ältesten, vor wenigen Monaten gestorbenen Indianers, der, nachdem er sechs Monate beerdigt gewesen, wieder ausgegraben worden sei; die Knochen waren rein und vollzählig.

Alle Abende sangen sie an diesem Ort Trauergesänge und tanzten, während sie jeden Knochen mit bunten Federn bedeckten und den Schädel reich mit Arara- und anderen Federn schmückten.

Diese Zeremonien dauern mehrere Wochen, worauf die in einer Urne beigesetzten Knochen von Neuem beerdigt werden. Jedoch nicht allen Verstorbenen werden gleiche Ehren zu Teil.

Der Dahingeschiedene bleibt auf seinem Totenbett für die Dauer von drei Tagen unberührt, bis die Verwesung schon stark fortgeschritten ist und einen schlechten, Ekel erregenden Geruch verbreitet; am dritten Tage wird der Leichnam in Felle, Matten und grüne Blätter eingewickelt, in die Grube gelegt und diese wieder mit Erde, Palmblättern und Matten bedeckt.

Die Grabstätte befindet sich in der Mitte des Dorfes und wird sehr sauber gehalten; sie hatte das Aussehen eines europäischen Kirchhofs«.

In diesen wertvollen Angaben muss ein Punkt näher erörtert werden. Waehneldt hält bei seinem kurzen Besuch im Matogrosso die Bororó für alteingesessene Bewohner der Gegend und glaubt, weil er die Beisetzung in Urnen sah, dass auch Urnen, die sich »im Ueberfluss an alten, heute verachteten Wohnstätten, zum grossen Teil voller Knochen«, fänden, von den Vorfahren der Bororó herrührten. Seine Bororó sind jedoch dieselben, die von dem Fazendeiro Leite nach langen Kämpfen erst hier angesiedelt wurden; alte Urnenfriedhöfe gleicher Art giebt es in der Nachbarschaft von Villa Maria zahlreich; sie haben mit den modernen Bororó nichts zu schaffen und harren noch der Untersuchung. Waehneldt giebt auch selbst an, dass er nur »wenige Töpfe aus Thon, die von ihnen selbst waren, angetroffen habe und ausserdem einige grössere Gefässe, um verschiedene Gegenstände aufzubewahren, die indessen Erbstücke der Vorfahren waren, weil sie heute nicht mehr gemacht werden«. Entweder hatten sich die Bororó solche Urnen zum Muster genommen und ihre Knochenkörbe — noch eine Vor-

BORORÓ – TODTENFEIER.

stufe der Urne — dadurch ersetzt, oder, was ich bei ihrer anerkannten geringen keramischen Leistungsfähigkeit, die der unserer Bororó genau entspricht, und der Angabe, dass auch sonst alte Urnen benutzt wurden, für wahrscheinlicher halte, sie setzten ihre Toten in den alten Urnen bei, die so reichlich und zum Teil schon leer an den heute verachteten alten Wohnstätten anzutreffen sind. Die ursprüngliche Sitte der Bororó ist dieselbe, wie die der Humboldt'schen Aturen, von denen der Reisende nur noch die Ueberreste in Gestalt von 600 wohlerhaltenen, in Körben aus Palmblattstielen wie in einem viereckigen Sacke verpackten, mit Urukú rotgefärbten Skeletten antraf und von deren Sprache nur noch ein alter Papagei der nahegelegenen Mission einige Worte zu plappern wusste. Auch die Aturen hatten der Tradition zufolge ihre Leichen zuerst einige Zeit in die Erde gelegt, das Fleisch verwesen lassen und die Skelette mit scharfen Steinen rein präpariert und den Körben übergeben. Eine Anzahl der Toten war auch bereits in Henkelurnen bestattet.

Wir haben am S. Lourenço zwei Totenfesten beigewohnt; das erste war gerade bei unserer Ankunft im Gang, das zweite, das ich beschreiben möchte, haben wir von Anfang zu Ende gesehen.

Die erste Beerdigung findet am zweiten oder dritten Tage statt, wenn die Verwesung jeden Zweifel an dem Tode ausschliesst. Die Leiche wird nahe am Wasser im Walde begraben und nach etwa 14 Tagen entfleischt und die Hauptfeier veranstaltet, deren Zweck die Ausschmückung und Verpackung des Skeletts ist. In der Zwischenzeit unterhält man den Verkehr mit dem Toten sowohl während des Tages als auch und hauptsächlich während der Nacht durch Klagegesänge im Ranchão, die in unserm Fall (vgl. Seite 458) auf kleineren Umfang beschränkt werden konnten, da es sich nur um eine Frau handelte, die Gattin von »Kokospalme«.

Die Hauptfeier fiel auf den Ostersonntag. Am Tage vorher, den Hallelujasonnabend, wurden, als Judas beseitigt war, im Ranchão die Vorarbeiten eifrig betrieben, Schwirrhölzer gehobelt und bemalt, der Schmuck ausgebessert, dazwischen auch in einer Ecke ziemlich lässig von einem Bari im Federputz des Paríko ein wenig geklappert und gesungen; der Wittwer Coqueiro zerschnitt sich in seiner Hütte Arme und Beine, die sich mit Krusten geronnenen Blutes bedeckten, und am Spätnachmittage vollzog sich die feierliche Vernichtung der Habe der Verstorbenen, richtiger der Habe ihrer engeren Familie, die in einer Hütte mit ihr gewohnt hatte — ein Hergang mit sehr interessanter Pantomine, der eine genauere Schilderung verdient.

Mehrere Bororó erschienen hinter dem Männerhaus in voller Gala, Haar und Körper mit Urukú bestrichen, die Stirn von dem schwarzen Lackstreifen eingerahmt, den Feststulp mit der bemalten Fahne angethan, die Arme und das Haar mit grünen Papageienfedern beklebt und auf dem Kopf zwei Paríkos und Baragaras, die Federräder und die federverzierten Lippenbohrer. Während zwei sich auf eine Matte setzten und klapperten, nahm Coqueiro selbst frischgrüne

Blätterbündel, band sie am Stiel pinselförmig zusammen und befestigte sie dem bestgeschmückten jungen Mann an den Schultern, wo er schwarze Theerflecke hatte, an den Armen, den Knieen, den Knöcheln. Dieser Bororó im grünen Laubschmuck stellte den Toten in seinem jetzigen Zustand dar, wo er unter einer Decke von grünen Blättern beerdigt war. Vier Männer traten mit einer Korbtasche hinzu, holten Kleider von Coqueiro's Gattin hervor und behingen damit den Grünen, der ächzend dastand und in den Knieen wippte — ein Bild des Jammers, nach unseren Begriffen eine »arme Seele«, höchst seltsam anzuschauen in dem »überladenen« Kostüm von blauen Ararafedern, grünen Guirlanden und fünf bunten Kattunröcken. Auch die anderen behingen sich mit Röcken, Einer mit einem Jaguarfell, gaben dem Grünen ein mit weissen Federchen beklebtes Kürbisflötchen und veranstalteten nun einen Tanz. Ein Mann mit zwei Rasselkürbissen eröffnete den Reigen, hinter ihm tanzte der Grüne und hinter diesem die vier Andern, Alle sechs sangen im Chor und tanzten rechts hinübertretend, links hinübertretend erst nach dem Ranchão, wandten sich dann zurück und stampften tanzend auf dem Boden einen Kreis aus. Plötzlich schwenkten sie ab und rannten in regellosem Durcheinander zum Walde hin, wo sie verschwanden.

Mit dem Kürbisflötchen rief der junge Tote zwei alte Tote, die schon längst in der Erde lagen. Sie sollten bei der Auslieferung der Habe anwesend sein, den neuen Genossen übernehmen und sich überzeugen, dass man ihm nichts vorenthalte, was er mit späteren unangenehmen Besuchen bei den Hinterbliebenen zu reklamieren hätte.

Nach einer Viertelstunde kehrte die Schaar im Sturmlauf mit fürchterlichem Halloh zurück, zwei trugen auf ihrem Rücken — hurra, die Toten reiten schnell — zwei in der That schauderhafte Gestalten, nackt, schmucklos, über und über vom Wirbel bis zur Zehe mit nassem Flusslehm beschmiert. Mit bestialischem Schreien sprangen die Lehmscheusale wilden Tieren gleich umher, wie ungeheure Brummfliegen summten und sausten drei Schwirrhölzer durch die Luft — kein weibliches Wesen war weithin sichtbar und die Hütten lagen wie unbewohnt, mit Matten verschlossen — inmitten des vorhin gestampften Kreises wurde mit grösster Geschäftigkeit ein helles Feuer entzündet, ein gewaltiger Kram von allem möglichen Hausrath herbeigeschleppt, Körbe, Feuerfächer, Bastbinden, Rindengürtel, eine rote Decke, viele Maiskolben, Kürbisse, Muscheln; Bogen und Pfeilbündel wurden zerbrochen und alles in einen Haufen zusammengeworfen. Bald kam eine gewisse Ordnung in die Szene; die Männer umgaben das Feuer in einem Kreis und bewegten sich mit gleichen Füssen aufspringend langsam rundum. Der Grüne wurde von den beiden Lehmgesellen, in denen wir im ersten Augenblick den braven Moguyokuri und den Hauptbari (den Schützen auf Tafel 28) kaum wiedererkannten, festgehalten und niedergedrückt. Die Kürbisse rasselten, die Schwirrhölzer summten, das Feuer brannte nun lichterloh. Der Grüne wurde losgelassen und er und ein zweiter im Paríko hinter ihm warfen die Sachen ringsum tanzend und immer bald rechts bald links zur Seite tretend in die Flammen. Mittlerweile — und das war meines Erachtens das Merkwürdigste des ganzen Schauspiels — kurierten die beiden alten Toten eine kranke Frau, die sich, ich weiss nicht wie, plötzlich eingefunden hatte. Sie bliesen sie an und gaben ihr wohl die tröstliche Versicherung, dass sie noch nicht so bald geholt werde. Mehrere liefen zum nahen Fluss und warfen dort Messer und Beile hinein. Coqueiro richtete das Feuer, Tanz und Gesang hörten auf, die Federschmucke wurden neben das Feuer gelegt und der Grüne legte seine Guirlanden hinzu, die Baris hockten in einer Reihe hintereinander und wurden mit Wasser begossen. Sogleich darauf grosser Lärm; der Hund eines Soldaten hat ein Kind gebissen, Moguyokuri, noch mit Lehm beschmiert, geht wütend auf den Besitzer los, der zu seiner eigenen Sicherheit in Arrest wandert; damit ist der Häuptling befriedigt und verschliesst mit seiner Hand den Mund der keifenden Mutter, die nun stumm, aber vergnügt grinsend und die Zunge ausstreckend abgeht.

In der folgenden Nacht ununterbrochenes Aróesingen bei den Indianern; Niemand blieb in den Hütten oder im Ranchão; Männer, Weiber, Kinder waren draussen. Ununterbrochenes Musizieren, Tanzen, Lachen und Plärren bei den Soldaten. Herrlicher Mondschein. Des Osterfestes erste Feierstunde sah gar wundersame Kontraste unter den Gruppen der Bestattung und der Auferstehung.

Am Morgen betrat, Moguyokuri an der Spitze, ein langer Zug den Ranchão, alle mit grünen Zweigen in den Händen, in der Mitte der Bruder der Toten mit der viereckigen Korbtasche, die die in der Frühe ausgegrabenen und gereinigten Skelettteile enthielt. Der Korb wurde auf eine Matte gelegt, vier Männer nahmen sich den Schädel und den Unterkiefer heraus, die blank und weiss wie die schönsten Präparate aussahen, und gaben sich daran, sie sowie eine neue Korbtasche mit Federn auszuschmücken. Moguyokuri sass auf einem Jaguarfell in voller Gala, Haar und Haut rot geschminkt, um die Hüfte einen Akurípalmzweig geschlungen, auf den Schultern schwarzblaue Mutungfedern angeklebt, die gelbrothen Lappen von Tukanfedern von den Ohren herabhängend, den schönsten Paríko auf dem Haupt, im Loch der Unterlippe die Muschelkette. Neben ihm standen vier mit den Paríkos geschmückte Medizinmänner, die eifrig die Rasselkürbisse schüttelten und im Takt stampfend auf- und niedersprangen, die Augen geschlossen. Der ganze Ranchão war mit Menschen, hauptsächlich Frauen und Kindern, gefüllt; sie sangen mit und klatschten taktgemäss in die Hände. Mehrere der Frauen traten an den Knochenkorb heran, und legten die Hand darauf; die Aelteste ritzte sich die Arme mit Glasscherben in schnellen scharfen Schnitten, das Blut tröpfelte auf die Hände der Anderen und färbte das Palmstroh der Korbtasche.

Von den jungen Männern in der Mitte wurde zuerst der Unterkiefer mit Urukú bestrichen und mit weissen Flaumfederchen umhüllt. Neben sich auf der Matte hatten sie Urukúfarbe in einem Gürteltierschild, einen kleinen Topf mit Fischöl, eine Muschel mit Klebharz, eine Matte mit losen weissen und eine grosse Topfschale mit purpurnen Federchen gefüllt. Den neuen Korb bestrichen sie innen und aussen reichlich mit Urukú und während die einen den Korb mit Federn beklebten, widmeten sich die andern dem Schädel, in den sie den Unterkiefer einsetzten und den sie, am Hinterhaupt beginnend, auf das Sorgfältigste mit den Purpurfederchen beklebten. Jedes Federchen wurde am Ende mit einem Harzstäbchen bestrichen und einzeln aufgesetzt.

Währenddessen kam auch Coqueiro mit einem Kind an der Hand. Er setzte sich still beiseit, schluchzte und weinte. Er trug keinen Schmuck als um den Leib die schwarze Schnur, die er sich aus dem Haar seines Weibes gesponnen und geflochten hatte. Seine Wangen waren thränennass, er kniff die Augen zusammen, wie wenn das Weinen schmerzhaft wäre.

Allmählich bedeckte sich das Schädelgewölbe mit einem roten Ararasammet. Wer die Hände abwischen musste, gebrauchte den Korb. Ein Teil der Anwesenden kümmerte sich bald nicht mehr um die Feier. Die Kinder sprangen munter umher, einige Männer knabberten an Maiskolben und arbeiteten, ein paar Frauen fingen sich gegenseitig Läuse, sangen dabei aber andächtig weiter. Es wurde auch leerer.

Man wurde auf die Dauer duselig von alle den schwirrenden und hallenden Tönen. Ein Trommler hatte sich hinzugesellt, die Arme mit einem Pelz von Papageienfederchen beklebt. Wieder füllte sich der Raum. Sieben Frauen traten an den alten Knochenkorb, ritzten sich und stellten die Füsse darauf, sodass auch ihr Blut das Stroh tränkte. Vgl. Tafel 29. Die Wunden waren 2—3 cm voneinander entfernt, ein rotes Netzgeäder bedeckte Beine und Arme, Brüste und Leib. Der Gesichtsausdruck blieb ruhig und bekundete keinen Schmerz; das Ritzen geschah mit ungemein schnellen Bewegungen. Alle wickelten ihren Glassplitter in ein Blatt, überreichten es Coqueiro und setzten sich zu ihm nieder. Neue Gruppen kamen sich zu ritzen, immer nur Frauen und Mädchen, und thaten wie die vorigen; jede führte den Splitter, bevor sie ritzte, nässend zum Munde. Brummend, schnarrend mischten sich zwei Flöten in die Musik der klappernden Kürbisse, der Trommel, des Gesanges und des Stampfens. Mit unglaublicher Ausdauer tanzten die Sänger. Auch Coqueiro hockte bei dem Korb nieder und ritzte sich die Arme, während eine Frau daneben stand mit ihrem Kind auf dem Rücken.

Gegen Mittag waren Schädel und Korb fertig. Bei jenem hatte man mit einer schönen gelben Querlinie, der Kranznaht entsprechend, die rote Sammetkappe unterbrochen. Der neue Korb war mit schneeig weissen Federchen beklebt, und auf jeder Seite innerhalb der weissen Fläche zwei Reihen von roten Rechtecken fensterartig angelegt. Es sah ganz allerliebst und zierlich aus, was die rohen Jäger da gearbeitet hatten. Nun wurde eine besondere Handlung veranstaltet, die »Einsegnung« von Schädel und neuem Korb. Man baute eine Art Kapelle oder Sanktuarium, indem man fünf Bogen im Halbkreis aufpflanzte, Matten anlehnte und Decken daran und darüber hing. In diese Nische stellte man den geschmückten Korb, lehnte daran drei noch unbemalte Schwirrhölzer und legte den Schädel auf eine mit einem losen Federhaufen gefüllte Matte; der thätigste der Baris setzte sich in den Eingang, den sein Körper nebst dem hinter ihm stehenden Trommler — jetzt ohne Trommel — verschloss. Ihnen zum Trost waren auch zwei Töpfe mit Wasser, lehmgelbem Flusswasser, und drei Zigarren in die Nische gebracht worden. Langsam anhebend, mit tiefer Stimme, begannen die Beiden ihren Gesang, und der Bari schwang in jeder Hand die Rassel. Die Uebrigen sassen vergnügt herum, trieben kleine Spässchen, bettelten um Tabak und brummten nur den Schlusstakt mit. Aber allmählig wurde der Gesang lebhafter, helle Frauenstimmen fielen kräftig ein, und die beiden Vorsänger an der Nische arbeiteten aus Leibeskräften, bis sie nach dreiviertel Stunden zu Tode erschöpft waren. Sie beugten sich in die Nische hinein, um zu trinken, doch ihr ganzer Körper schüttelte sich wie im Fieber, sodass der Wassertopf gehalten werden musste; sie wischten sich den Schweiss ab und vermochten nur noch ein paar unartikulierte Laute zu stammeln, die der Chor unisono mit mehrfachem, verhaltenem Anerkennungsbrummen beantwortete. Zitternd rauchten sie ihre Zigarren.

Die Decken werden abgenommen; sechs Männer, unter ihnen jetzt auch Coqueiro, schwangen die Rasseln, sangen und tanzten, stets mit geschlossenen Augen, ganz in sich selbst konzentriert. Auch wir tanzten und rasselten eine Weile mit, zur Freude der Indianer. Nur der Eine oder Andere pausierte gelegentlich ein Weilchen, rauchte währenddess mit grosser Hast an seiner Zigarre und strich den Schweiss herunter, der von den Leibern der sechs in Strömen floss. Zahlreiche Frauen sangen mit, sich die Zeit mit Lausen vertreibend, fächelten den Tänzern auch, hinter ihnen stehend, im Takte Kühlung zu; die Männer lagen in grosser Zahl der Wand entlang ausgestreckt und ruhten sich aus. Eine allgemeine Pause wurde nur einmal gemacht und der Gesang von lustigem Harmonikageklimper, das von den Soldatenhütten her erklang, abgelöst; doch schon nach drei oder vier Minuten rasselte Moguyokuri's Kürbis zum Zeichen der Fortsetzung. Alle Knochen werden einzeln mit Urukú bestrichen — nach der Reihe Oberschenkel, Oberarm, Unterarm, Unterschenkel, das in zwei Theile gespaltene Becken, die Rippen und Hand- und Fussknochen bis zum letzten Zehenknöchelchen. Mit einem Kind hat man leichtere Arbeit; es wird in toto verpackt. Trieften die Knochen zu sehr von dem Oel, so hielt man Decken und Matten unter; nichts durfte verloren gehen. An den mitgebrachten Palmzweigen wischte man sich die Hände ab. Sorgfältig wurden sämtliche Skelettteile, die kleinen Hand- und Fussknochen in besondere Blätter eingewickelt, in den Korb gelegt, Kleidungsstücke — drei Hosen (Frau Coqueiro!), eine Frauenjacke, drei Hemden — zugefügt, und endlich noch die gebrauchten Palmzweige in die zum Platzen gefüllte Korbtasche hineingestopft. Man vernähte sie mit fusslangen Holznadeln; Moguyokuri's kräftige Faust war nötig, um die Ränder zum Schluss zu bringen. Die an den beiden Ecken überstehenden Palmzweige wurden abgeschnitten.

Um $5^1/_4$ Uhr war man fertig; man sang noch eine kleine Weile, allein es war in der letzten Stunde unheimlich leer geworden und ohne jeden feierlichen Abschluss ging die Handlung zu Ende: man hörte einfach auf. Moguyokuri bat sich meine Pfeife aus und schwatzte behaglich. Die Zeremonie war schon vergessen. Ein altes Weib nahm den Knochenkorb auf den Rücken, ein junger Bursche schritt ihr voraus, die grosse Totenflöte melancholisch blasend. Niemand beachtete sie. So gingen die beiden dahin in der beginnenden Dämmerung, die Jugend und das Alter — ein stimmungsvolles Abendbildchen wie aus einem Zaubermärchen. Sie gaben mit ein paar klagenden Lauten den Korb bei Coqueiro ab, der in seiner ausgeräumten Hütte sass, und kehrten eiligst zu den Uebrigen zurück. Und zwei Stunden später an diesem Ostersonntag brach der Kayapólärm los.

Coqueiro hatte Nichts behalten. Seine Freunde machten Bogen und Pfeile und schenkten sie ihm. Am dritten Morgen nach der Feier brachte er den Knochenkorb fort und eine Frau mit gleicher Bürde beladen, schritt hinter ihm. Denn es ist Sitte, dass ein Toter auf den nächsten wartet und die beiden zusammen das Dorf verlassen. Wieder schien sich Niemand um sie zu kümmern, und man hätte glauben können, es würden zwei Körbe mit Mandioka weggetragen. Doch kamen bald vier junge Leute ziemlich eilig daher und folgten jenen in den Wald, der erste schwang ein Schwirrholz, der zweite und dritte stiessen laute Schreckenstöne aus, der vierte schleifte hinter sich eine breite Strasse mit einem Palmblatt, um die Fussspuren zu verwischen und den Toten den Rückzug zu erschweren. Keine Frau liess sich sehen. Einer trug auch eine Hacke. Die Körbe wurden beerdigt; man glaubte, auf einer kleinen flussaufwärts gelegenen Insel.

Seele und Fortdauer nach dem Tode. Bei dem Wachenden giebt es eine Wirkung in die Ferne, die an unserm Glauben vom Ohrenklingen erinnert. Am Kulisehu sagte mir Tumayaua, als ich einmal nieste, meine Frau rufe mich, die traurig sei, weil ich noch nicht zurückkehre. Bei gleicher Gelegenheit wurde von den Bororó genau dasselbe behauptet; ein andermal, da ich neben einer Indianerin stand und nieste, stellte sie sofort Fragen nach den Namen meiner Verwandten: »Wie heisst Deine Mutter? Dein Bruder? Dein Schwager?«

Die »Seele« heisst *búpe*. Im Traum verlässt sie den Körper. Die Furcht, Schlafende zu wecken, war deutlich ausgesprochen. Auch Clemente glaubte, dass es sehr schädlich sei. Doch hat es auch sein Nützliches, wie wir einst im Ranchão sahen. Wilhelm wollte einen Schlafenden abzeichnen. Nun schien dies das grössere Uebel zu sein, offenbar, weil man mit dem Bild Hexenkünste treiben könnte; die Bororó sträubten sich meist gegen die Bemühungen Wilhelm's und andrerseits freuten sie sich später, wenn er ihnen heimlich gemachte Porträts vorzeigte. Das Abzeichnen jenes Schlafenden jedenfalls erschien ihnen bedenklich. Sie wollten ihn wecken und, als ich sie daran verhinderte und sie tadelte, suchten auch sie heimlich (durch Spucken und Werfen von Holzstückchen) ihren Zweck zu erreichen.

Den genaueren Sinn von *búpe* kenne ich nicht. Während des Traumes fliegt die Seele in Gestalt eines Vogels von dannen. Sie sieht und hört dann Vieles. Fest wird an das geglaubt, was der Erwachende berichtet. Die Kayapó waren wirklich in der Nähe des Dorfes gewesen; Niemand zweifelte daran. Clemente bestätigte aus seiner Erfahrung die Richtigkeit ihrer Vorhersagungen. Wenn die im Dorf zurückgelassene Frau, während der Mann auf dem Jagdausflug abwesend war, die halbe Nacht allein in der Hütte sitzend ein paar Stunden laut geklagt und gejammert habe und sich dann zum Schlafen niederlege, so finde ihre Seele mit Sicherheit die Jäger und nach dem Erwachen machten die Frauen stets richtige Angaben, wo sie jetzt seien und wann sie wieder eintreffen würden. Die Nähe des Feindes werde im Traum erraten, man fliehe und er komme in ein verlassenes Dorf.

Sicher ist, dass die Baris den Tag des Todes bei einem Schwerkranken richtig voraussagen. Nicht nur das Kind, von dem ich Seite 460 erzählt habe, wurde, als die Zeit erfüllet war, getötet, auch bei Coqueiro's Gattin war künstlich nachgeholfen worden. Man hatte sie noch lebend in den Ranchão gebracht, ihr das Gesicht mit einem Tuch verdeckt und sie unter der Hülle erstickt. Es war der vierte Tag an dem sie den Baris zufolge sterben sollte, und sie starb auch. Ich glaube, man kann dieses Hineinpfuschen in Atropos' Handwerk gerade bei einem vielfach umherstreifenden Jägerstamm, auch wenn er nicht einmal so ernsthaft wie die Bororó Menschen und Tiere auf eine Stufe stellte, leicht daraus verstehen, dass sie sterbenden Tieren den Rest zu geben gewohnt und nicht beliebige Zeit an manchen Orten zu verweilen in der Lage sind. Dass die Baris aus dem Brauch Nutzen zu ziehen wissen, ist eine Sache für sich.

Die Vorstellungen über den Tod und die Fortdauer sind insofern wesentlich von denen der Kulisehuindianer verschieden, als die den Tod verschuldenden Medizinmänner nicht in einem Nachbardorf wohnen und dort Hexenkünste treiben, sondern in gewissen Tieren stecken, die man unglücklicher oder thörichter Weise tötet und die sich nun rächen, indem sie den Lebenden holen. Während sich der Medizinmann der Bakaïrí nur vorübergehend in der Narkose in Tiere zu verwandeln pflegt und nach dem Tode in menschlicher Gestalt zum Himmel geht, ist hier der Tod selbst nichts anderes, als eine Verwandlung in Tiere, ein Traum, dessen Wirklichkeit für Alle sichtbar geworden ist.

Das Gewöhnliche ist, dass der Bororó nach seinem Tode, Mann oder Frau, ein roter Arara wird, also ein Vogel wie die Seele im Traum. Das Fleisch und die Haut verfaulen, die Knochen werden in so feierlichem Schmuck abgeliefert, wie der Verstorbene es nur verlangen kann, seine Kleidung wird hinzugepackt oder verbrannt, die Verwandten geben den ganzen Hausrat her, den er mitbenutzt hat, sie geben ihm sogar von ihrem Blut — wenn er sich mit dem Allem die alte Gestalt wiederzugeben weiss, so haben ihm die Hinterbliebenen jedenfalls Nichts vorenthalten, mehr darf er nun aber auch nicht beanspruchen, er braucht den Weg nicht zurückzufinden und mag sich mit seinem Araraleben begnügen. Die roten Araras sind Bororó, ja, die Bororó gehen weiter, wie ich schon Seite 353 erwähnt habe, und sagen »wir sind Araras«. Dies ist entweder eine spätere Uebertreibung, die nur in auffälligster Weise zeigt, wie grenzenlos gleichgültig den Indianern die Skrupel unserer Zoologen sind, oder der Seelen-Vogel wird als Arara gedacht. Sie essen Araras niemals, sie töten zahme niemals, sie wehklagen, wenn einer stirbt, nur wilde werden um des Federschmucks willen getötet und um dessentwillen müssen sich auch die zahmen Brüder ein systematisches Ausrupfen gefallen lassen.

Die Verstorbenen anderer Stämme werden andere Vögel. Die Neger werden schwarze Urubús. Die Wahl ist nicht unglücklich; Farbe, Ausdünstung und Possirlichkeit können sie bei einem Böswilligen leicht anregen, und die Bororó liebten die Neger nicht. Ich fragte Maria, was ich nach meinem Tode würde, und erhielt die schmeichelhafte, durchaus im Ernst gegebene Antwort »ein weisser Reiher«. Die Seele ist ja bereits während des Lebens ein Vogel und dies erscheint nicht weiter merkwürdig, da sie im Traum an ferne Orte mit grosser Geschwindigkeit gelangt und eine Person, die das kann, für den Jäger eben ein Vogel ist; es ist eine sekundäre Frage, welche Art Vögel dem einen und welche dem andern Stamm zukommen. Dass sich ein Stamm für sich selbst den schönsten Ziervogel aussucht, der nebenbei auch spricht, dessen Gefieder dem Lebenden und dem Toten prächtigen Schmuck liefert, bietet dem Verständnis keine Schwierigkeit. Allein die Bororó sind nicht blaue Araras, sondern rote Araras, wie die Neger schwarze und die Weissen weisse Vögel sind oder werden.

Nun werden aber die Medizinmänner in nicht minder leicht verständlicher Erweiterung nach ihrem Tode auch andere Tiere als Vögel, und zwar Fische, Wels, Jahú und besonders Dourado, Fische, die sämtlich gross und wohlschmeckend sind. Der Bari muss deshalb dabei sein, wenn sie getötet werden, und muss sie einsegnen, vgl. Seite 492. Eine besondere Stellung kommt noch dem Reh zu. »Ich weiss nicht«, meinte Clemente, »welche Sympathie sie für das Reh haben; Einige essen es zwar, wenn es eingesegnet ist. Auch der Aroetaurari kann es nur essen, wenn es eingesegnet ist, Andere würden davon sterben; sie töten es sehr selten, auch wenn es ganz nahe kommt. Ich weiss nicht, ob es ein Heiliger von ihnen ist (*não sei, se é santo d'elles*).«

Nicht einmal ein Bororó, ein Hund nur tötete eines Tages ein Reh; Einer kostete von dem Fleisch, wurde an demselben Tage krank und starb nach einiger Zeit. Von einem andern Fall wusste Clemente zu erzählen, dass Einer einen grossen breiten Dourado getötet hatte und bald darauf starb. »Seht Ihr», sagten die Bororó, als sie den Knochenkorb hergerichtet hatten, »der Dourado war ein Medizinmann und hat ihn auch getötet.«

METEOR-BESCHWÖRUNG BEI DEN BORORÓ.

Voraussetzung ist hier, wie wir sie auch bei den Kulisehuindianern kennen gelernt haben, die bei den Bororó in ihrem Jägerstadium noch in ursprünglichster Kraft blühende Anschauung, dass Tiere und Menschen nur verschiedene Personen sind. Der Tod eines der Ihrigen ist der **Racheakt eines Getöteten**. Ein Jäger wird krank oder stirbt — wem hat man diesen bösen Streich zur Last zu legen? Einer Tier-Person, die er selbst getötet hat und die sich rächt; so muss bei der **immer vorhandenen Möglichkeit** dieser Erklärung sich die allgemeine Anschauung bilden, dass der **Tote den Lebenden holt**. Wie macht das aber das getötete Tier? Ja...., ein **Medizinmann hat darin gesteckt**...., Einer der Alles kann, ohne dass man weiss, wie er es macht.

So greifen die Erklärungsversuche ineinander, auf einen gelegentlichen Zirkelschluss kommt es auch nicht an, wo so viel Tradition und Affekt im Spiele ist. Es hiesse jedoch das Verständnis mehr erschweren als fördern, wenn man die Anschauung der Bororó über die Fortdauer mit dem Schema »**Seelenwanderung**« abfertigen wollte. »**Seelenwanderung« erleben sie alle Nächte**. Dass Tiere und Menschen nur verschiedene Personen sind, ist weit wichtiger als dass man sich nach späteren Rücksichten zu der einen oder anderen Tierperson in ein näheres Verhältnis setzt. Mir wird es wirklich am leichtesten, die Leute zu verstehen, wenn ich die Behauptung, die die späteste und verworrenste zu sein scheint, dass sie nämlich sagen »**sind Vögel**«, mir als die früheste und einfachste zurechtlege, und mir nicht vorstelle, »**ich werde ein Vogel**«, sondern ich — bitte, nicht im Sinne des Berliners — **habe einen Vogel, bin ein Vogel**, der jetzt Nachts umherfliegt, aber einst, in hoffentlich ferner Zeit, nicht mehr zu seiner Familie zurückfliegen wird, wenn ihn eine andere Person, Mensch, Vogel oder Säugetier, die ich tötlich gekränkt habe, daran zu verhindern weiss, und der alsdann gezwungen sein wird, seine nächtliche Gestalt zu behalten, der nun als weisser Reiher an der Lagune Fische fangen wird und ernstlich darauf rechnen möchte, dass Kind und Kindeskinder ihn nicht schiessen und aufessen, sondern ihm nur, falls es sein muss, die Federn ausrupfen.«

Himmlische Flöhe; Meteorbeschwörung. Sonne und Mond sind Ararafedern. Welche Vorstellungen über ihre Besitzer vorhanden sind, gelang mir nicht zu erfahren. Aber die Bororó lachten mich aus, als ich sie fragte, ob Sonne und Mond wie Menschen wären, und wiederholten »Ararafedern«, Ararafedern und nicht etwa Arara schlechthin, als ob sie Vögel sein könnten. Wir wohnen auf einer grossen **Insel** inmitten eines Flusses, der „*baruparu*" — die Reduplikation von „*baru*", »Himmel« — heisst. Mond und Sonne (oder ihre Besitzer) sind auf der einen Seite und wandern durch den Fluss; wenn sie zusammenkommen, geht der Mond vorüber und es kommt Neumond.

Das südliche Kreuz sind die Zehen eines grossen Strausses, der Centaur ein zugehöriges Bein, der Orion ist eine Jabuti-Schildkröte und in dem nach dem Sirius zugelegenen Teil ein Kaiman, die Plejaden sind das Blütenbüschel des Angicobaums, *Acacia*; die Bororó zeigten mir das Alles mit vielem Vergnügen und stiessen dabei gern ein *ih* ... der Bewunderung aus, doch waren sie sich über die Deutung nicht immer einig, so dass es mir doppelt schwer wurde, sie auszuforschen. In Einem jedoch herrschte voller Einklang und dies war mir gerade das Erstaunlichste. Die gemeinen und nicht in besondere Konstellationen eingeschlossenen Sterne, wie sie über den Himmel zerstreut sind als kleine und grosse Punkte, die man auch als Sternschnuppen mit einem Satz das Firmament durcheilen sieht, das waren alles Sandflöhe; die Milchstrasse, in der sie sich am dichtesten zusammendrängen, war Asche und die Venus der »grosse Sandfloh«.

Wie bei den Bakaïrí liegt die Auffassung zu Grunde, dass die Himmelstiere durch Zauberei dort oben hinkommen und in ihrem Aussehen von den irdischen Geschöpfen abweichen; denn sobald eine besondere Erscheinung auftritt, ist auch die Erklärung mit dem Bari zur Stelle. Ein Bari ist die grosse bunte Wasserschlange, die wir Regenbogen nennen. Ein prächtiges Meteor, das während unserer Anwesenheit fiel, war die »Seele eines Bari«, die plötzlich auftauchte, um den Bororó mitzutheilen, dass er »Jägerfleisch« haben wolle und einem von ihnen Dysenterie schicken werde. Die Szene, wie man das Unheil abzuwenden bemüht war, verdient in ihren Einzelheiten geschildert zu werden. Vgl. Tafel 30.

Das Meteor leuchtete am 14. April Abends 8 Uhr 26 Min. im Süden auf als eine Kugel von etwa $^1/_4$ Mondgrösse; ein heller Schein flammte über den ganzen Platz. Es fiel sehr schnell in 45^0 nach Westen zu und hinterliess einen Streifen, etwa 4 Himmelsflöhe erster Grösse breit und wie ein Stab in zwei Teile geteilt, dem freien Ende zu sternleuchtend, der Kugel zu brillant blau. Noch 4 Minuten lang meinte ich den Streifen, indem er mehr und mehr verblasste, als hell weisslichen Dunst zu sehen.

In demselben Augenblick, als das Meteor sichtbar wurde, erschallte von dem Indianerplatz her ein hundertstimmig gellendes, anhaltendes Geschrei. Von allen Seiten her stürzte man nach dem Ranchão, wo es eine Weile drinnen und draussen wie in einem aufgestörten Ameisenhaufen wimmelte. Dann wandte man sich nach dem zum Flussufer hin gelegenen Teil des Platzes, richtete ein paar Lagerfeuerchen her und bald sassen zahlreiche kleine, phantastisch beleuchtete Gruppen von Männern, Weibern, Kindern den Hütten entlang. Ich war einige Minuten beiseite gegangen und wurde durch lauten Lärm zurückgerufen. Zwei mit Urukú knallrot angestrichene Baris standen inmitten der Gesellschaft und prusteten in heftiger Aufregung ringsum zum Himmel hinauf, ein wenig Speichel von den Lippen spritzend, ähnlich wie die Kulisehuindianer die Gewitterwolken verjagten. Dabei zitterten und taumelten sie, dass man fürchten musste, sie würden ohnmächtig zu Boden stürzen. Indem sie sich nun dem Ort zuwandten, wo das Meteor erschienen war, heulten sie mit drohender, schreckhafter Stimme: *vué! vué!* die hohle rechte Hand vor den Mund pressend, streckten den linken Arm gen Himmel und hielten Jeder ein Bündel spannenlanger Maiszigaretten empor. »Hier, sieh es wohl«, schienen sie zu sagen, »alle diesen Tabak wenden wir daran, um das Uebel zu verscheuchen. Wehe Dir, wenn Du uns nicht in Ruhe lässt!«

Eine seltsame Mischung von Angst und Mut, welch' letzter jedoch leider etwas ebenso Künstliches an sich hatte wie der bei der Beschwörung der Kayapógefahr. Das Zittern nahm zu, ihr ganzer Körper vibrierte, der zurückgebogene Kopf wackelte, mit zuckenden Bewegungen tasteten und strichen sie sich über Brust und Leib, um alles Böse wegzudrücken.

Nachdem dies Schauspiel eine Weile gedauert hatte, nahm man ihnen die Zigarrenbündel aus der Hand und zündete sie am Feuer an, während sich die aufgeregten Aerzte einen Augenblick wimmernd und schaudernd verschnauften. Ein Halbdutzend Männer erhoben sich, rauchten zu Trost und Stärkung ein paar Züge und gaben die Zigarren an die Baris, die ihre Kur wieder aufnahmen. Sie rauchten an dem ganzen Bündel, heulten noch gellender und vorwurfsvoller als vorher gen Himmel empor, strichen sich noch eifriger über den Leib, kratzten sich heftig auf dem Kopf, schluckten wieder an ihrem Bündel, saugten sich krampfhaft an den Unterarmen, als wenn sie das Blut aus dem Innersten heraufholen wollten, schrieen immer lauter *vué vuáu vuáu*, schüttelten sich und bliesen gegen die Sterne; die Gelenke schlotterten, die Muskeln flogen.

Endlich begannen sie auf einmal sich suchend in der Menge umzuschauen, sprachen mit den zunächst Stehenden, deuteten unter die Leute und gingen in die Hauptgruppe hinein, wo sie einen lebensschwachen Greis, den Häuptling Domingo, und mehrere der Angesehensten, um die es sich in so besonderem Falle nur handeln konnte, einer kurzen Kur unterzogen. Sie hoben ihnen den Kopf auf, schauten sie prüfend an, spritzen sie *pzü pzü* in's Gesicht und stiessen mit vorgehaltener hohler Hand wieder ihr drohendes *vóu* oder ein schrilles *hahahó* aus, nicht vergessend, ihr Bündel dabei aufzurauchen. Der Chor hatte sich im Allgemeinen ernst und still verhalten, nur hier und da war er in einstimmiges *huhú* ausgebrochen und wiederholte das jetzt triumphierend zum Schluss, als sich die zwei Doktoren zähneklappernd und ein fröstelndes *tédete tedéte* murmelnd zurückzogen. Aróegesang ertönte die ganze Nacht hindurch.

Der Tabakrauch war hier ganz in derselben Weise wie das Prusten gegen den Gewittersturm angewandt worden, und ich gewann den Eindruck, dass das Qualmen des Arztes einem Ausräuchern sehr ähnlich sehe. Vielleicht ist dies für den ursprünglichen Sinn der Heilmethode nicht zu unterschätzen.

Domingo hatte zwei Tage nach der Meteorbeschwörung einen Anfall von Schwäche. Am dritten, dem 17. April, war er krank und offenbar war ihm sehr unheimlich zu Mute. Er drückte sich ängstlich umher, die Hände in Lappen eingebunden und Kopf und Gesicht verhüllt, dass man ihn nicht erkennen solle. Da wir die Kolonie den 18. April verliessen, haben wir leider nicht verfolgen können, ob ihm dieses Mittel geholfen hat.

Ahnensage. Arigá-Bororó ist der Stammvater der Indianer. Er hatte eine Frau. *arigá* heisst der Puma. Später kamen zwei Männer und zwei Frauen im Osten von dem *baruparu*-Fluss (vgl. Seite 513) auf die Erde und gelangten an den S. Lourenço. Mehr habe ich nicht erfahren können. Clemente war hier ganz unbrauchbar, er selbst wusste nichts und legte sich nach seinen Kenntnissen von Brasilien jene Angaben so zurecht, dass die Bororó von Rio de Janeiro kämen. Soviel ich verstehen konnte, wohnten die Bororó seit der Zeit, dass sie den Himmel verlassen haben, an Quellflüssen des S. Lourenço und hat jene Herkunft aus dem Osten nichts mit Stammeswanderungen zu thun, sondern ist wieder nur das Ergebnis der sehr natürlichen Ueberlegung, dass die Sonne im Besitz der ältesten Leute war und dass die ältesten Leute deshalb auch dort gewohnt haben, wo die Sonne herkommt.

Moguyokuri *é muito criança* »ist das reine Kind«, erklärte Clemente, der wisse nichts, und dem entsprach auch die Thatsache, dass der Häuptling seinen Grossvater, wie er mir angab, nicht mehr gekannt hatte. Ein uralter Greis, der wirklich über die Schöpfung der Welt etwas wisse — denn er habe das Nähere noch von seinem Grossvater gehört, der selbst dabei gewesen sei — dieser kostbare Gewährsmann war unglücklicher Weise auf Jagd abwesend.

Selbst die Auskunft über andere Stämme, mit denen die Bororó in Berührung ständen, war äusserst mager und beschränkte sich auf einige Angaben über die Kayapó, die glatte, kurze, aber sehr starke und harte Bogen, ziemlich kleine Pfeile aus Tacoarasinha mit angenähten Federn und zwei cisernen Widerhaken, sowie eine flache, 1 m lange, an einer Schnur um den Hals getragene Keule aus Seribapalmholz von fischähnlicher Form hätten.

Doch gab es ausser ihnen noch merkwürdige Nachbarn in dem Stamm der Raräi, auch *baredyeragúdo* genannt. Man sieht sie nur zu zweien oder dreien, nur des Nachts; sie tragen Basttuch und sind schwärzlich, niemals von heller Hautfarbe. Es sind Affen. Sie haben Bororó an dem und dem Orte zu Boden geworfen und sind weggelaufen. Clemente — und das ist deshalb nicht wertlos, weil er genau die Angaben der Indianer selbst wiederholte — schwor Stein und Bein darauf, die Raräi seien Affen; Pfeile hätten sie nicht, sie griffen Steine oder Holz zum Werfen vom Boden auf und hätten namentlich auch *garruchas*, — »Pistolen«, wie sie die brasilischen Kameraden und deshalb auch die Neger und die flüchtigen Sklaven (vgl. z. B. unser Liebespaar Seite 23) ganz allgemein besassen. »Es sind Affen, und sie schiessen mit Pistolen?« »Ja, es sind Affen mit eisernen Pistolen.« Der Neger hat mithin die angenehme Wahl, als ein Affe oder als ein schwarzer Aasgeier zu gelten. Aber man muss es sich immer wieder vorhalten und klar machen, es giebt hier keine Grenze zwischen Mensch und Tier und auch der Besitz eines Kulturgeräts will nicht das Geringste besagen. Wenn die Affen Pistolen haben, so kann man doch nicht sagen, dass sie sie nicht haben.

Sprache. Das bei den Bororó gesammelte linguistische Material, das vielleicht ausreichen wird, um wenigstens die wichtigsten grammatischen Umrisse festzulegen, ist noch nicht bearbeitet. Bisher habe ich auch keine sprachliche

Verwandtschaft mit andern bekannten Idiomen finden können. Jedenfalls gehören die Bororó weder zu den Tupí noch zu den Gēs, an die man zunächst denken möchte. Es wäre auch nicht weiter wunderbar, wenn alles Bemühen ergebnislos bleiben würde, weil die Nachbarschaft ihres Gebietes in weitem Umfange schon seit der ersten Besiedelung der Matogrosso sehr unruhige Zeitläufte erlebt hat. Im Norden zieht sich die Strasse nach Goyaz hin, die sie oft mit ihren Ueberfällen beunruhigt haben, im Süden erfolgte der Zuzug der Entdecker von der Provinz S. Paulo her, und hier wie dort haben langjährige Sklavenjagden stattgefunden.

Die Sprache ist wohllautend und für uns anscheinend leicht zu erlernen. Von Konsonanten fehlt nur *f*, abgesehen von *jatogúro*, Speichel, Doppelkonsonanten sind selten, der Auslaut ist vokalisch. Der Accent liegt im Allgemeinen auf der vorletzten Silbe. Eine Pluralendung für das Substantivum ist nicht vorhanden. Die selbständigen Personalpronomina lauten: 1. *imi* ich, 2. *aki* du, 3. *ema*, *au* er, 4. *pagi* wir, 5. *tagi* ihr, 6. *emagi* sie. Die entsprechenden Pronominalsuffixe für Substantivum und Verbum sind:

1. *i-*, 2. *a-*, 3. —, 4. *pa-*, 5. *te-*, 6. *e-*.

Bei ihrem Gebrauche treten verschiedene Formen des Lautwandels und Einflüsse auf den Stammlaut zu Tage. Ich gebe ein paar vorläufige Beispiele:

	Ohr	Nase	Kopf	gehen
1.	*i-wiya*	*i-keno*	*i-taura*	*i-tua*
2.	*a-wiya*	*a-keno*	*a-kaura*	*a-tua*
3.	*biya*	*eno*	*kaura*	*tua*
4.	*pa-wiga*	*pa-geno*	*pa-gaura*	*pa-dua*
5.	*te-wiya*	*te-geno*	*te-taura*	*te-dua*
6.	*e-wiya*	*e-keno*	*e-taura*	*e-tua*.

Die Zahlen gehen nach dem Schema der Bakaïrí: 1, 2, 2..1, 2..2, 2..2..1, 2..2..2. 1 heisst *mito*, 2 *pobe*. Wenn diese jedoch in den folgenden Zahlausdrücken erscheinen, so erhalten sie Zusätze, aus denen wir die Pronomina der dritten Person *ema* und *au* (dieser) abscheiden können. In der 3 ist noch die Negation *bókua*, *bokuáre* enthalten: *pobéma áu metúya* (auch *metía*) *bokuáre* und sie scheint zu bedeuten: hier habe ich 2, dort nicht mehr als 1. 4 *pobéma aúgüre pobe* hier zwei, dort auch zwei, 5 *pobéma aúgüre pobéma áu metúya bokuáre*, 6 *aúgüre pobéma aúgüre pobéma aúgüre póbe*. Mit Körnern wurde die Zweier-Häufchenbildung genau ebenso wie bei den Bakaïrí gemacht und wurden ebenso die Finger jedesmal zu Rate gezogen. Mein Wunsch, die Zahlwörter zu erfahren, wurde immer und ausnahmslos so gedeutet, als ob ich eine Aufzählung der Verwandten wünsche. Der Betreffende schlug sich auf die Brust, sagte »ich« und zählte Mutter, Vater, Mädchen, Junge mit oder ohne Beifügung von 1 und 2, indem er dabei jedem Finger ein Familienmitglied zuordnete. Ob die Finger als solche Verwandtennamen haben, konnte ich nicht erfahren; ich glaubte im Anfang der Daumen sei Mutter, bin darin aber irre geworden, da jede Person andere Angaben machte und sich auf seine besonderen Familienverhältnisse bezog. Hier lag ganz offenbar ihr Hauptinteresse am Zählen. Ich stelle mir deshalb die Entwicklung auch hier so vor, dass man eine Anzahl Personen an den Fingern markierend vorgeführt, dabei sei es Demonstrativa, sei es Pronomina, was ja für den Anfang auf eins hinausläuft, angewandt und die Grenze für 2 nicht an der Hand, sondern an den Dingen durch Zerbrechen eines Dings in zwei Teile bestimmt und auf die Finger rechnend übertragen hat.

XVIII. KAPITEL.

Nach Cuyabá und heimwärts.

Wie sich unserem Marsch zum Paranatinga ein schutzbedürftiges schwarzes Liebespaar angeschlossen hatte, so hatten wir beim Aufbruch von Thereza Christina die Gesellschaft eines jungen indianischen Paares. Unser Antonio war von einer Bororó-Witwe, die ihm einen fünf- oder sechsjährigen Jungen mitbrachte, zur Ehe bestimmt worden; er selbst schien wenig Wert auf die Kombination zu legen, hatte aber nichts dagegen, dass sie ihn begleite und in seine Hütte am Paranatinga einziehe. Sie hiess Rosa und war die Indianerin, die am besten Portugiesisch radebrechte; sie gehörte zu den Gefangenen Duarte's, durch deren Vermittelung die Unterwerfung des Stammes und der Beginn der Katechese erreicht worden war. Wie eine Soldatenfrau wohlgekleidet, mit einem Bündel bepackt, ihren Jungen an der einen, ein Beil in der andern Hand, tauchte sie einen Kilometer jenseit der Kolonie aus dem Walde auf, doch war sie nicht allein. Maria wollte auch mit, und auch die beiden Jünglinge Parigudo und Lekupatscheba wollten mit. Wir glaubten erst, sie wünschten die scheidende Freundin ein Stück Weges zu begleiten, allein es zog sie weiter nach Cuyabá. Denn plötzlich stürzte, mit Pfeil und Bogen bewaffnet, Domingo herbei, packte Maria, warf sie zu Boden und suchte sie zurückzuhalten. Doch die gewandte Ringkämpferin entrann ihm und lief an uns vorüber und voraus mit dem Rufe »ich will mit euch gehen, ich will nicht bei diesen Indianern bleiben!«

Niemand holte die Deserteure zurück. Ihre Ausrüstung war recht bescheiden für einen langen Marsch. Sie betrachteten es als selbstverständlich, dass wir sie unterhielten und hatten nichts von Proviant mitgenommen. Bekleidet waren die beiden Männer mit einem kurzen Hemd, einer Perlenschnur und je einem halben, brüderlich geteilten Taschentuch um den Hals. Kein Messer, keine Waffen. Maria wanderte im langen, mit grossen blauen Blumen bedruckten Nachthemd des Apothekers, einen Kamm im Haar und Diamanten im Ohrläppchen. Das Ehepaar kümmerte sich kaum umeinander.

Doch erreichte die Hochzeitsreise einen frühen Abschluss. Am dritten Tage, dem 21. April, blieben die Indianer in S. José. Für Parikudo und Lekupatscheba waren wir plötzlich nicht mehr vorhanden, sie richteten sich häuslich bei dem Fazendeiro ein, der ihnen gern — es konnte ja angeschrieben werden — Alles lieferte. Die Frauen fanden leicht Jemanden, der sie aufnahm. Frau Rosa erklärte ihrem Gatten, sie bleibe bei dem Arriero Mandú. »Mandú giebt mir Essen, Beil, Hut, Messer, Reis, Bohnen, Palmnüsse, Bananen« und weiter in langer Aufzählung. Das dünkte Antonio denn doch offenbar wider die Absprache, er war verstimmt und kaufte sich auf der nächsten Fazenda eine Flasche Schnaps, die ihn tröstete. Indessen darf ich gleich anfügen, dass er seinem Schicksal nicht entging. Anderthalb Wochen später meldeten sich die beiden Jünglinge und Rosa mit Kind in unserm Hause. Sie sahen alle sehr schlecht aus und husteten. Die Widerstandsfähigkeit der Indianer, sobald sie nicht auf ihre gewohnte Art leben, ist unglaublich gering. Maria sei zurückgeblieben und habe sich verheiratet. Parikudo und Lekupatscheba machten dem Präsidenten und Donna Carmina ihre Aufwartung und waren von dem Erfolg befriedigt. Sie spazierten nun, noch ein wenig schämig, aber doch sehr vergnügt durch die Strassen, barfuss, Strohhütchen auf den dicken Köpfen, in weissen Leinenbeinkleidern und schwarzseidenen Jackets mit Uhrketten.

Rosa blieb bei Antonio. Hoffentlich ist sie mit ihm in dem von ihrer Heimat recht weit entfernten Paranatingadorf glücklich angekommen und hat ihr Junge mit der durchbohrten Unterlippe inzwischen ein Brüderchen erhalten, dem die Nasenscheidewand durchstochen wird.

Ich kann nicht besser abschliessen als mit dieser aussichtsvollen Vereinigung von Bakaïrí und Bororó, der Stämme, die uns am meisten beschäftigt haben. Ueber das kleine Familienbildchen hinaus freilich erscheint die Zukunft der beiden Stämme in trübem Lichte. Ob die politische Umwälzung in Brasilien zu ihrem Vorteil ausschlägt, vermag ich nicht zu beurteilen. Vielleicht ist ihrer Erdenlaufbahn durch die neuen Verhältnisse, bei denen gerade das Militär stark beteiligt ist, eine kurze Gnadenfrist gewährt. Danach aber werden sie ebenso zu Grunde gehen, wie der Wildstand in der Umgebung aufblühender Industriestädte. Wer an die Möglichkeit glauben könnte, dass sich der Wisent im Wald von Bialowicza von selbst in ein Hausrind umwandle, der würde kaum weniger thöricht sein als Jemand, der zu der innern Umwandlung durch die Katechese in einer brasilischen Soldatenkolonie Vertrauen hätte.

Am 24. April trafen wir wieder in Cuyabá ein. Hier löste sich die Expeditionsgesellschaft auf. Vogel war überhaupt nicht mit uns zurückgekehrt; er hatte vom S. Lourenço aus mit dem Kapitän Serejo einen geographischen Aufklärungsritt in der Richtung nach St. Anna de Paranahyba unternommen, um einen kürzeren Weg als den bisher üblichen zwischen diesem Orte und der Hauptstadt festzulegen. Wilhelm und ich verliessen Cuyabá mit dem Maidampfer, während Vogel mit einem späteren folgte und Ehrenreich, der noch ein Jahr in Brasilien verweilen wollte, mit den stets getreuen Kameraden Carlos und Peter über Land nach Goyaz zog und hier seine Fahrt den Araguay hinab unternahm.

Einen lehrreichen und vergnügten Monat verbrachten mein Vetter und ich noch in der Provinz Rio Grande do Sul, wo uns das Herz aufging, als wir von einer »Schneiz« zur andern »Schneiz« reitend die fleissig schaffenden Landsleute besuchten und den Segen ihrer Arbeit und die Fülle des Kindersegens gewahrten. Mit Trauer gedenke ich des Angesehensten unter ihnen, den inzwischen ein vorzeitiger Tod ereilt hat, ihres Führers Karl von Koseritz; er besass einen Schatz von indianischen Altertümern und war unermüdlich bestrebt, was der Kolonist von Scherben und Steingerät zu Tage förderte, vor dem Untergang zu retten. Eine kleine, aber auserlesene Sammlung lernten wir bei den Jesuiten von S. Leopoldo kennen, und ich möchte wohl wünschen, dass sie mit derselben verständnisvollen Liebe fortgesetzt und vermehrt werde, mit der sie angelegt worden war.

Im Juli kamen wir nach Rio de Janeiro. Ich erstattete Bericht in der Geographischen Gesellschaft und empfahl mit dringenden Worten Ihrer Kaiserlichen Hoheit, der anwesenden Prinzess-Regentin, das Schicksal ihrer neuen Unterthanen. Sie hatte wenige Wochen vorher das Dekret der Sklavenbefreiung unterzeichnet, und die Gesellschaft fiel mit begeistertem Zuruf ein, als ich die naheliegende Nutzanwendung für die armen Teufel zog, die einst die Herren des Landes waren. Noch sehe ich sie lachen, als ich erzählte, dass die Bakaïrí, wenn sie mit ihrem Häuptling unzufrieden sind, das Dorf verlassen und ihn bitten, doch allein zu regieren; keiner der kleinen Scherze, die der Bericht über die Sitten der Ureinwohner enthalten musste, fand lebhafteren Anklang bei der Versammlung.

Und noch eine Wendung in jenem Vortrag erscheint mir heute in besonderm Lichte. Wenn Keri, der »Imperador« in Rio de Janeiro stirbt, sagten die zahmen Bakaïrí, so sterben alle Bakaïrí. Jenseit des Meeres, ein Vertriebener, ist Keri gestorben. Keri ist tot und wird tot bleiben, weil für ihn kein Platz mehr ist in der neuen Welt. Die Bakaïrí aber werden bald da anlangen, wo sie ihrer Schöpfungssage gemäss beim Beginn der Dinge waren — »Bakaïrí hat es immer gegeben, im Anfang aber waren es nur sehr wenige« — und ihr Ende wird in der That dem Keri's nur mit einer Verspätung von wenigen Generationen folgen. Ihr erster Geschichtsschreiber Karilose ist wohl ihr letzter gewesen.

itahé-ura »ich gehe«.

Anhang.

I. Wörterverzeichnisse

der

1. Nahuquá, 2. Yanumakapü-Nahuquá, 3. Mehinakú, 4. Kustenaú, 5. Waurá, 6. Yaulapiti, 7. Auetö, 8. Kamayurá, 9. Trumaí, 10. Paressí, 11. Bororó.

Die nachfolgenden Listen, die ich möglichst gleichmässig angelegt habe, beschränken sich auf Substantiva, die persönlichen Fürwörter der ersten und zweiten Person, Farben, Zahlen, Negation. Mit allem Uebrigen würde ich mich notwendig auf grammatikalische Erörterungen einzulassen haben, die hier zu weit führen würden. Auch habe ich deshalb von aller Vergleichung absehen müssen. Wer sich mit den Wörtern etwas näher beschäftigt, wird leicht eine Anzahl von regelmässigen Formen des Lautwandels erkennen und sich von der wichtigen Thatsache überzeugen können, dass in den verschiedenen Gruppen — namentlich schön im Vergleich des Auetö und Kamayurá mit der Lingoa geral — dieselben Erweichungsvorgänge der Stammanlaute sich abspielen, die ich für das Bakaïrí und die karaibischen Idiome dargelegt habe. Ueberall, scheint es, kommen wir mit gesetzmässiger Sicherheit auf die drei Reihen der *p-*, *t-* und *k-*Anlaute als den ältesten Besitz der Grundsprachen.

Die Schreibung ist möglichst einfach gehalten. Zu bemerken nur:

å englisches *a* in *walk*.

y wie in *York*.

v deutsches *w*.

χ gutturaler Reibelaut, unser deutsches, am mittlern Gaumen gebildetes *ch*.

š französisches *ch*.

ʂ französisches *ç*.

z französisches *z*.

ϑ englisches *th*.

λ (Nahuquá) schwieriger Laut, zwischen *gl* und *ri*, ist stets silbenbildend und gleich einem *r* + reduziertem Vokal.

t, *p* bedeutet, dass diese Konsonanten, wie gelegentlich auch durch Einklammerung dargestellt wird, kaum hörbar sind.

Tilde ˜ bedeutet Nasalierung.

1. Nahuquá.

Wo der Accent nicht angegeben ist, wird die vorletzte Silbe betont.

Zunge *ũuru*.
Zahn *uvire, uviλ*.
Mund *untáλ*.
Oberlippe *uvóturu*.
Unterlippe *uirátizo*.
Nase *uinataλ, uvinátaλ*.
Nasenloch *uinataλ atáλ*.
Auge *uvinuru, uviuru*.
Ohr *uváñaλ, uvanari*.
Ohrloch *uvánaλ atáλ*.
Ohrläppchenloch *uvipopüλ*.
Kopf *uviterö, uaviteru*.
Stirn *uvinetö*.
Kopfhaar *uakávuru*.
Brauen *uvitápitsö*.
Wimpern *uvinopitsö*.
Schnurrbart *uvópitsö*.
Kinnbart *uvikopitsö*.
Hals *utinaλ, uviratu*.
Nacken *utinaγ*.
Kehle (auf Schildknorpel) *ukáñoru*.
Kehle (über Schildknorpel) *uvitöλ*.
Brust *utilóvuru, uvalohúru*.
Brustwarze ♂ *uvanátöλ*.
Brustwarze ♀ *itau anátöλ*.
Bauch *utévuru*.
Nabel *uvónitö*.
Penis *uvori*.
Scrotum *uvinyotito*.
Pudenda ♀ *itau iröri, öλ*.
After *uvuru*.
Oberarm *uvikuru*.
Ellbogen *uveritsóuru*.
Unterarm = *Oberarm*.
Hand *uvinátöri, uĩátöλ*.
Handfläche *uvĩátöri öritáλ*.
Handrücken *uvĩátöri tovuro*.
Finger = *Hand*.
Daumen *uĩátöri otó*.
Zeigefinger „ *izéporo*.
Mittelfinger „ „
Ringfinger „ „
Kleinfinger *uĩátöri inyúkuru*.
Fingernagel *uviñúpiri, uviyóbira*.
Oberschenkel *uvitö, uvitá*.
Knie *uviripaλ, uvipaλ*.
Unterschenkel *uvútizo*.
Ferse *utámötizo*.
Fuss *utápüλ, utápüri*.
Fussrücken *utápüλ tovuro*.
Sohle *utápüλ öritáλ*.
Zehe = *Fuss*.
Zehe I—V *wie die Finger mit utápüri*.
Zehennagel *ulämbiλ*.
Haut *uviyá, uviyo*.
Knochen *upüri*.
Sonne *iti, liti, riti*.
Osten *iti iminalele*.
Mittag *kápura iti atá*.
Westen *iti kohotži*.
Mond *nune*.
Tag *minere mituta*.
Nacht *ukahurutile*.
Stern *tuté, dindinhoko*.
Himmel *kavü, kχavu*.
Regen *konóoho, kχôóovo*.
Regenbogen *okoto*.
Gewitter *ižilo*.
Wind *vite*.
Rauch *irititse*.
Feuer *itó*.
Salz *aravö, aragu*.
Wasser, Fluss *tuna*.
Tümpel *tunaka*.
Berg *uu*.
Wald *isú*.
Stein *tävu, tehu*.
Erde *noro, õro*.
Weisser Thon *eúne*.
Quarz *kururi*.
Vater *apa*.
Mutter *ama*.
Sohn *umuru, muru*.
Tochter *uindize*.

Grossvater *apitsi*.
Grossmutter *apitsi* (?).
Vaterbruder *áura*.
Aelterer Bruder *aiñano*.
Jüngerer Bruder *uize*.
Schwester *uirantsu*.
Mann *utotu*, *utoto*.
Weib *itau*.
Knabe *utoto iñárui*.
Mädchen *itau iñárui*.
Säugling *inyuru*.
Häuptling *anetö*, *anetene*.
Medizinmann *euáti*.
Medizin *ome*.
Fremder *karaíba*.
Bogen *tauaku*, *tarákura*.
Pfeil *hüré*, *jüré* (s. Ubárohr).
Kanu *cucu*, *áru*.
Ruder *etene*.
Reuse *utu*.
Fangkorb *kunto*, *kuso*, *kuntu*.
Steinbeil *üh..*, *ü* (Mund geschlossen).
Messer *kuzé*.
Schabmuschel *edetá*.
Wühlklaue von Dasypus gigas *arara*.
Wundkratzer *irini*.
Farbe, schwarze *tira*.
Haus *ine*, *üne*.
Dorf (?) *auáceto*.
Festhütte *kuákutu*.
Hängematte *átire*, *ahátira*.
Schemel *uri* (Affenschemel).
Kalabasse *tara*.
Kuye, grosse *kuaro*.
Kuye, kleine *utuku*, *tuéginya*.
Oelkuye *kutsicuru*.
Oel *nyakau*.
Beijúschüssel *alato*.
Topf, grosser *acákuru*.
Topf, mittelgrosser *atare*, *atáe*.
Topf, kleiner *naúko*.
Topfuntersatz *untari*.
Reibholz für Mandioka *uyari*, *uyai*.
Beijúwender *kutiro*.
Siebfilter *tuari*.
Korb *auritsa*.
Körbchen *otuti*.
Buritíkorb *akánari*.
Tragkorb *azayu*, *azauga*.
Bratständer *oro*.
Feuerfächer *túrinya*.
Strick *ueiyari*.
Baumwollfaden *ureanai*.
Spindel *vola*.

Kamm *canta*.
Sein Bambushalter *cantáro* (*iro*).
Weiberdreieck *etuni*, *etori*.
Steinkette *uruká*.
Muschelperle *iñu*.
Thonkette *elinye*.
Orthalicus-Muschel *öike*.
Rohrdiadem *kuleku*.
Strahlenförmiger Aufsatz dazu *arahapa*.
Flöte *kuluta*, *karuto*.
Pansflötchen *atala*.
Rassel (auch Fussklappern) *anke*.
Ihr Bambusstiel *iuútizo*.
Schwirrholz *mataru*.
Netztanz *eremo*.
Rundtanz im Flötenhaus *amakakati*.
Tanz *okitaro*.
Makanari *akanari*.
Maske *yaknikato*.
Bild, Figur *utoho*, *hutoyo*.
Brüllaffe *kaurru*.
Makako *kayó*.
Fledermaus, grosse *ayua*.
Fledermaus, kleine (?) *kuri*.
Jaguar *ikere*.
Fischotter *taro*.
Kapivara *pakūriza*.
Aguti *akuri*.
Ameisenbär, grosser *ariri*.
Ameisenbär, kleiner *tuari*.
Reh *ahátira*.
Sumpfhirsch *azá*.
Kaitetúschwein *ikine*.
Tapir *uyali*.
Arara *alala*.
Papagei (blauköpfig, gelbe Wange) *kuritsata*.
Perikito *kuaku*.
Mutung *kurzu*.
Mutum cavallo *pai*.
Kaiman *tavina*.
Flussschildkröte *vikutara*, *ale*.
Landschildkröte *ayuá*.
Schlange *eká*.
Kröte *azuti*.
Fisch *kara*, *kana* (fast *káhana*).
Hundsfisch *avi*.
Piranya *akuakuére*.
Mereschu *irinko*, *iru*, *ino*.
Rochen *ticali*.
Biene *avékera*.
Ameise, fliegende *krake*.
Karapato *karinieka*.
Moskito *atake*.

Holz, Baum *i.*
Mais *aná.*
Maishülse *analpé.*
Mandioka *vätä.*
Püserego-Getränk *kuiliku.*
Pogu-Getränk *tilizinya.*
Beijú, grober *ikine.*
Beijú, feiner *kuelinyu.*
Igname, Kará *navi.*
Batate *aniza.*
Bohne *kuata.*
Pfeffer *homi*, *vome.*
Jatobá *uvari.*
Mangave *katura.*
Pikí *intse.*
Bakayuva-Palme *kuvuru.*
Burití-Palme *ikeni.*
Tabak *teninya.*
Baumwolle *torókire.*
Bambus *toala, ivo.*
Ubárohr *vüré* (vgl. Pfeil).
Sapégras *inyé.*
Lanzengras *ropa.*
Zweig beim Eremotanz (duftend) *keyita.*
ich *urei.*
du *uáre.*

wir *ukure.*
ihr *emuru.*
rot *tekavisinya.*
gelb *(inyunkau* Pikíöl).
weiss *tövérilinya.*
schwarz *tuvurutinya.*
blau, grün *tukumélinya, tukumilinyo.*
braun *(izomaniza).*
1 *áletsi.*
2 *atake.*
3 *etila.*
4 *tatakéreni, atakéreni.*
5 *anyátori.*
6 *aletsi-ingkuétovo.*
7 *aták-ingkuétovo.*
8 *etila ingkuétovo.*
9 *tatakren-inkuétovo.*
10 *etimövo.*
11 *áletsi vuro*
12 *atake vuro*
13 *etila vuro* } am rechten Fuss.
14 *takreni vuro*
15 *anyate vuro*
16—19   11—14 am linken Fuss.
20 *etimovo vuro.*
Negation *arüte.*

2. Yanumakapü-Nahuquá.

Ich habe für den Vergleich mit den Nahuquá unseres Dorfes von dem Mann im Auetőhafen (vgl. Seite 127) die folgenden Wörter für Körperteile abgefragt. Accent, wo nicht angegeben, auf der vorletzten Silbe.

Zunge *unuru.*
Zahn *uire.*
Lippe *uiraatize.*
Nase *uinatari.*
Nasenloch *uinatari atari.*
Auge *uinuru.*
Ohr *uvanari.*
Ohrloch *uvanari atari.*
Kopf *üritöri.*
Stirn *uvinite.*
Kopfhaar *unakavuru.*
Tonsur *uripoket-tevöre.*
Brauen *uinitapitse.*
Wimpern *uinopitse.*
Wangenbart *uvanatapitse.*
Schnurrbart *uvopitse.*
Kinnbart *uvikapitse.*
Hals *utiündri.*
Nacken *uvuru* (vgl. After).
Kehle *uvitöre.*
Achselhöhle *uiyatare.*
Brust *utilaruru.*

Brustwarze ♂ *uanatöri.*
Rücken *utovuro.*
Bauch *utävuru.*
Nabel *uvonita.*
Penis *uoëri.*
Scrotum *uiñotite.*
Pudenda ♀ *itau iröri*, die Frau: *uiröri.*
After *uvuru.*
Schulter *ñatari.*
Oberarm + Unterarm *uikuru.*
Ellbogen *uariporuru.*
Hand *uiñatöre.*
Handfläche, rechte Hand *uiñatör-itovüru.*
Handrücken, linke Hand *uiñatör-éritäri.*
Finger *uiñatöre.*
Daumen *uiñatöri otó.*
Zeigefinger *uiñatöri erivaköri.*
Mittelfinger *uiñatöri erivaköri.*
Ringfinger *uiñatöri erivaköri.*
Kleinfinger *uiñatöri emukuru.*
Fingernagel *uinyambire.*
Oberschenkel *uvita.*

Knie *uiripanári*.
Unterschenkel *ucutize*.
Ferse *utamotize*.
Fuss *utapüre*.
Fussrücken, rechter Fuss *utapür-itováru*.

Sohle, linker Fuss *utapür-éritárö*.
Zehe *utapüri*, I—V wie bei den Fingern.
Zehennagel *ulómbire*.
Haut *ucigo*.

3. Mehinakú.

Wo der Accent nicht angegeben ist, wird die vorletzte Silbe betont.

Zunge *nunei*.
Zahn *nuteve*.
Mund *nukirabi*.
Nase *nukiri*.
Nasenloch *nukiriako*.
Auge *nutitái*.
Ohr *nutuló*.
Ohrloch *nutulunako*.
Kopf *nuteu*.
Stirn *nuhehekira*.
Kopfhaar *nuteukahe*.
Brauen *nuyuhimiepe*.
Wimpern *nuyuhiya*.
Schnurrbart *nukiržamapi*, *nukiržaapienu*.
Kinnbart *nupulanuma*.
Hals *nupiu*.
Kehle *malula*.
Brust *nupanatako*.
Brustwarze ♂ *nuhete*.
Brustwarze ♀ *teneržu ihé*.
Rücken *nutanaka*.
Bauch *nitsikiu*.
Nabel *nutukanate*.
Penis *nupei*.
Scrotum *nukunyutapu*.
Pudenda ♀ *iržu, ite* (Mund geschlossen).
Schamhaar *uiapüku*.
After *nikiute*.
Schulter *nuhenepu*.
Oberarm *nuanu*.
Ellbogen *nuanatupuru*.
Unterarm + Handfläche *nuanatotako*.
Unterarm + Handrücken *nukanatapa*.
Hand *nukapu*.
Handfläche *nuržikutako*.
Handrücken *nukanatapa*, *nukapupenu*.
Finger *nukapüteu*.
Fingernagel *nuhupatata*.
Oberschenkel *nupati*.
Knie *nikietu*.
Schienbein *nuanapü* (Knochen).
Wade *nukati*.
Unterschenkel vorn *nukatikiri*.
Ferse *nutipulu*.
Fuss *mukiϑapu*.

Fussrücken *nukiϑapapenu*.
Sohle *nukiϑapataku*, *nukiržapataku*.
Zehen *nikitsiu*.
Zehennagel *nuhupatata*.
Haut *numái*.
Knochen *inapü*.

Von Fischen:

Piranya-Zähne *yakuakumá iteve*.
Bagadú-Lippen *yumá keržapi*.
Bagadú-Bartfaden *yumá pulanuma*.
Bagadú-Kiemen *yumá kulaürza*.
Piranya-Augen *yakuakumá inutitái*.
Bagadú-Vorderflosse *yumá iyuta*.
Bagadú-Rückenflosse I *yumá (i)vauyatu*.
Bagadú-Rückenflosse II *vauyatu zaputama*.
Piranya - Rückenflosse *yakuakumá (i)vauyatu*.
Piranya-Schwanz *yukuakumá inépiu*.
Bagadú-Haut *yumá umái*.
Bagadú-Gräte *yumá inapü*.
Bagadú-Blut *yumá in(u)ržaya*.
Bagadú-Leber *yumá inupana*.
Rochenstachel *yapu nukula*.
Sonne *kame*.
Osten *kame yehitsa*.
Mittag *kama tirizüka*.
Westen *yeipiene*.
Mond *kerži*.
Stern *kalonte, kapuhe*.
Tag *muyakale*.
Nacht *mutioaka*.
Himmel *enunako, enu*.
Regen *öne* (Wasser).
Regenbogen *iyepe*.
Gewitter *enutsidya*.
Wind *himia*.
Rauch *himialai*.
Feuer *tséi, tsö*.
Asche *alapü*.
Salz *echéu, ižuu* (stark guttural), *eyöu*.
Wasser, Fluss *öne*.
Tümpel *yauako, yauaku*.
Hafen *unekira, unekiza*.
Erde *kähü*. Stein *tépa*.

Weisser Lehm céiki, epitsiri.
Töpferthon kamalu.
Vater acayu, papa.
Mutter mama.
Sohn nutai.
Tochter nutamitsui, uíhapalo.
Kind haukái, tai.
Grossvater ató.
Grossmutter atširu.
Mutterbruder uá, húa.
Aelterer Bruder utapüri.
Jüngerer Bruder, Vetter uyá, oyi.
Aeltere Schwester nutapüro.
Jüngere Schwester irzörzo.
Schwester nutukakala.
Mann erináu.
Weib teneru.
Knabe yamukui.
Häuptling amunao.
Medizinmann yatoma.
Fremder karáipa.
Bogen iñtái.
Pfeil ukú.
Knochenspitze pahü-uapü (Affenknochen).
Kanu itsá.
Ruder etene.
Reuse motu.
Fangkorb kuluta.
Fischnetz kapati uái.
Steinbeil yavái, kleines yarai tai.
Gürteltierkralle malulö ihapá.
Schabmuschel ulatapa.
Wundkratzer piá.
Haus pai.
Hängematte amaka.
Schemel repi, zepi.
Kalabasse mutuku.
Kuye pitsa.
Topf, grosser nukái.
Topf, mittelgrosser nakahatsái, makula.
Topf, kleiner makula tai.
Reibholz f. Mandioka imiá.
Beijúwender kuté.
Siebfilter tuapi.
Korb mayaku, yatalu.
Tragkorb atamayakula (Waldkorb).
Bratständer yulakakati.
Baumwollfaden kuyapi.
Buritífaden iñati.
Spindel kuyapitsapa.
Kamm palatá.
Wachs mepehidyá.
Bambusbüchse yanati.

Weiberdreieck rapalaku.
Federkrone kalu (Arara).
Federarmband ituritapa.
Ohrfederbüschel tulno(u)té.
Kopfnetz caikú.
Muschel püluhi.
Flöte kolutá.
Pansflöte ratanatü.
Grosse Flöte kauiká.
Rasselkürbis kayapá.
Fussklapper aranyu.
Schwirrholz matapa.
Buritígehänge zapana.
Maske munotsi, monotsi.
Brüllaffe kapula.
Makako pahö.
Fledermaus alua.
Jaguar yanumaka.
Fischotter ureze.
Kapivara ipiehä.
Agutí pekirži, peköža.
Riesengürteltier malulö.
Ameisenbär, grosser yuapá.
Ameisenbär, kleiner tuapi.
Reh yutá.
Sumpfhirsch ayama.
Tapir täme.
Vogel marazalo.
Arara tiržutapa.
Papagei zakalo.
Japú kuržima.
Johó nukukáua.
Jakú malahü.
Mutung iminma.
Riesenstorch rakala.
Kaiman yaká.
Eidechse mayuá.
Leguan ikipiululu.
Flussschildkröte ipia.
Landschildkröte ayué, mazazalu.
Schlange ui.
Fisch kupati.
Hundszahn ueapi.
Piranya yakuákamá.
Bagadú yumá.
Mereschu kulupé, kulopé.
Rochen yapa.
Biene mimi.
Ameise, flieg. eri.
Karapato kupá.
Moskito eya.
Holz, Baum ata.
Blatt pana.
Mais máiki.

Mandioka *mukurá*.
Mandioka gekocht, zum Trocknen *ulepieti*, *uléi*.
Püserego-Getränk *nukayá*.
Pogu-Getränk *ollikui*.
Beijú *uläpe*.
Igname, Kará *paka*.
Batate *uhu*, *oho*.
Pfeffer *ai*.
Jatobá *uyai*.
Mangave *ketulu*.
Pikí *akái*.
Pikibrühe *akaipié*.
Bakayuva-Palme *pebulu*.
Buritĩ-Blatt *rapánama*.
Tukum-Palme *gáuala*.
Tabak *hōká*.
Urukú *yúiku*.
Baumwolle *ayupé*.
Bambus *yanati*.
Ubárohr *ukú*.
Sapúgras *ikíri*.
ich *natu*.
du *petsü*.
rot *mühirżá*.
gelb *veruya*.

weiss *hémiri*, *kisuá*.
schwarz *ärżi*.
blau, grün *ipiulá*.
1 *pauítza*, *pauitsa*.
2 *mepiáma*.
3 *kamayukule*, *kamayukula*.
4 *mepiama auaka*; *patayakáuaka*.
5 *pauitsá urekó*, *pauitza urzikú* (eine Handfläche).
6 *pauitsá urekó*, *pauitzá taputá*.
7 *mepiama tavutá*, *mepiama taputá*.
8 *kamayukula taputá*.
9 *mepiama auaka*, *patayakáuaka*.
10 *palukaka nürżego tavutá*; *mepiamaka nürżego tavutá*; *mamala nurżiku*.
11 *pauitsa nukitsiu* (eine Zehe).
12 *mepiama nukitsiu*.
13 *kamayukula nukitsiu*.
14 *patayakduaka nukitsiu*.
15 *pauitsa urzikú nukitsiu*.
16 *pauitsa taputá nukitsiu*.
17 *mepiama taputá nukitsiu*.
18 *kamayukula taputá nukitsiu*.
19 *patayakáuaka taputa nukitsiu*.
20 *mamala taputá nukitsiu*.
Negation *ahitsa*.

4. Kustenaú.

Wo der Accent nicht angegeben ist, wird die vorletzte Silbe betont.

Zunge *nunéi*.
Zahn *nutévoe*.
Mund *nukanati*.
Lippe *nukirapi*.
Nase *nukiri*.
Nasenloch *nukiriako*.
Auge *nutitái*.
Ohr *nutuló*.
Ohrloch *nutulunako*.
Kopf *nutéui*, *atéui*.
Stirn *nutuhipiu*.
Kopfhaar *nuteukái*.
Brauen *nuyuhímiepé*.
Wimpern *nuyuhiá*.
Schnurrbart *nukizapi*.
Kinnbart *nupulanuma*, *nunumatakapi*.
Hals *nupiu*.
Nacken *nupiúte*.
Kehle *nualulá*, *nupiunaku*.
Brust *nupanatako*.
Brustwarze ♂ *nuhite*.
Rücken *nutanaka*.

Bauch *nutsítsiu*, *nukavatái*.
Nabel *nutukuna*.
Penis *nupei*.
Scrotum *nehulu*.
Pudenda ♀ *eti*.
Schulter *nullinepu*.
Oberarm *nuaná*.
Ellbogen *nuatipulu*.
Unterarm, Rücken *nukanutapa*.
Unterarm, Vorderseite *nuanazataku*.
Hand *nuiriko*.
Handfläche *nukakitiui*.
Handrücken *nukanutapa*.
Finger *nukapitiu*.
Fingernagel *nupatatá*.
Oberschenkel *nuputi*.
Knie *nikietu*.
Unterschenkel *nukati*.
Ferse *nutipulu*.
Fuss *nukitsapa*.
Fussrücken *nukitsapa*.
Sohle *nukitsapatako*.

Zehen *nukitsiui.*
Haut *numái.*
Knochen *anapi.*
Sonne *kami.*
Mond *keri.*
Stern *kalute.*
Himmel *enutaku.*
Wolke *öne.*
Regen *öne.*
Feuer *tséi.*
Salz *héu.*
Wasser *öne.*
Vater *papá.*
Mutter *mäma, mamá.*
Kind *nutái.*
Grossvater *atú.*
Grossmutter *atsi.*
Mutterbruder *uá.*
Aelterer Bruder *ezotapi.*
Jüngerer Bruder, Vetter *nisere.*
Schwester *nizeru.*
Mann *enira, eniza.*
Weib *tineru.*
Häuptling *amunao.*
Medizinmann *yatoma.*
Fremder *karáipa.*
Bogen *intai.*
Pfeil *neita.*
Kanu *itsá.*
Ruder *etene.*
Steinbeil *ápi.*
Wundkratzer *piuá.*
Haus *páe, pái.*
Hängematte *amaká.*
Tuch *amakaruti.*
Topf, grosser *nukái.*
Topf, mittelgrosser *makula.*
Topf, kleiner *makula tai, nukanbái.*
Kalabasse *mutuku.*
Kuye *pitsa.*
Beijúwender *utáze.*
Kamm *palatá.*
Weiberdreieck *zapalakú.*
Flöte *kulutu.*
Maske *munotsi, koahalu.*
Brüllaffe *kapulu.*
Makako *pahö.*
Fledermaus *alua.*
Jaguar *yanumaka.*
Ameisenbär *yaupé.*
Reh *yutá.*
Tapir *täme.*
Papagei *zakalo.*

Japú *kurzima.*
Jakú *marlahi.*
Kaiman *yakú*
Fisch *kupati.*
Piranya *yakuakumá.*
Mereschu *kulupéi.*
Holz, Baum *atu.*
Blatt *pana.*
Mais *maiki.*
Mandioka *uléi.*
Mandioka, gekocht *tepirati.*
Püserego-Getränk *nukayá.*
Pogu-Getränk *ubikui.*
Beijú *uläpe.*
Igname *paku.*
Batate *uhú.*
Pfeffer *ai.*
Mangave *yetulu.*
Pikí *akani.*
Bakayuva-Palme *pebula.*
Tabak *hökú.*
Baumwolle *ayape.*
Bambus *yenati.*
ich *nato.*
du *pitsü.*
rot *hemirzá.*
gelb *(ipiulá), imi (?).*
weiss *kisuá.*
schwarz *ärze.*
blau, grün *pülatirzo, ipiulá.*
grau *tiuinai.*
1 *pauá.*
2 *mepiama.*
3 *kamaukula.*
4 *mepiama auaka.*
5 *paua uzikú.*
6 *papalukaka.*
7 *mepiama taputá.*
8 *kamaukulá taputá.*
9 *mepiama auaka taputá.*
10 *paua uzikú taputá.*
11 *pauá taputá nukitsini.*
12 *mepiama taputá nukitsini.*
13 *kamaukulá taputá nukitsini.*
14 *mepiama auaka taputá nukitsini.*
15 *ekuma nehimakama.*
16 *papáluku nehimaka.*
17 *mepiama nehimaka.*
18 *kamáukulá nehimaka.*
19 *mepiama auaka nehimaka.*
20 *kumá nehimaka.*
Negation *aitzá.*

5. Waurá.

Wo der Accent nicht angegeben ist, wird die vorletzte Silbe betont.

Zunge 1. *nuuéi*, 2. *pinyéi*.
Zahn 1. *nitsere*, 2. *pitsere*.
Mund *nukirapi*.
Nase *nukidzi*.
Auge 1. *nutitái*, 2. *purzitái*.
Ohr 1. *nutulu*, 2. *pitsulu*.
Ohrloch *nutulunago*.
Kopf *nuteurzata*.
Stirn *nutuetyu*.
Kopfhaar *nutece*.
Tonsur *eherżeke*.
Brauen *nuzuhemiepé*, *nuziepé*.
Wimpern *nuziá*.
Schnurrbart *numapi*.
Kinnbart *nupulanumá*.
Hals *nupuite*.
Nacken *nupununako*.
Kehle *nuhalu(n)te*.
Brust *nupanataku*.
Brustwarze ♂ *nuhé*.
Brustwarze ♀ *ziya*, *zi(n)ya*.
Bauch *nutsitsu*, *nitsityu*.
Nabel *nutukunate*.
Penis *nupeze*.
Scrotum *nukantapa*.
Pudenda ♀ *etinabu*, *pinereti*.
After *nizityáu*.
Oberarm 1. *nuana*, 2. *piyana*.
Ellbogen *nunuhemidyá*.
Hand *nukapi*, *nukabü*.
Handfläche *nurżikutago*.
Handrücken *nukanutaba*.
Finger *nukapi tinyemidyá*, *nukapitái*.
Fingernagel *nuhupárata*.
Oberschenkel *nupute*.
Knie *nikyetu*.
Schienbein *nunabü* (Knochen).
Unterschenkel, 1. *nukate*, 2. *pitsyati*.
Ferse *nutipulu*.
Fuss *nukizapa*, *nikiðapa*.
Sohle *nukirzapatagu*.
Zehe *nuparáta*, *nuhuparáta*.
Zehennagel *nuhupárata*.
Haut 1. *numái*, 2. *pimiyái*.
Knochen *inapü*.
Sonne *kame*.
Osten *iputuke*.
Mittag *katerereka*.
Westen *itapukén*, *yeipiéne*.
Mond *keżi*, *keri*.
Stern *kalunte*, *kalonte*.

Tag *muyakale*.
Nacht *mutivaka*.
Himmel *enunako*.
Regen *uné*.
Regenbogen *iyápe*.
Gewitter *enutsitya*.
Wind *izimia*.
Rauch *simialái*.
Feuer *itséi*.
Salz *ichüve* (stark guttural).
Wasser *une*.
Stein *tepá*.
Erde *kahiti*, *kehüté*.
Weisser Lehm *epitsitsi*.
Töpferthon *kamalu*.
Vater *papaitsu*.
Mutter *mamáütsu*.
Tochter *niðupalo*.
Kind *nutái*, *hauka tái*.
Grossvater *batukuzi*.
Grossmutter *atsiru*.
Mutterbruder *uá*.
Aelt. Bruder *utapüri*, *itapüri*.
Jüng. Bruder, Vetter *uyú*, *tsalái*.
Jüng. Schwester *irżeru*.
Mann *enyáu*.
Weib *teneru*, *tenezu*.
Knabe *enira tái*.
Mädchen *tineru tái*.
Häuptling *amunao*.
Medizinmann *yatuma*.
Fremder *karáipa*.
Bogen *itái*.
Pfeil *ukú*, *nukula*.
Kanu *itsá*.
Ruder *etene*.
Reuse *mutu*.
Steinbeil *ápi*, *apüi*.
Schabmuschel *ulutapa*, *ulu tái*.
Wundkratzer *piná*.
Haus *pae*, *nupune*.
Hängematte *amaka*.
Tuch *amakaruto*.
Schemel *sepi*.
Kalabasse *mutuku*.
Kuye *iza*.
Topf, grosser *nukái*.
Topf, mittelgr. *makula*.
Reibholz f. Mandioka *imyá*.
Beijúwender *utárse*.
Siebfilter *tuapi*, *tuabi*.

Tragkorb *mayapalu*.
Bratständer *yulakakate*.
Baumwollfaden *kuapi*.
Spindel *tsapa, kuapi-tsapa*.
Stöckchen der Spindel *kuapiyati*.
Kamm *palata, palatanabü*.
Wachs *kerukaki*.
Weiberdreieck *zapalaku*.
Tätowierung *izepiulá* (Zahn-Blau).
Federarmband *ituritapu*.
Steinkette *ityuizatabi*.
Pansflöte *vatana*.
Fussklapper *nileyate*.
Maske *yakui, koahahalu*.
Brüllaffe *kapulu*.
Makako *pahö*.
Jaguar *yanumaka*.
Kapivara *ipiehü*.
Agutí *pekörží*.
Ameisenbär *yuupé*.
Reh *yutá*.
Tapir *täme*.
Arara *kažuruti*.
Papagei *zakaló*.
Japú *kuržima*.
Johó *makukaua*.
Jakú *marlahi*.
Mutung *yumú*.
Ente *upi*.
Kaiman *yaká*.
Leguan *ipiétururža*.
Flussschildkröte *ipiu*.
Landschildkröte *marzuzalo, ayue*.
Schlange *ui*.
Fisch *kupati*.
Hundsfisch *vapi*.
Piranya *yakuakumá*.
Mereschu *varžai*.
Rochen *yapu*.
Biene *mimí*.
Ameise, flieg. *heri*
Ameise, grosse *kutá*.

Moskito *eyú*.
Holz, Baum *ata*.
Blatt *pana*.
Mais *máiki*.
Mandioka *mukurá*.
Mandioka, gekocht *uléi*.
Püserego-Getränk *nukayá*.
Pogu-Getränk *uzikui*.
Beijú *uläpe*.
Igname *paku*.
Batate *uhú*.
Pfeffer *ai*.
Jatoba *ueaii*.
Mangave *yetulu*.
Pikí *akái*.
Bakayuva-Palme *vepulu*.
Burití-Palme *tsaikyú*.
Tukum-Palme *yauala*.
Tabak *höká*.
Urukú *yúku*.
Baumwolle *ayupe*.
Ubárohr *ukú*.
Sapégras *ikitsi*.
ich *natu*.
du *pitsü*.
rot *muhiržá*.
gelb *veruyá, veruyayá*.
weiss *kizuá, (vuekitži)*.
schwarz *ärže, (yaluki)*.
blau, grün *ityualá, yulativo*.
braun *eruyeyaki*.
1 *pauá*.
2 *mepiáua*.
3 *kamaukula*.
4 *pataikato, patapatatyuku*.
5 *paua urzikú*.
6 *pauá taputá*.
7 *mepiáua taputá*.
8 *kaumaukula taputá*.
9 *patayaka taputá*.
10 *ikumá*.
Negation *ahitsu*.

6. Yaulapiti.

Wo der Accent nicht angegeben ist, wird die vorletzte Silbe betont. Es sei auf die interessanten Fälle von Lautwandel im Verhältnis zu Mehinakú etc. aufmerksam gemacht. Meh. *p* erscheint mehrfach als *t* und *r*. Vgl. Baumwollfaden, Siebfilter, Hundsfisch, weisser Lehm, Beijú, Kuye, du, blau etc.

Zunge *nunyati, nyati*.
Zahn *nutsoa, nutsoe*.
Mund *nukirazi*.

Nase *nukirze, nukirži*.
Nasenloch *nukirze ritunabu*.
Auge *nuritá, nulitá*.

Ohr *nutsöra, nutsöre.*
Ohrloch *nutinakuleku.*
Ohrläppchenloch *nipihikaláutetirse.*
Kopf *nukuru, nukuržu, nuputákurata.*
Stirn *nupalusaka, numunuyate.*
Kopfhaar *nuputakuyati.*
Brauen *nuyuoporinyo.*
Wimpern *nuyeokati.*
Schnurrbart *nuakira.*
Kinnbart *nuanuma.*
Hals *nurhinyuti.*
Nacken *nurhinyu.*
Kehle *nurhinyureku.*
Brust *numurutirže.*
Brustwarze ♂ *nuhé.*
Brustwarze ♀ *tináu ihé.*
Bauch *nitsityu, nutakö, numurutaku.*
Nabel *nutukunate, nutukunati.*
Penis *nupuhi.*
Scrotum *nukulu, nukuri.*
Pudenda ♀ *tináu itya.*
After *nuyauati, iyauati.*
Schulter *nuanatinyu.*
Oberarm *nuana.*
Ellbogen *nuanaticulu.*
Unterarm *nukanutapa.*
Hand *nuiriko.*
Handfläche *muirikutaku.*
Handrücken *nukanutapa.*
Finger *nukuritsolu, nukalitsolu.*
Fingernagel *nukapiratá,* (also *nukupi*).
Oberschenkel *nuputi, nupute.*
Knie *nutipulu.*
Unterschenkel *nukatinapi* (Wadenknochen).
Ferse *nutirzá punuteti.*
Fuss *nutižá, nutirá, nuti(r)sá.*
Sohle *nutirzácizaku.*
Zehen *nutirzubutá, nuti(r)soputá.*
Zehennagel *nutiržubarata, nutirsaparata.*
Haut *numá.*
Knochen *nunapi, inapi.*
Herz *nukuinyé.*

Vom Fisch:

Kopf *ikuru, ikur(žu).*
Auge *inoritá.*
Zähne *itsó.*
Mund *ikirari.*
Schuppen *irata.*
Flossen *iuar(ž)a.*
Schwanz *ikipina.*
Gräte *inapi.*

Sonne *kame.*
Mond *köri.*
Stern *uitsitsi.*
Milchstrasse *ityacönya.*
Himmel *önyunako.*
Wolke *u.*
Regen *u.*
Regenbogen *anarhi.*
Gewitter *enyuitsöka.*
Wind *iržinya.*
Rauch *dzinyá.*
Tabakrauch *airinya* (Tabak *airi*).
Feuer *zrö, žro* (Mund leicht offen, Unterkiefer zurück).
Salz *yutaká.*
Wasser *u.*
Stein *teba.*
Erde *uapöti.*
Weisser Lehm *irhitziki.*
Vater *papa.*
Mutter *mama.*
Sohn *nuhari.*
Tochter *niržupalo.*
Kind *nuhá, arina.*
Grossvater *uto, atá.*
Grossmutter *natiro, atsi.*
Mutterbruder *uá, néua.*
Aelterer Bruder *itapüri.*
Jüngerer Bruder, Vetter *iržöri, irž(r)öri.*
Jüngere Schwester *iržörzo.*
Schwester (*tukunati* auf den Nabel gezeigt).
Mann *örinau, erina.*
Weib *tináu.*
Knabe *yumöl(u)yetsu, yumölyatsu.*
Mädchen *tinerutsú.*
Häuptling *amulao.*
Medizinmann *yatoma.*
Fremder *kurai.*
Bogen *itá.*
Pfeil *ukú.*
Wurfbrett *iralaka.*
Wurfpfeil *iralaka ukú.*
Kanu *iržra, i(r)žra.*
Ruder *tána.*
Reuse *mutú.*
Fangkorb *kulutu.*
Steinbeil *árzi,* beinahe *örzi, örhe.*
Schabmuschel *tunuya.*
Wundkratzer *i(r)žiá.*
Haus *pa, nupina.*
Hängematte *amaka, amakaroti.*
Schemel *sráži.*
Kalabasse *mutuku.*

Kuye *tidza*.
Topf, grosser *makulá*, *žraúpi*.
Topf, kleiner *tibarata*.
Reibholz für Mandioka *inyá*.
Beijúwender *kutzü*.
Siebfilter *tuari*.
Korb *mayaku*.
Tragkorb *mayapalu*.
Bratständer *yulá*, *yolu*.
Baumwollfaden *kuyari*.
Spindel *kuyazizuku*, *kuyarziroko*.
Kamm *palata*.
Weiberdreieck *imanati*.
Tätowierung *puhipö*.
Federarmband (Arara) *kalumapi*.
Ohrfeder *kuyauiro*.
Perlen *zerulatire*, *otuna*.
Flöte *vatanati*.
Fussklapper *žreluká*.
Maske *yakú*, *yakuikatú*, *koahalu*.
Brüllaffe *kapulu*.
Makako *kurzikurzi*.
Fledermaus *alua*.
Jaguar *yanumaka*.
Kapivara *irüti*.
Agutí *pikiri*.
Ameisenbär, grosser *naikiki*.
Ameisenbär, kleiner *kayanalu*.
Reh *kayutala*.
Sumpfhirsch *ayama*.
Kaitetúschwein *autú*.
Tapir *tsáma*.
Arara *kalu*.
Papagei *taláu*.
Harpyie *kutivirakumá*.
Japú *kuma* (= Bakairí).
Johó *makukáua*.
Jakú *kuyui*.
Jakutinga *tumalala*.
Mutung *kuyú*.
Mutum cavallo *kuyu ityumá*.
Ente *upúelyu*.
Ibiyau *uvigu*.
Kaiman *yaká*.
Leguan *iratororo*.
Flussschildkröte *irá*, *irzá*.
Landschildkröte *irukumalo*.
Schlange *ui*.
Fisch *kubati*.
Hundsfisch *vari*.
Piranya *yakuakumá*.
Mereschu *marirityi*.
Rochen *yapu*.

Lagunenfisch *mulutu*.
Biene *mápa*.
Honig *mapakuma*.
Wachs *marpažikibu*.
Moskito *makukú*.
Holz, Baum *áta*.
Blatt *pana*.
Mais *máiki*.
Mandioka *ula*.
Püserego-Getränk *nukaya*.
Pogu-Getränk *uluinyé*.
Beijú *ularzi*, *ulari*.
Igname *paka*.
Batate *müinya*.
Pfeffer *ai*.
Jatobá *uyá*.
Mangave *katulu*.
Pikí *aká*.
Bakayuva-Palme *pipulu*.
Burití-Palme *ragugati*.
Tabak *airi*.
Urukú *iuvira*, (*yuku*).
Baumwolle *alinpö*, *ayupö*.
Bambus *yanati*.
ich *nato*.
du *tezo*, *tero*.
rot *kabutsaká*.
orange *kabutsakaye*.
gelb *dzirutuná*.
schwarz (*a*)*öri*, (*a*)*óriya*.
weiss *kömetiká*.
blau, grün *tsirulá*, *dzirulá*.
1 *paná*.
2 *purzinyama* (Trumai *hurs*).
3 *kamayukula*.
4 *purzinyam-ipakú*.
5 *pa-uiriku* (= 1 Hand).
6 *pan-ikirutá*.
7 *purzinyam-ikirutá*.
8 *kamayukul-ikirutá*.
9 *purzinyam-ipakú-ikirutá*.
10 *papálukaka-uiriku*.
11 *tiržal-ikirutá* (Zehe I links).
12 *tiržali purzinyam-ikirutá*.
13 *tiržali kamayukul-ekirutá*.
14 *tiržali purzinyam-ipakú-ikirutá*.
15 *paná tiržali* (= 1 Fuss).
16 *tiržal-ikirutá paná*.
17 *tiržal-ikirutá purzinyama*.
18 *tiržal-ikirutá kamayukutá*.
19 *tiržal-ikiruta purzinyam-ipakú*.
20 *papálukaka-tiržali*.
Negation *átsa*.

7. Auetó.

Wo der Accent nicht angegeben ist, wird die letzte Silbe betont.

Zunge *intengu*.
Zahn *indái*.
Mund *intembe*.
Nase *iambü(i)*.
Nasenloch *iambüinkuat*.
Auge *iteta*.
Ohr *intengambe*.
Ohrloch *intengambükuat*.
Kopfhaar *iap, yeap*.
Tonsur *heapöteokacut*.
Brauen *itetaapeap*.
Wimpern *intombemboa*.
Schnurrbart *itiap*.
Kinnbart *iampotap, 9. ambotap*.
Hals *itulebembo*.
Nacken *iaturapü*.
Kehle *iaikuat*.
Brust *ipožeat*.
Brustwarze ♂ *inkam*.
Brustwarze ♀ *kunya-inkam*.
Bauch *itöa*.
Nabel *ipülup*.
Penis *ituöp*.
Scrotum *itupia*.
Eier *nupia*.
Pudenda ♀ *kunya-guonsi*.
After *ipinkuat*.
Schulter *iu(e)rüp*.
Oberarm *iköra*.
Ellbogen *iküreampat*.
Hand *ipo*.
Handfläche *ipaava*.
Handrücken *ipoape*.
Finger *ipü*.
Fingernagel *imboa*.
Oberschenkel *iap*.
Knie *impöa*.
Unterschenkel *intendema*.
Ferse *ipütatsik*.
Fuss *ipokut*.
Fussrücken *ipöape*.
Sohle *ipöroea*.
Zehe *ipökut*.
Zehennagel *impöuta*.
Haut *ipit*.
Knochen *nakaümut*.
Feder *urai*.
Fischzähne *ipira-ái*.
Fischwirbel *ipira-aguái*.
Flosse *nampepa*.
Pintado-Schwanz *turui-eái*.

Sonne *kuat*.
Mond *tatü*.
Stern *tata-yöt*.
Himmel *hücapit*.
Wolke *aman*.
Regen *aman*.
Regenbogen *teüp*.
Gewitter *tompa*.
Wind *icüt*.
Rauch *taransing*.
Feuer *tara*.
Asche *tdruaipmk*.
Salz *toket, toköt*.
Wasser *ü*.
Fluss *üito*.
Lagune *natu*.
Stein *küta, köta*.
Erde *ntaái, ütái*.
Weisser Lehm *tuin-tžing, tocentsin*.
Töpferthon *taum*.
Vater *apái*.
Mutter *ange*.
Sohn *tatsiüt*.
Tochter *imembüt*.
Kind *imembüt*.
Grossvater *atu*.
Grossmutter *atsi*.
Mutterbruder *awawai*.
Aelt. Bruder *itererup*.
Jüng. Bruder, Vetter *iteuit*.
Schwester *itutet*.
Mann *kaminuat*.
Weib *kunya*.
Häuptling *morekuat*.
Medizinmann *mupa*.
Fremder *karai*.
Bogen *rapat*.
Pfeil *uöp*.
Wurfbrett *yauari, yauari-mopitap*.
Wurfpfeil *yauari-uöp*.
Kanu *maambe, maampe*.
Ruder *entene*.
Reuse *tsia, tsia*.
Fangkorb *kulutu*.
Meissel *amakataba*.
Steinbeil *kü* (Mund geschlossen), *köop*.
Steinhammer *keta-yöt*.
Mandiokagraber *töt*.
Mörser *hengua*.
Schabmuschel *tut*.
Schabmuschel, grosse *kööta*.

Schabmuschel, kleine *karayave*, *köötan-yet*, *köñtampukut*.
Wundkratzer *tatšitap*.
Haus *ok*.
Festhütte *ototá(me)*.
Thüre *ontenepü*.
Hängematte *hene*, *hene(i)*, *ini*.
Tuch *inimbit*.
Schemel *apükap*.
Kalabasse *kuyañómet*.
Kuye, grosse *ü-a*.
Kuye, kleine *a-yöt*, *mempea*.
Oelkuye *katulaa*.
Beijúschüssel *taampütsi*.
Topf, grosser *makula-atu*.
Topf, mittelgr. *makúla*.
Topf, kleiner *makula-yet*.
Reibholz f. Mandioka *bem*, *pem*.
Beijúwender *hüvem*.
Siebfilter *kutöt*.
Korb *mayanku*.
Körbchen *eru*.
Proviantkorb *miak*.
Tragkorb *tasitu-mayanku*, *tatitetu-mayanku*.
Bratständer *mimangkangeta*, *mimongangeta*.
Buritifaden *totsovit*.
Spindel *mopöita*, *mopüeta*.
Kamm *kiüvap*.
Wachs *kilapit*.
Fett z. Einreiben *tentaayü*.
Weiberdreieck *umpam*.
Tätowierung *tatiapeporany*.
Steinkette *miyo*.
Rohrdiadem *aupap*.
Flöte *kaletu*, *kalötu*.
Pansflöte *tumpia-yöt*.
Kürbisrassel *terua*.
Fussklapper *aimara*.
Spielball *yara*.
Maskenfeste *yakuikatu*, *koahúlu*.
Brüllaffe *nakükü*.
Makako *kayöt*, *kutsera-yöt*.
Fledermaus *tatšia*.
Jaguar *tauvat*.
Koatí *noayatácet*.
Kapivara *kapívat*.
Agutí *nakurü*.
Riesengürteltier *tatuatu*.
Ameisenbär, grosser *tamayuá*.
Ameisenbär, kleiner *tamayuantáne*.
Reh *tiruatu*.
Kaitetúschwein *tatšitu*.

Tapir *tapiit*.
Vogel *mura*.
Arara *tavitši*.
Papagei *naraka*, *tangánet*.
Harpyie *urauatu* (»grosser Vogel«).
Japú *nirapu*, *nyapu*.
Ibiyau *civiyo*.
Johó *mopokoap*, *mapokuap*.
Feldhuhn *kuyatširika*.
Inambú *támo*.
Jakú *taku-yöt*.
Jakutinga *takuatsiny*.
Mutung *maintu*.
Mutum cavallo *mutütsany*.
Ente *nepet*.
Specht *mungbeng*.
Kaiman *tapepiret*.
Eidechse *tetu*, *teon*.
Leguan *neyémöt*.
Flussschildkröte *tavarü*.
Landschildkröte *tarapek*.
Schlange *moi*.
Fisch *piraüt*.
Hundsfisch *tatši*.
Piranya *pankanyányet*.
Mereschu *pirapévit*.
Pakú *paku*.
Pintado-Wels *turui*.
Rochen *murepe*.
Biene, Honig *neküt*.
Ameise (Schlepper-) *nampiranyöt*.
Moskito *tareü*.
Holz, Baum *ivira*, *öp*.
Brennholz *tepeyap*.
Rinde *üpe*.
Samen *ái*.
Mais *acatši*, *hauatsi*.
Mandioka *maniok*, *miu*.
Mandioka-Zweig *maniöp*.
Stampfmehl *miyeá*.
Püserego-Getränk *maniokö*.
Pogu-Getränk *cucap*.
Beijú *yomem*, *yamem*.
Igname *natayapo*.
Batate *terük*, *yeto*.
Pfeffer *tsambit*.
Jatobá *matsiöp*.
Kastanie *varü*.
Mangave *temir(et)*, *emiru*.
Pikí *petšia*, *petšiaput*.
Bakayuva-Palme *nakan-yet*.
Buriti-Palme *tavupe*.
Buritístreifen *taupeivit*.
Buritístroh *taupaivop*.

Tabak *pä, päh*.
Genipapo *tendüpap*.
Urukúkapseln *yunkuangöt*.
Baumwolle *amatsitä*.
Sapégras *tatape*.
Lanzengras *kalahang*.
Bambus (Takoara) *takoa-tsing*.
Ubárohr *uöp*.
rot *tangetu* (Karmin), *teranetu* (Urukúrot).
gelb, orange *ituretu*.
weiss, hellgelb *intsingatu, intsingutu*.
schwarz *tauetu, tauütu*.
blau, grün *ikóretu, hikületu*.
braun *iturangetu* (Sepia).
braunrot *intumetu*.
hellbraun *itumsingetu* (gebrannte Siena = braun-weiss).
1 *mayapete*.
2 *monkói*.
3 *munitárüka*.
4 *monkói monkói imput*.
5 *motiptu*.
6 *mumúratü naütatapu*.
7 *monkói naütatapu*.
8 *munitárüka naütatapu*.
9 *monkói monkói impút* (= 4).
10 *kaipopap*.
11 *mumúratsu kaüpüete*.
12 *monkói kaipüete*.
13 *munitárüka kaipüete*.
14 *monkói monkói kaipüete*.
15 *oipap kaipüe*.
16 *mumúraatu kaipü*.
17 *monkói itatäpu kaipüete*.
18 *munitarüka itatäpu kaipüete*.
19 *monkói monkói itatäpu kaipüete*.
20 *itümüopá*.
Negation *an, ovane*.

8. Kamayurá.

Wo der Accent nicht angegeben ist, wird die letzte Silbe betont.

Zunge *yeko*.
Zahn *generái, 3. itái*.
Mund *yereme*.
Nase *yeapü; yetsi* (Nasenspitze).
Nasenloch *yeapükuat, yeapüakuat*.
Auge *yerea*.
Ohr *yenami*.
Ohrloch *yenamikuat*.
Ohrläppchenloch *yekutúkauert*.
Kopf *yeakang; yeapin* (Schläfengegend).
Stirn *yeripükang*.
Kopfhaar *yeap*.
Brauen *yereopükarap*.
Wimpern *yeropeap*.
Wangenbart *nerotéeaperóp*.
Schnurrbart *yetsiahuarap*.
Kinnbart *yeamotap*.
Kinn *yerenüca*.
Hals *yeayut*.
Nacken *yeatua*.
Kehle *yeaikuat*.
Brust *yepotsüa*.
Brustwarze ♂ *yekam*.
Brustwarze ♀ *kunya-kam*.
Bauch *yerevek*.
Nabel *yepürua*.
Penis *yerakuái*.
Scrotum *yerapia*.
Pudenda ♀ *kunya-rama*.
After *yerevit*.
Schulter *yeváauá*.
Oberarm *yeyüva*.
Ellbogen *yeparatsiüp*.
Unterarm + Handrücken *yehuapü*.
Hand *yepo*.
Handfläche *yepó-pütet*.
Handrücken *yeuapü*.
Finger *yehua*.
Daumen *yehua*.
Zeigefinger *yehua-ipépüat*.
Mittelfinger *yehua-mutet*.
Ringfinger *yehuá-ipépuat*.
Kleinfinger *yehua-i*.
Fingernagel *yehuape*.
Oberschenkel *yeup*.
Knie *yeperenan*.
Unterschenkel *yeratimakang*.
Ferse *yepüita*.
Fuss *yepü*.
Fussrücken *yekupape*.
Sohle *yepupütet*.
Zehen *yepüái*.
Zehennagel *yepüape*.
Haut *yepit*.
Knochen *ikanget*.
Von einem Vogel:
Schnabel *itsi*.
Auge *hiya*.
Flügel *ipepo*.
Rippe *iarokang*.
Bein *ipü*.
Kralle *ipüape*.

Schwanz *uváye*.
Schwanzfeder *uvayevütet*.
Schwungfeder *ipepokúi*.
Halsfeder *havet*.
Schopf *akangatsi*.
Zunge *hiko*.
Nasenlöcher *hiapünat*.
Haut *ipit*.
Darm *hepotsi*.
Magen *itakarayaa*.
Leber *iperehet*.
Lunge *ivévüihet*.
Herz *ipotsi-arkäketáng*.
Blut *huü*.
Hoden, Ei *upia*.
Sonne *kuat*.
Mond *yaü*.
Stern *yautata-i*.
Himmel *hüvak*.
Wolke *aman*.
Regen *aman*, *haman*.
Regenbogen *amanaüp*.
Gewitter *tupá*.
Wind *ivütu*, *ivitu*.
Hauch *ivitu-i*.
Rauch *tatasing*.
Feuer *tata*.
Salz *yukút*, *yukót*.
Wasser *ü*.
Stein *ita*.
Quarz *itahime*.
Erde, Sand *üi*.
Weisser Lehm *táiyutzing*.
Vater *papa*, *l. yerup* (= *ye-tup*).
Mutter *hama*.
Sohn *yemememüt*, *yerayüt*.
Tochter *yememekunya*.
Kind *haraivi*.
Grossvater *tamui*.
Grossmutter *utu*.
Mutterbruder *ape*, *aue*.
Aelterer Bruder *yereerup*.
Jüngerer Bruder, Vetter *yereuit*.
Schwester *yeruket*.
Mann *akuamae*.
Weib *kunya*.
Knabe *auvái miri*.
Mädchen *kunya muku*.
Häuptling *morérekuát*.
Medizinmann *paye*.
Fremder *karaib*.
Bogen *urapat*.
Bogen (»rotes« Holz) *urapaputang*.
Bogen (helles Holz) *ivürapat*.

Sehne *urapaham*.
Pfeil (Ubá) *hüüp*, *heuvete*.
Pfeil (Kambayuva) *kamayöp*.
Pfeil (Affenknochenspitze) *heuavapin*.
Pfeil (Buriti-Holzspitze) *muritsi-ivi*.
Pfeil (Fischknochen-Spitze) *akanayäp*.
Knochenspitze *kamapuni*.
Schlingpflanze am Pfeil *caime-ivit*.
Wurfbrett *yauari amomoap*.
Wurfpfeil *yauari hüüp*.
Keule *hüapem*.
Kanu *hüat*.
Ruder *yahukuitap*, *yaukuhitop*.
Reuse *yekea*.
Fangkorb *tatari*.
Fischnetz *piraürük*.
Steinbeil *(d)yü* (mit *u*-Laut).
Kleines Steinbeil *(n)yüp-i*.
Schabmuscheln (vgl. S. 207, 208) *tyutsi*,
  ita, *ita muku*, *ita kuraa*, *ita-i*.
Wundkratzer *yayap*.
Haus *hók*, *ho(k)*, *apöt*.
Hängematte (Baumwolle) *heni*. (Buriti)
  yekrap.
Schemel *apükap*, *hapükap*.
Kalabasse *kuyaham*.
Kuye, grosse *katsirova*.
Kuye, kleine *ü-a*.
Oelkuye *yaniru*.
Topf, grosser *nyav*.
Topf, kleiner *mavikuru-i*.
Reibholz f. Mandioka *hüvehe*.
Beijúwender *hüvep*.
Siebfilter *tuavi*.
Korb *ripari*, *irikurup*.
Körbchen *hürnapit*.
Tragkorb *pirapünta*.
Bastsack *arakuri-üp*.
Bratständer *tukanan*.
Baumwollfaden *henimo*, feiner *henimo-i*.
Spindel *heüm*.
Kamm *küüvap*.
Wachs *iraiti*, *yaiti*.
Weiberdreieck *tameaop*.
Tätowierung *tyu*.
Federkopfschmuck (Japú) *yahuái*.
Federarmband *yauaravité*.
Steinkette *moüt*, der einzelne Stein
  moikita.
Rote Muschelstücke *yatüta*.
Flöte *kuruta*.
Pansflöte, grosse *kurua*.
Pansflöte, kleine *havirave*.
Rufflöte *yumiatotó*

Kurbisrassel *kamitü*, *kamitö*.
Tanz, Gesang *maraka*.
Maskenfeste *yaku-i-katu*, *hüvat*.
Tanzkeule *tanita*.
Gebissstab *haëaté*.
(Federnetz) »zum Tanz« *yakuiap*.
Strohmaske *yauari-püang*.
Brüllaffe *akükü*.
Makako *kai*.
Fledermaus *arua*.
Jaguar *yauat*.
Fischotter *yaunipüan*.
Koati *koatsi*.
Kapivara *kapiirat*.
Aguti *akutsi*.
Paka *paka*.
Gürteltier *tatu*.
Ameisenbär, grosser *tamanua*.
Ameisenbär, kleiner *tamanua-i*.
Reh *ihuku*.
Kaitetúschwein *tayau*.
Tapir *tapiit*.
Vogel *hara*.
Arara *kanine*.
Papagei *tarave*.
Urubú, weisser *ureoutsing*.
Harpyie *hurapä*.
Falk *kuyauu*.
Japú *yahu*.
Ibiyau *viviyu*.
Johó *makukana*.
Feldhuhn *kuyatetü*.
Jakú *yakuahém*, *yaku-i*.
Jakutinga *yakupatsing*.
Mutung *muitu*.
Mutum cavallo *muituahang*.
Ente *tsuvet*, *tsüee*.
Jabirústorch *urangutang*.
Kaiman *yakare*.
Eidechse *teyuparap*, *tarani*.
Leguan (Sínimbu) *enemü*.
Flussschildkröte (Trakajá) *turikayaa*.
Landschildkröte *yacatsipütá*.
Schlange *mói*.
Kröte *arutsam*.
Fisch *ipira*.
Hundsfisch *tatsi*, *tatsi-i*.
Piranya *piraang*, *pirang*.
Mereschu *tapaka*.
Pakú *paku*.
Pintado-Wels *tsarui*.
Rochen *yaveeüt*.
Biene *heit*.
Honig *heitarup* (Bienen-Eier).

Ameise, flieg. *arara-a*.
Ameise, grosse *hüga*, *hüha*, *tanahang*.
Moskito *piu*, *yatsin*.
Mutukabremse *nutuk*.
Sandwespe *tunutunuru*.
Grille *ökeyu*.
Leuchtkäfer *kaukauari*.
Holz, Baum *ivira-i*.
Blatt *iva*.
Mais *avatsi*.
Mandioka *maniok*, grosse Wurzel *temiu*.
Mandioka, durchgepresst *tepüra-atü*, getrocknet *tepüra-atekui*.
Püserego-Getränk *moohet*.
Pogu-Getränk *kañi*.
Beijú *meyu*, fast *menyu*.
Igname *kara*.
Batate *yetük*.
Bohne *kunanaviri* (Pflanze), *kunanatái* (Frucht).
Pfeffer *kökeòi*, *ökeòi*, *ikeang*.
Jatoba *yutaüp*.
Mamona *maungö*.
Marmelada *eaapong*.
Fruta de lobo *ütsia*.
Mangave *mangap*.
Pikí *pekei*.
Bakayuva-Palme *makayüp*.
Gariroba-Palme *pinop*.
Buriti-Palme *maritsi*.
Tukum-Palme *yauaraa*.
Akuríkern *tapiavare*.
Tabak *petüm*, Wickelblatt *petünuap*.
Genipapo *yanepap*.
Urukú *iriku*.
Baumwolle *amüniyu*.
Sapégras *yape*.
Membecagras *yavei*.
Bambus (Takoara) *takoat*.
Ubárohr *hüüp*.
Gravatá *parauata*.
Pindahyba *ivira*, *ivit*.
Peroba *tarukai*.
Japekanga *taratarate*.
Schlingpflanze *simo*.
Ximbuva *simoöp*.
Arika *tamiyuüp*.
ich *ye*.
du *hene*, *neko*.
rot, orange *nánga-maé*.
gelb *iyáva-maé*.
weiss *tsinga-maé*.
schwarz *ipitsúna-maé*.
blau, grün *itsovü-maé*.

grau *hinyúma-maé*.
1 *yepete*.
2 *mokói*.
3 *moapüt*.
4 *monyoíru*.
5 *yenepo-momap*.
6 *verovama yepete, verovak*.
7 *mokói verovak*.
8 *hemomoapüt*.
9 *hemoyoiru*.
10 *yenemai*.

11 *yenepü-aú*.
12 *yenepü-aumütet*.
13 *hemomvapüt*.
14 *hemonyoiru*.
15 *mai, yenepü-ai*.
16 *amunyaterovak*.
17 *yenepü ahímütet*.
18 *hemomoapüt*.
19 *monyoiru*.
20 *yenepü arehe*.
Negation *anite*.

9. Trumai.

Wo der Accent nicht angegeben ist, wird die letzte Silbe betont.

Zunge *yauano*.
Zahn *yaui*.
Mund *yauχop*.
Lippe *yauamaptamala*.
Nase *yaualaša*.
Nasenloch *yaualaχu*.
Auge *yauhon*.
Ohr *yauhaptü*.
Ohrloch *yauhaptiχúi, yauhatχoi*.
Kopf *yaukut, yakut*.
Stirn *yahokna*.
Kopfhaar *yauukurs, ukuχ*.
Brauen *yahútipimalapuksi, yahutupilaksi*.
Wimpern *yahuksi*.
Wangenbart *yauamabuksi*.
Schnurrbart *yaualafkus*.
Kinnbart *yauamubuksi*.
Hals *yamuṯ*.
Nacken *yauanas*.
Kehle *yauažanmuṯ*.
Brust *yautaput*.
Brustwarze ♂ *yauamisu*.
Brustwarze ♀ *ipaé-amish*.
Bauch *yauχe*.
Nabel *yautöf*.
Penis *yaupi*.
Scrotum *yautaf, yautá(u)*.
Pudenda ♀ *ali*.
After *yaupat*.
Schulter *yaumüda*.
Oberarm *yauato*.
Ellbogen *yauatolako*.
Unterarm *yauakanapmurzra*.
Hand *yaukanap*.
Handfläche *yaukarhuaχ*.
Handrücken *yaukaresi*.
Finger *yaulaktako*.
Fingernagel *yaüfi*.
Oberschenkel *yahut*.

Knie *yauanak*.
Unterschenkel *yauralata*.
Ferse *yauapütskut*.
Fuss *yauapits*.
Sohle *yauapütsfaχ*.
Zehen *yaupitsi*.
Zehennagel *yaupütfi*.
Haut *yauput*.
Knochen *tsidet*.
Sonne *atela, atelo*.
Mond *atelpak, atezbak*.
Stern *asi*.
Himmel *nanene*.
Regen, Wolke *kuniχu*.
Regenbogen *pupu*.
Gewitter *ta(ö)rsda*.
Wind *suṯ*.
Rauch *soχden*.
Feuer *sö*.
Salz *yakúri*.
Wasser, Fluss *misu*.
Stein *liki*.
Erde *tenetne*.
Weisser Lehm *tauatzin*.
Vater *papa*.
Mutter *atsiu*.
Sohn *hapat*.
Tochter *inoχu*.
Kind *aχos, aχus*.
Grossvater *ayéi*.
Grossmutter *atsets*.
Mutterbruder *vaue*.
Aelterer Bruder *apine*.
Jüngerer Bruder, Vetter *apisi*.
Aeltere Schwester *lukan* (?).
Jüngere Schwester *aχeat*.
Mann *kiki*.
Weib *ipae*.
Knabe *itadi*.

Mädchen *vaɟlo*.
Häuptling *aek*.
Medizinmann *paye*.
Fremder *karaip*.
Bogen *tsirślama*.
Pfeil *hit*.
Wurfbrett *opep*.
Keule *isitats*.
Kanu *si*.
Ruder *anat*.
Reuse *päle*.
Fangkorb *tatari*.
Steinbeil *daka*, sein Stein *dakaürs*.
Schabmuschel *eśakaśa* (ś nach ŋ hinüber).
Wundkratzer *tatalakat*.
Haus *pike*.
Festhütte
Hängematte (Buriti) *muritśini*.
Tuch *muritśini*.
Schemel *yulut*.
Kalabasse *kuyiham*.
Kuye *üa*.
Topf, grosser *arat*.
Topf, mittelgrosser *aratpat*.
Reibholz für Mandioka *uä*.
Beijúwender *munitsi akaars*.
Siebfilter *tuavi*.
Korb *örupari*.
Tragkorb *karaputu*.
Bratständer *tukana*.
Baumwollfaden *amumlyu*.
Spindel *umürś*, *umürs*.
Kamm *kuaú*.
Weiber-Bastbinde *ipur-axit*, *iaxit*.
Bast dafür *esni*.
Steinkette *tatakela*.
Flöte *kut*.
Rasselkürbis *iaa*, *caualatas*.
Fussklapper *kutɟot*.
Maske und Tanz *hakrüke*, *zarumaka*, *kuahaha*.
Tanzkeule *aton*.
Brüllaffe *amue*.
Makako *parśeku*.
Fledermaus *koyos*, *koyoś*.
Jaguar *fede*.
Koatí *koatsi*.
Agutí *akuts*.
Ameisenbär, grosser *ilihu*.
Ameisenbär, kleiner *ilihuene*.
Reh *tatsit*.
Kaitetúschwein *iśe*.
Tapir *monoto*.
Arara *arara*.

Papagei *tarau*.
Japú *tülaɟ*.
Ibiyau *teste*.
Johó *hukuk*.
Feldhuhn *nyähetetü*.
Jakú *mote*.
Jakutinga *motenehene*.
Mutung *kurele*.
Mutum cavallo *kurzerénehené*.
Ente *kutumbi*.
Kaiman *topetne*.
Leguan *muenue*.
Flussschildkröte *tsuul*.
Landschildkröte *uruts*.
Schlange *ureśüś*.
Fisch *kate*.
Hundsfisch *tasipie*.
Piranya *alenehene*.
Mereschu *paki*.
Pakú *tatkat*.
Rochen *alel*.
Moskito *tsinaś*, *tsinus*.
Holz, Baum *dei*.
Mais *hotet*.
Mandioka *ole*.
Püserego-Getränk *uleɟu*.
Pogu-Getränk *uröɟ*.
Beijú *meyu*.
Igname *yeókavaiténa*.
Batate *mani*.
Pfeffer *katsits*.
Jatoba *taɟetei*.
Mangave *caururu*.
Pikí *tsinon*.
Bakayuva-Palme *auao*.
Burití-Palme *muritśiuá*.
Tukum-Palme *datkela*.
Baumwolle *moneyu*.
Tabak *ɟi*, Wickelblatt *ɟikana*.
Urukú *manot*.
Sapégras *zamok*.
Bambus (Takoara) *takouts*.
Ubárohr *hit*.
ich *hai*.
du *isa*, *iða*.
rot, orange *tsomate*.
gelb *tsaiɟu*.
schwarz *tsidate*.
blau *tsioeu* (Kamayurá: »Perikito«).
grün *yeküri*.
1 *mihin*.
2 *hurś*.
3 *hurstame*.
4 *kumatak*.

5 katkel, nekatkelan.
6 mihin-po(k)péskun.
7 hurš-apokpėskun.
8 hurstam-apokpėskun.
9 kumatak-apokpėskun.
10 yepun-pokpėskun.
11 mihin-pitsa.

12 hurš-apitsa.
13 hurstam-apitsa.
14 kumatakuanpitsa.
15 katkel musräkkuake.
16 pitsuranapáke.
20 pitskel, nekatkelan.
Negation atak.

10. Paressi.

Wo der Accent nicht angegeben ist, wird die letzte Silbe betont.

Zunge nuninise.
Zahn naikúli.
Mund nukeliho.
Nase nukíri.
Nasenloch nukíri-zora.
Auge nudúse.
Ohr nutinihe.
Ohrloch nutinihe-zora.
Kopf nuseviri.
Stirn nutori.
Kopfhaar musėve.
Tonsur uaña.
Wirbel nehokuí.
Brauen nutáuli.
Wimpern nudóse-nirari.
Bart niuategelo.
Hals, Nacken nuhino.
Hals unter Kinn nukulu.
Kehle notaradahi.
Brust nutikuli.
Brustwarze ♂ nututunise.
Brustwarze ♀ nizanito tutune.
Bauch numögoda.
Nabel nutodase.
Penis nuse.
Scrotum nutakuluse.
Pudenda ♀ kuzo, nizanito kuzone.
After nušigose.
Schulter nutagodisö.
Oberarm + Unterarm nukáno.
Ellbogen nukáno-tohirasö.
Hand nukáhe.
Finger nukahe-i.
Daumen enétuliseve.
Zeigefinger nukahe-i.
Mittelfinger enenáto taluhi.
Ringfinger ehieütalihé.
Kleinfinger zoumirihi.
Fingernagel nuti.
Oberschenkel nuhúse.
Knie nukauli.

Unterschenkel nukasahe.
Ferse nukišinolosó.
Fuss nukiši.
Sohle nukišikuá.
Zehen nukisi-hi.
Zehennagel nuti, nuiti.
Haut numeli, numelihi.
Knochen nunáhe.
Blut noitimarané.
Milch tutuza, totodu.
Von Tieren:
Feder ötane.
Flügel ekanusö, ekanoso.
Gelenk ekanutala.
Schwanz (Perikito, Hund) enihu.
Schnabel ekiri.
Auge edusö.
Zunge enekuei.
Fuss ekisi.
Kralle enuta.
Gräte endhe.
Haut emeli.
Fleisch inete, netö.
Blut itímarané.
Herz emahiaso.
Lunge otodadahi.
Magen enasiri.
Darm enasi.
Leber etakure.
Ei enosö.
Sonne kamái.
Osten hikohena.
Mittag totuhikoana.
Westen isoa.
Mond kayö.
5 Phasen: (Neumond) yukáihitá, kinatá-
   lihitá, taréhokohená, tutohená, tuitá.
Stern zulösö, zuri.
Milchstrasse kotanáhatirá.
Jahr kamöka.
Tag huerouga.

Nacht *maka*.
Himmel *enukua*.
Wolke *kaimeneti*.
Regen *one, enuilati, one tareluga*.
Gewitter *enuhare*.
Wind *kahola*.
Rauch *simere*.
Feuer *irigate*.
Salz *seuce*.
Wasser, Fluss *one, ane*.
Insel *kahihuruhe*.
Wald *kolāhu*.
Berg *teiri, teire*.
Stein *söhali*.
Erde, Sand *eaikohe*.
Lehm *kanihe*.
Vater *buua, buva*, Waimaré *aba*.
Mutter *mama*, Waimaré *ama*.
Sohn *hari*.
Tochter *ohiro*.
Kind, Säugling *datehiro*.
Grossvater *ato, ätöto*.
Grossmutter *abe, abebe*.
Enkel *noši*.
Mutterbruder *kuku*, Waimaré *kukare*.
Tante *nakélu*.
Aelterer Bruder *azö, adezö*.
Jüngerer Bruder, Vetter *nozimarini*.
Aeltere Schwester *kori*.
Jüngere Schwester *daza*.
Mutter der Gattin *naika*.
Mann *ena*.
Weib *nezanito, nizanito*.
Knabe *zuima, ena-magosö*.
Mädchen *ohiro-magosö*.
Häuptling *amale, hariti*.
Medizinmann *otahanale*.
Hexenmeister *tihanale*.
Fremder *emuiti*.
Neger *kiere*.
Bogen *kolehogo*.
Sehne *ulaua-hi*.
Pfeil *kole*.
Keule *aterihozö*.
Holzkanu *kötto; kauoa* (portug.).
Rindenkanu *misa*.
Ruder *hulategalati*.
Axt *zauati*.
Steinbeil *horokane*.
Flinte *korenaso*.
Eisen *kamaitihira*.
Gold *oiro* (portug.).
Diamant *diimante* (portug.).
Haus *hati* (Kulisehu *pai*).

Dach *ezötehira*.
Thür *hatiganasö*.
Hängematte *maka*.
Seil *olauahe*.
Faden *konohihi*.
Spindel *tiro, olauari*.
Schemel *okahakalati*.
Kalabasse *matogo*.
Kuye *hešiša*.
Topf *matalo*.
Reibholz f. Mandioka *timare*.
Siebfilter (peneira) *atoa*.
Tragkorb *koho*.
Bratständer *koizate*.
Kamm *halata*.
Hüftentuch ♀ *emiti*.
Schutztüchlein ♂ *daihasö*.
Hüftschnur ♂ *kunokua*.
Perlgürtel *nukoalahi*.
Tätowierung *nohotö*.
Kautschukband (Knie) *itaiti*.
Baumwollband (Knie) *natahe*.
Baumwollband (Oberarm) *nukalocani*.
Nasenfeder *nukiliakosö*.
Ohrgehänge (Palmnuss) *hohoro*.
Federdiadem *kanahioko*.
Flöte, grosse *hiemagi*.
Flöte, kleinere *holata*.
Pansflöte *dero*.
Kürbisrassel *uala*.
Maske *nudosohago, kularuza*.
Brüllaffe *alome*.
Makako *huate*.
Koatá *uaganele*.
Fledermaus *mahigue*.
Jaguar *tšene*.
Wolf *ahuza*.
Kampfuchs *honduru, wazolo*.
Fischotter *inaue*.
Koatí *kahi*.
Kapivara *oli*.
Gürteltier *makurisa*, (cabelludo) *ulauairu*, (bola) *iuwetösö*, (liso) *euamose*.
Riesengürteltier *marura*.
Ameisenbär, grosser *atipure*.
Ameisenbär, kleiner *uearie*.
Reh *dotare*.
Sumpfhirsch *azama*.
Kaitetúschwein *hauaruxa*.
Bisamschwein *hode*.
Tapir *koite, kotare*.
Vogel *kutelase*.
Arara (roter) *kalo, karu*, (blauer) *tihue*.
Papagei *warata, aulu, zara*.

Perikito *tahiri, kuiri* (rote Stirn).
Harpyie *kukui.*
Japú *koloma.*
Taube *vaitaha.*
Feldhuhn *kodye.*
Huhn *taguira.*
Jakú *marato.*
Mutung *hauiši.*
Strauss *ao, au.*
Seriema *kulata.*
Kaiman *iuvakare.*
Eidechse *dohi, zohi.*
Flussschildkröte *ikore.*
Landschildkröte *uadulahata.*
Schlange *ui, uini.*
Klapperschlange *kairiri.*
Sukurí *menesö.*
Kröte *kari.*
Fisch *kohása.*
Hundsfisch *mazudure.*
Piranya *anaye.*
Mereschu *kayale.*
Pakú *kaihare.*
Pintado-Wels *hodöli.*
Matrincham *hožiga.*
Piava *uvalaku.*
Lambaré *kazaha.*
Rochen *ina.*
Biene *anui.*
Honig *maha.*
Wespe *ani.*
Schmetterling *mehele.*
Termite *munuli.*
Ameise *zuguzugu.*
Spinne *zoa.*
Karapato *kohere.*
Moskito *aniotö.*
Stechfliege *tihenüle.*
Holz, Baum *ata.*
Brennholz *moisate.*
Blüte *ihive.*
Stiel *ekatö.*
Frucht *iri.*
Samen, Wurzel *esö.*
Mais *kozoto.*
Mandioka *ketoso.*
Mandiokamehl *tolohe.*
Gährendes Getränk *kaširi-uluinti.*
Mingau-Brei *kadalaso, katadere.*
Beijú *zomo, domo.*
Igname *haka.*
Batate *kaye.*
Mandubí *šimele.*

Pfeffer-Bohne (feijão) *komatáihirá,* (faba) *komata.*
Pfeffer *aridimoko.*
Jatobá *ozari.*
Mangave *katola.*
Pikí *kani.*
Bakayuva-Palme *sakole.*
Gariroba-Palme *uvakuri.*
Buriti-Palme *isóe.*
Akuri-Palme *ulukuri.*
Oaussú-Palme *koši.*
Tukum-Palme *alóna.*
Baumwolle *konohe.*
Tabak *azie, azieha.*
Genipapo *dana.*
Urukú *ahitö.*
Sapégras *tekele.*
Bambus *uašina.*
Ubárohr *tiua.*
Gravatá (Ananas) *uenore.*
Embira *atema.*
Reis *aroso* (portug.).
Apfelsine *alalaiša.*
Banane *banana* (portug.).
Ipekakuanha *poaya.*
Goyava *moturi tiniri.*
Kautschuk *uvarišö.*
Bogenbaum (Ipé?) *košö, alaua.*
ich *nato.*
du *hiso.*
rot (Zinnober) *dotere,* (Rosakrapp) *materere.*
orange *dütahiöcelé.*
gelb *ošikere.*
weiss *iyumere.*
schwarz *kiere.*
blau, grün *tihole, tihorere.*
1 *hakida.*
2 *hinama.*
3 *hanama.*
4 *zalayava.*
5 *hakahigi.*
6 *hasóegaguá.*
7 *ehiritarigi.*
8 *ehiritarigi.*
9 *ehiritarigi.*
10 *kahiti döda.*
Ich bin leider nur einmal dazu gekommen, die Zahlen abzufragen. Zum Fuss an die Zehen *na-kišchi* übergehend, sagte der Paressí von jeder Zehe *kišiti-döda.*
Negation *máisa.*

11. Bororó.

Wo der Accent nicht angegeben ist, wird die vorletzte Silbe betont.

Zunge *ikeru*.
Zahn *itó*.
Mund *inógua*.
Loch in d. Unterlippe *noguaboro*.
Nase *ikena*.
Nasenloch *ikenoyaporo*.
Auge *yoko*.
Ohr *iviya*.
Ohrloch *iviyayaporo*.
Kopf *itáura*, *ikáura*.
Stirn *ieri*.
Kopfhaar *itao*.
Brauen *yokoparirabö*.
Wimpern *yokobö*.
Schnurrbart *ikogabö*.
Kinn *ikogura*.
Hals, Nacken *ikidorü*.
Kehle *iruo*, *iruoporo*.
Brust *imorora*.
Brustwarze ♂ *imoguro*.
Brustwarze ♀ *areme emoguro*.
Rücken *ikudziagi*.
Oberteil *iporu*.
Kreuz *imomoroa*.
Bauch *ikuri*.
Nabel *ikönabo*.
Penis *iuaga*.
Scrotum *iuca*, *iua*.
Pudenda ♀ *mogo*.
After *irikarigo*.
Schulter *ikanáura*.
Oberarm *ikana*.
Ellbogen *iviyora*.
Unterarm *itagara*.
Hand *ikera*.
Finger *ikerako*.
Fingernagel *ikináge*.
Oberschenkel *ipobona*.
Knie *ipogoda*.
Unterschenkel *itori*.
Knöchel *iurerupe*.
Ferse *iureda*.
Fuss *iure*.
Fussrücken *iurerá*.
Sohle *iureka*.
Zehen *iureko*.
Zehennagel *iurege*.
Haut *iwire*.
Knochen *ra*.
Eingeweide *peguro*.
Herz *uabo*.

Leber *aka*.
Blut *kogua*.
Same *boenoboé*.
Speichel *kodoguro*, *jatoguro*.
Schweiss *boeru*.
Kot *epe*.

Von Tieren:

Schwanz (Jaguar) *ö* (*adugo-ö*).
Schnabel *oto*, *áto*.
Flügel *kana*.
Schwanz (Vogel) *aiyega*, *eaga*.
Flügelfeder *iköda*.
Kleine Feder *bo*.
Krallen *buregi*.
(Ochsen-) Horn *kiga*.
Fleisch *kodo*.
Speiseröhre *ruo*.
Lunge *bari*.
Magen *kubiri*.
Niere *taude*.
Pankreas *ika*.
Blase *ikorudža*.
Sonne *meri*.
Osten *baru yuáikodódo*.
Mittag *barataya bukedyeo*.
Westen *meriekódo*.
Mond *ari*.
Neumond *ariruto*.
Stern *kuyedže*.
Milchstrasse *kuyedže erugudo*.
Tag *merige*.
Nacht *boešodo*.
Himmel *baru*.
Wolke *boetugo*.
Regen *bubutö*.
Donner *bogarulu*.
Blitz *boigaba*.
Wind *bakuro*.
Rauch *yereduto*.
Feuer *yoro*.
Asche *erugudo*.
Wasser, Fluss *pába*.
Berg, Stein *tori*.
Erde, Boden, Lehm *moto*.
Kies *tariguro*.
Sandstrand *kögaro*.
Vater *iuga*.
Mutter *imuga*.
Sohn *imedo*, (klein) *imedrogo*.
Tochter *aredo*, (klein) *aredrogo*.

Kind *itunaregedo*.
Grossvater *iedaga*.
Grossmutter, Tante *imarugo*.
Vaterbruder *iugomama*.
Mutterbruder *iure*.
Aelt. Bruder *imana*.
Jüng. Bruder, Vetter *irie*.
Schwester *ituye*.
Ehemann *ituredo*.
Ehefrau *ituredudže*.
Junggeselle, Jungfrau *taado*.
Witwer, Witwe *iugotše*.
Schwager *inodou*.
Mann *ime*.
Weib *areme*.
Knabe *medo*.
Mädchen *aredo*.
Jägermannschaft *aröe*.
Mädchen, zusammen *nogarepugure*.
Knaben, zusammen *negepugure*.
Häuptling *baimedžera*.
Medizinmann *bari*, *aroe-tanarari*.
Bogen *baiga*, *bahiga*.
Pfeil *tugo*, *to*.
» (Knochenspitze) *tögora*.
» (Bambusspitze) *butäiga*, *batäiga*.
» (Harpune) *kuya*.
» (stumpfe Spitze) *todobare*.
Kanu *ika*.
Fischnetz *buke*.
Angel *buoda*.
Flinte *boiga*.
Kugel, Schrot *boigato*.
Pulver *urugudo*.
Beil *paro*.
Eisenbeil *paro-merire*.
Messer *tariga*.
Federmesser *tarigarago*.
Scheere *pinai*.
Eisen *meride*, *merire*.
Eisentopf *ruobo-merire*.
Schabmuschel, grosse *ato*.
Schabmuschel, kleine *atreba*.
Grabholz *taibo-botora* (Seribapalme).
Klaue v. Riesengürteltier *kadoriuugi*.
Haus *iuai*.
Männerhaus, Ranchão *baito*.
Hängematte *kuga*.
Schlafmatte (Oaussú) *koto*.
Matte *kekiko*.
Matte (Buriti) *be-to*.

Schemel *irá*.
Kalabasse *paari*.
Kuye, grosse *pagoga*.
Kuye, kleine *imorenge*.
Topf, grosser *aria*.
Topf, kleiner *ruobo*.
Mörser *kaia*, *kaya*.
Stampfer *kaiporu*.
Korb, kleiner *mitšiga*, *maridoro*.
Totenkorb *bakite*.
Körbchen (Maisstroh) *papao*.
Tragkorb *kodraba*,
Feuerfächer *bakoreo*.
Baumwollfaden *akiga*.
Spindel *otora*.
Kamm *paduga*.
Weiber-Bastbinde *kudabie*, *kudohie*.
Rindengürtel *pareaeii*.
Penisstulp *inobá*.
Kleidung *araga*.
Hut *itatodan*.
Lippenkette *ararulea*.
Lippen-Harzstift *bokoduga*.
Lippenbohrer *baragara*.
Tätowierung *kurudža*.
Lackstreifen *itagara*.
Perlen *boura*.
Federdiadem (Arara)[*)] *pariko*, *kurugäga*
 (Falk).
Ohrfeder (Araraschwanz) *mbuleaga*.
Kette von Jaguarzähnen *aigo-murieri*.
Riesengürteltier-Brustschmuck *bokoduri*.
»Hosenträger«-Schnüre *akiga*.
Flöte *ika*.
Rasselkürbis *bapa*, *baparabuga*.
Kürbisflötchen *paari*.
Schwirrholz *aidye*.
Maisbälle *papao*.
Federpeitsche *tagora*.
Tanz im Kreise *kahité*.
Brüllaffe *pai*.
Makako *dyúkuo*.
Fledermaus *käh*.
Jaguar *adugo*.
Puma *ariga*, *aiga*.
Fischotter, grosse *ipie*.
Fischotter, kleine *dyomu*.
Wolf *ri-e*.
Kampfuchs *rapure*.
Koati *kudobu*.
Kapivara *akiua*.

---

*) Offenbar eigentlich vom Jakú *parigogo*. Der Schmuck wird nahezu ausschliesslich bei allen unsern Indianern mit dem Namen des Tieres und seiner Teile, die ihn zusammensetzen, bezeichnet.

Aguti *mäh*.
Paka *apu*.
Gürteltier (liso) *rä, lä*, (cascudo) *okuari enokuri*.
Riesengürteltier *bokodori*.
Stachelschwein *i-we*.
Ameisenbär, grosser *buke*.
Ameisenbär, kleiner *apoga*.
Kampreh *orogu*.
Waldreh *poboga*.
Hirsch *atubo*.
Kaitetúschwein *dyai*.
Bisamschwein *dyago*.
Tapir *ki*.
Rind *tapira* (Lingoa geral).
Hund *kašoro* (portug.).
Pferd *kacaro* (portug.).
Esel *buro* (portug.).
Vogel *kiogorogo*.
Arara, roter *uabure*, blauer *kutoro*, mit gelber Brust *kaido*.
Papagei *kurao*.
Perikito *kida*.
Urubú *pobureo*.
Königsgeier *bii*.
Falk *kuruguga, baruge*.
Japú *tšuaro*.
Ibiyau *petugaya*.
Tukan *apodo*.
Huhn *kogoriga*.
Johó *kuo*.
Feldhuhn *parikiogodo, luodo*.
Jakú *parigogo tšereo*.
Jakutinga *parigogo*.
Mutung *kudye*.
Taube *metugu*.
Ente *trubare*.
Seriema *bä-u*.
Möve *tayama*.
Strauss *pari*.
Kaiman *uai*.
Eidechse *amema, tuoga*.
Leguan *irui*.
Flussschildkröte *apé, baigabe, derego*.
Landschildkröte *džorigige*.
Schlange *auago*.
Kröte *ru*.
Fisch *) *kare*.
Hundsfisch *amigi*.
Piranya *biogo, buigoga*.
Matrincham *arara moreo*.

Dourado *okoge*.
Pakú *pobo*.
Pintado-Wels *orari*.
Rochen *meru, atamo*.
Biene, Honig *miau*, Wachs *miauburi*.
Ameise *mitšege*.
Termite *koiaro*.
Moskito *maše*.
Wespe *atuge*.
Fliege *ruke*.
Spinne *makaigo*.
Holz, Baum *ipo*.
Wald *itora*.
Pflanzung *boepa*.
Brennholz *gurige*.
Blatt *laru*.
Stiel *itora*.
Blüte *oku*.
Stamm *ukau*.
Mais *kugeda*.
Maisbrod *amōreu*.
Mandioka *yureo*.
Farinha *yureokuto*.
(Batate) *oturo, pagadži* etc. 7 Arten Knollen, die nicht Batata edulis sind.
Pfeffer *kumara*.
Jatoba *bokuadi*.
Mangave *bato*.
Pikí *eko*.
Burití-Palme *marito*.
Buriti-Wein *uoro*.
Oaussú-Palme *uaido*.
Akurí-Palme *apido*.
Seriba-Palme *botora*.
Tabak *mäh*.
Genipapo *biye*.
Urukú *nouogo*.
Gras *boko*.
Bambus (Takoara) *kado*.
Ubárohr *ariru*.
Ananas *otše*.
Banane *manana* (portug.).
ich *imi* (vgl. Seite 517).
du *aki*.
rot, orange *kudžagoreo*.
gelb *küreo, ekureo*.
weiss *kigadreo*.
schwarz *tšereo, šereo*.
blau, grün *kauraureo*.
Zahlen vgl. Seite 517.
Negation *bókua, bokuáre*.

*) Die Bororó des Männerhauses haben mir an 80 Fischnamen diktiert.

II. Die matogrossenser Stämme nach cuyabaner Akten.

Da es sehr ungewiss ist, welches Schicksal dem Seite 389 in der Anmerkung besprochenen Archiv der Directoria dos Indios beschieden ist, halte ich es für geboten, meinen Auszug mitzuteilen. Ich beginne mit den Tabellen von 1848 und 1872.

		1848		1872
1	Caiuás	?	Umgebung des Rio Iguatimy [1])	?
2	Chamococos	200	Paraguay rechts, bei Bahia Negra	200
3	Cadiuéos	850	Paraguay abwärts Coimbra	850
4	Beaquéos		Oestlich des Paraguay und südlich von Miranda	100
5	Cotoguéos	500	Lalima [2]) bei Miranda	— [4])
6	Guatiedeos	130	Albuquerque	— [5])
7	Guanaz	200	Albuquerque und bei Cuyabá	— [6])
8	Kinikináos	1000	Matto grande bei Albuquerque-Miranda	...
9	Terenas	2000	Miranda	—
10	Laianas	300	Miranda	—
11	Guachís	?	Miranda	— [7])
12	Guatós	500	Paraguay und S. Lourenço, Lagoa Gaiba und und Uberaba	50 [8])
13	Bororós da Campanha	180	Westlich vom Paraguay bei dem Marco do Jaurú [3])	180
14	Bororós Cabaçaes	110	Registo do Jaurú und Campos da Caiçara	40
15	Cayapós	200	Zwischen Quellen des S. Lourenço und des Taquary, zwischen Paraná und Paranahiba	400
16	Coroados	?	Quellgebiet des S. Lourenço	?

[1]) Der Rio Iguatemy ist ein Nebenfluss des Paraná, in den er etwas oberhalb des Salto-Grande das Sete-quedas einmündet.
[2]) 6 Leguas südlich von Miranda.
[3]) Nebenfluss des Paraguay. Das Registro oder Registo (vgl. 14), die Zollstation, liegt auf der Strasse zwischen Cuyabá und Matto grosso.
[4]) Fehlen in der Liste.
[5]) Fehlen in der Liste.
[6]) Wurden durch die Paraguayer nach Asuncion gebracht und starben dort alle.
[7]) Fehlen in der Liste.
[8]) Sind infolge des Paraguaykriegs und der Pocken fast ausgestorben.

				1848	1872
17	Bacahirís	200	Quellgebiet des Paranatinga		200
18	Cajabís	?	Quellgebiet des Paranatinga		?
19	Barbados	400	Paraguay rechts und Serra dos Parecíz		400
20	Paricíz	250			250
21	Maimbarés	400	Campos und Serra dos Parecíz		400
22	Cabixís	500			500
23	Nambiquarás	600	Rio do Peixe (zum Arinos)		600
24	Tapanhunas	800	Ribeirão (Bach) dos Tapanhunas (zum Arinos)		800
25	Apiacaz	2700	Arinos und Juruena		2700
26	Mequens	?	Oestlich vom Guaporé		?
27	Guarayos	?	Westlich vom Guaporé		?
28	Cautarios	?	Beide Ufer des Mamoré und Madeira		?
29	Pacáz	?	Oestliches Ufer des Mamoré		?
30	Cenabós	?	Westliches Ufer des Mamoré		?
31	Jacarés	?			?
32	Caripunas	1000	Ufer des Mamoré und Madeira		1000
33	Aráras	?	Ufer des Madeira bis zum Jamarí [1])		?
		13020			8670

Ich gebe weiterhin die Erläuterungen von 1848 und füge in Klammern das Wenige hinzu, was sich aus späteren Jahren von Wissenswerthem in dem sonst fast nur Personal- und Verwaltungsnotizen enthaltenden Heft der Directoria vorfand.

1. **Cayuás.** Wenig bekannt. Ziemlich zahlreich. Sind sesshaft und treiben Landbau.

2. **Chamococos.** Südlich von Coimbra nahe der Bahia Negra über einen grossen Waldbezirk in kleinen Gruppen verbreitet, die sich selten vereinigen. Stark, gute Arbeiter, wenig intelligent. Jäger, treiben ein wenig Pferdezucht. Nackt; die Frauen bedecken die Blösse mit einem Gewebe von embira de caraguata.*) Aus demselben Stoff werden Säcke für Lebensmittel verfertigt. Keine andere Industrie. Zuweilen im Krieg mit einem Stamm gleichen Namens im Westen. Verkaufen ihre Kinder an Guaycurús und Guanás für Beile, Pferde und Baumwolltuch. Nicht feindlich, aber nicht zum Anschluss geneigt; vier bis fünf sprechen portugiesisch. Höchstens einmal im Jahr kommen einige nach Miranda oder Albuquerque. Betrinken sich gern und stehlen auch.

3—6. **Guaycurús Cadluêos.** Berühmt aus der Vorzeit wegen ihres Widerstandes. Etwa 800 auf beiden Ufern des Paraguay abwärts Coimbra. In verschiedenen Horden. Wohnen in Zelten, die aus Stangen und Fellen oder Matten bestehen. Jagd, Fischfang, kein Feldbau. Viele Pferde, etwas Wollvieh, Schweine, Hühner. Keine Industrie. Im ewigen Krieg mit den Nachbarn, mit Brasilien im Frieden. Stolz und heimtückisch; kommen mit Flechtarbeiten um Schnaps, Pferde u. s. w. einzutauschen.

[Bericht 1872: **Guaycurús Beaquêos.** Etwa 100 Individuen in einem Dorfe nahe bei Miranda. Jagd, Fischfang. Mais, Pororóca,**) Mandioka, Bataten, Cará, Kürbisse, Zuckerrohr. Einige Pferde, etwas Wollvieh, Vögel und Schweine. Nehmen den Chamococos wie auch den Enimás im benachbarten Paraguay Frauen und Kinder fort. Weben schöne Ponchos, Hängematten, Tragbänder und Gürtel. Stolz, zum Trunk und Diebstahl geneigt.]

---

[1]) Mündet in den Madeira 14 Leguas unterhalb des Katarakts von Santo Antonio.
*) Bromeliae spinosae, gewöhnlich »gravata«.
**) Auch Pipóca, eine Maisvarietät, die sich am besten für ein biskuitähnliches Backwerk eignet.

7. **Guanás.** Dorf bei Albuquerque und eine halbe Legua von Cuyabá.
8. **Guanás Kinikináos.** Etwa 800 in Dorf I in Matto grande 3 Leguas westlich von Albuquerque, Dorf II 200 bei Miranda.
9. **Guanás Terenas.** Leben angesiedelt in der Umgebung der Garnisonstadt (Prezidio) Miranda.
10. **Guanás Laianas.** Desgleichen.

[Bericht 1858: Guanás und Kinikináos in dem Dorf von *Nossa Senhora do Bom Conselho* unter dem vortrefflichen Bruder Mariano de Bagnaia, der mit Urlaub wegging und in S. Paulo blieb. Sie erfreuten sich eines Schullehrers, eines Musiklehrers und eines Schneidermeisters. Terenas und Laianas in der *Aldea da Villa de Miranda*.

Bericht 1861: Die Kinikináos wohnten in dem Sprengel von Albuquerque, 3 Leguas von der Stadt, in dem Dorf Nossa Senhora do Bom Conselho schon lange vor Begründung der Directoria. Diese suchte Ordnung zu schaffen durch die Mission des Frei Mariano. Für die Terenas, Laianas und Guachis — in der Zahl von 2500 — wurde eine Ansiedlung, eine Legua von der Villa de Miranda entfernt, den 30. April 1860 begründet. (Widerspruch mit dem Bericht von 1858.)]

11. **Guaxis.** Fast ausgestorbener Stamm. Verhalten sich ähnlich den Guanás und Guaycurus von Miranda, wo sie ebenfalls wohnen.

12. **Guatós.** Am rechten Paraguay-Ufer und an den Lagunen von der oberen Mündung des Paraguay-merim bis ein wenig abwärts von Escalvado, auch an der S. Lourenço- und Cuyabá-Mündung. Während der Regenzeit in dem überschwemmten Kampgebiet. Bauen kleine und niedrige Hütten, bleiben tagüber in den Kanus, die sehr gut gearbeitet, klein und schnell sind. Zuweilen sieht man einen Guató mit fünf oder sechs Kanus voller Frauen und Kinder. Gewöhnlich haben sie zwei Frauen, einige begnügen sich mit einer. Hier und da bauen sie etwas Mais, Mandioka und Früchte, aber mehr aus Leckerei als zum Lebensunterhalt. Sammeln auch den dort üppig wachsenden Waldreis (arroz silvestre), doch nur für den Bedarf des Augenblicks. Sehr geschickt mit Bogen und Pfeil; betreiben mit Speer und Wurfspiess die Jaguarjagd. Freundschaftlichster Tauschverkehr. Die Männer beginnen Hemd und Hose, die Frauen Unterröcke zu tragen. Sind treu, rechtschaffen, harmlos, haben aber zuweilen gezeigt, dass sie Widerstand leisten und Beleidigungen rächen können. Sehr zur Trunkenheit geneigt. Die Meisten verstehen unsere Sprache und viele Erwachsene sprechen sie.

[Bericht 1872: Dieser Stamm ist fast ausgestorben.]

13. **Bororós da Campanha.** Zwei Gruppen: 1) Dorf in Bolivien bei Salinas, 2) Dorf gegenüber Escalvado am rechten Paraguay-Ufer, eine Legua vom Fluss. Sind friedlich, treiben Feldbau, haben Schweine und Hühner. Baumwollhängematten. Einige reden portugiesisch. Haben öfters Sklaven und Deserteure von Bolivien zu den Garnisonplätzen eingebracht. 150—200.

[1858 heisst es: ein Teil lebt in den Campanhas de Marco und ein anderer jenseits des Corixa-Baches.]

14. **Bororós Cabaçaes.** Zwei Horden, bis vor Kurzem wild, die eine an den Quellen des Jaurú, die andere an denen des Cabaçal. Machten zahlreiche Angriffe auf der Strasse von Cuyabá nach Matto Grosso,*) so dass häufig Truppen gegen sie ausgesandt wurden, die Viele, ohne Unterschied des Alters und Geschlechts, töteten. Sie selbst wollten keine Gefangene machen, sondern töteten soviel sie konnten, ohne Unterschied des Geschlechts und Alters. Nähren sich von den Früchten, die der Boden freiwillig darbietet und pflanzen höchstens etwas Pururuca-Mais, den sie unreif essen, Bataten und Bananen. Keine Industrie.

---

*) Der spätere Name für Villa Bella am Guaporé.

Haben Bogen und Pfeile, schlechte Töpfe, Strohgeflechte, mit denen sie ihre Nacktheit zum Teil bedecken. 1842 gelang es dem ehrwürdigen Vikar von Matto Grosso, José da Sa Fraga durch Ueberredung und Milde und mittels Geschenken sie nach einer Fazenda von ihm im Registo do Jaurú zu locken; dort blieben sie alle, 177 an der Zahl, seit dem 1. April 1843, heute sind sie auf 81 zusammengeschmolzen. In diesen 5 Jahren bezeigten sie wenig Lust für den Feldbau und lebten nur von Pfeil und Bogen.

15. **Cayapós.** Zwischen Paraná und Paranahyba und im Quellgebiet des S. Lourenço und Taquary. Einige sind in dem Destakament am Piquiry angesiedelt, andere in dem Porto do Paranahyba auf der Strasse nach S. Paulo, andere leben frei. Jagd, Fischfang, Bau von Mais, Reis, Mandioka, Bataten und Zuckerrohr. Machen etwas Rapadura (roh eingekochten Zucker). Haben Schweine, Hühner, sogar einige Kühe und Pferde. Sprechen grösstenteils portugiesisch. Viele verdingen sich. Wahrscheinlich sind einige Räubereien, die den Coroados zugeschrieben werden, von ihnen ausgeführt.

16. **Coroados.** An den Quellen von verschiedenen Zuflüssen des S. Lourenço. Von ihrer Anzahl und ihren Eigenschaften ist wenig bekannt; sie fliehen oder sind feindselig. Haben Brände angestiftet bis auf zwanzig Leguas Entfernung von Cuyabá; daher werden alle paar Jahre Truppen gegen sie ausgeschickt, die Erwachsene töten und Kinder gefangen nehmen, was die Bekehrung auf keine Weise fördert.

17. **Bacahiris.** Quellen des Paranatinga und Oberlauf des Arinos. Sind von hervorragend friedlicher Gesinnung. Fliehen vor den Angriffen ihrer Feinde, den Nambiquáras, Tapanhunas und Cajabis. Leben von Jagd und Fischfang, pflanzen Mais, Mandioka, Bataten, Cará, Gartenbohnen, Saubohnen und Zuckerrohr. Ihre Werkzeuge zum Feldbau sind aus Stein oder Kernholz. Ihre Industrie: Hängematten mit Maschen von Baumwolle oder Tucum, geflochtene Siebe und Körbchen. Nur sehr wenige (muito poucos) verstehen unsere Sprache, indessen verlangen sie danach. Die Senhora Donna Feliciana Guerobina Pereira Coelho, eine wohlhabende Landbesitzerin im Distrikt der oberen Serra*) nimmt sich ihrer freundlich an, beschenkt sie und äussert sich in günstiger Weise über die leichte Bekehrung. Sie sind Feinde der

18. **Cajabis,** unbezwungener Wilden in der Umgebung des Salto.

19. **Barbados.** Nur eine Ansiedelung am Abhang der Serra dos Pareciz bei den Quellen des Rio Vermelho, eines Nebenflusses des Paraguay, dem entlang sie bis zum Paraguay selbst umherziehen. Mais, Mandioka, Bataten, Cará. Werkzeuge von Stein und Kernholz. Keine Viehzucht oder Industrie. Mit Andern nicht im Kriege; fliehen die Brasilier, sind aber verrätherisch und haben zweimal Reisende zwischen Diamantino und Villa Maria angegriffen.

20. **Pareciz.** 200; einst berühmt und kriegerisch. Verschiedene Gruppen in der Serra und den Campos dos Pareciz zwischen Diamantino und dem Distrikt von Matto Grosso. Machen zuweilen Besuche und bringen als Tauschwaaren Siebe, Körbe, Hängemattenstricke, Federn, Trinkschalen und den von Rauchern sehr geschätzten Tabak, den sie fertig zurichten und mit Urumbamba**) einwinden. Wenige sprechen und verstehen portugiesisch. Sie begehen keine offenen Feindseligkeiten, gesellen sich aber zuweilen zu den Cabixis, um Unthaten zu verüben.

[Bericht von 1858: Durch die Sklavenjagden der Paulisten stark vermindert. Die Gründung des Dorfes bei der Stadt Diamantino ist von jungem Datum. 1856 erhielten sie die ersten Geschenke.]

21. **Maimbarés.** Zahlreicher als die Pareciz, mit denen sie Beziehungen haben und in deren Begleitung sie zuweilen erschienen, in Familiengruppen in den Einöden der Campos dos Pareciz. Jagd, Bau von Mais, Mandioka, Bananen, Bataten, Cará.

*) Nach Antonio bei Lagoinha.
**) Desmoncus rudentum, desmoncus macranthus Mart., Kletterpalmen.

22. **Cabixis.** Zahlreich in verschiedenen Dörfern, 15—20 Leguas nordwestlich von dem Arraial de São Vicente. Feindselig, ziehen mit Raub und Brand bis in die Nähe von Matto Grosso, so dass zuweilen Militär gegen sie aufgeboten wird.

23. **Nambiquarás.** 600 an der Vereinigung von dem Rio de Peixe und dem Arinos. Jagd, Fischfang, Früchte der Serra, Werkzeuge von Holz und Stein. Führen mit den Nachbarn gewohnheitsmässig Krieg, besonders mit den Apiacás. Wollen nichts mit den Brasiliern zu thun haben, greifen Kanus auf ihrem Wege nach Pará an, haben aber grosse Furcht vor den Feuerwaffen und leisten keinen offenen Widerstand.

25. **Tapanhunas.** Von derselben Art wie die vorigen. Etwa 800 an der Vereinigung von Tapajoz und Arinos.

25. **Apiacáz.** Anwohner des Juruena, besuchen auch die Ufer des Arinos. Sie besitzen Eisenwaren und treiben Feldbau, Jagd, Fischfang. Halten sich bei ihren Fehden mit den Nambiquarás und den Tapanhunas mehr in der Defensive, haben gleichwohl ihre ursprünglichen Anthropophagen-Sitten durchaus nicht abgelegt. Leisten den Reisenden Beistand, verkaufen Farinha von Mandioka, gerösteten Mais, Cará, Bataten, süsse Mandioka (Aypim), Bohnen, Wassermelonen, Kürbisse, Vögel und Honig, ferner weitmaschige Hängematten von Baumwolle oder Tucumpalme, Federschmuck.

26. **Mequens.** Am gleichnamigen Nebenfluss des Guaporé zwischen den Guaraios und Palmellas. Fliehen; Geschenke, die man in den Wald gelegt hatte, wurden nicht angenommen.

27. **Guaraios.** An einem Ort namens Pao Cerne, 50 Leguas von Matto Grosso. Mandioka, Bohnen, Mais; Jagd, Fischfang. Suchen Reisende auf.

[Bericht 1850: Von Pao Cerne herübergezogen 1852 nach der Aldea de Sta. Ignez etwas abwärts von Matto Grosso. 31 Stämme von 40 Familien = 1240, herrührend, wie man annimmt, aus einer Ansiedlung der bolivischen Provinz »Mofos« (nicht »Moxos«).]

28. **Cautarios.** An den gleichnamigen Flüssen zwischen dem Mamoré und Forte Principe. Fischfang, Jagd, wildwachsende Früchte, Mandioka. Thuen uns Böses an, so viel sie nur können. Sind Räuber, Verräter und Mörder.

29. **Paceáz.** Oestlich am Mamoré von der Guaporé-Mündung bis zum ersten Katarakt. Ganz unbekannt.

30. **Senabós.** Westlich vom Mamoré bis zum ersten Katarakt. Unbekannt. Im Krieg mit den Jacarés (31).

31. **Jacarés.** Westlich von den Mamoré-Katarakten bis zum Madeira. Zahm, leisten den Reisenden Beistand. Jagd, Fischfang, Feldbau.

32. **Caripunas.** Ueber 1000 gruppenweise in dem Kataraktgebiet des Mamoré und Madeira. Jagd, Fischfang, Anbau von Mais, Mandioka, Bananen, Zuckerrohr, Bataten. Friedfertig, ohne Mordgier, Diebstählen nicht ganz abgeneigt. Suchen uns auf und unterhalten seit langer Zeit mit uns freundschaftliche Beziehungen. Leisten hülfreiche Arbeit an den Katarakten, liefern den Reisenden auch Farinha von Mandioka, Werg, Theer, Gewürz, Guaraná. Grossenteils verstehen und reden sie unsere Sprache. Sie waren schon in dem Destakament des Ribeirão angesiedelt und Viele sind getauft worden.

33. **Araras.** Ziemlich zahlreich am Madeira von dem Salto do Girão bis zum Rio Jauary. Jagd, Fischfang, Feldbau. Spinnen Baumwolle. Wild, in ewigem Krieg mit den Muras und andern Nachbarn, verzehren ihre gefangenen Feinde.

Chiquitos. In Casalvasco sind noch etwa 60 dieser Indianer von den früheren Auswanderungen aus Bolivien übrig geblieben. Bebauen das Land, spinnen und weben Baumwolle, einige sind als Rinderhirten auf der dortigen Fazenda Nacional angestellt.

III. Volksglaube in Cuyabá.

Unser Haus in Cuyabá war eine „*casa assombrada*" im guten und im schlechten Sinne, »schattig« kühl und ein Haus, in dem es spukte; die schwarze, auch stark schattige Köchin wollte uns kündigen und blieb nur, weil sie Abends in ihre eigene Wohnung ging. Wenn Cuyabá und Umgebung ein, wie es scheint, von Geistern und Hexen besonders geliebter Tummelplatz ist, so darf man nicht vergessen, dass die niedere Bevölkerung Zuflüsse für den Volksglauben aus drei Weltteilen bezogen hat; Indianer, Neger und Europäer haben sich zusammengethan. Obwohl gerade die letzteren es an reichhaltigsten Beiträgen nicht haben fehlen lassen, so gelten doch namentlich die Neger als Schwarzkünstler ersten Ranges; man nennt Hexerei oft schlechthin »Mandinga« und einen Hexenmeister »Mandingo« nach dem Negervolk des südlichen Senegambiens, das viele Sklaven geliefert hat. Nicht selten sieht man alte Neger, wie sie auf dem Wege vor sich hin murmeln, sich bücken und Zeichen in den Sand kritzeln, und nimmt an, dass sie böse Geister vertreiben. Immer giebt es den einen oder andern, der wegen seiner Schlangenmittel berühmt ist. Es wurde mir von zwei Niederlassungen flüchtiger Sklaven (Quilombo) auf dem Wege nach Goyaz erzählt, wo man sich gelegentlich um die Wette von Dorf zu Dorf verhexte. Aus dem einen Quilombo entsandte man eine Kröte, der man ein Giftbeutelchen (eine kleine »Bruake«) auf den Rücken gehängt hatte, um Jemanden drüben zu töten, allein dort merkte man, wenn sie herankam, rief „*vai te embora*" (»mach dich fort«) und fügte einige Sprüchlein bei, die wieder hüben Uebles stiften sollten. Die Kröte mit dem Gifttornisterchen wanderte hin und her, der Stärkere siegte, auch wurde ein Gewehr in der Richtung zum Feinde hin abgeschossen und dieser starb. — Asien ferner stellt Vertreter in Gestalt von Zigeunern. Sie sollen gar nicht selten unter den Moradores aufzufinden sein. Gelegentliche Besuche von Armeniern, die ein paar Wochen von Dampfer zu Dampfer in Cuyabá bleiben, machen grossen Eindruck, weil die Schmucksachen und Reliquien dem Sinne des Volkes vorzüglich entsprechen.

Bei der kurzen Zeit, die ich auf das Sammeln hierher gehöriger Dinge verwenden konnte, bin ich nicht in der Lage, etwas Einheitliches und Vollständiges zu bieten; man wird zumeist guten alten Bekannten begegnen, die man mit Verwunderung an so entlegenem Ort eingebürgert sieht. Ich erhielt das Material teils von Landsleuten, die länger als anderthalb Jahrzehnt in Cuyabá wohnten und dort mit mehr oder minder farbigen Frauen verheiratet waren, von denen einer auch von der inneren Wahrheit der Angaben und namentlich von den Zauberkünsten der Neger fest überzeugt war, teils von Brasiliern, insbesondere einem katholischen Priester, geborenem Cuyabaner.

Goldmutter, mãi de ouro. »Nach Golde drängt, am Golde hängt doch Alles!« Frauen legen dem Neugeborenen Goldsachen schon in's erste Bad, damit er ein reicher Mann werde. Es ist nicht mehr als billig, in dieser um der Goldminen willen gegründeten Stadt mit der *mãi de ouro* oder »Goldmutter«, auf die so Mancher seine Hoffnung gesetzt hat, zu beginnen.

Meteor heisst auf portugiesisch *meteóro;* daraus ist der Name *mãi de ouro* entstanden. Die Leuchtkugel bedeutet eine wandernde Goldmine. Mit dem Tupíwort *boitatá* = Feuerschlange wird die Erscheinung ebenfalls bezeichnet; der »Teufel« fliegt als Leuchtkugel vorüber und lässt, wo er mit Jemanden einen Pakt geschlossen hat, das Gold fallen. Auch findet sich eine Goldmine, wo Blitze öfter einschlagen. Wenn ein Meteor fällt, heisst es *mãi de ouro mudou*, »die Goldmutter hat sich verändert«. Es kommt ein Feuerklumpen aus der Erde, Goldfunken fallen herab, und 2—5 Leguas weiter dringt der Klumpen wieder in den Boden. Leute sind hinterher gesprungen und haben am nächsten Tage bis $^1/_4$ Arrobe (4 kg) Gold gefunden.

Die Frau, die das Wort »Goldmutter« anregen sollte, ist auch vorhanden. In Rosario am Rio Cuyabá aufwärts wohnte dort, wo jetzt die Kapelle steht, ein grausamer Herr, dessen Sklaven täglich Gold abliefern mussten. Ein alter Neger, Vater Antonio, hatte eine Woche nichts gefunden; traurig streifte er umher, die Strafe fürchtend. Da sah er plötzlich eine Frau da sitzen, weiss wie Schnee, mit schönen blonden Haaren. Sie erkundigte sich, weshalb er so betrübt sei, und sagte: »Kauf mir ein blau-rot-gelbes Band, einen Kamm und einen Spiegel und bring es her.« Der Schwarze brachte die Sachen zusammen und ging damit wieder an den Ort. Sie zeigte ihm eine Stelle, er nahm die Waschschüssel und fand sehr viel Gold, das er zu seinen Herrn trug. Die Frau hatte aber verboten, den Fundort zu nennen. Vater Antonio wurde Tag um Tag gequält und geschlagen und lief in seiner Angst, die Frau wieder zu suchen. Sie war auch da mit ihrem schönen, goldglänzenden Haar und erlaubte ihm, dem Herrn die Stelle zu zeigen, er könne nachgraben mit allen seinen Leuten und werde ein grosses Stück Gold finden. Mit 22 Sklaven arbeitete der Herr, und sie fanden Gold die Menge, ja, es reichte wie ein Stamm in die Tiefe und man kam garnicht bis zum Grunde. Die Frau aber warnte den Sklaven, er solle sich am nächsten Tage gerade vor Mittag einen Augenblick entschuldigen. Mit wahrer Verzweiflung mühte sich der Herr und seine Leute, die unbarmherzig geschlagen wurden, den goldenen Stamm heraus zu wühlen; kurz vor Mittag sagte der Vater Antonio »ich habe Leibschmerzen« und ging bei Seite. Da stürzte Alles zusammen, der Herr und die Leute wurden verschüttet und nie mehr gesehen. Der Vater Antonio lebte noch lange und wurde über hundert Jahre alt. Auf Grund seiner Erzählung veranstaltete eine Aktiengesellschaft in Cuyabá grosse Nachgrabungen.

Patuá. Im Tupí heisst *patuá* Kiste, Kasten; das Wort wird für allen glückbringenden Zauber gebraucht. In der Nacht vom Gründonnerstag auf Charfreitag geht man Patuá holen zwischen 11 und 12 Uhr an einem Kreuzweg, z. B. bei dem Kreuz auf der Strasse nach Coxipó. Man kann dann mit dem Teufel einen Pakt schliessen und darf sich wünschen, dass man Glück in den Karten oder bei den Frauen habe, gut Violine spiele, gut schiesse und dergleichen. Neger gehen hin, mit einem grossen Säbel bewaffnet. Zuweilen greift sie ein böses Tier an, dringen sie aber vorwärts, so finden sie den Diavo mór, den obersten Teufel, als Bock, Ochsen, Kröte oder Frosch. Er lässt sich den Hintern küssen, er bewilligt den Wunsch für bestimmte Zeit und befiehlt, jedes Jahr einmal zu der allgemeinen Versammlung zu kommen. Baargeld giebt es nicht. Kein Heiliger darf bei Namen genannt werden. Auch Frauen gehen Patuá nehmen. Eine sah einen grossen schwarzen Bock, verlor den Mut zu bitten und schrie »Maria Santissima!« Von der Stunde an glaubte sie immer, sie brenne und schüttelte an den Kleidern, bis sie das Feuer sähe, bis sie bald darauf starb.

Patuá sind auch die Amulette »von Heiligen oder vom Teufel«, erstere namentlich italienischer Arbeit, so die der Santa Lucia gegen schlechte Augen, Jesuherzen, die des Heiligen Geistes wider Alles und die „*figa*", vergl. weiter unten, gegen den bösen Blick. Kostbarer aber sind die nicht käuflichen Krötensteine. Ein Italiener hatte einen Ring mit drei roten Krötensteinen, den er für ein Vermögen nicht hergegeben hätte; stellte man eine Reihe von Tellern auf den Tisch, mit Speisen gefüllt und zwar zum Teil vergifteten, so wurden die Steine dunkel und schmutzig, wenn der Ring über einen Giftteller gehalten wurde. Man fängt eine Kröte mit einem Tuch, steckt sie auf einen Pfahl, um den man unten rotes Fahnentuch legt und der einer glühenden Sonnenhitze ausgesetzt ist, und sticht die Kröte mit einem spitzen Stock. Das Tier, durch die Sonne und den Stock gereizt, lässt aus dem Maul giftige Tropfen fallen, die harte Steine werden.

Von einem Zigeuner stammt angeblich die Vorschrift: Man nagelt am Charfreitag eine hässliche, buckelige Kröte auf ein ungebrauchtes Brett in der Stellung eines Gekreuzigten und lässt es in der Sonne stehen von Tagesanbruch bis zum Abend, die Kröte schreit grässlich und stirbt. Drei Tage lang wird sie noch an der Sonne getrocknet, dann am Feuer, bis man sie zu Pulver stossen kann. Sie wird ganz zerstampft; nimmt man ein wenig von dem Pulver und bläst es aus einem Rohr in das Schlüsselloch, springt jedes Schloss auf.

Jede Thür zu öffnen vermochte ein Neger, der davon für seine Liebschaften Gebrauch machte. Der Herr versprach ihm ein Kleid für eine Probe der Kunst; sofort öffnete der Schwarze die fest verschlossene Saalthüre. Die Peitsche entlockte ihm das Geheimniss: Er hatte drei Blätter um den Hals, die ihm der Specht, der die Bäume offen hackt, geliefert. Man vernagelt das Nest eines Spechtes mit einem Brettchen, wenn die Mutter draussen ist, und reinigt unten sorgfältig den Erdboden. Der Specht kommt, kann nicht öffnen, fliegt davon, kehrt mit einem Blatt im Schnabel zurück und pickt: da fällt das Blatt, man fängt es auf und zwar ehe es den Boden erreicht. Dies spielt sich dreimal ab, beim dritten Blatt springt das Brett bei Seite. Klopft man mit diesem »Breve« (!) von Blättern an, springt jede Thür auf.

Alle Fesseln zu lösen braucht man nur in der Nacht vom Gründonnerstag auf Charfreitag eine Jiboya-Schlange *(Boa Cenchria)* zu fangen und zwischen zwei Bäumen auszuspannen. Sie stirbt nicht, sie ist am andern Tag verschwunden, doch der Strick, mit dem man sie befestigt, ist noch da. Bindet man sich ihn um den Leib, so befreit man sich ohne Mühe aus dem Stock oder jeder Art von Fesselung.

Unsichtbarwerden gelingt durch ein dem Spechtmittel ähnliches Verfahren. Im Nest eines Königsgeiers *(Sarcoramphus papa)* tötet man den Vater oder ein Junges, wenn die Mutter abwesend ist und legt das tote Tier in dem Nest zurecht. Hier holt die Mutter einen Stein und lässt ihn aus dem Schnabel auf den Kadaver fallen. Der Stein wird mit der Hand ergriffen, man sieht ihn nicht, man fühlt und hört ihn nur. Nun hat man Patuá man legt den Stein an einen Ort, ergreift ihn, wenn man ihn braucht, und ist unsichtbar, die Leute werden ebenso geblendet, wie der Besitzer des Steins diesem gegenüber geblendet ist.

Blendwerk ist es auch nur und keine eigentliche Verwandlung, wenn man sich durch ein Gebet an Gott den Augen der Menschen entzieht. Diese sehen dann einen Baumstamm, einen Termitenhaufen oder dergleichen, immer etwas Stillstehendes, niemals ein Tier. Im dichten Kamp kam eine Frau zwei Reitern entgegen, sie verschwand plötzlich. Die Reiter stiegen ab, der eine stopfte sich sein Pfeifchen, der andere verrichtete ein Bedürfnis an einem Termitenhaufen, den sie vorher nicht gesehen hatten. Als sie später umblickten, war die Frau wieder da, aber der Termitenhaufen fehlte.

In S. Mathias in Bolivien verlor ein Soldat sein Pferd. Er musste den Sattel auf dem Kopf bis zu einem Pferdegeripp tragen, der Herr Corregedor murmelte Zaubersprüche, das schönste Pferd sprang gesattelt auf, der Soldat bestieg es und konnte nicht eher herunter, ehe das Ziel erreicht war; als er den Sattel abnahm, zerfiel das Pferd in Staub.

Curupira. Bei den Tupi gilt *caypora* = »Waldbewohner« als Waldgeist, der Kinder raubt und in hohlen Bäumen füttert, und er erscheint als Jaguar oder dergleichen; als neckischer Waldgeist in anderer Form heisst er *gurupira, curubira* (Martius, Zur Ethnographie Amerika's p. 468, Fussnote). In Cuyabá sind Curupiras kleine hellfarbige, fast blonde, nackte Zwerge, die in Hügeln oder Schluchten wohnen. Nach dem Einen sind sie hübsch, nach dem Andern hässlich; sie kommen bei Vollmond oder am Tage heraus, 2, 3 bis 5 an der Zahl, und entführen Kinder. Sie gehen durch den Berg gerade wie wir durch die Luft. Wie sie sprechen weiss man nicht; man hat sie hunderte von Malen gesehen, aber nie fassen können. Zurückgekehrte Kinder sind verwirrt und wissen nichts zu erzählen.

Es giebt einen Strauch — wenn man vorbeistreift, verirrt man sich im Wald. Er ist elektrisch.

Gespenster bevölkern hauptsächlich verlassene Ansiedelungen (Sitios). Durch Pfeifen bei Nacht werden sie in's Haus gelockt. Nachts soll man keine Teller mehr aufwaschen, damit die Geister Essen finden, sondern erst am nächsten Morgen, wenn sie sich bedient haben.

In einem Hause spukte es, Steine flogen in die Fenster, das Licht wurde verlöscht, alle Abende hörte man schlürfende Tritte, Thüren schlugen zu oder es wurde angeklopft und Niemand war da, wenn man öffnete. Der Schwiegervater, ein Caboclo, fürchtete sich nicht vor dem Teufel und rief, als er in einer Nacht in dem Hause zu Besuch war und die Dinge miterlebte, laut: »Bruder, Schwester, wer es sei, lass die Familie in Ruhe und komm zu mir auf die Chacara (Landhaus) hinaus!« Anderntags setzte sich Einer neben ihn in die Hängematte; es war sein toter Bruder, der flehte, Juaninha, ihre Schwester, möge ihm ein Wort verzeihen, er könne keine Ruhe finden. Weinend eilte der Caboclo sofort nach dem Spukhause, Tante Juaninha weinte auch und verzieh; die arme Seele kam nicht wieder.

Werwolf. Von anämischen Leuten nimmt man häufig an, dass sie Freitag Nacht auf den Kirchhof gehen, Tote auswühlen und fressen. Sie verwandeln sich in einen „*Lobishomem*". Dieser sieht aus wie ein grosser Hund, die Hinterbeine sind viel höher als die Vorderbeine, dabei läuft er — und zwar sehr schnell — mit (wie wenn man den Kopf auf den Ellbogen aufstützt) zum Ohr aufgeknickten Vorderbeinen. Es giebt schwarze, weisse, gelbe, je nach der Farbe des Menschen. Wenn eine Frau sieben Knaben zur Welt bringt, so wird der erste oder der letzte ein Werwolf. Er selbst kann nicht dafür, es ist sein Fatum. Er frisst Unrat in Bächen und Kanälen und bricht ihn als Mensch wieder aus, daher das bleiche, fahle Aussehen.

Jemand lud einen Mann, den er im Verdacht hatte, zu einem Schnäpschen ein: „*quer matar um bicho?*"*) Als er gemütlich mit ihm allein war, kratzte er ihn plötzlich, wie man Hunde kraut, hinter den Ohren. Wütend rannte der so Behandelte fort; er war also richtig erkannt.

Man entzaubert den Werwolf 1. durch einen Stich, der nur einen Blutstropfen zu entlocken braucht, 2. durch einen Hieb mit einem Bambusspan oder einem Messerchen (nicht einem grossen Messer), 3. durch einen Steinwurf. Er wird jedoch der geschworene Feind seines Befreiers und sucht ihn zu töten, indem er ihm gleichzeitig grosse Bezahlung zum Dank verspricht.

Pferde ohne Kopf. Während der Charwoche Nachts zwischen 10 Uhr und dem ersten Hahnenschrei um 2 Uhr sieht man in den Strassen von Cuyabá oder auch im Kamp Pferde ohne Köpfe umherlaufen.**) Wo sie auftreten, schlagen Feuerfunken hervor; sie streiten und beissen sich, sodass sie einen tobenden Knäuel bilden, sie heulen und wiehern fürchterlich. Gerät ein Kind dazwischen, wird es mitgenommen. Sie eilen auf Alles los, was blinkt. Wer sie ungestört sehen will, muss Fingernägel, Zähne, Schuhnägel, Metallknöpfe und dergleichen wohl verborgen halten und soll sich deshalb auf den Bauch legen. Diese *cavallos sem cabeça* sind Weiber, die sich zu ihren Lebzeiten mit Geistlichen abgegeben

---

*) Wörtlich: »wollen Sie einen Wurm töten?« = »einen kleinen genehmigen?«

**) Mir ist sogar öfters aufgefallen, dass gewöhnliche Pferde Nachts, (wo sie Gras fressend durch den Kamp gehen,) keinen Kopf haben.

haben, doch bedroht die Strafe nur diejenigen, die vorher schon eine andere Verpflichtung hatten und sieben Jahre mit dem Geistlichen gelebt haben. Die Pfaffenweiber kommen weder in den Himmel noch in die Hölle, sondern müssen umherirren. Deshalb wird es den Geistlichen garnicht so leicht, Mädchen zu finden, die mit ihnen leben wollen. Man erblickt die Pferde ohne Kopf mitunter auch zu anderer Zeit des Jahres, immer aber in den Nächten von Donnerstag oder Freitag. Wenn Pfaffenweiber Freitags schlafen und die Thür steht offen, so sieht man, dass blaues Feuer wie brennender Spiritus von der Hängematte herabtröpfelt.

Eine nächtliche Erscheinung ähnlicher Art in verlassenen Strassen ist die einer **Muttersau** mit **Ferkeln**. Das ist dann immer die Seele einer Frau, die sich an keimendem Leben versündigt hat. So viele Aborte, so viele Ferkel.

Hexen. Hat eine Frau sieben Mädchen, so wird das letzte eine Hexe *(bruxa)*. Die Hexe fliegt Nachts über die Häuser; man hört ein Rauschen oder Knittern wie von steifgebügelten Kleidern. Jeden Freitag reibt sie sich mit einer Salbe, in der Blut von Neugeborenen enthalten ist, und fliegt nun als Ente hoch durch die Luft bis zum Meer. Dort begegnen sich viele mit dem Teufel, der als grosser schwarzer Enterich kommt *(pato macho* oder *marrão)*, begatten sich mit ihm und baden zusammen bis 2 Uhr. Ein verheirateter Mann hat sich einmal auch mit der Salbe eingeschmiert, ist nachgeflogen und hat sich, am Meer zuschauend, auf einen Baum gesetzt. Er beobachtete Alles und kannte in dem Schwarm seine Frau als eine weisse Ente heraus. Er kehrte zuerst zurück, legte sich nieder, einen scharfen Säbel neben sich und that, als ob er schliefe. Die bald heimkehrende Frau legte sich auf den Säbel und verwundete sich so, dass sie starb.

Ein zweiter Gewährsmann erweiterte diese Angaben. Die Hexe sticht mit einer Nadel in den Nabel eines neugeborenen, noch ungetauften Kindes, und saugt das Blut aus, so dass das Kind stirbt. Sie bereitet sich mit dem Blut eine Salbe und reibt sie in die Achselhöhle, (wo die Flügel entstehen). Sie sagt dann den Spruch: *„debaixo das nuvems, emcima dos arvoredos"*, »unter den Wolken, über die Büsche« und fliegt als Ente davon. Man hört oft von den zahlreichen Enten ein gewaltiges Geschnatter. Ein Gatte, der sich ebenfalls einschmierte und nachflog, hatte den Spruch falsch gesagt: *„debaixo das nuvems, debaixo dos arvoredos"*, er verwandelte sich in eine Ente und flog auch, geriet aber in Sträucher und stachliges Gestrüpp, wo die heimkehrende Frau ihn als Ente fand und mit nach Hause nahm. — Wenn ein Mann erfährt, dass seine Frau eine Hexe ist, so wird sie dadurch schon entzaubert, oder sie entzaubert sich selbst durch einen Spruch und sie leben dann glücklich zusammen weiter. Die Hexen brauchen gar keine bösen Personen zu sein; sie führen oft ein frommes und gutes Leben, sie fühlen sich nur glücklich in ihrer Verwandlung. Untereinander kennen sie sich; dass sie Hexen sind, beichten sie niemals. Hexe sein ist ein Fatum, wie Werwolf sein. Um sie zu entzaubern, ziehe man Nachts, wenn sie *bum, bum, bum* vorüberrauschen, rasch die Unterhose aus, kehre sie um und werfe sie auf das Dach; dann sieht man die Hexen herabfallen.

Sie müssen über sieben Länder zum Meere fliegen. Im Paraguaykrieg wusste man »im geheimen« genau, wie es in den entfernten Provinzen gerade aussah; diese Nachrichten waren von den Hexen mitgebracht worden.

Der sicherste Schutz wider die Hexen ist für das neugeborene Kind die offene Scheere unter dem Kopfkissen. Inwendig an den Thüren oder an der Schwelle ritzt man ein Pentagramma ein. Würde die Scheere gebraucht, so würde der Nabel eitern. Wird ein Kind nie oder ein oder zwei Tage nach der Geburt krank, so wird ihm die Unterhose des Vaters ein paar Mal rund um den Leib geschlungen.

Böser und guter Zauber. Von dem gläubigen Landsmann wurde mir eine interessante Geschichte aus seiner eigenen Erfahrung erzählt, die sich aber in Buenos

Aires vor vielen Jahren abgespielt hat, als er dort war. Er wohnte bei einem Argentinier, der zwar eine hübsche Frau besass, jedoch mit einer leichtsinnigen Person im Haus gegenüber ein Verhältnis unterhielt. Die Geliebte wollte die Frau töten und erbat sich ein Stück Brod, in das diese bereits gebissen hatte. Auf den Rat unseres Landsmannes gab der Argentinier ein Stück Brod, das er ihr selbst und nicht der Gattin weggenommen hatte. Am nächsten Tag kam die Dienerin der Geliebten gelaufen, ihre Herrin liege in schrecklichen Krämpfen und fluche dem Don Enrique, dem »ingrato«. Sie eilten in den Garten und fanden in einem Kistchen eine grosse Kröte, sie hatte das Stück Brod im Maul und einen dicken Stein darüber gezwängt, so dass sie es nicht ausspucken konnte. Stein und Brod wurden weggenommen, die Kröte in Freiheit gesetzt, und die unglückliche Kranke kam wieder zu Kräften. Unser Landsmann hatte die Geschichte aber noch Niemanden in Cuyabá erzählt, »er sei nicht so schlecht, die Leute so etwas zu lehren«. Immerhin sei sie in diesem Zusammenhang mitgeteilt, da sie zu dem Krötenzauber (vgl. Seite 554) passt.

Cortar o rasto, »die Spur ausschneiden«, ist ein im Matogrosso beliebtes Mittel. Man umschneidet die Spur eines Feindes, hängt die gesammelte Erde in einem Säckchen über den Herd; sowie die Erde trocknet, trocknet auch die Person.

Auf abgeschnittene Haare treten macht den früheren Besitzer irrsinnig.

Nägel oder Haar hält man von dem Gatten, der verreist, zurück, wenn man will, dass er das Wiederkommen nicht vergesse. Die Frau darf das Haus nicht sogleich nach dem Abschied ausfegen, sonst würde sie den Mann hinausfegen und er käme nicht zurück. Wünscht sie umgekehrt, er bleibe fort, so fegt sie das Haus sofort und wirft den Kehricht hinter ihm her oder in's Wasser. (Zum Zeichen der Trauer darf das Haus vom Gründonnerstag Mittag bis zum Mittag des Halleluja-Sonnabend nicht gefegt werden, wie schmutzig es auch sei; keine Frau macht sich das Haar.)

Will eine Frau die Liebe eines Mannes gewinnen (nicht etwa verlieren), so schabt sie sich ein wenig von den Nägeln oder schneidet ein paar Haare klein und mischt das in seine Zigarette. Oder sie setzt sich nackt in eine grosse Blechschüssel mit wenig Wasser und zerbricht in gebückter Stellung ein Ei über den Schultern, das hinten in die Schüssel niederläuft; sie nimmt das Ei mit der Hand aus dem Wasser heraus und mischt es unter eine Speise, die dem Mann vorgesetzt wird. Oder, ein Mittel, das auch verheiratete Frauen bei Untreue des Gatten anwenden, sie setzt dem Kaffee, den der Mann trinkt, drei Tropfen ihres Menstrualblutes zu.

Böser Blick. Ein Kind, „*de maos olhos*" angesehen, wird krank und stirbt, wenn es nicht schleunigst eingesegnet wird. Der Schwächezustand, in den es gerät, heisst *quebranto* und spielt eine grosse Rolle; das Kind ist wie »gebrochen«, wird »weich«, schlaff, will nichts mehr essen. Am grössten ist die Gefahr am siebenten Lebenstage, wo kein Fremder in's Haus gelassen wird; die Kinder sterben am leichtesten am siebenten Tage und man redet deshalb auch von der „*molestia do setimo dia*". Zum Schutz gegen den Quebranto trägt das Kind ein rotes Bändchen um den Hals, an dem häufig eine aus Holz oder Knochen geschnitzte oder goldene Faust, die „*figa*", befestigt wird; der gleiche Name kommt der verhöhnenden Geberde zu mit Daumen zwischen Zeige- und Mittelfinger.

Ein Mittel gegen Quebranto besteht darin, dass man die Unterhosen des Vaters dreimal durch die Strickbündel der Hängematte durchzieht. Mit Nadel und Zwirn ferner näht man über dem kranken Kinde in der Luft und spricht dreimal: *que eu coso? Carne quebrada, reia fendida, osso partido.* »Was nähe ich? Zerschlagenes Fleisch, zersprengte Ader, zerbrochenen Knochen.«

Vorbedeutende Zeichen für den Tod sind: Hundeheulen, Verschwinden der Tauben (»am Vorabend«), ein schwarzer Schmetterling im Haus. Setzt sich eine Eule Nachts auf das Dach, so stirbt Einer im Hause binnen acht Tagen.

Wenn ein Leichnam weich ist, so ist das ein Zeichen, dass der Tote bald Jemanden holen wird; man lege Steine in den Sarg oder werfe sie hinter ihm her. Damit ein Toter nicht wiederkomme, lege man Nachts unter das Kopfkissen eine offene Scheere. Es ist überhaupt gut, eine geöffnete Scheere an der Wand hängen zu haben.

Man hängt Hängematten, zumal auf einem Nachtlager unterwegs, nicht an einer Querstange auf: so werden Tote getragen, und die dabei benutzte Stange bleibt auf dem Grabe. Man soll sich nicht schlafen legen mit den Füssen der Thür zu, sonst stirbt man und wird auf den Kirchhof getragen.

Hahnenkrähen am Abend bedeutet, dass ein Mädchen im Hause Nachts entfliehen will. Die Hummel singt Sehnsucht von Verwandten.

Fällt Essen aus dem Löffel, soll man es über die Schulter werfen; ein Verwandter ist hungrig. Soll ein abwesender Sohn, Gatte oder dergleichen zurückkehren, füllt man bei Tisch einen Teller und, wenn man fertig gespeist hat, hebt man ihn über den Kopf und ruft aus »oh, mein lieber Sohn etc. komm!«

Klingt das rechte Ohr oder ist heiss, spricht Jemand schlecht von uns; dasselbe bedeutet vom linken, dass Einer gut von uns spricht, vom rechten und linken gleichzeitig, dass Einer gut und Einer dawider schlecht spricht. Auch spricht Einer schlecht, wenn man sich in die Zunge beisst; man soll abwehrend über die Schulter zurückschlagen. — Hat man lästigen Besuch, so dreht man einen Pantoffel oder einen Stuhl nach oben: jener geht sogleich fort.

Wenn die Hand juckt, darf man nur von aussen nach innen kratzen.

Bei »Lazaruskrankheit« saugt man an den Ohren, bis sie anschwellen. Ein Heilkünstler that dies und zog aus dem Mund des Patienten dicke Fleischmaden heraus, die Ursache der Krankheit.

Gegen den sehr häufigen Kropf dient ein Faden um den Hals, der Sonntags gesponnen ist. Weil die Sonntagsarbeit Niemanden vorwärts bringt, geht auch der Kropf nicht vorwärts. Der Faden bleibt liegen, bis er verfault.

Um einer Frühgeburt vorzubeugen, wäscht sich der Vater des Kindes die Hände und die Frau trinkt das Wasser. Bleibt die Nachgeburt aus, so kratzt man Holz von der Innenseite der Thürschwelle und giebt das Geschabte in den Trank der Wöchnerin.

Zahnschmerzen kurierte Januario unterwegs bei unserm Peter; er zog mit seinem Messer einen Kreis in den Boden, zeichnete einen Mann hinein, kniete nieder und allerlei — ich weiss leider, da ich nicht dabei war, nicht was für — Worte murmelnd stach er den Mann im Kreise mehrere Mal in's Herz.

Wenn der Neumond herauskommt, wenden sich Frauen mit Zahnschmerzen ihm zu und beten.

Nur bei abnehmendem Mond darf Bambus und Holz für den Hausbau geschnitten werden. Die aufgeklärtesten Leute fürchten, das Haus werde sonst faulen und Würmer anziehen. Bei Mondwechsel laufen mehr Schlangen herum.

Naht böses Unwetter, so zündet man zur Abwehr ein schwarzes Wachslicht an, das bei der Begräbnisprozession Christi gebraucht worden ist.

Am Palmsonntag werden Zweige von jungen Akuripalmen vom Bischof eingesegnet und verteilt; Höhergestellte erhalten sie mit Bändern und Rosen geschmückt. Ein einzelner Blattstreifen um den Hals vertreibt den Kropf. Bei starkem Gewitter wird ein Blatt der sorgfältig aufbewahrten Zweige verbrannt, damit der Blitz nicht einschlägt.

Schlangen bleiben still liegen, wenn eine Frau den Rocksaum zusammendreht.

Jäger vergraben einen Rehkopf, das Maul nach unten, nahe dem Hause. Jagen die Hunde ein Reh auf, so nimmt es hierher den Weg. Oder es kommt auch ohne die Hunde von selbst.

Hat ein armer Teufel ein Stück Vieh gestohlen, so vergräbt er die Zunge mit der Spitze nach oben so, dass sie ein wenig herausschaut. Dem Besitzer des gestohlenen Tieres bleibt dann unbekannt, dass es verschwunden ist.

Wer rachsüchtig eine Viehherde auseinandertreiben will, streut Salz in's Feuer.

Kirchlicher Zauber. Vorausschicken möchte ich das in Brasilien allgemein verbreitete Tiermärchen, wie es mir in Cuyabá erzählt wurde, vom Bemteví-Vögelchen, (*Tyrannus sulfuratus*, in Brehm's Tierleben, Vögel I, p. 549 fälschlich Bentevi geschrieben). Maria wollte sich auf der Flucht nach Egypten, als die Soldaten des Herodes sie verfolgten, im Hause des Töpfervogels, *Furnarius rufus*, oder João de barro, verstecken; die Lehmnester dieses guten Lehmhans, der sich ihrer eifrig annahm, sind Jedermann von Dächern, Balken und hohen Passionskreuzen her wohlbekannt. Der neugierige Bemteví höhnte schreiend hinter Maria her und rief sein ewiges „*bem te vi*" »wohl sah ich dich«. Sie verfluchte ihn; seither hat er kein Fleisch mehr, sondern besteht aus lauter Maden, von denen er voll steckt.

„*Lavadeira da Nossa Senhora*" »Waschfrau der Muttergottes« wird vom Volk eine grüne Heuschrecke genannt, deren Anspringen Glück bedeutet. Der Name rührt wohl von dem der Gespenstheuschrecke (Mantis) „*louvadeos*" = »Gottesanbeterin« her, wenn die Tiere nicht überhaupt identisch sind. Letztere Bezeichnung hat ihren Grund in der an eine Betende erinnernden Körperhaltung.

Taufe. Ungetaufte Kinder aufnehmen bringt Glück in's Haus. Totgeborene Kinder tauft man am 2. Februar, an Mariae Lichtmess: Padrinho und Madrinha, Pate und Patin giessen Wasser über das Grab. Kinder, die auf der Fazenda ungetauft sterben, begräbt man an dem Thor des Currals, der Viehhürde. Die Kühe taufen! Dabei liegt den Leuten Frivolität fern.

Der Heiligenkultus bedeutet für die niedere Bevölkerung und für alle Frauen Cuyabá's einen äusserst groben Fetischdienst.

Hausgötzen in Form von Heiligenbildern und -figürchen aller Art in buntem Flitterstaat, fehlen auch nicht in der ärmsten Hütte. Begeht man ein Unrecht, so werden sie zugedeckt. Der Besucher, der sich auf irgend einen Kasten setzen will, fragt: »es sind doch keine Heiligenbilder darin?«

Der Santo wird belohnt und bestraft, je nachdem er sich bei der Promessa, dem Gelöbnis, bewährt. Der heilige Antonio, der übrigens in Rio de Janeiro, was allgemein, ob es Wahrheit oder Dichtung sei, geglaubt wird, als Tenente-Colonel, Oberstleutnant, sein regelmässiges Gehalt beziehen soll, ist der meist berufene Schutzpatron. Ist Jemand ein Pferd abhanden gekommen, so wird der Heilige mit einem Halfter bedeckt und in das eine Ende eingebunden, ein gesticktes Tuch wird darüber gebreitet, ein Lichterpaar angezündet und feierlich das Gelöbnis ausgesprochen, dass er einen Vintem, 20 Reis = 4 Pfg., erhalten werde, wenn er das Pferd zurückbringe. Mehr Geld nimmt er nicht. Heiratslustige Mädchen machen eine Promessa, dass er ihnen zu einem Mann verhelfe. Tritt keine sichtbare Wirkung ein, so kommt er hinter die Thüre und ein Hut wird ihm fest aufgedrückt aus schwarzem Wachs von bösen, wilden Waldbienen. Hilft diese Aufmunterung noch nicht, so wird er an einen Faden angebunden und in einen Brunnen hinabgelassen. Nächster Grad: er kommt unter den Topfuntersatz, den Takurú, am Herdfeuer und wird einige Tage gebacken. Kann oder will er auch dann noch nichts, so wird er im Mörser zerstampft.

Erfüllt der Heilige jedoch die Wünsche, wird er fröhlich gefeiert, es wird Schnaps getrunken und Kururú getanzt, und er steht in seinem Kasten auf dem Tisch als Mittelpunkt des Ganzen. Lustiger geht es natürlich noch an den kirchlichen Festtagen her, namentlich den Tagen des S. João, S. Antonio, der Nossa Senhora da Concepção, des S. Pedro und der S$^{ta.}$ Anna. Die Hauptfeier ist stets am Vorabend und wird in bestimmten Häusern begangen, wo das Heiligenbild auf einem Altar zwischen Lichtern steht; es bilden sich schon ein Jahr vorher Gesellschaften, durch das Loos werden Aemter gezogen: König, Königin, Richter, Richterin, Hauptmann der Flaggenstange und Leutnant der Flagge etc. So wird z. B. am 12. Juni (S. Antonio 13. Juni) in der Nacht ein »Mastbaum« gesetzt und die Flagge, auf die der Heilige gemalt ist, mit grossen Feierlichkeiten gehisst. Kururúgesang und Tanz, nachher Ball. An den Tagen der drei Heiligen João, Antonio und Pedro werden Freudenfeuer angezündet und süsse Kartoffeln, Mandioka und Kará ams) in den Kohlen gebraten. Schnaps in Menge; Festessen. Eine Woche später w der Mastbaum weggenommen und der für das nächste Jahr gewählte Leutnant erhält die agge. Ueber das Johannisfeuer springt man, Kohlen kann man in den Mund nehmen und verbrennt sich nicht. Für den heiligen Johannes macht man keine Gelöbnisse, denn er thut keine Wunder vor dem jüngsten Tage, bis zu dem er schläft. Wüsste er den Tag, an dem sein Fest gefeiert wird, so würde die ganze Welt im Feuer untergehen. Er hat als Feuerheiliger allein eine rote Flagge, die der andern ist weiss.

Der Kururú ist der beliebteste Matogrossotanz, an dem nur Männer teilnehmen. Musikinstrumente: *Koschá*, eine selbstgemachte Geige aus Weidenholz mit wenigen Darmsaiten, *Krakaschá*, ein Stück Bambusrohr oder ein langer Kürbis mit eingeschnittenen Kerben, über die man mit einem andern Stück Rohr „*krakaschá . . .*" kratzt, *Adufe*, ein Tamburin mit alten Kupfermünzen statt der Schellen, *Viola*, die Geige mit Drahtsaiten, zuweilen auch die *Marimba* der Neger. Den Anfang des Festes bildet ein allgemeines Spiel. Der Heilige wird im Kreis umtanzt und umsungen, und wer passiert, macht seine Kniebeugung. Dann werden König und Königin besungen, kommen mit der Schnapsflasche in den Kreis, schenken Jedem ein und schliessen sich dem Kreis an, der nun von andern besingt und von ihm bewirtet wird etc. Verse giebt es, lauter Vierzeiler, von allen denkbaren Arten; denen der Andacht folgen im Kururú die der Liebe, des Spottes und irgendwelcher Launen; sie werden der Feststimmung angepasst und die bekannten machen bald den frisch improvisierten Platz. *Tambaque* wird eine Baumtrommel — ein ausgehöhltes Stück Stamm mit Fell überzogen — und der zugehörige Tanz genannt. Eintöniges Singen z. B.: „*kágado trepado no telhado é coisa que nunca se viu*" »eine Schildkröte, die auf ein Dach steigt, das hat noch Niemand gesehn.«

Garnicht selten werden »Tiertänze« bei den Festen der Heiligen getanzt, allein nicht auf indianische Art. Es sind hauptsächlich Ringeltänze und zwar der Frauen. So ein Kaimantanz mit den Worten: „*deixe estar, jacaré, sua lagôa ha de seccar*" »lass nur gut sein, Kaiman, Dein Sumpf wird austrocknen.« Ein anderer bezog sich auf Bienen und Glühwürmchen: „*Abelinha, come pão! quando come, não me dão*" »Bienchen, iss Brod! Wenn es isst, kriege ich nichts« und „*Vamos tirar mel! Eu cago fogo! Donna Maria quer lamber*" »Lass uns Honig holen! Ich kacke Feuer! Donna Maria will lecken.« Jede Tänzerin hat einen Stock und, wenn der Takt *fogo* kommt, dreht sie sich um und schlägt auf den Stock der nächsten. Sehr gern wird der *Perú*- oder Putertanz getanzt; drei Frauen, von denen zwei Männchen und die dritte ein Weibchen darstellen, breiten die Röcke aus und kollern. Das Weibchen läuft zwischen die Zuschauer, um sich zu verstecken; wer von den verfolgenden Männchen es fertig bringt, sich gerade vor das Weibchen zu stellen, ist der Sieger. »Schlag mit den Flügeln, Puter!« „*arou, perú, aroa!*" Das sind also sehr harmlose Scherze die den Heiligen nicht verdriessen können.

Gegen Gebräuche am St. Johannistag wendete sich mit scharfen Worten der Bischof Carlos von Cuyabá am 27. Mai 1888 in einem Hirtenbrief, der folgende nähere Angaben macht. Am Vorabend werden mit wahrem Possenspiel kleine Bilder des Heiligen an die Flüsse, die Quellen, sogar die Wasserleitung gebracht und unter Gesang mit Musikbegleitung eingetaucht, in der Ueberzeugung, eine fromme Handlung zu begehen; am andern Tage werden die Bilder in die Kirche genommen und während der Messe auf den Altar gestellt.« Dieser »ausserordentliche Missbrauch soll als unerträglich« beseitigt werden. Warum aber nicht vor allem auch die Promessas und der Heilzauber mit dem Santo und den überall verbreiteten geschriebenen und gedruckten Gebetformeln, von deren Erfolgen Uebertriebeneres versprochen wird als von denen der grossartigsten amerikanischen Patentmedizinen?

Gegen Hexerei schützt man das Kind, wenn man mit seinem roten Halsbändchen die Länge und Breite von Heiligenbildern ausmisst. Für schnelle Geburt sorgen die von den Armeniern gebrachten Jerichorosen, denn wie sich die Rose aufthut, so auch der Uterus.

Die Gebetformeln werden namentlich von Frauen gebraucht. Ein Jude hatte sich heimlich aus der Stadt entfernt, Schulden und eine Cuyabanerin mit Kindern zurücklassend. Die Frau betete eine Novena, neun Nächte lang, zu Ehren des heiligen Antonio und bediente sich dabei der Formel: „*S. Antonio se vestiu, suas alparacatas calçou*" oder lieber gleich das Ganze in Deutsch: St. Antonio kleidete sich an, schirrte seine Sandalen, band seinen Strick um den Leib, griff nach seinem Stab und ging daher auf dem Wege. Er traf Jesum Christum, der ihn fragte: »wohin gehst du, Antonio?« St. Antonio antwortete: »Herr, ich ziehe hinaus in die Welt.« Jesus Christus aber sprach: »kehre heim, Antonio, beschaffe mir den Marcos Rietsch.«

Gegen Zahnschmerzen: Sankt Peter sass auf einem Stein mit Zahnschmerzen, murrend und seufzend. Da kam unser Herr Jesus Christus vorbei und fragte: »was hast Du, Peter?« »Zahnschmerzen, Herr.« »Peter, wenn es ein Tier ist, soll es sterben, wenn es Blut ist, soll es ruhig werden, wenn es Säfte sind, sollen sie trocknen« (Originalorthographie: *Pedro se for bixo que mora se for sangre que a brande se for o mor que segue*). »Denn, Peter, wer dies Gebet an seinem Halse trägt, wird keine Zahnschmerzen (*„dordedente"*) haben.« Zu beten: „*Um padre nosso Uma a ve maria Uuma santo maria a sagrada morte paxão de noco çenhor Jezus charisto*. Pertence (es gehört) *está Oração para Senhora Silveriana Maria da Sus.*"

Sehr verbreitet ist die lange „*oração de S. Sepulcro*", namentlich zwecks leichter Entbindung um den Hals zu tragen, »gedruckt in Rom auf Befehl des Heiligen Vaters« mit dem Titel: »Kopie von einem Brief und Gebet, gefunden im Heiligen Grabe Unseres Herrn Jesus Christi und aufbewahrt von Seiner Heiligkeit und von Kaiser Karl II. in seinem Betgemach in einem Silberkasten.« Wir erfahren, dass Christus der heiligen Isabella von Ungarn, der heiligen Mathilde und der heiligen Brigitte erscheint und ihnen eine Statistik seiner Leiden mitteilt, z. B. »Stösse auf den Kopf empfing ich 150, auf die Brust 106, auf die Schultern 80, sie spieen mir in's Gesicht 30 Mal, schlugen mich auf den Leib 666 Mal, ich stiess zu gleicher Zeit 129 Seufzer aus, der vergossenen Blutstropfen waren 38430« u. s w. Eine andere Kopie in goldenen Lettern ist am 2. Januar 1650 drei Meilen von Marseille gefunden und von einem siebenjährigen Kinde übersetzt worden. Mit sieben Paternostern, sieben Ave Marias etc. Schutz gegen Pest, Blitz, Verleumdung etc., Erleichterung der Niederkunft und Befreiung bei jedesmaligem Gebet einer Seele aus dem Fegefeuer. Wer das Gebet bei sich trägt, stirbt nicht ohne Beichte: auf einer Seereise wurde Jemand enthauptet, der Kopf, an dem dieses Gebet noch befestigt war, wurde in das Meer geworfen, begegnete einem Schiff mit einem Padre an Bord und konnte beichten.

Inhalts-Verzeichnis.

Die *kursiv* gedruckten Wörter bezeichnen Indianerstämme.

Abortus 334. Bororó 503.
Abschiedsfeierlichkeit Bak. I. 132, 137.
Adam, Lucien 398.
Affenbraten 36.
Ahnensage 364 ff. Texte 372 ff. Texte der Stammesgeschichte 378 ff. Verhältnis zur Geschichte 402, 403. Paressí 436 ff., Bororó 515, 516.
Aldebaran 359.
Aluíti-Nahuquá 154.
Amakakati-Tanz (Nahuquá) 99, 306.
Ameisen, fliegende 106, 116.
Ameisenbär und Jaguar, Legende 383 ff.
Andree, Rich. 198, 244, 245.
André Vergilio d'Albuquerque 6, 152.
Angel 235. Bororó 482.
Ansiedler 21 ff.
Anstreichen und Malen 184. Bororó 477.
Anthropologische Gesellschaft (Berliner) 3, 78.
Anthropologisches 159. Kulisehu-Stämme 160—172. Paressí 428—430. Bororó 468—471.
Antonio (Bakaïrí, unser Begleiter) 12. Seine Vorfahren 390.
Annakúru oder *Anahukú-Nahuquá* 154.
Apalaquiri-Nahuquá 154.
Apiaká (Karaiben) 399. Wörter 400, 401.
Apiaká (Tupístamm) 253, 379, 388.
Arara 401.
Aratá 98, 109, 155.
Arateba, Bororóhäuptling 454, 457, 464.
Arauití 111, 154, 331.
Argo 360.
Arigá-Bororó 515.
Arimoto 380.

Arinosstämme 366 ff. Text 379.
Aróe 480. Musik 493, 494.
Aroetauarari 491.
Arsenikpillen 134.
Arumá 118, 155.
Arzruni, Prof. 203.
Auayato, Auetö-Häuptling 108, 127.
Auetö. Besuch 107. Empfang 107. Fremdenverkehr 110. Aufenthalt 107—111, 125. Hafen 125—127. Zentralpunkt 154. Tupí 157. Geschichtliches 391.
Auetö-Ornamente 266 ff.
Ausrupfen des Haars 176 ff. Paressí 430. Bororó 471.
Ausrüstung 13, 14, 15. Unterwegs 26 ff.
Barbados (Nachbarn der Paressí) 426, (Nachbarn der Coroados) 444.
Bari = Medizinmann der Bororó 456.
Baitó (Ranchão) 451.
Bakaïrí des Batovy 153, 391, 394, 395. *Bakaïrí* des Kulisehu.
  Dorf I (Maigéri) 57, 85, 131, 154.
  Dorf II (Iguéti) 87, 89, 130, 154.
  Dorf III (Kuyaqualiéti) 92, 130, 154.
  Dorf IV 154.
  Karaiben 158. Vgl. *Karaiben*.
Bakaïrí, zahme (Rio Novo, Paranatinga) 24. Geschichtliches 387 ff. Paressísage 438, 439.
Bananen 210, 211, 212, 395, 425.
Bastbinde der Frauen 193, 198. Paressí-Leibbinde 431. Bororó 473, 474. Ornament 499, 500.
Bastian 100, 132, 205.
Batovy 17, 18, 41 ff., 153. Bakaïrísage 380.

36*

Baumwollhängematte (Sage) 381.
Begräbnis 339. Paressí 434. Bororó s. Totenfeier.
Begrüssungsworte. Bak. 92. Nah. 97. Auetö 107.
Beijaflor, Rio 379, 390.
Beijúfluss 356, 381.
Beijúwender, Ornamente 271, 272. Schnitzfiguren 285.
Berauschende Getränke 212. Paressí 425, 433. Bororó 491.
Bergfahrt 132.
Bevölkerungszahl im Schingú-Quellgebiet 201. Bororó 446, 451.
Bilderschrift 244, 245, 248, 269.
Bleistiftzeichnungen 249 ff. Bororó 500.
Blumenau 4.
Bogen 228 ff. Paressí 433. Bororó 483, 486, 488, 491, 496.
Bororó 441 ff. Unterabteilungen 441, 442, 481. Militärkolonie 445. Thereza Christina und Izabel 446. Hütten 451. Sprache 454, 516 ff.
Braten 215, 217. Bororó 482, 491.
Bratständer (Trempe) 236.
Breton, Pater 158, 335.
Briefkasten im Sertão 41, 141, 142.
Bristock 396.
Buchner, Max 135.
Burika 496.
Buritíhängematte (Sage) 354, 355. Text 376.
Burmeister, Prof. 6, 383.
Cabeceira 19.
Caldas 450, 454, 461. Als Lehrer 463, 464, 466, 467.
Campos, Antonio Pires de 387, 390, 424, 425, 442, 443.
Candolle, Alph. de 211.
Capella 359.
Cardim, Pater 173, 336.
Castelnau, Graf 207, 441, 442.
Castro, Hauptmann 9.
Cavihis = Kabischí 425.
Cazal, Ayras de 388, 444.
Centaur 360, 513.
Chapadão '19.
Clemente 450.
Coqueiro 456, 458, 459, 499, 505 ff.
Coroados 442 ff. Paraná 442. Xipoto 442, 443.
Corrego Fundo, Fazenda 21.
Costa Moreira, Major Lopez da, 445.

Couvade 334 ff. Paressí 434, 440. Bororó 503.
Cuyabá 8, 19. Rückkunft 151, 152.
Cuyabá-Independencia 18.
Cuyabá, Fazenda 21.
Cuyabasinho, Fazenda 17, 21, 146.
Danckelman, von 88.
Darúkavaiteré 437.
Dhein, Pedro und Carlos (Kameraden) 12.
Diamantino 425, 426.
Diebstahl. Mehin. 104. Kam. 120. Arsenik 124. Auetöhafen 126. Luchu 137. Durch Fremde 332. Bororó 503.
Directoria dos Indios 389, 426. Anhang II 548.
Dönhoff, Graf 2.
Drahtfluss 140.
Duarte, Antonio José 445, 446, 447, 450, 453. Ankunft 465 ff.
Dujourhabender (Bak. I) 77.
Durchbohrung der Ohrläppchen 180. Paressí 430. Bororó 474, 501. Der Nasenscheidewand 180, 181. Paressí 431. Der Unterlippe 474, 475.
Dyapokúri, Idiot 456, 460, 486, 487, 489.
Eigentum 330. Bororó 491, 502.
Einsegnung der Nahrung 492, 493.
Eklipsen 358.
Eliseo Pinto d'Annunciação 449, 450, 458, 459, 461, 466.
Enenrá 392.
Eremo-Tanz (Nahuqua) 99, 306, 321.
Eva 58, 137.
Ewaki 219, 374, 375, 376, 377, 378.
Familienleben der Bororó 481, 500, 501.
Fangbälle 329. Bororó 496.
Farbenwörter 418 ff. In Tier- und Pflanzennamen 422, 423.
Farbstoffe 185, 186, 187, 476. Aufzählung 418, 419. Aelter als Bedürfnis, sie nach Farben zu unterscheiden 421.
Federbeklebung 476.
Federpeitsche 496.
Federschmuck 173, 180. Schmuckvögel 208. Arten des Schmucks am Kulisehu 328, 329. Bororó 476, 477, 478, 483, 489. 505, 507.
Feldbau 201 ff. Nutzpflanzen 209 ff. Frauen 214, 215. Bororó 453, 481, 482, 490.
Festhütte s. Flötenhaus.
Feuer (Bakaïrísage) 353, 354, 355. Text 377.

— 565 —

Feuer und Holzfeuerzeug 219 ff. Bororó 487.
Feuerbohrer 223 ff.
Feuerhölzer 224, 227, 228. Bororó 487.
Fieber 134, 141.
Fischereigerät 235.
Fischfang (Bak.) 73. Mit Beeren 87. Stakete 88. Piranyas 96. (Braten) 102. Methoden 209, 231, 235 ff. Bororó 482, 486.
Fischmakanari 303, 321.
Fischnetz als Maske 321.
Flechten 237, 238. Figuren 278—281. Paressí 433. Bororó 488.
Fledermaustanz 300.
Fleischverteilung (Bororó) 456.
Fliegende Fische 360.
Flöten 326, 327. Erste Kame's 378. Bororó 496.
Flötenhaus. Bak. I 59. Bak. II 89. Bak. III 92. Nah. 97. Meh. 103, 104. Auetö 108. Mittelpunkt der Feste 296, 297. Frauen ausgeschlossen 298. Erstes der Legende 378.
Fluss- und Waldgeister der Paressí 439, 440.
Flüsse (Bakaïrísage) 377, 378.
Fonseca, João Severiano da, 398.
Fortdauer nach dem Tode 348 ff. Paressí 434, 435, 439. Bororó 497, 506, 510 ff.
Frauenarbeit 214 ff.
Fries von Rindenmalereien Bak. II 90, 91, 258 ff.
Fuhrmann 359.
Gastfreundschaft 69, 132, 333, 334.
Geberden 69—72. Beim Bezahlen mit Perlen 93.
Geburt 334 ff. Paressí 434. Bororó 503.
Geometrische Figuren 268 ff.
Gên 157.
Gesang. Bak. 62, 63, 90. Fledermaustanz 300. Nah. 63, 99. Manitsauá 120. Auetö 313. Kamayurá 313, 324. Paressí 434. Bororó 493, 494.
Gestirne 357 ff., 364. Paressí 435, 436. Bororó 513, 514.
Grab. Meh. 104. Auetö 108, 339. Paressí 434. Bororó 510.
Guaná 379, 394.
Guapirí-Nahuquá 154.
Guató 445.

Guikurú, Nahuquá-Stamm 101, 107, 127, 154. Maske 307.
Haartracht. Kulisehu 174 ff., Paressí 430. Bororó 471, 472, 476, 478.
Häiri (Bach) 95.
Halbmonde aus Blech 479.
Hängematte 196, 239, 240. Paressí 433.
Hassenstein, Dr. Bruno, 250.
Haupt, Octavio 2.
Häuptlinge 330, 331. Paressí 433. Bororó 500.
Haus. Bak. I 60.
Haustiere 218. Bororó 483, 491.
Haut. Allgemeines 178 ff.
Heiraten 331. Paressí 434. Bororó 501.
Herr des Feuers, Kampfuchs 353, 354, 355. Text 377.
Herr der Mandioka, Reh 382.
Herr des Schlafes und der Burití-hängematte, Eidechse 354, 355. Text 376.
Herr der Sonne, Königsgeier 354, 355. Text 375, 376.
Herr des Tabaks und der Baumwolle, Wickelbär 354, 355, 356. Text 380, 381. Urheimat der Karaiben 403.
Herr des Tabaks, Zitteraal 354. Text 381.
Herr des Tanzes, Keri 297, 379.
Herr der Wassertöpfe, Flussschlange 354, 355. Text 377.
Himmel 346, 349, 350, 372. Mit Erde vertauscht 376. Paressí 434, 435, 439. Bororó 513, 514, 516.
Hobelmuschel 207, 487.
Hochebene 18 ff.
Holzfiguren 283, 284.
Hüftschnur 177, 191. Zweck 192, 193, 199. Paressí 431. Bororó 472, 473, 474.
Humboldt, Alex. v. 211, 367, 396, 505.
Hungerarten 140.
Hüvát-Tanz (Kamayurá) 315, 317.
Ichoge 373.
Imeo (Bakaïrí-Tanz) 297, 300, 325, 379.
Imiga (Bakaïrí-Tanz) 302.
Imoto (Bakaïrí-Tanz) 301.
Independencia-Lager 18. Ankunft 44, 82—84. Rückkehr 135. Abschied 138.
Insektenplage 33 ff., 196.
Izabel 446, 448, 466.
Jägertum 201 ff., 205, 217—219. Bororó 480, 481, 482, 491, 502.
Jaguar und Ameisenbär, Legende 383 ff.
Januario, (Leutnant, unser Begleiter) 12. Verirrt 141, 142. Zurück 146, 147.

Jesuiten, S. Leopoldo 521.
Joest, Prof. 177, 188.
Judas Ischarioth 459.
Jüdischer Typus 171, 172.
Kabischí 153, 424, 425, 426. Paressísage 437.
Kaiman-Tanz (Mehinakú) 307.
Kamayurá. Nachrichten bei Nahuquá 98. Bei Mehinakú 105. Besuch 115. Empfang 116. Dorf I, II 116, III 118, IV 119—154. Tupí 157.
Kameraden 12, 13.
Kameró 435.
Kämme, geschnitzt 285, 286. Bororó 472.
Kamuschini 373, 374, 375.
Kamp (Campos) 20.
Kampbrände 220 ff.
Kanuluiti-Nahuquá 154.
Kandirúfischchen 195.
Kanu 46, 234. Ornamente 271. Paressí 433. Bororó 483.
Karaiben 54, 157, 158. Urheimat 395 ff. Grundvolk 402, 403, 404.
Karaibe — Fremder 54.
Karayá 155, 224, 231, 232, 233. Masken 296.
Karneval, rheinischer 131.
Kaschíniti 427. Paressísage 437.
Katechese der Bororó 446, 447. Bilder 448 ff. Vespergebet 456, 457. Charfreitag etc. 458. Schule 462. Disziplin 464, 466. Duarte's Ankunft 465, 467.
Kayabí. Steinbeilmonopol 203. Aus Pfeilen 365, 375. Geschichtliches 391, 392, 393.
Kayamo — Kayapó 459.
Kayapó 153, 155, 157, 393, 394. Feinde der Bororó 442, 443, 459 ff., 516.
Kemmerich, Dr. 7. Fleischpatronen 7, 143.
Kempner, Friederike 15.
Keramische Motive 289 ff.
Keri und Kame 364 ff. Eltern und Jugend 372 ff. Abschied 380.
Keri beschafft Mandioka 382. Straft den Strauss 383. Wettlaufen mit Kampfuchs 383.
Ketten 182 ff., 191. Bororó 480, 487, 488.
Kettenfigürchen 278.
Keule 234, 325. Bororó 483. Kayapó 516.

Kewayeli (Bach) 91.
Klauen 207, 479.
Kleidung 64, 131, 173, 190 ff., 195, 199. Paressí 431, 432. Bororó, europäische 451, 452.
Knochen zur Arbeit 206, 207.
Koahálu-Tanz (Auetö) 310—313.
Kochen 215—217. Bororó 490, 491.
Kometen 359.
Körperbemalung 184 ff. Bororó 477.
Körpermessungen s. Anthropologisches.
Koseritz, Karl v. 521.
Kratzknochen 476.
Krause, Ernst 419.
Kreisel 329.
Kualóhe-Tanz (Bakaïrí) 305.
Kuara 373.
Küche 33, 35 ff., 135, 143, 148.
Kulisehu 17, 44, 46 ff., 53, 55. Vogel 120, 127, 128. Anwohner 154. Bakaïrísage 377, 380, 391.
Kulturheros und Lichtgott 372.
Kuluëne 17, 55. Vogel 120, 127, 128. Nahuquá 399.
Kürbisgefässe 240. Ornamente 271. Bororó 481.
Kustenaú 126, 153. Nu-Aruak 158.
Lang, Andrew 498.
Langsdorff'sche Expedition 388, 472, 473, 474.
La Plata 5,
Lasttiere 13, 33, 82, 135. Von Indianern geritten und gemessen 85, 137.
Legendentexte 372 ff.
Lehmessen 282, 382.
Lehmpuppen 282, 329.
Liebespaar, flüchtiges 23.
Lippenkette 475.
Locken 171, 174.
Lopes, Padre 388.
Lynen (Haus Tornquist) 7.
Magelhães'sche Wolken 360, 374.
Mahibarez — Waimaré 425.
Maimbaré — Waimaré 426.
Mais 210, 212. Paressísage 438. Bororó 490.
Maisfiguren 281.
Maisó 437.
Maisstampfer werden Frauen 351, 363. Mutter von Keri und Kame 371.
Makanári 297, 300 ff.
Makuschí 381.
Mandioka 210, 212. Gährende Getränke 212, 213. Tupílegende 369. Bakaïrí-

sage 381, 382. Paressísage 438.
Bororó 453, 454.
Mandioka-Grabhölzer 271, 284, 285, 325.
Manitsauá 109, 113, 154, 155.
Männerhaus 451. Aróe 480. Arbeiten 486 ff. Sitten 481, 500, 502.
Manoel Nunes Ribeiro 152.
Märchen von Urubú u. Schildkröte 357.
Maria, Ranchãomädchen 454, 455, 464, 518, 519.
Mariapé-Nahuquá 128, 154.
Marsch 26 ff. Zurück 138 ff.
Martens, Prof. von 182, 207.
Martius 157, 211, 296, 326, 332, 336, 388, 397, 399, 422, 423, 443, 444, 445.
Martyr, Petrus 396.
Masken 296 ff. Zum Essenholen 89. Bakaïrí 300—306. Nahuquá 306—307. Mehinakú 307—310. Auetö 310—315. Kamayurá 315—317. Trumaí 317—319. Paressí 434.
Maskenarten 299. Menschliche Bildung 319—320.
Maskenornamentik 294 ff. Gemeinsamer Ursprung mit Mereschu-Muster 319 ff.
Medizinmänner 339 ff. Lehrzeit 343. Methoden 343 ff., 362. Im Himmel 346. Paressí 434, 435. Bororó 456, 458, 460, 475, 491 ff., 511 ff., 514.
Mehinakú bei den Nah. 98, 99, 100. Besuch 102. Empfang 103, 106. Dorf II, III 106, 154. Rückreise 129. Nu-Aruak 158.
Meissel 206, 487.
Melgaço, Barão de 426, 444.
Mello Rego, Francisco Raphael de 424.
Mereschu-Fisch 101. 261 ff. Ursprung des Musters 321 ff. Erfinder 323, 324.
Mero 373, 374.
Meteorbeschwörung 514, 515.
Musikinstrumente 325 ff. Paressí 434. Bororó 496.
Muster f. Körperbemalung 185, 187, 188. Bororó 477, 500.
Muster f. Tätowieren 190.
Milchstrasse 360. Paressí 436. Bororó 514.
Militärkolonie d. Bororó 445, 448.
Moguyokuri 446, 452, 454, 455, 459, 460, 464, 467, 499, 506 ff.
Mulihutuaré 435, 436.
Mond 357, 358. Keri und Kame 365 ff., 375, 376, 379. Paressí 435, 436. Bororó 513.

Moradores (Ansiedler) 21 ff.
Moral und Stammeszugehörigkeit 333.
Morgendämmerung 371, 375.
Moritona (Yaulapiti) 113, 115, 122.
Morse, Edw. S., 230.
Motta, Ant. Annibal de 426.
Moure, Dr. Amédée 289.
Moutinho, Joaquim Ferreira 391, 443, 444.
Müller, Dr. Fritz, 4.
Mundurukú 155 *(Yarumá)*. 367. 379. 392.
Muscheln. Schmuck 182, 183. Zur Arbeit 207, 208. Bororó 475, 487.
Nachtlager 32 ff., 39.
Nahuquá (bei Bak.) 93. Verkehr mit Bak. 94. Besuch 94. Hafen 96. Empfang 96, 97. Aufenthalt im Dorf 96—101. Bei Meh. 105, 107. Bei Auetö 127. Rückreise 130. Kuluëne-Stämme 154, 155. Karaiben 158, 399. Geschichtliches 391. Verhältnis zu Bakaïrí 399.
Nambiquara 391.
Name 334. (Bak. I. Männer) 57. Erfragen 76. Tausch 125, 127, 129. Tiernamen 334. Bororó 503.
Natterer 441.
Neubau, brasilischer bei Bak. 131.
Neugierde 75, 76, 98.
Nimagakaniro 373.
Nu-Aruak 158. Töpfe 215. Mandioka 217, 218, 219. Heimat 395. Paressí-Sprache 427, 428.
Nutzpflanzen 209 ff. Des Karaibischen Grundvolkes 402, 403. Paressísage 438. Bororó 481, 482. 490.
Oelfarbe 186. Bororó 477.
Oka, der bunte Jaguar 373, 374, 375, 384 ff.
Orbigny, d' 397.
Orion 359, 513.
Ornamente 258 ff. Auetö 266 ff. Verwendung 270 fl. Bororó 477. 499. 500.
Ortssinn 133.
Pacheco, Fazenda 144.
Pakuneru (Bach) 91.
Pakurali, »Droschkenkutscher«, Reisebegleiter 91, 130.
Palmella 398, 399, 402.
Palmwein 38. 491.
Paranatinga 16, 17, 18, 24. Rückreise 144. Uebersetzen 148. Bakaïrísage 377, 381. Salto 378, 390. Geschichtliches 387 ff.

Paressí, Bakaïrísage 366, 367, 370, 379, 394. In Cuyabá 424 ff. Sprache 427. Zur Ethnographie 430 ff. Sammlung 433. Ahnensage 436 ff. Heimat 440.
Parud, Name der Kayabí 392.
Pedro II. 2. Als Keri 380.
Pekoban 392.
Pelota 139.
Penisstulp 192, 193, 199, 472, 501.
Perlen von Muscheln etc. 182—184. Bororó 480, 487. 488.
Perrot, Luiz (Leutnant) 11. Geburtstag 38. Namen an Kind 127. Verirrt 141, 142. Zurück 146, 147.
Perseus 361, 362.
Pfeffer (linguistisch) 211.
Pfeile 228 ff. Paressí 433. Bororó 481, 483, 485, 486, 489, 502.
Pfeile werden Männer 351, 363, 373, 375, 379. Keri und Kame 370.
Pflanzen, für die Indianer 73, 101, 129, 131.
Pflanzengifte 345.
Pfostenzeichnungen der Auetó 256—258.
Pimenteira 397, 401, 402.
Pimentel, Galdino 443, 466.
Planeten 359. Bororó 514.
Plastische Darstellung 277 ff.
Platzmann, Julius 158.
Plejaden 359, 513.
Ploss 198.
Ponekuru, Fluss 51.
Ponte alta 17. 150.
Portugiese, aus Flintenholz 379. Paressísage 438.
Praeputium abschnüren 192, 193, 198, 199, 471, 472.
Prokyon 359.
Pulszahlen 148.
Puppengeschenk 86.
Queimada 221.
Quirlbohrer 204. Bororó 487.
Rarai (Affenstamm) 516.
Rasselkürbis 315, 326. Bororó 496.
Recht 330. Bororó 500.
Regenzeit 43, 138 ff.
Reh, Entstehung des Geweihs 381, 382. Bororó 491, 512.
Reiseplan 13, 16.
Ricci, Corrado 249, 277.
Rindengürtel 473, 474. Ornament 499.
Rindenkanu 46.
Rindenzeichnungen der Nah. 96, 255 ff.

Ringkampf im Auetódorf (Waurá) 110, Kinder 310. Bororó, Frauen 454. Männer 455, 464, 489. Regeln 495.
Rinne 223, 227.
Rio Novo 387.
Rio Verde 157, 392, 393.
Ritznarben 188—190. Bororó 475, 476.
Rochefort, de 396.
Rohde, Rich. 441, 472, 473.
Rohrdiademe 329.
Rondon (Goldsucher) 10, 11. Strasse 41. Antwort 141, 142.
Ronuro 17, 18. Vogel 128. Bakaïrísage 377, 381, 399.
Rosa, Antonios Braut 519, 520.
Rotenhan, Freiherr v. 5.
Rückenhölzer 266, 271, 325.
Ruder 234. Ornamente 269, 271.
Salto Taunay 51, 85, 132.
Salz 100, 106.
Sambakís 3, 4.
Sandzeichnungen, Mehinakú 102.»Worte« 103, 246 ff. Bororó 500.
Santa Helena 7.
Sarumá 155.
Sawari s. Wickelbär.
Schamgefühl (und Nacktheit) 63, 173, 190 ff., 195, 199. Paressí 433. Bororó 473, 474. Beim Essen 66.
Schemel, geschnitzte Figuren, 286 ff.
Schingú - Koblenz 17, 44, 120. Vogel 128.
Schlaf (Bakaïrísage) 354, 355, 376.
Schmuckwirtel 274, 325.
Schomburgk, Rich. 355, 381.
Schrader, O., 295.
Schule der Bororójungen 462 ff.
Schwachsinnige Stammfremde 93.
Schwirrhölzer 327, 328, 497 ff., 506, 510. Ornamente 266. Fischfiguren 284, 327.
Seele 340, 346, 349, 363, 364. Paressí 435. Bororó 510 ff., 514.
Seelenwanderung 513.
Serenade 466, 467.
Seriema, Wettlaufen mit Keri 383.
Sertão 18, 19, 29 ff.
Sexualia 190 ff. Paressí 431, 432. Bororó 472 ff.
Siebmatte 238, 240. Paressí 433.
Sirius 359.
S. José, Fazenda 449.
Skorpion 360.
S. Lourenço 442.

S. Manoel, Fazenda 17, 138, 142. Ankunft 145, 148. Abschied 149.
Sonne 357, 358, 359. Keri und Kame 365 ff., 375, 376, 379. Paressí 435, 436. Bororó 513.
Speisekarte 35 ff., 45, 83, 141, 143.
Spiele der Jugend 329, 496.
Spindel 238. Bororó 488.
Spinnwirtel 238, 239, 240. Ornamente 263. 272 ff. Schmuckwirtel 274. Mereschumuster stehend 321. Bororó 488.
Spix 401.
Sprachaufnahme (Bak. I). Allgemeines 78. Bakaïrí 78—81. Uebergeordnete Begriffe 81.
Sprachverwandtschaft 156 ff. Paressí 427, 428. Bororó 516.
Steinbeil 203, 204. Bororó 487. Pantomime 71. Roden 88. Steinbeilmonopol 203, 333.
Steinketten 183, 278.
Steinzeit 202 ff.
Sterne, Carus 419.
Strauss, von Keri gestraft 383.
Strohfiguren 278, 279.
Südliches Kreuz 360. Paressí 436. Bororó 513.
Suyá 98. Kampf mit Trumaí 101, 106, 108, 113. Kampf mit Arumá 118. Gefürchtet 119. Dorf 154. Rio Verde 157, 393, 400.
Tabak, Arten 345. Bororó 481, 492. Narkose 345—347. Herkunft siehe Wickelbär. Sagentext 380, 381. Paressísage 438. Bororó 515.
Tabakfluss 356, 381.
Tabakkollegium 68.
Tacoarasinha am Rio Manso 23.
Takuni (Kamayurá) 118, 119.
Tamanako 410.
Tamitotoala (Batovy) 17, 153.
Tanz, Bak. 62, 63, 90, 300 ff. Nah. 63, 99. Auetö 109, 313. Kamayurá 118, 313, 324. Paressi 433, 434. Legende 297, 378, 379.
Tanzkeule 324.
Tanzfeste 297 ff., 320, 325, Paressí 433. Bororó 480, 493 ff.
Tapanhuna 391.
Tapuya 156, 157.
Tätowieren 188—190. Paressí 431. Bororó 475.
Taunay, d'Escragnolle 2.

Tauschverkehr 103, 203, 333, 334. Bororó 481, 503.
Texte der Legenden 372 ff.
Textilarbeiten 238. Maskenornamente 316, 317, 323, 324. Bororó 488, 489.
Thereza Christina 446. Preise 447. Reise 448. Ankunft 449. Anlage 450, 451. Abschied 519.
Thonpuppen 282.
Thurn, im 226, 227.
Tiere auf dem Fluss 47.
Tier und Mensch 351 ff. Bororó 511 ff., 516.
Tiere, Kulturbringer 354 ff.
Tiere, künstlerisch dargestellte 294.
Tiermotiv, Verhältnis zur Technik 293, 294.
Tocantins, Ant. Man. Gonçalves 392.
Tonmalerei 70, 71.
Tonsur 174. Entstehung 175. Paressí 430. Bororó 471, 476.
Töpfe. Bak. 93. Nah. 98, 101. Meh. 106. Monopol 215. Ursprung 216, 217. Töpferei. Arten 241, 242. Bemalung 276, 277. Motive 289 ff. Paressí 438. Bororó 490, 504, 505.
Töpferstämme 159.
Topfformen 289 ff.
Töten, Kranker 460, 461, 511.
Totenfeier der Bororó 458, 461, 493, 495, 497, 504 ff.
Tracht. Kulischu-Stämme 173 ff. Paressí 430 ff. Bororó 471 ff.
Traum des Fliegens 40.
Traum und Wirklichkeit 340, 341. Paressí 435. Bororó 456, 510 ff.
Trophäe 174, 178, 179.
Trumaí. Kampf mit Suyá 101, 106, 108, 114. Unser Zusammentreffen 1884 55, 56, 118. Bei Auetó 121. Lager 122—124. Dörfer 124, 154. Isoliert 156.
Tschudi, v. 355, 381.
Tumayaua 53, 85. Karneval 130, 131. Abschied 132, 137.
Tumehi, Tumeng 378.
Tupí 157, 398. Zahl zwei 418. Farbenwörter 420, in Tier- und Pflanzennamen 422, 423. Bororó 443, 444.
Tupy (Hauptmann) 9, 10.
Uazále 436, 437, 438, 439, 440.
Uluri (Weiberdreiecke) 65, 194 ff., 198. Ornament 264 ff., 499. Auetó 267. Spinnwirtel 272 ff.

37

Umschnürung der Extremitäten 181. Paressí 432. Bororó 489.
Urnen 504, 505.
Uyá-Lagune 114.
Vahl, Ernesto 4, 150.
Verletzung, künstliche 178 ff. Bororó 501, 503.
Verwandlung 362 ff. Bororó 511 ff.
Vespergebet (Bororó) 456, 457.
Virchow 159,
Vogelkäfig 89.
Volksglaube in Cuyabá 553 ff.
Vorfahren Antonio's 390. Des Paressí João Battista 436.
Wachsfiguren 283.
Waehneldt, Rodolfo 441, 472, 473, 475, 476, 503, 504.
Waffen 228 ff. Paressí 433. Bororó 483 ff.
Waikomoné 435, 436, 439.
Waimarí 427 ff. Paressísage 437.
Wallace 497.
Waurá 110, 126, 153. Nu-Aruak 158.
Weber 1, 139.
Webstuhl 239.
Weddell 441.
Weiberdreieck s. Uluri.
Weihnachten 149, 150.
Werkzeug 205—208. Bororó 486, 487.
Wertbegriff 333, 334. Bororó 502.
Westbakaïrí 387.
Wickelbär (Sawari) 354, 355, 356. Text 380, 381. Historisch? 403.
Wied, Prinz 432.

Waimarí Waimare 394.
Wundkratzer 188. Bororó 475.
Wurfbrett 109, 231 ff., 325.
Wurfbrett-Tanz 118, 123, 315, 324, 325.
Yakuí-Tanz (Kamayurá) 315.
Yakuíkatú. Masken 307. Tanz (Auetö) 313.
Yamurikumá Yaurikumá-Nahuquá 154.
Yanumakapü-Nahuquá 127, 154.
Yarumá 118, 155.
Yatuka (Bakaïrí-Tanz) 300.
Yauarí-Tanz (Kamayurá) 315, 324.
Yaulapíti 111. Empfang 112, 113. Aufenthalt 112—115. Dorf II 115, 121. Nu-Aruak 158.
Yaurikumá-Nahuquá 98, 101, 154.
Zahl der Finger bei Zeichnungen 254, 255.
Zählen. Kulisehustämme 405, 406. Bakaïrí 406 ff. Etymologie 416—418. Bororó 517.
Zähne. Zur Arbeit 205, 206. Gebissstab zum Tanz 324, 325. Bororó 478, 479, 488.
Zauberei 339 ff. Paressí 434. Bororó 491, 492.
Zeichenornamente 258 ff. Verwendung 270 ff. Bororó 477, 499, 500.
Zeichnen 243 ff. Bororó 499, (eines Schlafenden) 510.
Zirkumzision 198.
Zukünftige 58, 86, 132.
Zunder 224. Technik 226—228.
Zwillinge 359.

Zu berichtigen:

Seite 3 Zeile 17 und 18 anstatt »Februar« »März«.
Seite 5 Zeile 14 anstatt »uns des« »uns seitens des«.
Seite 8 Zeile 35 anstatt »Gasstreundlichste« »Gastfreundlichste«.
Seite 19 Zeile 30 anstatt »triften« »tristen«.
Seite 32 Zeile 41 anstatt »Heimweg« »Hinweg«.
Seite 57 Zeile 5 von unten muss es heissen »kamen nach einigen Tagen noch« und Zeile 4 von unten »unter ihnen Einer«.
Seite 70 Zeile 23 anstatt »dem« »den«.
Seite 89 Zeile 4—1 von unten fallen fort.
Seite 120 Zeile 1 von unten anstatt »Unterhaltung« »Unter   ng«.
Seite 122 Zeile 4 anstatt »aus« »auf«.
Seite 132 Zeile 4 anstatt »Indepedencia« »Independencia«.
Seite 133 Zeile 19 anstatt »gracia« »grazia«.
Seite 140 Zeile 13 anstatt »padelten« »paddelten«.
Seite 177 Zeile 6 von unten anstatt »wurden« »würden«.
Seite 203 Zeile 3 anstatt »hergestestellt« »hergestellt«.
Seite 236 Zeile 3 anstatt »Die« »Den«.

www.ingramcontent.com/pod-product-compliance
Lightning Source LLC
Chambersburg PA
CBHW021222300426
44111CB00007B/403